Dr. Leopold Just

Just's botanischer Jahresbericht

Botanische Litaratur aus allen Ländern

Dr. Leopold Just

Just's botanischer Jahresbericht

Botanische Litaratur aus allen Ländern

ISBN/EAN: 9783742865298

Hergestellt in Europa, USA, Kanada, Australien, Japan

Cover: Foto ©Andreas Hilbeck / pixelio.de

Manufactured and distributed by brebook publishing software
(www.brebook.com)

Dr. Leopold Just

Just's botanischer Jahresbericht

Botanischer Jahresbericht.

Systematisch geordnetes Repertorium

der

Botanischen Literatur aller Länder.

Unter Mitwirkung von

Askenasy in Heidelberg, Batalin in St. Petersburg, Büsgen in Strassburg i. E., Detmer in Jena, Falck in Kiel, Flückiger in Strassburg i. E., Geyler in Frankfurt a. M., Giltay in Leiden, Kienitz-Gerloff in Weilburg a. Lahn, Köhne in Berlin, Loew in Berlin, Carl Müller in Berlin, H. Müller in Lippstadt, O. Penzig in Padua, A. Peter in München, Petersen in Kopenhagen, J. Peyritsch in Innsbruck, Pfitzer in Heidelberg, Prantl in Aschaffenburg, Sorauer in Proskau, Stahl, in Jena, Staub in Budapest, Weiss in München, Wilhelm in Wien, Wortmann in Strassburg i. E.

herausgegeben

von

Dr. Leopold Just,

Professor der Botanik und Agriculturchemie am Polytechnikum in Karlsruhe.

Neunter Jahrgang (1881).

Erste Abtheilung. II. Heft.

Physiologie. Kryptogamen. Anatomie. Allgemeine Morphologie der Phanerogamen.

BERLIN, 1884.

Gebrüder Borntraeger.

(Ed. Eggers.)

Die vorliegende I. Abtheilung des Jahrgangs 1881 enthält leider nicht die mykologischen Referate für 1881. Herr Dr. Fisch in Erlangen hatte es seiner Zeit unter sehr bindenden Versprechungen übernommen, jene Referate zu schreiben; derselbe kam jedoch leider den von ihm übernommenen Verpflichtungen nicht nach. Weder meine eigenen Ermahnungen noch diejenigen des Verlegers, Herrn Eggers, konnten Herrn Dr. Fisch bewegen, zu erfüllen, was er versprochen hatte, so dass ich mich, leider zu spät, genöthigt sah, die Beziehungen zu Herrn Dr. Fisch abzubrechen. Ich konnte schliesslich nur mit Mühe die Herrn F. zur Bearbeitung der Referate zugesendete Literatur, sowie Referate anderer Referenten, die er in sein Manuscript einschalten sollte, zurückerhalten. Um dies zu ermöglichen, hatte ich bereits gerichtliche Hilfe in Anspruch genommen.

Ich bedaure es, diese unerquicklichen Dinge hier mittheilen zu müssen; mich zwingen jedoch hierzu die Rücksichten, die ich den übrigen Herren Mitarbeitern am Jahresbericht, sowie dem Herrn Verleger schuldig bin. All' diese Herren sind ihren Verpflichtungen stets mit solcher Pflichttreue und Gewissenhaftigkeit nachgekommen, dass ich nicht den Schein aufkommen lassen darf, als trüge auch nur einer derselben die Schuld an der beklagenswerthen Verspätung im Erscheinen des Jahresberichts.

Herr Dr. Fischer in Strassburg hatte die Güte, die Bearbeitung der Mykologie für das Jahr 1881 an Stelle des Herrn Dr. Fisch zu übernehmen. Herr Dr. Fischer hat in wenigen Monaten die Arbeit so weit gefördert, dass die mykologischen Referate für 1881 zugleich mit denjenigen für 1882, welche Herr Dr. Büsgen bearbeitet, in dem nächsten Bande des Jahresberichts zum Abdruck kommen können.

Karlsruhe, den 1. August 1884.

L. Just.

Inhalts-Verzeichniss.

III. Buch.

Anatomie. Allgemeine Morphologie der Phanerogamen ... 380 560.

I. Buch.

PHYSIOLOGIE.

A. Physikalische Physiologie.

Referent: Julius Wortmann.

Verzeichniss der besprochenen Arbeiten.

I. Die Molekularkräfte in den Pflanzen.

II. Wachsthum.

III. Wärme.

IV. Licht.

V. Reizerscheinungen.

I. Die Molecularkräfte in den Pflanzen.

1. **W. P. Wilson.** The cause of the Excretion of Water on the Surface of Nectaries. (Untersuchungen aus dem bot. Institut in Tübingen. Bd. I.)

Nach dem Verf. soll die Ausscheidung des Nektars durch Osmose, nicht durch inneren Druck verursacht werden, und diese Meinung wird durch eine Reihe von interessanten Versuchen zu bestätigen gesucht. Die Nectarien von verschiedenen Pflanzen, *Prunus laurocerasus*, *Fritillaria imperialis*, *Acer pseudoplatanus* wurden ein oder mehrere Male mit Wasser gewaschen und dann mit Fliesspapier getrocknet. Diese Behandlung verhindert vollkommen die weitere Nektarausscheidung, obgleich die Ausscheidung bald wieder beginnt, wenn der Nektar mit einer Pipette aufgesogen wird und das Nektarium nicht gewaschen wird. Durch Zuführen von kleinen Zuckerstückchen oder Syruptropfen, die man auf das gewaschene Nektarium bringt, kann die aufgehobene Ausscheidung wieder hervorgerufen werden. Bei vielen Nektarien bilden die äusseren Wände der Epidermiszellen durch etwaige Verschleimung eine Flüssigkeit, die vermuthlich den ersten Trieb zur Nektarabsonderung gibt. Die Wasserausscheidung bei *Pilobolus crystallinus* wird durch Waschen verhindert, durch Zucker erneuert. In ähnlicher Weise wird ein osmotischer Wasserstrom aus den Blättern von *Buxus sempervirens*, *Ilex* und *Ficus elastica* hervorgerufen.

Die Nektarausscheidung scheint vom inneren Wasserdruck in sehr geringem Grade abhängig zu sein. Nektarien auf abgeschnittenen Zweigen setzen ihre Ausscheidung bekanntlich fort. Auf der andern Seite giebt Verf. an, dass Nektarien (*Prunus laurocerasus*, *Acer pseudoplatanus)* deren Ausscheidung durch Waschung verhindert worden ist, nicht einmal durch starken Wasserdruck in Thätigkeit gebracht werden können. Dieses Ergebniss gilt nur für Nektarien, die bereits in Thätigkeit getroffen werden; die erste Ausscheidung *(Prunus laurocerasus)* wird in erheblicher Weise durch Druck und Wasserzufuhr beeinflusst. Gegen Temperaturveränderungen scheint die Nektarabsonderung wenig empfindlich zu sein. In Bezug auf den Einfluss des Lichtes sind zwei Fälle zu unterscheiden. Bei einigen Pflanzen *(Prunus laurocerasus, Fritillaria, Helleborus)* zeigte sich keine bemerkbare Verschiedenheit zwischen der Ausscheidung im Sonnenlicht und diffusem Licht, bei *Eranthis hiemalis, Acacia lophanta, Vicia faba.* Dagegen schieden die Nektarien bei Sonnenlicht viel mehr·Nektar aus. Bei *Vicia Faba* wird unter gewissen Umständen der Nektar wieder reabsorbirt.

2. **U. Ugolini.** Appunti per uno studio sulle foglie secche. (Bullet. della Soc. Veneto-Trentina di Scienz. Nat. a Padova 1881, No. 5., 16 p. 8⁰.)

Die Gestaltveränderungen, welche die Blätter nach dem Abfallen, oder überhaupt bei dem Verdorren erleiden, sind keineswegs willkürlich und unregelmässig: es lässt sich im

Gegentheil, wenigstens für eine grosse Anzahl von Arten, constatiren, dass die Form des verwelkten Blattes für die Art constant und charakteristisch ist. Verf. hat eine grosse Anzahl derartiger Beobachtungen angestellt und in der vorliegenden Brochure vereint, doch geht er leider nicht auf die Ursachen ein, von denen augenscheinlich die Formveränderung bestimmt wird (Nervatur, Consistenz und Spannungsverhältniss der Epidermis an der Blattober- und Unterseite, Entwickelung des mechanischen Systemes etc.) Er beschränkt sich darauf, die äussere Gestaltung der verdorrten Blätter in verschiedene Categorien wie folgt einzutheilen:

A. Einfache Faltung (in einfachen, ungetheilten Blättern)

1. Involute Faltung: *Forma conduplicata, convoluta, convoluto-spiralis, involuta, circinnata, polylatera.*

2. Revolute Faltung: *Forma conduplicata, revoluta, f. miste.*

B. Zusammengesetzte Faltung (bei tief getheilten, gelappten, gefiederten oder zusammengesetzten Blättern.)

Auch hier analoge Formen, wie oben, aber complicirter.

Nur wenige Blätter wurden gefunden, welche ganz unregelmässig variirende Gestalt annehmen. Kurz bespricht Verf. auch noch am Schluss die Einflüsse, welche modificirend auf die Formveränderung einwirken (Zeit und Art des Todes der Blätter) und den Zusammenhang der beobachteten Verhältnisse mit der Schlafstellung etc., ohne jedoch näher auf die Einzelheiten einzugehen.   O. Penzig (Padua.)

3. **S. Schwendener. Ueber Bau und Mechanik der Spaltöffnungen.** (Aus dem Monatsbericht der Königl. Akademie der Wissenschaften zu Berlin vom Juli 1881.)

Im ersten Kapitel bespricht der Verf. diejenigen anatomischen Einrichtungen der Schliesszelle, welche für ihre Function von massgebender Bedeutung sind. Durch eine, als Hautgelenk der Spaltöffnungen zu bezeichnende Einrichtung wird die Beweglichkeit der Schliesszelle auf ihrer Rückenseite ermöglicht. Dieses Hautgelenk besteht gewöhnlich aus einer mehr oder weniger verdünnten Stelle der äusseren Epidermiswand, rechts und links von den Schliesszellen. Ferner haben die Schliesszellen die Eigenthümlichkeit, dass sowohl auf der Rückenseite als auch auf der Bauchseite derselben die Wandungen in grösserer oder geringerer Breite zart und unverdickt bleiben. Auf der Rückenseite der Schliesszelle besteht diese verdünnte Wand gewöhnlich aus Cellulose, während die übrigen Wandungen (bald mehr bald weniger) cuticularisirt sind. Hierdurch wird offenbar der diosmotische Verkehr zwischen Schliesszellen und benachbarten Epidermiszellen erleichtert. Es werden dann noch die verschiedenen Arten der Verdickungsweisen der Schlusszellmembranen besprochen, sowie Angaben über den Längsverlauf der Verdickungsleisten mitgetheilt. Im zweiten Kapitel werden die Vorgänge besprochen, welche beim Oeffnen und Schliessen des Spaltöffnungsapparates sich vollziehen. Die entsprechenden Bewegungserscheinungen leitet Verf. aus den Form- und Dimensionsänderungen der Schliesszellen ab. Durch Messungen, welche an Schliesszellen im geschlossenen und im geöffneten Zustande angestellt wurden, gelang es, die Formveränderungen zu ermitteln. Ganz im Allgemeinen verhalten sich die Schliesszellen wie eine kurze Kautschukröhre, welche durch comprimirte Luft von innen gespannt und zugleich durch irgend eine Kraft gekrümmt wird. Der Luftdruck bedingt hierbei eine allseitige Erweiterung, die Krümmung dagegen eine Verengung der Röhre in der Richtung von der convexen nach der concaven Seite. Der ursprünglich kreisförmige Querschnitt der Röhre wird daher in Folge der Krümmung elliptisch. Hierbei ist jedoch noch hinsichtlich der Spaltöffnungszellen zu bemerken, dass die Rückenwand derselben beim Schliessen sich abplattet, die Bauchwand dagegen sich um eben so viel stärker vorwölbt, daher die Breite der Schliesszellen im geschlossenen und im weitgeöffneten Zustand die gleiche ist. Aus der Thatsache, dass die Spaltöffnungen der frisch abgezogenen Epidermis an den Stellen constant eine weiter geöffnete Spalte und eine stärkere Wölbung der Rückenlinie zeigen, wo die benachbarten Epidermiszellen angeschnitten sind, ergiebt sich, dass die Krümmung blos eine Folge der durch gesteigerten hydrostatischen Druck des Zellsaftes hervorgerufenen, ungleichen Dehnungen ist. Im Anschluss hieran folgt dann noch eine approximative Berechnung der absoluten Dehnungen, welche der hydrostatische Druck des Zellsaftes verursacht und aus welcher hervorgeht, dass die Cohäsion der Membran in der Längsrichtung erheblich grösser sein muss, als in der Querrichtung. Was nun die Grösse des hydrostatischen Druckes selbst anbetrifft, so würde bei einer Membrandicke von 1 Mik. ein hydrostatischer Druck von 5 Atmosphären und bei 2 Mik. Membrandicke ein solcher von 10 Atmosphären resultiren. (Auf *Amaryllis formosissima* bezogen.) Im dritten Kapitel sucht Verf. die Frage zu erörtern, inwieweit die Spaltöffnungen mit ihren eigenthümlichen Formverhältnissen den Anforderungen einer rationellen Construction entsprechen und welche Bedeutung den einzelnen Theilen zukommt. Wegen der Schwierigkeit der Frage begnügt sich Verf. damit, einige Andeutungen zu geben, welche sich namentlich auf die zum Wölbungsmechanismus der Bauchwand gehörigen Verdickungsleisten beziehen. Eine fernere zweckmässige Einrichtung wird auch noch die sein, dass die Wandverdickungen der Schliesszellen mit zunehmendem Alter zumal bei mehrjähriger Dauer der Blätter, zuweilen so stark werden, dass dadurch das Oeffnen des Apparates sehr erschwert, zuletzt unmöglich gemacht wird. An älteren Blättern von *Prunus Laurocerasus* und *Camellia japonica* konnte Verf. sogar wiederholt beobachten, dass die Athemhöhlen durch eine der Thyllenbildung ähnliche Sprossung, die von den benachbarten Parenchymzellen ausgeht, vollständig verstopft werden. Was die eigenthümliche Querschnittsform der Verdickungsleisten, die vorspringenden rinnenförmig gebogenen Kanten derselben endlich anbetrifft, so lässt sich darüber noch keine Erklärung geben. Im vierten Kapitel behandelt Verf. den Einfluss äusserer Agentien auf den Turgor der Schliesszellen. Bezüglich des Lichtes konnte constatirt werden, dass die Stomata der Blattepidermis von *Amaryllis formosissima* im Sonnenlicht stets geöffnet waren. Nach 2- bis 3stündigem Verweilen im Dunkeln sind die Spaltöffnungen ausnahmslos geschlossen. Dieselbe Wirkung bringt auch eine plötzliche Abnahme der Beleuchtungsintensität hervor.

Was den Einfluss der Wärme anbetrifft, so konnten die Angaben N. I. C. Müller's nicht bestätigt werden, sondern es stellte sich heraus, dass die Wärme für sich allein innerhalb der gewöhnlichen Temperaturschwankungen ein Oeffnen der Spalte nicht bewirkt. Zum Schluss geht Verf. noch auf eine kritische Besprechung der Angaben früherer Autoren Mohl, N. I. C. Müller, Czech — ein, insofern dieselben mit den Befunden des Verf. nicht übereinstimmen.

4. **Carl Henning. Ueber die Drehung der Baumstämme als Stabilitätsprincip.** (Oesterr. bot. Zeitschrift 1881, S. 213—216.)

Die bekannte Erscheinung der Torsion der Baumstämme sucht Verf. als Ausdruck eines Stabilitätsprincips hinzustellen und zu begründen.

5. **A. Zimmermann. Ueber mechanische Einrichtungen zur Verbreitung der Samen und Früchte mit besonderer Berücksichtigung der Torsionserscheinungen.** (Pringsheim's Jahrbücher. Bd. XII, S. 542—577.)

Die Arbeit enthält zunächst Untersuchungen über die Torsion der Gramineen-Grannen. Als Objecte dienten *Avena sterilis*, *A. brevis* und *A. elatior* sowie *Stipa pennata*. In einem folgenden Abschnitt macht dann Verf. den Versuch einer mechanischen Erklärung der Torsion einer einzelnen Zelle, bespricht sodann die Torsion der Papilionaceenhülsen sowie die Krümmung und Torsion der Geraniaceen-Grannen *(Geranium sanguineum, G. striatum, Erodium gruinum, E. cicutarium, Pelargonium tomentosum* und *P. elongatum)* und berichtigt zum Schluss die Angaben Hildebrandt's über den Mechanismus des Fortschleuderns der *Oxalis*-Samen dahin, dass nicht der Turgor als Triebfeder dieser Bewegungen anzusehen ist, sondern der Grund dieser Erscheinung in der Quellung der Membran zu suchen ist.

Die Resultate der Arbeit fasst der Verf. in folgenden Sätzen zusammen:

I. Die hygroscopische Torsion der Gramineen-Grannen wird bewirkt durch das Torsionsbestreben der äusseren Zellen des Stereoms und durch die starke Contraction der inneren Zellen desselben, die vielleicht dadurch, dass sie sich bei der Quellung schief richten, mit wirksam sind. Die ersteren Zellen haben spiralig verlaufende Micellarreihen, die letzteren schiefe Micellarringe. II. Das Torsionsbestreben einer einzelnen spiralig gestreiften Zelle wird hervorgerufen durch ungleiche Quellungsintensität und ungleiche Festigkeit in der Richtung der beiden Micellarreihensysteme. III. Die Ursache der Torsion der Hülsen von

Orobus und Caragana hat ihren Sitz in der Hartschicht, und zwar wird sie in dieser durch ungleiche Quercontraction hervorgerufen, die auch durch anatomische Verschiedenheiten angedeutet ist. Die äussere Epidermis (und deren anatomische Verstärkung bei Caragana) wirkt nur verstärkend, die Gefässbündel des Randes nebst ihrem mechanischen Belege nur schwächend auf den Mechanismus ein. IV. Die Krümmung der Grannen von Geranium wird durch ungleiche Contraction der mechanischen Zellen derselben in der Längsrichtung hervorgerufen, die auch in Gestalt und Richtung ihrer Poren Verschiedenheiten zeigen. Bei dem Mechanismus der Grannen der Pelargonium-Arten bewirkt die äussere stark entwickelte Epidermis durch starke Contraction die Krümmung, die durch das Torsionsbestreben der inneren mechanischen Zellen schraubenförmig wird. V. Das Fortschleudern der Oxalis-Samen wird nicht durch den Turgor, sondern durch starke Quellung der Membranen der bekannten durchsichtigen Aussenschicht bewirkt.

6. **C. Kraus (Triesdorf). Untersuchungen über den Säftedruck der Pflanzen.** (Flora 1881, S. 14—23, 49—64, 65—70, 88—95.)

Die Arbeit umfasst drei Versuchsreihen. Die erste enthält Beobachtungen über die „Saftausscheidung auf frischen Querschnitten" und liefert das Resultat, dass in der unversehrten Pflanze eine hohe Saftspannung herrscht, welche sich bei Aufhebung des Verbandes zunächst im sofortigen Entweichen vielen Saftes äussert, und zwar so, dass die Saftausscheidung für gewisse Gewebeformen oder einem gewissen Entwickelungszustand derselben besonders charakteristisch ist. Die zweite Versuchsreihe beschäftigt sich mit der „Saftausscheidung an den Querschnitten in nassen Sand gesteckter Stengelabschnitte", und lässt erkennen, dass auch Stengel (und dickere Wurzeln) zu ausgiebiger Druckerzeugung fähig sind. In der dritten Versuchsreihe wird „die Saftausscheidung an anderen Stellen" behandelt. Es zeigte sich, dass die Stengel vieler Arten auch an der unversehrten Längsoberfläche Saft ausscheiden können. Bei manchen Versuchsarten mit hohlen Stengeln wurde Saft auf der inneren Oberfläche ausgeschieden. Andere Stengel wieder treiben Saft aus innerer und äusserer Längsoberfläche, während der Querschnitt trocken bleibt. Die Schuppen von Asparagus, die Blattränder des Blumenkohls, die Blätter von Bunias, die Zähne von Equisetum scheiden auch an unbewurzelten Stengelstücken Safttropfen aus. Auch an Blüthen-knospen von Brassica Napus traten Safttropfen aus, wenn Gipfelstücke der Inflorescenzzweige in feuchten Sand gesteckt wurden.

7. **C. Kraus (Triesdorf). Ueber den Säftedruck der Pflanzen.** (Vortrag, gehalten auf der Naturforscherversammlung in Salzburg, 1881. Tageblatt der Naturforschervers. in Salzburg, S. 71—73.)

8. **Dr. J. W. Moll. Over het droppelen en de injectre van bladeren. (Ueber Tropfen-ausscheidung und Injection bei Blättern.)** (Nederlandsch Kruidkundig Archief, 2o Serie, 3e deel, 3e stuk, 1881.)

Enthält die Hauptergebnisse der bereits referirten Abhandlung des nämlichen Verfassers.

9. **M. Cornu und E. Mer. Recherches sur l'absorption de matières colorantes par les racines.** (Extrait du compte rendu sténographique du Congrès international de Botanique et d'Horticulture tenu à Paris du 16 au 24 Août 1878.)

10. **G. Kraus. Ueber die Verdünnung geschüttelter Sprosse.** (Bericht über die Sitzungen der Naturforschenden Gesellschaft zu Halle im Jahre 1881, S. 27—38.)

Entgegen der Angabe Hofmeister's, dass beim Schütteln der Sprosse ausser der Verlängerung zugleich eine Verdickung eintritt, findet K. auf Grund zahlreicher, mit Hilfe eines besonders dazu construirten Instrumentes vorgenommener Messungen durchweg eine Verdünnung, eine Verringerung des Querdurchmessers geschüttelter Sprosse. Die Annahme, dass diese Verdünnung infolge der durch die Erschütterung gesteigerten Transpirationsgrösse und einer demgemäss eintretenden Erschlaffung entstehe, ist ausgeschlossen, da abgeschnittene und mit der grossen Blattfläche geschüttelte Rhabarberblätter nicht die geringste Durchmesserabnahme zeigten, wenn sie sich nicht gekrümmt hatten. Ferner spricht gegen eine solche Annahme, dass trotz dieses muthmasslichen Transpirationsverlustes immer eine Verlängerung der Sprosse eintritt. Verf. glaubt, dass die durch Erschütterung der Sprosse eintretende Verdünnung und Verlängerung dieselbe Erscheinung sei, welche auch bei der Ueberdehnung anderer Körper sich zeigt. Mikrometrische Bestimmungen unter dem Mikroskop ergaben gleichförmige Resultate.

11. G. Kraus. Ueber die Wasservertheilung in der Pflanze. II. Der Zellsaft und seine Inhalte. (Abhandl. der Naturf. Ges. zu Halle, Bd. XV.)

Der zur Untersuchung dienende Saft wurde durch Auspressung zerkleinerter Pflanzentheile gewonnen. Der Rohsaft wurde dann noch filtrirt. Bestimmt wurde das specifische Gewicht der Zellsäfte und einiger der physiologisch wichtigen Inhaltsbestandtheile unter Anwendung verschiedener Vorsichtsmassregeln. Das specifische Gewicht schwankte zwischen 1.03 (und darüber) *(Lonicera tatarica)* und 1.005 g *(Datura)*, während Zuckerrübensaft z. B. zwischen 1.057 und 1.074 schwankt. — Dutrochet und Hofmeister hatten das specifische Gewicht der oberen und unteren Hälfte gekrümmter Zweige bestimmt und waren dabei zu entgegengesetzten Resultaten gekommen. Verf. betont, dass diese Methode für die genaue Bestimmung des Zellsaftgewichtes — um die es sich auch hier handelt — durchaus unzulässig ist, er hat gleichwohl Dutrochet's Versuche an anderen gekrümmten Pflanzentheilen wiederholt und gefunden, dass, entgegengesetzt Dutrochet's Angaben, die concave (obere) Hälfte negativ geotropisch gekrümmter Sprosse specifisch schwerer ist als die convexe (untere), wie auch Hofmeister angiebt.

Das erste Capitel enthält die Untersuchungen des Zellsaftes im wachsenden Spross. In einem solchen nimmt das specifische Gewicht des Zellsaftes von den jüngeren zu den älteren Internodien ab, um gewöhnlich später wieder etwas zu wachsen. Das Wachsthum der Zelle geht mit einer fortschreitenden Verdünnung des Zellsaftes, mit einer fortwährend überwiegenden Aufnahme von Wasser Hand in Hand. Das gelöste Eiweiss im Zellsaft nimmt mit dem Alter und Wachsthum des Internodiums relativ ab. Die freien Säuren des Zellsaftes zeigen gleichfalls mit dem Wachsthum eine continuirliche relative Abnahme. Die Acidität des Saftes ist in den jüngsten Internodien am grössten, sie nimmt ab, so lange die Internodien wachsen, um öfter später wieder etwas zuzunehmen. Die absolute Menge der freien Säuren vergrössert sich beim Wachsthum, es werden im wachsenden Spross fortwährend Säuren gebildet. In noch höherem Maasse vermehrt sich der Zucker. Der relative Zuckergehalt im wachsenden Stengel nimmt, abweichend von den Säuren im wachsenden Stengel, eine Zeit lang zu, erreicht ein Maximum und sinkt von diesem ab wieder. Auch eine absolute Zunahme findet statt, es wird im wachsenden Internodium eine Zeit lang mit steigender Geschwindigkeit Zucker gebildet. Das Zuckermaximum im Spross liegt ansehnlich unter dem Wachsthumsmaximum, daraus folgt, dass die Remission des Wachsthums nicht in erster Linie von der Remission der Zuckerbildung abhängen kann.

Das zweite Capitel behandelt die Veränderungen des Saftgewichtes bei einseitigen Wachsthumsvorgängen im Spross. Es ergab sich Folgendes: 1. In geotropisch gekrümmten Stengeln ist der Zellsaft auf der unteren (convexen) Seite specifisch leichter, minder concentrirt, als auf der oberen (concaven). Er ist auf der Unterseite procentisch ärmer an Zucker und freier Säure, und diese Abnahme an Zucker und freier Säure ist nicht relativ, sondern eine absolute, es wird auf der Unterseite beim Krümmungsvorgang Zucker und freie Säure verbraucht. 2. Die geringere Concentration des Zellsaftes auf der Unterseite ist schon in ungekrümmten, horizontal liegenden Sprossen nachweisbar. 3. Es findet neben dem Verbrauch gelöster Stoffe auf der Unterseite auch eine Wanderung von Wasser aus der Ober- in die Unterseite statt. 4. Während der Zeit, wo eine Wasserwanderung stattfindet, ist auch eine absolute Vermehrung des Zuckergehaltes der Unterseite nachweislich, in derselben Zeit, aber nicht immer, ist eine absolute Verminderung des Säuregehaltes der Unterseite zu erweisen. 5. Horizontal gelegte Stengel oder Stengelstücke werden in kurzer Zeit zuckerreicher als gleichgebildete, senkrecht stehende; beim Niederlegen der Stengel hebt sofort Zuckerbildung in denselben an. Auch hier geht mit der Zuckerbildung eine Verminderung der freien Säure Hand in Hand; bei Einleitung der geotropischen Krümmungen verschwindet freie Säure aus dem Zellsaft. 6. In krümmungsfähigen Stengeln findet gleichfalls eine Wasserwanderung zur Unterseite und eine Verminderung der absoluten Zuckermenge unterseits statt. Ganz analoge Resultate ergaben sich bei Untersuchung der heliotropischen Krümmung.

Das dritte Capitel behandelt: die Zuckerbildung (unter „Zucker" werden die kupfer-reducirenden Substanzen des Zellsaftes zusammengefasst) bei Erschütterung der Pflanzen. „1. Schüttelt man einen frischen wachsenden Spross einer Kraut- oder Holzpflanze in der bekannten Art, so dass er sich bogenförmig, mit überhängendem Gipfel, krümmt, dann ist sofort die Concentration des Zellsaftes auf der concaven und convexen Seite nicht mehr gleich, der Saft auf der convexen Seite ist concentrirter geworden als auf der concaven. Die höhere Saftconcentration der convexen Seite ist mit einem wesentlich höheren Zucker-gehalte verknüpft. 2. Der Zucker ist eine Neubildung im Momente der Erschütterung. 3. Auch Blattstiele, ausgewachsen wie halbwüchsig, zeigen das gleiche Verhalten; die Zucker-bildung ist nicht an die Krümmung gebunden, auch ohne dass eine merkliche Beugung hervortritt wird durch die Bewegung Zucker erzeugt. 4. Mit der Zuckerbildung ist häufig ein Verschwinden freier Säure aus dem Zellsaft nachzuweisen."

12. G. Kraus. Ueber die Wasservertheilung in der Pflanze, III. die tägliche Schwellungs-periode der Pflanzen. (Abhandlungen der Naturf. Gesellschaft zu Halle. Bd. XV.)

Diese sehr interessanten Untersuchungen bringen den Nachweis, dass alle Pflanzen-theile, nicht blos die Stämme, sondern auch Blätter, Früchte, Knospen etc. wachsend oder ausgewachsen, in regelmässig täglichem Gang grösser und kleiner werden, an- und abschwellen und dass diese Dimensionsänderungen zunächst die Folgen eines täglich, periodisch, schwankenden Wassergehaltes der Theile sind. Die Messungen wurden mit einem besonders construirten, bereits früher (Heft I, p. 47) beschriebenen und abgebildeten Messinstrumente ausgeführt.

Im ersten Kapitel behandelt Verf. „die tägliche Schwellungsperiode parenchymatischer Organe". Die An- und Abschwellung kommt bei diesen Organen durch Auf- respective Abgabe von Wasser seitens des Zellinhaltes zu Stande, ist also in Folge dessen eine Turgescenzerscheinung. Die an dicken, fleischigen Blättern ausgeführten Messungen *(Agave, Mesembryanthemum, Aloë, Echeveria)* ergaben, dass der Blattdurch-messer vom frühen Morgen bis in die Nachmittagsstunden, wo er ein Minimum erreicht, fällt und hierauf wieder zu wachsen beginnt, um des Nachts ein Maximum zu erreichen. Ebenso verhalten sich andere Organe (Blüthenknospen, Antherenstände, Blüthenstände, Früchte, Knollen). Im Allgemeinen zeigt sich hier, dass isolirte Organe gegen den Tages-wechsel mehr oder weniger unempfindlich sind: sie zeigen die Tagesperiode nicht.

Das zweite Kapitel behandelt „die Schwellungsperiode der Stämme und ihre Ursachen." Im Gegensatz zu den parenchymatischen Geweben beruht die Schwellung des Holzes (nicht der Rinde) auf Aufnahme von Wasser in die Zellhäute, sie ist also hier eine Imbibitionserscheinung. In analoger Weise wie bei den parenchymatischen Geweben ergiebt sich aber auch hier, „dass der Durchmesser der Bäume von den frühesten Morgenstunden bis in die ersten Nachmittagsstunden stetig an Grösse abnimmt und um diese Zeit ein Mini-mum erreicht. Von da ab tritt eine continuirliche Vergrösserung des Durchmessers ein, bis gegen Eintritt der Dunkelheit ein erstes (kleines) Maximum erreicht wird. Nach kurzem Sinken steigt die Durchmessergrösse wiederum und erreicht gegen die Zeit der Morgen-dämmerung ein grosses Maximum, um dann wieder die Tagessenkung einzugehen." Bezüglich der Betheiligung von Holz und Rinde bei der Anschwellung in Wasser gestellter Aeste konnte K. constatiren, dass für eine Anzahl Fälle die Stammschwellung durch eine Schwellung des Holzes allein erzielt wird, in andern Fällen aber auch die Rinde mitbetheiligt ist, oder aber endlich die Stammanschwellung ganz allein durch Rindenschwellung bedingt ist. Auch bei eingewurzelten Pflanzen, also unter natürlichen Verhältnissen findet die mannigfaltigste Betheiligung von Holz und Rinde bei dem Zustandekommen der Schwellungsperiode des Stammes statt. Selbst bei ein und derselben Pflanze besorgt bald das Holz allein, bald Holz und Rinde, bald die Rinde allein die Stammschwellung. An abgeschnittenen, verkitteten Aesten tritt die Schwellungsperiode ebenfalls auf, dieselbe ist in diesem Falle jedoch aus-schliesslich auf die Rinde zurückzuführen.

Wurden abgeschnittene oben möglichst dicht mit Paraffin verkittete Aeste gemessen und gewogen, dann in Wasser gestellt und nach einiger Zeit wiederum gemessen und gewogen, so zeigte sich, dass bei einer deutlichen Stammschwellung der Wassergehalt des Stammes um mehr als $1/2\%$ stieg. Eine ähnliche mit Stammanschwellung verbundene Steigerung des Wassergehaltes von Holz und Rinde ergab sich durch Begiessen eingewurzelter Topfpflanzen. Demnach ist als nächste Ursache der Schwellung das Wasser anzusehen. Durch Anwendung respective Verhinderung des Einflusses äusserer Agentien sucht Verf. nun den Wassergehalt der Stämme zu reguliren und daraus die Modalitäten der Anschwellung zu ermitteln. Die Versuche mit künstlicher Wasserzufuhr bei Topfpflanzen ergaben als Hauptresultate: 1. Beim Begiessen einer Pflanze tritt nach kurzer Frist — gewöhnlich in weniger als einer Stunde — Stammanschwellung auf. 2. An der Stammanschwellung nehmen der Regel nach Holz und Rinde theil; erst schwillt immer das Holz, dann die Rinde. 3. Die Anschwellung schreitet ziemlich rasch — immer mehrere Meter per Stunde — von unten nach oben — fort. 4. Nach Verfluss einiger Zeit — etwa einer Stunde — tritt wieder allmählige Abschwellung und der normale Periodengang des Tages ein. — Die Wirkung der Wasserabgabe, der Transpiration, wurde auf die Weise beobachtet, dass die Versuchspflanzen der Transpirationsorgane, der Blätter, ganz oder theilweise beraubt wurden. Es zeigte sich hier als allgemeines Resultat, dass Entlaubung oder Decapitation in kurzer Zeit Stammanschwellung hervorbringt und dass diese Anschwellung von unten nach oben fortschreitet. Dieser Anschwellung folgt jedoch wieder eine Abschwellung und am Tag nach der Operation zeigen die Pflanzen trotz der Entlaubung die Tagesperiode. Da unter natürlichen Verhältnissen die Transpiration bei Einbruch der Dunkelheit erlischt, so stellt Verf. durch besondere Versuche den Einfluss des Lichtes auf die Stammanschwellung klar und findet im Allgemeinen: 1. Normale, d. h. eingewurzelte Pflanzen zeigen, aus dem Licht ins Dunkle gebracht, nach kurzer Zeit Stammanschwellung, mit Krone oder decapitirt. 2. Die Anschwellung des Stammes geschieht fortschreitend von unten nach oben. 3. Abgeschnittene, in Wasser stehende Aeste zeigen das Gleiche. 4. Abgeschnittene, beiderseits verkittete Aeste dagegen zeigen die Anschwellung der ganzen Stammlänge noch gleichzeitig. 5. Bei ganz constanter Temperatur tritt mit dem Lichtwechsel Anschwellung jedenfalls an eingewurzelten Pflanzen auf. — Hinsichtlich des Einflusses der Wärme ist zu bemerken, dass abgeschnittene Aeste durch Temperaturerhöhung zu schwellen vermögen, wobei eine Vermehrung des Rindenwassers zu constatiren ist. Demnach ist die Wärme im Stande, Wasser aus dem Holz in die Rinde zu treiben. Durch die während des Tages sich ändernde Wechselwirkung zwischen Wasser zu- und abführenden Factoren lässt sich nun die tägliche Schwellungs- und Spannungsperiode der Stämme erklären. Die tagüber andauernde Abschwellung des Stammes wird veranlasst durch den durch Transpiration bedingten Wasserverbrauch der Laubkrone, welche Transpiration vom Lichte eingeleitet wird. Durch Steigerung der Transpiration während des Tages wird dann auch die Abschwellung während dieser Zeit sich immer weiter steigern. Wird aber nach Einbruch der Dunkelheit die Transpiration und damit der Wasserverbrauch gleich Null, so tritt die wasserhebende Thätigkeit der Wurzel allein in Kraft, hierdurch wird der Stamm wasserreicher und beginnt zu schwellen, welche Schwellung sich bis zum Anbruch des Tages steigert. (Für die Erklärung der nächtlichen Schwellung dürfte wohl die Triebkraft der Wurzel allein nicht ausreichen, da sie doch viel zu langsam wirkt, um nur in einer Nacht das Wasser bis zur Höhe zu treiben, in welcher vom Verf. die Anschwellung gemessen wurde. Niedrigste Messstellen $= 0.20\,\mathrm{m}$, höchste Messstelle $= 4.2\,\mathrm{m}$ über dem Boden. Es sind hierbei jedenfalls noch andere, das Wasser hebende Factoren in Rechnung zu ziehen. Ref.)

13. **Josef Boehm. Ueber die Ursache der Wasserbewegung und der geringen Lufttension in transpirirenden Pflanzen.** (Botanische Zeitung 1881, No. 49 u. 50.)

In der Einleitung unterzieht der Verf. die über die Bewegung des Wassers im Holze aufgestellte sogenannte „Imbibitionstheorie" einer kurzen kritischen Besprechung und führt einige Gründe an, welche gegen diese Imbibitionstheorie, dagegen für die sogenannte Luftdrucktheorie sprechen, d. h. für die Theorie, dass das Saftsteigen im Holze in den Zellräumen erfolgt und durch den Luftdruck bedingt ist. „1. Das saftleitende Holz enthält so viel Wasser, dass dasselbe unmöglich alles in den Zellwänden enthalten sein kann. 2. Durch kaum 1 cm hohe und mit Wasser injicirte Holzcylinder, welche parallel mit den

Markstrahlen oder der Stammtangente geschnitten, und, um die der natürlichen Längsaxe parallel verlaufenden Gefässe auszuschliessen, mittelst Siegellack in fast gleichlange Glasröhren eingekittet wurden, kann selbst bei einem Ueberdrucke von mehreren Atmosphären kein Wasser gepresst werden. Das gleiche ist der Fall bei älteren Zweigstumpfen, deren Gefässe bereits mit Thyllen oder einer gummiartigen Substanz gefüllt sind. Die Annahme jedoch, dass die Wasserhüllen der Zellwandmolecüle in der Faserrichtung absolut leicht, in der darauf senkrechten aber nur ausserordentlich schwer beweglich seien, ist widersinnig. 3. Von transpirirenden Bruchweiden, welche ich (Verf.) in geeigneten Gefässen aus Stecklingen zog, wurde das Quecksilber oft über 60 cm gehoben. In Anbetracht eines Mangels eines nachweissbaren Wurzeldrucks kann diese Erscheinung nicht durch Osmose bedingt sein. 4. Werden zu irgend einer Jahreszeit nicht zu zarte Längsschnitte durch das fungirende Holz von *Acer, Aesculus, Salix, Syringa, Tilia* etc., bei mässiger Vergrösserung in einem Tropfen gewöhnlichen oder mit Kohlensäure gesättigten Wassers beobachtet, so sieht man, dass die Luftblasen in den Tracheiden sich ausserordentlich stark contrahiren, zum Beweise, dass dieselben vor dem Einlegen der Präparate in Wasser eine sehr geringe Tension besassen. Die feuchte Zellwand ist nämlich leicht für Wasser, nicht aber für Luft permeabel." Verf. polemisirt sodann gegen einige von Pfeffer im I. Band seiner „Pflanzenphysiologie" aufgestellte bezügliche Sätze und giebt dann II. eine Darstellung seiner (des Verf.) Theorie über die Ursache des durch die Transpiration eingeleiteten Saftsteigens. Da diese Theorie an der Hand einer beigefügten schematischen Figur erläutert wird, so muss bezüglich derselben auf das Original verwiesen werden.

Der dritte Abschnitt der Abhandlung enthält die „experimentelle Begründung der Theorie des Verf. über die Ursache des Saftsteigens". Verf. führt hier unter Anderem einen Versuch an, welcher die Richtigkeit seiner Theorie im Wesentlichen wohl ausser Zweifel setzen dürfte: Der Splint von *Robinia* enthält zahlreiche Parenchymzellen, welche sich gegen den Herbst hin alljährlich mit Stärke füllen, die im Frühjahre wieder verschwindet; der Splint enthält also zahlreiche lebensfähige Elemente. Vom zweiten Jahre ab aber, nach vollständiger Erfüllung der Gefässe mit Thyllen, ist der Splint selbst in sehr kurzen Stücken bei einem Drucke von mehreren Atmosphären sowohl für Luft als für Wasser vollständig impermeabel. Die grosse Wasserleitungsfähigkeit des saftleitenden Holzes kann demnach nicht die Folge einer hohen Leitungsfähigkeit verholzter Zellwände sein, sondern muss durch den Wassergehalt der Gefässe bedingt sein. Es werden dann noch einige Versuche mitgetheilt, aus denen sich ergiebt, dass der Wassertransport zur transpirirenden Krone nur in dem jüngsten Holze erfolgt.

IV. „Ursache der geringen Lufttension in den Tracheen und Tracheiden des saftleitenden Holzes." Als Ursache der Entstehung der geringeren Lufttension führt Verf. die Entfernung der in den Gefässen enthaltenen Flüssigkeit an; die Erhaltung der geringen Lufttension wird auf Respirationsprozesse zurückgeführt.

14. **A. Barthélemy. Des mouvements des sucs et des divers organes des plantes rapportés à une cause unique: les variations de la tension hydrostatique.** (Extrait.) (Comptes rendus T. XCII, p. 1121—1123.)

Ein Versuch, die Wulstbildungen oberhalb der Ringelschnitte bei Stämmen und unterhalb derselben bei Wurzeln, ferner den negativen Geotropismus, das Winden der Schlingpflanzen, den Heliotropismus und endlich noch die Bewegungen reizbarer Organe, auf eine einzige Ursache, nämlich auf die Variationen in der Wasserspannung zurückzuführen, welche aus der Saugung der Wurzeln und aus der Verdunstung durch die Blätter entstehen.

15. **Fr. v. Höhnel. Weitere Untersuchungen über die Transpirationsgrösse der forstlichen Holzgewächse.** (Mittheilungen aus dem forstlichen Versuchswesen Oesterreichs Bd. II, Heft III.)

Diese Untersuchungen sind eine Fortsetzung der Versuchsreihen, welche der Verf. im Sommer 1878 ausgeführt hat. Die Resultate der letzteren werden durch die zahlreichen neuen Bestimmungen erweitert und modificirt. Es handelt sich auch hier wieder darum, annähernd die Grenzen zu finden, innerhalb welchen sich die Transpirationsgrössen bei bestimmten Baumarten, z. B. in einer gewissen Gegend bewegen. Die Methode war im Allgemeinen dieselbe wie früher, nur wurden die Zinkblechtöpfe in feuchten Sand eingesenkt, zu jedem Topfe gehörte eine Flasche Begiessungswasser, und am ersten jedes Monats wurden die Töpfe aus dem Sande herausgenommen und sammt den dazu gehörigen Flaschen gewogen. Die für 1879 günstigeren Temperaturverhältnisse brachten es mit sich, dass die Transpirationsgrössen beträchtlicher waren, als die früher constatirten. Die neu erhaltenen sind in den Tabellen niedergelegt, welche den grössten Theil der Abhandlung einnehmen. Aus denselben ergibt sich vor Allem, dass die Schattenexemplare fast durchgehends mehr transpirirten als die Sonnenpflanzen, während früher das Verhältniss annähernd gleich gefunden wurde, was der Verf. den früher die Transpiration überhaupt herabsetzenden Factoren zuschreibt.

Ferner wurde das Verhältniss der Transpirationsintensität der immergrünen Coniferen zu den Laubhölzern nicht wie früher wie 1:10, sondern nur wie 1:6 gefunden. Die Lärche dagegen gehört zu den stärkst transpirirenden Holzgewächsen. Im Winter vermögen die immergrünen Coniferen sogar mehr als Laubhölzer zu transpiriren.

16. **Fr. v. Höhnel. Ueber den Wasserverbrauch der Holzgewächse mit Beziehung auf die meteorologischen Factoren.** (Forschungen auf dem Gebiete der Agriculturphysik von Dr. E. Wollny. IV. Bd., S. 435–445.)

Verf. theilt in einer Tabelle Zahlen mit, aus denen sich ergiebt, dass die Holzgewächse eine specifisch verschiedene Transpirationsfähigkeit besitzen. Auf das Laubtrockengewicht bezogen, transpiriren Esche und Birke am meisten, es folgen dann: die Buchen, die Ulmen, die Ahorne und endlich die Eichen. Bei den Coniferen herrscht folgende Ordnung: Fichte, Weissföhre, Tanne, Schwarzföhre.

17. **Felix Masure. Untersuchungen über die Verdunstung des freien Wassers, des im Ackerboden enthaltenen Wassers und über die Transpiration der Pflanzen.** (Annales agronomiques. Tome VI., fasc. III, p. 441–500.)

Hinsichtlich der Transpiration der Pflanzen zeigen die Beobachtungen der Verf., dass dieselbe, verglichen mit der Verdunstung des Wassers bei gleicher Oberfläche, eine bei weitem grössere ist. Die Grösse der Transpiration ist, obwohl letztere keine einfache physikalische Verdunstung, sondern ein Vegetationsphänomen ist, in gleicher Weise wie die Verdunstung, abhängig von der Temperatur, von dem Feuchtigkeitsgrad der umgebenden Luft und von der directen Wirkung der Sonnenstrahlung.

Einfluss von Morgen, Abend und Nacht auf die Transpiration: der Morgen ist der „Frühling der täglichen Vegetation", der Nachmittag der „Sommer". In der Nacht ist die Transpiration nur schwach, ungefähr ein Zehntel von der des Tages.

Einfluss des Wetters: die Transpiration ist bei schöner Witterung grösser.

Einfluss der Temperatur: bei höherer Temperatur findet eine grössere Transpiration statt, jedoch zeigt sich der Einfluss der Temperatur nicht so scharf als bei der Verdunstung, da sich gleichzeitig die Vegetationszeit geltend macht.

Einfluss der Luftfeuchtigkeit: je feuchter die Luft ist, desto schwächer ist die Transpiration.

18. **F. Masure. Die Transpiration der Pflanzen.** (Ann. agronom. T. VI., Fasc. 4, p. 489–500.)

Verf. untersuchte den Einfluss von Morgen, Abend und Nacht, ferner den Einfluss des Wetters, der Temperatur und des Feuchtigkeitszustandes der Luft auf die Transpiration der Pflanzen und kommt zu dem allgemeinen Resultate, dass die Transpiration der Pflanzen ein complicirtes Phänomen ist, welches zum Theil denselben physikalischen Einflüssen wie die Verdunstung des reinen Wassers unterliegt und welches zum andern Theil unter der Herrschaft der physiologischen Kräfte des vegetativen Lebens nothwendigerweise von diesen Gesetzen abweicht, gemäss den Bedürfnissen der Pflanzen.

19. **F. Reinitzer. Ueber die physiologische Bedeutung der Transpiration der Pflanzen.** (Sep.-Abdr. aus dem LXXXIII. Bd. der Sitzungsberichte der K. K. Acad. d. Wissensch. I. Abth. Januarheft. 1881.)

Da Pflanzen in feuchten Wäldern oder in Räumen, deren Luft mit Wasserdampf gesättigt ist, sehr üppig gedeihen, an trockenen luftigen Orten dagegen oft nur kümmerlich fortkommen, so legt sich Verf. die Frage vor, ob nicht die Transpiration, trotzdem sie die

Zufuhr der Nährstoffe aus dem Boden fördert, dennoch ein im Allgemeinen für die Pflanze schädlicher Vorgang sei. Zur Erledigung dieser Frage wurden zwei Versuchsreihen angestellt: das eine Mal wurde den unter Glasglocken befindlichen Pflanzen mit Wasserdampf gesättigte, das andere Mal ganz trockene Luft zugeführt. Das Wachsthum der Pflanzen wurde während dieser Zeit mit einem Zeigerapparate verfolgt. Da bei den Trockenpflanzen die Zufuhr des Wassers hinter dem Verbrauche bald zurückblieb und dieselben in Folge dessen abstarben, so wurde ihnen später das Wasser unter Druck zugeführt. Zu diesen Versuchen dienten *Tradescantia*-Zweige, welche sich in Nährstofflösung gut bewurzelt hatten. Es zeigte sich nun, dass die Pflanzen in feuchter Luft doppelt bis dreimal so schnell wuchsen, längere, zahlreichere und dickere Internodien besassen und grössere Blätter gebildet hatten als die Trockenpflanzen, bei denen ausserdem die Biegungselasticität der Internodien eine geringere war. Auch bei Versuchen mit verholzten und in Erde eingewurzelten Pflanzen stellte sich eine Wachsthumsverzögerung der transpirirenden Pflanzen heraus. Verf. glaubt, dass die durch die Transpiration bedingte Mehrzufuhr an Nährstoffen aus dem Boden keinen begünstigenden Einfluss auf das Wachsthum ausüben könne, da sich die Zufuhr eo ipso durch den Verbrauch regulire, als Folge verstärkter Diffusionsbewegung, und da ferner die Zufuhr durch den Transpirationsstrom sich gar nicht nach dem momentanen Bedürfniss der Pflanze richte, sondern nach dem Verhältnisse, in welchem die Nährstoffe in der Bodenflüssigkeit vorkommen. Die vom Verf. cultivirten Fruchtpflanzen waren zwar wasserreicher, allein sie besassen ein beträchtlich höheres Frisch- und Trockengewicht als die Trockenpflanzen.

Die allgemeine Verbreitung der Transpiration glaubt Verf. als nothwendiges Uebel für die Pflanze ansehen zu müssen: die Vergrösserung der Kohlensäure aufnehmenden Fläche sei auch zugleich eine Vergrösserung der transpirirenden Fläche. Durch Schutzmittel gegen die Transpiration (Verminderung der Spaltöffnungen, starke Cuticula, wie bei Cacteen und andern Bewohnern trockener Orte) werde auch zugleich die Assimilation herabgesetzt und hierdurch langsameres Wachsthum bedingt. Man findet im Allgemeinen bei den Pflanzen das Bestreben, bei möglichst grosser Assimilationsoberfläche einen möglichst kleinen Transpirationsverlust zu erleiden. Als einzigen Vortheil der Transpiration sieht Verf. die Verdickung und Verholzung der Zellwände an, da hierdurch die Pflanzen widerstandsfähiger gegen mechanische Einflüsse wurden.

20. **Nobbe. Ueber den Wasserverbrauch zweijähriger Erlen unter verschiedenen Beleuchtungsbedingungen.** (Vortrag, gehalten in der Section für landw. Versuchswesen auf der Naturforscherversammlung in Danzig. Ref. in „Die landwirthsch. Versuchstationen. Herausgeg. von Fr. Nobbe, Bd. XXVI, 1881, S. 354.)

Das blaue Licht deprimirte die Transpiration der Versuchsobjecte, je nach der Concentration der Lösung auf 35—51 %, das gelbe auf 57—81 %, das rothe auf 47 %.

II. Wachsthum.

21. **M. Cornu. Explication mécanique de quelques particularités relatives à l'accroissement des radicelles des plantes.** (Bulletin de la Société botanique de France. T. XXVIII. 2. Série. T. III. 1881. Séance du Avril.)

C. machte bei Versuchen über die Absorption färbender Materien durch die Wurzeln die Beobachtung, dass wenn Wurzeln in concentrirte Lösungen eintauchten, das Wachsthum verlangsamt wurde, wobei gleichzeitig in der Nähe des Wurzelendes Anschwellung oder Krümmung sich zeigte. Dieselbe Erscheinung tritt bei Wurzeln ein, denen es plötzlich an Wasser mangelt, überhaupt bei jeder Verhinderung der normalen Entwickelung eines Pflanzentheils. Für die nun folgenden Erörterungen und versuchten Erklärungen ist eine Reproduction unnöthig.

22. **E. Guinier. Recherches expérimentales sur l'accroissement des tiges d'arbres comparé au développement foliacé.** (Revue des eaux et forêts. T. XX, p. 23—29.)

G. sucht den experimentellen Nachweis zu liefern, dass der jährliche Holzzuwachs an Bäumen hauptsächlich von der Belaubung derselben in demselben Jahre abhängig sei, indem er Bäume der nämlichen Art von kräftigem Wuchse, geringem Durchmesser, nacktem

Stamm und dicht belaubter Krone bei verschiedener Länge aber unter sonst möglichst gleichen Vegetationsbedingungen in Bezug auf ihr Dickenwachsthum vergleicht. Die Bäume wurden vor dem Fällen ihrer Blätter beraubt, letztere sofort gesammelt und gewogen. Zur Bestimmung des Holzzuwachses wurde das Amsler'sche Planimeter benutzt. Durch Rechnung findet Verf. sodann den Zuwachs bezogen auf das Kilo Blätter, auf das Gesammtvolumen, auf die Gesammtoberfläche derselben. G. kommt zu dem Resultate, dass eine Proportionalität zwischen dem Volumen des Jahreszuwachses und dem Gewicht der Blätter nicht besteht, und, was das Wichtigste ist, dass der Zuwachs bei gleicher Belaubung und unter sonstigen gleichen Verhältnissen für lange Stämme grösser ist als für kurze. Da es in der forstlichen Praxis darauf ankomme, in gegebener Zeit das grösstmögliche Volumen Holz zu produciren, so müsse man die Bäume soviel als möglich in die Höhe wachsen lassen. Zum Schlusse folgen noch einige forstwirthschaftliche Betrachtungen.

23. **Lorey, T. Ueber Stammanalysen.** (Bemerkungen und Erläuterungen zu den Ertrags-erhebungen der Königl. Württemb. Forstlichen Versuchsstation. Als Programm zur 62. Jahresfeier der Königl. Württemb. Land- und Forstwirthschaftlichen Akademie Hohenheim. Stuttgart 1880. Alfred Müller.)

Der Verf. erläutert zunächst den Begriff und den Zweck der Stammanalyse, um hierauf die Ausführung der letzteren für den einzelnen Baum wie für den ganzen Bestand auseinanderzusetzen. Weiterhin werden die vom Verf. ausgeführten Untersuchungen dar-gestellt, und schliesslich die hieraus resultirenden Folgerungen erörtert. Die Arbeit bezweckt zunächst, „für die Königlich Württembergische Forstliche Versuchsstation die nöthige Unter-lage zu liefern". „Eine allseits erschöpfende Erörterung ist dabei nicht beabsichtigt."

K. Wilhelm.

24. **Oscar Drude. Die stossweisen Wachsthumsänderungen in der Blattentwickelung von Victoria regia Lindl.** (Nova Acta der Ksl. Leop.-Carol.-Deutschen Akademie der Natur-forscher. Bd. XLIII, No. 3.)

Verf. beobachtete während eines Zeitraums von 36 Stunden (vom 4. August Nm. 4 h. bis 6. August Vm. 4 h.) das Wachsthum des Blattstieles und der Lamina von *Victoria regia*. Die Ablesung an den zwei Auxanometern (Zeiger am Bogen), von denen das eine mit dem Blattstiel, das andere mit dem Rand der Lamina in Verbindung gesetzt war, geschah regelmässig alle 5 Minuten. Es ergab sich als Resultat, dass das Wachsthum des Stieles sowohl als der Lamina nicht regelmässig verläuft, sondern beträchtlichen stossweisen Aenderungen unterliegt. Die Annahme eines äusseren Einflusses auf diese stossweisen Wachsthumsänderungen wird ausgeschlossen durch die Thatsache, dass Lamina und Stiel häufig einander widersprechende Stösse zeigten. Während ferner die Lamina hauptsächlich am Tage wuchs, ging die Streckung des Stieles besonders des Nachts vor sich. Als wahre Zuwachsgrössen während der Versuchszeit erhielt Verf. für den Stiel 281.8 mm, für die Lamina 284.8 mm, was einem mittleren Zuwachs von 7.8 mm resp. 7.9 mm pro Stunde entspricht. Eine der Abhandlung beigefügte Curventafel dient zur Erläuterung des Textes.

25. **E. Detlefsen. Versuch einer mechanischen Erklärung des excentrischen Dicken-wachsthums verholzter Achsen und Wurzeln.** (Wissensch. Beigabe zum Michaelis-programm der grossen Stadtschule zu Wismar, 14 S. mit 1 Taf. und „Arbeiten des Botan. Instituts in Würzburg", Bd. II, Heft 4, S. 670—687.)

Verf. hebt hervor, dass die Intensität des Wachsthums (der Vergrösserung) der Zellmembranen von der Grösse der durch den hydrostatischen Druck in den Zellen bedingten Spannung der Membranen abhängt, welche die Elasticitätsgrenze überschreiten muss, und weist darauf hin, dass durch äusseren Druck auf die Zelle das Flächenwachsthum der Membran vermindert wird. Nach einer Besprechung des Baues excentrischer (epinastischer, hyponastischer und diplonastischer) verholzter Sprosse und Wurzeln sucht Verf. sodann den Nachweis zu führen, dass die Ursache des ungleichen Dickenwachsthums in der Un-gleichheit des Druckes der Rinde liegt, dem die wachsenden Gewebe ausgesetzt sind, sowie „dass die Vermehrung des Zuwachses stets eine Folge der Verminderung des Druckes auf die wachsenden Gewebe ist". An den Stellen nämlich, an welchen die Rinde am wenigsten gespannt erscheint, ist der Holzkörper immer am stärksten entwickelt. Die Markstrahlen neigen sich in dieser Parthie mehr oder minder der Seite des stärksten Dickenwachsthums zu, während dieselben an den Stellen minimalen Dickenwachsthums senkrecht zu den Flächen der Jahresringe stehen. Dieser Umstand beweist, dass die Zellen nach der Seite des stärksten Dickenwachsthums zu für ihre Vergrösserung einen geringeren Widerstand zu überwinden haben. Eine Verminderung der Spannung gewisser Theile der Rinde, nach welchen Seiten hin denn auch immer der Holzkörper am stärksten entwickelt ist, wird durch folgende Ursachen herbeigeführt. 1. Das Auftreten von Aesten und Nebenwurzeln bedingt an ihrer Ursprungstelle eine Verminderung der Rindenspannung, und zwar ist diese am geringsten dort, wo die Oberfläche des seitlich abgehenden Organes, an dem es entspringt, den kleinsten Winkel bildet. Denn hier erscheint die Rinde concav gebogen, wodurch einem Druck von innen der geringste Widerstand entgegen gesetzt wird. Hier findet denn auch die reichlichste Holzbildung statt. 2. Jeder eine Krümmng des Organs bedingende seitliche Druck (z. B. durch die Schwerkraft oder durch den Wind veranlasst) bewirkt auf der convex werdenden Seite eine Steigerung, auf der concaven Seite eine Verminderung der Rindenspannung; wesshalb denn auch auf der convexen Seite das Dickenwachsthum gemindert, auf der concaven Seite das Dickenwachsthum gefördert erscheint.

26. **M. Westermaier. Ueber die Wachsthumsintensität der Scheitelzelle und der jüngsten Segmente.** (Pringsheim's Jahrbücher für wissensch. Botanik, Bd. XII, 38 Seiten und 1 Tafel.)

In einer, dem experimentellen Theil vorangehenden „historischen Betrachtung" bespricht Verf. die bisherigen Ansichten über die Beziehungen zwischen Zellenwachsthum und Gesammtwachsthum. Nach der Schleiden-Nägeli'schen Auffassung ist das Wachsthum der einzelnen Zellen bestimmend für das Wachsthum des ganzen Organes, die Hofmeister-Sachs'sche Anschauung dagegen sieht in der Form und dem Wachsthum des Organes das Primäre, von dem das Wachsthum und die Theilung der einzelnen Zellen vollständig beherrscht wird. Zwischen diesen beiden Auffassungsweisen nimmt Schwendener eine vermittelnde Stellung ein, indem er sich vorstellt, „dass die Form der Pflanzenorgane und die Individualität der Zelle gleichzeitig als massgebende Momente für die Zellenordnung in's Auge zu fassen sind, wobei indess zu entscheiden bleibt, wieviel dem einen und wieviel dem andern zuzuschreiben ist.

Der Verf. schreitet hierauf zu Erörterungen über die Voraussetzungen zur Bestimmung der Wachsthumsintensität sowie über die allgemeinen Beziehungen zwischen Volumen und Projection der Seitenansicht bei der dreiseitig-pyramidalen und der zweischneidigen Scheitelzelle und reiht hieran eine Besprechung concreter Fälle. In ausführlicher Weise wird die Wachsthumsintensität der Scheitelzelle bei *Dictyota, Hypoglossum Lepricurii, Metzgeria furcata, Salvinia natans, Equisetum arvense, Equisetum scirpoides* und *Selaginella Martensii* discutirt, und zwar nach Abbildungen, wie sie von Nägeli, Pringsheim und anderen Forschern veröffentlicht wurden. Gegenüber der Anschauung von Goebel, das Scheitelzellwachsthum von *Metzgeria furcata* betreffend, nach welcher die Volumzunahme gerade am Scheitel und speciell in der Scheitelzelle am geringsten ist, findet Verf., dass auch *Metzgeria* keine Ausnahme von der allgemeinen Regel bildet, welche folgendermassen lautet: „Das Maximum der Volumzunahme innerhalb der Scheitelregion liegt im Allgemeinen entweder in der Scheitelzelle selbst, oder in den jüngsten Segmenten." (Vgl. übrigens die vortrefflichen Bemerkungen Goebel's über diesen Gegenstand in Bot. Ztg. 1881, No. 50, S. 838.)

27. **H. de Vries. Sur les causes des mouvements auxotoniques des organes végétaux.** (Soc. Hollandaise des Sciences à Harlem. Archives Néerlandaises. Harlem 1880, T. XV.) „Nicht gesehen."

28. **H. de Vries. Sur l'injection des vrilles, comme moyen d'accélérer leurs mouvements.** (Soc. Hollandaise des Sciences à Harlem. Archives Néerlandaises T. XV. Harlem 1881.) „Nicht gesehen."

29. **Fr. Darwin. Ueber Circumnutation bei einem einzelligen Organe.** (Bot. Ztg. 1880, No. 30, S. 474—480.)

Verf. versucht die Circumnutation auch bei einem einzelligen Organe nachzuweisen, er wählt hierzu die bekanntlich stark negativ geotropischen Fruchtträger von *Phycomyces nitens* und findet, dass sowohl während der geotropischen Aufwärtskrümmung horizontal gestellter Fruchtträger als auch während der heliotropischen Krümmung Circumnutationen ausgeführt werden. Dass die Krümmungen, die von den Fruchtträgern ausgeführt werden, aus modificirter Circumnutation bestehen, scheint demnach dem Verf. wahrscheinlich. An diese Beobachtungen werden zum Schluss dann noch einige Bemerkungen über das Zustandekommen der geo- und heliotropischen Krümmungen einzelliger Organe geknüpft.

30. **George Henslow.** Les mouvements des Plantes. (La Belgique horticole 1881, S. 305—319.)

Ein ausführliches Resumé des bekannten Darwin'schen Werkes: „the power of mouvements".

III. Wärme.

31. **L. Maquenne.** Recherches sur la détermination des pouvoirs absorbants et diffusifs des feuilles. (Annales agron. publiées par. P. P. Dehérain. T. VI. 3e fascic. p. 321—390.)

1. Das Wärmezerstreuungs-(Diffusions-)Vermögen der Blätter. — Alle Blätter werfen einen beträchtlichen Theil der sie treffenden Wärmestrahlen diffus zurück. Je glanzloser die Oberfläche der Blätter ist, desto stärker ist im Allgemeinen ihr Diffusionsvermögen; bei glänzenden Blättern ist die Reflexion regelmässiger. Ober- und Unterseite zeigen ein verschiedenes Diffusionsvermögen; bei dickeren Blättern ist das der Unterseite grösser, bei sehr dünnen Blättern das der Oberseite.

2. Das Wärmeabsorptionsvermögen der Blätter. — Das Absorptionsvermögen ist um so geringer, je dünner die Blätter sind. Bei dem nämlichen Blatte absorbirt in der Regel die Oberseite mehr als die Unterseite. Die verschiedene Absorption hängt ab von der Gegenwart absorbirender Substanzen im Parenchym, als welche zunächst Chlorophyll und Wasser zu nennen sind. Mit Abnahme der Temperatur der Wärmequelle vergrössert sich die Absorption von Wärme bis zu einer gewissen Grenze, bei der dieselbe dem Absorptionsvermögen von Russ gleich ist.

3. Das Transmissions-(Wärmedurchlassungs-)Vermögen der Blätter. — Dickere Blätter lassen weniger Wärme durch; ältere weniger als jüngere; die durchgelassene Wärmemenge ist aber immer gering.

4. Das Wärmeemissionsvermögen der Blätter. — Das Ausstrahlungsvermögen der Blätter scheint von der Natur der Pflanzen unabhängig zu sein. Für niedere Temperatur ist die ausgeströmte Wärme fast gleich derjenigen, welche Kienruss unter gleichen Umständen abgeben würde.

32. **L. Maquenne.** Recherches sur la diffusion, l'absorption et l'émission de la chaleur par les feuilles. (Ref.: Bulletin de la société botanique de France. T. 28. Revue bibliographique, p. 101—102.)

Die Diffusion der Wärme, welche an der Oberfläche des Blattes beträchtlich werden kann, verschwindet fast gänzlich, wenn die Temperatur der Wärmequelle bis zu einem gewissen Grad herabgesetzt wird; das Blatt absorbirt dann fast alle Wärmestrahlen. Das Wärmeabsorptionsvermögen der Blätter ist verschieden, je nach der Art und dem Alter derselben. Dickere Blätter absorbiren stärker als dünnere. Das Emissionsvermögen der Blätter ist fast ebenso bedeutend als das von Russ. M. fand ferner, dass das Absorptionsvermögen einer Lösung von Chlorophyll in Chloroform auf den beiden Seiten des Wärmespectrums bedeutend ist, in der Mitte dagegen verschwindet. Aus den Versuchen schliesst M., dass nur Wärme von geringer Intensität der Vegetation nützlich ist, da eine solche fast vollständig sowohl vom Blatte als vom Chlorophyll absorbirt wird. Bei hoher Temperatur der Wärmequelle wird das Emissionsvermögen dem Absorptionsvermögen gleich.

33. **A. Molczanow.** Einfluss der Erwärmung der Samen von Pinus silvestris auf ihre Keimfähigkeit. (Mittheilungen der Land- und Forstw. Akademie zu Petrowskal-Rasum bei Moskau, 1880, Heft I.)

(Stand dem Ref. nicht zur Verfügung.)

34. J. W. Moll. **Quelques observations concernant l'influence de la gelée sur les plantes toujours vertes.** (Soc. Hollandaise des Sciences à Harlem. Archives Néerlandaises, T. XV, Harlem 1880.) „Nicht gesehen."

35. J. W. Moll. **Wirkung des Frostes auf immergrüne Pflanzen.** (Archives Néerlandaises des sciences exactes et naturelles, T. XIV, p. 345 und „Der Naturforscher" 1881, No. 9, S. 85 und 86.)

Erfrorene Blätter bieten bekanntlich das Aussehen, als seien sie mit Wasser injicirt worden. Diese Erscheinung beruht darauf, dass beim Erfrieren Wasser aus den Zellen in die Intercellularräume tritt (infiltrirt) und hier zu Eiskrystallen erstarrt. Verf. fand nun, dass es genügt, für einen Moment mit dem Finger die infiltrirten Blätter immergrüner Pflanzen zu berühren, um sofort an der berührten Stelle die infolge der Infiltration dunkelgrüne Farbe der unteren Seite verschwinden und durch die normale Farbe ersetzt zu sehen, während die nicht berührten Theile infiltrirt blieben. Wurden infiltrirte Blätter verschiedener Pflanzen sofort nach dem Abpflücken in ein ungeheiztes, ein wenig über 0^0 erwärmtes Zimmer gebracht, so verschwand jede Spur von Infiltration in wenigen Minuten, ohne dass die Blätter von der Schnelligkeit des Aufthauens zu leiden hatten. Wenn die gefrorenen Blätter unter Wasser aufthauten, so blieben sie mehr oder weniger stark injicirt; Verf. schliesst hieraus, dass beim Aufthauen eine Luftverdünnung in den Intercellularräumen der gefrorenen Blätter eintritt, und dass somit beim Erfrieren eine Volumverminderung des Blattes stattfindet. Ferner konnte constatirt werden, dass die immergrünen Blätter beim Erfrieren ihre Richtung ändern, insofern sie nach unten sinken, dass sie dagegen beim Aufthauen wieder ihre vorige Stellung einnehmen. Die Ursache dieser Bewegung der Blätter ist die durch das Gefrieren eintretende Schlaffheit derselben.

36. M. Prillieux. **De l'action de la gelée sur les plantes.** (Revue des eaux et forêts. T. XX. p. 441—452.)

Verf. schildert die äusseren Erkennungszeichen der Frostwirkung bei verschiedenen Pflanzen, Ort und Art der Eiseinlagerung. Die Bildung des Eises schreitet von aussen nach innen fort, bei vierkantigen Stengeln in vier Parthien, bei runden Stengeln in Form von Ringen, mit oder ohne Unterbrechung, immer aber findet sie in den Intercellularräumen statt. Eigenthümlich ist das Auftreten von Eis an der Basis noch grüner Blätter, infolge dessen letztere beim ersten Strahl der Sonne abfallen. Viele Pflanzen krümmen sich infolge der Frostwirkung. Baumäste senken sich. Diese Krümmungen sind Folge von Spannungsdifferenzen in der Längsrichtung, bei unsymetrischem Querschnitte. Spannungsdifferenzen in der Querrichtung verursachen Risse und Spalten der Baumstämme. P. führt dann verschiedene Thatsachen an, welche gegen die Ansicht Duhamel's und Buffon's, dass die Risse durch Gefrieren von Saftwasser entständen, sprechen, und erwähnt die bei Bäumen auftretenden kreisförmigen Risse, welche die einzelnen Jahresringe von einander trennen.

Nicht alle gefrorenen Pflanzen sind getödtet, und von denen, welche unterliegen, sind nicht alle auf dieselbe Weise getödtet. Der Tod der Pflanze kann entweder indirecte Folge und entfernt von der Frostwirkung sein, oder er ist directe Folge der Frostwunden. Da die Thatsache, dass viele gefrorene Pflanzen beim Thauen wieder aufleben, gegen die Annahme spricht, der Tod erfolge durch Zerreissen der Zellwände beim Gefrieren des Zellinhaltes, so untersucht Verf. zunächst das Verhalten der Pflanzen beim Aufthauen. Die in den Intercellularräumen befindlichen Eismengen zerfliessen; zu dem hierbei entstehenden Wasser kommt noch das aus den getödteten Zellen austretende, da todte Zellen flüssiges Wasser nicht mehr zurückzuhalten vermögen. Diese Erscheinungen sind von Durchsichtigwerden und Welken, durchgehender Schwärzung und schnellem Austrocknen der Pflanze begleitet. Die hauptsächlichste Wirkung des Frostes auf die Pflanze aber besteht darin, dass der Plasmabeleg der Zellen coagulirt und wie beim Eiweiss sich nur zum Theil beim Aufthauen wieder verflüssigt. Je rascher man Pflanzen aufthauen lässt, desto leichter zerstört man sie. Umhüllen mit Schnee und Eis schützt oft gegen den Tod, indem die Wärme der Sonnenstrahlen unschädlich gemacht wird. P. theilt einige hierauf bezügliche Versuche mit und knüpft daran einige Bemerkungen über den Einfluss der Kälte auf Baumstämme.

37. **Kirchner. Ueber Längenwachsthum von Pflanzenorganen bei niederen Temperaturen.** (Vortrag, gehalten auf der Naturforscherversammlung in Salzburg, 1881. Tageblatt d. Naturforschervers. in Salzburg. S. 75.)

1. Für eine Reihe von einheimischen Pflanzen lassen sich an im Wachsthum befindlichen Organen die von Uoth, Haberlandt etc. an auskeimenden Samen gemachten Beobachtungen bestätigen, wonach das Temperaturminimum bei 0^1 oder nur wenig darüber liegt. *(Sinapis, Secale, Triticum, Pisum, Cannabis.)* Dieses Ergebniss wird man mit grosser Wahrscheinlichkeit auf das Gros der bei uns einheimischen Pflanzen übertragen dürfen.

2. Auch diejenigen Pflanzen, deren untere Keimungstemperatur erheblich über C^0 liegt, zeigen bei Temperaturen unterhalb ihres Minimums noch ein Andauern der Streckung, jedoch ein allmähliges Herabsinken der auf einander folgenden Zuwachse bis zum endlichen Stillstand. Diese Verlangsamung der Streckung erfolgt um so rapider, je tiefer die Versuchstemperatur unterhalb des Keimungsminimums für die betreffende Pflanzenart liegt. Diese Erscheinung kann man als eine Nachwirkung der früheren höheren Temperatur auffassen, ähnlich wie Nachwirkungen bei heliotropischen und geotropischen Vorgängen beobachtet worden sind.

38. **C. de Candolle. L'effet des très basses températures sur la faculté germinative des graines de plusieurs espèces.** (Verhandlungen der Schweizerischen Naturforschenden Gesellschaft in Bern. 61. Jahresversammlung.)

Die Samen von 13 Arten *(Sinapis alba, Lepidium sativum, Artemisia annua, Mimosa pudica, Galatella dracunculoides, Silene pendula, Perilla nankinensis, Hyoscyamus niger, Galega officinalis, Nigella damascena, Foeniculum officinale, Nicotiana acuminata* und Roggensamen) wurden in grösserer Anzahl fast zwei Stunden lang einer Temperatur von — 80^0 C. ausgesetzt. Mit Ausnahme von *Perilla, Hyoscyamus* und *Nicotiana* keimten nach dieser Behandlung alle in derselben Weise wie normale Samen. Das ungünstige Resultat bei den erwähnten drei Arten ist in der schlechten Qualität der angewendeten Samen zu suchen, da andere nicht abgekühlte Samen derselben Arten ebenfalls nicht keimten.

39. **E. Wartmann. Recherches sur la végétation.** (Ref.: Bulletin de la société botanique de France. T. 28. Revue bibliographique, p. 105—106.)

I. Eine Mittheilung, dass Ozon keinen sichtbaren Einfluss auf die Keimung sowohl als auf die Entwickelung der Pflanzen ausübt. II. Eine Mittheilung, dass Samen der Rosskastanie, nachdem sie einer sehr niedrigen Temperatur ausgesetzt waren, eben so schnell keimten als Samen derselben Art, welche nicht abgekühlt waren.

40. **Carl Kraus (Triesdorf). Untersuchungen über den Einfluss der Behäufelung auf die Ausbildung des Rübenkörpers.** (Wollny: Forschungen auf dem Gebiete der Agriculturphysik. IV. Bd, S. 34—62.)

Es wurden Versuche angestellt mit Oberndorfer Runkeln, weisser schlesischer Zuckerrübe und mit der gewöhnlichen weissfleischigen Kohlrübe. Die erhaltenen Resultate lassen den Verf. folgende allgemeine Gesichtspunkte für Anwendung der Behäufelung aufstellen:

1. Das Behäufeln wird schädlich wirken, wenn es an zu jungen Pflanzen geschieht, vermuthlich auch eher bei Pflanzrüben mit an sich geschwächtem Wurzelvermögen als bei Kernrüben.

2. Starkes Anhäufeln ist verwerflich. Soll Behäufeln das Ergrünen der Köpfe verhüten, so kann es sich nur um Varietäten handeln, welche nur wenig über den Boden herauswachsen; bei diesen aber wird schon schwächeres Behäufeln den gewünschten Erfolg haben, und zwar auch dann noch, wenn es spät, etwa am Schlusse der Bearbeitung vorgenommen wird. Soll Behäufeln die physikalischen Verhältnisse verbessern, so ist es vorzuziehen, den Acker von vornherein in Kämme zu pflügen und auf diese die Pflanzen zu setzen. Ebenso bei flachkrumigem Boden.

3. Je leichter der Boden austrocknet, um so mehr ist Behäufeln zu vermeiden, ebenso je schwächlicher der Wuchs der Pflanzen ist, im Falle natürlich derselbe nicht von zu grosser Feuchtigkeit und zu geringer Durchlüftung herrührt.

41. P. Kunisch. **Ueber die tödtliche Einwirkung niederer Temperaturen auf die Pflanzen.** (Inauguraldissertation. Breslau 1880, 55 S. Referat aus Wollny, Agriculturphysik, IV. Bd., S. 77.)

Verf. versucht die von Sachs gegebene Erklärung, nach welcher der Frosttod der Pflanzen nicht unmittelbare Folge der Kältewirkung selbst ist, sondern durch das Aufthauen herbeigeführt wird, durch Versuche zu widerlegen. Er findet, dass Pflanzen unseres Klimas durch vorübergehende, nur wenige Grade über dem Nullpunkt liegende Temperaturen im Allgemeinen nicht merklich geschädigt werden, dass Pflanzen südlicher Heimath dagegen, wie schon aus Versuchen Göppert's hervorgeht, erkranken und oft in kurzer Zeit absterben. Die mit einer *Coleus*-Varietät angestellten Versuche ergaben, dass diese Pflanzen auch dann bei einer Temperatur über 0⁰ sterben, wenn Transpiration und Wärmestrahlung möglichst beschränkt sind, wenn also an einen Vertrocknungstod nicht gedacht werden kann.

Hinsichtlich der tödtlichen Einwirkung von Temperaturen unter dem Nullpunkt findet der Verf.:

1. Dass das Absterben der Pflanzen in der That schon während des Gefrierens eintritt, wie aus dem Verhalten derjenigen Orchideen erhellt, welche ihren Tod stets in augenfälliger Weise durch die Annahme einer blauen Färbung indiciren. 2. Gewisse Pflanzen scheinen in der im Freien herrschenden Kälte nie zu erliegen (*Viscum, Galanthus, Bellis perennis*, Lichenen u. s. w.). 3. Jedoch gibt es Pflanzen, die durch das Gefrieren immer getödtet werden, z. B. die Kartoffel. 4. Die Intensität der Kälte steht im Allgemeinen im geraden Verhältniss zu dem durch sie in der Pflanzenwelt veranlassten Schaden. 5. Die Dauer der Kälte scheint ohne Belang zu sein, wenn die Verdunstung während derselben möglichst vermieden wird. 6. Bei wiederholtem Gefrieren und Aufthauen gehen manche Pflanzen bei Temperaturen zu Grunde, welche sie bei einmaliger Frostwirkung unbeschädigt aushalten können. 7. Die Schnelligkeit des Aufthauens scheint im Allgemeinen auf das Fortleben der Pflanzen keinen Einfluss zu haben.

Zur Erklärung dieser Thatsachen dient dem Verf. die Annahme, dass durch Abkühlung auf Temperaturen unter 0⁰ chemische Umwandlungen im Zellsafte entstehen können, welche der Lebensfähigkeit der Zelle schaden. Pflanzen, welche bei der im Freien herrschenden Kälte nicht erfrieren, können einen Zellsaft besitzen, welcher bei jenen Temperaturen noch nicht umgewandelt wird, oder aber die neuentstandenen Körper sind dem Leben der Zelle nicht schädlich oder endlich können dem Zellsaft derartige, dem Umwandlungsprocess unterliegende Stoffe fehlen.

Pflanzen, welche bei niederen Temperaturen stets erfrieren, mögen vielleicht einen Zellsaft enthalten, dessen Bestandtheile jene tödtliche Umsetzung stets erleiden. Das Absterben nach mehrmaligem Gefrieren und Aufthauen ist nach dem Verf. entweder Folge von Vertrocknung oder durch Verdunstung herbeigeführter zu grosser Concentration des Zellinhaltes.

Als Schutzmittel gegen das Erfrieren der Pflanzen schlägt Verf. vor, die Pflanzen mit kaltem Wasser, zur Hervorrufung einer Eisdecke, zu übergiessen, durch welche, wie durch eine Schneedecke, die Pflanzen vor zu starker Erkältung geschützt werden.

IV. Licht.

42. N. Pringsheim. **Ueber die primären Wirkungen des Lichtes auf die Vegetation.** (Aus dem Monatsbericht der Königl. Academie der Wissensch. zu Berlin vom 16. Juni 1881.)

Da dem Verf. die bisher bei Untersuchungen über den Einfluss des Lichtes auf die Vegetation angewendete gasanalytische Methode unzureichend erscheint, so sucht er, nach Angabe verschiedener Gründe, um die primären Wirkungen des Lichtes kennen zu lernen, die Methode der intensiven Beleuchtung anzuwenden, welche darin besteht, dass die zu untersuchenden Objecte in concentrirten, weissen und farbigen Sonnenbildern beobachtet werden. Bei der intensiven Beleuchtung lassen sich nur zwei von einander verschiedene Effecte der Strahlung von einander unterscheiden, und zwar thermische, die auch ohne Sauerstoffgegenwart eintreten und von allen Lichtstrahlen, sichtbaren und unsichtbaren, hervorgerufen werden können, und photochemische Effecte oder Lichtwirkungen im engeren Sinne, die nur von den leuchtenden und vielleicht auch von den ultravioletten

Strahlen angeregt werden, zu deren Zustandekommen die Gegenwart von freiem Sauerstoff in der Umgebung der Zelle absolut nothwendig ist. Da andere als thermische und photochemische Effecte des Lichtes (nach der von P. eingeschlagenen Methode) an der Pflanze nicht nachweisbar sind, so müssen nicht blos die auf das Wachsthum und den Stoffwechsel, sondern auch die sogenannten mechanischen und vitalen Reizbewegungen des Lichtes sich auf rein thermische und photochemische Lichteffecte zurückführen lassen. Als besonderer, von der Wärmeerzeugung des Lichtes verschiedener, rein photochemischer Effect kennzeichnet sich nach dem Verf. die Beförderung der Oxydation der Bestandtheile der Zellen durch den atmosphärischen Sauerstoff, die Athmung. Aber diese Steigerung der Sauerstoffaufnahme durch die Beleuchtung ist nicht der einzige photochemische Effect der Lichtstrahlung, sondern auch die Kohlenstoffassimilation ist darauf zurückzuführen; ob die letztere aber unabhängig von der Athmung, durch einen besonderen photochemischen Lichteffect auf das Protoplasma zu Stande komme, wagt Verf. nicht sicher zu entscheiden. Auch die sogenannten mechanischen Wirkungen des Lichtes werden, soweit sie nicht von thermischen Effecten der Strahlung abhängen, durch die Intensitätsänderungen der Gasabsorption und Gasdiffusion veranlasst, welche unter dem Einfluss der photochemischen Wirkung des Lichtes stehen. Die bei wechselnder Beleuchtung in den Zellen auftretenden Bewegungen der Chlorophyllkörper sowie die Bewegungen der Schwärmsporen von und nach der Lichtquelle versucht Verf. ebenfalls aus den Intensitätsänderungen des durch das Licht bedingten Gaswechsels zu erklären. Bezüglich des Erklärungsversuches der Schwärmsporenbewegung muss jedoch auf das Original verwiesen werden.

43. **A. Wieler. Ueber die durchscheinenden und dunklen Punkte auf den Blättern und Stämmen einiger Hypericaceen.** (Mittheil. aus dem Bot. Inst. der Acad. Heidelberg. Verhandl. des Naturwiss. Vereins zu Heidelberg. II. Bd. 5. Heft [Sep.].)

Verf. untersuchte die alkoholische, in durchfallendem Licht gelb gefärbte Lösung des in den Kronenblättern von *Hypericum perforatum* enthaltenen Farbstoffs. Die Lösung zeichnet sich bekanntlich durch sehr starke hellrothe Fluorescenz aus, deren Färbung bei genügender Concentration an die von Siegellack erinnert. Das Absorptionsspectrum ist durch einen Doppelstreifen in Gelb (an beiden Seiten der D-Linie) und einen Streifen in Grün (in der Mitte zwischen D. und b.) charakterisirt; die brechbareren Strahlen ungefähr von der Linie G. an werden total absorbirt. Benzol lässt die alkoholische Lösung ziemlich unverändert. Die charakteristischen Linien des Farbstoffs waren auch in dem alkoholischen Extract der Laubblätter neben den Absorptionsbändern des Chlorophylls nachweisbar. Die über den gelben rothfluorescirenden Farbstoff vorliegenden Angaben von Palmer konnte Verf. nur insofern bestätigen, als das von ihm beobachtete Spectrum der Lage der Absorptionsstreifen nach nur im Allgemeinen mit dem von Palmer beschriebenen Spectrum des „normalen Hypericins" und der mit Säure versetzten Oellösung des Farbstoffs übereinstimmte.

Loew.

44. **M. A. Levy. Note sur un appareil ayant servi à étudier l'influence de la lumière sur la maturation des raisins.** (Annales agronom. publ. par P. Dehérain. T. VI. 1 fasc.)

45. **Stebler. Ueber den Einflus des Lichtes auf die Keimung.** (Vortrag, gehalten in der Naturforschenden Gesellschaft in Zürich, Sitzung vom 24. Januar 1881. Ref. a. Bot. Centralblatt 1881, S. 157—158.)

St. theilt Versuche mit, welche zeigen, dass das Licht bei vielen Samen auf die Keimung einen bedeutend grössern, förderuden Einfluss hat, als die Wärme. Bei gleichen Feuchtigkeits- und Wärmeverhältnissen keimten z. B. von je 400 Körnern

von *Poa nemoralis* im Licht.	. .	62 %
„ Dunkeln	. .	3 %
„ Licht	. .	53 %
„ Dunkeln	. .	1 %
von *Poa pratensis* im Licht	. .	59 %
„ Dunkeln	. .	7 %
„ Licht	. .	61 %
„ Dunkeln	. .	0 %

Versuche, welche statt im Sonnenlicht im Gaslicht ausgeführt wurden, führten zu demselben Resultat. Analog wie die Samen von *Poa* verhielten sich ferner die von *Cynosorus, Alopecurus, Holcus, Dactylis, Agrostis, Aira,* Hirsen, *Anthoxanthum* etc. Bei schnell und leicht keimenden Samen, wie den Kleearten, den Bohnen, Erbsen etc. scheint eine vortheilhafte Einwirkung des Lichtes nicht stattzufinden. Worin die Wirkung des Lichtes beruht, darüber kann zur Stunde noch nichts Sicheres gesagt werden, es macht aber den Eindruck, als ob der Embryo zuerst kleine Mengen von Chlorophyll bilden und assimiliren müsse, um im Stande zu sein, das aufgespeicherte Reservematerial umzusetzen und keimen zu können.

46. **P. Regnard. De l'influence des radiations rouges sur la végétation.** (Ref. Bulletin de la société botanique de France. T. 28. Revue bibliographique, pag. 188.)

Pflanzen, welche nur Licht empfangen, welches durch eine Chlorophylllösung hindurchgegangen ist, gehen zu Grunde, selbst wenn die Lösung schwach war. Eine solche Lösung hält von dem ganzen Spectrum fast nur einen charakteristischen Theil des Roth auf (zwischen B und C), der demnach dem weissen Lichte nothwendig ist. Eine Lösung von Jod in Schwefelkohlenstoff absorbirt nun vom weissen Lichte fast alles bis auf jenen rothen Theil; wurden Kressepflänzchen im Licht cultivirt, welches durch diese Lösung gegangen war, so gediehen sie fast ebensogut als Pflanzen, welche Licht empfingen, welches eine Schicht reinen Wassers passiert hatte.

V. Reizerscheinungen.

47. **S. Schwendener. Ueber das Winden der Pflanzen.** (Aus dem Monatsbericht der Kgl. Akademie der Wissenschaften zu Berlin, vom Dezember 1881.)

Verf. hat sich die Aufgabe gestellt, sowohl der geometrischen als auch der mechanischen Seite beim Vorgang des Windens etwas näher als es bisher geschehen ist, nachzugehen, um von dieser Seite her eine Lösung des Problems herbeizuführen. Indem bezüglich der Details auf das Original verwiesen sein mag, wird es genügen, hier nur diejenigen Momente hervorzuheben, welche der Verf. als wesentlich und unentbehrlich für das Zustandekommen der Windungen schlingender Pflanzentheile bezeichnet. Diese sind: Das Ergreifen der Stütze infolge der Nutationskrümmung und der Einfluss des Geotropismus. Die in revolutiver Nutation begriffene Spitze einer Schlingpflanze krümmt sich von Zeit zu Zeit stark nach innen und drückt hierdurch ihre Endknospe gegen die Stütze, während ein etwas unterhalb der Spitze gelegener Punkt des Stengels ebenfalls mit der Stütze in Berührung kommt, oder schon gekommen ist. „Die junge Schlingpflanze ergreift also die Stütze in ähnlicher Weise, wie man etwa mittelst Daumen und Zeigefinger eine cylindrische Glasröhre oder ein leichtes Weinglas u. dergl. anzufassen pflegt." Nachdem dieser Doppelcontact mit der Stütze hergestellt ist, versucht die Pflanze noch einige Zeit lang den Krümmungsradius zu verkleinern, so dass also die Endknospe mit einer gewissen Kraft gegen die Stütze gedrückt wird. Fallen diese beiden Contactpunkte nicht in eine Ebene, sondern liegt der eine derselben merklich höher, so resultirt aus dieser Spannung zugleich eine der Windungsrichtung entgegengesetzte (antidrome) Torsion, welche, wie Verf. meint, für den Mechanismus des Windens wesentlich ist, während die oft als beobachtenden gleichsinnigen (homodromen) Torsionen als Störungen betrachtet werden, und bei regelmässigen Winde nicht vorkommen. Eine zweite wesentliche Bedingung des Windens ist, wie Verf. durch Versuche am Klinostaten nachweist, der Geotropismus. Eine um eine horizontale Axe rotirende Pflanze windet nicht, nutirt aber nach allen Seiten. Die andere Wirkung der Schwerkraft, das Eigengewicht ist nicht maassgebend, da, wie Verf. zeigt, die Pflanze auch dann fortfährt zu winden, wenn das Eigengewicht contrebalancirt wird. Die mechanischen Wirkungen der geotropischen Krümmungen bestehen in einem Krümmungs- und einem Drehungsmoment, welche also gleichsinnig wirken, wie die durch das Ergreifen der Stütze sich ergebenden: „Das Drehungsmoment bedingt antidrome Torsion, das Biegungsmoment Krümmung nach der Stütze hin." Für das Zustandekommen des Windens ebenfalls von Bedeutung ist auch der Durchmesser der Stütze, insofern derselbe in Bezug auf den Radius der Nutationskrümmungen nicht zu gross sein darf, da sonst, wie leicht einzusehen ist, die Spitze des Stengels an der Stütze leicht ausgleitet.

48. L. Rouse. Mouvements des feuilles. (Les Mondes 1881, T. 54, p. 262—263.)

Eine kuze Mittheilung, dass bei einer *Acacia mollissima*, welche beschnitten worden war, die unter der Schnittfläche liegenden Blätter aufhörten, sich des Nachts zu schliessen, während die infolge dieser Operation des Beschneidens producirten neuen und oberhalb der Schnittfläche gelegenen Blätter sich normal verhielten.

49. C. Hilburg. Ueber Turgescenzänderungen in den Zellen der Bewegungsgelenke. (Untersuchungen aus dem Bot. Institut zu Tübingen, herausg. v. Pfeffer, Bd. I, Heft 1, S. 23—52.)

Die Ursache der periodischen Bewegungen der mit Bewegungsgelenken versehenen Blattorgane sollen nach Pfeffer Turgescenzänderungen sein, und zwar sollen dieselben so gross sein, dass sie in beträchtlichen Verschiedenheiten des Concentrationsgrades der zur Plasmolysirung erforderlichen Lösung sich bemerkbar machen können. Die vom Verf. nach der von de Vries ausgebildeten Methode der Plasmolyse angestellten Versuche ergaben jedoch ein negatives Resultat, insofern sich herausstellte, dass der plasmolytisch gemessene Turgor in den Gelenkzellen für Tag- und Nachtstellung der Blätter derselbe oder fast derselbe war. Hieraus darf aber, wie Verf. im Weiteren anführt, nicht geschlossen werden, dass bei den Expansionsschwankungen der periodischen Bewegungen der Turgor überhaupt nicht betheiligt sei, da ja die im lebenden Verbande bestimmenden Ursachen beim Isoliren sich ändern können, worauf die Methode keine Rücksicht nimmt. Wenn aus positiven Resultaten ein Schluss auf das Vorhandensein von Turgorschwankungen erlaubt sei, so treffe dies nicht zu bei negativen Resultaten. Werden in den Bewegungsgelenken heliotropische oder geotropische Krümmungen veranlasst, so lässt sich mittelst Plasmolyse eine Verschiedenheit im Turgor nachweisen, was für die Ansicht von Wiesner und de Vries spricht, dass nämlich bei Heliotropismus und Geotropismus auf irgend welche Weise der Turgor in den Zellen gesteigert wird. „Aus den Thatsachen, dass die durch Heliotropismus und Geotropismus hervorgerufenen Aenderungen der Expansionskraft fixirbar sind, während dies bei den durch Tageswechsel hervorgerufenen nicht der Fall ist, folgt also wohl, dass dieselben von einander verschieden sein müssen. Man kann mithin den Schluss daraus ziehen, dass einseitige Beleuchtung andere, und zwar hier sicher den Turgor modificirende Wirkungen schafft, als die allseitige Helligkeitsschwankung, welche die Ursache der täglichen Bewegungen ist und jederzeit Hebungen und Senkungen der Expansionskraft in den Gelenken veranlasst."

Wenn Schnitte von Bohnengelenken in Wasser gebracht werden, so zeigen sie nach einer gewissen Zeit eine Senkung des Turgors in den Parenchymzellen an. Diese Eigenthümlichkeit zeigen mehr oder weniger nur die Gelenkzellen, gleichgiltig, ob sie im Licht oder im Dunkeln waren, dessgleichen Zellen heliotropisch oder geotropisch gekrümmter Gelenke. Sehr verdünnte Salpeterlösungen, etwa bis 0.5 % verhalten sich wie reines Wasser. Kommen die Schnitte jedoch zuvor in concentrirtere Salpeterlösungen, von 1—1.5 % an einige Zeit zu liegen, und darauf erst in reines Wasser, so tritt jetzt keine Senkung des Turgors ein. Ferner erreicht der in Wasser einmal gesunkene Turgor durch nachherigen Aufenthalt der betreffenden Objecte in Salpeter seine alte Höhe nicht wieder. Zuckerlösungen bis zu ca. 5 % verhalten sich wie Wasser; in solchen von 5 % an sinkt der Turgor der Zellen, jedoch nicht in dem Maasse, wie in Wasser. Einwirkung von Zuckerlösungen, selbst bis zu 20 % verhindert bei nachherigem Wasserzutritt die Senkung des Turgors nicht. Ganze Gelenkhälften in Wasser gelegt, ergeben ebenfalls Senkung des Turgors.

50. G. Cugini. Intorno all'azione dell'etere e del cloroformio sugli organi irritabili delle piante. (Nuovo Giorn. Bot. Ital. XIII, 1881, No. 4, p. 288—291.)

In letzter Zeit war durch Dr. Macchiati die Meinung geäussert worden (Nuovo Giorn. Bot. Ital. XII, p. 243), dass die hemmende Einwirkung von Aether- und Chloroformdämpfen auf die Reizbarkeit verschiedener sensitiver Pflanzenorgane ausschliesslich durch die Temperaturerniedrigung hervorgerufen sei, welche bei Verdampfen der genannten Flüssigkeiten eintritt.

Verf. hat, um diese Ansicht zu controliren, eine Reihe von Experimenten angestellt, indem er die betreffenden Pflanzen in geschlossenem, erwärmtem Raume der Einwirkung von Anaestheticis aussetzte. Die Reizbarkeit wurde auch hier stets gehemmt, mehr oder minder complet, je nach der Dauer des Versuches. Die Ansicht Macchiati's ist durch diese Versuche also widerlegt.   O. Penzig (Padua).

51. Robert Grassmann. Das Pflanzenleben oder die Physiologie der Pflanzen. (Stettin 1882. Druck und Verlag von R. Grassmann.)

Geotropismus.

52. Fredr. Elfving. Beitrag zur Kenntniss der physiologischen Einwirkung der Schwerkraft auf die Pflanzen. (Sep. Abdruck aus Acta. Soc. Scient. Tenn. T. XII.)

In dieser Abhandlung sucht der Verf. experimentelle Aufklärung, ob die von Sachs aufgestellten Sätze richtig sind, dass nämlich die Schwerkraft keine Wirkung auf das Längenwachsthum einer Wurzel ausübt, weder wenn dieselbe in normaler noch wenn sie in der diametral entgegengesetzten Lage wächst, dass mit anderen Worten die Wachsthumsgeschwindigkeit gleich bleibe, wenn die Schwere in der Richtung von der Basis nach der Spitze oder von der Spitze nach der Basis wirkt. In dem ersten Theile der Abhandlung wird die Schwerkraftwirkung auf negativ geotropische Organe behandelt, wenn sie sich in einer der normalen Lage entgegengesetzten befinden. Als Versuchsobject dient *Phycomyces nitens*, dessen Fruchtträger senkrecht nach oben wachsen, welche Verf. aber, nach H. Müller's Vorgang, unter sonst constanten Bedingungen durch von unten einfallendes Licht dazu zwingt, ihrem positiven Heliotropismus zufolge nach unten zu wachsen. Die erste, mit diesem Objecte angestellte Versuchsreihe lehrte nun, dass die Fruchtträger sowohl bei Aufwärts- als Abwärtsstellung im Lichte den als grosse Periode bezeichneten Wachsthumsverlauf zeigen; die zweite Versuchsreihe lehrte, dass diese Organe langsamer in der umgekehrten als in der aufrechten, normalen Lage wachsen, gleichviel ob sich die Verlangsamung unmittelbar oder als Nachwirkung offenbart. Im zweiten Theil sucht Verf. zu ermitteln, ob die Schwerkraft überhaupt Einfluss hat auf geotropische Pflanzentheile in ihrer senkrechten Gleichgewichtslage. Einmal wurde durch langsame Rotation um eine horizontale Axe die wachsende Pflanze *(Phycomyces nitens)* dem Einfluss der Schwere entzogen, das andere Mal wurde durch schnelle Drehung des betreffenden Objectes (Wurzel von *Pisum sativum*) die Grösse der wirkenden Kraft gesteigert. Aus den Beobachtungen ging hervor, dass der Schwerkraft kein Einfluss auf die Energie des Wachsthums der genannten negativ geotropischen Organe zuzuschreiben ist, und dass eine Centrifugalkraft von schon beträchtlicher Intensität ebensowenig die Wachsthumsgeschwindigkeit positiv geotropischer Organe ändert. Schliesslich bestätigt Verf. experimentell, dass die Schwerkraft ohne Einfluss auf die Wachsthumsgeschwindigkeit normal gestellter Wurzeln ist. Der dritte Theil behandelt die krümmende Einwirkung der Schwere und der Centrifugalkraft. Es werden die von Sachs früher als abnorm mitgetheilten Fälle in Bezug auf die endliche Gleichgewichtslage wachsender Wurzeln behandelt. Verf. liess in verschiedenen Medien, bei normaler und gesteigerter Schwerkraft senkrecht aufgerichtete Wurzeln in die Ruhelage kommen und gelangte zur Ansicht, dass jene als exceptionell betrachteten Fälle als gesetzmässig aufzufassen seien. Die Gleichgewichtslage giebt den Winkel an, bei dem, abgesehen von einer geotropischen Nachwirkung, die Einwirkung der Schwere aufhört; sie ist bei verschiedenen Wurzeln verschieden. Am empfindlichsten für die Schwere sind die Wurzeln, wenn der Ablenkungswinkel 180⁰ beträgt. Am Schlusse der Abhandlung weist Verf. den Einwand zurück, die Wurzeln seien für die Schwerkraft in feuchter Luft weniger empfindlich als in Erde, und fügt daran einige kurze Bemerkungen über das analoge Verhalten der Nebenwurzeln an.

53. Frank Schwarz. Der Einfluss der Schwerkraft auf das Längenwachsthum der Pflanzen. (Untersuchungen aus dem Botan. Institut in Tübingen. Bd. I Heft I, S. 53—96.)

Verf. untersucht den Einfluss der Schwerkraft auf das Längenwachsthum für den besonderen Fall, dass die Kraft parallel der Längsaxe positiv oder negativ geotropischer Pflanzentheile wirkt und dass die Pflanze selbst zur Schwere sich in der Gleichgewichtslage befindet. Da weder bei Anwendung von gesteigerter Centrifugalkraft noch bei Aufhebung der Schwerkraftwirkung eine Aenderung des Längen- und Dickenwachsthums nachgewiesen werden konnte, so erschien es denkbar, dass in beiden Fällen die Zu- und Abnahme des Wachsthums in gewissen Zonen statt in transversaler Richtung, in der Längsrichtung eintrete. Mit kurzen Worten führt Sch. zunächst die Sachs'schen Anschauungen über die in Rede stehende Frage an, unterwirft die Arbeiten N. J. C. Müller's einer aburtheilenden Kritik und erwähnt die gleichzeitig von Fred-Elfving (siehe Ref. No. 52) über denselben Gegenstand ausgeführten Untersuchungen, deren Resultate mit den seinigen vollkommen coincidiren.

Die Versuchsmethode war die, dass Verf. gleichzeitig an vielen Objecten die Schwerkraft wiederholt variirte, dieselben Pflanzen dann der Ruhe überliess und daneben zum Vergleich noch andere Pflanzen beobachtete, welche immer in Ruhe wuchsen. Licht- und Temperaturschwankungen waren ganz ausgeschlossen, auch wurde vom Verf. die Tagesperiode und die grosse Wachsthumsperiode berücksichtigt. Die Versuche 1—5 an *Vicia Faba, Helianthus annuus, Lupinus luteus* ergaben, dass das Wachsthum sowohl der Wurzeln als auch der Stengel durch die Centrifugalwirkung nicht verändert wird, die Versuche 10 bis 12 (an *Vicia Faba, Lupinus luteus*), dass auch die Aufhebung der Schwerkraft keinen Einfluss auf das gesammte Längenwachsthum der Stengel und Wurzeln hat. In den ergänzenden Versuchen 6—9 (an *Vicia Faba* und *Pisum sativum*) und beziehentlich 13 bis 15 (an *Vicia Faba, Pisum sativum, Lupinus luteus*) wurde die Grösse des Zuwachses in einem einzigen längeren Zeitraum bestimmt. Die noch übrigen Versuche 16—21 (an Wurzeln von *Vicia Faba* und Stengeln von *Cucurbita Pepo*) endlich bewiesen, dass durch Veränderung der Schwerkraftwirkung nicht nur das Gesammtwachsthum, sondern auch das Wachsthum in den einzelnen Zonen nicht geändert wurde, dass weder eine Verschiebung des Wachsthumsmaximums noch eine Verlängerung der ganzen wachsenden Zone stattfand. Besonderen Werth legt Verf. auf die Versuche mit Wurzeln, da bei diesen Objecten die wachsende Region ziemlich scharf abgegrenzt ist. An diese Versuche reiht Verf. dann Betrachtungen über die Wirkung der Schwerkraft. Dieselbe äussert sich einmal als Eigengewicht der Pflanze, ferner als Wachsthumsvorgänge auslösende Kraft. Die Centrifugalkraft steigert beide. Aber während der Zug des Eigengewichtes proportional der Schwere wächst, wissen wir nicht, in welchem Verhältniss die Wachsthumsvorgänge bedingende Wirkung bei Steigerung der Schwerkraft grösser wird. Versuche mit den negativ geotropischen Fruchtträgern von *Mucor Mucedo* beweisen die Richtigkeit des Gesagten: die Eigenrichtung der Sporangienträger wurde bei Anwendung der Centrifugalkraft schneller überwunden. Bei Wurzeln ergab sich, dass der durch Rotation gesteigerte mechanische Zug keinen Einfluss auf die Wachsthumsenergie ausübte, eine auslösende Wirkung des mechanischen Zuges daher wohl nicht anzunehmen sei. Zum Schlusse behandelt Verf. die Frage nach der Wirkung der Schwerkraft, wenn ihre Richtung zum Pflanzentheil nicht mehr die normale ist, und führt zunächst die Versuche Elfving's mit *Phycomyces nitens* und die Angaben Vöchting's über den Einfluss der Schwerkraft auf die Zweige der Trauerbäume an. In Bezug auf letztere sei zu bedenken, dass die Objecte einer Varietät angehören und dass durch die lange Dauer der Schwerkraftwirkung auf die invers gestellten Organe, Ernährung etc. geändert werden können. Es werden dann die Beobachtungen Pfeffer's an den Brutknospen der *Marchantia polymorpha*, Leitgeb's an den Wurzelhaaren der *Lunularia* und Vöchting's an abgeschnittenen Zweigen erwähnt, welche alle eine hemmende Wirkung der Schwerkraft auf invers gestellte Pflanzentheile darthun. Die interessante Arbeit schliesst mit einem Vergleich der Schwere mit dem Licht. Beide bringen bei einseitigem Angriff von der Kraftgrösse abhängige Krümmungen hervor, bei beiden nimmt in noch unbekanntem Verhältniss die auslösende Wirkung mit der Kraft zu. Ob bei der Schwere eine bei'm Licht, durch die Steigerung der Kraftintensität über eine gewisse Grenze die Wirkung sich vermindert und endlich ganz aufhört, ist nicht zu entscheiden. Ebenso bleibt noch zu untersuchen, welchen Effect die Centrifugalkraft hervorbringt, wenn sie senkrecht auf die Organaxe wirkt und wenn durch gleichzeitige Rotation des Pflanzentheils um die eigene Axe dessen geotropische Krümmungen vermieden werden.

54. **L. Kny. Ueber den Einfluss äusserer Kräfte, insbesondere der Schwerkraft, des Lichtes und der Berührung fester Körper auf die Anlegung von Sprossungen thallöser Gebilde und deren Längenwachsthum.** (Separatabzug aus den Sitzungsberichten des Botan. Vereins der Provinz Brandenburg. XXIII. Sitzung vom 12. Juni 1881.)

In gelatinirter Rohrzuckerlösung cultivirte Pollenschläuche einiger Phanerogamen *(Aesculus Hippocastanum, Robinia Pseudacacia, Lathyrus tuberosus, Pisum sativum, Lilium bulbiferum, L. Martagon, Tradescantia virginica)* zeigten, dass sowohl für den Ort, an welchen die Pollenschläuche angelegt werden, als auch für die Richtung, welche sie weiterhin einschlagen, und für die Intensität, mit welcher ihr Längenwachsthum erfolgt, Schwerkraft und Licht ohne Bedeutung sind. Wurden kleine Quarzkörnchen in die Gelatine eingestreut, so änderten die in ihr wachsenden Pollenschläuche ihre Wachsthumsrichtung nicht, wenn sie mit den Quarzkörnchen in Berührung kamen; ein Anschmiegen an das Substrat nach Art der Ranken konnte nicht beobachtet werden. Verf. stellt hiernach als wahrscheinlich hin, „dass Ursachen chemischer Natur, welche von den Zellen der Narbe und des leitenden Gewebes ausgehen, dem Pollenschlauche die Richtung seines ersten Hervortretens und seines Wachsthums bis zum Embryosacke vorschreiben." Verf. untersuchte ferner das Mycel von *Mucor Mucedo, M. stolonifer, Trichothecium roseum* und *Eurotium repens* bezüglich seiner Reaction auf die Schwerkraft und kommt zu dem Resultat, dass die Schwerkraft auf den Ort, an welchem die Keimschläuche hervortraten, ferner auf Wachsthumsrichtung und Wachsthumsintensität der Mycelfäden und auf deren Verzweigung ohne jeden Einfluss ist.

Heliotropismus.

55. E. Stahl. Ueber sogenannte Compasspflanzen. (Sep.-Abdr. aus der Jen. Zeitschrift für Naturwissenschaft. Bd. XV. N. F. VIII.)

Um die Ursache der Meridianstellung der Blätter von *Lactuca scariola* zu erforschen, stellte Verf. eine Reihe von Versuchen an, aus denen hervorging, dass die Lattichblätter gegen schwaches Licht diaheliotropisch sind; die Blätter stellen sich senkrecht zu den Strahlen der Morgensonne und verharren in dieser Lage; sie kehren also der aufgehenden Sonne ihre grösste Fläche zu. In dem Maasse, als die Sonne höher steigt, wird auch der Winkel, unter welchem ihre Strahlen die Blattfläche treffen, geringer, bis schliesslich zur Mittagszeit alle Blätter, in der Richtung der Sonnenstrahlen betrachtet, im Profil gesehen werden. In den Nachmittagsstunden nimmt dann der Einfallswinkel der Sonnenstrahlen auf die Blätter wieder allmählig zu, so dass diese letzteren gegen Abend wieder senkrecht von dem Sonnenlichte getroffen werden. Auf diesem Wege erzielen die Lattichblätter dasselbe, was die Blätter vieler Papilionaceen durch Krümmung der Gelenkpolster erreichen: geringen Wasserverlust durch Transpiration und Milderung des zu intensiven Sonnenlichtes. Verf. macht dann noch einige kurze Angaben über Heimath und erstes Auftreten des *Silphium laciniatum* und theilt die Angaben anderer Forscher sowie die Resultate seiner eigenen Beobachtungen an diesem Objecte mit. Ausser diesen beiden Pflanzen zählt Verf. noch *Aplopappus rubiginosus, Lactuca saligna* und *Chondrilla juncea* zu den Compasspflanzen, deren Zahl die Zukunft bei grösserer Aufmerksamkeit auf diese Erscheinungen sicher noch vermehren wird.

56. Fankhauser. Ueber Heliotropie der Pflanzen. (Mittheilungen der Naturf. Gesellschaft in Bern aus dem Jahre 1878.)

F. entwickelte höchst naive Ansichten über das Zustandekommen positiv und negativ heliotropischer Krümmungen.

57. Fr. Darwin. On the power possessed by leaves of placing themselves at right angles to the direction of incident light. (Journal of the Linnean society. Vol. XVIII. Botany, pag. 420.)

Verf. versucht durch Experimente zu entscheiden, ob die von Frank aufgestellte Theorie des „Transversal-Heliotropismus" oder die bekannte von de Vries & Sachs dagegen vertretene Ansicht den Thatsachen am meisten Rechnung trägt. Aus mehreren mit *Ranunculus Ficaria, Vicia Faba, Cucurbita ovifera, Plantago media* und Kirschenpflänzchen angestellten Versuchen, in denen die Blätter der am Klinostaten befindlichen Versuchspflanzen in verschiedener Richtung beleuchtet wurden, gelangt Verf. zu dem Ergebniss, dass das Vermögen der Blätter, eine zur Richtung der Lichtstrahlen senkrechte Lage einzunehmen, einer diaheliotropischen (transversalheliotropischen nach Frank) Empfindlichkeit derselben zuzuschreiben ist, welche im Stande ist, den Einfluss äusserer Kräfte, wie Gravitation oder innerer Kräfte wie Epinastie zu reguliren oder zu überwinden. Dass der Verf. in dem Diaheliotropismus eine modificirte Circumnutation erblickt, braucht wohl kaum noch hervorgehoben zu werden.

Hydrotropismus.

58. **E. Mer. De l'hydrotropisme des racines.** (Bulletin de la Société botanique de France. T. XXVIII. 2. Série. T. III. Séance du 8 Avril.)

Die Versuche anderer Forscher (Johnson, Knight, Sachs, Duhamel und Ducharfre) über den Hydrotropismus der Wurzeln wurden wiederholt sowie einige neue angestellt, aus deren Resultaten sich M. befähigt glaubt, eine natürlichere Erklärung dieser Erscheinung zu geben. Der Geotropismus wirke nur auf rasch wachsende Wurzeln; vermindere sich die Wachsthumsenergie bis zu einer bestimmten Grenze, so verschwinde der Geotropismus und die Wurzel wachse in der Richtung weiter, in der sie sich augenblicklich befindet. Drei, sehr ungenau beschriebene Versuche sollen dies beweisen. Nach dem Verf. ist der Hydrotropismus nicht eine besondere Reactionsfähigkeit der Wurzeln, sondern die ihm zugeschriebenen Krümmungen sind das Resultat der Verlangsamung des Wachsthums, welches immer dann eintritt, wenn die Wurzel in einen an Wasser weniger reichen Raum eindringt. In ähnlicher Weise habe man früher den Wurzeln die Fähigkeit zugeschrieben, sich gegen fruchtbarere Medien hin zu wenden, was sich aber als irrthümlich erwiesen habe.

59. **Julius Wortmann. Ein Beitrag zur Biologie der Mucorineen.** (Botanische Zeitung. 1881. No. 23 und 24.)

Die von Sachs auf Grund der beobachteten Thatsache, dass die Fruchtträger von *Phycomyces nitens* bei Ausschliessung der heliotropischen und geotropischen Krümmungen senkrecht zur Oberfläche des Substrates aus diesem hervorwachsen, ausgesprochene Vermuthung, es könne die ungleichmässige Vertheilung der Luftfeuchtigkeit die Wachsthumsrichtung der *Phycomyces*-Fruchtträger beeinflussen, veranlasste den Verf., dieselbe einer experimentellen Prüfung zu unterziehen, deren Ergebniss die Bestätigung jener Vermuthung war, und die Widerlegung des von van Tieghem bezüglich dieser Erscheinungen postulirten „Somatotropismus". Verf. constatirte, dass die Fruchtträger von *Phycomyces* sich in jeder beliebigen Lage von einer in unmittelbarer Nähe befindlichen feuchten Pappscheibe wegkrümmen, welche Erscheinung unterblieb, wenn die Pappscheibe trocken gehalten wurde. Die von van Tieghem bei *Absidia* studirten Arcaden-Krümmungen der fructificirenden Stolonen, welche als Beweis für die Existenz des „Somatotropismus" angesehen werden, weist Verf. als durch Nutationen zustandegekommen nach.

B. Chemische Physiologie.

I. Keimung. Stoffumsatz. Athmung. Chlorophyll. Insecten-fressende Pflanzen.

Referent: W. Detmer.

Verzeichniss der besprochenen Arbeiten.

I. Keimung.

6. **L. Just.** Bericht über die Thätigkeit der badischen Samenprüfungsanstalt im Jahre 1881. (Ref. S. 30.)
7. **F. Nobbe.** Ueber die Keimungsreife der Fichtensamen. (Ref. S. 30.)
8. **G. Haberlandt.** Welches ist das beste Saatgut? (Ref. S. 30.)
9. **Wollny.** Welches ist das beste Saatgut? (Ref. S. 31.)
10. **M. Ziegelhoffer.** Ueber Keimung. (Ref. S. 31.)
11. **J. Giglioli.** Sulla resistenza di alcuni semi all' azione prolungata di agenti chimici gassosi e liquidi. (Ref. S. 31.)
12. **v. Bodenhausen.** Anbauversuche mit verschiedenen Getreidesorten. (Ref. S. 32.)
13. **W. Vonhausen.** Anzucht der italienischen Pappel aus Samen. (Ref. S. 32.)
14. **J. Booth.** Einfluss des Samens auf die Pflanzenerziehung. (Ref. S. 32.)
15. **Weise.** Ergebniss der Holzsamenernte an den wichtigsten Holzarten in Preussen im Jahre 1880. (Ref. S. 32.)
16. **M. Kienitz.** Beobachtungen über die Zapfenmenge an Kiefern. (Ref. S. 32.)
17. **E. Wollny.** Untersuchungen über den Einfluss des Standraums auf die Entwickelung und Erträge der Culturpflanzen. (Ref. S. 32.)
18. **A. Aloi.** Una piccola prova sulla germinazione dei vinacciuoli americani. (Ref. S. 33.)
19. **Cocconi.** Sulla nascita dei vinacciuoli americani. (Ref. S. 33.)
20. **C. A. J. A. Oudemans en H. de Vries.** Over den inolved der temperatuur op de ontkieming von zaden. (Ref. S. 33.)

II. Nahrungsaufnahme.

21. **E. v. Wolff.** Ueber die Bedeutung der Kieselsäure für die Haferpflanze. (Ref. S. 34.)
22. **A. v. Liebenberg.** Ueber die Bedeutung des Kalkes bei der Keimung der Samen. (Ref. S. 34.)
23. **Boussingault.** Die Zersetzung der Nitrate während der Vegetation im Dunkeln. (Ref. S. 35.)
24. **W. Knop.** Untersuchungen über die Ernährung der Pflanzen. (Ref. S. 35.)
25. **Fr. Farsky.** Resultate zweijähriger Vegetationsversuche in künstlichen Nährstofflösungen und im natürlichen Boden. (Ref. S. 36.)
26. **Grandeau et Lechartier.** Discussion sur les phosphates. (Ref. S. 37.)
27. **M. Maercker.** Ueber den Werth verschiedener Formen der zurückgegangenen Phosphorsäure gegenüber der wasserlöslichen der Superphosphate. (Ref. S. 37.)
28. **E. v. Wolff, J. König u. A.** Düngungsversuche, welche namentlich zur Feststellung des Werthes der citratlöslichen Phosphorsäure angestellt wurden. (Ref. S. 37.)
29. **W. Hoffmeister.** Ueber den Stand der jetzigen Phosphorsäuredüngung. (Ref. S. 37.)
30. **E. v. Wolff.** Versuche mit zurückgegangener und in Wasser löslicher Phosphorsäure. (Ref. S. 37.)
31. **Heiden.** Die Kalkdüngung. (Ref. S. 37.)
32. — Erschöpfung und Ersatz der Bodennährstoffe. (Ref. S. 37.)
33. **Champonnois et Pellet.** Rübendüngungsversuche. (Ref. S. 37.)
34. **Maercker.** Zuckerrübendüngungsversuche in der Provinz Sachsen. (Ref. S. 38.)
35. **Drechsler.** Ueber die Vorsichtsmaassregeln bei der Anstellung von Düngungsversuchen. (Ref S. 38.)
36. **A. Petermann.** Recherches sur la dialyse des terres arables. (Ref. S. 38.)
37. **E. Wein.** Einige Cultur- und Düngungsversuche mit Leguminosen. (Ref. S. 38.)
38. **R. Noack.** Ueber die Düngung der Obstbäume. (Ref. S. 38.)
39. **E. Wein.** Untersuchungen über die Form, in welcher der Stickstoff den Culturpflanzen zu reichen ist. (Ref. S. 39.)
40. **T. Kosutany.** Adshaíyhamu elemzéséoöl. (Ref. S. 39.)
41. **R. Weber.** Vergleichende Untersuchungen über die Ansprüche der Weisstanne und Fichte an die mineralischen Nährstoffe des Bodens. (Ref. S. 39.)
42. **E. Ramann.** Beiträge zur Statik des Waldbaues. (Ref. S. 40.)
43. **E. Wein.** Untersuchungen über das Wachsthum der gelben Lupine. (Ref. S. 40.)

77. W. Detmer. Vergleichende Untersuchungen über den Einfluss verschiedener Substanzen auf Pflanzenzellen und auf Fermente der Pflanzen. (Ref. S. 48.)
78. — Ein Beitrag zur weiteren Begründung der Dissociationshypothese. (Ref. S. 49.)
79. — Ueber Amylumumbildung in den Pflanzenzellen. (Ref. S. 50.)
80. J. Reinke und Rodewald. Die chemische Zusammensetzung des Protoplasma von Aethalium septicum. (Ref. S. 50.)
81. J. Reinke. Protoplasmaprobleme. (Ref. S. 50.)
82. H. de Vries. Ueber die Bedeutung der Kalkablagerungen in den Pflanzen. (Ref. S. 50.)
83. — Ueber einige Nebenproducte des pflanzlichen Stoffwechsels. (Ref. S. 51.).
84. A. Hansen. Ueber die Wirkung des Milchsaftes von Ficus Carica. (Ref. S. 52.)
85. A. Albrecht. Note sur le Carica Papaya et les propriétés digestives du suc qu'il renferme. (Ref. S. 52.)
86. L. Wittmack. Der Milchsaft der Pflanzen und sein Nutzen. (Ref. S. 52.)
87. Cramer. Ueber den Stärkeverlust keimender Kartoffelknollen. (Ref. S. 52.)
88. P. Debérain et Bréal. Untersuchungen über den Reifungsprocess einiger krautartiger Gewächse. (Ref. S. 53.)
89. W. Wargunin. Zur Frage über die pflanzlichen Pepsinarten. (Ref. S. 53.)
90. P. E. Alessandri. Sulla maturazione dei frutti. (Ref. S. 53.)
91. N. W. P. Rauwenhoff. De beschouwingen von H. de Vries, Over de rol van melksap gom en hars in planten getoetst. (Ref. S. 53.)
92. M. Carlucci e F. Rossi. Contribuzioni allo studio della maturazione dei frutti e specialmente della maturazione dei Fichi. (Ref. S. 54.)

V. Athmung.

93. W. Detmer. Ueber die Einwirkung des Stickstoffoxydulgases auf Pflanzenzellen. (Ref. S. 54.)
94. — Ueber Pflanzenathmung. (Ref. S. 54.)
95. P. Wilson. Ueber Athmung der Pflanzen. (Ref. S. 55.)
96. Borodin. Untersuchungen über die Pflanzenathmung. (Ref. S. 55.)
97. — Athmung in reinem Sauerstoffgas. (Ref. S. 56.)
98. — Ueber innere Athmung. (Ref. S. 56.)
99. S. Hatton. On the action of Bacteria on gases. (Ref. S. 56.)
100. W. Engelmann. Zur Biologie der Schizomyzeten. (Ref. S. 56.)
101. J. Eriksson. Ueber Wärmebildung durch intramoleculare Athmung. (Ref. S. 57.)
102. Muntz. Sur la conservation des grains par l'ensilage. (Ref. S. 58.)
103. L. Cric. Ueber einige neue Fälle von Phosphorescenz bei Pflanzen. (Ref. S. 58.)
104. C. Timirjasew. Neue Methode der Untersuchung der Athmung und der Kohlensäurezersetzung. (Ref. S. 58.)

VI. Chlorophyll.

105. R. Sachsse. Beiträge zur Kenntniss des Chlorophylls. (Ref. S. 58.)
106. — Beiträge zur Kenntniss des Chlorophylls. (Ref. S. 59.)
107. Hoppe-Seyler. Ueber das Chlorophyll der Pflanzen. (Ref. S. 60.)
108. J. Conz. Das Blatt und seine Entfärbung. (Ref. S. 60.)
109. J. Rostafinski. Ueber den rothen Farbstoff einiger Chlorophyceen. (Ref. S. 60.)
110. C. Timirjasew. Apparate für quantitative Analyse des Chlorophylls. (Ref. S. 60.)
111. F. Ardissone. Sulla clorofilla. (Ref. S. 61.)

VII. Insectenfressende Pflanzen.

112. W. Behrens. Caltha dionaeaefolia. (Ref. S. 61.)

VIII. Lehr- und Handbücher.

113. W. Detmer. System der Pflanzenphysiologie, erster Theil. (Ref. S. 62.)
114. Pfeffer. Pflanzenphysiologie, B. 1. (Ref. S. 62.)

I. Keimung.

1. **G. Bonnier. Die Wärmeentwickelung beim Keimen der Samen.** (Forschungen auf dem Gebiete der Agriculturphysik, Bd. 4, S. 82.)

Der Verf. hat mit Hilfe des Berthellot'schen Calorimeters die Wärmemenge bestimmt, welche bei der Keimung der Samen verschiedener Pflanzen (*Ricinus, Pisum, Lupinus* etc.) frei wird. Wenn die Untersuchungsmethode unter gehöriger Berücksichtigung der erforderlichen Vorsichtsmaassregeln gehandhabt wird, so ist es möglich, die Wärmemenge zu ermitteln, welche von der Gewichtseinheit der Samen in gleichen Zeiten während der einzelnen Keimungsstadien producirt wird. Die Zahl der Calorien wächst zunächst mit fortschreitender Keimung, erreicht ein Maximum, um schliesslich wieder geringer zu werden. Es wurde ferner versucht, die Summe der Wärmemenge festzustellen, welche die Samen von *Pisum* überhaupt bei der Keimung erzeugen. Diese Wärmemenge entspricht nicht derjenigen, welche allein in Folge der bei der Keimung stattfindenden Kohlensäureentwickelung frei werden muss.

2. **Birner und Troschke. Einfluss des Gewichts der Samen auf die Erträge einiger Culturpflanzen.** (Wochenschrift d. Pommerischen öconom. Gesellschaft 1882, No. 2 u. 3. Ref. nach Centralbl. f. Agriculturchemie II. Jahrg., S. 390.)

Die Versuche sind mit Hafer und Erbsen durchgeführt worden. Die Körner wurden in ein Bodenmaterial eingepflanzt, welches sich in Blumentöpfen befand. Das durchschnittliche Gewicht des Saatmaterials betrug:

		Hafer	Erbsen
schwere Körner	. . .	40.75 mg	210.11 mg
mittlere „	. . .	31.55 „	171.64 „
leichte „	. . .	18.32 „	121.35 „

Ueber einige Ernteresultate giebt die folgende Tabelle Aufschluss:

Erbsen.

		Lufttrockenes Stroh pr. Pflanze in g	Gewicht der Körner pr. Pflanze in g
schwere Samen	. . .	2.1231	1.5098
mittlere „	. . .	1.8368	1.2106
leichte „	. . .	1.3946	0.9357

Auch beim Hafer haben diejenigen Pflanzen, welche aus schweren Körnern hervorgingen, eine viel grössere Productionsfähigkeit gezeigt, als die aus leichterem Saatmaterial erwachsenen.

3. **Stebler. Ueber den Einfluss des Lichtes auf die Keimung.** (Botanische Zeitung 1881, S. 470.)

Der Verf. ist durch seine Untersuchungen, welche sowohl unter Benutzung des Sonnenlichts als auch des Gaslichts angestellt wurden, zu dem Resultat gelangt: „dass das Licht die Keimung gewisser Samen, namentlich von Gräsern, begünstigt, und dass dieselben im Dunkeln entweder gar nicht oder nur sehr spärlich keimen". Das Licht soll besonders fördernd auf die Keimung der Samen von *Festuca-, Cynosurus-, Alopecurus-, Holcus-* und besonders von *Poa-* Arten einwirken. Dies Resultat ist, wie der Ref. besonders hervorheben möchte, mit grosser Vorsicht aufzunehmen, denn obgleich eine günstige Wirkung des Lichts auf den Keimungsprocess von vornherein nicht ausgeschlossen ist, so scheint der Verf. die Schwierigkeiten, welche sich der experimentellen Prüfung der von ihm behandelten Frage entgegenstellen, doch nicht genügend gewürdigt zu haben.

4. **Ehrhardt. Wie weit erhält sich die Keimfähigkeit bei ausgewachsenem Getreide?** (Deutsche landwirthschaftl. Presse 1881, No. 76. Ref. nach Centralbl. für Agriculturchemie, 11. Jahrg., S. 320.)

Der Verf. hat eine grössere Anzahl Roggenkörner während verschieden langer Zeiten normalen Keimungsbedingungen ausgesetzt und die nach diesen Zeiten gewonnenen Keimpflanzen in den lufttrockenen Zustand übergeführt. Die Untersuchungsobjecte gelangten darauf wieder mit Wasser in Contact. Es ergab sich, dass der Fortgang der Entwickelung der Keimpflanzen um so weniger normal erfolgte, je länger dieselben vor dem erwähnten Austrocknen bereits den Keimungsbedingungen ausgesetzt gewesen waren. Nach 116stündigem Keimen und folgendem Austrocknen entwickelten sich z. B. 78 % der Keimpflanzen, wenn sie geeigneten Bedingungen ausgesetzt wurden, weiter, während nach 189stündigem Keimen und folgendem Austrocknen nur 4 % der abermals mit Wasser in Contact gebrachten Keimpflanzen weiter wuchsen.

5. **R. Goethe. Ueber die Anzucht der Reben aus Samen.** (Der Weinbau 1881, No. 5.)

Der Verf. ist freilich nicht der Ansicht, dass es bei der Aufzucht der Reben aus Samen gelingt, recht widerstandsfähige Pflanzen zu gewinnen, da aber die Samencultur von anderen Gesichtspunkten aus Interesse beansprucht, so hat derselbe Versuche zur Prüfung der verschiedenen Aussaatmethoden angestellt. Es zeigte sich, dass im Allgemeinen die besten Keimpflanzen erhalten wurden, wenn die Samen nur eine schwache Bedeckung mit Erde erhielten und sich einer Temperatur von 15° C. ausgesetzt befanden.

6. **L. Just. Bericht über die Thätigkeit der badischen Samenprüfungsanstalt im Jahre 1881.**

Der Verf. spricht sich über den Nutzen der Samenprüfungsanstalten für den Landwirth im Allgemeinen aus und berichtet speciell über die Thätigkeit der badischen Station. Die Untersuchungen während des Jahres 1881 bezogen sich auf 39 verschiedene Samenarten. Es sind z. B. 170 Rothklee- und 110 Luzerneproben auf ihre Keimfähigkeit sowie auf Verunreinigungen untersucht worden.

7. **F. Nobbe. Ueber die Keimungsreife der Fichtensamen.** (Tharander forstliches Jahrbuch 1881, Heft 1.)

Zunächst liefern die Untersuchungen des Verf. Bestätigung für die von demselben schon früher ausgesprochene Ansicht, dass es am zweckmässigsten ist, die Ernte der Zapfen der Fichte behufs Samengewinnung zu Anfang October vorzunehmen. Es ist dann noch kein Samenverlust eingetreten, und die Samen haben ihre Reife bereits erlangt. Uebrigens weist der Verf. ferner unter Benutzung aus Norwegen stammender Fichtensamen nach, dass die Keimfähigkeit derselben sogleich nach rechtzeitiger Ernte noch nicht ihr Maximum erreicht hat. Die Keimfähigkeit der Samen wächst, wenn dieselben längere Zeit aufbewahrt werden und in Folge dessen nachreifen.

Wenn man die Fruchtschuppen von Fichtenzapfen successive ablöst, so zeigt sich, dass die tiefsten 20—40 Schuppen völlig steril sind. Die nächstfolgenden Schuppen enthalten gewöhnlich noch kleine, mit dem Fortschritt nach der Zapfenmitte hin und über dieselbe hinaus kräftiger werdende Samen, bis nahe dem Gipfel das Product allmählich wieder auf Null herabsinkt. Verf. constatirt nun ferner unter Benutzung des aus Norwegen stammenden Materials, dass das Gewicht der Fichtensamen je nach ihrer Stellung am Zapfen ein verschiedenes ist. Die Samen von der Zapfenmitte besitzen das höchste Gewicht; das Gewicht der tiefer sowie höher stehenden Samen ist geringer. Ebenso ist dem Samen aus der Zapfenmitte die höchste Keimfähigkeit eigenthümlich. Die Untersuchungen des Verf.'s über den relativen Werth der in Folge des Klengprocesses successive ausfallenden Fichtensamen führten endlich zu dem Resultate, dass die Anzahl der „tauben" Samen mit der Gewalt, welche zum Entfernen der Körner aus den Zapfen erforderlich ist, in eben dem Maasse zunimmt, wie die Keimfähigkeit abnimmt. Es folgt daraus, dass beim Klengprocess der erste „Aussprung" der beste ist, und dass es vorzugsweise die tauben und die von Insecten angefressenen Körner sind, welche der Werbung den grössten Widerstand entgegensetzen.

8. **G. Haberlandt. Welches ist das beste Saatgut?** (Fühling's landwirthschaftl. Zeitung 30. Jahrg., H. 1.)

Nach des Verf.'s Ansicht, empfiehlt es sich keineswegs, stets die grössten Samen als Saatgut zu verwenden, weil die sich aus denselben entwickelnden Pflanzen häufig relativ spät zur Reife gelangen sollen. Dieser Anschauung ist Wollny (Fühling's landwirthschaftl. Zeitung, 29. Jahrg., 1880) entgegen getreten, und der Verf. versucht nun im vorliegenden Aufsatze seine Meinung zu vertheidigen. Besondere Versuche zur Lösung der in Rede stehenden Frage sind vom Verf. nicht ausgeführt worden.

9. **Wollny.** **Welches ist das beste Saatgut?** (Fühling's landwirthschaftliche Zeitung, 30. Jahrg., H. 4.)

In diesem Aufsatz unterzieht der Verf. die Bemerkungen G. Haberlandt's (vgl. vorstehendes Referat) einer Kritik und hebt namentlich hervor, dass nach seinen Untersuchungen, über deren Resultate später berichtet werden soll, aus grossen Samenkörnern keineswegs nothwendig relativ spät reifende Pflanzen hervorgehen.

10. **M. Ziegelhoffer.** (Erdészeti Lapok. Budapest 1880. XIX. Jahrgang, S. 520–522. [Ungarisch.])

Die Samen von *Fraxinus excelsior* im Frühjahre gesäet, gaben in ungenügender Zahl Sämlinge; die im Herbste gesäeten gediehen aber im darauffolgenden Frühjahre vorzüglich.

Staub.

11. **J. Giglioli.** **Sulla resistenza di alcuni semi all'azione prolungata di agenti chimici gassosi e liquidi.** (Annuario della R. Scuola Superiore d'Agricoltura in Postici, Vol. II., 1880). Napoli 1881. 51 p. in 8°.

Die Samen verschiedener Culturpflanzen wurden längere Zeit dem Einfluss verschiedener gasförmiger oder flüssiger Substanzen ausgesetzt, und ihre Keimfähigkeit durch Aussaat vor und nach dieser Behandlung geprüft. Die Resultate waren sehr verschieden je nach der Natur der angewandten Substanzen, nach der Dauer der Einwirkung und nach dem Zustande der betreffenden Samen (trocken oder feucht): es wurde festgestellt, dass die Samen verschiedener Arten eine sehr verschiedene Resistenz, unter gleichen Bedingungen, zeigen können. Die Schlussfolgerungen der Arbeit sind, in Kurzem, folgende:

A. Einwirkung von Gasen auf die Keimfähigkeit.

1. Nicht alle Samen widerstehen im gleichen Grade der Einwirkung schädlicher Gase: die mit schwer permeabler Hülle begabten Samen (Luzerne) sind resistenter, als die anderen.

2. Alle Samen, wie auch die Structur ihrer Hülle beschaffen sein mag, sterben sicher und schnell in jedem beliebigen von der atmosphär. Luft verschiedenen gasförmigen Medien, wenn sie vorher in Wasser eingeweicht sind. In diesem Falle sterben sie auch in der atmosphärischen Luft, wenn diese, in einem kleinen Raume abgeschlossen, nicht erneut wird.

3. Die Resistenzdauer der befeuchteten Samen gegen verschiedene Gase ist verschieden, je nach der Natur der Gase; gewöhnlich reichen 20—30 Tage aus, um sämmtliche Samen zu tödten. Nur in einem Falle (Arsen-Wasserstoff) hat Verf. noch 1,3 % keimfähige Samen nach 200tägigem Verweilen in dem gaserfüllten Medium gefunden.

4. Die Einwirkung der verschiedenen Gase auf die trockenen Samen ist meist schwach, und es lässt sich kaum ein schädlicher Einfluss constatiren. Nur Chlor, Chlorwasserstoff und Ammoniakgas scheinen eine rapide Wirkung auszuüben.

5. Die Samen, welche lange Zeit energisch wirkenden Gasen ausgesetzt gewesen sind, keimen, wenn überhaupt noch, in abnormer Weise; besonders oft ist die Wurzelentwickelung gehindert, und nur die Plumula entwickelt sich noch bis zu einem gewissen Grade.

B. Einwirkung von Flüssigkeiten auf die Keimfähigkeit.

Hier wurden die Versuche in verschiedener Weise angestellt, indem einerseits bei gewöhnlicher Temperatur operirt wurde, oder die Flüssigkeiten erwärmt wurden; auch wurde die Einwirkung von siedenden Flüssigkeiten oder ihrer Dämpfe erprobt. Es ist zu bedauern, dass die Versuche nicht mit mehr Regelmässigkeit, mehr systematisch angestellt wurden. — Auch hier wurde mit ursprünglich trockenen, oder mit Wasser befeuchteten Samen experimentirt. — Die Resultate dieser Versuchsreihe stellen sich wie folgt:

1. Auch für die Resistenz gegen verschiedene Flüssigkeiten ist die Structur der Samenschale eine der wichtigsten Factoren.

2. Nur das Wasser und wasserhaltige Flüssigkeiten vermögen die Samen quellen zu machen, die entgegengesetzten Angaben beruhen auf Irrthümern.

3. Von allen geprüften Flüssigkeiten wird das Wasser am schnellsten von den Samen aufgenommen; seine Gegenwart scheint in den Fällen, wo ungünstige Verhältnisse für das Leben des Samens vorhanden sind, verderblich zu sein.

4. Die vom Wasser verschiedenen Liquida verhalten sich natürlich gegen die Lebenskraft der Samen äusserst verschieden, und lässt sich kaum ein Auszug der so erhaltenen

Resultate geben. Hervorzuheben ist, dass, wenn eine dem Samen schädliche Flüssigkeit mit Wasser gemischt wird, seine schädliche Einwirkung zunimmt, weil der Zugang zum Innern des Samens erleichtert ist.

5. Vorheriges Befeuchten der Samen mit Wasser vermindert ihre Resistenz gegen andere Liquida bedeutend.

6. Betreffend die Einwirkung siedender Flüssigkeiten ist natürlich eine bedeutende Verschiedenheit, je nach dem Siedepunkte des betr. Liquidum zu constatiren. Hartschalige Samen widerstehen den Flüssigkeiten mit niederem Siedepunkt (Aether, Schwefelkohlenstoff) für lange Zeit; überschreitet jedoch die Temperatur gewisse Grenzen (die von Art zu Art schwanken), so wird die Keimkraft der Samen sicher zerstört. So unterliegt der Luzerne-same, welcher dem siedenden Aether lange widersteht, dem Einfluss siedenden Alkohols. (78°). Andere Samen können einer Temperatur bis über 100° widerstehen.

7. Die Luzernesamen behalten ihre Keimkraft auch für lange Zeit dem siedenden Aether oder Schwefelkohlenstoff ausgesetzt, und geben kaum merkbare Quantitäten von Wachs oder Fett an diese Solventia ab.

C. Einwirkungen von verschiedenen gelösten Substanzen auf die Keimkraft.

Diese Reihe von Experimenten, welche ohne ein einheitliches Princip mit den verschiedensten Substanzen angestellt ist, lässt keinen Auszug zu und kann in ihren Resultaten kaum interessiren. Die Resistenz wechselt natürlich ungemein je nach der Natur der Samen, der Natur der angewandten Substanz, Concentration der Lösung und Dauer des Experimentes.

O. Penzig (Padua).

12. v. Bodenhausen. **Anbauversuche mit verschiedenen Getreidesorten.** (Sächs. landw. Zeitg., 29. Jahrg. 1881, No. 10, S. 115. Biedermann's Centralbl. f. Agriculturchemie etc. 11. Jahrg. 1882, S. 67.)

Die Resultate dieser Versuche sprechen für den Werth eines rationellen Samen-wechsels.   K. Wilhelm.

13. W. Vonhausen. **Anzucht der italienischen Pappel aus Samen.** (Allgem. Forst- und Jagdzeitung, 57. Jahrg. 1881, S. 297.)

Eine Ergänzung und theilweise Berichtigung der von dem Verf. im Juniheft des Jahrgangs 1879 obiger Zeitschrift über dieses Thema gemachten Angaben. K. Wilhelm.

14. John Booth. **Einfluss des Samens auf die Pflanzenerziehung.** (Dankelmann, Zeitschrift für Forst- und Jagdwesen, 13. Jahrg. 1881, S. 331.)

Empfiehlt möglichste Sorgfalt bei der Auswahl forstlichen Saatguts, welches nur von „ausgesuchten" Individuen rechtzeitig gesammelt, mit thunlichster Vorsicht behandelt sein und endlich auch von einer Oertlichkeit stammen sollte, die derjenigen, an welcher die Aussaat beabsichtigt ist, annähernd gleicht.   K. Wilhelm.

15. Weise. **Ergebniss der Holzsamenernte von den wichtigsten Holzarten in Preussen im Jahre 1880.** (Nach amtlichen Berichten bei der Hauptstation des forstlichen Versuchswesens bearbeitet. Dankelmann, Zeitschrift für Forst- und Jagdwesen, 13. Jahrg. 1881, S. 46.)

Aus den sehr übersichtlich zusammengestellten Angaben erhellt ein im Ganzen ungünstiges Resultat, welches auf die abnormen Witterungsverhältnisse des Jahrgangs 1880 zurückzuführen ist.   K. Wilhelm.

16. M. Kienitz. **Beobachtungen über die Zapfenmenge von Kiefern im Winter 1880/81.** (Dankelmann, Zeitschr. für Forst- und Jagdwesen, 13. Jahrg., 1881, S. 549.)

Von mehreren Einzelbäumen sowie von sämmtlichen Stämmen auf einer kleinen mitten im Bestand liegenden Fläche wurden die Zapfen gesammelt und gemessen, auch probeweise gewogen und gezählt, um zu erfahren, „wie viel Same in einem guten Samen-jahr von haubaren Kiefern zu erwarten sei".   K. Wilhelm.

17. E. Wollny. **Untersuchungen über den Einfluss des Standraumes auf die Entwickelung und Erträge der Culturpflanzen.** (Journal für Landwirthschaft, herausgegeben von Henneberg und Drechsler. 29. Jahrg. 1881.)

Diese sehr sorgfältig durchgeführte Arbeit ergab eine Reihe interessanter und praktisch wichtiger Resultate, welche jedoch in einem kurzen Referat keinen Platz finden können, weshalb hinsichtlich derselben auf das Original verwiesen werden muss.

K. Wilhelm.

18. **A. Aloi. Una piccola prova sulla germinazione dei vinacciuoli americani.** (Riv. di Viticult. ed Enol. Ital. V, 14, p. 438–441.) Conegliano 1881.

Da vielfache Klagen über die geringe Keimfähigkeit der aus Amerika importirten Samen von *Vitis* laut werden, hat Verf. vergleichende Proben über die Keimung verschiedener amerik. Rebsorten angestellt. Doch ist die Anzahl der geprüften Varietäten gering (acht), die zum Versuch dienenden Samen zu wenige (20 pro Var.), und die vom Verf. mitgetheilten Tabellen und Berechnungen sind so confus, dass die Arbeit ohne jeden Werth bleibt.

O. Penzig.

19. **G. B. Cocconi. Sulla nascita dei vinacciuoli americani.** (Riv. di Viticolt. ed Enol. Ital. XIII, 17, p. 528–530.) Conegliano 1881.

Verf. räth nach seinen Erfahrungen, um die amerikanischen *Vitis*-Samen schnell und reichlich keimen zu lassen, dieselben vor dem Aussäen in Wasser einzuweichen, bis sie Quellung zeigen; sie seien ferner in leichte Erde, nicht tiefer als $1\frac{1}{2}$ cm zu säen, täglich zu begiessen; in den ersten Tagen müssen die jungen Keimlinge vor der directen Sonne geschützt werden.

O. Penzig.

20. **Dr. C. A. J. A. Oudemans en Dr. Hugo de Vries. Over den inolved der temperatuur op de ontkieming van zaden.** (Ueber den Einfluss der Temperatur auf die Keimung von Samen.) (Nederlandsch Kruidkundig Archief, 2e Serie, 3e deel, 3e Stuk.)

Von mehreren früheren Autoren wurde der Einfluss der Temperatur auf das Keimen von Samen mehrmals geprüft. Sie beobachteten immer nur die ersten Keimungsstadien.

Bei den im Winter gehaltenen Vorlesungen über Experimentalphysiologie war es jedoch von Interesse, zu wissen, wie lange vorher und unter welchen Bedingungen die Samen ausgesäet werden müssten, damit in einer gewissen Zeit die Keimpflanzen im erwünschten Stadium vorhanden seien. Die darauf bezüglichen Daten zu gewinnen bezwecken vorliegende Untersuchungen.

Die Verf. arbeiteten in Treibhäusern, wovon das erste eine mittlere Temperatur von 15—20° Cels., das zweite eine von 11—15, das dritte eine von 8—10, das vierte eine von 7–8° hatte. Auch wurden Versuche in einem Zimmer angestellt, wo die mittlere Temperatur etwa 9—10° C. war.

In allen Treibhäusern war, auch wenn die Pflanzen so nahe wie möglich an die Glasüberdeckung gestellt wurden, das Licht zur Assimilation ganz ungenügend; wenn das Reservematerial der Samen aufgebraucht war, wuchsen sie nur sehr kümmerlich mehr; nur bei der niedrigsten Temperatur entwickelten sie sich gedrungen, obgleich langsam, weiter. Im allgemeinen war das Licht in den Treibhäusern desto schwächer, je höher die Temperatur war.

Zunächst ergab sich, dass *Cucumis Melo, Mirabilis Jalappa, Zea Mais, Phaseolus multiflorus, Phaseolus vulgaris* unter 9—10° C. nicht keimten, so dass diese selbstverständlich von Versuchen in kalten Treibhäusern ausgeschlossen blieben.

Sodann wurden die Samen mehrerer Pflanzen bei verschiedener Temperatur gekeimt. Wie zu erwarten, keimten sie desto schneller, je nachdem die Temperatur höher war. Die Ergebnisse sind in der Abhandlung tabellarisch zusammengestellt und beziehen sich auf *Lepidium sativum, Brassica Rapa oleifera, Cannabis sativa, Medicago sativa, Hordeum vulgare, Avena sativa, Beta vulgaris, Pisum sativum, Polygonum Fagopyrum, Helianthus annuus, Vicia Faba, Mirabilis Jalappa, Zea Mais, Phaseolus vulgaris, Phaseolus multiflorus, Cucumis Melo*.

Bei einer zweiten Versuchsreihe wurde der ganze Keimungsprocess bei Temperaturen von 8.5--10.8°, von 13.8—17.7°, von 16.9—23° verfolgt, und zwar wurde beobachtet, wie viel Tage nach der Aussaat das erste und das letzte Exemplar gekeimt hatten, wie viel Tage nach der Aussaat das erste und das letzte Exemplar ihre Cotyledonen oder ihr erstes Blatt entfalteten und auch wie viel Tage nach der Aussaat die Keimpflanzen aufhörten ihren Keimstengel zu verlängern. Für die sieben ersten obengenannten Pflanzen sind die Ergebnisse wieder in einer Tabelle zusammengestellt.

Bei einer dritten Versuchsreihe wurden die Samen bei hoher Temperatur gekeimt; sobald sich die Keimpflanzen über der Erde zeigten, wurden sie in ein kälteres Treibhaus gebracht, damit sie soviel Licht erhielten, als dies im Winter nur möglich war. Aus dem Vergleich mit Controlversuchen zeigte sich nun, dass die bei höherer Temperatur gekeimten Samen sich ebenso kräftig entwickelt hatten, wie die, welche stets in einem kalten Raum verweilten, nur ging die Entwickelung im ersteren Falle wegen der sehr beschleunigten Keimung viel schneller vor sich.   N. N.

II. Nahrungsaufnahme.

21. **E. v. Wolff. Ueber die Bedeutung der Kieselsäure für die Haferpflanze.** (Landwirthschaftliche Versuchsstationen, Bd. 26, S. 415.)

Der Verf. hat einer beträchtlichen Anzahl von Haferpflanzen einmal kieselsäurefreie Nährstofflösungen, ferner Nährstofflösungen mit geringerem und endlich Nährstofflösungen mit bedeutenderem Kieselsäuregehalt dargeboten. Im zweiten Falle betrug der Kieselsäuregehalt der Lösungen 27, im dritten 42 $^0/_0$ vom Gewicht der übrigen in den Lösungen vorhandenen mineralischen Pflanzennährstoffe. Es stellte sich bei der Ernte der Untersuchungsobjecte das merkwürdige Resultat heraus, dass diejenigen Pflanzen, welche während ihrer Vegetation Kieselsäure aus den Nährstofflösungen aufgenommen hatten, in ihrer Fruchtbildung ausserordentlich gefördert waren. Das Gesammtgewicht der Körner derjenigen Pflanzen, welchen viel Kieselsäure dargeboten worden war, stellte sich in einigen Fällen fast doppelt so hoch wie dasjenige jener Untersuchungsobjecte, die sich in Berührung mit kieselsäurefreien Nährstofflösungen entwickelt hatten. Kieselsäuregegenwart wirkte auch — wenngleich in nicht sehr hervorragendem Maasse — günstig auf die Ausbildung der Vegetationsorgane der Haferpflanzen ein.

22. **A. v. Liebenberg. Untersuchungen über die Rolle des Kalkes bei der Keimung der Samen.** (Sitzungsberichte d. Akadem. d. Wiss. zu Wien, 1. Abth., Bd. 84, Octoberheft.)

In der vorliegenden Abhandlung wird zumal die Frage nach der Abhängigkeit des Verbrauchs organischer Reservestoffe der Samen bei der Keimung von der Gegenwart oder Abwesenheit grösserer Mineralstoffquantitäten (insbesondere verschiedener Kalkmengen) einer experimentellen Prüfung unterzogen. Die Beobachtungen sind unter Zuhilfenahme der Methode der Wassercultur durchgeführt worden und es zeigte sich, dass viele Keimpflanzen (*Phaseolus multiflorus, Pisum sativum, Soja hispida, Cucurbita Pepo* etc.), wenn sich dieselben in Contact mit destillirtem Wasser oder kalkfreien Nährstofflösungen entwickelten, nach kurzer Zeit zu Grunde gingen, obgleich noch ein reichliches Quantum plastischer Stoffe vorhanden war. Zusatz eines Kalksalzes zu den Nährstofflösungen, ja selbst schon zu dem destillirten Wasser, rief eine lang dauernde Vegetation der Keimpflanzen, sowie eine sehr vollkommene Ausnutzung des vorhandenen Vorrathes an Reservestoffen hervor. Eine Zufuhr von Kalk ist bei der Keimung der genannten Pflanzen daher unerlässlich, wenn dieselbe in normaler Weise zum Abschluss gebracht werden soll. Dagegen ergaben weitere Versuche, dass ein sehr vollkommener Verbrauch der vorhandenen organischen Reservestoffe auch ohne Kalkzufuhr bei der Keimung der Samen von *Brassica Napus oleifera, Sinapis alba* etc. möglich ist. Die Samen dieser Pflanzen sind in der That relativ kalkreich.

Für den normalen Verlauf der Keimung verschiedener Pflanzen (*Ricinus, Zea*) — d. h. für eine möglichst kräftige Entwickelung der Keimpflanzen im Dunkeln, verbunden mit einem möglichst vollkommenen Verbrauch der vorhandenen Reservestoffe — ist übrigens wie ferner constatirt werden konnte, nicht allein Kalkzufuhr, sondern überhaupt die Zufuhr bestimmter anderweitiger, oder gar sämmtlicher mineralischer Nährstoffe der Pflanzen von Bedeutung.

Schliesslich geht der Verf. noch auf die Frage nach der physiologischen Function des Kalkes im pflanzlichen Organismus ein. Er sucht die Unhaltbarkeit der von verschiedenen Beobachtern ausgesprochenen Ansicht, der zu Folge die Gegenwart geeigneter Kalksalze einen directen Einfluss auf die Translocation der Stärke in den Pflanzen haben soll, darzuthun, konnte aber bei dem Bestreben, die erwähnte Frage zu beantworten, zu keinem entscheidenden Ergebnisse gelangen.

23. Boussingault. Die Zersetzung der Nitrate während der Vegetation im Dunkeln. (Der Naturf., 16. Jahrg., S. 237. Ref. nach Centralbl. f. Agriculturchemie, 10. Jahrg., S. 627.)

Der Verf. vermischte einen unfruchtbaren Boden mit einer bestimmten Menge salpetersauren Kalis und cultivirte Bohnen — sowie Maiskeimpflanzen bei Abschluss des Lichtes in diesem Vegetationsmedium. Der Gehalt des Bodens sowie der Samen an anorganischen Stickstoffverbindungen bei Beginn der Versuche war bekannt; ebenso konnte der Gehalt des Bodens sowie der Keimpflanzen an den erwähnten Substanzen nach Abschluss der Vegetationsversuche ermittelt werden. Da nun die organischen stickstoffhaltigen Bestandtheile der Pflanzen bei der Keimung im Dunkeln keine Vermehrung erfuhren, nach Abschluss der Versuche aber im Ganzen eine geringere Quantität von Nitraten als zu Beginn derselben vorhanden war, so schliesst der Verf., dass ein Theil des Stickstoffs des Nitrats im Boden während der Vegetationsdauer der Keimpflanzen als freier Stickstoff entwichen sein muss. Es ist aber schwer zu sagen, welche Ursachen die Reduction der Salpetersäure im Boden unter den eingehaltenen Versuchsbedingungen herbeigeführt haben.

24. W. Knop. Untersuchungen über die Ernährung der Pflanze. (Bericht vom landwirthschaftl. Institut zu Leizig. 1881.

I. Ueber die Entwickelung der Landpflanzen in verschiedenen Medien, in Wasser, wässerigen Nährstofflösungen, Erde, gröberen Kiesen und Feinerde.

Nach vielen Erfahrungen ist der Buchweizen als diejenige Pflanze anzusehen, welche sich bei der Cultur in wässeriger Lösung so normal wie keine andere Landpflanze entwickelt. Andere Pflanzen, z. B. selbst der Mais, erfahren eine bei weitem üppigere Entwicklung, wenn ihre Wurzeln sich nicht mit einer Nährstofflösung, sondern mit Bodenmassen in Berührung befinden. Sehr deutlich liess sich eine analoge Thatsache auch bei Culturversuchen feststellen, welche vom Verf. sowie von W. Wolf mit Eichenpflanzen durchgeführt worden sind. Der Verf. hat allerdings eine Eiche 15 Jahre lang mit Hilfe der Methode der Wassercultur cultivirt, indessen diese Pflanze, welche schliesslich eine Stammhöhe von 1,64 m erreichte, zeigte doch keineswegs dieselbe kräftige Entwickelung, wie im Boden wurzelnde Eichen eine solche in gleicher Zeit erlangen. Eine der wesentlichsten Ursachen dieser Erscheinung ist in dem Umstande zu suchen, dass die Pfahlwurzel der Eichen bei Ausschluss des Bodens alsbald abstirbt und die neu entstehenden Nebenwurzeln sich nicht kräftig genug ausbilden, um die Pflanzen ganz normal ernähren zu können. Wolf's Versuche führten zu ähnlichen Resultaten wie diejenigen des Verf. Einer derselben verdient besondere Beachtung. Eine Eiche, die sich einige Zeit lang im Boden wurzelnd entwickelt hatte, wurde aus dem Boden herausgehoben, um ihr Wurzelsystem fortan mit destillirtem Wasser in Contact zu belassen. Es wurden der Pflanze gar keine Mineralstoffe zugeführt. Trotzdem vegetirte sie jahrelang weiter, aber während die Production an Stamm- und Blattorganen zunächst noch ziemlich beträchtlich war, sank dieselbe nach Verlauf einer Reihe von Jahren allmählich auf ein Minimum herab. Offenbar ist zu Beginn des Versuchs ein bestimmter Vorrath von Mineralstoffen vorhanden gewesen, der aber im Laufe der Jahre verbraucht wurde. Weit besser, als in Contact mit reinen Nährstofflösungen, entwickeln sich die verschiedensten Pflanzen, wenn ihre Wurzeln sich mit kleinen Kieselstückchen, die allerdings mit Nährstofflösung begossen werden, in Berührung befinden.

II. Ueber die Wirkung unterschwefelsaurer und unterphosphorigsaurer Salze bei der Ernährung der Pflanzen.

Vergleichende Versuche, bei deren Ausführung Maispflanzen sich einerseits in Berührung mit einer in gewöhnlicher Weise zusammengesetzten Nährstofflösung, andererseits in Contact mit einer Lösung entwickelten, welche nicht schwefelsaure, sondern unterschwefelsaure Magnesia enthielt, führten zu dem Resultat, dass die Schwefelsäure bei der Ernährung der Maispflanze durch Unterschwefelsäure vertreten werden kann. Merkwürdigerweise standen die männlichen Blüthen derjenigen Maispflanzen, denen unterschwefelsaure Magnesia dargeboten wurde, nicht in Rispen, sondern in einfachen Aehren. Weitere Versuche ergaben, dass die Schwefelsäure ebenso bei der Ernährung der Cucurbitaceen durch Unterschwefelsäure vertreten werden kann. Uebrigens ist zu bemerken, was für die Beurtheilung der angeführten Resultate von Wichtigkeit erscheint, dass gelöste unterschwefelsaure Salze nach

directen Versuchen des Verfassers durch den atmosphärischen Sauerstoff nicht in schwefelsaure Salze umgewandelt werden. Die Phosphorsäure kann bei der Ernährung der Gewächse
nicht durch unterphosphorige Säure vertreten werden.

III. Ueber die Wirkung einer schwach angesäuerten Normalnährstofflösung.
Nährstofflösungen von 1 pro Mille Salzgehalt, denen etwas freie Salpetersäure
hinzugefügt worden war, erwiesen sich für Culturzwecke geeignet. Der Verf. hat mit Hilfe
dieser Lösung z. B. Gurkenpflanzen zur völligen Fruchtreife gebracht.

IV. Versuche über die Aufnahme verschiedener Basen und Säuren, welche zur
Ernährung der Pflanzen nicht nothwendig sind.

Es wurden Maispflanzen unter Zuhilfenahme von Normallösungen, welche mit
Salpeter- oder Phosphorsäure schwach angesäuert worden waren, und überdies noch einen
Zusatz von kohlensaurem Zinkoxyd, kohlensaurem Baryt, kohlensaurem Strontian, kohlensaurem Manganoxydul oder Borsäure erhalten hatten, cultivirt. Die Borsäure wirkte sehr
giftig auf die Pflanzen ein, so dass diese alsbald zu Grunde gingen. Das Zinksalz führte
den Tod der Pflanzen ebenso nach einiger Zeit herbei; die Gegenwart des Zinks liess sich
in den Untersuchungsobjecten feststellen. Das Barytsalz wirkte nicht auffallend giftig auf
die Maispflanzen ein; ebenso verhielten sich das kohlensaure Strontian und das kohlensaure
Manganoxydul. In der Asche der geernteten Pflanzen konnte die Gegenwart von Baryt,
Strontian, respect. Mangan festgestellt werden.

25. Fr. Farsky. Resultate zweijähriger Vegetationsversuche in künstlichen Nährstofflösungen und im natürlichen Boden. (Abhandlungen der mathematisch-naturwissen-
schaftl. Klasse d. K. böhm. Gesellschaft d. Wissenschaften 1879—1880, 6. Folge, B. 10.)
Der Verf. hat es unternommen, verschiedene Fragen bezüglich des Einflusses der
Zusammensetzung von Nährstofflösungen auf die Entwickelung der Vegetation (es diente
die Haferpflanze als Untersuchungsobject) eingehender zu studiren. Leider sind so viele
und so verschiedenartige Fragen in den Kreis der Untersuchung hereingezogen, dass trotz
eines bedeutenden Arbeitsaufwandes nur wenige derselben ihrer definitiven Lösung wirklich
näher geführt werden konnten. Als wichtigste Resultate der Beobachtungen sind die folgenden
anzuführen: die Blätterzahl der geernteten Pflanzen steht in directem Verhältniss zu der
Trockensubstanz der Wurzeln; zwischen der Länge und der Breite der Blätter besteht ein
enges Verhältniss. Die Rispenlänge steht in einem geraden Verhältnisse zur Halmlänge.
Das Körnergewicht ist umgekehrt proportional zum Strohtrockengewicht. Alle Nährstofflösungen, welche eine zu erhebliche Menge von Calcium- oder Magnesiumchlorid enthalten,
sind für die Ernährung der Haferpflanze nicht tauglich. Das Natrium kann die Function
des Kaliums in der Pflanze nicht übernehmen, mag es in jeder beliebigen Form zur Verwendung kommen. Bei Ausschluss des Kaliums stirbt die Pflanze alsbald ab. Sind neben
grösseren Natriummengen sehr kleine Kaliumquantitäten in der Nährstofflösung vorhanden,
so kann die Pflanze zwar ihren Cyclus vollenden, sie wächst aber kümmerlich. Ohne Chlor
gedeiht die Haferpflanze nicht; es sind jedoch sehr kleine Chlormengen erforderlich, um die
Entwickelung der Haferpflanze zu ermöglichen. Bei Abwesenheit des Chlors unterbleibt die
Translocation der in den Blättern gebildeten Stärke. Von erheblichem Einflusse auf die
Ausbildung der Haferpflanze sind die Formen, in denen die einzelnen unentbehrlichen Mineralstoffe derselben dargeboten werden. Am geeignetsten hat sich eine Lösung erwiesen, in
welcher Kalium als Chlorid und Nitrat, Calcium als salpetersaures Salz, Magnesium in Verbindung mit Schwefelsäure und Salpetersäure und Phosphorsäure als Eisenphosphat vorhanden sind. Weitere Beobachtungen sind über die Relationen zwischen der Zusammensetzung der Nährstofflösungen und der Zusammensetzung der Asche der geernteten Pflanzen
angestellt worden. Die mikroskopischen Prüfungen ergaben, dass das Kalium, wie schon
Nobbe betont hat, von der grössten Bedeutung für die Amylumbildung in der Pflanzenzelle erscheint, dass aber das Chlor, worauf bereits hingewiesen wurde, die Fortleitung der
Stärke aus den Assimilationsorganen ermöglicht. Die Zusammensetzung der Nährstofflösung
übt einen entscheidenden Einfluss auf die Entwickelung der Stärkekörner in den Pflanzenzellen aus, und zwar ist sie von Bedeutung für die Form, Grösse, sowie die Anzahl der
erzeugten Körner.

26. **Grandeau et Lechartier. Discussion sur les phosphates.** (Comptes rendus des travaux du congrès international des directeurs des stations agronomiques.) Paris 1881.

Es sei hier nur auf den ausführlichen Bericht hingewiesen, da derselbe weniger das Interesse des Botanikers, als vielmehr in erster Linie dasjenige des Agriculturchemikers und Landwirthes beansprucht.

27. **M. Maerker. Ueber den Werth verschiedener Formen der zurückgegangenen Phosphorsäure gegenüber der wasserlöslichen der Superphosphate.** (Centralblatt f. Agriculturchemie, 10. Jahrg., S. 378.)

Verf. berichtet über die Resultate ausgedehnter Düngungsversuche mit phosphorsäurehaltigen Materialien auf verschiedenen Böden. Als schwerer lösliche Phosphate kamen zur Anwendung: 1. präcipitirter phosphorsaurer Kalk (Nebenproduct bei der Leimfabrikation) mit 32.0 $^0/_0$ Gesammtphosphorsäure, wovon 29.23 $^0/_0$ citratlöslich; 2. Kladnophosphat (phosphorsaure Thonerde aus Eisenhütten; 3. zurückgegangenes Lahnphosphoritsuperphosphat mit circa 10 $^0/_0$ Gesammtphosphorsäure, wovon etwa $^2/_3$ in Wasser, $^1/_3$ in Citrat löslich; 4. sogenanntes Halbphosphat (d. h. nicht völlig aufgeschlossener Bakerguano). Ausserdem wurden noch vollkommen aufgeschlossene Superphosphate in Anwendung gebracht. Im allgemeinen zeigte sich der präcipitirte phosphorsaure Kalk in den mittleren und besseren Bodenarten dem Superphosphat mit einer entsprechenden Menge wasserlöslicher Phosphorsäure sowohl in Rücksicht auf die Körner, — wie auch auf die Strohproduction gleichwerthig. In den leichteren Bodenarten war der präcipitirte phosphorsaure Kalk den Superphosphaten vielfach überlegen. Bezüglich vieler Details vergl. die Abhandlung des Verf. selbst.

28. **E. v. Wolff, J. König u. A. Düngungsversuche, welche namentlich zur Feststellung des Werthes der citratlöslichen Phosphorsäure angestellt wurden.** (Centralblatt f. Agriculturchemie, 10. Jahrg., S. 435.)

Die sehr ausgedehnten Versuche, welche in verschiedenen Gegenden Deutschlands und auf verschiedenen Bodenarten durchgeführt worden sind, haben zwar Resultate ergeben, die sich im Detail nicht unmittelbar mit einander vergleichen lassen, aber es hat sich doch herausgestellt, dass die Phosphorsäure solcher Düngemittel, die reich an Dicalciumphosphat sind, unter vielen Verhältnissen ebenso günstig wie die Phosphorsäure der Superphosphate wirkt.

29. **W. Hoffmeister. Ueber den jetzigen Stand der Phosphorsäuredüngung.** (Fühling's landwirthschaftl. Zeitung. 30. Jahrgang, H. 4.)

Der Aufsatz enthält allgemeine Bemerkungen über die Verbindungsformen der Phosphorsäure in verschiedenen Düngemitteln, und es wird kurz auf Versuche hingewiesen, welche ergaben, dass die in Wasser lösliche Phosphorsäure auf einem kalkarmen Sandboden keine bessere Wirkung als die sogenannte zurückgegangene Phosphorsäure geltend gemacht hat.

30. **E. v. Wolff. Versuche mit zurückgegangener und in Wasser löslicher Phosphorsäure.** (Fühling's landwirthschaftl. Zeitung, 30. Jahrgang, 4. Heft.)

Der Verf. ist der Ansicht, dass die zurückgegangene Phosphorsäure zumal auf schwach absorbirenden, sandigen Böden eben so gute Wirkungen wie die in Wasser lösliche Phosphorsäure hervorzubringen im Stande ist. Für hinreichend absorptionsfähige Böden besitzt aber, wie dies auch die Versuche des Verf. ergeben haben, die in Wasser leicht lösliche Phosphorsäure einen höheren Werth als die zurückgegangene Säure.

31. **Heiden. Die Kalkdüngung.** (Fühling's landwirthschaftl. Zeitung, 30. Jahrg., Heft 1.)

Es werden in diesem Aufsatze die Wirkungen besprochen, welche der Kalk auf die Bodenbestandtheile auszuüben im Stande ist. Neue Beobachtungsresultate bringt der Aufsatz nicht.

32. **Heiden. Erschöpfung und Ersatz der Bodennährstoffe.** (Fühling's landwirthschaftl. Zeitung, 30. Jahrgang, Heft 5.)

Wird ein Boden längere Zeit ausschliesslich mit Stallmist gedüngt, so gehen die Körnererträge allmählich bedeutend zurück. Es ist nothwendig, dem Boden neben dem Stalldünger phosphorsäurereiche Materialien zuzuführen, denn die Phosphorsäure geht den Wirthschaften bei ausgedehntem Körnerbau in grosser Menge verloren.

33. **Champonnois et Pellet. Rübendüngungsversuche.** (Centralblatt für Agriculturchemie, 10. Jahrgang, S. 297.)

Es wurde die Wirkung eines reinen Mineraldüngers mit derjenigen eines Düngers verglichen, der nahezu dieselben Mengen von Pflanzennährstoffen wie jener, aber daneben noch reichlichere Quantitäten organischer Stoffe enthielt. Der letztere wirkte weit günstiger auf die Production von Rüben als der erstere ein, eine Erscheinung, welche sich leicht erklärt, wenn man bedenkt, dass die physikalischen Eigenschaften des Bodens durch Zufuhr organischer Stoffe verbessert werden können, und dass die organischen Materien bei ihrer Zersetzung im Boden Kohlensäure bilden, welche ihrerseits, indem sie zersetzend auf viele Bestandtheile der Ackererde einwirkt, den Gehalt derselben an leicht aufnehmbaren Pflanzennährstoffen erhöht.

34. Maercker. Zuckerrübendüngungsversuche in der Provinz Sachsen. (Fühling's landwirthschaftl. Zeitung, 30. Jahrgang, Heft 10.)

Die im Jahre 1880 in sehr verschiedenen Wirthschaften der Provinz Sachsen durchgeführten Versuche haben ergeben, dass die Rübenproduction sehr bedeutend gesteigert werden kann, wenn man dem Boden neben Superphosphaten noch stickstoffhaltige Düngemittel zuführt. Im Allgemeinen ist dabei der Chilisalpeter den Ammoniaksalzen vorzuziehen. Die Versuche haben auch ergeben, dass der Zuckergehalt der Rüben bei Anwendung bedeutender Mengen künstlicher Düngemittel in vielen Fällen weit weniger deprimirt wird, als man gewöhnlich anzunehmen pflegt.

35. Drechsler. Ueber die Vorsichtsmaassregeln bei der Anstellung von Düngungsversuchen. (Fühling's landwirthschaftl. Zeitung, 30. Jahrgang, Heft 10.)

Der Verf. macht in dem Aufsatz auf die Fehlerquellen aufmerksam, welche bei der Ausführung von Düngungsversuchen zu berücksichtigen sind, und giebt an, welche Vorsichtsmaassregeln in Anwendung gebracht werden müssen, um diese Fehlerquellen möglichst zu eliminiren.

36. A. Petermann. Recherches sur la dialyse des terres arables. (Bulletin de la station agricole de Gembloux, No. 27.)

Der Verf. hat Bodenmassen in einen Dialysator gebracht, in welchem dieselben von dem destillirten Wasser durch eine Membran von vegetabilischem Pergament getrennt waren. Der Boden gab unter diesen Umständen Kalk-, Magnesia-, Phosphorsäureverbindungen etc. an das Wasser ab. Ueberdies traten auch humose Substanzen durch die Membran in das Wasser über. Die Resultate dieser Versuche haben aber nur ein sehr untergeordnetes physiologisches Interesse, denn obgleich es von vornherein wahrscheinlich ist, dass diejenigen Substanzen, welche im Stande sind, Membranen von vegetabilischem Pergament zu passiren, zugleich auch die Fähigkeit besitzen, die Cellulosemembran der Zellen zu durchdringen, so ist doch bei der Beurtheilung der Frage nach dem Uebertritt einer Substanz in das Innere der Pflanzenzellen in erster Linie das Verhalten dieser Substanz der Hautschicht des Plasma gegenüber zu berücksichtigen, und der Verf. hat auf diesen Punkt gar kein Gewicht gelegt.

37. C. Wein. Einige Cultur- und Düngungsversuche mit Leguminosen. (Zeitschrift des landwirthschaftl. Vereins in Bayern, 27. Jahrg., S. 731. Ref. nach Centralbl. f. Agriculturchemie, 10. Jahrg., S. 329.)

Die Abhandlung enthält Angaben über die Erträge, welche die verschiedenen Varietäten der Sojabohne, sowie Erbsen und Bohnen bei der Cultur auf einem humosen Kalksandboden lieferten. Die Erträge der Sojabohnen gestalteten sich im Vergleich zu denjenigen anderer Leguminosen sehr günstig. Ferner bringt die Abhandlung Angaben über den Gehalt der Samen der gelben, braunen und schwarzen Sojabohnen an Wasser, Proteïnstoffen, Fett etc. Düngungsversuche haben ergeben, dass Düngung des Bodens mit Chilisalpeter sowie Ammoniaksulfat den Ertrag der Sojabohne unter den gegebenen Verhältnissen bedeutend zu steigern im Stande war.

38. R. Noack. Ueber die Düngung von Obstbäumen. (Illustr. Gartenztg., 25. Jahrg. H. 1.)

Der Verf. macht in diesem Aufsatz auf die oft unterschätzte Bedeutung der Düngung der Obstbäume aufmerksam. In vielen Fällen ist es zweckmässig, die Dungmittel (Superphosphat, Kalisalz, Chilisalpeter, Asche, Blut, Hornspäne, Knochenmehl) vor dem Gebrauch längere Zeit mit Wasser in Berührung zu belassen, um die entstandene nährstoffreiche Flüssigkeit alsdann in einiger Entfernung von den Stämmen in den Boden zu bringen. Man kann die Düngemittel aber auch, mit Erde gemischt, dem Boden einverleiben. Der Verf. macht auch Angaben über die Menge des anzuwendenden Düngers.

39. E. Wein. Untersuchungen über die Form, in welcher der Stickstoff den Culturpflanzen zu reichen ist. (Zeitschrift d. landwirthschaftl. Verein in Bayern, Jahrg. 1881, S. 299. Ref. nach Centralbl. f. Agriculturchemie, 11. Jahrg., S. 152.)

Der Verf. hat Hafer, Erbsen, Saubohnen sowie Sojabohnen in einem mit Nährsalzen vermischten Bodenmaterial in Blumentöpfen cultivirt. Der Stickstoff wurde den Pflanzen in Form von salpetersaurem Natron, schwefelsaurem Ammoniak oder salpetersaurem Ammoniak dargeboten. Diejenigen Untersuchungsobjecte, welchen das salpetersaure Natron als Stickstoffquelle zur Disposition stand, entwickelten sich sehr normal und kräftig. Die Ammoniaksalze übten dagegen stets einen nachtheiligen Einfluss auf die Pflanzen aus; sie kränkelten und gingen meistens zu Grunde. Dies trat selbst dann ein, wenn die Ammoniaksalze dem Boden in sehr verdünnter Lösung dargeboten wurden. Demnach empfiehlt es sich, die Ammoniaksalze, welche als Düngemittel Verwendung finden sollen, so lange vor der Bestellung des Bodens mit demselben zu vermischen, dass eine gehörige Oxydation des Ammoniaks zu Salpetersäure erfolgen kann.

40. T. Kosutány. Adshányhamu elemzéséről. (Természettudományi Közlöny. Budapest 1880, XII. Bd., S. 449—454 [Ungarisch].)

Bisher hat der Verf. 51 ungarische Tabaksorten untersucht; das Resultat ist folgendes. Der ungarische Tabak enthält im Durchschnitt 15.75 % reine Asche und in derselben 23.68 % Kaliumoxyd, 2.39 % Natriumoxyd, 45.45 % Calciumoxyd, 13.24 % Magnesiumoxyd, 5.36 % Phosphorsäure, 4.27 % Schwefelsäure und 4.09 % Chlor. Daraus geht hervor, dass der Tabak vorzüglich Kalium und Calcium erfordert, und dass er die Phosphorsäure nur sehr gering in Anspruch nimmt.

Auffallend sind die Schwankungen, die sich bei den einzelnen Bestandtheilen zeigen.

Das Kaliumoxyd schwankt zwischen	43	und	10	%	
„ Natriumoxyd „	„	10.7	„	0.03	%
„ Calciumoxyd „	„	60.3	„	27.1	%
„ Magnesiumoxyd „	„	24.8	„	6.1	%
Die Phosphorsäure „	„	10.6	„	1.97	%
„ Schwefelsäure „	„	10.7	„	1.63	%
Das Chlor „	„	19.5	„	0.55	%

Aus der Verschiedenheit dieser für das Leben der Pflanze nothwendigen Aschenbestandtheile lässt sich folgern, dass die Menge dieser einzelnen Mineralstoffe nicht von gleicher Wichtigkeit sei, sondern dass einem beinahe gleichen Theile derselben in jeder gleichalterigen und gesunden Pflanze eine physiologische Rolle zufiel und dieser Theil sei nicht substituirbar, ein anderer Theil aber, der nach dem Vorrath der Bodennahrung sehr veränderlich ist, habe keine besondere Bedeutung und gelange nur nach dem Gesetze der Diffusion in die Pflanze, werde dort chemisch gebunden und sei durch irgend eine andere Basis substituirbar. Jene Eigenthümlichkeit des Tabaks, dass er die Phosphorsäure in geringerer Menge in Anspruch nehme als unsere Getreidearten, ist für die Landwirthschaft von grosser Bedeutung. Staub.

41. R. Weber. Vergleichende Untersuchungen über die Ansprüche der Weisstanne und Fichte an die mineralischen Nährstoffe des Bodens. (Allgem. Forst- u. Jagdzeitung, 57. Jahrg., 1881, S. 1.)

Das Material zu diesen Untersuchungen stammte aus dem Bayrischen Wald (Granitgebiet) und den Bayrischen Alpen (Hauptdolomit). Der Gehalt an Aschenbestandtheilen überhaupt ist bei Tanne und Fichte am grössten in den Nadeln, am kleinsten im Holzkörper. Beide Holzarten zeigen nur im Aschengehalt der Rinde und der Nadeln einen erheblichen Unterschied, und zwar ist die Fichte in diesen Parthien aschenreicher als die Tanne. Hinsichtlich der einzelnen Aschenbestandtheile zeichnet sich die Tanne vor der Fichte durch einen viel grösseren Gehalt an Kali aus, während die Fichte mehr Kalk und Kieselsäure enthält. Kali findet sich hauptsächlich im Holzkörper, Kalk, Phosphorsäure und Schwefelsäure vornehmlich in der Rinde, Kieselsäure hauptsächlich in den Fichtennadeln.

K. Wilhelm.

42. **E. Ramann. Beiträge zur Statik des Waldbaues. I. Die Kiefer.** (Dankelmann, Zeitschrift für Forst- und Jagdwesen, 13. Jahrg. 1881, S. 417.)

Zusammenstellung der Resultate einer sehr ausführlichen chemischen Analyse eines ca. 100jährigen Kieferstammes. Die Untersuchung erstreckte sich auf den Schaft, welchem von zwei zu zwei Meter Probescheiben entnommen wurden, auf „Knüppelholz" (Stamm- und Aststücke von 7—13 cm Durchmesser), „Reisig" (Aststücke von 1—7 cm Durchmesser) und Nadeln. Bei allen über 1 cm starken, zur Analyse verwendeten Stamm- und Aststücken kamen Holz und Rinde getrennt zur Behandlung. Bezüglich der gefundenen Zahlenwerthe muss auf die Abhandlung selbst verwiesen werden.					K. Wilhelm.

43. **E. Wein. Untersuchungen über das Wachsthum der gelben Lupine.** (Fühling's landw. Ztg., 30. Jahrg., 1881, S. 407. Aus der Zeitschr. d. landw. Ver. in Bayern.)

Die wichtigsten Ergebnisse dieser Arbeit lauten:

1. Die Lupinenpflanzen sind in ihren ersten Lebensperioden relativ am reichsten an Stickstoffsubstanz, stickstofffreien Extraktivstoffen und Mineralstoffen, am ärmsten an Fett und Rohfaser.

2. Die grösste Thätigkeit in der Neubildung von Trockensubstanz und in der Aufnahme der Nährstoffe entwickelt die Lupinenpflanze während der Blüthezeit. Fett wird in grosser Menge erst von Beginn dieser Zeit bis zur Reife gebildet.

3. Den meisten Stickstoff und die meiste Phosphorsäure hinterlassen die Lupinen durch die Wurzeln im Boden, wenn sie beim Schotenansatz abgeschnitten werden.					K. Wilhelm.

44. **M. Kunze. Ueber die Einwirkung des Streurechens auf den Massenzuwachs der Fichte.** (Tharander forstliches Jahrbuch, Band 31, 1881, S. 47.)

Mittheilung der Resultate zweier, in Fichtenbeständen eingeleiteter und durch 12 Jahre fortgesetzter vergleichender Versuche, welche ergaben, dass in diesem Zeitraum bereits eine beträchtliche Beeinträchtigung des Massenzuwachses auf den berechten Versuchsflächen stattgefunden hatte.					K. Wilhelm.

45. **v. Sissowich. Die Bestockung der Getreidearten.** (Fühling's landw. Zeitung, 30. Jahrg., 1881, S. 608.)

Der Verf. suchte festzustellen, bei welcher Reihenentfernung und Tiefe die Chevaliergerste sich unter gegebenen klimatischen und Bodenverhältnissen am reichlichsten bestockt. Die Ergebnisse seiner durch drei Jahre fortgesetzten Anbauversuche werden in tabellarischer Form mitgetheilt. Sie können selbstverständlich nur locales Interesse beanspruchen.					K. Wilhelm.

46. **Stebler, J. G. Die Besamung der Wiesen.** (Oesterr. landw. Wochenblatt. 6. Jahrg., 1880, No. 47. Biedermann's Centralbl. f. Agriculturchemie etc., 10. Jahrg., 1881, S. 427.)

Mit der Gülle werden den Wiesen viele keimfähige Samen (namentlich von Weissklee), welche den Verdauungskanal der Thiere unbeschädigt passirt haben, zugeführt, wodurch die Berasung gefördert und der Werth der Düngung selbst gesteigert wird.					K. Wilhelm.

47. **A. Voss. Der Liebesapfel oder die Tomate, eine nützliche Pflanze für unseren Hausgarten.** (Fühling's landw. Zeitg., 30. Jahrg., 1881, S. 732.)

Eine Anweisung zur erfolgreichen Cultur dieses Gewächses und Angabe über die Verwendung seiner Früchte.					K. Wilhelm.

48. **Die Serradella (Ornithopus sativus).** (Fühling's landw. Zeitg, 30. Jahrg., 1881, S. 607. Aus der Wiener Landw. Zeitg.)

Das wichtigste über die Culturansprüche und die Entwickelung dieser Futterpflanze, nebst Angabe des zweckmässigsten Anbauverfahrens.					K. Wilhelm.

49. **Giersberg. Anbau der Sandluzerne.** (Fühling's landw. Zeitg., 30. Jahrg., 1881, S. 9. Aus dem Landw. Wochenblatt für Schleswig-Holstein.)

Darstellung des zweckmässigsten Culturverfahrens für die „Sandluzerne", welche nur dann auf geringerem Sandboden mit Erfolg angebaut werden kann, wenn dieser gemergelt, und im Untergrunde weder nass noch eisenschüssig ist, sonst auch auf Lehm und auf fruchtbarem Humusboden noch sehr gut gedeiht. Der Ertrag bleibt jedoch stets hinter der gewöhnlichen Luzerne zurück.					K. Wilhelm.

50. Giersberg. Der Johannisroggen. (Fühling's landw. Zeitg., 30. Jahrg., 1881, S. 281 Aus der Deutsch. landw. Zeitg.)

Der Verf. empfiehlt den Anbau des Johannisroggens und theilt das nach seinen Erfahrungen zweckmässigste Verfahren zur Cultur desselben mit. K. Wilhelm.

51. H. Grahl. Anbauversuch mit Bohnen verschiedener Arten unter besonderer Berücksichtigung der geernteten Nährstoffmengen. (Journal für Landwirthschaft, herausgegeben von Henneberg und Drechsler, 29. Jahrg. 1881.)

Diese Versuche wurden auf dem Versuchsfelde der inzwischen aufgehobenen Akademie Proskau mit verschiedenen Sorten von Soja-, Busch- und Buffbohnen ausgeführt. Die letzteren lieferten auf gutem Boden die höchsten Erträge; auf geringerem vermag die Sojabohne mit zu concurriren, „wenn die übrigen Bedingungen erfüllt sind, welche wir in unserem Klima zu fordern haben“. K. Wilhelm.

52. H. Grahl. Erntenotizen über den Anbau von Wicken. (Der Landwirth, 17. Jahrg. 1881, No. 2, S. 7. Biedermann's Centralbl. f. Agriculturchemie etc. Jahrg. 11, 1882, S. 141.)

Darstellung der von zehn in Proskau ausgesäeten Sorten erhaltenen Erträge an Körnern, Stroh und Spreu. K. Wilhelm.

53. Kerner, A. v. Anbauversuche mit alpinen Futterpflanzen in Tirol. (Innsbrucker landwirthsch. Blätter, 9. Jahrg. 1881, No. 2. Biedermann's Centralbl. f. Agriculturchemie, 10. Jahrg. 1881, S. 469.)

Die Versuche fanden auf einer Alpenwiese des „Blaser“ in einer Seehöhe von 2212 m statt. Zum Anbau gelangten namentlich Papilionaceen und Gramineen, unter welchen *Onobrychis montana*, *Onobrychis Balansae*, *Trifolium anatolicum*, Arten von *Hedysarum* und *Festuca*, sowie *Aira atropurpurea* vorzüglich gediehen. — Im Allgemeinen zeigte sich die Anzucht aus Samen vortheilhafter, als die Anpflanzung lebender Stöcke; die Aussaat muss jedoch, wenn sie Erfolg haben soll, im Herbste stattfinden. Durch Verwendung des Samens früh blühender und daher zeitig fruchtender Individuen lassen sich auch manche Pflanzen tieferer Regionen auf höher gelegenen Alpenwiesen ansiedeln und zur Samenreife bringen, so z. B. *Vicia sepium*, *Vicia cracca* und *Lotus corniculatus*. — Der Verf. stellte auch über die Ergiebigkeit der Alpenwiesen vergleichende Versuche an. K. Wilhelm.

54. C. C. Moncada. La fisiologia vegetale presse gli Arabi. (Atti della Soc. d'acclimaz. ed agric. in Sicilia XXII, p. 9—12.) Palermo 1881.

Verf. giebt eine interessante Darstellung über die Kenntnisse, welche im frühen Mittelalter die Araber über der Pflanzenphysiologie hatten. Oft sind es sehr eigenthümliche Vorstellungen, oft aber auch trafen ihre Ansichten das Richtige.

Für die Keimung z. B. stellten sie als nöthige Bedingungen das Vorhandensein von Sonnenwärme, Wasser, Luft und Erde auf, und kannten wohl die Bedeutung der Cotyledonen als Reservebehälter. Betreffs der Ernährung und Circulation des Saftes nahmen sie an, dass die Nährstoffe durch einen inneren (psychischen) Impuls der Pflanze mittelst der Wurzeln aus der Erde gesogen und nach oben geleitet würden. Das Aufsteigen des Nahrungssaftes dauere das ganze Frühjahr; dann trete ein Stillstand ein und im October bis December herrsche eine absteigende Richtung des Saftstromes. Im Winter schlafen die Gewächse, bis zum Beginn des Saftsteigens. Der Mond übt, nach den Ansichten der Araber, grossen Einfluss auf die Vegetation aus, besonders auf die Färbung der Gewächse.

Betreffs der Befruchtung existirten schon richtige Begriffe. Dass die Fecondation sich innerhalb der Corolle vollziehe. Man nannte die vollständigen Blüthen sogar „Hermaphroditen“. Doch waren die Ansichten über die Bedeutung des Pistills und der Staubgefässe nicht ganz geklärt. Kreuzbefruchtung wurde jedoch oft künstlich vollzogen. Wie schon oben gesagt, schrieben die Araber der Pflanze eine thätige Seele zu, und so existirten für sie auch Sympathien und Antipathien der Pflanzen untereinander. Das Welken der Bäume, meinten sie, sei oft die Folge einer unerwiderten Liebe. O. Penzig.

III. Assimilation.

55. Pringsheim. Zur Kritik der bisherigen Grundlagen der Assimilationstheorie der Pflanzen. (Monatsber. d. Akadem. d. Wiss. zu Berlin 1881, Februarheft, S. 117.)

Im Anschluss an seine früheren Untersuchungen über die Function des Chlorophylls, hebt der Verf. in der vorliegenden Abhandlung namentlich die folgenden Punkte hervor:

1. Die Chlorophyllkörper sind nicht allein als Assimilationsorgane der Pflanzen zu betrachten, sondern functioniren gleichzeitig als Sauerstoffcondensatoren; sie dienen also sowohl der Assimilation als auch der Athmung.

2. Der Chlorophyllfarbstoff ist nur in sofern für das Zustandekommen der Assimilation von Bedeutung, als er die Athmungsintensität der Pflanzenzellen im Licht, welche ohne das Pigment nach Pringsheim unter diesen Umständen sehr bedeutend ausfallen müsste, herabdrückt und somit die Anhäufung der Assimilationsproducte in den grünen Zellen ermöglicht.

3. Die Thatsache, dass nur grüne Zellen assimilatorisch thätig sein können, berechtigt nicht, wie Pringsheim meint, zu dem Schluss, dass das Chlorophyllpigment direct bei dem Zustandekommen der Kohlensäurezersetzung betheiligt sei. Dem grünen Farbstoff kommt nach des Verf. Ansicht allein die unter 2. angeführte Function zu, und daher nimmt Pringsheim an, dass nur die protoplasmatische Grundmasse der Chlorophyllkörper an dem Processe der Kohlensäurezersetzung unmittelbar betheiligt ist.

4. Endlich behandelt der Verf. vom Standpunkte seiner Assimilationshypothese aus noch die Frage nach den Beziehungen zwischen Lichtintensität und Assimilationsgrösse, sowie zwischen Wellenlänge des Lichtes und Assimilationsgrösse etc.

56. **J. Reinke. Aldehydartige Substanzen in chlorophyllhaltigen Pflanzenzellen.** (Berichte d. deutschen chem. Gesellschaft, 14. Jahrgang, No. 15.)

Die hier in Betracht kommenden Substanzen sind der Hauptsache nach durch ihre Flüchtigkeit sowie durch ihr Vermögen, reducirend auf alkalische Silber- und Kupfersulfatlösungen einzuwirken, charakterisirt. Die vergleichenden Untersuchungen des Verf. haben nun ergeben, dass diese flüchtigen, reducirenden Substanzen in keinen chlorophyllhaltigen Pflanzentheilen fehlen, während Pilze sowie etiolirte Keimpflanzen frei davon sind. Man kann die in Rede stehenden Körper aus den grünen Pflanzentheilen leicht durch Destillation derselben mit Wasser gewinnen. Der Verf. wird durch verschiedene Beobachtungen zu dem Schluss geführt, dass die reducirend wirkenden Körper als solche in den Zellen präformirt sind und sich nicht erst durch den Destillationsprocess bilden. Nach Reinke wird die aldehydartige Substanz nur unter Mitwirkung des Chlorophylls gebildet. Es ist wahrscheinlich, dass man es mit Formaldehyd zu thun hat und dass dieser das erste Reductionsproduct der Kohlensäure in der grünen Pflanzenzelle darstellt. Schliesslich wendet sich der Verf. noch gegen die von Loew und Bokorny geltend gemachte Anschauung, nach welcher das Eintreten oder Ausbleiben der Silberreaction durch den lebenden oder todten Zustand der Eiweissmoleküle des Protoplasma bedingt wird.

57. **Frank Schwarz. Zur Kritik der Methode des Gasblasenzählens an submersen Wasserpflanzen.** (Untersuchungen aus dem Bot. Institut in Tübingen, Bd. I. H. I.)

Die Methode des Gasblasenzählens wird bekanntlich vor allen Dingen in Anwendung gebracht, wenn es sich darum handelt, die Abhängigkeit der Assimilationsgrösse von verschiedenen äusseren Bedingungen festzustellen. Es ist nun natürlich von methodologischer Bedeutung, darüber Aufschluss zu erhalten, ob eine Gasblasenausscheidung aus Pflanzen nicht allein in Folge der Kohlensäurezersetzung, sondern auch noch durch anderweitige Vorgänge herbeigeführt werden kann. Der Verf. führte seine bezüglichen Untersuchungen mit *Elodea*- und *Ceratophyllum*-Pflanzen aus. Dieselben gelangten mit Regen- oder Brunnenwasser in Berührung, und unter diesen Umständen entwickelte sich unter dem Einfluss des Lichtes eine erhebliche Sauerstoffmenge. Wenn jetzt aber dem Regen- oder Brunnenwasser ein kleiner Ueberschuss von Kalk- oder Barytwasser zur Bindung der vorhandenen Kohlensäure hinzugefügt wurde, so hörte sofort jede Gasblasenabscheidung der Pflanzen auf. Der Verf. hat durch besondere Versuche festgestellt, dass die Pflanzen nicht zu Grunde gehen, wenn sie sich kurze Zeit lang mit dem kalk- oder barythaltigen Wasser in Contact befinden, und er glangt zu dem Schluss: „dass die Gasblasenausscheidung nur dann zu Stande kommt, wenn die Pflanze Kohlensäure zersetzt. Weder die in die Pflanze diffundirenden Gase, noch die bei der Athmung gebildete kleine Menge Kohlensäure reicht hin, um den Blasenstrom hervorzurufen. Das hier Gesagte gilt sowohl für diffuses als für directes Sonnenlicht.“

Im Anschluss an die im Vorstehenden erwähnten Versuche stellte der Verf. noch einige Beobachtungen über den Einfluss des Chloroforms und Aethers auf assimilirende Pflanzen *(Elodea, Ceratophyllum)* an. Die Untersuchungsobjecte gelangten in Wasser, welches eine Beimischung jener Stoffe empfangen hatte. Die Gasblasenabscheidung ging noch längere Zeit (zuweilen einige Stunden lang) ungestört fort. Allmählich wurde sie schwächer, um schliesslich völlig aufzuhören. Die Pflanzen waren jetzt getödtet; sie schieden, in chloroform- oder ätherfreies Brunnenwasser versetzt, keinen Sauerstoff mehr ab. Einige Versuche, welche ich anstellte, haben in Uebereinstimmung mit denjenigen des Verf. ergeben, dass Pflanzen in Contact mit chloroformhaltigem Wasser noch während längerer Zeit Kohlensäure zu zersetzen vermögen.

58. Th. W. Engelmann. Neue Methode zur Untersuchung der Sauerstoffausscheidung pflanzlicher und thierischer Organismen. (Botanische Zeitung, 1881, S. 441.)

In dieser wichtigen Abhandlung macht der Verf. den Leser mit einem neuen Reagens zur Feststellung der Sauerstoffausscheidung chlorphyllführender Organismen bekannt, welches gestattet, selbst äusserst minimale Sauerstoffmengen sicher nachzuweisen. Als Reagens dienen die gewöhnlichen Fäulnissbacterien, namentlich *Bacterium termo*. Die Bacterien sind nur bei Sauerstoffgegenwart im Stande, sich zu bewegen. Wenn man daher in einen an bewegungsfähigen Bacterien reichen Tropfen einige chlorophyllführende Zellen (z. B. Algen) bringt, so sammeln sich jene ersteren bei intensiverer Beleuchtung unter lebhafter Bewegung in der Nähe der Algenzellen an. Es ist offenbar der von den chlorophyllhaltigen Organismen erzeugte Sauerstoff, der diese Erscheinung bedingt, und in der That hört die Bewegung der Bacterien auf, wenn man das Gesichtsfeld so weit verdunkelt, dass dieselben noch sichtbar sind. Intensivere Beleuchtung ruft die Bacterienbewegung wieder hervor. Mit Hilfe seiner Bacterienmethode hat der Verf. folgende Thatsachen festgestellt. Alle grün gefärbten Pflanzenzellen scheiden im Licht Sauerstoff ab; ebenso die braunen Zellen der Diatomeen. Auch die im Dunkeln zur Entwicklung gekommenen, gelb gefärbten Blattparenchymzellen höherer Pflanzen produciren im Licht sofort Sauerstoff (wohl in Folge sehr schneller Bildung normalen Chlorophyllpigmentes. D. Ref.) Zellen mit chlorophyllfreiem Protoplasma (Amöben, Monaden, Myceliumfäden von Schimmelpilzen, Wurzelhaarzellen) scheiden keinen Sauerstoff ab. In chlorophyllhaltigen Zellen hat Sauerstoffentwicklung nur da — aber auch überall da — statt, wo Chorophyllkörper liegen. Die Sauerstoffabscheidung findet nur bei Lichtzutritt statt. Die Energie der Sauerstoffabscheidung steigt mit der Lichtintensität innerhalb gewisser, ziemlich weiter Grenzen. Die ultrarothen Strahlen sind nicht im Stande, Sauerstoffabscheidung seitens chlorophyllhaltiger Zellen hervorzurufen.

59. Famintzin. Kohlensäurezerlegung der Pflanzen in künstlichem Lichte. (Der Naturforscher No. 14, S. 20. Ref. nach Centralblatt für Agriculturchemie. 10. Jahrg., S. 353.)

Als Untersuchungsobjecte dienten *Spirogyra, Selaginella dendiculata, Elodea canadensis* und *Bambusa arundinacea*. Als Lichtquelle wurde eine Gasflamme benutzt. Die Kohlensäurezersetzung ist durch die Bildung von Sauerstoff nachgewiesen worden.

60. Th. Weyl. Ueber den Einfluss chemischer Agentien auf die Assimilationsgrösse grüner Pflanzen. (Sitzungsberichte der Physik.-medicin. Societät zu Erlangen. Heft 13.)

Als Untersuchungsobject diente *Elodea canadensis.* Die Pflanzen befanden sich mit Leitungswasser in Berührung, welchem verschiedene Substanzen, deren Einfluss auf die Assimilationsgrösse geprüft werden sollte, beigemischt wurden. Die von den Pflanzen erzeugten Gasmengen sind aufgefangen und gemessen worden.

Eine Lösung von 1 % Carbolsäure in Wasserleitungswasser verhindert die Gasabscheidung im Sonnenlicht. Eine Carbolsäurelösung von 0,25 % hebt die Sauerstoffabscheidung grüner Pflanzentheile, wenn der Versuch nicht zu lange fortgeführt wird, nicht auf. Sehr schädlich wirkt eine kalt gesättigte Salicylsäurelösung auf die *Elodea*-Pflanzen ein. Sehr giftig wirken auch Strychninverbindungen. Concentrirtere Kochsalzlösungen heben die Sauerstoffabscheidung grüner Pflanzentheile vollkommen auf. In einer 5procentigen Chlornatriumlösung findet sehr schwache Gasproduction statt. 0.25procentige Sodalösungen hemmen die Sauerstoffentwicklung.

61. H. Müller-Thurgau. Das Kappen der Reben. (Der Weinbau, Organ des Deutschen Weinbauvereins 1882, No. 24 u. 25.)

In vielen Gegenden des deutschen Weinbaugebietes wird etwas vor oder gleich nach der Blüthezeit eine Laubarbeit am Weinstock vorgenommen, die man als „Kappen" oder „Ausbrechen" etc. bezeichnet. Diese Laubarbeit besteht darin, dass man zur angegebenen Zeit die auf den Bogreben stehenden Triebe einkürzt und nur diejenigen Ruthen uneingekürzt lässt, welche im nächsten Jahre zu Bogreben verwendet werden sollen. Gewöhnlich wird so eingekürzt, dass über der obersten Blüthentraube noch 2 (seltener 3—4) Blätter stehen bleiben. Das „Kappen" soll nach der hergebrachten Meinung von grossem Vortheil für die normale Entwickelung der Trauben sein. Der Verf. war aber bereits früher zu der Ansicht gelangt, dass bei stark „gekappten" Stöcken die wenigen Blätter nicht im Stande sein würden, die für das Leben und das Wachsthum der Stöcke, sowie für das Reifen der Trauben nothwendigen Zuckermengen herzustellen. Eingehendere Untersuchungen, welche der Verf. an mehr oder minder stark „gekappten", respective gar nicht „gekappten" Weinstöcken anstellte, haben zu Resultaten geführt, welche die Richtigkeit dieser Ansicht bestätigen. Die „gekappten" Reben lieferten weniger Trauben als die nicht „gekappten", ausserdem enthielten die Trauben der ersteren procentisch weniger Zucker als diejenigen der letzteren. Der Verf. weist übrigens darauf hin, dass das „Kappen" der Reben vielleicht unter besonderen Umständen, namentlich dann, wenn die Stöcke sehr dicht stehen, von Nutzen für die Entwickelung der Pflanzen sein kann; im Allgemeinen ist aber das „Kappen" der Reben nicht zu empfehlen.

IV. Stoffumsatz und Zusammensetzung.

62. L. Jahne. Die chemische Zusammensetzung einiger Waldsamen. (Centr.-Bl. f. d. ges. Forstw., Jahrg. 1881, II. 8 u. 9 Ref. nach Centralblatt f. Agric.-Chemie, 11. Jahrg., S. 106.)

Der Verf. untersuchte die vom Staube, den Blüthenrudimenten sowie den Samenhüllen befreiten Samen einiger Waldbäume und gelangte zu folgenden Resultaten:

100 Theile des frischen Materials enthielten:

	Pinus excelsa	Pinus Laricio	Pinus sylvestr.	Pinus Cembra.	Larix europ.	Robinia pseudoacac.	Fraxinus excels.	Betula alba	Acer campest.
Wasser	7.82	9.66	9.64	10.22	10.81	11.31	8.84	10.53	9.74
Aetherextract	21.20	28.62	30.25	23.13	10.98	10.71	26.61	18.25	29.33
Rohfaser	29.51	26.45	18.25	37.94	52.09	13.26	6.86	24.35	8.63
Proteïn	18.67	16.95	25.87	4.50	4.02	52.94	12.15	12.89	24.04
Asche	5.80	2.76	5.95	1.33	2.29	4.09	2.92	3.78	4.49
Harze u. N-freie Extractstoffe	17.00	15.56	10.01	22.88	19.81	27.68	43.32 (3.41 Zucker u. 14.96 Dex-trin)	30.20 (1.99 Zucker u. 8.67 Dex-trin)	23.77 (1.87 Zucker)

Amylum enthielt keiner der untersuchten Samen; Zucker und Dextrin fehlten den Samen der Coniferen sowie denjenigen von *Robinia* völlig.

63. F. Stohmann. Ueber die quantitative Bestimmung von freien Säuren in pflanzlichen und thierischen Fetten. (Journal f. prakt. Chemie, Bd. 24, S. 506.)

Wir erwähnen diese Abhandlung hier, weil der Verf. in derselben eine Methode zur Bestimmung der freien Säuren in Fetten in Vorschlag bringt, welche nicht ohne Bedeutung für manche pflanzenphysiologischen Untersuchungen erscheint. Die freien Fettsäuren werden nach Stohmann durch Titriren der mit Alkohol stark durchgeschüttelten Fette unter Anwendung von Barytwasser bestimmt.

64. Rechenberg. Ueber den Gehalt der thierischen und pflanzlichen Fette an freien Fettsäuren. (Journal f. prakt. Chemie, Bd. 24, S. 512.)

In frischen thierischen Fetten (Menschenfett, Schweine- sowie Rindsfett) sind nur sehr unbedeutende Mengen freier Fettsäuren vorhanden, und es erschien dem Verf. daher nothwendig, die Angabe, wonach die Pflanzenfette reichliche Quantitäten freier Fettsäuren enthalten sollen, einer genaueren Prüfung zu unterziehen. Die Fette wurden mit Hilfe von

Petroleumäther aus den Pflanzentheilen (Samen) extrahirt. Die Bestimmung der freien Fettsäuren in den Fetten geschah titrimetrisch unter Anwendung von Kalihydrat. Es ergab sich nun, dass unreife Samen nicht unbeträchtliche Mengen freier Fettsäuren enthalten. Der Gehalt reifer Samen (Raps-, Lein-, Mohnsamen etc.) an diesen Stoffen ist aber ein sehr geringfügiger. Samen, die zufällig in einem bereits angekeimten Zustande geerntet wurden, enthielten wieder grössere Quantitäten freier Fettsäuren, welche Thatsache wohl zu dem Schluss berechtigt, dass bei der Keimung eine Zersetzung der in den Samen vorhandenen Glyceride stattfindet. Samen, welche, bevor sie zur Untersuchung gelangten, längere Zeit (mehrere Jahre) aufbewahrt worden waren, enthielten wieder grössere Mengen freier Fettsäuren als die im frischen Zustande untersuchten reifen Samen.

65. O. Kellner. Ueber den Gehalt einiger Wurzelgewächse an stickstoffhaltigen Nichtproteïnstoffen. (Deutsche landwirthsch. Presse, 7. Jahrg., S. 493. Ref. nach Centralbl. f. Agriculturchemie, 10. Jahrg., S. 540.)

Da sich nach früheren Beobachtungen des Verf. der Gehalt grüner Pflanzentheile an stickstoffhaltigen Substanzen nicht eiweissartiger Natur unter anderem abhängig erweist von der Stickstoffzufuhr im Dünger, so erschien es von besonderem Interesse, den Gehalt verschiedener, einerseits auf Rieselanlagen, andererseits auf einem nicht berieselten Boden zur Entwickelung gelangter Wurzelgewächse an den erwähnten Stoffen festzustellen. Den Wurzelgewächsen der Rieselanlagen hatte während ihrer Vegetation eine relativ beträchtliche Menge leicht aufnehmbarer Stickstoffverbindungen zur Disposition gestanden, und in der That enthielten die Futterrunkeln sowie Pferdemöhren von den Rieselanlagen nicht unerhebliche Quantitäten an Stickstoffverbindungen überhaupt, Salpetersäure sowie an anderweitigen Stickstoffverbindungen nicht eiweissartiger Natur mehr, als die auf einem nicht berieselten schweren Thonboden erwachsenen Wurzeln. Ein sehr bedeutender Theil des Stickstoffs, oft mehr als die Hälfte, ist in den Wurzeln in Verbindungen enthalten, die nicht Proteïnstoffe sind.

66. E. Schulze und J. Barbieri. Ueber das Vorkommen von Peptonen in den Pflanzen. (Chemisches Centralblatt 1881, S. 714.)

Nach den Untersuchungen von F. Hofmeister (Zeitschrift f. physiolog. Chemie Bd. 4, S. 253) können die Peptone nur mit Hilfe der Biuretreaction (d. h. durch die Rothfärbung der alkalisch gemachten Peptonlösung auf Zusatz von Kupferlösung) sicher nachgewiesen werden; die Reaction ist aber allein dann eine zuverlässige, wenn Eiweissstoffe nicht vorhanden sind. Aus diesem Grunde haben die Verf. die aus ihren Untersuchungsobjecten gewonnenen Extracte, welche auf einen Peptongehalt geprüft werden sollten, zunächst mit Hilfe von Bleizucker von Eiweissstoffen befreit. Die eiweissfreie Lösung wurde mit Phosphorwolframsäure versetzt, der gebildete Niederschlag auf einem Filter gesammelt, mit verdünnter Schwefelsäure ausgewaschen, vom Filter abgelöst und mit überschüssigem Barythydrat und Wasser digerirt. Nach abermaligem Filtriren konnte die gewonnene Flüssigkeit zur Nachweisung der Peptone benutzt werden. Durch colorimetrische Bestimmungen (unter Benutzung einer reinen Peptonlösung von bekanntem Peptongehalt als Vergleichsflüssigkeit) konnten die eventuell vorhandenen Peptonmengen sogar quantitativ ermittelt werden.

Zunächst haben die Verf. Keimpflanzen auf einen Peptongehalt untersucht. In Lupinenkeimpflanzen sind Peptone vorhanden. Drei Tage alte Keimlinge enthielten $0.6-0.7 \%$ Pepton (auf Trockensubstanz bezogen); ältere Lupinenkeimpflanzen erwiesen sich peptonärmer. Dass die Peptone schon in der lebenden Zelle der Keimpflanzen vorhanden sind und sich der Hauptsache nach nicht erst bei der Darstellung der zur Untersuchung dienenden Extracte bilden, geht wohl mit Sicherheit aus den Angaben der Verf. (vergl. chem. Centralblatt, S. 749) hervor. Kleine Peptonmengen sind nach den Untersuchungen der Verf. auch in den Soja- und Kürbiskeimpflanzen vorhanden. Die Peptonbestimmungen der Verf. beschränkten sich aber nicht allein auf Keimpflanzen; sie haben auch Kartoffeln, Rüben sowie Grünfutterstoffe untersucht. In den Kartoffeln und Rüben waren sehr kleine Peptonmengen nachzuweisen. Die Gegenwart relativ beträchtlicher Peptonmengen konnte in jungen Gräsern constatirt werden, während sich junge Lupinenpflanzen, Rothklee sowie einige Heuarten peptonfrei erwiesen.

67. **E. Schulze und J. Barbieri. Ueber das Vorkommen von Allantoin im Pflanzenorganismus.**
(Berichte der Deutschen Chem. Gesellschaft 1881, S. 1602.)

Die Verf. haben mit Knospen besetzte Zweige von *Platanus orientalis* als Untersuchungsobjecte benutzt. Dieselben wurden in Wasser gestellt, und es liess sich nun zur Zeit
der Knospenentfaltung Allantoin in den jungen Trieben nachweisen. Diese jungen Triebe
wurden zur Isolirung des erwähnten Körpers getrocknet, mit heissem Wasser extrahirt, und
die erhaltene Lösung mit Bleiessig versetzt. In das vom Bleiniederschlag befreite Filtrat
wurde Schwefelwasserstoff eingeleitet, und aus der nach abermaliger Filtration gewonnenen
Lösung des Allantoin durch Krystallisation abgeschieden. Die Identität der erhaltenen Substanz mit Allantoin konnte durch chemische Untersuchung unzweifelhaft festgestellt werden.
Die jungen Platanentriebe enthielten (auf lufttrockenes Untersuchungsmaterial bezogen)
$0.5-1\%$ Allantoin. Das Allantoin entsteht in der Pflanze ganz sicher durch Stoffwechselprocesse neben andern Substanzen aus den Eiweissstoffen des Protoplasma.

68. **E. Schulze und J. Barbieri. Ueber das Vorkommen von Phenylamidopropionsäure
unter den Zersetzungsproducten der Eiweissstoffe.** (Berichte d. Deutschen Chem.
Gesellschaft 1881, S. 1785.)

Die Verf. haben aus den Keimpflanzen von *Lupinus luteus* eine Substanz isolirt,
welche als Phenylamidopropionsäure bezeichnet werden muss. Diese Substanz entsteht in
den lebensthätigen Pflanzenzellen neben Asparagin etc. ohne Zweifel in Folge der Eiweiss-
zersetzung. In den ruhenden Lupinensamen konnte die Gegenwart der Phenylamidopropionsäure nicht nachgewiesen werden.

69. **O. Loew und Th. Bokorny. Ein chemischer Unterschied zwischen lebendigem und
todtem Protoplasma.** (Pflüger's Archiv f. d. gesammte Physiologie, Bd. 25, 1881, S. 150.)

Die Verf. gehen von der Hypothese aus, dass im lebensthätigen Protoplasma eine
Anzahl Aldehydgruppen vorhanden sind, und dass die leichte Beweglichkeit dieser Gruppen
das Leben des Protoplasma bedingt. Loew und Bokorny suchten nun das Vorhandensein
solcher Aldehydgruppen in den lebendigen Zellen und die Abwesenheit derselben in todten
Zellen nachzuweisen. Dabei wurde eine alkalische Silbernitratlösung in Anwendung gebracht,
welche nach einer von den Verf. gegebenen Vorschrift leicht herzustellen ist, und die auf
100000 Thl. Wasser nur 1 Thl. Silbersalz enthält. Werden geeignete Untersuchungsobjecte
(z. B. Fäden von *Spirogyra*) mit dem Reagens in Berührung gebracht, so zeigt sich, dass
dieselben alsbald eine dunklere Färbung annehmen. Nach 12stündigem Verweilen der Algenzellen in einer grösseren Quantität der Silberlösung bieten sie unter dem Microskop einen
überraschenden Anblick dar. Das Protoplasma der Zellen erscheint nämlich von aus-
geschiedenem Silber tief schwarz gefärbt. Tödtet man die Zellen, bevor man sie mit der
Silberlösung in Contact bringt, auf irgend eine Weise (durch Aetherisiren, durch Behandlung
mit Säuren oder Alkalien), so wirkt das Protoplasma nicht mehr reducirend auf das Silbernitrat ein. Die Zellen höherer Pflanzen verhalten sich, im lebensthätigen und abgestorbenen
Zustande der Silbernitratlösung gegenüber ganz ähnlich, wie die Zellen von Algen. In
allen Fällen sollen es nach den Verf. die Aldehydgruppen des lebendigen Protoplasma sein,
welche die Reductionserscheinungen hervorrufen. Uebrigens heben die Verf. selbst hervor,
dass mehrere Untersuchungsobjecte (Diatomeen, Schimmelpilze, Infusorien) die erwähnte
Reductionserscheinung nicht oder nicht deutlich hervortreten lassen. Diese Thatsache suchen
die Verf. durch den Hinweis darauf zu erklären, dass das benutzte Reagens in manchen
Zellen nur schwierig eindringt, und dass manche Zellen in Contact mit dem Reagens sehr
schnell absterben, so dass die Silberabscheidung nicht deutlich nachgewiesen werden kann.
Uebrigens ist noch zu bemerken, dass, wie die Verf. feststellten, verschiedene Substanzen, die
neben dem lebensthätigen Protoplasma in den Pflanzenzellen vorkommen, und reducirend auf
alkalische Silberlösung einwirken können, die Reductionserscheinung kaum merklich hervorrufen, wenn das Reagens in dem oben erwähnten verdünnten Zustande zur Anwendung gelangt.
Unter diesen Umständen bewirkt z. B. Glycose eine kaum nachweisbare Silberabscheidung.

70. **O. Loew und Th. Bokorny. Ueber die Aldehydnatur des lebenden Protoplasma.**
(Berichte d. deutschen chemischen Gesellschaft, 14. Jahrg., S. 2508.)

Nach Reinke's Ansicht (Berichte der deutschen chemischen Gesellschaft, 14. Jahrg.,

S. 2150) ist das Hervortreten der von den Verf. constatirten Reductionserscheinung, welche Pflanzenzellen in Contact mit alkalischer Silberlösung erkennen lassen, der Hauptsache nach auf das Vorhandensein einer aldehydartigen Substanz, die zumal in Folge des Assimilationsprocesses entsteht (Formaldehyd), zurückzuführen, während die erwähnte Silberreaction nach Loew und Bokorny, wie diese Forscher auch wieder in der vorliegenden Abhandlung mit Nachdruck betonen, durch das lebende Protoplasma hervorgerufen wird. Zur weiteren Begründung dieser Anschauung wird namentlich darauf hingewiesen, dass die Silberreaction nach der erfolgten Abtödtung der Zellen nicht mehr auftritt, und dass das Silberreductionsvermögen der Zellen genau mit dem Temperaturgrade aufhört, bei dem auch das Leben erlischt. Es scheint mir aus den vorliegenden Untersuchungen hervorzugehen, dass die in Rede stehende Reaction nicht in allen Fällen genau den nämlichen Ursachen ihre Entstehung verdankt. Oft wird sie wohl ausschliesslich durch das lebende Protoplasma hervorgerufen, in anderen Fällen verdankt sie ihre Entstehung daneben noch der Gegenwart durch die Assimilation oder durch Stoffwechselprocesse in den Zellen entstandener aldehydartiger Körper.

71. O. Loew und Th. Bokorny. Ueber das Absterben pflanzlichen Plasmas unter verschiedenen Bedingungen. (Pflüger's Archiv f. die gesammte Physiologie, Bd. 26, S. 50.)

Die Verf. haben *Spirogyra*-Fäden verschiedenen ungünstigen Bedingungen ausgesetzt und mit Hilfe der alkalischen Silberlösung festzustellen gesucht, wann der Tod der Zellen eingetreten war. Bei Lichtmangel sind nach 9 Tagen noch nicht sämmtliche Zellen getödtet; die nicht zu Grunde gegangenen können sogar, wenn sie normalen Lebensbedingungen ausgesetzt werden, wieder zu lebhafter assimilatorischer Thätigkeit gebracht werden. Selbst nach 16 tägigem Verweilen im Finstern sind noch einige *Spirogyra*-Zellen nicht getödtet. Einigermaassen weitgehendes Austrocknen, sowie mechanische Eingriffe (Zerreiben) haben den Tod der *Spirogyra*-Zellen zur Folge. Dieselben sind nicht mehr im Stande, Silber aus der alkalischen Silberlösung abzuscheiden. Anästhetica (Aether, Chloroform) tödten die Algenzellen nach einiger Zeit. Säuren tödten die Zellen leicht; gegen Alkalien sind sie einigermaassen widerstandsfähig (nach 10 Minuten langem Verweilen in 1 procentigen Kali- oder Ammoniaklösungen waren noch nicht sämmtliche Zellen getödtet). Recht giftig wirken auf die Pflanzenzellen grössere Chlornatriummengen. Ebenso gehen dieselben in Contact mit vielen organischen Substanzen schnell zu Grunde. Specielles über die Wirkung des essigsauren Strychnins auf die *Spirogyra*-Zellen ist in der Originalabhandlung nachzusehen.

72. M. Hayduck. Ueber den Einfluss einiger Säuren auf die Entwickelung und Gährthätigkeit der Hefe. (Zeitschrift f. Spiritusindustrie 1881, S. 341. Ref. nach Centralblatt f. Agriculturchemie 10. Jahrg., S. 782.)

Der Verf. prüfte in zahlreichen Versuchen den Einfluss der Schwefelsäure, Salzsäure, Phosphorsäure, Milchsäure und Bernsteinsäure auf die Entwickelung sowie die Gährthätigkeit der Hefe und gelangte zu folgenden Resultaten: 1. Die genannten Säuren schädigen die Thätigkeit der Hefe, wenn der Säuregehalt der Gährungsflüssigkeit einen gewissen Grad überschreitet. Dabei wirken verschiedene Säuren in sehr ungleichem Maasse gährungsstörend. (0.2 % Schwefelsäure und 0.4—0.5 % Phosphorsäure wirken schon merklich störend, 0.7 % Schwefelsäure unterdrückt die Gährung; bei 1.3 % Phosphorsäuregehalt der Gährungsflüssigkeit findet aber noch merkliche Gährung statt.) 2. Der schädigende Einfluss der Säuren äussert sich auf die Gährwirkung und auf das Wachsthum der Hefe nicht in gleicher Stärke. Im Allgemeinen wird das Wachsthum der Hefe schon durch einen geringeren Säuregehalt geschädigt als die Gährung. 3. Sehr geringe Säuremengen (0.02 % Schwefelsäure und 0.1—0.2 % Milchsäure) können einen die Gährung und die Hefeentwickelung fördernden Einfluss haben.

73. M. Märcker. Untersuchungen über die Störung der Gährung durch verschiedene Substanzen. (Zeitschr. f. Spiritusindustrie, 1881, S. 114. Centralblatt f. Agriculturchemie, 10. Jahrg., S. 560.)

Der Verf. hat die theoretisch interessante und praktisch wichtige Thatsache festgestellt, dass schon sehr kleine Mengen von Buttersäure und Kapronsäure hemmend auf die Entwickelung, sowie die Gährthätigkeit des Hefepilzes einwirken, während Gegenwart von Milchsäure bei weitem keinen so nachtheiligen Einfluss ausübt. Fügt man der Gährungsflüssigkeit

0,1 % Buttersäure hinzu, so kann die Hefe ihre zersetzende Thätigkeit nicht mehr zur Geltung bringen. Dagegen hat sich ergeben, dass erst ein Zusatz von 3,5 % Milchsäure die Hefevermehrung vollständig zum Stillstande bringt.

74. F. Hüppe. Ueber das Verhalten ungeformter Fermente gegen hohe Temperaturen. (Chemisches Centralblatt f. 1881, S. 745.)

Es ist bekannt, dass verdünnte Fermentlösungen ihre Wirksamkeit, wenn sie auf Temperaturen erwärmt werden die wenig unter 100 ⁰ C. liegen, einbüssen. Concentrirte Fermentlösungen überstehen dagegen selbst Temperaturen von 100 ⁰ C. Im trockenen Zustande können die Fermente (Pepsin, Diastase), wie der Verf. feststellt, relativ sehr hohe Wärmegrade erlangen. Das Untersuchungsmaterial wurde zunächst über Schwefelsäure getrocknet und dann während verschieden langer Zeit höheren Temperaturen ausgesetzt. Malzdiastase konnte z. B. $\frac{1}{4}$ Stunde lang auf 158 ⁰ C. erwärmt werden, ohne ihre fermentative Wirkung einzubüssen. Erwärmung der Fermente auf Temperaturen über 100 ⁰ C. schwächt übrigens ihre Wirksamkeit nicht unwesentlich.

75. Lechartier. Modification de composition subies par les fourrages verts conserves en silo. (Comptes rendus, T. 93, p. 734.)

Der Verf. hat eine Reihe von Untersuchungen angestellt, um genau zu erfahren, welche Veränderungen frische Pflanzenmassen erfahren, welche längere Zeit bei Luftabschluss aufbewahrt werden. Die Untersuchungsobjecte wurden in geeignete Flaschen eingeschlossen und ihre Zusammensetzung sowohl bei Beginn wie auch nach Abschluss der Versuche festgestellt. Es ergab sich, dass die Pflanzenmassen bedeutende Verluste an Kohlehydraten erlitten, und dass in Folge der bei Luftabschluss stattfindenden inneren Athmung der Zellen bedeutende Kohlensäure- sowie Alkoholmengen gebildet wurden. Der Gehalt der Untersuchungsobjecte an stickstoffhaltigen organischen Stoffen war nach Abschluss der Versuche nahezu derselbe wie bei Beginn derselben. Der Fettgehalt hatte sich etwas vergrössert.

76. V. Mering. Ueber die Einwirkung diastatischer Fermente auf Stärke, Dextrin und Maltose. (Zeitschrift f. physiologische Chemie, Bd. 5, S. 185.)

Musculus und Gruber (vergl. Zeitschrift f. physiologische Chemie, Bd. 2) haben schon vor einiger Zeit die Angabe gemacht, dass bei der Einwirkung der Diastase auf Amylum neben Dextrin und Maltose auch Traubenzucker entstehe. Der Verf. bestätigte die Richtigkeit dieser Angaben; er ist bei seinen Untersuchungen zu den folgenden Resultaten gelangt: 1. aus Stärke bildet sich unter dem Einfluss von Speichel oder Diastase anfangs ausser Dextrin nur Maltose; 2. bei längerer Einwirkung der Fermente auf Amylum tritt als secundäres Product, d. h. durch Spaltung von Maltose, Traubenzucker auf; 3. Maltose wird in kurzer Zeit (circa 2 Stunden) weder durch Diastase noch Speichel nachweisbar verändert; 4. sowohl Speichel wie Malzferment verwandeln bei langer Einwirkung Maltose in Traubenzucker; 5. weder bei der Fäulniss (?) noch bei der Gährung von Maltose lässt sich Glycose nachweisen; 6. bei der Einwirkung von Diastase oder Speichel auf Amylum entstehen zwei verschiedene Dextrine, von denen das eine durch die Fermente angegriffen wird, das andere dagegen nicht; 7. lässt man Speichel oder Malzferment auf Dextrin (welches durch Fermente verändert wird) einwirken, so entsteht Maltose, und als secundäres Product aus Maltose Traubenzucker.

77. W. Detmer. Vergleichende Untersuchungen über den Einfluss verschiedener Substanzen auf Pflanzenzellen und auf Fermente der Pflanzen. (Landwirthschaftl. Jahrbücher, Bd. 10, S. 731 und Sitzungsberichte der Jenaischen Gesellschaft für Medicin und Naturwissenschaft, Jahrg. 1881.)

Es ist mehrfach die Ansicht ausgesprochen worden, dass die im Protoplasma zur Geltung kommenden Lebensphänomene auf das Stattfinden fermentativer Processe zurückzuführen seien (Fermenthypothese). Andererseits wird als besondere Ursache der besonderen Lebenserscheinungen die in Folge lebhafter intramolecularer Bewegung der Atome der lebendigen Eiweissmoleküle fortdauernd stattfindende Selbstzersetzung der letzteren angesehen, wobei stickstoffhaltige sowie stickstofffreie Dissociationsproducte entstehen (Dissociationshypothese). Die vorliegende Abhandlung enthält Beiträge zur tieferen Begründung der Dissociationshypothese. Es ist die Einwirkung verschiedener Substanzen auf ein Ferment

(Diastase) einerseits und auf Pflanzenzellen andererseits untersucht worden. Dann sind die Fermente wirklich als diejenigen Stoffe anzusehen, ohne deren Mitwirkung die Lebenserscheinungen nicht zu Stande kommen können, so müssen solche Substanzen, welche die Wirksamkeit der Fermente aufheben, zugleich die Pflanzenzellen tödten, und ferner ist es auf Grund der soeben ausgesprochenen Voraussetzung wahrscheinlich, dass viele Stoffe, welche die Pflanzenzellen tödten, zugleich auch die Wirksamkeit der Fermente aufheben werden. Dasjenige Ferment, welches nach der Ansicht verschiedener Physiologen das Zustandekommen der eigenthümlichen Lebenserscheinungen herbeiführen soll, ist von den Vertretern dieser Anschauung allerdings nicht isolirt worden. Es blieb daher nichts anderes übrig, als das Verhalten bestimmter Stoffe bekannten Fermenten gegenüber zu studiren, und ein derartiges Vorgehen erscheint auch in der That unter Berücksichtigung verschiedener Verhältnisse als ein berechtigtes. Grössere Chloroformmengen tödten die Pflanzenzellen (es wurde die Einwirkung des Chloroforms auf Keimpflanzen untersucht) unfehlbar, während sie nicht im Stande sind, das Vermögen der Diastase, das Amylum in Dextrin und Maltose zu spalten, aufzuheben. Phosphorsäurelösungen von bestimmter Concentration tödten die Pflanzenzellen nicht, und Samen, die sich mit ihnen in Contact befinden, keimen daher; hingegen heben die Phosphorsäurelösungen von der nämlichen Concentration die stärkeumbildende Fähigkeit der Diastase völlig auf. (Uebrigens vergl. man auch meine neueren Untersuchungen über die hier berührten Fragen in den Sitzungsberichten der Jenaischen Gesellschaft für Medicin und Naturwissenschaft Jahrg. 1882 und das folgende Referat.) Diese sowie anderweitige Beobachtungen zeigen zumal, dass es Substanzen giebt (Phosphorsäurelösungen von bestimmter Concentration), welche die Pflanzenzellen nicht tödten, wohl aber die Wirksamkeit der Fermente aufheben, und daraus erhellt, dass die Thätigkeit dieser letzteren nicht als Ursache der elementaren Lebensvorgänge angesehen werden kann. Nur vom Standpunkte der Dissociationshypothese aus gelingt es, tiefere Einsicht in das Wesen des Lebensprocesses zu gewinnen.

Im Anschluss an die im Vorstehenden erwähnten Untersuchungen ist noch der Einfluss einer grossen Reihe verschiedener Substanzen (anorganischer sowie organischer Säuren, Alkalien, verschiedener Salze, Alkohol, Benzol, ätherischer Oele, Zucker) auf die Diastase sowie auf Pflanzenzellen untersucht worden; bezüglich der Resultate ist die Originalabhandlung nachzusehen. Ferner wird das Wesen des Processes der Stärkeumbildung durch Diastase sowie das Verhalten der Diastase in der Pflanze beleuchtet und in dem bezüglichen Abschnitt wird die Liste derjenigen Pflanzen, in denen die Gegenwart der Diastase nachzuweisen ist, um einige vermehrt. Aus den im letzten Abschnitt der Abhandlung mitgetheilten Untersuchungen geht die physiologisch wichtige Thatsache hervor, dass der Process der Stärkeumbildung durch Diastase weit schneller bei Gegenwart als bei Abwesenheit von Kohlensäure verläuft. Wird in ein Gemisch von Kleister und Diastaselösung Kohlensäure eingeleitet, so erfolgt die Stärkeumbildung weit schneller als ohne das Einleiten des Gases. Sehr kleine Citronensäurequantitäten sind ebenfalls im Stande, wie nachgewiesen wird, beschleunigend auf den Process der Stärkeumbildung einzuwirken. 0.0005 g Citronensäure auf 35 ccm Flüssigkeit sind schon im Stande, die Stärkeumbildung durch Diastase beschleunigend zu beeinflussen. Einigermassen grosse Citronensäuremengen heben die Wirkung der Diastase auf Amylum hingegen völlig auf.

78. **W. Detmer. Ein Beitrag zur weiteren Begründung der Dissociationshypothese.** (Wollny's Forschungen auf dem Gebiete der Agriculturphysik, Bd. 5, H. 3 u. 4.)

Diese Abhandlung bringt weitere Beiträge zur Beantwortung der Frage, ob die elementaren Lebensprocesse im Protoplasma auf das Stattfinden fermentativer Vorgänge zurückgeführt werden müssen, oder ob das Wesen des Lebensprocesses in einer Selbstzersetzung der lebendigen Eiweissmolecüle zu suchen ist (vgl. vorstehendes Referat). Es wurde die Wirkung verdünnter Phosphorsäure sowie diejenige des Chloroforms auf Fermente einer- und Pflanzenzellen andererseits untersucht. Die Resultate der Beobachtungen sprechen ohne Zweifel zu Gunsten der Dissociationshypothese. Den Schluss der Abhandlung bilden theoretische Erörterungen über verschiedene Stoffwechselprocesse im pflanzlichen Organismus.

79. **W. Detmer. Ueber die Amylumumbildung in der Pflanzenzelle.** (Sitzungsberichte d. Jenaischen Gesellschaft für Medicin und Naturwissenschaft, Jahrg. 1881.)

In dieser Abhandlung werden zunächst die Resultate verschiedener Versuche mitgetheilt, welche zur weiteren Feststellung der Thatsache, dass Kohlensäuregegenwart den Process der Stärkeumbildung durch Diastase beschleunigend beeinflusst, ausgeführt worden sind. Die Kohlensäure (dargestellt durch Uebergiessen von Marmor mit verdünnter Salzsäure) ist vor ihrem Eintritt in die Gemische von Stärkekleister und verdünntem Malzextract sorgfältig gereinigt worden, und es erschien um so nothwendiger, das Gas von jeder Spur etwa mitgerissener Salzsäure zu befreien, als kleineren Mengen dieser letzteren Säure, wie festgestellt werden konnte, ebenfalls die Fähigkeit zukommt, beschleunigend auf die Stärkeumbildung durch Diastase einzuwirken. Leitet man durch Gemische von Kleister und Malzextract entkohlensäuerte atmosphärische Luft, so findet die Stärkeumbildung in gewöhnlicher Weise statt; Kohlensäuregegenwart beschleunigt den Verlauf des Processes dagegen sehr bedeutend. Die Amylumreaction der Flüssigkeit verschwindet in Folge dessen sehr schnell, und es wird in kurzer Zeit relativ viel Zucker (Maltose) gebildet. Ueberdies enthält die Abhandlung noch Angaben über das Vorkommen diastatischer Fermente in den Sprossen von *Chaerophyllum aromaticum*, während es nicht gelang, die Gegenwart solcher Fermente in den Blüthen von *Syringa vulgaris* und *Aesculus Pavia* nachzuweisen.

80. **Reinke u. Rodewald. Die chemische Zusammensetzung des Protoplasma von Aethalium septicum.** (Untersuch. a. d. Botan. Institut der Univ. Göttingen, Heft 2, Berlin 1881.)

In dieser Abhandlung werden vor allem die Beobachtungsresultate mitgetheilt, zu denen die Verf. bei ihren Studien über die chemische Zusammensetzung der jungen, noch nicht erstarrten Fruchtkörper von *Aethalium* gelangt sind, und es ist als eine beachtenswerthe Thatsache zu bezeichnen, dass die Verf. die makrochemische Analyse des Protoplasma in die Hand genommen haben, weil auf diesem Wege offenbar mannigfaltige Anhaltspunkte zur Beurtheilung physiologischer Probleme gewonnen werden können. Zunächst wird auf die stets alkalische Reaction des Protoplasma von *Aethalium* hingewiesen, welche unzweifelhaft durch das Vorhandensein von Ammoniak, resp. kohlensaurem Ammoniak, bedingt wird. Neben diesen Stoffen enthält das Protoplasma viel Wasser, eine ganze Reihe anorganischer Salze, sowie einen eigenthümlichen Körper, das Plastin. Ueber die Natur dieser den Eiweissstoffen auf alle Fälle sehr nahestehenden Verbindung, die übrigens als ein Hauptbestandtheil des Protoplasma aufgefasst werden muss, konnten die chemischen Untersuchungen keine ganz genaue Auskunft geben. Die Angaben, welche sich auf das Studium der ätherischen und wässerigen Auszüge aus dem Protoplasma etc. stützen, dass in denselben Fettsäuren, Glycerin, Kohlehydrate, Asparagin, Lecithin vorhanden sind, scheinen mir wohl begründet zu sein. Dagegen ist z. B. der Beweis für die Gegenwart des Vitellins, Xanthins, Sarkins im frischen Protoplasma nicht sicher beigebracht. Auf alle Fälle besteht das Protoplasma von *Aethalium* aus einer grossen Reihe chemischer Verbindungen. Das lufttrockene Protoplasma enthält über 30 %, eiweissartige Substanzen, etwa 8 % Kohlehydrate und 27.7 % Calciumcarbonat. Daneben sind noch viele andere Stoffe im Protoplasma vorhanden, aber die quantitative Bestimmung derselben ist zur Zeit noch mit so bedeutenden Schwierigkeiten verknüpft, wie die Verf. übrigens selbst betonen, dass die Zahlen der Zusammenstellung durch welche die „annähernde Zusammensetzung des luftrockenen Protoplasma von *Aethalium septicum*" zum Ausdruck gebracht werden soll, mit Vorsicht aufzunehmen sind.

81. **J. Reinke. Protoplasmaprobleme.** (Untersuchungen aus dem botanischen Laboratorium der Universität Göttingen, Heft 2, 1881.)

In dieser ihrem Inhalte nach sich unmittelbar an die soeben besprochene Abhandlung anschliessende Schrift, geht der Verf. auf verschiedene allgemeine Eigenschaften des Protoplasma, auf den Chemismus, sowie auf die Dynamik des Stoffwechsels ein. Es werden auch die Resultate der Untersuchungen über die Zusammensetzung des Protoplasma von *Aethalium septicum* einer Discussion unterzogen. Eine Besprechung der ausführlichen theoretischen Darlegungen, welche den Inhalt der Abhandlung ausmachen, würde hier zu weit führen.

82. **H. de Vries. Ueber die Bedeutung der Kalkablagerungen in den Pflanzen.** (Landwirthschaftliche Jahrbücher, Bd. 10, S. 53.)

Es wird zunächst eine Kritik der Ansichten über die Bedeutung des oxalsauren Kalkes für die Pflanze gegeben, und zumal erfahren die Anschauungen Holzner's über diesen Gegenstand eine eingehende Besprechung. Weiter bespricht der Verf. das Vorkommen von Kalkablagerungen in den Gewächsen. Während man Krystalle von oxalsaurem Kalk in dem Organismus mancher Algen, Pilze und Flechten gefunden hat, ist die Gegenwart derselben in den Zellen der Moose noch nicht festgestellt worden. Ebenso fehlt der oxalsaure Kalk den meisten Farnen sowie den Equiseten. Die meisten Gymnospermen und Angiospermen führen indessen in gewissen Zellen Krystalle von oxalsaurem Kalk. Einzelnen höheren Pflanzen fehlen dieselben aber vollkommen *(Zea Mays, Typha, Lilium candidum, Petunia nyctaginiflora etc.).* Viel seltener als die Ablagerungen von oxalsaurem Kalk sind diejenigen von kohlensaurem Kalk im Pflanzenreich (Algen, Myxomyceten, phanerogamen Gewächse, bei denen der kohlensaure Kalk in den Zellhäuten bestimmter Zellen oder auf der Aussenseite der Epidermis angetroffen wird).

Auf Grund der Untersuchungen anderer Forscher sowie eigener Beobachtungen kommt der Verf. bezüglich der Vertheilung der Krystalle von oxalsaurem Kalk im Gewebe der Gefässpflanzen zu den folgenden Resultaten:

a. Die Krystalle liegen im Protoplasma gewöhnlicher Zellen.

b. Die Krystalle liegen in der Zellhaut, und zwar:

1. von gewöhnlichen parenchymatischen Zellen,
2. von Oberhautzellen,
3. von dickwandigen, luftführenden Zellen,

c. Die Krystalle liegen in besonderen Zellen, welche keine andere Function haben, als die Ausscheidung des Kalkoxalates, und zwar:

4. im Parenchym; zerstreut, oder häufig in Längsreihen,
5. an der Wand der Luftkanäle,
6. in den Krystallscheiden der Bastbündel.

In den Zellen, welchen allein die Function zukommt, den oxalsauren Kalk aufzunehmen, bleibt derselbe unverändert liegen. Die Krystalle sind dem Stoffwechsel entzogen. Die krystallführenden Zellen enthalten kein Protoplasma mehr. Es ist beachtenswerth, dass die nämliche Regel, welche für die anatomische Vertheilung der Krystalle der Kalksalze gilt, zugleich auch Giltigkeit für die Kieselsäure besitzt. Auch diese Verbindung, welche keinen unentbehrlichen Pflanzennährstoff repräsentirt, wird in der Pflanze vorzugsweise an solchen Orten abgelagert, an denen sie dem Stoffwechsel entzogen ist und wo sie den Säfteaustausch in den Organen am wenigsten beeinträchtigen kann.

Die Oxalsäure, welche zur Bildung des oxalsauren Kalkes nothwendig ist, entsteht als Stoffwechselproduct ohne Zweifel in den Zellen des Parenchyms der Pflanzen. Sie gelangt mit den von aussen aufgenommenen Kalksalzen in Wechselwirkung, und es wird das schwer lösliche Kalkoxalat gebildet. Sobald die Lösung dieses Salzes unter den obwaltenden Umständen gesättigt ist, fängt gewöhnlich an morphologisch dazu bestimmten Stellen, das Auskrystallisiren des Salzes an, und damit wird, was die Hauptache ist, der Ueberfluss des von der Pflanze naturgemäss in grosser Quantität aufgenommenen Kalkes in eine für den Organismus nicht mehr nachtheilige Verbindung übergeführt. Die Ausscheidung des Kalkoxalats ist als ein besonderer Fall der in den Pflanzen zu Stande kommenden Kalkablagerungen im Allgemeinen zu betrachten. Vom biologischen Standpunkte aus kann man sagen, wie der Verf. betont, dass die Pflanze die Oxalsäure zum Zweck der Ausscheidung des überflüssig aufgenommenen Kalkes bildet.[1]

83. H. de Vries. Ueber einige Nebenproducte des pflanzlichen Stoffwechsels. (Landwirthschaftliche Jahrbücher, Bd. 10, S. 687.)

Die der Pflanze erzeugt neben den plastischen Stoffen, welche beim Wachsthum der Zellenbestandtheile Verwendung finden, noch eine grosse Reihe anderweitiger Körper,

---

[1] Der Ref. ist mit dem Verf. der Ansicht, dass die Oxalsäure insofern gewiss für die Pflanzen eine grosse Bedeutung besitzt, als sie im Stande ist, einer schädlichen Anhäufung von Kalkverbindungen in den Pflanzensäften entgegenzuwirken. Es darf aber daneben die Bedeutung der Oxalsäure für den Process der Proteïnstoffbildung nicht übersehen werden, nachdem in neuerer Zeit namentlich von Emmerling viele Thatsachen beigebracht worden sind welche diese Bedeutung in ein helles Licht treten lassen.

die zwar bedeutungslos für den Aufbau des Pflanzenkörpers an sich sind, denen aber dennoch eine bestimmte Function im Organismus zukommt. Der Verf. unterzieht nun in der vorliegenden Abhandlung die Frage nach der physiologischen Bedeutung einiger dieser Stoffe, nämlich der Gummi- und Schleimarten, der Harze sowie der Milchsäfte, einer eingehenden Discussion und macht zunächst darauf aufmerksam, dass allen diesen Substanzen die Eigenschaft zukommt, aus frischen Wunden, welche die Pflanzen empfangen haben, in flüssiger oder halbflüssiger Form hervorzutreten und sich auf der Oberfläche des verwundeten Theils allmählich in feste, meist sehr zähe Massen zu verwandeln. Diese Thatsache bildet den Ausgangspunkt der gesammten Betrachtungen des Verf. über die Function der Harze, Gummiharze und Milchsäfte in der Pflanze. Er sucht, gestützt auf die Resultate, zu denen die umfangreichen Untersuchungen vieler Forscher über das Vorkommen sowie die Eigenschaften der Harze und Milchsäfte geführt haben, darzuthun, dass dieselben in erster Linie dazu bestimmt sind, eventuell vorhandene Wundflächen der Pflanzen (und damit auch den ganzen Organismus) vor nachtheiligen äusseren Einflüssen zu schützen. In dieser Beziehung ist es von Wichtigkeit, dass die aus dem Gewebe der verletzten Pflanzentheile ausgetretenen Harze und Milchsäfte in vielen Fällen Verhärtungs- und Gerinnungsprocessen unterliegen, die unter dem Einfluss der Luft zu Stande kommen und durch deren Stattfinden den Wundflächen ein bedeutungsvoller Schutz gewährt wird. Mit Bezug auf den Milchsaft ist noch zu bemerken, dass in demselben allerdings nicht allein solche Körper vorhanden sind, die als Nebenproducte des Stoffwechsels aufgefasst werden müssen (ätherische Oele, Harze, Gummi), sondern dass derselbe gewöhnlich zugleich erhebliche Mengen von Proteïnstoffen, Zucker, Amylum enthält. Diese Stoffe dienen nach des Verf. Ansicht zur Bildung jener erwähnten, für den Schutz der Wunden bedeutungsvollen Nebenproducte des pflanzlichen Stoffwechsels. Der Ref. muss dazu bemerken, dass der Verf. die Bedeutung der in den Milchsaftbehältern vorhandenen Proteïnstoffe und Kohlenhydrate als plastisches Material für den Organismus doch ohne Zweifel zu sehr unterschätzt.

84. **A. Hansen. Ueber die Wirkung des Milchsaftes von Ficus Carica.** (Sitzungsberichte d. Physikalisch-Medicinischen Societät zu Erlangen, Heft 13.)

Der Milchsaft von *Ficus Carica* besitzt eine äusserst schwach saure Reaction. Er ist im Stande, selbst bei gewöhnlicher Temperatur und im verdünnten Zustande lösend auf Fibrin sowie auf hart gekochtes Hühnereiweiss einzuwirken. Bei höherer Temperatur (38–40° C.) wirkt der Milchsaft natürlich energischer auf die Eiweisskörper ein. Versetzt man den Milchsaft mit Alkohol, so entsteht ein Niederschlag, welcher das wirksame Ferment enthält. Die Milchsäfte von *Ficus elastica*, Euphorbiaceen, sowie Cichoriaceen sind nicht im Stande, Eiweissstoffe zu peptonisiren.

85. **Albrecht. Note sur le Carica Papaya et les propriétés digestives du suc qu'il renferme.** (Bulletin de la société des sciences naturelles de Neufchatel, 1881, T. 12, p. 329.)

In diesem Aufsatze wird eine Beschreibung der *Carica* gegeben. Es werden überdies die bekannten Eigenschaften des Milchsaftes der erwähnten Pflanze aufgezählt und hervorgehoben, dass man das wirksame Ferment (das Papaïn) mit Hilfe von Alkohol aus dem Safte abscheiden kann. Das Ferment enthält nach Würty 6.60 % H, 41.42 % C, 12.42 % N, 30.44 % O und 9.12 % Asche.

86. **L. Wittmack. Der Milchsaft der Pflanzen und sein Nutzen.** (Monatsschrift d. Vereins zur Beförderung des Gartenbaues in den Königl. Preussischen Staaten, 1881. Juni-, Juli- und Augustheft.)

In diesem Aufsatze sind die über die Verbreitung der Milchsaftbehälter im Pflanzenreich, über den Bau der Behälter, über die physikalischen Eigenschaften und die chemische Zusammensetzung des Milchsaftes, über die Verwendung der Milchsäfte, sowie über die physiologische Bedeutung derselben für den vegetabilischen Organismus bis jetzt bekannten Thatsachen zusammengestellt.

87. **Kramer. Ueber den Stärkeverlust keimender Kartoffelknollen.** (Oesterr. landw. Wochenblatt, 7. Jahrg., S. 98. Ref. nach Centralb. f. Agriculturchemie, 10. Jahrg., S. 717.)

Der Verf. hat, zumal mit Rücksicht auf praktische Verhältnisse, den Stärkeverlust von Kartoffeln bestimmt, den dieselben, wenn sie an einem trockenen und warmen Ort aufbewahrt werden, bei der Keimung erfahren.[1]) Die Kartoffeln einer Versuchsreihe enthielten z. B. im frischen Zustande 18.21 % Stärke; die gekeimten Knollen mit 3—4 cm langen Trieben enthielten nur noch 16.18 % Amylum.

88. **P. Debérain und E. Bréal.** **Untersuchungen über den Reifungsprocess einiger krautartiger Gewächse.** (Annales Agronomiques, Bd. 7, p. 161. Ref. nach Centralblatt für Agriculturchemie, 11. Jahrg., S. 140.)

Die Untersuchungen über die Veränderungen des Trockensubstanzgewichtes verschiedener Pflanzen, welche gleichzeitig mit der Austrocknung der Vegetationsorgane bei dem Reifen der Samen zu beobachten sind, führten die Verff. namentlich zu folgenden Ergebnissen: 1. Es giebt Pflanzen, welche ihr Gewicht bei der Reife vermindern und eine continuirliche Gewichtsabnahme bis zum Tode erfahren *(Colinsia bicolor, Sinapis nigra)*. 2. Manche Pflanzen zeigen zwar eine Gewichtsabnahme bei der Reife, aber sie bewahren doch während der Reife genug „Kraft", um ein Wiederaufleben der Vegetation zu zeigen (?) *(Eschscholtzia californica, Convolvulus tricolor* etc.). 3. Es giebt Pflanzen, welche, während sie ihre Samen reifen, fortwährend ihr Gewicht vermehren *(Sinapis alba, Silene pendula, Papaver somniferum* etc.). Die Schwächung der Vegetationsorgane, welche immer die Reife begleitet, selbst in dem Falle, wo sie nicht mit einer Gewichtsverminderung verbunden ist, scheint, zumal durch die Wanderung stickstoffhaltiger Stoffe aus den Blättern nach den Samen und den dadurch bedingten Verfall oder Tod der Blätter verursacht zu sein. Ebenso vermindert sich der Mineralstoffgehalt der Vegetationsorgane solcher Pflanzen, welche ihre Samen reifen.

89. **W. Wargunin.** **Zur Frage über die pflanzlichen Pepsinarten.** (Der Arzt, 1880, No. 7 S. 118 [Russisch].)

Der Verf. theilt mit, dass die Wasserinfusion von *Drosera rotundifolia* auf das Fibrin des Blutes ebenso wirkt, wie der Saft von *Carica Papaya*, d. h. es auflöst (verdaut). Die Auflösung geschieht in etwas angesäuerter Infusion, sowohl bei Zimmertemperatur (16—19° C.) als auch bei der Temperatur des menschlichen Körpers (37—35,5° C.), wobei bei der Erhöhung der Temperatur die Verdauung des Fibrins energischer vor sich geht. Das vorherige Kochen der Infusion beraubt sie nicht ihrer Fähigkeit, das Fibrin zu verdauen. Aber die alkalisch reagirende Infusion wirkt nicht auf das Fibrin, wodurch diese Infusion sich von dem Safte der *Carica Papaya* unterscheidet. **Batalin.**

90. **P. E. Alessandri.** **Sulla maturazione dei frutti.** (La Toscana Industriale, Anno III, 8, 9. Prato 1881, 48 p. in 8°.)

Verf. hat in zahlreichen verschiedenen Früchten (Kirschen, Erdbeeren, Aprikosen, Pfirsichen, Pflaumen, Birnen, Aepfeln, Feigen, Maulbeeren, Apfelsinen, Weintrauben, Melonen, Gurken, Kürbis) die Entstehung und Vermehrung des Zuckers bei der Reife verfolgt und constatirt, dass sich bei allen vor der Reife in den später zuckerhaltigen Geweben sehr kleinkörnige Stärke findet.

Verf. glaubt auch eine Art lösliche Stärke ausser der in Körnern ausgebildeten beobachtet zu haben (als Uebergangsproduct?), die vielleicht zur Production der secundären organischen Substanzen dient, welche sich bei der Fruchtreife bilden. **O. Penzig.**

91. **N. W. P. Rauwenhoff.** **De beschouwingen van Dr. Hugo de Vries, Over de rol van melksap, gom en hars in planten getoest.** (Maandblad vor Natuurwetenschappen, Jahrg. 10, No. 7.)

Enthält eine Kritik des von de Vries veröffentlichten Artikels über die Rolle des Milchsaftes, des Gummis und des Harzes in Pflanzen, worin er denselben die biologische Bedeutung, Wunden zu schliessen, zuschreibt.

Verf. wendet sich zunächst gegen de Vries, wenn dieser behauptet, wir wüssten bis dahin nichts über die Function des Milchsaftes und ähnlicher Stoffe; mehrere Forscher, Unger, Hanstein, Dippel, Trécul, van Tieghem, David u. A. haben sich mit Milchröhren beschäftigt, und in der letzten Zeit ist die Ansicht ziemlich allgemein geworden, die Milchsäfte seien als eine Art Reservematerials zu betrachten, wobei der Milchsaft jedoch zu trennen sei von den Harz- und Gummiarten, welche mehr als Secrete zu betrachten seien.

---

[1]) **Die sich entwickelnden Knospen der Kartoffeln beziehen unter diesen Bedingungen das zu ihrer Ausbildung erforderliche Wasser bekanntlich aus den Knollen.**

Verf. giebt zu, dass die erwähnten Flüssigkeiten die Eigenschaft besitzen, eine Wundfläche zu verschliessen, kann sich jedoch de Vries nicht anschliessen, wenn selbiger daraus ableitet, die erwähnten Säfte hätten die biologische Bedeutung, zum Wundverschluss zu dienen. Ebensowenig ist er überzeugt worden durch die zur Bestätigung seiner Meinung von de Vries vorgebrachten Argumente.

Verf. hatte eine Experimentaluntersuchung erwartet zur Prüfung der Frage. So hätte z. B. de Vries untersuchen können, ob bei den milchenden Gewächsen der die Wundfläche überdeckende Saft an die Stelle tritt der gewöhnlichen Wundverschlussmittel, und ob also jenen Gewächsen das Vermögen abgeht, die Wunde durch Callus oder Kork zu verschliessen.

Statt dessen hat de Vries die von ihm aufgestellte These aus den bekannten Eigenschaften der erwähnten Säfte und der sie enthaltenden Organe beweisen zu können gemeint. Nach Rauwenhoff jedoch sei diese Beweisführung ungenügend, indem die erwähnten Thatsachen auch andere Deutung als die von de Vries zulassen.   N. N.

92. **M. Carlucci e F. Rossi. Contribuzioni allo studio della maturazione dei frutti e specialmente della maturazione dei Fichi.** (Annuario della R. Scuola Superiore d'Agricoltura in Portici. Napoli, 32 p. in 4⁰.)

Im Allgemeinen ziehen die analytischen Arbeiten über die chemischen Vorgänge bei der Fruchtreife nur allein die zu untersuchenden Früchte in Betracht, und es wird das Auftreten und allmähliche Verschwinden der organischen Säuren, Bildung und Vermehrung des Zuckers, Entstehung ätherischer Oele oder aromatischer Substanzen etc. in den Früchten selbst studirt. Die Verf. setzen unsere heutigen Kenntnisse betreffs dieser Vorgänge im ersten Theil der Arbeit auseinander und geben dann im zweiten Theil die Resultate ihrer Untersuchungen über das Reifen der Feigen wieder. Sie haben nicht nur die Früchte in sechs successive Entwickelungsstadien studirt, sondern jedesmal auch die Blätter, Blattstiele, Fruchtstiele etc. analysirt, um einen Begriff zu geben von deren Betheiligung an der Zuckerbildung. Es ergab sich eine mehr oder weniger deutliche Correlation zwischen der Zunahme des Zuckers in den Früchten und allmähliger Abnahme desselben in den vegetativen Organen. In der Quantität des Stärkemehls wurde jedoch keine bemerkbare Oscillation festgestellt.   O. Penzig.

V. Athmung.

93. **W. Detmer. Ueber die Einwirkung des Stickstoffoxydulgases auf Pflanzenzellen.** (Sitzungsbericht der Jenaischen Gesellschaft f. Medicin u. Naturwissenschaft. Sitzung vom 1. Juli 1881.)

Es ist bei der Ausführung der Untersuchung grosses Gewicht darauf gelegt worden, die Pflanzentheile, welche zu den Experimenten dienten (Samen sowie Keimpflanzen von *Pisum sativum* sowie *Triticum vulgare*) mit absolut reinem Stickstoffoxydulgas in Contact zu bringen. Es ergab sich, dass der Keimungsprocess niemals eintrat, so lange die Untersuchungsobjecte in N_2O verweilten, dass dieselben dagegen noch zu keimen vermochten, wenn sie nach nicht zu langem Aufenthalt im N_2O mit atmosphärischer Luft in Berührung gelangten. Im lebhaften Wachsthum begriffene Keimpflanzen stellten ihr Wachsthum sofort ein, wenn sie mit reinem N_2O in Berührung gelangten. Das Zustandekommen heliotropischer sowie geotropischer Krümmungen von Pflanzentheilen ist im N_2O nicht möglich; ebenso ergrünen etiolirte Keimpflanzen im N_2O bei Lichtzutritt nicht. Besondere Versuche haben endlich ergeben, dass die lebensthätigen Pflanzenzellen nicht im Stande sind, das N_2O in N und O zu zerlegen. (Ausführliche Mittheilungen vergl. man in den Landwirthschaftlichen Jahrbüchern Bd. 11, 1882.)

94. **W. Detmer. Ueber Pflanzenathmung.** (Sitzungsberichte der Jenaischen Gesellschaft f. Medicin und Naturwissenschaft. Sitzung vom 18. November 1881.)

Die Untersuchungen sind mit Hilfe eines sehr genau arbeitenden Respirationsapparates durchgeführt worden, dessen Construction zunächst beschrieben wird. Mit Hilfe des Apparates sind folgende Thatsachen constatirt worden: 1. Pflanzentheile (Laubblätter, Blüthen, Keimpflanzen), die durch längeres Erwärmen auf 70—80⁰ C. getödtet worden waren, geben keine Kohlensäure aus, sie athmen nicht mehr. 2. Pflanzentheile, die in Folge einer Austrocknung bei gewöhnlicher Temperatur einen Theil ihres Wassers verloren haben, hauchen nicht mehr so viel Kohlensäure aus wie die wasserreichen Untersuchungsobjecte. Wasserzufuhr steigert die Athmungsenergie der Untersuchungsobjecte wieder. 3. Wird die Athmungsgrösse chlorophyllfreier Pflanzentheile (Fruchtkörper von *Cantharellus cibarius*, blüthentragender Stengel von *Monotropa Hypopitys*, Blüthen von *Syringa* etc.) einerseits bei Lichtzutritt, andererseits im Dunkeln unter sonst gleichen Umständen untersucht, so zeigt sich, dass dieselben in diesem sowie in jenem Fall dieselbe ist. Das Licht übt auf die Kohlensäureproduction der meisten chlorophyllfreien Pflanzentheile keinen nachweisbaren Einfluss aus. Soweit die in der vorliegenden Abhandlung mitgetheilten Beobachtungsresultate reichen, wirken die Lichtstrahlen nur auf die Athmung der von allen grünen Theilen befreiten Blüthen von *Salvia pratensis* ein, indem dieselben in der Zeiteinheit bei constant bleibender Temperatur im Licht etwas mehr Kohlensäure aushauchen als im Dunkeln. 4. Die specifische Athmungsenergie verschiedener Pflanzentheile, d. h. die Kohlensäureproduction verschiedener Pflanzentheile in gleicher Zeit und bei der nämlichen Temperatur, ist keineswegs dieselbe. Die Athmungsenergie der Blüthen ist eine sehr bedeutende. Blüthentragende Stengel von *Monotropa* athmen sehr schwach. Die Athmungsenergie der Laubblätter sowie der Pilze ist eine ziemlich erhebliche.

95. **F. P. Wilson. Ueber Athmung der Pflanzen.** (Flora, 1882, No. 6.)

Vor einiger Zeit hat Wortmann auf Grund seiner Beobachtungen über die Athmung der Keimpflanzen von *Vicia faba* die Angabe gemacht, dass die Grösse der Kohlensäureproduction solcher Pflanzenzellen, die dem Einfluss des freien atmosphärischen Sauerstoffes entzogen werden, unmittelbar nachdem dies geschehen ist, ebenso gross wie die Kohlensäureproduction der Pflanzenzellen unter normalen Umständen sei. In Bezug auf die Keimpflanzen von *Vicia faba* ist dies auch nach des Verf. Beobachtungen richtig, dagegen ergab sich, dass alle übrigen untersuchten Pflanzentheile (anderweitige Keimpflanzen, Blüthen, Pilze) in Folge innerer Athmung stets weniger Kohlensäure als in Folge normaler Athmung producirten. Die Untersuchungsobjecte lieferten nämlich sofort weit weniger Kohlensäure als in Contact mit atmosphärischer Luft, wenn sie bei gleich bleibender Temperatur einem Wasserstoffstrom ausgesetzt wurden. Erneuter Luftzutritt steigerte die Athmungsgrösse der Pflanzentheile wieder. Wird die Athmungsgrösse von Pflanzentheilen in Gasgemischen, die aus Luft und Wasserstoff bestehen, untersucht, so zeigt sich, dass die Kohlensäureproduction derselben bedeutend geringer ist, als in atmosphärischer Luft, wenn der Wasserstoffgehalt der erwähnten Gasgemische ein erheblicher (z. B. $^{10}/_{20}$ Volumentheile) ist. Endlich bestätigt der Verf. noch die Richtigkeit der von mir gemachten Angabe (vgl. vorstehendes Referat), dass das Licht keinen nachweisbaren Einfluss auf die Kohlensäurebildung der meisten chlorophyllfreien Pflanzentheile ausübt. Es gilt dies sowohl für die Athmung der Pflanzenzellen in atmosphärischer Luft als auch für die Athmung im Wasserstoff.

96. **Borodin. Untersuchungen über die Pflanzenathmung.** Erste Abhandlung. (Mém. de l'Academ. imper. des sc. de St. Pétersbourg. Ser. VII, T. 28, No. 4.)

Der Verf. (vergl. diesen Jahresbericht 1876) hat bereits früher auf Grund seiner sorgfältigen Untersuchungen über den Athmungsprocess die Ansicht ausgesprochen, dass die Kohlensäureproduction von Pflanzentheilen unter sonst gleichen Umständen in Beziehung zu dem Gehalte derselben an stickstofffreien Verbindungen stehe. Wird die Athmungsmenge eines Pflanzentheils in aufeinander folgenden Zeiten, während welcher das Untersuchungsobject im Dunkeln verweilt, beobachtet, so ergiebt sich, dass die Kohlensäurebildung allmählich sinkt. Setzt man die chlorophyllhaltigen Pflanzentheile jetzt einige Zeit in kohlensäurehaltiger Luft dem Einfluss des Lichts aus, so dass derselbe assimiliren kann, und untersucht ihn abermals im Dunkeln bei der nämlichen Temperatur wie früher auf seine Athmungsenergie, so zeigt sich, dass diese in Folge der stattgehabten Bildung stickstofffreier organischer Stoffe jetzt wieder erheblich grösser ist. Derartige Beobachtungen veranlassten den Verf., die oben geltend gemachte Ansicht auszusprechen. Die Schlussfolgerungen Borodins sind nun vor einiger Zeit von Rischawi (vergl. diesen Jahresbericht 1877) angegriffen worden. Derselbe suchte zu zeigen, dass die Steigerung der Kohlensäureabscheidung solcher Pflanzentheile, die einige Zeit in kohlensäurereicher Luft bei Lichtzutritt verweilt haben, einfach dadurch zu Stande kommt, dass die Untersuchungsobjecte die unter den bezeichneten

Umständen physicalisch absorbirte Kohlensäure wieder ausgeben. Nach Borodin ist aber in diesen Verhältnissen ganz ohne Zweifel nicht die wesentliche Ursache für das Zustandekommen der in Rede stehenden Erscheinung zu suchen. Verschiedene Versuche des Verf. haben ergeben, dass die nachträgliche Steigerung der Kohlensäureabscheidung viel bedeutender ausfällt, wenn die Pflanzentheile zuvor in einem Licht von höherer Intensität verweilten, als wenn dieselben nur schwachem Licht ausgesetzt gewesen waren, und damit ist z. B. eine Thatsache festgestellt, die sich allein vom Standpunkte Borodins aus verstehen lässt. Ueberhaupt wird die Ansicht des Verf. durch viele Gründe allgemeiner Natur gestützt. Uebrigens ist zu bemerken, dass allerdings eine kleine Quantität derjenigen Kohlensäure, die sogleich nach der Beleuchtungsperiode von den Pflanzentheilen ausgeschieden wird, nicht durch Athmungsprocesse erzeugt wird, und der Verf. weist selbst auf die Fähigkeit der Pflanzengewebe hin, Kohlensäure locker binden und nachträglich wieder abscheiden zu können. So sind z. B. lufttrockene Samen in Contact mit reiner Kohlensäure im Stande, beträchtliche Mengen dieses Gases zu absorbiren. Wasserstoff vermögen die Samen nur in geringen Quantitäten zu binden.

97. Borodin. Athmung in reinem Sauerstoffgas. (Botanische Zeitung, 1881, S. 127.)

Der Verf. experimentirte mit den Keimpflanzen von *Vicia Faba* sowie mit Zweigen von *Amelanchier* und *Syringa*. Die Untersuchungsobjecte verbrauchten in Berührung mit reinem Sauerstoffgas erheblich mehr Sauerstoff als in Contact mit atmosphärischer Luft. Ob die Kohlensäureproduction der Beobachtungsobjecte ebenfalls grösser in reinem Sauerstoff als in atmosphärischer Luft ausfällt, bleibt noch zu untersuchen.

98. Borodin. Ueber innere Athmung. (Botanische Zeitung, 1881, S. 127.)

Der Verf. hat Zweige von *Syringa*, welche austreibende Knospen trugen, einem constanten Luftstrom ausgesetzt und die erzeugte Kohlensäuremenge bestimmt. Nach einiger Zeit (am zweiten Versuchstage) wurde der Luftstrom durch einen ebenso starken Wasserstoffstrom ersetzt. Die jetzt in Folge innerer Athmung erzeugte Kohlensäurequantität erwies sich als bedeutend geringer als diejenige, welche früher in Folge normaler Athmung gebildet worden war. Luftzutritt rief die ursprüngliche Athmungsintensität der Untersuchungsobjecte wieder hervor.

99. F. Hatton. On the Action of Bacteria on Gases. (Journal of the chemical society, V. 39, p. 247.)

Der Verf. hat bacterienhaltige Flüssigkeiten (Fleischextract) mit verschiedenen Gasen längere Zeit in Contact belassen und untersucht, welche Veränderungen in der Zusammensetzung der Gase in Folge der Lebensthätigkeit der niederen Organismen hervorgerufen werden. In Berührung mit atmosphärischer Luft nahmen die Bacterien viel Sauerstoff auf; sie producirten Kohlensäure, aber die Sauerstoffaufnahme war erheblich beträchtlicher als die Kohlensäureabgabe. Mit Rücksicht auf weitere Versuche des Verf. sei namentlich hervorgehoben, dass die Bacterien in Contact mit reinem Wasserstoff, reinem Sauerstoff sowie reinem Stickstoffoxidul lange Zeit weiter leben und dabei natürlich mehr oder minder grosse Kohlensäuremengen erzeugen. Auch eine an Kohlenoxydgas reiche Luft schadet den Bacterien nicht. Mit Bezug auf die Resultate der Gasanalyse ist auf die Originalabhandlung hinzuweisen.

100. W. Engelmann. Zur Biologie der Schizomyceten. (Pflüger's Archiv für die gesammte Physiologie, Bd. 26, S. 537.)

Der Verf. untersuchte Wassertropfen, in welchen neben wenigen Micrococcen und Bacterien hauptsächlich Spirillen vorhanden waren. Es zeigte sich, dass sich diese niedern Organismen, wenn die Wassertropfen längere Zeit zwischen zwei Deckgläsern in den feuchten Kammern verweilt hatten, bei erfolgender Beleuchtung im Licht ansammelten, während dies nicht geschah, wenn der freie Zutritt der Luft zu den Wassertropfen nicht behindert war. Diese Beobachtungsresultate legten die Vermuthung nahe, dass in den Wassertropfen irgend ein Organismus vorhanden war, der im Licht Sauerstoff erzeugte und dadurch die Ansammlung der Schizomyceten im Licht bedingte. Die Gegenwart von Algen konnte nicht constatirt werden; dagegen ergab sich, dass die grossen, neben den Spirillen und Micrococcen allerdings nur in sehr geringer Zahl vorhandenen Bacterien eine entschieden grünliche Färbung zeigten. Demnach wären also nicht alle Schizomyceten chlorophyllfrei. Einige derselben, wie z. B. der vom Verf. entdeckte Organismus *(Bacterium chlorinum)*, sowie einige von van Tieghem beobachtete grüne Species führen Chlorophyll und sind daher im Stande, die Kohlensäure unter dem Einfluss des Lichtes zu zersetzen. Die Sauerstoffmengen, welche das relativ chlorophyllarme *Bac. chlorinum* im Licht ausscheidet, sind auf jeden Fall nur sehr geringe, und da sich die Spirillen trotzdem dem grünen Organismus sehr schnell entgegen bewegen, so muss ihre Empfindlichkeit gegenüber Aenderungen im Sauerstoffgehalt ihrer Umgebung offenbar eine ausserordentlich grosse sein. Der Verf. hat dies in der That durch eine Reihe sinnreich angestellter Versuche genauer feststellen können. Diese Versuche führten aber weiter zu dem Ergebniss, dass die Spirillen Orte aufsuchen, an welchen die Sauerstoffspannung niedriger, wahrscheinlich viel niedriger ist, als dem Partialdruck des Sauerstoffs in der atmosphärischen Luft entspricht. Für andere niedere Organismen liegt das Optimum der Sauerstoffspannung unter übrigens gleichen Bedingungen höher, respective tiefer als für die Spirillen, und der Verf. erörtert, dass eine Erklärung der angeführten Phänomene nur unter der Annahme eines psychischen Momentes, d. h. eines die Bewegung regulirenden Empfindungsvermögens der niederen Organismen möglich sei. Den Spirillen soll ebenso wie hoch entwickelten Organismen die Empfindung der Athemnoth zukommen und diese Empfindung soll massgebend für ihre Bewegungen sein. Solchen Anschauungen gegenüber lassen sich, der Meinung des Ref. nach, gewiss viele Bedenken geltend machen.

101. **J. Eriksson. Ueber Wärmebildung durch intramoleculare Athmung der Pflanzen.** (Untersuchungen aus dem Botanischen Institut zu Tübingen, herausg. v. W. Pfeffer, Bd. 1, Heft 1.)

Der Verf. hat sich bei der Ausführung seiner Untersuchungen die folgenden Fragen gestellt: 1. Findet durch die intramoleculare Athmung der Pflanzen eine messbare Wärmebildung statt oder nicht? 2. Wenn es eine solche Wärmebildung giebt, wie lange hält dieselbe an? Die Versuche mit Keimpflanzen, Blüthen, sowie Früchten sind im Allgemeinen derartig durchgeführt worden, dass die Untersuchungsobjecte in grösserer Menge in ein Glasgefäss von etwa 125 cc Capacität gelangten, um ihren Temperaturzustand, nachdem die atmosphärische Luft in den Gefässen vollständig durch Wasserstoffgas verdrängt worden war, mit Hilfe empfindlicher und in geeigneter Weise angebrachter Thermometer während längerer Zeit zu bestimmen. Neben dem erwähnten Apparate wurde aber noch ein zweiter, ganz ähnlicher aufgestellt, der durch höhere Temperatur getödtete Vergleichsobjecte (Keimpflanzen oder mit Wasser durchtränkte Fliesspapierkügelchen) enthielt. Diese Vergleichsobjecte befanden sich ebenfalls mit Wasserstoffgas in Contact. Es zeigte sich nun, dass die Temperatur der Untersuchungsobjecte während der ersten Zeit der Versuche stets etwas höher als diejenige der Vergleichsobjecte war. Der Temperaturüberschuss der ersteren betrug aber nur 0.1—0.3° C.; er gestaltete sich also bei Abwesenheit des Sauerstoffs weit geringer als bei Anwesenheit desselben. Dass der erwähnte geringe Temperaturüberschuss aber Folge der intramolecularen Athmung der Pflanzenzellen ist, erscheint unzweifelhaft, denn die Vergleichsobjecte (und zumal ist hier das Verhalten der getödteten Keimpflanzen von Wichtigkeit) zeigten immer eine niedrigere Temperatur als die noch lebenden Pflanzen. Ferner ist beachtenswerth, dass, wenn die Versuche längere Zeit hindurch (mehrere Tage lang) fortgeführt wurden, der Temperaturüberschuss der Untersuchungsobjecte allmählig verschwand, und wir wissen in der That, dass die Zellen höherer Pflanzen in sauerstofffreien Räumen nach und nach absterben; ihre intramoleculare Athmung hört auf und in Folge dessen auch die durch dieselbe seither hervorgerufene Wärmeentwickelung. Der Ref. hat die durch intramoleculare Athmung verursachte Wärmebildung bei Keimpflanzen noch am zweiten bis siebenten Versuchstage verfolgt. Nach dieser Zeit hörte aber mit der Schwächung der inneren Athmung die Temperaturerhöhung völlig auf.

Wesentlich anders wie die Zellen höherer Pflanzen verhalten sich die Zellen des Hefepilzes. Die Hefezellen vermögen bekanntlich bei Sauerstoffabschluss in Contact mit traubenzuckerhaltigen Flüssigkeiten lebhafte Gährungserscheinungen hervorzurufen; sie können unter diesen Umständen aber auch wachsen. Der energischen inneren Athmung der Hefezellen entspricht nun in der That, wie der Verf. fand, eine bedeutende Wärmebildung, die so beträchtlich sein kann, dass die gährenden Flüssigkeiten im Vergleich zu hefefreien Vergleichsflüssigkeiten einen Temperaturüberschuss von mehreren Grad C. erkennen lassen. Bei Luftzutritt ist der Temperaturüberschuss hefehaltiger Flüssigkeiten eben so gross, wie bei völligem Sauerstoffmangel. Wenn Hefezellen nicht mit Traubenzucker-, sondern mit Milchzuckerlösungen in Berührung gebracht werden, so wachsen sie zwar bei Sauerstoffzutritt, erregen aber keine Gährung; bei Sauerstoffabschluss vermögen die Hefezellen in Contact mit Milchzuckerlösungen aber weder zu wachsen noch den Milchzucker in Gährung zu versetzen. Ihre intramoleculare Athmung ist unter diesem Umstande sehr schwach und damit in Uebereinstimmung fand der Verf., dass die Wärmeentwickelung der sich bei Sauerstoffabschluss mit Milchzuckerlösung in Berührung befindenden Hefezellen nicht grösser als diejenige war, welche die Zellen höherer Pflanzen bei Sauerstoffmangel zur Geltung zu bringen vermögen. Sauerstoffzufuhr erhöhte aber die Wärmebildung der in Milchzuckerlösung verweilenden Hefezellen ebenso wie diejenige der Zellen höherer Pflanzen, welche seither vom Sauerstoff abgeschlossen gewesen waren.

102. **Müntz. Sur la conservation des grains par l'ensilage.** (Comptes rendus, Bd. 92, p. 97 et 137.)

Samen, die längere Zeit im lufttrockenen Zustande aufbewahrt werden, sollen selbst unter diesen Umständen Kohlensäure ausathmen. (?) Wasserzufuhr steigert aber die Athmungsenergie der Samen ganz bedeutend. Bei Luftabschluss ist die Kohlensäurebildung der Samen geringer als bei Luftzutritt. Diese sowie anderweitige Beobachtungsresultate führen den Verf. zu dem Schluss, dass die Conservirung der Samen am besten gelingt, wenn dieselben bei Luftabschluss in einem Raum von möglichst constanter Temperatur aufbewahrt werden, und wenn man namentlich dafür sorgt, dass die Samen stets in einem recht trockenen Zustande verbleiben.

103. **L. Cric. Ueber einige neue Fälle von Phosphorescenz bei Pflanzen.** (Comptes rendus, 93. Bd., 1881, p. 853.)

Nach neueren Beobachtungen des Verf. phosphoresciren die folgenden Pflanzen: *Auricularia phosphorica, Polyporus citrinus,* eine Rhizomorpha-Form, welche im Innern von Hollunderzweigen beobachtet wurde, und *Xylaria polymorpha.* Dieser letzte Pilz bildet das erste Beispiel von Lichtentwickelung eines Repräsentanten aus der Gruppe der Ascomyceten.

104. **C. Timirjasew. Neue Methode der Untersuchung der Athmung und der Kohlensäurezersetzung.** (Reden und Protoc. der VI. Versammlung der russ. Naturf. u. Aerzte in St. Petersburg vom 20. bis 30. Dec. 1879. St. Petersburg 1880. Seite 9 [Russisch].)

Die empfohlene Methode ist die differentiale, d. h. es werden die Functionen zweier gleicher Organe verglichen, die unter verschiedenen Bedingungen sich befinden. Der nach diesem Principe construirte Apparat (vom Verf. nicht näher beschrieben) besteht aus zwei gleichen Gefässen, in welche die Pflanzentheile eingeführt werden; die Gefässe sind vermittelst zweier gebogener Röhren mit einander verbunden; die untere von ihnen ist graduirt und enthält einen Tropfen irgend einer gefärbten Flüssigkeit — sie dient als Manometer; die obere ist mit einem Krahn versehen und dient für die gegenseitige Communication beider Theile des Apparates. In die Gefässe werden auch die nothwendigen Reactive für die Absorbirung der Athmungsproducte eingeführt. Den ganzen Apparat taucht man ins Wasser bis alle Theile die gleiche Temperatur annehmen, dann schliesst man den Krahn, und die Communication ist blos durch den Manometer möglich. Die Gase in beiden Gefässen befinden sich also unter gleichen Bedingungen bezüglich der Temperatur und des Druckes und die Veränderung ihrer Volumina wird von den chemischen Processen abhängen und durch das Manometer gezeigt und gemessen werden.   Batalin.

VI. Chlorophyll.

105. **R. Sachse. Beiträge zur Kenntniss des Chlorophylls.** (Chemisches Centralblatt 1881, S. 169.)

Der Verf. hebt zunächst hervor, dass die Menge des in grünen Pflanzentheilen vorhandenen Chlorophyllfarbstoffes häufig unterschätzt worden ist. Aus 125 Kilo frischer Blätter hat Verf. nämlich stets etwa 100 Gramm einer Substanz (Phyllocyanin) gewinnen können, die als ein Spaltungsproduct des Chlorophyllpigments angesehen werden muss. Daraus und aus dem Umstande, dass bei der Gewinnung der in Rede stehenden Farbstoffe immer nicht unwesentliche Verluste zu beklagen sind, geht hervor, dass 125 Kilo frischer Blätter noch mehr als 100 Gramm Chlorophyllpigment enthalten müssen.

Der Ref. legt seinen weiteren Untersuchungen eine Hypothese zu Grunde, nach welcher nicht die Kohlehydrate, sondern der Chlorophyllfarbstoff das erste leicht sichtbare Assimilationsproduct darstellt, während die Kohlehydrate erst in Folge gewisser chemischer Processe aus dem Chlorophyllpigment hervorgehen sollen. Von dieser Hypothese ausgehend, der gegenüber sich allerdings, wie ich meine, von vornherein mancherlei Bedenken geltend machen lassen, studirte der Verf. den Einfluss reducirend wirkender Substanzen auf Chlorophyllfarbstoffe. Die Blätter von *Primula elatior* oder *Allium ursinum* wurden in grösseren Quantitäten zunächst mit Wasser abgekocht, das Wasser entfernt und die getödteten Blätter mit Alkohol extrahirt. Durch Benzinzusatz zu dem alkoholischen Extract wurde dann der blaugrüne Bestandtheil des normalen Chlorophyllfarbstoffs von dem gelben getrennt, und der Benzinlösung schliesslich Natriumstückchen hinzugefügt. Es trat schwache Wasserstoffentwickelung ein und nach einiger Zeit (oft erst nach 1—2 Wochen) trübte sich die Flüssigkeit, bis sich endlich eine voluminöse Masse zu Boden setzte. Dieselbe wurde von der überstehenden, gelblich aussehenden Flüssigkeit durch Filtration getrennt und mit Benzin ausgewaschen. Der gewonnene Körper steht seinen gesammten Eigenschaften, zumal seinem optischen Verhalten nach, dem Chlorophyllpigment auf jeden Fall sehr nahe. Wird die Lösung des Körpers mit Salzsäure versetzt, so erfolgt eine tiefgreifende Zersetzung desselben; es entsteht ein Niederschlag, während ein Körper in Lösung bleibt, der, was namentlich Interesse beansprucht, fast genau die Zusammensetzung eines Kohlenhydrats besitzt. Die durch Salzsäure abgeschiedene Substanz kann auf einem Filter gesammelt, ausgewaschen und getrocknet werden. Sie ist von dunkelgrüner Farbe und wird vom Verf. als Phyllocyanin bezeichnet. Der in Rede stehende Körper ist stickstoffhaltig. Das Phyllocyanin stellt aber nach den Untersuchungen des Verf. kein chemisches Individuum dar, sondern es repräsentirt ein Gemisch verschiedener grüner, stickstoffhaltiger Substanzen, die als wesentlichste Bestandtheile der Chlorophyllfarbstoffmolecule betrachtet werden müssen. Im Chlorophyllkorn sind die grünen Pigmente übrigens noch mit gewissen gelben Farbstoffen gemischt, wie dies schon von Kraus hervorgehoben wurde. Diese gelben Substanzen enthalten nach den Untersuchungen des Verf. keinen Stickstoff. Da aber verschiedene Phyllocyaninkörper und ebenso verschiedene gelbe Pigment eexistiren, so kommt der Verf. schliesslich zu dem Resultat, dass im Chlorophyllkorn nicht ein einziges Chlorophyllpigment, sondern mehrere Chlorophyllpigmentmodificationen vorhanden sind, von denen eine jede aus einer Substanz der Phyllocyaningruppe und einem gelben Farbstoff zusammengesetzt ist. Mit Rücksicht auf die Ergebnisse, zu denen der Verf. bei seinen Beobachtungen über den Einfluss oxydirend wirkender Körper auf Phyllocyanin gelangt ist, und über welche er bereits in der vorliegenden Abhandlung einiges mittheilt, ist das folgende Referat zu vergleichen.

106. **R. Sachsse. Beiträge zur Kenntniss des Chlorophylls.** (Chemisches Centralblatt, 1881, S. 236 und Centralblatt für Agriculturchemie, 10. Jahrg., S. 790.)

Aus einem als Phyllocyanin bezeichneten Producte (vielleicht identisch mit Hoppe-Seyler's Chlorophyllansäure) wurde durch Oxydation mit übermangansaurem Kali in alkalischer Lösung Palmitinsäure erhalten, neben Oxalsäure und einer anderen Säure, die sich indessen auf diesem Wege nicht isoliren liess. Zur Darstellung derselben wendet man besser Salpetersäure als Oxydationsmittel an. Die fragliche Säure besitzt die empirische Formel $C^5 H^6 O^4$, ist, soweit bis jetzt bekannt, nicht krystallisirbar und besitzt die Eigenschaft, die Fällung von Eisen- sowie Kupferoxyd durch Alkalium zu verhindern. Sie vermag auch Silberoxyd zu Silber aus alkalischer Lösung zu reduciren. Bei der trockenen Destillation des Phyllocyanins erhält man das Aldehyd der Palmitinsäure; bei der Destillation mit Kalk bildet sich Palmiton. Der Verf. ist nun der Ansicht, dass auch die in einigen grünen Pflanzenzellen in Folge des Assimilationsprocesses entstehenden Fette als Oxydationsproducte des Phyllocyanins des Chlorophyllfarbstoffes, welchen er ja für das erste leicht sichtbare Assimilationsproduct hält, angesehen werden müssen. Geht der Oxydationsprocess des Phyllocyanins in den grünen Zellen, wie es in der Regel der Fall ist, weniger energisch vor sich, so sollen nicht Fette, sondern Kohlehydrate als Oxydationsproducte entstehen. Uebrigens spricht sich der Verf. mit Recht über diesen letzteren Punkt sehr vorsichtig aus.

107. Hoppe-Seyler. Ueber das Chlorophyll der Pflanzen. (Zeitschrift f. physiolog. Chemie, Bd. 5, S. 75.)

Das vor einiger Zeit vom Verf. dargestellte Chlorophyllan (vgl. Bot. Jahresb. für 1879, S. 299) enthielt noch einen phosphorhaltigen Körper. Es wurde versucht, diese Substanz durch Kochen des Chlorophyllans mit alkoholischer Kalilauge abzuscheiden, aber dabei wurde statt des in Alkalien unlöslichen Chlorophyllans eine in Alkalien leicht lösliche Säure, die Chlorophyllansäure erhalten. Die Lösungen der Alkalisalze dieser Säure besitzen eine olivengrüne Farbe, und zeigen schwache, rothe Fluorescens. In Aether ist die möglichst gereinigte Chlorophyllansäure löslich; beim Eindunsten der ätherischen Lösung scheidet sich die Chlorophyllansäure zuweilen in macroskopischen Krystallen ab. Da es gelingt, beim Kochen des Chlorophyllans mit alkoholischer Kalilauge Chlorophyllansäure, eine phosphorhaltige Substanz (Glycerinphosphorsäure) und schliesslich noch Cholin zu erhalten, so ist es dem Verf. sehr wahrscheinlich, dass das Chlorophyllan eine Lecithinverbindung oder selbst ein Lecithin sei, in welchem in Uebereinstimmung mit anderen Lecithinen sich Glycerin und Cholin in Verbindung mit Phosphorsäure befinden, das Glycerin sich aber ausserdem (entweder allein oder zugleich mit fetten Säuren) in Verbindung befindet mit der Chlorophyllansäure.

108. J. Coaz. Das Blatt und seine Entfärbung. (Mittheilungen der Naturforschenden Gesellschaft in Bern. Bern 1880.)

Diese Abhandlung erwähnen wir hier, weil sich in derselben Zusammenstellungen über die herbstliche Färbung der Blätter einer Reihe einheimischer Pflanzen finden.

109. J. Rostafinski. Ueber den rothen Farbstoff einiger Chlorophyceen, sein sonstiges Vorkommen und seine Verwandtschaft zum Chlorophyll. (Botanische Zeitung, 1881, S. 461.)

Der Verf. hat den rothen Farbstoff untersucht, welcher in manchen Algensporen sowie in den vegetativen Zellen mancher Algen (*Phycopeltis, Trentepohlia* etc.) vorkommt. Der rothe Farbstoff kann mit Hilfe von Alkohol den Zellen entzogen werden. Das Spectrum des Pigments zeigt manche Aehnlichkeit mit demjenigen des Chrysochinons, lässt aber einen starken Absorptionsstreifen zwischen B und C erkennen.[1] In Berührung mit Schwefelsäure färbt sich das rothe Pigment, wie das Chrysochinon, prachtvoll dunkelblau. Es ist dem Verf. wahrscheinlich, dass der rothe Farbstoff durch Oxydationsprocesse in Chlorophyllpigment übergehen kann. Manche gelb gefärbte Blüthen (z. B. diejenigen von *Cheiranthus Cheiri*) scheinen neben einem gelben Pigment denselben rothen Farbstoff, welcher auch in Algenzellen vorkommt, zu enthalten.

110. C. Timirjasew. Apparate für quantitative Analyse des Chlorophylls und zur Bestimmung des Gesetzes der Lichtabsorption durch dasselbe. (Reden und Protoc. der VI. Versamml. russisch. Naturf. und Aerzte in St. Petersburg vom 20. bis 30. Dez. 1879. St. Petersburg 1880. Seite 37—38 ([Russisch].)

Zur Bestimmung der relativen Menge des Chlorophylls in beliebigen Organen empfiehlt T. die spectroskopische Vergleichung der als Einheit genommenen Chlorophylllösung (aufbewahrt in einer zugeschmolzenen Röhre) mit der Lösung, die aus den Organen bereitet war. Die Bestimmung muss derartig geschehen, dass die bereitete Lösung so viel mit Spiritus verdünnt wird, bis beide Spectra (das normale und das zu vergleichende) gleich werden, — dann wird das Volumen der verdünnten Lösung (nach der Berechnung) die relative Menge des Chlorophylls in dem Organe zeigen. Der zu diesem Zwecke construirte Apparat besteht aus einer horizontalen metallischen Linealplatte, die vor der Spalte des Spectroskops befestigt ist; an ihren beiden Enden trägt sie je ein um die verticale Axe sich drehendes Spiegelchen, — und in der Mitte gerade vor der Spalte — zwei Prismen für die volle innere

---

[1] Wahrscheinlich in Folge einer Verunreinigung mit Chlorophyllpigment.

Reflection (in die Spalte), eines über dem anderen und in umgekehrter Lage befestigt. Bei dieser Construction kann man von einer und derselben Lichtquelle zwei auf einander liegende Spectra erhalten und sie vergleichen. Zwischen den Prismen und den Spiegelchen befestigt man gleiche Röhrchen — das eine mit der Normallösung, das andere mit der zu untersuchenden Flüssigkeit. Um die durch das Chlorophyll bewirkte Lichtabsorption zu studiren, empfiehlt T. die Benutzung einer keilförmigen mit Chlorophylllösung gefüllten Wanne, an welche eine gleiche andere Wanne, aber umgekehrt, angelegt wird, um den durchgehenden Strahlen parallele Richtung zu geben; diese zweite Wanne kann mit Spiritus oder mit irgend einem anderen farblosen Stoffe gefüllt sein. Die Lichtstrahlen, durch die Chlorophylllösung von verschiedener Dicke durchgehend, werden verschieden absorbirt sein, was leicht zu beobachten ist. Dasselbe Princip kann man auch zur Untersuchung der Absorption durch gemischte Lösungen (z. B. Chlorophyllin mit Xanthophyll) anwenden — zu welchem Zwecke jede von beiden Wannen mit den betreffenden Flüssigkeiten gefüllt werden muss. Batalin.

111. **F. Ardissone. Sulla Clorofilla e sui suoi affici.** (Atti della Soc. Crittogamol. Ital. Fol. III, Disp. 1. Milano 1881.)

Nach einer Uebersicht über den heutigen Stand unserer Kenntnisse des Chlorophylls und andrer Farbstoffe, vorzüglich der braunen und rothen Algen, giebt Verf. die Resultate einiger Untersuchungen, die er über den Farbstoff verschiedener Algen angestellt hat.

Dasycladus claviformis, Dictyota dichotoma und ein Gemisch von verschiedenen Florideen gaben alle mit Alkohol eine schöne grüne Lösung, welche einen breiten, scharf ausgeprägten Absorptionsstreifen im Roth (Linie I, Kraus), und vollständige Absorption der stärker brechbaren Hälfte des Spectrums (Linie V, VI, VII, Kraus) zeigten. Die Absorptionslinien II, III, IV (Kraus) wurden nicht beobachtet — vielleicht aber hatte dies seinen Grund in der geringen Concentration der Lösung.

Ceramium ciliatum, Ulva Enteromorpha und *Gelidium corneum* gaben zu schwach gefärbte Lösungen, um zur Spectralanalyse tauglich zu sein. — *Dictyota dichotoma* und *Cystosira abrotanifolia* gaben, nach der Alkoholbehandlung mit Benzin oder Schwefelkohlenstoff tractirt, eine schwach gelbe Lösung, die, durch Verdunstung concentrirt, ähnliche Streifen zeigte, wie die oben beschriebenen, doch war die Absorption der stärker brechbaren Strahlen weniger ausgedehnt. O. Penzig.

VII. Insectenfressende Pflanzen.

112. **W. Behrens. Caltha dionaeaefolia.** (Kosmos, 5. Jahrg., S. 11.)

Die Pflanze besitzt eine Höhe von 4—6 cm. Die Stengel sind sehr ästig und die Aestchen tragen an ihrer Spitze die Blüthen. Die Blätter von *Caltha dionaeaefolia* sind klein; ihre Länge beträgt, wenn man den Blattstiel mitrechnet, nur 10—14 mm. Der Blattstiel erweitert sich dort, wo er dem Stengel angewachsen ist, zu einer relativ grossen kahnförmigen Scheide. Die rundliche, fleischige, dicke Blattspreite ist am oberen Ende bis auf ein Drittel ihrer Länge gespalten, so dass sie in einen rechten und in einen linken Seitenlappen zerfällt. Jeder Lappen ist condublicirt (eingefaltet), d. h. er besitzt an seiner Basis innerlich einen Anhang. Die beiden Anhänge sind miteinander verwachsen. Die Ränder der Blattfläche und der Anhänge tragen zahlreiche starke Dornen, welche eine senkrechte Stellung in Bezug auf die Fläche dieser Organe einnehmen. Ausserdem ist die Innenseite der Blattlamina ganz dicht mit kleinen Papillenhaaren besetzt. Endlich vermag die Lamina sich gegen die Anhänge hin zu bewegen, die Blattspreite kann Oeffnungs- und Schliessungsbewegungen ausführen. (Zur genauern Orientirung über das Gesagte sind die der Abhandlung beigegebenen Figuren zu vergleichen.)

Das Blatt der *Caltha dionaeaefolia* besitzt in vieler Hinsicht die grösste Aehnlichkeit mit demjenigen der *Dionaea muscipula*, und es ist besonders interessant, dass die beiden erwähnten Pflanzen trotzdem zu ganz verschiedenen Familien gehören. Dass die *Caltha dionaeaefolia* zu den insectenfressenden Gewächsen gehört, ist nach alledem, was wir über die Pflanze wissen, ganz unzweifelhaft. Directe Beobachtungen über den Insectenfang der Pflanze liegen aber noch nicht vor. Endlich sei noch bemerkt, dass *Caltha dionaeaefolia* zu den eminent antarctischen Gewächsen gehört; ihre Heimath ist Feuerland, weiter nach Norden geht sie nicht hinauf.

VIII. Lehr- und Handbücher.

113. **W. Detmer. System der Pflanzenphysiologie. Erster Theil.** (Schenk's Handbuch der Botanik, Bd. II, S. 1—158.)

Dieser erste Theil des Systems der Pflanzenphysiologie verfolgt den Zweck, den Leser mit den wichtigsten Lehren der Ernährungsphysiologie der Gewächse vertraut zu machen, und zwar ist bei der Behandlung des Stoffes ein grosses Gewicht auf eine streng systematische Darstellung gelegt worden. Im ersten Abschnitt „die Nährstoffe der Pflanzen" wird die Lehre von der Assimilation, von der Entstehung der Proteïnstoffe, von den Aschenbestandtheilen sowie die Lehre von den organischen Pflanzennahrungsmitteln dem Leser vorgeführt. Der zweite Abschnitt „die Molecularkräfte der Pflanzen" ist wie folgt gegliedert: 1. Allgemeines über die Molecularstructur organisirter pflanzlicher Gebilde. 2. Specielles über die Molecularstructur organisirter pflanzlicher Gebilde. 3. Zerstörung der Molecularstructur organisirter pflanzlicher Gebilde. 4. Elementare Molecularvorgänge in den Pflanzenzellen. 5. Bewegung der Gase in den Pflanzen. 6. Wasseraufnahme seitens der Pflanzen. 7. Wasserbewegung in den Pflanzen. 8. Mineralstoffaufnahme seitens der Pflanzen. Im dritten Abschnitt „die Stoffwechselprocesse im vegetabilischen Organismus" wird das Verhalten der stickstoffhaltigen sowie stickstofffreien organischen Bestandtheile der Gewächse, der Athmungsprocess und die Stoffwanderung besprochen. Ein besonderes Interesse dürfte der Inhalt des ersten Capitels des dritten Abschnittes beanspruchen, denn in demselben wird unter anderem die bei den gesammten Darstellungen der vorliegenden Schrift eine mehr oder minder grosse Bedeutung spielende Dissotiationshypothese ausführlicher entwickelt.

114. **Pfeffer. Pflanzenphysiologie. Ein Handbuch des Stoffwechsels und Kraftwechsels in der Pflanze.** Erster Band: Stoffwechsel.

Der Verf. bemerkt selbst, dass das vorliegende Werk kein Lehrbuch für Anfänger sein soll. Wir haben es vielmehr mit einem Handbuch zu thun, in welchem eine ausführliche Darstellung der derzeitigen Kenntniss über die allgemeinen Vorgänge des Stoff- und Kraftwechsels in den Pflanzen geboten wird. Der Verf. hat die gesammte Literatur eingehend berücksichtigt und sich bemüht, „durch kritische Sichtung des grossen Materials hervortreten zu lassen, welche Thatsachen als sicher stehend betrachtet werden dürfen und wo nur lückenhafte Erfahrungen vorliegen". Dadurch wird das vorliegende Buch zumal für Denjenigen nützlich, der sich eingehender, als es gewöhnlich der Fall ist, mit pflanzenphysiologischen Studien beschäftigt. Die neue Litteratur ist sehr vollständig citirt. Die Resultate einiger neueren Untersuchungen, welche vor dem Erscheinen des Handbuchs nicht bekannt waren (vgl. z. B. S. 176 über Wasserausscheidung in Nectarien) sind vor Kurzem in ausführlicher Weise veröffentlicht worden. Der Inhalt des vorliegenden Buches gliedert sich der Hauptsache nach wie folgt: Einleitung. I. Physikalische Eigenschaften und Molecularstructur der organisirten Körper. II. Die Mechanik des Stoffaustausches. III. Mechanik des Gasaustausches. IV. Die Wasserbewegung in der Pflanze. V. Die Nährstoffe der Pflanze. VI. Die Stoffumwandlungen in der Pflanze. VII. Stoffwanderung. VIII. Athmung und Gährung.

II. Pflanzenstoffe.

Referent: **Ferd. Aug. Falck.**

Verzeichniss der besprochenen Arbeiten.[1]

1. Husemann und Hilger. Pflanzenstoffe. (Ref. S. 68.)
2. Ebermayer. Bestandtheile der Pflanzen. (Ref. S. 69.)

---

[1] Die Referate I bis IX wurden geordnet nach dem in meiner „Uebersicht der speciellen Droguenkunde 2. Auflage 1883" veröffentlichten System.   Falck.

I. Alkaloïde.

110. Ladenburg. Atropin, Hyoscyamin, Hyoscin. (Ref. S. 99.)
111. Schmidt. Atropin. (Ref. S. 100.)
112. Luedecke. Atropin. (Ref. S. 100.)
113. Regnauld et Valmont. Atropin. (Ref. S. 100.)
114. Ladenburg. Hyoscin. (Ref. S. 101.)
115. — Tropin. (Ref. S. 101.)
116. — Tropin. (Ref. S. 101.)
117. — Tropin. (Ref. S. 101.)
118. — Tropin. (Ref. S. 101.)
119. Merling. Tropin. (Ref. S. 101.)
120. Ladenburg. Alkamine. (Ref. S. 101.)
121. Langgaard. Scopoleïn. (Ref. S. 101.)
122. Renteln. Solanin. (Ref. S. 102.)

II. Glucoside.

123. Schiff. Aesculin etc. (Ref. S. 103.)
124. Selmi. Amygdalin. (Ref. S. 103.)
125. Gerrard. Strophanthus. (Ref. S. 103.)
126. Madsen. Succus Liquiritiae. (Ref. S. 103.)
127. Radenhausen. Isatin. (Ref. S. 103.)
128. Baeyer. Indigoblau. (Ref. S. 105.)
129. Warden. Thevetin. (Ref. S. 105.)
130. de Vry. Thevetin. (Ref. S. 105.)
131. Ritthausen. Myronsäure. (Ref. S. 105.)
132. Wright and Rennie. Glycyphyllin. (Ref. S. 106.)
133. Parker. Salicin. (Ref. S. 106.)
134. Greenish. Melanthin. (Ref. S. 106.)
135. Naylor. Saponin, Omphalocarpin. (Ref. S. 106.)
136. Langbeck. Senega. (Ref. S. 106.)
137. Vernet. Epheu. (Ref. S. 107.)
138. Greenish. Cyclopin. (Ref. S. 107.)
139. Church. Cyclopiasäure. (Ref. S. 108.)
140. Michael. Methylarbutin. (Ref. S. 108.)
141. Schiff. Arbutin. (Ref. S. 108.)
142. Smith. Arbutin. (Ref. S. 109.)
143. Hock. Digitalin. (Ref. S. 109.)
144. Patch. Gentisin. (Ref. S. 109.)
145. Kennedy. Gentisin. (Ref. S. 110.)
146. Finocchi. Oleandrin. (Ref. S. 110.)
147. Zander. Xanthostrumarin. (Ref. S. 110.)
148. Tiemann und Will. Hesperidin. (Ref. S. 110.)
149. Francke. Hesperidin. (Ref. S. 111.)
150. Manz. Ipomoea pandurata. (Ref. S. 111.)
151. Textor. Insectenpulver. (Ref. S. 111.)

III. Säuren und Anhydride.

152. Haitinger. Citronensäure in Chelidonium. (Ref. S. 112.)
153. Stenhouse and Groves. Usninsäure. (Ref. S. 112.)
154. Spiegel. Vulpinsäure. (Ref. S. 113.)
155. Bowman. Filixsäure. (Ref. S. 113.)
156. Smith. Salicylsäure. (Ref. S. 113.)
157. Mandelin. Salicylsäure in Viola. (Ref. S. 113.)
158. Dott. Mekonsäure. (Ref. S. 114.)
159. Ost. Mekonsäure. (Ref. S. 114.)
160. Reibstein. Mekonsäure. (Ref. S. 114.)

161. **Balland.** Phytolaccasäure. (Ref. S. 115.)
162. **Spiegel.** Tropasäure. (Ref. S. 115.)
163. **Rügheimer.** Tropasäure. (Ref. S. 115.)
164. **Schmidt.** Methylcrotonsäure und Angelicasäure. (Ref. S. 115.)
165. **Schulze** und **Barbieri.** Phenylamidopropionsäure. (Ref. S. 115.)
166. **Peckolt.** Helosis guyanensis. (Ref. S. 116.)
167. **Gnehm.** Cumarin. (Ref. S. 116.)
168. **Nasini.** Parasantonid. (Ref. S. 117.)

IV. Gerbstoffe.

169. **Loewenthal.** Bestimmung. (Ref. S. 117.)
170. **Strohmer.** Ellagsäure in Fichtenrinde. (Ref. S. 117.)
171. **Loewe.** Eichenrindengerbstoff. (Ref. S. 117.)
172. **Böttinger.** Eichenrindengerbstoff. (Ref. S. 117.)
173. **Etti.** Lävulin in Eichenrinde. (Ref. S. 117.)
174. **Raabe.** Ratanhiagerbstoff. (Ref. S. 118.)
175. — Ratanhiagerbstoff. (Ref. S. 118.)
176. **Etti.** Catechin. (Ref. S. 118.)
177. **Luca.** Castanea vesca. (Ref. S. 119.)
178. **Arata.** Persea Lingue. (Ref. S. 119.)

V. Indifferente Stoffe.

179. **Groves.** Aloëreaction. (Ref. S. 119.)
180. **Schmidt** und **Loewenhardt.** Pikrotoxin. (Ref. S. 119.)
181. **Paterno** und **Oglialoro.** Pikrotoxin. (Ref. S. 120.)
182. **Barth** und **Kretschy.** Pikrotoxin. (Ref. S. 120.)
183. **Parsons.** Damiana (Turnera). (Ref. S. 120.)
184. **Vassal.** Maisbitterstoff. (Ref. S. 120.)
185. **Hoppe-Seyler.** Chlorophyll. (Ref. S. 120.)
186. **Sachsse.** Chlorophyll. (Ref. S. 121.)
187. **Sadtler** and **Rowland.** Beth-a-barra. (Ref. S. 121.)
188. **Loring Jackson.** Curcumin. (Ref. S. 122.)
189. **Jahns.** Kaempferid. (Ref. S. 122.)
190. — Galangin, Alpinin. (Ref. S. 122.)
191. **Halberstadt** und **Reis.** Haemateïn. (Ref. S. 123.)
192. **Jean.** Oenolin und Oenotannin. (Ref. S. 123.)

VI. Kohlenhydrate.

193. **Pfeiffer** und **Tollens.** Verbindungen mit Alkalien. (Ref. S. 123.)
194. **Fremy** et **Urbain.** Pflanzenskelett. (Ref. S. 123.)
195. **Franchimont.** Cellulose. (Ref. S. 124.)
196. **Girard.** Hydrocellulose. (Ref. S. 124.)
197. **O'Sullivan.** α- und β-Amylum. (Ref. S. 124.)
198. **Salomon.** Stärke. (Ref. S. 125.)
199. **Mering.** Stärke, Maltose. (Ref. S. 125.)
200. **Greenish.** Fucus amylaceus. (Ref. S. 125.)
201. **Lippmann.** Laevulan. (Ref. S. 126.)
202. **Claësson.** Arabinose. (Ref. S. 126.)
303. **Meyer.** Gentianose. (Ref. S. 126.)
204. **Sundwik.** Maltose. (Ref. S. 126.)
205. **Levallois.** Soja. (Ref. S. 126.)
206. **Emmerling** und **Loges.** Traubenzucker. (Ref. S. 127.)
207. **Musculus** et **Meyer.** Glucose. (Ref. S. 127.)
208. **Nencki** und **Sieber.** Glucose. (Ref. S. 127.)

IX. Harze.

259. Renard. Harzöl. (Ref. S. 142.)
260. — Harzöl. (Ref. S. 143.)
261. Kelbe. Harzöl. (Ref. S. 143.)
262. Rennie. Dammaraharz. (Ref. S. 143.)
263. Vogel. Copal. (Ref. S. 143.)
264. Peckolt. Timbó. (Ref. S. 143.)

X. Eiweissubstanzen, Amide und Derivate.

265. Harnack. Kupferalbuminat. (Ref. S. 144.)
266. Stutzer. Bestimmung des Eiweiss. (Ref. S. 145.)
267. Schulze und Barbieri. Eiweissbestimmung. (Ref. S. 145.)
268. Klinkenberg. Stickstoff in Futtermitteln. (Ref. S. 145.)
269. Schulze und Eugster. Stickstoff in Kartoffeln. (Ref. S. 145.)
270. Malerba. Eiweiss in Feigen. (Ref. S. 146.)
271. Grübler. Krystallinisches Eiweiss. (Ref. S. 146.)
272. Ritthausen. ·Krystallinisches Eiweiss. (Ref. S. 148.)
273. — Eiweiss der Oelsamen. (Ref. S. 149.)
274. — Conglutin, Legumin. (Ref. S. 151.)
275. — Vicin (Ref. S. 151).
276. Schaffer. Mykoprotein. (Ref. S. 152.)
277. Schulze und Barbieri. Peptone in Pflanzen. (Ref. S. 153.)
278. Salomon. Xanthin in Pflanzen. (Ref. S. 153.)
279. Schulze und Barbieri. Allantoïn in Pflanzen. (Ref. S. 153.)

XI. Analysen von Pflanzen und ihren Producten.

280. Dragendorff. Pflanzenanalyse. (Ref. S. 153.)
281. Allary. Varecanalysen. (Ref. S. 153.)
282. Baessler. Vogelwicken. (Ref. S. 153.)
283. Briosi. Wein. (Ref. S. 153.)
284. Councler. Aster. (Ref. S. 154.)
285. Dill. Eichel und Erdbirne. (Ref. S. 154.)
286. Georges. Dattelkerne. (Ref. S. 155.)
287. Harper. Rhus aromatica. (Ref. S. 155.)
288. Lechartier. Buchweizen. (Ref. S. 155.)
289. Meise. Chunnos. (Ref. S. 155.)
290. Metzger. Sambucus canadensis. (Ref. S. 156.)
291. Traub. Sambucus canadensis. (Ref. S. 156.)
292. Meyer. Parthenium (Ref. S. 156.)
293. Sieber. Schimmelpilze. (Ref. S. 156.)
294. Slop. Cucurbita maxima. (Ref. S. 157.)
295. Treffner. Laubmoose. (Ref. S. 157.)

1. **Husemann, A. und Th., und A. Hilger.** Die Pflanzenstoffe in chemischer, physiologischer, pharmakologischer und toxikologischer Hinsicht. Für Aerzte, Apotheker, Chemiker und Pharmakologen. Zweite, völlig umgearbeitete Auflage. Erster Band. Berlin, Springer, 8⁰, XI und 664 S.

Das wohlbekannte Werk von Th. und A. Husemann erscheint in zweiter Auflage, welche sich von der ersten durch vollständige Aenderung in der Anordnung des Stoffes (im speciellen Theile) unterscheidet, indem jetzt die in Pflanzen allgemeiner verbreiteten Stoffe: Mineralbestandtheile, Kohlenhydrate (Cellulose-, Traubenzucker- und Rohrzuckergruppe), Säuren, Eiweissstoffe, Fermente, Pflanzenfarbstoffe und Amidoverbindungen — von den Pflanzenstoffen, welche nur eine beschränkte Verbreitung haben, getrennt sind. Letztere finden wir geordnet nach der Stellung der Stammpflanzen und ist hier das System von Eichler der Anordnung zu Grunde gelegt. In dem vorliegenden Bande sind dementsprechend diejenigen Stoffe behandelt, welche wir auf Kryptogamen zurückführen müssen, sowie bezüglich der Phanerogamen: die Gymnospermae und ein Theil der Angiospermae (Monocotylen und von den Dicotylen die Amentaceae, Urticinae, Centrospermae und Polycarpiae).

2. **E. Ebermayer. Physiologische Chemie der Pflanzen. Zugleich Lehrbuch der organischen Chemie und Agriculturchemie für Forst- und Landwirthe, Agriculturchemiker, Botaniker etc.** Erster Band. Die Bestandtheile der Pflanzen. Berlin, Springer 1882, 8°, XXVIII u. 861 S.

Der Inhalt dieses Werkes zerfällt in 3 dem Umfange nach wesentlich verschiedene Abschnitte, von welchen der 1. sich mit dem Wassergehalt, der 3. mit den anorganischen oder Mineralbestandtheilen der Pflanzen beschäftigt, während in dem 2., dem Hauptabschnitte des Buches, die organischen oder verbrennlichen Bestandtheile der Pflanzen behandelt werden. In diesem Abschnitte finden sich, da das Buch zugleich ein Lehrbuch für organische Chemie ersetzen soll, nicht nur Pflanzenbestandtheile, sondern auch noch andere allgemein wichtige oder im Thierkörper enthaltene organische Verbindungen beschrieben. Verf. beginnt mit den stickstofffreien Stoffen, welche in Fettkörper (Kohlenwasserstoffe, Alkohole, Kohlenhydrate, Säuren, Fette), in Benzolderivate (Kohlenwasserstoffe, Phenole, Alkohole, Säuren mit Gerbstoffen, ätherische Oele) und in Stoffe unbekannter Constitution (Glucoside, Bitterstoffe, Harze und Pflanzenfarben) zergliedert werden. Die stickstoffhaltigen Substanzen zerfallen in Alkaloïde, Proteïnstoffe, Amidverbindungen und Fermente.

I. Alkaloïde.

3. **Albert Henry Lafean. The solubilities of alkaloids in alcohol.** (The american Journal of Pharmacy vol. 53, 4. ser., vol. 11, p. 149.)

Die Löslichkeit verschiedener Alkaloïde in Alkohol wird, abgesehen von den ganz ungenügenden Angaben: schwer, leicht löslich etc., in den verschiedenen Lehrbüchern oft sehr verschieden angegeben. Verf. hat es desshalb unternommen, die Löslichkeit einiger Alkaloïde in Alkohol bei ca. 15°5 C. (60° F.) zu bestimmen. Es löst sich bei dieser Temperatur: Atropin in 2 Theilen, Cinchonin in 145 Th., Cinchonidin in 30 Th., Caffeïn in 150 Th., Colchicin in 3 Th., Daturin in 2 Th., Morphin in 215 Th., Narcotin in 265 Th., Chinin in 0.8 Th., Chinidin in 115 Th., Strychnin in 175 Th. und Veratrin in 0.8 Th. Alkohol. Die Stärke des benutzten Alkohols wird leider vom Verf. nicht angegeben.

4. **Edmund W. Davy. The nitropussides of the alkaloids.** (The pharmaceutical Journal and Transactions, vol. 11, No. 559, p. 756.)

Verf. hat die Verbindungen der Alkaloïde mit der Nitroferridcyanwasserstoffsäure untersucht und gefunden, dass einige dieser Salze, welche in Wasser schwer löslich sind, erhalten werden können durch Ausfällen der löslichen Alkaloïdsalze mit Nitroprussidnatrium: die so dargestellten Niederschläge sind bei Strychnin und Brucin krystallinisch, bei anderen Alkaloïden aber anfangs amorph oder kleine ölartige Kügelchen, welche erst nach längerem Stehen in den krystallinischen Zustand übergehen, andere, z. B. bei Veratrin und Cinchonidin bleiben amorph. Die in Wasser leicht löslichen Alkaloïdverbindungen können erhalten werden aus den Hydrochloraten resp. Sulfaten der Basen durch Einwirkung von Nitroprussid-Silber oder Baryum; leicht löslich sind die Nitroprusside von Morphin und Nicotin. — Einzelne Alkaloïde bilden nur neutrale Salze (z. B. Morphin, Strychnin, Brucin), andere dagegen (z. B. Chinin, Cinchonin und Nicotin) neutrale und saure Salze; von letztern wird das neutrale Chininsalz, das saure Nicotinsalz leicht krystallinisch erhalten. — Das Brucinsalz erfordert 736, das Strychninsalz 847, das Chininsalz 2500 Theile Wasser zur Lösung.

5. **A. B. Prescott. Bestimmung der Alkaloïde durch Kaliumquecksilberjodid.** (Referat nach Americ. chem. Journ. 1880, II, 294 in Berichte der deutschen chemisch. Gesellsch. S. 1421.)

Wir müssen auf das Referat resp., wenn zugänglich, auf das Original verweisen (dieses dem Referent nicht zur Hand).

6. **Benj. B. Hamlin.** **Color reactions of Alkaloids etc.** (The American Journal of Pharmacy vol. 53, 4. ser., vol. 11, p. 283.)

Verf. hat vergleichende Reactionen mit Alkaloïden und einigen anderen Substanzen ausgeführt. Benutzt wurde eine concentrirte Schwefelsäure, welche Spuren von Salpetersäure enthielt; als oxydirende Substanzen wurden dann noch Kaliumbichromat und ferner Chlorkalk zugesetzt. Die Reactionen sind folgende:

	Schwefel-säure	Kalium-bichromat	Chlorkalk
Aconitin	gelblichbraun	grün	grünlichgelb
Atropin	—	dunkelgrün	—
Brucin	rosenroth	hellroth	hellgrün
Caffeïn	grün	dunkler	—
Chinin	—	grün	verschwindet
Chinidin	—	„	„
Cinchonin	—	„	gelb ·
Cinchonidin . . .	—	„	„
Codeïn	—	schwarz	—
Emetin	braun	grün	—
Morphin	hell rosenroth	schmutzig braun	verschwindet
Piperin	blutroth	schwarz	„
Strychnin	—	violett	„
Veratrin	dunkelroth	röthlich braun	hellgrün
Digitalin	schwarzbraun	grün	—
Salicin	blutroth	dunkler	verschwindet
Gallussäure . . .	—	grün	„
Tannin	goldgelb	schmutzig	„
Mannit	—	dunkelgrün	heller

Mischt man die Substanz zunächst mit Rohrzucker (doppelte Menge) und setzt alsdann 1—2 Tropfen Schwefelsäure hinzu, so erhält man folgende Reactionen: Atropin-sulfat: violett, schliesslich braun; Codeïn: kirschroth in violett übergehend; Morphin-hydrochlorat: rosa in violett übergehend; Narcotin: mahagonifarben; Chininsulfat: grünlich, hellgelb, schliesslich kaffeeschwarz; Strychnin: röthlich in kaffeeschwarz übergehend; Veratrin: dunkelgrün; Salicin: hellroth.

7. **P. Brouardel et E. Boutmy.** **Sur un réactif propre à distinguer les ptomaïnes des alcaloïdes végétaux.** (Journal de Pharmacie et de Chimie 5. Sér., t. 3, p. 548.)

Seit dem Jahre 1873 haben sich mehrere Chemiker mit der Darstellung und Untersuchung von Substanzen beschäftigt, welche sie aus in Fäulniss befindlichen Leichen zu isoliren vermochten. Feste und flüssige, giftig wirkende Fäulnissproducte wurden, wie es scheint, zuerst von Emmert, Aebi und Schwarzenbach aus Leichentheilen isolirt; später fand Marquard bei einer gerichtlichen Untersuchung ein dem Coniin ähnliches nicht giftiges Alkaloïd, Jones und Dupré isolirten 1866 aus dem Thierkörper einen Stoff, von ihnen „animalisches Chinoïdin" genannt; auch Liebermann, Schwanert u. A. hatten schon ähnliche Stoffe aufgefunden, als Selmi im Jahre 1873 die Mittheilung machte, dass er nach der Methode von Stas-Otto sowohl aus gefaulten, wie frischen Eingeweiden eine Substanz isolirt habe, welche sich den Reagentien gegenüber wie ein Alkaloïd verhalte. Selmi gelang es, aus menschlichen Leichen, welche nach 1, 3, 6 resp. 10 Monaten ausgegraben waren, 4 stark basische Stoffe abzuscheiden, die mit Jod-Jodwasserstoff krystallinische Niederschläge lieferten. Drei dieser Substanzen waren in Aether löslich, nicht giftig das vierte, in Aether unlösliche aber ein heftiges Gift. Selmi lehrt die Darstellung und Eigenschaften der von ihm als Ptomaïne (Leichenalkaloïde) bezeichneten Stoffe kennen und vergleicht dieselben mit den Pflanzenalkaloïden, speciell mit dem Morphin, Codeïn,

Atropin und Delphinin. Selmi hebt hervor, dass die Ptomaïne bei gerichtlichen Untersuchungen zu Irrthümern, Verwechslungen Anlass gegeben, dass der Nachweis giftiger Pflanzenalkaloïde durch die Entdeckung der Ptomaïne zwar nicht unmöglich, wohl aber gegen früher schwieriger gemacht sei. Man hat sich verschiedentlich bemüht, Reactionen aufzufinden, durch welche die Ptomaïne von den Pflanzenalkaloïden leicht und sicher unterschieden werden können. — Auch Brouardel und Boutmy haben in dieser Richtung Untersuchungen angestellt und, wie sie angeben, ein Unterscheidungsreagens in dem rothen Blutlaugensalz gefunden. Die aus der Leiche isolirte basische Substanz wird zunächst in das Sulfat übergeführt und nur einige Tropfen dieser Lösung zu einer kleinen Menge Ferricyankaliumlösung zugefügt: entsteht jetzt auf Zusatz einer kleinen Menge Eisenchlorid Berliner Blau, so enthielt die aus der Leiche isolirte Substanz einen Körper, welcher das Ferricyankalium zu Ferrocyankalium zu reduciren im Stande war; nach den Verff. haben die Ptomaïne diese Eigenschaft, sofort die genannte Reduction auszuführen, von den Pflanzenalkaloïden besitzt nur das Morphin ebenfalls die Eigenschaft der augenblicklich erfolgenden Reduction, während Veratrin nur noch Spuren von Berliner Blau liefert.

8. **A. Gautier. Peut-on distinguer aujourd' hui les alcaloïdes cadavériques des autres alcaloïdes naturels ou artificiels.** (Journal de Pharmacie et de Chimie, 5. Sér., t. 4, p. 147. — Le Moniteur scientifique 3. sér., t. 11, p. 562.)

Verf. hat die von Brouardel und Boutmy angegebene (s. v. No.) Reaction zur Unterscheidung von Ptomaïn und Alkaloïd geprüft; er fand, dass Anemonin, Helenin und Sabadillin keine Reaction liefern, Kryptopin und Chinidin sehr langsam und Pilocarpin und Pelletierin langsam eine Grünfärbung hervorrufen. Zweifelhaft erscheint dem Verf. die Reaction mit Hyoscyamin (geringe Reaction von Berliner Blau), Emetin (ebenso, aber sehr langsam), Igasurin (ebenso), Veratrin (eine Spur Berliner Blau), Colchicin (grüner Niederschlag), Nicotin (langsam Berl. Blau) und Apomorphin, welches, wie Morphin, grosse Mengen von Berliner Blau liefert. — Die grosse Zahl der Pflanzenbasen reducirt nur sehr langsam im Laufe mehrerer Stunden oder Tage das Ferricyankalium, während die Ptomaïne die Reaction augenblicklich hervorrufen. — Von künstlichen organischen Basen wirken wie die Ptomaïne: Anilin, Methylanilin, Paratoluidin, Diphenylamin, Naphtylamin, Pyridin, Collidin, Hydrocollidin, Isodipyridin, Acetonamin, welche mehr weniger schnell die Berliner BlauReaction hervorrufen.

9. **P. Brouardel et E. Boutmy. Note sur les réactions des Ptomaïnes et sur quelquesunes des conditions de leur formation.** (Journal de Pharmacie et de Chimie, 5. Sér., t. 4, p. 150. — Le Moniteur scientifique 3. sér., t. 11, p. 732.)

Die Verff. haben das Verhalten der Ptomaïne zu andern (ausser dem Ferricyankalium) Substanzen geprüft und gefunden, dass die Leichenalkaloïde Bromsilber in kurzer Zeit zu reduciren vermögen; Verff. geben an (s. d. Abb.), wie diese Reaction zur Unterscheidung von Ptomaïn und Pflanzenbase zu verwerthen ist. — Verf. handeln dann über die muthmassliche Bildung der Leichenalkaloïde. Von der Annahme ausgehend, dass die Ptomaïne Methyl-, Phenyl- etc. Derivate seien, haben Verff. analoge Derivate verschiedener Pflanzenstoffe, und zwar die Methyl- und Phenylderivate des Asarin, Atropin, Berberin, Brucin, Codeïn, Colchicin, Delphinin, Digitalin, Emetin, Meconin, Narceïn, Narcotin, Papaverin, Santonin, Solanin, Strychnin und Thebaïn dargestellt und deren Verhalten zu Ferricyankalium geprüft; alle diese Derivate vermochten das Reagens reichlich zu reduciren. In ähnlicher Weise wirkten die künstlichen Basen: Anilin, Diphenylamin, Trimethylamin, Dimethylanilin, Methylanilin, Methyläthylanilin, Methyldiphenylanilin und Methyltoluidin.

10. **Ch. Tanret. Peptones et alcaloïdes.** (Comptes rendus t. 92, p. 1163.)

Behandelt man eine angesäuerte Lösung eines (Pancreatin- oder Pepsin-) Peptons mit den gewöhnlichen Alkaloïdreagentien, so erhält man Niederschläge, welche denen durch Alkaloïde veranlassten ähnlich sind, sich nur dadurch davon unterscheiden, dass die Peptonverbindungen in einem Ueberschuss des Peptons löslich sind, die Alkaloïdverbindungen sich aber in einem Ueberschuss des Alkaloïdsalzes nicht lösen. — Auch coagulirtes Eiweiss, in Natronlauge gelöst, verhält sich nach Neutralisation des Alkalis wie eine Peptonlösung, färbt sogar Fehling'sche Lösung violettroth, wird durch Kalk nicht gefällt, ist in Alkohol merklich löslich. — Verf. zieht hieraus den Schluss, dass ein durch Alkaloïdreagentien erzeugter Niederschlag die Gegenwart eines Alkaloïds nicht zu beweisen vermag, dass es nöthig ist, das Alkaloïd in Substanz darzustellen. — Behandelt man Pepton mit Kaliumcarbonat oder Kaliumhydrat, nicht mit Kaliumbicarbonat, und alsdann mit Aether, so erhält man in letzterem eine kleine Menge einer flüssigen, flüchtigen, alkalischen Substanz; lässt man das Pepton faulen, so kann man eine grössere Menge einer festen, nicht flüchtigen Base ausziehen; Verf. gelang es, die Chlorhydrate dieser Basen in Krystallform darzustellen. — Verf. prüfte die Wirkung dieser Basen auf das Kaliumferricyanid und fand, dass letzteres durch dieselben ebenfalls, aber nicht augenblicklich, reducirt wird. Genau in derselben Art erfolgt die Reduction durch krystallisirtes Ergotinin, Aconitin und Digitalin; augenblicklich erfolgt die Reduction durch Morphin, Eserin, flüssiges Hyoscyamin, Aconitin und amorphes Ergotinin.

11. Louis Siebold and T. Bradbury. Note on the alleged presence of Nicotine in Indian hemp. (Yearbook of Pharmacy p. 453.)

Preobrashensky hatte 1876 (s. dies. Bericht f. 1876, S. 840) angegeben, dass er aus dem indischen Hanf, sowie dessen Extract und dem Haschisch Nicotin dargestellt habe; Dragendorff und Marquis (s. diesen Bericht f. 1878, I, S. 247) haben die Behauptung bezweifelt, und glauben annehmen zu müssen, dass die von P. untersuchten Präparate mit Tabak oder einer anderen, ein flüchtiges Alkaloïd enthaltenden Pflanze verunreinigt gewesen seien. — Verf. haben versucht, zu entscheiden, ob der indische Hanf Nicotin enthalte oder nicht. Sie überzeugten sich zunächst davon, dass nach einem Zusatz von $\frac{1}{8}$ und $\frac{1}{16}$ des Gewichts an Tabak in dem indischen Hanf Nicotin nachweisbar ist. Zur eigentlichen Untersuchung benutzten Verf. 10 Pfund indischen Hanf, welcher in einer Blase mit der nöthigen Menge Wasser und Natronlauge versetzt und durch Dampf erhitzt wurde, bis die Hälfte des Wassers übergegangen war. Das erhaltene Destillat wurde mit Oxalsäure neutralisirt und langsam unter 70° C. zur Trockne verdampft. Der Rückstand wurde mehrmals mit absolutem Aether behandelt, alsdann mit Alkohol, das alkoholische Filtrat zur Trockne verdampft, der Rückstand in Wasser gelöst und das Filtrat mehrmals mit Aether geschüttelt. Jetzt wurde die wässerige Lösung durch Natronlauge stark alkalisch gemacht und wieder mit Aether erschöpft; die vereinigten ätherischen Lösungen wurden filtrirt und bei gewöhnlicher Temperatur auf einem Uhrglase verdunstet: es wurde eine dicke, ölige, gelbliche Flüssigkeit erhalten, welche im Exsiccator über Schwefelsäure zu einem durchsichtigen Firniss eintrocknete. Die Flüssigkeit hatte einen starken, mäuseähnlichen Geruch, etwas an Coniin erinnernd; sie war löslich in Alkohol und Aether, wenig löslich in Wasser, noch weniger in caustischen Alkalien; sie reagirte stark alkalisch und vermochte Säuren zu neutralisiren. Die Lösungen zeigten folgende Reactionen: Platinchlorid bildet einen hellgelben, in der Wärme löslichen Niederschlag, Jod-Jodkalium einen kermesfarbenen, Sublimat einen weissen, in Salmiak löslichen, Tannin einen weissen Niederschlag. Salzsäure, Salpetersäure, Schwefelsäure rufen keine charakteristischen Färbungen hervor. Das Alkaloïd unterscheidet sich von Nicotin und Coniin dadurch, dass es nicht flüssig ist. Verf. nennen dieses flüchtige Alkaloïd, dessen genauere Untersuchung sie in Aussicht stellen: Cannabinin.

12. J. Schorm. Beitrag zur Kenntniss des Coniins und seiner Verbindungen. (Berichte der Deutschen Chemischen Gesellschaft, S. 1765.)

Verf. bespricht zunächst die fabrikmässige Darstellung des Coniins (s. die Abhandlung). Das erhaltene Rohconiin wird fractionirt in 10 % bei 110—168° C. siedend, 60 % reines Coniin bei 168—169° siedend und 20 % bei 169—180° siedend; der dunkle, dickflüssige Rückstand dient zur Gewinnung von Conhydrin. — Das Coniin ist farblos, ölartig, in 90 Th. OH_2 löslich, 35 % Wasser aufnehmend, spec. Gewicht = 0.886. — Verf. untersuchte das bromwasserstoffsaure, jodwasserstoffsaure, saure weinsaure und das oxalsaure Salz (s. die Abhandlung).

13. A. W. Hofmann. Einwirkung der Wärme auf die Ammoniumbasen II. Coniin. (Berichte der Deutschen Chemischen Gesellsch. S. 705.)

Das zu den Untersuchungen benutzte Coniin wurde genau analysirt und dabei gefunden, dass die constant zwischen 167 und 169⁰ siedende Base 2 Atome Wasserstoff mehr enthält als man bisher geglaubt hat und derselben demnach die Formel $C_8 H_{17} N = C_8 H_{16}$. HN entspricht. Das Hydrochlorat: $C_8 H_{17} N$. H Cl bildet eine blendend weisse, in Wasser ausserordentlich leicht lösliche Krystallmasse. — Durch Einwirkung von Jodmethyl auf Coniin wird ein Dimethylconylammoniumjodid, welches, durch Silberoxyd entjodet und dann destillirt, eine bei 182⁰ siedende Base: Dimethylconiin ($C_8 H_{15}$ CH₃) CH₃ liefert. Dieses, abermals mit Jodmethyl behandelt liefert Trimethylconylammoniumjodid; das hieraus darstellbare Hydroxyd zerfällt einerseits in Dimethylconiin und Methylalkohol, andererseits in Trimethylamin und einen Kohlenwasserstoff $C_8 H_{14}$: Conylen: eine farblose, durchsichtige Flüssigkeit, welche bei 125⁰ siedet, $D = 55,6$.

14. **J. Skalweit. Ueber das specifische Gewicht des Nicotins und sein Verhalten gegen Wasser.** (Berichte der Deutschen Chemischen Gesellsch. S. 1809.)

Nach Verf.'s Untersuchungen beträgt das spec. Gewicht des reinen Nicotins bei 15⁰ C. nur 1,0111. Mit Wasser gemischt nimmt das spec. Gewicht des Nicotins zu und beträgt bei 5 ⁰/₀ Wasser: 1017, bei 10 ⁰/₀: 1024. bei 20 ⁰/₀: 1030, bei 30 ⁰/₀: 1034, bei 40 ⁰/₀: 1037, bei 50 ⁰/₀: 1040, bei 60 ⁰/₀: 1038, bei 70 ⁰/₀: 1033.

15. **E. T. Pease. Estimation of Nicotia in tobacco.** (From the Journal of the Amer. Chem. Soc. July. — The pharmaceutical Journal and Transactions 3. ser. vol. 11, No. 555 p. 679.)

Verf. bestimmte das Nicotin in dem Tabak nach der von Dragendorff (Die chemische Werthbestimmung einiger starkwirkender Droguen. Petersburg 1874. S. 52) angegebenen Methode, indem er 2 g der getrockneten Substanz 24 Stunden mit schwefelsäurehaltigem Wasser macerirte, die ausgepresste Flüssigkeit concentrirte, filtrirte und von dem auf 50 ccm aufgefüllten Filtrat 10 ccm zum Titriren mit Jodkaliumquecksilberlösung benutzte. — Verf. fand in Cigarren 2 ⁰/₀, in verschiedenen Tabaksorten: 4,05, 3,21, 4,21, 3,94 und 3,93 ⁰/₀. — Eine seit einiger Zeit gebrauchte, theilweise gefärbte kurze Thonpfeife lieferte 2,02 ⁰/₀ ihres Gewichtes an Nicotin. — Verf. verbrannte Tabak mit 3,94 ⁰/₀ Nicotin und bestimmte den Nicotingehalt der vorgelegten Flüssigkeiten, durch welche der Tabaksrauch gesaugt worden war; es wurden 2,48 ⁰/₀ (von dem Gewichte des verbrannten Tabaks) Nicotin gefunden.

16. **J. Skalweit. Zur Bestimmung des Nicotins.** (Aus Repertorium der analytischen Chemie 1. S. 165 nach Zeitschrift für analytische Chemie. 20. Jahrgang. S. 567. Archiv der Pharmacie, Band 219, S. 36.)

Wir müssen auf das Referat resp. die Originalabhandlung verweisen (s. auch No. 17).

17. **Richard Kissling. Zur Nicotinbestimmung.** (Zeitschrift für analytische Chemie. 20. Jahrgang. S. 514.)

Kritik der von Skalweit (s. vor. No.) empfohlenen Bestimmung des Nicotins, welche Verf., wie Nessler schon 14 Jahre vorher, als unbrauchbar verurtheilt.

18. **A. Vogel. Ueber Nicotinbestimmung und Tabakverbrennungsproducte.** (Sitzungsberichte der Mathemat.-Physikal. Classe der Münchener Akademie. Bd. 11, S. 439.)

Verf. bestimmte die in Tabak und Cigarren enthaltene Menge an Nicotin mittelst der von Mayer angegebenen Methode mit Jodkaliumquecksilberjodid, wobei er, wenn der Tabakauszug keine durch Silbernitrat fällbare Stoffe enthält — was sehr häufig der Fall — den Ueberschuss des Fällungsmittel mittelst titrirter Silberlösung bestimmte. In dieser Weise bestimmt, stellte sich der Nicotingehalt in keiner Sorte höher als 4 ⁰/₀. — Der Wassergehalt wurde in 10 Tabakssorten zu 8,3 ⁰/₀ gefunden, der Aschengehalt in 10 Tabakssorten zu 21,1 ⁰/₀, in 7 Cigarrensorten zu 20,2 ⁰/₀; die Asche enthält 40 ⁰/₀ Kalk, 30 ⁰/₀ Kali, 4 ⁰/₀ Phosphorsäure. — Auch die in dem Rauche enthaltene Menge Ammoniak wurde bestimmt und gefunden bei Verbrennung von Tabak: 0,591 ⁰/₀, von Cigarren: 0,794 ⁰/₀. Derselbe Tabak, durch Thoncylinder resp. Glascylinder geraucht, lieferte Ammoniak 7:9, in Cigarrenform resp. aus verschlossener Pfeife geraucht: 3:9. — Dass in den Verbrennungsproducten der Tabaksblätter Schwefelwasserstoff enthalten, kann leicht nachgewiesen werden. Auch Cyan resp. Blausäure ist darin, und zwar geben 100 g gewöhnlichen Tabaks

3—4 mg, 100 g türkischen Tabaks aber 7—8 mg Blausäure (Le Bon); Verf. fand in den meisten Tabakssorten 7—9 mg Cyan pro 100 g.

19. A. Cahours et A. Étard. Sur un nouveau dérivé de la nicotine, obtenu par l'action du sélénium sur cette substance. (Comptes rendus t. 92, p. 1079. Journal de Pharmacie et de Chimie, 5. Sér., t. 4, p. 64.)

Eine Mischung von 100 g Nicotin und 20 g Selen werden in einem Kolben zu lebhaftem Kochen erhitzt: der Hals des Kolbens füllt sich mit weissen, blätterigen Krystallen aus Selen und Ammoniak; sobald diese Krystalle nicht mehr in grösserer Menge gebildet werden, unterbricht man die Operation, decantirt die heisse Masse und destillirt, wobei zwischen 150 und 300° Flüssigkeiten übergehen. Dieselben können noch Selen enthalten; man kann sie davon befreien, indem man sie mit concentrirter Sodalösung versetzt und im Wasserdampfstrom destillirt. Die erste Fraction wird mit Aether ausgeschüttelt, letzterer verdampft und die Base rectificirt. Man erhält **Hydrocollidin**: $C_8 H_{13} N$: eine gelbe, klare, bei 205° siedende Flüssigkeit, leichter als Wasser und darin unlöslich, durchdringend aromatisch riechend, brennend schmeckend, in Alkohol und Aether löslich, sowie in verdünnten Säuren, aus welchen Lösungen es durch Kali gefällt wird. Das Goldsalz: $C_8 H_{13} N . H Cl . Au Cl_3$, gelbe, in heissem Wasser schmelzende Krystallblättchen; das Platindoppelsalz: orangegelbe, in heissem Wasser lösliche Krystallblättchen. Jod fällt die Basis rothbraun; Kupfersulfat, Ferro- und Ferridcyankalium sowie Kaliumbichromat fällen nicht. — Ausser dem Hydrocollidin wurde bei der Einwirkung von Selen auf Nicotin noch **Isodipyridin** gebildet (s. diesen Bericht für 1880, I, S. 379, No. 100). — Leitet man Nicotin, wie dies die Verf. gethan, durch zur Kirschrothglut erhitzte Röhren, so erhält man als Product vorzugsweise **Collidin**, welches bei 170° siedet und grosse Neigung zur Polymerisation zeigt. Mit Kaliumpermanganat bei 50—60° oxydirt, liefert dasselbe Nicotinsäure; Verff. halten deshalb ihr Collidin für ein Propylpyridin.

20. Liversidge. The alkaloid from Piturie. (The chemical News, vol. 43, p. 124, 138. — Le Moniteur scientifique, 3. sér., t. 11, p. 774. — The pharmaceutical Journal and Transactions, 3. ser., vol. 11, No. 562, p. 815.)

Verf. hat die von v. Müller und Rummel begonnenen Untersuchungen (s. diesen Bericht für 1880, I, S. 375) fortgesetzt; das Material zu derselben verdankte L. der Freundlichkeit Wilson's, welcher ihm dasselbe aus dem Innern von Australien schickte. — Die Stammpflanze des Piturie, die *Duboisia Hopwoodii* Müller (*Dub. Pituri* Bancroft) wächst zwischen Queensland und dem Südaustralterritorium, auf 138° L. und 22—25° S. B. — Die von den Eingeborenen als Kaumittel benutzten Pflanzentheile enthalten als wirksamen Bestandtheil ein Alkaloïd, welches Verf. darstellte, indem er das Piturie mit schwefelsäurehaltigem Wasser kochend auszog, die Flüssigkeit eindampfte und nach Zusatz von Natronlauge destillirte: das alkalische Destillat wurde mit Salzsäure neutralisirt, auf ein kleines Volum eingedampft und wieder mit Natronlauge der Destillation unterzogen. Das Destillat wurde abermals mit Salzsäure neutralisirt, concentrirt, mit Natronlauge versetzt und mit Aether erschöpft. Jetzt wurde im Wasserstoffstrome zunächst der Aether bei niederer Temperatur entfernt und dann durch Steigerung der Temperatur das Alkaloïd überdestillirt. — Ausbeute: 1.037 bis 2.47 %. — Das frisch dargestellte Alkaloïd: **Piturin** ist eine klare, farblose Flüssigkeit, welche sich an der Luft bald bräunt; sie ist schwerer als Wasser; in Wasser, Alkohol und Aether sehr leicht löslich; es riecht, frisch dargestellt, dem Nicotin ähnlich, nach längerer Aufbewahrung mehr wie Pyridin. Es ist schon bei gewöhnlicher Temperatur flüchtig und giebt sein Dampf mit Salzsäure dicke Nebel; auf die Schleimhäute wirkt der Dampf heftig ein und verursacht derselbe heftige Kopfschmerzen. Es neutralisirt die Säuren vollkommen, doch werden die neutralen Lösungen des Acetats, Sulfats und Chlorhydrats beim Verdampfen in Folge des Verlustes an Alkaloïd sauer; diese Salze sind sehr hygroskopisch, sehr leicht in Alkohol löslich, nicht krystallisirbar. Nur das Oxalat konnte in Krystallform erhalten werden. — Salzsäure und Salpetersäure verändern in der Kälte die Farbe des Alkaloïdes nicht, erwärmt dagegen färbt erstere röthlich, letztere braun; concentrirte Schwefelsäure ruft nach einiger Zeit (in der Wärme sofort) Braunfärbung hervor. Concentrirte Schwefelsäure und Kaliumbichromat färben gelbroth, dunkelbraun und dann grün; letztere Farbe tritt beim Erwärmen sofort hervor; concentrirte Schwefelsäure und Mangansuperoxyd rufen in der Wärme eine violette Färbung hervor. — Die gewöhnlichen Alkaloïdreagentien rufen in den Lösungen des Piturin Niederschläge hervor. — Das Alkaloïd siedet zwischen 243 und 244⁰ C. — Die ausgeführten Analysen (8) ergaben als Mittel die Zusammensetzung $C_{76.56}$ $H_{8.48}$ $N_{14.94}$, aus welcher sich die Formel: C_6 H_8 N (verlangt $C_{76.59}$ $H_{8.51}$ $N_{14.9}$) berechnet. — Das Platindoppelsalz wurde als orangerothe Octaëder erhalten; dieselben lösen sich in warmem Wasser leicht auf. Dieses Salz besitzt keine gleichmässige Zusammensetzung, wie 23 Platinbestimmungen ergaben. — Das Quecksilberdoppelsalz bildet, aus kochendem Wasser krystallisirt, rhombische Prismen; sie enthielten 63.175 % Hg und 24.62 %₀ Cl, entsprechend der Formel: $(C_6$ H_6 $N)_2$ H Cl $+$ 5 Hg Cl_2 (verlangt 63.31 Hg und 24.72 Cl, während das entsprechende Nicotinsalz: C_{10} H_{14} N_2 . H Cl $+$ 5 Hg Cl_2: 64.37 Hg und 25.15 Cl erfordert). (S. auch die Resultate von Petit, diesen Bericht f. 1879, I, S. 340, welcher das aus Piturie isolirte Alkaloïd für identisch mit Nicotin erkannte.)

21. Karl Boedecker. Lycopodin, das erste Alkaloïd der Gefässkryptogamen. (Liebig's Annalen der Chemie. Bd. 208, S. 363.)

Lycopodium complanatum L., in Nord- und Mitteleuropa verbreitet. Das zerschnittene trockene Kraut wird durch zweimaliges Auskochen mit 90%igem Alkohol erschöpft, die heiss abgepressten Auszüge nach dem Erkalten von den Absätzen befreit und im Wasserbade abdestillirt. Die alkoholfreie Masse wird durch oft wiederholtes Durchkneten mit lauwarmem Wasser so lange ausgezogen, bis der letzte Auszug weder durch bitteren Geschmack noch durch braunrothe Trübung mit starkem Jodwasser mehr einen Alkaloïdgehalt erkennen lässt. Die wässerigen Lösungen werden mit gut basischem Bleiessig ausgefällt, das Filtrat mit Schwefelwasserstoff entbleit, das Filtrat auf dem Wasserbade stark concentrirt, mit Natronlauge stark übersättigt und mit viel Aether erschöpft, solange das Aetherextract bitter war und durch Jodwasser braunroth gefällt wurde. Der Aether wurde abdestillirt, der Rückstand in stark verdünnter Salzsäure gelöst und das schwach saure Filtrat langsam zur Krystallisation verdampft und öfter umkrystallisirt. Versetzt man eine ganz concentrirte Lösung des reinen salzsauren Salzes mit ganz concentrirter Natronlauge im Ueberschuss und fügt noch festes Kalihydrat hinzu, so scheidet sich das freie Alkaloïd zuerst in Form einer farblosen, harzig-klebrigen fadenziehenden Masse aus, die sich beim Stehen unter der Flüssigkeit in 1,5 cm lange, einzelne monokline Prismen verwandelt. Die mit kaltem Wasser rasch gut abgespülten Krystalle schmelzen bei 114—115⁰ ohne Gewichtsverlust, sind in Alkohol, Chloroform, Benzol, Amylalkohol sehr leicht, in Wasser und Aether reichlich löslich, schmecken stark rein bitter: Lycopodin: C_{32} H_{52} N_2 O_9. — Das salzsaure Lycopodin: C_{32} H_{52} N_2 O_3 . 2 HCl $+$ aq bildet prächtige, glashelle, sehr eigenthümliche monokline Krystalle, welche bei 100⁰ wasserfrei werden, das Golddoppelsalz: feine, glänzende, gelbe Nädelchen der Zusammensetzung: C_{32} H_{52} N_2 O_3 2 HCl 2 Au Cl_3 $+$ aq.

22. E. Johanson. Colchicum und dessen Präparate. (Pharmaceut. Zeitschr. f. Russland. 1880. No. 23, p. 715.)

In Folge der neulich ausgesprochenen widersprechenden Angaben von Mols und Dannenberg bemerkt der Verf., dass das Colchicin den einzelnen Pflanzentheilen leicht durch Wasser entzogen werden kann, dass es aber in wässeriger Lösung sehr leicht zersetzt werde. — Was das Vorhandensein des Colchicins in alten Samen und Knollen anlangt, so meint der Verf., dass die Samen beim raschen Eintrocknen einen grossen Theil des Alkaloïds conserviren, während es in den langsamer trocknenden Knollen grösstentheils zersetzt wird.

Batalin.

23. J. Hertel. Versuche über die Darstellung und Constitution des Colchicins und über die Beziehungen desselben zum Colchiceïn und einigen anderen Zersetzungsproducten. (Separatabdruck aus Pharmaceutische Zeitschrift für Russland, 38 S.)

Verf. bespricht die von Geiger und Hesse, von Aschhof, Hübler, Schoonbrood, Eberbach befolgten Methoden zur Darstellung des Colchicins und empfiehlt auf Grund seiner vergleichenden Untersuchungen folgende Modification der Methode von Eberbach: die unzerkleinerten Samen der Herbstzeitlose werden im Verdrängungsapparate 4mal mit erneuten Portionen von 85procentigem Weingeist digerirt (bis die Auszüge nur noch hellgelb erscheinen), zuletzt, um die letzten Antheile des Colchicins zu entziehen, eine Portion kochenden Alkohols darüber gegossen. Die schwach sauer reagirenden Auszüge werden mit gebrannter Magnesia versetzt, gut durchgeschüttelt, nach einigen Stunden abfiltrirt und das Filtrat auf dem Dampfbad im Vacuum bis zur Consistenz eines flüssigen Extractes abdestillirt. Der Rückstand wird mit der ca. 10fachen Menge Wasser versetzt, von der beim Stehen sich an der Oberfläche abscheidenden öligen Materie befreit, alsdann filtrirt und wiederholt mit Chloroform ausgeschüttelt, bis letzteres fast farblos bleibt. Die colchicinfreie Flüssigkeit schmeckt, nach Entfernung des Chloroforms, honigsüss. — Die Auszüge werden nun vom Chloroform befreit bis zur Syrupconsistenz, alsdann auf Glasplatten resp. Teller ausgezogen und bei 80 – 100° das Chloroform völlig entfernt, d. h. so lange erwärmt, bis das Colchicin spröde geworden ist. Diese amorphe braune Masse wird zur Reinigung nochmals in etwa der 20fachen Menge Wasser gelöst, wobei der Farbstoff ungelöst bleibt, filtrirt und das Filtrat in einer flachen Schale verdunstet. — Die Ausbeute beträgt 0.38 bis 0.41 % reinen Colchicins. — Aus frischen, im Juni gegrabenen Knollen stellte Verf. 0.08 % eines farblosen, amorphen Colchicins dar, aus den im Herbst gegrabenen Knollen nur 0.06 % eines gefärbten Präparates. Die grünen Theile der Blätter enthalten kein Colchicin, wohl aber die unterirdischen weissen Theile. — Samen und Knollen enthalten in reichlicher Menge einen linksdrehenden, durch absoluten Alkohol fällbaren, unkrystallisirbaren, gährungsfähigen, reducirenden Zucker. — — Das aus dem Chloroformauszug erhaltene Colchicin von bräunlicher Farbe wurde zur Reinigung in Wasser gelöst, wobei ein Theil von kaffebrauner Farbe ungelöst am Boden anhaftend zurück blieb: Colchicoresin. Auch aus Colchicin, welches längere Zeit bei Luftzutritt aufbewahrt worden war, sowie aus solchem, welches mit wenig Wasser einer hohen Temperatur ausgesetzt gewesen war, konnte ein nicht geringer Theil von Colchicoresin abgeschieden werden; durch Erhitzen gebräuntes Colchicin besteht zum grossen Theil aus Colchicoresin. Letzteres stellte gereinigt eine amorphe, dunkelbraune, harzartig spröde, leicht zerreibliche Masse dar, welche in kaltem Wasser sehr schwer löslich, in Chloroform und Alkohol sich leicht mit brauner Farbe löst; in Aether ist die Masse unlöslich, in Ammoniak und Kalilauge leicht löslich. Auf Lakmus wirkt es nicht ein, die Lösung dreht nicht. Mit Salpeter und Schwefelsäure zeigt das Colchicoresin dieselbe Färbung wie das Colchicin. Gerbsäure und Jodjodkalium geben erst nach einiger Zeit eine Trübung, Phosphormolybdänsäure fällt sofort; Eisenchlorid färbt bräunlichgrün. Verf. berechnet aus den Resultaten der Analysen des Colchicoresins für dieses die Formel: $C_{51} H_{60} N_2 O_{15}$. — In den unreifen Samen und den Knollen ist diese Substanz nicht enthalten. — Das reine Colchicin ist amorph, farblos (aus frisch gegrabenen Sommerknollen) resp. schwefelgelb, reagirt sehr schwach alkalisch, schmilzt bei 145°, sich dabei bräunend und beim Erkalten glasartig spröde werdend; dreht nicht; verbindet sich nicht mit Jodaethyl. Mit Schwefelsäure und Kaliumnitrat färbt sich das Colchicin sogleich grün, dann blau, violett und endlich blassgelb; setzt man jetzt concentrirte Lauge zu, so tritt sofort eine schön ziegelrothe, lange anhaltende Färbung hervor (ebenso bei allen Zersetzungsproducten des Colchicins). Goldchlorid erzeugt in Colchicinlösungen nur schwache Trübungen, ähnlich Platinchlorid. Eisenchlorid färbt momentan schön grün. Aus den Resultaten der Elementaranalysen berechnet Verf. die Formel: $C_{17} H_{23} NO_6$. — — Behandelt man Colchicin in der Wärme mit Salzsäure von 25 %, so wird die Substanz zersetzt unter Bildung von Colchiceïn. Im reinen Zustande ist dasselbe weiss, geruchlos, in Alkohol, Chloroform und Kalilauge leicht mit gelber Farbe löslich, schmilzt bei 150°; es krystallisirt in rhombischen Tafeln oder Prismen; dreht links: $(\alpha)_D = -31°6$. In Berührung mit wenig Wasser einige Zeit auf dem Wasserbade erhitzt, verwandelt es sich in eine gelblichbraune Masse, welche dem Colchicin ähnlich ist. Gegen Reagentien verhält sich das Colchiceïn ähnlich dem Colchicin. Die Resultate der Elementaranalysen entsprechen der Formel: $C_{17} H_{21} NO_6 + 2 OH_2$. Die alkoholische Lösung des Colchiceïns röthet schwach Lakmuspapier, hat also Säurecharakter und konnten Verbindungen mit Baryum, Calcium und Kupfer dargestellt werden. — — Neben dem Colchiceïn entsteht bei der Einwirkung von Säure auf Colchicin ein harzartiges Zersetzungsproduct: Beta-Colchicoresin, eine schwarzbraune, amorphe, in Wasser und Aether unlösliche Masse, welche von 95procentigem Alkohol gelöst wird, ebenso von Chloroform, Schwefelkohlenstoff, Kalilauge und Ammoniak. Nur durch Phosphormolybdänsäure wird es gefällt. Eisenchlorid färbt braungrün. Das Beta-Colchicoresin schmilzt bei 90^0 C. Reagirt neutral. Formel: C_3, H_{89} NO_{10}. — In den Mutterlaugen des Colchiceïns war noch ein drittes Zersetzungsproduct enthalten: eine leicht zerreibliche, bröckelige, in Wasser leicht lösliche Masse, für welche die Formel: C_{51} H_{76} N_2 O_{32} berechnet wurde. — — Verf. zieht folgende Schlüsse: das Colchicin wird durch Erhitzen mit Mineralsäuren unter Abgabe von Wasser in Colchiceïn verwandelt: C_{17} H_{23} $NO_6 = C_{17}$ H_{21} $NO_5 + OH_2$, welches beim Ausscheiden 2 Mol. Krystallwasser bindet, durch Erwärmen mit Wasser unter Aufnahme von 1 Mol. OH_2 wieder in Colchicin zurückverwandelt wird. — 3 Mol. Colchicin verlieren an der Luft 1 Mol. Ammoniak und 3 Mol. Wasser, unter Bildung von Colchicoresin: $3 (C_{17}$ H_{23} $NO_6) = C_{51}$ H_{60} N_2 $O_{15} + NH_3 + 3$ OH_2. Durch weiteren Ammoniakaustritt entsteht aus diesem das Beta-Colchicoresin: $2 (C_{51}$ H_{60} N_2 $O_{15}) = 3 (C_{34}$ H_{39} $NO_{10}) + NH_3$. ·

24. Lemuel J. Morris. Extraction of Colchicin from the seed. (American Journal of Pharmacy vol. 53, 4. ser., vol. 11, p. 6.)

Molz hatte angegeben, dass Colchicumsamen, welcher älter als ein Jahr, werthlos sei und dass das Colchicin aus den Samen nur mit Hilfe von starkem Alkohol oder angesäuertem Wasser ausgezogen werden könne; dem gegenüber gelang es Dannenberg aus 5 Jahre altem Samen das Colchicin durch wenige Minuten langes Kochen mit reinem Wasser zu extrahiren. — Diese sich entgegenstehenden Angaben veranlassten Verf., in dieser Richtung Untersuchungen anzustellen, deren Resultate jetzt mitgetheilt werden. Bei diesen Untersuchungen hat Verf. zugleich darauf Rücksicht genommen, zu entscheiden, ob man das Colchicin aus dem ganzen Samen, wie Hübler angibt, ausziehen könne oder ob man, wie Rosenwasser will, hiezu die Samen zunächst pulvern müsse. — Ganze Samen wurden mit reinem Wasser gekocht: das Filtrat enthielt das Alkaloïd; die Samen wurden nunmehr gepulvert und abermals mit kochendem Wasser behandelt: das Filtrat war frei von Colchicin, zum Beweise, dass letzteres aus dem unversehrten Samen durch Kochen mit Wasser vollständig entfernt war. — Ganze Samen, welche über 10 Jahre aufbewahrt waren, wurden mit kaltem Alkohol von 0,941 3 Tage behandelt: die Tinctur enthielt Colchicin; auch eine zweite analoge Behandlung lieferte noch eine alkaloïdhaltige Tinctur, während die dritte Tinctur colchicinfrei war. Bei gleichzeitiger Anwendung von Wärme für nur 3 Stunden vermag der Alkohol schon das erste Mal die Samen zu erschöpfen; die zweite Tinctur ist wirkungslos. Auch das Samenpulver gab jetzt weder an kalten, noch heissen Alkohol Alkaloïd ab. — Die zu der Untersuchung dienenden Samen (10 Jahre alt) enthielten 0,5 % Colchicin, wovon 0,18 % durch einmalige Behandlung mit kaltem Alkohol entzogen wurden.

25. J. U. Lloyd. Behaviour of Berberine towards Thymol. (The Yearbook of Pharmacy p. 37 from New Remedies p. 195.)

Aus *Hydrastis canadensis* erhaltenes Berberin mit dem gleichen Gewicht Thymol verrieben liefert eine dickliche Flüssigkeit, obwohl Berberin und Thymol in Pulverform angewandt worden. Die Verbindung löst sich leicht in Alkohol mit tief orangerother Farbe, ist in Wasser unlöslich, zum Theil löslich in Chloroform, riecht nach Thymol und schmeckt beissend und bitter; die Substanz wurde in Krystallen erhalten.

26. W. Grüning. Beiträge zur Chemie der Nymphaeaceen. (Inaug.-Dissertation, Dorpat, 8^0, 78 S.)

Zu den vom Verf. ausgeführten quantitativen Untersuchungen dienten Rhizom und Samen von *Nuphar luteum*, sowie Rhizom, Wurzeln und Samen der *Nymphaea alba*. Resultat: (s. S. 78).

Zur Darstellung des in dem Rhizom von *Nuphar luteum* nachgewiesenen Alkaloïdes wurden 5 kg desselben grob gepulvert, mit 93 procentigem Alkohol kochend heiss erschöpft, der Rückstand des Alkoholauszugs zuerst mit Wasser, dann mit verdünnter Essigsäure behandelt. Die wässerige Lösung wurde durch Bleiacetat ausgefällt, das durch Schwefelsäure entbleite Filtrat mit der Essigsäurelösung vereinigt und ammoniakalisch gemacht: der entstehende Niederschlag wurde auf dem Dampfbade getrocknet und mit Chloroform ausgezogen. Letzteres hinterliess das Alkaloïd als durchsichtige, rothbraun gefärbte Flüssigkeit, welche, erkaltet, eine leicht zerreibliche Masse bildete. Die Masse wurde wieder in Essig-

	Nuphar		Nymphaea		
	Rhizom	Samen	Rhizom	Wurzeln	Samen
Feuchtigkeit	10.30	11.31	10.56	6.71	9,03
Asche	5.19	0.89	5.47	10.07	2.12
Fett	0.77	0.51	0.49	0.59	1.06
In Aether lösliches Harz	0.60	2.11	1.55	1.38	0.21
In Aether unlösliches Harz und Phlobaphen .	1.54	1.97	2.52	0.30	0.42
Schleim mit etwas Eiweiss	1.31	0.26	3.62	6.94	1.47
Gerbsäure	2.27	6.72	10.04	8.73	1.10
Durch Kupferacetat nicht fällbare Stoffe . .	0.54	—	0.03	1.00	0.86
Glycose	5.93	—	6.25	5.62	0.94
Saccharose	1.21	—	—	—	—
In Wasser lösliche nicht direct best. Subst. .	4.40	1.38	1.92	3.60	1.18
Metarabinsäure mit geringen Mengen Eiweiss .	2.50	0.86	3.26	6.11	0.46
In verd. Natronlauge lösl., durch Alkohol nicht					
fällb. Substanz	8.36	0.59	5.80	3.60	1.51
Stärke	18.70	44.00	20.18	4.09	47.09
Pararabinartige Substanz	3.81	—	1.80	1.20	—
Eiweiss	3.99	7.08	4.06	7.21	9.79
Lignin	14.82	6.45	14.26	8.99	4.78
Mittellamelle	—	3.22	—	2.47	0.98
Cellulose	14.11	13.21	9.36	17.42	11.66

(Fortsetzung von S. 77.)

säure gelöst, durch Ammoniak gefällt und über Schwefelsäure getrocknet. Verf. erhielt
20 g einer fast weissen, bröcklichen, klebenden Masse, welche bei 65° Syrupconsistenz besitzt,
in Alkohol, Chloroform, Aether und verdünnten Säuren leicht löslich, in Petroläther fast
unlöslich ist. In verdünnter Schwefelsäure gelöst und erwärmt, wird die Lösung nach
ca. 1 Stunde braun, dann dunkel schwarzgrün; auf Zusatz von Wasser entsteht, indem die
Färbung verschwindet, ein voluminöser, gelbbrauner Niederschlag. Die schwefelsaure Lösung
des Nupharins 10—12 Tage über Schwefelsäure und Kalk stehen gelassen, wird prachtvoll
grün bis schliesslich dunkelblaugrün; Zusatz von Wasser hebt auch diese Färbung unter
Abscheidung eines gelben Niederschlags auf. — Das Nupharin ist geschmacklos, die Säure-
lösungen scharf bitter. Die Lösung ist optisch inactiv. Formel: $C_{16} H_{24} N_2 O_2$. — — Auch
in dem Rhizome von *Nymphaea* wurde ein Alkaloïd nachgewiesen, verschieden von Nupharin;
leider hatte der Versuch, grössere Mengen des Alkaloïdes zu erhalten, keinen Erfolg. — —
Die in dem Rhizom von *Nuphar luteum* erhaltene Gerbsäure wurde erhalten, indem 5 kg
des Rhizoms mit kochendem 95procentigem Alkohol erschöpft, der Alkoholrückstand mit
Wasser behandelt, die wässerige Lösung mit Bleiacetat ausgefällt und der noch feuchte
Niederschlag durch Schwefelwasserstoff zerlegt wurde; das Filtrat wurde durch Kohlensäure
vom Schwefelwasserstoff befreit und mit Kochsalz gesättigt, wodurch eine zähe braune Masse
abgeschieden wurde, welche durch 10procentige Kochsalzlösung in 2 Theile getheilt werden
konnte: In der Lösung war die Gerbsäure enthalten, jedoch nur in sehr geringer Menge;
der unlösliche Theil: ein graues Pulver, war unlöslich in Wasser, löslich in Gerbsäurelösung,
verdünnter Essigsäure und Salzsäure; aus der Gerbsäurelösung fällte reichlicher Wasser-
zusatz die Masse wieder aus. Die Salzsäurelösung reducirte alkalische Kupferlösung in der
Siedehitze. Die von diesem Körper erhaltene Menge war zu gering zu genauerer Untersuchung. — Um grössere Mengen der Gerbsäure zu erhalten, wurden die Samen von *Nuphar*
als Pulver mit absolutem Aether erschöpft und der dickflüssige Rückstand des Aetherextractes
mit Wasser behandelt: die wässerige Lösung gab an Essigäether reichlich Gerbsäure ab, eine
syrupdicke Flüssigkeit bildend: beim Verdunsten verblieb die Gerbsäure als schmutziggelbes
Pulver. — Die durch Aether erschöpfte Samenmasse wurde mit kochendem Alkohol, der Alkohol-

rückstaud mit Wasser behandelt; die wässerige Lösung gab an Essigäther Gerbsäure ab. — Die vereinten Gerbsäuremengen wurden in Wasser gelöst und mit Kochsalz gesättigt: der dickbreiige, gelbe Niederschlag, mit gesättigter Kochsalzlösung ausgewaschen, wurde mit 10 procentiger Kochsalzlösung behandelt; gelöst wurde die Gerbsäure, ungelöst das *Nuphar*-Phlobaphen. — Die Gerbsäure wurde der Kochsalzlösung durch Essigäther entzogen und als hellgelbe, leicht zerreibliche Masse erhalten; dieselbe war in Wasser löslich, fällte Eisenoxydsalze schwarzblau. Schon bei 95° trat Zersetzung unter Bräunung ein. Formel der *Nuphar*-Gerbsäure: $C_{56} H_{56} O_{37}$. Wurden 5 g der Gerbsäure in 1.4 procentiger Schwefelsäure gelöst in einer bis auf das kleinste Luftvolum zugeschmolzenen Glasröhre 10 Stunden im Wasserbade bei 100° erhitzt, so schied sich dabei ein rothbraunes Pulver ab, welches aus deutlich unter dem Mikroskop erkennbaren Krystallen bestand. Dasselbe war in Alkohol und verdünnten Säuren unlöslich, wurde aus der Lösung in concentrirter Schwefelsäure durch Wasser gefällt; Natronlauge färbte gelbbraun, Eisenchlorid hellgrün, dann dunkelgrün bis grünblau. Zusammensetzung $= C_{28} H_{26} O_{23}$, welche Verf. durch die Gleichung $= 2 C_{14} H_{12} O_{11} + OH_2$ in Beziehungen zur Ellagsäure: $C_{14} H_{12} O_{11}$ bringt. Die von dieser Substanz befreite Flüssigkeit, von der Schwefelsäure durch Bariumcarbonat befreit, wurde durch Alkohol gefällt: der Niederschlag, in Wasser nicht vollständig löslich (Zersetzung), gab, gelöst, mit Alkohol, Leim und Eisen Niederschläge, letztere blauschwarz. Die von dem Niederschlag befreite Alkohollösung wurde, nach Entfernung des Alkohols, mit Aether geschüttelt: die so erhaltenen langen derben Krystalle stimmten in ihren Reactionen mit der Gallussäure überein. — Das Nupharphlobaphen: eine amorphe, glänzend schwarze, in dünnen Lagen braunroth durchsichtige Masse ist in heissem Wasser, in Alkohol, Lauge, Essigsäure löslich, in Aether schwer löslich. Warme Salzsäure löst mit carminrother Farbe. Die wässerige Lösung wird durch Blei, Kupfer, Leim und Eisen (dunkelschwarzblau) gefärbt. Formel: $C_{56} H_{50} O_{35}$. Verf. bringt das Nupharphlobaphen mit der Gerbsäure in Zusammenhang durch die Gleichung: $C_{56} H_{50} O_{35} = C_{56} H_{56} O_{37} - 3 OH_2 + O$. — — — Zur Darstellung der in dem Rhizom der *Nymphaea alba* enthaltenen Gerbstoffe dienten 5 kg, welche durch 95 procentigen Alkohol kalt erschöpft, der Rückstand des Alkoholauszugs mit Wasser behandelt (2 l Wasser) und das Filtrat mit dem 4 fachen Volum an Wasser versetzt: es wurde ein grauer Niederschlag erhalten, welcher, von der Flüssigkeit A getrennt, durch Kneten mit Wasser gewaschen, über Schwefelsäure und Kalk getrocknet, ein graues Pulver lieferte; dasselbe wurde durch absoluten Aether in 2 Theile zerlegt. Der in Aether lösliche Theil: Tannonymphaeïn war hellgelb, amorph, in warmem Wasser leicht löslich, ebenso in Essigsäure und Alkalilaugen. Die wässrige Lösung wurde durch Blei- und Kupferacetat Leim und Eisen (dunkelschwarzblau) gefällt. Formel: $C_{56} H_{52} O_{36}$. — Die in Aether unlösliche Substanz: Nymphaeaphlobaphen, war amorph, spröde, glänzend schwarz, in Wasser schwer löslich, zeigte sonst mit dem Tannonymphaeïn grosse Uebereinstimmung. Formel: $C_{56} H_{48} O_{36}$. — — Die vorher erwähnte Flüssigkeit A wurde durch Bleiacetat ausgefällt, der Niederschlag ausgewaschen, durch Schwefelwasserstoff entbleit, das Filtrat mit Kohlensäure behandelt und mit Kochsalz gesättigt: der dunkelgelbe, zähe Niederschlag wurde mit gesättigter Kochsalzlösung gewaschen und mit 18 procentiger Salzlösung getrennt in lösliche und unlösliche Antheil. — Die Lösung, durch Essigäther ausgeschüttelt, lieferte ein hellgelbes Pulver, in dickern Lagen eine braunrothe, durchsichtige, amorphe Masse, welche sich schwer bei 90° zersetzt. Formel: $C_{56} H_{58} O_{36}$. Diese Nymphaeagerbsäure wird beim Erhitzen mit 1.4 procentiger Schwefelsäure zerlegt unter Abscheidung eines gelben, microkrystallinischen Pulvers von Ellagsäure, während das davon getrennte Filtrat eine Substanz enthielt, welche durch schnelle Sauerstoffaufnahme aus der Luft in einen phlobaphenartigen Körper übergeht, eine zweite Substanz, welche ebenfalls durch Sauerstoffaufnahme sehr leicht weiter verändert wird, sowie 3. Gallussäure. — Der in verdünnter (18 %) Kochsalzlösung unlösliche Theil der Gerbsäure bildete, durch Kneten mit kaltem Wasser gereinigt, über Schwefelsäure und Kalk getrocknet, eine amorphe, rothbraune Masse, deren wässerige Lösung durch Leim, Blei- und Kupferacetat gefällt wurde. Formel: $C_{56} H_{56} O_{40}$. Diese „unlösliche Nymphaeagerbsäure" wurde ebenfalls mit 1.4 procentiger Schwefelsäure erhitzt und dabei neben Ellagsäure und Gallussäure eine phlobaphenartige Substanz erhalten, sowie Körper, welche leicht und schnell durch Sauerstoffaufnahme zersetzt werden.

27. T. B. Groves. Note on Poppy heads. (Yearbook of Pharmacy p. 408.)

Verf. hatte schon 1854 die Gegenwart von Codeïn in den Mohnköpfen angezeigt; diese Untersuchungen hat G. inzwischen mit grösseren Mengen der Droge wiederholt und indem er 50 Pfund derselben verarbeitete, 75 grains Morphin, 36 gr. Narcotin, 33 gr. Codeïn und 23 gr. Narceïn in völlig reinem, krystallisirtem Zustande abgeschieden.

28. P. Chastaing. Sur la solubilité de la morphine dans l'eau. (Répertoire de Pharmacie et Journal de Chimie médicale (nouv. Sér.) t. 9, p. 219.)

Verf. zeigt, dass die in verschiedenen Lehrbüchern der Chemie befindlichen Angaben über die Löslichkeit des Morphins in Wasser nicht mit einander übereinstimmen. Dies die Veranlassung, dass Verf. die Löslichkeit des Morphins in verschieden warmem Wasser genauer bestimmt hat. Er fand, dass 1 l Wasser von 3^0 lösen: 0,03 g (1 : 33 333 aq), von 20^0 C: 0,2 g (1 : 5000 aq), von 22^0: 0,22 g (1 : 4545 aq), von 42^0: 0,42 g (1 : 2381 aq) . . . . von 100^0: 2,17 g (1 : 461 aq). — Die Löslichkeitscurve bildet von 0—45^0 eine grade Linie, von da bis 100^0 eine parabolische Linie (der Gleichungen: von 45—55^0: $y^2 = 47$ x und von 60—100^0: $y^2 = 46$ x; $y = t$ des Wassers, $x =$ Menge des gelösten Morphins).

29. D. B. Dott. Solubility of some of the salts of Morphia. (The pharmaceutical Journal und transactions vol. 11, No. 553, p. 618.)

Da die in der Literatur befindlichen Angaben über die Löslichkeit der Morphinsalze nicht übereinstimmen, so hat Verf. die Löslichkeit einer kleinen Zahl dieser Salze zu bestimmen gesucht. Die Resultate sind folgende: Ein Theil des Salzes löst sich in x Theilen Wasser:

Salz	Formel	Wassermenge	Temperatur des Wassers
Acetat . . .	$C_{17} H_{19} NO_3 . C_2 H_4 O_2 + 3 H_2 O$	2.07	10^0 C.
		2.02	10
Valerat . . .	$C_{17} H_{19} NO_3 . C_5 H_{10} O_2 + H_2 O$	4.30	12
		4.32	12
Tartrat . . .	$(C_{17} H_{19} NO_3)_2 . C_4 H_6 O_6 + 3 H_2 O$	9.02	14
		9.00	14
Citrat	$(C_{17} H_{19} NO_3)_2 . C_6 H_8 O_7 + 5 H_2 O$	19.52	10
		19.56	10
Sulphat . . .	$(C_{17} H_{19} NO_3)_2 SH_2 O_4 + 5 H_2 O$	23.05	10
		23.30	10
Hydrochlorat	$C_{17} H_{19} NO_3 . HCl + 3 H_2 O$	25.79	10
		25.77	10
Meconat . . .	$(C_{17} H_{19} NO_3)_2 C_7 H_4 O_7 + 5 H_2 O$	27.78	12
		27.83	12

30. D. B. Dott. Morphia Acetate. (The pharmaceutical Journal and transactions vol. 11 No. 553, p. 619.)

Verf. hat das officinelle Morphinacetat untersucht und sich davon überzeugt, dass dasselbe: $C_{17} H_{19} NO_3 . C_2 H_4 O_2 + 3 H_2 O$ im Exsiccator 8,05 $^0/_0$ Wasser $= 2 H_2 O$ (ber. 9,02 %) verliert, bei 110^0 C getrocknet aber 28,17 $= C_2 H_4 O_2$ (berechn. $= 28,82$ %).

31. L. Bruneau. Recherche de la morphine dans l'urine. (Répertoire de Pharmacie, nouv. Sér, S. 9, p. 67.)

Wir entnehmen folgendes: Der filtrirte Urin wird mit 0.005 g Weinsäure für 100 ccm Flüssigkeit vermischt und mit der 2—3fachen Menge Amylalkohol bei einer Temperatur von 50—70^0 behandelt. Die amylalkoholische Lösung des weinsauren Alkaloïdes wird decantirt und die Behandlung mit neuen Mengen Amylalkohol ausgeführt. Die vereinigten Amylalkohollösungen werden alsdann mit ammoniakhaltigem Wasser behandelt: das Alkaloïd bleibt in dem Amylalkohol gelöst und kann, nach dem Verjagen desselben im amorphen Zustande zurückbleibend, durch Farbenreactionen etc. nachgewiesen werden.

32. E. Mylius. Ueber die colorimetrische Bestimmung des Morphins im Opium mit Hilfe von Jodsäure. (Referat der Berichte der Deutsch. Chem. Ges. S. 1122 nach Pharm. Centrh. 1881, S. 97 und 105.)

Verf. hat, seine Untersuchungen über Opiumprüfung (s. diesen Bericht f. 1880 1. S. 349, No. 13) fortsetzend, eine Methode der Morphinbestimmung angegeben, bez. deren wir auf die Abb. verweisen müssen.

33. D. Vitali. Ueber einige Farbreactionen des Codeïns, Morphins und Atropins. (Nach L'Orosi 152 in Berichte der Deutschen Chemischen Gesellschaft S. 1583.)

Tattersall's Morphinreaction (s. diesen Bericht für 1880 I, S. 346, No. 3) wird modificirt also: Morphin in conc. Schwefelsäure gelöst, arsensaures Natrium eingerührt und erwärmt; die Farbe geht durch blauviolett in hellgrün über, wird dann auf vorsichtigen Zusatz von Wasser: rosenroth und endlich blau, durch Ueberschuss von Ammoniak: grün. – Morphin in Schwefelsäure gelöst, wenig Natriumsulfidlösung zugefügt und erwärmt: Färbung fleischroth, violett, dunkelgrün. – In Schwefelsäure gelöst, zuerst mit Schwefelnatriumlösung, dann mit Kaliumchlorat in Schwefelsäure (1 : 50) gemischt, liefert Morphin grüne, dann violettblaue Färbung, auf Ueberschuss von Kaliumchlorat: gelb. – Codeïn verhält sich dem Morphin ähnlich. – Wird Atropin mit der Lösung von Kaliumchlorat in Schwefelsäure betropft, so entstehen beim Bewegen der Schale wenig intensive blaugrüne Streifen.

34. E. v. Gerichten und H. Schrötter. Zur Kenntniss des Morphins. (Liebig's Annalen der Chemie, Bd. 210, S. 396.)

Wird Morphin mit der 10fachen Menge Zinkstaub gut gemischt in einer Verbrennungsröhre möglichst rasch erhitzt, so entweicht viel Ammoniak und Trimethylamin, während sich in der Vorlage ein braungefärbtes dickflüssiges Destillat ansammelt; in diesem konnten nachgewiesen werden neben Pyrrol, Pyridin und Chinolin: 3–4 $^0/_0$ des Morphins an Phenanthren: $C_{14} H_{10}$ und 0,5 % einer Base, in der die Verf. Phenanthrenchinolin vermuthen.

35. P. Chastaing. Sur la fonction complexe de la morphine. (Répertoire de Pharmacie et Journal de Chimie médicale. Nouv. Sér., t. 9, p. 268. – Journal de Pharmacie et de Chimie, 5. sér., t. 4, p. 19.)

Das Morphin löst sich in Alkalien im Verhältniss von Aequivalent zu Aeq. auf; diese Lösung, welche sich sehr leicht unter Färbung verändert, liefert, im luftverdünnten Raume über Schwefelsäure bei Gegenwart von Kalk (zur Absorption von Kohlensäure) eingeengt ein Product in sehr schönen kaum gefärbten Krystallen. Verf. hat diese Krystalle analysirt, und zwar die Verbindung mit Kali, Baryt und Kalk. Das Morphin-Kalium enthielt 10.67 % K. und 11.02 % Wasser, woraus sich berechnet die Formel: $C_{17} H_{18} KNO_3$ + $2 H_2 O$ (verlangt: 10.86 % K. und 10 % OH_2). Das Morphin-Baryum krystallisirt noch leichter als die Kaliverbindung. – Verf. schliesst aus diesen Untersuchungen, dass das Morphin ein Phenol sei.

36. Chastaing. Sur la constitution de la morphine. (Répertoire de Pharmacie et Journal de Chimie médicale, nouv. Ser., t. 9, p. 322.)

Theoretische Betrachtungen über die Constitution des Morphins (s. die Abb.).

37. P. Chastaing. Sur un produit d'oxydation de la morphine. (Répertoire de Pharmacie et Journal de Chimie médicale, nouv. Sér., t. 9, p. 324.)

Wird eine alkoholische Lösung von Morphin mit Salzsäuregas behandelt, die Flüssigkeit nach einigen Tagen nochmals mit dem Gas gesättigt und die Masse nach 14 Tagen eingedampft, so erhält man das Chlorhydrat des Aethylmorphin, dessen Bildung von der Zeitdauer der Reaction abzuhängen scheint. – Versetzt man die mit Salzsäuregas gesättigte alkoholische Lösung mit Schwefelsäuremonohydrat, engt nach zwei Tagen ein und versetzt mit Ammoniak, so erhält man eine wenig gefärbte Fällung, welche in Alkohol gelöst sich wie Apomorphin schnell grün färbt. Die alkoholische Lösung hinterlässt eine amorphe, in Säuren und Alkalien lösliche, neutrale Substanz von geringem bittern Geschmack. Die Resultate der Analysen sprechen dafür, dass dieser Körper ein Oxymorphinhydrat: $C_{17} H_{19} NO_4 + H_2 O$ sei.

38. P. Chastaing. Action de l'acide azotique sur la morphine. (Répertoire de Pharmacie et Journal de Chimie médicale, nouv. Sér., t. 9, p. 410. — Journal de Pharmacie et de Chimie 5. Sér., t. 4, p. 338.

Verf. hat das bei Einwirkung von Salpetersäure auf Morphin entstehende Product untersucht. Zur Darstellung behandelte Verf. Morphin mit der 20fachen Menge von Salpetersäure von 1.42, wobei die Temperatur auf 75^0 stieg; man dampft bei einer Temperatur unter 100^0 ein, fügt zu dem gelben trockenen Rückstand wieder Salpetersäure hinzu etc., solange bis nach Zusatz der Salpetersäure keine Dämpfe der salpetrigen Säure entweichen. Das Product konnte nicht durch Krystallisation gereinigt werden. Verf. berechnet aus den Resultaten mehrerer Analysen die Formel: $C_{10} H_9 NO_9$; die Säure ist 4basisch. Das Kalisalz ist in Wasser löslich, nicht krystallisirbar. Das Barytsalz wurde analysirt: $C_{10} H_5 Ba_2 NO_9 + 4 H_2 O$.

39. P. Chastaing. Action de l'acide azotique monohydraté sur la morphine. (Répertoire de Pharmacie et Journal de Chimie médicale, nouv. Sér., t. 9, p. 557.)

Verf. hat, im Anschluss an seine früheren Untersuchungen (s. vorige Nummer) die Einwirkung rauchender Salpetersäure auf Morphin untersucht, indem er das Morphin mit verdünnter Salpetersäure besprengte und jetzt rauchende Säure einwirken liess. Aus dem Reactionsproducte wurden zu Warzen vereinigte prismatische Krystalle erhalten von der Formel $C_9 H_9 NO_9$. Die Analysen anderer Krystallisationen führten zu den Formeln $C_7 H_7 NO_7$ und $C_6 H_7 NO_7$.

40. E. Grimaux. Sur la transformation de la morphine en codéine et en bases homologues. (Comptes rendus t. 92, p. 1140. Répertoire de Pharmacie [nouv. Sér.] t. 9, p. 264.)

Matthiessen und Wright haben durch ihre Untersuchungen eine Beziehung zwischen Morphin und Codeïn nachgewiesen, indem sie zeigten, dass diese beiden Alkaloïde, mit Salzsäure erhitzt, denselben Körper, das Apomorphin, liefern, ersteres das Morphin: $C_{17} H_{19} NO_3$ unter Wasserabspaltung, letzteres das Codeïn: $C_{18} H_{21} NO_3$ unter Abspaltung von Chlormethyl; M. u. W. nahmen auf Grund dieser Resultate an, dass an Stelle einer OH-Gruppe im Morphin eine OCH_3-Gruppe im Codeïn enthalten sei. — Mit Rücksicht auf diese Untersuchungen, sowie auf die verschiedenen Eigenschaften des Morphins, dessen leichte Reducirbarkeit, Löslichkeit in Kalilauge, Kalk- und Barytwasser, dessen Färbung mit Ferrisalzen betrachtet G. das Morphin als ein Phenol und das Codeïn als den Methyläther desselben. Zur Bestätigung dieser Ansicht hat Verf. Untersuchungen angestellt. Wird ein Molecul Morphin und ein Mol. Natriumhydrat in Alkohol gelöst, mit 2 Mol. Jodmethyl gelinde erhitzt, so erfolgt eine lebhafte Reaction und man erhält das Jodmethylat des Codeïns: $CH_3 J . C_{17} H_{18} NO_2 . OCH_3$ (85 % der theoretischen Menge), welches absolut identisch ist mit dem aus Codeïn und Jodmethyl dargestellten Producte: fast unlöslich in Alkohol, löslich in kochendem Wasser, wird dasselbe, beim langsamen Erkalten auskrystallisirend, in festen, durchscheinenden, wasserfreien, grossen Krystallen, beim schnellen Erkalten in feinen, wasserhaltigen Nadeln erhalten. — Um die Base selbst zu erhalten, war es nöthig, nur 1 Mol. Jodmethyl anzuwenden: doch auch jetzt bildete sich vorzugsweise ein Jodmethylat des Morphinnatrium und nur 10 % (von 20 g Morphin 2 g) Codeïn: Letzteres wurde durch Ueberführung in das Chlorhydrat, Zersetzung durch Kali, Krystallisation aus Alkohol oder Aether gereinigt. Es hat alsdann alle Eigenschaften des aus Opium dargestellten Codeïn (schmilzt bei 153^0), dieselbe Krystallform. — Lässt man anstatt Jodmethyl: Jodäthyl auf Morphin und Natriumhydrat einwirken, so erhält man (40 — 45 % des Morphin) eine neue Base: $C_{19} H_{23} NO_3$, den Aethyläther des Morphin, welcher, mit 1 Mol. Krystallwasser, in schönen, festen, glänzenden Blättchen krystallisirt; dieselben lösen sich in 35—40 Theilen kochenden Wassers, sehr leicht in Aether und Alkohol. Sein Chlorhydrat besteht aus feinen, zu Warzen vereinigten Nadeln; seine Lösungen werden durch Kali und Alkalicarbonate, nicht durch Ammoniak gefällt. Verf. bezeichnet den Aethyläther des Morphin mit dem Namen: Codäthylin; dasselbe wirkt giftig, ruft Convulsionen hervor.

41. E. Grimaux. Sur le pouvoir rotatoire de la codéine artificielle. (Comptes rendus, t. 92, p. 1228.)

Verf. bestimmte das Rotationsvermögen des aus Opium dargestellten Codeïns zu $(\alpha)_D = -133°18$, das aus Morphin (s. vor. No.) künstlich dargestellte ergab unter ähnlichen Bedingungen $(\alpha)_D = -130°34$.

42. E. Grimaux. Sur les éthers de la morphine considérée comme phénol. (Comptes rendus t. 93, p. 67.)

In ähnlicher Weise wie das Jodäthyl (s. No. 40) wirken auch Jodpropyl, Jodallyl, Epichlorhydrin und Aethylenbromid auf Morphinnatrium ein, indem sich dabei neue Basen bilden. Untersucht wurde von G. das Aethylenderivat, welches zunächst aus der salzsauren Lösung durch Kalk als harzartige Masse niedergeschlagen wurde. Diese Masse wird mit der 6 fachen Menge 50procentigen Alkohols kochend aufgenommen und mit Thierkohle gekocht: nach einigen Stunden setzen sich Krystalle ab, welche durch wiederholte Krystallisation gereinigt werden. Die neue Base: Dicodaethin ($C_{17}H_{18}NO_3$)$_2$. C_2H_4 bildet kleine, leichte, weisse, in Aether unlösliche, in Alkohol leicht lösliche Nadeln, welche sich, ohne zu schmelzen, über 200° schwärzen, sich mit Schwefelsäure nicht färben, durch eisenchloridhaltige Schwefelsäure aber bei 20° blau gefärbt werden. Das Chlorhydrat bildet kleine, farblose, harte, in Wasser leicht lösliche Prismen. — Wird Morphinnatrium mit Methylenacetochlorhydrin: $CH_2Cl . OC_2H_3O$ behandelt, so entsteht eine Verbindung, welche aus saurer Lösung weder durch Kali noch Ammoniak gefällt wird. Durch Kochen mit Wasser wird die gummiartige Masse zerlegt in Morphin, Formaldehyd und Essigsäure.

43. E. Grimaux. Sur quelques réactions de la morphine et de ses congénères. (Comptes rendus, t. 93, p. 217.)

Nach Baeyer tritt bei Einwirkung von Phenol etc. und Aldehyd bei Gegenwart von Schwefelsäure Condensation ein, entsprechend der Gleichung: CH_2O (Formaldehyd) +

$$2 C_6H_6 = CH_2 <^{C_6 H_5}_{C_6 H_5} + OH_2.$$ — Verf. hat das Morphin (als Phenol) dieser Reaction

unterzogen. Indem er zu in Eisessig gelöstem Morphin einige Tropfen Methylenacetochlorhydrin und alsdann Schwefelsäure im Ueberschuss setzte, färbte sich die Masse sofort rosa, dunkelte dann schnell und hat nach einigen Minuten die Farbe einer concentrirten Kaliumpermanganatlösung angenommen. Verdünnt man nach 24 Stunden mit Wasser und fällt mit Ammoniak, so erhält man eine gelbe, amorphe, in Alkohol sehr lösliche Base, welche mit Schwefelsäure sofort purpurviolett gefärbt wird. — Aehnlich verhalten sich das Codeïn, Aethylmorphin und Aethylenmorphin. — Etwas anders verhält sich das Thebaïn (vom Verf. als Vinylmorphin aufgefasst), indem dasselbe sich mit Schwefelsäure sofort roth färbt, sowie das Codallylin, aus Morphin und Bromallyl in gummiartigem Zustande erhalten; letzteres zeigt dieselbe Reaction wie das Thebaïn.

44. E. Grimaux. Sur une nouvelle série de bases dérivées de la morphine. (Comptes rendus, t. 93, p. 591.)

Das oben (s. No. 40) bereits erwähnte Jodmethylat des Codeïns $CH_3J . C_{17}H_{18}NO_2 .$ OCH_3 hat Verf. mit Silberoxyd behandelt und die Lösung auf dem Wasserbade eingedampft; es bildet sich dabei nicht das Hydrat einer Ammoniumbase, sondern eine feste, krystallisirbare Tertiärbase, welche in Wasser wenig löslich, in Alkohol und Aether leichter löslich, in glänzenden, bei 118°5 schmelzenden Nadeln erhalten wird. Das Chlorhydrat ist krystallisirbar: die Salze werden durch Kali und Ammoniak gefällt (Codeïn und Codäthylin durch Ammoniak nicht). Concentrirte Schwefelsäure färbt es braun, dann nach Zusatz von etwas Wasser blauviolett, durch grössere Wassermengen hellroth, dann farblos. — Dieselbe Substanz, welche Verf. Methocodeïn: $C_{17}H_{17}(CH_3)NO_2 . OCH_3$ nennt, entsteht durch Kochen des Jodmethylats mit Kalilauge. — Das Jodmethylat des Codäthylin: kleine, wasserhaltige Nadeln resp. grosse, harte, wasserfreie Krystalle, lieferte mit Silberoxyd oder mit Kali behandelt eine krystallisirbare, bei 132° schmelzende tertiäre Base, welche durch Schwefelsäure ebenfalls violett gefärbt wird.

45. O. Hesse. The methyl-ether of Morphia. (The pharmaceutical Journal and Transactions vol. 12, No. 582, p. 157.)

6*

Veranlasst durch die (No. 40) referirte Mittheilung von Grimaux erklärt Verf., dass er schon lange den Methylaether des Morphins dargestellt habe, indem er gleiche Molecüle Morphin und Kalihydrat, in heissem Methylalkohol gelöst, mit der entsprechenden Menge Jodmethyl versetzte, die Lösung eine Stunde auf 60° erhitzte, dann mit Salzsäure neutralisirte, den Methylalkohol verjagte und die Lösung, nach Zusatz von Kalilauge mit Aether erschöpfte; letzterem wurde das Alkaloïd durch Salzsäure entzogen und das erhaltene schön krystallisirende Hydrochlorat durch Umkrystallisiren aus wenig Wasser gereinigt. 20 g Morphin ($C_{17}\,H_{19}\,NO_3$ + aq) lieferten 6.5 g reines Hydrochlorat. Das aus letzterem isolirte β-Methylmorphin ist amorph, in Aether, Chloroform, Alkohol und Methylalkohol sehr leicht, in Wasser ziemlich leicht löslich, stark alkalisch und liefert mit einigen Säuren gut krystallisirende Salze. Untersucht wurde das Hydrochlorat, welches lufttrocken 8.75—9.03 % Krystallwasser enthielt. — Verf. vergleicht die Hydrochlorate des β-Methylmorphins und des aus dem Opium dargestellten Codeïns:

β-Methylmorphin:	Codeïn:
$C_{17}\,H_{18}\,(CH_3)\,NO_3 \,.\, HCl + 2\,H_2\,O.$	dieselbe Formel.
Verliert das Krystallwasser bei 100° C.	verliert bei 100° nur $\frac{1}{2}\,H_2\,O$, den Rest nicht unter 120°.
lange, seidenartige Nadeln.	kurze weisse Prismen.
bei 18° C. in 10,8 Th. Wasser löslich	in 23,8 Th. Wasser.
Eine gesättigte Lösung wird auf Zusatz von Kalilauge oder starkem Ammon milchig getrübt und scheidet sich eine ölige, amorph bleibende Masse aus.	Aus der durch Alkali milchig getrübten Lösung scheiden sich sofort Codeïnkrystalle aus.
$p = 2,\ t = 22^\circ\!5 : (\alpha)\ D = -108^\circ\!1$	Dasselbe Rotationsvermögen.

Verf. hat nun, wie dies Grimaux gethan, Morphinnatrium zu den Untersuchungen benutzt und dabei 82 % des Morphins an Methyläthern erhalten; letztere wurden in das Hydrochlorat übergeführt. Die Krystalle wurden durch fractionirtes Krystallisiren getheilt in das Salz des β-Methylmorphins und ein Hydrochlorat, welches grosse Aehnlichkeit mit dem Codeïnhydrochlorat hatte, jedoch wurde das Rotationsvermögen zu (α) $D = -104^\circ\!8$ bestimmt (für Codeïn (α) $D = -108^\circ\!1$). Verf. hält desshalb den erhaltenen Methyläther für nicht identisch mit dem Codeïn und bezeichnet ihn als α-Methylmorphin. Auch das von Grimaux dargestellte „künstliche Codeïn" besass eine geringere Rotationskraft als Opiumcodeïn (s. No. 41).

46. E. v. Gerichten. Zur Kenntniss des Codeïns. (Liebig's Annalen der Chemie, Bd. 210, S. 105—114.)

Nach den bis jetzt ermittelten Thatsachen ist anzunehmen, dass in dem Codeïn $C_{18}\,H_{21}\,NO_3$ ein Methoxyl, ein Hydroxyl und ein 3. Sauerstoffatom als „Brücken-" oder als Ketonsauerstoff enthalten sei. Die Resultate der vom Verf. ausgeführten Untersuchungen stehen im Einklang hierzu. — Codeïn liefert mit Phosphorpentachlorid in der Kälte eine Base von der Zusammensetzung: $C_{18}\,H_{20}\,ClNO_2$, sehr leicht in grossen Blättern krystallisirend (und daher isomer dem amorphen Chlorocodid); die Salze der Base sind amorph. Bei etwa 70 bis 80° entsteht durch Einwirkung von Phosphorpentachlorid auf Codeïn eine chlorreichere Base: $C_{18}\,H_{19}\,Cl_2\,NO_2$, welche schön krystallisirende Salze liefert. — Auch Bromcodeïn $C_{18}\,H_{20}\,BrNO_3$ liefert ein Chlorderivat $C_{18}\,H_{19}\,BrClNO_2$.

47. E. v. Gerichten. Zur Kenntniss des Cotarnins. (Berichte der Deutschen Chemischen Gesellschaft, S. 310.)

Verf. hat seine Untersuchungen über Cotarnin (s. diesen Bericht für 1880, I., S. 352) fortgesetzt. Er untersuchte Bromtarconin und Tarnin (s. die Abhandlung).

48. E. v. Gerichten. Zur Kenntniss des Cotarnins. (Annalen der Chemie, Band 210, S. 79—105.)

Verf. bespricht die Resultate seiner Untersuchungen (s. vor. No.) mit Bromtarconin, Cuprin, Bromapophyllensäure, Dibromapophyllin, Methyldibrompyridylammoniumhydroxyd, Dibrompyridin (s. d. Abh.); G. schliesst aus diesen Resultaten, dass die Apophyllensäure nicht, wie früher angegeben (s. diesen Bericht für 1880, I., S. 852), der saure Methyläther einer Pyridincarbonsäure, sondern eine lactidartige Verbindung

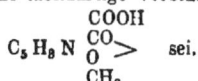

$$C_5 H_8 N \begin{array}{c} COOH \\ CO \\ O \\ CH_3 \end{array} > \quad sei.$$

49. Kanny Loll Dey. Indian Opium in cases of poisoning. (The pharmaceutical Journal and transactions, vol 12, No. 594, p. 397.)

Porphyroxin ist im türkischen (Smyrna-)Opium nicht enthalten, findet sich aber im indischen Opium, aus welchem es nach der Methode von Stas erhalten wird. Das Porphyroxin zeichnet sich dadurch aus, dass es, mit verdünnter Salzsäure erwärmt, eine purpurrothe Färbung hervortreten lässt.

50. Frank L. Slocum Sanguinaria canadensis. (The american Journal of Pharmacy, vol. 53, (4. ser. t. 11), p. 273.)

Die gepulverte Wurzel der *Sanguinaria canadensis* wurde mit starkem Alkohol erschöpft, das vom Alkohol befreite Extract mit essigsäurehaltigem Wasser versetzt; das dabei sich ausscheidende Harz wurde durch Filtriren entfernt. — Das so erhaltene Harz ist blassroth, von Wachsconsistenz, beissendem Geschmack, Niesen erregend: es ist in heissem Wasser vollkommen, in kaltem nur zum Theil (90 %) löslich. Mit schmelzendem Kali behandelt wird Protocatechusäure erhalten. — Ein Theil des vom Harze befreiten Filtrats wurde mit Bleiacetat ausgefällt, der Niederschlag, einen rothen Farbstoff enthaltend, abfiltrirt, das Filtrat mit Bleisubacetat ausgefällt (Farbstoff); das Filtrat hiervon enthielt das Alkaloïd. Jetzt wurde der Rest des harzfreien Filtrats mit Ammoniak im Ueberschuss versetzt und das ausgefällte Sanguinarin durch Filtriren entfernt: das rothbraune Filtrat wurde zum Extract gebracht und mit starkem Alkohol behandelt. Die dunkelrothe, alkoholische Lösung (Zucker enthaltend) wurde verdampft, der Rückstand mit Wasser aufgenommen, mit Kalilauge versetzt und mit Aether geschüttelt: die ätherische Lösung hinterliess farblose prismatische Krystallnadeln, welche bitter schmecken, alkalisch reagiren, mit Säuren farblose Lösungen, mit Jod-Jodkalium und Jodquecksilber-Kalium Niederschläge liefern. Dieses farblose Alkaloïd ist in der Wurzel nur in sehr geringer Menge enthalten. Schwefelsäure färbt das Alkaloïd prachtvoll dunkel purpurn, welche Farbe bald vergeht; Zusatz von Kaliumbichromat veränderte die Farbe in gelb. (Es ist aus der kurzen Beschreibung dieses Alkaloïdes nicht zu ersehen, ob dasselbe mit dem von Carpenter (s. diesen Bericht für 1879, I, S. 318) isolirten 2. Sanguinaria-Alkaloïd: dem Porphyroxin identisch ist.)

51. P. Chastaing. Sur la formule de la Pilocarpine. (Répertoire de Pharmacie et Journal de Chimie médicale, nouv. Sér., t. 9, p. 413. — Journal de Pharmacie et de Chimie 5. Sér., t. 4, p. 336.)

Die Untersuchungen von Harnack und Meyer (s. diesen Bericht für 1880, I, S. 353) über die Alkaloïde der Jaborandiblätter haben Verf. veranlasst, Elementaranalysen des Pilocarpin-Platinsalzes auszuführen; die Resultate derselben führten zu der von H. und M. für das Pilocarpin berechneten Formel.

52. C. T. Kingzett. The alkaloïd of Jaborandi. (The pharmaceutical Journal and transactions, vol. 11, No. 551, p. 587.)

Verf. hält, veranlasst durch die Untersuchung von Harnack und Meyer (s. diesen Bericht für 1880, I, 353), an der von ihm für das Pilocarpin aufgestellten Formel (s. diesen Bericht f. 1877, S. 597) fest.

53. Mello Olliveira. Oil of Anda-Assu. (The pharmaceutical journal and transactions, vol. 12, No. 593, p. 380 from El Laboratorio [Barcelona] 156.)

Johannesia princeps, Vell. *(Anda Gomesii* Juss, *Anda brasiliensis* Radd. *Andicus penthaphyllus* Vell.), eine baumartige brasilianische Euphorbiacee. Die Samen besitzen einen angenehmen mandelähnlichen Geschmack und enthalten ein fettes Oel (350 g Samen = 48 g Oel), welches durch Pressen erhalten wird; dasselbe ist klar, schwach gelb, geruchlos, anfangs Ekel erregend, nachher süss schmeckend, in Aether, Terpentinöl und Benzin löslich, bei 8° C. erstarrend, specifisches Gewicht = 0,9176 bei 18° C. Das Oel wirkt wie Ricinusöl (eine Emulsion von 2—3 Samen für einen Erwachsenen ausreichend). — Die Samen enthalten ausserdem 0,4 % eines activen Princips, *Johannesin* genannt. Dasselbe wurde erhalten, indem man die gepulverten Samen mit salzsäurehaltigem Wasser 3 Stunden bei 80 behandelte, das nach 24 Stunden erhaltene klare, dunkelrothe Filtrat mit Ammoniak ausfällte: der copiöse Niederschlag bildete, nach dem Waschen mit Wasser und Alkohol, getrocknet, ein hellrothes Pulver, welches in angesäuertem Wasser leicht'gelöst wurde. Das gereinigte Alkaloïd ist in Wasser und Alkohol schwer löslich, unlöslich in Chloroform, Benzin, Aether und Schwefelkohlenstoff. (Eine genaue Untersuchung dieses Körpers erscheint sehr nothwendig. Ref.).

54. **Jacob Baur. The root of Hydrangea arborescens.** (The american Journal of Pharmacy vol. 53, 4. ser., vol. 11, p. 157.)

Verf. hat die in Amerika medicinisch gebrauchte Wurzel von *Hydrangea* untersucht. Die Asche (4.33 % der Wurzel) bestand aus Carbonaten, Sulfaten und Phosphaten von Kalium, Natrium, Calcium, Magnesium und Eisen. — 1000 g Wurzel wurden mit Alkohol von 0.828 erschöpft, das alkoholische Extract in einer kleinen Menge heissen Weingeistes gelöst und in mit Essigsäure angesäuertes Wasser gegossen. Das dabei ausgeschiedene Harz hat einen süssen, milden, später scharfen Geschmack, ist unlöslich in Ammoniak, löslich in Kalilauge, zum Theil löslich in Aether und wird die alkoholische Lösung durch neutrales und basisches Bleiacetat gefällt. — Das vom Harze befreite Filtrat wurde eingedampft, in geringer Menge warmen Wassers gelöst und filtrirt. Das Filtrat wurde durch Bleiacetat von einem Eisensalze blau fällenden Gerbstoff befreit, das überschüssige Blei durch Schwefelwasserstoff entfernt und das eingeengte, mit Salzsäure versetzte Filtrat mit Aether geschüttelt: in dem Aether konnte ein Alkaloïd nicht nachgewiesen werden. Die saure Lösung gab nun an Amylalkohol eine Substanz ab, welche durch Mayer's Reagens hellweiss, durch Jod-Jodkalium braun, durch Platinchlorid gelblich gefällt wurde; Phosphormolybdänsäure, Pikrinsäure und Tannin gaben keine Fällung. — Eine zweite Portion der Wurzel wurde mit Benzol erschöpft; aus dem Extracte wurde das Alkaloïd durch salzsäurehaltiges Wasser isolirt; aus der mit Benzol behandelten Wurzel vermochte 80procentiger Alkohol weitere Mengen des Alkaloïds auszuziehen. Eine genauere Untersuchung des Alkaloïdes war wegen der sehr geringen Mengen, welche in der Wurzel enthalten waren, nicht möglich. — Die Wurzel enthält ausserdem noch Gummi, Zucker und Farbstoff.

55. **A. Étard. Sur une homologue synthétique de la pelletiérine.** (Comptes rendus, t. 92, p. 460.)

Verf. erhielt eine Base: Hydroxypicolin genannt, indem er 50 g Chlorammonium und 300 g Glycerin einer sehr langsamen Destillation unterzog, das Destillat mit concentrirter Natronlauge behandelte, mit Hilfe von Wasserdämpfen destillirte, in das Chlorhydrat überführte, filtrirte und mit Kali zersetzte. Die eintretende Reaction entspricht der Gleichung:
$$2\,C_3\,H_8\,O_3 + NH_4\,Cl = H\,Cl + 5\,H_2\,O + C_6\,H_9\,NO.$$ — Das Hydroxypicolin ist eine farblose, stark lichtbrechende, nach Pyridin riechende, scharf schmeckende, bei 155° siedende Flüssigkeit, welche von Wasser, Alkohol und Aether in allen Verhältnissen gelöst wird; specifisches Gewicht = 1.008 bei 13°. Eine starke Base, mit Salzsäure starke Nebel bildend, welche durch Schwefelsäure und Kaliumbichromat grün gefärbt wird, Silber- und Goldsalze leicht reducirt. Tannin, Jod, Brom, Sublimat, Goldchlorid, Pikrinsäure u. a. m. werden gefällt; das Platindoppelsalz: $C_6\,N_9\,NO\,.\,H\,Cl\,.\,Pt\,Cl_4$ bildet gelbe Nadeln. — Mit Salpetersäure oxydirt liefert es kleine Mengen von Pyridin, neben Kohlensäure und Blausäure.

56. **A. Étard. Des produits de l'action du chlorhydrate d'ammoniaque sur la glycérine.** (Comptes rendus, t. 92, p. 795.)

Verf. hat seine Untersuchungen (s. vor. No.) fortgesetzt; im Besitze einer grösseren Menge der Base hat É. auch den Stickstoff quantitativ bestimmt zu 25.6 % (früher bestimmt C = 64.7 H = 8.5), woraus hervorgeht, dass die Base, entgegen den früheren Angaben, sauerstofffrei ist. Die Resultate der Elementaranalysen stimmen gut zu der Formel: $C_6\,H_{10}\,N_2$, für welche Substanz Verf. jetzt den Namen Glycolin annimmt. Die Formel des oben erwähnten Platinsalzes ändert sich nun in $C_6\,H_{10}\,N_2\,.\,2\,H\,Cl\,.\,Pt\,Cl_4$. — Das Chlorhydrat $C_6\,H_{10}\,N_2\,.\,H\,Cl$ bildet kleine, aus Nadeln bestehende Warzen; die Jodmethylverbindung:

$C_6 H_{10} N_2 . CH_3 J$ in Alkohol und Wasser sehr leicht, in Aether wenig lösliche citronengelbe Nadeln.

57. G. Baumert. Das Lupinin. Ein Beitrag zur Kenntniss der Lupinenalkaloïde. (Die landwirthschaftlichen Versuchsstationen Band 27, S. 15—64. — Berichte der Deutschen Chemischen Gesellschaft, S. 1150, 1321, 1880, 1882. — Habilitationsschrift. Halle. 8°, 50 Seiten.)

Verf. hat die von Liebscher begonnene Untersuchung der Lupinenalkaloïde (siehe diesen Bericht für 1880, I, S. 346) fortgesetzt. — Indem wir bezüglich der Darstellung, sowie der Litteratur auf die Abhandlung verweisen, entnehmen wir den Mittheilungen, dass dem Lupinin: schöne weisse rhombische Krystalle, zwischen 67 und 68° schmelzend, zwischen 255—257° siedend, die Formel: $C_{21} H_{40} N_2 O_2$ zukomme. Untersucht wurden das Hydrochlorat, neutrale Sulfat, Nitrat, das Platin- und Golddoppelsalz, mit dem Ergebnisse, dass das Lupinin eine zweisäurige Base ist. Formel des Hydrochlorats: $C_{21} H_{10} N_2 O_2 . 2 H Cl$. — Das Verhalten des Lupinins gegen Aethyljodid, die Bildung des Aethyllupininammoniumjodid liess das Lupinin als tertiäre Base erkennen. — Einwirkung rauchender Salzsäure auf Lupinin bei 150—200° ergab eine Substanz, deren Platinsalz analysirt wurde; die hierbei erhaltenen Zahlen scheinen mit grosser Wahrscheinlichkeit auf eine Base: $C_{21} H_{40} N_2 O_2 —$ OH_2 hinzudeuten. — Durch Einwirkung von Phosphorsäureanhydrid auf Lupininhydrochlorat konnte eine Wasserentziehung nicht erreicht werden, dagegen wurde ein Derivat erhalten, dessen Platinsalz der Formel: $C_{21} H_{40} N_2 O_5 . 2 H Cl . Pt Cl_4$ entspricht.

58. G. Campani und C. Bettelli. Ueber den giftigen Bestandtheil der Samen von Lupinus albus. (Referat der Berichte der Deutschen Chemischen Gesellschaft S. 2253 nach Gazz. chim. 237.)

Aus den Samen der weissen Lupine erhielt C. ein bei 161 bis 178° (6—8 cm Druck) flüchtiges Alkaloïd, dessen Sulfat in Wasser und Alkohol löslich war. — Nach B. wird das Alkaloïd: Lupinin genannt, durch Tannin, Platinchlorid, Sublimat etc. gefällt, reducirt Gold- und Silberlösung, krystallisirt in Nadeln.

59. C. Rammelsberg. Ueber Form und Zusammensetzung der Strychninsulfate. (Berichte der Deutschen Chemischen Gesellschaft S. 1231.)

Das saure Strychninsulfat, in feinen Nadeln erhalten, enthält 2 Mol. Krystallwasser: $C_{21} H_{22} N_2 O_2 . H_2 SO_4 + 2 aq$; das neutrale Sulfat: $(C_{21} H_{22} N_2 O_2)_2 . H_2 SO_4$ wurde in zwei Formen erhalten: sehr dünne lange Prismen mit 5 Mol. aq und durchsichtige Quadratoktaëder mit 6 Mol. aq.

60. Lextrait. Sur une combinaison d'iodoforme et de strychnine. (Comptes rendus t. 92, p. 1057.)

Eine heisse concentrirte Lösung von Jodoform in Alkohol lässt, heiss mit Strychnin gesättigt beim Erkalten eine Verbindung von Strychnin und Jodoform in Gestalt langer prismatischer Nadeln ausfallen. Die Zusammensetzung der Verbindung entspricht der Formel: $(C_{21} H_{22} N_2 O_2)_3 . CHJ_3$. Dieser Körper wird sehr leicht zerlegt durch das Licht, Wärme von 90° etc., in Wasser ist er unlöslich, in Alkohol schwer löslich.

61. E. Jahns. Ueber Strychninhydrat. (Archiv der Pharmacie, Bd. 218, S. 185.)

Schützenberger hatte aus seinen Untersuchungen den Schluss gezogen, dass das Strychnin ein Gemenge von 3 Alkaloïden sei, welche durch Kohlenstoffgehalt, Löslichkeit in Wasser und Krystallform von einander verschieden seien; beim Fällen einer verdünnten Lösung des Strychninchlorhydrats mit Ammoniak sollten sich in der ersten halben Minute lange, feine Nadeln einer Base mit 21 At. Kohlenstoff abscheiden, darauf nach einer Viertelstunde Octaëder einer Base mit 20 At. C. — Verf.'s Resultate über diese Verhältnisse sind folgende: Wird die kalte Lösung eines Strychninsalzes in Wasser (1 : 200) mit Ammoniak versetzt, so scheiden sich lange zarte 4seitige Prismen ab; werden diese Krystalle abfiltrirt und durch Pressen von der Flüssigkeit befreit, so findet eine Umlagerung statt, aus den Säulen bilden sich rhombische Octaëder, vereinzelt: kurze, rhombische Prismen. Diese Umwandlung kann unter dem Mikroskop beobachtet werden. Die octaëdrischen Krystalle sind wasserfrei. — Wird die Lösung des Strychninsalzes siedend heiss mit Ammoniak ausgefällt, so erhält man unveränderliche vierseitige derbe Prismen, welche an den Enden durch je 2 (seltener 4) schiefe Flächen zugespitzt erscheinen, wasserfrei sind. — Verf. schliesst aus diesen Resultaten, dass das Strychnin aus der Lösung in der Kälte anfangs als ein Hydrat abgeschieden werde, das aber alsbald unter Abgabe des Wassers in Krystalle des wasserfreien Alkaloïds übergeht.

62. **Colin-Tocquaine. Sur un caractère distinctif entre la strychnine et la santonine.** (Journal de Pharmacie et de Chimie, 5. Sér., t. 4, p. 159.)

Behandelt man Strychnin oder Santonin mit Zucker und Schwefelsäure, so erhält man dieselbe Reaction; fügt man aber zu dieser Mischung einen Tropfen officineller Jodtinctur und alsdann einen Ueberschuss von saurem Quecksilbernitrat, so erhält man, bei Anwesenheit von Strychnin, eine intensiv braune Färbung, bei Gegenwart von Santonin aber eine bleiweissartige Fällung, welche nach einiger Zeit gelblich wird.

63. **W. A. Shenstone. The Alkaloïds of Nux Vomica.** (Journal of the chemical society vol. 39, p. 453.)

Verf. setzte seine Untersuchungen über die Alkaloïde der Nux vomica (s. diesen Bericht für 1877, S. 603, 1878 I., S. 240, 1880 I., S. 373) fort. Aus 56 Pfd. zur Untersuchung benutzten Krähenaugen erhielt S. nach einem genau beschriebenen, eine Verseifung der Alkaloïde ausschliessenden Verfahren $2^1/_4$ Procent Alkaloïde. Diese Masse wurde, um das Brucin vom Strychnin zu reinigen, in verdünnter Schwefelsäure gelöst und die Lösung mit Jodkalium gefällt; das erhaltene Jodid wurde so oft als nöthig aus Alkohol umkrystallisirt, das feste Jodid alsdann mit Natriumcarbonatlösung behandelt und mit Chloroform geschüttelt. Die Chloroformlösung wurde alsdann mit verdünnter Säure geschüttelt und die wässerige Lösung mit Ammoniak gefällt. Das so erhaltene Brucin ist strychninfrei. Die Elementaranalyse verschiedener Brucinpräparate lieferte zur Formel $C_{23}H_{26}N_2O_4$ gut stimmende Werthe. — Die durch Schütteln mit Chloroform erschöpfte Mutterlauge lieferte beim Eindampfen Krystalle, welche analytisch eine dem g- und h-Igasurin Schützenberger's entsprechende Zusammensetzung ($C_{62,2-62,47}H_{6,77-6,79}$) erkennen liessen. Die genaue Untersuchung dieser Krystalle liess sie als unreines Brucin erkennen. Es ist daher sehr wahrscheinlich, dass die Igasurine Schützenberger's unreine Brucinpräparate waren, und dass neben dem Strychnin und Brucin kein drittes Alkaloïd in den Krähenaugen vorkommt. — Wird Brucin mit alkoholischer Natronlauge 12 Stunden lang in geschlossenem Gefässe auf 100° erhitzt, so geht ein kleiner Theil derselben in einen krystallinischen, durch Salpetersäure nicht mehr gerötheten Körper der Formel $C_{24}H_{28}N_2O_5$ über; der Körper scheint ein Hydrobrucin zu sein.

64. **O. Hesse. Neue Platinsalze.** (Liebig's Annalen der Chemie, Bd. 207, S. 309.)

Verf. erhält die neutralen Platinsalze der betreffenden Alkaloïde, indem er die schwach erwärmte wässerige Lösung des neutralen Chlorhydrats von Chinin, Cinchonin, Conchinin, Cinchonidin und Homocinchonidin mit Natriumplatinchlorid vermischt, wobei die gewünschten, in kaltem Wasser nahezu unlöslichen Salze niederfallen. Das Chininplatinsalz: $(C_{20}H_{24}N_2O_2)_2 PtCl_6 H_2 + 3 H_2 O$ ist orangefarben, amorph, das Conchininsalz (derselben Zusammensetzung): orangefarbene glänzende Nadeln; das Cinchonidinsalz: $(C_{19}H_{22}N_2O)_2 PtCl_6 H_2 + 2 H_2 O$: kleine, orangefarbene Prismen, ebenso das Homocinchonidinsalz sowie das ohne Krystallwasser krystallisirende Cinchoninsalz.

65. **Zd. H. Skraup. Notiz über einige Chininverbindungen.** (Sitzungsberichte der mathem.-naturw. Classe der Wiener Akademie, Bd. 84, Abth. 2, S. 645.)

Verf. beschreibt das von ihm dargestellte Chinindiäthyljodid, Chininkupferacetat und Chininsilbernitrat (s. Abh.).

66. **Edward H. Rennie. On a new derivative of Quinine.** (Journal of the chemical society, vol. 39, p. 469.)

Verf. fand, dass Chininhydrat, eingetragen in eine kalte Mischung von concentrirter Salpetersäure und Schwefelsäure, in ein Dinitrochininmonohydrat der Formel: $C_{20}H_{22}(NO_2)_2 N_2 O_2, H_2 O$ übergeht; diese Substanz ist amorph, in Alkohol und Säuren leicht, in Wasser und Aether schwer löslich, liefert keine krystallisirten Salze, mit Platinchlorid ein bräunlichgelbes Präcipitat. Bei 200° wird es zerlegt. Ein Amidoderivat konnte nicht erhalten werden.

67. **Zd. H. Skraup. Ueber Chinin und Chinidin.** (Sitzungsberichte der math.-naturw. Classe der Wiener Akademie, Bd. 84, Abth. 2, S. 622.)

Verf. erhielt bei der Oxydation des Chinins mittelst Chromsäure eine neue Säure, welche am zweckmässigsten nach folgender Methode gewonnen wird: 10 Th. Chininsulfat werden mit 30 Th. concentrirter Schwefelsäure in 200 bis 250 Th. Wasser gelöst, zum Kochen erhitzt und allmählich eine wässerige Lösung von 20 Th. Chromsäure zugesetzt, nach 2—2½stündigem Kochen wird durch etwas Alkohol vollkommen reducirt und die grüne Flüssigkeit in 500 ccm einer Lösung von 80—90 g Aetzkali eingetragen: die alkalische Lösung in kupfernen Kesseln zum Kochen erhitzt, abgehebert, durch Decantiren gewaschen etc., mit Schwefelsäure neutralisirt und concentrirt. Die vom Kaliumsulfat getrennte Mutterlauge wird mit Alkohol gemischt, der Alkohol, nach Entfernung des Kaliumsulfats, abdestillirt und verjagt: auf Zusatz von Salzsäure fällt die entstandene Säure in Form bräunlichgelber Körner aus. — Chinidin liefert dieselben Producte wie Chinin. — Die gereinigte Substanz: Chininsäure $C_{11} H_9 NO_3$ krystallisirt in schwach gelblichen langen dünnen Prismen, in Wasser schwer löslich, schmilzt bei 280⁰ (uncorr.) unter Zersetzung. Die Chininsäure bildet, ihrer doppelten Eigenschaft als Carbonsäure und stickstoffhaltige Base entsprechend, zwei Arten von Salzen: diejenigen, welche durch Vertretung von Wasserstoff durch Metalle entstehen, sind, soweit letztere nicht eigenthümliche Färbungen bedingen, in fester Form sowohl, wie auch in Lösung ungefärbt, die Verbindungen mit Säuren erscheinen stets gelb. Untersucht wurden das Silber-, Calcium-, Barium- und Kupfersalz, die Salzsäureverbindung und das Platindoppelsalz. — Mit Kaliumpermanganat oxydirt, wurde Pyridintricarbonsäure gebildet. — Wird Chininsäure mit concentrirter Salzsäure erhitzt, so entsteht, unter Abspaltung von Chlormethyl, eine neue Säure, die Xanthochinsäure $C_{10} H_7 NO_3$, deren Salze untersucht wurden. Ueber 300⁰ erhitzt, liefert diese Säure Oxychinolin $C_9 H_7 NO$.

68. **C. Böttinger. Ueber synthetische Picolinmonocarbonsäure und Pyridindicarbonsäure.** (Berichte der Deutschen Chemischen Gesellschaft, S. 67.)

Picolincarbonsäure nennt Verf. eine Säure, welche entsteht, wenn Uvitoninsäure in Reagirröhren im Oelbade auf 274⁰ erhitzt wird, wobei sich die genannte Säure in Kohlensäure und Picolincarbonsäure spaltet. Letztere bildet im reinen Zustande prismatische, in heissem Wasser leicht lösliche Krystalle, welche bei höherer Temperatur sich ohne zu schmelzen verflüchtigen. Ihr Kupfersalz enthält Krystallwasser. — Die Säure löst sich sehr leicht in Säuren, wohlcharakterisirte Salze bildend. Salzsaure Picolincarbonsäure bildet langgestreckte Säulen mit Diamantglanz, sowie Quer- und Längsstreifung: $C_7 H_7 NO_2$. HCl Durch Oxydation mit übermangansaurem Kali, in alkalischer Lösung, in der Wärme, wird die Picolincarbonsäure in Pyridindicarbonsäure übergeführt. Dieselbe bildet rundliche Warzen, welche in heissem Wasser leicht, in kaltem ziemlich schwer, in Alkohol wenig, in Aether fast nicht löslich sind; sie schmilzt unter Bräunung und stürmischer Gasentwickelung bei 234 - 235°5. Schon bei 200⁰ beginnt sie sich langsam zu zersetzen und liefert sie ein in kleinen, farblosen, kastenähnlichen Krystallen anschiessendes Sublimat von γ-Pyridincarbonsäure. — Die durch Oxydation der Uvitoninsäure entstandene Pyridintricarbonsäure ist nicht identisch mit der von Hoogewerff und van Dorp (s. diesen Bericht für 1880, I, S. 365, No. 56) beschriebenen; ihre Krystalle enthalten 2½ Mol. Krystallwasser.

69. **S. Hoogewerff und W. A. van Dorp. Ueber Carbonsäuren des Pyridins und Methylpyridins.** (Berichte der Deutschen Chemischen Gesellschaft, S. 645.)

Bei ihren Oxydationsversuchen der Chinaalkaloïde (s. diesen Bericht für 1880, I, S. 357, No. 38) erhielten die Verff. als ein Zwischenproduct eine Säure, welche sie inzwischen genauer untersucht und mit dem Namen Methylchinolinsäure belegt haben; im Capillarrohre erhitzt, liefert dieselbe Methylpyridinmonocarbonsäure, welche durch Kaliumpermanganat zu Pyridindicarbonsäure weiter oxydirt wird. — Bezüglich der theoretischen Betrachtungen über die Structur der Pyridincarbonsäuren s. d. Abh.

70. **S. Hoogewerff und W. A. van Dorp. Zur Kenntniss der Pyridincarbonsäuren.** (Berichte der Deutschen Chemischen Gesellschaft, S. 974.)

Die mehrbasischen Pyridincarbonsäuren liefern beim Erhitzen unter Kohlensäureverlust Carbonsäuren von niedrigerer Basicität. Verff. fanden, dass man dasselbe erreicht durch

Kochen der Säuren mit Eisessig; die Tricarbonsäure lieferte so Cinchomeronsäure, die Chinolinsäure: Nicotinsäure.

71. H. Fürth. Ueber die Berberonsäure und deren Zersetzungsproducte. (Sitzungsberichte der Mathem.-Naturw. Classe d. Wien. Akademie, Bd. 84, Abth. 2, S. 289.)

Verf. hat die von Weidel (s. diesen Bericht für 1879, I, S. 322) begonnene Untersuchung der aus dem Berberin darstellbaren Berberonsäure fortgesetzt. — Die reine Säure schmilzt bei 243⁰, färbt sich mit Eisenvitriol blutroth. Die Substanz ist 3 basisch; untersucht wurden das neutrale, das einfach- und zweifachsaure Kaliumsalz. — Wird die Säure auf 215⁰ resp. das einfachsaure Kaliumsalz auf 285⁰ erhitzt, so entsteht, neben kleinen Mengen von Pyridin: Nicotinsäure (Schmelzpunkt 228⁰ C.). — Wird die Säure über ihrem Schmelzpunkt, das zweifachsaure Salz auf 275⁰ erhitzt, so entsteht Isonicotinsäure (γ-Pyridincarbonsäure). — Durch Einwirkung von Eisessig bei 140⁰ entsteht unter Abspaltung von Kohlensäure eine Pyridindicarbonsäure, deren Schmelzpunkt bei 263⁰ gefunden wurde (mit keiner der 5 bereits bekannten identisch).

72. S. Hoogewerff und W. A. van Dorp. Ueber das Verhalten der Cinchomeronsäure beim Schmelzen. (Liebig's Annalen der Chemie, Bd. 207, S. 219.)

Ausführlichere Abhandlung über die schon früher kurz mitgetheilten Untersuchungen (s. diesen Bericht für 1880, I, S. 364). Wir entnehmen dieser Abhandlung, dass beim Schmelzen der Cinchomeronsäure unter Kohlensäureentwickelung ein Gemenge von Monocarbonsäuren entsteht, aus welchem die Nicotinsäure, sowie die γ-Pyridincarbonsäure (von den Verff. früher als Pyrocinchomeronsäure beschrieben) erhalten werden. — Die γ-Pyridincarbonsäure: $C_6H_5NO_2$ bildet warzenförmige, sublimirbare, bei 298—299⁰ schmelzende Krystalle, welche sich in kaltem Wasser schwer lösen. Dargestellt wurde eine Salzsäureverbindung, das Calciumsalz, sowie das salzsaure Platindoppelsalz. Letzteres $(C_6H_5NO_2)_2$. 2 HCl + PtCl_4 + 2 H_2O bildet schöne, orangerothe Krystalle. — Die Nicotinsäure: $C_6H_5NO_2$ bildet zu Warzen vereinigte, bei 225⁰ schmelzende, sublimirbare Nadeln; das Calciumsalz, sowie das salzsaure Platindoppelsalz wurden untersucht.

73. C. Otten. Beiträge zur Kenntniss des Chinidins. Dissertation, Freiburg, 8⁰, 32 S.

Verf. stellte dar und untersuchte Jodmethylchinidin, Dijodmethylchinidin, Jodaethylchinidin, Dijodaethylchinidin, Bromaethylchinidin, Methylchinidin, Aethylchinidin (siehe die Abhandlung).

74. O. Hesse. Studien über Chinamin. (Liebig's Annalen der Chemie Band 207, S. 288.)

Verf. hatte 1872 in der Rinde der in Englisch-Indien cultivirten *Cinchona succirubra* ein neues Alkaloïd das Chinamin, gefunden. Die jetzt zum Abschluss gebrachten Untersuchungen über diese Base werden mitgetheilt. — Nach diesen Untersuchungen ist das Vorkommen des Chinamins nicht auf die Rinde von *Cinchona succirubra* beschränkt, sondern findet sich auch in andern, in Britisch-Indien und Java gezüchteten Cinchonen als *C. officinalis, C. Calisaya, var. javanica, C. Calisaya var. Ledgeriana*, sowie ferner in südamerikanischen Chinarinden. Sehr reich an Chinamin wurde die Rinde der *var. Ledgeriana* gefunden. Auch in der Rohmutterlauge des Chininsulfats wurde Chinamin angetroffen in Mengen, welche für die Gewinnung resp. Darstellung dieser Base aus der genannten Lauge sprechen (200 kg Lauge lieferten ca. 150 g Chinamin und ca. 30 g Conchinamin). — Darstellung des Chinamins: Die Rohmutterlauge wird durch Seignettesalz ausgefällt, dies Filtrat alsdann mit Ammoniak ausgefällt und der entstandene Niederschlag mit Aether behandelt; die vom Aether gelösten Basen werden in Essigsäure übergeführt und die Essigsäurelösung nach vorheriger Neutralisation in der Wärme so lange mit Rhodankaliumsolution vermischt, bis nach dem Erkalten der Lösung in derselben kein Cinchonin mehr nachzuweisen ist; bis dieser Punkt erreicht, fällt das vorhandene Cinchonin und ein grosser Theil färbender Materie nieder. Das klare Filtrat wird dann mit Natronlauge ausgefällt und der erhaltene harzige Niederschlag in der zur Auflösung erforderlichen Menge 80-procentigen kochenden Weingeists gelöst, worauf beim Erkalten das Chinamin krystallisirt, welches durch Umkrystallisiren aus heissem verdünntem Alkohol und Behandeln mit Thierkohle zu reinigen ist. — Das Chinamin: $C_{19}H_{24}N_2O_2$ ist eine einsäurige Base und bildet dem entsprechend nur neutrale und einfach-saure Salze; letztere sind amorph und sehr veränderlich. Das

Chinamin dreht rechts und ist $(\alpha) D = + 104°5$ $(p = 2; 97 \%$ Alkohol) resp. $+ 116°$ (in Wasser $+ 1$ Mol. HCl). Das salzsaure Chinamin: $C_{19} H_{24} N_2 O_2 . HCl + H_2 O$ bildet farblose, derbe, in kaltem Wasser ziemlich leicht lösliche Prismen. Das Chloroplatinat enthält, wie schon früher gefunden, 2 Mol. Krystallwasser. Das Bromhydrat, mit 1 Mol. Wasser krystallisirend, bildet schöne farblose, derbe, in Wasser und Alkohol leicht lösliche Prismen; das neutrale Oxalat krystallisirt in derben, farblosen Nadeln; das saure Sulfat, das benzoë-, salicyl- und chinasaure Salz konnten nicht krystallisirt erhalten werden. — Lässt man Essigsäureanhydrid auf Chinamin bei 60—80° einwirken, so erhält man Acetylapochinamin. — Alkoholisches Jodäthyl löst bei 80° die Base allmälig auf: man erhält beim Verdunsten einen amorphen Rückstand, welcher sich in kochendem Wasser löst und Krystalle des Jodhydrats liefert. — Kocht man die Lösung des Alkaloïds in Salzsäure von 1.25 (1 Th. Alkaloïd, 20 Th. Säure) nur 3 Minuten lang, so geht das Alkaloïd vollständig in Apochinamin über, indem sich die Lösung erst gelb, dann hellbraun, endlich tief dunkelbraun färbt. (Erhitzt man die Base mit hoch concentrirter Salzsäure in geschlossenem Rohre auf 140°, so wird erstere in eine kautschukähnliche Masse verwandelt, welche in Säuren, Wasser: Alkohol, Aceton etc. etc. so gut wie unlöslich ist.) Lässt man eine Lösung von 1 Th. Chinamin in 10 Th. 13procentiger Salzsäure bei gewöhnlicher Temperatur stehen, so färbt sich die Lösung bald gelb und nach 12 Stunden roth; alsdann trübt sich die Lösung und scheidet im Laufe mehrerer Tage ein rothes Oel und farblose Prismen ab: das Oel gesteht ebenfalls zu farblosen Krystallen des Chlorhydrats des Chinamidins. Diese Base entsteht ebenfalls, wenn Chinamin mit 1—4 Mol. Gew. Salzsäure, 2 Mol. Gew. Chinasäure, 1—2 Mol. Gew. Weinsäure, 2 Mol. Gew. Essigsäure (in dem Verhältniss von 1 Th. Alkaloïd; 5 Th. Lösungsmittel: Säure + Wasser) in geschlossenen Röhren auf 130° erhitzt wird: daneben entsteht etwas Chinamicin. — Wird Chinamin anhaltend mit verdünnter (1 : 100) Schwefelsäure am Rückflusskühler gekocht, so entsteht Chinamidin, wird dagegen die Base mit 10 Th. verdünnter (1 : 3) Schwefelsäure nur 3 Minuten lang gekocht, so bildet sich Apochinamin. — Das Apochinamin: $C_{19} H_{22} N_2 O$ wird aus der salzsauren Lösung durch Ammoniak gefällt, der Niederschlag in verdünnter Essigsäure gelöst, die Lösung mit Thierkohle behandelt, wieder mit Ammoniak ausgefällt, in heissem Alkohol gelöst: man erhält farblose Blättchen resp. flache kurze Prismen, welche bei 114° (uncorr.) schmelzen; in heissem Alkohol, sowie in Chloroform und Aether leicht löslich sind, neutral reagiren, drehen links und ist $(\alpha) D = - 29.1°$ (für $p = 2$ und Wasser $+ 3$ Mol. H Cl) resp. $- 30°0$ (Wasser $+ 10$ Mol. H Cl). Concentrirte Schwefelsäure löst die Base mit grünlichgelber Farbe; concentrirte Salzsäure löst gelb, beim Erwärmen dunkelbraun. — Das Apochinamin entsteht aus dem Chinamin (und dem Chinamicin) nach der Gleichung: $C_{19} H_{24} N_2 O_2 = C_{19} H_{22} N_2 O + H_2 O$. Das Chlorhydrat bildet farblose körnige Krystalle der Zusammensetzung: $C_{19} H_{22} N_2 O . H Cl + \frac{1}{2} H_2 O$. Das Chloroplatinat ist schön gelb krystallinisch; das Goldsalz gelb flockig; das Bromhydrat bildet hübsche farblose Prismen; das Sulfat: dünne, weisse, in Alkohol leicht lösliche Nadeln: $(C_{19} H_{22} N_2 O_2)_2 SH_2 O_4 + 2 H_2 O$; das Oxalat: kurze dicke Prismen, in kaltem Wasser schwer löslich; das Nitrat: derbe körnige Krystalle, in Wasser schwer löslich. Auch das Tartrat, Chinat, Salicylat etc. wurde untersucht. — Acetylapochinamin: ein gelblicher, amorpher Rückstand der Formel: $C_{19} H_{21} (C_2 H_3 O) N_2 O$, löst sich leicht in Alkohol, Aether etc. Das Platin- und Goldsalz sind amorphe Substanzen. — Chinamidin wird am besten erhalten: je 4 g Chinamin werden zusammen mit 2 g Weinsäure und 18 g Wasser in geschlossenem Rohre 2 Stunden lang auf 130° erhitzt; der noch warme Röhreninhalt wird mit gesättigter Kochsalzlösung vermischt bis zur bleibenden milchigen Trübung. Nach kurzer Zeit scheidet sich das salzsaure Chinamidin in farblosen Krystallen ab. Letzteres wird aus heisser wässeriger Lösung mit Natronlauge gefällt und der Niederschlag aus wenig Weingeist umkrystallisirt. Das Chinamidin: $C_{19} H_{21} N_2 O_2$ bildet weisse, kleine, zu blumenkohlartigen Massen vereinigte Nadeln, welche in Alkohol sehr leicht, in Chloroform und Aether wenig löslich sind, bei 93° (uncorr.) schmelzen, in alkoholischer Lösung rechts drehen $(\alpha) D = + 4°5$ (für $p = 2$, 97 % Alkohol). Das Chinamidin ist eine stärkere Base als das Chinamin, liefert kein Apoderivat. In concentrirter Schwefel- und Salzsäure löst es sich mit safrangelber Farbe; letztere Lösung färbt sich beim

Erwärmen rasch dunkelbraun und liefert, in kaltes Wasser gegossen, eine prächtig rosa gefärbte, intensiv grün fluorescirende Lösung. Das Chlorhydrat: farblose, derbe, in kaltem Wasser wenig lösliche Prismen: $C_{19} H_{24} N_2 O_2 . H Cl + H_2 O$. Das Chloroplatinat: ein blassgelber flockiger Niederschlag; das Bromhydrat bildet farblose, derbe, in Wasser ziemlich leicht lösliche Prismen: $C_{19} H_{24} N_2 O_2 . H Br + H_2 O$; das Oxalat bildet rhombische Blättchen. — Chinamin: $C_{19} H_{24} N_2 O_2$ entsteht in grösserer Menge, wenn man eine Auflösung von gleichen Mol.-Gew. Chinamin und Schwefelsäure in Alkohol bei 60 - 80° verdunstet und den Rückstand einige Minuten auf 100° erhitzt, besonders gut ist die Ausbeute, wenn man einige Tropfen Glycerin zusetzt. Der erhaltene Rückstand wird dann in kaltem Wasser gelöst und die Lösung mit Natriumdicarbonat vermischt, wobei das Chinamicin ausfällt. Das reine Chinamicin ist krystallinisch, schmilzt bei 109° C. (uncorr.), löst sich leicht in Alkohol, Aether und Chloroform, dreht rechts und ist für $p = 2$ $(\alpha) \upsilon = + 38°1$ (für 97 °/₀ Alkohol) resp. $+ 47°0$ (für Wasser $+ 3$ Mol. H Cl). Formel: $C_{19} H_{24} N_2 O_2$. Das Chlorhydrat wird aus schwach saurer Lösung in Prismen erhalten; die Lösung gibt mit salicylsaurem und oxalsaurem Ammonium, Jod- und Bromkalium und Kochsalz weisse flockige Niederschläge. — Protochinamicin entsteht, wenn man die Verbindung von gleichem Mol.-Gew. Chinamicin und Schwefelsäure (durch Vermischen und Abdampfen der betreffenden Lösungen erhalten) kurze Zeit auf 120—130° erhitzt, wobei sich die Masse dunkelbraun färbt. Formel der braunen flockigen Substanz: $C_{17} H_{20} N_2 O_2$. Das Platinsalz ist ein brauner flockiger Niederschlag. — Verf. spricht zum Schlusse die Ansicht aus, dass Chinamin mit Chinin oder Cinchonin etc. nicht verwandt sei.

75. **A. C. Oudemans. Recherches sur la conquinamine.** (Le Moniteur scientifique 3. sér., t. 11, p. 767, extrait des Archives néerlandaises t. 15. Liebig's Annalen der Chemie Bd. 209, S. 38—61.)

Als Untersuchungsmaterial diente dem Verf., wie früher (s. diesen Bericht für 1879, I, S. 332) bei der Darstellung des Chinamins, ein Chinetum aus Darjeeling, von welchem er 9 kg auf Chinamin und Conchinamin verarbeiten konnte; die Ausbeute betrug 1.2 °/₀ Chinamin und 0.24 °/₀ Conchinamin. Diese Alkaloïde wurden von einander getrennt mit Hülfe des verschiedenen Verhaltens ihrer Nitrate, von welchen das des Conchinamin in Wasser sich schwerer löst als das Chinaminnitrat. Auch die Oxalate sind sehr geeignet, beide Alkaloïde zu trennen, da das Conchinaminsalz, erst in 83 Theilen Wasser löslich, sich aus der gesättigten Lösung in Krystallen abscheidet, das Chinaminoxalat dagegen in Wasser sehr leicht löslich, nicht krystallisirt. — Das reine Conchinamin besteht aus dem triklinen System zugehörigen Krystallen, welche von starkem Alkohol, Aether, Benzol und Chloroform leicht, von Schwefelkohlenstoff weniger leicht gelöst werden, und zwar lösen 100 Theile 91procentiger Alkohol bei 19° C: 13.5 Th. Conchinamin, 100 Th. Aether bei 15°: 13.5 Th. und 100 Th. Benzol bei 18°: 24.4 Th. Conchinamin, 100 Th. Schwefelkohlenstoff bei 18°: 6.05. Das Conchinamin schmilzt bei 123° C. Die Zusammensetzung des Conchinamins entspricht der von Hesse aufgestellten Formel: $C_{19} H_{24} N_2 O_2$. Gegen Goldchlorid verhält sich das Conchinamin wie das Chinamin; Platinchlorid fällt saure Lösungen nur wenn sie concentrirt sind; verdünnte Lösungen werden nur dann gefällt, wenn sie neutral sind und das Platinchlorid möglichst säurefrei angewendet wird. Von den Salzen ist das Sulfat: $2 C_{19} H_{24} N_2 O_2 . S H_2 O_4 + X$ aq in Wasser sehr leicht löslich und nicht krystallisirt zu erhalten; ähnlich verhält sich das Chlorhydrat. Das Bromhydrat: $C_{19} H_{24} N_2 O_2$ H Br bildet wasserfreie, monokline Krystalle, das Jodhydrat wasserfreie, bei 18° in 106 Th. Wasser lösliche Blättchen. Das Nitrat wurde in wasserfreien, rhombischen Krystallen erhalten; dieselben lösen sich bei 15° in 76.1 Th., bei 100° in 8.1 Th. Wasser. Das Chlorat und Perchlorat wurde ebenfalls in Krystallen dargestellt. Das Chloroplatinat bildet einen amorphen orangegelben Niederschlag, welcher getrocknet sich nicht verändert, in Berührung mit Wasser aber bald eine Rosafarbe annimmt. Das Formiat: wasserfreie, monocline Krystalle, löst sich bei 15° in 10.77 Th. Wasser; das Acetat: schöne, grosse, tetragonale Krystalle, bei 13°5 in 10.11 Th. Wasser. — Das Oxalat: $2 C_{19} H_{24} N_2 O_2 . C_2 H_2 O_4 + 3 H_2 O$ bildet rhombische Krystalle, welche sich bei 17° in 82.33 Th. Wasser lösen. Wird dieses Salz auf 115° erhitzt, so erhält man aus der Lösung der Schmelze auf Zusatz von Natronlauge eine Base, welche, von dem Conchinamin verschieden, vielleicht mit dem Apochinamin von Hesse identisch ist. — Das Tartrat des Conchinamins: $2 C_{19} H_{24} N_2 O_2 . C_4 H_6 O_6 + X$ aq ist in Wasser sehr leicht löslich.

76. O. Hesse. Ueber Conchinamin. (Liebig's Annalen der Chemie, Bd. 209, S. 62.)

Das Conchinamin, ein neben dem Chinamin in vielen Chinarinden vorkommendes Alkaloïd, bleibt in den alkoholischen Mutterlaugen des letzteren zurück. Dieselbe wird verdampft und der Rückstand wiederholt mit Ligroïn ausgekocht, wobei sich das Conchinamin und ein Theil der amorphen Basen lösen; beim Erkalten scheiden sich letztere zum Theil aus. Die Ligroïnlösung wird mit verdünnter Essigsäure behandelt und die essigsaure Lösung mit verdünnter Natronlauge ausgefällt: der harzige Niederschlag wird mit lauem Wasser durchgeknetet, in heissem Alkohol gelöst, mit Salpetersäure gesättigt und zur Seite gestellt: Conchinaminnitrat krystallisirt aus. Das gereinigte Salz liefert auf Zusatz von Ammoniak die freie Base, welche aus 60procentigem heissem Alkohol in langen, vierseitigen, glänzenden Prismen erhalten wird. Das Conchinamin: $C_{19} H_{24} N_2 O_2$ ist leichter löslich als Chinamin, schmilzt bei 121^0 (uncorr.) resp. 123^0 (corr.). Mit Salzsäure von 1.125 einige Minuten gekocht entsteht: Apochinamin. Das Hydrochlorat bildet octaëdrische, in Wasser ziemlich leicht lösliche, wasserfreie Krystalle der Formel: $C_{19} H_{24} N_2 O_2 . H Cl$. Das Chloroplatinat ist ein gelber flockiger Niederschlag; Goldchlorid erzeugt in der Lösung des Chlorhydrats einen gelben Niederschlag, welcher rasch purpurn wird; mit Sublimat entsteht ein weisser Niederschlag. Auch das jodwasserstoffsaure, salpetersaure, chinasaure, salicylsaure, schwefelsaure und oxalsaure Salz wurden untersucht. Das Drehungsvermögen wurde gefunden für $t = 15^0$, $p = 2 : (\alpha)_D = + 204^{\circ}6$ (in 97procentigem Alkohol), $+ 184^{\circ}5$ (in Chloroform), $+ 229^{\circ}1$ (in Wasser $+ 1$ Mol. H Cl), $+ 230^0$ (Wasser $+ 3$ Mol. H Cl).

77. E. Schenk. Zur Kenntniss einiger Derivate des Cinchonins. (Dissertation Freiburg, 8^0, 30 Seiten.)

Verf. behandelt Monobromäthylcinchonin, Aethylcinchonin, Dibromäthylcinchonin etc.; wir müssen auf die Abhandlung verweisen.

78. W. Koenigs. Zur Constitution des Cinchonins. (Berichte der Deutschen Chemischen Gesellschaft S. 1852.)

Verf. hat einige Untersuchungen ausgeführt, in der Absicht, die Constitution des Cinchonins aufklären zu helfen. — Schon früher hatte er aus Cinchonin ein Chlorid erhalten, welches beim Kochen mit alkoholischem Kali eine Base: $C_{19} H_{20} N_2$: Cinchen liefert. Verf. konnte aus diesem nunmehr eine neue Base: $C_{18} H_{17} NO$, Apocinchen genannt, darstellen und aus dieser durch Oxydation: Cinchoninsäure. Ferner liefert das Apocinchen, mit Kali geschmolzen, Oxapocinchen: $C_{18} H_{17} NO_2$, welches kaum noch basische Eigenschaften hat.

79. H. Weidel. Ueber eine der α Sulfocinchoninsäure isomere Verbindung und Derivate derselben. (Sitzungsberichte der Mathemat.-Naturwiss. Classe der Wiener Akademie, Bd. 84, Abth. 2, S. 600.)

Fortsetzung der früher besprochenen Untersuchungen (s. Weidel und Cobenzl in diesem Bericht für 1880, I, S. 365, No. 59); wir müssen auf die Abhandlung verweisen.

80. H. Weidel. Ueber eine Tetrahydrocinchoninsäure. (Sitzungsber. d. Math.-Naturw. Cl. d. Wiener Akad., Bd. 83, Abth. 2, S. 41.)

Verf. hatte früher (s. diesen Bericht für 1879, I, S. 329) aus der Cinchomeronsäure ein Pyroproduct erhalten. Jetzt bespricht Verf. eine neue, aus der Cinchoninsäure dargestellte Verbindung: das Chlorhydrat der Tetrahydrocinchoninsäure: $C_{10} H_{11} NO_2 + H Cl$, welche mit Aetzkalk trocken destillirt Tetrahydrochinolin liefert.

81. Oechsner de Coninck. Sur les bases pyridiques. (Comptes rendus, t. 92, p. 413.).

Verf. hatte vor Kurzem (s. Compt. rend. t. 91, p. 296) die bei der Destillation des Cinchonins mit Kalihydrat entstehenden Basen untersucht und aus denselben: Lutidin: $C_7 H_9 N$, Collidin: $C_8 H_{11} N$ und Parvolin isolirt; die erhaltenen Basen waren isomer mit den aus Dippel's Oel isolirten. — Verf. hat sich jetzt zunächst mit den niedrig siedenden Antheilen des rohen Chinolins beschäftigt. Indem er ca. 3 kg rohes Chinolin verarbeitete, konnte er zwischen 80 und 160^n 3 Fractionen trennen; die erste zwischen 80 und 110^0 übergehende Fraction bestand vorzugsweise aus Wasser, in welchem eine kleine Menge M e t h y l - a m i n gelöst war. — Die zweite zwischen 110 und 130⁰ destillirende Fraction enthielt kleine Mengen einer nach Pyridin riechenden Base, eines L u t i d i n s, dessen Chlorhydrat in kleinen, sehr zerfliesslichen Lamellen, dessen Platinsalz in feinen, gelben Blättchen erhalten wurde. Aus der dritten Fraction, welche zwischen 130 und 160⁰ überdestillirte, konnten kleine Mengen des L u t i d i n von A n d e r s o n erhalten werden. — Das bei 165⁰ siedende L u t i d i n (33 g) wurde mit Kaliumpermanganat (146 g in 6 l Wasser gelöst) 3 Monate bei gewöhnlicher Temperatur stehen gelassen: es wurden 40 g eines in Alkohol löslichen Kalisalzes erhalten; dasselbe wurde zunächst in das Kupfersalz übergeführt, letzteres durch Schwefelwasserstoff zersetzt: gewonnen wurde eine feste, krystallisirende, in warmem Wasser und Alkohol sehr leicht lösliche, bei 230—231⁰ schmelzende Säure der Formel: $C_6 H_5 N_2 O$. Diese Säure scheint mit der N i c o t i n s ä u r e von L a i b l i n identisch zu sein. In Folge dieses Resultates ist Verf. geneigt, das bei 165⁰ siedende L u t i d i n als ein A e t h y l p y r i d i n: $C_5 H_4 (C_2 H_5) N$ aufzufassen. — Bei der Destillation des Cinchonins mit Kali bilden sich neben den Pyridinbasen sehr kleine Mengen neutraler Körper; dieselben werden der salzsauren Masse durch Aether entzogen: eine zwischen 124 und 125⁰ siedende Fraction: $C_7 H_{14} O_2$ lieferte bei der Verseifung Essigsäure; diese Fraction bestand demnach aus Amylacetat.

82. **W. Königs. Zur Kenntniss des Chinolins und Lepidins.** (Berichte der Deutschen Chemischen Gesellschaft, S. 98.)

Verf. bespricht die schon in seiner Habilitationsschrift „Studien über die Alkaloïde" (s. diesen Bericht für 1880, I, S. 344) mitgetheilten Resultate, welche er bei der Einwirkung von Reductionsmitteln auf C h i n o l i n erhalten hat.

83. **C. Greville Williams. On the action of sodium upon Chinoline.** (The chemical News, vol. 43, p. 145.)

Das zu den Untersuchungen dienende C h i n o l i n wurde durch Ueberführen in das krystallisirte Chromat gereinigt. Das Chinolin liefert, mit Natrium gekocht, die purpurne Masse mit Wasser behandelt und dann mit Salzsäure versetzt, intensiv rothe Krystalle von salzsaurem D i c h i n o l i n: $C_{18} H_{14} N_2 . HCl$. — Wird Chinolin mit Natriumamalgam behandelt, so entsteht ebenfalls eine kleine Menge Dichinolin.

84. **W. La Coste. Ueber Bromderivate des Chinolins.** (Berichte der Deutschen Chemischen Gesellschaft, S. 915.)

Beschreibung des Mono- und Dibromchinolin (s. die Abhandlung).

85. **K. Bedall und O. Fischer. Ueber Oxychinolin aus Chinolinsulfosäure.** (Berichte der Deutschen Chemischen Gesellschaft, S. 442.)

Verff. stellten aus s y n t h e t i s c h e m C h i n o l i n die Sulfosäure dar; wird dieselbe mit Aetznatron geschmolzen, so erhält man eine bei 75—76⁰ schmelzende, unzersetzt sublimirbare krystallinische Substanz: O x y c h i n o l i n.

86. **K. Bedall und O. Fischer. Oxychinolin aus Chinolinsulfosäure.** (Berichte der Deutschen Chemischen Gesellschaft, S. 1366.)

Verff. haben das O x y c h i n o l i n (s. vor. No.) weiter untersucht und das Benzoyl- und Dibromderivat, sowie das Nitrosooxychinolintetrahydrür dargestellt.

87. **K. Bedall und O. Fischer. Zur Kenntniss des Chinolins.** (Berichte der Deutschen Chemischen Gesellschaft, S. 2570.)

Das Oxychinolin liefert leicht den Methyläther: das M e t h o x y c h i n o l i n, eine starke Base, deren Salze untersucht wurden. Auch das Methoxychinolintetrahydrür, eine secundäre Base, deren Salze, sowie das Amidochinolin und andere Derivate wurden dargestellt (s. die Abhandlung).

88. **O. R. Jackson. Ueber ein Tetrahydromethylchinolin.** (Berichte der Deutschen Chem. Gesellschaft, S. 889.)

Verf. stellte eine neue Base, das T e t r a h y d r o m e t h y l c h i n o l i n dar (s. die Abh.).

89. **Zd. H. Skraup. Synthetische Versuche in der Chinolinreihe.** (Sitzungsberichte der Math.-Nat. Cl. d. Wiener Akad. Bd. 83, Abth. 2, S. 434—465.)

Seine Untersuchungen über das C h i n o l i n (s. diesen Bericht für 1880, 1, S. 366, No. 61) fortsetzend, hat Verf. die Chinolinsäure, ferner das Orthotoluchinolin $C_{10} H_9 N$ und das Paratoluchinolin, sowie das α-Naphtochinolin $C_{13}H_9N$ dargestellt und untersucht (siehe Abhandlung).

90. A. Schlosser und Zd. H. Skraup. Synthetische Versuche in der Chinolinreihe. (Sitzungsberichte der Mathemat.-Naturwiss. Classe der Wiener Akademie, Bd. 84, Abth. 2, S. 470.)

Fortsetzung der vorstehend (s. vor. No.) erwähnten Untersuchungen über Chinolinabkömmlinge, von welchen die drei Chinolinbenzcarbonsäuren dargestellt und untersucht wurden.

91. C. Greville Williams. On β-Lutidine. (The chemical News, vol. 44, p. 307.)

Nach Verf.'s Untersuchungen wird das β-Lutidin, analog dem Chinolin (s. diesen Bericht No. 83) durch die Einwirkung von Natrium polymerisirt zu β-Dilutidin, welches im ganz reinen Zustande nicht erhalten werden konnte. — Untersucht wurden noch die Verbindungen des β-Lutidin mit Silbernitrat, Uranylchlorid und das Picrat (s. die Abhandlung).

92. C. Forst und Chr. Böhringer. Ueber Cinchotin (Hydrocinchonin von Caventou und Willm). (Berichte der Deutschen Chemischen Gesellschaft S. 436.)

Verff. haben das Cinchotin (s. Skraup in diesem Bericht für 1878, I, S. 237, No. 37) sowie das Sulfat, Nitrat, Hydrochlorat, Hydrobromat, Tartrat und Sulfocyanat untersucht (s. die Abhandlung).

93. C. Forst und Chr. Böhringer. Ueber Cinchotin und Hydrocinchonidin. (Berichte der Deutschen Chemischen Gesellschaft S. 1266.)

Verff. beschrieben zunächst, im Anschluss an die vorstehend besprochene Mittheilung, das Oxalat, Bitartrat, Hydrojodat und Benzoat des Cinchotins. — Verff. ziehen aus ihren Untersuchungen den Schluss, dass das Cinchotin nicht in dem Cinchonin enthalten (wie Skraup annimmt), sondern erst bei der Oxydation dieser Base durch Kaliumpermanganat entstehe. — Verff. haben, im Anschluss hieran, auch Cinchonidin der Oxydation mit Kaliumpermanganat unterworfen und neben Cinchotenidin noch eine zweite Base erhalten, für welche sie den Namen Hydrocinchonidin vorschlagen.

94. C. Forst und Chr. Böhringer. Ueber Hydrochinidin (Hydroconchinin). (Berichte der Deutschen Chemischen Gesellschaft S. 1954.)

Auch das Chinidin (Conchinin) ist von den Verff. der Oxydation durch Kaliumpermanganat unterworfen worden; die dabei entstehende Base, das Hydroconchinin: $C_{20}H_{26}N_2O_2 + 2\frac{1}{2}H_2O$, sowie mehrere Salze desselben wurden untersucht (siehe die Abhandlung).

95. O. Hesse. Beitrag zur Kenntniss des Cinchonidins und Homocinchonidins. (Berichte der Deutschen Chemischen Gesellschaft S. 1890.)

Verf. führt bezüglich des Vorkommens der beiden genannten Alkaloïde an, dass das Cinchonidin namentlich in den Rinden von *Cinchona lancifolia*, *Tucujensis*, *succirubra* und *officinalis* angetroffen wird, während besonders die letzten beiden Species nur selten und dann nur in Spuren Homocinchonidin liefern, diese Base vielmehr in einigen rothen südamerikanischen Chinarinden in erheblicher Menge enthalten ist. — Beide Alkaloïde krystallisiren in derselben Form. Das Cinchonidin schmilzt bei 200—201° C., das Homocinchonidin bei 205—206° C. Die übrigen Eigenschaften beider Basen siehe in der Abhandlung.

96. O. Hesse. Ueber Cinchamidin. (Berichte der Deutschen Chemischen Gesellschaft S. 1683.)

Verf. hat aus der wässerigen Mutterlauge, welche bei der Reinigung des Homocinchonidinsulfats resultirte, ein neues Alkaloïd abscheiden können, das Cinchamidin: $C_{20}H_{26}N_2O$, farblose Blättchen und platte Nadeln resp. kurze dicke Prismen, in Wasser unlöslich; $(\alpha)_D = -98^\circ4$ (in Alkohol gelöst). Die Lösung in verdünnter Schwefelsäure zeigt keine Fluorescenz und giebt mit Chlor und Ammoniak die Grünfärbung nicht. Die Base schmilzt bei 230° C. (uncorr.), bildet hübsch krystallisirende Salze, von welchen einige untersucht wurden (s. Abhandlung).

97. Arnaud. Sur un nouvel alcaloïde des quinquinas. (Comptes rendus, t. 93, p. 593. — Répertoire de Pharmacie nouv. Sér. t. 9, p. 507.)

Verf. fand das neue Alkaloïd, von ihm Cinchonamin genannt, in einer sehr dichten, tief rothbraunen Chinarinde mit harzigem Bruche, stammend aus Santander (Columbien). Zur Darstellung wurde die Rinde mit Kalkmilch behandelt, die Masse bei gewöhnlicher Temperatur getrocknet und mit kochendem, starkem Alkohol erschöpft; der nach der Destillation verbleibende Rückstand wurde mit verdünnter Salzsäure aufgenommen: aus der Lösung krystallisirt das Chlorhydrat des Cinchonamin aus, während das Cinchoninsalz in Lösung bleibt. Verf. erhielt aus der Rinde 0.8—1 % Cinchonin und 0.2 % Cinchonamin. — Das Cinchonamin $C_{19} H_{24} N_2 O$ ist unlöslich in kaltem Wasser, krystallisirt in farblosen, glänzenden, wasserfreien Prismen resp. feinen Nadeln, welche sich bei 17^0 in 100 Th. Aether (von 0.720) in 31.6 Th. Alkohol (von 90^0) lösen; sie schmelzen bei 195^0, erstarren zu einer amorphen, durchscheinenden Masse; die alkoholische Lösung reagirt alkalisch und dreht rechts: $(\alpha)_D = + 117\overset{.}{.}9$. Säuren wurden von der Base vollkommen neutralisirt, die dabei entstehenden Salze sind wenig löslich und werden durch Kali und Ammoniak gefällt; die sauren Lösungen fluoresciren nicht. Das Chlorhydrat: $C_{19} H_{24} N_2 O . HCl + H_2 O$ krystallisirt sehr leicht in Prismen oder prismatischen Blättern, welche sich in kaltem Wasser wenig lösen. Das Platindoppelsalz ist hellgelb, fast unlöslich. Das Sulfat ist in Wasser sehr leicht löslich, krystallisirt nur aus Alkohol; dasselbe dreht in saurer Lösung rechts und zwar $(\alpha)_D = + 45\overset{.}{.}5$ bei 16^0. Das Nitrat ist ein unlöslicher Niederschlag, das Jodhydrat und Acetat sind wenig löslich.

98. A. Hill. Bestimmung von Tannin in Thee. (Nach Analyst p. 95 in Berichte der Deutschen Chemischen Gesellschaft, S. 1582.)

Verf. bestimmte in 31 Theeproben den Gerbstoffgehalt im Mittel zu 14.79 % bei 3.67 % löslicher und 2.5 % unlöslicher Asche und 25.5—43.75 % Extract; Tannin schwankte zwischen 6.8 und 25 %, Asche zwischen 5.3 und 7.1 %.

99. J. U. Lloyd. Citrate of Caffeïne. (The pharmaceutical Journal and Transactions, vol. 11, No. 559, p. 760.)

Verf. hat Untersuchungen über das Caffeïncitrat angestellt und gefunden, dass dasselbe allerdings besteht, jedoch nur in folgender Weise erhalten werden kann: 30 Gran Caffeïn wurden in einer Unze Chloroform gelöst und mit einer Lösung von 30 Gran krystallisirter Citronensäure in $\frac{1}{2}$ Unze Alkohol (0.835 spec. Gew.) gemischt; das Filtrat wird auf dem Wasserbade zum Syrup eingedampft: man entfernt die Schale vom Wasserbade und rührt bis zum Erkalten: der Rückstand, ein weisses Pulver, besteht vorzugsweise aus dem Citrat, daneben sind kleine Mengen von Citronensäure und von Caffeïn vorhanden. Das so dargestellte Citrat ist halb krystallinisch, an der Luft beständig und löslich in einer Mischung von 1 Th. Alkohol und 2 Th. Chloroform. Jedes andere Lösungsmittel als Wasser, Alkohol, Chloroform etc. zerlegt das Salz.

100. E. Fischer. Ueber das Caffeïn. (Berichte der Deutschen Chem. Gesellsch. S. 637.)

Verf. war bemüht, das Caffeïn bez. seiner Structur zu untersuchen. Indem er von dem Bromcaffeïn: $C_8 H_9 N_4 O_2 Br$ ausging, gelang es ihm, aus demselben zunächst das Aethoxycaffeïn und aus diesem das Hydroxycaffeïn: $C_8 H_9 N_4 O_2 . OH$ darzustellen. Letzteres lieferte auf dem Umweg durch sein Bromadditionsproduct ein Diaethoxyhydroxycaffeïn, welches, mit Salzsäure erwärmt zerlegt wird, nach der Gleichung: $C_8 H_9 N_4 O_2 . OH . (OC_2 H_5)_2 + 2 H_2 O$ $= 2 C_2 H_6 O + CH_3 NH_2 + C_7 H_7 N_3 O_5$ unter Bildung von Alkohol, Methylamin und Apocaffeïn. Dieses wird dann durch Kochen mit Wasser zersetzt in Kohlensäure und Hypocaffeïn: $C_6 H_7 N_3 O_8$ und dieses zerfällt endlich, mit Barytwasser gekocht, in Kohlensäure, Ammoniak, Methylamin und Mesoxalsäure. — Bez. der Eigenschaften etc. der dargestellten Substanzen müssen wir auf die Abhandlung verweisen.

101. E. Fischer. Ueber das Caffeïn. (Berichte der Deutschen Chem. Gesellsch. S. 1905.)

Verf. hat das Hypocaffeïn (s. vor. No.) genauer untersucht und sich jetzt überzeugt, dass bei der Spaltung dieses Körpers zuerst neben Kohlensäure ein Körper von der Zusammensetzung: $C_5 H_9 N_3 O_2$: Caffolin genannt entsteht, welch letzteres dann weiter in Methylamin, Ammoniak, Kohlensäure und Oxalsäure gespalten werden kann. — Neben dem Hypocaffeïn entsteht aus dem Apocaffeïn (s. oben) noch als Nebenproduct die Caffursäure: $C_6 H_9 N_3 O_4$, deren Reactionen etc. untersucht wurden. — Verf. hat alsdann die Zersetzung des Caffeïns durch Salzsäure und chlorsaures Kali studirt (s. die Abh.) und schliesslich mit Rücksicht auf das von ihm beigebrachte thatsächliche Material die Aufstellung einer rationellen Formel versucht. „Combinirt man diese Resultate, so gelangt man zu folgender Constitutionsformel für das Caffeïn:

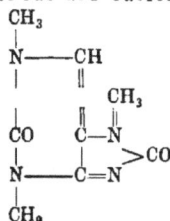

$$
\begin{array}{l}
CH_3 \\
| \\
N\!\!-\!\!-\!\!CH \\
|\qquad \| \\
\qquad\quad CH_3 \\
|\qquad \| \; | \\
CO \quad C\!\!-\!\!N \\
|\qquad\quad |\;\;{>}CO \\
N\!\!-\!\!-\!\!C\!\!=\!\!N \\
| \\
CH_3
\end{array}
$$

„Selbstverständlich betrachte ich die neue Caffeïnformel nur als den einfachsten Ausdruck der bis jetzt bekannten Thatsachen."

102. **R. Maly und Fr. Hinteregger. Studien über Caffeïn und Theobromin.** (Sitzungsber. d. Mathemat.-Naturw. Classe d. Wiener Akad., Bd. 83, 2. Abth., S. 262. — Berichte der Deutschen Chemischen Gesellschaft S. 723.)

Verff. haben sich die Aufgabe gestellt, durch das Studium neuer Reactionen des Caffeïns und Theobromins die Zersetzungsproducte derselben genauer kennen zu lernen. — Zur Oxydation des Caffeïns wurde Chromsäure gewählt; als Hauptproduct der Einwirkung (35.4 bis 41.8 % des Caffeïns) wurde Cholestrophan $C_5 H_6 N_2 O_3$ erhalten, dessen Eigenschaften von den Verff. genauer untersucht wurden (s. die Abhandlung). Durch Einwirkung von Alkalien wird dasselbe leicht gespalten in Oxalsäure und symmetrischen Dimethylwasserstoff, so dass das Cholestrophan resp. die Dimethylparabansäure anzusehen ist als die Oxalylverbindung des Dimethylharnstoffs. — Das Theobromin lieferte, analog behandelt, als Hauptproduct Monomethylparabansäure und diese bei der Einwirkung durch Alkalien: Oxalsäure und Methylharnstoff.

103. **R. Maly und Fr. Hinteregger. Studien über Caffeïn und Theobromin.** (Sitzungsber. d. Math.-Nat. Cl. d. Wiener Akad., Bd. 83, 2. Abth., S. 421. — Ber. d. Deutschen Chemischen Gesellschaft S. 893.)

Verff. berichten weiter über ihre Untersuchungen der Oxydationsproducte des Caffeïns und Theobromins. — Als Hauptresultate ihrer Untersuchungen sprechen sich die Verff. dahin aus, dass die Oxydation des Caffeïns durch Chromsäuremischung stattfindet nach der Gleichung:

$$C_8 H_{10} N_4 O_2 \,(Caffeïn) + 3\,O + 2\,H_2 O = 2\,CO_2 + CNH_5 + NH_3 + C_5 H_6 N_2 O_3 \,(Cholestrophan)$$

sowie die des Theobromins nach der analogen Gleichung:

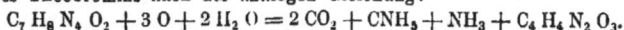

$$C_7 H_8 N_4 O_2 + 3\,O + 2\,H_2 O = 2\,CO_2 + CNH_3 + NH_3 + C_4 H_4 N_2 O_3.$$

104. **E. Schmidt. Ueber das Coffeïn.** (Berichte der Deutschen Chemischen Gesellschaft S. 813.) — **J. Biedermann. Beiträge zur Kenntniss des Coffeïns und Coffeïdins.** (Dissert. Halle, 8⁰, 49 S.)

Verff. hat sich eingehend mit den Coffeïnsalzen beschäftigt und gefunden, dass das Coffeïn nur dann einheitliche, gut charakterisirte Salze liefert, wenn es direct mit den betreffenden Säuren im concentrirten Zustande in Reaction gebracht wird. Durch Wasser, Alkohol oder Aether werden die Coffeïnsalze wieder in ihre Componenten zerlegt; die Coffeïnsalze der flüchtigen Fettsäuren erleiden sogar schon eine Zerlegung, wenn sie kurze Zeit an der Luft aufbewahrt werden. Verf. zieht aus der Zusammensetzung der untersuchten Salze (bez. deren wir auf die Abhandlung verweisen) den Schluss, dass das Coffeïn als eine einsäurige Base zu betrachten ist. — Aus dem Coffeïn stellte Verf. das Coffeïdin dar, eine ölige, stark alkalisch reagirende Flüssigkeit, welche, leicht in Wasser, Alkohol und Chloroform löslich, ein krystallinisches Hydrochlorat liefert. Auch ein jodwasserstoffsaures Aethylcoffeïdin wurde dargestellt (s. die Abhandlung).

105. **H. Pressler. Beiträge zur Kenntniss des Theobromins.** (Inaug.-Dissertation, Jena, 8⁰, 43 Seiten.)

Verf. hat einen Theil des zu seinen Untersuchungen dienenden Theobromins selbst dargestellt; indem er hierbei die von Dragendorff, Wolfram u. A. empfohlenen Methoden einschlug, erhielt er aus dem Material, theils Cacaoschalen, theils Bohnen, nur sehr geringe Mengen von Theobromin. Die Ausbeute war besser, als er dem Cacaopulver die Hälfte an Gewicht Calciumoxyd, das vorher mit etwas Wasser zu einem Brei angerieben war, zusetzte und die Masse mit 80procentigem Alkohol in einem Kolben mit Rückflusskühler kochte; nach dem Erkalten des nahezu farblosen Filtrats scheidet sich bereits reines Theobromin aus, während das noch gelöste Theobromin nach dem Abdestilliren des Alkohols und schliesslichen Eindampfen bis annähernd zur Trockne als schwach gefärbter Rückstand hinterbleibt. So wurde aus 200 g entölten Cacaopulvers nach nur zweimaligem Auskochen 2.5 g = 1.25 % Theobromin erhalten. — Durch Strecker wurde zuerst Theobromin in Caffeïn übergeführt, während bisher die Umwandlung des Caffeïns in Theobromin nicht ausgeführt wurde. Verf. hat Untersuchungen dieser Art ausgeführt, dahin gehend, dem Caffeïn durch Einwirkung von concentrirter Salzsäure eine Methylgruppe in Form von Chlormethyl zu entziehen und es auf diese Weise in Theobromin überzuführen; ca. 4 g Caffeïn mit concentrirter Salzsäure übergossen und nach mit Salzsäuregas gesättigt, alsdann im geschlossenen Rohre auf 240^0 erhitzt, wird vollständig zersetzt. Beim Oeffnen des Rohres entweicht Kohlensäure (kein Chlormethyl!) und konnte in dem Reactionsproduct Ammoniak (Salmiak), Methylamin, Sarkosin und Ameisensäure nachgewiesen werden. Es war demnach das Caffeïn durch die Einwirkung von concentrirter Salzsäure bei hoher Temperatur und Druck zerlegt, entsprechend der Gleichung: $C_8 H_{10} N_4 O_2 + 6 OH_2 = 2 CO_2 + 2 NH_2 CH_3 + NH_3 + CH_2 O_2 + C_3 H_7 NO_2$. — Das reine Theobromin $C_7 H_8 N_4 O_2$ zersetzt sich bei 290^0, ohne vorher zu schmelzen. Verf. hat verschiedene Salze des Theobromins dargestellt und untersucht. Das Bromhydrat wurde in durchsichtigen, gut ausgebildeten Krystallen erhalten, welche schon durch Auswaschen zerlegt wurden. Das Chlorhydrat konnte in weissen, rosettenartig gruppirten Krystallen erhalten werden; Formel: $C_7 H_8 N_4 O_2$ HCl + OH_2. — Ein Sulfat constanter Zusammensetzung konnte nicht erhalten werden. Das Nitrat verliert, an der Luft bei 100^0 getrocknet, allmälig die Säure; dieses Verhalten ist noch stärker ausgesprochen bei dem Acetate, welches beim Liegen an der Luft schon nach 8 Tagen keine Spur von Essigsäure mehr enthält. — Salzsaures Theobrominplatinchlorid wurde in wohlgebildeten, nadelförmigen Krystallen erhalten, welche theils der Formel: $(C_7 H_8 N_4 O_2$ HCl$)_2$ PtCl$_4$ + 4 OH_2, theils der Formel $(C_7 H_8 N_4 O_2$ HCl$)_2$ PtCl$_4$ + 5 OH_2 entsprachen. Dem dargestellten Golddoppelsalz wird die Formel: $C_7 H_8 N_4 O_2$ HCl Au Cl$_3$ beigelegt. — Verf. hat sich vergebens bemüht, ein Theobrominmethyljodid darzustellen. — Lässt man in ähnlicher Weise wie beim Caffeïn auf das Theobromin concentrirte Salzsäure einwirken, so erhält man als Zersetzungsproducte ebenfalls Kohlensäure, Ammoniak, Methylamin, Sarkosin und Ameisensäure, entsprechend der Gleichung: $C_7 H_8 N_4 O_2 + 6 OH_2 = 2 CO_2 + 2 NH_3 + NH_2 CH_3 + C_3 H_7 NO_2 + CH_2 O_2$. — Auch die Einwirkung der Salpetersäure wurde vom Verf. untersucht, und zwar sowohl auf Caffeïn als auf Theobromin; ersteres lieferte als Hauptproducte Dimethylparabansäure, während aus Theobromin Monomethylparabansäure abgeschieden wurde. — Auch die Einwirkung des Barythydrats hat Verf. untersucht und gefunden, dass das Theobromin beim anhaltenden Kochen mit Barythydrat in analoger Weise, wie durch concentrirte Salzsäure gespalten wird (s. oben). — Bromtheobromin wurde vom Verf. erhalten, indem er 4 g Theobromin unter Abkühlung mit 20 g wasserfreiem Brom übergoss und 12 Stunden einwirken liess. Nach dem Verjagen des Broms und des Bromwasserstoffs wurde das Bromderivat aus Eisessig umkrystallisirt. Das Bromtheobromin lieferte mit Silberoxyd behandelt ein Product, welches vielleicht Carnin = Oxytheobromin: $C_7 H_8 N_4 O_3$ ist.

106. **A. W. Hofmann. Einwirkung der Wärme auf die Ammoniumbasen. 1. Piperidin.**
(Berichte der Deutschen Chemischen Gesellschaft S. 659.)

Das Methylpiperidin siedet bei 107^0; dasselbe liefert mit Jodmethyl behandelt Dimethylpiperylammoniumjodid: $C_5 H_{10} (CH_3)_2 NJ$, welches durch Destillation mit festem Natronhydrat eine flüchtige Base der Zusammensetzung $C_7 H_{15} N$ liefert, eine farblose, durchsichtige, stark ammoniakalisch riechende, bei 118^0 siedende Flüssigkeit; Dimethylpiperidin, für welches die Constitution: $(C_5 H_9 CH_3) . CH_3 N$ angenommen wird. Mit Jodmethyl vereinigt sich dasselbe zu Trimethylpiperylammoniumjodid, welches durch Behandeln mit Silberoxyd das entsprechende Hydroxyd liefert. Erhitzt verflüchtigt sich die Masse vollständig (es bleibt nur etwas gelöstes Silberoxyd zurück), das Destillat, eine farblose ammoniakalische Flüssigkeit, enthält Methylalkohol, Trimethylamin, Dimethylpiperidin und einen ungesättigten Kohlenwasserstoff: $C_5 H_8$, Piperylen genannt. Diese Producte entstehen aus dem Hydroxyd durch Einwirkung der Wärme, entsprechend den Gleichungen:

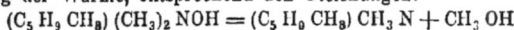

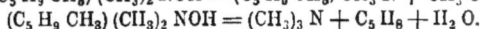

$$(C_5 H_9 CH_3) (CH_3)_2 NOH = (C_5 H_9 CH_3) CH_3 N + CH_3 OH$$
$$(C_5 H_9 CH_3) (CH_3)_2 NOH = (CH_3)_3 N + C_5 H_8 + H_2 O.$$

Das Piperylen siedet bei 42^0, $D = 34.03$; liefert mit Brom ein Additionsproduct: $C_5 H_8 Br_4$.

107. A. Schneider. Ueber Darstellung und chemische Constitution des englischen und deutschen Aconitins. Preisarbeit der Hagen-Buchholz'schen Stiftung. (Archiv der Pharmacie Bd. 219, S. 327—347.)

Verf. hat, unter Benutzung derselben Sorte *Tubera Aconiti Napelli* von Gehe & Co., das Aconitin nach verschiedenen Methoden dargestellt. Die Ausbeute stellte sich 1. nach der Vorschrift der British Pharmacopoeia zu 0.002 %, 2. nach der Vorschrift von Morson: 0.127 %, 3. nach der Vorschrift von Hirzel: 0.0046 %, 4. nach Wittstein: 0.14 %, 5. nach Hottot und Liégeois: 0.296 %, 6. nach Duquesnel: 0.339 %, 7. nach Lösch: 0.084 %. — Verf. hat die so selbst dargestellten Proben des Aconitins, sowie kleine Mengen von Aconitin german. Merck, Aconitin Anglic. Morson und Aconitin crystall. Duquesnel geprüft und die erhaltenen Reactionen tabellarisch mitgetheilt (s. die Abb.).

108. A. W. Gerrard. An improved process for the extraction of Atropine. (Yearbook of Pharmacy p. 480.)

Verf. empfiehlt zur Darstellung des Atropin folgende Methode: 1000 g gepulverter Blätter oder Wurzeln der *Belladonna* werden mit der gleichen Menge 84procentigen Alkohols 24 Stunden lang macerirt, dann ablaufen lassen und der Rückstand noch 4mal je 4 Stunden lang mit je 250 ccm Alkohol macerirt und schliesslich mit Wasser nachgewaschen. Der Alkohol wird abdestillirt, der Rückstand mit der 5fachen Menge Wasser behandelt, Harz und Fett sorgfältig entfernt, mehrmals mit Wasser gewaschen und die Lösung auf 300 ccm eingedickt. Die Flüssigkeit wird jetzt mit Ammoniak im Ueberschuss versetzt, der Ueberschuss des letzteren verdunsten lassen und die Lösung mit dem gleichen Volum Aether geschüttelt, bis letzterer nichts mehr aufnimmt. Dem Aether entzieht man das Alkaloïd durch Schütteln mit verdünnter Essigsäure; die saure Lösung wird alsdann geschüttelt mit Thierkohle und durch letztere filtrirt, concentrirt, mit Ammoniak übersättigt, mit Aether geschüttelt: der Aether hinterlässt das Atropin in weissen, feinen, fadenförmigen Krystallen.

109. A. W. Gerrard. Report on the alkaloidal value of cultivated and wild Belladonna plants. (Yearbook of Pharmacy p. 482.)

Verf. benutzte zu den Bestimmungen wild gewachsene, ca. 3 - 4 Jahre alte Pflanzen, welche Ende September, und cultivirte 3 Jahre alte Pflanzen, welche Anfang October gesammelt waren. In den einzelnen bei 38^0 C. getrockneten Pflanzentheilen wurden folgende Mengen (Procent) Alkaloïd gefunden:

	wilde Pflanze	cultivirte Pflanze
Wurzel . . .	0.45	0.35
Stengel . . .	0.11	0.07
Blatt	0.58	0.40
Frucht . . .	0.34	0.20

110. Albert Ladenburg. Die natürlich vorkommenden mydriatisch wirkenden Alkaloïde. (Liebig's Annalen der Chemie Bd. 206, S. 274—307.)

Verf. bespricht genauer die von ihm schon früher (s. diesen Bericht für 1880, I, S. 374—376, No. 81, 84—87, 89, 90) mitgetheilten Untersuchungsresultate. Wir entnehmen noch folgendes: Das Atropin schmilzt bei 114^0 C., bildet aus nicht zu verdünntem Weingeist krystallisirt derbe Krystalle, welche meist aus zusammengewachsenen Prismen bestehen, löst sich gut in Alkohol, Chloroform und Toluol, das Golddoppelsalz fällt ölig aus, erstarrt aber sehr bald und lässt sich aus heissem Wasser unter Zusatz von etwas Salzsäure umkrystallisiren; das glanzlose Pulver schmilzt zwischen 135—137°, löst sich in salzsäurehaltigem Wasser (1 %) bei 58—60°: 0.137 g Salz in 100 ccm. Dieses Alkaloïd ist in grosser Menge in *Atropa Belladonna*, in geringerer in *Datura Stramonium* enthalten. — Hyoscyamin: $C_{17} H_{23} NO_3$ schmilzt bei 108°5, krystallisirt in seidegläuzenden Nadeln, löst sich in Wasser und verdünntem Alkohol leichter als Atropin; die einfachen Salze konnten nicht krystallisirt erhalten werden. Das Golddoppelsalz bildet grosse, goldgelbe, stark glänzende Blätter, welche bei 160° schmelzen und in salzsäurehaltigem Wasser schwerer löslich sind als Atropingold (0.065 g in 100 ccm aq bei 58—60°). Dieses Alkaloïd findet sich in *Atropa Belladonna*, *Datura Stramonium* (in grösserer Menge), *Hyoscyamus* und dem im Handel als Duboisin (aus *Duboisia*) vertriebenen Präparat. Das Hyoscyamin liefert bei seiner Spaltung dieselben Producte wie das Atropin. — Hyoscin: $C_{17} H_{23} NO_3$. Mit diesem Namen belegt Verf. ein zweites in *Hyoscyamus* vorkommendes Alkaloïd, welches, aus der concentrirten Lösung seines Chlorhydrats durch Kaliumcarbonat ausgefällt, sich ölig ausschied und selbst nach mehreren Stunden nicht erstarrte; es konnte nur als farbloser, zäher Syrup erhalten werden. Das Chlorhydrat bildet kleine octaëdrische, in Wasser leicht lösliche Krystalle, das Pikrat wird anfangs amorph erhalten, verwandelt sich dann bald in Krystalle. Das Goldsalz wurde in schönen, gut ausgebildeten, mässig glänzenden, breiten, gelben Prismen erhalten, dieselben sind schwerer löslich als das Hyoscyamingold, schmelzen bei 198°. Bei der Spaltung lieferte das Hyoscin eine Säure, welche als Tropasäure erkannt wurde, sowie eine Base: l'seudotropin: $C_8 H_{15} NO$, dessen Krystalle hygroskopisch, zwischen 241—243° destilliren; das Platindoppelsalz bildet rhombische Krystalle, auch das Gold-, Sublimatsalz und Pikrat wurde untersucht.

111. **Ernst Schmidt. Ueber die Alkaloïde der Belladonnawurzel und des Stechapfelsamens (Atropin, Daturin, Hyoscyamin).** (Liebig's Annalen der Chemie, Bd. 208, S. 196—222. Berichte der Deutschen Chemischen Gesellschaft S. 154. — Zeitschrift für die gesammten Naturwissenschaften, Bd. 54, S. 80.)

Ausführlichere Besprechung der schon früher (s. diesen Bericht für 1880, I, 374, No. 83) kurz erwähnten Untersuchungen. Verf. hat die zu den Versuchen dienenden Präparate zum Theil selbst dargestellt aus gemahlener *Belladonna*-Wurzel, sowie aus zerkleinertem Stechapfelsamen nach dem von Geiger und Hesse angegebenen Verfahren. Die Ausbeute war eine sehr wechselnde, indem je 5 kg Stechapfelsamen verschiedenen Ursprungs lieferten: 12.5 — 18.4 — 2.6 — 10.2 g weisslich-gelben Rohalkaloïdes, welches zu 50—70 % aus reinem Atropin bestand. — Verf. hat das aus der *Belladonna* und *Datura* dargestellte Atropin bez. des Schmelzpunktes, der Krystallform, der Zusammensetzung, des optischen Verhaltens, der Doppelsalze, Spaltungsproducte untersucht und sich so von ihrer Identität überzeugt. Auch das vom Verf. dargestellte Hyoscyamin zeigte die von Ladenburg beschriebenen Eigenschaften.

112. **Luedecke. Die Krystallformen einiger Salze des Atropins, Daturins und Hyoscyamins.** (Zeitschrift für die gesammten Naturwissenschaften, Bd. 54, S. 102.)

Verf. hat die Krystallformen des Atropin und Daturin, sowie der Platindoppelsalze des Atropin, Daturin und Hyoscyamin genau bestimmt (s. die Abhandlung).

113. **J. Regnauld et F. Valmont. Étude pharmacologique sur l'atropine.** (Journal de Pharmacie et de Chimie, 5. Sér., t. 4, p. 5.)

Verff. haben die im Handel vorkommenden Atropinpräparate untersucht und sich davon überzeugt, dass dieselben keine chemisch reine Substanzen, sondern Gemenge zweier Alkaloïde, des Atropin und Hyoscyamin (Ladenburg) sind (s. die Untersuchungen von Ladenburg: diesen Bericht für 1880, I, S. 376, No. 89). Die über die genannten Alkaloïde von den Verff. veröffentlichten Angaben bestätigen in der Hauptsache die Untersuchungsresultate Ladenburg's. Als Neuerung führen die Verff. für das Hyoscyamin (Ladenburg) den Namen Atropin [b] oder Atropidin ein. — Zu erwähnen ist noch, dass Moraux aus 20 kg

Bilsenkrautsamen nur 0.25—0.3 g krystallisirtes Hyoscyamin erhielt (d. h. ca. 0.0015 %, während Thorey 0.08—0.12 % Alkaloïd gefunden).

114. A. Ladenburg. Ueber das Hyoscin. (Berichte d. Deutsch. Chem. Gesellsch., S. 1870.) Verf. bespricht die von ihm untersuchten Salze des Hyoscins: das Jodhydrat und Bromhydrat (s. die Abhandlung).

115. A. Ladenburg. Zur Constitution des Tropins. (Berichte der Deutschen Chemischen Gesellschaft, S. 227.)

Verf. hat seine Untersuchungen über Atropin und dessen Abkömmlinge (s. diesen Bericht f. 1879 u. 1880) fortgesetzt. — Durch Einwirkung von rauchender Jodwasserstoffsäure und amorphem Phosphor auf Tropin wurde ein Hydrotropinjodür: $C_8H_{17}NJ_2$ erhalten; wird letzteres durch Schütteln mit überschüssigem, frisch gefälltem Silberoxyd zerlegt und vom Jodsilber und Silberoxyd abfiltrirt, so erhält man eine klare, stark alkalische Lösung, aus welcher eine Base: $C_8H_{15}NO$ gewonnen werden kann, eine bei — 30° C. noch flüssige Substanz, welche zwischen 237 und 239° siedet; Verf. nennt diese von Tropin und Pseudotropin verschiedene Base: Metatropin. — Verf. spricht im Anschluss an diese Untersuchungen die Ansicht aus, dass das Tropin ein stickstoffhaltiger Alkohol sei, die Tropeïne Ester desselben. — Die weiteren vom Verf. mitgetheilten Untersuchungen, das Tropin resp. Tropidin synthetisch darzustellen, blieben bisher ohne Erfolg (s. die Abhandlung).

116. A. Ladenburg. Versuche zur Synthese von Tropin und dessen Derivate. (Berichte der Deutschen Chemischen Gesellschaft, S. 1342.)

Dargestellt wurden: Valerylentrimethylaminbromür, Aethylpiperidinmethylenjodür, Dimethylpiperidinjodür, Dimethylpiperidinmethylenjodür, Propylpiperidin und Isopropylpiperidin. Wir müssen auf die Abhandlung verweisen.

117. A. Ladenburg. Zerlegung des Tropins. (Berichte der Deutschen Chem. Gesellschaft, S. 2126.)

Verf. berichtet weiter über die Resultate seiner Untersuchungen. — Tropin verbindet sich mit Jodmethyl zu Tropinmethyljodür, aus welchem weiter Methyltropin erhalten werden kann. — Untersucht wurde die Zersetzung des Methyltropins, Methyltropinchlorids und Methyltropinjodids (s. die Abhandlung), sowie die des Methyltropidinjodids, welch letzteres ansehnliche Mengen von $C_7H_{10}O$ liefert. — Verf. stellt als wahrscheinliche Constitutionsformel des Tropins auf: $C_7H_{11}\left.{OH \atop CH_3}\right\}N$.

118. A. Ladenburg. Zerlegung des Tropins. (Berichte der Deutschen Chem. Gesellschaft, S. 2403.)

Verf. hat versucht, mittelst des aus Tropin erhaltenen Tropilens: $C_7H_{10}O$ (s. vor. No.) und Methylamin das Tropin zu regeneriren, jedoch ohne Erfolg. Dagegen gelang es, aus Tropilen und Dimethylamin eine Base zu erhalten, das β-Methyltropin: $C_7H_{10}\left.{OH \atop (CH_3)_2}\right\}N$, welches von dem in vor. No. erwähnten α-Methyltropin verschieden ist.

119. G. Merling. Ueber Tropin. (Berichte der Deutschen Chemischen Gesellschaft S. 1829.)

Verf. stellte aus Tropin das Methyltropinjodid und aus diesem Methyltropin dar; auch ein Dimethyltropinjodid wurde gewonnen.

120. A. Ladenburg. Die Alkamine. (Berichte der Deutschen Chemischen Gesellschaft S. 1876.) — **A. Ladenburg. Die Alkine.** (Ebenda S. 2406.)

Verf. versteht unter Alkinen (resp. Alkaminen): tertiäre sauerstoffhaltige, im allgemeinen unzersetzt flüchtige Basen, welche neben den Eigenschaften des Ammoniaks noch die eines Alkohols besitzen, d. h. in salzsaurer Lösung ätherificirt werden; diese Aether, basische, den natürlichen Alkaloïden nahestehende Körper werden Alkeïne (Alkameïne) genannt. — Dargestellt und untersucht wurden: Piperäthylalkin, Triäthylalkin, Diallylalkin, Dipiperallylalkin, Piperpropylalkin. Diäthylpropylalkin, Dimethylpropylalkin, Dimethyläthylalkin und Conyläthylalkin (s. d. Abh.).

121. A. Langgaard, Beitrag zur Kenntniss der japanischen Belladonnawurzel (Scopolia Japonica). Archiv der Pharmacie Band 218 S. 135.)

Die früheren Mittheilungen (s. diesen Bericht für 1880, I, S. 377) wurden ergänzt.

Wir entnehmen der Abhandlung, dass das Scopoleïn durch Kochen mit alkoholischer Kalilauge gespalten wird in eine neue Base und eine Säure; letztere wird aus ihrer ätherischen Lösung als ölige Flüssigkeit erhalten, die in kaltem Wasser fast unlöslich ist. In heissem Wasser löst sie sich etwas leichter und krystallisirt aus dieser Lösung in langen farblosen Nadeln; mit Wasserdämpfen ist sie flüchtig. — Neben Rotoïn und Scopoleïn ist in der Wurzel noch eine 3. basische Substanz, möglicherweise Solanin (s. diesen Bericht für 1878, I, S. 241, No. 59. Martin) enthalten.

122. **C. von Renteln. Beiträge zur forensischen Chemie des Solanin.** (Inaug.-Dissert. Dorpat. 8. 74 S.

Die ersten 36 Seiten dieser Schrift enthalten Referate der vor R. von Chemikern und Pharmakologen ausgeführten Untersuchungen mit und über Solanin. Alsdann berichtet Verf. über seine Untersuchungen. Wir entnehmen der Abhandlung. folgendes: Zur Gewinnung des Solanins wurden die möglichst zerkleinerten Pflanzen- etc. Theile 12 Stunden lang mit schwefelsäurehaltigem Wasser (5—6 Tropfen auf 100 ccm OH_2) digerirt, colirt, mit Magnesiumcarbonat neutralisirt und auf c. 100 ccm eingedampft. Das Filtrat wurde mit dem 3fachen Volumen absoluten Alkohols (4faches Volumen 90procentigen) versetzt und 24 Stunden stehen gelassen, dann filtrirt, mit absolutem Alkohol nachgewaschen, der Alkohol verdunstet, die Masse filtrirt, mit Schwefelsäure schwach angesäuert, mit Chloroform das Solanidin, mit Amylalkohol die Verunreinigungen ausgeschüttelt, alsdann alkalisch gemacht und mit Amylalkohol das Solanin ausgeschüttelt. Die in der Bürette sich abscheidenden Ausschüttelungsflüssigkeiten wurden mit destillirtem Wasser gewaschen, bis letzteres vollständig farblos erschien und dann filtrirt; das vom Wasser befreite Filtrat wurde auf Uhrgläschen verdunstet und die Rückstände geprüft. Waren die Rückstände noch gefärbt, dann mussten dieselben nochmals zur Reinigung in Schwefelsäure gelöst und ausgeschüttelt werden. — Diese Art der Behandlung lieferte bei den meisten Pflanzenanalysen amorphes Solanin; krystallinisch wurde es aus Kartoffelkeimen erhalten; ähnliche Präparate lieferten auch die grünen Früchte der Kartoffeln. — Verf. constatirte im Mai und Juni an alten Kartoffeln einen recht bedeutenden Gehalt von Solanin in den Keimen, einen geringern in den Schalen und einen kaum nennenswerthen in dem aller Keime und der Schale beraubten Kartoffelfleische. Die Anfangs August untersuchten jungen, vollständig ausgewachsenen Knollen einer frühreifen Kartoffelvarietät enthielten in der Schale und der direkt unter derselben befindlichen Schicht am meisten Solanin; in dem übrigen Fleisch konnte kein Solanin gefunden werden; wurden die Knollen mit Wasser weich gekocht, so enthielt das Kochwasser den grösseren Theil des Alkaloïdes, nur geringe Mengen wurden in den gekochten Kartoffeln vorgefunden. Untersucht wurden ferner einzelne Theile der *Scopolia orientalis, Scopolia atropoides, Solanum jasminoides* und *Stipites Dulcamarae*; in letzterer war der Solaningehalt sehr gering, die 3 ersten Species enthielten, besonders in den Wurzeln, grössere Mengen. Dagegen gelang es Verf. nicht, weder in den Blättern, Stengeln und Wurzeln der *Physalis Alkekengi L.*, noch in den entsprechenden Theilen von *Solanum nigrum* Solanin aufzufinden. — Zum Nachweis des Alkaloïds in den Ausschüttelungsrückständen diente vorzugsweise die von Brant empfohlene Probe mit selensaurem Natrium und Schwefelsäure, zu welcher ein Gemisch von 8 ccm Wasser und 6 ccm reiner concentrirter Schwefelsäure, in welcher 0.3 g Natr. selenic. gelöst war, diente. Die zu untersuchende Masse wurde mit 0.5 ccm dieser Mischung übergossen und über einer sehr schwachen Gasflamme gelinde erwärmt, bis ein röthlicher Schimmer sich einstellte; jetzt entfernte man von der Flamme und bemerkte die Entwicklung einer sehr schön himbeerrothen Färbung, welche später allmälig in gelblichroth und schmutziggelb überging. Diese Reaction trat noch ein, wenn 0.000025 g Solanin resp. 0.00001 g Solanidin zu der Probe dienten. — Auch die Bach'sche Reaction wurde vom Verf. geprüft: hierzu benutzte man eine Mischung von 9 Th. Alkohol und 6 Th. concentrirter Schwefelsäure; erwärmt man diese Mischung mit kleinen Mengen Solanin, so tritt ebenfalls Rothfärbung auf. Diese Reactionsfärbung stellte sich ein, wenn 0.00005 g Solanin resp. 0.00001 g Solanidin angewandt wurden. — Die übrigen zur Erkennung des Solanin empfohlenen Reactionen sind weniger charakteristisch und von sehr begrenzter Empfindlichkeit (s. die Abh. S. 45—47).

II. Glucoside.

123. H. Schiff. Spaltung von Glykosiden durch Ueberhitzung. (Berichte der Deutschen Chemischen Gesellschaft, S. 302.)

Wird Aesculin auf 200 bis 230° erhitzt, so besteht die geschmolzene, krystallinisch erstarrende Masse aus Aesculetin und Glycosan; diese Spaltungskörper sprechen für die Spaltungsgleichung: $C_{15} H_{16} O_9 = C_9 H_6 O_4 + C_6 H_{10} O_5$. — Phlorizin (Schmelzpunkt 110°) auf 170—171° erhitzt, liefert, entsprechend der Gleichung: $C_{21} H_{24} O_{10} = C_{15} H_{14} O_5 + C_6 H_{10} O_5$, Phloretin und Glycosan. — Salicin (Schmelzpunkt 201°) mehrere Stunden auf 230—240° erhitzt, liefert Saliretin und Glycosan.

124. F. Selmi. Sur l'action à basses températures de quelques ferments non organisés. (Le Moniteur scientifique 3. sér. t. 11, p. 54.)

Verf. fand, dass das Amygdalin durch das in den bittern Mandeln enthaltene Ferment bei 0° C. leicht gespalten wird, dass bei — 4° die Entwickelung der Blausäure erst nach 1½ Stunden beginnt — und dass bei — 15° C. die Zerlegung des Amygdalin erst nach 2 Stunden nachweisbar ist. — Senfmehl entwickelt bei gewöhnlicher Temperatur sehr leicht Senföl; bei — 20° C. tritt die Spaltung des Senfglucosides nicht mehr ein.

125. A. W. Gerrard. „Wanika", a new african arrow poison: its composition and properties. (The pharmaceutical journal and transactions, vol. 11, No. 563, p. 833.)

Verf. erhielt ein von R. W. Felkin bei seinen Reisen durch Afrika in dem Livingstone-Territorium gesammeltes Pfeilgift zur Untersuchung. Dieses Gift, bestehend aus einem schwarzen, festen, geruchlosen Extract, welches, in Maisblätter gehüllt, die Gestalt einer 4½ Zoll langen (3 Zoll Umfang) Wurst hatte, besass ein Gewicht von 1½ Unzen. Es wird zum Vergiften der Pfeile gebraucht, und zwar von den Bewohnern der Ostküste zwischen Zanzibar und dem Souraliland, den westlich der Insel Mombasa wohnenden Tribus: Wanika und Wakamba. — Die botanische Abstammung des Giftes konnte zur Zeit noch nicht sichergestellt werden; Verf. vermuthet (auf Grund der Wirkung des Giftes), dass der Hauptbestandtheil des Giftes von einer *Strophanthus*-Species: *Str. hispidus* oder *Str. Kombé* entnommen sei. — Zur Darstellung der wirksamen Bestandtheils wurden 5 g in 15 ccm Wasser gelöst, das auf 5 ccm eingedampfte Filtrat mit 50 ccm Alkohol ausgefällt (Eiweissstoffe) und das Filtrat eingedampft; der Rückstand gab mit Alkaloïdreagentien keine Niederschläge, dagegen wurden in demselben Gerbstoff und Zucker nachgewiesen. Letzterer wurde aus dem Extract entfernt, indem man denselben in 20 Theil. absolutem Alkohol löste und diese Lösung mit 30 Theil. Chloroform versetzte und schüttelte: nach kurzem Stehen trennt sich die Masse in eine obere zuckerhaltige Schicht und eine untere, welche den wirksamen Bestandtheil enthält. Diese letzte Masse kann durch wiederholte analoge Behandlung vom Zucker vollkommen befreit werden. Der Rückstand ist neutral, nicht krystallinisch, stark bitter schmeckend, reducirt Fehling'sche Lösung nur nach dem Kochen mit verdünnten Säuren; Salpetersäure ruft eine dunkelrothe, in gelb. übergehende Färbung hervor. Das Glucosid ist leicht löslich in Alkohol und Wasser, unlöslich in Aether und Chloroform; es liefert mit Natronkalk erhitzt Ammoniak. — Es ist ein Muskel- und Herzgift, in letzterer Beziehung stärker als Digitalis wirkend.

126. H. P. Madsen. Investigations on succus Glycyrrhizae, particularly as regards the amount of gum contained. (Yearbook of Pharmacy p. 517.)

Wir entnehmen dieser Abhandlung folgende Angaben über die Zusammensetzung von 7 Proben von Succus Liquiritiae (Barocco) sowie eines Süssholzextractes (No. 8) (siehe S. 104.)

127. P. Radenhausen. Beiträge zur Geschichte und Formulirung der Indigkörper. (Inaug.-Diss. Bern 1879, 8°, 34 S.)

Verf. giebt zunächst einen kurzen Ueberblick über die Geschichte der Erforschung des Isatins (s. die Abh. S. 5—18) und bespricht alsdann die Resultate seiner Untersuchungen, welche dahin gerichtet waren, die Moleculargrösse des Isatins festzustellen. — Zur Darstellung des Isatins werden 200 g fein gesiebten Indigos mit 500 ccm Wasser in einer geräumigen Porcellanschale zu einem gleichförmigen Brei angerieben, dann nach und

	Wasser in %	Asche in %	In Wasser Unlösliches in %	Zucker in %	Arabin in %
No. 1	16.50	12.41	17.95	14.48	3.32
2	15.00	9.13	25.40	15.17	4.36
3	12.60	6.26	25.15	15.11	2.43
4	14.35	6.60	21.10	11.09	1.52
5	14.50	6.06	34.50	10.09	10.49
6	11.45	14.23	26.95	10.82	9.13
7	10.50	6.34	37.50	7.33	8.39
8	31.56	7.27	Spuren	12.84	1.19

(Fortsetzung von S. 103.)

nach eine Lösung von 120 g Chromsäure in 80 ccm Wasser zugesetzt (Erwärmung möglichst zu vermeiden) und 12—20 Stunden stehen gelassen. Alsdann wird langsam erwärmt: nach geringem Schäumen wird die Masse plötzlich schleimig. Unterdessen hat man in drei Kolben je ein Liter Wasser zum Sieden gebracht und trägt jetzt in den Isatinbrei den Inhalt eines Kolbens, kocht einige Zeit, lässt in bedeckter Schale absitzen und filtrirt dann durch ein Schnellfilter (vom Bodensatz bringe man so wenig wie möglich auf das Filter). In die Schale trägt man den 2. Liter Wasser ein, kocht, filtrirt etc. wie vorher, desgleichen mit dem 3. Liter. Die 3 Filtrate kühlt man in grossen Bechergläsern und lässt 24 Stunden stehen: die Wände und der Boden des Gefässes sind jetzt mit den schönsten Krystallen überzogen, welche von den Mutterlaugen getrennt werden. Die schön glänzenden durchsichtigen Krystalle werden zur Reinigung mit Wasser gewaschen und aus Alkohol umkrystallisirt. — Das Isatin wurde zur Anstellung der weiteren Versuche in die Silberverbindung verwandelt, indem 5 g Isatin in 500 ccm Alkohol gelöst mit einer alkoholischen Lösung von 5 g Silbernitrat versetzt und nach gutem Umrühren mit einer alkoholischen Lösung von 1.6 g KOH gefällt wurde: der entstandene dunkelweinrothe Niederschlag wird von der Flüssigkeit getrennt, in einer Porcellanschale bei niedriger Temperatur auf dem Wasserbade getrocknet, fein zerrieben, öfters mit warmem Wasser zur Entfernung des Salpeters ausgezogen und alsdann noch zur Lösung des überschüssigen Isatins mit Alkohol behandelt. Das reine Isatinsilber ist vollkommen amorph, von weinrother Farbe, in Wasser, Alkohol und Benzol unlöslich, zersetzt sich in der Wärme leicht, liefert bei stärkerem Erhitzen ein aus gelben Nadeln bestehendes Sublimat; concentrirte Salpetersäure löst es leicht mit gelber Farbe. — Isatinsilber wurde nun zunächst mit Bibromäthylen in zugeschmolzenen Röhren 30 Stunden lang auf 100^0 erhitzt: der braungelbe Röhreninhalt zunächst mit kaltem Benzol zur Entfernung harziger Producte behandelt, dann mit siedendem Benzol erschöpft. Dieser Benzolauszug wurde, nach Entfernung des Benzols, nochmals mit kaltem Benzol behandelt, alsdann in siedendem Benzol gelöst: es wurde so ein schöngelbes krystallinisches Pulver erhalten: Aethylenisatin. Das gelbe Pulver erscheint unter dem Mikroskop als aus kleinen Nadeln bestehend; in siedendem Benzol gelöst krystallisirt es beim Erkalten in kleinen zu Garben vereinigten Nadeln. Bei 176^0 schmilzt das Aethylenisatin zu einer braunen Masse; höher erhitzt sublimirt es in grossen feinen Nadeln. Die Resultate der Elementaranalyse stimmen zu der Formel: $C_{16} H_8 (C_2 H_4) N_2 O_4$. — In analoger Weise mit Jodmethyl und Jodäthyl behandelt, lieferte das Isatin Derivate der Zusammensetzung: $C_{16} H_8 (C_2 H_5)_2 N_2 O_4$ und $C_{16} H_8 (CH_3)_2 N_2 O_4$. — „Durch das zuerst angeführte Aethylenisatin, sowie durch die vielen von meinen Vorgängern gefundenen Thatsachen, welche für eine Verdoppelung der jetzigen Isatinformel sprechen, sehe ich mich veranlasst, dem Isatin eine Formel mit 16 Kohlenstoffatomen beizulegen. Mit Zugrundelegung des synthetischen und analytischen Beweises ergeben sich daher für obige Körper folgende Formeln:

$$C_6\,H_4\!<^{CO-CO}_{NH}\Big|\quad C_6\,H_4\!<^{CO———CO}_{N}{>}C_2\,H_4\Big|$$
$$C_6\,H_4\!<^{NH}_{CO-CO}\quad C_6\,H_4\!<^{N}_{CO-\quad———CO}$$
Isatin   Aethylenisatin.

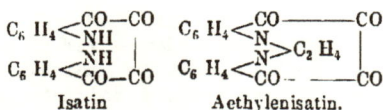

Vorstehende Formeln zeigen, dass der durch Metalle und Radicale ersetzbare Wasserstoff nicht Hydroxylwasserstoff ist, sondern sich am Stickstoff befindet."

128. **A. Baeyer. Ueber die Verbindungen der Indigogruppe.** (Berichte der Deutschen Chemischen Gesellschaft, S. 1741.)

Verf. berichtet über eine grosse Reihe neuer Substanzen, welche von ihm gelegentlich seiner Untersuchungen über das Indigblau dargestellt wurden (s. diesen Bericht für 1880, I, S. 403). Behandelt wurden Isatogensäure, Indoïn und Indoxylverbindungen (s. die Abh.).

129. **C. J. H. Warden. Blue Colouring Principle contained in the Thevetia nereifolia.** (The pharmaceutical journal and transactions, vol. 12, No. 595, p. 417.)

Die Samenkerne der *Thevetia neriifolia* wurden durch Pressen von dem fetten Oele befreit, mit Alkohol erschöpft, der Auszug concentrirt, von dem ausgeschiedenen Thevetin getrennt und mit Chloroform geschüttelt (entfernt Extractivstoffe und Thevetin), alsdann mit kohlensaurem Natron neutralisirt, mit Aether behandelt (entfernt kleine Mengen Fett), nach Entfernung des Aethers mit basisch essigsaurem Blei in geringem Ueberschuss versetzt, das Filtrat durch Tannin entbleit, das Filtrat mit Schwefelwasserstoff völlig vom Blei befreit und das Filtrat zur Trockne verdampft; der Extract enthält unreines Pseudoindican (kleine Mengen Thevetin enthaltend). Dasselbe ist hellgelb amorph, etwas hygroskopisch, in Wasser, Alkohol, Amyl- und Methylalkohol leicht löslich, neutral. Durch concentrirte Salzsäure wird es sofort, durch verdünnte erst beim Kochen, gespalten in Zucker und einen blauen Farbstoff. Das Thevetinblau ist ein dunkelbraunes, resp. schwarzes, amorphes Pulver, in Wasser unlöslich, in concentrirten Säuren, Eisessig, Laugen und Ammoniak leicht löslich; auch Alkohol und Benzol lösen etwas. Reductionsmittel wirken nicht ein, Oxydationsmittel zerstören die Farbe sofort.

130. **J. E. de Vry. Contribution to the knowledge of Thevetia nereifolia.** (The pharmaceutical journal and transactions, vol. 12, No. 597, p. 457.)

Verf. erhielt aus den lufttrockenen Samenkernen durch Pressen 35.5 % eines farblosen, sehr mild schmeckenden (wie frisches Mandelöl) Oeles, dessen specifisches Gewicht bei 25° C. = 0.9148 war, welches bei 13° fest wurde; dieses Oel bestand aus 63 % Trioleïn und 37 % Tripalmitin und Tristearin. — Der Presskuchen lieferte 4 % des Thevetins, eines weissen Glucosides in schönen Krystallen, welches das polarisirte Licht nach links lenkte, durch concentrirte Schwefelsäure schön purpur gefärbt wurde.

131. **H. Ritthausen. Ueber Verbreitung der Myronsäure in den Samen von Brassica napus und rapa (Raps- und Rübsensamen).** (Journal für praktische Chemie, Neue Folge, Bd. 24, S. 273.)

	Inländisch. Rübsen	Brauner	Gelber
		ostindischer Raps	
Wasser	13.17 %	10.80 %	10.59 %
Asche	7.43	7.57	6.70
Oel	7.53	10.41	12.21
Stickstoff	5.228	5.646	5.81
Proteïnsubstanz . .	31.368	33.876	34.86

Bei Gelegenheit der Ausführung vorstehender Analysen der Pressrückstände von Raps und Rübsen fand Verf. in den Kuchen einen ungewöhnlich hohen Gehalt an myronsaurem Kalium. Da an eine Beimischung von Senfsamen gedacht werden musste, so wurden die zur Herstellung des Presskuchens dienenden gelben und braunen Rapssamen untersucht. Diese Samen entwickelten, fein zerrieben und dann mit Wasser zu dünnem Brei gemischt, in gleichem Maasse wie die Pressrückstände: Senföl; diese Samen lieferten blühende Pflanzen, welche als *Brassica rapa* erkannt wurden. — Verf. prüfte alle ihm vorkommenden Proben von Rübsenpresskuchen und Samen, sowie Pressrückstände von Raps (aus Russland), auf Myronsäure. Sämmtliche Rübsenpressrückstände und Samen entwickelten Senföl, wenn auch in verschiedener Menge, so dass die Myronsäure als ein stets vorkommender Bestandtheil derselben bezeichnet werden kann. Russische Rapskuchen (von *Brassica napus*) gaben jedoch keine Spur von Senföl, ebenso in Deutschland gebaute Samen von Raps; „es lässt aber der eigenthümliche unangenehme Geruch, welcher bei Einwirkung des Wassers sehr stark hervortritt, auf die Bildung eines andern schwefelhaltigen Körpers und auf das Vorkommen einer andern Schwefelverbindung in den Fruchtkörnern schliessen.“

132. C. R. Alder Wright and C. H. Rennie. Note on the Sweet Principle of Smilax Glycyphylla. (Journal of the chemical society, vol 39, p. 237.)

Vorläufige Mittheilung der bis jetzt erhaltenen Resultate einer noch nicht abgeschlossenen Untersuchung über *Smilax glycyphylla*. Das concentrirte wässserige Extract der Blätter und Stengel wurde durch Zusatz von Alkohol von den Eiweisssubstanzen befreit das Filtrat durch Abdestillation des Alkohols eingeengt und der Rückstand mehrmals mit Aether behandelt. Der Aether hinterliess eine gelbliche, krystallinische, in Wasser leicht lösliche Masse, deren wässerige Lösung mit Bleiacetat ausgefällt wurde; das Filtrat wurde abermals mit Aether erschöpft, die aus letzterm erhaltenen süss schmeckenden Krystalle analysirt; Formel: $C_{13}H_{14}O_6$. Mit Kali bei 250^0 geschmolzen, lieferte das Glycyphyllin eine in kaltem Wasser wenig, in Alkohol und Aether leicht lösliche, bei 127^0 schmelzende Säure der Zusammensetzung: $C_9H_{10}O_8$, einer Aethyl- oder Dimethyloxybenzoësäure. Dieselbe Säure wurde erhalten durch Erhitzen des Glycyphyllins mit verdünnter Salzsäure im geschlossenen Rohre.

133. R. H. Parker. Note on Salicin: its solubility and decomposition by heat. (The pharmaceutical Journal and Transactions, vol. 12, No. 593, p. 378.)

Nach den vom Verf. ausgeführten Untersuchungen löst sich das Salicin in 28 Th. Wasser von 15°5 C. (60^0 F.).

134. Greenish. Bemerkungen zur Chemie der Nigella damascena. (Sitzungsberichte der Dorpater Naturforscher-Gesellschaft S. 94.)

Im Anschluss an seine früheren Mittheilungen (s. diesen Bericht für 1880, I, S. 401) über *Nigella sativa* berichtet Verf., dass er in dem Samen von *Nigella damascena* (aus England bezogen) nur Spuren von Melanthin auffinden konnte. — Auch aus dem Samen von *Nigella sativa* (aus Petersburg bezogen) erhielt Verf. nur Spuren dieser Substanz, als er zur Darstellung die Samen mit Petroläther entfettete, alsdann mit Alkohol auszog und das Alkoholextrakt mit Wasser behandelte. Dagegen konnte Verf. aus derselben Samensorte c. 1.4 % Melanthin abscheiden, als er die Samen, nach dem Entfetten, zunächst mit Wasser behandelte. Verf. spricht sich dahin aus, dass möglicherweise das Melanthin in Form einer Verbindung, welche sich mit Wasser zersetzt, in den Samen enthalten sei.

135. W. A. H. Naylor. Proximate analysis of the fruit of Omphalocarpum procera. (The pharmaceutical journal and transactions, vol. 12, No. 598, p. 478.)

Verf. hat die Früchte von *Omphalocarpum procera* untersucht und in denselben gefunden: einen kautschuk- oder guttaperchaähnlichen Körper, Fluavil, Wachs, bittern Farbstoff, organische Säure (Apfelsäure?), Glucose, ein dem Saponin resp. Monesin ähnliches Glucosid, sowie Omphalocarpin: neutrale, geschmacklose nadelförmige Krystalle, welche in Alkohol ziemlich leicht, in Chloroform und Aether sehr leicht, in Wasser schwer löslich sind; dieselben zersetzen sich bei 130^0, färben sich, mit Schwefelsäure erwärmt, purpurroth, sind nicht glucosidisch, liefern mit Salpetersäure erwärmt weder Oxalsäure noch Pikrinsäure.

136. H. W. Langbeck. A new constituent of Senega. (Yearbook of Pharmacy, p. 196 from Pharmaceutische Zeitung S. 260.)

Verf. erhielt aus einer alten Senegawurzel: Wintergreenöl (Salicylsäuremethyläther); frische Wurzeln enthalten davon weniger als alte. Daneben findet sich Zucker, welche beide Verf. als Producte der Umsetzung des Senegins auffasst.

137. **L. Vernet. Sur un glucoside extrait du lierre commun.** (Bulletin de la société chimique de Paris, 2. sér., t. 35, p. 231. Comptes rendus t. 92, p. 360 — Répertoire de Pharmacie (nouv. sér.) t. 9, pag. 106.

Die zerstossenen und durch Kochen mit Wasser vollkommen erschöpften Epheu-blätter wurden mit Alkohol ausgezogen, der alkoholische Auszug zur Trockne gebracht, gepulvert und mit kaltem Benzol behandelt, der ungelöste Rückstand in kochendem Aceton gelöst. Aus dieser Lösung scheidet sich beim Erkalten das Glucosid aus; dasselbe wird durch Waschen mit kaltem Aceton und Krystallisiren aus Alkohol gereinigt. Man erhält so farblose, seidenglänzende, zu Warzen gruppirte Nadeln, welche, neutral, schwach süss schmecken, bei 233⁰ unter schwacher Färbung schmelzen, in alkoholischer Lösung die Polarisationsebene nach links drehen (bei 22⁰ $(\alpha)_J = -47°5$). Sie sind unlöslich in Wasser, Chloroform und Petroläther, wenig löslich in kaltem Aceton, leichter in heissem Aceton, Benzol und Aether, sehr leicht löslich iu kochendem 90procentigem Alkohol; Alkalien lösen sie in der Wärme sehr leicht. Auf alkalische Kupferlösung wirken sie nicht reducirend. Formel: $C_{32} H_{54} O_{11}$. — Mit 4procentiger Schwefelsäure erwärmt wird die Substanz gespalten: es entsteht (28.3 % des Glucosides) Zucker, welcher, aus seiner alkoholischen Lösung in ziemlich voluminösen durchsichtigen Krystallen erhalten, süss schmeckt, Fehling'sche Lösung reducirt, jedoch durch Hefe nicht in Gährung versetzt wird, in kaltem Wasser aber gelöst eine Rotationskraft von $(\alpha)_D = +98°58$, nach 24 Stunden von $(\alpha)_D = +76°2$ zeigt. — Neben dem Zucker entsteht durch die Spaltung ein neutraler Körper in Form mikroscopisch feiner prismatischer Nadeln, welche, farb- und geschmacklos, bei 278—280⁰ schmelzen, in Alkalien unlöslich, sich sonst wie das Glucosid den Lösungsmitteln gegenüber verhalten; Rotationsvermögen: $(\alpha)_D = +42°6$. Formel: $C_{26} H_{44} O_6$. — Die Spaltung des Gluco-sides erfolgt nach der Gleichung: $C_{32} H_{54} O_{11} + H_2 O = C_{26} H_{44} O_6 + C_6 H_{12} O_6$, welche 29.2 % Zucker verlangt (gef. 28.3 %). — Die Epheublätter (im December gesammelt) ent-hielten 4—5 %/₀₀ an Glucosid. (Ob dieses Glucosid mit der von Vandamme und Chevallier aus Epheusamen erhaltenen, nicht genügend untersuchten Base identisch ist ? Ref.)

138. **Henry G. Greenish. Cape tea.** (The pharmaceutical Journal and transactions, vol. 11, No. 550, p. 549; No. 551, p. 569.)

Am Cap der guten Hoffnung wird als Ersatz des chinesischen Thees in grossen Mengen eine Droge benutzt, der sogenannte Honigthee, welcher von *Cyclopia genistioides* (Leguminosae) abstammen soll. Neben dieser Droge benutzte Verf. noch eine als Bush-Tea bezeichnete, sowie den auf *Cyclopia Vogelii* zurückgeführten sogenannten Capthee. Verf. hat diese Probe untersucht auf einen Gehalt an Caffeïn resp. einem Alkaloïd überhaupt, er konnte jedoch, ebenso wie Flückiger, ein solches nicht auffinden. — Verf. hat dann 300 g des zerschnittenen Thees mit 1¹/₂ l kochenden Wassers 2 Stunden behandelt, das Filtrat auf ein kleines Volum eingedampft, mehrere Stunden mit frisch gefälltem und gewaschenem Bleioxydhydrat digerirt, von dem voluminösen, gelblichbraunen Niederschlag abfiltrirt, letztere öfter mit Wasser gewaschen, Filtrat und Waschwasser im luftverdünnten Raume eingeengt und schliesslich über Schwefelsäure zum Syrup A. gebracht. — Der Niederschlag wurde, in 50procentigem Alkohol vertheilt, durch Schwefelwasserstoff zerlegt, das tief rothbraune Filtrat im Vacuum auf ein kleines Volum gebracht und über Schwefel-säure zum Syrup eingedickt; letzterer wurde alsdann mit absolutem Alkohol behandelt und die darin schwer lösliche Substanz B. abfiltrirt, mit Alkohol gewaschen und getrocknet. Das alkoholische Filtrat (200 ccm) wurde mit dem gleichen Volum Aether gemischt: der entstandene Niederschlag C. abfiltrirt, mit Aether gewaschen und über Schwefelsäure getrocknet. Das Filtrat wurde mit 200 ccm Aether behandelt: Niederschlag D.; das Filtrat wieder mit 400 ccm Aether: Niederschlag E. Der Aetheralkohol wurde durch Destillation entfernt, wobei sich ein Körper in kleinen, schwefelgelben, spitzen Nadeln ausschied: Cyclopiafluorescin, von welchem bei weiterem Eindampfen noch grössere Mengen erhalten wurden. — Der Syrup A. wurde mit absolutem Alkohol behandelt und so eine gelbliche, in Wasser leicht lösliche Substanz abgeschieden; das alkoholische Filtrat enthielt Säure. — Cyclopin; der

Niederschlag E., N. frei, lieferte bei der Analyse Werthe ($C_{54.04} H_{5.84}$), aus welchem sich die Formel: $C_{25} H_{28} O_{13}, H_2 O$ berechnet. Mit Mineralsäuren gekocht, wird die wässerige Lösung fein roth gefärbt und bildet sich beim Stehen ein rothbrauner flockiger Bodensatz; das Filtrat davon reducirt Fehling'sche Lösung, ist mit Hefe gährungsfähig (Zucker). Die Spaltung des Cyclopins scheint vor sich zu gehen entsprechend der Gleichung: $C_{25} H_{28} O_{13} + 3 H_2 O = C_{19} H_{22} O_{10} + C_6 H_{12} O_6$. Das Cyclopin ist unlöslich in Benzol, Aether, Petroläther, Chloroform, Schwefelkohlenstoff, sehr leicht löslich in Wasser; reine, concentrirte Schwefelsäure löst es mit rothbrauner Farbe, Fröhde's Reagens ruft ein intensives Violettroth hervor. Kali färbt die wässerige Lösung tief rothbraun mit grüner Fluorescenz. Die neutrale Lösung liefert mit Eisenchlorid einen dunkelolivengrünen, mit Kupferacetat einen schmutzig braunen, mit Bleiacetat einen hellgelben Niederschlag; Silbernitrat fällt ebenfalls, Leim, Sublimat, Brechweinstein rufen keine Veränderung hervor, Kaliumbichromat und Salzsäure färben bräunlichroth. — Das Spaltungsproduct des Cyclopins, das Cyclopiaroth: $C_{19} H_{22} O_{10}$ ist in Wasser schwer, in Alkohol im frisch gefällten Zustande leicht löslich, sehr schwer in Aether, Petroläther, Chloroform und Benzol; caustische Alkalien lösen mit tiefweinrother Farbe. Eisenchlorid färbt braun. — Die in Alkohol schwer lösliche Substanz B.: ein blassrothes, in warmem Wasser leicht lösliches Pulver der Formel: $C_{25} H_{30} O_{16}$ Oxycyclopin, welches, mit verdünnten Säuren gekocht, gährungsfähigen Zucker und Oxycyclopiaroth $C_{19} H_{22} O_{12}$ lieferte, nach der Gleichung: $C_{25} H_{30} O_{16} + 2 H_2 O = C_6 H_{12} O_6 + C_{19} H_{22} O_{12}$. Das Oxycyclopin verhält sich zu den Reagentien ähnlich wie das Cyclopin, nur zeigt die alkalische Lösung die grüne Fluorescenz nicht. — Cyclopiafluorescin bildet hell schwefelgelbe Massen, welche aus dünnen, nadelförmigen Krystallen bestehen. Formel: $C_{14} H_{19} O_{12}$. Diese Substanz ist in kaltem Wasser schwer, in kochendem leichter löslich, in Alkohol und Aether fast unlöslich, wird von caustischen Alkalien gelöst zu einer gelben, schön grüne Fluorescenz zeigenden Flüssigkeit. Concentrirte Schwefelsäure, sowie Fröhde's Reagens lösen mit gelber Farbe, concentrirte Salpetersäure ändert die gelbe Farbe in Tintenschwarz, welches allmählich in Bräunlich übergeht. Die wässerige Lösung wird durch Eisenchlorid dunkelgrün, durch Salpetersäure tief roth gefärbt, durch Kupferacetat schmutzig graulich gefällt. — Zu bemerken ist, dass das vom Verf. erhaltene Cyclopin und Oxycyclopin, weil aschehaltig, keine reinen Körper waren.

139. A. H. Church. Note on Cape tea. (The pharmaceutical Journal and Transactions, vol. 11, No. 556, p. 693.)

Veranlasst durch die vorstehend besprochene Abhandlung von Greenish erinnert Verf. daran, dass er schon im Jahre 1870 einen Aufsatz: „On cyclopic acid, a new fluorescent substance extracted from the *Cyclopia Vogelii*" veröffentlicht habe, in welchem er den von Greenish als Cyclopiafluorescein bezeichneten Körper beschrieben. — Verf. erhielt die Cyclopiasäure aus Pflanzen von *Cyclopia Vogelii*, indem er die getrockneten Blätter, in ein Tuch gebunden, einige Tage in Wasser von 30—40° tauchte und das Tuch öfters ausdrückte: es sammelte sich allmählig ein gelbes Pulver am Boden des Gefässes an, welches in einer Mischung von Aether, Alkohol, Wasser und Essigsäure gelöst und durch Umkrystallisiren aus schwachem Alkohol rein erhalten wurde. Die Ergebnisse der Elementaranalyse ($C_{53.44} H_{5.61}$) führten zu der Formel $C_7 H_8 O_4$, welche Verf. jetzt in $C_{14} H_{18} O_8$ (verlangt $C_{53.50} H_{5.73}$) umwandelt.

140. A. Michael. Ueber die Synthese des Methylarbutins. (Berichte der Deutschen Chem. Gesellschaft, S. 2097.)

In Fortsetzung seiner Bemühungen, Glucoside synthetisch darzustellen (s. diesen Bericht für 1879, I, S. 351), benutzte Verf. jetzt das aus Arbutin dargestellte Methylhydrochinon, welches in geeigneter Weise (s. die Abh.) mit Acetochlorhydrose behandelt, Methylarbutin lieferte. Die erhaltenen farblosen, seideglänzenden, bitter schmeckenden Nadelbüschel: $2 C_{13} H_{18} O_7 + H_2 O$, schmelzen bei 168—169°, sind in Wasser und Alkohol leicht löslich, werden durch verdünnte Säuren gespalten in Traubenzucker und Methylhydrochinon.

141. Hugo Schiff. Zur Constitution des Arbutins. (Liebig's Annalen der Chemie, Bd. 206, S. 159.)

Die in der Litteratur verzeichneten Angaben über Zusammensetzung (Formel), Spaltung etc. des Arbutins sind zum Theil wenig übereinstimmend; Verf. glaubte die Verschiedenheit der Untersuchungsresultate dadurch sich erklären zu müssen, dass zwei verschiedene Arbutine existirten und dass in Folge dessen das von Hlasiwetz und Habermann untersuchte Präparat, für welches sie die Spaltungsgleichung: $C_{25} H_{34} O_{14} + 2 H_2 O = C_6 H_6 O_2 + C_6 H_5 (CH_3) O_2 + 2 C_6 H_{12} O_6$ aufstellten, kein chemisches Individuum, sondern eine Mischung von Arbutin und Methylarbutin gewesen sei. — Verf. hat jetzt in dieser Beziehung Rückstände einer früheren Arbutindarstellung untersucht, indem er dieselben einer fractionirten Krystallisation unterwarf. Bezüglich der Angaben über Krystallwasser, Schmelzpunkte und Zusammensetzung auf die Abhandlung verweisend, bemerken wir, dass Verf.s Resultate in der That dafür sprechen, dass die bisher untersuchten „Arbutine" Mischungen von Arbutin und Methylarbutin gewesen sind. Eine genaue Isolirung resp. Trennung dieser beiden Körper gelang Verf. nicht.

142. **Eduard N. Smith. Examination of ericaceous plants.** (The american journal of pharmacy vol. 53 (4. ser., vol. 11), p. 549.)

Verf. hat *Chimaphila maculata* Pursh., *Pyrola elliptica* Nuttall, *Pyrola chlorantha* Swartz, *P. rotundifolia* var. *asarifolia* Michaux untersucht. Verf. fand in allen diesen Pflanzen Arbutin, welches noch in einer Verdünnung von 1 : 140000 die von Jungmann angegebene Reaction: blaue Farbe auf Zusatz von Phosphormolybdänsäure und Ammoniak gab. Ausser dem Arbutin wurde in den Pflanzen gefunden: Ericolin, Ursou, Farbstoff, ätherisches Oel, Gummi, Zucker, Gerbsäure, Gallussäure und Aepfelsäure (*Chimaphila maculata* enthielt statt Aepfelsäure: Citronensäure).

143. **C. Hock. Sur quelques réactions spectrales d'alcaloides et de glycosides.** (Comptes rendus t. 93, p. 849. — Archiv der Pharmacie Bd. 219, S. 358.)

Verf. geht darauf aus, die Spectralanalyse zum Nachweis organischer Gifte zu verwerthen. — Löst man Digitalin in concentrirter Salzsäure und erwärmt zum Kochen, so erhält man eine grüngelbe Flüssigkeit, welche einen starken Absorptionsstreifen im Anfang von Blau auf F zeigt; das übrige Blau geht durch, während Violett von F ½ G an beschattet ist; krystallisirtes Digitalin verhält sich ebenso. — Mit Schwefelsäure erwärmt giebt Digitalin eine braunrothe Lösung; dieselbe zeigt 2 dunkle Linien, eine stärkere im Grün bei E b, eine schwächere im Blaugrün vor F. Setzt man dieser Lösung einige Tropfen von Erdmann's Mischung (concentrirte Schwefelsäure, welche in 2000 g 3—4 Tropfen concentrirte Salpetersäure enthält) zu, so erhält man eine carmoisinrothe Lösung: zu den 2 Linien, welche stärker hervortreten, kommt eine 3. intensive im Gelb bei D. Diese 3 Linien erscheinen noch schöner, wenn man der Lösung eine geringe Menge einer eisenchloridhaltigen zusetzt. Diese Reactionen halten sich Tage lang unverändert. — Delphinin wird von concentrirter Schwefelsäure bräunlichgelb gelöst: ein Absorptionsstreifen im Grüngelb bei D ⅓ E, welcher auf Zusatz von Erdmann's Mischung stärker hervortritt. — Belladonnin löst sich in concentrirter Schwefelsäure mit gelblicher Farbe, welche durch Erwärmen rothgelb wird: ein starkes Absorptionsband im Blaugrün vor F. — Auch Solanidin, Amygdalin, Cubebin, Salicin, Morphin, Codeïn, Narcotin, Papaverin, Cryptopin, Chinin, Strychnin u. a. m. wurden untersucht; weitere Mittheilungen werden in Aussicht gestellt.

144. **Edgar L. Patsch. On the Presence of Tannin in Gentian.** (The american Journal of Pharmacy vol. 53 [4. ser., vol. 11] p. 508.)

Verf. hat sich mit der Frage, ob die Enzianwurzel Gerbstoff enthalte oder nicht (s. diesen Bericht f. 1876, S. 778; f. 1877, S. 631; f. 1879, 1, S. 361; f. 1880, I, S. 406) beschäftigt. Zahlreiche Versuche wurden in der verschiedensten Weise angestellt, um eine Substanz zu erhalten, welche mit Gelatine, mit Cinchonidinsulfat, mit Brechweinstein und Eisenchlorid Niederschläge (mit letzterem schmutziggrün) giebt. Diese Reactionen sind nicht der Gentisinsäure eigenthümlich, da letztere in Wasser unlöslich, mit Eisenoxydsalzen eine tiefbraune Färbung liefert. Der Gerbstoff wird, da er mit der Harzsubstanz verbunden, mit derselben ausgefällt. — Verf. hat auch die von Kennedy (s. diesen Bericht No. 145) aus *Frasera Walteri* dargestellte Substanz mit reiner Gentisinsäure verglichen und Unterschiede zwischen beiden gefunden. So wird die Substanz aus *Frasera* von Salpetersäure blutroth, von Schwefelsäure carminroth, die Gentisinsäure von ersterer dunkelgrün, von letzterer unverändert gelöst.

145. George W. Kennedy. Constituents of Frasera Walteri. (The american Journal of Pharmacy vol. 53 [4. ser., vol. 11] p. 280.)

Verf. hatte Gelegenheit, ein von Lloyd (s. diesen Bericht für 1880, I, 416) aus der amerikanischen Columbowurzel *(Frasera Walteri)* isolirtes citronengelbes Pulver zu untersuchen und namentlich mit dem vom Verf. aus derselben Wurzel 1873 erhaltenen zu vergleichen. Die von K. ausgeführten Reactionen sprechen für deren Identität, sowie dafür, dass diese Substanz identisch sei mit dem Bestandtheil der *Gentiana lutea*. Beide Wurzeln, die von *Gentiana lutea* und von *Frasera Walteri* unterscheiden sich bezüglich ihrer Bestandtheile nur soweit, dass in der *Frasera* die gelbe Gentisinsäure, in der *Gentiana* das bittere Gentiopikrin vorherrscht. — Die von Lloyd erhaltene Substanz lieferte mit Eisenchlorid eine tief schwarzgrüne Färbung, mit Gelatinelösung einen geringen Niederschlag. Es ist dies die Substanz, deren Reactionen einen Tanningehalt der *Gentiana*-Wurzel vortäuschten (s. diesen Bericht f. 1876, S. 778, f. 1877, S. 631, f. 1879, I, S. 361, f.' 1880, I, S. 406).

146. E. Finocchi. Oleandrin. (Berichte d. D. Chem. Gesellsch. S. 2602 nach L'Orosi 257.)

Das Oleandrin giebt, nach Verf., mit Phosphormolybdänsäure weissen, amorphen Niederschlag, ebenso mit Mayer's Reagens und dem von Marmé; Jod-Jodkalium fällt orangegelb, Tannin weiss, Goldchlorid und Pikrinsäure gelb. Die Oleandrinsalze reduciren schnell Ferridcyankalium. — Verf. hält das Oleandrin für identisch mit einem Ptomaïn.

147. A. Zander. Chemisches über die Samen von Xanthium Strumarium. (Inaug.-Dissertation, Dorpat, 8º, 36 S.)

Verf. fand in den Samen von *Xanthium Strumarium* 5.44 % Wasser, 5.18 % Asche (mit 1.6 Kali, 2.26 P_2O_5 und 0.04 SiO_2), 40.98 % Fett und Harz (38.6 in Petroläther lösliches Fett, 2.38 % in Aether lösliches Fett und Harz), 3.31 % Saccharose, 0.95 % Schleim (?) durch Alkohol fällbar, 36.64 % Eiweiss (und zwar 1.12 durch Alkohol fällbar, 1.42 % durch Essigsäure fällbares Legumin, 4.10 durch Alkohol und Essigsäure nicht fällbar, 2.79 % beim Auswaschen in Wasser gelöst, 23.69 % caseïnartiger Körper in verdünnter Natronlauge löslich, 0.72 % in verdünnter Natronlauge lösliches Eiweiss, 2.81 % in Wasser und Natronlauge unlösliches Eiweiss), 0.68 % Salpetersäure, 0.06 % Ammoniak, 1.56 % unbekannte durch verdünnte Natronlauge lösliche Stoffe, 1.52 % Cellulose, 2.40 % Cuticularsubstanz und 1.27 %, organische Säuren und Xanthostrumarin. — Die zerstossenen Samen wurden mit Wasser erschöpft, die graubräunlichen, trüben Flüssigkeiten mit 10 procentiger Bleiacetatlösung versetzt, bis statt des anfangs entstehenden schmutzigweisslichen Niederschlags ein gelbliches Präcipitat erhalten wurde. Das ziemlich klare, bräuuliche Filtrat wurde jetzt mit Bleiacetat ausgefällt, der schön citronengelbe Niederschlag in Wasser suspendirt und entbleit, das goldgelbe Filtrat eingedampft, bis ein stärkerer Baldriangeruch auftrat, und jetzt mit dem 4- bis 5fachen Volum absolutem Alkohol ausgefällt. Nach dem Filtriren und Abdestilliren des grössten Theils des Alkohols wurde der bei der Zersetzung entstandene Zucker durch Aether gefällt, der Aetheralkohol abdestillirt und der Rückstand auf flachen Glasschalen über Schwefelsäure getrocknet. Die reinste Portion des Xanthostrumarins hatte nur sehr geringen Baldriangeruch, war völlig amorph, matt, hellgelb, neutral, stickstofffrei, unlöslich in Petroläther, löslich in Wasser, Alkohol, Aether, Benzin, Chloroform, Methyl- und Amylalkohol, wird durch Natronlauge dunkelgelb gefärbt, durch Eisenoxyduloxyd und Eisenchlorid dunkelgrün, durch Kupferacetat grünblau, Bleiacetat citronengelb gefällt, reducirt Silbersalpeter (sofort in ammoniakalischer Lösung). Concentrirte Schwefelsäure resp. Salpetersäure löst braungelb, Platinchlorid, Goldchlorid u. a. m. (s. d. Abh.) fällen. Durch Kochen mit verdünnten Säuren wird die Substanz unter Bildung von Zucker gespalten; diese Spaltung tritt auch beim Kochen mit Alkalien ein, sowie durch längeres Kochen mit Wasser. Der Zucker scheint Glycose zu sein.

148. F. Tiemann und W. Will. Ueber das Hesperidin, ein Glucosid der Aurantiaceen, und seine Spaltungsproducte. (Berichte der Deutschen Chemischen Gesellschaft, S. 946.)

Verff. haben die von E. Hoffmann (s. diesen Bericht f. 1876, S. 827 – 829) begonnene Untersuchung des Hesperidins und seiner Spaltungsproducte fortgesetzt. Das Hesperidin: $C_{22} H_{26} O_{12}$ erleidet durch Einwirkung verdünnter Schwefelsäure eine Spaltung in Traubenzucker und Hesperetin: $C_{16} H_{11} O_6$. Letzteres wird durch Einwirkung von Alkalihydraten oder Bariumhydrat weiter zerlegt in Phloroglucin und Hesperetinsäure: $C_{10} H_{10} O_4$. — Diese Säure wurde nun genauer untersucht. Durch schmelzendes Kaliumhydrat liefert die Hesperetinsäure: Protocatechusäure, woraus hervorgeht, dass in dem Molecul der Säure der Protocatechusäurerest: $C_6 H_3 \diagup{\begin{smallmatrix}C-\\-O-\\O-\end{smallmatrix}}$ — vorhanden ist. Die weiter dargestellten Derivate: die Methylhesperetinsäure und deren Methyläther sind genau untersucht. Da aus der Methylhesperetinsäure leicht Veratrumsäure resp. Dimethylprotocatechusäure erhalten werden konnte, da ferner aus der Acethesperetinsäure leicht Isovanilinsäure, aus der Hesperetinsäure leicht Hydroisoferulasäure dargestellt wurde, so ist damit die Constitution der Hesperetinsäure resp. ihre Identität mit der Isoferulasäure sicher gestellt; die Hesperetinsäure ist somit eine paramethoxylirte, metahydroxylirte Zimmtsäure: $C_6 H_3 \diagup{\begin{smallmatrix}CH=CH-COOH\\-OCH_3\end{smallmatrix}}$. — Von Abkömmlingen der Hesperetinsäure wurde der Methyläther, das Hesperetol und Isovanillin untersucht. — Das Hesperetin zeigt nur die schwach sauren Eigenschaften eines Phenols, kann demnach keine Carboxylgruppe enthalten. In dem Hesperetin ist Phloroglucin und Hesperetinsäure nach Art der zusammengesetzten Aether verbunden und demnach die Formel des Hesperetins: $C_6 H_3 \diagup{\begin{smallmatrix}CH=CH-CO-O\\-OH\\OCH_3\end{smallmatrix}}{\begin{smallmatrix}HO\\HO\end{smallmatrix}}\diagdown C_6 H_3$. — Die theoretischen Betrachtungen über die Constitution des Hesperidins sind in der Abhandlung nachzusehen.

149. **G. Francke.** **Ueber Hesperidin und Bergapten.** Inaug.-Dissertation. Erlangen. 8. 21 S.)

Auf Veranlassung von Hilger hat Verf. die von E. Hoffmann (s. diesen Bericht für 1876, S. 827) im Erlanger Laboratorium begonnene Untersuchung über das Hesperidin, zum Theil mit Material, welches von den Arbeiten E. Hoffmann's herrührte, fortgesetzt, um die Constitution des Hesperidins, sowie der aus ihm entstehenden Säure festzustellen. — Bei der Oxydation des Hesperetins konnte mit Sicherheit weiter nichts als die Bildung von Ameisensäure und Essigsäure constatirt werden. Durch Einwirkung von Acetylchlorid wurde ein Derivat des Hesperetins erhalten, dessen Zusammensetzung der Formel: $C_{16} H_{12} (C_2 H_3 O)_2 O_6$ entspricht; dieses Diacetylhesperetin lieferte alsdann, mit schmelzendem Kali behandelt: Protocatechusäure. — Die Hesperetinsäure konnte Verf. in ein Monoacetylderivat umwandeln. — Bezüglich der Ansichten des Verf.'s über die Constitution des Hesperetins und der Hesperetinsäure, wesentlich verschieden von den Ergebnissen der Untersuchung von Tiemann und Will (s. vor. No.), müssen wir auf die Abhandlung verweissen.

150. **Constanz Manz.** **The root of Ipomoea pandurata.** (The american Journal of Pharmacy, vol. 53 [4. sér., vol. 11], p. 385.)

Verf. hat die Wurzel der *Ipomoea pandurata* untersucht. Dieselbe enthält 1.5 % eines Harzes, ferner Zucker, Stärke etc. — Das Harz hat eine gelblichbraune Farbe, welches, in Alkohol gelöst und mit Wasser ausgefällt, als gelblichgraues resp. gelblichweisses Pulver erhalten wird. Dasselbe ist in Aether und Chloroform sowie in Alkohol löslich; letztere Lösung zeigt saure Reaction. Wässerige Alkalien lösen es ebenfalls, Salzsäure fällt es aus dieser Lösung aus. Benzol, Benzin und Essigsäure lösen es nicht. Mit verdünnter Schwefelsäure gekocht liefert das Harz: Zucker; dasselbe ist demnach ein Glucosid.

151. **Oscar Textor.** **The examination of persian insect powder for its active principle.** (The american Journal of Pharmacy, vol. 53 [4. ser. vol. 11] p. 491.)

Das persische Insectenpulver: die gepulverten Blüthen von *Pyrethrum roseum* und *Pyr. carneum*, war bisher Gegenstand mehrerer Untersuchungen. Im Jahre 1876 isolirte Jousset de Bellesme (s. diesen Bericht f. 1876, S. 859) ein krystallinisches Alkaloïd, Semenoff ein flüssiges flüchtiges Alkaloïd, während Rother neben einer öligharzigen

Säure: Persiceïn und dem Persiretin eine leichtlösliche glucosidische Substanz: Persicin erhielt. Die von den genannten Verff. dargestellten Substanzen werden von denselben auch als die wirksamen Bestandtheile des Insectenpulvers betrachtet. — Nach einer Mittheilung der Pharm. Centralh. 1878 wird die Wirkung des Pulvers durch 2 Substanzen bedingt: durch einen dem Trimethylamin verwandten, an eine Säure gebundenen Stoff, sowie durch einen zweiten von den Harzdrüsen der Blüthenröhrchen und den stachligen Pollenkörnern gebildeten Bestandtheil. Wässerige und schwach weingeistige Auszüge des Pulvers sind fast wirkungslos und auch die Tinctur kann niemals das Pulver vollständig ersetzen. — 1879 isolirte Dal Sie (s. diesen Bericht f. 1879, I, S. 355) ein glucosidisches Harz. — Verf. untersuchte die ganzen Blüthen, indem er dieselben pulverte und mit Benzol erschöpfte. Der sauer reagirende Benzolauszug wurde verdunstet und nach Entfernung des Benzols noch mit Wasser eingedampft (um etwa vorhandenes ätherisches Oel zu verjagen). Der weiche, klebrige Rückstand wurde mit angesäuertem Wasser behandelt: das Filtrat enthielt kein Alkaloïd. — Der Benzolextract löste sich vollständig in Alkohol; in angesäuertes Wasser gegossen schied sich ein weiches Harz aus. — Ein Theil des Benzolauszugs verlor, mit wenigen Tropfen Kalilauge behandelt, die grünliche Farbe, färbte sich dunkelbraun und wurde in Wasser völlig löslich; diese Lösung schäumte stark und lieferte auf Zusatz von Säure einen Niederschlag. Mit gebrannter Magnesia gemischt lieferte der Benzolextract ein auf Fliegen stark wirkendes Pulver; dieselbe Wirkung hatte das oben genannte, aus der alkoholischen Lösung des Benzolauszugs erhaltene weiche Harz, nachdem dasselbe zuvor mit Magnesia zu einem Pulver verarbeitet war; ebenso wirkte die aus dem mit Kali behandelten Benzolauszug durch Zusatz von angesäuertem Wasser erhaltene Masse, wenn man dieselbe mit Magnesia verrieben. Das durch Benzol erschöpfte Insectenpulver, sowie aus demselben dargestellte alkoholische Auszüge waren wirkungslos. — Das persische Insectenpulver enthält keine Spur eines ätherischen Oeles. — Der wirksame Bestandtheil ist das weiche Harz, welches, in Alkohol vollkommen mit saurer Reaction löslich, durch Wasser ausgefällt wird. Ob dasselbe glucosidisch ist, wie Rother und Dal Sie gefunden, ist vom Verf. leider nicht untersucht.

III. Säuren und Anhydride.

152. **L. Haitinger. Ueber das Vorkommen von Citronensäure und Apfelsäure im Cheli-donium majus.** (Sitzungsberichte der mathemat.-naturwiss. Classe d. Wien. Akad. Band 84, Abth. 2, S. 424.)

Veranlasst wurde diese Untersuchung durch die Angaben von Lietzenmeyer (s. diesen Bericht für 1879, I, S. 343), dass die in dem Schöllkraut vorkommende Apfelsäure von den bereits gekannten und näher untersuchten Apfelsäuren sich unterscheide. Die Untersuchungen des Verf. führten nun zu dem Resultate, dass die von Lietzenmeyer als isomere Apfelsäure beschriebene Substanz hauptsächlich aus Citronensäure und Phosphorsäure besteht, Citronensäure (ausser Chelidonsäure) im Kraute von *Chelidonium majus* in reichlicher Menge vorkommt und dass auch die gewöhnliche Apfelsäure in dem Kraute mit Sicherheit nachgewiesen werden konnte.

153. **J. Stenhouse and Charles E. Groves. Note on Usnic Acid and some Products of its Decomposition.** (Journal of the chemical society, vol. 39, p. 234.)

Die aus *Usnea barbata* dargestellte rohe Usninsäure wird, durch Ueberführen in das Natriumsalz, Fällung und Umkrystallisiren derselben gereinigt, schliesslich wird die fast reine Säure in Benzin gelöst, filtrirt und auskrystallisirt: die Säure bildet glänzende gelbe Nadeln. — Wird reines usninsaures Natrium mehrere Stunden mit einer verdünnten Lösung von Natriumbicarbonat bei Abschluss der Luft gekocht und alsdann mit Schwefelsäure neutralisirt, so erhält man einen bräunlichgelben flockigen, aus Alkohol krystallisirenden Niederschlag. — Wird Usninsäure in der 3fachen Menge concentrirter Schwefelsäure gelöst und die dunkelorangefarbene Lösung 3 Stunden lang auf 60° erhitzt, die kalte Masse in 15 Theile Wasser gegossen und der flockige Niederschlag nach öfterem Waschen mit Wasser aus Alkohol krystallisirt, so erhält man Usnolinsäure in Form kleiner, gelblicher, bei 213°5 schmelzender Prismen, welche in Benzin, Schwefelkohlenstoff und Aether unlöslich, in kochendem Alkohol wenig löslich, sich in verdünnten Alkalien mit orangebrauner Farbe lösen. Formel: C_5, H_{48} O_2. — Für die Usninsäure berechnen die Verf. die Formel: C_5, H_{50} O_{21} (verlangt: $C_{62.67}$ $H_{4.84}$; gefunden: $C_{62.66-62.80}$ $H_{5-5.06}$). Die Usnolinsäure wäre aus der Usninsäure durch Entziehung von 1 Molekül Wasser entstanden.

154. **A. Spiegel. Ueber die Vulpinsäure.** (Berichte der Deutschen Chemischen Gesellschaft, S. 1686.)

Verf. hat seine Untersuchungen (s. diesen Bericht f. 1880, I., S. 890, No. 132, 133) fortgesetzt. Besprochen wird: die Oxatolylsäure, die durch Reduction der Pulvinsäure entstehende Hydrocornicularsäure: C_{17} H_{16} O_3, Derivate dieser, sowie ein Spaltungsproduct derselben, die Phenylbernsteinsäure (s. die Abh.)

155. **William J. Bowman. Aspidium rigidum.** (The american Journal of Pharmacy, vol. 53 [4. scr. vol. 11], p. 389.)

Verf. hat in dem Rhizom von *Aspidium rigidum*, eines an der Küste des Stillen Oceans, von Oregon bis Mexico einheimischen Farnkrauts neben Harz, Fett, Tannin, Glucose, Gummi, Pectin und Stärke noch eine eigenthümliche Substanz gefunden: ein hellgelbes, krystallinisches Pulver, mit geringem, Ekel erregenden Geschmack, in ätherischer Lösung sauer reagirend. Erhitzt liefert dieselbe ein öliges, nach Buttersäure riechendes Destillat; es brennt der Körper mit leuchtender Flamme; mit Ammoniak zersetzt nimmt er eine dunkle gelbbraune Farbe an. Die Säure ist unlöslich in Wasser, wenig löslich in verdünntem Alkohol, leichter in kochendem absolutem Alkohol, in fetten Oelen und sehr leicht in Schwefelkohlenstoff, sowie in ätherischen Oelen. Verf. hält diese Säure für Filixsäure.

156. **E. Smith. Eine Synthese der Salicylsäure.** (Referate der Berichte der Deutschen Chemischen Gesellschaft, S. 994, nach Amer. chem. journ. II. 338.)

Durch mehrstündiges Erhitzen von benzoësaurem Kupfer mit Wasser im geschlossenen Rohre auf 180⁰ wurden nachweisbare Mengen von Salicylsäure erhalten.

157. **K. Mandelin. Untersuchungen über das Vorkommen und über die Verbreitung der Salicylsäure in der Pflanzengattung Viola.** (Inaug.-Dissertation, Dorpat, 8⁰, 60 S.)

Ausführliche Besprechung der Resultate von Untersuchungen, über welche **Dragendorff** bereits (s. diesen Bericht für 1880, I, S. 385, No. 116) kurz berichtete. — Zu den Untersuchungen wurden anfangs nur die officinelle **Herba Jaceae** s. *Violae tricoloris* genommen; das Material stammte aus der Umgegend Dorpats und entsprach der zur Blüthezeit gesammelten *Viola tricolor* L. var. *arvensis* Murr. — Mehrere Versuche hatten das Vorkommen eines krystallinischem Körpers gelehrt; zur Darstellung desselben wurden 21 Pfund trockenes Kraut (im Juni und Juli gesammelt) zweimal mit genügender Menge Wasser ausgekocht und ausgepresst, die Auszüge auf freiem Feuer zur Hälfte eingekocht und kalt gestellt: die von dem Bodensatz klar abgegossene, filtrirte Flüssigkeit wurde auf dem Dampfbade zum dünnen Extract verdunstet und dieses unter tüchtigem Umrühren und in kleinen Portionen in 2 Volum 85procentigen Alkohols eingegossen und 2 Tage kalt stehen gelassen. Die von dem Bodensatz abfiltrirte alkoholische Flüssigkeit hinterliess einen Rückstand, der zum dünnen Extract eingedampft in 2 Vol. absoluten Alkohols eingegossen wurde. Filtrat und Waschalkohol des Bodensatzes wurden im luftverdünnten Raume destillirt: der zähflüssige, schwarzbraune Rückstand auf dem Wasserbade vollkommen vom Alkohol befreit, mit wenig Wasser verdünnt und durch Schütteln mit Aether erschöpft (18—20 Ausschüttelungen). Der grün gefärbte Aether hinterliess einen zähflüssigen, chlorophyll- und fettreichen Rückstand, welcher, auf dem Dampfbade wiederholt mit Wasser ausgezogen, eine gelbe Lösung lieferte; letztere, mit Aether erschöpft, lieferte sternförmige Krystallisationen, welche durch mehrmaliges Umkrystallisiren vollkommen farblos und aschefrei erhalten wurden. Verf. fand die so erhaltenen Krystalle in ihren Eigenschaften und Reactionen (s. die Abh.) durchaus übereinstimmend mit der reinen, dialysirten Salicylsäure. Dieselbe ist im freien Zustande, nicht in Form eines Salzes, in der Pflanze enthalten. — In den Blättern, Stengeln, Rhizom, Blumenblättern, sowie dem nicht ganz reifen Samen der *Viola tricolor* konnte Verf. die freie Salicylsäure nachweisen. — Verf. suchte ebenfalls die Menge dieser Säure zu bestimmen und benützte, nach mehreren Prüfungen, zu den vergleichenden Untersuchungen folgendes Verfahren: 7 g des lufttrockenen, grob gepulverten Krautes wurden mit 70 ccm 95 procentigen Alkohols in einem Kolben 2 Tage macerirt, am Rückflusskühler zum Kochen erwärmt, erkalten lassen, ausgepresst und filtrirt. 50 ccm Filtrat = 5 g Kraut werden bei möglichster Luftverdünnung bis auf 1—2 ccm eingedickt, der Kolben bis 12 Stunden kalt gestellt, 10 ccm Wasser zugesetzt, abermals bis 8 Stunden kalt stehen gelassen und filtrirt; Inhalt des Kolbens und Filtrats mit 5 ccm warmen Wassers nachgewaschen. Die klare Lösung wird nach und nach mit 10, 10 und 5 ccm reinen Aethers 10—15 Minuten geschüttelt, der möglichst vollständig getrennte Aether in Glasschale verdunstet, der Rückstand mit kleinen Mengen (1—3 ccm) Wasser bei 50—70° erschöpft und die so erhaltene farblose Lösung colorimetrisch (nach Färbung mit sublimirtem Eisenchlorid) bestimmt (s. die Abhandlung S. 42). — Zu diesen Untersuchungen dienten *Viola tricolor* L. var. *syrtica* Flörke, *Viola tricolor* L. (aus Deutschland), *Viola tricolor* (Gartenvarietät), *Viola tricolor* var. *arvensis*. Gefunden wurden an Salicylsäure:

	lufttrockenes Kraut	bei 110° getrocknetes und aschefreies Kraut
Viola tricolor Gartenvarietät . . .	0.0430 %	0.0597 %
Viola syrtica	0.0630	0.0829
Viola tricolor (Deutschland) . . .	0.0868	0.1103
Viola arvensis	0.1068	0.1441

Kleine Mengen Salicylsäure wurden ferner nachgewiesen in *Viola odorata* L. (Rhizom), *Viola silvatica* Fr. (Kraut), *Viola palustris* L. (Rhizom), *Viola palustris* L. var. *epipsila* Lid. (Kraut), *Viola canina* L. (Kraut), *Viola arenaria* DC. (Kraut); *Viola uliginosa* Schrad. (Kraut), *Viola mirabilis* L. (Kraut), *Viola uniflora* L. *floribunda* und *pinnatifida* gaben keine Reaction. — Die Samen von *Viola tricolor*, das Kraut der *Viola odorata* scheint eine Substanz zu enthalten, welche beim Kochen mit verdünnter Salzsäure Salicylsäure liefert.

158. **D. B. Dott. Meconic acid.** (The pharmaceutical Journal and transactions, vol. 11, No. 551, p. 576.)

Die Meconsäure wird gewöhnlich als 3basische Säure betrachtet, während Dittmar und Dewar dieselbe auf Grund ihrer Untersuchungen als 2basische auffassen. Verf. hat zur Entscheidung der Frage Untersuchungen angestellt. Die vom Verf. in der verschiedensten Weise dargestellten Silbersalze der Meconsäure enthielten nie übereinstimmende Mengen von Silber. Der Silbergehalt schwankte in verschiedenen Präparaten zwischen 35.03 und 55.81% und stieg sogar in einem mit Wasser längere Zeit gekochten Präparate auf 88.87 %, während ein Salz der Zusammensetzung: $C_7 H Ag_3 O_7$ 62.18 %, Ag erfordert. Verf. zieht hieraus den Schluss, dass die Meconsäure, zumal dieselbe nur 2 Aethyläther bildet, nicht 3basisch sei, dass aber die Meconsäure leicht basische Salze zu bilden vermöge.

159. **H. Ost. Die Verbindungen der Meconsäuregruppe.** (Journal für praktische Chemie. Neue Folge, Band 23, S. 439.)

Verf. hat seine Untersuchungen der zu der Meconsäuregruppe gehörigen Verbindungen fortgesetzt (s. diesen Bericht für 1878, I, S. 254, für 1879, I, S. 346). Die Meconsäure: $C_7 H_4 O_7 = C_5 HO_2 {<}_{(COOH)_2}^{OH}$ ist eine 2basische Oxysäure, welche leicht einen Di- und Triäthyläther liefert. — Die Komensäure: $C_6 H_1 O_5 = C_5 H_2 O_2 {<}_{COOH}^{OH}$ wurde in einen Nitrokomensäureäthyläther und dieser durch Reduction in Amidokomensäure übergeführt. — Bromkomensäure konnte leicht in Oxykomensäure: $C_5 H_4 O_2 {<}_{COOH}^{(OH)_2}$ verwandelt werden. — Lässt man Ammoniak auf Komensäureäther einwirken, so erhält man Komenamid, welches verschieden ist von der isomeren Komenaminsäure.

160. **F. Reibstein. Ueber die Komensäure.** (Journal für praktische Chemie. Neue Folge, Band 24, S. 276.)

Ausführlichere Mittheilung der Resultate von Untersuchungen, über welche z. Th. schon Ost kurz berichtete. — Die Komensäure entsteht aus der Meconsäure durch Kochen mit Salzsäure unter Abgabe von 1 Mol. Kohlensäure; die Reinigung der Säure wurde mit Hülfe des schwer löslichen Ammoniumsalzes vorgenommen, indem dasselbe mehr-

mals aus heissem Wasser umkrystallisirt wurde. Die Komensäure ist eine 1basische Oxysäure: $C_5 H_2 O_2 < {OH \atop COOH}$, welche durch Einleiten von Salzsäure in, die Komensäure suspendirt
enthaltenden absoluten Alkohol nur ein Alkoholradical an Stelle von Wasserstoff aufzunehmen
vermag; die erhaltenen grossen gut ausgebildeten Nadeln des Aethyläthers schmelzen bei
126°5; mit Acetanhydrid behandelt liefern sie ein Acetylderivat: $C_5 H_2 O_2 < {O . C_2 H_3 O \atop COO C_2 H_5}$
Der schon oben erwähnte Nitroäther: kleine, gelbe Nadeln, schmilzt bei 147°; die wässerige
Lösung gibt mit Eisenchlorid eine rothe Färbung. Dieser Aether löst sich beim Erwärmen
in wässrigem kohlensaurem Natron unter Kohlensäureentwicklung auf: man erhält gelbe
Nädelchen eines in kaltem Wasser schwer löslichen Natronsalzes: $C_5 H (NO_2) O_2 < {ONa \atop COO C_2 H_5}$,
welches wasserfrei, beim Erhitzen sehr heftig explodirt. Auch ein Kali-, Baryt-, Kalk- und
Silbersalz wurden dargestellt. — Die Amidokomensäure bildet feine, weisse, seideglänzende
Nädelchen: $C_5 H (NH_2) O_2 . OH . COOH + H_2 O$; sie löst sich beim Erwärmen in starker
Salzssäure auf und scheidet sich beim Erkalten die salzsaure Verbindung in weissen, glimmer-
artigen Schuppen aus. — Das Komenamid entsteht durch Einleiten von Ammoniak in die
ätherische Lösung des Komensäureäthers: ein gelber, krystallinischer Niederschlag, dessen
Kalisalz untersucht wurde. — Untersucht wurden ferner die Komenaminsäureäther, sowie
deren Barytsalz, die Oxykomensäure, deren Aether, Acetylderivat und Salze, sowie die
Oxykomenaminsäure.

161. Balland. Sur la phytolaque dioïque. (Journal de Pharmacie et de Chimie, 5. Sér.,
t. 4, p. 232.)

Verf. hat die Trauben von *Phytolacca dioica* L. (*Pircunia dioica* Moquin-Tandon)
untersucht. Dieselben bestanden (in Procenten) aus Wasser 75.4; Chlorophyll, Wachs,
Harz, ätherisches Oel und flüchtige Säure 0.45; reducirender Zucker 3.2; nicht reducirender
Zucker 11.2; organische Säure 2.6; Gummi 4.4; Proteïnsubstanzen, Pectin und Pectose 0.89;
Asche 1.86. — Die organische Säure besass einige Eigenschaften der von Terreil (s. diesen
Bericht f. 1880, 1, S. 387) aus *Phytolacca decandra* isolirten Phytolaccasäure.

162. A. Spiegel. Synthese der Tropasäure aus Acetophenon. (Berichte der Deutschen
Chemischen Gesellschaft S. 235.)

Verf. gelangte zu einer Synthese der Tropasäure (s. Ladenburg und Rügheimer, diesen Bericht für 1880, I, S. 386, No. 120), indem er Blausäure in statu nascendi
auf Acetophenon einwirken liess, das so entstehende Cyanhydrin des Acetophenons durch
Erhitzen mit starker Salzsäure in Chlorhydratropasäure und diese weiter in Tropasäure
überführte.

163. L. Rügheimer. Ueber Aethylatrolactinsäure. (Berichte der Deutschen Chemischen
Gesellschaft S. 446.)

Verf. theilt Versuchsresultate mit, durch welche die von Ladenburg und Rügheimer (s. diesen Bericht f. 1880, I, S. 386) aufgestellte Structurformel für die Tropasäure
bestätigt wird.

164. Ernst Schmidt. Zur Kenntniss der Methylcrotonsäure und der Angelicasäure. (Liebig's
Annalen der Chemie, Bd. 208, S. 249.)

Ausführlichere Besprechung der schon früher (s. diesen Bericht f. 1879, I, S. 345)
besprochenen Untersuchungen. — Wir erwähnen noch, dass die zu den Untersuchungen
dienende Angelicasäure aus Angelicawurzel nach den Angaben von Meyer und Zeuner
bereitet wurde. Die Ausbeute betrug aus 50 Pfund Wurzel ca. 25 g reiner Säure = ca. 0.1 %.
— Die aus der Angelica- sowie Methylcrotonsäure erhaltene Valeriansäure wurde als
identisch mit der Methyläthylessigsäure erkannt.

**165. E. Schulze und J. Barbieri. Ueber das Vorkommen von Phenylamidopropionsäure
unter den Zersetzungsproducten der Eiweissstoffe.** (Berichte der Deutschen Chemischen
Gesellschaft S. 1785.)

Verf. haben in den etiolirten Keimlingen von *Lupinus luteus*, welche ausserordentlich reich an Asparagin sind, neben diesem in geringer Menge ausser Leucin einen

Körper aufgefunden, welchen sie als Phenylamidopropionsäure bezeichnen. Letztere wurde aus dem Gemenge verschiedener Amidosäuren mittelst Kupferoxydhydrat abgeschieden. Aus der Kupferverbindung wurde die Säure durch Schwefelwasserstoff befreit, die Säure durch Umkrystallisiren gereinigt. — Die reine Säure bildet glänzende durchsichtige Blätter, welche in kaltem Wasser ziemlich schwer löslich sind. Formel: $C_9 H_{11} NO_2$. Die Säure lieferte, mit Kaliumbichromat und Schwefelsäure oxydirt, Benzoësäure. Auf ca. 250^0 erhitzt schmilzt sie unter Zersetzung: die neben Kohlensäure und Wasser entstehenden Producte sind noch nicht vollkommen untersucht.

166. **Theodor Peckolt. Helosis guyanensis.** (Zeitschrift des Allgemeinen Oesterreichischen Apotheker-Vereins. 19. Jahrgang, S. 33.)

Helosis guyanensis Rich. *(Helosis brasiliensis* Schott. et Endl.) eine Balanophoree (Tribus: Helosideae) findet sich im tropischen Südamerika, wachsend auf den Wurzeln der *Urtiga branca do mato virgem*; ihr Rhizom ist perennirend. Der Blüthenkolben wird von *Dasyprocta Aguti* L., dem Goldhasen, als Leckerbissen verzehrt. Verf. hat die frischen Blüthenkolben untersucht und darin gefunden (in Procenten): Wasser: 80,0; fettes farb- und geruchloses Oel: 0.6; braunes Weichharz: 1.4; braunes Harz (Helosisharzsäure): 0.172; rothen Farbstoff (Helosisroth): 1.001 ; Gerbsäure, Eisensalze grün fällend: 1.627; Eiweissartige Substanzen: 1,2058; zuckerhaltigen Extractivstoff: 1.6274; Stärkemehl: 1.3039; Dextrin, Pectinstoffe, Citronensäure, Weinsäure, Spuren von Apfelsäure, anorganische Salze, Extractivstoffe etc.: 4.5294; Faserstoff: 6.5335. — Die frischen Wurzelknollen, welche ebenfalls untersucht wurden, sind kugelrund, von der Grösse einer Wallnuss bis zu der einer Apfelsine. Sie enthalten (in Procenten): Wasser: 75.9761; Weichharz: 1.1904; Harzsäure (bisamriechend): 0.4705; Gerbsäure (Eisensalze grünfällend): 1.1666; eiweissartige Substanzen: 0.7843; Glucose: 0.3236; inulinartige Substanz: 0.2941; phosphorsauren Kalk: 0.9804; Dextrin, Schleim, organische Säure und anorganische Salze etc.: 5.4019; Faserstoff 13.4121. — Zum Schlusse gibt Verf. eine Zusammenstellung der Zusammensetzung von 3 verschiedenen Tribus angehörigen Balanophoreen:

.	Helosis-blüthe	Helosis-knolle	Scybalium-pflanze	Lophophy-tum-knolle
Fettes Oel	0.6	—	—	0.256
Weichharz	1.4	1.1904	0.0735	—
Harzsäure	0.172	· 0.4705	0.1746	—
Farbstoff.	1.001	—	—	5.858
Bitterstoffe	—	—	0.1659	0.114
Gerbsäure	1.627	1.1666	—	0.152
Alkaloïdartige Substanz . . .	—	—	0.005	0.006
Stärkemehl	1.3039	—	1.974	4.557
Glucose	1.6274	0.3236	0.6847	0.239
Eiweissartige Substanzen . . .	1.2058	0.7843	0.034	0.692
Extractivstoffe	—	—	0.31	1.703
Dextrin, Pectinstoffe, Schleim, anorganische u. organische Salze	4.5294	6.3823	2.5362	14.451
Faserstoff	6.5335	13.4121	1.3181	22.886
Wasser	80.0000	75.9761	92.724	49.086
Trockensubstanz	20.0000	24.0239	7.276	50.914

167. **R. Gnehm. Ueber Umwandlung von Cumarin und Cumarsäure in Körper der Indigogruppe.** (Berichte der Deutschen Chemischen Gesellschaft S. 262.)

Wir entnehmen diesem Referate das befolgte Verfahren zur Darstellung des Cumarins: eine Mischung von 20 g Salicylaldehyd, 50 g Essigsäureanhydrid, 250 g trockenem essigsaurem Natrium wird im Oelbad ca. 10 Minuten auf 140^0 erhitzt, nach dem Erkalten mit

Wasser versetzt, um das gebildete Cumarin nebst Salicylaldehyd abzuscheiden. Das ölige Product wird gewaschen und destillirt; Ausbeute ca. 9 g.

168. **R. Nasini. Ueber das specifische Drehungsvermögen des Parasantonids.** (Berichte der Deutschen Chemischen Gesellchaft S. 1512.)

Verf. hat, im Anschluss an seine mit Carnelutti ausgeführte Untersuchungen (s. diesen Bericht für 1880, I, S. 391, No. 135) das Drehungsvermögen des Parasantonids, unter Benutzung von Chloroform, Alkohol und Essigsäureanhydrid als Lösungsmittel, genauer bestimmt und die Resultate in einer Tabelle zusammengestellt, auf welche wir verweisen müssen.

IV. Gerbstoffe.

169. **J. Loewenthal. Zur Gerbstoffbestimmung.** (Zeitschrift für analytische Chemie. 20. Jahrg., S. 91.)

Bei Ausführung der vom Verf. früher (s. diesen Bericht für 1877, S. 628) angegebenen Gerbstoffbestimmung ist es, nach Mittheilung von Dr. Seippel in Barmen, sehr vortheilhaft, nach Zusatz des sauren Wassers zu der Mischung von Gerbstoff und Leimlösung etwa 5 Minuten lang stark zu rühren; man erhalte dadurch eine leicht filtrirbare, klare Lösung.

170. **F. Strohmer. Ueber das Vorkommen von Ellagsäure in der Fichtenrinde.** (Sitzungsberichte der mathem.-naturwiss. Classe der Wiener Akademie, Band 84, Abth. 2, S. 541.)

Verf. fand in der Stammrinde von *Abies excelsa* DC. neben der Fichtenrindengerbsäure: Ellagsäure, aber keine Gallussäure.

171. **Julius Loewe. Ueber die Gerbsäure der Eichenrinde.** (Zeitschrift für analytische Chemie, 20. Jahrg. S. 208.)

10 kg bester Eichenrinde wurden erschöpfend mit 90procentigem Weingeist behandelt und die Auszüge bei möglichstem Luftabschluss zur Entfernung des Alkohols destillirt. Der erhaltene syrupartige Rückstand ward mit dem 8—10fachen Volum heissen Wassers verflüssigt und einige Tage zur Klärung stehen gelassen. Die klare Lösung wurde durch Eintragen von reinem festem Kochsalz gesättigt, wodurch eine starke rothbraune Fällung A entstand. — Die gesättigte Kochsalzlösung wurde durch Schütteln mit Aether erschöpft (Gallussäure wurde so entfernt), der Aether auf dem Wasserbade entfernt und nun mit reinem Essigäther erschöpft; die Eichenrindengerbsäure wurde so entzogen und aus dem Essigäther als glänzende, rothbraune, leicht abspringende Masse erhalten. Formel: $C_{28} H_{30} O_{15}$. Die Säure einer anderen Darstellung entsprach der Formel: $C_{28} H_{28} O_{14}$. — Der in Kochsalzlösung unlösliche Theil A wurde weiter gereinigt; die Zusammensetzung der reinen Masse führte zu der empirischen Formel: $C_{28} H_{24} O_{12}$, einem Anhydrid der löslichen Gerbsäure. Mit verdünnten Säuren in geschlossenem Rohre auf 108—110° 8 Tage lang erhitzt, wurde die Säure in Eichenroth: $C_{28} H_{22} O_{11}$ (unter Austritt von Wasser) übergeführt; Zucker konnte in der Flüssigkeit nicht nachgewiesen werden. (S. die Untersuchungen von Etti: diesen Bericht für 1880, I, S. 407.)

172. **C. Böttinger. Ueber den Zucker der Eichenrindegerbsäure.** (Berichte der Deutschen chemischen Gesellschaft, S. 1598.)

Verf. hat im Verlauf seiner Untersuchungen über Lohgerberei etc. den aus der Eichenrindegerbsäure entstehenden Zucker als gewöhnlichen Traubenzucker erkannt.

173. **C. Etti. Ueber Laevulin in der Eichenrinde.** (Berichte der Deutschen chemischen Gesellschaft, S. 1826.)

Bemerkt gegenüber der in vor. No. besprochenen Mittheilung von Böttinger, dass dieser, wie aus seiner Abhandlung hervorgeht, Eichenrindengerbsäure in Substanz, zur Analyse verwendbar, nicht in Händen hatte und desshalb auch nicht berechtigt sei, diese Säure für glucosidisch zu erklären etc. — Verf. selbst hat seine eigenen Untersuchungen (s. diesen Bericht für 1880, I, S. 407) über diesen Gegenstand fortgesetzt und aus der benutzten Eichenrinde Quercit und Lävulin dargestellt. „Das Vorkommen des Lävulins in der Eichenrinde scheint mir die alleinige Ursache gewesen zu sein, dass Diejenigen Zucker finden konnten, welche den Gerbstoff zum Zweck seiner Darstellung aus einem Auszuge der

Eichenrinde mit Bleiacetat fällten und ihn im bleifreien Zustande in der Wärme mit verdünnter Schwefelsäure behandelten."

174. A. Raabe. Beitrag zur Kenntniss der Gerbsäure der Ratanhiawurzel. (Pharmaceut. Zeitschr. für Russland. 1880. No. 19.)

Widersprechende Angaben verschiedener Forscher über diese Säure erklärt der Verf. durch die Unreinheit des untersuchten Productes, weswegen er seine Aufmerksamkeit zuerst auf ihre Gewinnung in reinem Zustande lenkte. Zu diesem Zwecke benutzte er die Methode Löwe's (Zeitschr. für anal. Chemie, 1872), welche er folgendermassen veränderte. Die zerriebene Ratanhiawurzel wurde im Dampfbade mit destillirtem Wasser ausgekocht, das Decoct colirt und bis zur Consistenz dünnen Extractes abgedampft. Um den Farbstoff fortzuschaffen, versetzt man diese dunkelbraune Flüssigkeit zuerst mit einer kleinen Quantität $Na Cl$ in Stücken und rührt fleissig um, bis die überstehende Flüssigkeit anfängt heller zu werden, dabei wird fast sämmtlicher Farbstoff als eine dunkle Masse abgeschieden. Die überstehende Flüssigkeit wird abfiltrirt und mit $Na Cl$ im Ueberschuss versetzt, worauf sich nun aller Gerbstoff vollständig ausscheidet und beim Ausschütteln mit Essigäther in diesen übergeht. Die ätherische Gerbsäurelösung wird nun abgetrennt, von ihr der Essigäther abdestillirt und der Rückstand getrocknet. Die gummiartige Masse wird in kaltem Wasser gelöst und mit Schwefeläther ausgeschüttelt, bis die untere, vorher trübe Flüssigkeit vollständig klar geworden ist; nun wird der Aether abgetrennt und durch Erwärmen der Rest verjagt; darauf versetzt man die wässerige Flüssigkeit wieder mit $Na Cl$ und schüttelt sie mit Essigäther aus. Nach der Abdestillirung des letzteren und des Austrocknens im Wasserbade bekommt man Ratanhiagerbsäure in reinem Zustande: ein hellgelbes, leichtes, amorphes Pulver, das in kaltem Wasser oder Alkohol sehr leicht und klar löslich ist; in reinem Aether ist es kaum löslich. Mit Eisenoxydsalzen giebt diese Säure grüne Färbung; essigsaurer Kalk und essigsaures Barium, sowie auch Brechweinstein, bewirken keine Niederschläge. Beim Verbrennen auf Platinblech hinterlässt sie keinen Rückstand, enthält nicht Stickstoff. Die Elementaranalyse gab $C - 59.60$, $H - 4.87$ und $O - 35.53\,^0/_0$; die Analyse der Blei- und Kupfersalze gab die Formel für diese Säure: $C_{20} H_{20} O_9$; dem Blei- (Kupfer-) Salz kommt die Formel $C_{20} H_{18} Pb O_9$ zu. Beim 20 stündigen Erhitzen im Dampfbade in zugeschmolzenen Röhren mit $5\,^0/_0$ Schwefelsäure wird die Säure vollständig zersetzt: es scheidet aus ein röthlichbrauner Stoff, der in Wasser und Aether unlöslich und in Alkohol und Alkalien enthaltendem Wasser löslich ist. Seine Elementaranalyse gab: $C - 62.75$-$H - 4.81$ und $O - 32.44\,^0/_0$, was der Formel $C_{20} H_{18} O_6$ entspricht; sein Entstehen lässt sich nach der Gleichung $C_{20} H_{20} O_9 - H_2 O = C_{20} H_{16} O_8$ vorstellen. Die Flüssigkeit wurde nach der Methode von Rembold (Ann. d. Chem. und Ph., 143) auf Gehalt an Zucker untersucht, jedoch keine Spur gefunden. Durch Schmelzen der Gerbsäure mit Aetzkali entstehen Protocatechusäure und Phloroglucin; bei der trockenen Destillation im CO_2-Strome entsteht Brenzcatechin. Diese drei Producte geben nicht nur Gerbsäure selbst, sondern auch Ratanhiaroth, sowohl das aus ihr künstlich dargestellte, als auch das in der Ratanhiawurzel präformirte (dieses letztere hat aber eine andere procentische Zusammensetzung als das künstlich bereitete). Ratanhiawurzel enthält keine Gallussäure. **Batalin.**

175. A. Raabe. Sur le tannin du rataneia. (Répertoire de Pharmacie nouv. sér. t. 9, p. 27. — Nach Pharm. Zeitschrift für Russland, 19. 577.)

Der aus der Ratanha dargestellten Gerbsäure kommt die Formel: $C_{20} H_{20} O_9$ zu; dieselbe liefert, mit 5 procentiger Schwefelsäure im geschlossenen Rohre erhitzt: ein braunrothes festes Harz, aber keinen Zucker. Dem Ratanharoth kommt die Formel: $C_{20} H_{18} O_8$ zu; dasselbe entsteht aus der Gerbsäure unter Elimination eines Mol. OH_2.

176. C. Etti. Beiträge zur Kenntniss des Catechins. (Sitzungsberichte der Mathemat.-Naturw. Classe der Wiener Akademie, Bd. 84, Abth. 2, S. 553.)

Veranlasst durch die Mittheilungen von Gautier (s. diesen Bericht f. 1877, S. 629 und 630, f. 1878, I, S. 270) über verschiedene in den Catechusorten enthaltene Catechine hat Verf. seine Untersuchungen über denselben Gegenstand (s. diesen Bericht f. 1877, S. 629) wieder aufgenommen. E. überzeugte sich, dass das aus dem Würfel-Gambircatechu und das aus dem Pegucatechu darstellbare Catechin identisch sind (gegen Gautier).

Zahlreiche Analysen führten für das Catechu zu der Formel: $C_{18} H_{18} O_8$. — Trocknet man das geschmolzene (Schmelzpunkt 140°) und pulverisirte Catechin bei 155—160°, so verliert es noch Wasser: das entstandene Anhydrid: $C_{36} H_{34} O_{15} = 2 C_{18} H_{18} O_8 — OH_2$ findet sich ebenfalls in beiden Catechusorten und bildet den eigentlichen Gerbstoff, das Phlobaphen (Catechugerbsäure). — Zur Ermittelung der Moleculargrösse des Catechins wurde die Diazobenzolverbindung desselben dargestellt; die Untersuchung der Krystalle dieses Körpers bestätigte die Formel: $C_{18} H_{18} O_8$. — Mit Schwefelsäure unter 140° erhitzt lieferte das Catechin Brenzcatechin und Phloroglucin, welche Producte auch bei der Einwirkung von Salzsäure, von schmelzendem Kali, der trockenen Destillation des Catechins erhalten wurden. — Verf. betrachtet, gestützt auf seine Untersuchung, das Catechin als entstanden aus 1 Mol. Brenzcatechin und 2 Mol. Phloroglucin unter Austritt von 2 Mol. Wasser, „die dann allerdings mit der neuen Substanz vereinigt bleiben": $C_6 H_6 O_2 + 2 C_6 H_6 O_3 = C_{18} H_{14} O_6 + 2 OH_2$. — Synthetische Versuche, Catechin aus Brenzcatechin und Phloroglucin zu erzeugen, führten zu keinem Resultate. — Für das früher (s. diesen Bericht für 1877, S. 629) untersuchte Catechin nimmt Verf. jetzt die Formel: $C_{19} H_{20} O_8$ an, indem er diese Substanz für ein Methylderivat des jetzt untersuchten Catechins ansieht.

177. **S. de Luca. Ueber das in der Castanea vesca enthaltene Tannin.** (Referat der Berichte der Deutschen Chemischen Gesellschaft S. 2251 nach Gazz. chim. 257.)

Das Tannin konnte in allen Theilen des Baumes, Samen ausgenommen, nachgewiesen werden.

178. **P. N. Arata. Chemische Untersuchungen der Persea Lingue und des darin enthaltenen Tannins.** (Ref. d. Berichte d. Deutsch. Chem. Gesellsch., S. 2251 nach Gazz. chim. 245.)

Die Rinde der *Persea Lingue* enthält 24.63 % Tannin, welches als röthlichweisses Pulver an der Luft immer dunkler wird, das Volumgewicht 1.352 hat und entsprechend der Formel: $C_{17} H_{17} O_9$ zusammengesetzt ist; bei der trockenen Destillation liefert es Brenzcatechin, mit Salpetersäure oxydirt: Pikrinsäure und Oxalsäure, mit Kali: Phloroglucin und wahrscheinlich Protocatechusäure.

V. Indifferente Stoffe.

179. **Richard H. Groves. Borntraeger's Aloës test.** (The american Journal of Pharmacy vol. 53 [4. ser. vol. 11] p. 416.)

H. Bornträger giebt (Zeitschrift für analytische Chemie, 19. Jahrg., S. 165, 1880) zum schnellen Nachweis der Aloë in Elixiren, Liqueuren und im Biere folgende Methode an: „Schüttelt man eine kalt bereitete alkoholische Aloëtinctur mit Aether oder besser mit Benzin kräftig durch, so färbt sich das Benzin schwach gelblich-grün; fügt man alsdann zu einer klar abgegossenen Probe des Benzins einige Tropfen Ammoniaksolution und erwärmt unter leichtem Schütteln die Lösung, so färbt sich das Ammoniak sofort schön violett-roth." Am günstigsten wirkt eine concentrirte Ammoniaksolution, doch kann man auch fixe Alkalien, Kalkwasser etc. nehmen. Auf Zusatz einer Säure schwindet die rothe Farbe. Durch die beschriebene Reaction kann Aloë noch in einer Verdünnung von 1 : 5000 nach kräftigem Schütteln nachgewiesen werden. Die übrigen Bitterstoffe sowie das Haematoxylin zeigen dieses Verhalten gegen Benzin und Ammoniak nicht. Das zu untersuchende Bier etc. schüttelt man mit dem zweifachen Volum Benzin. — Verf. hat zur Anstellung der Bornträger'schen Reaction verschiedene Aloësorten benutzt. 40-, 10-, 5-, 2- und 1procentige, alkoholische Lösungen von Barbadoes-, Socotra-, Cap-, Natal- und Lebaraloë wurden geprüft. Die 1procentige Lösung der Barbadoes-, Socotra- und Lebaraloë lieferte rothe Reaction, die der Capaloë rothe mit einem Stich in Braun und die der Nataloë eine sehr schwache rothe Färbung. Schwächere Lösungen als die 1procentige sind von Nataloë zur Reaction unbrauchbar; selbst von der Barbadoesaloë lieferte eine Lösung von 1 : 250 eine kaum genügende Reaction. Das reine Aloïn giebt die Reaction nicht.

180. **E. Schmidt und Emil Loewenhardt. Beiträge zur Kenntniss der Bestandtheile der Kokkelskörner.** (Berichte der Deutschen Chemischen Gesellschaft, S. 817.) S. a.:
E. Loewenhardt. Beiträge zur Kenntniss des Pikrotoxins. (Zeitschrift für die ges. Naturwissenschaften 1880, Bd. 53, S. 535.)

Verff. theilen die Resultate ihrer Untersuchungen über den wirksamen Bestandtheil der Kokkelskörner mit. Entgegen den Ansichten von Barth und Kretschy (s. diesen Bericht für 1880, I, S. 410), welche das Pikrotoxin für ein Gemenge von Pikrotoxinin und Pikrotin halten, erklären Verff. das Pikrotoxin für ein chemisches, allerdings leicht zersetzbares Individuum. Für diese Ansicht spricht der constante Schmelzpunkt 199—200⁰ (Pikrotin schmilzt bei 240—245⁰), der mangelnde Krystallwassergehalt (Pikrotoxinin krystallisirt mit 1 Mol.), die äusserst geringe Veränderung, welche das Pikrotoxin erleidet, wenn es unter sehr häufigem Umschütteln 24 Stunden lang dreimal mit der 200—250fachen Menge kalten Benzols in Berührung bleibt (von einem Gemisch aus Pikrotoxinin und Pikrotin würde nur letzteres ungelöst zurückbleiben). — Verff. nehmen, auf Grund der Resultate vieler Analysen, für das Pikrotoxin die Formel $C_{36} H_{40} O_{16}$ an. — Verff. fanden ferner, dass das Pikrotoxin durch wiederholtes 6stündiges Aufkochen mit der 50fachen Menge Benzol zerlegt wird in einen in Benzol leicht löslichen Bestandtheil $C_{15} H_{16} O_6$: das Pikrotoxinin, und einen schwer löslichen Bitterstoff: Pikrotin: $C_{21} H_{21} O_{10}$. — Das Pikrotoxinin bildet rhombische, bei 200—201⁰ schmelzende Tafeln, mit 1 Mol. Krystallwasser; das Monobrompikrotoxinin wurde untersucht: $C_{15} H_{15} Br O_6$. — Das Pikrotin schmilzt bei 240—245⁰. — Auch durch Brom wird das Pikrotoxin gespalten. — Verff. erhielten aus den Kokkelskörnern noch eine zweite, nicht bitter schmeckende Substanz in feinen, weissen, in Alkohol und Aether fast unlöslichen Nadeln: das Cocculin: $C_{19} H_{26} O_{10}$.

181. E. Paterno und A. Oglialoro. Untersuchungen und Betrachtungen über die chemische Natur des Pikrotoxins. (Referat der Berichte der Deutschen Chemischen Gesellschaft, S. 539, nach Gazz. chim. 36—52.)

Verff., welche sich früher schon (s. diesen Bericht für 1877, S. 631) mit der Untersuchung des Pikrotoxins beschäftigt hatten, sprechen sich, auf Grund ihrer weiter fortgeführten Untersuchungen über die Abhandlung von Barth und Kretschy (s. diesen Bericht für 1880, I, S. 410) dahin aus, dass ihr Pikrotoxidhydrat mit dem Pikrotin von Barth und Kretschy identisch sei. — Für das Pikrotoxin, welches sie für eine einheitliche Substanz halten, berechnen Verff. die Formel: $C_{30} H_{34} O_{18}$, für das Pikrotin (Pikrotoxidhydrat) die Formel: $C_{15} H_{16} O_6$. „Das von Barth und Kretschy entdeckte neue Pikrotoxin (Schmelzpunkt 201⁰) steht nach den Verff. in naher Beziehung zu ihrem Pikrotoxid (Schmelzpunkt 310⁰), insofern letzteres das Polymere des Pikrotoxins von Barth und Kretschy ist; für dieses schlagen Verff. den Namen Pikrotoxinin vor.

182. L. Barth und M. Kretschy. Zur Pikrotoxinfrage. (Sitzungsberichte der Mathemat.-Naturwiss. Classe der Wiener Akademie, Bd. 84, Abth. 2, S. 1119.)

Veranlasst durch die vorstehend besprochenen Arbeiten von Paterno und Oglialoro, sowie von Schmidt und Loewenhardt, halten Verf. an ihrer früheren Ansicht (s. diesen Bericht für 1880, I, S. 410) über die Natur des Pikrotoxins fest.

183. H. B. Parsons. The constituents of Damiana. (Yearbook of Pharmacy p. 159.)

Verf. fand in der *Damiana (Turnera Aphrodisiaca)* in Procenten: Wasser 9.06; Asche 8.37; Chlorophyll, weiches Harz, flüchtiges Oel 8.06; hartes, braunes Harz 6.39; Zucker, Farbstoff und Extractivstoff 6.42; Tannin 3.46; Bitterstoff 7.08; Gummi 13.50; Stärke 6.15; saure und alkalische Extracte 10.02; Albuminoïde 14.88; Cellulose 5.03. — Die Menge des ätherischen Oeles beträgt 0.2 %. Der Bitterstoff ist amorph, hellbraun, unkrystallisirbar, Nfrei, kein Glucosid, in Wasser und Alkohol löslich, in Aether, Chloroform, Benzol unlöslich.

184. H. Vassal. Recherches sur les stigmates de maïs. (Journal de Pharmacie et de Chimie, 5. sér., t. 4, p. 158.)

Verf. untersuchte die *Stigmata Maïdis* und fand darin einen in Wasser und 63procentigem Alkohol löslichen Bitterstoff, ferner durch Kali verseifbares, in Aether lösliches Fett, kein Alkaloïd.

185. F. Hoppe-Seyler. Ueber das Chlorophyll der Pflanzen. 3. Abtheilung. (Zeitschrift für physiologische Chemie, Bd. 5, S. 75.)

Verf. berichtet weiter über seine Untersuchungen (s. diesen Bericht für 1879, I, S. 365, für 1880, I, S. 413) des Chlorophylls. — Verf. fand, dass beim Kochen mit alkoholischer Kalilauge die spectroskopischen Erscheinungen des Chlorophyllans ebenso wie die rothe Fluorescens der Lösung unverändert bleiben, dass durch dies einstündige Kochen aber der phosphorhaltige Antheil des Chlorophyllans abgetrennt werde unter Bildung einer Säure, der Chlorophyllansäure. Die Lösungen ihrer Alkalisalze haben olivengrüne Farbe, schwache, rothe Fluorescens, im Spectrum Bänder zwischen B und C und (weniger dunkel) E und F. Die Säure, in Aether löslich, scheidet sich in undurchsichtigen, blauschwarzen, metallisch glänzenden rhomboëdrischen Krystallen aus. Das Kalisalz ist in Alkohol sehr schwer löslich. Die Säure enthält noch Stickstoff. — Die neben dieser Säure entstehende phosphorhaltige Substanz wurde als Glycerinphosphorsäure erkannt. Als weiteres Product der Einwirkung des alkoholischen Kalis auf Chlorophyllan konnte noch Cholin nachgewiesen werden. — Auf Grund dieser Untersuchungen hält es der Verf. für sehr wahrscheinlich, „dass das Chlorophyllan nicht mit Lecithin verunreinigt, sondern eine Verbindung mit Lecithin oder selbst ein Lecithin ist".

186. **R. Sachsse. Beiträge zur Kenntniss des Chlorophylls.** (Chemisches Centralblatt, 3. Folge, 12. Jahrgang, S. 169, 185, 236.)

Zur Darstellung der Chlorophylllösung dienten theils Blätter von *Primula elatior*, theils solche von *Allium ursinum*, welche in Portionen von je 60 kg durch Abkochen mit Wasser getödtet wurden; die abgepressten Blätter wurden zweimal mit Spiritus und dann mit leichtem Petroleumbenzin von 0.7 spec. Gew. in der Siedehitze behandelt. Die tief dunkelgrün gefärbten Alkohol- und Benzinauszüge bleiben vereinigt mehrere Tage stehen, um Zeit zu lassen, dass der gelbe Farbstoff in den Alkohol, der grüne in das Benzin übergeht. Schliesslich wird die aufschwimmende Benzinlösung abgehoben und — ohne jede weitere Reinigung — zu den Untersuchungen benutzt. Letztere betrafen die reducirende Wirkung des Natriums, durch welche nach längerer Zeit in der Lösung eine Trübung, dann ein voluminöser Niederschlag hervorgerufen wird; dieser ist dunkelgrün, fast schwarz, von seifenartiger Consistenz, in absolutem Alkohol leicht löslich zu feuriggrüner, prachtvoll fluorescirender Flüssigkeit. Optisch stimmt der Farbstoff mit dem Chlorophyll sehr überein. Metallsalze verursachen in dessen Lösung voluminöse Niederschläge, während in dem Filtrat ein Kohlehydrat enthalten ist; ähnlich wirken Säuren, selbst Kohlensäure. Hierbei wurde auch eine ölförmige Masse, ein „Fett" erhalten. Wir müssen auf die Abhandlung verweisen.

187. **Sam. P. Sadtler and Wm. L. Rowland. Preliminary notice of a new vegetable coloring matter.** (The american Journal of Pharmacy, vol. 53, 4. ser., vol. 11, p. 49.)

Seit wenigen Monaten kommt von der Westküste Afrikas ein Beth-a-barra genanntes Holz in den Handel, welches sehr zähe, compact, von der Farbe des schwarzen Nussholzes ist und eine sehr schöne Politur anzunehmen vermag. Die zwischen den einzelnen Fasern befindlichen Räume sind mit gelbem Krystallpulver angefüllt; in dieser Beziehung unterscheidet sich das untersuchte Holz von dem Campeche-, Gaban- und Sandelholze, bei welchen der Farbstzff gleichmässig auf die Fasern etc. vertheilt ist, und erinnert mehr an Rhabarber, Araroba oder Goapulver, bei welchen ebenfalls der Farbstoff krystallinisch in den Interstitien auftritt. — Der Farbstoff wurde dargestellt aus den Säge- und Raspelspähnen des Holzes durch Erhitzen mit Wasser, dem eine kleine Menge Natriumcarbonat zugesetzt war; es wurde so ein tief weinrothes Filtrat erhalten, aus welchem Zusatz von Essigsäure den Farbstoff in feinen Flocken ausschied. Letztere wurden, gewaschen, in heissem 80 procentigen Alkohol gelöst; beim Erkalten scheiden sie sich krystallinisch aus. Die reine Substanz bestand aus geschmacklosen, gelben Schuppen oder Nadeln (Prismen), welche in kaltem Wasser unlöslich, in heissem Wasser wenig, in Alkohol und Aether leicht löslich sind. Eine Spur Alkali färbt die Lösung tief weinroth. Die Krystalle schmelzen bei 135°. Als Formeln wurden berechnet: $C_{28} H_{29} O_5$ oder $C_{22} H_{23} O_4$ für die bei 125° getrocknete Substanz und $C_{2b} H_{29} O_5 + 3 H_2 O$ für die bei 100° C. getrocknete Masse. — Verf. hat diesen Farbstoff mit Haematoxylin verglichen; Natriumamalgam wirkt auf Haematoxylin nicht ein, mit Beth-a-barra liefert es eine weisse, aus feinen Nadeln bestehende Verbindung. Haematoxylin wird in ätherischer Lösung von Salpetersäure schon in der Kälte schnell oxydirt, Beth-a-barra nur von heisser, concentrirter Säure unter Bildung eines weissen krystallinischen Productes. Haematoxylin liefert, mit Kalihydrat geschmolzen, Pyrogallussäure, Beth-a-barra nicht. Ammoniak wirkt auf Haematoxylin oxydirend, auf Beth-a-barra nicht.

Reagentien	Brasilin	Haemato- xylin	Santalin	Beth-a- barra
Alkalien lösen . . .	weinroth	purpurröthlich	rosenroth	weinroth
Schwache Säuren . .	fällen orange	lös. rosenroth ·	fäll. hellroth	fäll. gelb
Concentr.Säuren lösen	gelb	rosenroth	dunkelroth	gelb
Alaunlösung	f. carmoisinroth	l. gelb in violett übergehend	fällt	fällt
Kalkwasser	f. „	f. purpurblau	f. röthlichbraun	l. weinroth
Eisenoxydulsalze fällen	purpurschwarz	bläulichschwarz	röthlichviolett	schön röthlich- chocoladen
Eisenoxydsalze fällen	bräunlichroth	schwarz	röthlichbraun	chocoladenbraun
Kupfersalze	f. „	l. purpurn	f. roth	f. braun in gelb übergehend
Bleisalze	f. carmoisinroth	l. violett	f. röthlichviolett	f. ziegelroth
Quecksilbersalze . .	f. gelb	l. gelb	f. scharlach	f. orangegelb
Silbersalze fällen . .	gelb	grau	röthlichbraun	tiefroth
Brechweinstein . . .	f. rosenroth	l. purpurn	f. kirschroth	f. orange
Zinnchlorür fällt . .	roth	„	roth	gelb
Natriumaluminat fällt	weinroth	„	„	weinroth

Verff. haben den Farbstoff auch noch mit der Chrysophansäure verglichen; letztere schmilzt bei 162° C., löst sich in Alkalien, Ammoniak mit tiefrother Farbe. Mit Zinkstaub erhitzt, liefert die Chrysophansäure: Methylanthracen, der Beth-a-barra-Farbstoff aber phenolähnliche, nach Holztheerkreosot riechende, in Alkalien mit violetter Farbe lösliche Körper. — Auch das Chrysarobin unterscheidet sich wesentlich von dem neuen Farbstoff.

188. **C. Loring Jackson. Ueber Curcumin.** (Berichte der Deutschen Chem. Gesellschaft, S. 485.)

Verf. hat sich bemüht, die Zusammensetzung des Curcumins besser, als bisher geschehen, festzustellen. Das zu diesen Untersuchungen dienende Präparat wurde vom Verf. selbst aus bengalischer Curcumawurzel dargestellt und bildet gelbe, zu sternförmigen Gruppen vereinigte, bei 177—178° schmelzende Prismen. Die Resultate der angeführten Analysen dieser Substanz stimmen gut zu der Formel: $C_{14} H_{14} O_4$. Salze des Curcumin konnten nicht analysirt werden, weil sie nicht stabil genug sind.

189. **E. Jahns. Ueber das Kaempferid.** (Berichte der Deutschen Chemischen Gesellschaft, S. 2385.)

Verf. hat das von Brandes früher aus der Galangawurzel dargestellte Kaempferid einer Untersuchung unterzogen, welche zu dem Resultate führte, dass diese Masse ein Gemenge mehrerer Körper sei, welche Verf. als Kaempferid, Alpinin und Galangin unterscheidet. — Die schwefelgelben, flachen Nadeln des Kaempferids schmelzen bei 221—222°; aus den Resultaten der Elementaranalysen berechnet sich die Formel: $C_{16} H_{12} O_6 + OH_2$. Dargestellt wurde eine Blei- und Barytverbindung, sowie ein Diacetyl- und Dibenzoyl- und Dibromderivat. Durch Oxydation mit Salpetersäure entsteht aus dem Kaempferid: Anissäure und Oxalsäure. Mit Aetzkali geschmolzen, entstehen Phloroglucin, Oxalsäure, Ameisensäure.

190. **E. Jahns. Ueber Galangin und Alpinin.** (Berichte der Deutschen Chem. Gesellschaft, S. 2807.)

Das Galangin: $C_{15} H_{10} O_5$ bildet hellgelbe, schmale, sechsseitige Tafeln, welche in Wasser fast unlöslich, bei 214—215° schmelzen. Dargestellt wurde eine Bleiverbindung, ein Triacetyl- und Dibromgalangin; mit Salpetersäure oxydirt, entsteht Benzoësäure und Oxalsäure, mit Kali geschmolzen dieselben Producte. — Alpinin zeigte den Schmelzpunkt 172—174°: hellgelbe Nadeln der Zusammensetzung: $C_{17} H_{12} O_6$.

191. W. Halberstadt und M. A. von Reis. **Zur Kenntniss des Haemateïns.** (Berichte der Deutschen Chemischen Gesellschaft, S. 611.)

Haemateïn, bisher nur gewonnen durch Oxydation des Haematoxylins, konnte Verf. in schön metallglänzenden rothen Krystallen darstellen durch directes Ausziehen des fermentirten Campecheholzes mit Aether. Die Ausbeute betrug 1 Procent. Die Resultate der mit dem Präparate ausgeführten Analysen stimmten zu der Formel $C_{16} H_{12} O_6$. Die Substanz ist in Wasser, Alkohol etc. sehr schwer löslich.

192. F. Jean. **Sur le titrage de l'oenoline et de l'oenotannin dans les vins.** (Comptes rendus t. 93, p. 966.)

Verf. fand, dass das Oenolin ähnlich wie Gerbsäure: Jodlösung zu entfärben vermag, derart, dass 100 Th. Tannin 61.7 Th. Oenolin entsprechen. Verf. gründet hierauf eine Methode zur Titrirung des Farbstoffgehalts des Rothweins. (s. d. Abh.)

VI. Kohlenhydrate.

193. Th. Pfeiffer und B. Tollens. **Ueber Verbindungen von Kohlenhydraten mit Alkalien.** (Liebig's Annalen der Chemie, Band 210, S. 285.) — **Th. Pfeiffer.** **Ueber Verbindungen einiger Kohlenhydrate mit Alkalien,** Diss. Göttingen. 8⁰. 37 S.

Verf. haben zur Feststellung der Moleculargrösse verschiedener Kohlenhydrate Derivate derselben darzustellen versucht; sie untersuchten die Natriumverbindung der Stärke: $C_{21} H_{39} Na O_{20}$ resp. $C_{21} H_{41} Na O_{21}$, Stärkekalium, Rohrzuckernatrium, Dextrinnatrium, Inulinnatrium. Die Resultate fassen die Verf. also zusammen: „Ein Urtheil über die Moleculargrösse der Körper der Stärkereihe lässt sich mit Hülfe der Alkaliverbindungen dieser Kohlenhydrate gewinnen, doch sind die von uns gefundenen Formeln aus den oben dargelegten Gründen vielleicht nicht völlig genau, vielleicht auch nur als Minimalgrösse zu betrachten. — Der Stärke kommt unter obigen Reserven die Formel $C_{24} H_{40} O_{20}$ oder $C_{24} H_{42} O_{21}$ zu, welche vier alte Stärkegruppen $C_6 H_1 O_5$ umfasst. — Die Formel des Rohrzuckers $C_{12} H_{22} O_{11}$ wird durch die auch von uns gefundene Zusammensetzung seiner Natriumverbindung bestätigt. — Das Inulin besitzt eine Formel mit 12 Atomen Kohlenstoff, d. h. $C_{12} H_{20} O_{10}$ oder $C_{12} H_{22} O_{11}$ und eine Parallelstellung derselben mit der Stärke ist daher unhaltbar. — Dextrin hat weniger stimmende Resultate ergeben, doch folgte aus den erhaltenen Zahlen, dass die Moleculargrösse des Dextrins viel geringer ist als diejenige der Stärke und sich mehr derjenigen der Zuckerarten und des Inulins nähert. — Amylodextrinnatrium aus rohem Amylodextrin hat Zahlen ergeben, welche sich denen der entsprechenden Stärkeverbindungen nähern. Durch Ausfrieren, Ausfällen und andere Manipulationen gewonnene Amylodextrine haben dagegen Zahlen geliefert, welche mehr oder weniger mit denen des Dextrins, des Inulins, des Rohrzuckers übereinstimmen.

194. E. Fremy et Urbain. **Etudes chimiques sur le squelette de végétaux.** (Comptes rendus t. 93, p. 926.)

Die in dem Pflanzenskelet vorkommenden Substanzen unterscheiden sich durch folgende Eigenschaften. Die Pectose wird durch Einwirkung von Alkalicarbonat löslich gemacht, durch Salzsäure aus der Lösung in gelatinöser, unlöslicher Form gefällt. — Die Cellulose, Paracellulose und Metacellulose lösen sich ohne Färbung in concentrirter Schwefelsäure; die Cellulose löst sich sofort in ammoniakalischer Kupferlösung, die Paracellulose erst nach ihrer Behandlung mit Säuren, die Metacellulose gar nicht, wohl aber schnell in Salpetersäure und unterchlorigsauren Salzen. — Die Vasculose, der Hauptbestandtheil der Gefässe, ist in ammoniakalischer Kupferlösung unlöslich, widersteht lange der Wirkung concentrirter Schwefelsäure, wird aber schnell von Chlor und Hypochloriten, Salpetersäure, Chromsäure, Kaliumpermanganat etc. angegriffen und in harzige, in Alkalien lösliche Säuren verwandelt; auch caustische Alkalien lösen die Vasculose in der Wärme und unter Druck auf. — Die Cutose unterscheidet sich von der Vasculose dadurch, dass erstere von verdünnten Alkalien schon bei gewöhnlichem Drucke schnell gelöst wird. — Verff. haben alle Theile der Pflanzen untersucht. Das Holz

		Vasculose	Cellulose u. Paracellulose
der Pappel	enthielt . .	18	64
„ Eiche	„ . .	28	53
des Buchsbaums	„ . .	34	28
„ Ebenholzes	„ . .	35	20
„ Guajaks	„ . .	36	21
„ Eisenholzbaums	„ . .	40	27

Mit der Härte und Dichte des Holzes nimmt die Menge der Vasculose zu. — Das Parenchym des Hollunderstrauches enthielt: 37 Cellulose, 38 Paracellulose und 25 Vasculose. — Der gewöhnliche Kork bestand aus: 5 % in Säuren und Alkalien löslich, 43 Cutose, 29 Vasculose und 12 Cellulose und Paracellulose. — Analyse der Wurzeln der *Paulownia*.

	Kork	Bast	Holz
In Wasser und Alkalien löslich . .	45	56	47
Vasculose	44	34	17
Paracellulose	4	4	30

Die Blätter des Epheus enthielten: Wasser und in neutralen Flüssigkeiten lösliche Stoffe 707.7; Parenchym aus Cellulose und Pectose 240.0; Fasern und Gefässe aus Vasculose und Paracellulose 17.3; Epidermis aus Cutose und Paracellulose 35.0. — Die Blumenblätter der *Dahlia* enthielten: Wasser und lösliche Stoffe 961.30; Parenchym aus Cellulose und Pectose 31.63; Vasculose 1.20; Paracellulose 2.27; Cutose 3.60. — Analyse der Früchte: Das Epicarp besteht sehr oft aus 3 Membranen, von welchen die äussere aus Cutose, die mittlere aus Vasculose und die innere aus Paracellulose gebildet ist. — Das Endocarp ist dem Holze ähnlich zusammengesetzt aus Cellulose, Paracellulose und Vasculose. Es enthielten:

	Vasculose	Cellulose u. Paracellulose
Wallnussschalen . . .	44	25
Haselnussschalen . . .	50	31
Cocosnussschalen . . .	58	25
Apricosenkerne . . .	60	26
Bankulnüsse	62	14

Das Mesocarp der Früchte besteht hauptsächlich aus Cellulose, oft von Pectose begleitet; die Gefässe des Mesocarps aus Vasculose, die steinigen Concremente (z. B. in den Birnen) aus Vasculose und Cellulose. — Analyse der Samen: Das Perisperm (nach Entfernung vom Amylum, Fett und Nhaltigen Körpern) fast ausschliesslich aus Cellulose; die Testa aus einem Gemenge von Cutose, Cellulose und Paracellulose. — Das Pilzgewebe enthält bedeutende Mengen von Metacellulose.

195. Franchimont. Sur les dérivés acétyliques de la cellulose. (Comptes rendus, t. 92, p. 1053.)

Verf. hatte früher (s. Berichte der Deutschen Chemischen Gesellschaft 1879, S. 1941) durch Einwirkung von Essigsäureanhydrid und Schwefelsäure auf schwedisches Filtrirpapier ein Acetylderivat in blendend weissen, microskopisch feinen Prismen erhalten. Ausser diesem Product entstehen aber bei der Reaction noch zwei Verbindungen, welche Verf. jetzt untersucht hat. Der eine Körper ist ein weisses, in Essigsäure leicht lösliches, in kochendem Amylalkohol ziemlich gut lösliches Pulver, welches bei 232° unter Zersetzung schmilzt. Der zweite Körper ist in Amylalkohol unlöslich.

196. A. Girard. Mémoire sur l'hydrocellulose et ses dérivés. (Annales de Chimie et de Physique, 5. sér., t. 24, p. 337—384.)

Verf. theilt ausführlich die Resultate seiner Untersuchungen über Darstellung und Eigenschaften der Hydrocellulose mit (s. diesen Bericht für 1879, I, S. 383); wir müssen auf die Abhandlung verweisen.

197. C. O'Sullivan. On α- and β-Amylum. (The pharmaceutical Journal and transactions, vol. 12, No. 596, p. 451.)

Gerste wurde durch Alkohol von 0.9 bei 40° völlig erschöpft, der Rückstand vom Alkohol befreit und mit Wasser von 35—38° C. mehrere Stunden behandelt, bis nichts mehr gelöst wurde; das Filtrat wurde eingedampft und durch Alkohol gefällt: der weisse, klebrige Niederschlag wurde mit Alkohol gewaschen und getrocknet. Das Pulver wurde mit kaltem Wasser ausgezogen, das Ungelöste mit kalter verdünnter Salzsäure behandelt und gewaschen (Auszug A); der Rückstand wurde darauf in kochendem Wasser gelöst, filtrirt und das Filtrat mit Alkohol, welcher 3—4 °/₀ Salzsäure enthielt, ausgefällt, der Niederschlag gewaschen, getrocknet und durch Auflösen und Ausfällen gereinigt. Formel der Substanz: α-Amylum: $C_6 H_{10} O_5$; eine 1procentige Lösung besitzt das Rotationsvermögen $(\alpha) = -24$. Reducirt nicht; wird durch 5procentige Schwefelsäure in Dextrose übergeführt. — Der Auszug A wurde ähnlich behandelt und lieferte β-Amylum: $C_6 H_{10} O_5$, dessen 1procentige Lösung das Rotationsvermögen $(\alpha) = -73$ hatte, durch Schwefelsäure in Dextrose übergeführt wurde. — Die Gerste enthielt ca. 2 °/₀ α-Amylum und 0.3 °/₀ β-Amylum. Weizen und Roggen enthalten 2—2.5 °/₀ β-Amylum und nicht mehr als 0.1 °/₀ α-Amylum. Gemalztes Getreide enthält diese Substanzen nicht.

198. F. Salomon. Die analytische Bestimmung der Stärke. (Berichte der Deutschen Chemischen Gesellschaft S. 2421 nach Repert. anal. Chem. S. 274.)

Da Stärke über 120° getrocknet, bereits gelb wird, ein Zeichen, dass bei dieser Temperatur bereits die Zersetzung beginnt, so wird man nach Verf. die bei 120° getrocknete als Ausgangsmaterial für Untersuchungen benutzen, umsomehr als mit dieser die höchsten Werthe bei der Bestimmung des daraus gebildeten Zuckers erhalten werden. Trocknet man bei 120°, berücksichtigt den Aschengehalt, die bei der Verzuckerung ungelöst bleibenden Antheile, bestimmt den Zucker nach Soxhlet, dann erhält man auf 100 Stärke 111.1 Zucker, entsprechend der Formel: $C_6 H_{10} O_5$ für die Stärke.

199. von Mering. Ueber den Einfluss diastatischer Fermente auf Stärke, Dextrin und Maltose. (Zeitschrift für physiologische Chemie, Band 5, S. 185.)

Die Resultate seiner Untersuchungen (s. die Abh.) stellt Verf. in folgenden Sätzen zusammen: 1. Aus Stärke bildet sich unter dem Einflusse von Speichel oder Diastase anfangs ausser Dextrin nur Maltose. 2. Bei längerer Einwirkung dieser Fermente auf Amylum tritt als secundäres Product, d. h. durch Spaltung von Maltose Traubenzucker auf. 3. Maltose wird in kurzer Zeit (ca. 2 Stunden) weder durch nennenswerthe Mengen von Diastase noch Speichel nachweisbar verändert. 4. Sowohl Speichel wie Malzferment verwandeln bei langer Einwirkung Maltose in Traubenzucker. 5. Weder bei der Fäulniss, noch bei der Gährung von Maltose lässt sich Glucose nachweisen. 6. Bei der Einwirkung von Diastase oder Speichel auf Amylum entstehen zwei verschiedene Dextrine, von denen das eine durch genannte Fermente angegriffen wird, das andere dagegen nicht. 7. Lässt man Speichel- oder Malzferment auf Dextrin (welches durch Fermente verändert wird) einwirken, so entsteht Maltose und als secundäres Product aus Maltose Traubenzucker.

200. Greenish. Untersuchungen des Fucus amylaceus. (Sitzungsberichte der Dorpater Naturforschergesellschaft, S. 39.)

Sphaerococcus lichenoides Ag., die unter dem Namen Fucus amylaceus bekannte Alge, im Handel als Ceylon-Moos, Agar-Agar bekannt, wächst an den Küsten von Ceylon, China und Java; das wässerige Decoct erstarrt beim Erkalten zu einer festen Gallerte. — In der Alge konnte Stärke microskopisch und chemisch nachgewiesen werden, doch tritt die blaue Farbe der Jodstärke erst dann deutlich auf, wenn man die Schnitte zunächst mit Kalilauge behandelt, diese mit Essigsäure neutralisirt und dann Jod einwirken lässt. — Der durch kaltes Wasser erhaltene Auszug der Alge enthält kleine Mengen eines durch Alkohol fällbaren, durch Säure in Zucker überführbaren Schleimes; Mannit und Traubenzucker konnten in dem Wasserauszug nicht nachgewiesen werden. — Nach wiederholter Behandlung mit kaltem Wasser wurde die Alge eine halbe Stunde lang mit 20 Theilen Wasser gekocht, heiss filtrirt, die nach dem Erkalten vorhandene klare, gelbe, feste Gallerte zerschnitten und durch Waschen mit kaltem Wasser von Stärke und Farbstoff befreit. Die farblose, etwas opalisirende Gallerte wurde bei 40° getrocknet; sie enthält 4.43 °/₀ Asche, war stickstofffrei und entsprachen die Resultate der Elementaranalysen am besten der Formel: $4 C_6 H_{10} O_5 - OH_2$. Die Substanz quillt in kaltem Wasser auf, ohne sich zu lösen; beim Kochen erfolgt die Lösung rasch. Erst 7 Theile Alkohol bewirken in der heissen Lösung eine Fällung. In Kupferoxydammoniak ist die Gallerte löslich, Jod und Schwefelsäure färben sie nicht; die wässerige Lösung ist linksdrehend. Mit Säure gekocht geht die Gallerte langsam in Zucker über, dessen Rotationskraft bestimmt war zu $(\alpha)_D = +80°6$, nicht gährungsfähig ist und mit Salpetersäure oxydirt Schleimsäure liefert (Arabinose?). — Zwischen der Gallerte und dem Zucker entsteht ein Zwischenproduct, dessen Rotationskraft zu $(\alpha)_D = +83°1$ bestimmt wird. — Die durch Wasser erschöpfte Alge wurde mit 1 procentiger Salzsäure macerirt und der erhaltene Auszug durch Alkohol gefällt: der gereinigte Niederschlag ist weiss, liefert mit verdünnten Säuren gekocht gährungsfähigen Zucker. Formel: $C_6 H_{10} O_5$. — Aus der durch Salzsäure erschöpften Alge konnte jetzt, durch Behandeln mit verdünnter Natronlauge, Metarabin in nur sehr geringer Menge dargestellt werden. — Aus dem Rückstand der Droge konnte durch 10procentige Kalilauge noch Holzgummi isolirt werden; schliesslich wurde noch Cellulose nachgewiesen.

201. **E. O. v. Lippmann. Ueber das Laevulan, eine neue, in der Melasse der Rübenzucker-fabriken vorkommende Gummiart.** (Berichte der Deutschen Chemischen Gesellschaft, S. 1509.)

Verf. hat einen in einer Abfalllauge entstandenen gelatinösen Niederschlag untersucht und aus demselben einen amorphen schneeweissen Körper dargestellt, dessen Zusammensetzung der Formel $C_6H_{10}O_5$ entspricht: Laevulan, ein Anhydrid der Laevulose. Das wasserhaltige Laevulan ist in Wasser sehr löslich, das wasserfreie löst sich nur in heissem Wasser und gesteht beim Abkühlen zu einer farblosen consistenten Gallerte (noch bei 1 Th. Laevulan: 200 Th. OH_2). Das Drehungsvermögen beträgt $(\alpha)_D = -221°$ für Lösungen von 5—30 $^0/_0$. Mit verdünnter Schwefelsäure erhitzt liefert es quantitativ Laevulose, mit Salpetersäure oxydirt nur Schleimsäure. Fehling's Lösung wird nicht reducirt.

202. **P. Claësson. Ueber Arabinose.** (Berichte der Deutschen Chemischen Gesellschaft, S. 1270.)

Veranlasst durch die Arbeit von Kiliani (s. diesen Bericht für 1880, No. 267) betreffend die Identität der Arabinose und Lactose, theilt Verf. mit, dass derselbe nur aus solchen Gummisorten, welche, rechtsdrehend, bei der Oxydation mit Salpetersäure keine Schleimsäure liefern, Arabinose erhielt und dass dieser Zucker: kleine Krystalldrusen aus strahlenförmig geordneten Prismen mit zweiflächiger Zuschärfung, mit einer Rotationskraft von $(\alpha)_D = 109.90$, verschieden von der Lactose ist.

203. **A. Meyer. Ueber Gentianose.** (Zeitschrift für physiologische Chemie, Bd. 6, S. 135.)

Die Wurzeln von *Gentiana lutea, pannonica, punctata, purpurea* wurden zur Gewinnung eines Enzianbranntweins benutzt: das Product zeichnet sich durch relativ hohen Alkoholgehalt aus. Die (der Gährung unterworfenen) frischen saftigen Wurzeln (Amylum frei) lieferten frisch gepresst 50 $^0/_0$ Saft, aus welchem Verf. eine Substanz zu isoliren vermochte, welche gereinigt in vollkommen farblosen, ziemlich grossen, doch zu dichten Gruppen verwachsenen Täfelchen erhalten wurde. Dieser krystallisirte Körper, Gentianose genannt, ist in Wasser sehr leicht löslich, schmilzt bei 210°, gährt mit Hefe sofort, reducirt nicht, dreht rechts, und zwar wurde gefunden $(\alpha)_D = +65°7$ und $(\alpha)_D = +33°36$ („vielleicht besitzt die Gentianose: Birotation"); mit verdünnter Schwefelsäure erhitzt, entsteht ein reducirender links drehender gährungsfähiger Körper. Die Zusammensetzung der Gentianose entspricht der Formel: $C_{36} H_{66} O_{31}$.

204. **E. E. Sundwik. Ueber die specifische Drehung der Maltose.** (Zeitschrift f. Physiologische Chemie, Bd. 5, S. 427.)

Verf. bestimmte mit einem möglichst chemisch reinen Präparat die specifische Drehung der Maltose im Mittel $(\alpha)_D = +150°$, also übereinstimmend mit dem Resultate von Sullivan, während E. Schulze 149°5, Musculus und Mering 149° gefunden hatten. Die Drehung erscheint weder von der Concentration, noch von der Temperatur abhängig.

205. **A. Levallois. Sur la matière sucrée contenue dans la graine du Soja hispida (Münch).** (Comptes rendus, t. 93, p. 281. Répertoire de Pharmacie [nouv. Sér.] t. 9, p. 518.)

Der vom Verf. aus Sojabohnen dargestellte Zucker (s. diesen Bericht für 1880, I., S. 450) konnte bis jetzt nicht im krystallisirten Zustande erhalten werden. Bei 100° getrocknet, stellt er eine schwammige, sehr zerfliessliche Substanz dar; welche schwach süss schmeckt, alkalische Kupferlösung nicht reducirt, durch Erwärmen mit verdünnten Mineralsäuren aber reductionsfähig wird, ein Rotationsvermögen von $+115^0$ besitzt, welches nach der Inversion nur noch $+35^0$ beträgt. Durch Hefe wird die Substanz schnell in Gährung versetzt; mit Schwefelsäure erwärmt liefert sie Schleimsäure und Oxalsäure. Verf. hält diese Substanz für eine eigenthümliche Zuckerart.

206. **A. Emmerling und G. Loges. Ueber die durch Einwirkung von Kaliumhydrat auf Traubenzucker entstehende reducirende Substanz.** (Pflüger's Archiv für die ges. Physiologie, Bd. 24, S. 184.)

Trägt man in geschmolzenen, reinen Traubenzucker, der zuvor durch längeres Erhitzen getrocknet wurde, allmählig Stangenkali in nicht zu grossen Antheilen ein, so erfolgt nach jedesmaligem Kalizusatz eine heftige Reaction unter starkem Aufschäumen, wobei eine angenehm riechende Flüssigkeit überdestillirt. Nach Beendigung der Reaction wird neues Kali eingetragen und dies so lange fortgesetzt, als noch eine lebhafte Einwirkung stattfindet. Das Destillat wird durch fractionirte Destillation zerlegt in ein bei ca. 90^0 siedendes brennbares und ein bei 100 siedendes wässeriges Destillat; letzteres war nach abermaligem Fractioniren farblos, schmeckte süsslich nach Wallnüssen und hatte wie Acetol die Eigenschaft, Fehling'sche Lösung oder alkalisches Kupferoxyd in der Kälte zu reduciren. Mit Kaliumbichromat und Schwefelsäure oxydirt, lieferte dieser Theil des Destillats Kohlensäure und Essigsäure.

207. **F. Musculus et A. Meyer. Sur la Transformation de la glucose en dextrine.** (Comptes rendus, t. 92, p. 528. Zeitschrift für physiologische Chemie, Band 5, S. 122.)

30 g reine Glucose wurden im Chlorcalciumbade geschmolzen und nach dem Erkalten in 4—5 Theilen 30 g concentrirte Schwefelsäure hinzugefügt, der Art, dass sich die ganze Masse auf 60^0 erwärmte und bräunte; die Masse wurde darauf mit 800 g absolutem Alkohol behandelt und das Filtrat 8 Tage stehen gelassen. Der entstandene Niederschlag wurde auf dem Filter zuerst mit kaltem, dann mit kochendem absolutem Alkohol gewaschen und über Schwefelsäure getrocknet. Erhalten wurden 10 g eines amorphen, weissen, hygroskopischen, jedoch nicht zerfliessenden Pulvers; dasselbe ist eine Alkoholverbindung der Zusammensetzung: $C_{16}H_{28}O_{14} . C_2H_6O$. Bei 110^0 verdampft der Alkohol und bleibt ein weisses, sehr hygroskopisches und zerfliessendes Pulver zurück. Beim Kochen mit Wasser wird die Verbindung ebenfalls verändert unter Austritt des Alkohols: man erhält eine amorphe, gelbliche, in Wasser sehr leicht lösliche, fade und süss schmeckende Masse der Zusammensetzung: $C_{18}H_{28}O_{14} . H_2O = 3C_6H_{10}O_5$; Jod färbt die Substanz nicht; Alkohol fällt sie aus der wässerigen Lösung aus; Fehling'sche Lösung wird durch dieselbe nur sehr schwach reducirt; das Drehungsvermögen wurde zu $(\alpha) = +131 — +134^0$ bestimmt. Bierhefe versetzt sie nicht in Gährung. Diastase führt die Substanz nicht in Zucker über, wohl aber längeres (mehrständiges) Kochen mit 4procentiger Schwefelsäure. Die Substanz gleicht dem γ-Dextrin von Musculus, auch bezügl. des Diffusionsvermögens bei der Dialyse, welches von dem aus Glycose dargestellten Dextrin zu 0.54, von γ-Dextrin zu 0.32 $^0/_0$ bestimmt wurde.

208. **M. Nencki und N. Sieber. Ueber die Zersetzung des Traubenzuckers und der Harnsäure durch Alkalien bei der Bruttemperatur.** (Journal für praktische Chemie. Neue Folge. Band 24, S. 498.)

Werden 20 g Dextrose in 200 ccm Wasser gelöst, mit 40 g Kalihydrat versetzt und in einem lose mit Watte verschlossenen Kolben bei 35^0—40^0 stehen gelassen, so bräunt sich die Lösung nach kurzer Zeit und wird nach mehrtägigem Stehen wieder heller. Nach 24 Stunden ist der Zucker bis auf geringe Mengen verschwunden. Die Flüssigkeit enthält Gährungsmilchsäure (41 $^0/_0$ des angewandten Zuckers), neben einer zweiten in Aether unlöslichen, in Alkohol löslichen Säure, welche nicht näher untersucht wurde. — Die Milchsäurebildung geht langsam vor sich, wenn die Lösung stark verdünnt und weniger Alkali enthält (bei Anwendung von 9 g Zucker, 9 g Kalihydrat und 3 l Wasser verschwand der Zucker erst am 10. Tage, bei 20 g Zucker, 10 g Kali und 1 l Wasser erst am 6. Tage). Die Wirkung des Alkali's auf Zucker ist in den ersten Stunden am stärksten, dann schwächer (es waren unzersetzt: nach 5 Stunden 34 $^0/_0$, nach 24 St. 7.7 $^0/_0$, nach 48 St. 4 $^0/_0$, nach 72 St. 2.7 $^0/_0$ Zucker). — Natronhydrat wirkt wie Kali, ebenso Tetramethylammoniumoxydhydrat,

Neurin; kohlensaure Alkalien und Ammoniak haben keine Wirkung. — Milchzucker und Maltose liefern ebenfalls Gährungsmilchsäure; Rohrzucker, Mannit und Inosit werden bei Bruttemperatur durch Alkalien nicht verändert.

209. H. Kiliani. Ueber das Verhalten von Gluconsäure, Zuckersäure, Lactonsäure und Schleimsäure zu alkalischer Kupferlösung. (Berichte der Deutschen Chemischen Gesellschaft, S. 2529.)

Verf. fand, dass die Alkalisalze der genannten Säuren Fehling'sche Lösung nicht reduciren.

210. H. Kiliani. Ueber lactonsauren Kalk. (Berichte d. Deutsch. Chem. Gesellsch., S. 651.)

Verf. berichtet weiter (s. diesen Bericht für 1880, No. 268, I., S. 447) über seine Untersuchung der Lactonsäure, von welcher er das Calciumsalz darstellte. Lactose und Milchzucker liefern, entsprechend oxydirt, Calciumsalze derselben Form und Zusammensetzung.

211. Jungfleisch et Lefranc. Sur le lévulose. (Comptes rendus, t. 93, p. 547. Journal de Pharmacie et de Chimie, 5. Sér., t. 4, p. 437. — Répertoire de Pharmacie [nouv. Sér.], t. 9, p. 504.)

Die bisher dargestellte Levulose ist nur im nicht krystallinischen Zustande als eine, wie Verff. sagen, unreine Substanz erhalten worden. — Bei der Verzuckerung des Inulins entsteht nur Levulose. Verff. haben dieselbe erhalten, indem sie Inulin mit der 10fachen Menge Wasser 120 Stunden lang auf dem Wasserbade bei 100° erwärmten, die Masse schnell zum dicken Syrup eindampften und mit Alkohol von 92° aufnahmen: das alkoholische Filtrat gab, mit Thierkohle entfärbt und destillirt, einen syrupartigen Rückstand. Derselbe wurde, zur Entfernung des Wassers und der Verunreinigungen, mit kaltem, absolutem Alkohol mehrmals gewaschen, das Ungelöste in einem sehr gut verschlossenen Gefässe an einem kalten Orte längere Zeit stehen gelassen: allmählig schieden sich feine Nadeln aus und schliesslich krystallisirte die ganze Masse. — Aus Invertzucker wurde die Levulose derart isolirt, dass man nach Péligot (s. diesen Bericht für 1880, I., S. 447) Levulosekalk darstellte, letzteren, mit Wasser vermischt, mit Oxalsäure bis zur sauren Reaction versetzte, zur Masse alsdann kohlensauren Kalk hinzufügte und filtrirte. Die Flüssigkeit wurde im luftverdünnten Raume zum Syrup gebracht, derselbe mit absolutem Alkohol mehrmals behandelt und zur Krystallisation hingestellt. — Die krystallisirte Levulose besteht aus farblosen, feinen, seideglänzenden, 1 cm langen Nadeln, welche meist zu kugligen Gruppen vereinigt sind. Ihre Zusammensetzung entspricht der Formel: $C_6 H_{12} O_6$. Die vom Alkohol völlig befreite Levulose ist wenig hygroskopisch; mit Alkohol zerrieben, zerfliesst sie leicht an der Luft. Sie schmilzt bei 95°; bei 100° verliert sie allmählig und giebt ätherartige Verbindungen. Das Rotationsvermögen ändert sich sehr schnell mit der Temperatur.

212. A. v. Grote, E. Kehrer und B. Tollens. Ueber Darstellung und Eigenschaften der Laevulinsäure. (Liebig's Annalen der Chemie, Band 206, S. 207.)

Genauere Angaben über die schon früher (s. diesen Bericht für 1877, S. 653) von den Verff. besprochenen Untersuchungen. — Wir entnehmen dieser Abhandlung, dass nach der von Conrad befolgten Methode (s. diesen Bericht für 1878, I, S. 290) mit Hülfe von Salzsäure aus Rohrzucker eine grössere Ausbeute (35.6 g) erhalten wird, als mit Hülfe von Schwefelsäure (31.5 g). Letztere Methode lieferte aber eine weniger gefärbte Säure und gab ein helleres Calciumsalz. — Die reine Säure: harte, strahlige, resp. blätterige Krystalle schmilzt bei 31—31°7, siedet bei 239°. Untersucht wurden das Calciumsalz: $(C_5 H_7 O_3)_2$ $Ca + 2 H_2 O$, das Silber-, Natrium-, Kupfer-, Baryumsalz u. a. m. Von den ebenfalls dargestellten Esterarten siedete der Methylester: $C_5 H_7 O_3 . CH_3$ bei 191—191°5 (bei 743 mm Druck); specif. Gewicht = 1.0684 bei 0°; hat brennend scharfen Geschmack und fruchtähnlichen Geruch. Der Aethylester siedete bei 205°2 (corr.), specif. Gewicht = 1.0325 bei 0°. Der Propylester besitzt melonenartigen Geruch und brennenden Geschmack, siedet bei 215°5, specif. Gewicht = 1.0103 bei 0°. Der Brechungsexponent dieser 3 Ester wurde ebenfalls bestimmt; die mit Hülfe derselben ausgeführten Rechnungen sprechen ebenfalls dafür (s. Conrad, 1878, I., S. 290), dass die Lävulinsäure mit der Acetopropinsäure identisch ist.

213. A. v. Grote und B. Tollens. **Entstehung der Laevulinsäure aus Dextrose.** (Liebig's Annalen der Chemie, Band 206, S. 226.)

Verff. hatten sich schon früher (s. diesen Bericht für 1877, No. 215, S. 654) davon überzeugt, dass auch aus Dextrose nach dem von ihnen angegebenen Verfahren Laevulinsäure erhalten werde, jedoch nur in geringer Menge. — Neuere Untersuchungen hatten nun ergeben, dass durch Kochen mit Salzsäure (nach der Conrad'schen Methode) die Reaction viel leichter eintritt als bei der Anwendung von Schwefelsäure; auch jetzt erreicht die Ausbeute nicht die Grösse, wie bei Benutzung von Rohrzucker.

214. H. Rodewald und B. Tollens. **Ueber die Entstehung der Laevulinsäure aus Milchzucker.** (Liebig's Annalen der Chemie, Band 206, S. 231.)

Verff. haben sich davon überzeugt, dass auch aus Milchzucker (ähnlich wie aus Rohrzucker, Inulin, Dextrose und anderen Kohlenhydraten) durch Kochen mit Schwefelsäure Laevulinsäure erhalten werden kann, jedoch nur in geringer Menge. Neben dieser Säure liess sich stechend riechende und Silbernitrat reducirende Ameisensäure nachweisen.

215. B. Tollens. **Ueber die Oxydation der Laevulinsäure.** (Liebig's Annalen der Chemie. Band 206, S. 257.)

Durch früher schon besprochene Versuche und Reactionen ist der Beweis geführt, dass die Laevulinsäure fünf normal gebundene Kohlenstoffatome besitzt, und wahrscheinlich gemacht, dass das neben dem Carboxyl darin enthaltene dritte Sauerstoffatom nicht als Hydroxyl oder nach Art des Aethylenoxyds mit 2 Kohlenstoffatomen verbunden, enthält. Eine Aldehydlagerung des Sauerstoffs musste auf Grund der Beständigkeit der Säure gegen freiwillige Oxydation und gegen wässerige Alkalien ausgeschlossen werden. Bei Annahme eines Ketonsauerstoffs war noch nicht entschieden, an welchem Kohlenstoffatome sich dasselbe befindet. — Conrad hat (s. diesen Bericht für 1878, I, S. 290) gezeigt, indem er die physikalischen Eigenschaften der Säure und Salze der Laevulinsäure mit den entsprechenden Verbindungen der β-Acetopropionsäure verglich, dass diese beiden Säuren identisch seien und dass denselben die Formel: $CH_3.CO.CH_2.CH_2.COOH$ zukomme. — Verf. hat sich bemüht, für die Identität einen aus chemischen Reactionen gefolgerten Beweis zu erbringen. Für eine Ketonsäure der Formel: $C_5 H_8 O_3$ sind folgende Structurformeln möglich:

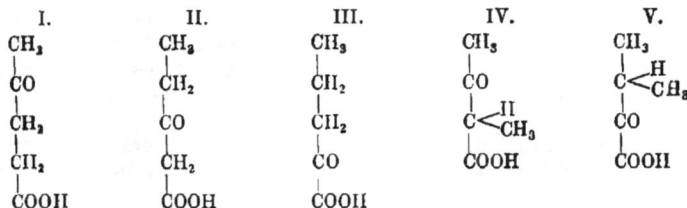

I.	II.	III.	IV.	V.
CH_3	CH_3	CH_3	CH_3	CH_3
CO	CH_2	CH_2	CO	$C{<}^H_{CH_3}$
CH_3	CO	CH_2	$C{<}^H_{CH_3}$	CO
CH_2	CH_2	CO	$COOH$	$COOH$
$COOH$	$COOH$	$COOH$		

Von diesen Säuren kann nach den jetzt giltigen Ansichten beim Oxydiren nur I Bernsteinsäure liefern, da dieselbe eines Theils: Malonsäure und Essigsäure, andern Theils Bernsteinsäure und Ameisensäure resp. Kohlensäure geben kann; Säure II muss Propionsäure und Oxalsäure oder Essigsäure und Malonsäure liefern (keine Bernsteinsäure); Säure III muss Buttersäure geben; Säure IV und V können ebenfalls keine Bernsteinsäure liefern, sind ausserdem ausgeschlossen, weil die Laevulinsäure fünf normal gebundene Kohlenstoffatome enthält. Mit Rücksicht auf die Art der Darstellung sind auch die Säuren II und III unwahrscheinlich, da sie durch langes Kochen mit Säuren leichter zerfallen müssten als I. — Verf. hat nun die Laevulinsäure oxydirt, indem er dazu anfangs Chromsäure, später Salpetersäure benutzte. Diese Untersuchungen ergaben, dass durch Einwirkung verdünnter Salpetersäure auf Laevulinsäure: Bernsteinsäure, Essigsäure, Kohlensäure, Oxalsäure, Cyanwasserstoffsäure und wahrscheinlich Ameisensäure entstehen; Buttersäure war bestimmt nicht entstanden; Malonsäure konnte nicht nachgewiesen werden. — Das erhaltene Resultat, welches die Formel I der β-Acetopropionsäure bestätigt, spricht dafür, dass die Oxydation gleichzeitig nach folgenden zwei Gleichungen verläuft:

$$
\begin{array}{lll}
CH_3 & & II \cdot COOH \;\; \text{Ameisensäure} \\
CO & & COOH \\
CH_2 & +\,3\,O = & CH_2 \quad \Big\} \;\; \text{Bernstein-} \\
CH_2 & & CH_2 \qquad\quad \text{säure} \\
COOH & & COOH
\end{array}
\qquad
\begin{array}{lll}
CH_3 & & CH_3 \;\;\Big\} \;\; \text{Essigsäure} \\
CO & & COOH \\
CH_2 & +\,3\,O = & COOH \\
CH_2 & & CH_2 \;\;\Big\} \;\; \text{Malonsäure} \\
COOH & & COOH
\end{array}
$$

Die Malonsäure wird zum Theil sofort weiter oxydirt zu Oxalsäure oder zerfällt zu Kohlensäure und Essigsäure.

216. **F. Sestini. Ueber die Ulminverbindungen, welche bei Einwirkung von Säuren auf Zuckerstoffe erzielt werden.** (Die Landwirthschaftlichen Versuchsstationen, Band 26, S. 285—304.)

Genauere Mittheilung der Untersuchungen, aus welchen Verf. die schon berichteten Resultate (s. diesen Bericht für 1880) gezogen hat; wir verweisen auf die Abh.

217. **F. Sestini. Ueber die Zusammensetzung der Ulminverbindungen.** (Die Landwirthschaftlichen Versuchsstationen, Band 27, S. 163.)

Verf. behandelt ausführlicher seine Untersuchungen (s. diesen Bericht für 1880 I., S. 441, 442) über Sacculminsäure und Sacculmin (s. die Abh.).

218. **Tanret et Villiers. Recherches sur l'inosine.** (Annales de chimie et de physique. 5. sér., t. 23, p. 389.)

Verf. geben in der vorliegenden Abhandlung eine Zusammenstellung der Resultate ihrer Untersuchungen des Inosit (s. diesen Bericht für 1879, I, S. 291, No. 262). Wir haben hier, als noch nicht erwähnt, folgende Angaben aufzunehmen: das Volumgewicht der Inositkrystalle (aus Nussblättern dargestellt) beträgt 1.524 bei 15^0 C., des wasserfreien Inosits: 1.752. Bei 12^0 C. lösen 10 Theile Wasser einen Theil Inositkrystalle. — Inosit vermag Fehling'sche Lösung zu reduciren, allerdings sehr langsam. — Wird Inosit, in Schwefelsäure gelöst, zur Trockne verdampft, so erhält man einen Rückstand von sehr stark saurer Reaction, frei von Schleimsäure und Oxalsäure, welcher beim Auflösen in Wasser: Kohlensäure, Stickstoff und Untersalpetersäure liefert. Der Rückstand krystallisirt nicht, liefert stark gefärbte Verbindungen mit Metallen (Ca, Ba, Zn, Hg: roth). Die bei der Inositreaction von Scherer auftretende Rothfärbung ist auf die Bildung des Calciumsalzes der entstandenen Säure zurückzuführen. — Die Ende August gesammelten Nussblätter liefern die grösste Menge: 0.3 %, im Juni nur 0.1 %. Die Nüsse selbst enthalten kein Inosit.

219. **O. Hecht und Fr. Iwig. Ueber die Producte der Oxydation des Mannits mit übermangansaurem Kalium in alkalischer Lösung.** (Berichte der Deutschen Chemischen Gesellschaft, S. 1760.)

Veranlasst durch die Mittheilungen von Pabst (s. diesen Bericht für 1880, I., S. 450) über die Oxydationsproducte des Mannits haben Verff. diese Angaben experimentell geprüft und als Producte Oxalsäure, Weinsäure und Ameisensäure (entgegen Pabst), dagegen keine Spur von Dioxyisocitronensäure finden können.

220. **J. Domac. Ueber das Hexylen aus Mannit.** (Sitzungsberichte der Math.-Naturw. Classe d. Wiener Akademie, Bd. 83, Abth. 2, S. 1038.)

Verf. hat das aus Mannit darstellbare Hexylen untersucht (s. die Abh.); mit Rücksicht auf die Resultate betrachtet Verf. das Mannithexylen als constituirt entsprechend der Formel: $CH_3 — CH_2 — CH_2 — CH = CH — CH_3$.

221. **E. Morelle. Sur un nouvel hydrate de carbone.** (Comptes rendus, t. 93, p. 646.)

Garreau hatte 1880 aus *Bergenia sibirica* eine krystallinische Substanz, Bergenin genannt, dargestellt. — Verf. hat jetzt diesen Körper genauer untersucht. Zur Darstellung wurde der frische Stamm der Pflanze durch Wasser bei 80^0 erschöpft, die Lösungen durch Bleiacetat von dem Gerbstoff befreit, das Blei durch Schwefelwasserstoff entfernt und das Filtrat eingedampft: man erhält kleine, farblose, bitter schmeckende orthorhombische Prismen; Formel: $C_6H_{10}O_5 + H_2O$. Der Bergenit, so nennt Verf. die Substanz, besitzt ein Rotationsvermögen von $(\alpha)_D = -51^0 36'$, ist in Wasser und kaltem Alkohol wenig, in den heissen Flüssigkeiten leichter löslich, hat das specifische Gewicht von 1.5445, schmilzt bei 130^0 in seinem Krystallwasser, wird bei höherer Temperatur wieder fest und wasserfrei uud zersetzt sich bei 230^0. Säuren zerlegen ihn nicht. — Mit Eisessig im geschlossenen Rohre auf 100^0 24 Stunden lang erhitzt, entsteht eiu Monacetylderivat: $C_8 H_9 O_5 . C_2 H_3 O$: eine weisse, amorphe, iu Wasser, Alkohol und Aether leicht lösliche Masse, welche durch Schwefelsäure in Bergenit und Essigsäure zerlegt wird. — Chloracetyl liefert bei 100^0 ein Triacetat: $C_8 H_7 O_5 (C_2 H_3 O)_3$ in perlmutterglänzeuden, rhomboïdalen Blättchen; wird diese Substanz mit Essigsäureanhydrid auf 280^0 erhitzt, so erhält man ein Pentacetylderivat: $C_8 H_5 O_5 (C_2 H_3 O)_5$ in Form feiner, weisser Nadeln. — Mit Hilfe von Baldriausäure wurde ein Monoderivat, mittelst Benzoylchlorid ein Triderivat erhalten. — Der Bergenit ist ein fünfatomiger Alkohol.

VII. Ester: Fette und Wachsarten.

222. F. Stohmann. Ueber die quantitative Bestimmung von freien Säuren in pflanzlichen und thierischen Fetten. (Journal für praktische Chemie, Neue Folge, Bd. 24, S. 506.)

Die von Burstyu angegebene Methode der Bestimmung des Säuregehaltes in fetten Oelen (Schütteln des Oeles mit seiuem gleichen resp. doppelten Volum Alkohol von 90 %, Bestimmung des Säuregehaltes der alkoholischen Lösung) ist auf Grund der Untersuchungen von St. als völlig unbrauchbar zu bezeichnen. Selbst nach eiuer 6maligen Behandlung des fetten Oeles mit neuen Alkoholmengen enthält das Oel noch freie Säure und ist die Anziehungskraft des Oels zu den Fettsäuren so gross, dass ein an Säure armes Oel der alkoholischen Säurelösung beim Schütteln Säure entzieht. — Die von Fr. Hofmann angegebene Methode, die ätherische Fettlösung mit alkoholischer Natronlösung zu titriren, ist desshalb unbequem, weil die Natronlösung täglich neu dargestellt werdeu muss. Verf. hat nuu gefunden, dass diese alkoholische Lösung durch Barytwasser ersetzt werden kann; er verfährt also: ca. 10 g Oel werden mit 100 ccm Alkohol von 90^0, dessen Säuregehalt vorher ermittelt ist und als Correctionszahl in Rechnung gestellt wird, in einem Kölbchen stark durchschüttelt; starre Fette werden vor dem Zusatz des Alkohols in wenig Aether gelöst. Der Flüssigkeit fügt man ein paar Tropfen neutralisirte Rosolsäurelösung zu und titrirt mit Barytwasser (ca. 7 g Barythydrat auf 1 l) bis zur Rothfärbung. Letztere verschwindet bei kräftigem Umschütteln sofort wieder, indem der Alkohol neue Mengen vou Säure aus dem Oele aufnimmt. Man fügt nun vorsichtig neue Mengen von Barytwasser zu, bis schliesslich der letzte Tropfen bei starkem Umschütteln bleibende Rothfärbung erzeugt.

223. v. Rechenberg. Ueber den Gehalt der thierischen und pflanzlichen Fette an freien Fettsäuren. (Journal für praktische Chemie, Neue Folge, Bd. 24, S. 512. Berichte d. Deutsch. Chem. Ges., S. 2216.)

Die vom Verf. nach vorstehend (No. 222) angegebener Methode uutersuchten Pflanzenfette hat derselbe selbst durch Extraction der Samen mittelst Petroläther dargestellt. — Die Zahlen drücken die Kalihydratmenge aus, welche 100 g Fett zu neutralisiren vermögeu; die Samen 1—3 sind von demselben Felde gesammelt; 1 und 2 wurden noch grün geerntet, 2—5 Tage zur Trockne aufbewahrt, enthülst, die Hälfte (1) sofort untersucht, der Rest (2) in offener Schale 3—4 Wochen aufbewahrt. 3 wurde im Zustande der Reife geerntet ausgedroschen. (Siehe Tabelle S. 132.)

224. P. Kostytschew. Analyse der Samen von Lallemantia iberica Fisch., Mey. (Arbeiten der Kaiserl. Freien Oeconomischen Gesellschaft 1879, Bd. I, S. 346—347 [Russisch].)

Die Samen stammten aus dem Gouvernement Taurien. Es wurde in ihnen gefunden: Wasser 7.08 %, Oel — 32.005 %. Specifisches Gewicht dieses Oels bei 12.5^0 C. = 0.9338. Dieses Oel gehört zu den austrocknenden Oelen.   Batalin.

225. De la Souchère. Moyens de reconnaissauce des falsifications d'huile d'olive par mélange d'autres huiles. (Le Moniteur scientifique, 3. sér., t. 11, p. 790.)

Verf. verfährt bei der Prüfung des Olivenöls auf einen als Rapsöl, Sesamöl, Baumwollensamenöl und Erdnussöl in verschiedener Weise. Rapsöl ist, wie andere Cruciferenöle, schwefelhaltig; zum Nachweis verseift man in einem Glasgefäss 10 g Olivenöl

Resultate:

	Samen diesjähriger			vor-jährig	5—7-jährig	über 10-jährig
	1.	2.	3.			
Rübsen: *Brassica rapa*	0.133	0.074	0.036	0.087	0.205	—
Raps: *Brassica Napus*	2.137	0.138	0.032	0.087	0.542	—
Leindotter: *Camelina sativa* . .	2.070	—	0.324	0.313	0.076	—
Lein: *Linum usitatissimum* . . .	—	0.445	0.058	0.167	0.425	--
Oelrettig: *Raphanus sativus chin.*	—	—	0.142	—	—	2.58
Mohn, blauer	—	—	0.743	0.557	—	2.06
„ weisser	—	—	0.913	—	—	—

(Fortsetzung von S. 131.)

mit Hülfe von alkoholischem schwefelfreiem Kali: schwärzt sich ein in die Masse getauchtes Stück Silberblech, so ist Schwefel und damit ein Cruciferenöl nachgewiesen. — Zum Nachweis des Sesamöls mischt man ein kleines Stück Zucker mit Salzsäure von 23⁰ und fügt zu dieser Masse die gleiche Menge Oel; man schüttelt tüchtig durch; die kleinsten Mengen Sesamöl rufen Rothfärbung hervor. — Olivenöl mit der gleichen Menge Salpetersäure von 40⁰ geschüttelt wird bei Gegenwart des Oels der Baumwollensamen kaffebraun gefärbt. — Zum Nachweis des Erdnussöls verseift man das Olivenöl mit alkoholischem Kali, erwärmt die abgeschiedene Seife zur Entfernung des Alkohols, zerlegt dieselbe durch die nothwendige Menge Salzsäure, sammelt die auf der Flüssigkeit schwimmende Fettsäure und löst sie in kochendem Alkohol: beim Erkalten der Lösung scheidet sich die Arachinsäure als weisse, perlmutterartig glänzende Masse aus. — Mit Hülfe des specifischen Gewichtes kann die Menge der Beimischung annähernd bestimmt werden. Das specifische Gewicht des Olivenöls schwankt zwischen 0.9153 und 0.916 (schlechteste Sorte), das des Rapsöls ist = 0.9142, das des Sesamöls = 0.9225, des Baumwollensamenöls = 0.923, des Erdnussöls = 0.917. — Verf. bestimmte noch das specifische Gewicht des Mohnöls zu 0.924, des Oels des weissen Senfs zu 0.9136, des Rübsamens zu 0.9151, des Nussöls zu 0.926, des Hanföls zu 0.9255, des Leinöls zu 0.9325 und des Bucheckeröls zu 0.92.

226. **Michael Conroy. The adulteration of olive oil.** (The pharmaceutical journal and transactions, vol. 11, No. 568, p. 933.)

Verf. benutzt zur Unterscheidung des Baumwollsamenöls vom Olivenöl resp. zur Erkennung des erstern in dem letzteren deren Verhalten zu Salpetersäure von 1.42. Man mischt 1 Theil Salpetersäure mit 9 Theil Oel in einer geräumigen Porcellanschale und erhitzt ganz langsam bis zur Reaction, entfernt jetzt vom Feuer und rührt mit einem Glasstabe um, bis die Reaction vollendet ist. Reines Olivenöl erstarrt, jetzt abgekühlt, in 1—2 Stunden zu einer hellstrohgelben, harten Masse, Baumwollensamenöl und andere Samenöle werden tief orangeroth gefärbt, erstarren nicht. Man kann an der auftretenden Färbung einen Zusatz von 5 % erkennen.

227. **E. Scheibe. Ueber das Baumwollensamenöl.** (Chemisches Centralblatt, 3. Folge, 12. Jahrg., S. 703 nach Pharm. Zeitschr. f. Russland, S. 431.)

Verf. hatte Gelegenheit, eine Probe von gereinigtem Baumwollensamenöl zu untersuchen. — Die Probe des Oeles war bei gewöhnlicher Temperatur klar, durchsichtig, von goldgelber Farbe, der Geschmack milde, Geruch nicht vorhanden. Das specifische Gewicht betrug bei 17⁰ = 0.923. Das Oel gehört nicht zu den trocknenden. Die Temperaturerhöhung auf Schwefelsäurezusatz (5 Oel : 1 Säure) betrug 45⁰ C. (bei Provenceröl 38—40⁰). Der Erstarrungspunkt des Oeles liegt einige Grade unter 0. Das Oel reagirt nicht sauer, wirkt auf blanken Kupferdraht nicht ein.

228. **C. Slop von Cadenberg. Kürbissamenöl.** (Berichte der Deutschen Chemischen Gesellschaft, S. 2311, nach Pharm. Centralh. 283.)

Kürbissamenöl hat das Volumgewicht 0.910 bis 0.915, löst sich in 45 Theilen kalten, 12 Theilen heissen Weingeists, erstarrt bei — 17⁰.

229. **N. Gianmaria. Analisi della Soja hispida; e notizie sopra il suo uso come sostanza alimentare nel Giappone.** (Annuar. della R. Smola Sup. d'Agricoltura di Portici. Napoli 1881, 10 p. in 4⁰.)

Der Nährwerth der *Soja hispida* liegt vorzüglich in ihrem Gehalt an Fett, dessen sie eine sehr bedeutende Quantität enthält. Stärkemehl ist nur in sehr geringem Maasse vorhanden. An die Auseinandersetzung der analytischen Ergebnisse schliesst Verf. auch einige Betrachtungen über Cultur und Gebrauch der Sojabohne in Japan und räth ihren Anbau in Italien an. O. Penzig.

230. **J. Reinke und H. Rodewald. Ueber Paracholesterin aus Aethalium septicum.** (Liebig's Annalen der Chemie, Band 207, S. 229.)

Das frisch gesammelte Protoplasma wurde durch Einlegen in starken Alkohol conservirt, wobei die Protoplasmaklumpen zu schwammigen, zwischen den Fingern leicht zerreiblichen Massen wurden. Der schwach gelb gefärbte Alkohol wurde abgegossen und concentrirt, in letzterem der feste Rückstand des Protoplasma gehörig vertheilt und die ganze Masse bei 80—90⁰ getrocknet: es blieb eine spröde Masse, ein gelblichgraues Pulver liefernd, welches durch Aether erschöpft wurde. Das Aetherextract wurde durch Destilliren vom Aether befreit, in Alkohol gelöst, mit Kali verseift, der Alkohol nach Zusatz von Wasser verjagt, die wässerige Seifenlösung mit Aether ausgeschüttelt. Aus dem Aether scheiden sich Krystalle ab, welche durch Umkrystallisiren aus heissem Alkohol umkrystallisirt werden. Diese Substanz: das Paracholesterin: seidenglänzende Nadeln resp. Blättchen, leicht löslich in Chloroform, Aether und in heissem Alkohol, in Wasser unlöslich, färbt, in Chloroform gelöst und mit concentrirter Schwefelsäure geschüttelt, anfangs gelblichbraun, dann blau und violett. Das Paracholesterin schmilzt bei 134 - 134⁰5, dreht die Ebene des polarisirten Lichtes $(\alpha)_D = -27.24$ bis $-28.88⁰$. Zusammensetzung: $C_{26} H_{44} O + aq$. Mit Benzoësäureanhydrid im geschlossenen Rohre 36 Stunden auf 180⁰ erhitzt, entsteht ein Ester in Form dünner, glänzender, rechteckiger Tafeln, welche bei 127—128⁰ (uncorr.) schmelzen, in Chloroform und Aether sich leicht lösen. Formel: $C_{26} H_{43} . O . C_7 H_5 O$.

VIII. Aetherische Oele.

231. **F. A. Flückiger. Ueber das ätherische Oel der Mastiche.** (Archiv der Pharmacie Band 219, S. 170.)

Mastixharz liefert bei der Destillation 2 % eines ätherischen Oeles, welches Verf. von Schimmel u. Co. in Leipzig erhalten hat. Dieses Oel zeigte ein Rotationsvermögen von $(\alpha)_D = +14⁰$ (bei 50 mm Länge), beginnt bei 155⁰ zu sieden und destillirt bei 160⁰, liefert Terpin in sehr gut ausgebildeten Krystallen, welche mit denen des gewöhnlichen Terpentinöls übereinstimmten, dagegen keine feste Chlorwasserstoffverbindung; es ist ein Terpen: $C_{10} H_{16}$.

232. **A. Atterberg. Das aetherische Oel von Pinus Pumilio.** (Berichte der Deutschen Chemischen Gesellschaft, S. 2530.)

Im Anschluss an die früher (s. diesen Bericht für 1877, S. 619) ausgeführten Untersuchungen der Terpene des Holztheers aus *Pinus sylvestris* hat Verf. jetzt die Gelegenheit benutzt, das aus den Nadeln der Zwergkiefer resp. Latschenkiefer: *Pinus Pumilio* gewonnene ätherische Oel bez. seiner Bestandtheile zu prüfen. Aus diesem Oele konnten von dem Verf. 4 Verbindungen isolirt werden: 1. Ein Terpen vom Siedepunkt 156—160⁰, wie gut gereinigtes Terpentinöl riechend; Rotationsvermögen $= - - 6.66$; Chlorhydrat von Aussehen, Geruch und Schmelzpunkt des Monochlorhydrats des Terpentinöls; vielleicht identisch mit Terebenten. — 2. Terpen vom Siedepunkt 171—176⁰, dem Sylvestren ähnlich, vielleicht damit identisch; Rotation $= - 5.38$. — 3. Eine wohlriechende, gegen 250⁰ siedende Flüssigkeit: $C_{15} H_{24}$; Rotation $= - 6.2$. — 4. Eine dickflüssige, in der Kälte fast erstarrende, nicht flüchtige Flüssigkeit: ein polymeres Terpen.

233. **G. Lunge und Th. Steinkauler. Ueber die in den Sequoja-Nadeln enthaltenen Körper.** (Berichte der Deutschen Chemischen Gesellschaft, S. 2202.)

Verf. haben ihre Untersuchungen (s. diesen Bericht für 1880, I., S. 418) fortgesetzt; wir müssen auf die Abh. verweisen.

234. R. Brix. Ueber die Bestandtheile des Copaïvabalsams (Maracaibo) und die käufliche sogenannte Copaiva- und Metacopaïvasäure. (Sitzungsberichte d. Mathemat.-Naturwiss. Classe d. Wien. Akademie, Bd. 84, Abth. 2, S. 459.)

Der zu den Untersuchungen dienende Maracaibobalsam bildete ein etwas dickliches, bräunlichgelbes, klares Liquidum, welches, im Dampfstrom destillirt, 35 % eines hellgelben, ätherischen Oeles lieferte; dasselbe riecht pfefferartig, hat bei 14^0 C. specifisches Gewicht $= 0.893$, siedet zwischen 245 und 260^0. Durch Behandeln mit Natrium wurde ein vollkommen wasserfreies, sehr schwach gelblich gefärbtes Oel erhalten; specifisches Gewicht $= 0.892$ bei 17^0. Die Zusammensetzung des bei $250-260^0$ siedenden Oeles entspricht der Formel: $C_{20} H_{32}$. Dampfdichte 9.47 (berechnet 9.42). Ein krystallisirendes Chlorhydrat konnte nicht erhalten werden, dagegen färbt trockenes Chlorwasserstoffgas das Oel nach kurzem Durchleiten rosenroth und schliesslich dunkel violettblau, welche Färbung an der Luft rasch in schmutzig grünbraun übergeht unter Entweichen von Chlorwasserstoff. Bei der Oxydation liefert das Terpen: Essigsäure und Terephtalsäure. — Bei der Behandlung des rohen Oeles mit Natrium und folgender Destillation verbleiben Rückstände, welche bei weiterer Oxydation ein anfangs nur schwach bläulich gefärbtes, später schön dunkelblaues Oel liefern; in dickeren Schichten nahezu undurchsichtig, zeigt das Oel in dünneren Schichten eine prachtvoll blauviolette Färbung; auch die Dämpfe sind schön blau. Dieses Oel, zwischen 252 und 260^0 siedend, ist als eine Art Hydrat des Terpens anzusehen; die Resultate der Analyse stimmen gut zu der Formel: $C_{60} H_{96} O = 3 C_{20} H_{32} + OH_2$. Beim längeren Stehen am Licht und an der Luft wird das Oel missfarbig und zähflüssig. Mit Phosphorsäureanhydrid gekocht, geht es in das Terpen über. — Verf. konnte aus dem Copaivabalsam noch zwei Hart- und ein Weichharz, sämmtlich amorph und von schwach sauren Eigenschaften, abscheiden, daneben in minimalen Mengen eine krystallisirbare Säure (Metacopaïvasäure?). — Verf. untersuchte im Anschluss hieran ein als Metacopaïvasäure im Handel vertriebenes, aus Gurjunbalsam dargestelltes Präparat, eine zweibasische Säure, der Formel: $C_{20} H_{28} (OH)_2$ (s. die Abhandlung).

235. Jorissen. Ueber das Oel von Dipterocarpus und seine Verwendung zum Aufsuchen von Mineralsäuren im Essig. (Archiv der Pharmacie, Bd. 219, S. 371, nach Journal de Pharmacie d'Anvers 1881, p. 233.)

Verf. hat die von Flückiger aufgefundene Reaction auf Gurjunbalsam (s. diesen Bericht f. 1880, I., S. 417, No. 202) weiter untersucht. Die Reaction gelingt gut, wenn man in ein trockenes Reagensrohr einen Tropfen Oel und 25 Tropfen Eisessig bringt, einen Tropfen einer verdünnten Mineralsäure (z. B. 5 Theile $H_2 SO_4$: 100 Th. OH_2) und neuerdings $4-6$ Tropfen Eisessig zusetzt, um die Flüssigkeit schön klar zu machen: letztere nimmt eine rothe Färbung an und geht schliesslich in violett über. Auf Zusatz von 30 Tropfen Alkohol schwindet die Färbung nicht (bei echtem Copaïvabalsamöl sofort). — Diese Reaction tritt bei Anwendung von Mineralsäuren: Schwefelsäure, Salpetersäure, Salzsäure, selbst in ihrer 3000fachen Verdünnung ein, nicht durch Oxalsäure, Citronen- und Weinsäure. Die Reaction kann benutzt werden, um freie Mineralsäuren im Essig nachzuweisen.

236. Naudin. Sur l'essence d'angélique. (Comptes rendus, t. 93, p. 1146.)

Das Oel der Samen von *Archangelica officinalis* hat angenehmen, an Angelica erinnernden Geruch, färbt sich am Lichte schnell braun, verharzt an der Luft. Das specif. Gewicht war bei 0^0: 0.872, das Rotationsvermögen $(\alpha)_D = + 26^0 15'$. Die Flüssigkeit absorbirt sehr schnell und mit grosser Begierde Sauerstoff. Es wurde das Oel im luftverdünnten Raume der Fractionirung unterworfen, schliesslich in ähnlicher Weise einer Rectification über Natrium: man erhielt so $^3/_4$ des Oels als bei 87^0 (unter 22 mm Druck) siedende Flüssigkeit (welche unter gewöhnlichem Drucke bei 175^0 siedet), welche nach Hopfen riecht, ein specifisches Gewicht von 0.833 bei 0^0 besitzt, ein Rotationsvermögen von $(\alpha)_D = + 25^0 16'$ hat; letzteres vermindert sich, wenn man das Terpen: $C_{10} H_{16}$ auf 100^0 erhitzt, schneller noch bei 180^0. Dieses Terebangelen, so nennt Verf. den Kohlenwasserstoff, wird sehr leicht oxydirt.

237. L. **Valenti.** Studi sull' essenza di canape. (Atti della R. Accad. dei Lincei, Transunti vol. V, 1881, p. 126—128.)

In der ganzen Pflanze von *Cannabis sativa* findet sich in ziemlich bedeutender
Quantität ein Oel, welches Verf. genauer studirt hat. Es ist in Alkohol, Aether und Chloro-
form löslich, linksdrehend, vom spec. Gewicht 0.9299. — Die Zusammensetzung scheint der
Formel $C_{15}H_{24}$ zu entsprechen. O. Penzig (Padua).

238. **John C. Thresh.** Report on the essential oil of ginger. (Yearbook of Pharmacy,
p. 393.)

Verf. hat seine Untersuchungen (s. diesen Bericht für 1879, I., S. 376) fortgesetzt.
Zu diesen Versuchen benutzte Verf. ein von ihm selbst aus dem mit Aether bereiteten Extract
von Jamaica-Ingwer dargestelltes ätherisches Oel, sowie ein von Schimmel u. Co.
in Leipzig bezogenes Oel. Beide Oele stimmten in ihren Eigenschaften nicht vollkommen
überein, unterscheiden sich aber auch nicht wesentlich von einander. — Das rohe Oel war
strohgelb, von etwas campherartigem Geruche, aromatischem, nicht stechenden Geschmacke,
etwas dicklicher Consistenz, schwer löslich in rectificirtem Alkohol, in allen Verhältnissen
löslich in Aether, Chloroform, Benzol, Schwefelkohlenstoff und Eisessig. Das specifische
Gewicht war bei dem selbst destillirten 0.883 bei 17⁰ C., bei dem Leipziger 0.9004 bei 19⁰ C.
Bleibt das Oel einige Zeit der Luft ausgesetzt, so nimmt es saure Reaction an, zugleich
absorbirt es Sauerstoff und ist dann im Stande, Jod aus Jodkalium frei zu machen (Bläuung
der Jodkaliumstärke). Das Oel dreht die Rotationsebene links, und zwar das Oel von Th.:
$(\alpha)_D = -28\overset{\circ}{.}60$, das von Leipzig: $-35\overset{\circ}{.}75$. Durch Abkühlen in der Kältemischung werden
Krystalle nicht erhalten. Conc. Schwefelsäure löst das Oel mit blutrother Farbe auf, aus
dieser Lösung scheidet Wasser ein dunkelbraunes terpentinartig riechendes Oel ab. Rauchende
Salpetersäure ruft Explosion hervor; gewöhnliche Salpetersäure färbt das Oel roth, blau und
purpur und verharzt das Oel zuletzt. Mit Natriumbisulfid wird keine krystallinische Verbindung erhalten. Das Oel gab, mit Kali behandelt, an dieses noch eine Spur einer öligen
Masse ab, welche durch Eisenchlorid nicht gefärbt wurde. — Das Oel wurde über Chlorcalcium getrocknet und fractionirt destillirt. Es gingen über:

Oel von Thresh:			Oel aus Leipzig:		
bis	150⁰ C.	. 5 %		—	—
150 „	200	10 „		—	—
200 „	240	8 „	bis	210⁰ C.	17 %
240 „	265	60 „	210 „	250	15 „
265 „	300	7 „	250 „	270	45 „
Rückstand		10 „	270 „	310	10 „
					13 „

Durch fortgesetztes Fractioniren und Destilliren über Natrium etc. wurden schliesslich einige
constant siedende Antheile erhalten; dieselben hatten folgende Eigenschaften:

Siedepunkt	Oele	Rotationsvermögen	Specif. Gew.
145—156	beide Oele	—	—
156—161	„ „	$+ 55\overset{\circ}{.}60$	0.8629 bei 19⁰ C.
161—185	—	—	—
185—250	„ „	—	—
262—264	} Oel von Thresh	$+ 9\overset{\circ}{.}00$	0.9023
264—266		$+ 9\overset{\circ}{.}75$	
256—260	Leipziger	$- 16\overset{\circ}{.}10$	0.8990

Die niedrig siedenden Antheile hatten vor ihrer Rectification den Ingwergeruch, auch gaben
diese Fractionen, mit Wasser gewaschen, an dieses Ameisensäure und Essigsäure ab. —
Die unter 156⁰ siedenden Theile werden vereinigt zu einem sehr flüssigen, terpentinartig
riechenden, in Alkohol löslichen Oele, welches mit Salzsäuregas keine Krystalle liefert (Terpen?).
— Die Fraction 156—161⁰ wird auf Zusatz von Brom roth gefärbt und bilden sich schnell
wieder verschwindende Krystalle; destillirt gehen Brom und Chloroform (in welchem die

Fraction gelöst war) über, eine gelbliche ölige Flüssigkeit zurücklassend, welche höher erhitzt, Bromwasserstoff abgiebt und unter 180⁰ destillirte; das Destillat lieferte, mit Chromsäure oxydirt: Terephtalsäure und Essigsäure. Mit trockener Salzsäure behandelt liefert die Fraction ein krystallinisches Hydrochlorid: $C_{10}H_{16}$. HCl; Dampfdichte der Fraction: = 4 55; Formel für dieselbe $C_{10}H_{16}$. Wie die Analyse zeigt, enthält diese Fraction neben diesem Terpen sehr kleine Mengen eines sauerstoffhaltigen Oeles. — Fraction 161—185⁰; dieselbe enthält, wie die Untersuchung zeigt, kleine Mengen Cymol. — Die zwischen 256   260⁰ siedende Fraction des Leipziger Oels bestand aus einem Kohlenwasserstoff $C_{15}H_{24}$, mit Salzsäuregas ein nicht krystallisirbares Hydrochlorat liefernd. — Die Fraction 262—266⁰ des Thresh'schen Oeles unterscheidet sich von der vorhergehenden Fraction durch Siedepunkt und Rotationsvermögen; im übrigen stimmt sie mit der Fraction 256—260⁰ überein: $C_{15}H_{24}$. — Aldehyde und Aether fehlen in dem Oele.

239. G. Francke. Ueber Hesperidin und Bergapten. (Inaug.-Dissertation. Erlangen 8. 21 S.)
    Bei niederer Temperatur scheidet sich oft aus den aetherischen Oelen ein fester krystallinischer Stoff aus, der im Gegensatz zu dem flüssig bleibenden Antheil (Elaeopten) meist als Stearopten bezeichnet wird; ein solches Stearopten ist das Bergapten. — Aus dem durch Destillation der Bergamotten erhaltenen Oele scheidet sich das Bergapten durch den oxydirenden Einfluss der Luft aus. Das von verschiedenen Fabriken bezogene Material wurde zur gründlichen Reinigung Tage lang mit Alkohol ausgekocht und kochend heiss filtrirt; das Bergapten schied sich in bräunlichen, von Chlorophyll gefärbten Flocken aus; es wurde durch wiederholtes Umkrystallisiren aus kochendem Alkohol unter Zusatz von Thierkohle weiss erhalten. Aus Alkohol krystallisirt bildet es zarte, weisse, seidenglänzende Nadeln, aus heisser Essigsäure scheidet es sich in schön rosettenförmig gruppirten Krystallen ab. Dieselben sind unlöslich in Wasser, leicht löslich in heissem Alkohol, Aether und Essigsäure, schmilzt zwischen 181 und 182⁰ C., sublimirt. Aus dem Resultate von 3 Elementaranalysen (im Mittel gefunden C = 67.71 ⁰/ , H = 5.53 ⁰/₀ berechnet Verf. die Formel $C_{17}H_{16}O_5$.

240. Richard Godeffroy. Ueber Bergapten. (Zeitschrift des Allgemeinen Oesterreichischen Apotheker-Vereins, 19. Jahrgang, S. 2.)
    Bei längerer Aufbewahrung, besonders in nicht vollkommen geschlossenen Gefässen scheidet das Bergamottöl eine gelblichweisse Substanz: Bergamottencampher, Bergamottölstearopten oder Bergapten genannt, ab. — Mulder beschreibt diese Substanz als weisse nadelförmige, bei 206°5 schmelzende, sublimirbare Krystalle, welche geruchlos, in Aether, Alkohol, Kalilauge löslich, in Ammoniak und Salzsäure unlöslich sind; Schwefelsäure färbt sie roth, Salpetersäure löst sie in der Wärme unter Zersetzung auf. — Ohme hatte kurze, feine, farblose, geruch- und geschmacklose Nadeln erhalten, welche unzersetzt sublimirbar, in Wasser und kaltem Alkohol kaum löslich sind. — Verf. erhielt das Bergapten in kurzen, farblosen, seidenglänzenden geruch- und geschmacklosen Nadeln, welche genau bei 186⁰ C. schmelzen, in Wasser kaum löslich sind. 100 Th. Wasser lösen bei 17⁰ C: 0.0029 Th., bei 100⁰: 0.03 Th. Bergapten. In kochendem Weingeist, in ätherischen Oelen, ist es leichter löslich. 100 Th. 90procentigen Weingeist lösen bei 17⁰ 0.095 Th., in der Siedehitze: 2.05 Th. Bergapten. Concentrirte Schwefelsäure löst dasselbe mit gelblicher Farbe auf (durch Wasser wieder ausgefällt), ebenso Natronlauge (durch verdünnte Säuren wieder gefällt). Durch die Elementaranalyse des Bergapten wurden für dessen Zusammensetzung Werthe erhalten, welche zu der Formel: $C_{11}H_{10}O_4$ führten (gef. $C_{63.5-64.109}$ $H_{4.955-4.931}$). — Mit rauchender Salpetersäure gekocht wird das Bergapten mit intensiv gelber Farbe gelöst: Wasser scheidet einen schmierigen, zähen, gelb gefärbten Körper ab, welcher in Aether sehr leicht löslich, in Wasser kaum löslich ist, bitter, beissend schmeckt, Haut, Wolle, Seide intensiv gelb färbt; mit Natronlauge oder Ammoniak wird sie schön dunkelrothbraun gefärbt. In der von dieser Substanz befreiten wässerigen Lösung ist eine Säure enthalten, welche durch Eindampfen zur Trockne und Schütteln der trocknen Substanz mit Aether gereinigt und aus Wasser umkrystallisirt: glänzende, farblose, kleine prismatische Krystalle liefert; dieselben sind geruchlos, schmecken und reagiren sauer, lösen sich sehr leicht in Wasser, weniger in Alkohol und Aether, schmelzen bei 103—104⁰, sublimiren bei 160⁰ in kleinen, feinen Nadeln. — Die Säure, Bergaptensäure genannt, verliert bei 100⁰ 31 ⁰/₀ Wasser;

ihre Zusammensetzung ist $C_{17.369-17.71}$ $H_{4.435-4.901}$; Verf. berechnet die Formel· $C_3 H_9 O_{10}$ resp. mit Rücksicht auf den Wasserverlust: $C_6 H_4 O_{13} + 7 H_2 O$. — Das bergaptensaure Silber: ein weisser, pulveriger, in Ammoniak und Salpetersäure löslicher Niederschlag mit 69.21—70.6 % Ag.

241. B. Grosser. Ueber das ätherische Oel der Früchte von Coriandrum sativum. (Berichte der Deutschen Chemischen Gesellschaft S. 2485—2508. — Dissertation Jena 1881, 8°, 51 S.)

Das von Verf. untersuchte Corianderöl hatte bei 15° ein specifisches Gewicht von 0.8719 und zeigte eine Rotationskraft entsprechend $(\alpha)_D = -92.55$. Mit dieser Substanz arbeitend erhielt Verf. folgende Resultate: das Corianderöl hat die Zusammensetzung $C_{10} H_{18} O$ und ist somit isomer dem Borneol und dem Monohydrat des Terpentinöls. Es spaltet sehr leicht Wasser ab, indem dabei entweder aus 2 Mol. $C_{10} H_{18} O$ ein Mol. OH_2 abgespalten wird und $C_{20} H_{34} O$ entsteht oder es spaltet, entweder beim Erhitzen mit Phosphorsäureanhydrid oder für sich im zugeschmolzenen Rohr, aus $C_{10} H_{18} O$ ein Mol. OH_2 ab, indem ein Terpen $C_{10} H_{16}$ entsteht. — Beim Behandeln mit Jod liefert das Corianderöl Cymol. — Das Oel bildet eine feste Natriumverbindung sowie zusammengesetzte Aether; es muss demnach eine Hydroxylgruppe enthalten und ihm daher die Formel $C_{10} H_{17} OH$ gegeben werden; dafür sprechen die Verbindungen $C_{10} H_{17} Cl$ und $C_{10} H_{17} J$. — Bei der Oxydation mit Kaliumpermanganatlösung wird erhalten: als erstes Oxydationsproduct ein Keton: $C_{10} H_{16} O = C_7 H_{13} \equiv C \underset{H_3 C}{>} CO$. Bei weiterer Oxydation durch neutrale verdünnte Kaliumpermanganatlösung resultiren: CO_2, $C_2 H_4 O_2$ und $C_6 H_{10} O_5$, letztere isomer mit Adipinsäure und höchst wahrscheinlich Dimethylbernsteinsäure. Bei vollständiger Oxydation mit concentrirter alkalischer Permanganatlösung werden nur Kohlensäure, Essigsäure und Oxalsäure erhalten.

242. R. Schiff. Ueber die Einwirkung des Broms und des Chlors auf den Nitrocamphor. (Referat der Berichte der Deutschen Chemischen Gesellschaft, S. 536, nach Gazz. chim. 21.)

Verf. hat seine Untersuchungen (s. diesen Bericht für 1880, I., S. 424) über den Nitrocamphor fortgesetzt und das Verhalten des Bromnitrocamphors genauer studirt (siehe das Ref. resp. die Abh.).

243. R. Schiff. Ueber stickstoffhaltige Camphorderivate. (Berichte der Deutschen Chemischen Gesellschaft, S. 1375.)

Destillirt man die salzsaure Lösung des Amidocamphors im Wasserdampfstrome, so erhält man grosse gelbe Tafeln eines Diazoderivates der Formel: $C_8 H_{14} \Big\langle\!\!\begin{array}{c} C-O \\ \| \\ C-N \end{array}\!\!\Big\rangle N$, welches durch Zinkstaub und Essigsäure zu Amidocamphor reducirt wird. Im Oelbade auf 140° C. erhitzt liefert der Diazokörper einen Dehydrocamphor: $C_8 H_{11} \Big\langle\!\!\begin{array}{c} C \\ \| \\ C \end{array}\!\!\Big\rangle O$, ein krystallinischer, weisser, bei 160° schmelzender Körper, kein Phenol.

244. R. Schiff. Ueber die Eigenschaften der Bromatome im Mono- und Bibromcampher. (Berichte der Deutschen Chemischen Gesellschaft, S. 1377.)

Wir können hier nur auf die Resultate der fortgesetzten Untersuchungen des Verf.'s über Bromcampher verweisen (s. Abh.).

245. M. Ballo. Ueber die Oxydationsproducte des Camphers. (Berichte der Deutschen Chemischen Gesellschaft, S. 332.)

Kachler hatte (s. diesen Bericht für 1880, I., S. 425) den Untersuchungen des Verf.'s gegenüber sich dahin geäussert, dass die von dem Verf. aus den Oxydationsproducten des Camphers dargestellte Säure nicht Adipinsäure, sondern Hydrooxycamphoronsäure sei. B. hält jedoch an seiner Ansicht über die fragliche Säure fest, indem er Gründe dafür angiebt, welche für die Adipinsäure sprechen. (S. d. Abh.)

246. J. Kachler und F. V. Spitzer. Untersuchungen über Borneolkohlensäure und Campherkohlensäure. (Sitzungsberichte der Math.-Nat. Classe d. Wien. Akademie, Band 83, Abth. 2, S. 716.)

Lässt man Natrium auf **Borneol** einwirken, so entsteht **Borneolnatrium**: $C_{10} H_{17} Na O$, welches durch weitere Einwirkung von Kohlensäure **borneolkohlensaures Natrium**: $C_{11} H_{17} Na O_3$ liefert; dasselbe wird sehr leicht in Borneol und saures kohlensaures Natrium zerlegt. — In analoger Weise bildet sich bei Anwendung von Campher: **campherkohlensaures** Natrium. Die Campherkohlensäure bildet schöne lange farblose Krystallnadeln, welche bei $123-124^0$ C. schmelzen. Untersucht wurden das Ba- und Nasalz. — Verf. ziehen aus ihren Untersuchungen folgende Schlüsse: Das **Borneol** verhält sich dem Natrium gegenüber wie ein **einatomiger** Alkohol; das Borneolnatrium (den Alkoholaten entsprechend) liefert mit Kohlensäure borneolkohlensaures Natrium, welches dem aethylkohlensauren Natrium analog ist. In der Campherkohlensäure $C_{22} H_{32} O_6$ können leicht ein oder zwei Wasserstoffatome durch Metalle ersetzt werden; sie enthält wahrscheinlich keine Hydroxyl- und keine Carboxylgruppe.

247. **M. Moriya.** **On Menthol or Peppermint Camphor.** (Journal of the chemical society, vol. 39, pag. 77.)

Menthol, aus Pfefferminzöl mehrmals umkrystallisirt, schmilzt bei $37^o.2$ und erstarrt wieder bei 35^0; die Flüssigkeit siedet bei $210-212^0$. Das specifische Gewicht beträgt bei 15^0: 0.890. In alkoholischer (10.7 und 8.4procentiger) Lösung hat das Menthol eine Rotationskraft von $(\alpha)j = -59.3^0$. — Mit Kaliumbichromat und Schwefelsäure oder Eisessig im geschlossenen Rohre auf 120^0 10 Stunden lang erhitzt, liefert das Menthol als einziges Reactionsproduct ein bei $204-205^0$ siedendes Oel der Formel: $C_{10} H_{16} O$, dessen specifisches Gewicht $= 0.9032$ bei 15^0 ist, sich in Alkohol, Aether und Chloroform löst; optisch inactiv. — Mit dem fünffachen Volum rauchender Salpetersäure behandelt liefert das Menthol ein gelblichgrünes Oel, einen sehr leicht explodirenden Nitrokörper, dessen specifisches Gewicht bei 15^0 1.061 beträgt. Dieses Oel giebt, mit Zink und verdünnter Schwefelsäure reducirt, ein hellgelbes, bei $185-190^0$ siedendes Oel der Formel: $C_{10} H_{19} NH_2$. — Mit dem 20fachen Volum rauchender Salpetersäure längere Zeit erhitzt, wird das Menthol vollkommen gelöst zu einer dunkelgelben Flüssigkeit, aus welcher sich weisse feine Krystalle ausscheiden. Aus Wasser umkrystallisirt schmelzen die Krystalle bei $96^o.5$. Formel: $(C_5 H_8 O_4)_2 H_2 O$. Diese Substanz unterscheidet sich von der normalen Brenzweinsäure durch ihre Salze. — Mit Brom behandelt liefert das Menthol ein Oel der Zusammensetzung: $C_{10} H_{19} Br$, welches, in Alkohol löslich, sich beim Erhitzen zersetzt. — Menthol liefert, mit Chlorzink erhitzt, bei $162-167^0$ siedendes Menthen: $C_{10} H_{18}$, welches, optisch inactiv, in Wasser unlöslich, in Alkohol und Aether leicht löslich, ein specifisches Gewicht von 0.814 bei 15^0 hat. Mit einer grösseren Menge rauchender Salpetersäure erhitzt liefert das Menthen dasselbe Oxydationsproduct wie das Menthol (s. oben). — Das Pfefferminzöl (0.8 $^0/_0$ der Pflanze) wird, nachdem es durch Abkühlen von dem Menthol befreit, der Destillation unterzogen: 20 % des flüssigen Antheils des Pfefferminzöls von Youezana destillirten zwischen 198 und 205^0, 40 $^0/_0$ zwischen $206-210^0$ und der Rest zwischen 211 und 216^0. Die erste Fraction ($198-205^0$) ist zusammengesetzt $C_{77.18} H_{12.40}$, Werthe, welche darauf hindeuten, dass dieser Theil kein einfacher Körper, sondern ein Gemisch von $C_{10} H_{16} O$ und $C_{10} H_{20} O$ (Menthol) ist. — Atkinson hält das **Menthol** für einen **secundären Alkohol** und $C_{10} H_{18} O$ für das entsprechende **Keton**.

248. **A. Schack. Die schöne Reaction auf Pfefferminzöl.** (Archiv der Pharmacie, Band 219, S. 428.)

Bespricht die schon in den Lehrbüchern behandelte Reaction, welche **Pfefferminzöl** zeigt auf Zusatz von Säuren, Brom u. a. Substanzen. Dem Menthol nicht zukommend, wird der flüssige Antheil des Oeles durch Säuren prachtvoll blau resp. grünblau (in reflectirtem Lichte blutroth) gefärbt, mit dem Spectralapparat untersucht zeigt die Lösung Absorptionsbänder im Roth und Gelbroth. — Andere ätherische Oele geben diese Färbungen nicht.

249. **Ferd. Vigier et Charles Cloëz. Erigeron canadense. — Essence d'Erigeron canadense; présence de cette huile volatile dans les essences de menthes d'Amérique; procédés pour la reconnaître; son emploi en médecine.** (Répertoire de Pharmacie et Journal de Chimie médicale. nouv. Sér. t. 9, p. 415, 466. — Journal de Pharmacie et de Chimie 5. Sér. t. 4, p. 236, 333.)

Verf. hat das ätherische Pfefferminzöl verglichen mit dem Oel von *Erigeron canadense*. Die zum Vergleiche dienenden Proben Minzöl hatten folgende Eigenschaften:

	Specifisches Gewicht bei 10^0	Rotationsvermögen $(\alpha)j =$
Englisches Minzöl (Mitcham). . .	0.917	$- 24^058'$
Oel von Gennevilliers	0.908	$- 25^039'$
Amerikanisches Oel, rectificirt; Hotskiss	0.897	$- 31^029'$
Amerikanisches Oel, nicht rectificirt; Hotskiss	0.898	$- 27^017'$

Das Oel von *Erigeron* ist flüssig, hellgelb gefärbt, von eigenthümlichem Geruche, scharfem, brennendem Geschmacke. An der Luft wird es schnell oxydirt; der fractionirten Destillation unterworfen geht der grösste Theil des Oeles zwischen 175 – 177⁰ über: diese Fraction ist farblos, stark riechend, ist unlöslich in Alkohol von 85, hat ein specifisches Gewicht von 0.848 bei 10⁰, ein Rotationsvermögen von $(\alpha)j = + 16^015'$ und eine der Formel: $C_{10}H_{16}$ entsprechende Zusammensetzung. Mit trockenem Salzsäuregas behandelt, bilden sich bald Krystalle der Verbindung $C_{10}H_{16} 2 HCl$. Gewöhnliche Salpetersäure wirkt lebhaft auf das ätherische Oel ein unter Bildung eines gelblichen Harzes. Concentrirte Kalilauge ruft schon in der Kälte eine orangerothe Färbung hervor (Pfefferminzöl nicht). *Erigeron* - Oel ist in seinem Gewichte 85 % Alkohol bei 15⁰ C. vollkommen unlöslich (Pfefferminzöl löst sich darin auf).

250. H. Morin. **Sur l'essence de licari Kanali, ou essence de bois de rose femelle.** (Comptes rendus, t. 92, p. 998.)

„Essence de linaloës" wurde früher ein aus Mexico vom Citronenholz stammendes Product genannt; neuerdings bezeichnet man mit diesem Namen ein aus Französisch-Guyana kommendes ätherisches Oel, mit welchem das licari Kanali, das Holz der „Rose femelle", der weissen Ceder von Cayenne imprägnirt ist (die Stammpflanze ist eine *Acrodiclidium*-Species — Laurineae). — Das Licariöl des Handels ist eine klare, wenig gefärbte Flüssigkeit, leichter als Wasser, von angenehmem, an Rosen- und Citronenöl erinnerndem Geruche, mit russender Flamme brennbar, bei — 20⁰ nicht erstarrend. Das Oel enthält kleine Mengen Wasser aufgelöst, von welchen es nur durch Behandeln mit entwässertem Chlorcalcium und Destilliren über Chlorcalcium befreit werden kann. Das Oel siedet alsdann fast vollständig bei 198⁰ (bei 755 mm Druck), hat das specifische Gewicht von 0.868 bei 15⁰ und ein Rotationsvermögen von $(\alpha)_D = - 19^0$ bei 15⁰. Das Oel löst sich leicht in Alkohol, Aether und Glycerin. Kalihydrat verändert es nicht; von Brom und Jod wird es lebhaft angegriffen, ebenso von Salpetersäure und Schwefelsäure. Salzsäure wird absorbirt, indem eine schwere, campherartig riechende Flüssigkeit entsteht. Die Resultate der (6) Elementaranalysen stimmen gut für die Formel: $C_{10}H_{18} O$. Mit geschmolzenem Chlorzink behandelt, wird das Oel zersetzt in Wasser und einen dicklichen, nach Terpentinöl riechenden Kohlenwasserstoff; letzteres ist optisch inactiv: $C_{10}H_{16}$.

251. J. F. Eykman. **Illicium religiosum, Sieb., its poisonous constituent, and essential and fixed oils.** (The pharmaceutical Journal and transactions vol. 11, No. 573, p. 1046, nach Mittheilungen der Deutschen Gesellschaft für Natur- und Völkerkunde Ostasiens, vol. 23.)

Mehrere Vergiftungs- und Todesfälle, welche als durch die Wirkung der Früchte von *Illicium religiosum* (japan. Shikimi no ki) hervorgerufen erkannt wurden, gaben Anlass zu den Untersuchungen des Verf.'s. — 40 kg frische Blätter lieferten im Dampfstrom destillirt 177 (= 0.44 %) ätherisches Oel; dasselbe ist stark lichtbrechend, fast farblos; bei der Destillation sank ein Theil in Wasser unter, während ein anderer Theil auf der Oberfläche des Wassers verblieb. Das Oel hatte bei 16°5 C. ein specifisches Gewicht von 1.006; der Geruch des Oels erinnert an den Geruch des Lorbeer, Campher, Cajeput und Muskatnuss. Die Rotation wurde bestimmt zu $(\alpha)v = -8°6$. Auf $-20° C$. abgekühlt wurde das Oel nicht fest. Die fractiouirte Destillation zerlegte das Oel in: ein bei $173-176°$ siedendes Terpen (16.7%); specifisches Gewicht: 0.855, Rotationsvermögen: $-22°5$, lieferte ein flüssiges Hydrochlorat. — Bei $231-233°$ siedendes Anethol (25%), specif. Gew. $= 1.048$ bei $12° C$., optisch inactiv, in der Kälte nicht fest werdend, bei der Oxydation mit Salpetersäure: Anissäure liefernd. — Das Shikimiöl löst sich in jedem Verhältniss in absolutem Alkohol, Chloroform, Benzol, Eisessig, Schwefelkohlenstoff und fetten Oelen; in Petroleum ist es wenig löslich. Chloralreagens lässt es farblos, dann färbt es sich schmutzig gelbbraun; Bromchloroform: farblos, dann grünblau, später schmutzig blau; alkoholische Salzsäure: farblos, dann prachtvoll blau; concentrirte Schwefelsäure, sowie Fröhde's Reagens: dunkelroth, dann purpurroth; rauchende Salpetersäure erwärmt: orangeroth; Pikrinsäure: gelbroth; ammoniakalische Silberlösung wird reducirt. Verf. giebt noch folgende Tabelle:

	Ol. *Anisi* vulgaris	Ol. *Föniculi*	Ol. *Anisi* stellati	Ol. *Illicii* religiosi
Bestandtheile . .	Vorzugsweise festes und flüss. Anethol	Wenig Terpen v. $190°$ flüss. u. fest. Anethol	Vorz. festes und flüssiges Anethol	Terpen v. $173-176°$, flüss. Anethol von $232-233°$
Schmelzpunkt . .	$+6$ bis $18° C$.	-2 bis $+18° C$.	ca. $0° C$.	bei $-20° C$. noch flüssig
Specif. Gewicht .	ca. 0.903	$0.94 - 0.998$	0.978	1.006
Rotationsvermögen	$0°$ bis $+0°5$	$+13°$ bis $+19°6$	$0°$ bis $-0°4$	$-8°C$.
Alkohol. Salzsäure	farblos, dann röthlich	farblos	farblos	farblos, dann blau
Chloralreagens . .	farblos, dann gelb und bräunlich	farblos, dann prachtvoll roth	wie Ol. Föniculi	farblos, dann schmutzig braungelb
Ammoniakalische Silberlösung . .		in 24 Stunden keine Reduction		Reduction in wenigen Stunden

Das Shikimiöl wirkt wie die ätherischen Oele überhaupt. — Die Samen bestehen zu 58.6% aus Kernen und 41.4% aus Schale; sie enthalten: 30.5% eines fetten Oels; dasselbe ist klar, dickflüssig, geruchlos, blassgelb, specif. Gewicht $= 0.919$ bei $16°5 C$., löst sich leicht in Petroläther, Chloroform, Aether, Benzol und Schwefelkohlenstoff. Reagirt neutral, ist bei $-20° C$. von Butterconsistens; es trocknet nicht ein. Es ist nicht giftig. — Die Samenkerne wurden entfettet und dann mit essigsäurehaltigem 75 procentigem Alkohol erschöpft; der alkoholische Rückstand wurde mit Eisessig erwärmt und öfters mit Chloroform behandelt: das Chloroform hinterliess einen amorphen, gelben, giftigen Rückstand. Derselbe wurde jetzt mit Wasser ausgezogen, die Lösung durch Schütteln mit Petroläther gereinigt, alsdann die mit Kaliumcarbonat übersättigte Lösung mit Chloroform erschöpft: der amorphe Chloroformrückstand wurde mit Salzsäure versetzt und in den Exsiccator gebracht: nach kurzer Zeit wurden warzenförmig vereinigte Krystalle erhalten. Dieselben wurden nach nochmaligem Umkrystallisiren farblos erhalten. Diese Krystalle, von dem Verf. Shikimin genannt, sind hart, schwer löslich in kaltem Wasser, besser in warmem Wasser, Aether und Chloroform, leicht löslich in Alkohol und Eisessig, schmelzen bei ca. $175° C$., reduciren nicht, auch nicht nach dem Kochen mit verdünnten Säuren; liefern ein öliges Sublimat. Die wässerige Lösung giebt mit Kaliumquecksilberjodid eine geringe, bei Ueberschuss wieder verschwindende Trübung. Stickstoff konnte nicht nachgewiesen werden.

252. **P. Fabre. Sur l'essence de serpolet.** (Comptes rendus t. 92, p. 1290.)

Verf. hat das Quendelöl (von *Thymus Serpyllum* L.) untersucht. Das Oel konnte durch Destillation in zwei Theile, einen farblosen, bei $170-200°$ siedenden und einen stark gefärbten, bei $200-250°$ siedenden Antheil zerlegt werden. — Die erste Fraction ging bei der Fractionirung fast ganz zwischen 175 und $180°$ über und zeigte, über Natrium rectificirt,

einen festen Siedepunkt von 175—177⁰, eine farblose, nach Citronen riechende Flüssigkeit von
0.873 bei 0⁰, einem sehr schwachen Rotationsvermögen; Dampfdichte: 4.78, Formel: $C_{10}H_{14}$:
Cymol, welches von rauchender Schwefelsäure ohne Temperaturerhöhung gelöst wird. —
Die 2. Fraction besteht aus Kohlenwasserstoffen, sowie einem sauerstoffhaltigen Oele. Letzteres
wird durch Behandeln mit Natronlauge fixirt, die Kohlenwasserstoffe alsdann durch Aether
entzogen. Die wässerige Lösung wird nun mit verdünnter Salzsäure zerlegt und mit Aether
erschöpft; letzterer hinterlässt ein nach der Rectification bei 233–235⁰ siedendes Phenol,
eine farblose, ölige, angenehm riechende Flüssigkeit von 0.988 bei 0⁰, welche in einer Kältemischung nicht erstarrt: Thymol $C_{10}H_{14}$ O. Mit Chloracetyl behandelt liefert es einen
farblosen, öligen, angenehm riechenden, bei 244—245⁰ siedenden Aether: $C_{10}H_{13}$ O . C_2H_3 O
(s. auch die Untersuchung Jahns' diesen Bericht für 1880, I., S. 421).

253. **John M. Maisch. The Stearopten of Buchu leaves.** (The american Journal of pharmacy vol. 53 [4. ser. vol. 11] p. 331.)

Wayne hatte (s. diesen Bericht für 1876, S. 760) aus Buchublättern neben
Salicylsäure eine krystallinische Substanz abgeschieden, welche mit Eisenchlorid eine
intensiv blauschwarze Färbung gab. Dieser Körper scheint identisch zu sein mit dem von
Flückiger (s. diesen Bericht für 1880, I., S. 420) zuerst aus dem Oele der Blätter von
Barosma betulina dargestellten Diosphenol. — Die Menge des in den Buchublättern enthaltenen ätherischen Oeles wechselt sehr; so fand Bedford: 1.2—1.6 %, Flückiger und
Hanbury: 1.56—1.63 %, Bedford in Barosma serratifolia: 0.62—0.71 % Oel. — Verf.
konnte in 6 Proben von Buchuöl wohl das Diosphenol, nicht aber Salicylsäure nachweisen
und vermuthet er, dass die von Wayne nachgewiesene Salicylsäure einer Beimischung zu
den Buchublättern ihren Ursprung verdanke.

254. **J. Woodland. Results of experiments made upon the barks of cinnamon and cassia,
also upon the oils extracted therefrom.** (Yearbook of Pharmacy, p. 476.)

Das Decoct der Zimmt- und Cassienrinde hat die Eigenschaft, Jodstärke zu entfärben; nach des Verf. Untersuchungen kommt diese Wirkung dem in dem Decocte enthaltenen ätherischen Oele zu. — Das Zimmtöl unterscheidet sich von dem Cassienöl
durch sein Verhalten zur Salpetersäure von 1.36 spec. Gew.; ersteres färbt sich damit orangegelb und roth unter Bildung einer gelben Harzmasse, Auftreten des Geruches nach Bitter-
mandelöl, und bleibt schliesslich eine klare gelbe Flüssigkeit. Das Cassienöl liefert eine
dunkelgrünbraune Harzmasse, welche auf gelblicher Flüssigkeit schwimmt.

255. **J. Reinke. Ueber aldehydartige Substanzen in chlorophyllhaltigen Pflanzenzellen.**
(Berichte der Deutschen Chemischen Gesellschaft, S. 2144.)

In den Zellen grüner Pflanzen findet sich eine Substanz von den Eigenschaften
der Aldehyde, ausgezeichnet durch Flüchtigkeit und ein energisches Reductionsvermögen
gegen alkalische Silber- und Kupferlösung. In Pilzen, etiolirten Keimlingen von Blüthenpflanzen konnten diese Substanzen nicht nachgewiesen werden. — Der Saft der Pflanzen
enthält die Substanz auch nach Abscheidung der Eiweissstoffe durch Kochen, nach Ausfällen
mit Bleiessig; Destillation dieses Saftes liefert ein reducirendes Destillat, welches Silberlösung ohne Zusatz von Alkali in der Kälte nach kürzester Zeit reducirt.

256. **F. A. Flückiger. Testing of Peru Balsam.** (The american Journal of Pharmacy vol.
53 [4. ser. vol. 11] p. 296. Nach Pharm. Ztg., No. 30, S. 222.)

Wir entnehmen dieser Uebersetzung folgende Angaben: das specifische Gewicht des
Perubalsams liegt bei 15⁰ C. zwischen 1.140 und 1.145; die älteren Angaben von 1.15—1.16
sind zu hoch. 10 Tropfen Balsam bilden mit 0.4 g gelöschten Kalkes eine weiche, nicht
erhärtende Masse (enthält der Balsam fettes Oel, Ricinusöl etc., so tritt beim Erwärmen
dieser Mischung der Fettgeruch hervor). Mit dem dreifachen Gewichte an Schwefelkohlenstoff geschüttelt, trennt sich der Balsam in ein dunkelbraunes Harz, während der Schwefelkohlenstoff nur wenig gefärbt wird.

257. **F. A. Flückiger. Notizen über das Canangaöl oder Ilang-Ilang-Oel.** (Archiv der
Pharmacie, Bd. 218, S. 24.)

Canunga odorata Hooker fil. and Thomson (Anonacee), ein bis 20 m hoher, in
Südasien meist als Culturpflanze verbreiteter Baum, liefert ein durch ausgesuchten Wohl-

geruch ausgezeichnetes Oel, welches aus den Blüthen des Baumes erhalten wird (25 g Oel aus 5 kg Blüthen = 0.5 %). Verf. hat kleinere Mengen (das kg kostet ca. 600 M.) des Oeles untersuchen lassen. 10 g Oel wurden mit 20 g Alkohol und 1 g Kali zerlegt und dabei Essigsäure und Benzoësäure erhalten, welche in dem Oele in Form ihrer Ester enthalten sind; der in den Estern enthaltene Alkohol wurde nicht untersucht. Neben den Estern scheint das Oel noch ein Phenol sowie ein Aldehyd resp. Keton zu enthalten.

258. **Walter Lippincott Hinchman. Asclepias cornuti Decaisne.** (The american Journal of Pharmacy vol. 53 [4. ser. vol. 11] p. 433.)

Verf. hat das Rhizom der genannten Pflanze untersucht. Die frische Wurzel verliert, an der Luft getrocknet, 70 %, vollständig getrocknet 80 % Wasser; die Trockensubstanz liefert 6 % Asche. — Die gepulverte Droge wurde mit Petroleumbenzin erschöpft: das Benzin hinterliess eine gelbliche, ölige Masse; das davon getrennte fette Oel hatte eine schön gelbe Farbe, milden Geschmack und den Geruch nach der Droge. Der klebrige Extract wurde mit Wasser gewaschen und alsdann mit warmem 95procentigem Alkohol ausgezogen. Der concentrirte Alkoholauszug lieferte beim Abkühlen gelbe warzenförmige Krystalle, welche, öfters umkrystallisirt, weiss erhalten wurden. Dieselben waren geruch- und geschmacklos, im Sonnenlichte irisirend, bei niedriger Temperatur flüchtig, ohne Wirkung auf Lacmus, sehr leicht löslich in Chloroform, löslich in Benzin, Aether und Alkohol, unlöslich in Wasser. Concentrirte Schwefelsäure und Kaliumbichromat färben grün, conc. Schwefelsäure und Chlorkalk: braun, bald in purpur übergehend. Verf. nennt die Substanz: Asclepion. — Das mit Benzin erschöpfte Pulver wurde jetzt mit 95procentigem Alkohol behandelt: der Alkohol hinterliess einen rubinrothen, sauren, bitter schmeckenden Syrup. Wasser schied aus diesem Syrup ein Harz ab; die Lösung enthielt Gerbstoff, Zucker und einen bitteren sauren Extractivstoff. — Die Droge enthielt noch Gummi, Stärke und flüchtiges Oel.

IX. Harze.

259. **A. Renard. Sur les produits de la distillation de la colophane.** (Comptes rendus t. 92, p. 887.)

Verf. macht weitere Mittheilungen über seine Untersuchung der Destillationsproducte des Colophoniums (s. diesen Bericht für 1880, I., S. 433). — Durch Fractionirung ist es ihm gelungen, zwei neue Producte, bei 154 und bei 170—173° siedend, zu isoliren. Der hoch siedende Antheil wurde genauer untersucht. Im Kohlensäurestrome über Natrium rectificirt absorbirt die links drehende Flüssigkeit Sauerstoff viel schneller als das Terpentinöl; mit Salpetersäure und Alkohol in Berührung liefert die Substanz kein krystallisirtes Hydrat; rauchende Salpetersäure wirkt heftig ein, gewöhnliche Salpetersäure erst bei 80°, es werden gebildet: Nitrotoluylsäuren, Oxalsäure und eine syrupförmige Säure. Behandelt man die ätherische Lösung mit Salzsäuregas, so wird der Kohlenwasserstoff $C_{10}H_{16}$ zum Theil in ein krystallisirendes Dichlorhydrat: $C_{10}H_{16} . 2HCl$ übergeführt; letzteres krystallisirt aus Alkohol in grossen, perlmutterglänzenden, bei 49° schmelzenden Blättern. — Brom wirkt auf den Kohlenwasserstoff energisch ein; aus der mehrere Tage dem Lichte ausgesetzten Reactionsmasse wurde eine dicke, orangerothe Flüssigkeit der Formel $C_{10}H_{12}Br_4$ isolirt; daneben konnten noch sehr geringe Mengen von bei 233° schmelzenden, verfilzten Nadeln dargestellt werden. Lässt man auf eine ätherische Lösung des Kohlenwasserstoffs vorsichtig ätherische Bromlösung einwirken, so erhält man ein Tetrabromid in Form farbloser, bei 120° schmelzender Krystalle. — Mit dem gleichen Volum gewöhnlicher Schwefelsäure behandelt löst sich der Kohlenwasserstoff unter Bildung von Cymolsulfosäure auf; das Baryumsalz: $(C_{10}H_{13}SO_3)_2 Ba + H_2O$ wurde in Krystallen erhalten. — Lässt man auf den Kohlenwasserstoff nur $1/20$ des Volums an Schwefelsäure einwirken, so erhält man bei der Destillation des ungelöst gebliebenen Antheils drei Fractionen, von welchen die eine zwischen 175 und 180° siedende Fraction (sehr kleine Menge) aus Cymol zu bestehen scheint. Der zwischen 171 und 173° siedende Theil wird von kalter Schwefelsäure nicht angegriffen; dieser Kohlenwasserstoff $C_{10}H_{16}$ ist optisch inactiv, absorbirt Sauerstoff, liefert mit Brom Verbindungen, welche den oben erwähnten ähnlich sind; gewöhnliche Salpetersäure wirkt auf ihn unter Bildung von Nitrotoluylsäure und Oxalsäure ein; Schwefelsäure löst bei 100° auf unter

Bildung einer Cymolsulfosäure. — Der über 300⁰ siedende Antheil geht, über Natrium rectificirt, bei 305—310⁰ über; Formel: $C_{20} H_{32}$.

260. **Adolphe Renard.** **Sur l'essence de résine.** (Bulletin de la société chimique de Paris, 2. sér., t. 36, p. 215.)

Veranlasst durch die Mittheilungen von Kelbe, Armstrong und Tilden (siehe d. Bericht f. 1880, I., S. 426, 427) theilt Verf. jetzt schon seine Resultate der Untersuchung der durch Destillation des Colophoniums erhaltenen Harzessenz mit. Letztere wurde durch Waschen mit Natron von verschiedenen Säuren (nachgewiesen: Butter- und Baldriansäure) befreit und alsdann wiederholt fractionirt. Es wurde isolirt: 1. von 103—106⁰ siedender Kohlenwasserstoff der Formel: $C_7 H_{12}$: Hepten (s. diesen Bericht f. 1880, I., S. 433) 2. in den gegen 150⁰ siedenden Destillaten ein Terebenten: $C_{10} H_{16}$ und zwei Kohlenwasserstoffe $C_{10} H_{18}$, von welchen der eine durch Schwefelsäure polymerisirt werden kann; 3. in den zwischen 169—173⁰ übergehenden Antheilen zwei Terebentene $C_{10} H_{16}$ (eines deren polymerisirbar) jedoch kein Cymol; 4. die Fraction 106—150⁰ enthält zwei Kohlenwasserstoffe $C_8 H_{14}$ und $C_9 H_{16}$.

261. **W. Kelbe.** **Ueber das Vorkommen eines aromatischen Kohlenwasserstoffs der Reihe $C_{11} H_{16}$ in der Harzessenz.** (Berichte der Deutschen Chemischen Gesellschaft, S. 1240.)

Verf. hat, seine Untersuchungen (s. diesen Bericht f. 1880, No. 226, I., S. 426) fortsetzend, einen neuen aromatischen Kohlenwasserstoff aus dem Harzöl isolirt und durch seine Untersuchungen (s. die Abh.) es wahrscheinlich gemacht, dass der Kohlenwasserstoff $C_{11} H_{16}$ entweder Methylbutylbenzol: $C_6 H_4 {<}{CH_3 \atop C_4 H_9}$ oder Aethylpropylbenzol: $C_6 H_4 {<}{C_2 H_5 \atop C_3 H_7}$, der Metareihe zugehörig, ist.

262. **Edward H. Rennie.** **On New Sealand Kauri Gum.** (The journal of the chemical society vol. 39, p. 240.)

Dieses in Neuseeland von *Dammara Australis* gewonnene Harz liefert, mit Wasserdämpfen destillirt, ein Oel, welches zum grössten Theil zwischen 156 und 160⁰ siedete; nach erneuter Fractionirung ging das Oel fast vollständig zwischen 157—159⁰ über. Diese Fraction siedete nach dreimaliger Destillation über Natrium, constant zwischen 157—158⁰. Dieses Oel riecht wie Terpentinöl, ist farblos, hat bei 18⁰ ein specifisches Gewicht von 0.863 und dreht in einer 300 mm langen Röhre den polarisirten Lichtstrahl um 3—4⁰ nach links. Die Zusammensetzung entspricht der Formel: $C_{10} H_{16}$. — Lässt man Phosphorpentasulfid einwirken, so erhält man eine kleine Menge einer Flüssigkeit, welche über Natrium destillirt, mit concentrirter Schwefelsäure behandelt, bei 174—178⁰ siedet; diese Substanz ist Cymol, welches, mit Chromsäure oxydirt: Terephtalsäure und Essigsäure liefert.

263. **A. Vogel.** **Beitrag zur Kenntniss des Copals.** (Sitzungsberichte der Math.-Physikal. Classe d. Münchener Akademie, Bd. 11, S. 145.)

Verf. bespricht die verschiedenen, im Handel vorkommenden Copalsorten, wie dieselben von Worlée und von Henkel beschrieben worden sind und knüpft daran einiges über die Eigenschaften, speciell die Löslichkeitsverhältnisse des Copals. — Nach den Untersuchungen des Verf's löst absolutes Alkohol nur 38—40 % des Copals auf. Das lösliche und unlösliche Harz wurde analysirt und in ersterem 77.2 %, in letzterem 78.6 % C. gefunden. — Durch Erwärmen und Schmelzen erfährt der Copal einen Gewichtsverlust von 3—9 %; die Asche beträgt 0.3—0.5 %. — Als besonders günstiges Lösungsmittel des Copals hat sich Amylalkohol ergeben. Copalpulver in der Wärme mit Amylalkohol behandelt, zeigt alsbald Aufquellen und bei weiterer Erhitzung bis zum Kochen tritt vollständige Lösung ein; diese klare Lösung auf Glasflächen oder polirte Metallgegenstände ausgebreitet zeigt eine fast farblose Schicht eines durchsichtigen Firnisses.

264. **Theodor Peckolt.** **Timbó.** (Zeitschrift des Allgemeinen Oesterreichischen Apotheker-Vereins, 19. Jahrgang, S. 193, 209.)

Lonchocarpus Peckolti Wawra (Flora, 1864, No. 15.) Ord. Leguminosae, Fam. Papilionaceae, Gruppe Dalbergieae. — Viele Giftpflanzen sind unter dem Namen Timbó in Brasilien bekannt, doch wird nur die Wurzelrinde der oben genannten Pflanze in den

Apotheken als officinelles Timbó vorräthig gehalten. — 4—5 m hohes Bäumchen, Blätter und Rinde riechen kaum wahrnehmbar nach Bisam, Wurzel kinderarmdick, hellbraun Rindenmark gelblich. Die fleischige Wurzelrinde hat im frischen Zustande einen widerlich penetranten Bisamgeruch. — Die Untersuchung der Wurzelrinde ergab folgende Zusammensetzung (in Procenten): Wasser: 72.5399; ätherisches Oel: 0.1727; flüchtiges Alkaloïd (Lonchocarpin): 0.0718, krystallisirte Lonchocarpinsäure: 0.1285; bisamriechende Lonchocarpinfettsäure: 1.15; wachsartige Substanz: 0.0171; Lonchocarpusbitterstoff: 0.1794; α-Weichharz: 0.7967; β-Weichharz, bisamriechend: 0.4578; γ-Harz, krystallinisch: 0.2; α-Harzsäure, schwach bisamriechend: 0.21; β-Harzsäure, geruchlos: 0.2106; bisamriechender Extractivstoff: 0.0206; Eiweiss: 2.1484; Stärkemehl: 4,5312; zuckerhaltiger Extractivstoff: 2.9023; Weinsäure, Apfelsäure, Kali, Magnesia und Kalksalze: 0.2182; Dextrin, anorgan. Salze etc. etc.: 2.8212; Faserstoff: 11.2236. — Verf. macht über die in der Wurzelrinde aufgefundenen eigenthümlichen Stoffe folgende Angaben: α-Harz: ein hellbraunes, an den Fingern klebendes Weichharz, mit heller Flamme und unangenehmem Bisamgeruch ohne Rückstand verbrennend, in Aether, Schwefelkohlenstoff, Chloroform und absolutem Alkohol löslich, in Weingeist und Alkalien unlöslich; die alkoholische Lösung reagirt neutral; Kupferacetat liefert ein gelbliches, Bleiacetat ein käseartiges, weisses Präcipitat. — β-Harz: dunkelbraunes Weichharz von bisamartigem Geruche, verbrennt unter starkem Geruche ohne Rückstand; in Aether, Chloroform und Alkohol löslich, in Ammoniak, kalter Kalilauge unlöslich; die alkoholische Lösung reagirt neutral; Eisenchlorid giebt dunkelbraune Färbung, Kupferacetat grünlich-graues, Gallustinctur gelbes flockiges Präcipitat. — γ-Harz: gelbliches, krystallinisches, geruchloses Harz, verbrennt mit heller Flamme, ohne Geruch und Geschmack, ohne Rückstand; löslich in Aether, Schwefelkohlenstoff und siedendem Alkohol; in Alkalien unlöslich. — α-Harzsäure: bräunlich gefärbt, schwach bisamartig riechend, schwer pulverisirbar, mit heller Flamme verbrennend (ohne Rückstand); in Aether unlöslich, in Alkohol und Alkalien löslich, vom Kupferacetat gefällt. - β-Harzsäure; braun, geruchlos, pulverisirbar, ohne Geruch, mit schwacher Flamme zu einer geringen leichten Kohle verbrennend; in Aether unlöslich, löslich in Alkohol, leicht löslich in Alkalien, von Kupferacetat nicht, von Bleiacetat gefällt. — Lonchocarpinsäure: verfilzte, geruchlose Krystallnadeln, auf Platinblech erhitzt schmelzend und sich vollständig verflüchtigend. In Wasser unlöslich, in Aether und absolutem Alkohol löslich, leicht löslich in Ammoniak, verdunstet kleine Krystallkörner liefernd: Eisenchlorid fällt ungefärbt. — Flüchtiges Alkaloïd nicht genau untersucht.

X. Eiweisssubstanzen, Amide und Derivate.

265. **E. Harnack. Untersuchungen über die Kupferverbindungen des Albumins.** (Zeitschrift für physiologische Chemie, Bd. 5, S. 198.)

Verf. war bemüht, die Kupferverbindung des Albumins genau zu untersuchen. Zur Darstellung des Albuminats diente gut zerschnittenes Hühnereiweiss mit der gleichen Menge Wasser und soviel überschüssiger verdünnter Essigsäure versetzt, als noch Ausscheidung erfolgte; filtrirt, mit kohlensaurem Natrium neutralisirt und filtrirt wurde eine völlig klare neutrale Albuminlösung erhalten. Dieselbe wurde mit einem einfachen Kupfersalz aufgefällt, wobei, um jeden Säureüberschuss zu vermeiden, das Gemisch mit etwas Natriumcarbonat neutralisirt wurde. — Das Albuminat ist im Eiweiss- oder Kupfersalzüberschuss nur sehr schwer löslich, ebenso in Neutralsalzen unlöslich, löslich in Säuren und Ammoniak. Getrocknet ist das Cu-albuminat eine dunkelgrüne, durchscheinende, leimartig spröde und harte, compacte, pulverisirbare Masse, welche noch ca. 1 % Asche enthielt. Aschefrei wurde es erhalten, wenn man das frisch gefällte, vollkommen ausgewaschene Albuminat in Natriumcarbonat löste, filtrirte, durch vorsichtigen Säurezusatz wieder ausfällte etc. — Die so erhaltenen Präparate stimmten bezüglich ihrer Zusammensetzung, ihres Kupfergehalts nur in sofern überein, als zwei verschiedene Verbindungen erhalten worden waren: eine kupferarme Verbindung, wenn dieselbe im Eiweissüberschuss, eine reichere Verbindung, wenn dieselbe im Kupferüberschuss ausgefällt worden war. Die procentische Zusammensetzung wurde gefunden:

	A. Cu-arme Verbindung	B. Cu-reiche Verbindung
C	52.50	51.43
H	7.00	6.84
N	15.32	15.34
S	1.23	1.25
Cu	1.35	2.64
O	22.60	22.50
	100	100

woraus sich die Molekularformeln: für A. zu $C_{201} H_{320}$ Cu $N_{52} O_{66} S_2$ und für B. zu $C_{201} H_{316} Cu_2 N_{52} O_{66} S_2$ berechnet. Demnach würde dem Eieralbumin die Formel $C_{204} H_{322} N_{52} O_{66} S_2$ mit dem Moleculargewichte von 4618 zukommen.

266. **A. Stutzer. Untersuchungen über die Verdaulichkeit und die quantitative Bestimmung der Eiweissstoffe.** (Journal für Landwirthschaft, 29. Jahrg., S. 473—492.)

Verf. hat die Methode der Eiweissbestimmung (s. diesen Bericht für 1880, I. S. 445) weiter ausgearbeitet und dadurch vervollkommnet, dass er neben der Verdauung der Proteinstoffe durch sauren Magensaft auch noch das Eiweiss verdauende Ferment der Pancreasdrüse auf seine Verwerthbarkeit bei der Stickstoffbestimmungen prüfte. Die in den Futtermitteln enthaltenen Nucleïne werden weder durch sauren Magensaft noch durch alkalischen Pancreassaft in lösliche Verbindungen übergeführt (s. die Abh.).

267. **E. Schulze und J. Barbieri. Zur Bestimmung der Eiweissstoffe und der nicht eiweissartigen Stickstoffverbindungen in den Pflanzen.** (Die landwirtschaftl. Versuchsstationen Bd. 26, S. 213—283, 449.)

Verff. haben ihre Untersuchungen (s.. diesen Bericht für 1877, S. 608) über die Bestimmung des in den Pflanzen, speciell den Futtermitteln enthaltenen Stickstoff fortgesetzt, indem sie zum Theil die von andern Autoren empfohlenen Methoden experimentell prüften. — Es können nach den in der Abhandlung nachzuschlagenden Methoden getrennt bestimmt werden der Gesammtstickstoff, Eiweissstickstoff, nicht eiweissartige, durch Phosphorwolframsäure fällbare Substanzen und nicht eiweissartige, durch die genannte Säure nicht fällbare Körper sowie Ammoniaksalze. Wir müssen auf die Abhandlung verweisen.

268. **W. Klingenberg. Ueber den Gehalt verschiedener Futtermittel an Stickstoff in Form von Amiden, Eiweiss und Nucleïn.** (Zeitschrift für physiologische Chemie, Band 6, S. 155.)

Zur Bestimmung des Nährwerthes der Futtermittel ist die quantitative Bestimmung der verschiedenen Formen des in ihnen enthaltenen Stickstoffs von grosser Wichtigkeit. Verf. benutzte zur Trennung der Proteïnstoffe die von Stutzer (s. diesen Bericht für 1880, I. S. 455, No. 285) angegebene Methode; die so erhaltenen gewogenen Niederschläge wurden der Einwirkung von Magensaft und Salzsäure bei 35—40° C. ausgesetzt. Der Stickstoff wurde nach Will-Varrentrapp bestimmt. Die Resultate sind: (s. Tabelle S. 146.) Der durch Magensaft unverdauliche Rückstand der Kupferfällung diente zur Bestimmung des Schwefel- und Phosphorgehaltes (nach dem Schmelzen mit Soda und Salpeter) und Berechnung des Nucleïnphosphor. Es wurde gefunden Nucleïnphosphor (in %):

Mohnkuchen	0.0707 %	Coprakuchen	0.0335 %
Erdnusskuchen	0.0361 %	amerik. Baumwollsamen	0.0676 %
Rapskuchen	0.0676 %	aegypt.. "	0.0805 %
Sesamkuchen	0.0481 %	Maismehl	0.0386 %
Reismehl	0.0402 %		

269. **E. Schulze und E. Eugster. Neue Beiträge zur Kenntniss der stickstoffhaltigen Bestandtheile der Kartoffelknollen.** (Die landwirthschaftlichen Versuchsstationen, Band 27, S. 357—378.)

Die früher (s. diesen Bericht für 1878, I, S. 248) von Schulze und Barbieri ausgeführten Untersuchungen über die Bestimmungen der in den Kartoffelknollen enthaltenen stickstoffhaltigen Substanzen (Eiweissstoffe, Amide etc.) sind von den Verff., nachdem

Futtermittel	Gesammt-stickstoff	Vom Gesammtstickstoff		
		durch Cu nicht fällb.	durch Cu fällbar	
			unverdaulich	verdaulich
Mohnkuchen . .	6.226 °₀	6.49	11.34	82.17
Sesamkuchen . .	6.331	1.53	6.41	92.06
Sojabohne . . .	6.296	9.53	4.29	86.18
Erdnusskuchen .	7.575	4.54	4.55	90.91
Leindotter . . .	5.825	8.53	12.58	78.89
Rapskuchen { I	5.302	12.77	12.77	74.46
II	5.378	8.33	12.34	79.33
III	4.982	9.23	13.97	76.80
Coprakuchen . .	3.382	6.74	7.51	85.75
Baumwollsamen .	6.714	4.35	8.68	86.97
Reismehl I . . .	1.980	7.07	20.66	72.27
„ II . . .	2.217	5.77	17.14	77.09

(Fortsetzung von S. 145.)

inzwischen die Untersuchungsmethoden wesentliche Veränderungen und Verbesserungen erfahren haben, wieder aufgenommen und weitergeführt worden. (S. die Abh.)

270. **P. Malerba. Ricerche sugli albuminoidi dei fichi, fatte nell' Istit. fisiol. di Napoli.** Rendic. della R. Acc. di Scienz. fis. e mat. Napoli, Anno XX, 1891, fasc. 3.)

Die getrockneten Feigen bilden eines der wichtigsten Nahrungsmittel für die ärmere Volksklasse Süditaliens und Siciliens; müssen daher einen gewissen Nährwerth, und besonders Albuminoide besitzen. Verf. hat die Quantität der Eiweissstoffe zu bestimmen versucht und im Durchschnitt 1.825 % gefunden. Die Art der Eiweissstoffe wird nicht näher charakterisirt; es scheinen deren in den Feigen drei verschiedene vorhanden zu sein, welche sich vorzüglich durch ihre Löslichkeit unterscheiden. In der Schale und im Fruchtstiel begleiten vorzüglich Proteïnstoffe die Albuminoide, während im Fruchtfleische sich hauptsächlich Zucker findet.   O. Penzig (Padua).

271. **Georg Grübler. Ueber ein krystallinisches Eiweiss der Kürbissamen.** (Journal für praktische Chemie, neue Folge, Bd. 23, S. 97—137. — Dissertation Tübingen, 8°, 43 S.)

Von der äusseren harten Hülle befreite Kürbissamen werden zu gröblichem Pulver zermahlen und daraus durch Schlämmen mit Oel und Petroläther die Proteïnkörner isolirt; letztere setzen sich in der öllhaltigen Flüssigkeit bald zu Boden und können, nach Abgiessen der Flüssigkeit durch wiederholtes Ausziehen mit Petroläther vom Oele befreit werden. Die letzten Spuren des Fettes werden durch längeres Behandeln mit gewöhnlichem Aether im Extractionsapparat entfernt, der Aether durch sofortiges Durchleiten eines trockenen Luftstroms bis zur völligen Trockne der Masse verjagt. Die Proteïnsubstanz stellte ein feines, weisses, lockeres Pulver dar, welches unter dem Mikroskop nur wenig Zellreste oder amorphe Substanz neben einer grossen Menge von Proteïnkörnern erkennen liess. Dieses Material diente zu den Untersuchungen. — Verf. befolgte zur Darstellung der Eiweisskrystalle zunächst die von Schmiedeberg (s. diesen Bericht für 1877, S. 657) angegebene Methode, jedoch ohne wesentlichen Erfolg. Auch das von Drechsel (s. diesen Bericht für 1879, I, S. 391) angegebene Verfahren lieferte wohl Krystalle, die Ausbeute war aber so gering, dass die Methode verlassen werden musste; die erhaltenen Krystalle waren polyëdrische, je nach ihrer Lage scharf begrenzte, scheinbar dreieckige Täfelchen. — Die Proteïnsubstanz wurde nun nach Weyl's Verfahren bei gewöhnlicher Temperatur mit 10procentiger Chlornatriumlösung digerirt: innerhalb 12 Stunden war alles Eiweiss in Lösung gegangen und konnte dasselbe nun von dem aus Zellfasern und Globoïden bestehenden Bodensatze abfiltrirt werden; das mit einigen Tropfen Ammoniak neutralisirte Filtrat wurde mit Kochsalz gesättigt: es erfolgte eine bei längerem Stehen zunehmende, flockige Ausscheidung, welche abfiltrirt sich unter dem Microskop als aus sehr kleinen, durchsichtigen, krystallinischen Körnchen bestehend ergab, in Wasser und Alkalien unlöslich, in Säuren sich leicht löste; die Ausscheidung bestand aus Globoïden, welche nunmehr durch Filtration aus der Eiweisslösung entfernt wurde. Das klare Filtrat der letzteren wurde jetzt durch Zusatz einer grösseren Menge Wasser gefällt: der flockige, rein weisse Eiweissniederschlag wurde durch Auswaschen mit destillirtem Wasser möglichst von Salzen befreit und zuletzt auf dem Filter gesammelt. Mit diesem Eiweiss wurde die Darstellung der krystallinischen Magnesiaverbindung wiederholt und mittelst Alkoholdialyse eine grössere Menge krystallinischer Körner erhalten. — Verf. befolgte weiter ein neues von Drechsel angegebenes Verfahren: frisch gefälltes Eiweiss wurde in wenig Wasser vertheilt und unter Erwärmen auf ca. 40⁰ allmählig so viel der als Lösungsmittel dienenden Salzlösung zugesetzt, bis alles Eiweiss gelöst und die Flüssigkeit durchscheinend wird. Es wird hierauf im Warmtrichter filtrirt und das völlig klare Filtrat einer möglichst langsamen Abkühlung überlassen. Nach Erkalten der Lösung auf 6—8⁰ hat sich der grösste Theil des Eiweisses am Boden und an den Wänden des Gefässes in meist microskopisch kleinen Krystallen abgeschieden. — Die Methode wurde dann noch umgeändert, indem der gut ausgewaschene Eiweissniederschlag bei gewöhnlicher Temperatur in 20procentiger Kochsalzlösung gelöst und einige Zeit stehen gelassen wurde; Filtriren lieferte eine völlig klare Lösung. Dieselbe wurde mit Wasser bis zur milchigen Trübung versetzt, welche letztere beim Erwärmen auf 30⁰ wieder verschwand. Die klare Lösung wurde nochmals mit Wasser von 30⁰ versetzt, bis eine nur geringe Trübung sichtbar wurde, und wiederum bis zum Verschwinden der Trübung höher erwärmt (auf 40—42⁰). Das Ganze wurde dann wie früher einer allmähligen Abkühlung überlassen. **Die auf diese Weise dargestellten Krystalle sind microskopisch klein, aber gleichmässig gut ausgebildet.** — Der auf dem Saugtrichter gesammelte Krystallbrei wurde mit Wasser, Alkohol und Aether gewaschen und im trockenen Luftstrom getrocknet. — Die Krystalle stellen ein weisses Pulver dar, welches mit wenig Wasser angerührt, unter dem Microskop deutliche Octaëder erkennen lässt; sie lösen sich in neutralen Salzen und verdünntem Alkali. — Nach der von Schimper ausgeführten Untersuchung unterscheiden sich diese künstlichen Kürbiskrystalle von den natürlichen äusserlich nur durch viel vollkommenere Ausbildung; die Krystallform ist dieselbe. Die natürlichen quellen in Säuren und Alkalien stärker auf, als die künstlichen. — Die Krystalle bestanden nach den damit ausgeführten Untersuchungen aus Eiweiss. Die im Exsiccator über Chlorcalcium getrockneten Krystalle enthielten im Mittel 5.31 % Wasser, welches bei 110⁰ entweicht; die lufttrockenen Krystalle enthalten ca. 10 % Wasser. — Um die Coagulationstemperatur des Eiweisses zu bestimmen, wurde dasselbe in verschieden concentrirten Chlornatriumlösungen aufgelöst; es ergab sich folgendes: eine Lösung des Eiweisses in einer Lösung von

Chlornatrium	Wasser	Coagulationstemperatur
1 Theil	3 Theile	95⁰
1 „	6 „	88⁰
1 „	9 „	81⁰
1 „	12 „	78⁰

Verf. prüfte nunmehr die Einwirkung verdünnter Säuren und Alkalien auf das Eiweiss. Vergleichende Untersuchungen über die Brauchbarkeit der Darstellungsmethoden von Eiweiss nach Ritthausen und Weyl (s. diesen Bericht für 1877, S. 657, No. 228, für 1878, I, S. 292, No. 264) ergaben, entgegen den Angaben von Weyl, dass bei vorsichtiger Anwendung von Ritthausen's Verfahren ein unzersetztes Eiweiss erhalten werden kann. — Wird Eiweiss mit kohlensäurehaltigem Wasser behandelt, so löst sich das Eiweiss nicht mehr vollständig in Chlornatriumlösung, gibt auch keine octaëdrischen Krystalle, sondern nur noch undeutlich krystallinische, rundliche Gebilde: die freie Kohlensäure hat somit das Eiweiss verändert. — Verdünnte caustische Alkalien wirken ebenfalls auf das Eiweiss verändernd ein; liess man letzteres in verdünnter Kalilauge ca. 2 Tage bei 10—12⁰ stehen, so konnte die beginnende Zersetzung an dem gebildeten Ammoniak erkannt werden. — Verf. fand dass ausser dem Kochsalz die meisten der in Wasser löslichen neutralen Salze frisch gefälltes Eiweiss in Lösung zu bringen vermögen, dass jedoch nur die Lösungen der Alkalien und alkalischen Erden das Eiweiss krystallinisch wieder ausscheiden; Eiweisskrystalle wurden

erhalten aus Lösungen von essigsaurem, salpetersaurem und phosphorsaurem Natron, Brom-
und Jodkalium, Chlorammonium und oxalsaurem Ammonium, Chlorbaryum, Chlorcalcium,
schwefelsaurer Magnesia und gelbem Blutlaugensalz. — Die Asche der Eiweisskrystalle enthielt Eisen, Kalk, Magnesia, Phosphorsäure, sowie das beim Lösen verwendete Salz. —
Analysen wurden mit den Ergebnissen verschiedener Darstellung ausgeführt. Eiweisskrystalle
aus schwefelsaurer Magnesia erschienen grösser als die aus Chlornatrium, octaëdrisch; die
aus Chlorammonium erhaltenen Krystalle, ebenfalls octaëdrisch, konnten leicht durch öfteres
Umkrystallisiren gereinigt werden, wobei der Phosphorsäuregehalt der Asche abnahm. Die
Resultate der Analysen sind:

| | Eiweisskrystalle aus | | |
	Chlor-natrium	schwefelsaure Magnesia	Chlor-ammonium
C	53.21	53.29	53.55
H	7.22	6.99	7.31
N	19.22	18.99	19.17
S	1.07	1.13	1.16
O	19.10	19.47	18.70
Asche . . .	0.18	0.13	0.11
	100.00	100.00	100.00

Die aus Chlorcalcium ausgeschiedenen Krystalle waren ebenfalls octaëdrisch, doch besassen die
Krystalle meist eine undeutliche Form; beim Stehen an der Luft trockneten sie bald zu
einer glasigen Masse, welche, mit Wasser übergossen allmählig milchweiss wurde, schwach
aufquoll und sich dann in Form einer zähen Haut vom Glase abziehen liess; diese Haut
war in Kochsalz und verdünntem Alkali unlöslich. — Magnesiaverbindung: Eiweissniederschlag wurde in Wasser vertheilt und dieser Flüssigkeit unter Erwärmen auf 40° allmählig
kleine Mengen Magnesia zugesetzt, bis das Eiweiss gelöst ist. Das aus dem klaren Filtrate
sich abscheidende Eiweiss bestand aus microskopisch kleinen, durchsichtigen Krystallkörnern,
vermischt mit einzelnen deutlich ausgebildeten Octaëdern; dieselben enthielten 0.52 % Asche
und bestand die aschefreie Substanz aus: 52.98 C, 7.25 H, 18.99 N, 0.97 S und 19.81 O. —
Die dargestellte Kalkverbindung stimmte in Aussehen und übrigen Eigenschaften völlig mit
der Magnesiaverbindung überein; Asche = 1,2 %. — Schwere Metallsalze liefern mit dem
Eiweiss nur amorphe Verbindungen. Die Kupferverbindung wurde erhalten, indem eine
Lösung des Eiweiss in Chlornatrium mit Kupfersalzlösung in geringem Ueberschuss
versetzt und der erhaltene, bläulichweisse Niederschlag mit Wasser ausgewaschen wurde,
so lange es die starke Quellung gestattete; nach Zusatz von Alkohol schrumpfte der Niederschlag zusammen; derselbe enthielt 1.8 % Asche, 1.08 % CuO und viel Phosphorsäure. —
Kupfersalzlösung, sowie Zinnchlorür und -chlorid, neutrales und basisch essigsaures Blei
wirken lösend auf frisch gefälltes Eiweiss ein, Chlornatrium scheidet aus diesen Lösungen
das Eiweiss flockig aus.

272. **H. Ritthausen. Krystallinische Eiweisskörper aus verschiedenen Oelsamen.** (Journal
für praktische Chemie, neue Folge, Bd. 23, S. 481. — Schriften d. Physik.-Oekon.
Ges. zu Königsberg, 22. Jahrg., I, S. 15.)
Veranlasst durch vorstehende Mittheilungen über das krystallinische Eiweiss der
Kürbissamen theilt Verf. einige Beobachtungen über krystallinische Eiweisskörper, welche
er gelegentlich der Untersuchung von Pressrückständen zahlreicher Oelsamen (s. diesen
Bericht für 1880, I. S. 453, No. 283) machte, mit. — Krystallinisches Eiweiss aus Hanfkuchen:
gepulverte Hanfkuchen werden mit 5 %iger Salzlösung behandelt, durch den Warmwasser-
trichter filtrirt: beim Erkalten des Filtrats setzte sich ein scheinbar pulverig-körniger
Niederschlag ab, welcher unter dem Microskop bei 200facher Vergrösserung sich als

krystallinisch erwies und dem regulären System angehörige, bisweilen sehr gut ausgebildete Formen zeigte. Diese Masse löste sich in 20procentiger Kochsalzlösung grösstentheils auf und schied sich aus der klar filtrirten Lösung die Substanz völlig krystallinisch (Octaëder, Rhombendodekaëder des regulären Systems) wieder ab; dieselben sind in reinem Wasser ziemlich leicht löslich. — Krystallinisches Eiweiss aus Pressrückständen von Ricinussamen. Aus dem durch Abschlämmung mit Aether gewonnenen Krystalloïdmehl wurde die Proteïnsubstanz dargestellt: ein Theil der letzteren, in 20procentiger Kochsalzlösung löslich, lieferte eine schöne krystallinische Abscheidung, wie es scheint Krystalle des regulären Systems (Octaëder und andere Formen). Diese Substanz findet sich in den Ricinussamen nur in geringer Menge. — Krystallinisches Eiweiss aus Pressrückständen von Sesamsamen. Die aus diesen Massen isolirte Proteïnsubstanz ist zumeist in 20procentiger Salzflüssigkeit löslich: es wurde eine kleine Menge gut krystallisirter Proteïnsubstanz erhalten; die microskopische Untersuchung zeigte, dass die octaëdrische Form vorwaltete. Versuche zur Darstellung von krystallinischem Eiweiss aus Erdnusskuchen *(Arachis hypogaea)*, Sonnenblumensamen und deren Pressrückständen, Baumwollsamenkuchen, Haselnüssen, Früchten von *Aleurites triloba* (Candle nuts) und deren Pressrückständen wurden wiederholt ausgeführt, jedoch ohne Erfolg.

273. **H. Ritthausen. Ueber die Eiweisskörper der Oelsamen: Haselnüsse, Wallnüsse, Candlnuts und Rettigsamen.** (Journal für praktische Chemie, Neue Folge, Bd. 24. S. 257.)

Fortsetzung der Untersuchungen über Eiweisskörper von Oelsamen (s. diesen Bericht für 1879, I, S. 391; für 1880, I. S. 453). — 1. Hasel-(Lamberts)-Nüsse *(Corylus tubulosa)*. — Die Kerne wurden durch 18stündiges Erweichen in Wasser von der Samenhaut befreit, die weissen Kerne fein zerstossen, der Aether extrahirt, der Rückstand über Schwefelsäure getrocknet. Wird dieses Pulver mit sehr grossen Mengen Wasser behandelt und das klare, farblose Filtrat mit einigen Tropfen verdünnter Schwefelsäure versetzt, so tritt Abscheidung eines farblosen, flockigen, sich rasch zu einer körnigen, dichten, etwas zusammenbackenden Masse zusammensetzenden Körpers ein; derselbe stellt, mit wenig Wasser, mit Alkohol und Aether behandelt und getrocknet ein weisses, körniges, etwas zusammenbackendes Pulver dar (22.5 % der Kerne; der in Wasser unlösliche Rückstand gab an Kaliwasser noch 14.81 % ab. Die Zusammensetzung der aschefreien Substanz wurde gefunden zu: $C_{49.95-50.57}$ $H_{6.91}$ $N_{18.72}$ $O_{22.93}$ $S_{0.87}$. Wurden die entfetteten Kerne resp. das vorige Präparat in Kaliwasser aufgelöst und mit Schwefelsäure gefällt, so erhielt man eine feinkörnige, lose zusammenhängende, lockere, völlig weisse Masse der Zusammensetzung: $C_{51.28}$ $H_{7.11}$ $N_{18.6}$ $O_{22.46}$ $S_{0.6}$. Mit Rücksicht auf ihre Löslichkeit in Wasser, sowie in Kochsalzlösung, Nichtfällbarkeit daraus durch Wasser, Gehalt an S hat diese Substanz die grösste Aehnlichkeit mit der aus süssen und bittern Mandeln erhaltenen Substanz, während sie sich von den S-reicheren Körpern aus Lupinen, Ricinussamen, Paranüssen, Sonnenblumensamen etc. unterscheidet. — — 2. Wallnüsse *(Juglans regia)*. — Die Darstellung reiner Eiweisskörper wurde erschwert durch die in der Samenschale in grosser Menge enthaltene Eisen bläuende Gerbsäure, welche sich in Wasser und Kaliwasser leicht löst, sich mit der Proteïnsubstanz des Kerns verbindet (bei Anwendung von Wasser zu einer unlöslichen Substanz, bei Anwendung von Kaliwasser zu einer Lösung, aus welcher Säure eine gerbsäurehaltige Proteïnsubstanz ausfällt). Um die Samenhaut ablösen zu können, wurden die unverletzten Nusskerne in Wasser aufgeweicht unter sehr häufiger Erneuerung des Wassers, in welchem sich die Gerbsäure zum Theil löste; die reine Kernsubstanz wurde zur Darstellung von Proteïnsubstanz mittelst Kaliwasser verwandt (Wasser allein und Salzsäure lösten ebenfalls grosse Mengen davon auf). Das aus der Kalilösung erhaltene Präparat war völlig weiss, feinkörnig, flockig. Zusammensetzung: $C_{50.23-50.64}$ $H_{6.81-6.96}$ $N_{17.98-18.24}$ $S_{0.76}$ $O_{23.96}$. Diese Proteïnsubstanz ist der in Mandeln und Haselnüssen enthaltenen sehr ähnlich. — — 3. Candlnuts *(Aleurites triloba)*. — Die ziemlich grossen Samen (enthülst bis 2 cm breit und hoch, 1.5 cm dick) enthalten 60—62 % Oel, die Pressrückstände grosse Mengen Proteïn. Die gepulverten Pressrückstände wurden mit Aether ausgezogen, das beim Umschütteln sich aufschlämmende feinste Pulver (Klebermehl) mit dem Aether abgegossen, für sich gesammelt

mit Alkohol gewaschen und über Schwefelsäure getrocknet. Mit Kaliwasser in der Kälte digerirt, lieferte sie ein klares, gelbes Filtrat, aus welchem verdünnte Schwefelsäure 46.3 % Eiweiss fällte. Unter dem Microskop findet man darin durchscheinende, farblose, runde Körnchen und andere von eckiger Form mit Entwickelung von Kanten und Flächen: Krystalloïde. Wasser löst von der abgeschlemmten Masse höchst geringe Mengen, auch durch Salzlösung wird verhältnissmässig wenig gelöst. — Der fein gepulverte, entfettete, gesammte Pressrückstand gab an Kaliwasser eine feinkörnige, flockige, getrocknet grauweisse, pulverige oder lose zusammenhängende Masse der Zusammensetzung: $C_{50.79}$ $H_{7.06}$ $N_{17.55}$ $S_{1.16}$ $O_{23.45}$. — 10procentige Kochsalzlösung löste einen Theil des Pressrückstandes auf: Wasser gab, auch beim Durchleiten von Kohlensäure, einen nicht bedeutenden, voluminösen weissen Niederschlag der Zusammensetzung: $C_{51.16}$ $H_{6.75}$ $N_{17.05}$ $S_{0.88}$ $O_{24.16}$. — Auch von Kalkwasser wird nur eine kleine Menge einer Eiweisssubstanz mit 17.21 % N gelöst. Demnach scheint die grösste Menge der Eiweisssubstanz der Candlnüsse aus N-ärmeren Proteïnstoffen zu bestehen und der Gehalt an N-reicheren nicht sehr bedeutend zu sein. — —
4. **Proteïnkörner oder Klebermehl der Candlnuts.** — Dargestellt wurden dieselben aus frischen, sorgfältig gereinigten und in feine Scheiben zerschnittenen Oelsamen, indem die beim Auflösen des Oels in Aether aus den geöffneten Zellen herausfallenden Körner in der Aetherlösung aufgeschlämmt und dann mit dieser rasch abgegossen wurde. Sie setzen sich darin bald ab und bilden, getrocknet, eine pulverige, etwas zusammenbackende weisse Masse, in welcher microskopisch zahlreiche, schlecht ausgebildete Krystalloïde zu erkennen sind. Diese Masse enthält 11.39 % Asche; letztere besteht zu 96 % aus den Diphosphaten von Calcium, Magnesium und Kalium. — Kaltes Wasser löst die Proteïnkörner nicht auf, Salzlösungen lösen nur wenig, Kaliwasser löst fast die ganze Menge. Die Proteïnkörner bestanden aus:

Asche 11.39
Proteïnsubstanz . . 65.41 löslich in Kaliwasser, 17.3 % N enthaltend
    „   . . 7.70 unlöslich in Kaliwasser mit dem angenommenen
               N-gehalt von 16.67 %.

84.50 %.

15.5 % sind abgeschlämmte Faser und lösliche N-freie Substanz. — Die Proteïnkörner oder das Klebermehl der verschiedenen Samen haben meist nahezu gleiche Zusammensetzung:

	Para-nüsse	Erd-nüsse	Candl-nuts	Sonnen-blumensamen	Ricinus-samen
Asche	14.20	4.40	11.39	11.480	9.76
N	12.18	11.30	12.60	10.507	13.59
Proteïnsubstanz . .	66.99	62.15	73.11	57.79	74.74

Die in den Körnern enthaltenen Proteïnstoffe sind aber nach ihrem Lösungsverhältniss sehr verschieden, sicher auch in der Zusammensetzung und den Eigenschaften. Die Löslichkeit in Salzwasser wurde gefunden:

Paranüsse	Erdnüsse	Candlnuts	Sonnen-blumensamen	Ricinus-samen	Kürbis-samen
grösstentheils löslich	in grosser Menge löslich	in geringer Menge löslich	in grosser Menge löslich	in kleiner Menge löslich	grössten-theils löslich

— — 5. **Rettigsamen** *(Raphanus sativus)*. — Die fein zerriebenen Samen wurden mit Aether ausgezogen und das Klebermehl dargestellt; von letzterem löst Wasser wenig, Salzlösung beträchtliche Mengen, Kaliwasser den grössten Theil auf. Aus Salzwasser wurde eine Substanz der Zusammensetzung: $C_{50.97}$ $H_{7.07}$ $N_{13.25}$ $S_{0.98}$ $O_{22.73}$ erhalten, aus Kaliwasser eine

Masse mit 16.93 % N. Die aus Salzwasserlösung erhaltene Substanz stimmt mit der aus Ricinus, gelben Lupinen, Sonnenblumensamen u. a. m. fast ganz überein, ist ebenfalls Conglutin.

274. H. Ritthausen. Ueber die Einwirkung von Salzlösungen auf Conglutin und Legumin. (Journal für praktische Chemie, Neue Folge, Band 24, S. 221.

Conglutin. — Entfettete süsse und bittere Mandeln sowie Pfirsichkerne geben mit 5- oder 10procentiger Kochsalzlösung behandelt: Lösungen, welche bei Verdünnung mit viel Wasser wenig oder gar nicht getrübt werden, dagegen wird durch wenige Tropfen Säure eine bedeutende Menge Eiweisssubstanz gefällt. — Dem gegenüber wird Conglutin aus gelben und blauen Lupinen, grösstentheils in 5procentiger Kochsalzlösung gelöst, durch Zusatz der 4—5fachen Menge Wasser sehr stark getrübt und setzt sich in wenig Minuten eine grosse Masse Proteïnsubstanz ab als zählschleimige, seideglänzende, dem Gliadin (Pflanzenleim) ähnliche Masse, welche, mit Wasser gewaschen, mit Alkohol übergossen, erstarrt, hart und bröckelig wird. Die salzhaltige Mutterlauge liefert auf Zusatz von Kupfervitriol einen Niederschlag. Der in Salzwasser unlösliche Theil wird von Kaliwasser gelöst, durch Säuren als flockige, wenig klebrige Proteïnsubstanz gefällt. — Das Lupinenconglutin ist identisch mit dem der Erdnuss, das aus ziemlich concentrirter Lösung in Salzwasser auch als zähschleimige Masse gefällt wird, sowie mit dem der Sonnenblumensamen. Nicht identisch ist es mit dem Conglutin der Mandeln, Haselnüsse und Pfirsichkerne. Alle diese Conglutinpräparate lieferten nach dem Grübler'schen Verfahren keine Krystalle. — — **Legumin.** — Erbsen wurden, nachdem sie 18 Stunden in Wasser gequellt, dann geschält und zerstossen wurden, bei Zimmerwärme mit grossen Mengen 10procentiger Kochsalzlösung behandelt; nach einigen Stunden filtrirt erzeugte Zusatz von Wasser einen recht bedeutenden Niederschlag (7.4—8.09—11.98 % Ausbeute). Die erhaltenen Präparate waren stärkehaltig; durch Lösen in Kaliwasser konnten sie gereinigt werden. Die reine Substanz enthielt 17.28 und 17.26 % N. — Erbsenlegumin und Saubohnenlegumin (*Vicia Faba minor*: Pferdebohne) löste sich zum Theil (18.8 bis 26.2 %) in 5procentigem Salzwasser: die Lösung lieferte, mit Wasser stark verdünnt, einen zähflockigen, zusammenklebenden, mit Alkohol erhärtenden Niederschlag. — Verf. erwähnt noch als bemerkenswerth, dass bittere Mandeln und Pfirsichkerne bei Behandlung mit 5- oder 10procentigem Salzwasser sehr reichlich Blausäure entwickeln, Amygdalin also in bedeutender Menge zersetzt wird.

275. H. Ritthausen. Ueber Vicin und eine zweite stickstoffreiche Substanz der Wickensamen, Convicin. (Journal für praktische Chemie, Neue Folge, Band 24, S. 202.)

Im Jahre 1876 theilte Verf. (s. diesen Bericht für 1876, S. 667) einige Resultate seiner mit Vicin ausgeführten Untersuchungen mit; R. hat diese Untersuchungen unvollendet abbrechen müssen und giebt uns nun alle von ihm erhaltenen Resultate. — Das Vicin wurde anfangs aus in Griechenland gebauten Samen von *Vicia sativa*, welche beim Befeuchten ihres Pulvers starke Blausäureentwicklung erkennen liessen, erhalten, später aber auch in einheimischen Wickensorten gefunden, so dass man wohl annehmen kann, das Vicin sei ein in Wickensamen allgemein verbreiteter, ein darin stets vorkommender Bestandtheil. Zur Darstellung wurde Wickenpulver mit schwefelsäurehaltigem Wasser zu dünnem Brei gemischt und letzterer dann bei gewöhnlicher Temperatur etwa 12 Stunden unter wiederholtem Durch- rühren stehen gelassen: die obere klare Flüssigkeit wurde mittelst Heber abgezogen, der Brei ausgepresst, die Gesammtlösung mit CaH_2O_2 bis zur alkalischen Reaction versetzt, vom Gyps abfiltrirt, das Filtrat bis zu geringem Rückstand eingedampft und mit 85 %igem Weingeist ausgekocht: die alkoholische Lösung lieferte fast reines Vicin. Um dasselbe ganz rein zu erhalten, muss es aus kochendem Alkohol von 80—85°, worin es sich in beträcht- licher Menge löst, wiederholt umkrystallisirt werden. — Ausbeute c. 0.3 % (0.237—0.355 %). Der aus neueren Analysen berechneten Zusammensetzung der ganz reinen Substanz ent- spricht ziemlich genau die empirische Formel: $C_{28}H_{51}N_{11}O_{21}$. Das Vicin krystallisirt aus der Lösung beim Erkalten in voluminösen, fächerartigen Büscheln, deren zwei oder mehrere an den spitzen Enden zusammenhängen, völlig weisser feiner Nadeln; dieselben sind bei 22°5 in 108 Theilen Wasser löslich; absoluter Alkohol löst selbst bei Siedehitze das Vicin nicht oder nur in sehr geringer Menge auf. Bei 160° verliert das Vicin 3.74 % Wasser, entsprechend c. 2 Mol., so dass die Formel geschrieben werden könnte: $C_{28}H_{47}N_{11}O_{19}2H_2O$.

In Kalk- und Barytwasser, sowie verdünnter Kalilauge löst sich das Vicin leicht und ohne Zersetzung auf, ebenso in verdünnter Salz- und Schwefelsäure. Die in verdünnter Säure dargestellte Lösung lieferte, mit Weingeist vermischt, krystallinische Substanzen der Zusammensetzung: $3\,(C_{28}\,H_{51}\,N_{11}\,O_{21}) + 4SH_2\,O_4$ und $4\,(C_{28}\,H_{51}\,N_{11}\,O_{21}) + 11\,HCl$. Auch mit Metallen resp. Metalloxyden verbindet sich das Vicin, die Verbindung mit Quecksilberoxyd ist in Wasser unlöslich. Wird Vicin in 10procentiger Kalilauge gekocht, so tritt unter schwacher Ammoniakentwicklung Zersetzung ein; setzt man nach dem Erkalten zu der mit Salzsäure schwach übersättigten Lösung einige Tropfen verdünnten Eisenchlorid hinzu und übersättigt alsdann mit Ammoniak, so wird die Lösung tiefblau gefärbt, eine Reaction, welche das Vicin auch nach dem Kochen mit Säuren zeigt; nach Einwirkung stärkerer Lauge tritt diese Reaction nicht mehr ein. In schmelzendem Kalihydrat löst sich Vicin unter starkem Aufschäumen und Ammoniakentwicklung auf zu einer braunen Masse; die in Wasser gelöste Schmelze zeigt nach Uebersättigen mit Schwefelsäure starken Blausäuregeruch und liefert destillirt reichlich Blausäure: das Destillat ist stark sauer und enthält flüchtige Fettsäuren. — Wird die Lösung des Vicins in Schwefelsäure (1:5 aq) einige Zeit in kochendem Wasserbade erhitzt, so scheidet sich allmählig eine krystallinische Substanz ab (29 – 30 % des angewandten Vicins), welche sich in kochendem Wasser ziemlich leicht löst und sich in grösseren prismatischen, gut ausgebildeten, meist rosettenartig verbundenen Krystallen ausscheidet. Dieselben sind die Schwefelsäureverbindung des Divicins: $2\,(C_{22}\,H_{38}\,N_{20}\,O_9)\,.$ $5\,SO_4$, aus welcher erhalten wurde das Divicin in Form flacher, selten ganz farbloser Prismen der Zusammensetzung: $C_{1}\,H_{50}\,N_{30}\,O_{16}$. Das Divicin liefert mit Salpetersäure eine gewöhnlich in wetzsteinartigen Formen krystallisirende, in Wasser sehr schwer lösliche Verbindung. Schmelzendes Kali zersetzt Divicin unter reichlicher Ammoniakentwicklung: die Schmelze enthält grosse Mengen Cyankalium. Die bei der Darstellung des Vicins resultirenden Mutterlaugen enthalten neben Vicin noch eine zweite Substanz: Convicin; dieselbe, zu 0.01 % in den Wicken enthalten, krystallisirt in sehr dünnen, rhombischen, glänzenden, farblosen Blättchen, welche in Wasser nur schwer löslich, in dieser Lösung schwach sauer reagiren; auch in Alkohol ist es nur schwer löslich; von starker Kalilauge wird es unverändert (selbst in der Kochhitze) gelöst: schmelzendes Kali zersetzt es unter Ammoniakentwicklung, die Schmelze enthält jedoch kein Cyankalium. Verdünnte Säuren lösen nur in der Hitze das Convicin auf, ohne es zu zersetzen. Salpetersaures Quecksilberoxyd fällt das Convicin aus der wässerigen Lösung aus. Der Zusammensetzung der lufttrockenen Substanz entspricht die Formel: $C_{10}\,H_{14}\,N_3\,O_7,\ H_2\,O.$

276. **F. Schaffer. Zur Kenntniss des Mykoproteïns.** (Journal für praktische Chemie. Neue Folge, Band 23, S. 302.)

Nencki und Schaffer hatten früher gefunden, dass durch Aufkochen von Flüssigkeiten, welche Fäulnissbacterien enthalten, mit etwas Salzsäure diese Bacterien sich zu weissen Flocken zusammenballen und nun leicht abfiltrirt und ausgewaschen werden können. Diese Bacterienmassen bestanden aus 84 % Wasser und die Trockensubstanz aus 6 – 7.9 % Fett, 3 – 5 % Asche und 84 – 86 eines Albuminates, welches 53 – 54 % C, 7.7 % H und 14 % N enthielt. Die Bacterienmasse wurde mit Aetherweingeist entfettet und auf dem Wasserbade mit 0.5procentiger Kalilauge digerirt: aus der erhaltenen Lösung scheidet sich, nach Uebersättigen mit Salzsäure, auf Zusatz von concentrirter Kochsalzlösung die Eiweisssubstanz: Mykoproteïn flockig aus. Eine zweite Analyse dieser Substanz ergab für die Zusammensetzung: 52.3 % C, 7.4 % H und 14 S % N; da das Mykoproteïn schwefelfrei ist, so führen diese Werthe zu der einfachsten Formel: $C_{25}\,H_{42}\,N_6\,O_9$. Frisch gefällt löst es sich in Wasser, Säuren und Alkalien, reagirt schwach sauer, dreht links. Wird durch Weingeist nicht gefällt, giebt mit Salpetersäure nicht die Proteïnreaction, wohl aber mit alkalischer Kupferlösung. — Verf. hat die Untersuchung des Mykoproteïns fortgesetzt. 9 g trockne Substanz wurden in einer Silberschale mit 45 g Aetzkali geschmolzen: es entwickelte sich viel Ammoniak und Amylamin, in der Schmelze wurden nachgewiesen: minimale Mengen von Indol und Skatol, ferner Phenol (0.15 % des Mykoproteïns), sowie flüchtige Fettsäuren (vorzugsweise Baldriansäure); ausserdem wurde Leucin gefunden, sowie noch eine zweite, in concentrischen Blättchen krystallisirende Substanz. Eine wässerige 1procentige Lösung des Mykoproteïns trübt sich bei Zusatz von 1 °/₀ Kochsalz, wird bei einem Gehalt von 2 °/₆ Chlornatrium fast vollständig ausgeschieden.

277. E. Schulze und J. Barbieri. Ueber das Vorkommen von Peptonen in den Pflanzen. (Journal für Landwirthschaft, 29. Jahrg., S. 285—311.)

Verf. haben mittelst eines von Hofmeister zuerst empfohlenen Verfahrens (s. die Abh.): das Pepton auf colorimetrischem Wege quantitativ zu bestimmen, Keimpflanzen verschiedenen Alters, Kartoffeln, Rüben und Grünfutterstoffe auf Peptone untersucht und in den Keimlingen von Lupinen, Soja und Kürbisen sowie in den Kartoffelknollen auch Pepton aufgefunden. Wir müssen bez. des Nähern auf die Abhandlung verweisen.

278. G. Salomon. Ueber die Bildung von Xanthinkörpern in keimenden Pflanzen. Zur Physiologie der Xanthinkörper. (Archiv für Physiologie S. 166, S. 361.)

Verf. gelang der Nachweis von Xanthinkörpern im Malzkeime, in Keimlingen von *Lupinus luteus*, und zwar in verschiedenen Entwicklungsstufen derselben, von der frühen Periode an, wo die Wurzeln eben erst aus dem Samenkorn hervorzubrechen beginnen, und selbst nach Wochen in den oberirdischen Theilen der Pflanzen wie in ihren Wurzeln. Auch in Extractum Graminis und Millefolii wurden Xanthinkörper nachgewiesen und schliesslich auch einmal in nicht gekeimten Samen von *Lupinus luteus*.

279. E. Schulze und J. Barbieri. Ueber das Vorkommen von Allantoin im Pflanzenorganismus. (Bericht der Deutschen Chemischen Gesellschaft S. 1602, 1834.)

Wenn man mit Knospen besetzte Zweige von Holzgewächsen abschneidet und in Wasser stellt, bis die Knospen sich entfaltet haben, so werden die jungen Triebe und Blätter reich an Asparagin (von Borodin mikrochemisch nachgewiesen), welches höchst wahrscheinlich durch Zerfall von Eiweissstoffen entsteht. — Verff. haben, indem sie Zweige von *Platanus orientalis* benutzten, in diesem Material neben Asparagin 0.5—1 % des lufttrockenen Materials an Allantoïn: $C_4 H_6 N_4 O_3$ gefunden.

XI. Analysen von Pflanzen und ihren Producten.

280. G. Dragendorff. Die qualitative und quantitative Analyse von Pflanzen und Pflanzentheilen. (Göttingen, Vandenhoeck und Ruprecht. 8°, XV und 285 S.)

Verf. giebt, nach kurzer Einleitung, den Gang der Analyse auf die wichtigeren Pflanzenbestandtheile: Trocken- und Aschenbestimmung, Untersuchung der Fette, ätherischen Oele, Harze und verwandter Stoffe, Gerbstoffe, Glucoside, Bitterstoffe, Alkaloide, Glycosen und anderer Kohlenhydrate, Säuren, Eiweisssubstanzen etc. Der Haupttheil des Buches ist gewidmet den vom Verf. geprüften Specialmethoden zur Bestimmung einzelner Pflanzenbestandtheile. Wir müssen auf das Buch verweisen.

281. E. Allary. Analyses d'algues marines. (Bulletin de la société chimique de Paris, 2. sér., t. 35, p. 11.) (Siehe Tabelle S. 154 oben.)

282. P. Baessler. Analyse wildwachsender Vogelwicken. (Die Landwirthschaftlichen Versuchsstationen, Bd. 27, S. 415.)

Lufttrockene Pflanzen zweiter Ernte von *Vicia cracca*, von einem niemals gedüngten Grauwackenboden („Wildland") stammend, dienten zur Untersuchung, welche ergab (in Procent der Trockensubstanz): Rohproteïn: 27.37; Rohfaser: 19.99; Rohfett: 1.43; stickstofffreie Extractivstoffe: 44.38; Reinasche: 6.83 mit 37.02 % Kali und 10.28 Phosphorsäure.

283. G. Briosi. I vini Romani. (Staz. Chimico-Agraria Sperimentale di Roma. Roma 1881. 43 p. in 8°.)

Um einen Einblick in die mittlere Zusammensetzung der Weine aus der römischen Provinz zu gewinnen, hat Verf. eine grosse Anzahl (105) Weinsorten dieser Provenienz der Analyse unterworfen, und giebt in dieser Arbeit die tabellarische Uebersicht der Resultate. Die Untersuchungen erstreckten sich auf Dichtigkeit, Alkoholgehalt, Säuregehalt, Tannin, flüchtige und fixe Säuren, Zucker, feste Bestandtheile, Aschengehalt. — Die wichtigsten Ergebnisse sind die folgenden: Der Alkoholgehalt der römischen Weine ist im Mittel nicht sehr bedeutend — 10.81 °/₀; bisher wurde derselbe weit höher geschätzt. — Auch die weissen

Art	Menge des Varech für 1000 kg Asche	Lösliches von 1000 kg Asche	Jod in 1000 kg Varech	Jod für 1000 kg Natron
Digitatus Stenolobus ⎰ neues Blatt . . .	18.752 kg	582 kg	1.224 kg	22.952 kg
unterer Theil des alten Blattes .	16.988	527	1.089	18.500
altes Blatt . . .	16.166	502	0.578	9.344
ganze Pflanze . .	20.095	765	0.606	12.177
Digitatus stenophyllus . . .	20.255	714	0.996	20.174
Saccharinus	18.906	711	0.448	8.470
Alaria	21.080	700	0.108	2.277
Vesiculosus ⎫				
Nodosus ⎪ goëmons noirs				
Serratus ⎬ (Mittel) . . .	16.456	507	0.121	1.991
Siliquosus ⎭				
Loreus	16.401	720	0.087	1.443
Bulbosus	21.565	738	0.077	1.660

(Fortsetzung von S. 153.)

Weine enthalten Tannin, meist ebensoviel, wie die rothen, im Mittel sogar mehr. Das Mittel an Tanningehalt ist für die rothen Weine 1.4615 %, für die weissen 1.5460 %. O. Penzig.

284. C. Councler. Aschenanalyse der einzelnen Theile von Aster Amellus. (Die Landwirthschaftlichen Versuchsstationen, Bd. 27, S. 375.)

Die Berg- oder Virgilsaster: *Aster Amellus,* eine auf Kalkboden vorkommende Pflanze, diente zu den Untersuchungen, welchen Wurzeln, Stengel, Blätter und Blüthen einzeln unterworfen wurden. Die Resultate sind:

	Wurzel	Stengel	Blätter	Blüthen
Reinasche	6.39	3.87	10.08	6.51 %
SiO_2	9.71	1.03	4.59	0 %
SO_3	11.49	7.88	7.44	9.70
P_2O_5	3.11	5.55	3.72	10.66
Fc_2O_8	6.42	0.68	0.59	0.63
Mn_8O_4	0.81	1.29	1.11	0.99
MgO	4.28	3.80	5.58	6.14
CaO	33.73	32.29	34.48	23.96
K_2O	28.98	44.16	41.82	46.66
Na_2O	1.46	3.32	0.67	1.26
	99.99	100.00	100.00	100.00

Auch *Aster Tripolium* wurde untersucht mit folgendem Resultate für Reinasche: (s. Tabelle S. 155 oben.)

285. H. Dill. Die Eichel und die Erdbirne als Brennereimaterialien. (Centralblatt für Agriculturchemie 10. Jahrgang, S. 557, nach Allgem. Zeitung für deutsch. Land- und Forstwirthe, S. 185.)

Die von der Schale befreite Eichel enthielt: Stärke 20.28 %, Kleber 18, Gerbsäure 2.86, Faser 7.15, Extractivstoff und Wasser 51.71. — Die Knollen von *Helianthus tuberosus:*

	Wurzel	Wurzel-blätter	Stengel	Blätter	Blüthen
Fe_2O_3	1.05	0.71	1.41	1.44	1.92
Mn_3O_4	—	1.63	—	Spur	—
MgO	4.27	7.62	2.85	4.95	6.90
CaO	9.38	17.91	11.87	14.84	6.29
K_2O	10.81	8.65	21.60	15.84	35.34
Na_2O	54.06	26.39	38.11	27.47	20.62
P_2O_5	5.11	10.43	1.23	3.96	18.41

(Fortsetzung von S. 154.)

Erdbirnen lieferten: 14.8% Zucker, 3 Inulin, 1.22 Gummi, 0.99 Albumin, 1.72 Salze, 1.22 Faser und 77.05 Wasser.

286. **Georges. Etude sur le noyau de'datte.** (Journal de Pharmacie et de Chimie 5. Sér., t. 3., p. 632.)

Wir entnehmen dieser Abhandlung über die Dattelkerne folgende Angaben: 1 kg Datteln liefern 100—185 g Kerne; das specifische Gewicht der letzteren beträgt: 1.307. Die Zusammensetzung war folgende: Wasser: 10.713; Glucose: 3.408; fettes Oel: 7.997; Gummi: 1.027; lösliche Eiweissstoffe: 3.426; Tannin: 1.753; Gallussäure: 1.235; Farbstoff: 4.965; unlösliche Eiweissstoffe: 1.054; Harze: 2.027; unlösliche Pectose: 6.298; Asche: 0.910; Cellulose: 65.187; Sa. 100.00. — Amylum, krystallisirender Zucker und freie organische Säuren wurden nicht gefunden. Das fette Oel hat bei 15⁰ ein specifisches Gewicht von 0.908 und wird bei — 1⁰ C. fest. — Die Asche besteht aus: Kohlensäure: 8.11; Salzsäure: 4.89; Schwefelsäure: 5.81; Phosphorsäure: 26.35; Magnesia: 14.99; Kalk: 11.85; Kali: 13,75; Natron: 9,03; Kieselerde: 1.27; Eisenoxyd: 2.85; Verlust: 1.1%.

287. **Harry Winston Harper. Rhus aromatica, Aiton — Fragrant Sumach.** (The american Journal of Pharmacy vol. 53 [4. ser. vol. 11], p. 209.)

Die Rinde dieser Anacardiacee wurde vom Verf. untersucht. Wir entnehmen der Abhandlung die Hauptresultate:

Wasser . . . 6.95%

Asche . . . . 13.85 „ { löslich in Wasser: 16.967: Sulfate, Chloride und Phosphate von Kalium und Natrium, löslich in Salzsäure: 74.007: Phosphate von Calcium und Alum. unlösl. in Salzsäure: 9.025: Kieselerde.

Benzolextract . 6.36 „ : ätherisches und fettes Oel, Harz, Wachs, Buttersäure;
Alkoholextract 23.87 „ : Tannin, Glucose, saures Harz, Extractivstoff, Farbstoff;
Kaltwasserextract 4.85 „ : Gummi, Farbstoff;
Warmwasserextract : Stärke etc.;
Pottascheextract : Oxalate;
Destillation mit Wasser : ätherisches Oel.
Ein Alkaloid konnte nicht aufgefunden werden.

288. **G. Lechartier. Sur la composition du sarrasin.** (Comptes rendus t. 93, p. 409.)

Wir entnehmen dieser Abhandlung folgende Werthe: das Gewichtsverhältniss des Strohs des Buchweizens zu den Körnern war:

Cesson 1879	Cesson 1880	St. Jaques 1880
0.920	1.585	1.640

Auf 1000 Theile berechnet waren enthalten: (s. Tabelle S. 156).

289. **Meise. Kartoffeln aus Peru, sog. Chunnos.** (Centralblatt für Agriculturchemie 10. Jahrgang, S. 281, nach Chemiker-Zeitung 4. Jahrgang, S. 651.)

	Im trockenen Stroh			In den trockenen Körnern		
	Cesson 1879	Cesson 1880	St. Jacques 1880	Cesson 1879	Cesson 1880	St. Jacques 1880
Stickstoff	8.90	12.29	11.55	19.13	23.17	22.06
Asche	62.34	77.43	89.03	18.55	23.50	21.71
Kali	14.08	33.95	44.90	5.06	6.15	6.49
Natron	1.82	1.32	0.60	0.78	0.18	0.13
Kalk	22.37	16.99	11.77	1.12	2.39	1.04
Magnesia	10.11	5.78	4.34	3.22	3.54	3.80
Eisenoxyd	1.11	1.28	1.00	0.12	0.07	0.05
Phosphorsäure . .	2.07	6.39	11.64	6.79	10.22	9.65
Kieselsäure . .	3.01	0.47	1.68	0.00	0.07	0.00
Schwefelsäure . .	2.35	1.94	2.69	0.63	0.92	0.49
Chlor	6.40	9.32	15.41	0.12	0.15	0.14

(Fortsetzung von S. 155.)

Chunnos wurden vom Verf. untersucht mit diesem Resultat:

Wasser . . . . . 13,030 %
Stärke . . . . . 81.844 „
Protein . . . . . 2.313 „   Gesammtstickstoff $= 0.4000$ %; in Wasser löslicher
Rohfaser . . . 1.133 „   Stickstoff: 0.030 %$_0 = 7.5$ %$_0$ des Gesammtstickstoffs.
Fett . . . . . . 0.132 „
Asche . . . . . 0.356 „

In Wasser lösliche $= 0.400$ Zucker,
Substanzen . . 1.142 „ $= 0.141$ Asparagin,
                              $= 0.601$ lösliche Stärke, Dextrin, Asche etc.

100.00 %

Auf Trockensubstanz berechnet, stellt sich die Chunnos zu den in Europa gezogenen Kartoffelknollen:

	Chunnos	europ. Kartoffeln
Stärke	94.106	67.03—84.85
Protein	2.659	7.01— 7.89
Rohfaser	1.303	3.09— 3.86
Fett	0.209	0.21— 0.66
Asche	0.409	3.73— 4.00

290. **John Benjamin Metzger. The fruit of Sambucus canadensis.** (The american journal of Pharmacy, vol. 53 [4. ser., vol. 11], p. 553.)

Verf. hat die Früchte von *Sambucus canadensis* untersucht und Zucker, Gummi, Gerbstoff, Fett und Harz darin gefunden.

291. **Charles G. Traub. The bark of Sambucus canadensis.** (The american Journal of Pharmacy, vol. 53 [4. ser., vol. 11], p. 392.)

Die vom Verf. ausgeführte Untersuchung der Rinde von *Sambucus canadensis* ergab als Bestandtheile derselben: ätherisches Oel, Fett, Harz, Gerbstoff, Zucker, Farbstoff, Baldriansäure und mehrere noch nicht näher untersuchte Substanzen.

292. **Frank. B. Meyer. Parthenium integrifolium Lin.** (The american Journal of pharmacy, vol. 53 [4. ser, vol. 11], p. 494.)

Verf. hat diese Pflanze untersucht und darin Gerbstoff, Harz, Gummi, Bitterstoff etc. gefunden; die Anwesenheit eines Alkaloïds ist wahrscheinlich.

293. **N. Sieber. Beiträge zur Kenntniss der chemischen Zusammensetzung der Schimmelpilze.** (Journal für praktische Chemie, neue Folge, Bd. 23, S. 412.)

Das zu den Untersuchungen dienende Material hat Verf. sich beschafft, indem er zwei verschiedene Nährlösungen: die eine vorzugsweise aus Zucker und Gelatine, die andere aus Zucker und Salmiak bestehend, anwandte. Diese Lösungen befanden sich in breiten, flachen Schalen, welche lose mit Glasplatten bedeckt waren; in dieselben wurden Sporen und Fäden von *Penicillium* und *Aspergillus glaucus* ausgesäet (zur Verhinderung der Spaltpilzentwickelung war der Nährlösung 1 Procent Phosphorsäure zugesetzt): schon nach wenigen Tagen bildete der Schimmel an der Oberfläche eine bis 3 mm dicke Haut, welche von Zeit zu Zeit unter die Flüssigkeit getaucht wurde. In der Salmiaklösung entwickelte sich vorwiegend *Aspergillus glaucus*, während in der Gelatinelösung ausserdem noch *Penicillium* und *Mucor Mucedo* vorhanden war. Die Ausbeute war verschieden: in der Salmiaklösung nach 2½ Monaten Stehen für je 1 l 31g Pilzmasse mit 5.4 g Trockensubstanz, in der Gelatinelösung nach 3 Monaten: 8 g Pilzmasse mit 1.4 g trockener Substanz. — Die Masse wurde mit Wasser ausgewaschen, bei 110° getrocknet, alsdann im Extractionsapparat zuerst mit Aether, dann mit Alkohol behandelt und der Rückstand analysirt. Der Aether hatte Fett, Farbstoff sowie eine krystallinische Substanz, welche auch .in dem Alkoholextract enthalten war, aufgenommen; letzterer enthielt ausserdem noch Harz. — Die in Alkohol und Aether unlösliche Masse bestand aus Eiweiss und Cellulose. — Die Anwesenheit von Lecithin in den Alkohol- und Aetherextracten hat Verf. wahrscheinlich gemacht. — Die Zusammensetzung der Pilzmasse war folgende:

	Schimmelpilze aus	
	Gelatine und Zucker	Salmiak und Zucker
In Aether lösliche Materie	18.70	11.19
„ Alkohol „ „	6.87	3.36
Asche „ „	4.89	0.73
Eiweiss „ „	29.83	28.95
Cellulose „ „	39.66	55.77
	100.00	100.00

Der Zucker war aus der Nährlösung verschwunden.

294. **C. Slop. Cucurbita maxima Duchesne.** (The american Journal of Pharmacie, vol. 53 [4. ser., vol. 11], p. 564, nach Pharm. Centralhalle S. 261.)

Die Samen von *Cucurbita maxima* enthalten (durch Auspressen gewonnen) 20—25 % eines gelblichen, milden, süss schmeckenden, fetten Oeles, ferner ein aromatisches Princip, Emulsin, Gummi, Zucker, Cellulose, Chlorophyll, Säure.

295. **E. Treffner. Beiträge zur Chemie der Laubmoose.** (Inauguraldissertation Dorpat, 8°, 62 S.)

Das zu den Untersuchungen dienende Material wurde vom Verf. selbst eingesammelt, und zwar *Sphagnum cuspidatum* Ehr. v. *recurvum* P. de B. (Familie *Sphagnaceae*), *Schistidium apocarpum* Br. et Sch. (Fam. *Grimmiaceae*), *Orthotrichum anomalum* Hedw. (Fam. *Orthotrichaceae*), *Ceratodon purpureus* Brid. (Fam. *Trichostomaceae*), *Dicranum undulatum* Turn. (Fam. *Dicranaceae*), *Funaria hygrometrica* Hedw. (Fam. *Funariaceae*) *Mnium affine* Bland. (Fam. *Mniaceae*), *Polytrichum commune* L. (Fam. *Polytrichaceae*), *Climacium dendroides* W. et M. (Fam. *Climaciaceae*) und *Hypnum splendens* Hedw. (Fam. *Hypnaceae*). — Das Material wurde möglichst von allen Verunreinigungen befreit und an der Luft getrocknet. Genauer untersucht wurde *Polytrichum commune*, von welcher grössere Massen zur Verfügung standen. Aufgefunden wurden ein zähflüssiges, durch Chlorophyll grün gefärbtes fettes Oel, Harz, Wachs, organische Säuren: Weinsäure, Citronensäure und Aconitsäure (?), Phosphorsäure, Schwefelsäure und Chlor, Gerb-

(Fortsetzung S. 159.)

	Polytrichum commune	Sphagnum cuspidatum	Hypnum splendens	Dicranum undulatum	Orthotrichum anomalum	Mnium affine	Funaria hygrometrica	Schistidium apocarpum	Ceratodon purpureus	Climacium dendroides
Feuchtigkeit	15.62	15.35	12.72	15.23	13.72	12.55	13.03	13.42	14.31	13.9
Aschebestandtheile { Sandfreie Asche	2.698	1.93	2.35	2.94	3.48	6.39	5.56	4.54	2.8	3.63
Davon lösliche Kieselsäure	0.565	0.754	0.754	0.56	0.256	0.63	0.93	0.286	Spur	Spur
Sand	0.197	Spur	0.211	1.36	3.0	3.24	3.91	7.63	7.66	0.85
Fett	0.8	0.52	0.56	2.16	1.75	0.62	0.84	0.75	0.58	0.7
Chlorophyll, Wachs etc.	0.86	0.94	0.97	2.81	1.1	1.19	0.7	2.65	1.5	0.65
Harz etc.	0.35	0.7	0.5	0.37	0.48	0.5	1.07	0.64	0.95	0.45
In Wasser lösl. Substanzen { Schleim und Eiweiss	1.815	0.775	0.67	0.35	0.79	2.27	1.31	0.16	0.64	0.56
Gerbstoffartige Stoffe	0.035	Spur	0.62	0.4	0.81	1.85	1.23	-0.18	1.71	0.2
Organische Säuren	0.085	0.45	0.4	0.44	0.21	0.45	0.06		0.99	1.25
Glycose	5.87	3.05	4.96	4.72	3.91	7.41	1.17	2.17	—	8.19
Saccharose	0.73	1.22	0.07	0.49	0.26	3.01	0.33	0.57	—	1.28
Ammoniak	0.968	0.055	0.051	0.011	0.119	0.072	0.015	0.066	0.042	0.153
Salpetersäure	0.265	0.34	0.384	0.315	0.211	0.201	0.078	0.326	0.299	0.281
Eiweiss	0.994	1.42	2.19	1.14	2.98	3.18	2.26	1.47	4.5	0.71
Sonstige Substanzen	—	—	—	—	—	0.487	—	—	2.649	0.826
Summe der in Wasser löslichen Substanzen	9.862	7.31	9.435	7.866	9.68	18.93	6.441	4.942	10.19	13.45
Gesammtmenge der in Wasser löslichen Stoffe	9.6	7.1	7.6	7.85	7.23	18.93	5.58	3.85	10.19	13.45
In Natronlauge lösl. { Metaralbinsäure	0.95	2.165	0.55	1.575	2.025	0.51	1.15	1.835	2.475	0.7
Eiweiss	0.181	0.55	0.46	0.78	1.81	1.55	2.03	2.36	4.04	1.99
Sonstige Substanzen	1.029	5.0	3.495	4.77	1.075	0.88	1.62	4.68	3.26	0.48
In Salzsäure lösl. { Pararabin	1.18	1.36	1.36	2.05	0.64	0.51	1.7	2.41	1.47	0.61
Sonstige Substanzen	0.595	2.43	0.94	1.93	3.28	0.95	0.1	2.18	2.68	3.66
Durch Chlorwasser zerstörb. { In Natronlauge unlösliches Eiweiss	3.794	4.125	4.39	4.37	3.54	4.12	3.42	5.3	4.41	4.39
Lignin	39.194	38.74	49.034	38.385	43.63	33.42	35.43	30.055	28.715	36.4
Durch Chlorwasser nicht zerstörbar	0.222	3.69	1.41	—	—	1.86	1.15	4.82	3.38	2.89
Cellulose	22.73	13.4	13.26	14.12	13.24	12.78	19.11	12.88	10.88	15.25

säure, Glucose und Saccharose, Metarabinsäure, durch Farbstoff verunreinigtes Eiweiss, Pararabin. Stärke wurde in dem im Juli und August gesammelten Moose nicht gefunden, während im Juni gesammelte Exemplare in den unteren Theilen reichlich Amylum enthielten, welches nach oben abnahm und schliesslich verschwand; die Menge des vorhandenen Fettes zeigte das umgekehrte Verhalten. Ein steriles Exemplar enthielt durchgängig von unten bis nach oben Amylum, so dass die Zellen der unteren Theile fast ganz damit angefüllt waren. Im November gesammeltes Moos enthielt keine Stärke. — Das Amylum findet sich meist nur in den verdickten Zellen der Rindenschicht, das Fett nur in dem cambiformartigen Gewebe des Stengels. Verf. ist der Ansicht, dass bei den *Polytrichum*-Arten sich das Amylum in Fett verwandle. — Die Resultate der quantitativen Analysen der oben genannten Moose stellen wir hier tabellarisch zusammen. (Siehe Tabelle S. 158.)

II. Buch.

KRYPTOGAMEN.

A. Gefässkryptogamen.

Referent: K. Prantl.

Verzeichniss der besprochenen Arbeiten.[1])

*1. **Armstrong.** A natural arrangement of the New Zealand Ferns. — Transact. and Proceed. of the N. Zealand Institute XIII, 1880.

2. **Ascherson, P.** Plantarum Africae septentrionalis mediae hucusque cognitarum conspectus. — Botan. Centralbl. VIII, 1881, S. 278 - 287. (Ref. 63.)

3. **Babington, C. C.** Osmunda regalis L. in Cambridgeshire. — Journ. of Bot. X, 1881, p. 88. — Vergl. Bot. Centralbl. VI, S. 108. (Ref. 44.)

4. — Asplenium germanicum. — Journ. of Bot. X, 1881, S. 374—375. — Vergl. Bot. Centralbl. X, S. 194. (Ref. 42.)

*5. **Bailey, L. H.** Woodwardia angustifolia in Michigan. — Bull. Torrey Club. VIII, 1881, p. 47. Vgl. Bot. Centralbl. X, S. 45.

6. **Baker, J. G.** On a collection of Ferns made by Mr. W. Kalbreyer in New Granada. — Journ. of Bot. X, 1881, p. 202—208. (Ref. 69.)

7. — On a collection of Ferns made by Mr. Curtis in the Malay Islands and Madagaskar. — Journ. of Botany X, 1881, p. 366—368. Vgl. Bot. Centralbl. X, S. 274. (Ref. 34 u. 68.)

8. **de Bary.** Anmerkung zum Referat über Saporta et Marion, L'Evolution du régne végétal, betreffend die Function der Elateren von Equisetum. — Botan. Zeitg. XXXIX, 1881, S. 781—782. (Ref. 27.)

*9. **Berggren, S.** Le prothalle et l'embryon del'Azolla. — Revue des sciences natur. par Dubreuil. Sér. 3, Tome I, 1881, p. 21—31 mit 1 Taf. Vgl. Bot. Jahresb. VIII, 1880, I, S. 474.

10. **Bonnet, E.** Recherches sur l'Azolla caroliniana. — Bull. de la Soc. bot. de France XXVIII, 1881, p. 176 -177. (Ref. 28.)

11. **Borbás, V.** Az edénzes virágtalansk rendszere (Systema Cryptogamarum vascularium). Programm der Staatsoberrealschule d. VI. Bez. in Budapest f. d. Jahr 1880/81. Budapest 1881, 14 S. Ungarisch. Vgl. Bot. Centralbl. VII, S. 358. (Ref. 1.)

*12. **Britten, J.** European Ferns. With coloured. illustr. from nature by D. Blain, 4. 238 S. London 1881. -- 21 s.

*13. **Brückner, Ad.** Riesenexemplare von Pteris aquilina. — Archiv. d. Vereins d. Freunde d. Naturgesch. in Mecklenburg XXXV, 1881, S. 130. Vgl. Bot. Centralbl. XI, S. 82.

*14. **Ćelakovsky, L.** Prodromus der Flora von Böhmen, IV. Theil, enth. Nachträge etc. — Archiv. der naturw. Landesdurchforschung von Böhmen, IV, No. 3, Prag 1881, 8°, S. 691—955. Vgl. Bot. Centralbl. VI, S. 412.

---

[1]) Die mit ° bezeichneten Arbeiten waren dem Ref. nicht zugänglich.

*15. Clapp, H. L. Marsilia quadrifolia in Massachusetts. — Bull. Torrey Club. VIII, 1881, p. 127.

*16. Colenso. The Ferns of Hinde Islands. — Transact. and Proceed. of the New Zealand Institute, XIII, 1880.

*17. — On some new and undescribed New Zealand Ferns. — Transact. and Proceed. of the New Zealand Institute, XIII, 1880.

*18. Cooke, M. C. A Fern Book for everybody. New Edit. London, 1881, 12. — 1 s.

19. Coulter, J. M. and M. S. Catalogue of the Flora of Indiana. Extrabeilage zur Botan. Gazette, VI, 1881. (Ref. 58.)

*20. Cowan, W. D. List of Ferns and other Cryptogamae of Madagascar, showing their relation to Mauritius and Bourbon. Taravohitra 1881, 8⁰.

21. Davenport, G. E. An interesting Fernery. — Botan. Gazette, VI, 1881, S. 295—296. (Ref. 62.)

*22. — Fern Notes. — Bull. Torrey Club. VIII, 1881, Juni.

*23. — Vernation in Botrychia. — Bull. Torrey Club. VIII, 1881, S. 100 · 101.

*24. — Onoclea sensibilis, Cheilanthes myriophylla, Woodsia obtusa. — Bull. Torrey Club. VIII, 1881, No. 10 u. 11.

25. Dutailly. Sur l'interprétation des différentes parties de l'embryon des Salvinia. — Comptes rendus des séances de la Soc. bot. de Lyon. Abgedr. in Bot. Centralbl. VI, S. 35. (Ref. 9.)

*26. Eaton, D. C. New or little known Ferns of the United States. — Bull. Torrey Club. VIII, 1881, S. 4 5; 99—100; 111. — Vgl. Bot. Centralbl. VII, S. 166.

*27. Emerton and Faxow. Beautiful ferns. Boston 1881. Roy. 4, with 14 col. plates. — 30 M.

28. Ferymon, W. Letter addressed to the Secretary of the Linn. Soc. of London. Journ. of Botany 1881, S. 223. (Ref. 67.)

*29. Firth, O. Osmunda regalis proliferous. — The Florist and Pomologist, 1881, p. 182.

*30. Fliche. Une forme ramifiée de la fronde de l'Asplenium Trichomanes. — Bull. de la Soc. des sciences de Nancy. Ser. 2, Tome IV, p. 24—25. Vgl. Bot. Centralbl. IX, S. 9.

31. Fournier, E. Remarques historiques et taxinomiques sur quelques Fougères. — Bull. de la Soc. bot. de france. XXVIII, 1881, p. 130 - 135. (Ref. 72.)

32. Fritze, R. Ueber die Farnvegetation der Insel Madeira. — Bericht über die Thätigkeit der Botan. Sect. d. Schles. Gesellsch. 1881, S. 276 - 278. Abgedruckt in Botan. Centralbl. V, S. 409. (Ref. 64.)

33. Gérard, R. Recherches sur le passage de la racine à la tige. — Annales des sciences nat. 6. Sér. Tome XI, 1881, S. 418—424. Tab. 19, Fig. 69 - 76. Vgl. Bot. Centralbl. X, S. 119. (Ref. 11.)

34. Göbel, K. Beiträge zur vergleichenden Entwicklungsgeschichte der Sporangien. II. Bot. Zeitung, XXXIX, 1881, S. 681—694; 697—706; 713—720. Taf. VI. — Vorläufig mitgetheilt in Verhandl. d. Phys.-Med. Gesellsch. Würzburg, XVI, s. Jahresber. VIII, 1880, I, S. 479. Vgl. Bot. Centralbl. VIII, S. 366. (Ref. 21.)

35. Haberlandt, G. Ueber collaterale Gefässbündel im Laube der Farne. — Sitzungsber. der K. Akad. d. Wiss. Wien LXXXIV, 1. Abth., 1881, S. 121—142, mit 1 Taf. Vgl. Bot. Zeit. 1882, S. 217; Bot. Centralbl. XI, S. 10. — Vorläufig mitgetheilt im Anzeiger der K. Akad. d. Wiss. Wien 1881, S. 148 149; abgedruckt in Bot. Zeitung 1881, S. 467. (Ref. 12.)

36. — Vergleichende Anatomie des assimilatorischen Gewebesystems der Pflanzen. — Pringsheim's Jahrb. f. wissensch. Bot. XIII, 1. Heft, 1881, S. 74—188, Taf. III—VIII. (Ref. 15.)

37. Hart, H. C. On the Plants of the North Aran Island, Co Donegal. — Journ. of Bot. X, 1881, p. 19—23. (Ref. 40.)

38. — Notes on Irish Plants. — Journ. of Bot. X, 1881, p. 167—169. (Ref. 41.)

39. **Hart.** On some rare plants in County Donegal. — Journ. of Bot. X, 1881, p. 233—240. (Ref. 39.)

40. **Harvey, F. L.** Ferns of Arkansas. — Bot. Gazette VI, 1881, p. 189—190; 213 215. (Ref. 59.)

*41. **Heath, F. G.** The Fern World. 6. Ed., 8⁰, 470 S. London 1881. — 12 s. 6 d.

*42. — Where to find Ferns. London 1881, 8⁰.

43. **Heinricher, E.** Erwiderung auf A. Zimmermann's Aufsatz „Ueber die Scheitelzelle an den Adventivknospen einiger Farnarten". — Bot. Centralbl. VI, 1881, S. 358—361. (Ref. 19.)

44. — Die jüngsten Stadien der Adventivknospen an der Wedelspreite von Asplenium bulbiferum. — Sitzungber. der K. Akad. d. Wiss. Wien LXXXIV, 1. Abth., 1881, S. 115—120. mit 1 Taf. Vgl. Bot. Zeit., 1882, S. 334; Bot. Centralbl. VIII, S. 135. (Ref. 20.)

*45. **Hieronymus, G.** Sertum Sanjanicum ó descripciones y determinaciones de plantas fanerógamas y criptógamas vasculares recolectadas por el Dr. D. Saile Echegaray en la Provincia de San Juan. — Trabajo suelto del Boletin de la Academia National de Ciencias. Tom. IV, extr. I, Buenos Aires 1881, 74 S. 8⁰.

*46. **Holuby, I. L.** Die bisher bekannten Gefässkryptogamen des Trencziner Comitates. — Jahresheft des Naturwiss. Ver. d. Trencziner Comitates IV, 1881, S. 47—54. Vgl. Bot. Centralbl. XI, S. 414.

47. **Hooker, J. D.** Anemia adiantifolia. — The Gardeners' Chronicle XV, 1881, p. 204, Fig. 37. (Ref. 29.)

48. **Jenman, G. S.** Third Supplement to the Ferns recorded in Grisebach's Flora of the British West Indies. Journ. of Bot. X, 1881, p. 51—54. Vgl. Bot. Centralbl. VIII, S. 164. (Ref. 70.)

49. **Kienitz-Gerloff, F.** Ueber Wachsthum und Zelltheilung und die Entwickelung des Embryos von Isoetes lacustris. Bot. Zeit. XXXIX, 1881, S. 761—770; 785—795; Taf. VIII. Vgl. Bot. Centralbl. IX, S. 106. (Ref. 6 u. 8.)

50. **Koltz, J. P. J.** Prodrome de la Flore du Grand-Duché de Luxembourg. Seconde Partie. Plantes Cryptogames ou Acotyledonées. — Recueil de Mém. et de Travaux publ. par la Soc. Bot. du Gr. D. Luxembourg No. 4—5, 1877—1878. Luxembourg 1880, p. 182—208. (Ref. 47.)

51. **Kuhn, M.** Uebersicht über die Arten der Gattung Adiantum. Jahrbuch des K. Bot. Gartens und Museums Berlin, I, 1881, S. 337—351. Vgl. Bot. Zeit. 1882, S. 415; Bot. Centralbl. VIII, S. 102. (Ref. 33.)

*52. **Lankester.** British Ferns; their Classification, Structure and Functions. New and enlarg. edit. London 1881. 128 S., 8⁰, 5 s.

53. **Lemoine, V.** Atlas des caractères spécifiques des Plantes de la Flore Parisienne et de la Flore Rémoise. Les Fougères. Paris et Reims 1881, 10 Taf., gr. 8⁰ mit Text. Vgl. Bot. Zeit. 1881, S. 564. (Ref. 45.)

54. **Lennon, W. H.** Some New York Ferns. — Bot. Gazette VI, 1881, p. 248. (Ref. 60.)

55. **Lowe, E. J.** On some hybrid British Ferns. — Proceed. of the Linn. Soc. London in Journ. of Bot. X, 1881, p. 64, (Ref. 31.)

56. **Luerssen, Chr.** Gefässkryptogamen in Reliquiae Rutenbergianae. — Abh. d. Naturwiss. Vereins Bremen VII, 1880, S. 41—53, Taf. I. (Ref. 65.)

57. **Magnin.** Compte rendus de l'excursion dans le vallon du Ratier. — Compt. rend. des séances de la Soc. Bot. de Lyon, 1. Mars, 1881. Abgedr. in Bot. Centralbl. VI, S. 35. (Ref. 46.)

58. **Mer, E.** De l'influence exercée par le milieu sur la forme, la structure et le mode de reproduction de l'Isoëtes lacustris. — Comptes rendus hebd. des séances de l'Acad. d. sc. XCII, 1881, p. 94. Auszug in Bot. Zeit. 1881, S. 339. Derselbe Titel in Brebissonia, Revue de Bot. Crypt. III, 1881, No. 7. (Ref. 25.)

59. Recherches sur le développement des sporanges stériles dans l'Isoëtes lacustris. —

Comptes rendus hebd. des séances de l'Acad. des sciences XCII, 1881, pag. 310. Auszug in Bot. Zeit. 1881, S. 340. (Ref. 26.)

60. Mer, E. De l'influence des saisons sur la végétation et la reproduction de l'Isoëtes lacustris. — Bull. de la Soc. Bot. de France, XXVIII, 1881, p. 72. (Ref. 24.)

61. — Du développement des sporanges et des spores dans l'Isoëtes lacustris. — Bull. de la Soc. bot. de France, XXVIII, 1881, p. 109—113. (Ref. 23.)

62. Painter. Notes on the Flora of Derbyshire. — Journ. of Bot. X, 1881, p. 293—301. (Ref. 38.)

63. Pantocsek, J. Ueber bosnisch-herzegovinische Pflanzen und aus dem Comitate Neutra in Ungarn. — Oesterr. Bot. Zeitschr. XXXI, 1881, S. 348. (Ref. 55.)

*64. Payot, V. Florule du Mont Blanc. Deuxième Partie, Plantes cryptogames vasculaires et cellulaires. 2. edit. Genève 1881, II, et 22 p. 12⁰. Vgl. Bot. Centralbl. XI, S. 355.

*65. Philippi, Th. Catalogus plantarum vascularium chilensium adhuc descriptarum. — Annales univers. Chilensis. Santiago de Chile 1881.

66. Philipps, W. Botrychium Lunaria in Shropshire. — Journ. of Bot. X, 1881, S. 217 f. (Ref. 37.)

67. Potonié, H. Die Beziehung zwischen dem Spaltöffnungssystem und dem Stereom bei den Blattstielen der Filicineen. — Jahrbuch des K. Bot. Gartens u. Museums Berlin, I, 1881, S. 210—217. Vorläufig mitgeth. in Sitzungsber. Bot. Ver. d. Prov. Brandenburg, XXIII, 1881, S. 58—60. Vgl. Bot. Zeit. 1882, S. 798; Bot. Centrbl. VIII, S. 70. (Ref. 16.)

68. — Anatomie der Lenticellen der Marattiaceen. — Jahrb. des K. Bot. Gartens und Museums Berlin, I, 1881, S. 307—309, mit 2 Holzschn. — Vorläufig mitgetheilt in Sitzungsber. d. Bot. Ver. d. Prov. Brandenburg, XXIII, 1881, S. 60. Vgl. Bot. Zeit. 1882, S. 799; Bot. Centralbl. VIII, S. 70. (Ref. 17.)

69. — Beiträge zur Flora der nördlichen Altmark. — Abhandl. d. Bot. Vereins d. Prov. Brandenburg, XXIII, 1881, S. 158—159. (Ref. 49.)

70. Prahl, P. Ueber die Entdeckung von Isoetes echinospora in Holstein. — Sitzungsberichte des Bot. Ver. d. Prov. Brandenburg, XXIII, 1881, S. 13—16. (Ref. 48.)

71. Prantl, K. Verzeichniss der von v. Fridau auf Schmarda's Reise 1853 in Ceylon gesammelten Farne. — Verhandl. d. Zool.-Bot. Ges. Wien, 1881, S. 117—120. Vgl. Bot. Centralbl. VII, S. 68. (Ref. 66.)

72. — Vorläufige Mittheilung über die Morphologie, Anatomie und Systematik der Schizaeaceen. — Engler's Jahrbücher f. Syst. II, 1881, S. 297—303. Vgl. Bot. Centralbl. VIII, S. 103. (Ref. 32.)

73. — Untersuchungen zur Morphologie der Gefässkryptogamen, 2. Heft. Die Schizaeaceen, morphologisch und systematisch bearbeitet. Leipzig 1881, 4⁰, 161 S. mit 8 Taf. u. 1 Holzschnitt. Vgl. Bot. Zeit. 1882, S. 152; Bot. Centralbl. X, S. 351. (Ref. 10, 22, 30, 32.)

74. — Beobachtungen über die Ernährung der Farnprothallien und die Vertheilung der Sexualorgane. — Bot. Zeit. XXXIX, 1881, S. 753—758, 770—776. Vgl. Bot. Centralbl. IX, S. 74. (Ref. 2.)

75. Pryor, R. A. Osmunda regalis L. in Cambridgeshire. — Journ. of Bot. X, 1881, S. 54. (Ref. 43.)

*76. R. J. H. Aspidium Lonchitis in Colorado. — Bull. Torrey Club, VII, 1881, S. 105.

77. Reynolds. Queer places for Ferns. Bot. Gazette, VI, 1881, S. 161—162. (Ref. 61.)

78. Ridley, H. N. Notes on Radnorshire Plants. — Journ. of Bot. X, 1881, p. 170—174. (Ref. 36.)

*79. Ridley, M. S. A Pocket Guide to British Ferns. London 1881, 96 S. 8⁰, M. 2.70. Vgl. Bot. Centralbl. IX, S. 75.

80. Roper. Notes on the Flora of East Sussex. — Journ. of Bot. X, 1881, p. 369—373. (Ref. 35.)

81. **Roze.** Observations sur le prothallium des Fougères. — Bull. de la Soc. bot. de France XXVIII, 1881, p. 135–136. (Ref. 3.)

82. **Rusby, H.** Some New Mexican Ferns. — Bot. Gazette VI, 1881, p. 195–198, 220–223, (Ref. 57.)

83. **Russow, E.** Ueber die Verbreitung der Callusplatten bei den Gefässpflanzen. — Sitzungsber. der Dorpater Naturf. Gesellsch. 1881. Vgl. Bot. Zeit. 1881, S. 724. (Ref. 13.)

84. **Sanio, C.** Die Gefässkryptogamen und Characeen der Flora von Lyck in Preussen. — Abhandlungen des Bot. Ver. d. Prov. Brandenburg, XXIII, 1881, S. 17–25. (Ref. 51.)

85. — Zahlenverhältnisse der Cormophytenflora Preussens. — Abhandl. d. Bot. Ver. d. Prov. Brandenburg, XXIII, 1881, S. 69–73. Vgl. Bot. Centralbl. VIII, S. 165. (Ref. 50.)

86. **Saporta, G.** et **Marion, A. F.** L'Evolution du régne végétal. Les Cryptogames. Paris 1881. (Ref. 5.)

*87. **Schell, J.** Verzeichniss der höheren Sporenpflanzen, welche in der Umgegend des Hüttenwerks von Talizk im Gouvernement Perm vorkommen. — Beilage zum Protocoll der 136. Sitz. d. Naturf. Ges. Kasan, 1881, 4 S. 8⁰. Russisch. Vgl. Bot. Centralbl. X, S. 115.

88. **Schwarz, A.** Neuere Beobachtungen über die Phanerogamen- und Gefässkryptogamen-flora in der Umgegend von Nürnberg. — Abhandl. der Naturhist. Gesellsch. zu Nürnberg, VII, 1881, S. 115–117. (Ref. 53.)

89. **Steininger, H.** Flora der Bodenwies. — Oesterr. Bot. Zeitschr. XXXI, 1881, S. 138. (Ref. 54.)

90. **Strobl, P. G.** Flora des Aetna. — Oeterr. Bot. Zeitschr. XXXI, 1881, S. 23–24. (Ref. 56.)

91. **Tomaschek, A.** Ueberwinterte Prothallien von Equisetum. — Oesterr. Bot. Zeitschr. XXXI, 1881, S. 245–248. — Vgl. Bot. Centralbl. VIII, S. 165. (Ref. 4.)

*92. **Underwood, L. M.** Our native Ferns and how to study them. New-York 1881, 116 S. 12', M. 5. Vgl. Bot. Gazette 1881, p. 264.

*93. — Onoclea sensibilis var. obtusilobata. — Bull. Torrey Club. VIII, 1881, p. 101–102.

*94. **Waldner, H.** Deutschlands Farne, mit Berücksichtigung der angrenzenden Gebiete Oesterreichs, Frankreichs und der Schweiz. Heidelberg 1881, Fol., Heft 6 u. 7, à M. 2.50.

95. **Warnstorf, C.** Botanische Wanderungen durch die Mark Brandenburg im Jahre 1881. — Abhandl. des Bot. Ver. d. Prov. Brandenburg, XXIII, 1881, S. 118–119. (Ref. 52.)

96. **Weiss, J. E.** Anatomie und Physiologie fleischig verdickter Wurzeln; enthält einen Abschnitt: Schutzscheide der Polypodiaceen. — Flora XXXVIII, 1880, S. 119–121, Taf. IV, fig. 8. (Ref. 14.)

*97. **Wheeler, C. F.** and **Smith, G. F.** Catalogue of the Phaenogamous and Vascular Cryptogamous Plants of Michigan. Lansing 1881, 8⁰.

*98. **Willey, H.** Marsilia quadrifolia. — Bull. Torrey Club, VIII, 1881, p. 144.

99. **Zacharias, E.** Ueber die Spermatozoiden. — Bot. Zeit. 1881, S. 827–838, 846–852. (Ref. 7.)

100. **Zimmermann, A.** Ueber die Scheitelzelle an den Adventivknospen einiger Farnarten. — Bot. Centralbl. VI, 1881, S. 175 f. (Ref. 18.)

*101. **Zinger, J.** Verzeichniss der bis jetzt im Gouvernement Tula beobachteten Phanerogamen und Gefässkryptogamen. — Bull. de la Soc. Imper. des Naturalistes à Moscou 1881, No. 2.

102. . . . . . Cyathea medullaris. — The Gardeners' Chronicle XV, 1881, p. 472. (Ref. 71.)

I. Allgemeines.

1. V. Borbás. Az édényes virágtalanok rendszere. (11.)

Die Haupteintheilung nach Classen, Unterclassen, Ordnungen ist Lürssen's Grundzügen der Botanik entnommen. Im Uebrigen geben wir die Hauptgruppirung in Folgendem:

Classes	Subclasses	Ordines	Familiae
			1. *Hymenophyllaceae*
			2. *Loxsomaceae*
	Phanerosporeae Borb. Die Sporen entstehen an der Oberfläche der Unterseite des Blattes		3. *Gleicheniaceae*
		1. *Filices* . . .	4. *Cyatheaceae*
			5. *Parkeriaceae*
I. *Filicineae* seu *Frondosae* Borb. Laubige oder grossblätterige	*Isosporeae*		6. *Polypodiaceae*
			7. *Schizaeaceae*
			8. *Osmundaceae*
			9. *Angiopterideae*
		2. *Marattiaceae* .	10. *Marattieae*
	Endophyllosporeae Borb. Die Sporen entstehen unter der Epidermis im Gewebe des Blattes		11. *Danaeaceae*
		3. *Ophioglossaceae*	12. *Ophioglosseae*
	Heterosporeae	4. *Rhizocarpeae*	13. *Salviniaceae*
			14. *Marsiliaceae*
II. *Equisetinae* . . . . Scheidenblättrige (*Vaginifoliae* Borb.)	*Isosporeae* . . .	5. *Equisetaceae*	15. *Equisetaceae*
		6. *Lycopodiaceae*	16. *Lycopodiaceae*
III. *Lycopodinae* seu *Muscifoliae* Borb. Moosblätterige	*Heterosporeae* . .	7. *Isoëtaceae*	17. *Isoëtaceae*
		8. *Selaginelleae*	18. *Selaginelleae*

Auf den folgenden Seiten findet man die Charakterisirung der Classen, Subclassen u. s. w. Die *Polypodiaceae* sind nach den Angaben Prantl's analytisch zusammengestellt. Die *Notosoreae* werden hier in zwei Gruppen getheilt, und zwar: a) *Polypodiaceae* emend. (excl. *Gymnogrammate, Ceterach* et generibus Coenosoreis adscriptis) mit den Untergruppen *Polypodiaceae* exindusiatae *(Polypodium, Phegopteris)* und *Aspidiaceae* indusiatae *(Aspidium, Cystopteris, Woodsia, Onoclea);* o. *Notosoreae* soris elongatulis aut linearibus *(Aspleniaceae).* Diese Gruppe ist wieder getheilt in *Exindusiatae (Gymnogramme, Ceterach)* und in *Indusiatae (Blechnum, Woodwardia, Athyrium, Asplenium, Diplazium, Scolopendrium, Camptosorus).* Staub.

II. Prothallium.

2. Prantl. Ernährung der Farnprothallien und Vertheilung der Sexualorgane. (74.)

Nachdem Ref. schon früher (vgl. Jahresbericht VI für 1878, S. 524) zwischen normalen Prothallien und solchen, welche kein Meristem besitzen, „ameristischen" unterschieden, auch schon früher (vgl. Jahresbericht VII für 1879, S. 410) gezeigt hatte, dass letztere bei ungenügender Beleuchtung entstehen, waren durch die Wahrnehmung, dass bei zu dichtem Stande auch unter den günstigsten Beleuchtungsverhältnissen ameristische Individuen erscheinen, Experimente über die Ernährung aus dem Substrat veranlasst. Dieselben bestanden in Wasserculturen von *Osmunda regalis* und *Ceratopteris thalictroides,* sowie in geringerer Ausdehnung von *Polypodium vulgare* und *Aspidium filix mas.* Für *Osmunda* und die beiden letztgenannten wurde nachgewiesen, dass in stickstofffreien Nährlösungen die Bildung eines Meristems unterbleibt, sowie dass ameristische Individuen durch Uebertragung in stickstoffhaltige Nährlösung ein Meristem an ihrem Vorderrand entwickelten; letzteres war ebenso der Fall an Pflänzchen, welche ein Jahr lang im ameristischen Zustand verharrt hatten. Bei *Ceratopteris* dagegen gestattet der reiche Gehalt der Spore an Reservenahrung die vorübergehende Bildung eines Meristems auch ohne Stickstoffzufuhr; dieselbe unterblieb nur bei gleichzeitigem Mangel von Phosphorsäure.

Mit der je nach den Ernährungsverhältnissen verschiedenen Entwickelung der Prothallien geht die Vertheilung der Sexualorgane Hand in Hand. Archegonien entstehen nur aus dem Meristem; Antheridien hingegen können auch an ameristischen Individuen auftreten, und wurden hier besonders reichlich bei ·*Ceratopteris* beobachtet. Die Thatsache, dass ameristische männliche Prothallien durch Cultur in stickstoffhaltiger Nährlösung in normale Pflanzen mit Archegonien umgewandelt wurden, spricht entschieden gegen die gerade für *Osmunda* vielfach behauptete „Neigung zur Diöcie". Als eine Annäherung an Diöcie kann nur das bisweilen beobachtete, physiologisch noch unerklärte Fehlen von Antheridien an normalen Prothallien betrachtet werden.

Schliesslich weist Ref. noch darauf hin, dass bei den heterosporen Pteridophyten Prothallien nur auf Reservenahrungsstoffe angewiesen sind, welche in den männlichen Sporen bekanntlich geringer, in den weiblichen reichlicher vorhanden sind.

3. Roze. Prothallium. (81.)

Verf. betont, dass die Unterscheidungsmerkmale, welche das Prothallium in den verschiedenen Farnfamilien biete, systematisch zu verwerthen seien.

4. Tomaschek. Ueberwinterte Prothallien von Equisetum. (91.)

Nach einer längeren Auseinandersetzung der bekannten Homologie zwischen dem Thallus der Lebermoose und den Prothallien theilt Verf. die Beobachtung mit, dass Prothallien von *Equisetum variegatum*, welche im Juli 1879 zu üppiger Entwickelung im Freien gelangt waren, sich, in Töpfe übertragen, bis zum Juli 1880 lebend erhielten und dabei in vieler Hinsicht eine abweichende Gestaltung zeigten.

5. Saporta et Marion. Prothallium von Phylloglossum. (86.)

In dem Buche genannter Autoren, welches im Uebrigen Bekanntes anführt und mit den paläontologischen Thatsachen in Zusammenhang bringt, findet sich auf S. 130[1]) eine Anmerkung, dass Prof. Crié die Sporen von *Phylloglossum Drummondii* hat keimen lassen und beobachtete, dass sie ein unterirdisches, weissliches, knolliges Prothallium von sehr ähnlichem Aussehen wie die monöcischen Prothallien der Ophioglossaceen erzeugen.

6. Kienitz-Gerloff. Prothallium von Isoëtes. (49.)

Die Untersuchung der reifen und halbreifen Macrosporen ist im höchsten Grade schwierig, und es gelang dem Verf. nur festzustellen, dass der Innenraum deutlicher als es von Hofmeister dargestellt wurde, von ziemlich grossen, rundlichen Zellen erfüllt ist, in denen man einen Zellkern gewahrt; ein etwa vorhandenes Diaphragma wie bei *Selaginella* konnte nicht nachgewiesen werden. Im Gegensatz zu der Angabe Hofmeister's fand der Verf. an älteren unbefruchteten Prothallien, welche auf der Spore eine kissenförmige Auftreibung bildeten, 20—30 Archegonien.

7. Zacharias. Spermatozoiden. (99.)

Der Verf. fand das chemische Verhalten der Schraubenbänder der Spermatozoiden bei Farnen und *Marsilia* abweichend von jenen der Characeen und Moose, das der Cilien hingegen übereinstimmend.

III. Embryo und Vegetationsorgane.

8. Kienitz-Gerloff. Embryo von Isoëtes. (49.)

Nach einer allgemeinen Erörterung über Wachsthum und Zelltheilung theilt der Verf. die Resultate seiner Untersuchung des Prothalliums (s. oben Ref. 6) und besonders des Embryo's von *Isoëtes* mit. Dieser erfährt ebenso wie bei den Filicinen und Rhizocarpeen anfangs Theilungen durch drei einander rechtwinklig schneidende Wände, die Basalwand, die Transversalwand und die Medianwand. Die Orientirung der aus diesen Octanten her-

---

[1]) Nach de Bary in Bot. Zeitung 1881, S. 782. Dem Referenten ist nur die 1883 erschienene deutsche Ausgabe zugänglich, welche die gleiche Note auf S. 149 enthält.

vorgehenden Organe ist insoferne dieselbe wie bei den Filicinen, als aus den vorn oben gelegenen Octanten der Embryo, aus den hinteren oberen Octanten die erste Wurzel, aus den vier unteren Octanten der später stark vergrösserte Fuss hervorgeht. Die Bildung eines epibasalen und hypobasalen Gliedes unterbleibt; hingegen wird jeder obere Octant in eine der Transversalwand angrenzende untere und eine obere Hälfte zerlegt. In den unteren Octanten wird in der Theilungsfolge überhaupt keine bestimmte Regelmässigkeit eingehalten. — Aus dem hinteren oberen Octanten, und zwar aus dem am weitesten nach hinten gelegenen Theil erhebt sich scheidig emporwachsend die Cotyledonarscheide; aus den zwischen dieser und der Basalwand liegenden Zellen geht später das erste Blatt hervor, an dessen Grunde sich endlich der Vegetationspunkt des Stammes bildet. Schon sehr früh wölbt sich eine der Basalwand und Medianwand unmittelbar anliegende Zelle hervor als Mutterzelle der Ligula des Cotyledons, welche durch Wachsthum in zwei Raumrichtungen zu einer flachen, oben stark verbreiterten Schuppe wird und die gleiche Zellenordnung zeigt, wie eine Brutknospe von *Marchantia*. — Im „Wurzelsegment", d. h. denjenigen Theile des hinteren oberen Octanten, welcher zwischen der zuerst gebildeten Wand und der Transversalwand liegt, entsteht anfänglich durch eine Pericline eine innere Zelle, welche ihrer Lage nach der Wurzelscheitelzelle des Filicinenembryo's entspricht; diese wird jedoch alsbald in eine obere und untere Zelle zerlegt und verwandelt sich späterhin in einen mehrzelligen Complex, dessen Zellen bei verschiedenen Exemplaren eine wechselnde Lagerung zeigen. Die Aussenzellen zerfallen in zwei Schichten, von denen die äusserste als erste Wurzelhaubenschicht betrachtet werden kann. Obgleich eine eigentliche Wurzelscheide nicht gebildet wird, liegt dennoch keine exogene Entstehung vor und die sich beim Austreten der Wurzel abblätternde Zellenschicht kann ebenso gut als Rindenschichte des Embryo's wie als Haubenschichte der Wurzel betrachtet werden. Beim weiteren Wachsthum der Wurzel wird im Median- und Horizontalschnitt eine Zelle sichtbar, welche offenbar Bruchmann's Pleromscheitelzelle ist. Indess tritt nach des Verf. Beobachtungen die Differenzirung der Histogene nicht so früh und nicht in der Schärfe ein, wie dies nach Hanstein an den Embryonen der Phanerogamen der Fall sein soll. Es gelang auch dem Verf. nicht, die Grenze des Gefässstranges bis in die Spitze hinauf sicher zu verfolgen und Verf. hält die Bezeichnung einer bestimmten Zelle als Pleromscheitelzelle für durchaus willkürlich, wie an einigen speciellen Fällen näher gezeigt wurde. Am naturgemässesten ist das Gewebe der Wurzelspitze als ein völlig indifferentes Meristem zu betrachten, in welchem sich die Wände nach der Regel der rechtwinkligen Schneidung bilden, ohne dass eine Lücke im Constructionssystem vorhanden ist; erst später sondern sich die verschiedenen Gewebesysteme aus. So würde unter Zugrundelegung der Sachs'schen Ansicht von der Bedeutung der Scheitelzelle *Isoëtes* auch bezüglich des Scheitelwachsthums der Wurzel einen Uebergang von den Archegoniaten zu den Phanerogamen bilden, indem an die Stelle der indifferenten Scheitelzelle hier vor. vornherein ein indifferenter Meristemcomplex tritt, dessen Zellen dieselbe Anordnung haben, welche bei Vegetationskeguln mit Scheitelzelle erst nach Aufhören des Scheitelwachsthums erreicht wird.

9. Dutailly. Embryo von Salvinia. (25.)

Verf. vergleicht den Embryo von *Salvinia* mit jenem von *Pteris* und *Marsilia* und betont, dass bei letzteren Fuss und Wurzel aus je einem Quadranten hervorgehe, während bei *Salvinia* der sogen. Fuss aus zwei Quadranten entstamme, eine Wurzel fehlen soll. Da nun bei den Gefässkryptogamen jedes Organ mit einer Scheitelzelle endigt, so müsste nach der Segmentation dieser „Fuss" von *Salvinia* zwei Scheitelzellen besitzen; zudem stimme die Segmentation der Quadranten mit *Marsilia* überein, so dass der Verf. zu dem Resultat gelangt, der Embryo von *Salvinia* besitze eine Wurzel, welche aber alsbald ihre Weiterentwicklung einstellt.

10. Prantl. Vegetationsorgane der Schizaeaceen. (73.)

Die Stämme der Schizaeaceen sind theils radiär, so bei den meisten Aneimien, *Mohria* und *Schizaea*, theils dorsiventral, und zwar entweder mit zwei dorsalen Blattzeilen bei *Aneimia* sect. *Aneimiorrhiza*, oder mit nur einer einzigen bei *Lygodium*. An den Rhizomen letzterer Gattung findet man sowohl eine Gabelung in der die Flanken verbindenden Ebene, als einzelne Zweige an Stelle von Blättern in der dorsalen Zeile. — Sprossbildung auf dem Blatte kommt

an der Blattspitze mehrerer Aneimien aus der Gruppe der Collinen vor sowie an der Blattoberseite von *Schizaea Germani*.

Die jungen Blätter zeigen stets eine zweischneidige Scheitelzelle, deren Wände von
rechts und links convergiren, späterhin sind die Zellen des ganzen Randes einander gleich,
theilen sich durch anticline und von der Ober- und Unterseite her convergirende pericline
Wände. Die Enden gewisser Nerven zeigen vorzugsweise meristematische Beschaffenheit.
Diese Nerven, welche in augenscheinlicher Beziehung zur ganzen Gestaltung des Blattes
stehen, können als „Rippen, costae" von den übrigen unterschieden werden. Ein genaueres
Studium der Nervatur zeigt ein Fortschreiten vom Einfacheren zum Complicirteren nicht
blos beim Vergleiche verwandter Arten, sondern auch in der Aufeinanderfolge der Blätter
im ersten Lebensalter des Individuums. Bezüglich der Terminologie sucht Referent durch-
zuführen, die Basis des Blattes als hinten, die Spitze als vorne zu bezeichnen, während
„oben und unten" nur für die beiden Blattflächen verwendet werden.

Bei allen Schizaeaceen mit Ausnahme von *Mohria* finden sich eigenthümliche fertile
Blatttheile, welche gleichsam zu dem im übrigen sterilen Blatte hinzukommen, und eines
kurzen Ausdrucks halber „Sorophore" genannt werden; im Wesentlichen besteht dasselbe
aus einer Costa, welche in fiederiger Anordnung monangische Sori trägt. Ein solches wäre
als die einfachste Blattgestalt zu betrachten, durch Theilung und Vermehrung, durch
Spreitenbildung hinter oder neben dem Sorophor können wir die vorhandenen Blattformen
entstanden denken.

Bei *Schizaea* tragen die meisten Arten auf der Spitze des ungetheilten Blattes je
ein Sorophor, das Blatt kann sich wiederholt in einnervige Zweige gabeln oder die Gabelzweige der Costae bleiben durch Mesophyll verbunden; in letzterem Falle differenziren sich
Stiel und Spreite. Das Sorophor verzweigt sich zwar, ist aber von der höheren Differenzirung
des Blattes gänzlich ausgeschlossen; letztere vollzieht sich am Träger des Sorophors.

Die Blätter von *Lygodium* sind höchst complicirt gebaut. An einer windenden,
anscheinend unbegrenzt fortwachsenden Spindel stehen rechts und links Primärsegmente, deren
Spindel sehr kurz ist und über einem einzigen Paar von Secundärsegmenten knospenartig
schneckenförmig eingerollt endigt. Die Secundärsegmente sind entweder gegabelt, die letzten
Zweige mit fiederiger Nervatur *(L. articulatum)* oder mit gegabelten, fiederförmig angeordnete
Seitennerven entsendenden Rippen versehen *(L. circinatum* u. a., *L. palmatum)*, wobei an
den fertilen Segmenten der letzteren Species sich der Uebergang von der gabeligen zur
fiederigen Verzweigung der Rippen vollzieht. Diesen letzteren schliesst sich ganz nahe
L. japonicum an, an dieses wieder die einfach gefiederten Secundärsegmente von *L. volubile*,
L. scandens u. a., welche nur bei *L. pinnatifidum* eine nochmalige fiederige Theilung
erfahren. Aus der Zusammenfassung aller beobachteten Zustände ergiebt sich die Hypothese,
die denkbar einfachste Blattgestalt von *Lygodium* sei ein Sorophor; diese erscheinen späterhin
erst am Ende der fiedernervigen Spreiten, die Spreitebildung geschähe durch Differenzirung
des Sorophors selbst.

Bei *Aneimia* sind die Blattspreiten fiedertheilig bis mehrfach gefiedert, die fertilen
Blätter entweder durchaus oder nur am hintersten Paar von Secundärsegmenten fertil, welche
alsdann kein Mesophyll entwickeln, sich reichlicher verzweigen und bei den meisten Arten
die Form von aufrechten Rispen annehmen. Den Ausgangspunkt für die Betrachtung bietet
A. elegans, wo, wie bei verwandten Arten, die Nervatur catadrom ist. Mit der reicheren
Verzweigung erfolgt aber ein Umtausch der Nervenanordnung derart, dass in den hinteren
Segmenten einer oder mehrerer Ordnungen Anadromie eintritt. Die Ausdehnung der anadromen
Nervatur ist je nach den Species verschieden, nicht direct proportional dem Reichthum der
Verzweigung oder der Tiefe der Einschnitte, am grössten bei *A. adiantifolia*, wo erst die
letzten Nerven der fertilen Segmente Katadromie zeigen. Missbildungen, d. h. Abweichungen
von der normalen Vertheilung der Fructification kommen nicht selten vor. Die Gestalt des
Blattes lässt sich ableiten aus einem sich immer mehr verzweigenden Sorophor, welches die
Fructification auf die letzten Zweige verschiebt.

Mohria, die einzige Gattung, bei der die fertilen Theile von den sterilen kaum
verschieden sind, schliesst sich im Aufbau des Blattes ganz an *Aneimia* an.

In den Nerven und Rippen, der Spindel und dem Stiel des Blattes verläuft je ein einzelner durch eine deutliche Endodermis scharf abgegrenzter Fibrovasalstrang; mit Ausnahme der in die fertilen Primärsegmente abgehenden Stränge von *Aneimia* liegen ursprünglich alle Auszweigungen des Strangsystems in einer Ebene. Im Stamme besitzen *Lygodium* und *Schizaea* einen axilen Strang, *Aneimia* und *Mohria* eine Strangröhre, welche über dem Austritt eines jeden Blattstranges eine Unterbrechung zeigt; diese Lücken sind bei *Aneimiorrhiza* nur klein; die Stränge lassen sich leicht als Blattspurstränge auffassen und mit dem Verlaufe derselben bei *Osmunda* in Vergleich setzen.

Die Stränge der feineren Nerven sind collateral gebaut, ebenso im ganzen Blatte sämmtlicher Schizaeen. Hier bilden die Tracheiden oberseits einen halbkreisförmigen Gürtel mit zwei seitlichen Protoxylemgruppen, von dem in der Mittellinie bei den grösseren Arten mit einem dritten Protoxylem ein Gürtel sich gegen die Unterseite erstreckt. Das Phloem bildet einen unterseitigen Gürtel von Siebröhren und füllt in Form eigenthümlicher Fasern die Concavitäten des Xylems aus. Im Stamm von *Schizaea* besteht das axile Stranggewebe aus Parenchym, bei *S. elegans* stark verdickt, umgeben von einem mehrfachen Ring von Tracheiden, und ausserhalb einer 1 2fachen Lage von Siebröhren. — Im Blattstiel der meisten Aneimien hat der Strang zwei nach oben divergirende Schenkel, die drei Protoxylemgruppen liegen oberseits; die Siebröhren umziehen die ganze Unterseite und lassen die Enden der Schenkel frei und bilden noch zwei isolirte Gruppen an deren Innenseite. Die Fasern liegen an jenen Punkten, wo die Ausbildung des Phloems erlischt. Der Strang ist sonach seinem Bau nach intermediär zwischen dem collateralen und concentrischen Typus. Nur *A. coriacea* weicht durch radiären Bau etwas mehr ab. Die Stränge des Stammes sind concentrisch. — *Mohria* schliesst sich ganz an *Aneimia* an. *Lygodium* hat im Querschnitt annähernd kreisrunde Stränge von radiärem Bau; die Protoxylemelemente liegen in sechs paarweise genäherten Gruppen an der Peripherie des Stranggewebes, alternirend mit Siebröhrengruppen; zwischen allen Elementen finden sich reichliche Parenchymzellen; Fasern kommen nur bei wenigen Arten an Stelle von Siebröhren vor. Im Stamm ist das Xylem eine centrale Masse mit regellos zerstreuten Erstlingstracheiden, umgeben von einem Ring von Siebröhren.

Was den Bau der Strangelemente betrifft, so sei hier nur hervorgehoben, dass die mehrerwähnten Fasern meist verholzte Wandungen haben, durch die einfachen runden Tüpfel und ihre Lagerung sich aber zunächst an die Siebröhren anschliessen.

Bezüglich des Grundgewebes sei bemerkt, dass Pallisadenparenchym nirgends vorkommt, das der Blattstiele meist nach aussen hin sklerotisch und verholzt, im Stamme sklerotisch und unverholzt ist; bei *Lygodium* tritt das bemerkenswerthe Verhältniss auf, dass von nahe verwandten Arten die einen das innere, die andern das äussere Gewebe stärker verdickt zeigen.

Die mehreren Arten von *Lygodium* zukommende Articulation beruht in einer mehrfachen Schichte kleinzelligen Gewebes, welches das Stielchen durchsetzt und in welchem die Ablösung mit unverletzten Zellen erfolgt; eine Articulation der Blattbasis kommt nirgends vor.

Die Epidermiszellen sind oft über den Nerven und am Rande dickwandig und gestreckt und geben dadurch specifische Merkmale. Die zur Genüge bekannten Spaltöffnungen von *Aneimia* kommen in dieser Form nur der Section *Euaneimia* zu und werden für systematische Zwecke als *Stomata libera* bezeichnet im Gegensatz zu den der Zellwand anliegenden *St. applicata* und *St. suspensa*. Bei *Schizaea* sind die Spaltöffnungen in Reihen geordnet, welche den Rippen parallel laufen und sich mit diesen verzweigen.

Unter den Haarbildungen sind die bemerkenswerthesten die vom Ref. als Schlauchdrüsen bezeichneten Bildungen, welche ihr Secret nicht in der Zellwand, sondern im Inhalte bilden und mit Ausnahme einiger *Schizaea*-Arten, welchen ächte blasige Drüsen zukommen, allgemein verbreitet sind. Die übrigen Haare sind mit Ausnahme von *Mohria*, wo sie flächenförmig entwickelt sind, stets einfache Zellreihen, welche entweder an ihrer Spitze eine Schlauchdrüse tragen oder „trocken" sind.

Die Wurzelstränge sind stets diarch.

11. Gérard. Uebergang der Wurzel in den Stengel. (33.)

Bei den untersuchten Gefässkryptogamen fand der Verf. den Wurzelhals viel constanter localisirt als bei den Phanerogamen, und zwar in der Nachbarschaft des Fusses, wo
sich der Wurzelhals fast auf eine Ebene reducirt. Bei den Farnen und Lycopodiaceen ist
dies mitbedingt durch die geringe Differenz im Bau der Stränge des Stammes und der
Wurzeln. — Genau untersucht wurde zunächst *Selaginella denticulata*. Die Hauptwurzel
der Keimpflanze hat einen aus sehr kleinen Elementen zusammengesetzten Centralcylinder,
dessen Endodermiszellen mit jenen der innersten Rindenschicht opponirt und nicht gefaltet
sind. Im Centrum liegt auf der einen Seite eine kleine Gruppe von Tracheen, auf der
anderen sehr enge Zellen, schwer zu unterscheiden in Grundmasse und Bastelemente. Die
beiden Seitenwurzeln entspringen auf gleicher Höhe und an der Xylemseite, biegen sich
aber im Rindenparenchym diametral auseinander. In der Höhe des Fusses vermehren die
„faisceaux vasculaires" ihre Elemente und ziehen sich gegen die Mitte, während der Bast
den übrigen Raum einnimmt und das Holz bald von allen Seiten umfasst; die Epidermis
erhält eine Cuticula. „Nähert man sich der Gabelung des Stammes, so nehmen die bisher
seitlichen Tracheen das Centrum des Stranges ein und die leiterförmigen Gefässe sammeln
sich in zwei opponirten Gruppen, welche fast völlig die Tracheen umgeben." In den
Wurzeln der Farne wird die „membrane rhizogène" von der letzten Rindenschicht gebildet,
welche bei den Phanerogamen die Endodermis liefert. Die Stränge des Stammes sind
theils elliptisch und „géminés", wobei eine Scheide den Bastring und zwei centrale Holz-
bündel umgiebt, theils rund und kleiner, einfach oder „géminé". Das Holz ist rund mit
seitlichen Tracheen, welche im Bogen oder Kreis gestellt sind, entweder auf einer Seite
oder in zwei opponirten Bogen: diese letzteren folgen auf die Stränge der Wurzel. — Bei
Asplenium striatum „spielt eine dickwandige, braune Rindenschichte von 12 Zellen die Rolle
der Endodermis", worauf die rhizogene Schicht als innerste Rindenschichte mit 6 Zellen
folgt. In der Nähe des Fusses verliert die Epidermis ihre Haare, die Verdickung der vorletzten Schichte schwindet, die Zellen der rhizogenen Schichte verdoppeln ihre Anzahl; die
Erstlingstracheen verlassen ihre peripherische Stellung und bilden zwei Bogen. Die Bastzellen nehmen deren Platz ein und umschliessen das Holz; „die ächten Schutzscheidezellen
der Wurzeln bilden die Scheide des Stranges". Ganz ähnlich verhält sich *Adiantum* „acune-
atum". „Hier verlieren die verdickten Schutzscheidezellen ihre innere Verdickung und nehmen
die Charaktere der Scheide an."

12. Haberlandt. Collaterale Gefässbündel. (35.)

Ausgehend von der Frage nach dem Zusammenhange zwischen der Orientirung der
Gefässbündel und dem dorsiventralen oder radiären Bau der Blätter und Stämme, untersuchte der Verf. bei einer Reihe von Farnen aus den verschiedensten Familien den Bau der
Gefässbündel in den Spreiten der Blätter, von denen im Allgemeinen angenommen wird,
dass sie nach dem concentrischen Typus gebaut sind. (Ref. und Russow hatten schon auf
den collateralen Bau aufmerksam gemacht. Ref.) Der Verf. fand nun bei fast allen Farnen
wenigstens die schwächeren Gefässbündel der Wedelspreiten collateral gebaut, wobei, wie
im Blatte der Phanerogamen der „Hadrom"-(Xylem-)theil der Oberseite, der „Leptom"-
(Phloem-)theil der Unterseite des Wedels zugekehrt ist. Der Uebergang in den concentrischen
Bau der Stammbündel wird gewöhnlich in den Blattstielen oder Hauptnerven derart vor-
bereitet, dass von unten herauf das „Hadrom" der Oberseite zustrebend, das oberseitige
Leptom gewissermassen bei Seite drängt. Im Detail wird zunächst *Osmunda regalis*
geschildert, sodann werden die untersuchten Farnen aus den Familien der Hymenophyllaceen
Polypodiaceen (zwölf Gattungen und Arten), Cyatheaceen, Gleicheniaceen, Schizaeaceen
Osmundaceen, Marattiaceen und Ophioglosseen namhaft gemacht. Daran schliesst sich eine
Schilderung des Baues der collateralen Stränge, wobei der Verf. vom physiologischen
Gesichtspunkt ausgehend, unter „Leptom" alle zartwandigen, eiweiss- und stärkeleitenden
Gewebeelemente begreift, im Gegensatze zu der vom Ref. vertretenen morphologischen An-
schauung, dass die Siebröhren und verwandten Formen von den allerorts im Strange vor-
handenen Parenchymelementen unterschieden werden müssen. Die Entwickelungsgeschichte
verläuft übereinstimmend mit den Phanerogamen. Bezüglich der Scheiden bestätigt Verf.

die von Russow gefundene entwickelungsgeschichtliche Zusammengehörigkeit der Endodermis und der inneren Parenchymscheide. Bei *Osmunda*, welche hierin mit den Polypodiaceen übereinstimmt, schliesst sich die Scheide der Oberseite an das unterseitige Leptom an und es wird hier das „der Anlage nach excentrische Gefässbündel im Laufe der Entwickelung collateral" (vgl. hiezu die Bemerkungen des Ref. in Bot. Zeit. 1882, No. 13).

Im Ganzen und Grossen lässt sich auch ein Parallelismus zwischen dem dorsiventralen Bau des Mesophylls und der collateral-excentrischen Ausbildung seiner Gefässbündel beobachten, indem der collaterale Bau desto auffälliger ist, je ausgesprochener die Dorsiventralität des Assimilationssystems ist. Die diesbezüglichen Ausnahmen der Hymenophyllaceen erklärt der Verf. durch die Annahme, deren einschichtige Blattfläche beruhe auf Rückbildung.

Allgemeine Erörterungen über den Zusammenhang des dorsiventralen Baues mit der Function des Blattes führen den Verf. zu dem Ergebniss, dass bei den Farnen nothwendig, bei den Phanerogamen wahrscheinlich der collaterale Bau des Gefässbündels und seine Orientirung im flachausgebreiteten Laubblatte eine primäre anatomische Thatsache ist; die anatomisch-physiologische Dorsiventralität des Laubblattes spricht sich auf diese Weise auch in der Structur seiner leitenden Stränge aus.

13. Russow. Bau der Siebröhren. (83.)

Unter den Pteridophyten fand der Verf. reichliche Calluspolster an den Siebröhren nur im Stamm von *Alsophila australis*, dünne Belege im Blattstiel von *Balantium antarcticum* und *Osmunda regalis*, im Stengel von *Equisetum arvense*, bei letzterem auch an den bisher übersehenen kleinen rundlichen Siebfeldern der Längswände. Von besonderem Interesse ist das Vorkommen von Calluspolstern an den Protophloemzellen, wodurch die vom Verf. ausgesprochene Ansicht, dieselben seien die erstentwickelten Siebröhren, bestätigt wird. Bei *Equisetum* wurden auch „Schleimstränge" angetroffen. Vermisst wurde Callusbildung bei *Pteris aquilina*, *Marsilia* und *Lycopodium*.

14. Weiss. Schutzscheide der Polypodiaceen. (96.)

Die Stränge aller Polypodiaceen haben eine von den Phanerogamen wesentlich abweichende Schutzscheide. Die derselben angrenzende Rindenschichte ist häufig innen und an den Radialwänden verdickt, seltener nur humificirt. Die Zellen der Schutzscheide liegen mit einer bis drei nächstangrenzenden Zellen des Stranggewebes in radialen Reihen, sind mit diesen aus je einer Zelle entstanden. Verf. schliesst sich der vom Ref. ausgesprochenen Ansicht, die Schutzscheide gehöre zum Procambium, aus folgenden Gründen an: 1. Lässt die Anordnung und Grösse der innersten Grundgewebezellen ihre gemeinschaftliche Abstammung mit der Schutzscheide nicht annehmen. 2. Die Schutzscheidezellen mit den nächstinneren stammen aus je einer Zelle ab und sind grösser, sonst ganz gleich den Phloemzellen. 3. Das Scheidengewebe entsteht mit dem Strang, wenn das Grundgewebe schon eine gewisse Ausbildung erhalten hat. 4. Die Entstehung des Scheidengewebes ist centrifugal, die des Grundgewebes centripetal. Es verdankt seinen Ursprung also entweder dem Procambium oder einer selbstständigen Gewebeschichte in der Vegetationsspitze.

15. Haberlandt. Assimilatorisches Gewebesystem. (86.)

Wie früher vorläufig mitgetheilt (s. Jahresb. VIII, 1880, 1, S. 477) kommen bei vielen Farnen Armpalisadenzellen vor; dieselben werden ausführlich beschrieben und abgebildet für *Aspidium aculeatum* (S. 103, Taf. III, Fig. 18, 19), dem sich *A. Sieboldi* und *Lomaria gibba* anschliesst, sowie „*Todea*" (soll heissen *Doodya*; Ref.) *aspera* (ebenda Fig. 20). Bei *Selaginella „apus* und *apoda"* (S. 124, Taf. IV, Fig. 9, 10) besteht das Blattgewebe nur aus zwei Zellschichten, deren obere, aus Trichterzellen bestehend, das Assimilationsgewebe im engeren Sinne vorstellt; die untere Schichte ist das Ableitungsgewebe. Bei *Equisetum palustre* (S. 125) tritt seitlich zwischen den Bast- und Gefässbündeln der Stengel Palisadengewebe auf, dessen Zellen von sehr ungleicher Länge sind und mit 3—5 hintereinander gereihten Armen versehen sein können.

Bei vielen Farnen betheiligt sich auch die Epidermis am Assimilationsgewebe; so enthält die Epidermis z. B. von *Pteris elegans* ebenso reichlich Chlorophyll, wie die Mesophyllzellen. Bei verschiedenen *Adiantum*-Arten, z. B. *A. trapeziforme* (Taf. VIII, fig. 13), am schönsten aber bei „*Dedynochlaena*“ (soll heissen *Didymochlaena*; Ref.) *sinuosa* (S. 171 f., Taf. VIII, Fig. 11, 12) finden sich epidermoidale Armpallisadenzellen, das Mesophyll besteht aus Schwammparenchym, die Epidermis der Unterseite ist normal gebaut. Die Aussenwand der oberseitigen Epidermis besitzt den charakteristischen Bau der Epidermis mit Cuticula und Cuticularschichte.

16. Potonié. Beziehung zwischen Spaltöffnungssystem und Stereom. (67.)

Die Vertheilung der Spaltöffnungen an den Blattstielen der Farne zeigt, abgesehen von den Marattiaceen, wo sie vorzugsweise an den Seiten- und Unterflächen vorkommen, zwei Typen; entweder kommen sie am ganzen Umfang vor, so bei *Botrychium, Ophioglossum, Osmunda, Todea, Marsilia*, oder nur in zwei seitlich verlaufenden Zeilen, bei allen untersuchten Schizaeaceen, Cyatheaceen und Polypodiaceen, von denen sie an einzelnen, wie auch bei *Gleichenia* und Hymenophyllaceen gänzlich vermisst wurden. Mit dieser Anordnung hängt nun auch die Beschaffenheit des unmittelbar unter der Epidermis liegenden Gewebes auf's engste zusammen; bei allseitiger Vertheilung der Spaltöffnungen ist ein specifisch-mechanisches Gewebe überhaupt nicht vorhanden oder durch Assimilationsparenchym von der Epidermis getrennt; bei zweizeiliger Anordnung der Spaltöffnungen dagegen lässt das der Epidermis unmittelbar anliegende „Stereom“ die den Spaltöffnungen entsprechenden Flanken frei, welche von Assimilationsparenchym eingenommen werden. Dies hängt mit der biegungsfesten Construction zusammen, indem für schräg aufwärts gerichtete Blätter die Biegungsfestigkeit am zweckmässigsten durch Gurtungen, Stränge auf der Ober- und Unterseite erreicht wird, wobei die unterseitige Gurtung stärker sein muss, entsprechend der der Oberseite genäherten Lage der beiden Spaltöffnungszeilen; für aufrechte Blattstiele wird der gleiche Zweck am besten durch einen Hohlcylinder erfüllt. Ausser diesem angeführten mechanischen Grunde übe aber auch, wie die Uebereinstimmung innerhalb der oben namhaft gemachten Familien zeigt, die Verwandtschaft einen unzweifelhaften Einfluss auf die Anordnung der Spaltöffnungen aus.

17. Potonié. Lenticellen der Marattiaceen. (68.)

An *Angiopteris crassipes, A. evecta, A. Teysmanniana, A. Willinkii, Marattia fraxinea* fand Verf. die schon von Costerus beobachteten Lenticellen, und zwar besonders reichlich an älteren Stielen und immer zahlreicher am Grunde derselben. Sie entstehen im Centrum der meisten Spaltöffnungsgruppen, indem zunächst deren Wandungen, nebst jenen der benachbarten Epidermiszellen sich bräunen und verkorken, sodann das darunter befindliche Parenchym Tangentialtheilungen erfährt, ebenfalls verkorkt und abstirbt. Füllzellen werden nicht erzeugt; die Zellen schliessen interstitienlos aneinander.

18. Zimmermann. Scheitelzelle an den Adventivknospen. (100.)

Der Verf. fand im Gegensatze zu Heinricher (vgl. Bot. Jahresb. VI für 1878, S. 536) an allen Präparaten von *Asplenium bulbiferum* eine deutliche Scheitelzelle, welche auch nie eingesenkt war; die Figuren Heinricher's, aus welchen dieser ein zeitweiliges Undeutlichwerden folgerte, werden anders zu deuten versucht. Ebenso fand Verf. Scheitelzellen bei *Asplenium Belangeri, A. flabellulatum* und *A. Dregeanum*, sowie bei *Ceratopteris*, war aber ebensowenig wie Heinricher im Stande, die allerjüngsten Stadien aufzufinden.

19. Heinricher. Erwiderung. (43.)

Den vorstehend mitgetheilten Einwendungen gegenüber betont der Verf., dass er eine unausgesetzte Thätigkeit der Scheitelzelle, wie sie von Zimmermann gefunden wurde, von vornherein für möglich gehalten habe, und weist auf ähnliche Beobachtungen eines Ruhestadiums bei der von Leitgeb untersuchten *Symphyogyna* hin.

20. Heinricher. Die jüngsten Stadien der Adventivknospen. (44.)

Angeregt durch die vorstehend besprochene Polemik setzte der Verf. seine Untersuchungen fort und kam zu dem Resultat, dass die Adventivknospen auf der Wedelspreite von *Asplenium bulbiferum* aus einer einzigen Oberflächenzelle hervorgehen, die unmittelbar zur Bildung einer dreiseitigen Scheitelzelle schreitet. Aus den beobachteten Stadien ergiebt sich, dass die Richtung der Wände, welche in den Knospenmutterzellen auftreten, von deren Gestalt und dem Principe der rechtwinkeligen Schneidung bedingt wird. Ferner hebt Verf.

noch hervor, dass späterhin zeitweilige Ruhestadien vorkommen müssen, da die Anlage der Knospen acropetal ist, die Weiterentwickelung dagegen oft an jüngeren rascher fortschreitet.

IV. Sporangien und Sporen.

21. Göbel. Entwickelungsgeschichte der Sporangien. (34.)

Nachdem im vorigen Jahresbericht (s. S. 479) die vorläufig mitgetheilten Haupt-resultate mitgetheilt sind, seien hier noch wichtige Einzelheiten aus der ausführlichen Publication besprochen.

Als Beispiel für die Marattiaceen untersuchte der Verf. *Angiopteris evecta*, bei welcher die Sporangien in zweireihigen Soris auf der Blattunterseite einem vom Verf. als Placenta bezeichneten Gewebepolster aufsitzen. Diese Placenta entwickelt sich aus den Oberflächenzellen einer Vertiefung und erzeugt zwei Reihen anfänglich symmetrischer, bald aber auf der Aussenseite stärker wachsender Höcker, die Sporangien. Wie bei *Botrychium* ist auch hier die hypodermale Endzelle der axilen Zellreihe das Archespor, welches durch perikline und antikline Wände in den darüber liegenden Zellen in das Innere versenkt wird. Die Lage der kreuzweise gestellten ersten Theilungswände des Archespors ist nicht constant; die Tapetenzellen entstammen den angrenzenden Zellen. Ebenso verhalten sich *Marattia cicutifolia* und *M. alata*.

Bei *Ophioglossum* fand Verf. als jüngste Sporangienanlage schon einen mehrzelligen Complex, welcher nach der Anordnung der Zellen sich zunächst auf drei Zellreihen und weiterhin auf drei Zellen zurückführen lässt; dass diese aus der Theilung eines einzelligen Archespors hervorgegangen sind, ist immerhin sehr wahrscheinlich. Die Wandzellen ver-mehren sich durch perikline Spaltungen und geben so nach innen Tapetenzellen von kurzem Dasein ab. Das Convergiren der fertigen Sporangien nach einer Seite hier und bei *Botry-chium*, sowie nach der Rückenseite bei *Aneimia* vergleicht der Verf. mit den extrorsen und introrsen Antheren der Angiospermen.

Gelegentlich wird für die schon früher (s. Jahresber. VIII, 1880, S. 477) geschilderten Equiseten die Milde'sche aus Monstrositäten geschlossene Deutung zurückgewiesen, dass die Sporangien hier auf der Blattoberfläche sitzen sollen. Verf. betont, dass Sporangienträger und Scheidenblätter, obwohl in der ersten Anlage übereinstimmend, sich doch so verschieden ausbilden, dass ihre Flächen nicht mehr vergleichbar sind, der ganze untere Theil der Sporangienträger existirt bei den Scheidenblättern eigentlich gar nicht. Der sog. Ring besteht aus zurückgebliebenen Scheidenblättern. Der Vegetationspunkt der Sporangienähren zeigt statt der Scheitelzelle ein kleinzelliges Gewebe.

Mit besonderer Ausführlichkeit werden die als Psilotaceen zusammengefassten Gattungen *Psilotum* und *Tmesipteris* behandelt. Bei ersteren wird der Sporangienstand am Vegetationspunkt des Sprosses in ähnlicher Weise angelegt wie ein Seitenast, krümmt sich durch stärkeres Wachsthum an der Aussenseite gegen den Stammvegetationspunkt hinüber und erzeugt nun aus seinen Flanken zwei Blattanlagen, welche späterhin in Folge gesteigerten Wachsthums der Bauchseite durch eine flache halbseitige Scheide verbunden werden und hiemit das „zweispaltige Blatt" darstellen. Diese Verwachsung getrennter Blattanlagen findet ihr Seitenstück in den von Hegelmaier beschriebenen Winterknospen des *Lycopodium clavatum*. Die Sporangien entstehen dicht unter dem Vegetationspunkt des Sporangienstandes, und zwar lässt sich auch hier aus der Anordnung der Zellen folgern, dass das einzellige Archespor die hypodermale Endzelle einer der Zellreihen des Sporangienstandes ist. Die Tapetenzellen werden hier vom sporogenen Complex selbst abgegeben. Die Entwickelungs-geschichte von *Tmesipteris* zeigt, soweit sie an Herbarmaterial untersucht werden konnte, vollständige Uebereinstimmung mit *Psilotum*; die zwei Sporangien entstehen ursprüng-lich median, werden erst später durch Wachsthum der Bauchseite beide der Hauptaxe zugekehrt. — Die Sporangien der Psilotaceen sind sonach nicht Producte der Blätter, sondern dem Gewebe kurzer Seitenaxen eingesenkt; die Familie ist demnach mindestens eine den Lycopodiaceen Selaginelleen und Isoëteen gleichwerthige Gruppe und repräsentirt einen Typus, dessen ältester Vertreter, *Psilophytum*, schon im Devon erscheint; bei diesem sind die Sporangien getrennt und die Blättchen des Sporangienstandes nicht erhalten.

Bei *Selaginella* entsteht das Sporangium aus Oberflächenzellen des Stammvegetationspunktes, die unmittelbar über deujenigen liegen, aus welchcu der Blatthöcker hervorgeht; die mittlere Zellreihe dieser Gruppe wächst stärker als die peripherischen und scheidet mit der ersten periklinen Wand die Wandung vom Archespor, welches also auch hier die hypodermale Endzelle der axilen Reihe ist. Die radial gestreckten Tapetenzellen entstehen ebenso wie jene der Angiospermen, d. h. die nach aussen gelegenen werden vom Archespor, die nach unten gegen den Stiel hin gelegenen von den angrenzenden Zellen abgegeben. Bezüglich der Stellung der Sporangien weist Verf. darauf hin, dass es nicht gerechtfertigt ist, den Sporangien verschiedene Dignität zuzuschreiben; dieselben stehen bald auf Blättern, bald auf Axen und specicll bei *Selaginella* stimmeu die axillären Sporangien keineswegs nach Ort und Art der Entstehung mit deu vegetativen Seiteusprossen überein, da sie medianaxillär entstehen, die Seitensprosse der anisophyllen Selaginellen aber nicht vor den Blattmedianen, sondern an den Flanken auftreten.

Im weiteren Verlaufe der Abhandlung zeigt der Verf. an ausführlichen Beispielen die Uebereinstimmuug der Mikrosporangien verschiedener Coniferen, nämlich von *Biota*, *Juniperus*, bei welchen ein „Indusium" vorhanden ist, *Pinus*, *Ginkgo*, worauf näher einzugehen Ref. sich hier versagen muss. Das Gleiche gilt von deu Erörterungen über die Makrosporangien von *Callitris*, *Cupressus* u. a., worin des Näheren ausgeführt wird, dass die Theilungen der Embryosackmutterzelle nichts anderes seien, als Theilungen des Archespors. Die von der der Sporangien der Archegoniaten scheinbar abweichende Structur der Ovula der Angiospermen rührt her von einer bedeutenden Reduction des sporogenen Gewebes, sowie von einer Betheiligung mehrerer steriler Zellreihen am Aufbau des Nucellus.

Ueberblickt man die Entwickelungsgeschichte der Sporangien, so lassen sich zwei Typen unterscheiden; den einen zeigen die Leptosporangiaten, deren Sporangien aus einer Epidermiszelle unter geregelter Reihenfolge der Theilungen entstehen; den anderen, die Eusporangiaten, deren Sporangien aus mehreren Epidermiszellen hervorgehen. Letzterer Typus scheint dem Verf. eine andere Entwickelungsreihe darzustellen als die Leptosporangiateu; seine Glieder erscheinen heute theilweise isolirt; die Trennung hat innerhalb der Gruppe der Farne stattgefunden; obwohl nun diese keineswegs auseinandergerissen werden soll, giebt der Verf. folgende Uebersicht über die Sporangienbildung, welche bei der systematischeu Gruppirung bedeutend in's Gewicht fällt.

I. Leptosporangiaten.
   A. Filices s. str.
      1. Homospore: Polypodiaceen, Gleicheuiaceen etc.
      2. Heterospore: Salviniaceen.
   B. Marsilieen.
II. Eusporangiaten.
   A. Filicales: Marattiaceen, Ophioglosseen.
   B. Equisetineen: Calamiten, Equisetaceen.
   C. Sphenophylleeu (heterospore Lycopodineen, Blattbilduug wie Equisetum).
   D. Lycopodineen.
      1. Lycopodiaceen.
         a. Homospore: Lycopodium.
         b. Heterospore: Lepidodendreu, Sigillarieu (?).
      2. Psilotaceen.
      3. Selaginelleen.
      4. Isoëten.
   E. Gymnospermen.
   F. Angiospermeu.

22. Prantl. Sporangien der Schizaeaceen. (73.)

Die fruchtbaren Blatttheile, Sorophore genannt, tragen stets zweizeilige acropetal aus deu Randzellen entstehende Sporangien. Am leichtesten zu constatiren ist dies für *Aneimia*. Die erste Anlage eines Sporangiums erscheint als eine sich vorwölbende Randzelle (die Anlagen der Seitenlacinieu sind mehrzellig, welche sich durch von voru und hinten convergirende Wände theilt; durch stärkeres Wachsthum der Oberseite des Sorophors werden die Sporangien nachträglich nach unten verschoben; bei den Untergattungen *Trochopteris*, *Hemianeimia* und *Aneimiorrhiza* entwickelt sich nachträglich eine blattartige Ausbreitung, welche als oberseitiges Indusium zu bezeichnen ist.

Bei *Lygodium* findet die erste Anlage in überraschend ähnlicher Weise statt; nur entspringt hinter jedem Sporangium ein Ringwall, welcher allmählig das Sporangium unter complicirten Drehungen überwächst und späterhin die sogenannte „Tasche" vorstellt, richtiger als becherförmiges Indusium zu bezeichnen ist; gelegentlich stehen zwei Sporangien in einer solchen „Tasche". Dieser Fall zeigt, dass jedes Sporangium einem Sorus entspricht, der nur ein Sporangium enthält und daher als monangischer Sorus bezeichnet wird; nur bei dieser Gattung erhält constant jeder Sorus noch einen besonderen Nerven; bei den übrigen unterbleibt meist dessen Ausbildung. Auch bei *Mohria* entstehen die Sporangien einzeln aus den Randzellen und werden von einem nachträglich heranwachsenden Indusienlappen überdeckt; die einzelnen monangischen Sori können Nerven erhalten oder nicht.

Am weitesten entfernt sich *Schizaea*; doch entstammen auch hier die Sporangien den Randzellen; sie entstehen nur dichtgedrängt und ordnen sich bei der Gruppe der *Digitatae* so, dass scheinbar vier Reihen vorhanden sind. Sie werden von einem continuirlichen, oberseitigen Indusium überdeckt.

Die reifen Sporangien sämmtlicher Schizaeaceen sind sehr gross, sitzend oder (bei *Lygodium* kurzgestielt), mit einem Ringe unter dem Scheitel und einem Stomium versehen; bei *Mohria* allein ist ihre Gestalt multilateral; bei *Aneimia* und *Lygodium* dorsiventral; bei diesen drei Gattungen sind sie so orientirt, dass ein axiler, durch das Stomium gelegter Schnitt (zugleich die Symmetrieebene) den (zu ergänzenden) fertilen Nerven der Länge nach schneidet, ein Verhältniss, das bei *Lygodium* durch nachträgliche Drehungen verändert wird. Bei *Schizaea*, deren Sporangien ebenfalls dorsiventral sind, liegt diese Symmetrieebene schräg zu der von der Costa zum Rande gehenden Richtung.

Die Entwickelungsgeschichte stimmt in folgenden Punkten für sämmtliche Gattungen überein. Die Mutterzelle theilt sich durch stets drei von hinten nach vorn convergirende Wände, welchen eine Kappenwand folgt. In der Wandung erfolgen zahlreiche Theilungen, welche nur bei *Schizaea* genauer verfolgt werden konnten und eine Ableitung des Ringes aus bestimmten Zellen gestatteten. Nur die erste Transversalwand in der Kappenzelle ist durchgehends constatirt. Die Hauptmasse der Sporangienwandung entstammt der Kappenzelle; die Anlage des Ringes erfolgt sehr spät. Durch Wände, welche den ersten parallel sind, wird die Tapete abgeschieden. — Die erste Wand des Archesporiums liegt in der Verlängerung der Transversalwand; weiterhin scheint keine Gesetzmässigkeit obzuwalten.

Die Sporen sind nur bei *Schizaea* bilateral, bei den übrigen Gattungen kugeltetraedrisch; bei *Aneimia* zeigt sich eine Differenzirung der Theilungswände der Mutterzellen, welche vielleicht zu einer äussersten Umhüllung der Sporen Anlass giebt. — Das Exosporium ist mit charakteristischen Verdickungen besetzt, welche nicht blos ganz vorzügliche Speciesunterschiede bieten, sondern auch innerhalb jeder Gattung einem bestimmten Typus folgen.

In einem Schlusscapitel zieht Ref. aus der Deutung des monangischen Sorus noch einige weitergehende Folgerungen. Zunächst constatirt er solche monangische Sori ausser den Schizaeaceen, wo sie ausschliesslich vorkommen, noch für *Ceratopteris*, die Osmundaceen, Ophioglossaceen und vermuthungsweise (unrichtig; Ref. 1883) die Marattiaceen, die weiblichen Sori von *Azolla*, sowie die Equisetinen und Lycopodinen. Ferner erkennt Ref. in den Schizaeaceen diejenige Farngruppe, welche in der Stellung der Sori, bezw. Sporangien, die meiste Aehnlichkeit mit jener der Ovula bei der Mehrzahl der Phanerogamen aufweist und vertritt die Ansicht, dass das Ovulum einem monangischen Sorus, und zwar der Nucellus dem Sporangium, das einfache Integument dem Indusium homolog sei.

23. Mer. Entwickelung der Sporangien und Sporen von Isoëtes. (61.)

Die jüngsten Stadien, welche der Verf. antraf, zeigten eine parenchymatöse Masse mehr oder minder an der Blattinnenfläche vorspringend. Da nun die Sporangien häufig fehlschlagen und nur Zellgruppen bilden, über welchen selbst die Epidermis kaum oder gar nicht vorgewölbt sein kann, so kann der Verf. nicht an dem internen Ursprung der Sporangien zweifeln. Da ferner nach oben hin das Sporangium vom Velum bedeckt wird und hier offenbar internen Ursprungs ist, wäre es schwer, einen externen Ursprung an der Basis anzunehmen. — Junge Sporangien füllen ihr Gewebe öfters mit Amylum und werden dann steril, während fertile keine Stärke enthalten. In den Anlagen der Macrosporangien bemerkt man bald einige grössere polyëdrische Zellen mit braunem körnigem Inhalt, welche in verticalen Reihen an zwei extremen Seiten des Organs erscheinen; bald darauf zeigen sich solche zwischen den ersten; dies sind die Mutterzellen der Macrosporen. Während diese sich vergrössern und abrunden, erscheinen die Trabeculae als Reihen, welche vom Stiel her ausstrahlen, sich verzweigen und bisweilen verdoppeln; ähnliche Zellen bilden eine Schichte unter der äussersten Zellenlage. — In der folgenden Phase strecken sich die Sporenmutterzellen in der Richtung von vorn nach hinten, während die Zellen ihrer Umgebung resorbirt werden; zuletzt theilen sich die Mutterzellen in Tetraden und die Macrosporen isoliren sich. — Die Mutterzellen der Microsporen werden erst später sichtbar, als jene der Macrosporen; erst nach der Bildung der Trabeculae sieht man sie in zwei oder drei Reihen angeordnet. Das umgebende Gewebe wird unter Theilung resorbirt. Im ursprünglichen Gewebe, welches beiderlei Sporangien bildet, differenziren sich sonach drei Gewebe; ein Bildungsgewebe, bestimmt für die Sporenmutterzellen, ein stickstoffreiches Nahrungsgewebe, welches später resorbirt wird, und ein stärkereiches Nahrungsgewebe.

24. Mer. Influence des saisons sur la réproduction de l'Isoëtes lacustris. (60.)

Der Verf. unterscheidet im See Longemer vier verschiedene Varietäten von *Isoëtes lacustris: humilis, stricta, intermedia* und *elatior*, die drei letztgenannten kommen je in einer Form *sporifera, gemmifera* und *sterilis* vor. Untersucht man die Form *sporifera* im Herbste, so findet man zu äusserst sterile Blätter, weiterhin solche mit Macrosporangien in verschiedenen Entwickelungsstadien, und zu innerst solche mit Microsporangien, ebenfalls von ungleichem Alter. Während man bei der var. *elatior* etwa 4—6 weibliche Blätter antrifft, ist es bei *stricta* kaum mehr als 1. Bei ersterer fehlen die Microsporangien zuweilen gänzlich. Bei der Form *gemmifera* stehen die Bulbillen an Stelle der Macrosporangien, entweder ausschliesslich *(stricta)* oder theilweise *(elatior)*. — Man darf annehmen, dass die Blätter von *Isoëtes* nur ein Jahr lang leben, dass sonach die äussersten sterilen Blätter im Frühjahr mit Beginn der Vegetation, zuweilen auch wieder im Herbst, mit deren Erlöschen entstehen, die weiblichen und die bulbillentragenden zur Zeit des Höhepunktes der Bildungsthätigkeit, und die männlichen wieder mit Sinken derselben. Daraus zieht Verf. folgende Schlüsse: 1. eine reichliche Ernährung ist für die Entwickelung der Macrosporangien nothwendig; ist sie ungenügend, so erscheinen die Microsporangien. 2. In Folge der Epoche des Auftretens bleiben die männlichen Blätter kleiner, ebenso die zuerst auftretenden weiblichen. 3. Die Phase der Ausstreuung dauert für die Macrosporen vom August bis zum folgenden Mai, während sie für die Microsporen erst im Frühjahr beginnt.

25. Mer. Influence du milieu sur l'Isoëtes. (58.)

Die Unterschiede in der Form, Structur und Vermehrungsweise der im vorigen Referat angeführten Varietäten und Formen sucht Verf. auf Ernährungsverschiedenheiten zurückzuführen, bedingt durch verschiedene Nährkraft des Bodens und mehr oder minder gedrängtes Vorkommen. Auch das Zusammenvorkommen von Bulbillen und Sporangien auf derselben Pflanze und das verschiedene Verhältniss zwischen den Macro- und Microsporangien wird nach ihm von denselben Ursachen bedingt.

26. Mer. Sporanges steriles dans l'Isoëtes. (59.)

Die sterilen Sporangien von *Isoëtes lacustris* können in dem einen Falle in den verschiedenen Entwickelungsstadien aufhören zu wachsen. In anderen Fällen wird das sich entwickelnde Sporangium mehr oder weniger vollständig von einem amylumführenden Parenchym verdrängt. Einzelne Theile können hierbei reife Sporen zur Entwickelung bringen. Schliesslich entwickelt sich von Anfang an ein amylumführendes Gewebe, welches entweder die äussere Form des Sporangiums beibehält, oder an seiner Oberfläche kleine Protuberanzen bildet, oder schliesslich aus diesen Protuberanzen Blätter erzeugt. Letztere können sich frühzeitig ablösen und neue Pflanzen bilden, oder auch mit der Mutterpflanze vereinigt bleiben. Schliesslich kann der eine Theil des ursprünglichen Sporangiums normal Sporen erzeugen, während aus dem anderen Brutknospen hervorgehen.

27. de Bary. Ausstreuen der Sporen bei Equisetum. (8.)

Der Verf. theilt gelegentlich eines Referates über Saporta und Marion, L'Evolution du règne végétal einige Beobachtungen mit, welche die landläufige Meinung, die Elateren der Equiseten bewirkten die Ausstreuung der Sporen, widerlegen. Zunächst wurde constatirt, dass die Elateren an der Dehiscenz des Sporangiums unbetheiligt sind; denn sie sind an den herausfallenden Sporen noch aufgerollt und strecken sich erst bei stärkerem Austrocknen. Durch das bei wechselnder Befeuchtung erfolgende Aufrollen und Strecken der Elateren werden aber die Sporen bald voneinander entfernt, bald aber auch, und dies wohl häufiger, aneinander gefesselt, indem die Elateren sich aneinander haken. Sie verhindern sonach die völlige Vereinzelung der verstäubenden Sporen und wären somit nach der verbreiteten Meinung von der Eingeschlechtigkeit der Prothallien nützlich.

28. Bonnet. Azolla (10)

beobachtete an den in Bordeaux (s. Jahresber. VIII, 1880, S. 479) gereiften Sporangien das Austreten der Microsporen und das Anhaften derselben an den Macrosporen.

29. Hooker. Anemia adiantifolia (47)

bildet eine Missbildung dieser Pflanze ab, welche die Sporangien an einem wenig veränderten Basalsegmente erster Ordnung nur an einer Seite trägt und weist auf die schlechte Begründung der Gattung *Aneimiaebotrys* Fée hin.

30. Prantl. Degenerirte Sporen hybrider Farne. (73.)

An einigen Exemplaren von *Aneimia*, welche ihren Merkmalen nach intermediär zwischen anderen Arten sind, fand Ref. degenerirte Sporen, und zwar enthielten die Sporangien dreierlei Gebilde: 1. verkümmerte, geschrumpfte Sporen mit dichtgedrängten Verdickungen des Exospors; 2. auffallend grosse, kugelige oder zweigetheilte Gebilde ohne Scheitelleisten, aber mit Verdickungen, wahrscheinlich abnorm vergrösserte Sporen einzelner Tetraden, vielleicht auch abnorm entwickelte Sporenmutterzellen; 3. zahlreiche, glänzende, mit Membran versehene unregelmässig gestaltete Körner, welche wohl dem Epiplasma entstammen. Aehnliches fand Ref. auch an den zum Vergleich beigezogenen Originalexemplaren des *Aspidium remotum* A. Br. *(= A. spinulosum × Filix mas)*.

31. Lowe. Bastarde von Farnen (55)

führt Versuche an, welche ihn an die Möglichkeit einer Kreuzung verschiedener Arten und Varietäten zu glauben veranlassen.

V. Systematik.

32. Prantl. Systematik der Schizaeaceen. (72 u. 73.)

Die Familie selbst wurde in folgender Weise von den anderen Farnfamilien unterschieden:

Sporangia solitaria primitus marginalia, demum infera, utrinque vel supra indusiata vel nuda, e cellula unica bilateraliter partita orientia, annulo completo subapicali instructa; sporae numerosae tetraedricoglobosae vel bilaterales, nunquam virides. Laciniae fertiles fere semper heteromorphae („sorophora"); fasciculus petioli unus collateralis vel concentricus vel subradiatus; pili fere semper filiformes.

Die weitere Gliederung wird aus folgender Uebersicht ersichtlich sein:

I. Lygodium Sw.

Sporangia secus costulam sorophori pinnatinervii laxe seriata, dorso nervorum in dentes indusii cuculliformis supra in laminam connati excurrentium imposita, extus maxime ventricosa, antrorsum dehiscentia. Sporae tetraedrico-globosae, luteae vel albidae, verrucosae vel laeves, rarius reticulatae. Folia monosticha dorsalia, rhachi indefinita volubili; segmenta primaria brevia in apicem gemmiformem desinentia, unum jugum segmentorum secundariorum repetito-dichotomorum vel varie pinnatorum gerentia; costae ultimae pinnatinerviae; nervi catadromi. Fasciculus rhizomatis centralis, petioli cylindricus concentricus triarchus. Pili filiformes sicci.

A. *Palmata.* Segmenta secundaria saltem sterilia costis dichotomis plerumque dichotome pedatis, rarius ex apice petioli tertiarii radiantibus.

1. *L. articulatum* A. Rich., 2. *L. palmatum* Sw., 3. *L. circinatum* Sw., 4. *L. digitatum* Presl, 5. *L. radiatum* Prantl, 6. *L. trifurcatum* Bak.

B. *Flexuosa.* Segmenta secundaria sterilia fertiliaque pinnata, ambitu ovata vel deltoidea, tertiaria antrorsum minora, costa prope basin costulas in lacinias basales emittente vel pinnata.

7. *L. japonicum* Sw., 8. *L. subalatum* Kuhn, 9. *L. mexicanum* Presl, 10. *L. venustum* Sw., 11. *L. flexuosum* Sw., 12. *L. cubense* Kunth., 13. *L. heterodoxum* Kze.

C. *Volubilia.* Segmenta secundaria sterilia fertiliaque pinnata, ambitu oblonga, tertiaria fere aequilonga costulis laciniisve basalibus nullis, rarius postrema pinnata.

14. *L. volubile* Sw., 15. *L. Wrightii* Eat., 16. *L. micans* Sturm, 17. *L. salicifolium* Presl, 18. *L. Smithianum* Presl, 19. *L. lanceolatum* Desv., 20. *L. scandens* Sw., 21. *L. reticulatum* Schkuhr, 22.*L. pinnatifidum* Sw.

Dubiae sedis: *L. Boivini* Kuhn.

II. Mohria Sw.

Sporangia apices nervorum longiorum breviorumque occupantia, globosa, extus dehiscentia, indusio supero lobulos reflexos formaute obtecta. Sporae tetraedrico-globosae luteae striatae. Folia polysticha repetito-pinnata nervis catadromis et anadromis, antrorsum fertilia. Fasciculi rhizomatis fistulam reticulatam formantes, petioli bicrures subconcentrici. Pili paleacei glanduligeri.

M. caffrorum Desv.

III. Aneimia Sw.

Sporangia secus costulam sorophori densius seriata, parenchymati enata, extus ventricosa, extus dehiscentia; indusium superum laminam angustam efformans vel nullum. Sporae tetraedrico-globosae plerumque luteae, striis elevatis saepe echinulatis ornatae. Folia polysticha vel dorsalia disticha, pinnatiloba ad repetito-pinnata nervis catadromis et anadromis; plerumque segmenta primaria postrema tantum fertilia. Fasciculi rhizomatis fistulam reticulatam formantes, petioli plerumque bicrures subconcentrici. Pili filiformes, glanduligeri vel sicci.

Subgenus I. Trochopteris. Folia polysticha; segmenta postrema tantum fertilia, foliaceomarginata; stomata applicata supera; pili laminae sicci, rhizomatis glanduligeri.

1. *A. elegans* Presl.

Subgenus II. Hemianeimia. Folia polysticha; segmenta rarius omnia, plerumque postrema tantum fertilia, a sterilibus remota, plerumque erecta; indusium superum; stomata applicata, infera; pili omnes glanduligeri.

Sect. 1. *Gardnerianae.* Lamina pinnatipartita vel pinnata, segmentis integris vel postremis pinnatifide incisis; segmenta postrema fertilia.

2. *A. glareosa* Gardn., 3. *A. Gardneri* Hook., 4. *A. lanuginosa* Sturm.

Sect. 2. *Tomentosae.* Lamina pinnata, segmentis pinnatifidis ad tripinnatifidis, laciniis plurinerviis; segmenta postrema fertilia.

5. *A. imbricata* Sturm., 6. *A. flexuosa* Sw., 7. *A. tomentosa* Sw., 8. *A. Schimperiana* Presl, 9. *A. anthriscifolia* Schrad., 10. *A. fulva* Sw., 11. *A. Karwinskyana* Prantl, 12. *A. aspera* Prantl, 13. *A. trichorrhiza* Gardn.

Sect. 3. *Millefoliae.* Lamina tri-ad quadri pinnatipartita, laciniis linearibus uuinerviis; foliorum fertilium segmenta omnia vel pleraque fertilia.

14. *A. dichotoma* Gardn., 15. *A. Millefolium* Gardn.

Dubiae sedis: 16. *A. rutifolia* Mart.

Subgenus III. Euaneimia. Folia polysticha; segmenta postrema tantum fertilia, basi proximorum contigua; indusium nullum; stomata libera, infera; pili omnes glanduligeri

Sect. 1. *Oblongifoliae.* Lamina sterilis retrorsum vel utrinque decrescens, pinnata; segmenta basi postica excisa vel abscissa, petiolus stramineus.

17. *A. humilis* Sw., 18. *A. cornea* Prantl, 19. *A. pilosa* Mart. et Gal., 20. *A. Presliana* Prantl, 21. *A. oblongifolia* Sw.

Sect. 2. *Hirsutae.* Lamina sterilis foliorum fertilium saltem antrorsum decrescens, pinnata; segmenta plerumque incisa ad bipinnatifolia, basi postica cuneata; petiolus plerumque basi fuscescens.

22. *A. filiformis* Sw., 23. *A. ciliata* Presl, 24. *A. hirsuta* Sw., 25. *A. pulchra* Prantl, 26. *A. pastinacaria* Prantl, 27. *A. pallida* Field. et Gardn.

Sect. 3. *Collinae.* Lamina sterilis antrorsum decrescens, pinnata; segmenta rarissime incisa, saepe numerosae, basi postica excisa vel abscissa; petiolus stramineus.

28. *A. rotundifolia* Schrad., 29. *A. radicans* Raddi, 30. *A. Warmingii* Prantl, 31. *A. mandioccana* Raddi, 32. *A. collina* Raddi, 33. *A. hirta* Sw., 34. *A. incisa* Schrad., 35. *A. Pohliana* Sturm.

Sect. 4. *Dregeana.* Lamina sterilis antrorsum decrescens, pinnata; segmenta integra, basi fere aequilatera; petiolus stramineus.

36. *A. Dregeana* Kze.

Sect. 5. *Phyllitides.* Lamina sterilis antrorsum paullum decrescens, pinnata; segmenta integra, basi fere aequilatera; petiolus stramineus; nervi plerumque anastomosantes.

37. *A. nervosa* Sturm, 38. *A. Schraderiana* Mart., 39. *A. Phyllitidis* Sw.

Appendix: *Hybridae.*

39 a. *A. collina* $\times$ *Phyllitidis*, 39 b. *A. ciliata* $\times$ *Phyllitidis*, 39 c. *A. hirsuta* $\times$ *Phyllitidis.*

Subgenus IV. **Aneimiorrhiza.** Folia disticha dorsalia; segmenta omnia vel postrema tantum fertilia a proximis remota; indusium superum; stomata applicata vel libera; pili laminae sicci, rhizomatis sicci vel glanduligeri, melanotichi.

Sect. 1. *Coriaceae.* Lamina binnata vel subbipinnata, nervi tertiarii basales non ultra medium marginem attingentes.

40. *A. aurita* Sw., 41. *A. coriacea* Gris., 42. *A. mexicana* Klotzsch.

Sect. 2. *Cuneatae.* Lamina bipinnata ad quadripinnatifida; nervi basales laciniarum prope apicem marginem attingentes.

43. *A. cicutaria* Kze., 44. *A. Wrightii* Bak., 45. *A. cuneata* Kze., 46. *A. adiantifolia* Sw.

IV. Schizaea J. E. Sm.

Sporangia secus costulas laciniarum sorophori pinnati densissime seriata, parenchymati enata, indusio supero laminam angustam efformante primitus obtecta, extus ventricosa, extus postice dehiscentia. Sporae bilaterales albidae, maculis vel striis tenuissimis ornatae vel laeves. Folia polysticha, simplicia unicostata vel cum costis repetito-dichotoma, sorophoris apices costarum plurimos occupantibus. Fasciculus rhizomatis centralis spurie medullosus, petioli cylindricus collateralis. Pili filiformes sicci.

Sect. 1. *Digitatae.* Folia indivisa, unicostata, basi tereti nigricante glabra; sorophori spurie digitati rhachis laciniis multo brevior; sporangia densissime, spurie utrinque bifariam seriata.

1. *S. Pennula* Sw., 2. *S. penicillata* Kunth, 3. *S. Germani* Prantl, 4. *S. intermedia* Mett., 5. *S. digitata* Sw., 6. *S. laevigata* Mett.

Sect. 2. *Pectinatae.* Folia indivisa, unicostata, basi tereti nigricante glabra, sorophori rhachis laciniis longior vel aequilonga; sporangia utrinque uniseriata.

7. *S. pusilla* Pursh, 8. *S. pectinata* J. E. Sm., 9. *S. tenella* Kaulf., 10. *S. rupestris* RBr., 11. *S. fistulosa* Labill.

Sect. 3. *Bifidae.* Folia semel vel repetito-dichotoma, segmentis unicostatis, elongatis, non lamiuam formantibus; basis folii teres nigricans, pilosa. Sorophora praecedentium, laciniae margine costaque pilosae.

12. *S. bifida* Sw., 13. *S. incurvata* Schkuhr.

Sect. 4. *Dichotomae.* Folia petiolata; lamina repetito-dichotoma segmentis petiolo brevioribus unicostatis, petiolo basi tereti nigricante piloso. Sorophora praecedentium; laciniae margine costaque pilosae.

14. *S. dichotoma* J. E. Sm., 15. *S. Pöppigiana* Sturm.

12*

Sect. 5. *Elegantes.* Folia petiolata, lamina costis repetito-dichotomis semel vel repetito-dichotoma, segmentis pluricostatis, rarius integra uni-vel multicostata, petiolus basi tereti nigricante pilosus. Sorophora praecedentium; laciniae margine costaque pilosae.

16. *S. fluminensis* Sturm, 17. *S. Sprucei* Hook., 18. *S. elegans* J. E. Sm., 19. *S. pacificans* Mart.

Bezüglich der geographischen Verbreitung ist hervorzuheben, dass *Mohria* nur dem südlichen Afrika eigenthümlich ist, *Aneimia* fast nur dem tropischen Amerika angehört (nur eine Art in Südafrika und eine in Abyssinien und Ostindien); *Lygodium* ist in den Tropen beider Hemisphären entwickelt und besitzt oft nahe verwandte Arten einander correspondirend in America und Ostindien; ähnlich verhält es sich bei *Schizaea*, welche in einigen Arten von der ganzen Familie am weitesten nach Norden *(S. pusilla)* und Süden *(S. fistulosa)* sich verbreitet.

33. **Kuhn. Adiantum.** (51).

Eine bereits früher vorgeschlagene Eintheilung der Gattung wird vom Verf. weiter ausgearbeitet, die einzelnen Arten mit kurzen Diagnosen und geographischer Verbreitung aufgeführt: das System zeigt folgender Auszug:

Sectio I. Euadiantum. Sporangia nervos solum occupantia.

A. Folia multifaria.
  a. Lamina indivisa.
      1. *A. Parishii* Hook., 2. *A. reniforme* L.
  b. Lamina pinnata.
      3. *A. deltoideum* Sw., 4. *A. sericeum* Eaton, 5. *A. lunulatum* Burm., 6. *A. Capillus Junonis* Rupr., 7. *A. deflectens* Mart., 8. *A. delicatulum* Mart., 9. *A. rhizophorum* Sw., 10. *A. confine* Fée. — 11. *A. Mettenii* Kuhn. — 12. *A. soboliferum* Hook. — 13. *A. Schweinfurthii* Kuhn, 14. *A. Edgeworthii* Hook., 15. *A. rhizophytum* Schrad., 16. *A. Zollingeri* Mett., 17. *A. caudatum* L., 18. *A. calcareum* Gardn.
B. Folia disticha.
  1. Folia pinnata.
      19. *A. pumilum* Sw. — 20. *A. Wilsoni* Hook., 21. *A. macrophyllum* Sw., 22. *A. Phyllitidis* J. Sm., 23. *A. macropterum* Miqu., 24. *A. dolosum* Kze, 25. *A. lucidum* Sw. — 26. *A. obliquum* Willd., 27. *A. petiolatum* Desv. — 28. *A. incisum.*
  2. Folia bipinnata.
      29. *A. pulverulentum* L. — 30. *A. villosum* L. — 31. *A. denticulatum* Sw. — 32. *A. tetraphyllum* Willd., 33. *A. nervosum* Sw. — 34. *A. terminatum* Kze., 35. *A. villosissimum* Mett., 36. *A. hirtum* Splitg., 37. *A. cayennense* Willd. — 38. *A. tomentosum* Klotzsch, 39. *A. urophyllum* Hook., 40. *A. glaucescens* Klotzsch.
  3. Folia bi-vel basi tripinnatisecta, deorsum quadripinnatisecta vel pedatisecta.
      a. Rhachis stricta.
          41. *A. melanoleucum* Willd., 42. *A. cristatum* L. — 43. *A. glaucinum* Kze., 44. *A. pectinatum* Kze., 45. *A. velutinum* Moore, 46. *A. macrocladum* Klotzsch, 47. *A. polyphyllum* Willd., 48. *A. Mathewsianum* Hook, 49. *A. Wilesianum* Hook., 50. *A. ornithopodum* Presl, 51. *A. brasiliense* Raddi, 52. *A. cultratum* J. Sm., 53. *A. gibbosum* Röm., 54. *A. angustatum* Kaulf., 55. *A. curvatum* Kaulf., 56. *A. Leprieurii* Hook., 57. *A. flabellulatum* L., 58. *A. pedatum* L.
      b. Rhachis divaricata.
          59. *A. flexuosum* Hook., 60. *A. Féei* Moore, 61. *A. digitatum* Presl, 62. *A. olivaceum* Bak. — 63. *A. Hewardia* Kze, 64. *A. platyphyllum* Sw., 65. *A. Seemanni* Hook, 66. *A. grossum* Mett., 67. *A. Peruvianum* Klotzsch.
  4. Folia tripinnata supradecomposita.
      68. *A. trapeziforme* L., 69. *A. subcordatum* Sw., 70. *A. tetragonum* Schrad.,

71. *A. sinuosum* Gardn. — 72. *A. venustum* Don, 73. *A. andicola* Liebm., 74. *A. amplum* Presl. — 75. *A. Braunii* Mett., 76. *A. Jordani* C. Müll., 77. *A. Capillus Veneris* L.. 73. *A. emarginatum* Bory, 79. *A. fumarioides* Willd., 80. *A. tenerum* Sw., 81. *A. rigidulum* Mett., 82. *A. fragile* Sw., 83. *A. tricholepis* Fée.

Sectio II. Adiantellum. Sporangia etiam parenchyma inter nervos occupantia.
A. Folia pinnata, primae manifeste petiolatae, amplae.
    84. *A. Ruizianum* Klotzsch.
B. Folia pinnata, pinnae sessilis.
    85. *A. Shepherdi* Hook.
C. Folia bipinnata, pinnulae sessiles.
    86. *A. lobatum* Kze. herb.
D. Folia bipinnata, pinnulae brevipetiolulatae.
    87. *A. Galeottianum* Hook.
E. Folia subpedata vel pedata; pinnulae sessiles vel subsessiles; sori rotundati: nervi in pinnulis sterilibus dorsum dentium adeuntes.
    88. *A. diaphanum* Bl., 89. *A. patens* Willd; 90. *A. hispidulum* Sw.
F. Folia tripinnata supradecomposita; pinnulae sessiles vel breviter petiolulatae.
    a. Nervi pinnularum sterilium dorsum dentium adeuntes.
      91. *A. Cunninghami* Hook, 92. *A. fulvum* Raoul, 93. *A. Novae Caledoniae* Keys., 94. *A. pulchellum* Bl., 95. *A. parvulum* Hook, 96. *A. formosum* R. Br.
    b. Nervi pinnularum sterilium sinus dentium adeuntes.
      97. *A. laetum* Mett, 98. *A. sessilifolium* Hook, 99. *A. concinnum* H. B. K., 100. *A. amabile* Moore, 101. *A. subrotubile* Mett., 102. *A. excisum* Kze., 103. *A. tinctum* Moore, 104. *A. Veitchianum* Moore, 105. *A. cuneatum* Langsd. et Fisch., 106. *A. chilense* Kaulf., 107. *A. rufopunctatum* Mett., 108. *A. Orbignianum* Mett., 109. *A. scabrum* Kaulf., 110. *A. colpodes* Moore, 111. *A. sulphureum* Kaulf., 112. *A. crenatum* Poir.
G. folia tripinnata supradecomposita; nervi steriles dorsum dentium adeuntes, glandulae sporangiis admixtae.
    113. *A. aethiopicum* L.

34. Baker. Lecanopteris. (7.)
    Diese Gattung, in der Synopsis mit *Polypodium* vereinigt, betrachtet Verf. nunmehr als besondere Gattung, verwandt mit *Dicksonia* und *Deparia*; sie umfasst vier Species: *L. carnosa* Blume, *L. pumila* Blume, *L. deparioides* Bak. = *Dicksonia deparioides* Cesati fil. Born. 13; *L. Curtisii* Bak. n. sp.

VI. Geographische Verbreitung.

35. Roper. Flora von Sussex. (80.)
    Enthält Standorte einiger Farne und von *Lycopodium Selago*.
36. Ridley. Pflanzen von Radnorshire. (78.)
    Giebt S. 13 u. f. Fundorte von 9 Farnen und 2 Equiseten.
37. Philipps. Botrychium Lunaria in Shropshire (66)
    theilt zwei neue Standorte mit.
38. Painter. Flora von Derbyshire. (62.)
    Enthält Standorte von Farnen, Equiseten und *Lycopodium*.
39. Hart. Pflanzen Donegal's. (39.)
    Giebt Standorte von 8 Farnen und 2 Equiseten, und führt als Erweiterung der Angaben in Moore's Cybele Hibernica folgende Gefässkryptogamen als neu für die Gegend an: *Equisetum hiemale, Adiantum Capillus Veneris, Ophioglossum vulgatum, O. lusitanicum.* während *Polystichum Lonchitis* zu streichen ist.
40. Hart. Plants of Aran Island (37)
    zählt S. 23 1 *Equisetum*, 10 Farne, 1 *Isoëtes* von dieser Insel an der Nordwestküste Donegal's auf.

41. Hart. Irische Pflanzen. (38.)
Giebt S. 169 Fundorte von 4 Farnen und 2 Equiseten in den Districten 6 und 7 von Moore's Cybele Hibernica.

42. Babington. Asplenium germanicum (4)
berichtet, dass die ächte Pflanze in wenigen Exemplaren auf dem Llanberis Pass vorkommt, aber öfters mit *A. septentrionale* verwechselt wurde.

43. Pryor. Osmunda regalis in Cambridgeshire. (75.)
Dieselbe wird von Deut als *„filix florida"* bei Gamling angegeben, wurde aber von Niemanden sonst gefunden, ist also wohl dort verschwunden.

44. Babington. Osmunda regalis in Cambridgeshire (3)
führt die älteren (von 1685 an) Angaben der Fundorte an und sieht nicht ein, warum die Pflanze verschwunden sein soll.

45. Lemoine. Les Fougéres de la Flore Parisienne. (53.)
Nach einer kurzen Einleitung über den Bau der Farne im Allgemeinen, erläutert an *Polypodium vulgare*, werden die in der Flora von Paris und Reims vertretenen Farne beschrieben und abgebildet; die Tafeln zeigen nur einzelne Blätter oder Blatttheile, sowie Sorus, Sporangien und Sporen. Behandelt werden: *Polypodium vulgare, P. Dryopteris, Ceterach officinarum, Blechnum Spicant, Pteris aquilina, Scolopendrium officinarum, Asplenium Trichomanes, A. septentrionale, A. Ruta muraria, A. germanicum, A. lanceolatum, A. Adiantum nigrum, Athyrium Filix femina, Cystopteris fragilis, Aspidium aculeatum, Nephrodium Filix mas, N. Oreopteris, N. Thelypteris, N. spinulosum, N. cristatum, Osmunda regalis, Ophioglossum vulgatum, Botrychium Lunaria.*

46. Magnin fand Asplenium Halleri (57)
reichlich im Vallon du Ratier bei Lyon, und zwar bezüglich der Bodenzusammensetzung indifferent.

47. Koltz. Gefässkryptogamen Luxemburgs. (50.)
Mit Bestimmungstabellen, französischen Beschreibungen, Synonymik und Fundorten werden aufgezählt: *Ceterach officinarum, Polypodium vulgare, P. Phegopteris, P. Dryopteris, P. Robertianum, Pteris aquilina,* Allosorus crispus, *Struthiopteris germanica, Blechnum Spicant, Scolopendrium vulgare, Asplenium Adiantum nigrum, A. Ruta muraria, A. germanicum, A. septentrionale, A. Trichomanes, A. viride, Athyrium Filix femina, Cystopteris fragilis, Polystichum Thelypteris, P. montanum, P. filix mas, P. cristatum, P. spinulosum, Aspidium aculeatum, Osmunda regalis, Botrychium Lunaria, Ophioglossum vulgatum,* Hymenophyllum tunbridgeuse, *Lycopodium Selago, L. annotinum, L. clavatum, L. inundatum, L. complanatum, Equisetum arvense, E. maximum, E. silvaticum, E. limosum, E. palustre, E. hiemale.* Ausser den durchschossen gedruckten geographisch bemerkenswerthen Formen sei noch *„Polypodium Robertiano × Dryopteris"* bei Kopstal besonders namhaft gemacht.

48. Prahl, P. Isoëtes echinospora in Holstein (70)
schildert ausführlich die anfangs vergeblichen, erst später erfolgreichen Bemühungen, in den Seeen Holsteins diese Pflanze zu finden.

49. Potonié. Farne der Altmark (69)
zählt Standorte von *Pilularia*, 3 Lycopodien, 3 Equiseten, 13 Farnen auf.

50. Sanio. Zahlenverhältnisse der Flora Preussens (85)
stellt für Ost- und Westpreussen fest: 1 Rhizocarpee, 2 Isoëteen, 5 Lycopodiaceen, 8 Equisetaceen, 23 Farne.

51. Sanio. Gefässkryptogamen von Lyck (84)
führt mit Standortsangaben 4 Lycopodien, 6 Equiseten und 11 Farne mit vielen Varietäten auf.

52. Warnstorf. Wanderungen durch die Mark Brandenburg (95)
giebt Standorte für 2 Lycopodien, 4 Equiseten, 8 Farne nebst verschiedenen Varietäten; eine „Abart" von *Lycopodium Selago* mit kürzeren Blättern und Brutknospen nennt er *brevifolium.*

53. **Schwarz.** **Gefässkryptogamen Nürnbergs** (88)

giebt als Nachtrag zu Sturm und Schnitzlein's Flora von Nürnberg neue Staudorte für 16 Arten von Gefässkryptogamen.

54. **Steininger.** **Flora der Bodenwies** (89)

zählt von diesem an der oberösterrcichisch - steirischen Grenze gelegenen Berge 11 Arten Gefässkryptogamen auf, darunter *Ophioglossum vulgatum* und *Botrychium Lunaria*.

55. **Pantocsek.** **Pflanzen aus dem Comitate Neutra in Ungarn** (63)

zählt 19 Formen von Gefässkryptogamen mit Standorten auf, darunter *Aspidium remotum* A. Br.

56. **Strobl.** **Flora des Etna** (90)

zählt Standorte auf von 3 Equisetcn (*E. limosum* und *palustre* scheinen in ganz Sicilien zu fehlen), *Ophioglossum lusitanicum* [*Botrychium Lunaria* ist zweifelhaft] und *Selaginella denticulata* [*Lygopodium Selago* ist zweifelhaft].

57. **Rusby.** **New Mexican Ferns.** (82.)

Die Farne Neumexicos entwickeln sich mit Eintrittt der Regenzeit und sind während der trockenen Jahreszeit anscheinend todt; sie sind sämmtlich haarig, schuppig oder dick und blaugrün. Im Ganzen fand der Verf. 14 Arten, welche mit kurzen Angaben über den Habitus und die Standorte näher besprochen werden: *Cheilanthes Wrightii*, *Ch. lanuginosa*, *Ch. Eatoni*, *Ch. Fendleri*, *Ch. myriophylla*, *Ch. Lindheimeri*, *Pellaea atropurpurea*, *P. Wrigthiana*, *P. andromedaefolia* var. *pubescens*, *Nothochlaena sinuata*, *N. Hookeri*, *N. dealbata*, *Woodsia oregana*, *Gymnogramme hispida*. Schliesslich erwähnt Verf. noch das häufige Vorkommen gegabelter Wedel bei mehreren Arten.

58. **Coulter Ch. R. and J. M.** **Catalogue of plants of Indiana.** (19.)

Zählen, zum Theil mit Fundorten, 4 Equiseten, 31 „Filices", 3 Ophiglossaceen, 2 Lycopodien, 2 Selaginellen und 1 *Azolla* auf.

59. **Harvey.** **Ferns of Arkansas** (40)

zählt 39 Species auf, geordnet nach Eaton's Fern List.

60. **Lennon.** **Some New-York ferns** (54)

fand bei Holley in nächster Nachbarschaft 29 Species Farne.

61. **Reynolds.** **Queer Places for Ferns** (77)

fand *Woodwardia virginica* auf einer *Pinus australis* und *Polypodium aureum* auf einer Eiche wachsend.

62. **Davenport, G. E.** **An interesting Fernery** (21)

beobachtete *Asplenium filix femina*, *Dicksonia pilosiuscula*, *Aspidium Thelypteris* und *A. spinulosum* an einer Mauer wachsend.

63. **Ascherson.** **Plantae Africae septentrionalis mediae** (2)

führt S. 287 3 Farne auf.

64. **Fritze.** **Farnvegetation Madeira's.** (32.)

Die einzelnen Arten der Farne treten massenhaft auf, oft aber nur an einem einzigen Punkt oder doch an gewisse Standorte gebunden; letztere hängen auch von den klimatischen Differenzen der Nord- und Südseite ab. Der Verf. fand fast alle bisher auf Madeira beobachteten Arten, 59 an der Zahl, wovon 43 der europäischen Flora gemeinsam sind, der der Azoren 9, der afrikanischen 46, der Canaren und Cap Verden 10; Madeira eigenthümlich sind 4 Arten.

65. **Lürssen.** **Reliquiae Rutenbergianae.** (56.)

Der Verf. zählt, zum grossen Theil mit beschreibenden Erläuterungen, die 49 von Rutenberg auf Madagascar gesammelten Arten von Gefässkryptogamen auf, worunter folgende 9 neu für diese Insel sind: *Adiantum aethiopicum* L., *Actiniopteris dichotoma* Mett., *Pteris dubia* Kuhn., *Asplenium rutifolium* Mett., *Aspidium Thelypteris* Sw. var. *squamuligera* Schlecht., *Polypodium Rutenbergii* Lssn. n. sp., *P. parvulum* Bory, *Taenitis niphoboloides* Lssn. n. sp., *Ophioglossum fibrosum* Schum. Anhangsweise werden noch die Bestimmungen der von demselben Reisenden in Südafrika gesammelten 15 Gefässkryptogamen mitgetheilt.

66. Prantl. Farne von Ceylon. (71.)

Die von v. Fridau auf Schmarda's Reise 1853 auf Ceylon gesammelten Farne waren bis jetzt nicht bearbeitet worden. Ref. theilt die Bestimmungen der 61 Arten Farne nebst den Fundorten mit; sämmtliche sind bereits von Ceylon bekannt.

67. Ferguson (28)

entdeckte *Adiantum aethiopicum* neu für Ceylon.

68. Baker. Curtis' Farne von den Malayischen Inseln und Madagascar. (7.)

Die Sammlung enthält folgende bemerkenswerthe Farne von Java, Sumatra und Borneo: *Alsophila podophylla* Hook., *Gleichenia restita* Blume, *Lecanopteris Curtisii* Bak. n. sp., *Davallia Blumeana* Hook., *D. hirta* Kaulf., *Lindsaya borneensis* Hook., *Pteris reducta* Bak., *P. (Eupteris) sumatrana* Bak. n. sp., *Asplenium subaquatile* Ces., *A. hirtum* Kaulf., *A. normale* Don., *Nephrodium?* sp., *Polypodium (Eupolypodium) Curtisii* Bak. n. sp., *P. tenuisectum* Blume, *P. millefolium* Blume, *P. nutans* Blume, *Antrophyum subfalcatum* Brack, *Acrostichum bicuspe* Hook., *A. sorbifolium* L., *Selaginella latifolia* Spring, *S. alopecuroides* Bak. n. sp. Sowie von Madagascar: *Pteris triplicata* Ag., *P. (Eupteris) appendiculata* Bak. n. sp., *P. (Eupt.) phanerophlebia* Bak. n. sp., *Vittaria scolopendrina* Thwait., *Acrostichum (Elaphoglossum) schizolepis* Bak. n. sp.

69. Baker. Kalbreyer's Farne von Neugranada. (6.)

Kalbreyer sammelte, meist in der Provinz Antioquia, folgende mit Rücksicht auf Mettenius' Verzeichniss interessante und neue Farne: *Cyathea insignis* Eat., *Hemitelia nigricans* Presl, *Alsophila gibbosa* Klotzsch, *A. pubescens* Bak., *A. podophylla* Bak. n. sp., *A. hispida* Bak. n. sp., *A.? latevagans* Bak. n. sp., *Hymenophyllum splendidum* Bosch, *Trichomanes botryoides* Kaulf., *T. Kalbreyeri* Bak. n. sp., *T. foeniculaceum* Hedw., *Dicksonia pubescens* Bak. n. sp., *Davallia fumarioides* Sw., *Blechnum brasiliense* Desv., *Lonchitis Lindeniana* Hook., *Pteris acclivis* Mett., *P. obscura* Mett., *Asplenium (Euasplenium) filicaule* Bak. n. sp., *A. (Diplazium) Sprucei* Bak., *A. (Diplazium) longisorum* Bak. n. sp., *A. sandwichianum* Mett., *A. ferulaceum* Moore, *Nephrodium (Lastrea) longicaule* Bak. n. sp., *N. (Lastrea) valdepilosum* Bak. n. sp., *N. (Lagenia) antioquoianum* Bak. n. sp., *Polypodium (Phegopteris) silvicolum* Bak. n. sp., *P. inaequale* Fée.; *P. andinum* Hook., *P. leucosticton* Fée, *P. meridense* Klotzsch., *P. (Eupolypodium) antioquoianum* Bak. n. sp., *P. graveolens* Bak., *P. villosum* Karsten, *Jamesonia verticalis* Kze., *Gymnogramme pumila* Spreng, *G. vellea* Bak. n. sp., *G. xerophila* Bak. n. sp., *G. prehensibilis* Bak., *Meniscium giganteum* Mett., *Acrostichum castaneum* Bak., *A. Gardnerianum* Fée, *A. (Polybotrya) botryoides* Bak. n. sp., *A. (Gymnopteris) suberectum* Bak. n. sp., *A. (Gymnopteris) polybotryoides* Bak. n. sp., *A. (Gymnopteris) juglandifolium* Bak. n. sp., *Schizaea digitata var. orbicularis* Bak., *Danaea serrulata* Bak. n. sp., *Selaginella longissima* Bak. n. sp., *S. lingulata* Spring, *S. mnioides* A. Br., *S. Pöppigiana* Spring, *S. anceps* A. Br., *S. Hartwegiana* Spring.

70. Jenman. Farne von Jamaica (48)

zält, z. Th. mit Fundortsangaben und Beschreibungen, folgende, grösstentheils neue Arten und Varietäten auf: *Cyathea arborea* Sm. var. *concinna* Bak., *C. dissoluta* Bak. n. sp., *Trichomanes setiferum* Bak. n. sp., *Asplenium (Diplazium) diminutum* Bak. n. sp., *Hypolepis Purdieana* Hook., *Pteris quadriaurita* Retz. var. *felosma* J. Sm.; var. *affluentius*, *Pt. pedata* und *Pt. palmata*, welche zu vereinigen seien; *Asplenium rhizophorum* L. var. *supersum*, *Acrostichum siliquoides* Jenm. n. sp., *A. (Gymnopteris) alienum* Sw. var. *flagellum*.

VII. Varia.

71. Cyathea medullaris. (102.)

Ein prächtiges Exemplar im Kew Garden wird mit Maassangaben beschrieben.

72. Fournier. Remarques historiques et taxonomiques. (31.)

Der Verf. bespricht die Herkunft der Namen *Polypodium*, *Filix mas.* und *Filix femina* und betont gelegentlich der *Pteris aquilina* die Unzulänglichkeit der von der Nervatur genommenen Gattungsmerkmale.

B. Moose.

Referent: F. Kienitz-Gerloff.

Alphabetisches Verzeichniss der besprochenen und erwähnten Arbeiten.

1. **Bäumker, J.** Zur Moosflora von Ungarn. (Ref. No. 25.)
2. **Bescherelle, E.** Ephemerum Philiberti Besch. (Ref. No. 52.)
3. — Mousses des colonies Françaises. (Ref. No. 46.)
4. **Boulay.** Mousses de la région méditerranée. (Ref. No. 53.)
5. **Braithwaite, R.** The British Moss-Flora. (Ref. No. 7.)
6. — Sphagnum subbicolor Hpe. (Ref. No. 54.)
7. **Briard, M.** Plantes du département de l'Aube. (Ref. No. 31.)
8. **Brunaud, P.** Plantes cryptogames croissant à Saintes. (Ref. No. 32.)
9. **Carrington and Pearson.** New british Hepaticae. (Ref. No. 8.)
10. **Catalogue** of North American Musci. (Ref. No. 48.)
11. **Colenso.** New Metzgeria. (Ref. No. 55.)
12. **Crié, L.** Flore cryptogamique de la presqu'île de Banks. (Ref. No. 52.)
13. **Dantec et Boulay.** Mousses des environs de Brest. (Ref. No. 33.)
14. **Debat.** Neckera Menziezii. (Ref. No. 34.)
15. — Mousses du fascicule de 1880 des „Musci Galliae". (Ref. No. 56.)
16. — Observations sur quelques mousses rares. (Ref. No. 57.)
17. — Mousses des environs de Chamonix. (Ref. No. 35.)
18. **Dédeček, J.** Bestimmung und Verbreitung böhmischer Polytrichaceen. (Ref. No. 58.)
19. — Verbreitung der Lebermoose in Böhmen. (Ref. No. 26.)
20. **Delogne, C. H.** Pleurochisma deflexum Dmrt. et Plagiochila spinulosa Dmrt. (Ref. No. 59.)
21. — Notes de Cryptogamie. (Ref. No. 60.)
22. **Finot, M. A.** Mousses, Sphaignes et Hépatiques de Fontainebleau. (Ref. No. 36.)
23. **Fitzgerald, C., et Bottini, A.** Briologia dei Bacini del Serchio e della Magra. (Ref. No. 29.)
24. **Geheeb, A.** Musci ex provinciis Rio de Janeiro et Saõ Paulo. (Ref. No. 49.)
25. — Bryologische Fragmente. (Ref. No. 61.)
26. — Von Breidler entdeckte Laubmoose. (Ref. No. 27.)
27. **Godelinais.** Mousses et Hépatiques d'Ile-et-Vilaine. (Ref. No. 37.)
28. **Gray, A.** The British Mossflora. (Ref. No. 9.)
29. **Grieve, S.** Flora of the islands of Colonsay and Oronsay. (Ref. No. 10.)
30. **Hampe, E., et Geheeb, A.** Musci frondosi Tasmaniae et Novae Seelandiae. (Ref. No. 51.)
31. **Hepaticae Galliae.** (Ref. No. 91.)
32. **Hepaticologia Gallica.** (Ref. No. 89.)
33. **Holmes, E. M.** Hypnum imponens Hedw. (Ref. No. 62.)
34. **Husnot,** l'Orthodontium gracile. (Ref. No. 63.)
35. — Barbula nitida Lindb. (Ref. No. 64.)
36. **Hy.** Herborisations de la Faculté des sciences d'Angers. (Ref. No. 38.)
37. **Jack, J. B.** Die europäischen Radula-Arten. (Ref. No. 65.)
38. **Janzen.** Die Moosflora Elbings. (Ref. No. 17.)
39. **Klein, J.** Sprossung an den Inflorescenz-Stielen von Marchantia polymorpha. (Ref. No. 1.)
40. **Klinggräff, H. v.** Bereisung der Lauterburger Gegend. (Ref. No. 18.)
41. **Koltz, J. P. J.** Flore du Grand-Duché de Luxembourg. (Ref. No. 41.)
42. **Leitgeb, H.** Die Marchantieen. (Ref. No. 2.)
43. — Stellung der Fruchtsäcke bei den geocalyceen Jungermannien. (Ref. No. 3.)

44. Leresche, L., et Levier, E. Mousses récoltées en Espagne et en Portugal. (Ref. No. 43.)
45. Limpricht, G. Berichtigung. (Ref. No. 66.)
46. — Zur Systematik der Torfmoose. (Ref. No. 67.)
47. — Neue Arten und Formen von Sarcoscyphus. (Ref. No. 68.)
48. — Ueber Gymnomitrium adustum N. v. E. (Ref. No. 69.)
49. — Neue Muscineen für Schlesien. (Ref. No. 19.)
50. Lindberg, S. O. Untersuchungen über nordische Moose. (Ref. No. 70.)
51. — De Cryphaeis Europaeis. (Ref. No. 71.)
52. London Catalogue of British Mosses and Hepaticae. (Ref. No. 11.)
53. Lützow, C. Botanische Untersuchung des Neustädter Kreises. (Ref. No. 20.)
54. Massalongo, C. Duae species novae e genere Lejeumia. (Ref. No. 72.)
55. — Hepaticae Italiae-Venetae exsiccatae. (Ref. No. 93.)
56. Müller, K., et Geheeb, A. Reliquiae Rutenbergianae. (Ref. No. 47.)
57. Müller, K. Genera nova Muscorum. (Ref. No. 73.)
58. Musci Galliae. (Ref. No. 90.)
59. Orr, D. Mosses collected in Ireland. (Ref. No. 12.)
60. Paillot et Flagey. Mousses et hépatiques des environs de Bésançon. (Ref. No. 39.)
61. Pearson, W. H. A new British Hepatic. (Ref. No. 13.)
62. — Jungermannia Juratzkana und Radula commutata. (Ref. No. 14.)
63. Philibert. Orthotrichum acuminatum sp. n. (Ref. No. 74.)
64. Ravaud. Guide du Bryologue à Grenoble et dans les environs. (Ref. No. 40.)
65. Renauld, F. Mousses des Pyrénées. (Ref. No. 44.)
66. — Révision de la section Harpidium. (Ref. No. 75.)
67. — Classification de la section Harpidium. (Ref. No. 76.)
68. Sande Lacoste, C. M. van der. Levermossoorten in Nederland. (Ref. No. 42.)
69. Sanio, C. Zahlenverhältnisse der Flora Preussens. (Ref. No. 21.)
70. — Ein neuer Standort von Andreaea alpestris. (Ref. No. 22.)
71. — Additamentum in Hypniadunci cognitionem. (Ref. No. 77.)
72. Sauter, A. Nachträge und Berichtigungen zur Flora von Salzburg. (Ref. No. 28.)
73. Sequeira, G. Nouvelles mousses. (Ref. No. 78.)
74. Spruce, R. On Marsupella Stableri and some allied species of European Hepaticae. (Ref. No. 79.)
75. — The morphology of the leaf of Fissidens. (Ref. No. 4.)
76. — Musci praeteriti. (Ref. No. 80.)
77. Sydow, P. Die Moose Deutschlands. (Ref. No. 23.)
78. Treffner, E. Beiträge zur Chemie der Laubmoose. (Ref. No. 5.)
79. Venturi. Une mousse hybride. (Ref. No. 81.)
80. — Campylopus polytrichoides et quelques autres mousses de Portugal. (Ref. No. 45.)
81. — Bryum Baldense. (Ref. No. 30.)
82. — Le Hypnum curvicaule Jur. (Ref. No. 82.)
83. — Orthotrichum Sardagnanum. (Ref. No. 83.)
84. — Des Orthotricha urnigera. (Ref. No. 84.)
85. Warnstorf, C. Die europäischen Torfmoose. (Ref. No. 85.)
86. — Bryologische Notizen. (Ref. No. 86.)
87. — Thuidium delicatulum Hedw. (Ref. No. 87.)
88. — Brachythecium Venturii n. sp. (Ref. No. 88.)
89. — Reproductionsvermögen der Sphagna. (Ref. No. 6.)
90. — Botanische Wanderungen durch die Mark Brandenburg. (Ref. No. 24.)
91. — Sphagnotheca europaea. (Ref. No. 92.)
92. West, W. Bryological notes. (Ref. No. 15.)
93. White, B. Cryptogamic Flora of Mull. (Ref. No. 16.)

I. Anatomie. Morphologie. Physiologie.

1. **Klein, J. Sprossung an den Inflorescenzstielen von Marchantia polymorpha.** (Botan. Centralbl. 1881.)

Verf. fand im Herbst 1880 sowohl an weiblichen wie männlichen, am Boden nieder-liegenden Inflorescenzen von *Marchantia p.* am oberen Ende des Stiels, wo derselbe in den Schirm übergeht, in den sogenannten Wurzelrinnen, grössere und kleinere Aussprossungen vom Aussehen der normalen Laubsprosse, welche an ihrer Unterseite Rhizoïden, an der Oberseite normale Brutbecher trugen. Die nähere Untersuchung zeigte, dass normal, sowohl an niederliegenden, wie auch an aufrechten Inflorescenzstielen, mitunter der ganzen Länge der Wurzelrinnen entlang, kleine, äusserlich nicht sichtbare Adventiv-Laubaussprossungen gebildet werden, welche sich aber nur unter günstigen Bedingungen zu normalen Laubsprossen ausbilden, wenn nämlich die Stiele zufällig geknickt, mit dem Boden in Berührung kommen. Diese Erscheinung ist ein neuer Beleg dafür, dass die Inflorescenzen umgebildete Laubaxen sind, und sie zeigt gleichzeitig, „dass in den Pflanzen das Bestreben besteht, womöglich alle selbst erzeugten nutzbaren Stoffe zu ihrer Fortbildung und zu ihrem Bestehen zu verwerthen."

2. **Leitgeb. Untersuchungen über die Lebermoose. VI. (Schluss)-Heft. Die Marchantieen und allgemeine Bemerkungen über Lebermoose.** 158 Seiten, 4°, mit 11 lithograph. Tafeln. Graz. Leuschner und Lubensky 1881.

Das „dem Altmeister der deutschen Lebermooskunde, Herrn Dr. C. M. Gottsche", gewidmete Schlussheft der „Untersuchungen über die Lebermoose" zerfällt, wie die letzt-vorangehenden, in zwei Theile, deren erster die allgemeinen Resultate enthält, während die zweite die Ergebnisse der speciellen Untersuchungen umfasst.

I. Allgemeines.

Die Pflanzen des Tribus der Marchantieen, wie er in der „Synopsis Hepaticarum" begrenzt ist (Familien der Lunularieen, Jecorarieen und Targionieen), zeichnen sich durch eine grosse Einförmigkeit aus. Allen gemeinsam ist der flache kriechende Thallus, der an der Ventralseite mit blattartigen Schuppen und zwei Arten von Rhizoiden besetzt ist und an dessen Dorsalseite eine von Lufträumen durchzogene Gewebeschichte liegt, die nach aussen durch eine von Athemöffnungen durchbohrte Oberhaut abgeschlossen wird.

Der fortwachsende Scheitel liegt immer am Grunde einer Ausbuchtung des Laub-randes, der „Scheitelbucht", hinter welcher das Gewebe an der Dorsalseite regelmässig eine muldenförmige Einsenkung, die „Scheitelmulde", zeigt. Diese senkt sich stets nach der Ventralfläche hin und verflacht sich entweder gegen den Scheitel allmählig oder geht bei starkem Dickenwachsthum der Seitenlappen in eine enge Furche, die „Scheitelfurche", über. Bei noch stärkerem Dickenwachsthum wird der Scheitel überwach'sen und kommt nach rück-wärts zu liegen.

Bezüglich des Scheitelwachsthums verhalten sich die Marchantieen wie die Riccieen (s. Jahresber. 1879).

Die Verzweigung des Thallus erfolgt bei allen Marchantieen entweder durch Gabelung des Scheitels oder durch ventrale Sprossbildung. Die erstere Form tritt besonders hervor bei *Marchantia, Lunularia, Dumortiera, Fegatella,* die letztere bei *Targionia* und vielen Fimbriarien, beide ziemlich gleich häufig bei *Plagiochasma* und *Clevea.* Bei reichlich gabeliger Verzweigung stehen die Geschlechtsstände auf den Gabelzweigen *(Duvalia, Reboulia),* im anderen Falle erscheinen die Antheridien auf Ventralsprossen *(Targionia, Sauteria,* wahrscheinlich diöcische Fimbriarien).

Das Laub zeigt drei Gewebelagen: die Luftkammerschicht, die allein den Haupttheil der Lamina bildet, das in der Mittelrippe sehr mächtige, in der Lamina dagegen reducirte, interstitienlose Gewebe und die in der Mittelrippe oft mehrschichtige, in der Lamina ein-schichtige Ventralrinde. Bei allen Gattungen mit „einfachen Athemöffnungen" erfolgt die Anlage der Luftkammerschicht ähnlich wie bei den Riccieen und Corsinieen. Alles Wesent-liche über ihre Ausbildung am Laube und an den Fruchtköpfen ist bereits im vorigen Jahr-gange referirt worden (Leitgeb: Die Athemöffnungen der Marchantiaceen), ebenso über den Bau des Laubes von *Dumortiera* (Leitgeb: Ueber die Marchantiaceengattung *Dumortiera*).

In dem interstitienlosen Gewebe, selbst dem der Receptaculaträger, tritt ein axiler Zellstrang nie hervor. Die dickeren Zellwände sind mit weiten, oft sehr dicht stehenden Tüpfeln besetzt. Die von Göbel beschriebenen Schleimorgane (Göbel: Zur vgl. Anatomie der Marchantieen vgl. Jahrg. 1880 des Jahresber.), haben ihre grösste Entwickelung im Thallus von *Fegatella*. Ueber ihre Bedeutung lässt sich schwer etwas Bestimmtes sagen. Alle Marchantieen besitzen ferner Oelkörper, die bei Fimbriarien und Verwandten sogar in der Luftkammerschicht auftreten.

Die ventrale Rindenschicht wird bei den niedriger stehenden Formen *(Clevea, Sauteria)* von einer wenig differenzirten Zellenlage gebildet, bei anderen Gattungen besteht sie aus viel kleineren, isodiametrischen Zellen, bei höheren Typen *(Marchantia, Preissia)* endlich findet sich eine aus 2–3 derartigen Zellenlagen gebildete Rinde, die am besten in der Mittelrippe differenzirt ist.

Die Ventralschuppen, deren Insertionen später verschoben werden, stehen meist in zwei Reihen, sie scheinen bei *Plagiochasma, Clevea* und *Sauteria* regellos gestellt zu sein und bei *Marchantia* finden sich zwei verschiedene Formen. Ihre erste Anlage wird gebildet, indem eine unmittelbar hinter dem Scheitelrande gelegene Zelle zu einer Papille auswächst, die sich durch eine Querwand abgrenzt. Sie verbreitert sich und scheidet eine „Spitzenpapille" ab, die bei *Sauteria, Targionia* und *Dumortiera* immer am Rande der Schuppe bleibt, bei anderen Gattungen auf deren Oberseite geschoben wird, indem an dem Schuppenrande am Grunde der Papille eine höckerartige Anschwellung entsteht, welche die Papille überwächst, sich zum „Spitzenanhängsel" umformt und in der Scheitelmulde seine Fläche ausbildet.

Bei allen Marchantieen kommen zwei Arten von Rhizoiden vor. Die gewöhnlichen, vorzüglich an der Mittelrippe stehenden, werden schon sehr nahe am Scheitel angelegt, die Zäpfchenrhizoiden stehen dagegen besonders an der Lamina und ihre Ursprungsstellen folgen ziemlich genau den Insertionen der Schuppen. Beide Formen dienen wohl der Befestigung und Nahrungszufuhr, den Zäpfchenrhizoiden schreibt Verf. ausserdem die Function zu, Einrollungen des Thallus entgegenzuwirken, weil sie im Träger der Receptacula, ähnlich dem Marke, als Schwellkörper wirken, eine Längsspannung erzeugen und allgemein ein festigendes Moment abgeben, bei *Marchantia* und Verwandten auch an der Ausspannung der Schirmstrahlen betheiligt sind.

Aus dem Capitel über die Blüthenstände ist alles Wesentliche bereits im vorigen Jahrgange referirt (Leitgeb: Die Inflorescenzen der Marchantiaceen).

Die noch sitzenden Receptacula sind bei allen Marchantiaceen von verschieden gestalteten Schuppen („Lacinien") umsäumt, die entweder klein und in der Laubgrube versteckt bleiben, in anderen Fällen die Stände vollkommen überdecken. Wo die Receptacula rein dorsale Bildungen sind *(Plagiochasma, Clevea)*, oder wo der Sprossscheitel in dem daran endständigen Receptaculum verbleibt, besitzen sie den Charakter dorsaler Trichome und werden zugleich mit dem Höcker durch Auswachsen einer Oberflächenzelle angelegt. Wo jedoch das Receptaculum einem Zweigsysteme entspricht, werden wenigstens die äusseren Hüllschuppen, wahrscheinlich aber auch die inneren als Ventralschuppen anzusehen sein.

Ebenso wie bei *Corsinia* und in vollkommener Weise bei *Riccia, Ricciocarpus* und *Oxymitra* findet sich bei den eigentlichen Marchantieen um die Archegone eine „Hülle". Diese ist ausnahmslos ein Product des am sterilen Laube die Luftkammerschicht bildenden Thallusgewebes und zeigt die schon bei *Corsinia* unterscheidbaren zwei Theile: den durch intercalares Wachsthum des dem Archegone resp. der Archegongruppe anliegenden Gewebes gebildeten basalen und den durch Wucherung oberflächlicher Zellschichten secundär entstehenden wandständigen Theil. Wo Archegone einzeln und entfernt von einander stehen, werden sie (wie bei *Riccia*) einzeln versenkt, sind sie zu Gruppen oder Ständen vereinigt, wie bei *Lunularia, Preissia, Dumortiera, Targionia*, so bildet sich um sie infolge desselben Processes eine gemeinschaftliche Hülle.

Das sogenannte „Perianthium" von *Marchantia, Preissia, Fimbriaria* (calyx) hängt mit dem gleichbezeichneten Gebilde der Jungermannieen nicht genetisch zusammen. Bei letzteren wird es bald nach den Archegonien angelegt durch Auswachsen der der archegonbildenden Oberflächenzellen ringsum anliegenden Zellen. Bei *Marchantia* und *Preissia* (von *Fimbriaria* lagen keine entscheidenden Präparate vor) ist dasselbe aber ein Product der Stielzelle des Archegons, entsteht also mit diesem aus derselben Oberflächenzelle.

Die Entwickelung der Geschlechtsorgane folgt vollkommen dem bei *Riccien* herrschenden Typus (vgl. d. Jahresber. für 1879. Leitgeb: Die Riccieen). Bezüglich der Sporogonentwickelung bestätigt L. die älteren Resultate des Ref. (siehe Jahresber. 1874 und 1875). Er macht darauf aufmerksam, dass hier die bei den Jungermanniaceen so früh sichtbar werdende Sonderung des Embryo in drei Sporogontheile erst bei ziemlich weit vorgeschrittener Ausbildung derselben erkennbar wird und dass die meist einschichtig bleibende Kapselwand durch die ersten periclinen Wände abgeschieden wird. Das Aufspringen der Kapsel erfolgt entweder durch Zähne infolge der Bildung mehrerer vom Scheitel ausgehender Längsrisse (Gattungen mit faserigen Wandverdickungen ausser *Targionia*, wo unregelmässiges Zerreissen stattfindet), oder durch Loslösung des scheitelständigen Drittels der Kapselwand (bei den Arten, wo die Wandzellen ganz unverdickt oder nur angulär verdickt sind, ausser bei *Plagiochasma*, wo der obere Wandtheil unregelmässig zerreisst, und bei *Lunularia*, wo die Kapsel sich bis an den Grund in Klappen spaltet). Bei dem Aufspringen in Zähnen ist jedoch die Bildung der letzteren nicht, wie bei den Jungermannieen, auf die primären Längstheilungen des Embryo zurückzuführen.

Die Sporen der meisten Marchantieen sind tetraëdrisch und die tuberculirte oder reticulirte Sculptur ihres Exospors ist die Folge von Faltungen oder blasenartigen Auftreibungen desselben.

Verf. verwirft die bisherige Eintheilung der Marchantieen in Lunularieen, Jecorarieen und Targionieen, vermag sich aber auch Lindberg nicht anzuschliessen, der die Familie der Lunularieen aufgiebt und die ihnen zugezählten Gattungen *Lunularia* und *Plagiochasma* den Jecorarieen anreiht. Er bringt vielmehr *Plagiochasma, Reboulia, Grimmaldia, Duvalia* und *Fimbriaria*, deren Kapseln sämmtlich die Eigenschaft zeigen, dass der obere Theil der Kapselwand theils in einem Stücke abgeworfen wird, theils in unregelmässige Platten zerfällt, wo aber in jedem Falle der untere Theil als Ganzes erhalten bleibt, in eine Gruppe, die er *Marchantieae operculatae* nennt, während die *Sauteria* ähnlichen Gattungen *(Peltolepis, Sauteria, Clevea)* wegen der durch die starken Verdickungen der Radialwände der Porenrandzellen bedingten Sternform ihrer Athemöffnungen als *Astroporae* bezeichnet werden. Die dritte und höchste Gruppe ist dadurch charakterisirt, dass das Receptaculum aus einem Verzweigungssystem gebildet wird, und umfasst unter dem Namen der *Compositae* die Gattungen *Fegatella, Lunularia, Dumortiera, Preissia* und *Marchantia*, die auch im Habitus und im Bau des Laubes viel Uebereinstimmendes haben. Die Targionieen *(Targionia, Cyatodium)* endlich kennzeichnen sich durch die einzelne, am Rande der Laubaxe stehende und von keinem Receptaculum getragene Frucht als natürliche Gruppe.

Die folgenden Abschnitte behandeln die phylogenetischen Beziehungen unter sich und zu den übrigen nächst stehenden Kryptogamen. Auf Grund der früheren und der vorliegenden Untersuchungen werden die Marchantieen von den Riccieen abgeleitet und die zugehörigen Formen unter dem gemeinsamen Namen der Marchantiaceen folgendermaassen gruppirt:

1. Riccieen *(Riccia, Ricciocarpus, Oxymitra)*.
2. Corsinieen *(Corsinia, Boschia)*.
3. Marchantieen. a. *Astroporae*, b. *Operculatae*, c. *Targionieae*, d. *Compositae*.

Die thallösen Jungermannieen fasst L. als eine Seitenreihe der Marchantiaceen auf und nimmt an, dass auf dem Wege, den die Entwickelung aus den Corsinieen zu den Compositen genommen, eine der Monoclea ähnliche Form entstanden sei, welche dann als Ausgangspunkt für jene Jungermanniaceen betrachtet werden könnte. Die bereits im IV. Hefte ausgesprochene Ansicht, dass *Sphaerocarpus*, welcher einen niedrigen Jungermanniaceentypus repräsentiren könnte, an die Codonieen anschliesse, wird auch den Einwürfen Göbel's gegenüber festgehalten.

In der Reihe der Lebermoose treten bezüglich der Entwickelung und des Baues des Sporogons deutlich vier Typen hervor:

1. Das Sporogon differenzirt sich in eine Wandschichte und einen nur von Sporen erfüllten Innenraum (Riccien im engeren Sinne).

2. Die Zellen des Innenraums sondern sich in fertile (sporenbildende) und steril bleibende, als „Nährzellen" der Sporen fungirende (*Corsinia*, Riellen, *Notothylas)*.

3. Die steril bleibenden Zellen des Innenraumes werden zu Elateren umgebildet (die meisten Lebermoose).

4. Die Achse der Kapsel durchzieht ein Zellstrang (Columella), der von der sporenbildenden Schichte umgeben und überwölbt ist (Anthoceroteen). Dazu ist zu bemerken, dass die Columella primär angelegt wird, also nicht als eine Differenzirung im Sporenraume betrachtet werden kann. Es gilt dies für die Gattungen *Anthoceros* und *Dendroceros;* während bei *Notothylas* die öfters vorhandene Columella als eine Differenzirung innerhalb des Sporenraumes erscheint.

Unter den Laubmoosen treten wieder drei Typen hervor:

1. Nach Abscheidung der Wandschichte erscheinen im Innenraume fertile und sterile Zellen durcheinander gemengt. Es kommt nicht zur Ausscheidung eines axil und steril bleibenden Zellstranges (Archidium).

2. Im Innenraum differenzirt sich ein axiler Zellstrang von einer peripherischen sporenbildenden Schichte (Bryinen und Andreaeaceen).

3. Die Abscheidung der Columella ist primär, die sporenbildende Schichte differenzirt sich erst secundär aus der anliegenden peripherischen Zellenlage *(Sphagnum)*.

Der Riccieentypus kommt also bei den Bryinen nicht vor, der Riellentypus entspricht dem Archidiumtypus. Die den phylogenetischen Zusammenhang der Moosreihen unter sich betreffenden Schlüsse, die man hieraus, wie überhaupt aus der Vergleichung der Sporenentwickelung ziehen könnte, sind jedoch zu unsicher, um als entscheidend gelten zu können, und werden auch vom Verf. nur mit allem Vorbehalt weniger gezogen, als vielmehr nur ihre Möglichkeit dargelegt. Ebenso diejenigen, welche die gegenseitigen Beziehungen zwischen Moosen und Gefässkryptogamen anlangen. Nach des Verf.'s Meinung „ist der wichtigste Factor, der bei der Ausbildung der ersten gefässkryptogamen Pflanze mitgewirkt haben mag, in der Veränderung zu suchen, welcher die sporenbildende Generation in Bezug auf die Art ihrer Ernährung ausgesetzt war" — „Ausbildung eines Assimilationssystemes und Bildung von Wurzeln waren die Bedingungen zum Selbständigwerden der Sporogone". Diesen Bedingungen genügt am meisten das Sporogon von *Anthoceros*. Als die den Lebermoossporogonen homologen Organe der Gefässkryptogamen ist Verf. geneigt, die Kotyledonen zu betrachten, denen anfangs die Sporenbildung übertragen gewesen sein muss, bis sie endlich mit der Bildung des Stammes und der Blätter auf diese überging: „Daraus folgt, dass es nie gelingen wird, zwischen der *Anthoceros*-Kapsel und einem, wenn auch noch so einfachen, fertilen Farnblatte weitergehende Analogien aufzufinden, die als Homologien zu deuten wären."

Indem nach Pringsheim's Vorgang noch die Frucht der Coleochaeten in den Vergleich gezogen wird, kommt Verf. zu dem Resultate, dass die Berindungszellen der letzteren nicht dem weiblichen Organe angehören, und vergleicht den Berindungsvorgang mit dem der Versenkung der Archegone in das Thallusgewebe *(Riccia)* oder mit der Hüllenbildung bei *Oxymitra*.

II. Specielle Untersuchungen.

Die speciellen Untersuchungen, welche sich auf *Plagiochasma (cordatum, intermedium, crenulatum* Gottsche, *appendiculatum* und *Aitonia)*, *Sauteria*, *Peltolepis*, *Clevea*, *Grimmaldia (barbifrons)*, *Fimbriaria (*incl. *Rhacotheca)*, *Duvalia*, *Fegatella*, *Lunularia*, *Preissia*, *Marchantia*, *(polymorpha)*, *Dumortiera (irrigua)*, *Targionia*, *Cyathodium* erstrecken (S. 62—141), enthalten einerseits die sorgfältige Begründung der im allgemeinen Theil niedergelegten Anschauungen, andererseits eine grosse Zahl von Specialresultaten, die jedoch an dieser Stelle unmöglich so wiedergegeben werden können, dass der Leser völlige Klarheit über das reiche Material erhält. Wir müssen daher diesbezüglich auf die Arbeit selbst verweisen.

Die letzten 17 Seiten enthalten die Erklärungen zu den schönen Tafeln.

An vielen Stellen sind Anmerkungen des Verfassers eingestreut, welche seine Anschauungen über die augenblicklich brennenden Streitfragen bezüglich der Bedeutung der Entwickelungsgeschichte für die morphologische Auffassung wiedergeben.

3. Leitgeb, H. Die Stellung der Fruchtsäcke bei den geocalyceen Jungermannieen. (Sitzb. d. Kais. Akad. d. Wissensch., Bd. 83, I. Abth., Maiheft 1881, 7 S. mit 2 Holzschnitten.)

Im vorigen Jahrgang des Jahresberichts haben wir über die von Gottsche an dem merkwürdigen *Gongylanthus (Calypogeia) ericetorum* angestellten Untersuchungen referirt und die eigenthümliche Stellung des „Fruchtsackes" bei dieser Pflanze geschildert. Leitgeb, welchem durch die Freundlichkeit Gottsche's ein Rasen und einige freipräparirte Stämmchen zugingen, hat nun dieselben aufs neue untersucht. Seine früheren Arbeiten (Untersuchungen über die Lebermoose, Heft 2, 3) hatten gelehrt, dass bei allen Jungermannieen die Anlage eines Archegonstandes an von der Stengelspitze entfernt liegenden Stellen auf einen intercalar gebildeten Seitenspross zurückzuführen sei und dass jener überall den Abschluss eines Geschlechtssprosses bildete.

Bei *Gongylanthus ericetorum* waren die Archegonstände nun ausnahmslos in einem Gabelungswinkel des Stämmchens gelegen, die Archegongruppe hatte eine sehr kleine Insertionsfläche und fand sich ein paar Mal selbst am Scheitel eines stielförmigen, aus dem Grunde der grubenförmigen Einsenkung hervorragenden Höckers und die Gruppirung der Archegone war dieselbe wie bei den übrigen akrogynen Jungermannieen, während die obersten Stengelblätter unter Beibehaltung der Stellung unmittelbar in die Involucralblätter übergingen. Der Archegonstand bildet daher auch hier den Abschluss einer Sprossaxe, und zwar stellt der fertil gewordene Scheitel das Ende der das Fussttück der beiden Gabelzweige bildenden Sprossaxe dar. Die beiden Gabelzweige sind Seitenaxen der mit dem Archegonstand abschliessenden Hauptaxe, und zwar sind sie durch Endverzweigung „aus der Segmenthälfte" und nicht durch intercalare Auszweigung entstanden.

Im Gegensatze zu den übrigen europäischen Geocalyceen werden also hier die Archegonstände im Scheitel oberirdischer Sprosse angelegt. Indem vor der Anlage des Archegonstandes zwei Seitenzweige angelegt werden, die sich rasch entwickeln und deren Insertion mit dem sich einsenkenden Blüthenboden verschmilzt, wird dieser ganz an die Dorsalseite des Sprosses und vom Rande der Gabelung abgerückt. Das Auftreten der Blüthenstände am oberirdischen Stämmchen wird dadurch erklärlich, dass bei *Gongylanthus* die bei *Calypogeia* sehr reichliche ventrale Sprossbildung völlig fehlt. *Gongylanthus* macht daher bezüglich der Stellung der weiblichen Blüthenlager von den übrigen akrogynen Jungermannieen keine Ausnahme und ähnlich wie diese Gattung dürften sich *Podanthe*, *Lethecolea*, *Gymnanthe* und *Lindigina* erhalten, während sich *Marsupidium* vermuthlich an *Calypogeia* anschliesst.

4. Spruce, R. The morphologie of the leaf of Fissidens. (Journ. of botany, Vol. X, p. 98, 99.)

Aus mehreren Fällen, wo er bei *Fissidens pusillus* Wils. die innersten Involucralblätter der Blüthenstände mehr oder weniger dreilappig fand, zieht Verf. den Schluss, dass das Blatt von *Fissidens* in Wirklichkeit ursprünglich dreilappig ist. Gewöhnlich sind die seitlichen Lappen miteinander ganz oder bis beinahe zur Spitze kahnförmig verwachsen, den Kiel bildet der längere und durch eine halbe Drehung vertical gestellte Mittellappen, mitunter ist jedoch der eine seitliche Lappen nicht mit dem anderen, sondern nur mit dem mittleren verwachsen, und zwar in derselben Ebene oder gegen dieselbe gekrümmt. Die Bildung ist ganz unabhängig vom Vorhandensein oder Fehlen des Mittelnerven, denn sie findet sich auch bei den nervenlosen Blättern von *F. hyalinus*. Verf. vergleicht diese Bildung mit der bei *Micropterygium*, dessen Blatt aus der Vereinigung zweier Lappen hervorgegangen sein soll. Allerdings sind gelappte Blätter selten bei den Laubmoosen, sie kommen jedoch bei *Diphyscium*, *Buxbaumia* und einigen anderen vor und ausserdem finden sich in abnormen Fällen. (Dass die dem Verf. offenbar unbekannt gebliebene, durch Lorenz 1864 verfolgte Entwickelungsgeschichte des *Fissidens*-Blattes der oben gegebenen Deutung durchaus widerspricht, genirt Herrn Spruce nicht. Die Arbeit charakterisirt daher von neuem die wissenschaftliche Genauigkeit und das Talent der Durchschnitts-Systematiker für die Lösung morphologischer Fragen. Anm. d. Ref.)

5. Treffner, Ed. Beiträge zur Chemie der Laubmoose. Dorpater Inauguraldissertation. Dorpat 1881, 62 S. 8°. Auch in Pharmaceutische Zeitschrift für Russland.

Diese auf Veranlassung von G. Dragendorff unternommene und demselben gewidmete Untersuchung enthält viele wichtige und interessante Resultate.

Ueber die chemischen Verhältnisse der Moose war bisher nur sehr wenig ermittelt. Verf. führt ausser dem Aufsatz von Dragendorff „Ueber die Beziehungen zwischen chemischen Bestandtheilen und botanischen Eigenthümlichkeiten der Pflanzen" nur noch eine Untersuchung von *Polytrichum formosum* durch H. Reinsch an (Jahrb. f. prakt. Pharmacie 1845). Er selbst hat nun eine quantitative Bestimmung der näheren chemischen Hauptbestandtheile von 10 Moosen aus allen wichtigeren Abtheilungen der Laubmoose (mit Ausnahme nur der *Andreaeaceae* und der *Cleistocarpi*) und bei *Polytrichum commune* auch eine qualitative Bestimmung der in geringerer Menge vorkommenden Bestandtheile ausgeführt. Sämmtliche untersuchte Exemplare waren im Sommer 1879 gesammelt. Die analytischen Methoden sind ausführlich angegeben. Die Feuchtigkeit, die beim Trocknen bei 110° von den lufttrockenen Pflanzen abgegeben wurde, liegt bei allen Arten zwischen 12.55 und 15.62 %, und zwar enthalten *Polytrichum*, *Sphagnum* und *Dicranum* wegen ihrer grösseren Hygroscopicität die meiste, während das Minimum der in ihrer Menge stärker schwankenden Aschenbestandtheile bei *Sphagnum*, das Maximum bei *Mnium* vorkommt. Den grössten Kieselsäuregehalt (0.93 %) zeigte *Funaria* und überhaupt ist derselbe hoch, welchem Umstande Dragendorff die grosse Widerstandsfähigkeit der Moose zuschreibt (?).

Von besonderem Interesse sind die organischen Substanzen. In Bezug auf höheren Fettgehalt fällt *Orthotrichum* (1.75 %), namentlich aber *Dicranum undulatum* (2.16) auf, bei welchem letzteren auch die microskopische Untersuchung ungemein zahlreiche Fetttröpfchen in den Blattzellen und in dem Stengel ergiebt. Möglicherweise hing dieser Fettreichthum damit zusammen, dass das Moos junge Sporogonien trug, indessen kommt Fett bei allen Moosen vor und der Gehalt schwankt zwischen 0.52 und 2.16 %. Bei Chlorophyll und wachsartiger Substanz (0.65—2.81) finden wir die Verhältnisse analog wie beim Fett. Das Maximum (2.81) zeigt auch hier *Dicranum*, demnächst *Schistidium* und *Ceratodon*. In Alkohol lösliches, in Aether unlösliches Harz kommt nur in geringer Menge vor (0.35—1.07) und erreicht bei *Funaria* das Maximum (1.07). Ebenso ist der Schleimgehalt sehr gering und gerbsäureartige Substanz (0—1.85) ist nur bei *Funaria* (1.23) und *Mnium* (1.85) reichlich vorhanden. An organischen Säuren (0—1.815 weisen *Polytrichum* (1.815) und *Climacium* (1.25) die grösste Menge auf. Verhältnissmässig gross ist der Gehalt an Zucker (Glycose + Saccharose 0—10.42); der Maximum bei *Mnium affine* bis auf 10.42, bei dem diesem in der Zusammensetzung überhaupt ähnlichen *Climacium* auf 9.47 % anwächst. Beide Arten besitzen auch Chlorophyll in grossen Körnern. Bei *Funaria* ist der Zuckergehalt desshalb geringer, weil die Hauptmasse aus Fruchtstielen und Kapseln bestand. Bei *Polytrichum*, *Hypnum*, *Dicranum* ist der Zuckergehalt ein ziemlich gleicher (6.60—5.02—5.21). Nächst diesen folgen nach abnehmendem Gehalt *Sphagnum* (4.27), *Orthotrichum* (4.17), *Schistidium* (2.74) und *Ceratodon*; bei letzterem wurden nur Spuren von Zucker gefunden. Umgekehrt scheinen die Verhältnisse bei einer metarabinsäureartigen Substanz zu liegen, welche in geringster Menge bei *Mnium* (0.51), in grösster bei *Ceratodon* (2.475) auftritt. Auch der Eiweissgehalt ist ein hoher. Bei *Polytrichum*, wo der Holzkörper des Stengels am stärksten entwickelt ist (39.194 Lignin, 22.73 Cellulose) finden wir die geringste Eiweissmenge (ca. 5 %), bei *Ceratodon*, wo der Stengel sehr schwach und auch der Cellulosegehalt am kleinsten ist (28.715 Lignin, 10.88 Cellulose), zeigen sich über 12 % Eiweiss. Man ersieht hieraus, dass das Eiweiss, wie zu erwarten, in den protoplasmaführenden Zellen der Blätter sehr reichlich vorkommt.

Im Verhalten gegen Pepsin und Salzsäure weichen die Eiweisssubstanzen der Moose von denen vieler höherer Pflanzen ab.

Ausserdem werden noch Pararabin, Lignin, Cellulose, Ammoniak und Salpetersäure constatirt.

Stärke enthielten die untersuchten Arten, vielleicht der Jahreszeit wegen, nicht, indessen hat Verf. in einigen *Polytrichum*-Arten durch microskopische Untersuchung Stärke nachgewiesen. An einem im Juni gesammelten fructificirenden Exemplar nahm das Amylon von unten nach oben ab und verschwand schliesslich, während hier Fett auftrat, welches von unten nach oben an Menge zunahm. Ein zu derselben Zeit gesammeltes steriles Exemplar enthielt durchgängig von unten bis oben Stärke, in den unteren Theilen so reichlich, dass die Zellen fast ganz damit erfüllt waren; oben trat auch wieder Fett in geringer Menge auf. Auch bei fructificirenden Exemplaren von *P. juniperium* und *P. strictum* fand sich nach unten zunehmende Stärke, oben etwas Fett. Eine blühende männliche Pflanze enthielt dagegen oben wenig Oel und viel Stärke, die nach unten abnahm. Bei im November gesammelten *P. commune* fehlte die Stärke. Das Fett fand sich fast nur in dem cambiformartigen Gewebe, Amylon dagegen meist nur in den verdickten Zellen der Rindenschicht. Bei *Hypnum cuspidatum* nahm das Fett nach oben allmälig ab und verschwand vor dem Sporogonium fast ganz, trat jedoch gleich hinter diesem wieder auf und nahm bis zum nächsten Sporogonium wieder ab. Verf. schliesst daraus, dass hier das Fett vom Sporogonium verbraucht wird.

Aufgespeichertes Stärkemehl scheint, ausser bei *Polytrichum*, bei keiner untersuchten Moosart vorzukommen, sehr kleine Körner dagegen in den Chlorophyllkörnern von *Mnium affine* und *Climacium dendroides*.

6. **Warnstorf, O. Ueber das Reproductionsvermögen der Sphagna.** (Bot. Centralblatt, Bd. VIII, S. 219, 220.)

Verf. hält es für auffallend, dass geköpfte und niedergetretene Exemplare von *Sphagnum squarrosulum* Lesq. in der Nähe der Astbüschel Knospen zu bilden vermögen, die später Selbständigkeit erlangen.

(Da nach den dem Verf. wohl unbekannt gebliebenen Versuchen von Pringsheim, Göbel u. a. Knospenbildungen an beliebig grossen Fragmenten vom Stengel, von der Seta, der Kapsel und selbst der Kalyptra von verschiedenen Laubmoosen erzeugt werden, so kann Ref. in der mitgetheilten Thatsache durchaus nichts Merkwürdiges finden. Verf., der bekanntlich Verfasser einer Monographie der Sphagnen ist, sagt allerdings, er hätte bisher geglaubt, „dass, wenn ein Torfmoosstamm sein Köpfchen mit dem Vegetationskegel verlöre, demselben dadurch gleichsam seine Lebensader vollständig unterbunden und dem Zersetzungsprocess durch Verwesung preisgegeben wäre". Anm. d. Ref.)

II. Pflanzengeographie und Systematik.

1. Grossbritannien.

7. **Braithwaite, R. The British Moss-Flora.** (Vgl. Jahresber. 1880.)

Lieferung 3 angezeigt in Revue bryologique 1881, p. 22, 23. Die Lieferung umfasst die Gattungen *Catharinea, Oligotrichum, Polytrichum.*

Lieferung 4 ist angezeigt und besprochen in Revue bryol. 1881, p. 52. Sie enthält ein Verzeichniss der angewandten Kunstausdrücke und die Beschreibung und Abbildung von 13 Species, welche sämmtlich der Gattung *Fissidens* angehören, nämlich *F. exilis, pusillus, incurvus, viridulus, bryoides, Orrii, osmundoides, rufulus, serrulatus, decipiens, taxifolius, adiantoides, polyphyllus. F. viridulus* wird als specifisch verschieden von *F. incurvus* angesehen, dagegen ist *F. crassipes* als Varietät *fontanus* zu *F. viridulus* gestellt. *F. inconstans* betrachtet Braithwaite als zufällige Form von *F. bryoides*, nicht als feste Varietät. *F. Orrii* wächst in der Nähe des botanischen Gartens von Dublin und ist hierher vielleicht durch Sporen gelangt, die an der Erde ausländischer Pflanzen hafteten.

8. **Carrington, B. and Pearson, W. H. New british Hepaticae.** (Separatabdruck aus Journal of Botany 1880.)

Harpanthus Flotowianus Nees, welcher zum ersten Male in Schottland aufgefunden wurde, wird diagnosticirt unter Beigabe einer Tafel mit Abbildung der Pflanze. Vier neue britische Lebermoose, nämlich *Gymnomitrium crassifolium* Carr., *Jungermannia Nericensis* Carr., *J. myriocarpa* Carr. und *Lejeunia diversiloba* (Gottsche) Spruce werden in englischer Sprache beschrieben und sind auf 2 Tafeln abgebildet.

9. **Gray, A. The British Moss-Flora, by R. Braithwaite.** (Botanical Gazette Vol. VI, p. 185.)

Lobende Recension über das genannte Werk. Vgl. Jahresber. 1880.

10. **Grieve, Symington. Notes on the flora of the islands of Colonsay and Oronsay.** (Edinburgh Botanical Society: July 14.)

Auf den beiden zu den Hebriden gehörigen Inseln wurden 1880 und 1881 folgende

Moose gesammelt: *Bryum alpinum* fr. (C), *Ulota phyllantha* Bud. (C), *Zygodon viridissimus* Dick. und var. *rupestris* Lindb. (C), *Pottia Heimii* Hedw. (C), *Bryum pendulum* Hornsel. (C), *Dichodontium pellucidum* (C), *Hypnum aduncum* Hedw. (O), und var. *Kneiffii*, *H. polygonum* B. e. S. (O), *H. stellatum* Schw. (O), *Syntrichia intermedia* Brid. (O), *Ditrichium flexicaule* var. *densum* (O).

11. **London Catalogue of British Mosses and Hepaticae.** (Grevillea Vol. IV, No. 51, p. 92.)

Anzeige einer zweiten Auflage der von dem Botanical Record Club herausgegebenen Auflage des Catalogs Britischer Moose und Lebermoose.

12. **Orr, David. On some mosses collected in Ireland.** (Journal of Botany Vol. X, p. 83, 84.)

Aufzählung und Standortsangabe von 5 Species mit 3 Varietäten, welche bisher für England unbekannt waren. Es sind: *Ceratodon conicus* Sch., *Bryum Mildeanum* Juv., *Schistophyllum Orrii* Lindb., *Campylopus paradoxus* Wils., *Racomitrium obtusum* Br., *R. obtusum* var. *subsimplex*, *Didymodon cylindricus* B. et S. var. *Daldinii*, *Hypnum molluscum* Dill. var. *robustum*. Ausserdem 5 für Irland neue Species: *Dicranum Starkii* W. et M. *D. circinatum* Wils., *Timmia norvegica* Zett., *Orthotrichum Shawii* Wils., *Hypnum giganteum* Brid., var.

Die Bestimmungen rühren von Lindberg her.

13. **Pearson, W. H. A new British Hepatic.** (Journal of Botany Vol. X, p. 116.)

Jungermannia Juratzkana Limpr. wurde von mehreren Sammlern an verschiedenen Standorten in England aufgefunden.

14. **Pearson, H. Jungermannia Juratzkana und Radula commutata Gottsche in England.** (Cryptogamic Society of Manchester und The Manchester City News 1881.)

Nicht gesehen. Nach dem Bericht in Rev. bryol. 1881, S. 55 wurde ersteres Moos durch M. West, letzteres durch M. Wild in Schottland aufgefunden.

15. **West, W. Bryological notes.** (Journal of Botany Vol. X, p. 114, 115.)

Verf. sammelte nahe dem Gipfel des Ben Lawers (Schottland) *Lescuraea mutabilis* Brid., und zwar die an Baumstämmen wachsende Form. Nahe dabei fand er *Timmia austriaca* Hedw., welche bisher nur von einem Standort in Grossbritannien bekannt war. Es folgen Bemerkungen über den Werth der Unterschiede zwischen dieser Art und *T. megapolitana*.

16. **White, B. Cryptogamic Flora of Mull.** (Scottish Naturalist. Octob. 1881.)

Nicht gesehen.

2. Deutschland.

17. **Janzen. Die Moosflora Elbings.** (Ber. über die vierte Versamml. d. Westpr. Bot.-Zool. Vereins zu Elbing, Westpr., am 7. Juni 1881, S. 28 39.)

Vortragender spricht über die bisherigen bryologischen Forschungen in Westpreussen und erwähnt diejenigen Gegenden, welche der Durchforschung noch bedürfen. Nach seinen Angaben besitzt an Laubmoosen:

	Marienwerder	226	Arten	= 79 %	der westpreuss. Laubmoose,			
	Elbing	161	„	= 55	„	„	„	„
	Danzig	145	„	= 49	„	„	„	„
an Lebermoosen:								
	Marienwerder	51	„	= 75	„	„	„	„
	Elbing	35	„	= 51	„	„	„	„
	Danzig	25	„	= 37	„	„	„	„

Es folgt eine namentliche Aufzählung nebst Standortsangabe der bisher bei Elbing gefundenen Moose.

18. **v. Klinggräff. Bericht über meine Bereisung der Lautenburger Gegend.** (Ber. über die vierte Versammlung des Westpreuss. Bot.-Zool. Vereins zu Elbing, Westpr., am 7. Juni 1881, S. 40—62.)

Nach einer Einleitung über die topographischen Verhältnisse der von ihm bereisten Gegend zählt Vortragender auf S. 57—60 104 Arten von Laub- und Lebermoosen auf, zu welchen er die Standorte angiebt.

19. **Limpricht. Ueber neue Muscineen für Schlesien.** (58. Jahresber. d. Schles. Gesellsch. f. vaterl. Cultur. Breslau 1881, S. 184—186.)

Aufzählung und Standortsangabe folgender im Jahre 1880 in Schlesien neu aufgefundener Arten und Formen: *Brachythecium curtum* Lindb., *Thuidium delicatulum* (Hedw.) Lindb., *Sphagnum Girgensohnii* var. *speciosum*, *Sp. subbicolor* Hpe., *Sp. glaucum* v. Klinggr. *Fontinalis microphylla* Schimp. n. sp., *Gymnomitrium adustum verum* N. v. E., *Gymnomitrium concinnatum* var. *obtusum*, *Radula commutata* Gottsch Mspt. Kritische Bemerkungen über die einzelnen Formen sind eingestreut.

20. **Lützow, C. Bericht über die botanische Untersuchung eines Theiles des Neustädter Kreises** vom 17. Juli bis 8. August 1880. (Ber. üb. d. vierte Versamml. d. Westpreuss. Bot.-Zool. Vereins zu Elbing, Westpr., am 7. Juni 1881, S. 71—103.)

Auf Seite 99—101 und im Nachtrag auf Seite 102 und 103 zählt Verf. unter Angabe der Standorte 54 Arten von Laub- und Lebermoosen auf. Unter diesen sind folgende neu für die Provinz: *Fontinalis hypnoides* Hartm., *Scapania undulata* N. E. var. *rivularis* Hüben., *Aneura pinnatifida* N. a. E, *A. latifrons.*

21. **Sanio, C. Zahlenverhältnisse der Flora Preussens.** (Verhandl. d. Bot. Vereins d. Provinz Brandenburg, 23. Jahrgang 1881, Berlin 1882, p. 55—93.)

Anknüpfend an eine Schrift H. v. Klinggräffs nahm Verf. eine Berechnung der Zahlenverhältnisse der Flora Preussens vor. Klinggräff giebt für die Provinz 295 Laub- und 68 Lebermoos-Species an. Er giebt auf Seite 73—77 eine Aufzählung der Laubmoose nach der zweiten Auflage der Flora Danzigs von Reyger, herausgegeb. v. J. G. Weiss, nach Vergleichung der Diagnosen, der Typen in des Verf. eigenem Herbar und der microskopischen Präparate. Dieselbe enthält 131 Species. Bei Ebel: „Beschreibung der preuss. Laubmoose" werden dann noch 23 von Reyger-Weiss nicht aufgeführte Laubmoose aufgezählt, bei Klinggräff „Die höheren Kryptogamen Preussens" kommen noch 74 Species hinzu und in mehreren anderen Arbeiten desselben Autors wächst endlich die Zahl auf 273, die Kl. in seiner „Aufzählung der bis jetzt in der Provinz Preussen aufgefundenen sporentragenden Cormophyten" aufführt. Aus dieser letzteren Schrift werden nun durch den Verf. wegen falscher Bestimmung 11 Arten gestrichen und 28 als Varietäten betrachtet resp. zu anderen Arten gezogen. So erhält man im Ganzen 273 Species. Eine weitere Vermehrung erfuhr die Moosflora Preussens durch Klinggräff's Schrift „Versuch einer topographischen Flora der Provinz Westpreussen". Die hier neu hinzugefügten Arten vereinigte Verf. mit den von ihm selbst und Apotheker Janzen entdeckten zu 18 sicheren und 5 unsicheren Addenden. Von den im Ganzen 293 Species kommen in Ostpreussen 242, in Westpreussen 264 Species vor, jedoch werden die ostpreussischen Laubmoose sich wohl noch bis auf 300 durch eifriges Sammeln vermehren lassen.

Von Lebermoosen werden bei Reyger-Weiss 24 jetzt sämmtlich bestätigte Arten aufgeführt, während Klinggräff in seinen „höheren Kryptogamen Preussens" 47 aufführt, und in seinen späteren Arbeiten die Zahl bis auf 71 wächst.

22. **Sanio, C. Ein neuer Standort von Andreaea alpestris Schpr.** (Botan. Centralbl., Bd. 5, S. 94, 95.)

Verf. hat *A. a.* 1855 auf dem Brocken gesammelt, wie eine Revision seines Herbars ergab. Verf. hält diesen für den ersten sichern Standort in Norddeutschland.

23. **P. Sydow. Die Moose Deutschlands.** Anleitung zur Kenntniss und Bestimmung der in Deutschland vorkommenden Laubmoose. (Berlin. Stubenrauch, 1881, XVI u. 185 S.)

Das Buch ist bestimmt, Anfängern das Bestimmen der deutschen Laubmoose zu erleichtern. Demgemäss kommen wissenschaftlich bemerkenswerthe Neuerungen gar nicht vor, wie auch keine neuen Arten aufgestellt sind. Nach einer kurzen sachgemässen Einleitung giebt der Verf., in bekannter, analytischer Weise abgefasst, eine Bestimmungstabelle der deutschen Moosfamilien; hier wie auch in der ebenfalls analytisch geordneten Beschreibung der Arten ist die Schimper'sche Anordnung (Synopsis ed II) völlig beibehalten. In der Aufzählung der Species sind alle deutschen Arten aufgenommen, was die Benutzung des Buches ungemein ausdehnt. Die Charaktere sind geschickt gewählt und einander gut gegenüber gestellt, Standortsangaben nur bei den selteneren Formen gemacht worden. Die

Synonymie ist auf das Nöthige reducirt, bietet letzteres aber auch stets sicher. Zum Bestimmen für Anfänger, sowie andererseits zur schnellen Orientirung kann das kleine Buch nur empfohlen werden.

24. **Warnstorf, C.** **Botanische Wanderungen durch die Mark Brandenburg im Jahre 1881** mit bes. Berücksichtigung der im Auftrage des Bot. Vereins ausgeführten Exploration der Umgegend von Berlinichen bei Soldin. (Verh. d. Bot. Vereins d. Prov. Brandenburg, 23. Jahrg., 1881, Berlin 1882, S. 110—127.)

Auf Seite 120—127 der Abhandlung findet sich ein Verzeichniss von 23 Lebermoos-Arten resp. Varietäten, 7 *Sphagnum*-Arten nebst vielen Varietäten nach der Warnstorf'schen Nomenklatur und 40 Laubmoosen. Als neu für die Mark sind zu erwähnen: *Alicularia minor* Limp., β. *repanda* Hübn, *Jungermannia setacea* Web. und *Bryum bimum* var. *longicollum* Warnst., eine neue vom Verf. aufgestellte Varietät. Ueberall sind die Standorte angegeben. In dem Abschnitt über *Sphagnum* giebt der Verf. einige antikritische Bemerkungen.

3. Oesterreich-Ungarn.

25. **Bäumker, J.** **Zur Moos-Flora von Ungarn.** (Verhandl. K. K. Zool.-Bot. Gesellsch. Wien, XXX, 1881, Sitzungsber. S. 46.)

Bei Pressburg findet sich *Rhynchostegium rotundifolium* Brd. in Gesellschaft von *Amblystegium serpens*.

26. **Dédeček, J.** **Zur Verbreitung der Lebermoose in Böhmen sammt einigen speciellen Beobachtungen.** (Sitzungsberichte der Königl. Böhmischen Gesellschaft der Wissenschaften in Prag, Jahrgang 1880, Prag 1881, S. 104—111.)

Trotz der Irrthümer und Ungenauigkeiten, welche sich in Opiz „Seznam květeny české" finden, kann man mit den bisherigen Ergebnissen der böhmischen Hepaticologie zufrieden sein, wenn die Zahl einheimischer Arten auf 122 geschätzt werden kann. Von diesen gehören zu den Anthocer oteen 2 Gattungen mit 3 Arten, zu den Riccieen 2 Gattungen mit 7 Arten, zu den Marchantieen 8 Gattungen mit 8 Arten und zu den Jungermannieen 27 Gattungen mit 104 Arten. Theils neu für Böhmen, theils isolirt und selten sind: *Jungermannia Juratzkana* Limpr., *Lejeunia minutissima* Dmrt., *Fossombronia pusilla* Lindb., *Jungermannia Mentzelii* Corda, *Notothylas fertilis* Milde, *Riccia Bischoffii* Hüben. Für mehrere andere seltene Formen hat Verf. theils die ersten, theils neue Standorte aufgefunden.

Es folgt eine Uebersicht der böhmischen Lebermoose in Bezug auf ihre verticale Verbreitung. Durch wiederholten Besuch des Böhmer Waldes mit Inbegriff des angrenzenden bairischen Berges Arber wurde in bryologischer und hepaticologischer Richtung der Hochgebirgscharakter dieses Grenzgebirges mit Hilfe einiger namentlich aufgeführten Arten nachgewiesen. Beachtenswerth bleiben im Bereich einheimischer Lebermoose die isolirten Localitäten einzelner Seltenheiten.

Specielle Beobachtungen: Die böhmischen Standorte der *Fossombronia pusilla* Lindb., welche das südwestliche Europa bewohnt und von Jack in Oberbaden gesammelt wurde, stehen in Mitteleuropa ganz isolirt da. Vereinzelt kommt *Riccia Bischoffii* Hüben. vor, welche Verf. nach seinen Beobachtungen ebenso wie *R. crystallina* für ausdauernd erklärt. Die letztere trug im November 1879 ganz frische Innovationen. Solche sind überhaupt bei vielen Lebermoosen eine nicht seltene Erscheinung. Bei *Fegatella* erscheint die Innovation an manchen Lappenenden als ein lanzettlicher, kappenförmig und rinnig hohler 2 mm breiter Auswuchs, der fast nur aus Mittelrippengewebe besteht und weder Poren noch am Ende Wurzelfasern trägt. Das Lappenende ist von Spreublättchen umhüllt. Bei *Pellia Neesiana* und *P. calycina* gabeln sich im Sommer und Herbst manche Lappen mehrmals in aus Rippengewebe gebildete schmale Aeste. Bei *Preissia* wird die Verlängerung und Gabelung der Fronslappen durch Innovationen erzielt und ebenso verhält sich *Reboulia hemisphaerica*.

Die von einigen Localitäten stammenden Pflänzchen von *Lejeunia serpyllifolia* vereinigten die Eigenschaften von var. *planiuscula* Lindb. und von var. *carifolia* Lindb.

Jedoch stimmten sie darin überein, dass alle ihre Blätter nur ein kleines Oehrchen aufweisen können, wodurch alle von der grossohrigen var. *cavifolia* unterschieden werden müssen.

27. Geheeb, A. Uebersicht der in den letzten fünf Jahren von Herrn J. Breidler in den österreichischen Alpen entdeckten seltenen Laubmoose. (Flora 1881, S. 153—160.)

Aufzählung nebst Standortsangabe von 76 Moosen, welche Breidler seit dem Erscheinen von Schimper's neuer Auflage der Synopsis in genanntem Gebiet entdeckt hat. Einige neue und kritische Species sind fortgeblieben. Ueber diese soll später berichtet werden. Es sind folgende Arten: 1. *Bruchia Trobasiana* De Not., bisher nur von Trobaso bekannt. 2. *Anoectangium Sendtnerianum* Br. e. Sch. c. fruct. 3. *Weisia Wimmeriana* Sendt. 4. *Rhabdoweisia denticulata* Brid. 5. *Trematodon brevicollis* Hsch. 6. *Dicranella humilis* Ruthe. 7. *Dicranum strictum* Schleich. 8. *Dicranodontium aristatum* Schpr. 9. *Metzleria alpina* Schpr. 10. *Campylopus Schwarzii* Schpr. 11. *Campylopus brevifolius* Schpr. 12. *Anodon Donnianus* Engl. Bot. 13. *Stylostegium caespiticium* Schwgr. 14. *Campylosteleum saxicola* W. e. M., neu f. d. Geb. 15. *Didymodon styriacus* Jur. n. sp., nur steril bekannt, steht dem *D. flexifolius* Dicks. sehr nahe; an 9 Localitäten gesammelt. 16. *Desmatodon systylius* Br. e. Sch. 17. *Desmatodon obliquus* Br. e. Sch. 18. *Desmatodon Laureri* Schultz. 19. *Barbula canescens* Bruch. 20. *Barbula bicolor* Br. e. Sch. 21. *Barbula squarrosa* Brid. 22. *Cinclidotus riparius* Hst. 23. *Grimmia sphaerica* Schpr. 24. *Gr. anodon* Br. e. Sch. 25. *Gr. apiculata* Hsch. 26. *Gr. Holleri* Mdo. 27. *Gr. Tergestina* Tomm. 28. *Gr. montana* Br. e. Sch. 29. *Gr. sulcata* Saut. 30. *Gr. unicolor* Grev. 31. *Zygodon Novelli* Sch. β. *alpinus.* 32. *Orthotrichum Schubartianum* Lor. 33. *Encalypta apophysata* N. e. H. 34. *Dissodon Hornschuchii* Grev. et Arn. 35. *Tetraplodon urceolatus* Br. e. Sch. 36. *Webera pulchella* Hdw. 37. *Bryum arcticum* Rob. Br. 38. *Br. Sauteri* Br. e. Sch. 39. *Br. Mildeanum* Jur. 40. *Br. Funckii* Schwgr. 41. *Br. Blindii* Br. e. Sch. 42. *Br. elegans* Nees. 43. *Br. concinnatum* Spruce. 44. *Mnium riparium* Mitt. 45. *M. lycopodioides* Hook. 46. *M. cinclidioides* Blytt., neu f. d. Geb. 47. *M. subglobosum* Br. e. Sch., neu f. d. Geb. 48. *M. hymenophylloides* Hübn. 49. *Oreas Martiana* Hsch. 50. *Bartramia subulata* Br. e. Sch. 51. *Conostomum boreale* Dicks. 52. *Timmia norvegica* Zett. mit ♂ Blth. 53. *Anacamptodon splachnoides* Fröl. 54. *Myurella apiculata* Hübn. c. frt. 55. *Anomodon rostratus* Hedw. 56. *An. apiculatus* Br. e. Sch , neu f. d. Geb. 57. *Thuidium decipiens* De Not. 58. *Orthothecium chryseum* Schwgr. 59. *Brachythecium collinum* Schleich. 60. *Br. olympicum* Jur. 61. *Br. trachypodium* Brid. 62. *Br. Geheebii* Milde. 63. *Br. glaciale* Br. e. Sch. 64. *Brachythecium ?* *cirrhosum* Schwgr. (*Eurrhynchium Vaucheri* γ. *cirrhosum* Jur.). 65. *Eurrhynchium velutinoides* Bruch. 66. *Plagiothecium neckeroideum* Schpr. 67. *Amblystegium Sprucei* Bruch. 68. *Hypnum Sauteri* Br. e. Sch. 69. *H. fertile* Sendt. 70. *H. imponens* Hedw., neu f. d. Geb. 71. *H. dolomiticum* Milde. 72. *H. curvicaule* Jur. 73. *H. molle* Dicks. 74. *H. alpinum* Schpr. 75. *H. Breidleri* Jur. 76. *Sphagnum Lindbergii* Schpr.

28. Sauter, A. Nachträge und Berichtigungen zur Flora des Herzogthums Salzburg. (Mittheilungen d. Gesellsch. f. Salzburg. Landeskunde, Bd. XX, Heft 2, S. 213—219.)

Enthält auf S. 215 Berichtigungen und Nachträge zu des Verf. Laubmoosflora Salzburgs. Von den ersteren ist die Einziehung des *Brachythecium Progelii* Saut. (= *Eurrhynchium strigosum* zu erwähnen; von letzteren das Auffinden von *Brachythecium erythrorhizon* am Venediger (Unger) und des *Hypnum Breidleri* im Lungau (1300 m Breidler). Die Salzburger Laubmoosflora wird mithin zusammengesetzt aus 345 Acrocarpeen, 178 Pleurocarpeen, 12 Sphagneen und 5 Andreaeen, ist also eine der reichhaltigsten in Europa.

(Aus Botan. Centralbl. Bd. 5, S. 70.)

4. Italien.

29. C. Fitzgerald et A. Bottini. Prodromo della Briologia dei Bacini del Serchio e della Magra. (Nuovo Giorn. Bot. Ital. XIII, 2⁰, p. 23—122.) Mit 1 color. geolog. Karte.

Das Becken des Serchio und des Magra, mit den umliegenden Bergen, umfasst einen grossen Theil des heutigen Toscana; besonders Lucca und Umgebung, die Provinzen Massa-Carrara, Lunigiana, Garfagnana. Die Verf. geben zunächst eine genaue orographische und hydrographische Beschreibung des von ihnen untersuchten Terrains, sowie die Höhenangaben der wichtigsten ins Gebiet fallenden Punkte der Appeninen. In einem zweiten Capitel wird die Verbreitung der beobachteten Moosspecies nach der Bodenbeschaffenheit und nach den verschiedenen Standorten in Tabellen dargestellt: es folgt dann die Aufzählung (mit Synonymie und genauen, zahlreichen Standortsangaben) der im Gebiete aufgefundenen Arten. Es sind deren 369 (nur Muscineen), von denen 11 Species für Italiens Moosflora neu sind. *Hypnum Bottinii* Breidler ist die einzige neu beschriebene Art.

O. Penzig (Padua).

30. **Venturi. Bryum baldense.** (Revue bryologique 1881, p. 31, 32.)

Verf. fand 1867 auf Felsen der Juraformation des Monte-Baldo ein *Bryum*, welches er unter dem Namen *Bryum baldense* veröffentlicht hat. 1877 fand er es auf dem Gipfel des Paganella wieder und Philibert fand es auf oft überschwemmtem Sande der Ufer der Navisanche im Thal von Annivières auf. Verf. reproducirt die lateinische Diagnose von de Notaris.

5. Frankreich.

31. **Briard, M. Catalogue des Plantes observées jusqu'à ce jour dans le département de l'Aube.** (Extrait des Mémoires de la Société Académique de l'Aube 1 vol. in 8⁰ de 360 p.)

Nicht gesehen. In Rev. bryol. 1881, p. 50 sind die selteneren Arten aufgeführt. Die Schrift enthält ausserdem eine kurze Beschreibung der geographischen und geologischen Verhältnisse des Gebiets und führt im ganzen 129 Laub- und 18 Lebermoose an.

32. **Brunaud, P. Liste des plantes phanérogames et cryptogames, croissant spontanément à Saintes (Charente-inférieure) et dans les environs.** (Actes de la Soc. Linnéenne de Bordeaux. Vol. XXXIV, Ser. 4, T. IV. Bordeaux 1880, p. 109—130.)

Von Moosen ist in dieser Liste nur *Leucobryum glaucum* Schimp. aufgeführt.

33. **Le Dantec et Boulay. Catalogue des mousses des environs de Brest.** (Revue bryologique 1881, p. 1—19.)

Die Moose des Catalogs, welcher mit Einschluss der *Sphagna* 112 Arten mit Standortsangaben aufzählt, sind von Le Dantec gesammelt und bestimmt. Boulay giebt die moosgeographische und topographische Einleitung. Die Moosflora der Umgegend von Brest st bemerkenswerth durch die zahlreichen mediterranischen Moose, welche sich hier auf einem engen Gebiet zusammendrängen. So z. B. *Phascum rectum, Trichostomum flavovirens, mutabile, Barbula squarrosa, cuneifolia, marginata, Entosthodon Templetoni, Bryum carneum, Tozeri, torquescens, Hypnum illecebrum* fert., *circinatum*. Daneben finden sich solche Arten, die gewöhnlich in der mittleren und subalpinen Zone der Waldregion auftreten, wie *Andreaea rupestris, Hypnum uncinatum, revolvens, verrucosum, plumosum, flagellare, heteropterum, Pterygophyllum lucens, Fontinalis squamosa, Mnium punctatum, Splachnum ampullaceum, Orthotrichum Hutchinsiae, Rhacomitrium fasciculare, aciculare, Grimmia funalis, Campylopus fragilis, Weisia Bruntoni, cirrata*.

Die meisten Arten, welche entweder dem Küstengebiet angehören oder auf den Westen beschränkt sind, drängen sich bei Brest auf einen Raum von wenigen Quadratkilometern zusammen, so *Dicranum Scottianum, majus, Campylopus brevipilus, Pottia Wilsoni, Heimii, Ulota phyllantha, Grimmia maritima*. Andere, wie *Orthodontium gracile, Fissidens algarvicus, Bryum filiforme, Zygodon conoideus* sind grosse Seltenheiten. Als neu für die Flora von Finisterrae wurden aufgefunden: *Hypnum circinatum, megapolitanum, populeum, illecebrum, caespitosum, filicinum, vernicosum, Sendtneri* var. *Wilsoni, uncinatum, orthocladium, elegans, elodes, polygamum, heteropterum, Leskea myura, Neckera crispa, Bryum filiforme, atropurpureum, erythrocarpum, alpinum, torquescens, carneum, pendulum, Orthodontium gracile, Barbula canescens, marginata, squarrosa, Hornschuchiana, gracilis, recurvifolia, cylindrica, papillosa, Trichostomum crispulum, mutabile, flavovirens, tophaceum, littorale, tortile, flexicaule, Didymodon cylindricus, flexifolius, luridus, Pottia Heimii, Wilsoni, Dicranum Scottianum, Campylopus torfaceus, fragilis, Fissidens decipiens, algarvicus, Gymnostomum tenue, Orthotrichum phyllanthum, leiocarpum, Lyellii, saxatile,*

Rhacomitrium fasciculare, Grimmia leucophaea, Physcomitrium fasciculare, Phaseum patens, Andreaea rupestris, Sphagnum molluseum.

34. Debat. Neckera Menziezii. (Société bot. de Lyon. Compte rendu de la séance du 16. Décembre 1880.)

Vortragender zeigt das genannte Moos vor, weil es von Philibert in zwei Species zerspalten ist, nämlich die eigentliche *N. Menziezii*, die bei Chamounix, und *N. mediterranea*, die zu Lure, la Ste. Beaume und am Atlas gefunden wurde.

35. Debat, M. Observations sur quelques mousses des environs de Chamonix. (Ann. d. la Soc. Bot. de Lyon. 8me année. 1879—80, No. 1. Notes et mémoires. Lyon 1881, p. 89—94)

Verf. giebt eine Aufzählung mehrerer von ihm, zum Theil nicht sicher, bestimmten Moose, welche Herr Payot bei Chamonix sammelte, und knüpft daran Bemerkungen über die Unterschiede derselben von ihren Verwandten. Von selteneren Arten sind zu erwähnen: *Amphoridion lapponicum, Leseuraea striata, Oligotrichum hercynicum, Bryum neodamense, Mnium lycopodioideum, Brachythecium Payotianum.*

36. Finot, M. A. Liste des Mousses, Sphaignes et Hépatiques recueillies à Fontainebleau. (Bull. d. l. Soc. Bot. de France. T. 28. 1881. Session extraordinaire à Fontainebleau. Paris. p. XCVII, XCVIII.)

Liste von 44 Moosarten und Varietäten, unter welchen sich keine Seltenheiten befinden.

37. De la Godelinais. Mousses et Hépatiques d'Ile-et-Vilaine. (Revue bryologique 1881, p. 57—72 et p. 104—111.)

Catalog mit Standortsangabe von 265 Arten Laubmoosen, 8 Sphagnen und 32 Lebermoosen aus genanntem Gebiete, mit kurzen Bemerkungen bei einigen Species. Die Einleitung (S. 57—59) enthält die Namen der Sammler und eine kurze topographische Schilderung. Die kiesbewohnenden Moose überwiegen, ausserdem kommen einige Kalkbewohner vor.

38. Hy. Notes sur les herborisations de la Faculté des sciences d'Angers. (Broch. in 8⁰ de 20 pages. Referat in Revue bryologique 1881, p. 40.)

Von den verschiedenen Publicationen über die Moose des Departements Maine-et-Loire sind wichtig: Catalogue des Mousses et Hépatiques des environs de Saumur, de M. Trouillard, der Catalogue des Mousses et des Sphaignes de Maine-et-Loire, de M. Bouvet und der Catalogue des Muscinées de l'arrondissement de Cholet, de Mm. Brin et Camus. Es folgt ein Catalog neuer und seltener Moose und sämmtlicher Lebermoose des Departements.

39. Paillot et Flagey. Catalogue des phanérogames du marais de Saône et des mousses, hépatiques et lichens des environs de Bésançon. (Mémoires de la Société d'Emulation du Doubs 1880.)

Nicht gesehen. In Revue bryologique 1881, p. 50 ist eine Uebersicht der selteneren Moose dieses Catalogs enthalten.

40. Ravaud. Guide du Bryologue et du Lichénologue à Grenoble et dans les environs. 8e excursion. Suite. (Revue bryologique 1881, p. 36—40.)

Enthält die Fortsetzung der letzten Excursionsbeschreibung (vgl. Jahresber. 1880) und führt die gefundenen Moose und Flechten auf.

6. Niederlande.

41. Koltz, J. P. J. Prodrome de la flore du Grand-Duché de Luxembourg. 2me partie. Plantes cryptogames ou acotylédonnées. **Muscineae.** (Recueil des mémoires et des travaux publiés par la Société Botanique du Grand-Duché de Luxembourg. No. IV—V, 1877—1878. Luxembourg 1880, p. 213—426.)

Eine Flora der Laubmoose und Sphagnaceen des Grossherzogthums Luxemburg in französischer Sprache. Die gesammten Muscineen werden eingetheilt in drei Familien: *Musci, Sphagnaceae* (hier durchweg *Spagnaceae* gedruckt, obwohl die Gattung *Sphagnum* genannt ist) und *Hepaticae.* Ueber die Familien sowie ihre Unterabtheilungen bis zu den Arten werden dichotomische Tabellen gegeben. Die *Musci* werden eingetheilt in die Tribus *Stegocarpi, Cleistocarpi* und *Schizocarpi.* Die *Stegocarpi* zerfallen in die Sectionen

Pleurocarpi und *Acrocarpi*, jede Section wieder in Subsectionen, welche die Gattungen umfassen. Folgende Gattungen sind vertreten (die eingeklammerten Zahlen geben die Zahl der Species an): *Ss. Thuidiaceae: Leskea* (2), *Anomodon* (8), *Pseudoleskea* (1), *Thuidium* (4), *Heterocladium* (1), *Pteryginandrum* (1), *Pterogonium* (1). *Ss. Lamprophyllacei: Fontinalis* (3), *Neckera* (4), *Homalia* (1), *Pterigophyllum* (1), *Cryphaea* (1), *Leptodon* (1), *Isothecium* (1), *Cylindrothecium* (1), *Pylaisia* (1), *Anacamptodon* (1), *Leucodon* (1), *Antitrichia* (1), *Lescuraea* (1), *Climacium* (1), *Orthothecium* (1), *Homalothecium* (1), *Thamnium* (1), *Rhynchostegium* (9), *Eurhynchium* (12), *Scleropodium* (1), *Hyocomium* (1), *Camptothecium* (2), *Brachythecium* (12), *Plagiothecium* (7), *Amblystegium* (8), *Hypnum* (38), *Hylocomium* (7). Die *Musci acrocarpi* zerfallen ohne weitere Eintheilung in folgende Gattungen: *Buxbaumia* (1), *Diphyscium* (1), *Atrichum* (8), *Pogonatum* (3), *Polytrichum* (7). *Bryum* (18), *Leptobryum* (1), *Webera* (7), *Zieria* (1), *Mnium* (11), *Aulacomnium* (2), *Bartramia* (4), *Philonotis* (3), *Meesia* (1), *Funaria* (2), *Physcomitrium* (2), *Splachnum* (2), *Cinclidotus* (1), *Hedwigia* (1), *Racomitrium* (8), *Grimmia* (9), *Schistidium* (1), *Orthotrichum* (17), *Ulota* (5), *Zygodon* (2), *Amphoridium* (2), *Schistostega* (1), *Encalypta* (3), *Tetraphis* (1), *Didymodon* (3), *Distichium* (1), *Trichostomum* (2), *Leptotrichum* (4), *Barbula* (25), *Pottia* (4), *Anacalypta* (2), *Seligeria* (3), *Fissidens* (8), *Conomitrium* (1), *Leucobryum* (1), *Trematodon* (1), *Ceratodon* (1), *Trichodon* (1), *Dicranum* (11), *Dicranodontium* (1), *Dicranella* (9), *Dichodontium* (1), *Cynodontium* (2), *Campylopus* (3), *Gymnostomum* (2), *Eucladium* (1), *Weisia* (3). *Musci cleistocarpi: Systegium* (1), *Pleuridium* (3), *Archidium* (1), *Phascum* (3), *Physcomitrella* (1), *Discelium* (1), *Sphaerangium* (1), *Ephemerum* (2). *Musci schizocarpi: Andreaea* (1). *Sphagnaceae: Sphagnum* (8).

Bei jedem Moos findet sich eine französische Beschreibung, der Wohnort und bei selteneren die Standortsangaben. Die neueren Ergebnisse der Entwickelungsgeschichte sind in der Charakteristik der Abtheilungen und Gattungen nicht berücksichtigt. Bei *Archidium* z. B. werden die sterilen Zellen in der Kapsel nicht erwähnt, als Zahl der Sporen 8—20 angegeben, obwohl sie zwischen viel weiteren Grenzen schwankt. An dem Verfasser dieser wie so vieler anderen Floren scheinen die nach dem Erscheinen von Schimper's Bryologia erlangten Resultate der wissenschaftlichen Forschung spurlos vorüber zu gehen.

42. **Dr. C. M. van der Sande Lacoste. Overzicht der Levermossoorten, welke in de provincieen van Nederland zyn waargenomen, gerangschikt van het woorden des lands naar het zuiden.**

Enthält eine Uebersicht der in den Provinzen der Niederlande gefundenen Lebermoose. 31 Geschlechter und 73 Species werden erwähnt.   Giltay.

7. Spanien und Portugal.

43. **Leresche, Louis et Levier, Emil. Mousses récoltées en 1878 et 1879 en Espagne et en Portugal.** (Extr. de deux excursions bot. dans le nord de l'Espagne et du Portugal. 8⁰, 14 S. Lausanne 1880.)

Unter den von den Autoren gesammelten und von Schimper bestimmten Moosen findet sich eine für Europa neue Species, *Weisia leptocarpa* Schpr. von Cintra in Portugal, vorher nur aus Algier bekannt. Die zweite, von Geheeb bearbeitete Sammlung enthält vier für Spanien neue Arten: *Brachythecium Olympicum* Jur. (Sierra de Guadarrama), *Bryum fallax* Milde (Pieos de Europa), *Grimmia fragilis* Schpr. (Sierra de Guadarrama) und *Thuidium delicatulum* Hedw. Die Gesammtzahl der in Spanien und Portugal gesammelten Arten beträgt 143. (Nach Bot. Centralbl. Bd. 6, S. 402, 403.)

44. **Renauld, F. Notice sur quelques mousses des Pyrénées. Suite.** (Revue bryologique 1881, p. 32—36.)

Geheebia cataractarum Spruce, aufgefunden im Thal des Rio Majon. *Anoectangium compactum* Schl. an derselben Localität gefunden. *Bryum Funckii* Schw., neu für die Pyrenäen, wurde an mehreren Orten gefunden. *Amblystegium Juratzkanum* Sch., neu für die Pyrenäen, an mehreren Orten aufgefunden. *Hypnum cirrhosum* Schwgr. wurde ebenfalls an mehreren Stellen gefunden. Verf. möchte diese species incertae sedis unter die Eurrhynchien neben *Eurrhynchium Vaucheri* stellen. *Hypnum Vaucheri* Lesq. fand Verf.

in den Pyrenäen, für welche es neu ist. Ausserdem werden Notizen über die Unterscheidung
einiger der aufgeführten Arten von ihren Verwandten gegeben.

45. **Venturi.** **Notes sur le Campylopus polytrichoides fructifié et quelques autres mousses
de Portugal.** (Revue bryologique 1881, p. 19, 20.)

An fruchtbaren Exemplaren, welche bei Oporto gesammelt waren, fand Verf., dass
jede weibliche Pflanze einen gehäuften Blüthenstand und viele beieinander sitzende Kapseln
trägt. Er ist der Ansicht, dass man aus denjenigen Arten von *Campylopus*, welche pleuro-
carpische, zusammenstehende Früchte besitzen, ein neues Genus bilden könnte, welches
zwischen *Campylopus* und *Thysanomitrium* steht und für welches er den Namen *Carpoecia*
vorschlägt.

Ausserdem hat Verf. noch mehrere andere Species aus Oporto empfangen, unter
denen besonders bemerkenswerthe sind: *Weisia Wimmeriana* und eine *Pottia*. Von letzterer
ist es zweifelhaft, ob es *P. eustoma* oder *cuneifolia* ist.

8. Afrika.

46. **Bescherelle, E.** **Note sur les mousses des colonies Françaises.** (Bull. d. l. Soc. Bot.
de France, T. 28, 1881. Comptes rendus des séances. 4⁰, p. 187—193.)

Herr Bescherelle überreicht der Société einen Abzug seiner Florule bryologique
und knüpft daran ein Résumé seiner Untersuchungen. Wir verweisen auf das betr. Referat
im Jahrg. 1880 des Jahresberichts.

47. **Müller, K., und Geheeb, A.** **Reliquiae Rutenbergianae. III. Botanik. Laubmoose.**
(Abhandl. Naturw. Vereins Bremen, Bd. VII, Heft 2, S. 203—214.)

Die Moose wurden von Dr. Chr. Rutenberg auf Madagascar 1878 gesammelt und
stammen meist aus dem Walde von Ambatondrazaka auf der Ostseite der Insel. Folgende
Moose sind als neue Species beschrieben: 1. *Sphagnum Rutenbergii* C. Müll., 2. *Leucobryum
Madagassum* C. Müll., 3. ?. *Ochrobryum Rutenbergii* C. Müll., 4. *Entosthodon marginatulus*
C. Müll., 5. *Polytrichum (Aloidella) obtusatulum* C. Müll., 6. *P. (A.) afroaloides* C. Müll.,
7. *P. (Catharinella) Rutenbergii* C. Müll., 8. *P. (Eupolytrichum) juniperellum* C. Müll.,
9. *Trematodon reticulatus* C. Müll., 10. *Dicranum (Leucoloma) Rutenbergii* C. Müll., 11.
D. (L.) pumilum C. Müll., 12. *D. (L.) squarrosulum* C. Müll., 13. *D. (L.) cuneifolium*
Hpe., 14. *Streptopogon Rutenbergii* C. Müll., 15. *St. Calymperes* C. Müll., 16. *Schlotheimia
tenuiseta* C. Müll., 17. *Sch. linealis* C. Müll., 18. *Macromitrium urceolatulum* C. Müll., 19.
M. calocalyx C. Müll., 20. *Papillaria Rutenbergii* C. Müll., 21. *Trachypus Rutenbergii*
C. Müll., 22. *Cryphaea Rutenbergii* C. Müll., 23. *C. Madagassa* C. Müll., 24. *Leucodon
Rutenbergii* C. Müll., 25. *Rutenbergia Madagassa* Geh. A. Hpe., 26. *Rhegmatodon Mada-
gassus* Geh., 27. *Entodon Madagassus* C. Müll., 28. *E. Rutenbergii* C. Müll., 29. *Pteri-
gynandrum Madagassum* C. Müll., 30. *Pilotrichella (Orthostichella) imbricatula* C. Müll.,
31. *Hypnum (Cupressina) angustissimum* C. Müll., 32. *H. (Aptychus) afro-demissum* C. Müll.,
33. *H. (A.) nanopyxis* C. Müll., 34. *H. (Trichosteleum) microthamnioides* C. Müll., 35.
H. (Sigmatella-Thelidium) punctatulum C. Müll., 36. *H. (S.-T.) traxypyxis* C. Müll., 37.
H. (Tanytrix) Rutenbergii C. Müll., 38. *Fissidens pauperrimus* C. Müll.

Auf einer Tafel sind abgebildet: *Rutenbergia Madagassa*, *Streptopogon Calymperes* und *Streptopogon Rutenbergii*.

9. Amerika.

48. **Catalogue of North American Muci**, arranged by Eugene A. Rau and A. B. Hervey-
Taunton, 1879—1880. (Bull. d. l. Soc. Bot. de France, T. 28, 1881. Revue bibliographique D. Paris, p. 159, 160.)

Referat über genannte Arbeit. Das Werk ist ein nach Schimper's Synopsis geordneter
Katalog der nordamerikanischen Moose und enthält Angaben über deren geographische
Verbreitung.

49. **Geheeb, A.** **Additamenta ad „Enumerationem Muscorum hactenus in provinciis
Brasiliensibus Rio de Janeiro et Saõ Paulo detectorum".** Scripsit Ernestus Hampe pro-
fessor, phil. doctor. — Post mortem autoris publicavit Adalbertus Geheeb, pharmacopola
Gelisensis. (Flora 1881, p. 337—347, 369—381, 401 416, 433—438.)

Aufzählung nebst Standortsangabe von 167 Species, von denen einige neu sind. Zu diesen letzteren, welche in Abtheilung II des Jahresberichts in dem Verzeichniss der neuen Species aufgeführt sind, werden die lateinischen Diagnosen gegeben.

10. Australien und Polynesien.

50. **Crié, L. Contributions à la flore cryptogamique de la presq'ile de Banks (Nouvelle-Zélande).** (Comptes rendus des séances de l'Academie des Sciences, T. 92. Paris 1881, p. 1357, 1358).

Verf. studirte im Herbarium des Dr. Raoul Kryptogamen, welche 1840 in Neuseeland gesammelt waren. Die Moosflora der Halbinsel Banks entlehnt ihre Repräsentanten Europa, Südamerika, Neuholland, den Falklandsinseln, den Inseln St. Paul, Amsterdam, Campbell und Tasmanien. Neben *Conostomum australe* Hook., *Orthodontium australe* Hook., *Macromitrium longirostrum* Hook., *Dawsonia polytrichoïdes* Brown., *Hypopterygium Novae Zeelandiae* Mill. fanden sich viele kosmopolitische Moose. Auf der Halbinsel Banks fanden sich z. B. *Polytrichum formosum, piliferum, juniperinum, Rhacomitrium lanuginosum* var. *pruinosum, Ceratodon purpureus, Didymodon capillaceus, Barbula muralis, Funaria hygrometrica, Webera nutans, Hypnum fluitans, denticulatum, cupressiforme.* Folgende Species kommen auch auf andern Inseln Polynesiens und Melanesiens vor: *Macromitrium longirostrum* Hook., *Conostomum australe* Hook., *Andreaea mutabilis* Hook. (auf Campbell und Auckland), *Orthodontium australe* Hook. (Malouinen), *Polytrichum compressum* Hook. (Cap Horn), *Cyrtopus Taïtensis* Sch. (Tahiti und Tasmanien). *Hypopterygium Novae Zeelandiae* ist eine australische Form, ebenso wie *Dawsonia polytrichoides,* welche bisher von Neuseeland noch nicht bekannt war. In Akaroa sind die gemeinsten Species *Hypnum aciculare* Hedw. und *Hookeria pennata.* Von Lebermoosen bieten das meiste Interesse *Symphyogyna hymenophyllum* Nees., *Marchantia linearis* L. und eine neue *Marchantia: M. Raoulii* N.

51. **Hampe, E., et Geheeb, A. Musci frondosi in Tasmania et Nova-Seelandia a. Dr. O. Beccari, anno 1878, lecti.** (Revue bryologique 1881, S. 25 -28).

Verzeichniss von 39 Species mit Standortsangabe. Darunter finden sich folgende Arten, zu welchen theilweise die lateinischen Diagnosen gegeben werden: *Mniadelphus Beccarii* C. Müll. n. sp. steht *Mn. Dicksoni* C. Müll. nahe, *Pterygophyllum Levieri* Geheeb n. sp. dem *Pt. complanatum* Hpe. ähnlich, *Raphidostegium calliferum* Geheeb und Hpe. n. sp., *Fissidens tortuosus* Geh. et Hpe. n. sp. steht *F. rigidulus* Hk. et Wils. nahe.

11. Monographieen, Moossysteme, Moosgeschichte.

52. **Bescherelle. Ephemerum Philiberti Bescherelle.** (Revue bryologique 1881, p. 48.)

Das von Philibert (Rev. bryol. 1878, S. 48. Vgl. Jahresb. 1878, S. 520, No. 40) als neue Species *Ephemerum longifolium* beschriebene Moos muss den Namen *Ephemerum Philiberti* Besch. erhalten, da schon zwei andere Moose den Namen *E. longifolium* tragen.

53. **Boulay. Annotations concernant quelques mousses de la région méditerranée.** (Bull. d. l. Soc. bot. et horticole de Provence 1881. Tirage à part, in 8°, de 8 p.)

Nicht gesehen. Wir citiren die Resultate nach dem Resumé in Rev. bryol. 1881, p. 87: *Hypnum imponens* ist nur eine Subspecies von *H. cupressiforme,* welche die Mitte hält zwischen den Varietäten *elatum* und *tectorum.*

Barbula princeps ist dichogamisch, protogynisch. In demselben Blüthenstande reifen die Archegonien mehrere Wochen vor den Antheridien.

54. **Braithwaite, R. Sphagnum subbicolor Hpe.** (Journal of botany Vol. X, p. 116.)

B. findet, dass authentische Exemplare der genannten Pflanze mit *Sphagnum papillosum* Lindb. identisch sind.

55. **Colenso. New Metzgeria.** (Transact. and Proceed. of the New Zealand Instit. Vol. XIII.)

Nicht gesehen.

56. **Debat, M. Notes sur quelques mousses du fascicule de 1880 des „Musci Galliae".** (Ann. de la Soc. Bot. de Lyon, 28me, année 1879/80, No. 1. Notes et mémoires. Lyon 1881, p. 95—98.)

Bemerkungen ohne Interesse über folgende in Frankreich seltene Moose: *Dicranum*

Blyttianum, D. clatum, Fissidens polyphyllus, Trichostomum barbuliforme, Splachnum vasculosum, Discelium nudum, Bryum Mühlenbeckianum, Hypnum pallescens, H. Haldanianum, H. badium, H. intermedium, H. Seudtnerianum.

57. Debat, M. Observations sur quelques mousses rares. (Ann. d. l. Soc. Bot. de Lyon, 28me, année 1879/80, No. 1. Notes et mémoires. Lyon 1881, p. 99 - 102.)

Die observations des Herrn Verf. über einige seltenere Moose entbehren jedes allgemeineren Interesses, da sie sich nur auf Speciesunterscheidung beziehen.

58. Dédeček, J. Beiträge zur Bestimmung böhmischer Polytrichaceen nebst ihrer Verbreitung. (Sitzungsber. d. Königl. Böhm. Gesellsch. d. Wissensch. in Prag. Jahrg. 1880, Prag 1881, S. 304—314, mit einer Tafel.)

Da nach Ansicht des Verf. die bisherigen Kriterien zur Unterscheidung der Polytrichaceen, namentlich im sterilen Zustande, unzuverlässig sind, so nimmt er als neue Anhaltspunkte die Blattlamellen in Anspruch. Und zwar findet er die unterscheidenden Merkmale in dem Verhalten der randständigen Zellreihe der Lamellen. Die Cuticularschichten dieser randständigen Zellreihe sind bei *P. gracile* so schwach, dass sie die Dicke von Zellwänden des übrigen Gewebes nicht oder nicht merklich übertreffen. Bei *P. formosum* sind sie etwas stärker und ihre Oberfläche ist stellenweise etwas verunebnet. Ausserordentlich stark sind sie bei *P. sexangulare,* Pogonatum alpinum und *Pogonatum urnigerum.* Bei letzterem ist die Oberfläche der ganzen Cuticula dicht körnig, während sie bei *P. alpinum* nur eine von der Lamellenseite betrachtete hyaline Schicht zeigt. Bei *Pol. sexangulare* ist sie glatt. Bei *P. commune* ist sie stark und zeigt in der Seitenansicht einer Lamelle eine regelmässige Crenulirung. Durch ähnlich crenulirte Lamellen sind *P. juniperinum* und *piliferum* ausgezeichnet, hier sind sie jedoch viel grösser, höher als breit, höckerförmig und verschieden gross. Die beiden letzteren Arten unterscheiden sich nur durch die Blattspitze und Verf. möchte deshalb *P. piliferum* als Spielart von *P. juniperinum* betrachten. Es folgt eine Tabelle zur Unterscheidung der *Polytricha* und *Pogonata* nach diesen Merkmalen. Die besprochenen Verhältnisse sind auf der Tafel dargestellt.

59. Delogue, C. H. Pleurochisma deflexum Dmrt. et Plagiochila spinulosa Dmrt. (Bull. d. l. Soc. Roy. d. Bot. de Belgique. T. 20. Bruxelles 1881, p. 35, 36.)

Verf. fand in einem Kryptogamen-Packet, welches er von M. Koltz aus Luxemburg empfangen hatte, Fragmente der oben genannten Moose. *Pleurochisma deflexum* ist bisher in Belgien nicht gefunden, kommt aber wahrscheinlich vor, *Plagiochila spinulosa* war bisher nur von sehr wenigen Standorten auf dem Continent bekannt.

60. Delogne, C. H. Notes de Cryptogamie. (Bull. d. l. Soc. Roy. d. Bot. de Belgique. T. 20. Bruxelles 1881, p. 143—145.)

Kurze Bemerkungen über Bestimmung, Synonymie und Vorkommen folgender Laub- und Lebermoose: *Rhynchostegium megapolitanum* Br. und Sch.; *Gymnostomum calcareum* N. e. H. neu für den mittleren Theil Belgiens; *G. tenue* Schrad. neu für Belgien; *Scapania isoloba* Dmrt. identisch mit *S. compacta* Dmrt.; *Lophocolea lateralis* Dmrt. nur ein Entwickelungszustand von *L. bidentata* Dmrt. *Cephalozia Sehlmeyeri* Cogn. muss gestrichen werden, da sie identisch ist mit *Jungermannia Francisci* Hook. *Jungermannia rubella* Nees wurde vom Verf. 1867 als neu für die belgische Flora aufgefunden. *J. ventricosa* Dicks. und *J. incisa* Schrad. neu für den mittleren Theil Belgiens.

61. Geheeb. Bryologische Fragmente. (Flora 1881, S. 289—297.)

Notizen über folgende neue, seltene oder kritische Moose: 1. *Campylopus fragilis* Dicks., c. frct. cop., auf Keupersandfelsen der Rathsberger Wildniss bei Erlangen gesammelt. 2. *Fissideus serrulatus* Brid., zum ersten Mal mit Früchten in Europa auf dem Berge Pisano in Etrurien gesammelt. 3. *Eustichia japonica* Berggren n. sp. c. fruct. Viusetz in Japan. Die Gattung *Eustichia* ist von *Diplostichum* Mtge. zu trennen. *E. j.* von der im Habitus ähnlichen *E. norvegica* zu unterscheiden durch die Blattrippe, welche auch bei den untersten Blättern als lange gezähnte Granne austritt, und durch die obersten Blätter, welche stärker und dichter gesägt sind. 4. *Pottia crinita* Wils. auf der Saline Salzungen für Deutschland neu aufgefunden, von Schimper in der neuen Synopsis ignorirt. 5. *Didymodon rubellus* Rth. var. *cavernarum* Mdo. = *D. ruber* Jur. Von Breidler im Pinzgau und auf der Wundspitz bei Malta in Kärnthen aufgefunden. Eine hochrasige Form von *D. rubellus*. Frucht unbekannt; vielleicht eine neue Art. 6. *Barbula Breidleri* Limpr. n. sp. Von der Schneegrube am Gipfel des Speiereck bei St. Michael im Lungau 2400 m aufgefunden. Gehört der sect. *Albidella* an, von *B. brevirostris* Br. e. Sch. durch die auffallend kurze Kapsel und den meist lang geschnäbelten Deckel abweichend. 7. *Grimmia fragilis* Schpr., 1878 auf dem Berge Estrella in Portugal, 1879 in der Sierra de Guadarrama gefunden; neu für Spanien. 8. *Encalypta spathulata* C. Müll. In Tirol, Steiermark und Siebenbürgen gesammelt. Gewiss eine gute Art, aber übersehen und verkannt. 9. *Bryum fallax* Milde. 1879 als neu für Spanien entdeckt. Das *Bryum fallax* von Schottwitz bei Breslau von Milde gesammelt, unterscheidet sich von der Originalpflanze von Zedlitz durch den Besitz von „ciliis appendiculatis". 10. *Thuidium delicatulum* Hedw.: Es werden die Merkmale angegeben, wodurch sich dieses Moos in sterilem Zustand von *Th. recognitum* sicher unterscheidet. Ausser in ganz Europa findet es sich in Nordamerika (im Gegensatz zu den Angaben von Rau und Hervey 1880). 11. *Climacium dendroides* L. β. *innudatum* Mdo. 1880 bei Aschaffenburg gesammelt. 12. *Brachythecium Olympicum* Jur., von Levier in der Sierra Guadarrama entdeckt. 13. *Hypnum Bottinii* Breidler n. sp. Lateinische Diagnose. 1880 in Torfsümpfen Piagetta di Massaciuccolli bei Viareggio in Etrurien entdeckt, hat eine gewisse Aehnlichkeit mit *H. pratense*. Vielleicht ist es jedoch ein *Plagiothecium*, da die Blätter ungleichseitig sind. 14. *Hypnum (Limnobium) Goulardi* Schpr., von Breidler im Pinzgau gesammelt. Das Goulard'sche Exemplar trägt ♀ Blüthen im Gegensatz zu Schimper's Angaben. 15. *Andreaea grimsulana* Br. dürfte besser mit *crassinervia* als mit *rupestris* zu vereinigen sein.

62. **Holmes, E. M. Hypnum imponens Hedw.** (Journal of botany, Vol. X, p. 116, 117.)

Verf. fand das genannte Moos auf einer Excursion in Sussex und spricht sich dahin aus, dass es von *Hypnum cupressiforme*, var. *ericetorum*, mit dem es zusammenwuchs, leicht zu unterscheiden ist. An demselben Orte fand er *Brachyodus trichodes*, *Campylostelium saxicola* und *Nardea adusta*.

63. **Husnot. L'Orthodontium gracile.** (Revue bryologique 1881, p. 22.)

Im „Naturalist" vom December 1880 bringt Herr Cash eine Correctur zu der Wilson'schen Beschreibung des genannten Mooses.

64. **Husnot. Barbula nitida Lindb.** (Revue bryologique 1881, S. 49.)

Das von Philibert als *Trichostomum nitidum* beschriebene Moos (Rev. bryol., 1878, S. 27, 28, vgl. Jahresber. 1878, S. 520, No. 41) ist nach neuen Exemplaren, welche Verf. aus Viareggio erhielt, eine *Barbula*, und zwar *Barbula nitida* Lindb.

65. **Jack, J. B. Die europäischen Radulaarten.** (Flora 1881, p. 353—362 u. 385–400, mit 2 Tafeln.)

Nach Nees von Esenbeck (Nat. d. eur. Leberm. III, 145) giebt es nur eine einzige in Europa einheimische *Radula*-Art. Seitdem ist die Zahl dieser Arten auf 7 gestiegen, welche aufgezählt und deren wichtigste Unterschiede angegeben werden. Es folgen die ausführlichen lateinischen Diagnosen, deutsche Beschreibungen und kritische und historische Bemerkungen über die einzelnen Species. Die Abbildungen der Taf. VII über *Radula complanata* sind Hofmeister, Leitgeb und Gottsche entlehnt, die drei (vier) Figuren auf Taf. VIII stellen die Spitze eines fructificirenden Astes von *R. complanata* (Fig. IV), ein Stück eines Astes von *R. commutata* (Fig. V), und die Spitze einer weiblichen Pflanze mit Perianthum (Fig. VI, 1), sowie ein Stück einer männlichen Pflanze mit einer Blüthenähre (Fig. VI, 2) von *Radula germana* nach eigenen Handzeichnungen dar.

Verf. stellt zwei neue Species von *Radula* auf. *R. Carringtonii* Jack. n. sp. ist von Carrington in „On Irish Hepaticae" als *R. aquilegia* Tayl. var. β. *major* aufgeführt. Mit *R. aquilegia* hat sie die olivenbraune Farbe gemein, ihr fehlt aber die für letztere charakteristische Form des Blattlappens, nämlich die starke Anschwellung desselben längs seiner Basis. Der Unterlappen bildet bei *R. C.* mit dem oberen einen spitzen Winkel, ferner sind die Aeste vorwärts gerichtet und die Blätter stehen quer ab. Sie gleicht *R. complanata*, unterscheidet sich aber von ihr durch ihren diöcischen Charakter und die olivenbraune Farbe. Sie ist nur aus Irland bekannt. Die zweite neue Art ist *R. germana* Jack.

n. sp., die an feuchten Stellen auf bemoosten Felsen der subalpinen und alpinen Region vorkommt und bis jetzt vom Schwarzwald, aus der Schweiz und Steiermark bekannt ist. Sie ist diöcisch und unterscheidet sich von *R. complanata* durch den Mangel der Perigonialblätter unter der ♀Blüthe und die Grösse der Sporen, bei sterilen Pflanzen durch die aufsteigende Form der Blätter, welche länger als breit sind; von *R. Lindbergiana* durch den schlankeren Kelch und die fast um die Hälfte grösseren Sporen, von *R. commutata*, der sie in mancher Beziehung nahe steht, durch den fiederigen Wuchs, die kleinere Kapsel und die etwas grösseren Sporen. Hierher gehören die in der Synops. Hepat. p. 257 bei *R. complanata* aufgeführten var. β. *plumulosa* und γ. *tenuis*.

Die von Hombron (Montagne Ann. d. sc. nat. Avril 1843, p. 255, No. 33) und die Taylors'chen Exemplare von ebendaher sind identisch und von *R. aquilegia* durchaus verschieden, dagegen ist *R. physoloba* Mitt. von der gleichbenannten Montagne'schen Pflanze verschieden.

Radula complanata α. *communis* * *propagulifera* ist mit der ebenfalls hier beschriebenen *R. commutata* Gottsche n. sp., wie schon dieser Autor vermuthete, identisch, ebenso *R. complanata rupincola* N. v. E. und *R. c.* var. *rupestris* N. v. E.

Folgende europäische *Radula*-Arten sind demgemäss jetzt zu unterscheiden: *R. complanata* (Dum.) Gottsche, *R. Carringtonii* Jack, *R. aquilegia* Tayl., *R. commutata* Gottsche, *R. germana* Jack, *R. Lindbergiana* Gottsche, *R. voluta* Tayl.

66. Limprecht, G. Berichtigung. (Botan. Centralbl., Bd. 5, S. 288.)

Gegenüber einer Angabe von Warnstorf und einer von Sanio im Botan. Centralbl. 1880 und 1881 bemerkt Verf., dass *Sphagnum Austini* Sulliv. bereits 1876 in der Kryptogamenflora v. Schles. I, S. 427 und dass *Andreaea alpestris* Schpr. ebenfalls in Schlesien nachgewiesen worden ist.

67. Limpricht, K. G. Zur Systematik der Torfmoose. (Botanisches Centralbl., Bd. VII, S. 311—319.)

Angeregt durch die Arbeit von C. Warnstorf „Die europäischen Torfmoose" (vgl. Ref. No. 85) giebt Verf. einige Bemerkungen zur gegenwärtigen Systematik der Torfmoose, deren historische Entwickelung im Eingange besprochen wird. Für *Sphagnum cymbifolium* Ehrh. bestätigt er zu gegenüber C. Müller und Warnstorf die Angabe Schimpers, dass im Stengelquerschnitt die kleinen Zellen mehr in der Mitte liegen und die Verwachsung der grossen Zellen mehr auf beiden Seiten stattfinde, dass sich jedoch die Verwachsung nie auf eine grosse Fläche wie bei *Sph. squarrosum* und *rigidum* erstrecke, wo sich die grossen Zellen gleichsam gegenseitig zusammendrücken und mit ihren Seitenflächen so verwachsen, dass die farbigen Zellen von allen Seiten vollkommen eingeschlossen sind. Nur bei var. *congestum* Sch. und *purpurascens* Russ., Milde werden die hier sehr kleinen chlorophyllführenden Zellen beiderseits von den hyalinen ganz eingeschlossen. Da dieses Merkmal constant ist, Stengelrinde und Stengelblätter eigenthümlich ausgebildet sind und die Farbe sowie der Habitus abweichen, so erklärt Verf. die varr. *congestum* und *purpurascens* für eine eigene Art, für die er den Namen *Sph. medium* n. sp. wählt. *Sph. papillosum* Lindb. ist unter verschiedenen anderen Namen mehrfach in Schlesien gesammelt und scheint dort nicht selten zu sein. Da die Papillen oft minder auffällig sind, so ist es nicht unwahrscheinlich, dass auch Formen ohne Papillen künftig hiermit vereinigt werden. An diese Art lehnt sich das in Schlesien seltenere *Sph. Austini* Sull. an, bei welchem die betr. Zellwände kammartige Verdickungen tragen, die von Warnstorf irrthümlich ebenfalls Papillen genannt werden. *Sph. glaucum* v. Klinggr. und *Sph. subbicolor* Hampe müssen mit *Sph. cymbifolium* vereinigt werden. *Sph. cymbifolium* 1* *pulvinatum* Warnst. ist der Jugendzustand von *Sph. cymbifolium*. Aehnliche Entwickelungszustände sind auch die gedrungen-wurmförmigen astlosen oder unregelmässig beästeten Stengelgebilde, die Verf. in der Kryptfl. a. Schles. I, p. 221 bei *Sph. subsecundum* erwähnte. Diese sind häufig als Varietäten oder Arten beschrieben worden. Ausserdem kommen solche Stengelgebilde bei *Sph. rigidum*, *Lindbergii* und *molluscoides* Müll. vor. Bei robusteren Formen von *Sph. cymbifolium* mit gabelig getheilten Stengeln kommen zweierlei Stengelblätter an demselben Individuum vor. Die beiden Russowschen Reihen von *Sph. subsecundum*: α. *heterophyllum* und β. *isophyllum* lassen sich stets nach den Stengelblättern, deren Grösse, Form und Zellnetz auseinander halten. *Sph. laricinum* Spruce, *subsecundum verum* nnd Sph. *contortum, recurvum* in eine Collectivspecies *Sp. cavifolium* Warnst. n. sp. zu vereinigen ist unzweckmässig. Dass Warnstorf dem *Sph. spectabile* Sch., dessen Begriff er erweitert, indem er auch *Sph. riparium* Ångst. hierherzieht, eine Rindenschicht zuschreibt, erklärt sich dadurch, dass ihm zwei verschiedene Pflanzenreihen vorlagen, von denen er nur *Sph. riparium* Ångstr. auf die Stengelrinde prüfte. Verf. ist der Ansicht, dass *Sph. spectabile* Sch. von *Sph. recurvum* nicht specifisch zu trennen ist. Dasselbe gilt von *Sph. fallax* v. Klinggr. Die Erklärung Warnstorf's, dass bei *Sph. cuspidatum* die verhältnissmässige Weite der Rindenzellen durch den Standort im Wasser bedingt wäre, ist unzutreffend, da bei *Sph. spectabile* und *fallax*, die beide im Wasser wachsen, die Stengelrinde fehlt.

Auch die selteneren *Sphagnum*-Arten zeigen viele Neigung zum Variiren, so z. B. *Sph. Lindbergii.*

Die Gruppirung der europäischen Torfmoose nach einem einzigen Merkmal giebt ein rein künstliches System, daher empfiehlt sich als bildender und sachlicher die Gruppirung nach ihrer natürlichen Verwandtschaft.

68. Limpricht. Ueber neue Arten und Formen der Gattung Sarcoscyphus Corda. (58. Jahresbericht der Schlesischen Gesellschaft f. vaterländische Cultur. Breslau 1881, S. 179—184.)

Deutsche Beschreibungen und Standortsangaben folgender neuer Species der Gattung *Sarcoscyphus: Sarcoscyphus Sprucei* n. sp., Fichtelgebirge und Lungan auf Steinen; *S. styriacus* n. sp., Steiermark; *S. neglectus* n. sp., deutsche Hochalpen auf Erde; *S. pygmaeus* n. sp., deutsche Alpen auf Felsen; *S. capillaris* n. sp., nebst der varietas β. *irriguus* Kärnthen; *S. aemulus* n. sp., Steiermark auf Erde zwischen Felsblöcken.

69. Limpricht, G. Ueber Gymnomitrium adustum N. v. E. (Flora 1881, S. 71—76.)

Gymnomitrium adustum N. v. E. ist infolge einer Verwechselung von Seiten Funk's verkannt und der Name von Spruce in *Sarcoscyphus adustus* umgeändert worden. Letzterem hat sich auch Gottsche angeschlossen. Durch die Entdeckung, dass sein *Sarcoscyphus confertus* (57. Jahresber. d. Schles. Ges. S. 313, 1880) ein *Gymnomitrium* ist, und infolge von Zusendungen schwarzer *Gymnomitria* durch Breidler wurde Verf. auf *G. adustum* aufmerksam und weist nun nach, dass das *G. adustum* N. v. E. wirklich ein *Gymnomitrium* ist, während er die von Funck gesammelte Pflanze aus dem Fichtelgebirge, welche zu der Verwechslung Anlass gab, *Sarcoscyphus Sprucei* n. sp. nennt. An Granitblöcken am Weisswasser im Riesengebirge sammelte er ferner eine Pflanze, welche genau mit dem ersten *G. adustum* N. v. E. übereinstimmt. Hierauf folgen die wichtigsten Merkmale der Nees'schen Pflanze. No. 616. *Sarcoscyphus Funckii* in G. et Rabenh. Hep. eur. von der Rehalp im Canton Uri (*Sarc. F. β. decipiens* Massalongo N. Giorn. Bot. Ital. Vol. XIII, p. 313) ist ebenfalls eine *Gymnomitrium. G. confertum* ist autöcisch und zeigt nur vereinzelte paröcische Sprosse.

Die Gattung *Gymnomitrium* zählt jetzt folgende europäische Arten: 1. *G. concinnatum* Corda 1830; 2. *G. obtusum* Lindb. 1879; 3. *G. corallioides* N. v. E. 1833; 4. *G. crenulatum* Gottsche 1863; 5. *G. adustum* N. v. E. 1833; 6. *G. crassifolium* Carrington 1879; 7. *G. confertum* Limpr. 1880; 8. *G. suecicum* Gottsche 1871; 9. *G. condensatum* Ångstr. 1871. Diese Arten gruppiren sich in 3 Typen: 1. No. 1—4; 2. No. 5—7; 3. No. 8.

Da nach Lindberg bei *G. condensatum* Ångstr. der Kelch in seinem freien Theile einen Tubus bildet, so müsste diese Pflanze bei *Sarcoscyphus* eingereiht werden. Hierher gehört auch eine von Breidler vom Hochgolling bei Schladming gesammelte Pflanze. Es folgt die Diagnose von *G. suecicum* aus der Flora danica.

Bezüglich der Arbeit von W. H. Pearson: „on *G. obtusum*" (Journ. of Bot. 1880) wird bemerkt, dass auch *G. concinnatum* und *G. corallioides* an spitzlappigen Blättern eine ganz ähnliche Crenulirung zeigen, dass ferner bei *G. concinnatum* var. *intermedium* Blätter mit einem spitzen und einem abgerundeten Blattlappen vorkommen und dass die Involucralblätter des jungen ♀ Blüthenstandes von dem des *G. concinnatum* nicht zu unterscheiden sind. Den Schluss bilden Bemerkungen über *G. adustum* vom Weisswasser. *G. adustum* N. v. E. Alpen, Funck e. *Jungermannia brunnea* Spreng? ist ein *Sarcoscyphus*, den Verf. *S. pygmaeus* 'n. sp. nennt. (Vgl. Spruce Ref. 79.)

70. **Lindberg, S. 0. Resultate seiner letzten Untersuchungen über nordische Moose.** (Verhandl. d. Gesellsch. pro Fauna et Flora Fennica zu Helsingfors 2, April 1881.)

Zeigt folgende für das skandinavische Florengebiet neue Arten an: *Riccia subinermis* n. sp. (südwestl. Finnland; steht *R. ciliata* nahe), *Pohlia crassinervis* n. sp. (schwedisches Lappland; Frucht unbekannt), *Astrophyllum curvatulum* Lindb. (Luleå Lappland), *Hypnum terrestre* Lindb. (Botan. Garten zu Helsingfors) ist eine ausgezeichnete Art, die in mancher Hinsicht den Uebergang zwischen *Brachythecium*, *Rhynchostegium* und *Eurrhynchium* bildet. *Hypnum (Amblystegium) Goulardi* Schpr. (Norwegen).

Folgende Moose werden von Lindberg für Skandinavien gestrichen: *Lesquereuxia striata*, *Bartramia subulata* Bryol. eur., *B. ityphylla* Brid., *Dicranella stricta* Schpr., *Leptotrichum arcticum* Schpr., *Orthotrichum aetneuse* DC.

Bei Culturversuchen mit *Ricciocarpus natans* (L) Corda stellte sich heraus, dass die schwimmende, sterile Pflanze das Aussehen völlig geändert hatte, welches die auf feuchtem Boden gewachsenen Exemplare zeigten. Die langen, niederhängenden, gleichbreiten und gesägten, purpurfarbigen Blätter der schwimmenden Form hatten sich zu äusserst kleinen, halbmondförmigen, ungefärbten Blättern umgebildet; der ganze Habitus glich mehr einer grossen *Riccia glauca*. Es war so eine Form entstanden, die scheinbar ganz und gar mit der weit geschiedenen Art *R. lutescens* Schwein. (Nordamerika) identisch ist.

71. **Lindberg, S. 0. De Cryphaeis Europaeis.** (Meddelanden af Societas pro Fauna et Flora Fennica. Sjette Häftet. Helsingfors 1781, p. 71—75.)

Lateinische Diagnose, Synonymie, Literatur und Standortsangabe zweier Arten von *Cryphaea*. *Cryphaea arborea* (Huds.) Lindb. in Oefv. V.-Ak., Förh., 20, p. 392, u. 15 (1863) und *C. Lamyi* (Mon.t) C. Müll. in Linnaea 18, p. 680 u. 8 (1844).

72. **Massalongo, C. Duae species novae e genere Lejeunia, quas circa Buenos-Ayres legit C. Spegazzini, descriptae a. C. M.** (Nuovo Giornale Botanico Italiano, Vol. XIII, Firenze 1881, p. 122—124. mit 1 Tafel.)

Lateinische Diagnosen, Beschreibungen und Standortsangaben zweier neuen Arten von *Lejeunia*. *L. Spegazinii* M. n. sp., an Baumstämmen, steht *L. Lhotzskiana* nahe und ähnelt im Habitus *L. serpyllifolia*. *L. ptosimophylla* M. n. sp., an Baumstämmen, ähnelt in Habitus und Grösse *L. serpyllifolia* und steht *L. pacifica* Mont. nahe. Auf der Tafel IV sind beide Arten nebst einzelnen Theilen in Umrisszeichnungen abgebildet.

73. **Müller, K. Hal. Genera Muscorum quatuor nova memorabilia.** (Botanisches Central-blatt, Bd. VII, S. 345—349.)

Lateinische Diagnosen und deutsche Bemerkungen zu folgenden neuen Moosgattungen und Arten: I. *Wilsoniella* gen. nov. 1. *W. pellucida* n. sp. = *Trematodon decipiens* Mitt. in Musc. Indiae orient. 1859, p. 13. — *Trichostomum? pellucidum* Wils. in Kew. Journ. Bot. IX, p. 321. Auf Ceylon. 2. *W. Karsteniana* n. sp. Trimity-Bay, Australien. Die Gattung gehört zum Tribus *Bryaceae* und hat den Habitus eines *Orthodontium*. Zu den *Funariaceen* gehört II. *Thiemea* gen. nov., mit der einzigen Art *T. Hampeana* n. sp. Ostindien, Birma, Pegu, Yomah. III. *Rehmanniella* gen. nov. mit *R. Africana* n. sp. eine *Pottiacee* vom Habitus eines *Sphaerangium* ist von Rehmann in Muscis Austro-Africanis No. 171 unter dem Namen *Sphaerangium Africanum* beschrieben. IV. *Hampeella* gen. nov. mit *H. Kurzii* = *Angulocarpus Javensis* Hpe. Java.

74. **Philibert. Orthotrichum acuminatum. Species nova.** (Revue bryol. 1881, S. 28—31.)

Verf. giebt eine französische Beschreibung dieser neuen Art, welche er bei Vals-in der Ardèche gefunden hat. Sie findet sich häufig an Baumrinden und gehört in die Gruppe der *Orthotricha affinia*.

75. **Renauld, F. Revision de la section Harpidium du genre Hypnum de la Flore Française.** (Extrait des Mémoires de la Société d'Emulation du Doubs. Séances du 8. novembre 1879, 24 p. 8°.)

Da die Charaktere, welche man zur Unterscheidung der specifischen Typen in der

Section *Harpidium* der Gattung *Hypnum* benutzt hat, fast alle variabel sind, so ist es ausserordenlich schwer, die betreffenden Arten richtig zu classificiren. Nach Untersuchung zahlreicher Exemplare der einzelnen Arten von verschiedenen Standorten und aus mehreren Sammlungen und unter Berücksichtigung aller wichtigen Merkmale gelangt Verf. zu folgender Eintheilung. Die Section *Harpidium* wird in vier Gruppen eingetheilt. Von diesen umfasst die erste die Arten: 1. *Hypnum scorpioides* L., 2. *H. lycopodioides* Schwägr., 3. *H. hamifolium* Sch.; die zweite: 4. *H. aduncum* mit den Varietäten: var. *Kneiffii* Sch. Syn. ed. II, var. *laxum* Milde Bryol. Siles., var. *pungens* Milde Bryol. Siles., var. *gracilescens* Sch. Syn. ed. I, var. *tenue* Sch. Syn. ed. II, 5. *H. Wilsoni* (Syn. *H. Sendtneri* var. *Wilsoni* Sch. Syn. ed. II); die dritte: 6. *H. uncinatum* Hedw. mit var. *plumulosum* Sch. und *orthothecioides* Lindb., 7. *H. fluitans* L. mit var. *pseudostraminum* Bryol. Schs., *exannulatum* (*H. exannulatum* Griseb. Syn. ed. II), var. *Rotae* Sch. Syn. ed. II, var. *Jeaubernati* Renld.; die vierte: 8. *H. revolvens* Sw. mit den Subspecies: *H. intermedium* Lindb. und *H. Cossoni* Sch. Syn. ed. II, 9. *H. vernicosum* Lindb.

Es folgen kritische Bemerkungen über die einzelnen Species und über die geographische Verbreitung derselben in Frankreich.

76. Renauld. Classification systématique de la section Harpidium du genre Hypnum de la flore française. (Revue bryologique 1881, S. 74—82.)

Verf. beruft sich auf seine unter No. 75 besprochene Arbeit. In Folge neuerer Untersuchungen und ihm zugegangener Kritiken hat er seine Ansichten theilweise modifizirt und giebt nun eine Uebersicht der Arten nach seiner jetzigen Auffassung. Danach zerfällt die Section *Harpidium* in vier Gruppen. Die erste umfasst *Hypnum scorpioides* L. und *H. lycopodioides* Schwägr.; die zweite *H. aduncum* Hedw. mit der Subsp. *H. Kneiffii*, *H. Wilsoni* (*H. Sendtneri* und *Wilsoni* Sch. Syn. ed. II) mit der Subsp. *H. hamifolium* Sch. Syn. ed. II; die dritte *H. uncinatum* Hedw., *H. fluitans* L.; die vierte *H. revolvens* Sw. mit der Subsp. *H. intermedium* Lindb., *H. vernicosum* Lindb. Die meisten Arten umfassen zahlreiche Formen. Die Gruppen sind charakterisirt, die Species und Varietäten beschrieben und die Beschreibungen von kritischen Bemerkungen begleitet.

77. Sanio, C. Additamentum in Hypni adunci cognitionem. (Bot. Centralbl. Bd. 5, S. 93.)

Verf. spricht sich dafür aus, dass *Hypnum aduncum* var. *Kneiffii* bei Trockenlegung der von ihm bewohnten Sümpfe häufig in *Hypnum aduncum* var. *tenue* übergehe und dass letztere Varietät der Varietät *Kneiffii* untergeordnet werden müsse. Er schlägt folgende Disposition der Varietäten von *H. aduncum* L. vor: α. *Blandowii* Sw.: a. *pungens* H. Müll., b. *subalpinum* Milde, c. *polycarpon* Bland, d. *intermedium* Schpr., ** *penna* Sn., e. *laxifolium* Sn.; β. *pseudofluitans* Sn.: a. *pseudostraminum* C. Müll., b. *inerme* Sn. (letzteres neu und beschrieben), c. *paternum* Sn.; γ. *Hampei* Sanio: a. *aquaticum* Sn. ** *filicinum* Sn., b. *unculus* Sn., c. *Kneiffii* Schpr. s. s. †† *varians* Sn., d. *tenue* Schpr.; δ. *legitimum* Sn.: a. *gracilescens* Schpr., b. *vulgare* Sn. †† *varians* Sn., ** *robustum* Sn., c. *Wilsoni* Schpr., d. *Sendtneri* Schpr. * *latifolium* Sn., ** *triviale* Sn., e. *giganteum* Schpr.; ε. *capillifolium* Warnstorf in litt. ad. Sanio; ex jure antiquiore.

78. Sequeira, G. Nouvelles mousses. (Revista da Sociedade de Instr. do Porto. 1881.)

Nicht gesehen.

79. Spruce, R. On Marsupella Stableri n. sp. and some allied species of European Hepaticae. (Revue bryologique 1881, S. 89—104.)

Die Einleitung enthält die Geschichte der Gattungen *Marsupella* und *Nardia*. Die letztere wurde von Gray in „Natural Arrangement of British Plants" aufgestellt und von Dumortier in zwei Genera, *Mesophylla* (*Alicularia* Carda c. p.) und *Marsupella* getheilt. Später zerspaltete derselbe Autor die Gattung *Mesophylla* in zwei neue Genera: *Mesophylla* Dum. und *Alicularia* Dum. (Sylloge Jungermannidearum 1831 und Hepaticae Europae 1874). Die Gattungen *Sarcoscyphus* und *Alicularia* der „Synopsis Hepaticarum" werden von Lindenberg, Carrington und Anderen zu einem einzigen Genus mit dem Namen *Nardia* vereinigt. Verf. möchte diesen Namen jedoch nur für die beiden Arten *Jungermannia scalaris* Schrad. und *J. compressa* Hook. und für *Jungermannia emarginata* Ehrh. den Namen *Marsupella* beibehalten, da letzterer älter ist als *Sarcoscyphus*. Die wichtigsten Unterschiede zwischen beiden Gattungen werden nun aufgeführt und ihr Werth besprochen. Verf. kommt dabei zu dem Resultat, dass die Gattungen *Gymnomitrium* und *Sarcoscyphus* verschmolzen werden müssen. Drei neue Species von *Marsupella* werden diagnosticirt und beschrieben: *Nardia (Marsupella) Stableri* Spr. n. sp. (Nordengland), *M. olivacea* n. sp. (Syn. *Sarcoscyphus Sprucei* β. *decipiens* Limpr. (?), *S. adustus* G. et R. (Nordengland, Riesengebirge) und *M. ustulata* n. sp. = *Gymnomitrium adustum* Nees e. p. *Sarcoscyphus adustus* (N) Spruce. Die Beschreibungen sind von kritischen Bemerkungen begleitet.

80. **Spruce, R. Musci praeteriti**: sive de muscis nonnullis adhuc neglectis, praetervisis vel confusis, nunc recognitis. (Journal of Botany, Vol. X, p. 11—18, 33—40.)

Fortsetzung der unter demselben Titel im vorigen Jahrgang der Zeitschrift erschienenen Diagnosen.

6. *Orthotrichum nivale* Spruce. Anden von Quito. Syn. *O. striatum* L. 7. *Scopelophila Agoyanensis* Mitt. aus dem äquatorialen Amerika steht der *Encalypta* (?) *ligulata* Spruce der Pyrenäen, welche *Scopelophila ligulata* genannt werden muss, sehr nahe. Mitten stellt die Gattung *Scopelophila* zwischen *Hymenostylium* Brid. und *Hyophila* Brid. Die Geschichte der Entdeckung und die Charaktere werden angegeben. 8. *Jungermannia Pearsoni* n. sp. Nord Wales steht am nächsten *J. opacula* n. sp. vom Chimborazo und *J. intricata* L. et G., Syn. Hep. 9. *Lepidozia Pearsoni* n. sp. Nord Wales Syn. *Lepidozia reptans* L. Carringt. et Pears. Hepat. Brit. exsicc. fasc. 1, No. 37. 10. *Lejeunia ulicina* Tayl. Das bisher unbekannte Perianthium wird beschrieben. Spruce hatte *L. ulicina* für *Jungermannia minutissima* Smith gehalten und gesteht jetzt seinen Irrthum ein.

81. **Venturi. Une Mousse hybride.** (Revue bryologique 1881, S. 20—22.)

Verf. empfing aus Oporto mehrere Moose, unter denen sich ein kleiner Rasen befand, der aus *Leptotrichum subulatum* Bruch. und *Pleuridium subulatum* bestand. Dazwischen befand sich ein einzelnes Exemplar, welches Verf. für einen Bastard beider Species hält, da es deren Merkmale vereinigt. Die Thatsache (? d. Ref.) dieser Bastardirung hält Verf. für einen wichtigen Beweis dafür, dass die Abgrenzung der *Musci cleistocarpi* eine künstliche und unnatürliche ist.

82. **Venturi. Le Hypnum curvicaule** Jur. (Revue bryologique 1881, S. 82—85.)

Nach einer Vergleichung zahlreicher von verschiedenen Standorten gesammelten Exemplare dieses dubiösen Mooses, über welches die Meinungen der Bryologen sehr auseinandergehen, kommt Verf. zu der Ansicht, dass man es als Subspecies von *Hypnum filicinum* betrachten muss, so lange nicht die Früchte bekannt sind.

83. **Venturi. Orthotrichum Sardagnanum.** (Revue bryologique 1881, p. 47, 48.)

In Rev. bryol. 1879 (vgl. Jahresber. 1879, S. 441, No. 26) hatte Verf. eine neue Species: *Orthotrichum Sardagnanum* aufgestellt. Er hat dieselbe bei Trient von neuem aufgefunden und vervollständigt seine damals gegebene lateinische Diagnose durch eine französische Beschreibung.

84. **Venturi. Des Orthotricha urnigera.** (Revue bryologique 1881, S. 41—47.)

Verf. hatte sich in Rev. bryol. 1879 (vgl. Jahresber. 1879, S. 450, No. 55) dahin ausgesprochen, dass *Orthotrichum Venturii* de Not. nur eine Form von *O. Schubartzianum* Lorentz sei und dass auch die wichtigsten Unterscheidungsmerkmale dieser Art von *O. urnigerum* Myrin. hinfällig seien. Auf Grund wiederholter Untersuchungen, deren Resultate ausführlich mitgetheilt werden, entscheidet sich Verf. jetzt dafür, die Gruppe der *Orthotricha urnigera* in zwei Arten zu theilen, zu welchen er die lateinischen Diagnosen giebt: nämlich *Orthotrichum urnigerum* Myrin. und *O. Venturii* de Not. Dieselben unterscheiden sich hauptsächlich dadurch, dass bei der ersten die Kapsel am Grunde halbkugelig ist und keinen Hals besitzt, während sie bei der zweiten, mit einem Halse versehen, allmählig in die Seta übergeht. Zu ersterer Art rechnet er als Subspecies *O. Schubartzianum* Lorentz, von welcher er noch eine var. *laxa* unterscheidet. Bei *O. Venturii* dagegen wird eine var. *caespitosa* und eine Subspecies *O. fuscum* unterschieden.

85. **C. Warnstorf. Die europäischen Torfmoose.** Eine Kritik und Beschreibung derselben. Berlin. Theodor Grieben, 1881, 152 Seiten.

Die Ueberzeugung, dass einerseits manche Formen der polymorphen Torfmoosgruppe, weil nicht genügend in ihrem inneren Zusammenhange mit anderen verwandten Typen erkannt, mehr oder weniger einseitig beurtheilt werden, andererseits, dass oft die zur „Differenzirung" der verschiedenen Species herangezogenen Merkmale sich als unbeständig erwiesen, hatten den Verf. zu dieser Arbeit veranlasst. In den einleitenden Bemerkungen wird die Gruppe zu charakterisiren versucht, wobei freilich, wie auch in der dann folgenden Charakterentabelle der Torfmoose, Laubmoose und Lebermoose viele, kaum entschuldbare Versehen und Fehler unterlaufen. In der Kritik über die zu benützenden Charaktere kommt der Verf. zu der Ansicht, dass hauptsächlich die Grundform der Stengelblätter, Bildung der Rindenschicht des Stengels, Form, Bildung der Spitze und Umrollung des Randes der Astblätter zu berücksichtigen seien. Auf die Charakterisirung des Blüthenstandes ist um so weniger Nachdruck zu legen, als „die eine Art charakterisirenden Merkmale so zu wählen sind, dass dieselbe zu jeder Zeit, in Frucht oder steril, blühend oder ohne Blüthen, auch von einem weniger Eingeweihten stets mit Sicherheit erkannt zu werden vermag". (!) Nach einer Darstellung der bisherigen Anordnungen der Torfmoose von Seiten der verschiedenen Autoren und zwei Schlüsseln zum Bestimmen der Arten (Schliephacke u. Verf.), folgt die eingehende Besprechung der einzelnen Formen. Verf. zählt 13 wohlbegründete Species auf. *Sphagnum recurvum, cuspidatum* und *spectabile* werden zu der Collectivspecies *Sph. variabile; S. subsecundum, auriculatum* und *laricinum* zu *S. cavifolium* zusammengezogen. *S. rubellum* wird dem *Sph. acutifolium* untergeordnet. Bei *Sph. squarrosum* wird die bisherige Var. *teres* zur Hauptart erhoben; endlich ist *S. Austini* als Form des *cymbifolium* einzureihen.

Die Beschreibung der einzelnen Formen ist äusserst weitläufig angelegt, jedoch mit grossem Fleiss ausgearbeitet. Von neuen Varietäten werden folgende beschrieben: *S. acutifolium* var. *fallax, secundum, squarrosulum, fusco-virescens, laxum, flavicaule, Schimperi strictum, S. variabile* 2. *β. fallax, S. cavifolium* var. *intermedium, molle, lapponicum, gracile, S. molluscum* var. *robustum, gracile, S. rigidum squarrosum* var. *strictum* und *reflexum, S. Lindbergi* var. *compactum, S. teres* var. *strictum, compactum, gracile, S. cymbifolium* var. *vulgare, brachycladum, laxum, fuscescens, purpurascens, Hampeanum, pulvinatum, Austini congestum, Roemeri.*

86. Warnstorf, C. Bryologische Notizen. (Hedwigia 1881, No. 11, S. 166, 167.)
Beschreibung des von Kindberg in Norwegen entdeckten *Racomitrium papillosum* Kindb. n. sp. Dasselbe gehört in die nächste Verwandtschaft von *R. patens* und *sudeticum* Schimp.

87. Warnstorf, C. Thuidium delicatulum (Hedw.) Lindberg, in Steiermark und wahrscheinlich auch in Deutschland verbreitet. (Botan. Centralbl., Bd. 5, S. 183—185.)
Giebt als neue Fundorte an: Steiermark an vielen Orten (Breidler 1880). Von Warnstorf in der Mark aufgefundene sterile Exemplare von *Thuidium* stimmten mit den Breidler'schen überein, nur dass bei ihnen die Blattpapillen kürzer waren. Im übrigen erörtert der Artikel die Unterschiede zwischen dem genannten Moos und *Thuidium recognitum* (Hedw.) Lindberg. Es bleibt dahin gestellt, ob überhaupt ein einziger constanter Unterschied zwischen beiden Moosen vorhanden, ist, und Verf. hält *Th. delicatulum* nur für eine Varietät von *Th. recognitum* Lindb.

88. Warnstorf, C. Brachythecium Venturii n. sp. (Flora 1881, S. 541, 542.)
Deutsche Diagnose eines von Venturi in den Hochalpen bei Trient steril gesammelten und vorläufig neben *Br. populeum* einzureihenden Mooses, welches Verf. für eine neue Species: *Br. Venturii* hält.

III. Sammlungen.

89. Hepaticologia Gallica, 2. Lieferung, angezeigt in Revue bryologique, 1881, S. 24.
Enthält Beschreibungen und Abbildungen in natürlicher Grösse auf 4 Tafeln von den Gattungen *Jungermannia* (34 Arten), *Lophocolea* (4 A.), *Harpanthus* (1 A.), *Chiloscyphus* (3 A.), *Saccogyna* (1 A.), *Geocalyx* (1 A.), *Calypogeia* (2 A.), *Lepidozia* (2 A.), *Mastigobryum* (2 A.), *Trichocolea* (1 A.), *Ptilidium* (1 A.), *Radula* (1 A.), *Madotheca* (6 A.).

90. **Musci Galliae.** (Fasc. 13, 2⁰ partie, No. 626—650.)
Angezeigt in Revue bryologique 1881, S. 24.
91. **Hepaticae Galliae.** (Fasc. 5, No. 101—125.)
Angezeigt in Revue bryologique 1881, S. 24.
92. **Warnstorf, C.** Sphagnotheca europaea.
Angekündigt in Sitzungsber. des Bot. Vereins der Prov. Brandenburg, 24. Juni 1881.
Herr W. beabsichtigt alle europäischen *Sphagna* in einer Sammlung zu vereinigen. Jede
Form soll in Frucht und blühend auf Cartonpapier aufgezogen ausgegeben werden. Die
Etiquetten werden Namen, Florengebiet, Standort, geognostische Unterlage, Meereshöhe und
Bemerkungen über besondere Eigenthümlichkeiten, bei ganz neuen Formen eine ausführliche
Beschreibung enthalten. Die erste Abtheilung, 50 Nummern enthaltend, kostet ohne Carton
12.50, mit Carton 15 M.
93. **C. Massalongo.** Hepaticae Italiae-Venetae exsiccatae. Decades XI, XII. Ferrara 1881.
Diese beiden Decaden enthalten die folgenden Arten: 101. *Blepharozia ciliaris*
Dmrt. var. *Wallrothiana.* — 102. *Bazzania trilobata* B. et Gr. — 103. *Bazz. tricrenata*
Trevis; forma ad var. *deflexam* transiens. — 104. *Frullania fragilifolia* Tayl. — 105. *Cephalozia bicuspidata* Dmrt. var. *conferta.* — 106. *Cephal. bicuspidata* Dmrt. var. *fastigiata.* —
107. *Cephal. bicuspidata* Dmrt. var. *ericetorum.* — 108. *Cephal. byssacea* Dmrt. — 109.
Jungermannia ventricosa Dicks. var. *porphyroleuca.* — 110. *Jung. minuta* Crantz. var.
protracta. — 111. *Jung. minuta* Crantz. var. *protracta,* forma *altera.* — 112. *Diplophylleia
albicans* Trev. var. *taxifolia.* — 113. *Diploph. obtusifolius* Trev. — 114. *Nardia scalaris*
B. et Gr. — 115. *Nard. Funckii* var. *major.* — 116. *Kantia Trichomanis* B. et Gr. var.
Neesiana Massal. nov. var. — 117. *Kant. Trichomanis* B. et Gr. var. *Neesiana,* form.
compacta. — 118. *Riccardia multifida* B. et Gr. — 119. *Scapania geniculata* Massal. —
120. *Scap. umbrosa* Schrad.
Ausserdem die beiden ergänzenden Arten zu früheren Nummern 24 bis *Jungermannia lanceolata* L. — 99 bis *Jung. exsecta* Schm. O. Penzig.

C. Flechten.

Referent: E. Stahl.

Verzeichniss der besprochenen Arbeiten.

1. **Arnold.** Lichenologische Fragmente. (Ref. S. 214.)
2. **Babikoff.** Innere Cephalodien von Nephroma arcticum. (Ref. S. 212.)
3. **Baglietto e Carestia.** Anacrisi dei Licheni della Valesia. (Ref. S. 217.)
4. **Brisson.** Supplément aux Lichens des environs de Château-Thierry. (Ref. S. 216.)
5. **Crié.** Contributions à la flore cryptogamique de la presqu'île de Banks. (Ref. S. 217.)
6. **Crombie.** New British Lichens. (Ref. S. 215.)
7. **—** Observations on Parmelia olivacea and its British Allies. (Ref. S. 215.)
8. **—** Note on Parmelia reddenda. (Ref. S. 215.)
9. **Egeling.** Ein Beitrag zur Lösung der Frage bezüglich der Ernährung der Flechten. (Ref. S. 213.)
10. **—** Uebersicht der bisher in der Umgebung von Cassel beobachteten Flechten. (Ref. S. 216.)
11. **Friedrich.** Flechten aus Turkestan. (Ref. S. 217.)
12. **Fries, Th.** Zur Kenntniss der Ehrhart'schen Flechten. (Ref. S. 214.)
13. **Grönlund.** Islands Flora. (Ref. S. 213.)
14. **Hellbom.** Bericht über eine zu lichenologischen Untersuchungen in Norrland unternommene Reise. (Ref. S. 215.)
15. **Holmes, E. M.** The cryptogamic Flora of Kent. Lichens. London 1879. Nicht gesehen.
16. **Jatta.** Licheni del Monte Gargano. (Ref. S. 217.)
17. **—** Lichenes novi vel critici in Herbario Notarisiano contecti. (Ref. S. 216.)

14*

18. **Jatta.** Ancora sulle localita di Alcuni Licheni critici dell' erbario de Notaris. (Ref. S. 217.)
19. **Johnson.** British Lichens. (Ref. S. 215.)
20. **Lamy de la Chapelle.** Supplément au Catalogue raisonné des Lichens du Mont-Dore et de la Haute-Garonne. (Ref. S. 215.)
21. **Lanzi.** Sul Placodium albescens. (Ref. S. 216.)
22. Enumerantur Plantae Scandinavicae: Lichenes. (Ref. S. 216.)
23. **Lojka.** Lichenes Regni Hungarici exsiccati. (Ref. S. 216.)
24. **Magnin.** De l'emploi des réactifs chimiques pour la détermination des Lichens. (Ref. S. 213.)
25. **Malbranche.** Supplément au catalogue descriptif des Lichens de la Normandie. (Ref. S. 216.)
26. **Mattirolo.** Contribuzioni allo studio del genere Cora. (Ref. S. 213.)
27. **Minks.** Symbolae licheno-mycologicae. (Ref. S. 213.)
28. **Müller.** Lichenologische Beiträge. (Ref. S. 212.)
29. — Kleinere Aufsätze, deren Titel weiter unten im systematischen Theil. (Ref. S. 214.)
30. **Nylander.** Addenda nova ad Lichenographiam Europaeam. (Ref. S. 215.)
31. **Olivier.** Les Cladonia de la Flore Normande. (Ref. S. 216.)
32. — Herbier des Lichens de l'Orne et du Calvados. (Ref. S. 216.)
33. — Tableaux analytiques et dichotomiques de tous les genres et espèces de Lichens décrits dans le Lichenographia scandinavica de Th. Fries. Auteuil 1881. (Ref. S. 215.)
34. **Piccone.** Osservazioni sopra alcune localita Liguri. (Ref. S. 216.)
35. **Ravaud.** Guide du bryologue et du lichénologue à Grenoble et dans des environs Excursion I. Grenoble 1881. (Ref. S. 216.)
36. **Renard, E.**, et **Lacour.** De la Manne du Désert ou Manne des Hébreux. (Ref. S. 213.)
37. **Roumeguère.** Conseils pour l'étude des Lichens. (Ref. S. 213.)
37a. — Lichenes Galliae exsiccati. (Ref. S. 215.)
38. **Steiner.** Verrucaria calciseda, Petractis exanthematica. (Ref. S. 213.)
39. **Wainio.** Adjumenta ad Lichenographiam Lapponiae fennicae atque Fenniae borealis. (Ref. S. 212.)
40. — Untersuchung über die phylogenetische Entwickelung der Cladonien. (Ref. S. 212.)
41. **Willey.** A new North-American Lichen. (Ref. S. 217.)

I. Schriften allgemeinen Inhalts, Anatomie, Physiologie.

1. **Wainio, E. Untersuchung über die phylogenetische Entwickelung der Cladonien.** (Helsingfors 1880 [Finnisch].)

Die ursprüngliche Thallusform ist nach dem Verf. der horizontale Thallus; hieraus wird der Schluss gezogen, dass die Verwandten der Cladonien nicht unter den Strauchflechten, sondern unter den Flechten mit krustigem Lager zu suchen sind. Die Podetien, welche dem Stipes bei *Baeomyces* zu vergleichen sind, entwickeln sich in der Rindenschicht der basalen Phyllocladien. Bei *Stereocaulon* entstehen dagegen die Podetien „durch eine unmittelbare Verlängerung der basalen Granulationen" (Phyllocladien), also nicht in deren Rinde. Hieraus schliesst der Verf., dass die beiden Gattungen nicht so nahe mit einander verwandt sind, als man auf Grund einer gewissen habituellen Aehnlichkeit schliessen möchte. Verf. giebt ausserdem eine Eintheilung der Cladonien nebst einer Untersuchung über das relative Alter der für die Gruppen wichtigsten Charactere. (Nach Bot. Centralblatt 1881.)

1a. **Müller. Lichenologische Beiträge.** (Flora 1881, p. 111.)

Ausführliche Beschreibung einer neuen den Pycniden und Spermogonien analogen Fructificationsform, welche bei tropischen blatt- und rindenbewohnenden Flechten vorkommt, vorzüglich bei den Gattungen *Gyalectidium, Heterothecium* und *Lopadium*.

2. **Babikoff. Innere Cephalodien von Nephroma arcticum.** Sitzungsberichte der Bot. Section der St. Petersburger Naturforscher-Gesellschaft 1879.

Kurze vorläufige Mittheilung über im Innern der genannten Flechte vorkommende

Gonidiengruppen, die als innere Cephalodien bezeichnet werden und deren Herkunft zweifelhaft erscheint.

3. **Renard, Ernest et Lacour. De la Manne du Désert on Manne des Hébreux.** (Bull. de la Soc. des sc. phys. nat. et climatol. d'Alges 1880.)

Die Verf. halten es für wahrscheinlich, dass *Lecanora esculenta* unter der ursprünglichen Manna der Bibel gemeint sei. Die Flechte ist durch das ganze Wüstengebiet von Afrika und Asien verbreitet. In Algier wird sie nur in Fällen dringendster Noth und dann in gekochtem Zustand gegessen.

4. **Egeling, G. Ein Beitrag zur Lösung der Frage bezüglich der Ernährung der Flechten.** (Oesterr. Bot. Zeitschrift 1881.)

Verf. wendet sich gegen die Behauptung von Zukal, nach welcher alle die Flechten, welche auf Kiesel, Eisen, Scherben und Glas gefunden werden, „echte Epiphyten" seien. „Allgemeine Gründe dagegen sind: das langsame Wachsthum der Flechten, sodann, dass die scheinbare glatte Oberfläche des Substrates nicht mehr absolut glatt ist. Wenn auf Glas eine Flechte wachsen kann, so ist es trübe und die Trübung rührt von kleinen Rissen in der Oberfläche her, und wenn Risse vorhanden sind, so sammelt sich auch das an, was man „Staub" nennt. Dieser Staub aber bietet den jungen Flechtenpflänzchen so lange Nahrung, bis es in der Lage ist, sich seine Nahrung aus dem Substrat zu entnehmen.

5. **Magnin. De l'emploi de réactifs chimiques pour la détermination des Lichens** (Societé bot. de Lyon Mars 1881.)

Kurze Angabe der Reagentien und einiger ihrer Wirkungen.

6. **Roumeguère. Conseils pour l'étude des Lichens.** (Revue Mycologique, Oct. 1881.)

Ein Abdruck der im „Catalogue raisonné des Lichens der Mont-Dore et de la Haute-Vienne" enthaltenen Rathschläge über die Anwendung von Reagentien beim Bestimmen der Flechten.

7. **O. Mattirolo. Contribuzioni allo studio del genere Cora Fr.** (Nuovo Giorn. Bot. Ital. XIII, No. 4, p. 245—267. Firenze 1881. Mit 2 lith. Taf.)

Die Gattung *Cora*, obwohl schon seit langer Zeit bekannt, hat bisher keinen befriedigenden Platz im System erhalten können und ist von den verschiedenen Autoren in der verschiedensten Weise gedeutet worden. Zuerst zu den Algen gestellt (als *Ulva* sp.), wurde sie später, da man ein Hymenium gefunden, zu den Pilzen, zu den Hymenomyceten gerechnet, und von Fries als Auricularinee beschrieben. Endlich stellte Nylander, welcher das Vorhandensein von Gonidien im Thallus beobachtet hatte, das Genus zu den Lichenen und beschrieb sogar die Apothecien mit Schlauchsporen, welche er auf einem einzigen Exemplar beobachtet hatte. Verf. hat einige Arten der Gattung genau anatomisch untersuchen können und ist zu folgenden interessanten Resultaten gekommen.

Die Flechtennatur der betreffenden Formen ist unzweifelhaft. Die dabei betheiligten Algen sind *Chroococcus*-Arten (*Cora* Fr.) oder *Scytonema* (genannt *Rhipidonema* Matt. nov. gen.).

Das Hymenium ist in allen Arten gut entwickelt und zeigt Basidien mit je einer einzigen Basidiospore. Der an der Flechtenbildung betheiligte Pilz ist daher nahe mit *Kneiffia, Corticium, Stereum, Thelephora* etc. verwandt.

Die nur einmal von Nylander beobachteten Apothecien gehörten wahrscheinlich nicht der Gattung *Cora* zu eigen, sondern einem auf ihr parasitischen Pilze.

Es kann daher aus den Gattungen *Cora* und *Rhipidonema* eine neue Familie gebildet werden, welche Verf. *Hymenolichenes* nennt: es sind also Basidiomyceten, welche sich mit Phycochromaceen zur Flechtenbildung vereinen, ganz ähnlich wie dies so häufig zwischen Algen und Ascomyceten geschieht. O. Penzig.

8. **Minks. Symbolae licheno-mycologicae. Beitrag zur Kenntniss der Grenzen zwischen Flechten und Pilzen.** I. Theil. Kassel 1881.

9. **Steiner, J. Verrucaria calciseda, Petractis exanthematica. Ein Beitrag zur Kenntniss des Baues und der Entwickelung der Krustenflechten.** Klagenfurt 1881.

In der Hauptsache bestätigen diese Untersuchungen die Ergebnisse, welche Minks erhielt, in sofern nämlich „dass die behandelten Flechten als einheitliche Organismen erscheinen, welche alle sie constituirenden Theile, insbesondere auch die als Gonidien benannten Zellen (sowie das Hyphema) aus sich zu erzeugen vermögen. Von Gonidien giebt es, wie besonders *Petractis* zeigt, verschiedene in einem Flechtenlager und demgemäss ist auch ihre Bildungsweise verschieden, während andererseits die so interessanten *Scytonema*-Gonidien von *Petractis* auf zwei verschiedenen Wegen entstehen. *Verruc. calc.* zeigt am besten die einfachste Art der Gonidienbildung sowohl im Epi- als Hypothallus. Von besonderer Wichtigkeit dürfte im Zusammenhalt mit dem, was Minks bei *Leptogium* fand, der Nachweis der Entwickelung von Gonidien im Hypothallus sein, indem dieser dadurch als ein dem Hypothallus vollständig homologer Gewebetheil erscheint, der aber etwas später und mehr allmählig sich bildet und durch Längenwachsthum seiner Elemente sich auszeichnet.

Wie Minks finde auch ich, dass das Plasma der Hyphenzellen, nur nicht immer gleich stark, durch einen grünen Farbstoff gefärbt ist, von dem ich zeige, dass er in Säuren nicht verändert wird, in Alkohol vollständig löslich ist.

Worin der Verf. von Minks abweicht, ist die Ansicht über das „Microgonidium" (Minks). Er findet, dass das Plasma, je nach dem Grade und der Art seines Wassergehaltes bald netzartig vertheilt (obere Schichte des Epithallus) ist, bald die Hyphenzelle als zusammenhängende Masse prall ausfüllt, bald in zwei, drei bis viele Abschnitte zerlegt erscheint, welche dann, wenn sie in grösserer Zahl und ziemlich gleicher Grösse in einer Reihe gelagert sind, allerdings wie eine Kette kugeliger oder linsenförmiger Zellchen aussehen. Wie aber schon die Verschiedenheit im Anblick, so zeigt noch mehr die Behandlung mit gewissen Reagentien, wobei die Abschnitte des Plasma unter gleichmässiger Wasseraufnahme sich vereinigen, dass diese Körperchen keine Gebilde sind, welche selbständig bleiben, sondern dass sie nur durch Wassermangel und Verdichtung des Plasmas entstandene Spaltungsproducte desselben vorstellen.

Verf. spricht zugleich die Ansicht aus, dass hierin eine durch häufigen Wassermangel hervorgerufene, stark ausgebildete, biologische Eigenthümlichkeit des Plasmas der Flechten Hyphe sich ausdrücke. In soweit also Gonidien durch freie Zellbildung im Innern einer modificirten Hyphenzelle entstehen, sind diese Trockenzellen immer ein späteres Entwickelungsproduct.   Steiner.

II. Systematica.

10. **Arnold. Lichenologische Fragmente.** (Flora 1881.) XXIV. XXV.

Enthält im Auszuge nicht weiter mittheilbare Bemerkungen über die „Lichenes Helvetici" von Schleicher, welche in den Plantae cryptogamicae Helvetiae herausgegeben worden waren. In XXV. bringt Verf. Ergänzungen zu einer früher mitgetheilten Aufzählung der Arten der Gattung *Physcia;* ferner bespricht er die Gattung *Gyalolechia* und stellt eine neue Art auf: *Melanotheca glomerosula* Arn., Südtirol. Er liefert ausserdem einen Nachtrag zu einem früheren Verzeichniss der Flechtenparasiten.

11. **Müller, J. Lichenologische Beiträge.** (Flora 1881.)

Diagnosen zahlreicher neuer Arten und drei neuer Gattungen: *Gyalectidium, Biatorinopsis, Campylidium.*

12. **Fries, Th. Zur Kenntniss der Ehrhart'schen Flechten.** (Flora 1881.)

Enthält Zusätze und Bemerkungen zu Arnold's kritischen Erläuterungen der Flechten in Ehrhart's Plantae Cryptogamicae.

13. **Müller, J. I. Enumération des Lichens Valaisans nouveaux trouvés et publiés par lui antérieurement dans la Flora de Ratisbonne.**

II. Lichens collectés par Privat et Bader entre l'Augstbordpars et le pied de la pyramide de Tourtemagne.

III. Lichens des pentes gypseuses audessus des platrières de Granges, Valais Moyen, cueillis par Wolf.

IV. Lichens des pentes rocheures situées an N.O. du pont du Rhône entre Brigue et Roters cueillis par l'auteur.

V. Enumération de quelques lichens des Hautes Alpes du Valais. (Aus Bulletin de la soc. Murithienne du Valais 1881.)

Fünf kleine Aufsätze, deren Inhalt aus den Titeln zur Genüge erhellt.

Neu aufgestellt sind folgende Arten: *Lecanora plumbeola, fumosula.* — *Lecidea amabilis, Privati, scabridula, Wolfiana, subinvoluta, Kündigiana, Güttingeri, limborinella.* — *Placodium nodulosum, Valesiacum.* — *Buellia hetcropsis.*

14. **Nylander. Addenda nova ad Lichenographiam europaeam.** (In Flora 1881.)

Diagnosen zahlreicher neuer Arten.

15. **Johnson, W. New British Lichens.** (Journal of Botany 1881, p. 113.)

Enthält Bemerkungen über einige neue, von Nylander aufgestellte und in dessen Beiträgen beschriebene Flechten. *Lecanora rhagadiza, L. albo-lutescens, L. erysibe, Pertusaria spilomanthodes, Graphis elegans, forma simplicior.*

16. **Crombie. New British Lichens.** Grevillea 1881.

Aufzählung neuer, von Nylander in der Flora beschriebenen Flechten.

17. **Crombie. Observations on Parmelia olivacea and its British Allies.** Grevillea 1881.

Theilt die Resultate der Untersuchungen Nylander's über die genannte Flechte auszugsweise mit.

18. **Crombie. Note on Parmelia reddenda.** Grevillea 1881.

Diese Flechte ist nur eine Form von P. Borreri.

19. **Holmes. E. M. The cryptogamic Flora of Kent. Lichens.** London 1879.

Nicht gesehen.

20. **Grönlund. Islands Flora . . .** Kopenhagen 1881.

Enthält u. a. ein Verzeichniss aller bis jetzt zum Theil vom Verf. selbst in Island aufgefundenen Flechten. Die Arten sind aufgezählt in Bot. Centralbl. 1882, S. 235.

21. **Enumerantur Plantae scandinavicae.** 4. S. Lichenes. Lund u. Upsala 1879—80.

Das 4. Heft, die Lichenen enthaltend, bringt die Arten, Unterarten, Varietäten, Subvarietäten und Formen übersichtlich nach dem neuen Systeme von Th. Fries angeordnet. Ihre Verbreitung in den scandinavischen Ländern (mit Finnland) ist durch Buchstaben ausgedrückt. (Bot. Centralbl.)

22. **Olivier. Tableau analytique et dichotomique de tous les genres et espèces de Lichens décrits dans le Lichenographia scandinavica de Th. Fries.** Auteuil 1881.

23. **Hellbom, P. J. Bericht über eine zu lichenologischen Untersuchungen in Norrland im Sommer 1881 unternommene Reise.** (Öfvers. af Kongl. Sv. Vetensk. Akad. Förhandl. 1882, No. 3.)

Ohne allgemeineres Interesse.

24. **Wainio, E. Adjumenta ad Lichenographiam Lapponiae fennicae atque Fenniae borealis I.**

Ein Verzeichniss von 351 Arten und Unterarten mit genauer Angabe der Standorte, Synonyme und zahlreichen anderen Bemerkungen. — Neu aufgestellt werden 16 Arten:

Spilonema tenellum, subsimile. Pyrenopsis umbilicata, Iivaarensis. Collemopsis deplanata, subsimilis. Coniocybe gracillima. Pannaria porriginosa. Lecanora helygcoides, subrudescens, subcinerascens. Pertusaria infra lapponica, litoralis, efflorescens, ochrolemma, atropallida.

25. **Lamy de la Chapelle. Supplément au catalogue raisonné des lichens du Mont-Dore et de la Haute Vienne.** (Bulletin de la Soc. bot. de France 1881, p. 333.)

Die Zahl der Arten beläuft sich auf 650, worunter 4 neu aufgestellte sich befinden: *Pyrenopsis lemovicensis* Nyl. *Lecanora anoptiza* Nyl. *Lecidea perparvula* Nyl. *Epiphora encaustica* Nyl.

Ausserdem wurde eine für Frankreich neue Art — *Pannaria lepidiota* Nyl. — aufgefunden.

26. **Roumeguère. Lichenes Galliae exsiccati.** Cent III, 1881.

Neu *Sticta Jekeri.* Die meisten Arten stammen aus dem Nachlasse von J. B. Mougeot. Beiträge lieferten ausserdem Arnold (München) und verschiedene andere französische Botaniker.

27. **Olivier, H. Les Cladonia de la flore Normande.** (Feuille des jeunes naturalistes. Avril 1880.)

28. **Olivier. Herbier des Lichens de l'Orne et du Calvados. Fasc. I—IV.**

Von den 200 mitgetheilten Arten verdienen folgende seltenere Formen Erwähnung: *Parmelia subaurifera* Nyl.; *Lecidea incompta* Th. Fr.; *Lec. Leptocline* Flot.; *Lecanora cyrtella* Th. Fr.; *Lec. Sambuci* Th. Fr.; *L. Friesiana* Th. Fr.; *Lecidea hypnophylla* Th. Fr.; *Tomasiella Leightonii* Krd.; *Opegrapha cinerea* Lamy etc.

29. **Malbranche. Supplément au Catalogue descriptif des Lichens de la Normandie.** (Bulletin de la Soc. des amis des sciences nat. de Rouen 1881.)

Liefert Zusätze zu der früheren Arbeit. Am Schluss findet sich eine Liste der auf Flechten vorkommenden Parasiten.

30. **Brisson. Supplément aux Lichens des environs de Château-Thierry et du dép. de la Marne 1881.** (Extrait de Mém. de la Soc. acad. de la Marne.) Nach Revue myco-logique 1881.

Es werden zu den früher erwähnten Flechten 42 für das Gebiet neue Arten und Varietäten angeführt.

31. **Ravaud. Guide du bryologue et du lichenologue à Grenoble et dans ses environs. Excursion 1.** Grenoble 1881.

32. **Egeling, G. Uebersicht der bisher in der Umgebung von Cassel beobachteten Lichenen.** (XXVIII. Bericht des Ver. für Naturkunde zu Cassel 1881.)

Ein Verzeichniss von 259, auf 90 Gattungen vertheilten Arten. Diesem Ver-zeichniss ist eine Zusammenstellung der einschlägigen lichenologischen Litteratur, sowie eine Gruppirung der Flechten nach Standort und Substrat vorausgeschickt.

33. **Lojka. Lichenes Regni Hungarici exsiccati. Fasc. I—IV.**

Anzeige einer 200 Nummern betragenden Flechtensammlung, aus welcher gewöhn-lichere Arten ausgeschlossen bleiben sollen. Eine spätere Fortsetzung ist nicht ausgeschlossen.

34. **Lanzi, M. Sul Placodium albescens Koerb. del Colosseo.** (Atti dell' Acad. Pontif. dei Nuovi Lincei 1880.)

Verf. hat die Fructification einer unter verschiedenen Namen beschriebenen sterilen Flechtenform gefunden, welche auf den beschatteten Mauern des Colosseum vorkommt. Die Form wurde als *Placodium albescens* Koerb. bestimmt.

35. **A. Jatta. Lichenes novi vel critici in Herbario Notarisiano contenti.** (Nuovo Giorn. Bot. Ital. XIII, 1. Firenze 1881, p. 11—16.) Mit 1 Doppeltafel.

In dem reichen Herbarium des Professor De Notaris fanden sich auch einige unbestimmte Lichenen, die in vorliegendem Aufsatz besprochen werden. Es sind: 1. *Callopisma paepalostomum* (Anzi) Jatta var. *Bagliettianum* Jatta (von Baglietto fälschlich als *Rinodina articulata* beschrieben. — 2. *Callopisma aurantiacum* Lghtf., var. *fruticum* Jatta n. var. — 3. *Lecanora atra* Huds. (unter dem Namen *Dirina fallax* im Herb. Notar.). — 4. *Aspicilia isabellina* D. Not. sp. ined. — 5. *Aspicilia calcaria* var. *diffracta* Jatta n. var. — 6. *Pertusaria Wulfenii* D.C. var. *Cerasi* Jatta n. var. — 7. *Le-cidea atrobrunnea* Schaer., var. *Garovaglii* Jatta n. var. — 8. *Lecidea Notarisiana* n. sp. — 9. *Tonina sanguinaria* Bagl. — 10. *Opegrapha densta* De Not. sp. ined. — 11. *Opegrapha discoidea* n. sp. — 12. *Cleiostomum tetrasporum* n. sp. — 13. *Cleiostomum ligusticum* De Not. — 14. *Verrucaria concinna* Boss. — 15. *Verrucaria margacea* (Wahl) Fr. — 16. *Micro-thelia pygmaea* Koerb.

Für die Mehrzahl der beschriebenen Formen sind auf der beigegebenen Tafel ana-lytische Figuren angefertigt. O. Penzig (Padua).

36. **A. Piccone. Osservazioni sopra alcune località Liguri citate in un recente lavoro lichenologico del Dott. A. Jatta.** (Nuovo Giorn. Bot. Ital. XIII, 1881, No. 2, p. 126—127.)

Einige Standortsangaben für ligurische Flechten, welche Prof. A. Jatta (Nuov. Giorn. Bot. Ital. XIII, 1, p. 11—16) citirt, sind nicht correct. So ist statt „alle Feritore pr. Genova" (Jatta l. c.) zu setzen „al Bisagno", da „Feritor" nur der lateinische Name für den Bisagno-Bach ist. *Aspicilia calcarea*, welche Jatta von den „Monti di Nicea" citirt, stammt von den Kalkbergen um Nizza (Rostagni). O. Penzig (Modena).

37. **A. Jatta. Ancora sulle località di alcuni licheni critici dell' Erbario De Notaris.** (Nuovo Giorn. Bot. Ital. XIII, 1881, No. 3, p. 215—217.)

Verf. giebt die Erklärung, wie er zu den oben gerügten Irrthümern gelangt sei, und fügt einen neuen Standort für *Cleiostomum ligusticum* De Not. hinzu (bei Siro di Struppa, unweit Genua).   O. Penzig (Modena).

38. **A. Jatta. Licheni del Monte Gargano.** (Atti della Soc., Crittogamol. Ital. 1881.) Milano 1881, p. 35—37.

Aufzählung der Flechten, welche 1877 von Prof. Pedicino auf dem Monte Gargano gefunden worden sind; es sind 113 Arten, mit zahlreichen Varietäten, von denen eine neu, die *Opegrapha Mougeotii* var. *garganica* Jatta. Rabenhorst hatte 1850 ebenda gesammelt, und 21 Arten gefunden, von denen 8 diesmal nicht wieder gesehen wurden; von den 60 Flechtenarten, welche 1872 Pasquale und Licopoli auf dem Monte Gargano gefunden, fehlen in der von Prof. Pedicino gemachten Beute zwanzig Arten.   O. Penzig.

39. **Baglietto e Carestia. Anacrisi dei Licheni della Valsesia.** (Atti d. soc. Crittog. Ital. resid. in Milano 1880.)

Eine Vervollständigung eines im Jahre 1867 herausgegebenen Verzeichnisses der Flechten der Valsesia. Die Zahl der Arten beläuft sich auf 633, worunter 16 neu sind.

40. **Friedrich, K. Flechten aus Turkestan.** (Acta horti Petrop. 1881.)

19 der gewöhnlichsten Arten werden aus den Sammlungen von Regel aufgezählt. Eine sterile Flechte vom Sairam-See dürfte neu sein. Sie steht der *Evernia Prunastri* am nächsten, zu welcher sie der Verf. vorläufig als var. *Turkestanica* zieht. (Bot. Cblatt.)

41. **Willey, H. A new North-american Lichen.** (Bull. Torrey Bot. Club. Vol. VIII, 1881.) *Omphalodium Hottentotum* (Thunb.) var. *Arizonicum* Tuck. ined.

42. **Crié. Contributions à la flore cryptogamique de la presqu'île de Banks.** (Nouvelle-Zélande). (Comptes rendus T. 92, 1881.)

In einer im Jahre 1840 dort gemachten Sammlung fanden sich unter andern Kryptogamen auch folgende Flechten: *Sticta endochrysa, St. Freycinetii, Neuropogon melaxanthus,* welche ausserdem auf Spitzbergen und an der Südspitze Amerikas vorkommt.

D. Pilze (1880).

Referent: M. Büsgen.[1]

Verzeichniss der besprochenen Arbeiten. [2]

I. Geographische Verbreitung.

1. Nordpolarländer.

1. Berkeley, M. J. Enumeration of the Fungi collected during the Arctic Expedition 1875—76. (Ref. S. 229.)

2. Russland und Finnland.

2. Karsten, P. A. Pyrenomycetes aliquot novi. (Ref. S. 229.)

3. — Rysslands, Finnlands och den Skandinaviska Halfons vampar. (Ref. S. 229.)

4. Woronin, M. Neuer Fundort von Polysaccum turgidum Fr. (Ref. S. 229.)

3. Schweden und Norwegen.

5. Theorin, L. G. E. Hymenomycetes Gothoburgenses enumeravit. (Ref. S. 229.)

6. — Adnotationes ad Hymenomycetes Fahlunenses scripsit. (Ref. S. 229.)

---

[1] Infolge der Verhältnisse, unter welchen ich die Bearbeitung des vorliegenden Theiles des Jahresberichts übernahm, war ich nicht in der Lage, Einsendungen der Autoren benutzen zu können. Die daraus erwachsende Schwierigkeit der rechtzeitigen Beschaffung vieler Schriften möge es entschuldigen, wenn von einigen nur die Titel angeführt werden.   B.

[2] Da es nicht möglich war, die Referate über die mykologische Litteratur des Jahres 1880 noch im VIII. Bande zum Abdruck zu bringen, mussten dieselben in den IX. Band aufgenommen werden. Herr Dr. Büsgen hatte die Freundlichkeit, die Bearbeitung der Litteratur des Jahres 1880 zu übernehmen, als ich auf die Fertigstellung dieser Arbeit durch den früheren Referenten nicht mehr rechnen konnte. Herr Dr. Büsgen hat die Referate im Laufe weniger Monate hergestellt.   J.

4. England.

7. **Greenwood**, Pim. Index to British Fungi described or noticed in Grevillea vols I—VIII. (Ref. S. 230.)
8. **Philipps**, W., and **Plowright**, Ch. New and rare British Fungi. (Ref. S. 230.)
9. **White**, E. B. Preliminary list of Fungi of Perthshire. (Ref. S. 230.)

5. Frankreich.

10. **Gillet**, C. C. Champignons de France. (Ref. S. 230.)
11. **Saccardo**, P. A. Fungi gallici lecti a cl. viris P. Brunaud, Abb. Letendre, A. Malbranche, J. Therry vel editi in Mycotheca gallica C. Roumeguère. Ser. II. (Ref. S. 230.)
12. v. **Thümen**, F. Quelques espèces nouvelles de champignons de la France. (Ref. S. 230.)
13. **Brongniart**, Ch., et **Cornu**, M. Note sur les Cryptogames recueillies dans les environs de Gisors le 16 Mai 1880. (Ref. S. 230.)
14. **Cornu**, M. Note sur quelques champignons de la flore de France. (Ref. S. 230.)
15. — Liste des espèces recueillies dans une excursion faite à Montmorency. (Ref. S. 230.)
16. **Giard**, A. Deux espèces d'Entomophthora nouvelles pour la flore française. (Ref. S. 230.)
17. — Note sur un Agaric nouveau pour la flore française. (Ref. S. 231.)
18. **Gillot**, X. Note sur quelques champignons nouveaux ou rares observés aux environs d'Autun. (Ref. S. 231.)
19. **Patouillard**, M. N. Note sur quelques champignons des environs de Paris. (Ref. S. 231.)
20. — Note sur quelques plantes des environs de Paris. (Ref. S. 231.)
21. **Prillieux**. Peronospora effusa var. β. minor de Bary. (Ref. S. 231.)
22. **Roumeguère**, C. Apparition en France d'une Mucédinée nouvelle: l'Oidium l'asserini Bert. fils, état conidien d'un Erisyphe nouveau, l'E. Bertoloni. (Ref. S. 231.)
22a. — Bouquet de champignons nouveaux observés dans le midi de la France et en Algérie (1879—1880) par MM. O. Debeaux, A. Trabut, J. Therry, Rev. Frère Telesphore et C. Roumeguère. (Ref. S. 231.)
23. **Seriziat**. Etudes sur Collioure et ses environs. (Ref. S. 231.)
24. **Veuillot**. Note sur quelques champignons récoltés pendant l'excursion à Sain-Bel. (Ref. S. 231.)
25. **Lacaille**. Enumeration des champignons qui existent sur les feuilles des végétaux, dans l'Arrondissement du Havre et principalement à Bolbec. (Ref. S. 231.)
26. **Malbranche** et **Letendre**. Champignons nouveaux ou peu connus récoltés en Normandie, pour la plus grande partie dans le département de la Seine-Inférieure. (Ref. S. 232.)
27. **Quelet**, L. Champignons récemment observés en Normandie, aux environs de Paris et de la Rochelle, en Alsace, en Suisse et dans les montagnes du Jura et des Vosges; suivi des contributions à la flore mycologique de la Seine-Inférieure par M. A. Lebreton. (Ref. S. 232.)
28. — Some new species of Fungi from the Jura and the Vosges. (Ref. S. 232.)
29. **Brochon**, E. H. Rencontre dans la commune de Saucats d'un Clavaria foliacea Saint-Aman. (Ref. S. 232.)
30. **Brunaud**, M. P. Liste des plantes phanérogames et cryptogames croissant spontanément à Saintes (Charente-Jnférieure), et dans les environs. (Ref. S. 232.)
31. de **Guernisac**, comte. Catalogue des Disconiycétes de l'arrondissement de Morlaix. (Ref. S. 232.)
32. **Gillot**. Découverte en France du Roesleria hypogaea Thüm. et Pass. (Ref. S. 232.)
33. **Lucand**. Hyménomycètes nouveaux pour le département de Saône-et-Loire, récoltés en 1879. (Ref. S. 232.)
    S. a. No. 68.

6. Niederlande.

34. **Layen**. Contribution à l'étude des champignons du grand-duché de Luxembourg. (Ref. S. 233.)

35. Oudemans, C. A. J. A. Révision des champignons trouvés jusqu' à ce jour dans les Pays-Bas. (Ref. S. 233.)

7. Deutschland.

36. Bail, Th. Neue Pilzfunde in Westpreussen. (Ref. S. 233.)
37. Winter, G. Verzeichniss der im Gebiete von Koch's Synopsis beobachteten Uredineen und ihrer Nährpflanzen. (Ref. S. 233.)
   S. a. No. 88.

8. Oesterreich.

38. Beck, G. Zur Pilzflora Niederösterreichs. (Ref. S. 233.)
39. Holuby, J. L. Gombászati aprosáyok Y. (Ref. S. 233.)
40. Saccardo, P. A. Fungi Dalmatici pauci ex herb. illustr. R. de Visiani addito uno alterove mycete ex Anglia et Pannonia. (Ref. S. 233.)
41. Schulzer von Müggenburg. Mykologische Beiträge. (Ref. S. 234.)
42. Voss. Materialien zur Pilzkunde Krains. Wien 1880. 8°. 44 S. mit 1 Tfl. (S. S. 234.)

9. Schweiz.

43. Winter. Mykologisches aus Graubünden. (Ref. S. 234.)
   S. a. No. 86, 87.

10. Italien.

44. Passerini. Micromycetum italicorum diagnoses. (Ref. S. 234.)
45. Saccardo, P. A. Conspectus generum Fungorum Italiae inferiorum (Ref. S. 234.)
46. — Fungi veneti novi vel critici vel Mycologiae Venetae addendi. Ser. VI. (Ref. S. 234.)
46a. Spegazzini. Fungi nonnulli Veneti novi. (Ref. S. 234.)
47. Comes, O. Osservazioni su alcune specie dei funghi de Napolitano, e descrizione di due nuove specie. (S. S. 234.)
48. Comes, H. Sur la flore de Pompéi. (Ref. S. 234.)
49. Inzenga, G. Funghi Siciliani. Cent. II. (Ref. S. 234.)
   S. a. No. 83.

11. Spanien und Portugal.

50. de Thümen. Liste des champignons que feu le Dr. Wolffenstein a récoltés pendant un séjour à Malaga en Espagne. Det. par F. de Th. (Ref. S. 235.)
51. — Contributiones ad floram mycologicam lusitanicam. Ser. II. (Ref. S. 235.)

12. Asien.

52. Cesati, V. Intorno ai miceti raccolti dal Beccari nelle isole di Borneo e di Ceylon. (Ref. S. 235.)
53. — Mycetum in itinere Borneensi lectorum a. cl. od. Beccari enumeratio. (Ref. S. 235.)
54. Cooke, M. C. Fungi of India. (Ref. S. 235.)
55. Roumeguère, C. Fungi in reg. div. Australiae et Asiae a Jul. Remy collecti 1863—1866. (Ref. S. 235.)
56. de Thümen. Fungorum novorum exoticorum decas altera. (Ref. S. 235.)
57. — Beiträge zur Pilzflora Sibiriens. III. (Ref. S. 235.)
58. — Fungi aliquot novi in terra Kirghisorum a Juliano Schell. (Ref. S. 235.)
   S. a. No. 65. 71. 79.

13. Afrika.

59. Ascherson. Beiträge zur Flora Aegyptens. (Ref. S. 235.)
60. Fischer von Waldheim. Mittheilungen über die von Ehrenberg in Aegypten und Nubien gesammelten Brandpilze. (Ref. S. 236.)
61. de Thümen. Fungi Egyptiaci coll. per Schweinfurth, det per de Th. (Ref. S. 236.)
62. Spegazzini, Ch. Fungi nonnulli in insula Sancti Vincentii (caput viride) in die 11. Decembri 1879 lecti. (Ref. S. 236.)
63. Kalchbrenner, C., and Cooke, M. C. South African Fungi. (Ref. S. 236.)
   S. a. No. 84.

14. Amerika.

64. **Fungi** Brasilienses in provincia Rio de Janeiro a cl. Dr. A. Glaziovi lecti. Dct. M. G. Berkeley. (Ref. S. 236.)
65. **Cooke**, M. C. Exotic fungi. (Ref. S. 236.)
66. — The Fungi of Texas. (Ref. S. 236.)
67. — New York Fungi. (Ref. S. 236.)
68. — and **Harkness**. Californian Fungi. (Ref. S. 236.)
69. **Harkness** and **Moore**, J. H. Catalogue of the Pacific Coast Fungi. (Ref. S. 237.)
70. **Philipps**, W. On Helvella californica. (Ref. S. 237.)
71. **Saccardo**, P. A. Fungorum extra-europaeorum pugillus. (Ref. S. 237.)
72. **Spegazzini**. Fungi argentini. Pugillus I u. II. (Ref. S. 237.)
73. de **Thümen**. Pilze aus Entre-Rios. (Ref. S. 237.)
    S. a. No. 76, 84.

15. Australien.

74. **Cooke**, M. C. Fungi australiani. (Ref. S. 237.)
75. **Kalchbrenner**, C. Fungi of Australia I. Basidiomycetes. (Ref. S. 237.)
75a. — and **Cooke**, M. C. Australian Fungi. (Ref. 237.)
    S. a. No. 55, 65.

S. a. unter „Pflanzenkrankheiten".

II. Sammlungen und Präparate.

76. **Ellis**, J. B. North American Fungi. Cent. IV. (Ref. S. 238.)
77. **Kunze**, J. Fungi selecti exsiccati. 3 u. 4 Cent. (Ref. S. 238.)
78. **Lösche**. Herbarium. (Ref. S. 238.)
79. **Martianoff**, N. Fungi minusinenses exsiccati. (Ref. S. 238.)
80. **Patouillard**, N., et **Doassans**, E. Champignons figurés et desséchés. (Ref. S. 238.)
81. **Rehm**. Die Ascomyceten. XI. (Ref. S. 238.)
82. **Roumeguère**, C. Fungi gallici exsiccati. Index Cent. VII—X. (Ref. S. 238.)
83. **Spegazzini**, Ch. Decades Mycologicae italicae. 7—12. (Ref. S. 238.)
84. de **Thümen**. Mycotheca universalis 17. Cent. (Ref. S. 238.)
85. — Diagnosen zur „Mycotheca universalis". Cent. XIII—XV. (Ref. S. 238.)
86. **Wartmann** u. **Winter**. Schweizerische Kryptogamen. Cent. VIII. (Ref. S. 238.)
87. **Winter**, G. Supplemente zu den Fungi helvetici. (Ref. S. 238.)
88. **Zopf**, W. Mycotheca Marchica. (Ref. S. 239.)
89. **Arnoldi**, E. W. Sammlung plastisch nachgebildeter Pilze. 17. (Ref. S. 239.)
90. **Zimmermann**, O. E. R. Mycologische Präparate. (Ref. S. 239.)
    S. a. No. 306.

III. Schriften allgemeinen und gemischten Inhalts.

1. Schriften über allgemeine und specielle Systematik, Anatomie und Entwickelungs-geschichte.

91. **Dodel-Port**, A. Illustrirtes Pflanzenleben. (Ref. S. 239.)
92. **Kny**, L. Botanische Wandtafeln mit erläuterndem Text. IV. (Ref. S. 239.)
93. **Kummer**. Praktisches Pilzbuch für Jedermann, in Fragen und Antworten. (S. S. 239.)
94. **Lambotte**, E. Flore mycologique de la Belgique. (Ref. S. 239.)
95. de **Lanessan**. Flore général des champignons. (Ref. S. 239.)
96. — Flore des champignons supérieurs. (Ref. S. 239.)
97. — Flore des champignons inférieurs. (Ref. S. 240.)
98. **Layen**. Synopsis dichotomique des champignons. (Ref. S. 240.)
99. **Lenz**, H. Die Schwämme. 6. Aufl. (Ref. S. 240.)
100. **Marchand**, L. Botanique cryptogamique pharmaco-médicale. (S. S. 240.)
101. — Les herborisations cryptogamiques. (S. S. 240.)
102. **Philipps**, W. The fungi of our dwelling houses. (Ref. S. 240.)

103. **Richon.** Description et dessins de plantes cryptogames nouvelles. (Ref. S. 240.)
104. **Stevenson, J.** Mycologia scotica. (Ref. S. 240.)
105. **Benett, A. W.** On the Classification of Cryptogams. (Ref. S. 240.)
106. — **and Murray.** A Reformed system of terminology of the reproductive organs of the Thallophyta. (Ref. S. 241.)
107. **Banning, M. E.** Notes on Fungi. (Ref. S. 241.)
108. **Bail.** Ueber unterirdische Pilze. (Ref. 241.)
109. **Doassans, E., u. Patouillard, M.** Espèces nouvelles de champignons. (Ref. S. 242.)
110. **Roumeguère, C.** Un Rhizomorpha conidifère. (Ref. S. 242.)
111. — Publication des „Reliquiae Libertianae". (Ref. S. 242.)
112. **Cooke, M. C.** Reliquiae Libertianae. (Ref. S. 242.)
113. **de Thümen.** Reliquiae Libertianae. (Ref. S. 242.)
114. **Massée, G. E.** Notes on some of our smaller fungi. (S. S. 242.)
115. **Schulzer v. Müggenburg.** Ersuchen an die Fachgenossen. (Ref. S. 242.)
116. — Mykologisches. (Ref. S. 242.)
117. **Winter.** Mykologische Notizen. (Ref. S. 242.)
118. **Cuningham, D.** On certain effects of starvation on Vegetable and Animal Tissues. (Ref. S. 242.)
119. **Schmitz.** Untersuchungen über die Structur des Protoplasmas. (Ref. S. 243.)
120. **Bainier, M. G.** Sterigmatocystis et Nematogonum. (Ref. S. 243.)
121. **Gravis, A.** Note sur les excroissances des racines de l'aune. (Ref. S. 244.)
122. **Penzig, O.** Sui rapporti genetici tra Ozonium e Coprinus. (Ref. S. 244.)
123. **Zopf, W.** Ueber eine neue Methode zur Untersuchung des Mechanismus der Sporenentleerung bei den Ascomyceten etc. (Ref. S. 244.)

2. Physiologie (Chemie, Gährung).

124. **v. Naegeli.** Der Ernährungschemismus der niederen Pilze. (Ref. S. 245.)
125. **Condamy.** Observations sur la préponderance de l'arbre dans le developpement des champignons sylvestres. (Ref. S. 247.)
126. **Roumeguère, C.** Sur le parasitisme des Champignons; observations de M. M. A. Bertoloni et Condamy. (Ref. S. 247.)
127. **van Tieghem, Ch.** Sur la végétation dans l'huile. (Ref. S. 247.)
128. **Hansen, E. Chr.** Ueber Saccharomyces apiculatus. (Ref. S. 247.)
129. — **C.** Ueber die in der Luft vorkommenden Organismen. (Ref. S. 248.)
130. **Penzig, O.** Sui rapporti genetici tra Ozonium e Coprinus. (Ref. S. 248.)
131. **Reinke.** Ueber die Zusammensetzung des Protoplasma von Aethalium septicum. (Ref. S. 248.)
132. **Kossel.** Ueber das Nuclein der Hefe. (Ref. S. 248.)
133. **Pasqualis.** La fermentazione secondo C. v. Naegeli. (S. S. 248.)
134. **v. Naegeli.** Ueber Wärmetönung bei Fermentwirkungen. (Ref. S. 248.)
135. **Nasse, O.** Ueber Fermentprocesse und ihre Abhängigkeit vom Licht. (Ref. S. 249.)
136. **Schacht, W.** Der Stoffwechsel der Hefezelle bei der Alkoholgährung. (Ref. S. 249.)
137. **Pasqualis.** L'acqua nella fermentazione alcoolica. (S. S. 249.)
138. — L'ossigeno nella fermentazione alcoolica. (S. S. 249.)
139. **Hansen, Chr.** Einfluss der Lüftung auf die Vergährung der Würzen. (Ref. S. 249.)
140. **Mayer, A.** Ueber den Einfluss des Sauerstoffzutritts auf die alkoholische Gährung. (Ref. S. 249.)
141. — Ueber den Einfluss der Sauerstoffzufuhr auf die Gährung. (Ref. S. 249.)
142. **Boussingault, J.** Sur la fermentation alcoolique rapide. (Ref. S. 250.)
143. **Hayduck, M.** Einige Beobachtungen über den Einfluss der Spaltpilze auf die Entwickelung und Gährwirkung der Hefe. (Ref. S. 250.)
144. **Schiel.** Ueber Gährung. (Ref. S. 250.)
145. **Cochin.** Ueber die alkoholische Gährung. (Ref. S. 250.)
146. **Berthelot.** Bemerkungen zu Herrn Cochin's Notiz über die alkoholische Gährung. (Ref. S. 250.)

176. Beobachtungen über Feinde und Krankheiten unserer Obstbäume und Getreidearten im Jahre 1875. (Ref. S. 257.)
177. Lange, J. Om de Sygdome hos vore vigtigste dyrkede Planter, som fremkaldes ved Rustsvampe o. s. v. (Ref. S. 257.)
178. Renner. Az anyarozs (Secale cornutum) etc. (Ref. S. 257.)
179. — A növények üszögbetegsége etc. (Ref. S. 257.)
180. — A Uszögbetegség etc. (Ref. S. 257.)
181. Gegen Pflanzenungeziefer und Pflanzenkrankheiten. (Ref. S. 257.)
182. Sprengwagen zur Vertilgung der schädlichen Pilze und Insecten auf Culturgewächsen. (Ref. S. 257.)

b. Krankheiten des Getreides und anderer Feldfrüchte.

183. Comes, O. Notizie intorno ad alcune Crittogame parasite delle piante agrarie ed ai mezzi per combatterle. (S. S. 157.)
184. Linde, S. Wurzelparasiten und angebliche Bodenerschöpfung in Bezug auf Klee-müdigkeit etc. (Ref. S. 258.)
185. — Bodenmüdigkeit und die Unverträglichkeit der Pflanzen sind Pflanzenkrankheiten. (Ref. S. 258.)
186. Liebig, II. v. Ist die Bodenerschöpfungstheorie eine Irrlehre oder nicht? (Ref. S. 258.)
187. Eriksson, J. Om Klöfverrötan etc. (Ueber die Kleefäule mit besonderer Rücksicht auf das Auftreten in unserem Lande.) (Ref. S. 258.)
188. — En ny parasitsvamp etc. (Ein neuer Schmarotzer auf Weizen.) (Ref. S. 258.)
189. Cugini, G. Sopra una malattia del frumento recentemente comparsa nella provincia di Bologna. (Ref. S. 259.)
190. Werner u. Körnicke. Die Werthigkeit einiger Roggensorten. (Ref. S. 359.)
191. — Ueber die Werthigkeit einiger Gerstensorten. (Ref. S. 259.)
192. Kühn, J. Staubbrand in Gerste und Hafer. (Ref. S. 260.)
193. v. Liebenberg. Mittel gegen den Steinbrand des Weizens. (Ref. S. 260.)
194. Eidam. Ein neues Samenbeizmittel. (Ref. S. 260.)
195. Strebel. Ueber das Beizen des Saatguts. (Ref. S. 260.)
196. Samenbeizmittel. (Ref. S. 260.)
197. Bretfeld, H. v. Der Rapsverderber. (Ref. S. 260.)
198. Hamburg, E. A Peziza cibarioides Fr. etc. (Ref. S. 260.)
199. Cornu, M. C. Observations sur la maladie des vignons (Urocystis cepulae Farlow). (Ref. S. 261.)
200. Der Brandpilz der Zwiebeln. (Ref. S. 261.)
201. Hallier, E. Der Brandpilz der Küchenzwiebel. (Ref. S. 261.)
202. Frank, A. B. Notiz über den Zwiebelbrand. (Ref. S. 261.)
203. Magnus, P. Bemerkung zu P. A. Frank's Notiz über den Zwiebelbrand. (Ref. S. 261.)
204. Renouard, A. fils. Note sur les principales maladies du lin. (Ref. S. 261.)
205. Woronin, M. Nachträgliche Notiz zur Frage der Kohlpflanzenhernie. (Ref. S. 261.)
206. Kühn, J. Benutzung kranker Kartoffeln. (Ref. S. 262.)
207. Lawes u. Gilbert. Ueber die Zusammensetzung der Kartoffeln. (Ref. S. 262.)
208. Märker. Ueber den Einfluss der Düngung auf das Auftreten der Kartoffelkrankheit und den Stärkegehalt der Kartoffeln. (Ref. S. 263.)
209. Schindler. Die Regeneration der Kartoffel. (Ref. S. 263.)
210. Bersch, Jos. Ueber Mittel, das Schimmeln des Malzes zu verhüten. (Ref. S. 263.)
211. Davis, G. E., Dreyfuss u. Holland, P. Sizing and Mildew in Cotton Goods. (Ref. S. 263.)

c. Krankheiten der Gartengemüse und Blumen.

212. Ihne. Studien zur Pflanzengeographie (Puccinia Malvacearum). (Ref. S. 263.)
213. Fischer. Puccinia Malvacearum. (Ref. S. 264.)
214. Kaiser. Einige Bemerkungen über Puccinia Malvacearum. (Ref. S. 264.)

215. **Motelay.** Ueber eine Puccinia auf Lavatera cretica. (Ref. S. 264.)
216. **Ihne, E.** Infectionsversuche mit Puccinia Malvacearum. (Ref. S. 264.)
217. **Thomas, F.** Puccinia Chrysosplenii Grev. (Ref. S. 264.)
218. **Worthington** G. **Smith.** Sempervivum disease. (Ref. S. 264.)
219. **Badger, E. W.** Sempervivum disease. (Ref. S. 264.)
220. **Wittmack, L.** Peronospora sparsa' Berk. (Ref. S. 264.)
221. **Thomas, F.** Ueber ein auf Dryas parasitisches Synchytrium. (Ref. S. 264.)
222. **Neumann, O.** Ueber Stemphylium ericoctonum A. Br. u. de Bry. (Ref. S. 264.)
223. Mittel gegen den Rosenthau. (Ref. S. 265.)

d. **Krankheiten der Waldbäume und Sträucher.**

224. **Rostrup, E.** Parasitische Pilze an Waldbäumen. (Ref. S. 265.)
225. **Hartig, R.** Der Eichenwurzeltödter, Rosellinia (Rhizoktonia) quercina. (Ref. S. 265.)
226. -- Die Lärchenkrankheiten, insbesondere der Lärchenkrebspilz, Peziza Willkommii. (Ref. S. 266.)
227. — Der Fichtenrindenpilz, Nectria cucurbitula Fr. (Ref. S. 267.)
228. — Der zerschlitzte Warzenpilz, Telephora laciniata Pers. (Ref. S. 267.)
229. — Der Krebspilz der Laubholzbäume, Nectria ditissima Tul. (Ref. S. 267.)
230. — Der Ahornkeimlingspilz, Cercospora acerina. (Ref. S. 268.)
231. -- Der Buchenkeimlingspilz, Phytophthora Fagi. (Ref. S. 269.)
232. **Farlow, W. G.** The Gymnosporangia or Cedar-Apples of the United States. (Ref. S. 270.)
233. **Mer, M. E.** Note sur le dépérissement des cimes d'Epicéa. (Ref. S. 270.)
234. **Prantl.** Weitere Beobachtungen über die Kiefernschütte und die auf Coniferen schmarotzenden Pilze aus der Gattung Hysterium. (Ref. S. 270.)
235. **Seurrat** de la **Boulaye, J.** Beobachtungen über die „Maladie ronde" der Seekiefern (Pins maratimes) und der gemeinen Kiefern in Sologne. (Ref. S. 271.)
236. **Prillieux.** Sur les causes du rond des Pins. (Ref. S. 272.)
237. **Roumeguère, C.** Origine de la maladie du Rond. — Un mot sur les Rhizomorpha et sur les recents recherches de M. R. Hartig. (Ref. S. 272.)
238. **France, C. S.** Notes on the Mycelium of fungi attacking the roots of young scotch firs. (Ref. S. 273.)
239. **Fleischer.** Mittel gegen Holzfäulniss. (Ref. S. 273.)

e. **Krankheiten der Obstbäume, des Kirschlorbeers und der Melonen.**

240. **Roumeguère, C.** Nouvelle apparition en France du Gloeosporium (Fusarium) reticulatum Mt., destructeur des melons. (Ref. S. 273.)
241. **Borbás, V.** Növénytani apróságok IV. (Ref. S. 273.)
242. **Bertoloni.** Nuovo Oidium del Lauroceraso. (Ref. S. 273.)
243. **Ráthay, E.** Vorläufige Mittheilung über die Hexenbesen der Kirschbäume und über Exoascus Wiesneri Ráthay. (Ref. S. 273.)
244. **Thomas, Fr.** Ueber die von M. Girard kürzlich beschriebenen Gallen der Birnbäume. (Ref. S. 274.)
245. **Drawiel.** Ueber eine Impfung von Polyporus igniarius auf einen gesunden Kirschbaum. (Ref. S. 274.)
246. **Fischer, J. F.** Heilung der Frost-, Brand- u. Krebsschäden durch Theer. (Ref. S. 274.)
247. Ueber die Pflege, Krankheit und Heilung der Orangenbäume. (Ref. S. 274.)

f. **Krankheiten des Weinstocks.**

248. **Ladrey, C.** Traité de viticulture et d'Oenologie. (Ref. S. 274.)
249. **de Bary, A.** Der neue Feind unserer Reben (Peronospora viticola). (S. S. 274.)
250. **Göthe, R.** Der falsche Melthau der Reben (Peronospora viticola). (Ref. 274.)
251. **Roumeguère, C.** Le Peronospora de la vigne. (Ref. S. 274.)
252. **Renner, A.** Uj veszély fenyegeti etc. (Peronospora viticola). (Ref. S. 275.)
253. **Arina, G.** Brevi cenni sulla Peronospora viticola. (S. S. 275.)

254. Cerletti e Carlucci. La comparsa del Mildew o falso Oidio degli Americani a Farra di Soligo. (Ref. S. 275.)
255. Pirotta, R. Ancora sul Mildew o falso Oidio delle Viti. (Ref. S. 275.)
256. Cornu, M. Le Mildew, Peronospora des vignes (Peronospora viticola Berk. et Curt.) (Ref. S. 275.)
257. Prillieux, E. Le Peronospora de la vigne (Mildew des Américains) dans le Vendomois et la Touraine. (Ref. S. 275.)
258. Roumeguère, C. Aire et marche de developpement en France de Peronospora de la vigne pendant l'automne 1879. (Ref. S. 275.)
259. Thomas, P. Apparition dans le département du Tarn du Peronospora viticola. (Ref. S. 275.)
260. Voss, W. Peronospora viticola de Bary. (Ref. S. 275.)
261. — Weitere Mittheilungen über die Ausbreitung der Peronospora viticola de Bary. (Ref. S. 276.)
262. Mika, K. U Peronospora viticola de Bary etc. (Ref. S. 276.)
263. de Thümen. Die Einwanderung der Peronospora viticola in Europa. (Ref. S. 276.)
264. S. Garovaglio. La Peronospora viticola B. et C. ed il Laboratorio Crittogamico. (S. S. 276.)
365. — Sui tentativi di cura delle viti infette dalla Peronospora viticola Berk. (Ref. S. 276.)
266. Roux, Fr. Observations sur quelques maladies de la vigne. (Ref. S. 276.)
267. de Thümen. Die Pocken des Weinstocks. (Ref. S. 276.)
268. Mika, K. Ueber Gloeosporium ampelophagum Sacc. (Ref. S. 276.)
269. Anon. La malattia delle viti in Sansego. (Ref. S. 277.)
270. — Notizie sulla fillossera le sue invasione ecc. con un appendice sull' Antracnosi della vite. (S. S. 277.)
271. Arina, G. L'antracnosi della vite. (Ref. S. 277.)
272. Cattaneo, A. Tentativi d'innesto di Picchiola nelle viti. (Ref. S. 277.)
273. Hoch. Der schwarze und rothe Brand an den Weintrauben. (Ref. S. 277.)
274. Lawley, F. L'Antracnosi della vite. (Ref. S. 278.)
275. Prillieux, Ed. Quelques mots sur le rot des vignes américaines et l'anthracnose des vignes françaises. (Ref. S. 278.)
276. Cornu, M. Remarques sur la communication de M. Prillieux. (Ref. S. 278.)
277. Roumeguère, C. Le rot des vignes américaines est-il la même maladie que l'Antracnose des vignes du midi de France? — Ce dernier fléan à Collioure (Pyr.-Or.). (Ref. S. 278.)
278. Kübler. Ueber Pilzkrankheiten des Weinstocks. (Ref. S. 278.)
279. — Eine neue Weinkrankheit. (Ref. S. 278.)
280. Daille. Uredo viticida. (Ref. S. 278.)
281. Mühlberg. Ueber Roessleria hypogaea Thüm. et Pass. (Ref. S. 279.)
282. Ellis, J. B. New Sphaeria on Grapes (Sphaeria Bidwellii n. sp.). (S. Bot. Jahresb. 1879, S. 579.)
283. Millardet, A. Phylloxera et Pourridié. (Ref. S. 279.)
284. Trevisan, V. Il mal nero e la fillossera a Valmadrera. (Ref. S. 279.)
285. Schaal. Zur Bekämpfung der Traubenkrankheit. (Ref. S. 279.)
286. Gegen den Mehlthau des Weines. (Ref. S. 279.)
287. Moritz, J. Ueber die Wirkungsweise des Schwefelns als Mittel gegen den Traubenpilz (Oidium Tuckeri). (Ref. S. 280.)

g. Krankheiten des Kaffebaumes.

288. Abbay, R. Observations on Hemileia vastatrix, the so-called Coffee-leaf Disease. (Ref. S. 280.)
289. Morris, D. Note on the structure and habit of Hemileia vastatrix, the Coffee-leaf disease of Ceylon and Southern India. (Ref. S. 281.)
290. Thiselton Dyer, W. T. The Coffee-leaf Disease of Ceylon. (Ref. S. 281.)

291. Ward, H., Marshall. The Coffee-leaf Disease. (Ref. S. 281.)
292. Hallier, E. Die Krankheiten des Kaffeebaumes. (Ref. S. 281.)
293. Ernst, A. Botanische Notizen aus Carácas. (Ref. S. 282)

294. Wright, E. P. Blodgettia. (Ref. S. 282.)

5. Essbare und giftige Pilze. — Conservirung etc. — Pilzausstellungen und mycologische Congresse. — Geschichte. — Paläontologie.

295. Bignone, F. J funghi considerati sotto il rapporto dell economia domestica e della medicina. (Ref. S. 282.)
296. Eloffe, A. Les champignons comestibles et vénéneux. (S. S. 282.)
297. de Thümen. Die Pilze im Haushalt des Menschen. (Ref. S. 282.)
298. Dupont. Culture d'un champignon comestible au Japon. (Ref. S. 282.)
299. Gillot. L'Agaricus (Psalliota) xanthodermus G. Génév. et ses propriétés suspectes (Ref. S. 282.)
300. Neissen, M. Association internationale pour etc. la culture en grand de l'Agaricus comestible etc. (Ref. S. 283.)
301. Trüffelcultur in Italien. (Ref. S. 283.)
302. de Thümen. Trüffeln und Trüffelcultur. (Ref. S. 283.)
303. —y. Hirneola polytricha. (Ref. S. 283.)
304. Debeaux. Conservirung von Pilzen. (Ref. S. 283.)
305. Gage, H. Permanent Preparations of Plasmodium. (Ref. S. 283.)
306. Herpell, G. Das Präpariren und Einlegen der Hutpilze für das Herbarium. (Ref. S. 283.)
307. Veulliot. Compte rendu de la session botanique tenue à Paris au mois d'août 1878. (Ref. S. 284.)
308. N. N. Woolhope Club 1879. (Ref. S. 284.)
309. Malinvaud, E. Doit-on écrire Aecidium ou Oecidium? (Ref. S. 284.)
310. Veulliot. Erreurs Grammaticales dans la nomenclature des Champignons. (Ref. S. 284.)
311. Cash, W., and Hick, T. Fossil Fungi from the Lower Measures. (Ref. S. 284.)
312. Engelhardt. Ueber die Cyprisschiefer Nordböhmens und ihre pflanzlichen Einschlüsse. (Ref. S. 284.)
313. Reinsch, P. F. New vegetable Structures from Coal and Anthracite. (Ref. S. 284.)

IV. Myxomycetes.

314. Blytt, A. Clastoderma A. Blytt, novum Myxomycetum genus. (Ref. S. 285.)
315. Cienkowsky, L. Zwei neue protoplasmatische Organismen. (Ref. P. 285.)
316. Roumeguère, C. Le Rupinia Baylacii. (Ref. S. 285.)
317. — Un tapis de Myxomycètes (Arcyria punicea) succédant inopinément à une apparition subite des discomycètes (Helvella esculenta). (Ref. S. 285.)
318. — A propos de la monographie des Myxomycètes. (Ref. S. 285.)
319. Saville Kent. Animal nature of Myxomycetes. (Ref. S. 285.)
320. Sorokin, N. Entwickelung von Vampyrella polyplasta n. sp. (Ref. S. 285.)
321. van Tieghem. Sur quelques Myxomycètes à plasmode agregé. (Ref. S. 286.)

V. Phycomycetes.

322. Bainier, G. Note sur deux espèces nouvelles de Mucorinées. (Ref. S. 287.)
323. Fischer, A. Ueber die Stachelkugeln in Saprolegniaschläuchen. (Ref. S. 287.)
324. Roumeguère, C. Etude et culture du Nematogonum aurantiacum (Desm.). (Ref. S. 288.)

S. a. No. 120, 162—165a., 206—209, 220, 231, 250—265.

VI. Ustilagineae und Uredineae.

325. Cooke, M. C. The genus Ravenelia. (Ref. S. 288.)
326. Cornu, M. Note sur les générations alternantes des Urédinées. (Ref. S. 288.)

327. Cornu, M. Note sur quelques parasites des plantes vivantes: Générations alternantes Pezizes à Sclérotes. (Ref. S. 288.)
328. — Alternance des générations chex quelques Urédinées. (Ref. S. 288.)
329. Hartig, R. Calyptospora Goeppertiana Kühn und Aecidium columnare A. u. S. (Ref. S 289.)
330. Prillieux, E. Quelques observations sur la formation et la germination des spores des Urocystis. (Ref. S. 289.)
331. Schindler. Ueber den Einfluss verschiedener Temperaturen auf die Keimfähigkeit der Steinbrandsporen. (Ref. S. 289.)
332. Ráthay, E. Vorläufige Mittheilung über den Generationswechsel unserer einheimischen Gymnosporangien. (Ref. S. 490.)
333. Ráthy, E. Vorläufige Mittheilung über die Spermogonien der Aecidiomyceten. (Ref. S. 290.)
334. Roumeguère, C. Hypodermeae de la villa Thuret. Le Cronartium Poggiolana n. sp. (Ref. S. 290.)
335. Winter, G. Bemerkungen über einige Uredineen. (Ref. S. 290.)
336. — Bemerkungen über einige Uredineen und Ustilagineen. (Ref. S. 291.)
337. — u. Staritz, R. Kurze Notizen. (Ref. S. 291.)
338. Wolff, R. Aecidium Pini und sein Zusammenhang mit Coleosporium Senecionis. (Ref. S. 291.)
    S. a. No. 117, 199—203, 212—217, 218, 219, 232, 233, 234, 244, 280, 288—292, 309.

VII. Entomophthoreae.

339. Sorokin, N. Zur Entwickelung der Entomophthora-Arten. (Ref. S. 291.)
    S. a. No. 16, 293.

VIII. Basidiomycetes.

a. Hymenomycetes.

340. Cooke, C., and Quelet, L. Clavis synoptica Hymenomycetum europaeorum. (Ref. S. 292.)
341. Fries, E. Th. u. R. Icones selectae Hymenomycetum nondum delineatorum. II. 5. (S. S. 293.)
342. Schulzer von Müggenburg. Berichtigungen. (Ref. S. 293.)
343. Mika, K. U Pistillaria pusilla. (Ref. S. 293.)
344. Cooke, M. C. The sub-genus Coniophora. (Ref. S. 293.)
345. — On Hymenochaete and its allies. (Ref. S. 293.)
346. Roumeguère, C. Apparition inopinée du Cantharellus aurantiacus Fr. var. alba. (Ref. S. 294.)
347. — Une rectification synonymique du nouveau genre Anthracophyllum. (Ref. S. 294.)
348. Bertoloni, A. Sul parasitismo dei funghi. (Ref. S. 294.)
349. Condamy. Etude sur le mode de nutrition des champignons. (Ref. S. 294.)
350. M. J. B(erkeley). Luminous fungi from the Andaman Islands. (Ref. S. 294.)
351. Bley, C. Ueber ein monströses Exemplar des Agaricus lapideus. (Ref. S. 294.)
352. Bouché. Ein monströser Champignon. (Ref. S. 294.)
353. W. G. S. Double Fungi. (Ref. S. 294.)
354. Charollois u. la Bordette. Champignons aus Samen. (Ref. S. 294.)
355. Roumeguère, C. Anomalies offertes par les Agaricus acerbus et equestris. (Ref. S. 295.)
356. Gillot. Agaricus (Psathyra) Bifrons Berkl. (Ref. S. 295.)
357. Roumeguère, C. L'Agaricus campestris et ses nombreuses variétés. (Ref. S. 295.)
358. Sadler, J. Notice of a new species of Agaricus. (Ref. S. 295.)
359. Patouillard, N. Note sur la structure des glandules du Pleurotus glandulosus Fr. (Ref. S. 295.)
360. — Note sur l'appareil conidial du Pleurotus ostreatus Fr. (Ref. S. 295.)

15*

361. **Heckel, Ed.** Nouvelles observations sur les pretendues glandes hyméniales du Pleurotus glandulosus Fr. (Ref. S. 295.)
362. **Patouillard, N.** Remarques à propos de la note de M. Heckel sur le Pleurotus glandulosus Fr. (Ref. S. 296.)
363. **Roze, G. E.**, et **Poirault**. Le Mousseron des haies, Champignon comestible des environs de Poitiers. (Ref. S. 296.)
364. **Dubalen.** Une nouvelle espèce d'Amanita. (Ref. S. 296.)
365. **Roumeguère, C.** Une nouvelle Amanita comestible. Hypothèses sur les circonstances qui peuvent rendre inoffensive une espèce toxique. (Ref. S. 296.)
366. **van Tieghem.** Coprinus stercorarius. (Ref. S. 296.)
367. **Cooke, M. C.** Enumeration of Polyporus. (Ref. S. 296.)
368. **Ludwig.** Ptychogaster albus Cord. eine Polyporus-Art. (Ref. S. 297.)
369. **Schulzer von Müggenburg.** Mykologisches. (Ref. S. 297.)
370. — Die Doppelfructification des Polyporus applanatus. (Ref. S. 297.)
     S. a. No. 116, 122, 125, 126, 130, 224, 228, 235—237, 245, 283.

b. Gasteromycetes.

371. **Gerard.** Correlation between the odor of the Phalloids and their relative frequency. (S. S. 297.)
372. — Additions to the U. S. Phalloidei. (Ref. S. 297.)
373. — A new fungus. Simblum rubescens n. sp. (Ref. S. 297.)
374. **Kalchbrenner, K.** Phalloidei novi vel minus cogniti. (Ref. S. 297.)
375. **Plowright, Ch. B.** Geaster coliformis in Norfolk. (Ref. S. 297.)
376. **Currey, F.** Geaster coliformis. (Ref. S. 297.)

IX. Ascomycetes.
a. Discomycetes.

377. **Eidam, E.** Beitrag zur Kenntniss der Gymnoasceen. (Ref. S. 298.)
378. **Cooke, C.** Observations on Peziza. (Ref. S. 298.)
379. **Philipps, W.** Dacrymyces succineus Fr. the early stage of a Peziza. (Ref. S. 298.)
380. **Plowright, Ch. B.** On spore diffusion in the larger Elvellacei. (Ref. S. 298.)
     S. a. No. 198, 224, 226, 235, 281.

b. Pyrenomycetes.

381. **Brunaud, P.** Tableau dichotomique des familles des Pyrénomycétes, trouvés jusqu' à présent dans la Charente-Inférieure, dressé d'apres le Conspectus Pyrenomycetum de M. Saccardo, avec l'aide des ouvrages de M. M. Karsten et Saccardo. (Ref. S. 298.)
382. **Eidam.** Beobachtungen an Schimmelpilzen. (Ref. S. 298.)
383. **Ellis, J. B.** Reply to Dr. M. C. Cookes Criticism of paper on variability of Sphaeria quercuum Sz. (Ref. S. 298.)
384. **Cooke.** Note to the above. (Ref. S. 298.)
385. **Rees, M.** Ueber den Parasitismus von Elaphomyces granulatus. (Ref. S. 298.)
386. **Roumeguère, C.** Culture des Sterigmatocystis indiquée par M. G. Bainier. (Ref. S. 299.)
387. — Une nouvelle espèce d'Oomyces. (Ref. S. 299.)
388. **Schulzer von Müggenburg.** Ein Paar Hypomyces-Arten und ihre Begleiter. (Ref. S. 299.)
389. **Wiesbaur, S. J.** Auftreten von Sphaerotheca Nieslii Thüm. und Septoria aesculina Thüm. (Ref. S. 299.)
     S. a. No. 2, 116, 120, 123, 224, 225, 229, 234, 241, 282, 292. 293.

c. Hyphomycetes, Sphaeropsideae etc.

390. **Greenwood, Pim.** Ramularia Cryptostegiae n. sp. (Ref. S. 299.)
391. **Saccardo, P. A.** Spegazzinia novum Hyphomycetum genus. (Ref. S. 300.)
392. **Sorokin, N.** Zur Entwickelung von Isaria pulveracea n. sp. (Ref. S. 300.)
393. — Ueber einige Krankheiten der Insecten. (Ref. S. 300.)
     S. a. No. 110, 120, 127, 128, 160, 222, 224, 230, 240, 242, 268—278.

I. Geographische Verbreitung.

1. Nordpolarländer.

1. **Berkeley, M. J. Enumeration of the Fungi collected during the Arctic Expedition 1875—76.** (Journal of the Linnean Society. Botany, vol. XVII, London 1880, p. 13—17.)

Der Verf. zählt 24 meist von H. C. Hart und Capitän H. W. Feilden gesammelte Species auf. *Chaetomium glabrum* wuchs unter dem 82° n. B. an feuchten Flächen in der Cabine des „Alert". Die Sporen des Pilzes hatten nur 0.00032 Zoll im Durchmesser, während die der englischen Exemplare 0.0005 Zoll gross sind. 6 Arten sind neu und mit lateinischen Diagnosen versehen.

2. Russland und Finnland.

2. **Karsten, P. A. Pyrenomycetes aliquot novi.** (Meddel. af Societas pro Fauna et Flora fennica V, 1879, abgedr. Hedwigia 1880, p. 115—118.)

Acht neue Arten werden mit lateinischen Diagnosen mitgetheilt (3 Lophiostomeen, 2 Cucurbitarien, 1 *Massaria*, 1 *Ceratostomee*, 1 *Hysterographium*).

3. **Karsten, P. A. Ryssland, Finlands och den Skandinaviska Halföns Hatts vampar.** 1. vol. in 8°, 572 p. Helsingfors 1879.

Schwedische Diagnosen von 1940 Agaricineen, im allgemeinen nach Fries angeordnet, aber mit Aenderung und Vermehrung der Untergattungen. Das Werk enthält 139 vom Autor beschriebene Arten. (Nach Revue mycologique 1880, p. 101.)

4. **M. Woronin. Neuer Fundort von Polysaccum turgidum Fr.** Arbeiten der St. Petersb. Gesellsch. d. Naturf. Bd. XI, 1880, S. 71 [Russisch].)

Dieser Pilz wurde im Herbst bei Wiborg (Finnland) gesammelt, früher war er in Russland nur im Gouvernement Astrachan, an der Küste des kaspischen Meeres und längs der sandigen Ufer der Wolga gefunden worden. **Batalin.**

3. Schweden und Norwegen.

5. **P. G. E. Theorin. Hymenomycetes Gothoburgenses enumeravit.** (Botan. Notis., 1879, p. 119—129 et 151—156.)

6. **Derselbe. Adnotationes ad Hymenomycetes Fahluenses scripsit.** (Inbjudning till årsexamen och slutöfningarna vid h. allm. lärov. i Falun, 1880, p. 59—67.)

Die in der nächsten Umgebung von den schwedischen Städten Göteborg und Fahlun beobachteten Hymenomyceten werden hier aufgerechnet, hier und da auch Bemerkungen über die beobachteten Formen beigefügt. Bei Göteborg fand der Verf. 353, bei Fahlun 223 Arten und Varietäten, unter jenen eine neue Art *Russula distans* Theor. und zwei neue Varietäten *Cortinarius (Telamonia) armillatus* Fr. var. *squamulosus* Theor.: cortina luteo-alba, pileo non hygrophano, luteo vel ferrugineo, stipite ebulboso, annulato-peronato, deorsum squamulis fibrillosis fulvo-cinnamomeis vestito, sursum albescente fibrillis fulvis adspersis. Kärralund (Suecia) in querceto humido.

Russula distans Theor.: pileo compacto, carnoso usque ad marginem exterium plano, 2 unc. lato, epelliculoso, sicco, cinereo-glauco, innato-flocculoso vel squamuloso vel areolato-rimoso, carne alba, compacta et aliquantum odora. Sapor mitis. Stipes uncialis, solido-spongiosior, intus albus, extus umbrino-fibrillosus vel pulverulentus. Lamellae adnexae, rigidae, crassae, maxime distantes, non furcatae multis brevioribus immixtis, inter quas nonnullae vix ultra $^1/_2$ lin. longae sunt, saepe venoso-connexae, pallide luteo-olivascentes. Aengården (Suecia) in querceto montoso.

Polyporus alligatus Fr. var. *incisus* Theor.: pileolis fibroso-coriaceis, ad medium incisis. Ad Skär (Suecia) in querceto ad terram culmos et muscos obvolvit.

Agaricus (Armillaria) aurantius Schaeff. var. *badio-ruber* Theor.: minor, pileo laevigato, badio-rubro, 2 unc. lato, stipite subannulato et infra annulum tenuem latis squamis aurantio-rubris et membranaceis obsito, 2 unc. longo et $^1/_2$ unc. crasso. Ad terram sabulosam in pineto aprico ad Hosjö (Suecia).

Agaricus (Tricholoma) sordidus Fr. var. *concrescens* Theor.: pileo ad marginem non striato, griseo-alutaceo vel brunneo; stipite unciali, griseo-albo, villoso-striato; lamellis

griscis, ad basin pallidioribus. omues fungi partes tactu nigrescunt. Pilei eo modo coucres-
cunt, ut stipes, ad basin validus, deinde in ramos graciliores dividatur, inter quos aliis suus
cuique pileus est, alii pilcum communem trahunt. In piucto juxta vias hiemales in humo
acuum prope ad Åsbo (Suecia).

4. England.

7. **Greenwood Pim. Index to British Fungi described or noticed in Grevillea. Vols. I—VIII.**
   (Grevillea IX, p. 51—75.)
   Dieses über 1000 Arten umfassende Verzeichniss der in den 8 früheren Jahrgängen
der Grevillea beschriebenen oder angezeigten britischen Pilze soll einen Ueberblick über
die Fortschritte der britischen Mykologie seit dem Erscheinen von Cooke's „Handbook of
British Fungi" geben.

8. **Philipps, W., and Plowright, Ch. New and rare British Fungi.** (Grevillea VIII,
   p. 97—109. Mit 1 Taf.)
   Fortsetzung des in Bd. VI der Grevillea p. 29 begonnenen Verzeichnisses. Die
vorliegende Aufzählung enthält 79 Pilzspecies, meist Ascomyceten und Agaricinen. 7 Arten
sind neu (3 *Pezizen*, 1 *Ascobolus*, 1 *Ombrophila*, 1 *Nummularia*, 1 *Sphaeria*).

9. **White, E. B. Preliminary list of Fungi of Perthshire.** (Scottish Naturalist. Juli 1880.)
   Nicht gesehen. Ref.

5. Frankreich.

10. **Gillet, C. C. Champignons de France. — Les discomycètes.** Livr. 23. Alençon. 1880.
    8⁰. av. 6 pl. — **Les mêmes. Planches supplémentaires.** Ser. I. 24 pl. col. Alençon
    1879. 8⁰. Ser. IV u. V, mit 49 pl. col. Alençon 1880.

11. **Saccardo, P. A. Fungi gallici lecti a cl. viris P. Brunaud, Abb. Letendre, A. Mal-
    branche, J. Therry vel editi in Mycotheca gallica C. Roumeguèri. Ser. II.** (Michelia.
    Apr. 1880. No. VI, p. 39—135.)
    Diese Serie, welche bis No. 1090 reicht, enthält eine grosse Anzahl neuer Arten, welche
mit den Diagnosen in der Revue mycologique veröffentlicht werden.

12. **Thümen, F. de. Quelques espèces nouvelles de champignons de la France.** (Revue
    Mycologique 1880, p. 86.)
    Lateinische Diagnosen von 6 neuen Arten.

13. **Brongniart, Ch., et Cornu, M. Note sur les Cryptogames recueillies dans les environs
    de Gisors le 16 Mai 1880.** (Bullet. de la soc. botanique de France 1880, p. 160—161.)
    Unter anderen Pflanzen werden 14 Pilze aufgezählt (Uredineen, darunter *Urocystis
Colchici*, und Peronosporeen).

14. **Cornu, M. Note sur quelques champignons de la Flore de France.** (Bull. de la société
    botanique de France 1880, p. 124—125.)
    Verf. berichtet über einige ihm zugesandte oder von ihm gefundene Pilze. Als
neu für die französische Flora wird *Caeoma Laricis* Rob. Hartig bezeichnet.

15. **Cornu, M. Liste des espèces recueillies dans une excursion faite à Montmorency.**
    (Bulletin de la société botanique de France 1880, p. 261—262.)
    Aufzählung von 38 Arten (2 Uredineen, 1 Mucorinee, 3 Peronosporeen, 7 Myxomy-
ceten, 12 Hymenomyceten, 13 Gasteromyceten). Fortsetzung der früher begonnenen Mittheilungen über *Peziza Sclerotiorum*, welche die Helianthusculturen des Pariser Museums
angegriffen hat.

16. **Giard, A. Deux espèces d'Entomophthora nouvelles pour la flore française.** (Bullet.
    scientifique du dép. du Nord. No. 11, 1879, p. 353.)
    G. hat 1. die *Tarichium*-Form von *Entomophthora Calliphorae* Giard auf einer
Düne bei Boulogne sur mer an todten Leibern von Calliphora vomitoria var. dunensis Giard,
2. *Entomophthora rimosa* in Lille an Chironomus-Arten gefunden. Er schlägt, mit Brefeld,
die Besprengung mit Wasser, in welchem die Sporen von *E. sphaerosperma* vertheilt sind,
zur Vertilgung schädlicher Insecten vor. (Nach Revue mycologique 1880, p. 57.)

17. **Giard, A. Note sur un Agaric nouveau pour la flore française.** (Bull. scientific. du dép. du Nord. 1879, p. 384.)

Hygrophorus Houghthoni BK. et B. fand sich auf den Dünen von Wimereux (bei Boulogne sur mer), nachdem er kurz zuvor von Quelet in der Normandie beobachtet worden war.

18. **Gillot, X. Note sur quelques champignons nouveaux ou rares observés aux environs d'Autun.** (Bulletin de la société botanique de France 1880, p. 156—160)

Bericht über 30 Species, meist Basidiomyceten. Erwähnt seien *Roessleria hypogaea* Thüm. et Pass. und *Psathyra bifrons* Berk.

19. **Patouillard, M. N. Note sur quelques champignons des environs de Paris.** (Bulletin de la société botanique de France 1880, p. 161—162.)

Aufzählung von 6 im Park von Saint-Cloud gesammelten Pilzen.

20. **Patouillard, M. N. Note sur quelques plantes des environs de Paris.** (Bulletin de la société botanique de France 1880, p. 184.)

Aufzählung von 7 auf einer Excursion zwischen Orsay und Palaiseau auf dem linken Ufer der Yvette gefundenen Pilzspecies (*Agaricus [Panaeolus] separatus* Fr., *Puccinia Betonicae* DC., *Puc. Virgae aureae* Lib., *Oecidium Rumicis* Pers., *Oec. Periclymeni* DC., *Tubercularia persicina* Ditm., *Taphrina Pruni* Tul.).

21. **Prillieux. Peronospora effusa var. β. minor. de Bary.** (Bulletin de la société de bot. de France 1880, p. 174.)

P. fand genannten, nicht in der Cornu'schen Liste der französischen Peronosporeen (Bull. de la soc. bot. de Fr. 1878, p. 292) enthaltenen Pilz bei Saint-Cyr.

22. **Roumeguère, C. Apparition en France d'une mucédinée nouvelle: l'Oidium Passerini Bertol. fils.** Etat conidien d'un Erysiphe nouveau l'E. Bertoloni. (Revue mycologique 1880, p. 174.)

Die von Bertoloni (Nuovo Giornale bot. ital. 1879, p. 389) zuerst beobachtete und beschriebene Conidienform des Pilzes wurde von R. in Tarbes (Haut-Pyrénées) im Juli auf *Prunus lauro-cerasus* in grosser Menge angetroffen. Einen Monat später fand derselbe Beobachter an Stelle des *Oidiums* Perithecien in der Form feiner schwärzlicher Punkte, welche er keiner der bekannten *Erysipheen* zusprechen konnte. Er glaubt, dass sie mit *Oidium Passerini* zusammengehören, und stellt daraufhin seine neue Art auf. Begonnene Culturversuche scheinen noch nicht beendigt zu sein.

22a. **Roumeguère, C. Bouquet de champignons nouveaux observés dans le midi de la France et en Algérie (1879—1880) par MM. O. Debeaux, A. Trabut, J. Therry, Rev. Frère Telesphore et C. Roumeguère.** (Revue mycologique 1880, p. 187.)

R. theilt ein Verzeichniss von durch ihn und die übrigen oben Genannten gesammelten Pilzen mit, welche er mit P. A. Saccardo untersucht hat. Die meisten der 37 Arten sind neu und mit lateinischen Diagnosen versehen.

23. **Seriziat. Etudes sur Collioure et ses environs.** (1 vol. in 8º. Bellac. 1879.)

Das Capitel über die Pilze (S. 121—144) ist von Roumeguère bearbeitet. Es enthält 492 Arten („435 Phytophilen, 17 Zoophilen, 23 Geophilen, 4. Lithophilen, 13 Domophilen"), welche alle unter den Fungi Gallici exsiccati veröffentlicht sind. (Nach Revue mycologique 1880, p. 95.)

24. **Veulliot. Note sur quelques champignons récoltés pendant l'excursion à Sain·Bel.** (Ann. de la Soc. bot. de Lyon VII. Année 1878—79, p. 247.)

Verzeichniss von 11 in einer Höhe von 310—675 Metern gesammelten Pilzen (10 Basidiomyceten und 1 Uredinee), nebst einigen Bemerkungen, welche nichts neues enthalten.

25. **Lacaille. Enumération des champignons qui existent sur les feuilles des végétaux dans l'arrondissement du Havre et principalement à Bolbec.** (Bull. de la Soc. des Amis des sciences nat. de Rouen, 1879, p. 55-84.)

Aufzählung von 284 Species in der Anordnung der Flore crypt. des Flandres von Jean Kick; darunter 8 neue.

26. **Malbranche et Letendre.** **Champignons nouveaux ou peu connus récoltés en Normandie, pour la plus grande partie dans le département de la Seine-Inférieure.** (Bullet. de la soc. des amis des sc. nat. à Rouen 1880, II.)

Die Verff. schickten, ebenso wie Brunaud, Roumeguère und Therry, eine Anzahl von Pilzen zur Untersuchung an Saccardo. Saccardo veröffentlichte die Resultate dieser Untersuchung in der Michelia unter dem Titel Fungi gallici. Die vorstehende Schrift von M. und L. giebt einen Auszug aus dieser Publication. Dem Ref. war nur ein Bericht darüber im Bull. de la soc. bot. de France (1881, p. 16—17 der Rev. bibl.) zugänglich. Die dort als neu oder mit Bemerkungen zur Synonymik versehen bezeichneten Species sind in das Verzeichniss der neuen Arten aufgenommen.

27. **Quélet, L.** **Champignons récemment observés en Normandie,** aux environs de Paris et de la Rochelle, en Alsace, en Suisse et dans les montagnes du Jura et des Vosges; suivi des Contributions à la flore mycologique de la Seine-Inférieure par M. A. Lebreton. (Extrait du Bulletin de la Soc. des amis des sc. nat. de Rouen. Separatabdruck in 8°, 48 S. mit 3 col. Tafeln. Rouen 1880.)

Der erste von Quelet bearbeitete Theil der Schrift besteht in der Beschreibung der für Frankreich neuen Arten, welche meist im Departement Seine-Inférieure gefunden sind. Der zweite Theil, von Lebreton und Lieury, bringt das Verzeichniss der durch diese beiden Mykologen in der Umgegend von Rouen gesammelten Pilze. Als die hauptsächlichsten Neuheiten führt der Bericht im Bull. de la Soc. bot. de France, welchem obige Daten entnommen sind, folgende auf: *Pleurotus roseus, Hebeloma sacchariolens, Inocybe grammata, Inocybe brunnea, Cortinarius Lebretonii, Lactarius spinulosus, Marasmius littoralis* und *Erinella erratilis.*

28. **Quelet.** **Some new species of Fungi from the Jura and the Vosges.** (Grevillea VIII, p. 115—117. Mit Tfl. 131. Communicated to the Woolhope Club. 1879.)

Aufzählung von 12 neuen Arten mit lateinischen Diagnosen. (1 *Pluteus*, 1 *Hydnum*, 1 *Rhizopogon*, 1 *Tuber*, 3 *Peziza*, 1 *Phialea*, 2 *Helotium*, 1 *Lachnella*, 1 *Ascophanus*.)

29. **Brochon, E. H.** **Rencontre dans la commune de Saucats d'un Clavaria foliacea Saint-Aman.** (Actes de la Soc. Linnéenne de Bordeaux. Vol. XXXIII, p. LXXXV.)

30. **Brunaud, M. P.** **Liste des plantes phanérogames et cryptogames croissant spontanément à Saintes (Charente-Inférieure), et dans les environs.** Supplément contenant la description de quelques cryptogames nouveaux, rares ou peu connus. (Actes de la Soc. Linnéenne de Bordeaux. Vol. XXXIV, p. 109.)

Verf. führt auf: 54 Hymenomyceten, 15 Discomyceten, 3 Exoascus-Arten, 110 Pyrenomyceten (5 Hysteriaceen, 10 Lophiostomaceen, 3 Dothideaceen, 4 Hypocreaceen, 88 Sphaeriaceen), 19 Sphaeropsideen, 83 Phyllosticteen, 11 Melanoconieen, 9 Cytisporaceen, 3 Gymnomyceten, 24 Hypodermier, 4 Peronosporeen, 1 Chytridiacee, 33 Hyphomyceten; 4 sterile Mycelien.. In den Bemerkungen zu den in diesem Supplement aufgezählten Arten sind zahlreiche Berichtigungen der Angaben in der „Liste" selbst enthalten. Viele Species sind mit Diagnosen versehen; eine ist neu.

31. **de Guernisac, comte.** **Catalogue des Discomycétes de l'arrondissement de Morlaix.** (Bullet. de la Soc. d'Etudes scientifiques du Finistère. 1re anné 1879—1880, p. 40—46.)

Der Catalog enthält 184 Species, darunter mehrere in jener Gegend noch nicht beobachtete und eine neue. Diese und 9 andere seltene Arten sind mit Diagnosen, in französischer Sprache, versehen. (Nach Revue mycologique 1880, p. 99.)

32. **Gillot.** **Découverte en France du Roesleria hypogaea Thüm. et Pass.** (Revue Mycologique 1880, p. 124.)

Der Pilz wurde bei Buxy (Saône-et-Loire) auf den Wurzeln halb abgestorbener Reben gefunden.

33. **Lucand.** **Hyménomycètes nouveaux pour le département de Saône-et-Loire récoltés en 1879.**

Enthält colorirte Zeichnungen schwer zu conservierender Pilze. Besprochen in der Revue mycologique 1880, p. 65 ff. Die Arbeit soll eine Fortsetzung von Grognot's Plantes cryptog. de Saône-et-Loire (1873) bilden.

6. Niederlande.

34. **Layen.** **Contributions à l'étude des champignons du grand·duché de Luxembourg.** (Publications de l'Institut royal grand-ducal de Luxembourg, section des sciences nat. tome XVII, 1879, p. 1--115.)

Der Verf. ist, nach einem Bericht im Bull. de la soc. bot. de France (1880. Revue bibl. p. 132), in der Eintheilung Frank (Synopsis der Pflanzenkunde), in Bezug auf die Arten Fuckel (Symbolae Mycologiae) gefolgt. Er hielt es daher für unnöthig, Beschreibungen zu geben oder Literatur zu citiren. Auf Vollständigkeit macht und hat das Verzeichniss keinen Anspruch.

35. **C. A. J. A. Oudemans.** **Révision des Champignons trouvés jusqu' à ce jour dans les Pays-Bas.** (Extrait des Archives Néerlandaises, T. XV, 48 S.)

Fortsetzung der in einem vorigen Referate erwähnten Hälfte.   Giltay.

7. Deutschland.

36. **Bail, Th.** **Neue Pilzfunde in Westpreussen.** (Bericht über die 2. Vers. d. Westpreuss. Bot.-Zool. Vereins zu Marienwerder. 3. Juni 1879, p. 14.)

Bemerkenswerth sind nach einem Referat Lucrssen's im Bot. Centralblatt (1880, I, p. 262) *Melanogaster ambiguus* Tul., *Gautieria graveolens*, *Rhizopogon luteolus*, *Rh. rubescens*, *Hydnotria Tulasnei*, *Elaphomyces variegatus*, *E. granulatus*, *Torrubia ophioglossoides*, *T. capitata*, *T. sphingum* Tul.

37. **Winter, G.** **Verzeichniss der im Gebiete von Koch's Synopsis beobachteten Uredineen und ihrer Nährpflanzen.** (Hedwigia 1880, p. 33-45 und 53—60.)

Der Verf. publicirt die ihm bekannten Uredineen des bezeichneten Gebiets mit der Bitte, ihm etwaige Ergänzungen zur Verwendung in der von ihm in Angriff genommenen Pilzflora von Deutschland, Oesterreich und der Schweiz recht bald zugehen zu lassen. In der Nomenclatur hat er folgende Gesetze beobachtet: 1. Der Pilz erhält denjenigen Namen, der zuerst (von Linné an) für die betreffende Art, oder für eine Substrat- oder Fruchtform dieser Art aufgestellt wurde; 2. hat der älteste Autor, der den Pilz beschreibt, denselben als Varietät betrachtet, so bleibt der Name der Varietät; 3. hat der älteste Autor mehrere jetzt getrennte Arten als eine Art zusammengefasst, ohne sie als Varietäten von einander zu sondern, so wird der Name der Art auf diejenige jetzige Art übertragen, welche a) nicht schon einen älteren Namen hat, b) dem Namen am besten entspricht; 4. bei heteroecischen Arten wird der älteste Name, der für die *Uredo-* oder *Telcuto-*Sporenform existirt, gewählt. Das Verzeichniss umfasst 42 *Uromyces*-Arten, 122 Puccinien, 3 Triphragmien, 8 Phragmidien, 1 *Xenodochus*, 5 Coleosporien, 3 Chrysomyxen, 3 Gymnosporangien, 5 Cronartien, 1 *Calyptospora*, 17 Melampsoren, 1 *Melampsorella*, 1 *Pileolaria*, 1 *Graphiola*, 3 Endophyllen. Angehängt ist eine Liste von 111 Uredineen, welche auf im Gebiet vorkommenden Nährpflanzen leben, aus dem Gebiet selbst aber dem Verf. noch nicht bekannt sind.

8. Oesterreich.

38. **Beck, Dr. G.** **Zur Pilzflora Niederösterreichs.** (Verh. d. K. K. Zool.-Bot. Ges. in Wien. XXX. Bd., S. 9 d. Abhandlungen.)

Es werden 93 Arten (Ustilagineen, Uredineen und Peronosporeen) mit Fundortsangaben aufgeführt. Verschiedene derselben stammen von Nährpflanzen, auf welchen sie bisher nicht beobachtet wurden, viele sind neu für Niederösterreich und 3 überhaupt neu.

39. **J. L. Holuby.** **Gombászati apróságok V.** (Magyar Növénytani Lapok. Klausenburg 1880. IV. Jahrg., S. 65—67 [Ungarisch].)

Fortsetzung der früheren Publicationen über die Pilzflora der Umgebung von N. Podhrad. Enthält nichts Neues.   Staub.

40. **Saccardo, P. A.** **Fungi Dalmatici pauci ex herb. illustr. R. de Visiani addito uno alterove mycete ex Anglia et Pannonia.** (Michelia. Apr. 1880, No. VI, p. 150—153.)

Ein Verzeichniss von 36 Pilzen, darunter 2 neue Arten: *Nectria fibricola* Plowr. (p. 152) und *Gloeosporium nobile* Sacc. (p. 153). (Nach Bot. Centralbl. 1880, I, p. 519.)

41. **Schulzer von Müggenburg. Mykologische Beiträge. V.** (Verhandl. der K. K. Zool.-Bot. Ges. in Wien. XXX. Bd., p. 487.)

Mit Voranschickung einiger Berichtigungen zu den in der genannten Zeitschrift 1878 und 1879 veröffentlichten Abhandlungen des Verf. wird das Verzeichniss der in der Umgebung von Vinkovce in Slavonien bisher angetroffenen neuen Arten und Spielarten von Hymenomyceten von No. 134—157 fortgesetzt. Es enthält ausser den Namen lateinische Diagnosen und ergänzende deutsche Bemerkungen.

42. **Voss, W. Materialien zur Pilzkunde Krains.** Wien 1880. 8°. 44 S. mit 1 Tafel.

9. Schweiz.

43. **Winter, G. Mykologisches aus Graubünden.** (Hedwigia 1880, p. 139—141, 159—167, 173—178.)

Ein systematisch geordnetes Verzeichniss von 127 auf dem Albulapass und im Oberengadin von W. gesammelten Pilzen, eingeleitet durch eine Schilderung der bezeichneten Localitäten. Das Verzeichniss umfasst 9 Ustilagineen, 38 Uredineen, 61 Ascomyceten, 2 Hymenomyceten, 4 Oomyceten und 13 *Fungi imperfecti,* darunter 7 neue Arten.

10. Italien.

44. **Passerini. Micromycetum italicorum diagnoses.** (Revue mycologique 1880, p. 33.)

Lateinische Diagnosen von 18 neuen Pilzarten (1 *Microthyrium,* 1 *Laestadia,* 2 Sphaerellen, 1 *Gnomonia,* 2 Pleosporen, 3 Leptosphaerien, 1 *Didymosphaeria,* 1 *Theichospora,* 1 *Anthostomella,* 1 *Schizoxylum,* 1 *Diplodia,* 1 *Septoria,* 2 *Gloeosporium.*)

45. **Saccardo, P. A. Conspectus generum fungorum Italiae inferiorum,** nempe ad Sphaeropsideas, Melanconieas et Hyphomyceteas pertinentium, systemate sporologico dispositorum. (Michelia Apr. 1880, No. VI, p. 1—38.)

Eine Uebersicht der in Italien gefundenen *Fungi imperfecti.* Die Sphaeropsideen zerfallen in die Sectionen *Sphaerioideae, Dimidiato-scutatae* und *Subcupulatae,* in deren jeder die weitere Classification nach Form und Farbe der Sporen getroffen ist. Die Abtheilungen der *Hyphomyceteae* sind *Mucedineae, Dematieae, Didymosporae* und *Tubercularieae.* Im Ganzen werden 214 Gattungen aufgezählt, unter welchen sich 17 neue befinden. (Nach Bot. Centralbl. 1880, I, S. 515—516, wo auch die Diagnosen der neuen Genera angegeben sind.)

46. **Saccardo, P. A. Fungi veneti novi vel critici vel Mycologiae Venetae addendi Ser. XI.** (Michelia Apr. 1880, VI, p. 154—176.)

Diese Serie umfasst nach dem Bot. Centralblatt (1880, I, p. 519) 108 Species, die z. Th. in Spegazzinis Decades Mycologicae publicirt sind, darunter 16 neue.

46a. **Spegazzini. Fungi nonnulli Veneti novi.** (Revue mycologique 1880, p. 32.)

Aufzählung von 6 Species; 3 sind neu und mit Diagnosen versehen, die drei übrigen (*Enchnoa infernalis* [Kze.] Fuck. Sym. Myc., p. 802, *Melanconis Taleola* [Tul.] Speg., *Phacidium rugosum* Fr. Karst. Myc. Fenn. I, p. 252) mit Standortsangaben.

47. **O. Comes. Osservazioni su alcune specie di funghi del Napolitano, e descrizione di due nuove specie.** (Annuar. della R. Scuola Sup. d'Agricoltura in Portici, II, 1880, 13 p. in 8°, mit 1 Tafel.)

Dem Ref. nicht zugänglich. O. Penzig.

48. **Comes, Dr. H. Sur la flore de Pompéi.** (La Belgique horticole XXX, p. 288.)

In einem Aufsatze über die auf den pompejanischen Fresken dargestellten Pflanzen erwähnt Verf. als sehr wohl kenntlich *Lactarius deliciosus,* auf welchen sich die Stelle: „Fungorum laetissimi qui rubent etc." (Plinius Hist. nat. XXII, 23) beziehen dürfte.

49. **Inzenga, G. Funghi siciliani Cent. II.** Palermo 1879, 1 vol., gr. in 4° mit 10 col. Taf, welche in natürlicher Grösse Habitus und Durchschnitt, in verschiedenen Vergrösserungen die Details von 22 meist neuen Hymenomyceten darstellen.

Der vorliegende Theil des gesammten Werks enthält die Beschreibung von 11 neuen Arten (1 *Coprinus,* 1 *Daedalea,* 7 *Boletus*-Arten, 1 *Cantharellus,* 1 *Peziza*). (Nach Revue Mycologique 1880, p. 56.)

11. Spanien und Portugal.

50. Thümen, F. de. Liste des champignons que feu le Dr. Wolffenstein à récoltés pendant un séjour à Malaga en Espagne. Déterminés par F. de Thümen. (Revue mycol. 1880, p. 150.)

Aufzählung von 20 Pilzen, meist Uredineen, darunter zwei mit Diagnosen verschene neue Arten.

51. Thümen, de. Contributiones ad floram mykologicam lusitanicam Ser. II. (Instituts de Coimbra 1879, XXVII.)

Die in dieser Serie der Contributiones enthaltenen neuen Arten sind mit den lateinischen Diagnosen in der Hedwigia (1880, p. 132—135, 144—151 u. 178—183) mitgetheilt. Ihre Anzahl beträgt 65. Die ganze Serie umfasst 240 Arten.

12. Asien.

52. V. Cesati. Intorno ai miceti raccolti dal Beccari nelle isole di Borneo e di Ceylon. (Atti della R. Acc. delle Sc. fis. e mat. di Napoli, vol. VIII. Napoli 1880.

Dem Ref. nicht zugänglich.   O. Penzig.

53. Cesati, V. Mycetum in itinere Borneensi lectorum a cl. od. Beccari enumeratio. (Naples 1879, 28 p. gr. in 4⁰, fig. col. Extrait des Mém. de l'Académie des Sciences physiques et mathématiques.)

Beschreibung von 314 von Beccari auf Borneo und Ceylon gesammelten Arten (129 Hymenomyceten, 13 Discomyceten, 19 Gasteromyceten, 9 Phacidiaceen, 123 Pyrenomyceten, 10 Hymeyomyceten, 5 Coniomyceten, 5 Sclerotien und 1 *Xenomyces* nov. gen., verwandt mit *Sclerocystis* Bk. Br.)

Mehr als die Hälfte derselben sind neu und mit lateinischen Diagnosen versehen. 30 Arten sind abgebildet. (Nach Revue mycologique 1880, p. 58.)

54. Cooke, M. C. Fungi of India. (Grevillea VIII, p. 93—96.)

Aufzählung von 45, von Oberst J. Hobson mitgetheilten Pilzspecies aus Britisch-Indien. 23 derselben sind neu und mit lateinischen Diagnosen versehen.

55. Roumeguère, C. Fungi in reg. div. Australiae et Asiae a Jul. Remy collecti 1863—66. (Revue Mycol. 1880, p. 152.)

Unter den 5 beschriebenen Pilzen, von welchen 4 (*Agaricus [Pholiota] Gayi* C. Roum., *Ag. [Panaeolus] Remyi* Kalchbr. et C. Roum., *Institale (?) elata* Kalchbr., *Xylaria [Xylostyla] tricolor* Fr.) abgebildet werden, befinden sich 3 neue Arten.

56. de Thümen. Fungorum novorum exoticorum decas altera. (Revue mycologique 1880, p. 36.)

Diagnosen von 10 als neu beschriebenen Arten, welche Verf. von Keck (7) und Thwaites (3) aus Malabar, Canara, Ind. or. und Ceylon erhielt.

57. Thümen, F. von. Beiträge zur Pilzflora Sibiriens, III. (Bull. de la Soc. des Natural. de Moscou 1880.)

Dieser III. Theil des Verzeichnisses sibirischer Pilze umfasst die No. 460—645. Jede Substratform figurirt als besondere Nummer. *Cladosporium herbarum* findet sich z. B. unter 12 Nummern auf ebensovielen Substraten. 30 neue Arten. (Nach Bot. Centralblatt 1880, 2, p. 1095.)

58. Thümen, F. de. Fungi aliquot novi in terra Kirghisorum a Juliano Schell. (Nuovo Giornale botanico Ital. 1880. p. 196—199.)

Die 13 in dem Verzeichnisse enthaltenen neuen Arten finden sich in der Oesterreichischen Bot. Zeitschrift (1880, p. 412) aufgeführt. Es sind 3 Aecidien, 1 *Puccinia*, 1 *Uredo*, 1 *Ramularia*, 1 *Fusarium*, 5 Septorien und 1 *Ascochyta*.

13. Afrika.

59. Ascherson, P. Beitrag zur Flora Aegyptens als Ergebniss seiner beiden Reisen nach den Oasen der lybischen Wüste 1873/4, sowie der des Dr. H. Schweinfurth nach der grossen Oase 1874. (Verh. d. Bot. Ver. d. Prov. Brandenburg, XXI. Jahrg., Sitzungsber. p. 63.)

Ausser 2 Ustilagineen wird *Coprinus Jasmundianus* Kalchbr. als neue Art mit Diagnose aufgeführt.

60. **Fischer von Waldheim. Mittheilungen über die von Ehrenberg in Aegypten und Nubien gesammelten Brandpilze.** (Verhandlungen des Botanischen Vereins d. Provinz Brandenburg, XXI. Jahrgang, p. 25.)

Uebersicht von 9 Arten mit Angabe der Fundorte, Einsammlungszeit und der Original-bezeichnungen in Ehrenbergs Herbar. 3 der aufgeführten Arten sind neu und mit Diagnosen versehen.

61. **F. de Thümen. Fungi Egyptiati** collecti per Dr. G. Schweinfurth, determinati per F. de Thümen. Ser. III. (Conf. Ser. I in Grevillea VI, p. 102. — Ser. II id. VIII, p. 49.)

Ein Verzeichniss von 17 Arten, darunter 2 neue mit lateinischen Diagnosen ver-sehene. *(1 Peronospora,* 1 *Cladosporium,* 1 *Oidium,* 1 *Coniothecium,* 6 *Ustilago-*Arten. 6 Uredineen, 1 *Erysiphe,* 1 *Sphaerella).*

62. **Spegazzini, Ch. Fungi nonnulli in insula Sancti Vincentii (Caput viride, Africa) in die 11 decembri 1879 lecti.** (Revue mycologique 1880, p. 160.)

Aufzählung von 20 Species *(*1 *Ustilago,* 1 *Puccinia,* 1 *Uredo,* 1 *Graphiola,* 2 *Cystopus,* 1 *Leptosphaeria,* 1 *Sporormia,* 1 *Pleospora,* 1 *Lophiostoma,* 1 *Phyllosticta,* 4 *Phoma,* 3 *Diplodia,* 1 *Cladosporium, Empusa muscae* und 1 *Torula),* darunter 2 neue mit Diagnosen.

63. **Kalchbrenner, C., and Cooke, M. C. South African Fungi.** (Grevillea IX, p. 17—34, p. 45 — 46, Taf. 135—138.)

Aufzählung von ca. 150 Pilzspecies. Die zahlreichen darunter befindlichen neuen sind mit lateinischen Diagnosen versehen. Die meisten sind von Professor Mc Owan in Sommerset East in Südafrica gesammelt und Kalchbrenner mitgetheilt worden. Einige wenige stammen von J. M. Wood in Natal.

14. America.

64. **Fungi Brasilienses in provincia Rio de Janeiro a clar. Dr. A. Glaziovi lecti. Determ. M. G. Berkeley.** (Vidensk. Meddelelser fra den naturh. Forening i Kjölmhavn 1879—80, p. 31 — 34.)

Neue Species mit lateinischen Diagnosen sind: *Agaricus (Tubaria) coniophorus, Glaziella vesiculosa, Trametes dibapha, Polyporus biferus, Agaricus (Pholiota) Glaziovii, Polyporus (Resup.) aggrediens, Polyp. (Merisma) Warmingii, Agaricus (Psathyra) commiscibilis, Agaricus (Omphalia) condiscipulatus, Grandinia luteo-fulca, Polyporus (Pleuropus) Glaziovii, Marasmius cohortalis.*   O. G. Petersen.

65. **Cooke, M. C. Exotic Fungi.** (Grevillea IX, p. 10—15 u. p. 97—101.)

Verzeichniss von etwa 100 Arten ausländischer Pilze: 6 aus Venezuela, darunter 5 von Dr. Ernst gesammelte Parasiten der Kaffeepflanze *(Pellicularia Koleroga* Cke., *Leptostroma discoidea* Cke., *Torula Sphaerella* Cke., *Stilbum flacidum* Cke., *Sphaerella coffeicola* Cke.); 6 aus Paraguay; 19 aus Brasilien, meist *Polyporus-*Arten und Agaricicuen; 2 aus Japan, *Polyporus-*Arten; 6 aus Indien; 8 aus Persien, darunter 7 Uredineen; 9 aus Natal; 11 aus Neu-Seeland; 22, darunter 11 *Polyporus-*Arten, von Mauritius; 5 Basidiomyceten von den Andamanen; 1 *Hydnum* aus Westafrika; 4 von Jamaica. Die meisten der auf-gezählten Species befinden sich im Herbarium des königlichen Gartens in Kew. Viele von ihnen werden zum ersten Male beschrieben.

66. **Cooke, M. C. The fungi of Texas.** (Journal of the Linnean Society. Botany, vol. XVII, London 1880, p. 141—144.)

Auszug aus einer Aufzählung der von H. W. Ravenel in Texas gesammelten Pilze. Bis zum Zeitpunkt der Veröffentlichung dieser Mittheilung (April 1878) waren aus dem genannten Lande nur 149 Species bekannt. Die von C. unter Beifügung lateinischer Diagnosen l. c. aufgeführten 25 Arten sind sämmtlich neu.

67. **Cooke, M. C. New-York Fungi.** (Grevillea VIII, p. 117—119.)

Aufzählung von 30 von Gerard im Staat New-York gesammelten Species, meist Ascomyceten, darunter 7 mit lateinischen Diagnosen versehene Cook'sche Arten.

68. **Cooke, M. C., and Dr. Harkness. Californian Fungi.** (Grevillea IX, p. 6—9 und p. 81—87.)

Ein Verzeichniss von 78 Pilzspecies — meist Ascomyceten —, welche Dr. Harkness

1879 gesammelt hat. Fast alle werden zum erstenmale beschrieben. Die Diagnosen sind in lateinischer Sprache abgefasst.

69. **Harckness, H. W., and Moore, J. P. Catalogue of the Pacific Coast Fungi.** San Francisco 1880, 8°, 46 S. (Nach Bull. de la Soc. bot. de France 1881, p. 158.)

Das in der Abhandlung enthaltene Verzeichniss umfasst alle Pilzfamilien — die Myxomyceten mit eingeschlossen — in der von Cooke angegebenen Weise angeordnet. Ein einziger Fundort ist bei jeder Art angegeben; woraus hervorzugehen scheint, dass die Arbeit nur ein erster Entwurf ist. In der Vorrede haben die Autoren einige Beobachtungen über die geographische Verbreitung verzeichnet. „Die meisten der Pilzspecies unseres platten Landes," schreiben sie, „sind Europa und Amerika gemein, während von den Arten unserer Berge zwar viele den alpinen Arten Europas ähneln, mehrere indessen unserer Küste eigenthümlich sind. Andererseits wird man sehen, dass in den heissen und trockenen Strichen unserer Wüste afrikanische Species leben".

70. **Philipps, W. On Helvella californica.** (Journal of the Linnean Society. Botany. vol. XVII. London 1880, p. 402.)

Die Beschreibung des Pilzes nebst einer Abbildung soll im nächsten Theil der „Transactions" der Gesellschaft veröffentlicht werden. Gesammelt ist er von Dr. Harckness in der Sierra Nevada.

71. **Saccardo, P. A. Fungorum extra-europaeorum pugillus.** (Michelia, Apr. 1880, VI, p. 136—149.)

Aufzählung und Beschreibung von 71 Pilzen, die theils aus Carolina, theils aus Sibirien, theils aus dem mittleren Nordamerika stammen, beigefügt sind die Diagnosen einiger exotischer Pilze aus dem Herbar der Universität Padua. Die Arbeit enthält zahlreiche neue Arten. (Nach Bot. Centralblatt 1880, I, S. 518—519.)

72. **Spegazzini. Fungi argentini. Pugillus primus et secundus.** (Anales de la Sociedad cientifica argentina. Av. 80, p. 158—192 suivi du systema carpologica.)

Die erste Abtheilung dieses Verzeichnisses umfasst 140 Arten, von welchen 75 auch in Europa vorkommen. 65 Arten sind neu. Verf. nennt die Discomyceten Gymno-, die Pyrenomyceten Angio-Thalameen. Die ersteren theilt er nach der Mykologia fennica Karstens', die anderen nach einem ganz auf den Sporenhabitus gegründeten System ein, welches sich an das von Saccardo verbesserte de Notaris'sche anlehnt. Das zweite Heft bringt 172 Species, von welchen etwa die Hälfte zum ersten Male beschrieben werden. (Nach Revue mykologique 1880, p. 165 ff. u. p. 213.)

73. **F. v. Thümen. Pilze aus Entre-Rios.** (Flora 1880, S. 30.)

Das von P. G. Lorentz veröffentlichte Werk „La Vegetacion del Nordeste de la provincia de Entre-Rios" enthält S. 98—102 das von v. Thümen verfasste Verzeichniss der ersten aus jener Gegend bekannt gewordenen Pilze. Es führt den Titel „De fungis Entrerianis observationes" und zählt 32 Species auf, worunter sich drei neue Arten und zwei neue Varietäten befinden. Ausser dieser Mittheilung enthält der vorliegende Artikel die Diagnosen dreier vom Verf. unter anderen ihm seitdem von Lorentz zugesandten Pilzen gefundener neuer Species.

15. Australien.

74. **Cooke, M. C. Fungi australiani,** imprimis e collectionibus a reverendo J. M. Berkeley pervisis enumerati, additis circa centum speciebus e collectione Baileyana a C. E. Frome examinatis et insertis circiter triginta aliis a Frisio e collectione Preissii divulgatis. Melbourne 1880. (Supplementum ad vol. XI, fragmentorum phytographiae Australiae baronis F. de Müller.)

75. **Kalchbrenner, C. Fungi of Australia.** I. Basidiomycetes. (Grevillea, Bd. VIII, p. 151—154.)

Ein Verzeichniss von 20 von Kalchbrenner und Baron F. Müller aufgestellten Arten: aus den Gattungen *Agaricus* (10), *Coprinus* (1), *Hygrophorus* (1), *Marasmius* (3), *Lentinus* (3), *Xerotus* (1), *Lenzites* (1). Sie sind sämmtlich mit lateinischen Diagnosen versehen und zum Theil (Bd. IX) abgebildet.

75a. **Kalchbrenner, C., and Cooke, M. Australian Fungi.** (Grevillea, Bd. IX, p. 1—4.)

Fortsetzung des Grevillea VIII (p. 151—154) begonnenen Verzeichnisses. Es werden

16 Species verschiedener Autoren, die meisten von Kalchbrenner, mit lateinischen Diagnosen aufgeführt. (1 *Polyporus*, 1 *Hydnum*, 1 *Irpex*, 1 *Stereum*, 1 *Telephora*, 1 *Corticium*, 3 *Phallus*, 1 *Anthurus* u. g., 2 *Geaster*, 1 *Battarea*, 1 *Lycoperdon*, 1 *Phellorina*, 1 *Valsa*.)

II. Sammlungen und Präparate.

76. **Ellis, J. B. North american Fungi. Cent. IV.** December 1879, 1 vol. gr. 4⁰.
    Die vorliegende Centurie der Ellis'schen Sammlung enthält 4 neue Arten.

77. **Joh. Kunze. Fungi selecti exsiccati. 3. u. 4.** Centurie.
    Besprochen in Oesterr. Bot. Zeitschr. 1880, S. 67.

78. **Loesche. Herbarium.**
    Das Herbarium des verstorbenen Prof. Dr. Loesche in Dresden ist für 200 Mark zu verkaufen. Unter Anderem enthält es viele Pilze aus Centralamerika und Grönland. Näheres bei A. Hofmann, Dresden, Walpurgisstr. 17.

79. **N. Martianoff. Fungi minusinenses exsiccati.** (Beilage zum Protocolle der 117. Sitzung der Naturforscher-Gesellschaft an der Universität zu Kasan, 1880, 7 Seiten in 8⁰.)
    Verzeichniss von 99 Arten von Pilzen der verschiedensten Abtheilungen, welche vom Verf. bei der Stadt Minussinsk (im Gouvern. Jenisseisk, Ost-Sibirien) und in den Sajan-Gebirgen gesammelt wurden. Die Bestimmungen sind von Th. v. Thümen, der über diese Sammlung im Bulletin de la société de Natur. de Moscou" ausführlich publicirt hat.
    Batalin.

80. **Patouillard, N., et Doassans, E. Champignons figurés et desséchés.** Paris, Vᵉ. Henry. Rue de l'école de Médicine 13.
    Von dieser Sammlung getrockneter Pilze mit jedesmaliger Abbildung sind einige Species erschienen. Der erste Theil soll aus 50 getrockneten Species und 50 Tafeln bestehen. Jede Species wird besonders verkauft. (Bot. Ztg. 1880, S. 831.)

81. **Rehm. Ascomyceten. XI. fasc. 1879.**
    Dieser Theil der vom Autor in Regensburg zu beziehenden Sammlung enthält die Nummern 501—550, darunter 11 neue Arten. (Nach Revue mycologique 1880, p. 55.)

82. **Roumeguère, C. Fungi gallici exsiccati. Index. Cent. VII—X.** (Revue Mycologique 1880, p. 27 ff. und p. 198 ff.)
    Die Aufzählung der in den 4 Centurien enthaltenen Arten ist von Anmerkungen begleitet, welche unter Anderem Diagnosen neuer Species enthalten. Im Ganzen werden 26 neue Arten aufgeführt (4 in Cent. VII, 12 in Cent. VIII, 6 in Cent. IX, 4 in Cent. X).

83. **Spegazzini, Ch. Decades mycologicae italicae, 7—12.** No. 61—120. Conegliano 1879.
    Nach dem Berichte in der Revue mycologique (1880, p. 51) zeichnen sich diese sechs neuen Decaden der Sammlung durch eine Menge von Neuheiten aus. Als zum ersten Male von Spegazzini beschriebene Arten werden l. c. 20 aufgeführt.

84. **de Thümen. Myotheca universalis, 17 Cent.** Wien 1880.
    Diese Centurie der Sammlung bringt u. A. amerikanische Pilze von Ellis und afrikanische (Cap der guten Hoffnung) von Mac Owan gesammelt. Sie enthält 11 neue Arten. (Nach Revue mycologique 1880, p. 211.)

85. **F. v. Thümen. Diagnosen zu Thümens „Mycotheca universalis".** Inhalt der Centurien XIII—XV. (Flora 1880, p. 312—322 u. 323—332.)
    Abdruck der Ettiquetten der angeführten Centurien (vgl. den Jahresber. 1879, S. 525, No. 64.)

86. **Wartmann und Winter. Schweizerische Cryptogamen, Cent. VIII.** Zürich 1880.
    Die längere Zeit unterbrochene Herausgabe dieser Sammlung soll von jetzt an wieder regelmässig stattfinden. Die Pflanzen werden in Papierkapseln locker liegend vertheilt, so dass nur diese Kapseln, nicht die Pflanzen aufgeklebt sind. Die vorliegende Centurie enthält 35 Pilzspecies aus sehr verschiedenen Abtheilungen. Vgl. die Besprechung in der Bot. Ztg. 1881, S. 118.

87. **Winter, G. Supplemente zu den Fungi helvetici.**
    W. beabsichtigt von jetzt (October 1880) ab jährlich 1 bis 2 Centurien solcher schweizerischen Pilze erscheinen zu lassen, welche sich aus irgend einem Grunde, namentlich

der Seltenheit wegen, nicht zur Herausgabe in der Hauptsammlung eignen. Der Preis der Centurie ist auf 10 Mark festgesetzt.

88. **Zopf, W. Mycotheca Marchica.** (Verh. d. Bot. Vereins d. Provinz Brandenburg 1880, Sitzungsber. v. 19. Dez. 1879, S. 165—166.)

Z. legte in der citirten Sitzung des Vereins die erste Centurie einer Pilzsammlung vor, welche er mit Sydow unter Mitwirkung von E. Loew, K. Droysen und E. Ule herausgiebt. Die Sammlung enthält nur seltene oder doch nicht sehr häufige Arten, darunter 12 neue oder kritische. „Die Reichlichkeit der Exemplare," heisst es l. c., „die Ausstattung mit Zeichnungen und ausführlichen Diagnosen sowie der geringe Preis (10 Mk. pro Cent.) werden leicht erkennen lassen, dass es sich bei dem Unternehmen nicht um pecuniären Gewinn handelt." „Von den (im Ganzen 10) Tafeln sind die, welche *Sclerotinia Batschiana, Chaetomium bostrychodes, Stachybotrys atra* und *Ascochyta chartarum* darstellen, auf Grund kleiner entwickelungsgeschichtlicher Untersuchungen entstanden, die auch für die erste und letztgenannte Species den genetischen Zusammenhang der Conidien mit der Ascospore erweisen." „Aus den Synonymenangaben zu *Stachybotrys atra* und *Thielavia basicola* n. sp. wird man ersehen, dass eine Anzahl bisher aufrecht erhaltener Pilznamen zu streichen sind."

89. **Arnoldi, E. W. Sammlung plastisch nachgebildeter Pilze.** Lieferung 17. Gotha 1880.

90. **Zimmermann, Dr. O. E. R. Mycologische Präparate.** Chemnitz in Sachsen.

Neue Ausgabe in VI Serien zu je 20 Präparaten. Inhalt: S. I Bacterien, Sprosspilze, Schimmelformen; S II Conidienformen; S. III Ustilagineen, Protomyceten, Uredineen; S. IV Hymenomyceten, Gasteromyceten, Chytridien, Mucorineen, Peronosporeen; S. V u. VI Ascomyceten.

III. Schriften allgemeinen und gemischten Inhalts.

1. Schriften über allgemeine und specielle Systematik, Anatomie und Entwickelungsgeschichte.

91. **Dodel-Port, A. Illustrirtes Pflanzenleben.**

Gemeinverständliche Originalabhandlungen über die interessantesten und wichtigsten Fragen der Pflanzenkunde, nach zuverlässigen Arbeiten der neuesten wissenschaftlichen Forschungen, mit zahlreichen Originalillustrationen. Zürich, C. Schmidt, 1880.

Das erste Heft enthält u. A. „die niederen Pilze" und „Contagien und Miasmen".

92. **L. Kny. Botanische Wandtafeln mit erläuterndem Text.** IV. Abtheilung. Berlin 1880.

Tafel XXXII und XXXIII bringen die Entwickelungsgeschichte von *Eurotium*, Tafel XXXIV und XXXV die Entwickelung von *Penicillium crustaceum*. Den Zeichnungen wie dem Texte liegen hauptsächlich die Arbeiten de Barys und Brefelds zu Grunde.

93. **Kummer. Praktisches Pilzbuch für Jedermann, in Fragen und Antworten.** 8°, mit 8 lithogr. Tafeln. Hannover 1880.

Nicht gesehen.

94. **Lambotte, E. Flore mykologique de la Belgique.** Description des familles, des genres, des espèces et des variétés trouvées jusqu' à ce jour sur le territoire belge. 3 vols in 8°. Verviers 1880.

Nach einem Bericht im Bulletin de la soc. bot. de France (1881, Rev. bibl. p. 18—19) theilt der Verf. die Pilze nach dem Beispiele Fuckels in zwei Reihen, je nachdem ihre Entwickelungsgeschichte bekannt oder unbekannt ist. Durch seine Citate beweist er, nach demselben Bericht, dass er mit den seit 10 Jahren in Deutschland und Frankreich erschienenen Arbeiten völlig bekannt ist.

95. **de Lanessan, J.-L. Flore général des Champignons.**

Französische Uebersetzung des Buches von Wünsche: die Pilze. Eine Anleitung zur Kenntniss derselben.

96. **Derselbe. Flore des champignons supérieurs,** ou description et iconographie des champignons comestibles et vénéneux d'Europe. Paris, O. Doin.

Dieser Atlas soll in 6 Fascikeln in klein Quart erscheinen, jeder Fascikel zu 10 nach der Natur gezeichneten colorirten Tafeln, welche die Pilze in natürlicher Grösse mit allen ihren charakteristischen Merkmalen und in verschiedenen Altersstadien darstellen.

Jede Tafel ist von einer detaillirten Beschreibung der abgebildeten Species begleitet. Preis des Fascikels 10 Francs.

97. **Derselbe.** **Flore des champignons inférieurs,** ou description et ionographie de ces champignons.
Dieses Werk soll in 3 Fascikeln und in derselben Weise wie das vorhergehende erscheinen. Nach Brebissonia II, p. 140.

98. **Layen.** **Synopsis dichotomique des champignons.** (Recueil des mémoires et des travaux publiés par la Soc. Bot. du G.-D. de Luxembourg 1877-1878. Erschienen 1880.)
Dichotomische Tabellen zum Bestimmen der praktisch wichtigsten Arten der Basidiomyceten für Anfänger. In der Aufstellung der grösseren Abtheilungen ist Verf. de Bary gefolgt, bei den Arten der Agaricinen und Polyporeen im wesentlichen Fries. Jeder der 355 aufgeführten Arten ist eine Bemerkung über ihre Essbarkeit beigefügt.

99. **Lenz, H.** **Die Schwämme.** 6. Aufl., bearbeitet von Dr. O. Wünsche. Gotha 1879.
Wünsche hat diese erste von ihm bearbeitete Auflage des Buches durch einige auf leicht wahrnehmbare Merkmale gegründete Tabellen vermehrt und mehrere Abbildungen durch bessere von G. Falk in Zwickau herrührende ersetzt.

100. **Marchand, L.** **Botanique cryptogamique pharmaco-médicale.** (Programme raisonné d'un cours professé à l'école supérieure de pharmacie de Paris, 1. Partie, 8⁰, 138 p., 30 fig. Paris, O. Doin, 1880.
Besprochen im Bulletin de la société botanique de France, p. 73.

101. **Derselbe.** **Les herborisations cryptogamiques.** Paris 1880, 8', 15 p.
Nicht gesehen. Ref.

102. **Phillips, W.** **The fungi of our dwelling houses.** Birmingham, 8 S. in 8⁰, 1880. (Auszug „aus Midland Naturalist".)
Der Verf. zählt 46 die englischen Häuser bewohnende Pilzarten auf und erörtert die Bedingungen ihres Gedeihens. Näheres, auch die Angabe der aufgezählten Arten, findet sich in der Revue mycologique (1880, p. 147—148).

103. **Richon.** **Description et dessins de plantes cryptogames nouvelles.** 20 p. in 8⁰, 3 fig. color. Vitry-le-Francais 1879. (Vgl. Bot. Jahresber. 1879, S. 534, No. 92.)
Das zweite Heft enthält 9 neue Pilzarten. (Nach Revue mycologique 1880, p. 91.)

104. **Stevenson, J.** **Mycologia Scotica.** Edinburg 1 vol. in 8⁰, 1879, mit einer Karte.
Das Buch giebt eine systematisch geordnete Aufzählung der in Schottland beobachteten Pilze. In der Anordnung basirt es auf Cooke's Handbuch, berücksichtigt aber für die Unterabtheilungen die neueren Arbeiten. Es enthält 2156 Arten, welche sich auf 431 Gattungen vertheilen. Diagnosen sind nur von den Arten gegeben, welche sich nicht in Cooke's Handbuch finden. (Nach Revue mycologique 1880, p. 54.)

105. **Bennett, A. W.** **On the classification of Cryptogams.** (Quarterly journal of microscopical science. New ser. 20, 1880, p. 408—412.)
An die in der vierten Auflage des Lehrbuchs der Botanik von Sachs enthaltene Eintheilung anknüpfend schlägt B. ein System vor, dessen die Pilze angehender Theil am kürzesten hier aufgeführt wird:

A. Protophyten.
  a. *Protomycetes (Protophyta achlorophyllacea).*
     Schizomycetes.
     Saccharomyces.
  b. *Protophyceae (Protophyta chlorophyllacea).*
B. Fungi.
  a. *Zygomycetes (Zygospermeae achlorophyllaceae).*
       b. *Oomycetes (Oosperm. achlor.).*   c. *Carpomycetes (Carposp.*

Mucorini.	*Peronosporeae.*	*Uredineae.* [achlor.)
Piptocephalidae.	*Saprolegnieae.*	*Ustilaginene.*
	Chytridiaceae.	*Basidiomycetes.*
		Ascomycetes.

Die Myxomyceten werden als Anhang zu den Protophyten gestellt.

106. Benett, A., W. B. Sc. F. L. S., und Murray, G. F. L. S. A Reformed System of Terminology of the Reproductive organs of the Thallophyta. Vorgelesen am 26. August in der Versammlung der British Association in Swansea. (Nach dem Bericht darüber in Trimens Journal 1880, p. 346 ff.)

Die Autoren wollen eine Terminologie schaffen, welche den Analogien Rechnung trägt, dem Stand unserer Kenntnisse entspricht und sich den vorhandenen terminis möglichst nahe anlehnt. Es wird folgende Definition für Spore vorgeschlagen: „Eine durch den gewöhnlichen Vegetationsprocess und nicht durch eine Vereinigung von Sexualelementen hervorgebrachte Zelle, welche zum Zwecke directer vegetativer Fortpflanzung abgegliedert wird". Die Unterschiede zwischen den Sporen drücken sich durch Vorsilben aus. So werden vielzellige Sporen „Polysporen" genannt, welche aus „Merisporen" zusammengesetzt sind. Die Protophyten und Mucorineen haben „Chlamydosporen", die Myxomyceten „Sporangiosporen", die Peronosporeen „Conidiosporen", die Saprolegnieen „Zoosporen"; die Uredineen Teleuto-, Aecidio-, Uredo-Sporen und Sporidien, die Basidiomyceten Basidiosporen, die Ascomyceten (incl. Flechten) Conidio-, Stylo-, Asco-, Poly- und Merisporen. Die Zellen, in welchen die Sporen entstehen, heissen überall Sporangien. Die Organe, in welchen die männlichen Geschlechtselemente gebildet werden, sollen überall Antheridien, die beweglichen männlichen Geschlechtselemente Antherozoidien, die unbeweglichen Pollinoidien heissen. In der Terminologie der weiblichen Geschlechtsorgane muss das Wort Spore überall fortfallen. Die unbefruchtete weibliche Plasmamasse wird durch die Endung „sphaere", die befruchtete durch die Endung „sperm", das ganze weibliche Organ — gleichviel ob einzellig oder vielzellig — durch die Endung „gonium" bezeichnet. Also: Oogonium, Oosphaere, Oosperm; Carpogonium, Carposphaere, Carposperm. Für Trichogyn tritt Trichogonium ein. Bei den Zygomyceten bilden die conjugirten „Zygosphaeren" ein Zygosperm. Bei den höheren Pilzen wird der Ausdruck Frucht (fructification) für die ganze ungeschlechtliche Generation, welche die Sporen erzeugt, empfohlen.

107. Banning, M. E. Notes on Fungi. (Bot. Gazette, Vol. V, No. 1.)

Behandelt die Wirkung der in dem sonst so regenreichen Maryland ungewöhnlichen grossen Dürre im Juni und Juli 1879 auf die Schwämme. Im Allgemeinen traten dieselben im Gegensatz zu früheren Jahren nur selten und meist verkümmert auf, obgleich im August häufige Regen fielen. Eine zweite Dürre im September unterdrückte von neuem die sonst bis in den November üppige Pilzvegetation. Nur einige Localitäten waren reich. Auch machten einige Species eine Ausnahme, indem sie kräftig entwickelt waren. (Ein ausführlicheres Referat, welchem obiges entnommen ist, siehe Bot. Centralbl. 1880, I, S. 387.)

108. Bail. Ueber unterirdische Pilze. (Tageblatt der 53. Vers. Deutscher Naturf. und Aerzte in Danzig, 1880, S. 80.)

Ref. theilte das l. c. über den in der Bot. Sectionssitzung gehaltenen Vertrag gegebene Referat gekürzt mit. Prof. Bail legte dar, dass die Zahl der unterirdischen Pilzarten und Individuen sicher die gewöhnliche Annahme übersteige. Bei scharfer Beachtung frischer Abstiche an den Rändern der Waldwege gelingt das Auffinden derselben auch ohne anderweitige Hilfe. Meist sind die *Fungi hypogaei* Sandbewohner (so die gewöhnlichen *Rhizopogon*-Arten), oder sie bevorzugen lehmigen Boden. In letzterem entdeckte Vortragender *Hydnotria carnea*, deren bis jetzt bekanntes Vorkommen sich auf Böhmen (Corda) und den Nordabhang des Riesengebirges (Bail) beschränkt, während die von ihm in Westpreussen an den verschiedensten Orten nachgewiesene *H. Tulasnei* bis jetzt nur aus England bekannt war. Aus den Structurverhältnissen wird im Gegensatz zu Tulasne's Auffassung nachgewiesen, dass die beiden von Corda aufgestellten Arten sicher zu unterscheiden sind. Bei der *H. carnea* hat Bail auch Spermogonien gefunden, die an der Oberfläche des Pilzkörpers sitzen. Auch die stets bei junger *Gautieria* beobachteten, mit beweglichen und ausschwärmenden spermatozoidartigen Körperchen erfüllten grossen Blasen dürften besondere Aufmerksamkeit verdienen. Eine ernstere Beachtung der unterirdischen Pilze verspricht demnach in pflanzengeographischer, morphologischer und physiologischer Beziehung reiche Aufschlüsse.

109. Doassans, E., und Patouillard, M. Espèces nouvelles de champignons (Polyporus favoloides, Peziza glandicola). (Bulletin de la soc. bot. de France 1880, p. 355—356.)

Lateinische Diagnosen der in der Ueberschrift genannten Pilze, nebst einigen Bemerkungen über ihre nächsten Verwandten und ihre Synonymik.

110. C. Roumeguère. Un Rhizomorpha conidifère, découvert par M. l'Abbé Barbiche. (Revue mycologique 1880, p. 159.)

Barbiche beobachtete auf Fontinalis antipyretica eine *Rhizomorpha*, bei der sich von einem fädigen, braunen, 1—1½ Decimeter langen Stroma fleischfarbene, mit blossem Auge sichtbare Conidienträger erhoben. R. ist geneigt, dieselben einem *Stilbum* zuzuschreiben.

111. Roumeguère. Publication des „Reliquiae Libertianae". (Revue mycologique 1880, p. 7.)

Nach einer längeren Einleitung, welche u. a. biographische Notizen über Frl. Libert, einen noch nicht herausgegebenen Brief von ihr an Lejeune und die Antwort des Letzteren enthält, giebt R. ein Verzeichniss der seltenen, wenig bekannten und neuen Arten, die er mit Spegazzini in dem ihm vom Botanischen Garten in Brüssel überlassenen Theile des Libert'schen Nachlasses fand. Sämmtliche Arten sind mit Fundortsangaben, die neuen auch mit lateinischen Diagnosen versehen. Die meisten hat R. in die VII. Cent. der Fungi Gallici exsiccati aufgenommen.

112. Cooke, M. C. Reliquiae Libertianae. (Grevillea, vol. VIII, No. 47.)

Aufzählung von 76 von Frl. Libert gesammelten und charakterisirten Pilzarten, welche sich jetzt im Herbar des Brüsseler Botanischen Gartens befinden. Mit kritischen Bemerkungen Cooke's. Die Mittheilung war schon im Druck, als die Reliquiae Libertianae in der Revue mycologique erschienen. Die Missstände, welche sich in Bezug auf die Nomenclatur der neu beschriebenen Arten daraus ergeben haben, sind in dem in diesem Jahresbericht enthaltenen Verzeichniss der neuen Arten berücksichtigt.

113. v. Thümen. Reliquiae Libertianae. (Hedwigia 1880, p. 185—191.)

Der Verf. ist in Besitz des grössten Theiles des mycologischen Nachlasses der Frl. Libert gelangt und beabsichtigt die Bestimmungen der theils von der Sammlerin benannten, theils unbenannt vorliegenden Pilze in der „Hedwigia" zu publiciren. Er beginnt mit einer ersten Centurie von Arten, worunter sich 10 von ihm neu aufgestellte befinden.

114. Massée, G. E. Notes on some of our smaller fungi. (Science-Gossip. oct. 1880.)

Nicht gesehen, Ref.

115. Schulzer v. Müggenburg. Ersuchen an die Fachgenossen. (Oesterr. Bot. Zeitschr. 1880, p. 399.)

Angeregt durch die Beobachtung einiger Fälle eigenthümlicher Paraphysenbildung bittet Sch. v. M., ihm Wahrnehmungen und Ansichten über diesen Gegenstand durch Veröffentlichung in cit. Ztschr. bekannt zu geben.

116. Schulzer v. Müggenburg. Mykologisches. (Oesterr. Bot. Zeitschr. 1880, p. 250 u. 286.)

Verf. giebt mit einigen erläuternden Bemerkungen die Diagnosen eines mit *Hypocrea* nächstverwandten neuen Genus, *Neoskofitzia*, mit zwei Arten: *N. verruculosa*, auf Eichenästen im November und *N. pallida* auf trockenen Blättern von *Zea Mays* im Frühjahre. p. 286 giebt er die Diagnose eines bei Vinkovce gefundenen *Boletus*, dessen Hut nur 1—1,8 cm breit ist. Er nennt ihn *B. acris* n. sp. und ist geneigt, ihn für eine südliche, Laubholz bewohnende Varietät des *B. piperatus* Bull. zu halten.

117. Winter, G. Mykologische Notizen. (Hedwigia 1880, S. 1—4.)

Kurze Bemerkungen zu einigen Pilzen, meist Uredineen, vom Speer und von der Sandalp im Kanton Glarus; u. a. zu Thümens *Uromyces juncinus*, Persoons *Sistotrema confluens* und *Tuburcinia Trientalis*. *Entyloma Calendulae* Oudm. auf Bellidiastrum Michelii gefunden.

118. Cuningham, D. On certain effects of starvation on Vegetable and Animal Tissues. (Quarterly Journal of Microscopial Science 1880, p. 50.)

Der Verf. vergleicht Erscheinungen in normal ausgebildeten *Choanephora* und *Pilobulus crystalinus* mit solchen, welche dieselbe Species bei Verhungerung darbietet.

Der Verf. giebt eine Zeichnung des protoplasmischen Inhalts einer Hypha der *Choanephora*, welche in destillirtem Wasser cultivirt wurde, und zeigt, dass sie von der normalen Hypha verschieden ist. In den verhungerten Exemplaren nimmt das Protoplasma eine netzartige Form an, welche in den normalen Exemplaren nicht zu sehen ist. Auch zeigt sich eine merkliche Zunahme in der Zahl der freien Oelkügelchen; diese rühren zum Theil her vom Oel, das schon in dem Protoplasma enthalten war, zum Theil aber auch von der Zersetzung des Protoplasma selbst. Fr. Darwin.

119. **Schmitz.** **Untersuchungen über die Structur des Protoplasmas.** (Verh. des Naturhist. Ver. d. preussischen Rheinlande u. Westfalens, 37. Jahrg., IV. Folge: 7. Jahrg. Bonn 1880. Sitzungsber. d. Niederrheinischen Gesellschaft in Bonn, S. 159—198.)

Die Arbeit ist eine gedrängte Uebersicht einiger Resultate, welche der Verf. beim Behandeln von Phanerogamen- und Thallophytenzellen mit conc. Picrinsäure und nachherigem Färben mit wässeriger Hämatoxylinlösung erhalten hat. An mykologischen Beobachtungen enthält sie Folgendes:

Junge Ascosporen zeigen sich wie junge plasmareiche Zellen überhaupt, nach dem Erhärten und Färben in ihrer ganzen Masse gleichmässig gefärbt und fein punktirt. Einzelne kleine Körnchen treten durch stärkere Lichtbrechung und intensivere Färbung hervor. Dieselbe Structur zeigen die hyalinen Ausstülpungen der Myxomycetenplasmodien. In der fortwachsenden Spitze der Saprolegnienhyphen erscheint der wandständige Plasmaschlauch vielfach feiner oder derber punktirt und enthält Microsomen in verschiedener Zahl und Grösse. Weiter rückwärts treten hie und da kurze feingekörnte Fibrillen hervor. Dann wird der Protoplasmaschlauch — zunächst nur in seiner inneren Schicht, später in der ganzen Dicke — in ein Netzwerk umgewandelt, in dessen Fasern sich Microsomen eingelagert finden. Die Kerne erscheinen in den Zellen der Chytridien vor der Zoosporenbildung, in den fertigen Zoosporen und in den kleinen kurzen Zellen mancher Pilzhyphen, die in Dauerzustand übergegangen sind, gleichmässig dicht und stark glänzend, oft wie Oeltröpfchen, und gleichmässig dunkel gefärbt. Bei *Saprolegnia* liegen die Kerne in den meist etwas verbreiterten und verdickten Knoten des Netzwerks. Die vielen in den vegetativen Pilzzellen enthaltenen Kerne sind oft kleiner und schwieriger nachweisbar als die meist in geringerer Anzahl vorhandenen der Fortpflanzungszellen. Die Zellkerne von *Leptomitus lacteus* sind denen der übrigen Saprolegnieen analoge kleine, in grosser Anzahl innerhalb des wandständigen Plasmaschlauches vertheilte Körper. *Phyllosiphon Arisari*, nach des Verf.'s Untersuchungen ein Phycomycet, dessen Sporen in zahlloser Menge in Gestalt eines dicken Schleimtropfens von dunkelgrüner Farbe austreten, verhält sich in Bezug auf die Vertheilung der Zellkerne wie die vom Verf. früher beschriebene *Peronospora calotheca* u. a. *Peronospora*-Arten. Bei dem Mycel, den Conidienträgern und Conidien von *Erysiphe communis* und anderen nicht bestimmten Arten — namentlich auch bei verschiedenen Dauermycelien — waren sämmtliche Zellen mit je einem Zellkern versehen. Bei *Penicillium glaucum* enthielten die Zellen des Mycels einen oder mehr Kerne, bei *Peziza convexula* besassen sämmtliche Mycelzellen und die sterilen Zellen des Fruchtkörpers mehrere Kerne, welche aber in den letzteren nur schwer oder gar nicht nachzuweisen waren. Weiter wurden Zellkerne nachgewiesen bei mehreren Aecidiomyceten in Mycel (*Coleosporium Campanulae*) und Sporen (*Puccinia Malvacearum, Coleosp. Campanulae*). Die Zellen von *Coleosporium Campanulae* besitzen meist je 2 Kerne. Endlich fand der Verf. noch in einer Anzahl von Plasmodien und, wie schon oben erwähnt, in mehreren Chytridien (*Rhizidium intestinum, Chytr. roseum* u. a.) Zellkerne. Unter Anderem sieht er mit Nowakowski die „Oeltropfen" der Zoosporen der Chytridien als solche an.

120. **Bainier, M. G. Sterigmatocystis et Nematogonum.** (Bulletin de la Société botanique de France 1880, p. 27—32, mit 1 Tafel.)

Der Verf. zählt zunächst 12 von ihm auf verschiedenen Substanzen des Droguenhandels gezogenen, zum Theil neue *Sterigmatocystis*-Arten auf. Den meisten sind Beschreibungen begegeben. Ausführlicher ist die Entwickelung der Sporenträger von *St. Carbonaria* dargestellt. Auf den angeschwollenen Enden aufrechter Mycelfäden entsteht simultan je eine Anzahl runder Zellen, welche sich ziemlich in der Mitte einschnüren. An der Einschnürungsstelle bildet sich eine Scheidewand. Die untere der so gebildeten beiden Zellen wird unter Wachsthum und Gestaltsveränderung zur Basidie, während die obere ein Sterigma

16*

darstellt. Sie verlängert sich in einen Hals, dessen Spitze anschwillt, sich durch eine Scheidewand abgliedert und zur Spore umbildet, worauf sich derselbe Process am Sterigma wiederholt. Noch ehe oder während die dritte Spore entsteht, sprosst ein zweites Sterigma neben dem ersten aus der Basidie hervor, später ein drittes etc. bis zu einem siebenten. Die Zahl der Sterigmen kann also nicht als Unterscheidungsmerkmal für verschiedene Arten benutzt werden. Die Sporen werden sehr bald rauh und färben sich dunkel. Sie wachsen noch, wenn sie schon völlig schwarz geworden sind.

In einem zweiten Capitel beschreibt der Verf. in ähnlicher Weise wie bei *St. Carbonaria* die Sporenentwickelung von *Nematogonum aurantiacum* Desm. Er erzog die Pflanze auf Holzspähnen. Der am meisten erwähnenswerthe Unterschied in ihrer Entwickelung gegenüber der von *Sterigmatocystis* ist der, dass ihre Sporen zu 8 oder 10 simultan auf köpfchenförmigen Trägern entstehen.

Die Tafel giebt verschiedene Entwickelungsstadien der Sporenträger einiger der beschriebenen Pilze.

121. **Gravis, A. Note sur les excroissances des racines de l'aune.** (Bull. de la soc. Roy. de Bot. de Belgique t. 19, II, p. 15.)

Enthält nichts Neues.

122. **O. Penzig. Sui rapporti genetici tra Ozonium e Coprinus.** (Nuovo Giorn. Bot. Ital. XII, 2, p. 132—143, 2 lith. Taf.)

Schon mehrfach ist gezeigt worden, dass die Genera *Byssus*, *Rhizomorpha*, *Ozonium*, nichts sind als sterile, eigenthümlich entwickelte Mycelien höherer Pilze; doch noch oft werden diese Verhältnisse misskannt. Verf. hat den genetischen Zusammenhang von *Ozonium auricomum* Lk. mit einer *Coprinus*-Art im Botanischen Garten zu Pavia genau studirt, und beschreibt ausführlich die Bildung des *Coprinus*-Fruchtkörpers aus den *Ozonium*-Fäden. Geschlechtliche Vorgänge wurden dabei nicht sicher beobachtet; doch liessen die ersten Anfänge der *Coprinus*-Früchte, als Hyphenknäuel, bisweilen im Centrum eine spiralig gewundene Hyphe (Scolecit?) erkennen.

Die beobachtete Art von *Coprinus* scheint neu, und wird als *Copr. intermedius* Pzg. (zwischen *C. stercorarius* Fr. und *C. coopertus* Fr. stehend) beschrieben; in den Tafeln sind analytische Figuren des Pilzes und der Fruchtentwickelung gegeben.

O. Penzig.

123. **Zopf, W. Ueber eine neue Methode zur Untersuchung des Mechanismus der Sporenentleerung bei den Ascomyceten und über einige Resultate, welche mittelst derselben gewonnen wurden.** (Verh. d. Ges. naturf. Freunde zu Berlin, 1880, S. 29.)

Bisher pflegte man den Modus der Sporenentleerung an aus ihrem natürlichen Zusammenhange gerissenen Ascis in Wasser zu studiren. Der auffälligste Mangel dieser Methode ist der, dass bei ihrer Anwendung im Schlauchinhalte Veränderungen vor sich gehen, welche, nach dem Verf., im Perithecium niemals eintreten. Die vom Verf. empfohlene Methode besteht darin, dass man die Ejaculationsvorgänge im Perithecium selbst beobachtet. Passende Untersuchungsobjecte sind 3 *Sordaria*-Formen, nämlich *S. minuta* Fkl. var. 4-*spora*, *S. minuta* Fkl. var. 8-*spora* und *S. curcula* de Bary. Die Schläuche der Sordarien treten in Folge bedeutender Streckung durch den Mündungskanal der Perithecien hindurch und öffnen sich vor der Mündung; ein Verhalten, das ganz allgemein bei den ejaculirenden Pyrenomyceten zu finden sein dürfte. Die Sporen entstehen in der Ascusspitze und werden bei *Eusordaria* durch schwanzartige gestreifte Anhängsel — bei der Sporenbildung nicht zur Verwendung gekommene Plasmamassen — bei *Coprolepa* und *Hypocopra* durch Gallerthüllen — gequollene Membranschichten der Sporen — zu einem „individualisirten Ganzen" verkettet. Bei anderen Pyrenomyceten geschieht die Verkettung durch der Spore anhängende leere Zellen mit vergallertender Membran. Die für die Ejaculation wesentliche Befestigung des Sporencomplexes im Scheiteltheile des Ascus wird bei den Eusordarien durch schwanzartige Anhängsel der Terminalspore, bei *Hypocopra* etc. durch eine anders geformte terminale, veränderte Plasmamasse bewirkt. Bei manchen Familien (z. B. Sordarien, Nectrieen) ist zugleich der Ascus selbst als Tragapparat für den Sporencomplex eingerichtet. *Sordaria Brefeldii* n. sp. zeigt z. B. einen vom Scheitel in das Lumen des Ascus hineinragenden hohlcylindrischen, mit dicken Wänden versehenen Körper, der sich mit Jod blau färbt. Das terminale Plasmaanhängsel der Sporenkette füllt theils den Innenraum dieses Cylinders aus, theils legt es sich eng um ihn herum. Unterhalb des Cylinders befindet sich in der Ascusmembran eine in hohem Grade quellungsfähige Zone, welche das Anhängsel „wie eine Faust die Kehle" einschnüren kann. Ein Herabsinken der Sporenkette aus dem Ascusscheitel wird durch diese Einrichtungen unmöglich gemacht. Die Hinleitung der Asci nach der engen und oft durch heliotropische Krümmungen zur Seite geschobenen Mündungsöffnung der Perithecien wird durch die den Hohlraum der Frucht auskleidenden Hyphen bewirkt, welche nur in der Mitte einen von unten nach oben trichterförmig zulaufenden Canal offen lassen. Der positive Heliotropismus kommt bei *Ascobolus-* und *Saccobolus-*Arten auch den einzelnen Ascis zu. Bei den mündungslosen der nicht ejaculirenden Pyrenomyceten existiren besondere mechanische Vorrichtungen zur Oeffnung des reifen Peritheciums. *Chaetomium Fimeti* zeigt an der Basalregion der Frucht lange, fest gebaute, hygroskopische Hyphen, welche benachbarte Körper umfassen und einen Zug ausüben, der das Perithecium am Grunde sprengt. Eine ähnliche Vorrichtung zeigt *Magnusia*. Die Wandung der *Cephalotheca tabulata* n. sp. besteht aus starken polyedrischen Täfelchen, zwischen welchen ein zartes, nur wenig verkorktes Hyphengeflecht sich findet. Hier verursacht der Druck, welchen die im reifen Perithecium befindliche Gallertmasse bei Zutritt von Feuchtigkeit ausübt, durch Trennung der Täfelchen die Oeffnung des Peritheciums.

Eine spätere Arbeit soll die erwähnten Verhältnisse umfassend und mit Abbildungen darstellen.

2. Physiologie. Chemie. Gährung.

124. v. Naegeli. Der Ernährungschemismus der niederen Pilze. (Sitzungsberichte der Kgl. Bayr. Akademie der Wissenschaften, 1880, 3 Math. phys. Cl. S. 277—367.)
Unter dem obigen Titel sind l. c. 2 Abhandlungen v. Naegeli's mitgetheilt, über welche im Folgenden referirt wird.

1. Ernährung der niederen Pilze durch Kohlenstoff- und Stickstoffverbindungen.

Verf. stellt die Frage: „Aus welchen Verbindungen vermögen die Pilze die Elemente C, H, O und N zu entnehmen, um ihre Substanz zu vermehren?" Die Elemente O und H werden in der Beantwortung ausser Acht gelassen, da dieselben entweder in den C- und N-verbindungen enthalten sind, oder dem Wasser und dem freien Sauerstoff entnommen werden. Der Stickstoff vermag aus allen Amiden und Aminen angeeignet zu werden, und zwar können Acetamid, Methyl-, Aethyl- und Propylamin, Asparagin und Leucin zugleich als C- und N-nahrung dienen, während Oxamid und Harnstoff blos N liefern. Sehr wesentlich zum Gelingen von Versuchen mit diesen Substanzen ist die Concentration der Lösung. Spaltpilze vermehrten sich z. B. in einer 0.5procentigen Lösung von salzsaurem Methylamin ziemlich reichlich, in einer 1- und 1.25-procentigen gar nicht. Freier Stickstoff und Stickstoff aus Cyan und aus Verbindungen, in welchen er nur als Cyan enthalten ist, kann nicht assimilirt werden, wenn nicht vorher aus dem Cyan unter Wasseraufnahme Ammoniak abgespalten wird, was durch die Gährwirkung der Spaltpilze geschehen kann. Bei der Vergleichung von Ammoniak und Salpetersäure ergiebt sich, dass manche Spaltpilze von Salpetersäure wohl leben können, aber mit Ammoniak ein entschieden besseres Gedeihen zeigen. Die Sprosspilze können wohl durch Ammoniak, aber nicht durch Salpetersäure ernährt werden. In Bezug auf die Schimmelpilze ist das Resultat noch zweifelhaft. Als allgemeiner Ausdruck für die Ernährungstüchtigkeit der Stickstoffverbindungen kann die Bemerkung gelten, „dass der Stickstoff am leichtesten assimilirt wird, wenn er als NH_2 vorhanden ist, weniger leicht, wenn er nur mit einem Wasserstoffatom verbunden ist (als NH), noch weniger leicht, wenn er als NO (ohne H) vorkommt, und dass er gar nicht assimilirt zu werden vermag, wenn er mit anderen Elementen als mit H und O verbunden ist. Dabei muss aber berücksichtigt werden, dass in einer solchen Verbindung durch die oxydirende Wirkung der Pilze selbst zuerst die Gruppe NO und dann aus derselben durch Reduction NH_2 entstehen kann."

Als Kohlenstoffquelle können fast alle Kohlenstoffverbindungen dienen, mögen sie sauer, indifferent oder alkalisch reagiren, sofern sie in Wasser löslich und nicht allzu giftig sind. Die allzu sauren oder alkalischen Eigenschaften müssen durch (unorganische) Basen resp. Säuren abgestumpft werden, doch dürfen für Schimmelvegetationen die Lösungen beträchtlich sauer, für Spaltpilzvegetationen ziemlich alkalisch sein. Die Unlöslichkeit oder Schwerlöslichkeit verursacht, dass die an Kohlenstoff und Wasserstoff reichen, an Sauerstoff armen Verbindungen nicht nähren. Von antiseptischen Stoffen nähren z. B. Aethylalkohol, Essigsäure, Phenol, Salicylsäure und Benzoësäure. Aus Kohlensäure, Cyan, Harnstoff, Ameisensäure, Oxalsäure, Oxamid vermögen die Pilze keinen Kohlenstoff zu assimiliren. Die allgemeine Bedingung für die Assimilirbarkeit von Kohlenstoffverbindungen besteht hiernach „wohl darin, dass sie die Gruppe CH_2 oder blos CH enthalten". Letztere Gruppe scheint aber nur dann zu ernähren, wenn zwei oder mehrere Catome, an welchen H hängt, miteinander verbunden sind. Vorausgesetzt, dass solche Verbindungen am leichtesten assimilirt werden, welche bereits eine Atomgruppe besitzen, wie sie die zu bildende Substanz bedarf, lässt sich aus dem Ergebniss der Ernährungsversuche ein Schluss auf die Constitution des ersten Assimilationsproducts der Pilze ziehen (s. l. c. p. 284). Ausser der chemischen Constitution spielt die schwierigere oder leichtere Zersetzbarkeit der Nährverbindungen eine wesentliche Rolle bei der Assimilation. Die Art des Zusammenwirkens beider Factoren kommt in einer nach dem Grade ihres Nährwerthes geordneten Reihe der Kohlenstoffquellen zum Ausdruck: 1. Die Zuckerarten. 2. Mannit, Glycerin; die Kohlenstoffgruppe im Leucin. 3. Weinsäure, Citronensäure, Bernsteinsäure; die Kohlenstoffgruppe im Asparagin. 4. Essigsäure, Aethylalkohol, Chinasäure. 5. Benzoësäure, Salicylsäure; die Kohlenstoffgruppe im Propylamin. 6. Die Kohlenstoffgruppe im Methylamin; Phenol.

Bei der Menge der Umstände, welche die Vergleichung der Ernährungsversuche mit Pilzen, namentlich rücksichtlich der Ernährungstüchtigkeit des N oder C allein in verschiedenen Verbindungen erschweren, ist von Interesse, die Assimilationsfähigkeit der vereinigten Stickstoff- und Kohlenstoffquellen kennen zu lernen. Eine von schlechter zu besser nährenden aufsteigende Stufenreihe solcher Mischungen hat Verf. bereits früher (s. Bot. Jahresber. 1879, S. 535, No. 95) gegeben. Bemerkenswerth scheint ihm die ausserordentlich günstige Wirkung der Beigabe von Zucker auch da, wo letzterer nicht vergährt.

Im weiteren Verlauf der Abhandlung giebt der Verf. eine eingehende Darlegung der Umstände, welche bei den Versuchen störend einwirken; ferner theilt er ausführlich die von ihm, z. Th. in Gemeinschaft mit Dr. W. Naegeli, und von Dr. O. Löw angestellten Versuche mit.

2. Die Ernährung der niederen Pilze durch Mineralstoffe.

Ausser den Verbindungen, welche ihnen C, N, H und O zuführen, bedürfen die Pilze nothwendig nur noch Schwefel, Phosphor, eines der Elemente Kalium, Rubidium oder Caesium und eines der Elemente Calcium, Magnesium, Baryum oder Strontium. Chlor, Eisen, Silicium, Calcium und Magnesium zugleich haben sie nicht nöthig. Der Schwefel kann aus Albuminaten oder aus schwefelsauren, vielleicht besser noch aus schwefligsauren oder unterschwefligsauren Salzen entnommen werden. Die genannten Alkalien sind nicht durch Natrium oder Lithium, oder eine der alkalischen Erden ersetzbar.

Umgekehrt dürfen die letzteren nicht mit Alkalien vertauscht werden; wohl aber können sie sich unter einander vertreten.

Bezüglich der Art der Verwendung der alkalischen Erden und der Alkalien im Pilzorganismus glaubt N., dass die ersteren zu Einlagerungen in Plasma und Zellmembran verwandt werden, indem die Salzmoleküle an der Oberfläche der Micelle festhaften, während die Alkalien, in der freien und die organisirten Substanzen durchdringenden Zellflüssigkeit gelöst, durch Contact und als Ueberträger bei Umsetzungen wirken. Aus Mitscherlich's Analysen der Hefeasche ergiebt sich als wahrscheinlich, dass das Kalium als $KH_2 PO_4$ und $K_2 HPO_4$ gelöst, und ein Theil der alkalischen Erden als Phosphate, ein anderer Theil in Verbindung mit organischen Säuren abgelagert in der Pflanze vorhanden gewesen sei.

Das ungleiche Verhalten der Alkalien und alkalischen Erden setzt N. auf Rechnung ihrer verschiedenen Löslichkeit. Die Ursache des Umstandes, dass die Alkalien einander nicht vertreten können, sucht er nicht darin, dass die Salze der einen leichter durch organisirte Stoffe hindurch gehen, als die der anderen. Diosmotische Versuche mit phosphorsaurem Kali und phosphorsaurem Natron ergaben nämlich, dass unter übrigens gleichen Umständen beide Salze in ganz gleichen Mengen durch eine Membran sowohl gegen Wasser als gegeneinander hindurch gehen. Der Grund, warum Kalium, Rubidium und Caesium bevorzugt werden, liegt, nach ihm, vielmehr in ihrer geringen Verwandtschaft zum Wasser. Die Wasserhüllen, von welchen sich N. die Molecüle der Salze des Natriums etc. umgeben denkt, machen diese namentlich zu Contactwirkungen ungeeignet.

In der den Schluss der Abhandlung bildenden Discussion verschiedener Nährlösungen wird als Normalnährflüssigkeit für Culturversuche, die ohne Gährung verlaufen, folgende bezeichnet: 100 ccb Wasser; 3 g Zucker; 1 g Ammoniaktartrat; 0.4 g mit Phosphorsäure neutralisirte Asche von Erbsen, Weizenkernen oder Cigarren, oder Hefeasche in etwas geringerer Menge. Als Normalflüssigkeiten für Spaltpilze werden 3 Mischungen vorgeschlagen. Auf 100 ccb Wasser: I. 1 g weinsaures Ammoniak; 0.1 g K_2HPO$_4$; 0.02 g MgSO$_4$; 0.01 g CaCl$_2$. — II. 1 g Eiweisspepton (oder lösliches Eiweiss); 0.2 g K_2HPO$_4$; 0.04 g MgSO$_4$; 0.02 CaCl$_2$. — III. 3 g Rohrzucker; 1 g weinsaures Ammoniak; Mineralstoffe wie in II. Für gewisse Spaltpilze werden die Lösungen II und III in ihrer Concentration mit Vortheil erhöht; andere, namentlich Krankheitspilze, gedeihen besser in verdünnteren Flüssigkeiten Angehängt sind einige von Dr. O. Löw angestellte und beschriebene Versuche.

125. Condamy. Observations sur la prépondérance de l'arbre dans le développement des champignons sylvestres. Mit Anmerkungen von C. Roumeguère. (Revue mycologique 1880, p. 114.)

Gestützt auf die Thatsache, dass im Departement der Charente mit der Einführung von Nadelhölzern neue in deren Gesellschaft wachsende Pilze auftraten, behauptet Condamy, dass Reste und lebende Wurzeln von Bäumen die wahren Ursprungsorte der letzteren, diese also Parasiten seien. Roumeguère glaubt dagegen, dass der nach den verschiedenen Baumgattungen verschiedene Feuchtigkeitsgehalt des Bodens das Auftreten verschiedener Pilzspecies bestimme.

126. Roumeguère, C. Sur le parasitisme des Champignons; Observations de MM. A. Bertoloni et A. Condamy. (Revue mycologique 1880, p. 185.)

Verf. referirt Einiges aus dem Aufsatze von Bertoloni über den Parasitismus der Pilze. Dann theilt er eine Beobachtung Condamy's mit, nach welcher das mehrere Quadratmeter mit seinem Fadennetze überspannende Mycel von *Collybia platyphylla* die Holzkörper aller in seinem Bereiche befindlichen abgefallenen Zweige zerstört, ohne die Rinde zu verletzen.

In einer Nachschrift folgen Bemerkungen, aus welchen hervorgeht, dass *Peronospora viticola* sich im ganzen Süden von Frankreich verbreitet hat.

127. van Tieghem, Ph. Sur la végétation dans l'huile. (Bullet. de la soc. bot. de France 1880, p. 353—355.)

v. Th. beobachtete in einer häufig geöffneten Flasche mit Olivenöl Mycelflocken, welche sich bei der Cultur in feuchter Luft auf Kartoffelschnitten als zu *Verticillium cinnabarinum* gehörig erwiesen. In Oliven- oder Nelkenöl eingetauchte Stücke von Stengeln, Wurzeln oder Blättern (Kresse, Bohnen, Getreidearten), ganze Pflanzen und in Wasser aufgequollene Samen bedeckten sich bald reichlich mit Mycelien, während in Wasser solche nicht auftraten. Eine Bestimmung der Mycelien war unmöglich, da sie nicht fructificirten. In Lein- und Rüböl liessen sich keine Mycelien erziehen, und solche, welche in Oliven- oder Nelkenöl gewachsen waren, starben beim Eintauchen in jene Flüssigkeiten bald ab.

128. Hansen, E. Chr. Ueber Saccharomyces apiculatus. (Hedwigia 1880, p. 75—77.)

Verf. theilt in kurzen Worten die Hauptresultate seiner Untersuchungen über genannten Pilz mit. Derselbe findet sich allgemein verbreitet auf reifen, süssen, saftigen Früchten, von wo aus er durch den Wind verschleppt wird. Die frühzeitigst reifen Früchte nähren die ersten Generationen, die später reifenden die nachherigen. Auf unreifen Früchten wird der Pilz selten getroffen. Mit dem Regen und den abfallenden Früchten in die Erde geführt überwintert er dort, um im folgenden Sommer denselben Kreislauf wieder anzufangen. Die in zweihalsigen Pasteur'schen Kolben ausgeführten Reinculturen des Verf.'s ergaben ferner, dass *S. apiculatus* nicht wie *S. cerevisiae* und andere Alkoholgährungspilze Invertin zu bilden vermag. Er kann daher keine Alkoholgährung in einer Rohrzuckerauflösung hervorrufen. Ueberhaupt erwies er sich weniger gährungsfähig als *S. cerevisiae*. In Bierwürze z. B. gab er nur 1 Gewichtsprocent Alkohol.

Eine ausführliche Darstellung der Untersuchungen des Verf.'s soll später publicirt werden.

129. **Hansen, C. Ueber die in der Luft vorkommenden Organismen.** (Meddelser fra Carlsberg Laboratoriet. Heft 2.)

Verf. setzte Kölbchen von $1/4$ l Inhalt mit ausgekochter, gehopfter Bierwürze eine Zeitlang der Luft aus und überliess dann bei 16—27⁰ die erhaltene Aussaat der Entwickelung. Die mikroskopische Untersuchung lehrte, dass die Schimmelsporen in der Luft verbreiteter sind, als Bierhefe und Bacterien, und dass die Verbreitung der mikroskopischen Wesen überhaupt eine sehr ungleichmässige ist. Garten, Laboratorium und Keller haben ihre charakteristischen Formen. *Saccharomyces apiculatus* wurde von August bis November nur in freier Luft, *Sac. cerevisiae* vorherrschend im Keller angetroffen. Ersterer hält es unter den Hefeformen am längsten bei steigender Kälte im Freien aus. Bei starker Kälte werden nur noch Microbacterien und *Penicillium glaucum*, *P. cladosporoïdes* und *Mucor stolonifer* im Freien gefunden. (Nach Biedermann's Centralbl. für Agriculturchemie 1880, p. 546.)

130. **O. Penzig. Sui rapporti genetici tra Ozonium e Coprinus.** (Vgl. p. 244.)

Das gelbe, starrfädige Hyphengeflecht von *Ozonium auricomum* wurde vom Verf. mikrochemischen Untersuchungen unterworfen, welche zu folgenden Schlüssen leiteten.

1. Die Membran der jungen, farblosen Hyphen besteht aus der den meisten Mycelien gemeinsamen Cellulose-Modification.

2. Mit dem Alter jedoch erleidet die Membran weitgehende Veränderungen, die sich äusserlich durch die Färbung in dunkelgelb, und durch Festerwerden, Erstarren der Membran erkennen lassen, und auch durch chemische Reaction deutlich werden.

3. Die chem. Reactionen, besonders gegen kochende Kalilauge und die Schultze'sche Macerationsflüssigkeit lehren uns, dass sich die Membran in diesem Stadium aus zwei verschiedenen Substanzen zusammensetzt, von denen die eine sich im kochenden Kali und in der Schultze'schen Flüssigkeit löst (und daher sich der Cuticular- oder Intercellularsubstanz der höheren Pflanzen nähert), während die andere der Kalilauge widersteht — aber doch von ihr soweit angegriffen wird, dass sie nachher in concentrirter Schwefelsäure löslich ist.

O. Penzig.

131. **Reinke. Ueber die Zusammensetzung des Protoplasma von Aethalium septicum.** (Bot. Ztg. 1880, p. 815.)

Eine vorläufige Mittheilung, in welcher 40 von R. unter Mitwirkung seines Assistenten Dr. Rodewald, bei der Analyse des Plasmodiums von *Aeth. septicum* gefundenen Stoffe aufgezählt werden. Ein Hauptbestandtheil ist das Plastin, ein unlöslicher, den Fibrinen nahestehender Eiweisskörper. Dasselbe bildet ein gequollenes, plastisches, zusammenhängendes Gerüst im Innern der Plasmodien, wie auch die festere Hautschicht an der Oberfläche derselben, und lässt sich von den flüssigen Theilen durch Abpressen trennen. Die Eiweissstoffe betragen zusammen kaum 30 % der Trockensubstanz. Ausführlicheres soll in den Untersuchungen aus dem Bot. Laborat. der Univ. Göttingen Heft II mitgetheilt werden.

132. **Kossel, A. Ueber das Nuclein der Hefe.** (Zeitschr. phys. Chem. IV. 290--295.)

Rein chemisch. (Nach Referat in Ber. der Deutsch. chem. Ges. S. 1879.)

133. **Pasqualis. La fermentazione secondo C. von Naegeli.** (Rivista di Viticolt. e d'Enolog. di Conegliano. III 22, IV 1.) Conegliano 1880.

Dem Ref. nicht zugänglich.

O. Penzig.

134. **v. Naegeli. Ueber Wärmetönung bei Fermentwirkungen.** (Sitzungsber. d. Kgl. bayr. Academie. Bd. X, 1880, S. 129—146.)

In seiner „Theorie der Gährung" hat N. als unterscheidendes Moment bezüglich der Wirkung der (unorganisirten) Fermente und der (organisirten) Hefepilze den Umstand hingestellt, dass bei der Alkoholgährung sicher Wärme frei, bei der Invertirung des Rohrzuckers höchst wahrscheinlich Wärme gebunden werde. Im vorliegenden Aufsatze vertheidigt er diese Ansicht gegen eine Darlegung Kunkels (Pflüger's Archiv. f. Phys. Bd. XX, S. 509), nach welcher die Wärmetönung bei den Fermentwirkungen die nämliche ist, wie bei den Gährwirkungen.

135. **Nasse, O. Ueber Fermentprocesse und ihre Abhängigkeit vom Licht.** (Bericht über die Sitzungen der Naturf. Gesellschaft zu Halle. 1880, S. 60.)

136. **Schacht, W. Der Stoffwechsel der Hefezelle bei der Alkoholgährung.** (Bulletin des travaux de la Soc. Murithienne du Valais. Ann. 1879. Fasc. IX. Ersch. 1880.)
Nicht gesehen. Ref.

137. **Pasqualis. L'aqua nella fermentazione alcoolica.** (Rivista di Viticultura ed Enologia IV, No. 12.) Conegliano 1880.
Nicht gesehen. O. Penzig.

138. **Pasqualis. L'Ossigeno nella fermentazione alcoolica.** (Rivista di Viticult. ed Enolog. IV, No. 21.) Conegliano 1880.
Nicht gesehen. O. Penzig.

139. **Hansen, Chr. Einfluss der Lüftung auf die Vergährung der Würzen.** (Meddelser fra Carlsberg Laboratoriet, Heft 2.)
Verf. führte seine Untersuchungen über die genannte Frage mit Hülfe eines Apparates aus, welcher die Flüssigkeit zur Zeit der Gährung in Bewegung erhielt, um jeder schwebenden Hefezelle eine möglichst gleiche Menge von Sauerstoff zuzuführen. In regelmässigen Zeitabschnitten wurden die Hefezellen in der Volumeinheit der Gährflüssigkeit gezählt und gleichzeitig der Vergährungsgrad der Flüssigkeit durch Bestimmung des Extractgehaltes gemessen. Nach $2\frac{1}{2}$ Tagen war nur die doppelte Menge Extract, aber die dreifache Menge Hefe — im Vergleich zu den Resultaten eines Parallelversuchs ohne Luftzufuhr — gebildet. In Uebereinstimmung mit Pasteur wird daher der Hefe im Zustand der Lüftung ein geringeres, aber, was Brefeld bestritt, noch sehr deutliches Gährungsvermögen zugeschrieben. Horwath's Ansicht, nach welcher Bewegung auf das Leben niederer Organismen schädlich wirkt, fand Verf. nicht bestätigt. Bei seinen Versuchen schien dieselbe die Hefevermehrung sogar zu begünstigen, was aus der durch die Bewegung sich stets gleichmässig erhaltenden Mengung der Flüssigkeit und dadurch beförderter gleichmässiger Ernährung erklärt wird. (Nach Biedermann's Centralblatt für Agriculturchemie etc. 1880, S. 479.)

140. **Mayer, A. Ueber den Einfluss des Sauerstoffzutritts auf die alkoholische Gährung.** (Die landwirthschaftl. Versuchstationen, T. XXV, 1880, S. 302—325.)
Zweck der Mittheilung des Verf. ist, die Beweise, welche Naegeli für die direct nützliche Wirkung des Sauerstoffs auf die Gährung (Die Gährung, 1879, München) vorgebracht hat, kritisch zu beleuchten und dann neue eigene Untersuchungen zu beschreiben, welche mit Berücksichtigung aller, auch der von Naegeli beigebrachten Einwürfe die gleiche Frage zum Ausgangspunkte haben. Die Versuche ergaben Gleichheit der Gährkraft bei An- und Abwesenheit des Sauerstoffs, oder vielleicht einen geringen schädigenden Einfluss des letzteren; ferner grössere Gährkraft gut ernährter und dabei stark sich vermehrender Hefe gegenüber schlecht ernährter und schwach sich vermehrender; d. h. nicht wachsende Hefe an sich, wohl aber junge und in jeder Beziehung gut ernährte hat das grösste Gährvermögen. Den Schluss der Abhandlung bildet eine Uebersicht über die Litteratur der in Rede stehenden Frage.

141. **Mayer, A. Ueber den Einfluss der Sauerstoffzufuhr auf die Gährung.** (Ber. d. Deutschen Chem. Ges. 1880, S. 1163.)
Der freie Sauerstoff ist ohne Einfluss auf die Gährung und begünstigt dieselbe nur in sofern, als, wie bekannt, die Hefevermehrung durch ihn begünstigt wird. Naegeli behauptete 1879 in seiner molecularphysiologischen Gährungstheorie die directe Nützlichkeit des Sauerstoffs für die Gährung selber. Nach den Beobachtungen des Verf. erklärt sich dies daraus, dass die Naegeli'schen Gährungsflüssigkeiten Citronensäure enthielten. Er fand nämlich, dass, während sonst in Rohrzuckerlösungen von 20 % die meisten Hefezellen ihre

Thätigkeit einstellen, bei Zusatz einiger Procente weinsauren Kalinatrons zu einer gleich starken Lösung starke Gährung und vielfältige Sprossung der Hefe eintritt. „Unter Umständen können demnach organische Säuren und ihre Salze einen sehr bemerkenswerthen, bis dahin ungeahnten (nicht aus etwaiger saurer Reaction zu erklärenden) Einfluss auf die Gährung haben." „Wahrscheinlich wird hierdurch die ganze lange Zeit so dunkle Frage, warum Hefe in künstlichen Gährungsgemischen so viel langsamer als im Most und in der Branntweinmaische sich vermehrt, der Lösung nahe gebracht."

142. **Boussingault, J. Sur la fermentation alcoolique rapide.** (Comptes rendus h. des séances de l'Académie des sciences, t. 91, 1880, p. 373—376.)

Chevreul hat gezeigt, dass die Gährung zuckerhaltiger Flüssigkeiten durch die Entwickelung des Alkohols, welcher die Thätigkeit der Hefe lähmt, verlangsamt wird. B. versuchte daher den gebildeten Alkohol dadurch zu entfernen, dass er die Gährung bei vermindertem Druck stattfinden liess. Die aus der nun bei der Gährtemperatur kochenden Flüssigkeit entweichenden Alkoholdämpfe wurden in einem abgekühlten Recipienten condensirt. Das Verfahren war von gutem Erfolge begleitet. Besonders bemerkt wird, dass auch bei B.'s Methode sich Glycerin und Bernsteinsäure bildeten.

143. **Hayduck, M. Einige Beobachtungen über den Einfluss der Spaltpilze auf die Entwickelung und die Gährwirkung der Hefe.** (Zeitschr. f. Spiritusindustrie N. F. III, 1880, S. 202—204.)

Bei Parallelversuchen mit reiner und mit Spaltpilzen inficirter Maische zeigte sich, dass die Hefebildung in letzterer mangelhaft war; wahrscheinlich weil die Spaltpilze die zur Entwickelung der Hefe erforderlichen stickstoffhaltigen Körper verbrauchten. Auf die fertig gebildete Hefe schienen die Spaltpilze keinen nachtheiligen Einfluss auszuüben. (Nach Bot. Centralbl. 1880, II, S. 866.)

144. **Schiel, J. Ueber Gährung.** (Ber. der Deutschen Chemischen Gesellschaft XII, 1880, S. 508.)

Nach Uhlworm's Referat im Bot. Centralblatt (1880, I, S. 770) theilt Verf. mit, dass es ihm gelungen sei, durch einen Strom von nur zwei Kohlezinkelementen in einer mit Hefe, etwas Fleischsaft und etwas phosphorsaurem Ammoniak versetzten Zuckerlösung das Auftreten von Bacterien ohne Beeinträchtigung der Gährung zu verhindern.

145. **Cochin. Ueber die alkoholische Gährung.** (Ann. chim. phys. 1880, XX, 95.)

146. **Berthelot. Bemerkungen zu der Notiz des Herrn Cochin über die alkoholische Gährung.** (Ann. chim. phys. 1880, XX, p. 287.)

C. filtrirte Bierhefenwasser (nach Pasteur hergestellt) durch gebrannten Thon. Das Filtrat erregte keine Gährung, während die abfiltrirte Bierhefe reichliche Gährung hervorrief. C. will damit beweisen, dass die Bierhefe kein lösliches Ferment der alkoholischen Gährung erzeugt.

B. hält C.'s Ergebniss nicht für massgebend. (Nach Referaten in den Berichten der Deutschen Chemischen Gesellschaft, 1880, S. 1878. Vgl. Bot. Jahresber. 1879, S. 537, No. 103 und 104.)

147. **Hayduck, M. Bestimmung der Hefe durch Zählung.** (Zeitschr. für Spiritusindustrie XIV, 1880, S. 1.)

Siehe Bot. Centralblatt 1880, I, S. 39—40.

148. **Heinzelmann. Werthbestimmung der als Rohmaterial für die Presshefefabrikation dienenden Körnerfrüchte.** (Biedermann's Centralblatt für Agriculturchemie 1880, 9. Jahrg., S. 475—476.)

„Im Allgemeinen giebt der Roggen mit höherem Eiweissgehalt auch höhere Ausbeute an Hefe, doch ist dieser Zuwachs durchaus nicht den bedeutenden Unterschieden in der Zusammensetzung des Rohmaterials entsprechend. Für die Hefebildung kommen nur die in Wasser löslichen Eiweisskörper zur Geltung." Hiervon ausgehend versuchte der Verf., den Werth der Körnerfrüchte für die Presshefefabrikation nach dem Gehalt an wasserlöslichen stickstoffhaltigen Substanzen zu bestimmen. l. c. giebt er einige Analysen und praktische Folgerungen.

149. **Gayon, U. Sur la cause de l'altération spontanée des sucres bruts de canne.** (Comptes rendus h. des séances de l'Académie des sciences t. 91, 1880, p. 993—995.)

Man beobachtet bei rohem Rohrzucker, der sich selbst überlassen ist, eine theilweise Umwandlung des krystallisirbaren Zuckers in reducirenden Zucker. Diese Umwandlung schreibt G. der Mitwirkung von Organismen zu, weil er solche (Hefe, *Torula* und Schimmelpilze) in allem Rohrzucker fand, weil Wärme und Feuchtigkeit in gleicher Weise die Entwickelung jener Organismen wie die Umwandlung des Zuckers begünstigen und weil antifermentative Agentien beides verhindern. Die Organismen sollen, während sie sich vermehren, das invertirende Ferment erzeugen, welches sich in den glucosereichen Zuckern nachweisen lässt.

150. **Wenckiewitz, B. Das Verhalten des Schimmelgenus Mucor zu Antisepticis und einigen verwandten Stoffen mit besonderer Berücksichtigung seines Verhaltens in zuckerhaltigen Flüssigkeiten.** 8°. Dorpat 1880. Inauguraldissertation.

Der Autor hat die *Mucor*-Arten in der von Bucholtz modificirten Pasteur'schen Nährlösung cultivirt und die Veränderungen beobachtet, welche die Vegetation bei Zusatz bekannter Dosen verschiedener Antiseptica erfuhr. Am stärksten hemmten das Pilzwachsthum ätzender Sublimat, Jod und Chlor. (Nach Bulletin de la soc. bot. de France Rev. bibl., p. 128, 1881.)

151. **Gayon, U. Gewinnung des Rohrzuckers aus der Melasse durch Gährung.** (D. Deutsche Zuckerindustrie, 5. Jahrg., 1880, No. 39, S. 1236 und No. 40, S. 1267.)

Von allen fremden Organismen sorgfältig isolirter *Mucor circinelloides* bildet, bei begrenztem Luftraum in Bierwürze gesät, eine sehr wirksame Hefe, welche die direct gährungsfähigen Zuckerarten Glycose, Levulose und Maltose in alkoholische Gährung überführt, auf den Rohrzucker dagegen keinen Einfluss hat. Verf. erhielt die Mucorhefe zu seinen Versuchen durch Aussaat der reinen Pflanze in Bierwürze in Pasteur'schen Kolben; der entstandene Absatz ward mit destillirtem Wasser ausgewaschen und dann als Hefe verwandt. Sie bedarf, um kräftige Gährungen hervorzubringen, mehr Nährstoffe als die gewöhnliche Bierhefe. Von praktischem Nutzen kann sie bei der Gewinnung des Rohrzuckers aus der Melasse werden, indem sie die in letzterer enthaltene Glycose zerstört, welche die Krystallisation des ersteren hindert. Versuche in dieser Richtung hat Verf. nur im Kleinen angestellt. (Nach Biedermann's Centralblatt f. Agriculturchemie, 1880, S. 835.)

152. **Boutroux, L. Sur une nouvelle fermentation du glucose.** (Comptes rendus h. des séances de l'Académie des sciences, t. 91, 1880, p. 236—238.)

B. hat unter der Mitwirkung eines Organismus, welchen er mit *Mycoderma aceti* identificiert, aus der Glucose eine Säure der Formel $C_{12} H_{12} O_{14}$ (acide gluconique) erhalten, nicht, wie er früher (l. c. t. 86, p. 605) meinte, Milchsäure. Die Arbeit enthält die Charakteristik der Säure und ihrer Salze. l. c. (p. 331) theilt Maumené mit, dass er die Säure durch Reduction von Metallverbindungen mit Zucker erhalten habe. Er bezeichnet sie als das erste Oxydationsproduct des Zuckers.

153. **Wurm. Ein neues Gährverfahren.** (In Journal of the Royal Microsc. Soc. III, 1880, p. 841, nach Dingler's polytechnischem Journal.)

W. lässt zu einer reinen *Mycoderma*-Aussaat bei einer Temperatur von 30° C. einen wohl regulirten Alkoholzufluss stattfinden. Der Process geht in grossen hölzernen Gefässen vor sich, welche 200 Liter einer Mischung von Weinessig, Wasser und Alkohol nebst Mineralsalzen (Phosphaten von Kalium, Calcium, Magnesium und Ammonium) enthalten. Die Fabrikation nach der neuen Methode soll schneller vor sich gehen als bei der alten und sehr billig sein.

154. **Herzen, A. Ueber den Einfluss der Borsäure auf die Essiggährung.** (Atti del R. Academia dei Lincei, Ser. 3, Transunti, vol. III, 1879, p. 131.)

Ein geringer Zusatz von Borsäure (1 g oder 1.1 g auf 200 cc.) verhindert nach den Versuchen des Verf.'s die Essiggährung von reinem Wein. Nimmt man an, dass dieselbe durch *Mycoderma aceti* verursacht werde, so muss, nach dem Verf., also Borsäure ein Gift für diesen Organismus sein. Nach weiteren Versuchen gedeiht *Mycoderma aceti* nicht in 10procentigem Alkohol, wohl aber in 5procentiger Essigsäure und etwas schwächer in

5procentiger Essigsäure mit einem Zusatz von 5 % gesättigter Borsäurelösung. Verf. neigt sich hiernach der Ansicht zu, dass die Gährung ein rein chemischer Process sei und dass die *Mycoderma*-Keime erst auf Kosten des gebildeten Essigs sich entwickelten. Die Borsäure, meint er, verhindert die chemische Umwandlung des Alkohols, ist aber der Vegetation des *Mycoderma* nicht absolut hinderlich. (Nach Biedermann's Centralblatt für Agriculturchemie etc. 1880, p. 487.)

3. Pilze als Ursachen von Krankheiten der Menschen und Thiere.

155. Behrens, Wilh. Jul. Unsere unsichtbaren Feinde. (Monatsbl. f. öffentl. Gesundheitspflege III, 1880, No. 1 – 4. Braunschweig 1880.)

Ein populärer Aufsatz über die Schimmel, Gährungs- und Spalt-Pilze (Nach Bot. Centralblatt 1880, I, p. 972.)

156. Eidam, E. Nutzen und Schaden der niederen Pflanzenwelt. Breslau 1880, 8°, 30 S.

Populärer Vortrag, gehalten im Humboldt-Verein in Breslau.

157. Burnett, Ch. H. Aspergillus in the human ear. (Scientific american, Suppl. No. 208, vol. VIII, 1880, p. 3312, mit Holzschn.)

Nach B. findet sich *Aspergillus nigricans* häufiger im menschlichen Ohre als andere Schimmelpilze, speciell als *A. glaucus.* (Nach Bot. Centralblatt 1880, I, p. 17.)

158. Grawitz. Ueber Schimmelvegetationen im thierischen Organismus. (Archiv für pathologische Anatomie und Physiologie, h. v. R. Virchow, Bd. 81, p. 355—376 mit Abb.)

Nach einer historischen Einleitung theilt G. mit, dass es ihm gelungen sei verschiedene gewöhnliche Schimmelpilze (*Penicillium*- u. *Eurotium*-Arten) durch Umzüchtung bei 38—40° C. in maligne Pilze zu verwandeln. Er säte z. B. succesive Generationen jener auf Brod, welches mit Wasser zu einem dünnen Brei erweicht war, auf schwach saure, sehr verdünnte und mit 1 % Rohrzucker versetzte Peptonlösung, dann auf neutrale bis stark alkalische Peptonlösung zuletzt ohne Rohrzuckerzusatz. Die letzten Generationen gediehen auch auf frischem Thierblut und erwiesen sich hier als Fäulnissverhinderer. Nach 12 – 20 Generationen hatte G. eine morphologisch von dem ursprünglichen Material nicht unterscheidbare Schimmelvarietät erhalten, welche so zuverlässig in ihrer Malignität war, dass nicht ein einziges Thierexperiment missglückte. Bei den Impfversuchen wurden die Sporen in warmem Wasser, welchem 1 % Kochsalz zugesetzt war, in die Jugularvene oder ein grosses Lymphgefäss eingespritzt. Kaninchen gingen 80, Hunde 100 Stunden nach der Infection zu Grunde. In Bezug auf die gröberen mycotischen Veränderungen der Gewebe, welche am dritten oder vierten Tage ihren Höhepunkt erreichten, bestätigt G. im wesentlichen die Angaben von Grohe und Block. Bei Einspritzungen in die Jugularvene liessen sich besonders in Nieren, Leber, Darm, Lungen und Muskelgewebe Keimschläuche und Pilzrasen nachweisen. Bei Injectionen in die Bauchhöhle wuchern die Pilzfäden in das Bindegewebe hinein; häufig ohne das Versuchsthier zu tödten, indem sich um die mycotischen Herde Entzündungszonen bilden, innerhalb deren die Keime absterben. Injectionen in das Gewebe rufen dieselben Erscheinungen hervor, wie sie Verf. früher bei Soorinjectionen beobachtet hat (l. c. Bd. 70, p. 589). Inhalirte Sporen keimen nur, wenn mit ihnen Hyphenstückchen etc., an welchen sie anhaften können, in die Alveolen gelangt sind.

Zum Unterschied von den Bacteriomykosen ist es bei den hier in Rede stehenden Fällen die Vielheit der einzelnen Erkrankungsherde, welche den Tod nach sich zieht, nicht eine allgemeine Zersetzung des Blutes und der Gewebe.

Die Züchtungen auf warmen Eiweisslösungen lassen sich, nach G., nicht in beliebiger Dauer fortsetzen. Nach einer Reihe von Generationen tritt Entartung der Pilze ein, welche sie mehr und mehr unfähig macht, auf genanntem Substrat zu vegetiren. Ihre Malignität erlischt allmählich wieder, nachdem sie einen Culminationspunkt erreicht hat.

159. Lang, E. Vorläufige Mittheilung von einem neuen Untersuchungsergebnisse bei Psoriasis. (Ber. d. Naturw.-Med. Vereins in Innsbruck, 9. Jahrg., p. 54 – 61.)

Verf. hat bei der genannten Krankheit in gewissen Lagern der Efflorescenzen Sporen und septirte Hyphen gefunden, welche er einem Pilze zuschreibt, den er *Epidermophyton* nennt. (Bot. Centralblatt 1880, I, p. 69—70.)

160. **Ribbert. Ueber Abscesse des Gehirns, verursacht durch Embolien des Oidium albicans.** (Verh. d. Naturhist. Vereins d. preuss. Rheinlande u. Westfalens. 36. Jahrg. IV. Folge. G. Jahrg. II. Hälfte. 1879 Sitzungsber. S. 86.)

161. **Brümmer, J. Maul- und Klauenseuche ähnliche Krankheitserscheinungen, hervor-gerufen durch (mit Polydesmus exitiosus) befallenen Raps.** (Königsberger Land- u. Forstw. Ztg. 1880, S. 4 [aus: Der Thierfreund].)

Die Sporen des Rapsverderbers finden in den mit der Aussenwelt in Berührung stehenden Schleimhäuten der Thiere die Bedingungen zum Keimen und können dann im darunter liegenden Gewebe durch ihr Mycel Entzündungen veranlassen. Die Klauenhaut können sie nur nach einer Verwundung angreifen. Wahrscheinlich vermögen sie jedoch in die Epidermis feinhäutiger Euter einzudringen. (Nach Bot. Centralbl. 1880, I, S. 17.)

162. **Edinburgh Botanical Soc. 1880. 8. Jan. Fish, diseased, in the Tweed.** (The Gard. Chronicle 1880, I, p. 89.)

Im Tweed wurden kranke und todte mit weissen Pilzflecken bedeckte Fische beobachtet. Einige Exemplare erhielt Stirling, Curator des anatomischen Museums, zur Untersuchung.

163. **Brooke, G. Notes on the Salmon disease in the Esk and Eden.** (Transactions and Proceedings of the Bot. Soc. of Edinburgh, vol. XIII, pt. II.)

Die dem Ref. leider nicht zu Gesicht gekommene Arbeit handelt über die angeblich durch *Saprolegnia ferox* veranlasste Krankheit der Salme.

164. **Buckland, Fr., Walpole, Sp., Joung, A. Report on the disease which has recently prevailed among the Salmon in the Tweed, Eden and other rivers in England and Scotland.** London. G. E. Eyre and W. Spottiswoode. 1880.

Nicht gesehen. Ref.

165. **Robson, M. H. The Salmon disease (Saprolegnia ferax).** (Hardwick's Science-Gossip. Juni 1880.)

Nicht gesehen. Ref.

165a. **Rutherford. Ueber die Krankheit der Salme.** (Nach dem Ber. in Grevillea IX, p. 9 u. 10.)

R. fand im Muskelfleische der von *Saprolegnia ferax* befallenen Salme Bacterien, welche er für die primäre Ursache jener Fischkrankheit hält. Die durch sie hervorgebrachten Zersetzungsproducte sollen den *Saprolegnia*-Sporen erst einen geeigneten Boden zum Keimen liefern. Cooke erklärt sich gegen diese Ansicht und glaubt, dass das Vorkommen der Bacterien nicht von wesentlicher Bedeutung für die Entwickelung der *Saprolegnia* sei.

165b. **Brongniart, A., et Cornu, M. Observations nouvelles sur les épidémies sévissant sur les insectes.** (Diptères tués par un champignon. *(Entomophthora.)* Paris 1879. 8⁰.)

Nicht gesehen. Ref.

166. **Hagan. Description of Insects by Yeast.** (The Gardeners' Chronicle 1880, I, p. 80 und p. 88. Nature vol. XXI, p. 447 u. 611.)

Durch die Beobachtung von *Empusa muscae* getödteter Fliegen angeregt hat H. ein Buch über die Benutzung des Hefepilzes zur Vertilgung schädlicher Insecten geschrieben. An den citirten Stellen in The Gard. Chrou. wird seine Schrift durch Mc Lachnan empfohlen. In Nature vol. XXI findet sich p. 447 eine Bemerkung von E. R. Lancester über den Gegenstand und p. 611 eine Erwiderung H.'s H. theilt darin mit, dass Insecten, welche er mit in Wasser zertheilter Hefe besprengte, starben, während Controlexemplare gesund blieben, Im Körper der getödteten Thiere fanden sich Pilzsporen, welche den von Rees (Bot. Unters. über d. Alkoholgährungspilze. Taf. I, fig. 15, e, d) abgebildeteu glichen.

167. **Lesley. Fungus inoculation for insects.** (Nature vol. XXII, p. 31.)

Lesley macht darauf aufmerksam, dass die Idee, parasitische Pilze gegen Insecten zu verwerthen, zuerst von dem Entomologen John, L. Le Conte aus Philadelphia im August 1873 ausgesprochen wurde. Folgt Auführung der Stelle.

168. **Prentiss, A. N. Destruction of noxious insects by means of fungoid growths.** (American Naturalist. Aug. Sept. 1880.)

Nicht gesehen. Ref.

169. **Rommier, A. Sur l'influence toxique que le mycélium des racines de la vigne exerce sur le Phylloxera.** (Comptes rendus h. des séances de l'Academie des sciences 1880, t. 90, p. 512.)

Verf. beobachtete an von Phylloxera befallenen Rebenwurzeln, welche sich bei 15—20⁰ in Versuchsflaschen befanden, dass auf den Stücken, an welchen ein Mycelium erschien, die Phylloxera zu Grunde ging, während sie auf den anderen sich stark vermehrte. Das Auftreten des Mycels ist ein Zeichen des baldigen Absterbens der Rebe.

4. Pilze als Ursache von Pflanzenkrankheiten.

a. Allgemeines.

170. **Cornu, M. Applications de la théorie des germes aux champignons parasites des végétaux, et spécialement aux maladies de la vigne.** (Comptes rendus h. d. séances de l'Académie des sciences, t. 91, 1880, p. 960—963.)

Eine Zusammenstellung von Massregeln gegen parasitische Pilze. Neue Gesichtspunkte von mykologischem Interesse kommen nicht zur Sprache.

171. **Frank, A. B. Die Krankheiten der Pflanzen.** (Ein Handbuch für Land- und Forstwirthe, Gärtner, Gartenfreunde und Botaniker. Mit 149 Holzschn. Breslau 1880.)

Der IV. Abschnitt des Werkes „Krankheiten, welche durch andere Pflanzen hervorgebracht werden" ist naturgemäss zum grössten Theil (S. 362—654) den Pilzen gewidmet. Er bringt nach einer allgemeinen Einleitung (Schmarotzerpilze als Krankheitserreger; Art wie der Schmarotzerpilz die Nährpflanze bewohnt, epiphyte und endophyte Parasiten; Art des Befallens durch einen Schmarotzerpilz; Auswahl des Pflanzentheils und der Nährspecies; Art der Wirkungen, die die Schmarotzerpilze hervorbringen) eine sehr reichhaltige Zusammenstellung des vorhandenen, kritisch gesichteten Materials unter steter Hinweisung auf noch zu beantwortende Fragen und mit zahlreichen Ergänzungen auf Grund neuer eigener oder dem Verf. mitgetheilter Beobachtungen. Die Eintheilung ist nach den Krankheitsursachen getroffen. Es werden in den neun Capiteln nach einander abgehandelt: Chytridiaceen; Saprolegniaceen; Peronosporeen; Brandpilze als Ursache der Brandkrankheiten nebst den mit den Ustilagineen nächstverwandten Parasiten *(Entyloma, Melanotaenium, Physoderma, Protomyces)*; Rostpilze als Ursache der Rostkrankheiten, nebst Rostkrankheiten, die durch ungenau bekannte Uredineen verursacht werden; die durch Hymenomyceten verursachten Krankheiten; Scheibenpilze; Kernpilze (Mehlthau, Russthau, endophyte Parasiten mit Conidienträgern, endophyte Parasiten mit Spermogonien oder Pyknideu in Blatt- und Fruchtflecken, Blattflecken mit einfachen Perithecienformen, Pyrenomyceten als Ursache von Holzgeschwülsten, unterirdische Pyrenomyceten, *Rhizoktonia*, zusammengesetzte Pyrenomyceten); unvollständig bekannte Schmarotzerpilze (Wurzelanschwellungen der Erle, Papilionaceen etc.).

Bei jeder Krankheit werden Symptome und Verlauf, kurz das über den Entwickelungsgang des Parasiten Bekannte und therapeutische und prophylaktische Maassregeln angegeben. Da bereits seit 1876 an der Fertigstellung des Manuscripts gearbeitet wurde, konnten seitdem erschienene Arbeiten nicht mehr überall zur Geltung gebracht werden; z. B. Sorauer's Obstbaumkrankheiten und R. Hartig's Untersuchungen aus dem forstbot. Institut zu München.

Da Jeder, der sich mit pflanzlichen Parasiten befasst, das Buch selbst benützen wird, genügt es hier, das Wichtigste des darin mitgetheilten Neuen kurz hervorzuheben.

S. 384 wird unter dem Namen *Saprolegnia Schachtii* n. sp. ein auf *Pellia epiphylla* schmarotzender Pilz beschrieben, dessen farblose, einzellige verzweigte Fäden (Dicke 0.0045— 0.0010 mm) die Zellwände durchbohren und im Inneren der Nährzellen, „am Ende eines Fadens, seltener interstitiell" kugelförmige Zellen von 0.04 mm Durchmesser bilden, mit dicker, durchlöcherter Membran und dichtem Inhalt, der später in eine Mehrzahl von Kugeln zerfällt. Die Wirkung des Parasiten beschränkt sich darauf, dass die Zellen, in denen er sich reichlicher entwickelt, ihr Stärkemehl verlieren. Die Chlorophyllkörner derselben sind klein und stärkelos, aber grün. Mikroskopisch ist am Lebermoose die Krankheit nicht wahrnehmbar. Der Pilz erinnert den Verf. an *Pythium equiseti*. Die Fäden finden sich häufig in Bündeln in den Wurzelhaaren, durch deren Membran sie nach aussen treten, um (vielleicht) andere Pflanzen zu inficiren.

S. 516 giebt der Verf. eine ausführliche Beschreibuug des „Wurzelpilzes des Weinstocks", der die als „Blanc des racines" bezeichnete Krankheit verursacht. Er findet eine sehr grosse Uebereinstimmung des Mycels mit den Rhizomorphhasträngen des *Agaricus melleus* und möchte es mit Schnetzler (Compt. rend. 1877, p. 1141) und Millardet (Compt. rend. 1879, p. 379) für identisch mit diesen halten. Allerdings ist ein strenger Beweis durch Erziehung der Fruchtträger noch nicht geliefert. Eine Aehnlichkeit mit *Agaricus melleus* besteht auch darin, dass der Pilz an von ihm getödteten Pflanzentheilen noch als Saprophyt weiter vegetiren kann. Interessant ist eine gelungene Infection der Feuerbohne durch von dem Mycel getödtete Rebenwurzeln.

Roesleria hypogaea Thümen hat mit dem vom Verf. beschriebenen Pilze nichts zu thun. Die Gelbsucht des Weinstocks ist äusserlich der von dem in Rede stehenden Mycel verursachten Krankheit sehr ähnlich und vielleicht mit ihr identisch. Jedenfalls hat Fuckel ihren Zusammenhang mit seiner *Spicularia icterus*, die er für die Ursache hält, nicht erwiesen.

S. 530. Bisher nicht beobachtet oder noch nicht erkannt ist „die Sclerotienkrankheit des Rapses", verursacht durch *Peziza sclerotioides* Lib. Dieselbe trat 1879 meist vereinzelt, in einem Felde aber epidemisch, bei Leipzig auf. Anfang Juli bemerkte man, dass das Feld vorzeitig gelb wurde, eine Erscheinung, welche die Landleute Früh- oder Nothreife nennen. In mittlerer Höhe des im übrigen grünen Rapsstengels zeigt sich eine letzteren rings umfassende, bleiche oder röthliche Stelle, deren Rinde zusammengefallen ist, so dass die Epidermis dem Holzkörper nur locker aufliegt. Die anfangs nur die Rinde zerstörenden, septirten, verzweigten Mycelfäden (Dicke 0.003 – 0.02 mm) gelangen durch die Markstrahlen und die Unterbrechungen des Holzrings an der Insertionsstelle der Blätter und Zweige ins Mark und bilden dort schwarze Sclerotien, deren Entwickelung mit der von De Bary gegebenen Schilderung (Morphologie und Physiol. der Pilze etc., S. 35) übereinstimmen. Dieselben zeigen die verschiedenen Formen, welche als *Sclerotium compactum* DC. bekannt sind. Ausserdem, wiewohl weniger zahlreich, bilden sich Sclerotien in der Rinde des Stengels und der Wurzel. Diese stellen *Sclerotium varium* Pers. und *Sclerotium Brassicae* Pers. dar. Die Verbreitung des Mycels erfolgt nach unten schneller als nach oben. Aus den in der Luft befindlichen abgestorbenen oder blos erkrankten Theilen des Wirthes treibt der Pilz bisweilen Conidien tragende Fruchthyphen, die mit *Botrytis cinerea* Pers. übereinstimmen. Bedingungen hierzu sind unbewegte Luft und genügende Feuchtigkeit. Bei ihrer Bildung treibt ein Mycelfaden durch eine Spaltöffnung oder zwischen mürben Epidermiszellen hindurch eine Papille an die Stengeloberfläche, an welcher mehrere Zweigpapillen hervorsprossen, deren jede zu einem Conidienträger auswächst.

Ausser der oben bezeichneten können die Conidienträger fast alle von Fresenius (Beiträge zur Mycologie, Taf. II) abgebildeten Formen annehmen, z. B. die von *Botrytis vulgaris* Fr., *B. cana* Kze. et Schm., *B. plebeja* Fres., *B. furcata* Fres.

Nachdem der Pilz die Rapspflanze getödtet hat, vegetirt er als Saprophyt kräftig weiter und bildet nun im Erdboden Sclerotien. Auch die bald keimenden Conidien sind zu einer saprophyten Ernährung befähigt. Aus ihnen lassen sich auf dem Objectträger leicht *Botrytis*-Formen erziehen. Im August in Erde ausgesäte Sclerotien keimten Anfang März. Die Becher und Sporen stimmten bis auf die Grössenverhältnisse der letzteren mit den von Coemans (Bulletin de l'academie roy. des sciences de Belgique 2. sér., T. IX [1860], p. 62 ff.) aus den Rapssclerotien erhaltenen überein.

Infectionsversuche mit Mycel, Conidien und Ascosporen gelangen leicht. Die Keimschläuche der letzteren dringen in die Spaltöffnungen oder zwischen je zwei benachbarte Epidermiszellen ein. Die Krankheit liess sich auch auf Keimpflanzen von *Sinapis arvensis* und von Klee übertragen. Verf. vermuthet daher, dass die Sclerotienkrankheiten dieser und anderer Pflanzen durch denselben Pilz erzeugt werden.

S. 544. Verf. beobachtete in den unteren, schlaff und weich gewordenen Internodien des Stengels von *Impatiens glandulifera* ein intercellulares, septirtes, verzweigtes Mycel, welches zahllose, kleine, schwarze Sclerotien von nicht über $^1/_{10}$ mm Durchmesser bildete. Vorbehaltlich einer näheren Bestimmung nennt er den Pilz *Sclerotium Balsaminae*.

Die Entwickelung der Sclerotien begann mit einem Eindringen zahlreicher Mycelfäden in eine oder zwei benachbarte Zellen, in deren Lumen sie sich zum Knäuel verflochten.

S. 581. *Cladosporium herbarum* Link., auf Roggenfeldern bei Leipzig parasitisch gefunden. In den erkrankten Stellen (an Blättern) findet Zerstörung des Chlorophylls, später Austrocknung statt.

S. 586. An *Sporidesmium putrefaciens* Fuckel. *Cladosporium*-Conidienträger beobachtet.

Fünf neue Arten werden ausser den schon erwähnten in dem Buche aufgestellt: S. 440 *Urocystis Alopecuri*, S 600 *Ramularia Viciae*, S. 601 *Cercospora Phyteumatis*, S. 604 *Sclerotrichum alpinum* auf *Phleum alpinum* und *Poa minor*, S. 611 *Gloeosporium Phegopteridis*.

Hervorzuheben sind endlich noch die an verschiedenen Stellen gegebenen historischen Bemerkungen.

172. **Schenk, A. Handbuch der Botanik. I. Band.** Breslau 1881.

Dieser Theil der „Encyclopädie der Naturwissenschaften" enthält auf Seite 471—529 das Wichtigste des in Frank's „Handbuch der Krankheiten der Pflanzen" über Schmarotzerpilze Gesagten, von Frank selbst, in dem Zwecke des Werkes entsprechender Form, dargestellt.

173. **Sorauer, P. Giebt es eine Prädisposition der Pflanzen für gewisse Krankheiten?** (Die landwirthschaftl. Versuchsstationen, Bd. XXV, S. 327—372.)

S. verficht seine Ansicht über die Frage gegen Hartig und Wolff. Neue Thatsachen von mykologischem Interesse sind nicht in der Arbeit enthalten.

174. **O. Comes. J Funghi in rapporto all' economia domestica ed alle piante agrarie.** (Lezioni nella R. Scuola sup. d'Agric. di Portici, raccolte da A. Savastano. Napoli 1880. 184 p., 8⁰, 34 autogr. Tafeln.

Autographirter Text der Vorlesungen über angewandte Mykologie, welche Prof. Comes in der höheren landwirthschaftlichen Schule zu Portici gehalten. Wir geben einfach die Ueberschrift der Kapitel, in welche die Arbeit getheilt ist.

I. Natur der Pilze — wie sie vegetiren — ihr Parasitismus — Formen — Vegetationskörper — Sclerotien.

II. Reproductionsorgane — Polymorphismus.

III. Systematik. Classification Berkeley's und de Bary's.

IV. Chemische Zusammensetzung — giftige Substanz — Phosphorescens — Farbenwechsel des Saftes — Geruch und Farbe.

V. Basidiomyceten. Hymenomyceten; ihre Fortpflanzungsorgane, Eintheilung.

VI. *Agaricini*. Mycelium, Reproductionsorgane.

VII. Wichtigste Arten der *Agaricini*.

VIII. Wichtigste Arten der *Polyporei*, *Hydnei*, *Clavariei*, *Auricularini*, *Tremellini*.

IX. Gastromyceten. — Die grösseren Pilze in Beziehung zur Oeconomie. Vergiftung und Cur derselben. Cultur der nützlichen Pilze.

X. Parasitismus, bezüglich auf die Culturpflanzen.

XI. Coniomyceten und *Hypodermei*; Schaden, der von den Ustilagineen erzeugt wird, und die bekannten Heilmittel.

XII. Die Uredineen.

XIII. Schwarzbrenner *(Anthracnose)* des Weinstockes.

XIV. Mucorineen.

XV. Ascomyceten; Sphaeriaceen und Erysiphaceen.

XVI. Discomyceten und Tuberaceen.

XVII. Rhizoctonien, Saccharomyceten, *Mycoderma*, Bacterien, Myxomyceten, *Exantheme*.

Es folgt eine Aufzählung der gewöhnlichsten Volksnamen, welche die bekannten Pilze in Toscana, im Neapolitanischen, in Sicilien haben, sowie ein Verzeichniss der wichtigsten Nährpflanzen, eine jede mit den ihr eigenthümlichen Pilzen.

Die 34 autographirten Tafeln illustriren, in schlechten Copien aus anderen Werken, das im Text Gesagte; die wenigen von Herrn Savastano zugefügten Originalzeichnungen sind völlig unbrauchbar (Tafel XXXIV!). O. Penzig.

175. **Wildwachsende Pflanzen als Verbreiter von Krankheiten unserer Culturgewächse.**
(Fühling's Landw. Zeit. 1879, S. 656.)

Eine der „Land- und Forstwirthschaftlichen Zeitung für das nordöstliche Deutschland"
entnommene Zusammenstellung über das Vorkommen von Parasiten unserer Culturpflanzen
auf Unkräutern.   P. Sorauer.

176. **Beobachtungen über Feinde und Krankheiten unserer Obstbäume und Getreidearten
im Jahre 1875.** (Norddeutscher Landwirth 1879, No. 4 und 5.)

Aufzählung zahlreicher Insectenschäden und einzelner Vorkommnisse von *Erysiphe*
auf Klee und *Roestelia* auf Birnen.   P. Sorauer.

177. **Joh. Lange.** **Om de Sygdomme hos vore vigtigste dyrkede Planter, som fremkal
des ved Rustsvampe o. s. v.** (Ueber die Krankheiten bei unseren wichtigsten cultivirten
Pflanzen, welche durch Rostpilze hervorgebracht werden, die auf verschiedenen Wirthpflanzen schmarotzen, sowie über die Mittel, ihre Ausbreitung zu hemmen. 45 Seiten
mit 25 Holzschnitten. Kopenhagen 1879.)

Eine gemeinfasslich dargestellte Abhandlung für den praktischen Landmann oder
Gärtner bestimmt; *Aecidium Berberidis, Aec. asperifolii, Aec. Frangulae* mit den zugehörigen
Puccinien, sowie *Uromyces Hordei* P. Nielsen werden beschrieben und abgebildet. Wissen-
schaftlich Neues ist in der kleinen für Laien abgefassten Arbeit nicht vorhanden.
                                                                                 Poulsen.

178. **A. Renner.** **Az anyarozs (Secale cornutum) boni-és szödettani szerkezete.** (Munká-
latok etc. Arbeiten der XX. Wanderversammlung der ung. Aerzte und Naturforscher.
Budapest 1880, S. 350—354 mit 1 Tafel [Ungarisch].)

Vgl. Bot. Ztg. 1879, S. 677.

179. **Derselbe.** **A növények üszögbetegsége, fötekin tettel a kukoriczaüszögre.** (Ibid.
S. 348—352 mit 1 Tfl. [Ungarisch].)

Vgl. Bot. Ztg. 1879, S. 677.

180. **Derselbe.** **Az Ueszögbetegség és az anyarozs tekintettel fejlödésükre, a nevezetes
fajok leirására és az ellenök alkalmazandó eljárásra müvelésbeli vövenyeinknél.**
(Budapest 1880, 115 S. mit 21 in den Text gedr. Abbildg. u. 1 Tfl. in Farbendruck
[Ungarisch].)

Ist der Separatabdruck der in den Földmivelési Érdekeink 1879 erschienenen Artikel-
reihe (vgl. Bot. Jahresb. 1879, S. 564) und giebt eine ausführliche Schilderung der Brandkrankheiten und des Mutterkorns. Das Buch enthält auch eigene Beobachtungen des Verf.'s
und ist in einer für das grosse Publikum verständlichen Form gehalten.   Staub.

181. **Gegen Pflanzenungeziefer und Pflanzenkrankheiten.** Aus „Königsberger Land- und
Forstwirthschaftliche Zeitung" 1880, No. 33, citirt in Biedermann's Centralbl. f. Ag.-Ch.
1880, S. 702.

Ein Theil Carbolsäure in 100 Theile Wasser soll vorzügliche Dienste leisten, ohne
die Pflanzen zu schädigen.   P. Sorauer.

182. **Sprengwagen zur Vertilgung der schädlichen Pilze und Insekten auf Culturgewächsen.**
Fühling's Landw. Ztg. 1879, S. 215.

H. Henze in Weichnitz (Kr. Gr. Glogau) hat ein Patent auf einen Apparat genommen,
der aus einem durch Zugthiere zu bewegenden zweiräderigen Karren besteht, auf dessen
Achse sich ein Kasten mit pilztödtender Flüssigkeit befindet. Die Flüssigkeit fliesst durch
eine horizontale Röhre mit Düsen aus. Auf dem Wagen befindet sich ein durch 2 Friktions-
räder in Bewegung gesetzter Ventilator, der einen sehr starken Luftstrom durch Oeffnungen
gegen die aus den Düsen austretende Flüssigkeit treibt und dieselbe zerstäubt.
                                                                                 P. Sorauer.

b. Krankheiten des Getreides und anderer Feldfrüchte.

183. **O. Comes.** **Notizie intorno ad alcune Crittogame parassite delle piante agrarie ed
ai mezzi per combatterle.** (Annuar. della R. Scuola Sup. d'Agraria in Portici, II,
1880. Napoli 1880. 34 S. in 8⁰, mit 1 Tafel.)

Dem Ref. nicht zugänglich.   O. Penzig.

184. **Linde, S. Wurzelparasiten und angebliche Bodenerschöpfung in Bezug auf die Kleemüdigkeit und analoge Krankheitserscheinungen bei ungenügendem Pflanzenwechsel.** (Leipz. Inaug.-Diss., Freiburg i. B., 8⁰, 64 S. 1880.)

Verf. erklärt die Unverträglichkeits- und Müdigkeitserscheinung durch die Concurrenz der auf sich selbst folgenden Pflanze mit den parasitischen Bewohnern der Wurzeln ihrer Vorgängerin. Eine der Ursachen der Kleemüdigkeit soll *Pleospora herbarum* sein. (Nach Bot. Centralblatt 1880, I, p. 66.)

185. **Linde, S. Bodenmüdigkeit und die Unverträglichkeit der Pflanzen sind Pflanzenkrankheiten.** (Zeitschr. des Landwirthsch. Vereins in Bayern, 70. Jahrg., N. F., XIV. Jahrg., 1880, S. 345, 538.)

186. **Liebig, H. v. Ist die Bodenerschöpfungstheorie eine Irrlehre oder nicht?** (Ib. p. 293, 460.)

H. v. L. vertheidigt die Bodenerschöpfungstheorie gegen die von Linde in seiner Dissertation ausgesprochene Ansicht. Daraufhin entspann sich ein Streit zwischen Linde und Liebig, welcher nichts bringt, was von mycologischem Interesse wäre.

187. **Jakob Eriksson. Om klöfverrötan men särskildt afseende frâ dess reppträdande i vârt land aren 1878–79.** (Ueber die Kleefäule mit besonderer Rücksicht auf das Auftreten in unserem Lande 1878—79.) Med en färglagd tafla. (Kongl. Landtbr. Akad. Handl. o. Tidskr., 1880, S. 28–42.)

Im Frühjahre 1878 trat an mehreren Orten in Schweden die in Deutschland s. g. Sclerotienkrankheit des Klees (Kleekrebs, Kleefäule) recht zerstörend auf. Der Verlauf dieser Krankheit, die Entwickelungsgeschichte des Zerstörers selbst (der s. g. *Peziza ciborioides* Fr.) und die Verhütungsmassregeln dagegen werden im vorliegenden Aufsatze, so weit diese wie jene bis jetzt bekannt sind, verfolgt. Rücksichtlich der Verbreitung der Krankheit wird die Vermuthung ausgesprochen, jene finde gewöhnlich nicht durch Sclerotien, sondern durch den Samen, Früchte u. s. w. begleitende Pilzfäden statt. Dem Namen *Peziza ciborioides* Fr. eignet der Verf. eine eingehende Kritik. Die von Fries in Observat. Myc. 1818 aufgestellte *Peziza ciborioides* stimmt in ihrem ganzen Auftreten, auch in ihren Kennzeichen mit dem Kleefäulepilz nicht ganz gut überein. Diese Abweichungen waren von dem ersten Entdecker dieses Pilzes, H. Hoffmann in Giessen in Icon. anal. fung. 1863 hervorgehoben, von allen späteren Forschern aber vollständig übersehen. Der Verf. schlägt für den Kleefäulepilz den Namen *Sclerotinia Trifoliorum* vor. Synonymen sind *Peziza ciborioides* (Fr.) bei allen Autoren nach Hoffmann's Icones 1863 und *Peziza ciborioides* Hoffm. in Rabenhorst, Fung. europ. exsicc., Ed. Nov., Ser. Sec., cent. VII, No. 619, Dresdae, 1864. Auf der beigelegten Tafel sind einige vom Pilze zerstörte Kleepflanzen und einige Fruchtkörper tragende Sclerotien in Farbendruck abgebildet. I. E—n.

188. **Jakob Eriksson. En ny parasitsvamp â hvete, Typhula graminum Karst.** (Ein neuer Schmarotzer auf Weizen.) Med en litografierad och delvis färglagd tafla. (Kongl. Landtbr.-Akad. Handl. o. Tidskr., 1879, p. 161—166.)

Im Herbste 1877 wurde an dem Experimentalfelde der schwedischen Landbau-Akademie auf drei Parzellen eine aus England verschriebene Weizenart, „Mainstay-wheat", ausgesäet. Die Keimfähigkeit war gut und beim Einbruch des Winters waren die drei Parzellen frisch grün. Im folgenden Frühjahre aber, sogleich nach der Aufthauung des Schnees, zeigten sich die Weizenpflanzen zum grössten Theile todt, mit kleinen, rothen Sclerotien eines parasitischen Pilzes besetzt. Auf drei anderen Orten in dem Bezirke von Stockholm trat auf derselben Weizenart dieselbe Krankheit auf.

Die Sclerotien gehörten nach A. de Bary dem *Sclerotium fulvum* Fr. Diese Sclerotien wurden jetzt theils auf Sand, theils auf gewöhnlicher Ackererde unter Glasglocken feucht cultivirt. Die im Juni ausgelegten Sclerotien fingen zuerst in der Mitte von October an zu keimen. Die während October und November von den Sclerotien reichlich hervorsprossenden, anfangs einfachen, später mehrmals verzweigten, fadenartigen Pilze gehörten offenbar zu der Gattung *Typhula*, nach P. A. Karsten der Species *Typhula graminum* Karst. Zur Fructification gelangten aber die so cultivirten Pilze nicht. Nirgends   auch nicht in England, nach brieflicher Mittheilung von Cooke — ist dieser Pilz vorher als auf Weizen epidemisch-schmarotzender beobachtet. J. E. n.

189. G. Cugini. Sopra una malattia del frumento recentemente comparsa nella provincia di Bologna. (Giornale Agrario Italiano XIV, No. 13—14, 1880.)

Die bisher nur für saprophytisch gehaltene Sphaeriaceen-Art *Rhaphidospora herpotricha* (Fr.) De Not. hat bei Bologna eine schwere epidemische Krankheit des Getreides hervorgerufen, die jedenfalls der Beachtung werth ist.

Aeusserlich manifestirt sich das Uebel durch Vertrocknen und Vergilben der Pflanze; die Aehren sind gekrümmt, die Spelzen fleckig und gespreizt, die Samen verkümmert. Die Wurzeln selber sind verfault, lassen Schimmelbildung erkennen und sind schwärzlich gefärbt. Die *Rhaphidospora* selber bewohnt die oberirdischen Theile der Pflanze. Die Perithecien bilden sich unter der Epidermis, brechen aber bei der Reife hervor; sie sind halbkugelig, mit einem stumpfen, vom kleinen Ostiolum durchbohrten Höcker in der Mitte, behaart.

Als Mittel gegen den gefährlichen Feind schlägt Verf. Abbrennen der Stoppeln vor, hält auch Schwefelung vielleicht für wirksam. O. Penzig.

190. Werner und Körnicke. Ueber die Werthigkeit einiger Roggensorten. (Aus: „Fühling's Landw. Zeit. 1878, Heft 12"; citirt in Biedermann's Centralbl. f. Agr.-Chemie 1879, S. 184.)

Die Sorten sind seit einer Reihe von Jahren auf dem Alluviallehmboden des Rheinthales in Poppelsdorf unter gleichen Verhältnissen cultivirt worden. Die Beobachtung führte betreffs ihrer Widerstandsfähigkeit gegen Krankheiten zu folgenden Ergebnissen. Es zeigte sich der 1. spanische Doppelroggen winterfester, aber wenig widerstandsfähig gegen Rost; sein starkhalmiges Stroh lagert nicht leicht, aber er degenerirt leicht auf Sandboden. 2. Rheinischer Roggen, der für Mittelboden empfehlenswerth, wird selten vom Rost stark angegriffen, lagert jedoch leicht. 3. Probsteier Winterroggen verträgt strengen Winter sehr gut, leidet aber zuweilen durch sehr wechselnde Frühlingswitterung und degenerirt in kurzer Zeit auf leichteren Bodenarten im Continentalklima. 4. Correns Staudenroggen hat festes Stroh, das gegen Rost sehr widerstandsfähig ist; auch Frühjahrsfröste schaden selten, da er, früh gesäct, sich stark bestockt und spät blüht. Die Sorte liebt leichten Boden und degenerirt auf schwerem Boden. 5. Garde du corps-Roggen (hessischer oder Wallburger Roggen), mit spät beginnender Frühjahrsvegetation, eignet sich besonders für reichere Lehmböden und ist gegen ungünstiges Frühjahrswetter sehr widerstandsfähig, aber leidet leicht vom Rost. 6. Grosser russischer Roggen (wahrscheinlich identisch mit dem Aulock'schen Staudenroggen und dem Colloffrat-Roggen), eignet sich für schwere Böden in nördlichen Gegenden, da er weder in der Blüthe leicht erfriert, noch auswintert, artet aber auf leichtem Boden gern aus und sein mürbes Stroh lagert leicht, ist auch dem Roste stark ausgesetzt. 7. Römischer Roggen (seigle de Rome) ist eine sehr genügsame, für leichten Boden noch lohnende Sorte, mit starkhalmigem, selten lagerndem Stroh, das aber gegen Rost nicht sehr widerstandsfähig ist. P. Sorauer.

191. Werner und Körnicke. Ueber die Werthigkeit einiger Gerstensorten. (Aus: „Fühling's Landw. Zeit. 1879, Heft 3"; citirt in Biederm. Centralbl. f. Agric.-Chemie 1879, S. 586.)

Unter denselben Verhältnissen, wie die Roggensorten cultivirt, zeigten 1. die Gold-Melone (2zeil. Gerste) für leichtere, milde Lehmböden, lagert nicht leicht und ist gegen Rost ziemlich widerstandsfähig. 2. Prima-Donna (2zeilig) für reichen, gut cultivirten Lehmboden, mit anscheinend hohem Kalkgehalt; das blattarme Stroh widersteht gut dem Lagern und sehr gut dem Roste. 3. Englische Porter (2zeilig), sehr ertragreich auf milden Lehmböden, mit meist leicht lagerndem Stroh. 4 Schottische Annat-Gerste (2zeilig) frühreifend, nicht leicht lagernd, aber gegen Rost nicht sehr widerstandsfähig. 5. Chevalier-Gerste mit festem, nicht leicht lagerndem Stroh, wenig empfindlich gegen Dürre und kaltes Frühjahr, verlangt aber reichen Boden. 6. Goldtropfen-Gerste, nicht leicht lagernd, aber nicht sehr fest gegen Rost; ähnlich der vorigen Sorte. 7. Imperial-Gerste (*Hordeum pseudozeocriton* Metzger), auch noch eine 2zeilige Sorte, die nicht leicht lagert, aber dem Roste leicht erliegt. Von den 4zeiligen Sorten ist die 8. Mandschurei-Gerste zu nennen, die wenig widerstandsfähig gegen Rost, wohl aber nicht leicht zum Lagern geneigt ist. 9. Victoria-Gerste leistet einer ungünstigen Witterung wenig Widerstand; gedeiht auf leichtem Boden. 10. Frühe 4zeilige Oderbruch-Gerste liefert ein blattreiches, vortreffliches, zum Füttern geeignetes Stroh

17*

das nicht leicht lagert und sehr widerstandsfähig gegen Rost ist. Für gut cultivirte, leichtere und humöse Böden ist diese Sorte sehr geeignet. P. Sorauer.

192. Kühn, J. Staubbrand in Gerste und Häfer. (Fühling's Landw. Ztg. 1880, S. 571. Nach: „Der Landwirth".)

Bei der Anwendung des Kupfervitriols zum Beizen brandhaltigen Saatguts ergaben sich, wenn auf die Aussaat trockenes Wetter folgte, bei behülsten Samen Nachtheile. Verf. empfiehlt solche in verdünnte Schwefelsäure einzulegen. Weizensteinbrandsporen keimten nach 10 stündiger Einweichung in $1/2$ procentiger Schwefelsäure noch vollständig, während Flugbrandsporen nach 5 stündiger Einweichung zwar noch zahlreiche Keime zeigten, nach 10 stündiger aber keine mehr.

193. v. Liebenberg. Mittel gegen den Steinbrand des Weizens. (Fühling's Landw. Ztg. 1880, S. 567. Nach Oesterr. Landw. Wochenblatt.)

Die von A. Zoebl empfohlene schwefelige Säure ist kein Mittel gegen den Steinbrand, wie Verf. durch Versuche darthut.

194. Eidam. Ein neues Samenbeizmittel. (Fühling's Landw. Ztg. 1880, S. 323.)

Abweisung der Dupuy'schen Samenbeize.

195. Strebel. Ueber das Beizen des Saatgutes. (Fühling's Landw. Ztg. 1880, S. 414.)

Der Dinkel ist wegen der schützenden Spelzen weniger leicht erreichbar von der Beize, als der Weizen; er muss daher in der Kupfervitriolbeize tüchtig durchgearbeitet werden, bis die Spreu sich durch Abschöpfen entfernen lässt. Wirft man brandige Dinkelkörner in Wasser, dann kann man sehen, dass nach wenigen Minuten die meisten Hüllen der brandigen Körner sich lösen und die Brandsporen in Form eines schwarzen Fadens zu Boden sinken. P. Sorauer.

196. Samenbeizmittel. (Biedermann's Centralbl. f. Agrik.-Chem. 1880, S. 315.)

Ein von Ginchorn in Emmerik hergestelltes Fabrikat enthielt 23.1 % Kupfervitriol und 76.9 % Alaun und Eisenvitriol; eigentlicher Werth 0 135 Frcs., Verkaufswerth 0.50 Frcs. Ein von Arkenbout in Gouda verhandeltes Product enthielt nur 9 % Kupfervitriol, 35 % arsenige Säure und 56 % Eisenvitriol im Werth von 0.2 Frcs, Verkaufswerth 0.6 Frcs. pro 500 gr. Analyse von A. Mayer.

Die N. Dupuy'sche Samenbeize besteht nach Milizer aus 49,39 % schwefelsaurem Eisenoxyd, 9.08 % schwefels. Zinkoxyd, 34 96 % schwefels. Kupferoxyd, 6.57 % fremden indifferenten Bestandtheilen; der Preis überstieg den wirklichen Werth um fast 300 %. P. Sorauer.

197. Bretfeld, H. v. Der Rapsverderber. (Der Landwirth. 1880. No. 61.)

B. beobachtete ein sehr ausgebreitetes Vorkommen des Parasiten zu Tessin in Vorpommern, bei Grimmen und Wolgast und im Mecklenburgischen. Der an den Schoten besonders häufig auftretende Pilz verursacht Fleckigwerden, Vergilben und vorzeitiges Aufspringen derselben. Verf. nennt den Pilz mit Fuckel *Pleospora Napi*. Nach Kühn, dessen Bericht über die Arbeit B.'s (Bot. Centralbl. 1880, 2, S. 886 - 887) obiges entnommen ist, würde er richtiger als *Sporidesmium exitiosum* oder *Polydesmus exitiosus* bezeichnet werden. Der Zusammenhang dieser Conidienform mit *Pleospora Napi* ist nicht erwiesen.

198. E. Hamburg. A Peziza cibarioides Fr. mint repczrbetegség. (Földmivelési Erdekeink. Budapest 1880. VIII. Jahrg. S. 509—512, mit 5 Abbild. [Ungarisch].)

Im Jahre 1879 wurden bei Leipzig die reichen Ertrag versprechenden Rapssamen durch einen als *Botrytis* erkannten Pilz verwüstet. Der Verf. beschäftigte sich im Laboratorium Prof. Schenk's mit dem Studium dieses Pilzes. Aus den Sclerotien desselben brachen gelblichbraune Bildungen aus, die eine Zeitlang ihr Längenwachsthum fortsetzend endlich keulenförmig auswuchsen, dabei an ihrer Spitze eine Einfallung zeigten. Die Keule nahm in ihrer ferneren Entwickelung Becherform an, um schliesslich nach Umbiegung des Randes die bekannte Form der Hutpilze anzunehmen, aber an ihrer Spitze noch immer die an den früheren Becher erinnernde Vertiefung besitzend. In diesen Apothecien entwickelten sich Ascosporen. Die Annahme des Verf.'s, dass die am Raps beobachtete Krankheit identisch sein möge mit der früher am Klee beobachteten, nur durch *Peziza cibarioides* Fr. verursachten „Krebskrankheit", fand der Verf. durch ausgeführte Infectionsversuche bestätigt.

Rehm, der die Entwickelungsgeschichte des genannten Pilzes studirte, kannte die dazwischen fallende *Botrytis*-Form nicht; nach ihm bilde das Mycelium unmittelbar wieder Sclerotien. Was Rehm in den Fig. 18a. und b. als die ersten Sclerotienbildungen abbilde, seien nichts anderes als die Conidienträger des *Botrytis*, ferner sollen nach Rehm die Ascosporen nicht direct zum Mycelium auskeimen, sondern vorhergehend Sporidien entwickeln. Auch dies ist nach den Beobachtungen des Verf.'s unrichtig. Staub.

199. Cornu, M. Observations sur la maladie des oignons (Urocystis cepulae Farlow). (Bulletin de la société botanique de France 1880, p. 39—42.)

Keimpflanzen, welche der Verf. mit Sporen der *Urocystis* besäte, gingen zu Grunde „probablement" unter dem Einflusse des Pilzes. Aeltere Pflanzen liessen sich nicht infiziren. Schröter und Magnus glauben *U. cepulae* mit *U. magica* Passerini vereinigen zu sollen, ohne durch Culturversuche den experimentellen Beweis für ihre Ansicht zu liefern, welchen C. verlangt. Cooke hält den Pilz für eine Form der *Urocystis Colchici*. Dass derselbe in Frankreich bisher keinen besonderen Schaden verursacht hat, erklärt sich daraus, dass die Gärtner die jungen Zwiebelpflanzen von gutem Aussehen umsetzen. Stark befallene Pflanzen werden so ausgeschieden und nur wenig angegriffene geheilt (vgl. Comptes rendus de l'Acad. des sc. séance du 9 décembre 1878). Die Krankheit hat in Amerika ihre grosse Ausdehnung wahrscheinlich in Massenculturen erreicht, deren Pflanzen bis zur Reife der Zwiebeln an ihren Plätzen blieben.

200. Brandpilz der Zwiebeln. (Wiener Illustr. Gartenztg. V. Jahrg. 1880, p. 477.)

Anzeige des Vorkommens der von Farlow schon 1877 in Massachussetts beobachteten *Urocystis Cepulae* auf *Allium Cepa* in Paris. Bisher hat sich kein Mittel gegen den Parasiten, der in Nordamerika grossen Schaden gethan hat, bewährt.

201. Hallier, E. Der Brandpilz der Küchenzwiebel. Urocystis cepae. (Wiener Illustr. Gartenztg. V. Jahrg. 1880, p. 519.)

Hallier macht darauf aufmerksam, dass er genannten Pilz bereits 1878 in obiger Zeitschrift (No. 7—9) beschrieben und abgebildet habe. Dass man denselben bisher in Deutschland übersehen hat, mag in seiner Seltenheit begründet sein. In des Verf.'s Garten grassirte er 1877 ausserordentlich stark. Präparate finden sich in den vom Verf. herausgegebenen Sammlungen.

202. Frank, A. B. Notiz über den Zwiebelbrand. (Bot. Centralbl. 1880, I, S. 186.)

Verf. theilt mit, dass er *Urocystis Cepulae* Frost. 1879 bei Leipzig gefunden habe. Der Pilz ist in Europa bis jetzt nur von Schroeter (Bemerkungen und Beobachtungen über einige Ustilagineen in Cohn's Beitr. z. Biologie d. Pflanzen 2. Bd.) beobachtet, der ihn im Strassburger Herbar auf einem in Südfrankreich gesammelten Exemplar von *Allium Cepa* fand. F. wirft die Frage auf, ob der Pilz eine selbständige Art ist, oder specifisch identisch mit anderen in vegetativen Theilen von Liliaceen und Colchicaceen vorkommenden *Urocystis*-Formen.

203. Magnus, P. Bemerkung zu A. B. Frank's Notiz über den Zwiebelbrand. (Bot. Centralblatt 1880, I, S. 348.)

M. weist darauf hin, dass Cornu bei Paris die *Urocystis Cepulae* Farl. beobachtet habe (Comptes rend. t. 89, Juli 1879, p. 51—53). Nach M., Schröter und Farlow fällt sie mit der auf anderen *Allium*-Arten, *Muscari, Scilla bifolia* und *Ornithogalum umbellatum* auftretenden *Urocystis* (*U. magica* Pass., *U. Ornithogali* Körnicke), zusammen, während sie nach M. und Farlow von der auf *Colchicum* vorkommenden *Urocystis* verschieden ist.

204. Renouard, Alfred Fils. Note sur les principales maladies du lin. (Annales agronomiques de Dehérain. 8°. 12 p. Lille 1879.)

Nach einem Ref. im Bot. Centralblatt (1880, I, S. 595) beschreibt Verf. u. a. eine durch ein *Phoma* veranlasste Leinkrankheit, welche gegen Ende der Vegetation die Pflanze befallend den Ertrag schädigen soll. Zugleich tritt er den Angaben von d'Arbois de Jubainville entgegen, nach welchen die in Nordfrankreich und Belgien als Brand bezeichnete Krankheit durch *Melampsora lini* Desm. veranlasst werden soll.

205. Woronin, M. Nachträgliche Notiz zur Frage der Kohlpflanzenhernie. (Bot. Zeitung 1880, S. 54.)

Verf. berichtigt seine frühere Ansicht, dass alle bisher beobachteten knolligen Anschwellungen der Kohlartenwurzeln durch *Plasmodiophora* verursacht seien. Es kommen von Insecten veranlasste Wurzelauswüchse vor, welche von den durch die *Plasmodiophora* hervorgebrachten dadurch unterschieden sind, dass sie unbestimmt lange Zeit der Fäulniss widerstehen. Die von R. Caspary (Schriften der Phys.-Oecon. Ges. zu Königsberg 1873, S. 109, Taf. XIV) beschriebene Knollen- und Laubsprossbildung an den Wurzeln von *Brassica napus* L. verdankt keiner bekannten äusseren Ursache ihre Entstehung und lässt sich nach Caspari durch Samen erblich fortpflanzen.

206. **Kühn, J. Benutzung kranker Kartoffeln.** (Fühling's Landw. Ztg. 1880, S. 733.)

So lange nicht Schimmelbildungen eintreten und jauchige Zersetzung beginnt, können die kranken Kartoffeln unbedenklich verfüttert werden. Andernfalls kann auch die Brennerei sie schnell aufarbeiten und wo keine solche ist, nehme man den Futterdämpfapparat in Anspruch. Durch Dämpfen und Einsäuern in Gruben lassen sich kranke Kartoffeln vortrefflich conserviren und gewähren selbst nach jahrelanger Aufbewahrung ein für Rindvieh, Schafe und Schweine durchaus zusagendes Futter. Ausmauern der Gruben ist nur dann nothwendig, wenn die senkrecht anzulegenden Wände in Folge sandiger Bodenbeschaffenheit nicht fest stehen. Der Boden darf nicht an Untergrundnässe leiden. Da es zweckmässig ist, eine solche Grube rasch zu füllen, so mache man dieselben nicht zu gross (1—2 m tief, 2—2.5 m breit und beliebig lang).

Die gedämpften und dann gequetschten oder grob gemahlenen Kartoffeln werden in ca. 15 cm dicken Schichten in der Grube ausgebreitet, recht gleichmässig festgestampft und so wird fortgefahren, bis dieselbe gefüllt ist. Dann wird auf die nach der Mitte zu zweckmässig etwas erhöhte Oberfläche eine 2 cm dicke Häckselschicht gebracht und diese bedeckt man mit Boden, den man schichtenweis festrammt, bis er eine 60—80 cm hohe, etwas kegelförmige Schicht bildet. Diese Bodendecke muss über den Rand der Grube hinweggreifen und die durch das Setzen der Masse entstehenden Risse müssen alsbald wieder geschlossen werden, damit die Bildung von Essigsäure etc. vermieden wird.

In Ermangelung eines Dämpfapparates versuche man das Einsäuern ungedämpfter kranker Knollen. Mit den eingestampften Kartoffelschichten aber lasse man hier 5 cm hohe Häckselschichten regelmässig abwechseln und bestreue die Kartoffelschichten mit etwas Salz (etwa 100 gr pr. Ctr.).   P. Sorauer.

207. **Lawes u. Gilbert. Ueber die Zusammensetzung der Kartoffeln.** (Aus „Chemical News" Bd. 38, 1878, No. 973, S. 28; cit. in Biedermann's Centralbl. 1879, S. 913.)

Die auf ungedüngtem und dem stärkst gedüngten Acker erwachsenen Knollen zeigten nicht nur betreffs der Erntemenge enorme Schwankungen, sondern auch betreffs der Zusammensetzung. Es traten Differenzen von mehreren Procenten im Trockensubstanzgehalte auf und manche Proben wiesen 1½ mal so viel Mineralstoffe oder fast zweimal soviel Stickstoff auf, wie andere.

Die Hauptabsicht von Gilbert war, die Aufmerksamkeit auf die kranken Knollen zu lenken. Bereits Jellet hatte in der Proceedings of the Royal Irish Academy vom 22. Mai 1876 darauf hingewiesen, dass in dem noch gesunden Theile kranker Knollen eine beträchtliche Zuckerbildung nachweisbar wäre. Der Gehalt an Stickstoff und Trockensubstanz war von ihm in anscheinend gesunden Partien kranker Knollen höher gefunden worden, als in gesunden Knollen und auch etwas höher als in den kranken Partien.

Dies bestätigen die Verff., indem sie einen höheren Gehalt der Trockensubstanz an Stickstoff in den kranken Knollen nachweisen. Auf die frischen Kartoffeln berechnet, zeigte sich jedoch in dieser Beziehung kein Unterschied. Der frische Saft der gesunden, weissen Theile der kranken Knollen hatte nahezu dieselbe Stickstoffmenge, wie der Saft gesunder Knollen, während dieselbe aus den kranken Theilen wesentlich ärmer daran war und nur etwa die Hälfte oder zwei Drittel der in den gesunden Theilen enthaltenen Stickstoffmenge enthielt. Umgekehrt verhielt sich das Mark der kranken und gesunden Partien, indem erstere ungefähr 4—5 mal soviel Stickstoff enthielten, als letztere; auch der Gehalt des Saftes an Mineralstoffen war in den gesunden Partien viel höher, aber niedriger in dem Mark der gesunden gegenüber den kranken. Der Saft hat also in Folge der Pilzentwickelung eine Erschöpfung erlitten. Der Zucker, dessen Entstehung selbst eine Folge der Erkrankung, diente wahrscheinlich ebenfalls zur Ernährung des Pilzes. P. Sorauer.

208. **Märker. Ueber den Einfluss der Düngung auf das Auftreten der Kartoffelkrankheit und den Stärkegehalt der Kartoffeln.** (Aus „Landw. Jahrbüchern 1880, Heft III; cit. in Biedermann's Centralbl f. Agric.-Chem. 1880, S. 501.)

Die in der Provinz Sachsen auf Anregung von M. von einer Reihe von Gutsbesitzern angestellten Düngungsversuche haben durchschlagende Resultate nicht ergeben. In einzelnen Fällen scheinen die stickstoffreichen Düngemittel die *Phytophthora*-Erkrankung befördert zu haben. Am stärksten trat die Krankheit bei einseitiger Düngung mit Chilisalpeter auf, was sich nach dem Verf. vielleicht durch die grössere Empfindlichkeit der bei Stickstoffdüngung besonders üppig gewachsenen, aber schwächer „consolidirten" Früchte erklären lässt.

Der Stärkegehalt der unter denselben Verhältnissen cultivirten Kartoffeln gleicher Varietät zeigte in den verschiedenen Jahren auf den ungedüngten Flächen höchstens eine Schwankung von 2.1%, auf den mit Stallmist gedüngten bis 8.4%. Bei allen Versuchen mit Ausnahme von zwei Fällen hatte die Stallmistdüngung stets den Stärkegehalt erniedrigt. Im Uebrigen waren Varietät und atmosphärische Einflüsse weit mehr von Einfluss auf den Stärkegehalt als die Düngung, mit Ausnahme der späten Kopfdüngung mit Chilisalpeter, der die Stärkemenge herabdrückt und desshalb in keiner Weise empfehlenswerth ist.

P. Sorauer.

209. **Schindler. Die Regeneration der Kartoffel.** (Fühling's Landw. Ztg. 1880, S. 455.)

Mr. Reid schreibt dem „Live Stock Journal", dass er mexikanische Kartoffeln seit 3 Jahren auf Frogmore House in der Grafschaft Bereford (England) mit grossem Vortheil cultivire und keine Krankheit bemerkt habe, während 10 danebenstehende andere Sorten auf demselben Felde mehr oder weniger von der Fäulniss zu leiden hatten. In Peru und Mexiko scheine überhaupt die Krankheit unbekannt zu sein, trotzdem dass doch dort die Kartoffelcultur lange vor der spanischen Eroberung betrieben worden war. Da die Ernte doppelt so gross, wie bei den europäischen Knollen, und die einzelnen Knollen mitunter über 1 Pfd. schwer sind, so empfehle sich die Einführung der mexikanischen Kartoffel als bestes Mittel gegen die Krankheit. Dazu sollen noch die mexikanischen Knollen an Wohlgeschmack im Frühjahr besser werden, statt geringer. P. Sorauer.

210. **Bersch, Jos. Ueber Mittel, das Schimmeln des Malzes zu verhüten.** (Allgemeine Hopfenzeitung. 19. Jahrg., No. 195—196. Nach Biedermann's Centralblatt für Agricultur etc. 9. Jahrg. 1880, S. 238.)

Die Behandlung des Malzes soll unter Anwendung von in Wasser gelöster schwefliger Säure stattfinden, da das Schwefeln auf trockenem Wege keine volle Bürgschaft für die Vernichtung der Schimmelsporen bietet. Vielleicht könnte auch zweckmässige Anwendung von Kohlensäure gute Dienste thun. Am sichersten beugt dem Schimmeln des Malzes strengste Reinlichkeit der Malzfabriken und die Anwendung gut construirter Malzsilos vor.

211. **Davis, G. E., Dreyfuss u. Holland, P. Sizing and Mildew in Cotton Goods.** Manchester.

Die in gewissen Fabriken in Manchester gebräuchliche Behandlung der Garne mit Weizenmehl und Wasser verursacht ihr Befallenwerden von verschiedenen Schimmelpilzen. Mittel dagegen Chlorzink und Phenol. (Nach Gardeners' Chronicle 1880, I, p. 13.)

c. Krankheiten der Gartengemüse und Blumen.

212. **Ihne, E. Studien zur Pflanzengeographie:** Geschichte der Einwanderung von Puccinia Malvacearum und Elodea Canadensis. (Inauguraldissertation der Universität Giessen. 1880. XIX. Bericht der Oberhessischen Gesellsch. f. Natur- u. Heilkunde. 1880. Mit 2 Karten.)

Puccinia Malvacearum stammt aus Chili. Sie tauchte 1869 in Spanien auf und hat sich seitdem über Frankreich, Belgien, Holland, England, Irland und Deutschland verbreitet. Der nördlichste Punkt, welchen der Pilz in Europa erreicht hat, ist Fünen. Oesterreich und Italien besitzen ihn an mehreren ziemlich zerstreut auseinander liegenden Punkten. Das südlichste und östlichste Vorkommen in Europa ist das bei Athen. „Ausser in Amerika und Europa kommt die *Puccinia* noch in Australien und am Cap der guten Hoffnung vor, wohl ohne Zweifel durch englische Schiffe hierhergebracht. — Als Nährpflanzen des Pilzes dienen sowohl wilde wie cultivirte Malven, besonders *Malva silvestris* und *Althaea rosea*. Seine Verwüstungsfähigkeit ist enorm." Bezüglich aller Einzelheiten muss auf die Arbeit des Verf. (in der Dissertation S. 1—15) verwiesen werden. Die den Pilz betreffende Karte stellt seine Fortschritte in den einzelnen Jahren und das jetzt von ihm in Europa eingenommene Gebiet graphisch dar.

213. **Fischer (in Bern). Puccinia Malvacearum.** (Verhandl. der Schweiz. Naturf. Ges. in Bern. Jahresber. 1877/78, S. 111.)

Der Pilz ist in der Schweiz im Kanton Zürich, Kanton Uri, in Wallis bei Sitten, bei Bern und bei Neuchâtel beobachtet.

214. **Kaiser. Einige Bemerkungen über Puccinia Malvacearum.** (Correspondenzbl. d. Nat. Vereins f. d. Prov. Sachsen u. Thüringen. Halle 1880, S. 681.)

K. fand *P. Malvacearum* 1876 im botanischen Garten in Halle. l. c. p. 487 theilt Ludwig einige Notizen über die Verbreitung des Pilzes mit.

215. **Motelay, M. Ueber eine Puccinia auf Lavatera cretica.** (Actes de la Soc. Linnéenne de Bordeaux. Vol. XXXIV, p. XV.)

M. fand auf einer bei Algier 1849 gesammelten *Lavatera cretica* die von Mortagne als chilenisch beschriebene *Puccinia*, deren plötzliches, massenhaftes Auftreten im Département Gironde Durieu früher signalisirt hat. Wahrscheinlich ist der Parasit also von Algier nach Frankreich herübergekommen.

216. **Ihne, E. Infectionsversuche mit Puccinia Malvacearum.** (Hedwigia 1880, p. 137.)

Verf. inficirte mit gutem Erfolg *Althaea rosea* Cav. und *Kitaibelia vitifolia* mit obigem Pilze, indem er mit der *Puccinia* versehene Blätter von *Althaea rosea* Cav. unter Einrollung Unterseite gegen Unterseite auf gesunde Blätter von Freiland- oder Gewächshauspflanzen band. Nach 7—10 Tagen wurden die inficirenden Blätter abgenommen und 8 Tage später zeigten die inficirten deutliche *Puccinia*-Pusteln. Bei *Lavatera trimestris* gelang die Infection nicht, indem die zu inficirenden Blätter abfaulten.

217. **Thomas, F. Puccinia Chrysosplenii Grev.** (Sitzungsber. d. Bot. Vereins der Provinz Brandenburg XXII. 30. Apr. 1880.)

Der bisher nur auf *Chr. alternifolium* beobachtete Pilz wurde 1879 bei Eisenach auch auf *Chr. oppositifolium* gefunden.

218. **Worthington G. Smith. Sempervivum disease.** (The Gardeners' Chronicle 1880, I, p. 660, p. 725.)

219. **Badger, E. W. Sempervivum disease.** (The Gardeners' Chron. 1880, I, p. 815.)

Im ersten der citirten Artikel Abbildung eines kranken *Sempervivum monticolum* und der *Aecidium*-Frucht von *Endophyllum sempervivi*, nebst kurzer Beschreibung. In den beiden anderen Angaben über das Vorkommen des Parasiten in England. Ausser an *S. monticolum* wurde er beobachtet an *S. globiferum* und *S. calcareum*.

220. **Wittmack, L. Peronospora sparsa Berk.** (Verh. d. Bot. Ver. der Provinz Brandenburg 1880. Sitzungsber. vom 30. Mai 1879, S. 94.)

W. beobachtete den Pilz an Topfrosen in den Gewächshäusern von Drawiel in Lichtenberg bei Berlin 1877 und 1879. Im letztgenannten Jahre trat die Krankheit mit grosser Heftigkeit auf. Sie scheint früher in Deutschland nicht beobachtet worden zu sein. W. glaubt, dass sie mit den aus Frankreich bezogenen Rosen importirt sei.

221. **Thomas, F. Ueber ein auf Dryas parasitisches Synchytrium.** (Bot. Centralblatt. I. 1880, S. 763.)

Th. fand in den Dolomiten in Tyrol auf Dryas octopetala ein *Synchytrium*, welches er als Varietät des *Synchytrium Myosotidis* Kuehn bestimmt.

222. **Neumann, O. Ueber Stemphylium ericoctonum Al. Br. u. de Bry.** (Monatsschr. zur Beförd. des Gartenbaues in d. K. Preuss. Staaten. XXIII. April 1880, S. 164—165.)

N. beobachtete den Pilz auf cultivirten Exemplaren von *Erica hiemalis*, wo derselbe ein Abfallen sämmtlicher Blätter bewirkte. Gegenmittel gegen den auch junge Stämme ergreifenden Parasiten gute Lüftung der Glashäuser. (Bot. Centralbl. 1880, I, S. 534.)

223. Mittel gegen den Rosenmehlthau. (Monatsschr. d. Vereins zur Beförd. des Gartenbaues v. Wittmack 1880, S. 331.)

Graf de Buysson löst (nach Rev. hort.) 2–3 gr Salz pro Liter Wasser und bespritzt die Rosen Morgens und Abends 2 Tage hintereinander; nach 4 Tagen war der Pilz verschwunden; auf die Blattunterseite darauf angewendet hatte das Mittel nach 4 Tagen denselben günstigen Erfolg. P. Sorauer.

d. Krankheiten der Waldbäume und Sträucher.

224. Rostrop, E. Parasitische Pilze an Waldbäumen. (Tidsskr. for Skovbrug. IV, 1880, p. 1.)

Eine Abhandlung über die parasitischen Pilze — mit Ausschluss der Uredineen — der Waldbäume in Dänemark. Speciell beschrieben sind: *Agaricus melleus* und *ostreatus, Trametes radiciperda* und *Pini, Polyporus fomentarius, igniarius, conchatus, radiatus, sulphureus, suaveolens, populinus, Telephora laciniata, Stereum hirsutum, Corticium sulphureum, Gymnoasci, Peziza Willkommi, Rhytisma, Lophodermium, Hypoderma, Ustulina, Nectria ditissima, Phyllachora, Cladosporium, Erysiphei, Phytophthora Fagi, Schinzia Alni.* (Nach Journal of the R. Microsc. Soc. III, 1880, p. 835.)

225. Hartig, Dr. Robert. Untersuchungen aus dem forstbotanischen Institut zu München. I, Berlin 1880.

Unter obigem Titel beabsichtigt R. Hartig die wissenschaftlichen Arbeiten, welche aus dem Münchener Institut hervorgehen, in zwanglosen Heften, je nachdem das Material sich angesammelt hat, erscheinen zu lassen. Das vorliegende Heft enthält nur Aufsätze von Hartig selbst, darunter sieben mycologische, welche nachstehend besprochen werden.

Derselbe. Der Eichenwurzeltödter, Rosellinia (Rhizoctonia) quercina, m. 2 Tafeln.

Die durch den Pilz hervorgerufene Eichenwurzelkrankheit ist seit 1850 an verschiedenen Orten Nordwestdeutschlands beobachtet worden, besonders 1875 in den Regierungsbezirken Coblenz, Trier, Erfurt und in Hannover. Sie befällt vorwiegend Eichenkeimlinge, oft auch zwei-, selten dreijährige Pflanzen und richtet meist nur einzelne Stellen in den Saatkämpen, selten ganze Eichelkämpe zu Grunde. Die Erkrankung der jungen Eichen äussert sich oberirdisch erst nachdem die Wurzeln der Hauptsache nach getödtet sind, und zwar in Missfärbung und Vertrocknen der Blätter. Am üppigsten wuchert der Pilz in den wärmsten Monaten, Juni, Juli und August, und auf nassem und undurchlässigem Boden, während die eintretende Kälte die Bildung von Ruhezuständen veranlasst und auch nur vorübergehendes Austrocknen des Bodens das Mycel tödtet.

Gelangt das jugendliche Mycel an die Spitze der Pfahlwurzel, bevor deren äusseres Rindengewebe abgestorben ist, so durchbohren die Hyphen die Zellwände und erzeugen im Innern der lebenden Rindenzellen sehr eigenthümliche Dauermycelien, während das ganze innerhalb des Rindenmantels befindliche Gewebe zerstört wird. Da, wo die Wurzel bereits durch eine innere Peridermbildung geschützt und das äussere Rindengewebe abgestorben ist, erfolgt die Infection an der Basis einer vorher getödteten feinen Seitenwurzel. Es bilden sich an solchen Stellen Hyphenknäuel, welche sich — wenn die Entwickelung nicht durch besonders günstige äussere Verhältnisse sehr beschleunigt wird — soweit sie nicht im Wurzelgewebe stecken, mit einer schwarzbraunen Rinde umgeben. Von ihrer unberindeten Seite aus wachsen die zerstörenden Hyphen in die Wurzel hinein, während gleichzeitig die Rinde des äusserlich hervorsehenden Theiles unter Bildung von *Rhizoctonia*-Strängen durchbrochen wird, welche sich auf der Oberfläche der Wurzel und im Boden verbreiten, um dieselbe Pflanze an neuen Stellen, oder andere Pflanzen — bis in einem Umkreise von 20 cm Radius — zu inficiren. Auch die *Rhizoctonia*-Stränge können Sclerotien bilden, welche aus ziemlich regelmässigem Pseudoparenchym bestehen und den Winter über ihre Keimfähigkeit behalten.

Ein etwa 12 Tage altes Mycel, welches sich von einer kranken Pflanze aus an der Oberfläche des Bodens entwickelt hat, bildet Conidienträger mit Conidien. Gleichzeitig gewahrt man kleine, oft hohle Hyphenknäuel, welche Verf. für Anfänge von Pykniden hält. Die Ausbildung der Perithecien erfolgt um eine eigenthümliche Gruppe von Zellen, welche der Verf. für Geschlechtsorgane anzusehen geneigt ist. Die Ascosporen keimen auf dem Objectträger 24 Stunden nach der Aussaat mit 2 Keimschläuchen. Die vom Verf. angeführten Einzelheiten in ihrer und der Perithecien Entwickelung müssen hier übergangen werden.

An die Darstellung seiner Beobachtungen knüpft der Verf. kritische Bemerkungen über das bisher über die Gattung *Rhizoctonia* bekannte. In den von Tulasne als Perithecien der *Rhizoctonia violacea* angesprochenen Organen findet er Analoga der an der Basis der Seitenwurzeln der Eiche entstehenden Hyphenknäuel. Fuckel's Angaben über den Entwickelungsgang der *Rhiz. violacea* sind nur eine Zusammenstellung mehrerer Pilzformen, deren Zusammenhang nicht erwiesen ist. Wenn etwa die von Fuckel aufgefundenen Pilzformen zu *Rhiz. violacea* gehören sollten, so wäre diese die Mycelform von *Amphisphaeria zerbina* Ntrs. Fuckel's Name *Byssothecium circinans* ist zwecklos.

226. **Derselbe. Die Lärchenkrankheiten, insbesondere der Lärchenkrebspilz. Peziza Willkommii m.**

Die Krankheiten, welche seit 1850 an der seit dem ersten Jahrzehnt dieses Jahrhunderts in Mittel- und Norddeutschland mit Glück auch auf schlechtem Boden angepflanzten und in grossem Umfange zur Wiederbewaldung Schottland's benutzten Lärche beobachtet wurden, führten bis 1870 zum Ruin fast aller jungen Lärchenbestände in den bez. Ländern, so dass seitdem der Anbau der Holzart fast völlig aufgegeben wurde. Verf. hat die Lärchenkrankheiten seit lange — auch in Tirol, der Heimath der Lärche — studirt und gefunden, dass der Hauptfeind des Baumes die von Willkomm zuerst als Krankheitserreger angesprochene, aber falsch benannte *Peziza Willkommii* Hrtg. sei. In vorliegender Arbeit giebt er u. a. Berichtigungen und Ergänzungen zu den von Willkomm und von ihm früher (wichtige Krankheiten der Waldbäume, 1874, p. 98) gemachten Mittheilungen.

Der Pilz ist keine erwiesene Varietät von *Pez. calycina*. Diese ist in ganz Deutschland einheimisch, während jener aus den Alpen stammt.

Infectionen mit dem Lärchenpilz, ausgeführt durch Uebertragung erkrankter Rindenstücke auf entsprechende von der Rinde entblösste Stellen gesunder Lärchen, gaben stets positive Resultate. Wahrscheinlich erfolgt der Angriff des Pilzes niemals an unversehrten Stellen, sondern — nach mehrfachen Versuchen des Verf.'s — nur da, wo eine Verletzung stattgefunden hat; sehr häufig von Kurztrieben oder der Basis von Langtrieben aus. Das Mycel entwickelt sich im Cambium, Rinden- und Bastgewebe und dringt durch die Markstrahlen und Harzcanäle in den Holzkörper ein. Die reichlich septirten Hyphen leben vorwiegend intercellular. Nach dem Beginne der cambialen Thätigkeit nach dem Laubausbruch hört die Entwickelung des Pilzmycels auf — wahrscheinlich in Folge des durch die gesteigerte Verdunstung verminderten Wasserreichthums des Substrates — und es bildet sich eine dicke Korkschicht, welche die erkrankten Gewebe von den gesunden abschliesst. Dieselbe wird im Herbste von dem weiterwachsenden Pilze durchbrochen. Die an den kranken Stellen auftretenden Erscheinungen — Harzausfluss, Ausbleiben einer Ueberwallung, Zuwachssteigerung auf der gesunden Seite der erkrankten Stammzone — werden vom Verf. auf einfache Weise erklärt. — Da der Pilz horizontal nur langsam vorrückt, so kann der Zuwachs mit der Zerstörung unter Umständen sich im Gleichgewicht halten und so der kranke Baum ein hohes Alter erreichen. Gänzliche Beseitigung des Angreifers durch Korkbildung wurde nicht beobachtet.

Die Willkomm'schen Beobachtungen über die Conidien des Pilzes sind — soweit sie unter dem Einflusse Hallier'scher Theorien gemacht sind — werthlos. Die schüsselförmigen Schlauchfrüchte des Pilzes entstehen in feuchter Luft auf die Korkschicht durchbrechenden weissen Höckern. Diese entspringen aus unter der Korkschicht befindlichen Fruchtlagern, welche Willkomm als Spermogonien beschrieb, dieselben enthalten im Innern sich nach aussen öffnende Kammern, deren Wände mit pfriemenförmigen „Basidien" ausgekleidet sind, welche zahlreiche nicht keimungsfähige Zellchen, „rudimentäre Conidien", abschnüren. An trocknen und luftigen Standorten findet die Ausbildung der Schlauchfrüchte nicht statt.

Der Lärchenpilz ist auch in Tirol nicht selten, doch fehlen dort meist die Bedingungen, welche ihm in den vorbezeichneten Ländern seinen verheerenden Charakter verliehen haben: Feuchtes Klima und das Vorhandensein grösserer Flächen, welche gerade mit dem der

Infection am meisten zugäuglichen Altersstadium der Lärche dicht bestockt sind. Als Nutzanwendung ergiebt sich aus Vorstehendem, dass ausserhalb der Alpen Lärchen nur in sorgsam ausgewählten Lagen und nie in reinem Bestande erzogen werden dürfen.

227. Derselbe. Der Fichtenrindenpilz Nectria cucurbitula Fr. Mit 1 Tafel.

Der genannte Pilz ist, nach des Verf. Ausführungen, der Verursacher einer Fichtenkrankheit, welche bisher in Oberbayern und Württemberg beobachtet wurde. Nur einmal fand er sich an einer Weisstanne. Seine Keimschläuche können nur durch eine, wenn auch noch so geringe, Wunde ins Innere der Bäume gelangen. Den häufigsten Anlass zur Infection giebt der Fichtenrindenwickler (*Grapholitha pactolana* Kühlw.), welcher seine Eier dicht unter den Quirlzweigen 8—25jähriger Fichten ablegt. In den durch die Raupen verursachten Verletzungen greift der Pilz an, um in ein bis zwei Jahren den ganzen Baum mit seinem Mycel zu umspannen und Gipfeldürre und Tod desselben herbeizuführen. Die *Grapholitha* allein vermag in der Regel keinen Baum zu tödten. Das Wachsthum des Mycels beginnt meist im ersten Frühjahr, und zwar so schnell, dass bis zum Beginn der cambialen Thätigkeit im Mai Rinde und Cambium bereits in einer Länge von 12—20 cm getödtet sein können. Später ruht das Mycel, wie das des Lärchenkrebspilzes, während die nach Sprengung der Rinde zu Tage tretenden Conidienpolster ausgebildet werden. Ursache des Aufhörens des Wachsthums ist wohl auch hier die im Sommer verminderte Wasserzufuhr, welche sogar zum Austrocknen der befallenen Gewebe und somit zum Tode des Pilzes führen kann. Interessant wäre die Beantwortung der Frage, ob die gesteigerte vegetative Thätigkeit der Gewebe selbst der Verbreitung des Mycels hinderlich ist. Wie bei *Pez. Willkommii* wurden die kranken und todten Zellen während der Ruhezeit durch Korkbildung von den gesunden getrennt.

Die zweikammerigen Ascosporen keimen in der feuchten Kammer nach $\frac{1}{2}$ Tag mit 2 oder mehr Schläuchen, welche schon nach $1\frac{1}{2}$ Tagen sehr verschieden gestaltete, z. Th. mehrzellige Conidien erzeugen können. Die farblosen, septirten Mycelfäden wachsen mit Vorliebe in den Siebröhren, aber auch intercellular. An im Zimmer cultivirten anfangs März inficirten Pflanzen kamen bereits nach 14 Tagen die weissen Conidienpolster zum Vorschein, während nach 4 Wochen die Perithecienbildung begann. Bei trockener Luft findet die Entwickelung langsamer statt. Auf der Oberfläche des mitunter pseudoparenchymatischen Conidienpolsters zeigen sich kurze oder — in sehr feuchter Atmosphäre — lange und verästelte „Basidien", welche Conidien abschnüren, die den oben erwähnten gleichen. Die Perithecien entstehen zwischen den Basidien oder etwas unter der Oberfläche des Polsters um eine Gruppe plasmareicher kleiner Zellchen. Näheres ist hierüber nicht angegeben. Bei der Ausbildung der Asci kommen zahlreiche abnorme Processe vor, deren näheres Studium nach dem Verf. sich verlohnen dürfte. Erwähnenswerth scheinen dem Verf. auch die vielen verkümmerten Perithecien, bei welchen der Sexualact nicht perfect geworden sein mag, und gelbe Kugeln, welche sich zwischen den rothen Perithecien finden.

Interessant ist die Thatsache, dass das Mycel im flüssigen Terpentinöl ungehindert vegetiren und über dessen Oberfläche Conidien bilden kann.

Die Massregeln gegen das verderbliche Zusammenwirken der *Grapholitha* mit dem Pilze müssen letzteren zu treffen suchen, da alle gegen erstere vorgeschlagenen sich im Grossen als unausführbar erwiesen haben. Es sind dies: Aushieb der todten Pflanzen und Beseitigung der todten Gipfel. Dadurch werden einerseits die meisten Fruchtträger beseitigt, andererseits bleibt die Hoffnung, dass etwaige Ersatzgipfel sich am Leben erhalten. Zum Schluss giebt der Verf. einen auf Berichte aus dem Wald gegründeten Kostenanschlag dieses Verfahrens.

228. Derselbe. Der zerschlitzte Warzenpilz Telephora laciniata Pers.

Durch eine Reihe von Zusendungen und Anfragen veranlasst giebt Verf. eine Abbildung des Pilzes und weist mit wenigen Worten auf dessen saprophytische Lebensweise und den Schaden, welchen er durch Störung der Assimilation von ihm umwachsener Pflanzentheile anrichtet, hin, um die Praktiker zu Versuchen über eine passende Beseitigungsweise anzuregen.

229. Derselbe. Der Krebspilz der Laubholzbäume Nectria ditissima Tul. Mit 1 Tafel.

Der Pilz — z. Th. vielleicht auch sehr nahe verwandte Arten — wurde bisher beobachtet an *Fagus, Quercus, Corylus, Fraxinus, Carpinus, Alnus, Acer, Frangula, Padus* und, nach Goethe, am Apfelbaum. Er ist der Erzeuger der häufigsten Art des Baumkrebses und über ganz Deutschland verbreitet. Nach Anführung einiger Berichte aus dem Walde über den Umfang der Krebsschäden wird die Krankheit beschrieben. Mit Ausnahme der ersten Lebensjahre schützt kein Alter einen Baum vor dem Krebs. Nach Beobachtungen an der Lärche gedeiht er namentlich auf dem besten, etwas frischen Boden. Auf eine Beschreibung des verschiedenen Aussehens der befallenen Baumstellen kann nicht eingegangen werden, da sie ohne die Abbildungen des Verf. (Fig 1—14) keinen Werth hätte. Als Unterschied von Frostkrebs ist hervorzuheben, dass der Holzkörper sich an den Pilzkrebsstellen nur wenige Millimeter tief bräunt. Das Eindringen der *N. ditissima* findet wohl nur durch Wunden und Lenticellen statt. Die Krebsstelle wächst bei der Rothbuche $1/2$ 1 cm pro Jahr in die Länge, kaum halb soviel in horizontaler Richtung. In Bezug auf Abhängigkeit des Mycelwachsthums und des Auftretens der Fruchtträger vom Wassergehalt der Rinde und der Luft gilt im wesentlichen das bei *N. cucurbitula* Bemerkte. *N. ditissima* ist weniger gefährlich als jene, da die Zuwachssteigerung der gesunden Stellen einer angegriffenen Stammzone schneller als das Fortschreiten des Pilzes erfolgt. Oft erlischt nch 6—10 Jahren das Wachsthum des Mycels ganz und es tritt Ueberwallung ein.

Das Mycel verbreitet sich in Rinde und Bastgewebe, kann aber auch durch die Markstrahlen in den Holzkörper und von da vielleicht wieder an anderen Stellen zur Rinde gelangen. Auf einem pseudoparenchymatischen Fruchtlager, welches die äussere Korkschicht sprengt, werden auf Verlängerungen der peripherischen Zellen verschieden gestaltete, oft mehrzellige Conidien successive in sehr grosser Zahl abgeschnürt. Dieselben erreichen eine Länge von 0.06 mm, bilden bei der Keimung ein Mycel, an welchem weit kleinere Conidien entstehen, die bald wiederum keimen. Im Feuchtraum schnürt das sonst im Rindengewebe verborgene Mycel frei in die Luft wachsend zahllose Conidien ab, deren Grösse sich bis auf 0.0015 mm, also den 40. Theil der Länge der grossen Conidien, vermindert. Wo mehrere derselben zusammenliegen copuliren sie, so dass sich grössere zusammenhängende Gruppen bilden. Conidien von 0.002 mm keimen noch; die Vermehrung der kleineren scheint auf Sprossung und Spaltung beschränkt zu sein, welche auch bei den grossen vorkommt. Auch an der Spitze zarter Seitenzweige stärkerer Hyphenäste im Innern der Rinde sollen Conidien abgeschnürt werden, deren Gestalt nur mit Hülfe einer 1560fachen Vergrösserung deutlich zu erkennen ist. Dieselben zeigen lebhafte Molecularbewegung und liegen oft in grösserer Anzahl zusammen von einer Gallerthülle umgeben. Nach sorgfältiger Untersuchung kam der Verf. zur Ueberzeugung, dass es sich hier nicht um Spaltpilze handelt, welche überhaupt im Innern der Pflanzen keine Rolle spielen sollen. In welcher Weise die kleinen Körperchen, welche in einer braunen Flüssigkeit an den Krebswunden ins Freie gelangen können, zur Verbreitung des Pilzes beitragen sollen, ist unbekannt.

Die ersten Anlagen der Perithecien befinden sich dicht unter oder auf der Oberfläche des conidienbildenden Fruchtlagers. Einige Bilder des Verf. machen ihm einen Sexualact wahrscheinlich.

Es folgen kritische Bemerkungen über Willkomm's und Sorauer's Bearbeitung des Buchenkrebses und Rabenhorst's „falsche" Bestimmung der Conidien der *N. ditissima*. Die Frage, ob *N. cucurbitula* und *N. ditissima* Varietäten einer und derselben Art sind, wird durch vom Verf. schon begonnene Infectionsversuche mit ersterer auf Buchen und letzterer auf Fichten entschieden werden.

Mittel gegen den durch *Nectria ditissima* verursachten Krebs sind nicht anzugeben, da bei seiner geringeren Gefährlichkeit das Abhauen eines krebsigen Baumes für gewöhnlich nicht von Vortheil ist, das Ausschneiden sämmtlicher Krebsstellen aber höchstens in Obstbaumculturen sich zur Ausführung bringen lässt.

230. Derselbe. Der Ahornkeimlingspilz, Cercospora acerina. Mit 1 Taf.

Der zuerst in Laibach in Krain beobachtete, vom Verf. zu erfolgreichen Infectionsversuchen verwandte Pilz verursachte Krankheit und Tod der Keimlinge des Berg- und Spitzahorns. Die Erkrankung äussert sich meist im Auftreten kleiner, schwarzer Flecke auf den Samenlappen oder jungen Laubblättern, welche später, bei feuchter Luft, ein grauer, filziger Ueberzug bedeckt, dem Absterben und Schwärzung der ganzen Pflanze folgt. Es gelang bisher nicht, Schlauchfrüchte des Parasiten zu erziehen, wohl aber die Bildung eines fädigen Dauermycels zu beobachten. Die Conidien entstehen, bis zu je sechsen, auf kurzen, die Oberhaut der Samenlappen durchbohrenden Fruchthyphen; anfangs schmal keulenförmig, spitzen sie sich mit zunehmendem Wachsthum zu und erlangen endlich eine sehr lange, zarte, etwas bogig gekrümmte Spitze. Ihr Innenraum wird septirt. Wenn die zarte Spitze vor Beendigung des Wachsthums abbricht, bildet sich durch seitliches Auswachsen des verletzten Conidienendes eine neue. Die Conidien keimen nach wenig Stunden mit meist nur einem Keimschlauch, welcher nach Durchbohrung der Epidermis des befallenen Blattes vorwiegend intercellular weiter wächst. Die Parenchymzellen collabiren, während ihr Chlorophyll lange erhalten bleibt. Nach Beendigung der Conidienbildung schwellen einzelne Zellgruppen des farblosen und reichseptirten Mycels unter Bräunung an und gehen so in Dauerzustände über, während die sie verbindenden Hyphenstücke zu Grunde gehen. Bisweilen finden in den Dauerzellen Längs- und Quertheilungen statt, so dass complicirte Gewebskörper entstehen. Die beschränkte Dauer ihrer Keimfähigkeit — wahrscheinlich nicht viel über ein Jahr — bringt dem Parasiten keinen grossen Nachtheil, da er sich auch in Nährlösungen, in der Erde wie auf dem Objectträger in üppigster Weise entwickelt. Die Schlauchfrüchte werden, vielleicht bei Infection älterer Blätter, erhalten werden. Möglicherweise ist der Pilz Conidienform von *Sphaeria acerina* Wallr., die sich auf dürren Ahornblättern findet.

231. Derselbe. Der Buchenkeimlingspilz, Phytophthora (Peronospora) Fagi m. Mit 1 Taf. Der Verf. giebt zunächst eine Darstellung der Verbreitung und Wirkung der durch obigen Pilz veranlassten Krankheit, nach Berichten verschiedener Forstmänner und eigenen Beobachtungen. Es geht daraus hervor, dass sie 1861 im Harz, 1872 bei Frankfurt a./M., 1874—75 in Coburg-Gotha und 1878 in ganz Deutschland epidemisch auftrat und grosse Verheerungen in Buchensaatkämpen anrichtete. Der Pilz befällt die jungen Buchen nur vom Beginn der Keimung bis zu der Zeit, in welcher die Samenlappen ihres Gehaltes an Reservestoffen völlig beraubt und die ersten Laubblätter ausgebildet sind. Die Krankheit tritt demgemäss vorzüglich in den Monaten Mai und Juni zu Tage. Bei verzögerten Bucheckeraussaaten in sporenhaltige Erde liess sie sich indess auch Anfangs August künstlich hervorrufen. Die befallenen Keimlinge verfaulen unter Schwärzung entweder schon unter der Erde in kurzer Zeit, oder sie erscheinen noch über derselben, während die Wurzeln bereits erkrankt sind. Der obere Theil der Pflänzchen fällt dann um und vertrocknet bei trockener, verfault bei feuchter Witterung. Andere Pflanzen entfalten anscheinend gesund ihre Samenlappen. Bald aber wird die Spitze des hypocotylen Stengels und meist auch die Basis der Samenlappen dunkler und weiterhin verdorrt die ganze Pflanze und färbt sich rothbraun, oder sie verfault, indem Samenlappen und Stengel schmutzig grün werden und sich allmählig auflösen.

Besonders förderlich für die Verbreitung der Krankheit ist feuchte, warme Witterung. Alle Verhältnisse, welche das schnelle Abtrocknen der Pflanzen nach Regen oder Thau verhindern, wirken nachtheilig für dieselben. Die Bodenart hat nur insofern Einfluss, als sie mehr oder weniger Feuchtigkeit zu halten im Stande ist. Die Epidemie hält 4 Wochen und länger an, und in solchen Saatkämpen, in denen sie einmal Verwüstungen angerichtet hat, ist in der Folge keine Buchensaat mehr aufzubringen.

Das auch über die verfärbten Theile der erkrankten Pflanze hinaus sich findende Mycelium des Parasiten ist intercellular, von wechselnder Form und Dicke der Aeste, im Gegensatz zu dem der übrigen Peronosporeen reichlich septirt und mit zahlreichen Haustorien versehen. Die aus in Wasser liegenden erkrankten Pflanzentheilen herausprossenden Fäden sind gleichmässig stark, sparsam septirt und ohne Haustorien.

Zur Zeit der besonders bei feuchter Witterung eintretenden Conidienbildung treiben bis zur Cuticula vorgedrungene Hyphenenden unter Anschwellung jene etwas auf. Die so gebildete dünnere Stelle wird dann von meist mehreren, der Hyphenspitze entsprossenen Conidienträgern durchbohrt. Seltener benutzen dieselben Spaltöffnungen zum Durchtritt. Die Keimschläuche der Conidien durchbohren solche Stellen der Cuticula, welche über der Grenze zweier Epidermiszellen liegen und zwar ohne vorher anzuschwellen, wie die aus dem Innern der Pflanze nach aussen dringenden Hyphen, welche auch andere Stellen zum Durchtritt benutzen. Vielleicht erklärt sich dies aus einer chemischen Verschiedenheit der inneren und äusseren Cuticularschichten. Die Sexualorgane können ausserhalb der Nährpflanze gebildet werden, was von keiner anderen Peronosporee bekannt ist. Die Antheridien treiben einen Befruchtungsschlauch. Ein Plasmaübertritt in die Eispore wurde jedoch nicht beobachtet. Ob ausserhalb der letzteren Plasma im Oogonium zurückbleibt, liess sich nicht sicher feststellen. Die Keimung der Oosporen hat H. nicht gesehen. Infectionsversuche mit Erde von Saatkämpen, in welchen die Krankheit früher aufgetreten war, machten wahrscheinlich, dass sie mindestens 4 Jahre lang entwickelungsfähig bleiben. Den Schluss der Arbeit bildet die Angabe verschiedener Mittel gegen die Krankheit. In einer Anmerkung erklärt sich der Verf. mit de Bary's Vorschlag, dem auf sehr verschiedenen Pflanzen beobachteten Parasiten den Namen *Phythophthora omnivora* beizulegen, einverstanden. Im strengen Sinne omnivor ist der Pilz indess nicht, denn andere Waldbäume als die Buche scheint er nicht anzugreifen. (Vgl. Bot. Jahresber. 1879, S. 564, No. 202.)

232. **Farlow, W. G. The Gymnosporangia or Cedar-Apples of the United States.** Boston, 1880, in 4⁰, 38 S., mit 2 Tafeln. (Nach: Bulletin de la soc. bot. de France, 1881, Rev. bibl. p. 21.)

Cedar heisst in den Vereinigten Staaten eine Gruppe von Coniferen (*Juniperus*, *Retinospora*, *Biota* etc.) und als Cedar-Apples bezeichnet der Volksmund die runden oder eiförmigen Anschwellungen, welche die Anwesenheit der Gymnosporangien an den Aesten jener Bäume begleiten. F. beginnt seine Abhandlung mit allgemeinen Bemerkungen über die Uredineen und ihre Transformationen. Dann beschreibt er 8 Gymnosporangien und eben so viele Roestelien, indem er den Zusammenhang zwischen ersteren und letzteren nachweist.

233. **Mer, M. E. Note sur le dépérissement des cimes d'Épicéa.** (Bulletin de la société botanique de France, 1880, p. 23 – 27.)

Am Schlusse seines Aufsatzes, der im Uebrigen ein nicht durch Pilze verursachtes Welken der Tannengipfel behandelt, führt der Verf. an, dass sich in Nadeln, welche von *Chrysomyxa Abietis* Rees befallen sind, Stärke in einer Jahreszeit findet, in welcher sie in gesunden Nadeln nicht vorhanden ist.

234. **Prantl. Weitere Beobachtungen über die Kiefernschütte und die auf Coniferen schmarotzenden Pilze aus der Gattung Hysterium.** (Forstwissenschaftl. Centralblatt, herausgegeben von F. Baur, II. Jahrg. 1880, S. 509.)

Dem Verf. wurde kein Fall wirklicher Schüttekrankheit bekannt, in welchem nicht die Anwesenheit des *Hysterium Pinastri* zu constatiren gewesen wäre. Erfrorene Nadeln zeigen, oberflächlich betrachtet, ein ähnliches Aussehen wie schüttekranke. Während die letzteren jedoch bei genauerem Zusehen mehr oder minder fleckig erscheinen, indem die noch gesunden Stellen der Nadel von den erkrankten mit verschwommenen Grenzen sich abheben, zeigen die vom Frost getödteten Nadeln eine gleichmässig braune oder rothbraune Färbung. Beide tödtende Factoren können mitunter zusammenwirken. — Die violette oder weinrothe Färbung der Nadeln einjähriger Kiefern hat mit der Schütte nichts zu thun, sondern beruht auf dem Auftreten eines rothen Farbstoffes in den Oberhautzellen, welcher bei zunehmender Wärme wieder verschwindet. Eben so wenig stehen die an den Kiefernnadeln häufiger intensiv braunen Flecken und Bänder mit der Schütte in Beziehung, sind vielmehr durch abnorme Harzbildung an einzelnen Stellen der völlig gesunden Nadeln. Die Sporen von *Hysterium Pinastri* keimen gleich denjenigen von *H. nervisequium* (Weisstanne) und *H. macrosporum* (Fichte) sofort nach der Reife. Der Keimschlauch dringt durch die Wand der Oberhautzellen in die Nadel ein, doch nur dann, wenn diese noch ganz jung, eben aus der Knospe hervorgetreten ist. Demgemäss fällt auch die Reife der Sporen zusammen mit dem Austreiben der Knospen. Da letzteres bei der Fichte zu einer Zeit stattfindet, zu welcher noch keine Keimpflänzchen vorhanden sind, so können solche nicht von älteren Pflanzen aus inficirt werden, während dies bei der Kiefer, die ihre Triebe weit später entfaltet, sehr wohl möglich ist. — Bei den genannten Parasiten macht sich die

Infection an den Nadeln erst nach Wochen und Monaten, mitunter sogar erst nach Jahren bemerklich. In keinem Falle erfolgt die Fructification des Pilzes vor dem zweiten Jahre, vom Zeitpunkte der Infection an gerechnet. — Jede *Hysterium*-Art kann an ihrer Nährpflanze zweierlei Krankheitsformen hervorrufen, eine chemische und eine acute. Bei jener bleiben die kranken Nadeln bis zur Fructification des Pilzes oder selbst noch länger am Baume sitzen. Im andern Falle dagegen lösen sich die Nadeln schon ab, bevor noch die Anlage der Früchte erfolgt ist, und die letzteren gelangen erst auf den abgefallenen Nadeln zur Ausbildung. Diese acute Krankheitsform wird als „Schütte" bezeichnet. Sie zeigt sich vorwiegend an schwächlichen Pflanzen. K. Wilhelm.

235. J. Seurrat de la Boulaye. Beobachtungen über die „maladie ronde" der Seekiefern (Pins maritimes) und der gemeinen Kiefern in Sologne. (Auszug aus dem Bulletin de la Société des agricultures de France du 15 octobre 1880. Revue des eaux et forêts, 1880, p. 492.)

Diese Krankheit verbreitete sich seit 1850 nicht nur in Beständen der „Seekiefer"[1]) sondern auch in solchen der gemeinen Kiefer. Anscheinend ganz gesunde Bäume bekommen plötzlich schlaffe Wipfel, gelbe Nadeln, und sind nach wenigen Wochen vollkommen todt und trocken. Wenn man die nächststehenden Bäume von noch frischem Aussehen ausgräbt, so findet man die Wurzeln derselben, welche mit denen der todten Nachbarn in Berührung stehen, im Absterben begriffen. Krankheit und Tod gehen also von Seitenwurzeln aus und schreiten an diesen vor, bis sie an den Stock gelangen, um von hier aus über das ganze übrige Wurzelsystem sich zu verbreiten. Diese Erscheinungen ähneln denjenigen, welche beim Auftreten von *Trametes radiciperda* zu beobachten sind. Genannten Pilz konnte der Verf. jedoch in den inficirten Beständen nicht auffinden. Dagegen lehrten seine, mit Unterstützung des Professors Prillieux vorgenommenen Beobachtungen, dass im Frühjahr, gegen Ende Mai, im Umkreise der durch die Krankheit verursachten Fehlstellen und neben den noch gesunden Bäumen aus dem Boden kleine, sich langsam vergrössernde Fruchtkörper eines anderen Pilzes, der *Rhizina undulata* Fries (*Helvella acaulis* DC.) hervorbrechen. Dieselben erreichen eine Breite von 3 bis 6 cm, sind von unregelmässiger Form, mit gewölbter, buckeliger, braun oder schwärzlich gefärbter Ober- und rother Unterseite, welch' letztere filzig behaart und hier und da mit kleinen Haftfasern an den Erdboden befestigt ist. Vermöge ihrer lederartigen, harten Beschaffenheit sind diese Fruchtkörper so widerstandsfähig, dass man sie noch zu Ende des Winters fast intact vorfindet. Ihr Erscheinen dauert bis in den Herbst. Jede im Bereiche ihres Auftretens stehende Kiefer stirbt im Laufe des Jahres ab. Die Fruchtkörper finden sich immer nur im Umkreise der Fehlstelle, sie erscheinen im Innern derselben nicht wieder, und verschwinden ganz, wenn das Umsichgreifen der Krankheit aufhört (si le rond s'arrête). Bei vorsichtiger Untersuchung erkannte man einen Zusammenhang der Pilzkörper mit den Kiefernwurzeln. Die todten Wurzeln jedoch liessen nach kurzer Zeit nichts von Mycelium des Pilzes erkennen. Sie befinden sich in einem Zustande vollständigster Verderbniss. Auch an den Wurzeln der verdorrenden Bäume ist die Ursache der Erkrankung nicht mehr wahrnehmbar. Sie verbreiten einen Fäulnissgeruch; die schwarze, feuchte, schimmelige, mit Krebsgeschwüren bedeckte Rinde haftet nicht mehr an dem der Fäulniss übrigens noch Widerstand leistenden Holze, da der Bastkörper zerstört ist. Das Harz verbreitet sich im Boden, verklebt mit dem Sande und bildet so längliche, den grossen und kleinen Wurzeln angelagerte Massen von mehreren Centimetern im Durchmesser. Ist das ganze Wurzelsystem des Baumes in dieser Weise zerstört, dann muss der Baum zu Grunde gehen. — Das grauweisse Mycelium des Pilzes ist nur in einiger Entfernung von der Fehlstelle, an den Wurzeln der noch gesund aussehenden Bäume zu erkennen. Es entwickelt sich in der Rinde und im Baste der starken wie der dünnen Wurzeln, und durchzieht diese Geweblschichten in Gestalt seidenartiger Fäden oder Bänder von verschiedener Dicke. Es dringt auch in's Holz ein, doch nur auf geringe Tiefe. Die Fruchtkörper finden sich nicht selten am Stocke selbst, gewöhnlich aber über den dicken Wurzeln, doch auch über den dünnen, oberflächlich verlaufenden. Im

---

¹) *Pinus Pinaster* Ait.

ersten Falle wird ihre Verbindung mit den Wurzeln hergestellt durch grauliche Stränge von anfänglich abgeplatteter, später rundlicher Form. Dieselben sind verzweigt und ausserordentlich zerbrechlich, so dass man sie nur höchst selten in Stücken von einiger Ausdehnung erhalten kann. Der Nachweis ihrer Verbindung mit den Wurzeln ist daher sehr schwierig. Trotzdem meint Verf. die Existenz dieses Zusammenhanges behaupten zu dürfen, gestützt auf zwei Thatsachen. Als die eine führt Verf. das Abgestorbensein dieser Stränge an denjenigen Stellen an, wo im vorigen Jahre Fruchtkörper erschienen waren, und die andere liegt in den Resultaten einiger Versuche. Eine starke, mit Mycelium bedeckte Wurzel einer ungefähr vierzigjährigen Kiefer wurde auf eine gewisse Strecke freigelegt, so dass nur ein kleiner Theil ihres Umfanges mit dem Boden in Berührung blieb. Bald nachher erschienen auf diesem Stücke zahlreiche Pilze der nämlichen Art, wie später über der nicht entblössten Wurzelstrecke gefunden wurden. Ferner wurde in einem ungefähr fünfunddreissigjährigen Seekiefernbestande während des Sommers um den Rand einer durch die Krankheit hervorgerufenen Fehlstelle ein breiter Graben gezogen. Alle an der Aussenseite desselben befindlichen Bäume erschienen noch gesund und kräftig, aber ihre Wurzeln waren schon vom Mycelium befallen. Aus allen bei der Anlage des Grabens durchschnittenen Wurzeln entwickelten sich nach einiger Zeit zahlreiche Gruppen von *Rhizina*-Fruchtkörpern. Solche Wurzelstücke wurden an Prof. Prillieux gesandt, welcher die Identität des in der Wurzelrinde wuchernden Myceliums mit den der Rinde oberflächlich anhaftenden Rhizomorphen und den wurzelartigen, der Unterseite der *Rhizina*-Früchte entspringenden Haftfasern (cordons filamenteux rhizoïdes) feststellte. Diese Beobachtung scheint dem Verf. entscheidend zu sein für den Parasitismus der *Rhizina* als Ursache der beschriebenen Kiefernkrankheit. Die letztere erscheint und verbreitet sich auch in reinen Beständen der *Pinus silvestris*. Wo die letztere mit der Seekiefer gemischt ist, leistet sie allerdings der Krankheit längeren Widerstand als diese, geht aber schliesslich ebenfalls und unter den nämlichen Symptomen zu Grunde. — Die erfolgreiche Bekämpfung der Krankheit wird sich nicht auf die Anlage von Gräben um die befallenen Bäume und möglichste Entfernung aller inficirten Wurzeln aus dem Boden zu beschränken haben, sondern auch die sorgfältige Zerstörung der noch unreifen Fruchtkörper anstreben müssen, um die Verbreitung des Pilzes durch Sporenaussaat hintanzuhalten. — Indem der Verf. seine Beobachtungen von anderen Seiten bestätigt zu sehen wünscht, stellt er schliesslich die Vornahme von Infektionsversuchen in Aussicht. Diese werden auch zu entscheiden haben, ob eine eigenthümliche, an den Seitenwurzeln der Seekiefer auftretende und diesen ein korallenstockartiges Aussehen verleihende Deformation mit der Pilzvegetation zusammenhängt. K. Wilhelm.

236. Prillieux. Sur les causes du rond des Pins. (Bulletin de la société botanique de France 1880, p. 18.)

De la Boulaye hat, einer Mittheilung an P. zufolge, an Bäumen, welche an der obgenannten, gewöhnlich dem *Agaricus melleus* zugeschriebenen Krankheit litten, niemals diesen Pilz, sondern stets *Rhizina undulata* gefunden. Auch P. fand das Gewebe ihm von de la Boulay zugesandter Fichtenwurzeln von *Rh. undulata* durchwuchert und sieht daher ebenfalls in der letzteren die Ursache des „rond“.

237. Roumeguère, C. Origine de la maladie du Rond. Un mot sur les Rhizomorpha et sur les recentes recherches de M. R. Hartig. (Revue mycologique 1880, p. 179.)

De la Boulaye beobachtete die genannte Krankheit in den Wäldern von *Pinus maritimus* in der Sologne. Er sieht ihre Entstehungsursache nicht in *Agaricus melleus*, sondern in *Rhizina undulata*, worin ihm Prillieux beistimmt (Soc. bot. séance du 23. Janv. 1880). R. neigt derselben Ansicht zu. Weiter erklärt er sich gegen eine von Millardet (Mém. de la Soc. des sc. phys. et nat. de Bordeaux, 1 Heft, 1880) auf Grund einer Beobachtung ausgesprochene Behauptung, dass *Rhizomorpha fragilis* und *Agaricus melleus* zusammen gehöre. Millardet hatte *Agaricus melleus* am Grunde eines Apricosenbaumes gefunden, welcher nach der Entwickelung des Pilzes abgestorben war. In der ganzen Dicke und auf der Oberfläche der meist gefaulten Wurzeln zeigte sich *Rhizomorpha fragilis*. R. glaubt, dass es sich hier um eine zufällige Krankheit des Baumes handle, welche diesen erst zu einem geeigneten Substrat für die Entwickelung des *Agaricus* gemacht habe. Die

Rhizomorpha, meint er, habe mit letzterem nichts zu thun, da sie häufig auch ohne ihn gefunden werde. Alle Angaben über die Zusammengehörigkeit der Rhizomorphen mit Hymenomyceten sind, seiner Ansicht nach, unerwiesene Theorien, neben welchen die Angabe Haller's, dass die *Rhizomorpha* eine *Hypoxyla* als letzte Entwickelungsstufe besitzt, zu Recht bestehen bleibt. Das schwarze kugelige Organ, welches Chevallier „Fructifikation", Montagne „graphium", de Cesati „Stilbum" nennt, würde ihre Conidienform darstellen, während die eigentliche thecaspore Frucht noch zu finden ist. Als Analogon wird die Gattung *Chaenocarpus* angeführt, welche ebenfalls bis zur Auffindung der Perithecien nicht untergebracht werden konnte.

Den Schluss des Artikels bilden referirende Bemerkungen über R. Hartig's forstbotanische Untersuchungen.

238. France, C. S. Notes on the Mycelium of fungi attacking the roots of young scotch firs. (Transactions and Proceedings of the Bot. Soc. of Edinburgh, vol. XIII, pt. II.)
Nicht gesehen. Ref.

239. Fleischer. Mittel gegen Holzfäulniss. (Zeitschr. d. landw. Centralv. d. Prov. Sachsen 1879, S. 44.)
Bestreichen mit Steinkohlentheer und sofortiges Aufstreuen von Asche auf den Theer, wodurch eine feste geruchlose Masse entsteht. P. Sorauer.

e. Krankheiten der Obstbäume, des Kirschlorbeers und der Melonen.

240. Roumeguère, C. Nouvelle apparition en France du Gloeosporium (Fusarium) reticulatum Mt., destructeur des melons. (Revue mycologique 1880, p. 169 ff.)
Nach einer brieflichen Mittheilung Brissons an R. trat in den Melonengärten von Châlons-sur-Marne ein im Vorjahre dort zum ersten Male beobachteter Pilz im August 1880 verwüstend auf. Am 30. und 31. Juli zeigte er sich nach einem Gewitter in einzelnen Anlagen, um 8 Tage darauf nach einem zweiten Gewitter mit Hagelschlag während eines 48stündigen Nebels auf 125000 Melonen – 50 % der Jahresernte — zu erscheinen. Trockenes Wetter setzte dann seiner Weiterverbreitung eine Grenze. Der Pilz bildet Flecken auf der Rinde namentlich weichhäutiger Varietäten, unter welchen durch Ulceration ein erst nach Entfernung der Rinde sichtbar werdendes Loch entsteht. Nach R. handelt es sich um den Pilz, welcher 1843 in Saint-Seves (Landes) auf Wassermelonen (den sog. Pastèques) beobachtet und von Montagne als *Fusarium reticulatum* beschrieben wurde. Denselben Pilz fand Passerini 1867 in Padua und 1875 in Parma. Er nannte ihn *Fusarium lagenarium*.

Als Hauptbedingungen für die Verbreitung des Pilzes sieht R. Verletzungen der Epidermis der Früchte durch Insecten und anhaltende Regengüsse an. Als Gegenmittel empfiehlt er mit Passerini das Schwefeln.

241. V. Borbás. Növénytani aprósávok, IV. (Földmivelési Érdekeink. Budapest 1880. VIII. Jahrg., S. 331 [Ungarisch].)
B. fand bei Kormossó und Prencsfalu im Honter Comitat auf den Blättern der Pflaumenbäume einen Pilz, welcher nach der Bestimmung von P. Magnus *Polystigma rubrum* Fr. ist. Staub.

242. Bertoloni. Nuovo Oidium del Lauroceraso. (Nuovo giorn. ital., IV. Heft.)
Schilderung eines neuen Feindes des Kirschlorbeers, welchem der Name *Oidium Passerini* beigelegt wird. (Nach Oestr. Bot. Zeitschr. 1880, S. 101.)

243. Ráthay, E. Vorläufige Mittheilung über die Hexenbesen der Kirschbäume und über Exoascus Wiesneri Ráthay. (Oestr. Bot. Zeitschr. 1880, S. 223.)
Verf. theilt kurz mit, dass nach seinen Untersuchungen die genannten Hexenbesen durch *Exoascus deformans Cerasi* Fckl. verursacht seien. Das Mycel des Pilzes perennirt in den Hexenbesen, „um alljährlich in die jungen Laubtriebe seine Verzweigungen zu treiben und im Mai auf der Unterseite der Blätter zwischen Cuticula und Epidermiszellen sein Hymenium zu bilden". Der *Prunus avium*, *P. cerasus* und *P. chamaecerasus* befallende Parasit soll, als specifisch von *E. def. Persicae* Fckl. verschieden, *E. Wiesneri* heissen.

244. Thomas, Fr. Ueber die von M. Girard kürzlich beschriebenen Gallen der Birnbäume. (Monatsschrift des Ver. zur Beförderung des Gartenbaues in Preussen und der Gartenfreunde Berlins, 1880, S. 279.)

Verf. wendet sich auf Grund der Untersuchung ihm eingeschickten Materials gegen die von Girard (Journ. de la Soc. centrale d'horticulture de France 1879, p. 696–699) und Fairmaire (Sitzungsber. d. Pariser Entomol. Ges. 1880, No. 3, S. 39) ausgesprochenen Behauptungen, dass in Cholet (Dép. Maine-et-Loire) beobachtete Birnbaumgallen von Insecten herrührten oder wenigstens unter Beihülfe von Insecten entstanden seien. Es lag lediglich eine Wirkung von *Gymnosporangium fuscum* vor, welcher Pilz in Cholet Blätter und Rinde der einjährigen Triebe, Blüthenknospen, Blüthen und Früchte zu Grunde richtete.

245. Drawiel. Ueber eine Impfung von Polyporus igniarius auf einen gesunden Kirschbaum. (Monatsschr. d. Ver. z. Beförderung d. Gartenbaues in d. K. Preuss. Staat. XXIII, Mai 1880.)

Die Ursache des Gummiflusses soll nicht in dem *Polyporus* zu suchen sein, da derselbe auch auf anderen Steinobstbäumen vorkommt und da die Impfung eines gesunden Kirschbaums mit dem Pilze erfolglos blieb. (Bot. Centralblatt 1880, I, S. 535.)

246. Fischer, J. F. Heilung der Frost-, Brand- und Krebsschäden durch Theer. (Pomolog. Monatshefte. VI. Jahrg. 1880, S. 80.)

Nach Bestreichung krebskranker Apfelbäume mit gereinigtem, russischem Schiffs- oder Holztheer bildeten sich an allen Wunden gesunde Ueberwallungen.

247. Ueber die Pflege, Krankheit und Heilung der Orangenbäume. (Der Obstgarten 1880, S. 482.)

Vergleichung der künstlich gegebenen Culturbedingungen der Nordländer mit den natürlicheren Vegetationsverhältnissen Südeuropas und Schlussfolgerung, dass eine Anzahl Erkrankungen von den ungünstigen Lebensverhältnissen herzuleiten sei. Ausser dem Willkomm'schen Rothfäulepilz *(Xenodochus ligniperda)* werden noch als schädlich *Merulius lacrymans* und, wie es scheint, *Rhizomorpha subterranea* erwähnt. Altersschwäche ist keine Krankheitsursache.   P. Sorauer.

f. Krankheiten des Weinstocks.

248. Ladrey, C. Traité de viticulture et d'Oenologie. 2. Ed. (2. vol. in 12. Paris 1880.)

Die neue Auflage des nahe 700 Seiten starken Werkes enthält 2 neue Capitel. 1. Die Anwendung chemischen Düngers in der Cultur der Weinrebe. 2. Untersuchungen der verschiedenen Krankheiten des Weinstocks und der Zufälle, welche während der Vegetationszeit eintreten können. Der zweite Band ist der Fabrikation des Weines gewidmet und behandelt in den ersten 26 Capiteln die chemischen Vorgänge bei der Gährung, die Gährungen im Allgemeinen, die Stoffe, welche sich bei der alkoholischen Gährung bilden, Ursprung des Ferments, Einfluss physikalischer Agentien und chemischer Verbindungen, indirecte Gährung etc. (Nach Revue mycologique 1880, p. 209.)

249. Bary, A. de. Der neue Feind unserer Reben (Peronospora viticola). (Bull. de la soc. des sciences et d'agriculture de Strassbourg 1880.)

Nicht gesehen. Ref.

250. Göthe, R. Der falsche Mehlthau der Reben (Peronospora viticola). (Der Weinbau. Organ des Deutschen Weinbauvereins 1880, No. 11.)

Der Verf. giebt eine Beschreibung der Erscheinungsweise des Pilzes, knüpft daran Rathschläge zur schnellen Entfernung der befallenen Blätter und Triebe und über die beste Art des Schwefelns und schliesst mit einer Zusammenstellung der hervorragendsten Merkmale der durch erwähnten Pilz und der durch *Oidium Tuckeri* verursachten Krankheiten.

251. Roumeguère. Le Peronospora de la vigne. (Revue mycologique 1880, p. 4.)

Nach der Bemerkung, dass die bekannte Weinstockkrankheit Anthracose (von ἀνϑράκωσις) und nicht Anthracnose genannt werden muss, spricht sich R. gegen die von Farlow behauptete Identität der *Peronospora viticola* Berkeley und Curtis mit *Botrytis cana* Kunze, welche auf den Blättern der Chenopodien lebt, aus. Als Grund führt er die regelmässige Septirung der Fäden der *Botrytis* an.

252. **Renner, A. Uj veszély fenyegeti szölöniket.** (Földmivelési Érdekeink. Budapest 1880. VIII. Jahrg., No. 48 mit 1 Abbild. [Ungarisch].)

Populäre Schilderung der in neuerer Zeit gefährlich auftretenden *Peronospora viticola* de Bary. Staub.

253. **G. Arina. Brevi cenni sulla Peronospora viticola.** (L'Agricultura Meridionale. Portici. 1880. III, No. 18, p. 275.)

Dem Ref. nicht zugänglich. O. Penzig.

254. **Cerletti e Carlucci. La comparsa del Mildew o falso Oidio degli Americani a Farra di Soligo.** (Riv. di Viticolt. ed Enolog. IV, 13.) Conegliano 1880.

Peronospora viticola Berk. ist 1880 auch in der Provinz von Treviso (bei Farra) zum ersten Male aufgetreten; die Verf. geben zugleich mit dieser Nachricht eine ausgedehnte Beschreibung des Pilzes und der Art, in welcher er sich manifestirt. O. Penzig.

255. **R. Pirotta. Ancora sul Mildew o falso Oidio delle Viti.** Milano 1880, 10 p. in kl. 8⁰.

Giebt einen ganz kurzen biologischen Abriss der *Peronospora viticola*, in populärer Darstellung, sowie Notizen über die Widerstandsfähigkeit amerikanischer Reben und über Heilversuche mit verschiedenen Mitteln, im Botan. Garten zu Pavia angestellt.

Sämmtliche ebenda cultivirte (aus Samen gezogene) amerikanische Rebsorten wurden von dem Pilz hart geschädigt: nur die Varietät *Scuppernong (Vitis rotundifolia)* blieb frei: auch *Cissus-* und *Ampelopsis*-Arten wurden von dem verderblichen Parasiten arg heimgesucht. Die applicirten verschiedenen Heilmittel haben bisher kein positives Resultat gegeben.

O. Penzig.

256. **Cornu, M. Le Mildew, Peronospora des vignes (Peronospora viticola Berk. et Curt.).** (Comptes rendus h. des séances de l'Académie des sciences t. 91, 1880, p. 911—914.)

Planchon hat den Pilz 1879 in Süd-, Ost- und West-Frankreich beobachtet. (Compt. rend. t. 89, p. 600.) C. fand ihn im Herbst 1880 bei Bayonne und Perpignan. Bei Banyuls-sur-Mer hatte der Parasit alle Reben des sehr grossen Weingeländes befallen, bei St.-Jean-de-Luz waren, weit entfernt von grossen Culturen, viele Lauben und die „lambrusques" der Spaliere ergriffen. Ausser diesen Mittheilungen enthält C.'s Aufsatz eine eingehende Beschreibung der *Peronospora* und der durch sie veranlassten Krankheitserscheinungen. Neue Thatsachen werden nicht beigebracht.

257. **Prillieux, Ed. Le Peronospora de la vigne (Mildew des Américains) dans le Vendômois et la Touraine.** (Ann. de l'Institut national agronomique. 3. Jahrg. 1878—79, p. 5—18. Mit 1 Tafel. Besprochen in Bulletin de la soc. bot. de France. Rev. bibl. p. 130, 1881.)

P. schliesst sich, auf Grund seiner Beobachtungen an der Nordgrenze der Cultur der französischen Weinrebe, der Ansicht Planchon's über die relative Ungefährlichkeit der *Peronospora viticola* an und warnt davor, die durch andere Pilze angerichteten Verwüstungen der *Peronospora* zuzuschreiben. Die Tafel enthält die Abbildungen der Conidienform der *Sphaerella Vitis* Fuck. und des *Cladosporium ampelinum* Sacc.

258. **Roumeguère. Aire et marche de developpement en France de Peronospora de la vigne pendant l'automne 1879.** (Revue mycologique 1880, p. 70.)

J. Therry hat, wie er in einem Briefe an R. mittheilt, den Parasiten in den Departements Rhône, Ain, Jura (und Canton Genf), Haut-Savoie, Savoie, Drôme, Ardèche, Gard, Herault, Bouches-du-Rhône und Vaucluse gefunden. Nach seinen Beobachtungen im botanischen Garten in Lyon werden gerade die französischen Reben mehr als fremde angegriffen.

259. **Thomas, P. Apparition dans le département du Tarn du Peronospora viticola (Berk.).** (Revue mycologique 1880, p. 203.)

Beschreibung der *Peronospora viticola*, welche im Arrondissement Gaillac eine grosse Zahl von Weinbergen befallen hat.

260. **Voss, W. Peronospora viticola de Bary.** (Hedwigia 1880, p. 171 und Verh. d. K. K. Zool.-Bot. Ges. in Wien. 1880.)

Mittheilungen über das Auftreten des Pilzes in Europa. Der Verf. traf ihn am 26. September 1880 auf *Vitis vinifera* in der Nähe von Laibach in Krain. Die Redaction der Hedwigia fügt bei, dass der Pilz 1879 im Canton Genf, 1880 in mehreren anderen Cantonen, so im Thurgau, Zürich, St. Gallen aufgetreten sei, überall beträchtlichen Schaden verursachend.

261. **Voss, W. Weitere Mittheilungen über die Ausbreitung der Peronospora viticola de Bary.** (Oesterr. Bot. Zeitschrift 1880, S. 393.)

Der Parasit ist auch in Südtirol und sehr verbreitet in der Schweiz beobachtet. Vielleicht darf angenommen werden, dass beide Gegenden und Krain von Italien aus inficirt worden sind.

262. **K. Mika. A Peronospora viticola de Bary Erdélyben.** (Magyar Növénytani Lapok. Klausenburg 1880. IV. Jahrg., S. 116 [Ungarisch].)

Thümen zieht das Vorkommen von *Peronospora viticola* de Bary in Europa in Zweifel. Dr Daday brachte den Pilz von Medgyes in Siebenbürgen mit. Staub.

263. **de Thümen. Die Einwanderung der Peronospora viticola in Europa.** (Hedwigia 1880, p. 172.)

Am 30. September 1880 trat der Pilz in Roveredo in Südtirol epidemisch auf, anfangs October um Marburg in Steyermark und neuerdings auch in Niederösterreich.

264. **S. Garovaglio. La Peronospora viticola B. et C. ed il Laboratorio Crittogamico.** (Rendic. del R. Ist. Lombardo, Nov. 1880.)

Dem Ref. nicht zugänglich.   O. Penzig.

265. **S. Garovaglio. Sui tentativi di cura delle viti infette dalla Peronospora viticola** Berk. (Cossa, Staz. Sperim. Agrar. Vol. IX, fasc. 2, p. 118—126.) Torino 1880.

Im botanischen Garten zu Pavia hat Verf. eine Anzahl Versuche zur Abhilfe gegen die *Peronospora viticola* anstellen lassen: es wurden theils äussere Mittel (Schwefel, Asche, die Airaghi'sche antikryptogamische Flüssigkeit, theils innere Mittel (Injection von Schwefelkohlenstoff, kohlens. und salpeters. Kalium) angewandt.

Alle Versuche haben negatives Resultat ergeben — die Pflanzen begannen eher zu leiden, als der Parasit. Als Versuchsobject dienten zahlreiche Varietäten von amerikanischen Reben, aus Samen in demselben Garten gezogen.   O. Penzig.

266. **Roux, Fr. Observations sur quelques maladies de la vigne.** (Verhandl. d. Schweiz. Naturf. Ges. in Bern. Jahresber. 1877/78, S. 220.)

Enthält von Mykologischem nur eine Vergleichung von Hagelschlagflecken mit denen des „Charbon" und der Anthracnose.

267. **Thümen, F. v. Die Pocken des Weinstocks.** Wien 1880.

Beobachtungen des Verf.'s über die durch *Gloeosporium ampelophagum* veranlasste Pockenkrankheit des Weinstocks. Dieselbe tritt seit 1876 besonders in Italien und den südlichen Provinzen Oesterreichs epidemisch auf und zerstört oft ein Viertel oder gar die Hälfte und mehr der Ernte. Entwickelung und Ausbreitung des Pilzes hängen von den Feuchtigkeitsverhältnissen ab. Nach Bot. Centralbl. 1880, I, S. 176—177, wo noch eine kurze Beschreibung des Pilzes gegeben ist.

268. **K. Mika. Ueber Gloeosporium ampelophagum Sacc.** (Magyar Növenytani Lapok. Klausenburg 1880, IV. Jahrg., S. 28—30 [Ungarisch].)

M. bespricht v. Thümen's Werk über „Die Pocken des Weinstockes" und erwähnt, dass er sich schon in einer Th.'s Werk vorhergehenden Arbeit (Erdelyi Pazda 1879, No. 35) gegen die Trennung der Arten *Sphaceloma ampelinum* de Bary und *Gloeosporium ampelophagum* Sacc. aussprach. Die Form der Flecken kann kein positives Charakteristikon sein; ebenso die abweichende Farbe nicht; an den Trauben eines und desselben Stockes, ja sogar an denselben Beeren beobachtete M. Farbenveränderungen vom blass Kupferrothen bis in's Schwarze, je nach dem Fortschritte der Krankheit, er hat schliesslich gefunden, dass die Farbe der Flecken bei den verschiedenen Varietäten einige Abweichungen zeige; die Stroma der beiden Pilze zeigen unter dem Microscope ein und dasselbe Bild, was für die Identität der beiden Schimmelpilze wohl der beste Beweis sei. Hinsichtlich der Grösse und Form der Sporen beobachtete M. keine so auffallenden Unterschiede wie Th. Die Abbildungen Th.'s seien auch nicht zufriedenstellend. Jene Angabe, dass *Gloeosporium amp.* nur in südlichen Gegenden, *Sphaceloma amp.* aber bisher sich nur in Mitteleuropa gezeigt habe, ist daher nicht wahrscheinlich. Roumeguère (Revue Mycologique 1880, No. 1, p. 29) hat sich ebenfalls für die Identität der beiden Pilze ausgesprochen.   Staub.

169. **Anon. La malattia delle viti in Sansego.** (L'Amico dei Campi XVI, No. 4, p. 64. Trieste 1880.)

Erkrankte Reben von Sansego wurden in Klosterneuburg untersucht und constatirt, dass keine Phylloxera vorlag, sondern eine Cochenillinart, gegen welche Alkohol- oder Kalkmilch-Waschungen angerathen werden. Auch der Anthracnose-Pilz (als *„Gloeosporium ampelophagum"* Sacc. angeführt) fand sich auf den kranken Stöcken.   O. Penzig.

270. **Anon. Notizie sulla fillossera, le sue invasioni ecc., con un appendice sull'Antracnosi della vite.** (Gazetta delle campagne, Torino 1880, 47 p. in 8º.)

Dem Refer. nicht zugänglich.   O. Penzig.

271. **G. Arina. L'antracnosi della vite.** (L'Agricoltore meridionale, III, No. 19, p. 295. Portici 1880.)

Der Aufsatz enthält nichts wesentlich Neues über den Gegenstand; hervorzuheben ein ausführliches Synonymenverzeichniss des die Krankheit verursachenden Pilzes.
O. Penzig.

272. **A. Cattaneo. Tentativi d'innesto di Picchiola nelle Viti.** Pavia 1880, 3 p. in 8º.

Im Gegensatz zu Dr. R. Goethe hat Verf. bei der versuchten Einimpfung der Anthracnose durch Wintersporen (Pycnidosporen) kein positives Resultat erhalten. Die Krankheit hat sich auf keinem der künstlich infizirten Stöcke entwickelt, obwohl die Versuche genau in der von Goethe beschriebenen Weise angestellt wurden. Verf. zweifelt noch, dass der Pilz des Schwarzbrenners in Deutschland (*Sphaceloma ampelinum* Dr. Bary) mit dem des Vajolo (*Ramularia Meyeni* Garov.) identisch sei.   O. Penzig.

273. **Hoch. Der schwarze und rothe Brand an den Weintrauben.** „Der Obstgarten" 1880, S. 208.

Die in Siebenbürgen reichlichst auftretenden Krankheiten bestehen in einer lederbraunen Verfärbung und nachherigem Abfallen der Blüthenknospen unmittelbar vor dem Aufbrechen (rother Brand), oder es werden die bereits bis zur Taubenschrotgrösse entwickelten Beeren schwarz und hornhart und bröckeln mit den Traubenstielen ab (schwarzer Brand, Rieseln). Trifft die Krankheit auch schon weiter entwickelte Beeren, so werden dieselben zur Hälfte schwarz und hart und zur Hälfte reif. Im Jahre 1876 sah Verf. ausserdem folgende Begleitserscheinungen: es zeigten sich an den ganz jungen Blättern kleine, runde, hellbraune Flecken, welche allmählich grösser wurden und schliesslich die ganze Blattsubstanz einnahmen. Dabei zog sich ein solches Blatt unregelmässig in Falten zusammen; die braunen Flecken wurden in der Mitte dunkler und trocken, nahmen an ihrer Peripherie zu, indess die vertrocknete Substanz in der Mitte herausfiel. Sehr jugendliche Blätter wurden schliesslich schwarzgrau, trocken und fielen ab; bei älteren blieben manchmal nur die Rippen zurück. An den jungen Trieben und an den Traubenstielen sind länglich runde, warzenförmige, anfangs carmoisinroth durchscheinende, dann braun und zuletzt schwarz werdende Erhebungen wahrnehmbar, welche in ihrer weiteren Entwickelung mit einer Längsritze aufsprangen und sodann schü[sse]ferige Vertiefungen mit einem wulstigen Rande bildeten. Genauere Beobachtung zeigte, dass diese Schädigung der Traubenstiele die Ernährung der Beere verhindere und die Ursache des schwarzen und rothen Brandes sei, der sich überhaupt nur an den zarteren Theilen zeige.

Die Krankheit ergriff mit Vorliebe die Verflechtungspunkte der durcheinander wachsenden Reben, ferner die schwächlichen Achselreben und die im Schatten aufwachsenden wässerigen Wurzeltriebe. Der fetteste Boden zeigte die stärkste Erkrankung, so dass die ganzen Rebenspitzen an derartigen Stellen schwarz und zusammengeschrumpft waren. Die Sorte war nicht von Einfluss auf die Ausbreitung der Krankheit.

Als Ursache der Krankheit ergab sich nach v. Thümen die bekannte *Sphaceloma ampelinum* de By.

Eine Entfernung der pilzkranken Theile gleich bei Beginn der Krankheit hatte sehr guten Erfolg. Allerdings muss von Mai bis Juli, namentlich nach regnerischem Wetter immer wieder nach etwa neu auftretenden Herden gesucht werden.   P. Sorauer.

274. **F. Lawley. L'Antracnosi della vite.** (Amico dei Campi, vol. XVI, No. 8, p. 125 ff. Trieste 1880.)

In den Hauptsachen folgt Verf. den Untersuchungen von Portès (1879, De l'antracnose, maladie vulgairement appellée Charbon de la Vigne), besonders was die Heilmittel gegen die gefürchtete Krankheit betrifft; der Aufsatz bringt nichts Neues, ist aber durch ziemlich vollständige Literaturangabe und statistische Notizen über die Verbreitung der Krankheit nützlich.   O. Penzig.

275. **Prillieux, Éd. Quelques mots sur le rot des vignes américaines et l'anthracnose de vignes françaises.** (Bulletin de la Société botanique de France 1880, p. 34—38.)

Um die Frage zu beantworten, ob der durch *Phoma uvicola* Berk. et Curt. verursachte „Rot" der amerikanischen Reben dieselbe Krankheit ist, wie die Anthracnose der französischen, theilt Verf. seine an vom *Phoma* befallenen Trauben, welche aus einem amerikanischen Weinberge (Clinton) stammten, gemachten Beobachtungen mit. Er fand auf Schnitten durch trockene Beeren schwarze Pycniden mit ei- bis kugelförmigen Stylosporen. Die letzteren waren soviel grösser als die Sporen, welche er in der Rinde anthracnosekranker Reben antraf, dass diese Sporen, seiner Meinung nach, unmöglich zu *Phoma uvicola* gehören können. P. hält demnach die beiden genannten Krankheiten nicht für identisch.

Neben den Pycniden fand er kleinere Behälter mit Stäbchen, welche er für die Spermogonien und Spermatien des *Phoma* und für identisch mit den Spermogonien der *Naemaspora ampelicida* Engelmann hält. Ob die von ihm in den durch die Antracnose auf französischen Reben verursachten Wunden gesehenen bacterienähnlichen Gebilde ebenfalls Spermatien oder Bacterien sind, wagt er nicht zu entscheiden.

276. **Cornu, M. Remarques sur la communication de M. Prillieux.** (Ib. p. 38—39.)

C. macht gegen Prillieux die grosse Variabilität in der Grösse der Pycniden und Sporen, namentlich bei gewissen Diplodien geltend, welche nicht gestatte, Verschiedenheiten in dieser Beziehung als Unterscheidungsmerkmale gelten zu lassen. Die Zugehörigkeit der von Prillieux für Spermogonien gehaltenen Gebilde zu *Phoma* erklärt er für unbewiesen.

277. **Roumeguère, C. Le Rot des vignes américaines est-il la même maladie que l'Antracnose des vignes du midi de la France? — Ce dernier fléau à Collioure (Pyr.-Or.).** (Revue mycologique 1880, p. 172.)

Nach einem Referat über die Bemerkungen Prillieux' und Cornu's über die den ersten Theil des obigen Titels bildende Frage (Soc. Bot. de France. séance du 13. fevr. 1880) theilt R. das Auftreten der Antracnose bei Avignon und in Collioure mit. Sie befiel in diesem Jahre auch die bisher verschonten Reben von Rousillon.

278. **Kübler. Ueber Pilzkrankheiten des Weinstocks.** (Verh. d. Schweiz. Naturf. Ges. zu St. Gallen 1878/79.)

K. sieht als Ursache des schwarzen Brenners nicht *Sphaceloma ampelinum*, sondern eher die Angriffe der *Cicada vitis* an. Auf der Rückseite abgefallener und schwarzgewordener Blätter kranker Reben fand er im Herbst einen „braunen, zunderförmigen Pilz mit granulirten Conidien", er nennt ihn *Cladosporium autumnale* n. sp. Karsten bestätigt die Beobachtung.

279. **Kübler. Eine neue Weinkrankheit.** (Arch. des sc. phys.et nat. Genève, 1879, p. 456.)

Unter dem Namen „Herbstbrenner" beschreibt K. eine Weinstockkrankheit, welche sich in rapidem Laubfall bei warmem Sonnenschein nach kaltem Herbstregen äusserte. Einige Blattzellen hatten ihre flüssigen Inhaltsbestandtheile in die Intercellularräume ergossen, wo dieselben sich zersetzten und einem Pilze die Bedingungen zu schneller Entwickelung boten. Derselbe bildet braune Flecken auf der Oberseite der Blätter und besteht aus einem weissen Mycel mit fertilen Fäden, welche in Büscheln zweizellige Conidien tragen. K. nennt den Pilz *Cladosporium autumnale*. Er sieht sein Erscheinen — wie das von *Oidium Tuckeri* und *Sphaceloma ampelinum* — als das Resultat des Zusammenwirkens ungünstiger Boden-, Klima- etc. Verhältnisse an.

280. **Daille. Uredo viticida.** (Journal de pharmacie et de chimie, 6. s., t. II, 1880, p. 32—34. Mit einer Tafel. — Nach Bulletin de la Soc. bot. de France, 1880, p. 193—194.)

D. hat eine Krankheit studirt, welche, wie er sagt, seit 10 Jahren die Weinberge der Yonne verwüstet. Sie soll durch einen Pilz verursacht sein, welcher dem *Oidium* sehr ähnlich ist, aber sphärische septirte Sporen hat. Der Pilz breitet sich nach D. unter der Rinde aus und steigt bis in die Wurzeln hinab, um den Tod der Weinstöcke zu verursachen. Möglicherweise ist er mit Kübler's *Cladosporium autumnale* (Archives des sc. phys. et nat. de Genève, 1879, p. 456) identisch.

281. **Mühlberg. Ueber Roessleria hypogaea Thüm. et Pass.** (Verh. d. Schweiz. Naturf. Ges. in Bern. Jahresber. 1877—78, S. 104.)

Verf. macht auf die Aehnlichkeit der Reblausschäden mit der durch den genannten Pilz verursachten Krankheit aufmerksam und theilt mit, dass derselbe in Seengen eine ganze Rebanlage mit Zerstörung bedrohe.

283. **Millardet, A. Phylloxera et Pourridié.** (Journal d'agricult. pratique. A. XLIV, 1880, T. 1, No. 24 und 25.)

Beobachtungen an Weinreben von Lavardac zeigten dem Verf., dass die *Rhizomorpha* des *Agaricus melleus* auf den Rückständen von Eichenwurzeln, auf welchen sie sich entwickelt hatte, nach dem Ausrotten der Wälder noch fortwuchert, in die Wurzeln später auf den infizirten Boden gepflanzter Reben eindringt und sich ausbreitend, im folgenden Jahre die befallenen Pflanzen gewöhnlich zu Grunde richtet. Die äusseren Erscheinungen der als Blanc, Blanquette, Pourridié etc. bezeichneten Krankheit gleichen den durch Phylloxera hervorgebrachten. (Bot. Centralblatt 1880, 2. 1325.)

284. **V. Trevisan. Il mal nero e la fillosera a Valmadrera.** Milano 1880, 8 p., in 8⁰. (Rendic. del R. Istit. Lombardo, Ser. II, Vol. XIII, fasc. 1.)

Die Weinpflanzungen in Valmadrera, dem Orte der ersten Phylloxera-Infection Italiens, sind von verschiedenen Botanikern untersucht worden, und ausser der Phylloxera-Invasion wurde constatirt:

1. Die Gegenwart einer anderen Krankheit, des „mal nero", auch sonst in Italien verbreitet, deren Ursache noch nicht gut bekannt ist (Garovaglio und Cattaneo halten Bacterien für die Ursache des Uebels).

2. Die Gegenwart des „male bianco" (den Rebzüchtern als „fuoco silvatico" bekannt), durch reiche Krystallefflorescenz an den entrindeten, todten Wurzeln charakterisirt.

3. Abwesenheit von Oidium und Schwarzbrenner (Anthracnose).

Verf. sichtet in der vorliegenden Arbeit das etwas verworrene Material und corrigirt einige darauf bezügliche Irrthümer in den recenteren Schriften Targioni-Tozzetti's und des Verf. selber. Die Resultate der Arbeit, kurz zusammengefasst, sind:

1. Die in Cabianca (Valmadrera) häufige, durch schwarze Flecken charakterisirte Krankheit der Reben ist das wahre „mal nero" (= „Grind" der deutschen Autoren, Ref.).

2. Durchaus davon verschieden, durch weisse Krystallefflorescenz charakterisirt, ist das „Male bianco".

3. Beide Krankheiten können sich an demselben Weinstock finden.

4. Bacterien und Endocysten (Garovaglio) finden sich zuweilen, nicht immer, in den am „mal nero" erkrankten Weinstöcken.

5. Zur Bestätigung des Vorkommens von Endocysten und Artbestimmung der resp. Bacterien sind neuere Forschungen wünschenswerth.

6. Mal nero und Picchiola (Anthracnose, Schwarzbrenner) sind gänzlich von einander verschieden. O. Penzig.

285. **Schaal. Zur Bekämpfung der Traubenkrankheit.** (Aus: „Der Weinbau"; cit. in Biedermann's Centralbl. f. Agr.-Chem. 1880, S. 917.)

Man soll eine 2procentige Lösung von doppelt kohlensaurem Natron anwenden. P. Sorauer.

286. **Gegen den Mehlthau des Weines.** (Biedermann's Centralbl. f. Agric.-Chemie 1880, S. 316.)

Saxe in San Francisco empfiehlt nach eigenen Versuchen das Besprengen der Knospen kurz vor dem Aufspringen mit einer Kupferlösung (Kupfervitriol?).

Ueber das Bestreichen der Reben mit Eisenvitriol, Kalkmilch, Seife, Fuselöl in Biedermann's Centralbl. f. Agricultur-Chemie 1880, S. 316.

Nach Nessler zeigten die Fuselöl, Schmierseife und Weingeist enthaltenden Flüssigkeiten einen schädlichen Einfluss auf die Rebe; schadlos dagegen erwies sich das Bestreichen mit Kalkmilch sowohl als mit Eisenvitriol im Winter. Letzteres Factum wurde von Bruner (Weinlaube 1879, S. 404) bestätigt.   P. Sorauer.

287. Moritz, Dr., J. Ueber die Wirkungsweise des Schwefelns als Mittel gegen den Traubenpilz (Oidium Tuckeri). Mit 1 Holzschn. (Die Landwirthschaftl. Versuchsstationen, Bd. XXV, 1880, S. 1.)

Verf. zeigte mit Hülfe einer einfachen Vorrichtung, dass sich an einer mit pulverisirtem Schwefel bestreuten erkrankten Traube bei einer Maximaltemperatur von 20—35° C. innerhalb 6 Tagen eine nachweisbare Menge schwefeliger Säure entwickelte.

g. Krankheiten des Kaffeebaums.

288. Abbay, R. Observations on Hemileia vastatrix, the so-called Coffee-leaf Disease. (Journal of the Linnean Society. Botany, vol. XVII, London 1880, p. 173—184, mit 2 Tafeln.)

Die Einleitung der Arbeit bringt einige historische Notizen, darunter die Bemerkung, dass die Krankheit der Kaffeeernte in Ceylon 1878 — einem besonders ungünstigen Jahre — einen Schaden von 2,000,000 £, seit ihrem ersten Auftreten einen Schaden von 12,000,000— 15,000,000 £ verursacht habe. Nach einer Darstellung des microskopischen Befundes der erkrankten Blätter theilt der Verf. die Resultate seiner Untersuchungen an getrocknetem Material mit. Auf der Unterseite der Blätter sitzen über den Spaltöffnungen Haufen von orangerothen, theilweise mit Warzen bedeckten „Sporangien", welche auf kurzen Stielen einem die Athemhöhle ausfüllenden dunkelgefärbten Körper entspringen. Die Natur des letzteren ist zweifelhaft. A. hält ihn für eine angeschwollene Partie des Mycels, wie solche auch an anderen Stellen, namentlich bei der *Hemileia* von Sumatra, vorkommen. An Exemplaren von Sumatra waren die Sporangiengruppen von je einem Kranze leerer Zellen umgeben, welche an die sterilen Cysten bei *Lecythea* und *Melampsora* erinnerten. Mit dünnen Stielen dem oben erwähnten dunklen Körper ansitzend, liefen dieselben am anderen Ende in lange dünne Fäden aus. Die mit Papillen bedeckten Sporen sitzen auf kleinen Stielen der Innenseite der Sporangienmembran fest an. Ihre Zahl (1—15) und Grösse sind sehr variabel. In Wasser schwellen sie auf. Die grösseren von ihnen scheinen dem Verf. kleine zoosporenartige Gebilde zu entlassen, wenigstens sah er solche bei der geöffneten Membran liegen. Die gewöhnlichen Sporen keimen in Wasser von 90° F. nach 40—80 Stunden entweder innerhalb oder ausserhalb des Sporangiums mit einem oder mit zwei Keimschläuchen. Letztere bestehen aus cylindrischen und aus mehr oder weniger kugelig aufgetriebenen Zellen. Im Inneren derselben entwickeln sich bei besonders kräftigen Exemplaren nach 14—18 Tagen Sporen, welche ganz — auch in der Anheftung — den Sporen der orangerothen Sporangien gleichen. Oefter bersten die Mycelzellen und ihr kleinkörniger Inhalt tritt aus, ohne sich weiter zu entwickeln. In Kaffeeblattsaft gezogen bekamen die Fäden die röthliche Farbe der im Freien gewachsenen Mycelien. In einigen Fällen schienen ihre Anschwellungen eine Conjugation eingehen zu wollen.

Die Conidienform des Pilzes kann leicht auf dem Objectträger gezogen werden. Die eiförmigen, bei der Reife mit Papillen versehenen Conidien bilden Reihen, deren Endglieder abweichend gestaltet sind. Mit dem Träger gleicht, nach A.'s Abbildung, der Conidienstand ganz dem Conidienstand eines *Penicillium*. Die Conidien keimen leicht in Wasser mit einem nicht oder spärlich septirten Keimschlauch, welcher eine zweite Conidiengeneration producirt. Verf. hat in seinen Objectträgerculturen auch Zoosporen gesehen, kann aber nicht sagen, woher dieselben kamen.

Infectionsversuche an jungen und alten Kaffeeblättern im feuchten Raum missglückten. Die Conidien entwickelten wohl Mycel; dasselbe drang aber nicht ein. Die rothen Sporangien scheinen Trockenformen des Pilzes zu sein, denn sie fanden sich in grösster Menge nach dem Aufhören der Regenzeit. Während der nassen Saison wurden keimende Conidien nicht nur am Kaffeebaum, sondern auch auf anderen Pflanzen gefunden; aber kein eindringendes Mycel. Der Wind ist der Verbreitung der Krankheit günstig. Entgegen den bisherigen Ansichten sind auch uncultivirte Kaffeepflanzen und die Liberische Art ihren Angriffen ausgesetzt. Die von A. empfohlenen Gegenmittel sind bereits früher mitgetheilt (s. Bot. Jahresber. 1879, S. 554, No. 174a.).

289. **Morris, D. Note on the Structure and Habit of Hemileia vastatrix, the Coffee-leaf Disease of Ceylon and Southern India.** (Journal of the Linnean Society Botany, vol. XVII. London 1880, p. 512—517 mit 1 Holzschnitt.)

Die Arbeit verbessert und ergänzt den Aufsatz von Abbay in einigen Punkten. Die Einleitung bildet eine Uebersicht über die Litteratur der *Hemileia* und Bemerkungen über die Verbreitung des Pilzes. M. konnte sich nicht von der Anheftung der Sporen in den rothgelben Sporangien überzeugen. Die Behauptung Cooke's (India Museum Report 1876, p. 5), dass die Papillen der Sporangienoberfläche sich ablösen, beruht auf einer Verkennung der Sporen. Der dunkle Körper Abbay's, auf welchem die Sporangien sitzen, ist ein Knäuel verflochtener Hyphen. In den Districten des Süd-Westmonsuns sind während der Monate Februar, März und April Rinde und Blätter des Caffeebaumes mit einem dichten Mycel bedeckt, welches aus den keimenden Sporen hervorgeht. Dasselbe scheint, so lange nasses Wetter vorwiegt, nicht einzudringen. Conidienbildung hat M. selbst bei Monate langer continuirlicher Beobachtung auf der Caffeepflanze nicht gesehen, während sie sich auf Glasplatten erzielen liess. Auf der Oberfläche etwas älterer Blätter bilden sich kleine verflochtene Mycelmassen, welche während der trockenen Jahreszeit in Ruhe bleiben, um bei Wiedereintritt nassen Wetters neues Mycel hervorsprossen zu lassen. Unter diesen Knoten verschwindet das Chlorophyll.

Die Massregeln, welche sich mit Berücksichtigung der mitgetheilten Beobachtungen der Krankheit gegenüber treffen lassen, sind bereits früher angegeben. (S. Bot. Jahresber. 1879. S. 555, No. 176.)

290. **Thiselton Dyer, W. T. The Coffee-leaf disease of Ceylon.** (Quarterly journal of microscopical science New ser. 20, 1880, p. 119—129 mit 6 Tafeln.)

Eine Zusammenstellung der Resultate der Untersuchungen von Abbay, Morris und Thwaites über *Hemileia vastatrix* Berk. nebst Mittheilungen aus einem Berichte des Dr. W. Mc Gregor, welchem die Massregeln gegen die Krankheit in Fiji übertragen waren.

291. **Ward, H. Marshall. The coffee-leaf Disease.** (Preliminary report by the Governement-Cryptogamist. Peradeniya, 15. Juni 1880.)

Dieser dem Ref. leider nicht zugängliche Bericht über die Kaffeekrankheit auf Ceylon ist in Trimens Journal of Botany etc. (New ser. vol. IX, 1880, p. 314) zum Theil abgedruckt.

W. sah die rothgelben papillösen Körper (Abbay's Sporangien) zum Theil Keimschläuche treiben, zum Theil sehr zahlreiche sich lebhaft bewegende Körner in das umgebende Wasser entlassen. Die Keimschläuche bildeten Secundärsporen, welche ein Mycel entwickelten. Auch copulirende Zoosporen wurden beobachtet. Die schwarzen centralen Partien der älteren Krankheitsflecke auf den Kaffeeblättern enthalten grosse Mengen kleiner hyaliner Sporen, welche auf Fäden sitzen, die unter der Epidermis dichte Geflechte bilden. Ferner fanden sich an mehreren kranken Blättern neben Abbay's papillösen Sporangien glatte kreiselförmige Gebilde von der halben Grösse jener. Dieselben trieben septirte und verästelte Keimschläuche, welche mit kleinen keimfähigen Secundärsporen endigten.

292. **Hallier, E. Die Krankheiten des Kaffeebaumes.** (Wiener Illustr. Gartenzeitung 1880, S. 458.)

Dem Verf. wurden trockene Blätter und junge Zweige des Kaffeebaumes von Soerabaya auf Java zugeschickt, beide von Pilzen befallen. Die Blätter zeigten starke Chlorose mit braunen nekrotischen Flecken und waren auf der Rückseite mit einem feinen gelblichaschgrauen Beleg bedeckt, welcher an den Flecken einen spinnewebartigen Zusammenhang zeigte. Zwischen den Fäden dieses Mycels lagen längliche, schwach gekrümmte Conidien, die mit einer warzigen Cuticula bekleidet waren. Auf der Oberseite der Blätter fanden sich kleine, weissliche, schwach erhabene Flecke, an denen mit der Lupe 5—6 schwarze Pustelchen wahrnehmbar wurden, die sich als Spermogonien eines Ascomyceten erwiesen. Verf. ist der Ansicht, dass vorliegender Pilz mit der von Cooke 1876 beschriebenen *Pellicularia Koleroga* identisch ist, aber nicht, wie Cooke meinte, zu den Zygomyceten, sondern zu den Erysipheen gehört.

Die Zweige waren mit kleinen rostrothen Pusteln besetzt, welche glatte, mittelgrosse, blass orangefarbige Conidien abschnürende Mycelfäden enthielten. Sie gehören zu Berkeley's und Broome's *Hemileia vastatrix*, deren „geschlechtliche Fruchtform" wahrscheinlich einen anderen Wirth bewohnt.

293. Ernst, A. Botanische Notizen aus Carácas. (Bot. Centralbl. 1880, 2, S. 1178—79.)

E. theilt unter Anderem mit, 1. dass im Staate Carabobo die „Candelillo" genannte Kaffeekrankheit ungefähr 20000 Bäume zu Grunde gerichtet habe. Verf. hat die Krankheit früher beschrieben (in Estudios sobre las deformaciones, enfermedades y enemigos del árbol de café en Venezuela, Carácas 1878) und den sie verursachenden Pilz vorläufig *Erysiphe (?) scandens* benannt. Derselbe ähnelt der *Pellicularia Koleroga* Cke. Ueber eine in Neu-Granada beobachtete Kaffeekrankheit hat Verf. eine Notiz in der „Nature" veröffentlicht. 2. *Empusa Muscae* Cohn war, als Verf. schrieb, so häufig in Carácas, dass die Stubenfliegen selten wurden.

294. Wright, E. P. Blodgettia. (Quarterly journal of microscopical science. New ser. 20, 1880, p. 111.)

Alkoholexemplare der *Blodgettia confervoides* Harvey, welche W. v. Farlow erhielt, liessen deutlich erkennen, dass die von Harvey zu ihr gezogenen Sporenreihen Theile eines parasitischen Organismus sind, der in den Zellen von *Cladophora caespitosa* lebt. Dieser Parasit scheint aus zarten fädigen Hyphen zu bestehen, welche hier und da mit Einschnürungen versehen sind.

5. Essbare und giftige Pilze. — Conservirung etc. — Pilzausstellungen und mycologische Congresse. — Geschichte. — Palaeontologie.

295. F. Bignone. J funghi considerati sotto il rapporto dell' economia domestica e della medicina. Genova 1880, 28 p. in 8⁰.

Behandelt die nützlichen und schädlichen grösseren Pilze, hebt die unterscheidenden Charaktere zwischen beiden hervor und macht auf die ertragreiche künstliche Cultur der Schwämme aufmerksam, ohne jedoch neues beizubringen.   O. Penzig.

296. Eloffe, A. Les champignons comestibles et vénéneux. Guide pour les reconnaître. Paris 1880, 16⁰, 158 S. mit 12 Tafeln.

297. F. v. Thümen. Die Pilze im Haushalte des Menschen. (Schriften des Vereins zur Verbreitung naturw. Kenntnisse in Wien. März 1880.)

Ein populärer Vortrag, welcher nichts neues enthält.

298. Dupont. Culture d'un champignon comestible au Japon. (Revue mycologique 1880, p. 183. Abdruck aus The Gardeners Chronicle, 10. Juli 1880.)

Der in Rede stehende Pilz — ein Name ist nicht angegeben — wächst auf altem Holz von Eichen und Kastanien. Die zu Balken behauenen Stämme dieser Bäume werden horizontal über Querhölzern auf eine von Kräutern und todten Blättern gereinigte Waldblösse gelegt. Im Herbst des dritten Jahres versieht man sie mit 8—15 cm von einander abstehenden quergerichteten Einschnitten, legt sie 24 Stunden in Wasser und bringt sie dann an einen kühlen schattigen Ort, wo sie, die Einschnitte nach unten gekehrt, quer über Stützen zu liegen kommen. Bald entwickelt sich an den Balken ein reichliches Mycel, welches 5 oder 6 Jahre lang eine anfangs geringe, später sich steigernde Menge von Fruchtkörpern erzeugt. Das Gesammtvolum des so erhaltenen Nahrungsmittels schätzt Dupont auf 6 bis 9 % der consumirten Holzmasse. Nach der Ernte werden die Pilze 5 Tage an der Sonne, am letzten Tage einige Stunden am Feuer, getrocknet und so versandt. 1876 hat China durch den Export dieser Pilze 1200000 Frcs. gelöst. (Vgl. Bot. Jahresber. 1879, S. 543, No. 128.)

299. Gillot. L'Agaricus (Psalliota) Xanthodermus. G. Génév. et ses propriétés suspectes. (Rev. mycol. 1880, p. 88.)

Mittheilung eines Falles von Vergiftung durch genannten, dem Champignon sehr ähnlichen *Agaricus*. Einzelne Exemplare gemischt mit Champignons scheinen ohne Nachtheil genossen werden zu können.

300. **Neissen, M.** Association internationale pour l'eau potable, l'amélioration ou l'embellissement des villes et des campagnes, les moyens preventifs contre les inondations, l'utilisation des eaux fertilisantes des grandes villes, specialement, de Bruxelles, La culture en grand de l'Agaricus comestible etc. Bruxelles 1879. (Revue mycologique 1880, p. 46.)

Der Verf. theilt u. a. das Project der Anlage grosser Champignonculturen in der Umgebung von Brüssel mit. In dem Bericht darüber in der Revue mycologique (1880, p. 46) noch Bemerkungen über die Schwierigkeit der Beschaffung von productivem Mycelium. Die Angaben über die Culturen sind ganz allgemein gehalten.

Zwei Briefe über denselben Gegenstand (Revue mycol. 1880, p. 88 u. 126) enthalten nichts mykologisches.

301. **Trüffelcultur in Italien.** (Bulletin der Toscanischen Gartenbauenden Gesellsch. 1880.)

In Umbrien (Provinz Perugia) wurde in der Saison 1878/79 die mittelmässige Ernte von 50.000 k erzielt, welche nur 500 000 Frcs. einbrachte, da die reiche Ernte im Perigord die Preise drückte. Die grössten Exemplare erreichten ein Gewicht von 0.5 kg, während früher noch schwerere, welche aber häufig ungeniesbar waren, gewonnen wurden.

302. **v. Thümen. Trüffeln und Trüffelcultur.** (Oesterreichische Monatsschr. f. Forstwesen. Band 30, 1880, S. 428. Aus der „Wiener Allgem. Zeitung.)

Eine populär gehaltene Darstellung des Wissenswerthesten über die Speisetrüffeln und ihre Cultur in Frankreich. Nachdem auch in vielen Gegenden Oesterreichs „ohne allen Zweifel" Trüffeln vorzüglichster Qualität vorkommen dürften, sollten die dortigen Waldbesitzer den Boden ihrer Forste nach dieser Richtung durchforschen. K. Wilhelm.

303. **—y. Hirneola polytricha.** (Wiener Gartenzeitung 1880, S. 82.)

Hinweis auf den Nutzen der Cultur des genannten, seit einigen Jahren in grossen Mengen von Neuseeland nach China exportirten essbaren Schwammes. Bemerkungen über die Preise der essbaren Pilze. (Vgl. Bot. Jahresber. 1879, S. 544, No. 130.)

304. **Debeaux. Conservirung von Pilzen.** (Revue mycologique 1880, p. 220.)

D. wendete, nach Roumeguère mit Erfolg eine Lösung von 30 bis 40 gr arsensaures Natron in einem Liter mit Alkohol vermischten Wassers (300 gr Alkohol und 700 gr Wasser) an.

305. **Gage, H. Permanent Preparations of Plasmodium.** (Americ. Monthl. Micr. Journ. 1, 1880, p. 173—174. Nach Journal of the R. Microsc. Soc. III, 1880, p. 1030—1031.)

Man lässt das Plasmodium auf eine Glasplatte kriechen und taucht diese dann in eine Mischung von gleichen Theilen gesättigter wässriger Picrinsäurelösung und 95 proc. Alkohols. Nach 15 bis 20 Minuten nimmt man die Platte heraus und lässt sie dann noch ebensolang nur in 95 proc. Alkohol verweilen. Das Präparat kann wie gewöhnlich —- nur ohne vorherige Klärung — in Canadabalsam aufbewahrt werden.

306. **G. Herpell. Das Präpariren und Einlegen der Hutpilze für das Herbarium.** (Verhandl. des Naturhist. Vereins der Preuss. Rheinlande u. Westfalens. 37. Jahrg. IV. Folge. 7. Jahrg. Bonn 1880, 156 S. mit 2 Taf.)

Nach einer historischen Einleitung werden die beim Einsammeln und Transport der Hutpilze zu beobachtenden Vorsichtsmassregeln beschrieben und dann ein neues Verfahren zum Präpariren der Pilzkörper und zum Anfertigen von Sporenpräparaten sehr ausführlich auseinandergesetzt. Als Unterlage für alle Pilzkörperpräparate dient Gelatinpapier, welches durch einseitiges Bestreichen von starkem Schreibpapier mit einer Lösung von Gelatine in 5 Theilen Wasser und Trockuenlassen hergestellt wird. Nach dem Benetzen der nicht bestrichenen Seite des Papiers werden die zu conservirenden Präparate — möglichst dünne Längsschnitte, Oberhaut des Hutes etc. — auf die gequollene Gelatinschicht gebracht und zwischen Fliesspapier gepresst. Form und Farbe der Pilze werden auf diese Weise besser als bei der Anwendung von Gummi erhalten. Zur Darstellung von Sporenpräparaten lässt H. die Sporen auf geeignetes Papier ausfallen und letzteres sammt der durch die Sporen gebildeten Figur von unten mit einer fixirenden Flüssigkeit durchdringen, welche je nach der Art der Sporen eine warme Gelatinlösung oder eine Lösung von Harzen oder Canadabalsam in Weingeist — z. B. 1 Theil Mastix in 20 Th. Weingeist von 95 % — sein kann.

Separatabzüge der Abhandlung sind im Buchhandel erschienen. Zur Demonstration der mit seiner Methode zu erreichenden Resultate hat Herpell eine Sammlung präparirter Hutpilze herausgegeben (St. Goar 1880, Selbstverlag), welche unter 35 Nummern 18 präparirte Pilze und 28 bis 30 Sporenpräparate enthält.

307. **Veulliot. Compte rendu de la session botanique tenue à Paris, au mois d'août 1878.** (Ann. de la Soc. bot. de Lyon. VII. Année. 1878–79, p. 268.)

Enthält u. a. Mittheilungen über einige bei kleineren Excursionen in der Umgegend von Paris gefundene Pilze, über die essbaren Pilze, welche in Paris verkauft werden, und über eine von Sirodot auf dem botanischen Congress vorgezeigte Photographie eines Exemplares von *Lycoperdon giganteum*, welches vier Tage nach dem Ausreissen noch 19 Pfund wog und bei einer Höhe von 0.40 m einen Umfang von 1.80 m hatte. Ein anderes *Lycoperdon* „*Lycoperdon horrendum*" besass, nach Veulliot, einen Umfang von 3 m.

308. **N. N. Woolhope Club 1879.** (Grevillea VIII, p. 109–111.)

Fortsetzung des Grevillea VIII, p. 73–78 begonnenen Verzeichnisses von Pilzen, welche bei Gelegenheit der am 29. September 1879 zu Hereford abgehaltenen Versammlung gefunden wurden. (Vgl. Bot. Jahresber. 1879, S. 559, No. 188a.)

309. **Malinvaud, E. Doit-on écrire Aecidium ou Oecidium?** (Bull. de la société botanique de France 1880, p. 288–289.)

Gegen die Ansicht, dass die Schreibweise *Aecidium* in der Herleitung des Wortes von αἰχίζειν schädigen begründet sei, citirt Verf., John Hill, der in seiner History of Plants, London 1773 das Genus aufstellt und dazu bemerkt: „we have called this genus, distinguised by its peculiar cells, *Oecidium*, from the greek οἰχίδιον, cellula". Im Original steht in der citirten Stelle *Aecidium*; die Ableitung zeigt indess, dass dies nur ein Schreibfehler sein kann. An anderen Stellen des Hill'schen Werkes findet sich neben *Aecidium* und *Oecidium* auch *Acidium*.

310. **Veulliot. Erreurs grammaticales dans la Nomenclature des Champignons.** (Ann. de la Soc. bot. de Lyon. VII. Année. 1878–79, p. 290.)

V. macht darauf aufmerksam, dass *Merisma* und die mit *loma* endigenden Namen (z. B. *Tricholoma*) Neutra, *Psathyra* und die mit *cybe* endigenden *(Inocybe)* Feminina seien.

311. **Cash, W., and Hick, T. Fossil Fungi from the Lower Coal Measures.** (Resumé im Journal of the Royal Microsc. Society. III, 1880, p. 487–488, nach Science Gossip, 1880, p. 67.)

Die Verff. legten der Geologischen und Polytechnischen Gesellschaft in Yorkshire eine Abhandlung vor, in welcher sie ihre an einem Farn *(Zygopteris Lacattii)* aus der Kohle bei Halifax gemachten Beobachtungen mittheilen. Sie fanden auf zwei Querschnitten ein verzweigtes Mycel, dessen nicht über $^1/_{7000}$ Zoll weite Hyphen einander genäherte Einschnürungen — vielleicht Querwänden entsprechend — erkennen liessen. Als Reproductionsorgane werden kleine, den Hyphenenden ansitzende kugelige Körper gedeutet. Der Pilz würde, nach den Verff., danach den Peronosporeen beizuzählen sein. Ein dritter Schnitt zeigte zwischen getrennten Gewebsfragmenten eine grosse Zahl kleiner Kugeln, welche, wegen der Abwesenheit eines Mycels, an einen Myxomyceten erinnerten.

312. **Engelhardt. Ueber die Cyprisschiefer Nordböhmens und ihre pflanzlichen Einschlüsse.** (Sitzungsber. d. Naturw. Ges. Isis in Dresden. Jahrgang 1879, S. 131 ff.)

In der Beschreibung der Pflanzenreste (S. 135) werden folgende Pilze aufgeführt: *Sphaeria evanescens* Heer (Tfl. VII, Fig. 1) und *Xylomites Cassiae* nov. sp. (Tfl. VII, Fig. 2.)

313. **Reinsch, P. F. New Vegetable Structures from Coal and Anthracite.** (Nach einer Mittheilung im Journal of the Royal Microsc. Society III, 1880, p. 836.)

Der Verf. hat, seiner Angabe nach, in Nordamerika in den unteren devonischen Schichten an Myxomyceten erinnernde Körper gefunden, welche sich bis in die oberen Jura verfolgen liessen. Er glaubt aus seinen Beobachtungen schliessen zu müssen, dass die Kohle nicht zum kleinsten Theile aus Organismen niedersten Grades entstanden sei. Nach einer detaillirten Beschreibung der von ihm gefundenen Substanzen wird die Alternative gestellt, dass sie entweder sphärokrystallähnliche Gebilde oder organisirte Körper — Theile anderer

Gewächse oder ganz niedere Pflanzen — seien. Zu der letzten Ansicht neigend etablirt der Verf. zwei neue Genera *Blastophragmium* und *Asterophragmium*, welche er charakterisirt. Der Abhandlung sind 2 Tafeln beigegeben.

IV. Myxomycetes.

314. Blytt, A. Clastoderma A. Blytt, novum Myxomycetum genus. (Bot. Zeit. 1880, S. 343.)

Blytt fand eine Art seiner Gattung *(Cl. Debaryanum)* im September 1879 in einem Tannenwald bei Christiania in Norwegen der Unterseite von abgestorbenem *Polyporus* heerdenweise ansitzend. Er giebt die Diagnose der Gattung und Art.

315. L. Cienkowsky. Zwei neue protoplasmatische Organismen. (Reden u. Protocolle d. VI. Versammlung russischer Naturf. u. Aerzte in St. Petersburg vom 20. bis 30. Dec. 1879. St. Petersburg 1880, S. 18—19 [Russisch].)

Der erste von ihnen — *Enteromyxa paludosa* Cnk. — hat das Aussehen einfacher oder verzweigter Därmchen, mit Phycochrom gefärbt; diese Farbe rührt von der verschlungenen Nahrung (Oscillarien) her; hungerige Exemplare entfärben sich stellenweise und dann ist zu sehen, dass das Protoplasma (des Organismus) keine Nuclei und Vacuolen besitzt. *Enteromyxa* verändert ihre Form, aber die Veränderungen geschehen langsam; der ganze Körper ist mit kurzen stumpfen Pseudopodien bedeckt. Bei der Bildung der Cysten zerfällt sie in Kugeln, die sich mit einer mit zahlreichen Ausstülpungen und Fortsätzen versehenen Membran bedecken; nachdem zerfällt der Inhalt in zwei oder mehrere ovale Sporen, wobei das Pigment, welches eine violette Farbe angenommen, ausgeschieden wird und an dem Bestande der Sporen keinen Antheil nimmt. Die Cysten von *Enteromyxa* haben Aehnlichkeit mit denen von *Licea pannorum*. — Der zweite Organismus — *Hydromyxa gangliophora* Cnk. — hat das Aussehen von zahlreichen prototoplasmatischen Knötchen, die miteinander durch zahlreiche Strahlen verbunden sind. Dieses ganze protoplasmatische Netz verwandelt beständig, obwohl langsam, seine Form und die Vertheilung der Theile. *Hydromyxa gangliophora* ernährt sich von farblosen Algen. Batalin.

316. Roumeguère. Le Rupinia Baylacii. (Revue mycologique 1880, p. 2.)

Die früher in der Rev. myc. beschriebene neue Myxogastree *Rupinia Pyrenaica* Roum. soll zu Ehren ihres Entdeckers künftig *Rupinia Baylacii* Roum. heissen. Dieser Mittheilung sind ein Brief Rupins mit der Geschichte der Entdeckung des Pilzes und Standortsangaben beigefügt.

317. Derselbe. Un tapis de myxomycètes (Arcyria punicea) succèdant inopinément à une apparition subite des discomycètes (Helvella esculenta). (Revue mycologique 1880, p. 117.)

Das Substrat, auf welchem die genannten Pilze auftraten, war ein zur Papierfabrikation dienender Brei von unter hohem Druck gekochtem Tannenholz.

318. Derselbe. A propos de la Monographie des Myxomycètes. (Revue mycologique 1880, p. 182.)

Nach einigen Bemerkungen über Rostafinski's Monographie der Myxomyceten, deren Abbildungen Cooke (The myxomycètes of great britain 1877) reproducirt hat, theilt R. seine Eintheilung der Myxomyceten mit. Nach der Farbe der Sporen unterscheidet er *Amaurosporae* (Sporen violett oder braun violett) und *Lamprosporae* (Sporen verschieden gefärbt, nicht violett). Zu den ersteren gehört z. B. *Lamproderma* Rost., zu den letzteren *Rupinia* Roum.

319. Saville Kent. Animal nature of Myxomycetes. (Nach Grevillea IX, p. 41 – 43.)

Der Verf. stellt in einem Werke über die Infusorien die Myxomyceten in die Nachbarschaft der Spongien, während der Referent der Grevillea an ihrer pflanzlichen Natur festhält.

320. N. Sorokin. Entwickelung von Vampyrella polyplasta n. sp. (Schriften der Kaiserl. Akademie der Wissenschaften, Bd. 37, 1880, S. 70—76 mit 1 Tafel. St. Petersburg. [Russisch.].)

Dieser Organismus parasitirt auf *Euglena viridis* und wurde vom Verf. in Kazan, Taschkent und in den Bucharischen Besitzungen gefunden. Zwischen den incystirten grünen

Euglenen findet man nicht selten rundliche Zellen, von verschiedener Grösse, welche 1—4 ganz kleine rothe Fleckchen und eine verschiedene Zahl (bis 7) von nicht zu grossen, rosenrothen oder farblosen Zellchen enthalten. Die letzteren können verschiedene Form haben. Wenn man diese Zellen verfolgt, so kann man schon bald wahrnehmen, wie der rosenrothe Inhalt der inneren Zellchen die eigenen Zellhäute und nachdem die gemeinsame durchbohrt, nach aussen herauskriecht und sich befreit. In der so entleerten Zelle bleiben blos die Häute der inneren Zellchen und die erwähnten rothen Fleckchen. Der befreite rosenrothe Inhalt erscheint als kleine Amöbe (aus jedem Zellchen geht eine Amöbe hervor), welche lange Pseudopodien bildet und nach ihrer Form sehr an *Actinophrys* erinnert (bei heissem Wetter sind die Pseudopodien besonders lang und am Ende mit stecknadelförmigen Anschwellungen versehen). Diese Amöben können beim Begegnen sich zusammenfliessen und grössere Amöben bilden, die man dann auch als Plasmodien bezeichnen kann. Beim Austrocknen des Substrates scheiden die Amöben die Haut aus, indem sie Microcysten bilden, aus welchen sie bei nachfolgender Benetzung herauskriechen. Sie können sich theilen. Das Plasmodium bewegt sich rasch und verschmilzt dabei fortwährend mit anderen Amöben in Eins. Der incystirten Euglena begegnend, beginnt es sie umzuhüllen; wenn das Plasmodium gross genug ist, so kann es viele Euglenacysten zugleich umhüllen; dabei hören seine Bewegungen auf und es scheidet die Membran aus. Nachdem beginnt das Plasmodium diese Cysten aufzulösen, das Chlorophyll in ihnen bräunt sich, verschwindet und nach bestimmter Zeit bleibt von der ganzen Cyste blos das rothe Auglein (welches für Euglena so charakteristisch ist) und welches wir als Fleckchen bezeichneten. Also nach der Zahl dieser Fleckchen kann man über die Zahl der Euglenen, welche dem Plasmodium als Nahrung dienten, urtheilen. Nach dem Aufnehmen der Nahrung zerfällt der Organismus in eine verschiedene Zahl von kleinen Theilen, welche sich absondern und sich mit eigenen Membranen bekleiden. Diese kleinen mit Membran versehenen Theilchen sind jene inneren Zellchen, aus welchen die Amöben herauskriechen und mit deren Beschreibung wir begonnen haben. Das Plasmodium kann auch Macrocysten bilden, was beim Austrocknen des Substrates geschieht: die Macrocyste unterscheidet sich von der Microcyste ausser der Grösse dadurch, dass sie beim Benetzen ihre verdichtete Schicht wieder auflöst und nicht wegwirft. Aus der Entwickelung dieses Organismus sieht man, dass die Monaden auch in drei Phasen, die den Myxomyceten eigen sind, erscheinen können, d. h. in Form von Microcysten, Macrocysten und des Zellenzustandes, wie sie Cienkowsky bei Plasmodien der Myxomyceten bezeichnet. Eine den Monaden gleiche (Raub-) Lebensweise haben auch echte Pilze, wie z. B. *Plasmodiophora* und *Chytridium*. Dem gemäss scheint es dem Verf. als rationell, die Monaden mit den Chytridien in eine Familie zu vereinigen, zu welchen sofort die Myxomyceten angereiht werden müssen. Die Gruppe der Monaden theilt Verf. in folgender Weise:

A *Monadineae zoosporeae* Cienk. — *Monas amyli* Cnk.; *Pseudospora parasitica, nitellarum, Volvocis; Colpodella pugnax.*

B. *Monadineae plasmatophorae* Sorok. — *Nuclearia delicatula, simplex* Cnk.; *Vampyrella:* α. *tetraplastae (V. spirogyrae, pendula, vorax)*, β. *polyplastae (V. polyplasta* Sorok.)   Batalin.

321 **van Tieghem. Sur quelques Myxomycètes a Plasmode agrégé.** (Bulletin de la société botanique de France 1880, p. 317—322.)

„Myxomycètes à plasmode agrégé" nennt v. T. die Schleimpilze, deren Amöben bei der Bildung des Fruchtkörpers nicht miteinander verschmelzen, sondern sich nur dicht aneinander legen. Den Gegensatz bilden die „Myxomycètes à plasmode fusionné". Bisher war Cienkowski's *Guttulina* die einzige zu den ersteren gehörige Form. v. T. beschreibt unter dem Namen *Acrasis granulata* eine zweite, welche er in einer Cultur von *Dictyostelium roseum* n. sp. auf Bierhefe fand und in frischem Urin auf dem Objectträger züchtete. Der Fruchtkörper der *Acrasis* ist ein aufrechter Zellfaden, welcher am oberen Ende ein Sporenköpfchen, am unteren eine Haftscheibe trägt. Die kugeligen, violettbraunen Sporen entlassen bei der Keimung je einen kernlosen Protoplasmakörper, welcher einige Zeit in Kugelform neben der leeren Membran liegen bleibt, dann amöboide Bewegungen beginnt, wächst und sich wiederholt theilt. Nach der Erschöpfung des Substrats nähern sich die

Amöben einander, runden sich ab und bilden, indem sie sich dicht zusammendrängen, einen Zellhaufen, dessen einzelne Glieder unabhängig von einander sind und an einander hingleiten können. Durch das Kriechen der einen über die andern kommt ein aufrechter Körper zu Stande, der sich nach oben verjüngt. Eine axile Reihe der ihn zusammensetzenden Zellen bekommt zuerst Membran und bildet eine feste Stütze, an welcher die übrigen emporkriechen können, um oben angelangt sich in Sporen zu verwandeln. Manchmal besteht der Stiel aus mehreren (10—12) Zellreihen, deren jede ein Sporenköpfchen trägt. Das Ganze gleicht dann der *Coremium*-Form von *Penicillium*. Unter ungünstigen Verhältnissen encystiren sich die *Acrasis*-Amöben auf eine eigenthümliche auch bei *D. roseum* und *D. mucoroides* beobachtete Weise, indem sie Arme treiben, welche sich abrunden, an der Basis einschnüren, mit Membran umgeben und endlich abtrennen, bis die ganze Amöbe in kleine encystirte Stücke zerfallen ist.

Die Entwickelung von *Dictyostelium roseum* ist dieselbe wie die von *Acrasis*, nur besitzen seine Amöben Kerne, welche vor der Fruchtbildung verschwinden, und die Sporenmasse ist von einer gelatinösen Materie umhüllt. Wenn man das Plasmodium, während es schon im Aufrichten begriffen ist, zertreut, so werden seine Elemente wieder zu Myxamöben. Dasselbe lässt sich bei *D. mucoroides* beobachten. Die Myxamöben können dann neue Vereinigungen eingehen und statt des ursprünglich angelegten grossen, mehrere kleine Fruchtkörper bilden.

Ausser den genannten Arten charakterisirt der Verf. in seiner Arbeit noch zwei neue Guttulinen und ein weiteres *Dictyostelium*. Die beiden ersteren fanden sich auf Pferdemist, das letztere auf sich zersetzenden *Agaricus*-Arten. Zur Systematik der Myxomyceten giebt er folgende Tabelle:

$$\text{Myxomycètes à plasmode} \begin{cases} \text{fusionné} \begin{cases} \text{endosporés} \quad . \quad . \quad . \quad \textit{Myxomycètes proprement dits.} \\ \text{exosporés} \quad . \quad . \quad . \quad \textit{Cératiées} \end{cases} \\ \text{agrégé} \quad . \quad . \quad . \quad . \quad . \quad . \quad . \quad \textit{Acrasiées} \end{cases}$$

Plasmodiophora Wor. repräsentirt vielleicht eine weitere Gruppe „à plasmode indivis". Sie würde dann die Myxomyceten mit den Chytridien eng verbinden. Künftig werden übrigens, nach der Ansicht des Verf., alle die so heterogenen Gruppen der ersteren von einander zu trennen und mit den Pilzen zu vereinigen sein, welchen sie in der Fruchtbildung gleichen.

V. Phycomycetes.

322. **Bainier, M. G. Note sur deux espèces nouvelles de Mucorinées (Rhizopus reflexus et Helicostylum piriforme).** (Bulletin de la société botanique de France 1880, p. 226 228, mit 1 Tafel.)

Beschreibung und Abbildung der beiden Arten.

323. **Fischer, Dr. A. Ueber die Stachelkugeln in Saprolegniaschläuchen.** (Bot. Zeit. 1880, No. 41 ff., mit 1 Tafel.)

Die nicht selten in angeschwollenen Saprolegniaschläuchen vorkommenden bestachelten, mehr oder weniger kugeligen Körper gehören in den Entwickelungsgang der *Olpidiopsis Saprolegniae* Cornu, welcher vom Verf. fast lückenlos verfolgt wurde.

Das Eindringen der mit 2 Cilien — einer seitlichen und einer halb so langen polaren — versehenen Schwärmer findet vorzugsweise in junge *Saprolegnia*-Schläuche vor der Sporangienbildung statt. Die Sporen setzen sich mit der polaren Cilie an die *Saprolegnia*-fäden an und verjüngen ihre Ansatzstelle zu einem Stielchen, welches bisweilen eine beträchtliche Länge erreichen kann. Durch dieses Stielchen erfolgt der Uebertritt des Plasmas der Spore in die Wirthspflanze, während ihre Cellulosehaut zurück bleibt. Im Innern des Fadens rundet sich die eingedrungene Masse zu einem Körperchen ab, welches bald amöboide Bewegungen beginnt, nach 24 Stunden sich auf Kosten des Schlauchinhalts zu einem Plasmodium (grosse Sporenamöbe) entwickelt und eine Anschwellung des Fadens verursacht hat. Das Plasmodium zieht sich mit Beschliessung der Bewegungen zu einem kleineren dichteren kugeligen Gebilde zusammen, welches sich sehr bald mit Cellulosemembran umgiebt. Nach 48 Stunden ist daraus eine Stachelkugel geworden. Die Stacheln stellen Verdickungen der Cellulosemembran dar. Die Deutung der von Cornu „cellule adjacente" genannten Gebilde als Geschlechtsorgane beruht auf Verkennung kleinerer Stachelkugeln, welche zufällig theilweise unter grösseren lagen. Die Keimung der Stachelkugeln erfolgt unter günstigen Vegetationsbedingungen sofort nach Beendigung ihrer Ausbildung, indem durch einen ihrer oft in der Mehrzahl vorhandenen Fortsätze Zoosporen entleert werden. Bei Mangel an frischem Wasser können die Kugeln auf einem bestimmten Entwickelungsstadium lange Zeit in Ruhe bleiben. Durch Austrocknen werden sie getödet. Die Schwärmer der Stachelkugeln oder „Stachelsporangien" gehen im reinen Wasser bald zu Grunde; in dargebotene *Saprolegnia*-Fäden aber dringen sie in der oben beschriebenen Weise ein, um sich zu Sporenamöben zu entwickeln. Jede derselben liefert ein Sporangium, welches weder Stacheln noch den eigenthümlich bräunlich gefärbten Inhalt der Stachelkugeln besitzt und keine über 3 Tage andauernde Ruheperiode durchmachen kann. Die Erscheinungen der Sporenentwickelung und Entleerung sind dieselben wie bei den Stachelsporangien, doch sollen die Zoosporen beider sich in der Grösse unterscheiden.

Die Entwickelung der Parasiten von dem Schwärmer des Stachelsporangiums bis zum reifen stachellosen Sporangium nimmt 4—5 Tage in Anspruch. Dieselbe Zeit verfliesst von der Entleerung des stachellosen, bis zur Reife des bestachelten Sporangiums.

In die Diagnose der Species setzt Verf. an Stelle der nicht vorhandenen cellule adjacente Cornu's die strenge Gebundenheit des Parasiten an *Saprolegnia*. Die Zugehörigkeit der Gattung zu den Chytridien ist nach seiner Ansicht nicht zweifelhaft.

Betreffs einiger Erweiterungen und Berichtigungen der vorstehend mitgetheilten Resultate sei auf die Habilitationsschrift Fischer's „Untersuchungen über die Parasiten der Saprolegnieen", Berlin 1882, verwiesen.

324. **Roumeguére, C. Etude et culture du Nematogonum aurantiacum (Desm.)** (Revue mycologique 1880, p. 181.)

Nach einigen einleitenden Bemerkungen theilt R. den von Bainier (im Bull. de la soc. bot. de France 1880, p. 31) veröffentlichten Bericht über obigen Gegenstand mit.

VI. Ustilagineae und Uredineae.

325. **Cooce, M. C. The genus Ravenelia.** (Journal of the Royal Microsc. Soc. III, 1880, p. 384—389, mit 1 Tafel.)

Der Verf. giebt eine Besprechung der Litteratur der 8 bekannten *Ravenelia*-Arten sowie deren Beschreibung und theilt einige eigene Beobachtungen mit. Die bisher von Berkeley als Pseudosporen bezeichneten Gebilde bestehen aus dicht aneinandergedrängten Sporen, welche sich durch gelinden Druck isoliren lassen. Keimungsversuche gelangen nur bei Exemplaren von *Ravenelia aculeifera*, welche erst 1 Jahr alt waren. Die Sporen dieser Species lieferten je einen terminalen Schlauch.

326. **Cornu, M. Note sur les générations alternantes des Urédinées.** (Bulletin de la société botanique de France 1880, p. 179—183.)

Bericht über gelungene Infectionsversuche mit *Oecidium pini* var. *acicola* auf *Senecio vulgaris* und mit *Oecidium Rhamni* auf Hafer. ·Die Infection von *Sonchus* mit ersterem Pilz misslang.

327. **Cornu, M. Note sur quelque parasites des plantes vivantes. Générations alternantes; Pezizes à sclérotes.** (Bulletin de la société botanique de France 1880, p. 209—210.)

Bericht über gelungene Infectionsversuche mit *Oecidium Urticae* auf *Carex*-Arten, nebst einigen Bemerkungen über *Peziza Sclerotiorum* Lib. und *P. tuberosa* ohne allgemeineres Interesse.

328. **Cornu, M. Alternance des générations chez quelques Urédinées.** (Comptes rendus h. des séances de l'Académie des sciences t. 91, 1880, p. 98—99.)

Der Verf. erzog aus Sporen von *Aecidium Pini Coleosporium Senecionis* auf *Senecio vulgaris*, aus Sporen von *Aecidium Urticae Puccinia Caricis* auf *Carex hirta*, aus Sporen von *Aecidium Rhamni Uredo Rubigo vera* auf Hafer. Ferner gelang es ihm, den *Uredo* der *Melampsorella* der *Moehringia trinervia* auf *Alsine media*, die *Puccinia Dianthi* von derselben *Moehringia*-Art ohne *Uredo* auf *Alsine media* und *Stellaria holostea* zu übertragen. Die drei ersten der genannten Infectionsversuche hat C. etwas ausführlicher auch im Bulletin de la soc. bot. de France (1880, p. 179—183 und p. 200—210) beschrieben. (D. Reff. No. 316 und 317.)

329. Hartig, R. Calyptospora Goeppertiana Kühn., und Aecidium columnare A. und S. (Allgemeine Forst- und Jagdzeitung 1880, S. 289.)

Vorläufige Mittheilung über wechselseitige Infection von *Vaccinium vitis idaea* mit dem Weisstannenblasenrost (*Aecidium columnare* A. u. S.) und von Weisstannen mit der auf *Vaccinium vitis idaea* schmarotzenden *Calyptospora Goeppertiana* Kühn., welche den Zusammenhang beider Pilzformen bewies.

330. Prillieux, Ed. Quelques observations sur la formation et la germination des spores des Urocystis (Ustilaginées). (Ann. d. sciences nat. Botanique, s. VI, t. X. p. 49—61, mit 1 Taf.)

Nach einer historischen Einleitung theilt P. die Beobachtungen mit, welche er an *Urocystis Colchici* und *Urocystis Violae* gemacht hat. Die Sporen sind bei beiden Arten zu Gruppen vereinigt, welche neben den peripherischen sterilen Zellen bei *U. Colchici* 1—2, bei *U. Violae* 1—8 entwickelungsfähige Sporen enthalten. Die streng intercellularen vegetativen Mycelfäden verlaufen mehr geradlinig, während die auch in's Innere der Zellen eindringenden sporogenen sich krümmen und sich zu Knäueln verflechten, in welchen man die einzelnen Hyphen nicht mehr unterscheiden kann. In diesen Knäueln bilden sich centrifugal die Sporengruppen. Die jüngsten zur Beobachtung gelangten Zustände derselben stellten runde aus aufgewickelten Fäden gebildete Massen dar, in welchen besondere centrale carpogonähnliche Spiralfäden (Wolff u. Winter) nicht zu unterscheiden waren. In späteren Stadien zeichnen sich einige Zellen im Innern der Massen durch grösseren Umfang aus und bekommen die Merkmale der Sporen, während die angrenzenden zu den sterilen peripherischen Zellen werden, und der übrige Theil der Fäden sich in Gallert verwandelt. Weiteres liess sich durch directe Beobachtung der Aulagen der Sporengruppen nicht feststellen. Aus dem Vorkommen mit einer kugeligen Endanschwellung versehener sporenbildender Fäden in der Umgebung jener Anlagen lässt sich indess schliessen, dass die Sporen hier in ähnlicher Weise entstehen, wie bei *Tilletia*. Die Keimung von *Urocystis*-Sporen ist bisher nur bei *U. occulta* und bei *U. pompholygodes* beobachtet worden. Jede Sporengruppe von *U. Violae* treibt meist nur ein Promycel, welches an seinem Ende 5 spindelförmige Kranzkörper trägt. In der Regel bleibt es kurz, und wenn es sich verlängert producirt es entweder gar keine oder nur kleine Sporidien. Von den 6 Kranzkörpern keimen meist nur 3 und zwar ohne sich von dem Promycel abzulösen. Sie bilden an ihrem von diesem abgewendeten Ende secundäre Sporidien von etwas anderer Gestalt und Grösse als sie selbst.

331. Schindler, Fr. Ueber den Einfluss verschiedener Temperaturen auf die Keimfähigkeit der Steinbrandsporen. (Forschungen auf dem Gebiete der Agriculturphysik. Herausg. von E. Wollny, III, 1880, S. 288.)

Nach kurzer Augabe der von H. Hofmann (Pringsh. Jahrb. 1860) erhaltenen Resultate giebt Verf. eine Darstellung eigener Versuche. Sein Material war ein Gemisch von aus 40 Weizeuähren in verschiedeuer Höhe entnommenen Sporen von *Tilletia caries*, dessen Keimfähigkeit durch zahlreiche Controlversuche erwiesen wurde. Einzelne Portionen wurden trocken oder mit Wasser durchgerührt in Probiergläschen eingeschlossen und 2 Stunden lang verschiedenen Wärme- und Kältegraden ausgesetzt.

Nach Beendigung des Versuchs geschah das Aussäen der Sporen auf Quellwasser in einem Raume, dessen Temperatur 15—19° C. betrug. Jeder Versuchsprobe ging eine unter normalen Bedingungen zum Keimen gebrachte Controlprobe parallel. Die erhaltenen Resultate sind folgende:

I. Trockene Samenportion.			II. Nasse Samenportion.		
Im Trockenofen	Eintritt der Keimung		Im Oelbade	Eintritt der Keimung	
Temperatur	Controlprobe	Versuchsprobe	Temperatur	Controlprobe	Versuchsprobe
50⁰ C.	nach 4 Tagen	nach 4 Tagen	30⁰ C.	nach 4 Tagen	nach 4 Tagen
65	„ 4 „	„ 6 „	35	„ 4 „	„ 4 „
80	„ 4 „	„ 8 „	40	„ 4 „	„ 5 „
95	„ 4 „	„ 8 „	45	„ 4 „	„ 5 „
100	„ 4 „	„ 0 „	50	„ 4 „	„ 0 „

III. Trockene Samenportion.

In Kältemischung

Temperatur		Eintritt der Keimung	
am Anfang	am Ende	nach Tagen	
der Expositionsdauer		Controlpr.	Versuchspr.
— 7° C.	— 6° C.	4	7
—16	—13	4	7

IV. Nasse Samenportion.

In Kältemischung

Temperatur		Eintritt der Keimung	
am Anfang	am Ende	nach Tagen	
der Expositionsdauer		Controlpr.	Versuchspr.
0° C.	0 °C.	4	6
— 5	— 4.5	4	10
—16	— 9	4	10
—22	—20	4	4

Um die Einwirkung länger andauernder feuchter Kälte zu studiren wurden im December *Tilletia*-Sporen mit Wasser angerührt, in 10 verkorkten und versiegelten Gläschen 4 6 cm tief im freien Erdboden vergraben und von 8 zu 8 Tagen je ein Gläschen dem Boden entnommen und der Inhalt eingekeimt. Die letzten Portionen waren 43 Tage ausgesetzt gewesen. Alle hatten ihre Keimfähigkeit mehr oder weniger beibehalten. Das mittlere Temperaturminimum der 43 Tage betrug — 8.5° C., das mittlere Maximum — 1.3° C., die niedrigste Temperatur war — 19° C.

332. Ráthay, E. Vorläufige Mittheilung über den Generationswechsel unserer einheimischen Gymnosporangien. (Oesterr. Bot. Zeitschr. 1880, S. 241.)

Verf. theilt die Resultate seiner Versuche über die Zusammengehörigkeit von *Gymnosporangium fuscum* (DC.) Oerstedt., *G. conicum* (Hedw.) (DC.) Oerstedt. und *G. clavariaeforme* (Jacq.) (DC.) Oerstedt. mit Aecidien mit. *G. conicum* soll mit *Roestelia cornuta* auf *Sorbus aucuparia* L. und *Aronia rotundifolia* Pers., *G. clavariaeforme* mit Roestelien auf *Pyrus malus* L., *P. communis* L. (nicht *R. cancellata*, welche zu *G. fuscum* gehört), *Sorbus Aria* Crtz. und *S. torminalis* Crtz., *Crataegus oxyacantha* L. und *Cr. monogyna* Jacq. und auf *Cydonia vulgaris* Pers. zusammengehören. Ausserdem enthält der Aufsatz einige Angaben über die relative Reifezeit der Fortpflanzungsorgane der drei Pilze und die Bemerkung, dass *G. clavariaeforme* in den Alpen nur so hoch geht, wie die Wirthspflanzen der Aecidien.

333. Ráthay, E. Vorläufige Mittheilung über die Spermogonien der Aecidiomyceten. (K. Akademie d. Wissensch. in Wien. 10. Juni 1880.)

Verf. theilt eine Reihe von Thatsachen mit, welche darauf hinweisen sollen, dass die Insecten beim Befruchtungsprocess der Aecidiomyceten — vorausgesetzt, dass die Spermogonien männliche Zeugungsorgane sind — eine ähnliche Rolle spielen, wie bei dem der Phanerogamen. Ausser dem Wohlgeruch mancher Spermogonien wird folgendes erwähnt: 1. die Spermogoniuminhalte fast aller vom Verf. untersuchten Aecidiomyceten enthalten grössere oder geringere Mengen einer das Fehling'sche Reagens in der Wärme reducirenden Substanz, wahrscheinlich Zucker (z. B. *Gymnosporangium fuscum* und *conicum*); 2. die spermogonienführenden Theile der Wirthspflanzen fallen noch in weiten Entfernungen auf (Farbe, Hexenbesen der Berberitze, verursacht von *Aec. Magelhaenicum* u. a.); 3. Farbe der Spermogonien („Saftmale“); 4. die Spermogonien verändern analog den Phanerogamenblüthen die Farbe, wenn sie keinen Zucker mehr erzeugen; 5. die bei dunstiger Witterung von den Spermogonien entleerten, an den Paraphysen haftenden Inhaltströpfchen werden in der That fleissig von Insecten besucht.

334. Roumeguère, C. Hypodermeae de la villa Thuret. Le Cronartium Poggiolana n. sp. (Revue mycologique 1880, p. 202.)

Beschreibung von zwei neuen Uredineen. In Bezug auf *Uredo proeminens* DC. (vereinigt mit *Aecidium euphorbiae* Pers.) theilt Naudin dem Verf. die Beobachtung mit dass die sonst niederliegende *Euphorbia chamaesyce* L., wenn sie vom Pilze befallen wird, sich aufrichtet. Zugleich bekommt sie eine grauliche Farbe und bleibt steril.

335. Winter, G. Bemerkungen über einige Uredineen. (Hedwigia 1880, p. 17—29.)

Verf. giebt Notizen über das, was er bei der Untersuchung einer Anzahl von Uredineen seines Herbars gefunden hat. Sie beziehen sich auf die Systematik und Synonymik der Puccinien der Compositen, verschiedener anderer Puccinien, des *Uredo Filicum*, der *Uromyces*-Arten auf Liliaceen und Euphorbien u. a., der Gattung *Phragmidium* und der *Juncus*-Uredineen.

336. Winter, G. Bemerkungen über einige Uredineen und Ustilagineen. (Hedwigia 1880, p. 105– 110.)

Im Frühjahre 1880 fand der Verf. auf Stöcken von *Potentilla fragariastrum, Poterium Sanguisorba, Rubus idaeus* und *Rubus fruticosus*, welche im Januar desselben Jahres und im October des Vorjahres Teleutosporen von *Phragmidium* getragen hatten, die Aecidien von *Cacoma miniatum* und Verwandten. Er schliesst daraus auf eine Zusammengehörigkeit dieser Aecidien mit den Phragmidien. Die Teleutosporen von *Phragmidium fusiforme* fand er mit dem *Cacoma* auf *Rosa alpina*, *Xenodochus carbonarius* mit einem *Caeoma* auf *Sanguisorba* vergesellschaftet. Zu *Phragmidium Potentillae* Pers. soll *Coleosporium Potentillae* Thüm. als Aecidium gehören, da es im Bau ganz dem *Caeoma* auf *Potentilla fragariastrum* gleicht. Die auf *Spiraea ulmaria* häufige, dem *Caeoma miniatum* habituell sehr ähnliche Pilzform ist indess ein *Uredo*. Zu *Puccinia Magnusiana* gehören ausser dem *Aecidium* auf *Rumex Hydrolapathum* wahrscheinlich auch die Aecidien anderer *Rumex*-Arten, da die *Puccinia* neben diesen Aecidien in Gegenden wächst, wo *R. Hydrolapathum* nicht vorkommt. Weiter wurden nebeneinander beobachtet das *Aecidium* auf *Tussilago farfara* und *Puccinia Poarum*, das *Aecidium* auf *Ficaria* und *Uromyces Poae*, endlich *Puccinia Calthae* Link und *Puccinia Zopfii* Winter auf denselben Blättern mit Aecidien, deren Beschreibungen mitgetheilt werden. Das *Aecidium* auf *Aconitum Lycoctonum* erschien in grösserer Zahl auf Stöcken, welche im October des Vorjahres den *Uromyces Aconiti Lycoctoni* DC. trugen. Das *Aecidium* auf *Mulgedium alpinum* wird mit *Puccinia Prenanthis*, statt mit *P. flosculosorum*, zusammengestellt. Die sonst auf *Homogyne alpina* lebende *P. conglomerata* wurde auf *Senecio cordatus*, *Aecidium zonale* auf *Buphthalmum salicifolium* gefunden. An Vorstehendes schliessen sich kritische Bemerkungen über *Puccinia Rubiae* Fckl., *Puccinia circinans* und *Sorosporium Aschersonii* und *S. Magnusii*. *Ustilago cinis* Körnicke ist ein Myxomycet und *Sorosporium Vossianum* Thüm. ein zu *Stemphylium* gehöriger Hyphomycet.

337. Staritz, R., und Winter, G. Kurze Notizen. (Hedwigia 1880, p. 121–122.)

Staritz hat das Vorkommen von *Tilletia bullata* und *Uredo gyrosa* (Fuckel Symb. mycol. p. 40 und Nachtrag III, p. 9 und 10) beobachtet. Winter fand *Entyloma serotinum* auf *Borrago officinalis* mit nur bis zu 30 Mikr. langen Conidien; ferner auf *Saxifraga aizoon* die *Puccinia Saxifragae* Schlechtd. und auf *Senecio cordatus* die *Puccinia Senecionis* Lib., letztere bis auf die etwas grösseren Sporen mit *P. conglomerata* Kze. und Schm. im Habitus übereinstimmend. Die von Rostrup (Islandske Svampe, samlede 1876 af Chr. Grönlund) beschriebene *Puccinia ambiens* auf *Draba hirta* soll mit *Puccinia Drabae* Rudolphi identisch sein.

338. R. Wolff. Aecidium Pini und sein Zusammenhang mit Coleosporium senecionis. Riga 1876.

Nicht gesehen; wahrscheinlich ist die Abhandlung dieselbe, welche in dem Landwirthschaftl. Jahrb. 1877 veröffentlicht ist. (S. Bot. Jahresb. V, Jahrg. 1877, S. 128.)

Batalin.

VII. Entomophthoreae.

339. N. Sorokin. Zur Entwickelung der Entomophthora-Arten. In dem Aufsatze: „Ueber einige Krankheiten der Insecten". — Schriften der Kaiserl. Akademie der Wissensch. Bd. 37, S. 58—69. 1880. St. Petersburg. Mit Tafeln 1--2. [Russisch.].)

Dauersporen bei *E. rimosa* Sorok. Auf todten Exemplaren von *Chyronomus*, die an das Substrat durch besondere Haustorien angenäht sind, erschienen braune, dicke und elastische Fäden, welche aus dem Körper hervortraten und den Körper wie Filz bedeckten. Beim Zerschneiden des Insects findet man es mit grossen runden Zellen angefüllt, deren Membran deutlich schichtig ist, von Aussen uneben, mit Erhöhungen versehen und von dunkler Farbe; das Protoplasma ist körnig und enthält viel Oeltropfen. Diese Zellen entstehen an den Seiten oder an den Enden der Zweige der gewöhnlichen *Entomophthora*-Fäden, von welchen sie sich ablösen. Nach der Bildung dieser Sporen (Chlamydosporen)

19*

verdicken die Fäden ihre Membran, werden elastisch und streben darnach sich zu verlängern, den Körper des Insectes zu zerreissen und nach Aussen herauszutreten, sammt den freien Sporen. Sie bilden den erwähnten Filz. Der Verf. meint, dass sie überwintern, ihre Keimung wurde noch nicht beobachtet. Die gewöhnlichen Sporen dieser Art sind schon beschrieben worden. (S. Bot. Jahresber. 1877, V. S. 125.)

Dauersporen bei *E. Aphidis.* Ausser den schon bekannten, gewöhnlichen verlängerten Sporen, welche sich auf der Oberfläche des Insectenkörpers bilden, entwickeln sich, inmitten des *Aphis*-Körpers, aus denselben *Entomophthora*-Fäden auch die Dauersporen, welche rund und gross sind. Ihre Membran ist schichtig, von brauner Farbe, bedeckt mit Erhöhungen. Sie sind sehr dem *Tarichium Aphidis* Schn. ähnlich, welche Art also nichts anderes ist, als die Dauerspore von der genannten *Entomophthora.* Nicht zu selten kann man finden, wie sich auf einem und demselben Faden zugleich die gewöhnliche Spore und die eben beschriebene Dauerspore (Chlamydospore) entwickelt. Die Keimung der letzteren ist noch nicht verfolgt; die gewöhnlichen keimen leicht, geben zuerst secundäre Sporidien, welche runde Form haben und welche in typische dicke *Entomopthora*-Fäden auswachsen.

Entwickelung von *E. colorata* Sorok. Dieses Parasit wurde in Kazan auf *Acridium biguttatum* gefunden, welches er tödtet. Seine gewöhnlichen Sporen sind rund, zimmtbraun, mit körnigem Inhalte, welcher in der Mitte bisweilen einen Oeltropfen enthält; sie sind den Sporen von *E. muscae* sehr ähnlich, nur ist ihre Farbe eine andere. Beim Keimen bilden sie stumpfe Fortsätze, welche in Fäden auswachsen können; die Fäden sind zweigig und gegliedert (mehrzellig). Solche Fäden sind in grosser Masse im Körper des kranken Insectes vorhanden; jeder Zweig dieses Fadens kann, nach aussen auswachsend, auf seinem Gipfel auf eine Spore bilden. Die Sporen werden beim Lostrennen von dem Faden mit Gewalt auf eine Weite von 5 Zoll weggeschleudert. — Ausser diesen Sporen bilden sich, inmitten des Körpers, die Chlamydosporen; sie sind gross, von unregelmässiger Form und bedeckt mit einer dicken Membran. Ihre Bildung geht so vor sich, dass einige unbestimmte Zellen in den gegliederten Mycelfäden sich einfach vergrössern, ihre Membran verdicken und demgemäss auch resistenter werden. Im Wasser keimen sie. Bei einigen todten Acridien wurde bemerkt, dass ihr Abdomen nicht dicht und zusammengeschrumpft war, wie es bei dieser Krankheit gewöhnlich der Fall ist, sondern wie gallertartig erschien. Unter dem Microskope erwiesen sich die Cadaver nicht mit Fäden, sondern mit grossen protoplasmatischen Körpern angefüllt. Sie bewegen sich amöbenartig, aber sehr langsam und nur stumpfe Fortsätze bildend. Nach einiger Zeit nimmt die Amöbe eine verlängerte Form an, scheidet die Membran aus und verwandelt sich so in einen Faden. Dieser Faden beginnt bald an der Seite oder am Ende grosse Zellen zu bilden, welche sich durch gar nichts von den beschriebenen Chlamydosporen von *E. colorata* unterscheiden, auch eine schichtige Membran haben etc. — Auf diese Weise besitzt *E. colorata* Sorok. drei Formen von Reproductionsorganen: typische Sporen, Chlamydosporen und die Dauersporen, welche aus amöbenartigen Keimen entstehen. — Es ist noch zu bemerken, dass die amöbenartigen Keime, bevor sie sich in Fäden verwandeln, sich oft incystiren, d. h. sich mit einer dicken Membran bekleiden und in Ruhe bleiben. Nachdem erscheint in der Membran eine regelmässige Oeffnung, durch welche die Amöbe herauskriecht, um ihre unterbrochene wandernde Lebensweise weiter fortzusetzen. Das Herauskriechen geht sehr langsam vor sich: Die Entleerung der Cyste dauert bis 15 Minuten. Es ist bemerkenswerth, dass die aus den Cysten herausgekrochenen Amöben sich sehr bald in Fäden verwandeln und Dauersporen zu bilden beginnen, während die nicht incystirten Amöben lange Zeit sich bewegen; so z. B. verwandelten sich die aus den Cysten herausgekrochenen Amöben schon nach einer Stunde in Fäden; die nicht incystirten bewegten sich mehr als 24 Stunden. — Woraus die beschriebenen Amöben entstehen — blieb dem Verf. vollständig dunkel.   Batalin.

VIII. Basidiomycetes.

a. Hymenomycetes.

340. **Cooke, M. C., and Quelet, L. Clavis synoptica Hymenomycetum europaeorum.** David Bogue. 3. St. Martins Place, Charing Crosse London.

341. **Fries, E. Th., u. R. Icones selectae Hymenomycetum nondum delineatorum II. 5.** Holm 1880, fol. c. 10 tab.

342. **Schulzer von Müggenburg. Berichtigungen.** (Oesterr. Bot. Zeitschr, 1880, S. 83.) Kritische Bemerkungen zu den Icones selectae Hymenomycetum Hungariae und von einigen Habitusbildern begleitete Beobachtungen über *Daedalea polymorpha* Schlzr. olim *Ceriomyces terrestris* welche den Uebergang von den *Clavariacei* zu den *Pileati* bilden soll.

343. **K. Mika. A Pistillaria pusilla vegetativ sarjadzása.** (Magyar Növénytani Lapok. Klausenburg 1880, IV. Jahrg., S. 158–159 [Ungarisch].)

M. berichtet über die vegetative Sprossung von *Pistillaria pusilla*. Auf einem von *Peronospora viticola* inficirten, und in feuchter Kammer gehaltenem Weinblatte trat in Folge des Verfaulens des Blattes in Gesellschaft anderer Pilze *Pistillaria pusilla* Fr. in so grosser Menge auf, dass das Blatt ganz weiss wurde. Die Sporen dieses Pilzes keimten im Wasser sehr rasch. In eine in Dünger direct erzeugte Cultur gelangte zufällig ein Stück des zerissenen Fruchtkörpers. Als M. des andern Tages die jungen Myceliumfäden untersuchte, fand er, dass in der erwähnten Cultur sich verhältnissmässig viel reichere Myceliumbildung zeigte, als in den übrigen, obwohl die Zahl des ausgesäeten Samens in allen beinahe übereinstimmend war. Nach aufmerksamer Untersuchung ging hervor, dass der überwiegende Theil der neuen Mycelien nicht auf eine Spore zurückführbar war, sondern unmittelbar aus dem Fruchtkörper seinen Ursprung nahm. M. sieht darin einen Fall der vegetativen Sprossung und machte nun fernere Versuche, theils mit vollständig erhaltenen Fruchtkörpern, theils mit Stücken derselben. Bei im Stadium der Sporenbildung befindlichen Exemplaren zeigte sich keine eigentliche Sprossung, nur an den die Spitze des Fruchtkörpers bildenden Myceliumfäden zeigten sich Spuren des Längenwachsthums. Zu einem zweiten Versuche nahm M. solche Exemplare, bei denen die Basidien schon ziemlich entwickelt waren, ohne dass die Sporenbildung schon eingetreten wäre. An diesen zeigte sich schon vor Ablauf eines Tages sehr lebhafte Sprossung. Sämmtliche Zellen des Fruchtkörpers, besonders die Basidien erzeugten im Wege der vegetativen Sprossbildung neue Mycelien und übergingen so das Stadium der Sporenbildung. Die so entstandenen Mycelien unterschieden sich durch nichts von den durch Keimung entstandenen.

Derselbe Fall zeigte sich auch bei jenen Culturen, in welche ganz junge Exemplare der *Pistillaria pusilla* gebracht wurden. In allen jenen Culturen, in welchen sich die Sprossung zeigte, bildeten sich in Folge der Lebhaftigkeit derselben an einzelnen Fäden neue, vollständig reife Fruchtkörper, ohne dass die Anlagen der Sexualorgane bemerkbar gewesen wären. Staub.

344. **Cooke, M. C. The Sub-Genus Coniophora.** (Grevillea vol. VIII, p. 88.)

Erneutes Studium des umfangreichen Genus *Corticium* gab dem Verf. Anlass zu einer Bearbeitung des Subgenus *Coniophora* Fr. (Hymen. Europ. p. 657) im Sinne von Persoon. Als typische Vertreter desselben werden *Coniophora membranacea* Pers. DC. (= *Auricularia pulcerulenta* Sowerby) und *Telephora puteana* Fr. angegeben. Ausserdem sind folgende Arten als dazu gehörig aufgeführt: *Corticium brunneolum* B. u. C. — *Cort. Ellisi* B. u. Cke. — *Cort. leucothrix* B. u. C. — *Cort. aridum* Fr. — *Cort. fuscum* Fr. — *Cort. luteo-cinctum* Fr. — *Cort. submembranaceum* B. u. Br. — *Cort. viride* Berk. — *Cort. pulverulentum* Lev. — *Cort. olivaceum* Fr. — *Cort. fusisporum* Cke. u. Ellis.

Bei jeder Art sind Synonyma und Herkunft des untersuchten Exemplars angegeben.

345. **Derselbe. On Hymenochaete and its allies.** (Grevillea VIII, p. 145–150.)

Aufzählung von 40 nach Cooke's Untersuchungen zu Leveillés Genus *Hymenochaete* gehörigen Arten mit Angabe der Fundorte und der charakteristischen Merkmale der Haare. Als Charakter des von C. aufgestellten Subgenus *Veluticeps* wird ein sammtartiges Hymenium mit gewundenen, gewöhnlich zu Bündeln vereinigten Haaren angegeben. C. zieht dazu *Stereum Archeri* Berk. und *Corticium vinosum* Berk. unter den Namen *Hymenochaete Archeri* und *H. vinosa* und 4 *Hymenochaete*-Arten. Er giebt ein Verzeichniss von · 14 species excluded und führt endlich als Ergänzung des Verzeichnisses Grevillea VIII p. 17 noch 8 *Peniophora*-Arten auf.

346. **Roumeguère.** **Apparition inopinée du Cantharellus aurantiacus Fr. var. Alba.** (Revue mycologique, 1880, p. 5.)

Verf. erhielt eine Mittheilung über einen Fall von Vergiftung mit der genannten Varietät, welche bei Senlis (Oise) auf sandigem, moosbedecktem Boden in grosser Menge gefunden wurde.

347. **Derselbe.** **Une rectification synonymique du nouveau genre Anthracophyllum de Ces.** (Revue mycologique 1880, p. 67.)

Mittheilung aus einem Briefe Kalchbrenners, nach welcher *Anthracophyllum Beccarianum* de Ces. schon früher von Wood in Afrika gesammelt und von Fries unter dem Namen *Panus melanophyllus* (Fungi natal. No. 7, Syn. *Xerotus nigrita* Lev.) beschrieben worden ist. K. hatte den Pilz in seinem Herbar als *Plagiotus melanophyllus* bezeichnet und schlägt vor, ihn künftig *Anthracophyllum nigritum* (Berk.) Kalchb. in litt. Syn. *A. Beccarianum* de Ces. zu nennen.

348. **A. Bertoloni.** **Sul parasitismo dei funghi.** (Nuovo Giornale Bot. Ital. XII, 1, p. 19—23. Pisa 1880.)

Bezüglich einer Discussion über die Ursache der Krankheit „Falchetto" der Maulbeerbäume (welche von *Agaricus melleus*, nach Piccone, oder von *Polyporus Mori*, nach Bertoloni, herrührt) setzt Verf. die wesentlichen Unterschiede zwischen den Mycelien von *Agaricus* und *Polyporus* auseinander und theilt seine Beobachtungen über den verschiedenen Entwickelungsgang der beiden Pilzgattungen mit.   O. Penzig.

349. **Condamy.** **Etude sur le mode de nutrition des Champignons.** Brochure de 16 p. Angoulême 1879.

Nach dem Verf. entwickelt sich aus den Champignonsporen ein männliches und ein weibliches Mycelium. Ersteres ist verworren netzig und mehlartig und sitzt stets fest auf den Wurzelhaaren verschiedener Bäume, während das letztere fädige an der Bodenoberfläche erscheint und in die Erde einzudringen sucht. Aus der Vereinigung beider Mycelien soll der Champignon hervorgehen, welcher nach dem Verschwinden jener neue Fäden treibt, die seine Ernährung besorgen und daher im Gegensatz zu den Mycelien nutritium genannt werden. Das nutritium soll „hydrophil" sein und von Insecten leiden, welche die „hydrofugen" Mycelien verschonen. (Nach Revue mycologique 1880, p. 90.)

350. **M. J. B(erkeley).** **Luminous Fungi from the Andaman Islands.** (The Gard. Chronicle, vol. XIII, New ser. 1880, p. 240.)

Mittheilung über einen neuen Pilz von der Inselgruppe der Andamanen, dem der Name *Agaricus (Pleurotus) Emerici* beigelegt wird. Nach der Diagnose ist der dunkelbraune Hut etwa $1/2$ Zoll breit, seitlich ohne Stiel befestigt und fast flach oder helmförmig. Er sendet ein sehr glänzendes Licht aus, indem seine ganze Substanz leuchtet. Die Berkeley vorliegenden Exemplare waren ganz jung und kaum völlig entwickelt. Gefunden sind sie von Major Emeric S. Berkeley in Port Blair.

351. **Bley, C.** **Ueber ein monströses Exemplar von Agaricus lapideus.** (Sitzungsber. der Naturwissenschaftl. Gesellsch. Isis in Dresden, 1879—80, S. 156.)

352. **Bouché.** **Ein monströser Champignon.** (Sitzungsber. der Ges. naturf. Freunde zu Berlin 1880, S. 134.)

B. legte ein Exemplar von *Agaricus campestris* var. *hortensis* vor, aus dessen Hutoberfläche ein kleinerer Pilz derselben Art sich entwickelt hatte, „und zwar so, dass der Hut des letzteren in dem des grossen zur Hälfte eingesenkt und der Stiel nach oben gerichtet war".

353. **W. G. S.** **Double Fungi.** (The Gardeners' Chronicle p. 790.)

Die oft wiederholte Beobachtung doppelter Hüte von *Agaricus cristatus* u. a. regt die Idee an, ob nicht durch Isolation der Sporen solcher Exemplare eine Rasse gebildet werden kann. (Vgl. auch Gardeners' Chron. 1873, S. 218.)

354. **Charollois und Dr. la Bordette.** **Champignons aus Samen.** (Nach Wiener Illustr. Gartenztg. 1880, S. 209.)

La Bordette erzog durch Ernährung junger Schwämme mit Salpeter besonders grosse Exemplare. Charollois überstreute Sporen auf feuchten Glasplatten mit Dünger und erhielt nach Uebertragung der so gezogenen Brut in Beete Fruchtkörper. Ueber eine Keimung der Sporen wird nichts mitgetheilt.

355. Roumeguère. Anomalies offertes par les Agaricus Acerbus et Equestris. (Revue mycol. 1880, p. 7.)

Von einem Correspondenten in Saintes erhielt Verf. mehrere Exemplare des *Agaricus (Tricholoma) Acerbus* Fr., welche sämmtlich excentrisch waren. Ferner sandte ihm A. Mougeot jun. aus den Vogesen unter anderen Pilzen eine etwas abweichende Form von *Tricholoma equestris* L. var. *minor* (Briganti, Fung. Nap. Tab. 6. — Fries, Hym. Eur. p. 48), welche nicht in der Enumeration des champignons des Vosges von Mougeot seu. enthalten ist. Verf. bezeichnet die Form *Tricholoma equestris F. Mougeoti*. Mougeot fand sie bei Bruyères unter Weisstannen.

356. Gillot. Agaricus (Psathyra) Bifrons Berk. (Revue mycologique 1880, p. 89 u. p. 125.)

p. 89 l. c. giebt Gillot die Beschreibung des im Juni 1879 zu Saint-Emiland (Saône-et-Loire) gefundenen Pilzes. p. 125 erwähnt er einige Merkmale, in welchen die ihm vorgelegten Exemplare sich von dem von Fries (Ic. sel. Hym. nondum del. Tafel 138, Fig. 2) abgebildeten unterscheiden.

357. Roumeguère. L'Agaricus campestris L. et ses nombreuses variétés. (Revue mycol. 1880, p. 6.)

Verf. hat in frischen Exemplaren einer Form von *Agaricus campestris*, welche Brunaud (Rev. myc. 1879, p. 15) unter dem Vulgärnamen „Gros pied" aufführt, die von Vittadini unter dem Namen *Praticola* beschriebene Varietät erkannt. Er vermuthet, dass dieselbe identisch ist mit Quelets *Agaricus Bernardi* von den Dünen bei La Rochelle. Die Exemplare des Verf. stammten von Sumpfwiesen bei Rochefort. Vielleicht handelt es sich in beiden Fällen um dieselbe Localität. Die Abbildung des Quelet'schen Pilzes (Bull. de la Soc. Bot. Comptes rendus 1878, pl. III, fig. 12) enspricht nicht ganz des Verf. Beobachtungen an *Praticola*. Sie würde eine Ausnahmeform darstellen.

358. Sadler, J. Notice of a new species of Agaricus. (Transactions and Proceed. of the Bot. Soc. t. 13, p. 216—217.)

Beschreibung einer neuen an verarbeitetem Eichenholz gefundenen Species.

359. Patouillard, M. N. Note sur la structure des glandules du Pleurotus glandulosus Fr. (Bulletin de la société botanique de France 1880, p. 21—22.)

Die Varietät *Pl. glandulosus* unterscheidet sich von *Pl. ostreatus* Fries durch kleine, in verschiedener Weise über die Oberfläche des Hymeniums vertheilte trichomartige Büschel. Sie bestehen nach P.'s Untersuchungen aus häufig leeren Hyphen mit Schnallenzellen. Mehrere der ersteren verschmelzen mitunter zu einem dicken Faden, welcher aussen mit einer gelblichen Substanz incrustirt erscheint. Verticalschnitte durch die Lamellen zeigen, dass die Büschel durch Auswachsen steril bleibender Sterigmen, Basidien oder Cystiden entstehen. Sie stellen also, nach dem Verf., locale Wucherungen des Hymenialgewebes dar und haben mit den Drüsen der Phanerogamen nichts gemein. Aehnliche Gebilde finden sich auch an Stellen des Hutes, die nicht vom Hymenium bekleidet sind.

360. Derselbe. Sur l'appareil conidial du Pleurotus ostreatus Fr. (Ib. p. 125 – 126 mit 1 Holzschnitt.)

Verf. hat nach starker Kälte im Februar 5 Exemplare des Pilzes mit einer aussergewöhnlichen Menge von mehrzelligen, mit Schnallen versehenen Haaren bedeckt gefunden. Die Haare, welche am Rande des Hutes standen, trugen terminal oder seitlich auf kurzen Sterigmen farblose sporenähnliche Körper mit dünner Wand. Eine Zelle producirte stets nur ein derartiges Gebilde.

361. Heckel, E. Nouvelles observations sur les prétendues glandes hyméniales du Pleurotus glandulosus Fr. (Bulletin de la société botanique de France, 1880, p. 302—308, mit 1 Holzschnitt.)

Bei der Untersuchung einer Gruppe von Exemplaren des *Pleurotus glandulosus* Fr. fand H. im Gegensatz zu Patouillard die angeblichen Drüsen dieses Pilzes aus einzelligen Hyphen bestehend. Die durch Vereinigung mehrerer Hyphen entstandenen gelblichen Körper — deren Farbstoff in Alkohol löslich ist — lassen an ihrer Spitze die Endstücke ihrer

Componenten getrennt von einander hervortreten. Diese freien Endstücke tragen seitlich auf kleinen Stielchen kugelige Gebilde von 0.002—0.006 mm Durchmesser, welche H. für degenerirte Sporen hält. Neben letzteren fanden sich ähnliche freiliegende Kugeln. Die Dimensionen der wahren Sporen des *Pleurotus* sind 0.010 und 0.004 mm. Die zwischen den herablaufenden Lamellen am Stiele befindlichen „Drüsen" trugen jene Kugeln nicht. Aus der Vertheilung der „Drüsen" auf den Exemplaren der untersuchten *Pleurotus*-Gruppe schliesst H. auf eine Mitwirkung der Feuchtigkeit und des Lichtmangels bei ihrer Entstehung. Diese Ansicht findet eine Stütze in der Beobachtung, dass die Hyphen in Wasser gelegter Pilze auswachsen, während nichts darauf hinweist, dass, wie nach Roze Boudier behauptete, Insectenstiche die in Rede stehenden Wucherungen verursachen.

Am Schlusse seines Aufsatzes schlägt H. vor, den *P. glandulosus* Fr. der wahren Natur der *glandulae* entsprechender *P. pilosus* oder *P. ostreatus* F. var. *pilosa* zu nennen. Von Werth ist für ihn noch die aus der Beobachtung, dass die Mehrzahl jener Haare ausgewachsene Basidien sind, gezogene Folgerung: die Basidien sind in den Dienst der Fortpflanzungsthätigkeit gezogene Trichome.

362. **Patouillard, M. N.** Remarques à propos de la note de M. Heckel sur le Pleurotus glandulosus Fr. (Bulletin de la soc. bot. de France, 1880, p. 308—309.)

Verf. theilt mit. dass er den „Drüsen" des *Pl. glandulosus* Fr. analoge Haargebilde bei *Irpex paradoxus* Fr. (*Sistotrema digitatum* Pers.) gefunden habe. Er sieht in seiner Beobachtung eine Hindeutung auf die Entstehung der Basidien durch Anpassung terminaler Hyphenzellen an eine besondere Function.

363. **E. Roze et G. Poirault.** Le Mousseron des haies, Champignon comestible des environs de Poitiers. (Bulletin de la société botanique de France, 1880, p. 123 u. p. 257—262.)

In Poitiers wird unter dem Namen Mousseron des haies ein essbarer Pilz viel verkauft, welcher bis auf wenige Abweichungen mit dem als giftig bezeichneten *Agaricus clypeatus* Linn. (in Fries) übereinstimmt. R. und P. hatten ihn als neue Art *Entoloma saepium* genannt, als Quelet sie darauf aufmerksam machte, dass der Pilz bereits 1838 in einem von Fries in den Hym. europ. (1874) nicht citirten Werke (Traité des Champignons comestibles, suspects et vénéneux, qui croissent dans le bassin souspyrénéen, orné de figures coloriées de grandeur naturelle, par J.-B. Noulet et A. Dassier etc. Toulouse 1838) unter dem Namen *Agaricus saepium* beschrieben worden sei. Nach einer Nebeneinanderstellung ihrer und der Noulet'- und Dassier'schen Diagnose und einigen Bemerkungen über die Synonymik des *Ag. clypeatus* (Fries Epicrisis etc. 1836—1838), welcher nicht mit *Ag. clypeatus* Linn. (Flora suecica, 1755), aber mit dem *Fungus clypeatus* Vaillant (Botanicon parisiense No. 53) identisch ist, schlagen R. und P. daher vor, ihren Pilz *Entoloma clypeatum* (Fries.) var. *saepium* Noulet et Dassier zu nennen.

364. **Dubalen.** Une nouvelle espéce d'Amanita. (Actes de la Soc. Linnéenne de Bordeaux, vol. XXXIV, p. XXII.)

D. hat einen neuen, essbaren Pilz *(A. deliciosa) gefunden,* und bittet die Gesellschaft, dessen Beschreibung und Abbildung zu veröffentlichen.

365. **Roumeguère, C.** Une nouvelle Amanite comestible. Hypothèses sur les circonstances qui peuvent rendre inoffensive une espèce toxique. (Revue mycol. 1880, p. 154.)

Verf. giebt die Abbildung und Beschreibung einer neuen *Amanita*-Art *(A. vernifera)* aus Sors, im Arondissement Dax (Landes), welche essbar sein und einen dem Mousseron ähnlichen Geschmack besitzen soll. Daran knüpft er die Mittheilung einiger Citate, welche aussagen, dass Jahreszeit, Klima und Bodenbeschaffenheit von Einfluss auf die Essbarkeit der Pilzarten seien. *Amanita muscaria* (fausse orange) soll z. B. in den Umgebungen von Bordeaux unschädlich sein und ein gutes Gericht abgeben.

366. **van Tieghem.** Coprinus stercorarius. (Bulletin de la soc. bot. de France, 1880, p. 356.)

Coprinus stercorarius soll, je nachdem er reichliche oder wenig Nahrung zur Disposition hat, Sclerotien bilden oder nicht bilden.

367. **Cooke, M. C.** Enumeration of Polyporus. (Transactions and Proceed. of the Botanical Society, Tome 13, p. 131—159.)

Alphabetisch geordnete Aufzählung der bekannten Arten der Gattung mit Angabe einiger Synonyma, der geographischen Verbreitung, der Autornamen und der Stellen, wo die Originalbeschreibung jeder Species sich findet. (Nach: Revue mycologique 1880, p. 61.)

368. **Ludwig. Ptychogaster albus Cord. Eine Polyporusart.** (Zeitschr. für d. Ges. Natur. 1880, p. 424.) Nach: Journal of the Royal Microsc. Soc. III, 1880, p. 996.

Der genannte Pilz ist bereits zu den Myxomyceten, Gasteromyceten und Hymenomyceten gerechnet worden. L. sieht sich durch die Entdeckung einer zweiten Form der Fructification desselben veranlasst, ihn unter dem Namen *Polyporus Ptychogaster* der Gattung *Polyporus* einzureihen. Hauptsächlich auf der Unterseite des Pilzes finden sich *Polyporus*-Röhren oder Hyphen, welche Neigung zur Bildung solcher zeigen. Aus ähnlichen Hyphen besteht der ganze Pilzkörper. Die Röhren sind von mässiger Grösse und haben winkliche oder runde Mündungen, über welche Hyphenendigungen wie scharfe Zähne vorragen.

369. **St. Schulzer von Müggenburg. Mycologisches.** (Flora 1880, p. 79—80.)

Verf. hat auf einem abgehauenen Eichenstamme einen zu den *Apodes* gehörigen *Polyporus* gefunden, dessen Löcher sich auf der convexen Oberseite befanden. Er nennt ihn *Polyporus obversus.*

370. **Schulzer von Müggenburg. Die Doppelfructification des Polyporus applanatus P.** (Oesterr. Bot. Zeitschr. 1880, S. 321. Mit Illustration im Text.)

Von den sehr kleinen rundlichen Zellchen aus, welche die äusserste Rindenschicht der röhrchenfreien Oberfläche des Hutes bilden, entspringt nach dem Verf. eine 0.004—0.007 mm hohe, leicht abstreifbare Hyphenbekleidung, deren Aeste an ihren Enden starke Klumpen von rothbraunen Conidien erzeugen. In den Röhren des Pilzes ist kein Hymenium verum vorhanden, sondern die Hyphenenden treten unverdickt ordnungslos an den Röhrenwänden hervor, um Sporen zu bilden, welche den jungen Conidien völlig gleichen.

b. Gasteromycetes.

371. **Gerard. Correlation between the odor of the Phalloids and their relative frequency.** (Bulletin of the Torrey bot. Club, 1880, No. 2—4.)

372. **Derselbe. Additions to the U. S. Phalloidei.** (Ib., März, p. 29.)

Die letztgenannte Schrift ist nach einem Referat im Bot. Centralblatt (1880, I, p. 613) die Ergänzung einer in der Januarnummer des Bull. publicirten Liste der Phalloideen Nordamerikas. S. Ref. No. 373.

373. **Derselbe. A new fungus: Simblum rubescens n. sp.** (Bull. of the Torrey bot. Club, Vol. VII, No. 1, 1880.)

Beschreibung des neuen Pilzes. Angehängt ist eine Liste von 13 aus Nordamerika bekannten Phalloideen. Näheres über den Pilz s. Bot. Centralblatt 1880, I, S. 104—105.

374. **K. Kalchbrenner. Uj vagy Kevésbé ismert szömörcsögfélék. Phalloidei novi vel minus cogniti.** (Abhandlungen aus dem Bereiche der Naturw. Herausg. v. d. ung. Akad. d. Wiss. Budapest 1880, Bd. X, No. XVII, 23 S., mit 3 col. Tafeln [Ungarisch und Lateinisch].)

Zu den drei Familien: *Phallei* Fries, *Clathris* Fries und *Lysuris* Fries stellt K. noch die Fam. *Corynitei* K., zu welcher er die exosporen Phalloiden rechnet, bei denen die Sporenschicht mit dem oberen Theile des Strunkes verschmolzen ist. Zur Aufstellung dieser Familie veranlassten ihn *Symblum* und die in neuerer Zeit entdeckten Arten, die in die drei Familien Fries' nicht unterbringbar waren. K. giebt im ferneren den analytischen Schlüssel zu den Gattungen und Untergattungen und beschreibt dann folgende neue Arten: *Phallus aurantiacus* Mont. var. *discolor* Kalchbr., *Ph. papuasius* Kalchbr., *Anthurus Müllerianus* Kalchbr., aus Australien; — *Kalchbrennera Tuckii* Berkl. (g. n.), *K. corallocephala* Kr., *Anthurus Woodii* Mac Ow., aus Südafrika. Staub.

375. **Plowright, Chr. B. Geaster coliformis in Norfolk.** (Grevillea IX, p. 43—44. Nach the Gardeners' Chronicle 2 Oct., 1880, p. 439.)

376. **Currey, F. Geaster coliformis.** (Ib. nach The Gard. Chron., 16. Oct. 1880, p. 506.)

Pl. erhielt den seltenen Geaster von Dr. Alexander aus Hillington in Norfolk. An diese Mittheilung knüpft er eine kurze Beschreibung des Pilzes und eine Aufzählung der verschiedenen Vorkommnisse desselben. Letztere wird von Currey ergänzt. Der Pilz war seit 1840 in England nicht wieder gefunden worden.

IX. Ascomycetes.

a. Discomycetes.

377. Eidam, E. Beitrag zur Kenntniss der Gymnoasceen. (Cohns Beitr. z. Biologie d. Pflanzen, 1880, Bd. III, 2, p. 267 ff., Tafel XII – XV.)

Siehe Bot. Centralbl. 1880, 2, p. 1348—1350.

378. Cooke, C. Observations on Peziza. (Grevillea VIII, p. 129—141.)

An den zuletzt erschienenen Band der „Mycographia" angeknüpfte Betrachtungen über die Schwierigkeit der Unterscheidung der *Peziza*-Species, erläutert durch das Beispiel von 22 zur Gruppe der *Peziza scutellata* gehörigen Formen.

379. Phillips, W. F. L. S. Dacrymyces succineus Fr. the early stage of a Peziza. (Grevillea VIII, p. 155.)

Aus der Vergleichung von nebeneinander an demselben Fichtenzweig befindlichen, eine bis zu Exemplaren mit völlig entwickelten Sporen fortschreitende Reihe bildenden Formen, wird die Zugehörigkeit des *Dacrymyces succineus* zu einer neuen *Peziza*-Species (*P. electrina* Ph. u. Pl. n. sp.) geschlossen.

380. Plowright, Ch. B. On spore diffusion in the larger Elvellacei. (Grevillea IX, p. 47—48.)

Bei der Beobachtung der Sporenentleerung bei *Morchella gigas* Pers. fiel Pl. die grosse Leichtigkeit der aus dem Ascis „wasserstrahlgleich" hervorkommenden Sporen auf.

b. Pyrenomycetes.

381. Brunaud, P. Tableau dichotomique des familles des Pyrénomycètes, trouvés jusqu'à présent dans la Charente-Inférieure, dressé d'après le Conspectus Pyrenomycetum de M. Saccardo, avec l'aide des ouvrages de MM. Karsten et Saccardo. (Revue mycologique 1880, p. 129.)

Die für Anfänger in der Mycologie bestimmte Tabelle umfasst 12 Gattungen der Hysteriaceen, 5 der Lophiostomaceen, 5 der Dothideaceen, 12 der Hypocreaceen, ca. 69 der Sphaeriaceen und 9 der Erysipheen.

382. Eidam. Beobachtungen an Schimmelpilzen. (Bericht über d. Sitzung d. bot. Section der Schlesischen Ges. f. vaterl. Cultur, Januar 1880.)

Eine genauere Inhaltsangabe dieses Vortrags findet sich in der Bot. Ztg. (1880, p. 541—543). Der Verf. spricht über *Penicillium*, *Botrytis Bassiana* und *Sporendonema casei* Desm. Ueber die Entwickelungsgeschichte des letztgenannten Pilzes will er an anderem Orte ausführlicher berichten.

383. Ellis, J. B. Reply to Dr. M. C. Cookes Criticism of paper on „variability of Sphaeria quercuum Sz." (Grevillea VIII, p. 143—144.)

Ellis hatte (Proceedings of the Academy of Natural Sc. of Philadelphia, vgl. Bot. Jahresbericht 1879, p. 580, No. 247) 20 Sphaeriaceen zu der neuen Art *Melogramma fuliginosum* zusammengezogen, wogegen Cooke (Grevillea VIII, p. 35) die Verschiedenheiten in Form und Farbe der Sporen der betreffenden Arten geltend machte. Nach Ellis zeigen jedoch die Sporen eines und desselben Peritheciums in verschiedenen Altersstadien und Erhaltungszuständen die von Cooke als Artunterschiede aufgefassten Merkmale.

384. Cooke. Note to the above. (Ib. p. 144.)

Cooke beruft sich gegen Ellis' Behauptungen auf die in seinem Besitz befindlichen Originalexemplare, Präparate und Zeichnungen der strittigen Species.

385. Rees, M. Ueber den Parasitismus von Elaphomyces granulatus. (Aus den Sitzungsberichten d. Phys.-Med. Societät zu Erlangen vom 10. Mai 1880 in Bot. Ztg. 1880, S. 730.)

R. fand im Kiefernwald in der Nähe von Erlangen Nester von Hirschtrüffeln, welche er untersuchte, um das Verhältniss des Pilzes zu der für die Fruchtkörper umhüllenden meist dreifachen Lage dicht und allseitig verflochtener dünner Wurzelzweige und Wurzelspitzen festzustellen. Die ganze Hülle einer Trüffel geht aus der Verzweigung eines einzigen Wurzelästchens hervor, welches „in dichtester Aufeinanderfolge der einzelnen Gabelungen allseitswendig gegabelt ist". Die etwas aufgetriebenen Spitzen der Würzelchen zeigen, statt der braunen glatten Oberfläche gesunder Wurzeln, einen gegen die älteren Wurzelabschnitte sich scharf abgrenzenden weisslichen Anflug, welcher sich unter dem Mikroskope als eine dicht anliegende Scheide aus pseudoparenchymatischem Pilzgewebe erweist. Einzelne Fäden derselben dringen, zunächst intercellular, in die Wurzelrinde ein. Dieselben Erscheinungen treten im Trüffelnest auch an Wurzeln auf, welche mit den Trüffelfrüchten nicht in unmittelbarer Berührung stehen. Die Verbindung zwischen den Scheiden und den Früchten stellt ein aus gelblichen Fadennetzen oder dünnen Strängen bestehendes Mycel her. Dasselbe umstrickt die jungen Wurzelspitzen und „reizt sie" zu der abnormen Verzweigung an. Die jungen Fruchtanlagen können bis 1 cm stark werden ohne jede unmittelbare Berührung mit einer Wurzel. Die Contactstelle einer solchen mit jenen wird dann ein ausgiebiger Verzweigungsheerd, von welchem die Bildung der Hülle ausgeht. Die mit dem Fortschreiten des Reifens der Frucht wachsende Dichtigkeit der Hülle lässt darauf schliessen, dass erstere jetzt besonders ausgiebiger Nahrungszufuhr bedarf. Nach beendigter Fruchtreife stirbt die Hülle ab und verwittert allmählich. Die Verbindung zwischen den Wurzeln der Trüffelhülle und den Früchten geschieht, wie oben angedeutet, mehr locker durch die Mycelfäden, oder sie ist sehr innig, indem die mit Pilzscheiden bekleideten Wurzeln selbst sich der Trüffelrinde anlegen und die Vertiefungen zwischen den Rindenwarzen völlig ausfüllen.

Ungewiss bleibt, ob das in der beschriebenen Weise auf den jungen Kiefernwurzeln schmarotzende Mycel zeitweilig ohne parasitische Ernährung, vielleicht auch saprophytisch leben kann. Die Keimung der Sporen scheint von der Mitwirkung des Wildes, insbesondere der Rehe abhängig zu sein.

386. Roumeguère, C. Culture des Sterigmatocystis indiquée par M. Georges Bainier. (Revue mycologique 1880, p. 177.)

R. theilt mit, dass Bainier mehrere Arten von *Sterigmatocystis* auf Brodkrume, Mandeln und gezuckertem Gyps bei einer Temperatur von 18° mit bestem Erfolg cultivirt habe. Bei niedrigerer Temperatur war es schwer, sich gegen *Penicillium* zu sichern. Gegen *Rhizopus nigricans* und andere Mucorineen erwies sich eine sehr sparsame Benetzung als vortheilhaft. Auf den Stielen frischer Kirschen zeigte sich eine neue Art, welche Bainier *St. carbonaria* nennt. Die Entwickelung ihrer Conidien wird beschrieben und bildlich dargestellt

387. Roumeguère, C. Une nouvelle espèce d'Oomyces, l'O. Barbeyi C. Roum. Revue mycologique 1880, p. 196.)

Diagnose des von W. Barbey im Jordanthale nahe dem Todten Meere gesammelten Pilzes nebst einigen kritischen Bemerkungen.

388. Schulzer v. Müggenburg. Ein paar Hypomycesarten und ihre Begleiter. (Oesterr. Bot. Zeitschr. 1880, S. 48.)

Verf. begründet die Ansicht, dass *Hypomyces chlorinus* Tul., *H. luteovirens* (Fr.) Tul. und der auf *Boletus propinquus* Sch. v. Mggbrg. lebende *H. sulphureus* n. sp. (Conidienform: *Monosporium Boletorum* Sch. v. Mggbrg., früher *M. exquisitum*) Spielarten seien. Ferner stellt er die neue Art *Hypomyces aurantiicolor* (Conidienform: *Trichothecium tricolor* n. sp.) — auf *Daedalea Schulzeri* Poetsch. lebend — auf, zeigt an einigen Beispielen, wie schwer es hält, die oft spät auftretenden *Septa* von Ascosporen richtig zu erkennen, und spricht als höchst wahrscheinlich die Vermuthung aus, dass die Conidienformen nicht in den Entwickelungsgang der *Hypomyces*-Arten hineingehörten, sondern die eigentlichen Wirthe derselben seien. Den Schluss bildet die Bemerkung, dass *Laeviderma* Sch. v. Mggbrg. ein durch einen unbekannten *Hypomyces* lamellenlos gemachter *Cortinarius* sei. Die neuen Arten sind mit Diagnosen versehen.

389. Wiesbauer, S. J. Auftreten von Sphaerotheca Nieslii Thüm. und Septoria aesculina Thüm. (Oesterr. Bot. Ztschr. 1880, No. 12. Correspondenzbl.)

Nicht gesehen. Ref.

c. Hyphomycetes, Sphaeropsideae etc.

390. Greenwood Pim. Ramularia cryptostegiae n. sp. (Grevillea VIII, p. 150.)

Beschreibung der auf zerfallenen Stengeln von *Cryptostegia* in einem Treibhause zu Monkstown, Co. Dublin gefundenen Art.

391. **Saccardo, P. A.** **Spegazzinia novum Hyphomycetum genus.** (Revue mycologique 1880, p. 140.)

Diagnose der Gattung und Diagnose und Abbildung der einzigen Art: *Spegazzinia ornata.*

392. **N. Sorokin.** **Zur Entwickelung von Isaria pulveracea n. sp.**

393. **Derselbe.** „Ueber einige Krankheiten der Insekten." Schriften der Kaiserl. Academie der Wissenschaften, Bd. 37. St. Petersburg1880. Seite 54—58, mit Tafel II. [Russisch])

Dieser Pilz vertilgt Pyrrhocoris apterus und erscheint vom Mai bis zum Spätherbst, blos an den auf dem Boden kriechenden Exemplaren. In dem Moment der Sporenbildung ist das Insekt schon todt, weil zu dieser Zeit alle inneren Organe zerstört sind. Die aus dem Inneren des Körpers hervorsprossenden Hyphenfäden tragen Köpfchen aus zahlreichen birnförmigen Basidien; jede von den letzteren schnürt eine Anzahl von Sporen ab. Das den Körper erfüllende Mycelium besteht aus Fäden, welche sich durch nichts von Hyphen unterscheiden. Aber schon von der Mitte des Sommers an kann man in den todten Insekten finden, dass zwischen den Myceliumfäden Ketten von ziemlich grossen Zellen liegen, welche sehr an die Ketten des Hefepilzes erinnern; diese Zellen enthalten Oel und einen körnigen Inhalt. Ihre Entwickelung zeigt, dass sie direct aus Myceliumzellen entstehen, einige Zellen vergrössern sich einfach und verdicken ihre Membran. Diese Zellen nennt der Verf. Chlamydosporen. Sie sind wahrscheinlich zum Ueberwintern bestimmt, keimen aber rasch auch in demselben Jahre, wenn sie in Wasser oder Decoct gelegt werden. Die bei ihrer Keimung herauswachsenden Fäden waren vollständig identisch mit dem Mycelium oder den Hyphen von der beschriebenen *Isaria* — zu welcher Gattung oder sogar Familie diese beschriebene conidiale Form gehört — blieb dem Verf. unbekannt.   Batalin.

X. Schizomycetes.

Referent: M. Büsgen.

Verzeichniss der besprochenen Arbeiten. [1]

1. Schriften allgemeineren Inhalts.

1. **Bergonzini.** Nuovi studi sui bacteri. (S. S. 304.)
2. **Luerssen.** Allgemeine Uebersicht über den Stand unserer Kenntnisse über die Schizomyceten. (Ref. S. 304.)
3. **Miquel, P.** Etude sur les poussières organisées de l'atmosphère, faite à l'observatoire à Montsouris. (Ref. S. 304.)
4. — Nouvelles recherches sur les poussières organisées de l'atmosphère. (Ref. S. 304.)
5. — Des bactéries atmosphèriques. (Ref. S. 305.)
6. **Nüesch, J.** Offener Brief an Herrn Dr. Just in Karlsruhe. (Ref. S. 305.)
7. **Just, L.** Antwort an Herrn Dr. Nüesch. (Ref S. 305.)
8. **Baron von Recke.** Die Pilztheorie. (S. S. 305.)
9. **Salomonsen, C. J.** Eine einfache Methode zur Reincultur verschiedener Fäulnissbacterien. (Ref. S. 305.)
10. **Wernich, A.** Die Luft als Trägerin entwickelungsfähiger Keime. (Ref. S. 306.)
10a. **Semmer.** Die Priorität der Entdeckung der Bacterien in der Hühnercholera, dem Milzbrande und der Rinderpest. (S. S. 306.)

2. Schriften über den Ursprung und die Lebensbedingungen der Spaltpilze.

11. **Arndt, R.** Untersuchungen über die Entstehung von Kokken und Bacterien in organischen Substanzen. (S. S. 306.)

---

[1] Bezüglich der Arbeiten, welche das Verhältniss der Bacterien zum menschlichen und thierischen Körper betreffen, sei hier auf den von Virchow und Hirsch herausgegebenen Jahresbericht über die Leistungen und Fortschritte in der gesammten Medicin verwiesen. Im XV. und XVI. Jahrgange dieses Werkes finden sich Referate über die vielfach in speciell medicinischen Zeitschriften zerstreuten, in obiges Capitel gehörigen Aufsätze. Um die Grenzen des vorliegenden „botanischen" Jahresberichts nicht zu sehr auszudehnen, sind jene zum Theil hier nur dem Titel nach oder gar nicht aufgeführt.

44. **Salkowski**, E. u. H. Weitere Beiträge zur Kenntniss der Fäulnissproducte des Eiweiss. (S. S. 315.)

45. — Ueber die scatolbildende Substanz. (S. S. 315.)

46. **Tarasewicz**, Greg. Wirkung des Chloralhydrats auf den Fäulnissprocess. (Ref. S. 815.)

47. **Wernich.** Wirkung der Fäulnissproducte auf Spaltpilze. (Ref. S. 316.)

5. Spaltpilze in Beziehung zu Krankheiten.

48. **Rosenthal**, N. Darstellung und Kritik der verschiedenen ·Theorien über die Bedeutung gewisser niedrigster pflanzlicher Organismen als Krankheitserreger. (S. S. 316.)

49. Zur Aetiologie der Infectionskrankheiten mit besonderer Berücksichtigung der Pilztheorie. (Ref. S. 316.)

50. **Lewis**, T. R. Les microphytes du sang et leur relation avec les maladies. (S. S. 317.)

51. **Parkin**, J. Epidemiology or the remote cause of epidemic disease in the animale and the vegetable creation. (S. S. 317.)

51a. **Wolff.** Zur Bacterienlehre bei accidentellen Wundkrankheiten. (S. S. 817.)

52. **Pasteur**, L. De l'extension de la theorie des germes à l'étiologie de quelques maladies communes. (Ref. S. 317.)

53. **Arndt**, R. Beobachtungen an Spirochaete denticola, der Spirochaete des Zahnschleims. (Ref. S. 317.)

54. **Bednjakow**, B., und **Ryndowsky**, Th. Spirochaeten im Speichel der Recurrenskranken. (Ref. S. 317.)

55. **Guttmann**, P. Zur Histologie des Blutes bei Febris recurrens. (Ref. S. 317.)

56. **Platzer.** Ueber Febris recurrens. (Ref. S. 317.)

57. **Eberth**, C. J. Die Organismen in den Organen bei Typhus abdominalis. (Ref S. 317.)

58. **Tizzoni**, G. Studi di patologia sperimentale sulla genesi e sulla natura del tifo addominale. (Ref. S. 317.)

59. **Cuboni** e **Marchiafava**. Nuovi studi sulla natura della malaria. (Ref. S. 318.)

60. **Tommasi-Crudeli**. Sulla preservazione dell' uomo nei paesi di malaria. (Ref. S. 318.)

61. — Sulla malaria. (Ref. S. 318.)

62. — Sulla distribuzione delle acque nel sottosuolo Romano, e sulla produzione naturale della malaria. (S. S. 318.)

63. **Corrado Tommasi-Crudeli.** Il Bacillus malariae nelle terre di Selinunte e di Campobello. (Ref. S. 318.)

64. — Altri studi sulla natura della malaria. (Ref. S. 318.)

65. **Majocchi**, Domenico. Sul Bacillo del Mollusco contagioso. (Ref. S. 319.)

66. **Ribbert**, H. Eine mikroparasitäre Infection der ganzen Gehirnrinde. (Ref. S. 319.)

67. **Pisarewsky**, Th. Die niedrigsten Organismen des harten Schankers. (Ref. S. 319.)

68. **Hansen**, G. A. Bacillus leprae. (Ref. S. 319.)

69. **Burdon-Sanderson**, Duguid, **Greenfield** u. **Banham**. Untersuchungen über den Milzbrand und ähnliche Krankheiten. (Ref. S. 319.)

70. **Greenfield**, W. S. Preliminary Note on some Points in the Pathology of Anthrax with especial reference to the Modification of the properties of the Bacillus Anthracis by cultivation etc. (Ref. S. 320.)

71. — Bacterium Anthracis. (Ref. S. 320.)

72. **Buchner**, H. Die experimentelle Erzeugung des Milzbrandcontagiums aus den Heupilzen. (Ref. S. 320.)

73. — Versuche über die Entstehung des Milzbrandes durch Einathmung. (Ref. S. 321.)

74. **Pasteur**, L., **Chamberland** et **Roux**. Sur l'étiologie du charbon. (Ref. S. 322.)

75. **Toussaint.** De l'immunité pour le charbon, acquise à la suite d'inoculations préventives. (Ref. S. 322.)

76. **Poincaré.** Sur la production du Charbon par les pâturages. (Ref. S. 322.)

77. **Toussaint.** Procédé pour la vaccination du mouton et du jeune chien. (Ref. S. 322.)

Verzeichniss der neuen Arten.

1. Verzeichniss der benützten Arbeiten.

3. **Miquel.** Nouvelles recherches sur les poussières organisées de l'atmosphère. 4.

4. **Poulscn.** Om nogle microscopiske Planteorganismer. 32.

5. **Prazmowski.** Untersuchungen über die Entwickelungsgeschichte und Fermentwirkung einiger Bacterien. 33.

6. **Thin.** On Bacterium foetidum. 34.

7. **Tichomirow.** Zwei Bacterien, welche die Epidemie der Periplaneta orientalis verursachen. 110.

8. **van Tieghem.** Observations sur des Bacteriacées vertes sur des Phycochromacées blanches et sur les affinités de ces deux familles. 36.   *

9. — Sur quelques Bactéries agrégées.

2. Verzeichniss der neuen Arten.

Ascobacteria uvina v. Tiegh. **9**. 151.

Bacillus virens v. Tiegh. **8**. 175. — *mollusci Majocchi*. 2.

Bacterium foetidum Thin. **6**. 205. — *Periplanetae* Tich. **7**. 7. — *viride* v. Tiegh. **8**. 175.

Clostridium n. g. Prazm. **5**. 23. — *butyricum* Prazm. **5**. 23. — *polymyxa* Prazm. **5**. 23.

Leptothrix ramosa Miquel. **3**.

Polybacteria n. g. v. Tiegh. **9**. 150. — *catenata* v. Tiegh. **9**. 150. — *sulfurea* v. Tiegh. **9**. 150.

Punctula n. g. v. Tiegh. **9**. 150. – *cubica* v. Tiegh. **9**. 150. — *rosea* v. Tiegh. **9**. 150. — *glomerata* v. Tiegh. **9**. 150.

Sarcinoglobulus n. g. Pouls. **4**. — *punctum* Pouls. **4**.

Sarcina littoralis Pouls. **4**.

---

1. Schriften allgemeineren Inhalts.

1. **Bergonzini. Nuovi studi sui bacteri.** (Annuario della Società dei naturalisti in Modena, XIII, p. 162—179.)

Dem Ref. nicht zugänglich.   O. Penzig.

2. **Luerssen. Allgemeine Uebersicht über den Stand unserer Kenntnisse über die Schizomyceten.** (Rev. Internat. Sci. III, 1880, p. 242.)

Enthält u. A. eine Eintheilung der Bacteriaceen rein nach morphologischen Merkmalen.

3. **Miquel, P. Étude sur les poussières organisées de l'atmosphère,** faite à l'observatoire de Montsouris. (Annuaire de Montsouris 1879, in 18, 82 S. mit Abb.)

4. **Derselbe. Nouvelles recherches sur les poussières organisées de l'atmosphère.** (Annuaire de Montsouris 1880, in 18, 228 S.)

M. wandte zu seinen Untersuchungen 2 verbesserte Aeroskope an, mit deren Hülfe der in einem gemessenen Luftquantum enthaltene Staub auf einer mit einem Gemisch von Glycerin mit Glucose benetzten Glasplatte aufgefangen wurde. Die gewählte Flüssigkeit sollte die Weiterentwickelung der aufgefangenen Keime hindern, ohne ihnen die Lebensfähigkeit in einem andern Medium zu rauben. Da dem Ref. die beiden Arbeiten nur theilweise zugänglich waren, wird hier nur ihr Inhaltsverzeichniss und das, was nach den Berichten im Bulletin de la soc. bot. de France (1880, p. 97—100) von speciellerem mycologischem Interesse ist, mitgetheilt.

Die erste Arbeit enthält folgende Artikel: 1. Historisches; 2. die zum Auffangen des Staubs der Luft angewandten Methoden; 3. über die Natur der in der Luft suspendirten organischen Körperchen; 4. Statistisches, Staub in abgeschlossenen Lufträumen.

Die Artikel der „nouvelles recherches" tragen die Ueberschriften: I. Kryptogamensporen in der Luft. 1. Kryptogamensporen der Luft von Montsouris, October 1878 bis September 1879; 2. der Luft der Pariser Abflüsse (égout). II. Bacterien. 1. Schizophyten der Atmosphäre; 2. Widerstandsfähigkeit der Bacterien gegen Hitze; 3. Gegenwart von Bacteriensporen in der Luft; 4. Ursachen, welche die Verbreitung der Bacterienkeime begünstigen oder hemmen; 5. Natur der in der Luft von Paris suspendirten Saprophyten;

6. Staub aus den Sälen eines Krankenhauses; 7. Bacterien des meteorischen Wassers; 8. Wasser der Vanne und Seine; 9. Wasser der Abflüsse (égout). Schlussfolgerungen. Die Luft ist nach M. in jeder Jahreszeit mit einer beträchtlichen Menge von Keimen beladen, und zwar führt die freie Luft bedeutend mehr „Microben" als die Luft im Innern von Zimmern. Im Winter ist die Anzahl der Keime am geringsten, im Frühjahr steigt sie schnell, um bis zu der im Herbst wieder eintretenden Verringerung hoch zu bleiben. In Regenzeiten wächst die Zahl der in der Luft enthaltenen Microben. Die Luft eines der grossen Pariser Abflüsse erwies sich als reiner als die freie Luft. Die Luft eines Krankensaales enthielt 50mal mehr „Saprophyten" als die des Observatoriums in Montsouris, aber 4mal weniger Schimmelsporen. Im meteorischen Wasser waren Bacterien sehr reichlich vorhanden. Im Wasser der Seine und Vanne fand M. eine neue *Leptothrix*, welche er beschreibt; in dem Abflusswasser einen mikroskopischen Organismus, der die Eigenschaft haben soll, mit dem Schwefel im Eiweiss und selbst mit freiem Schwefel Schwefelwasserstoff oder Sulfüre zu bilden. — Ein etwas geänderter Abdruck der beiden Arbeiten findet sich in der Brebissonia (Rev. de bot. cryptogamique III).

5. **Derselbe. Des bactéries atmosphériques.** (Comptes rendus h. des séances de l'Académie des sciences t. 91, 1880, p. 64—67.)

Im Anschlusse an eine frühere Veröffentlichung über die Schimmelsporen der Luft (l. c. t. 86, p. 1552) giebt der Verf. einige Notizen über die in der Atmosphäre suspendirten Bacterien. Dieselben sind zum Theil — vielleicht alle — auch in seinen Aufsätzen im Annuaire de Montsouris (1879 und 1880) enthalten.

Während feuchter Perioden herrschen die Keime der Schimmelpilze in der Luft vor; wenn der Boden trocken ist, wird die Zahl der Bacterien am grössten. Unter Anwendung neutraler, sterilisirter Fleischbrühe zum Auffangen fand M., dass das jährliche Mittel der Bacterienmenge in einem Cubikmeter Luft 200 Individuen nicht übersteige. Im Sommer und Herbst erhielt er in Montsouris mitunter 1000 Bacterien auf die obige Luftmenge, im Winter nicht selten nur 4 oder 5. An gewissen Tagen gelang es mit 200 Liter Luft nicht, eine leicht empfängliche Flüssigkeit zu infiziren. Im Innern von Wohnungen genügten — wenn nicht künstlich Staub erregt ward — 30—50 Liter, im Laboratorium M.'s 5 Liter. In Betreff des Zusammenhangs des Bacteriengehaltes der Luft mit dem Vorkommen von Infectionskrankheiten glaubt M. nach Beobachtungen im Dezember 1879 bis Juni 1880 constatiren zu können, dass eine Vermehrung der atmosphärischen Bacterien nach 8 Tagen von einer Vermehrung der durch jene Krankheiten verursachten Todesfälle gefolgt war. In einer späteren Abhandlung denkt M. darzuthun, dass Fäulnissgase, Luft, die über faulende Gegenstände gestrichen ist, etc. frei von Bacterien seien. Keine der zahlreichen von ihm aus der Luft isolirten Formen soll beim Einimpfen nennenswerthe pathologische Processe hervorgerufen haben.

6. **Nüesch, J. Offener Brief an Herrn Dr. Just in Karlsruhe.** (Flora 1880, S. 123—126.)

7. **Just, L. Antwort an Herrn Dr. Nüesch.** (Ib. S. 209—210.)

Nüesch sucht durch eine Inhaltsangabe seiner Schrift über die Necrobiose darzuthun, dass das Referat darüber in dem Bot. Jahresber. (Bd. III, S. 186) nicht der Wichtigkeit des Gegenstandes entsprechend gehalten sei, und verbindet damit nicht unklar zu bezeichnende Vorwürfe gegen Herausgeber und Mitarbeiter des Jahresberichts. Just antwortet mit einem Hinweis auf die in Nüesch's Arbeit sich aussprechende gänzliche Incompetenz des Verf.'s in den von ihm behandelten Fragen.

8. **Baron von Recke. Die Pilztheorie.** 1879, Mitau, Buchdruckerei von Siesslack. Nicht gesehen und konnte nicht finden. Batalin.

9. **Salomonsen, C. J. Eine einfache Methode zur Reincultur verschiedener Fäulnissbacterien.** (Bot. Ztg. 1880, S. 481—489.)

Der Verf. entnahm aus Fäulnissflocken in defibrinirtem Ochsenblut, welches nach der von ihm früher (Bot. Ztg. 1876, No. 39) angegebenen Methode in Haarröhrchen aufbewahrt und beobachtet wurde, Proben, die er in Kolben mit weitem Halse und enger Oeffnung in einem durch Sieden sterilisirten Aufguss von gehacktem Ochsenfleische aussäte. Der Verschluss der Kolben geschah vor dem Sieden durch mit Watte verstopfte Kautschukschläuche, welche nur im Moment der Einbringung der mit Carbolsäure äusserlich gereinigten Haarröhrchenstücke weggenommen wurden. Um eine möglichst grosse Anzahl differenter Bacterienformen zu erhalten, empfiehlt S. die Proben nach Zeit des Auftretens, Wachsthums-geschwindigkeit und Aussehen verschiedenen Fäulnissflecken des Blutes verschiedener Individuen zu entnehmen. Gegen das gleichzeitige Auftreten zweier Bacterienformen in demselben Versuchskolben soll die Verwendung von Blut, welches relativ wenige und deshalb zerstreute Flecke enthält, fast absolut sichern. Um die Brauchbarkeit seines Verfahrens zu erläutern, theilt Verf. aus einem in Aussicht gestellten grösseren Werke einige der damit erzielten Resultate mit. In einem Fäulnissflecken wurde stets nur eine Bacterienform gefunden, welche, soweit untersucht, auch in dem entsprechenden Kolben ausschliesslich auftrat. In 6 von 40 Versuchskolben fand keine Bacterienentwickelung statt, in 4 traten stäbchenförmige Bacterien verschiedener Form und Grösse auf, in weiteren 4 charakteristische *Streptococci*. In entschiedener Majorität waren die übrigen *Cocci*, welche sich in *Micro-* und *Mesococci* eintheilen liessen. In einigen Kolben fanden sich fast nur *Diplococci*, in anderen fast nur Monococcen; in einigen waren alle *Cocci* von gleicher Grösse, in anderen variirten sie deutlich. Macroscopisch unterschieden sich die verschiedenen Formen durch Pigmente und die Art ihrer Lagerung in den Kolben. Wenn die Organismen eines Kolbens in einen anderen mit derselben Nährflüssigkeit übergeführt wurden, wiederholten sich die im ersten aufgetretenen Erscheinungen.

10. **Wernich, A. Die Luft als Trägerin entwickelungsfähiger Keime.** (Archiv für patho-logische Anatomie und Physiologie etc., h. v. R. Virchow, Bd. 79, p. 424—455, mit Abb.)
Nach einer kritischen Besprechung der über die Verbreitungsfähigkeit entwickelungs-fähiger Keime durch die Luft ausgesprochenen Ansichten theilt Verf. eine Anzahl neuer Versuche mit. Dieselben sind mit Hilfe modifizirter Nägeli'scher und Cohn'scher Apparate angestellt. Sie bestätigen und ergänzen die früher (Cohn's Beitr. z. Biologie der Pflanzen III, Heft 1 und anderwärts) vom Verf. veröffentlichten Resultate. Hervorgehoben sei die Beobachtung, dass gleichmässige Flüssigkeiten darin enthaltene Keime nur an sie durch-setzende Luftströme abgeben. Ueber die keimenthaltenden Flüssigkeiten hinziehende Luft-ströme bleiben frei, wenn keine Schaumbildung auf der Oberfläche jener stattgefunden hat. Im letzteren Falle werden die in den Schaumblasen enthaltenen Keime mit den Flüssigkeits-theilchen auch durch schwache Luftbewegungen fortgeführt.

10.a. **Semmer. Die Priorität der Entdeckung der Bacterien in der Hühnercholera, dem Milzbrande und der Rinderpest.** (Virchow's Archiv, Bd. 82, p. 549.)
S. Jahresbericht über die Leistungen und Fortschritte in der gesammten Medizin von Virchow und Hirsch, XV. Jahrgang.

2. Schriften über den Ursprung und die Lebensbedingungen der Spaltpilze.

11. **Arndt, R. Untersuchungen über die Entstehung von Kokken und Bacterien in organischen Substanzen.** (Archiv für pathologische Anatomie und Physiologie etc., h. v. R. Virchow, Bd. 82, p. 119—146, mit 1 Taf.)
Inhaltsangabe im Jahresbericht über die Leistungen und Fortschritte in der gesammten Medizin, herausgegeben von R. Virchow und A. Hirsch., XV. Jahrg.

11a. **Francke, J. Ueber das Vorkommen von Coccobacteria septica Billroth im mensch-lichen Körper** mit besonderer Berücksichtigung der Fälle, in welchen eine Präexistenz der Keime angenommen werden muss.
S. Jahresbericht über die Leistungen und Fortschritte in der gesammten Medizin von Virchow und Hirsch., Jahrg. XV.

12. **Billings, J. S. On Bacteria and spontaneous generation.** (Bull. of. the philos. soc. of Washington, vol. II, 1875—80.)
Nicht gesehen.

13. **Krasan, Fr. Bericht in Betreff neuer Untersuchungen über die Entwickelung und den Ursprung der niedrigsten Organismen.** (Verhandlungen der Zool.-Bot. Gesellschaft zu Wien, Bd. XXX, S. 267—327, mit 1 Tafel.)

Verf. hat, seinen sehr ausführlichen Angaben nach, die Entstehung von Organismen in zerdrückten Pastinaksamen, alten Haselnüssen etc. beobachtet.

14. Parker, A. T. Experiments of Spontaneous Generation. (Proceed. of the Boston Soc. of Nat. Hist., XX., 96 tab. 1.)

Verf. schliesst aus sehr sorgfältigen Culturversuchen, dass „nicht der Schatten eines Beweises" vorhanden ist, welcher die Entstehung von Organismen in auf 100⁰—145⁰ erhitzten Infusionen annehmbar macht. (Nach Bot. Centralblatt 1880, I, S. 33.)

15. Waldstein, L. A contribution to the Biology of Bacteria. (Quarterly journal of microscopical science. New ser. 20, 1880, p. 190—201.)

Der Verf. hat die Versuche Dr. Bastians (On the conditions favouring fermentation and the appearance of *Bacilli, Micrococci* and *Torulae* in previously boiled fluids. Journal of the Linnean Society, Zoologie 1877) mit einigen Abänderungen wiederholt, ohne für die generatio aequivoca eintreten zu wollen. Er fand, dass bei 40—45⁰ C. in Retorten mit Urin, welche ein Zeitlang einer Temperatur von 100⁰ C. ausgesetzt gewesen waren, nach einem Monat noch keine Organismen zum Vorschein kamen, wohl aber nach 65—126 Tagen. Zusatz von Kalilauge zu dem Urin beschleunigte das Eintreten von Ammoniakentwickelung und das Erscheinen der Bacterien. Aehnliche Resultate erhielt W. mit Mayer'scher Nährlösung, in welcher das Ammoniumtartrat durch Urin ersetzt war. In einem aus stickstofffreier Nährlösung bestehenden Häugetropfen beobachtete er beim Ueberleiten von ammoniakhaltiger Luft das Auftreten von Stäbchen und Micrococcen, bei Absperrung derselben nur Micrococcen. Beim Ueberleiten von Luft, welche durch Flaschen mit etwas Carbolsäure, Essigsäure, Chlorwasserstoffsäure oder Campher gestrichen war, wurde die Entwickelung der Bacterien verzögert. Zusatz der genannten Körper zu Lösungen, welche zahlreiche schwärmende Bacterien enthielten, bewirkten weder eine merkliche Abnahme der Menge der letzteren, noch ein Aufhören der Bewegung.

16. v. Boehlendorff, H. Ein Beitrag zur Biologie einiger Schizomyceten. Inauguraldissertation. Dorpat 1880.

Verf. setzte hart gekochtes Eiweiss in einem Glase der Luft aus und liess sich Bacterien darin entwickeln, welche er dann zu anderen Versuchen benutzte. Er gelangte zu der Ueberzeugung, dass in einer und derselben Nährsubstanz erzogene Schizomyceten, wenn man sie später in verschiedene Nährlösungen bringt, sich nach der Natur dieser Lösungen verschieden entwickeln, und dass diese Verschiedenheit zusammenfällt mit den Verschiedenheiten in der Zersetzung der secundären Nährlösungen. (Nach Bulletin de la soc. bot. de France 1881, Rev. bibl., p. 11).

17. N. Schwartz. Einwirkung verschiedener Antiseptica und solcher Arzneimittel, welche bei Infectionskrankheiten angewendet werden, auf Bacterien. — Sitzungsberichte der Naturf.-Gesellsch. b. d. Univers. Dorpat, Band V, Heft 2, 1879. Dorpat 1880. S. 204—213.

Es wurde die Wirkung verschiedener Stoffe auf die Entwickelung, resp. Tödtung, der Tabaksinfusionsbacterien beobachtet. Die Versuche wurden genau nach der Methode von Buchholtz ausgeführt. Diese Methode ist ausführlich in Archiv f. experim. Pathol. und Pharmacol., Bd. 4, S. 1 beschrieben. Von der grossen Zahl der untersuchten Stoffe erwähnen wir folgende. Perubalsam (in 10procentiger Alkohollösung) und Styracin hinderten die Bacterienentwickelung beim Zusatz zur Nährlösung in dem Verhältniss 1 : 500. — Zimmtöl, Cassienöl, Nelkenöl, Zimmtsäure und Vanillin (alle in Form der 10procentigen Alkohollösung) tödten die Bacterien beim Zusatz 1 : 2000. — Pikrinsäure, welche neuerdings in Form von Pikrinwatte zum Verbinden von Wunden empfohlen worden ist, erwies sich überaus kräftig wirkend: selbst bei Verdünnung 1 : 15.000 tödtete sie die Bacterien und erst bei 1 : 20.000 wurde die Fortentwickelung der Bacterien constatirt. Borsalicylsaures Natron erwies sich energischer wirkend, als seine Bestandtheile Borsäure und Salicylsäure: es tödte sogar bei 1 : 5000 und selbst bei 1 : 10.000 scheint es noch starken Einfluss auszuüben (nach Buchholtz tödtet die Salicylsäure bei 1 : 312 und hindert die Entwickelung bei 1 : 666). Gallussäure wirkte bis zur Verdünnung 1 : 500; Tannin erwies sich wirksamer, namentlich noch bei der Verdünnung 1 : 1000 wurde die Fortpflanzungsfähigkeit der Bacterien beeinflusst. Chrysophansäure ist auch ein kräftiges Gift für Bacterien, welche sie bei 1 : 1000 tödtet, bei 1 : 1500 nicht mehr. Chloralhydrat wirkt auch sehr stark; selbst bei 1 : 2000 verhindert es vollständig die Entwickelung. Salicin und Chloroform erwiesen sich wirkungslos auf die Bacterien der Tabaksinfusion: sie vermehrten sich in den Nährflüssigkeiten sogar bei starken Zusätzen der genannten Stoffe. Aluminiumacetat wirkt recht stark ein; die Grenze der Wirksamkeit ist bei 1 : 5000 zu suchen. Bei der Borsäure lag die äusserste Grenze der Wirksamkeit bei 1 : 250, beim Borax 1 : 150. Arsensäure tödtet die Bacterien noch bei der Verdünnung 1 : 2000. Kaliumchlorat tödtet sie erst bei einer Concentration 1 : 50. Kaliumnitrat aber tödtet diese Bacterien selbst bei derselben Verdünnung 1 : 50 noch nicht. Jod ist sehr wirkend, sogar bei 1 : 5000 tödtet es die Bacterien.   Batalin.

18. **Croix, N. J. de la. Das Verhalten der Bacterien des Fleischwassers gegen einige Antiseptica.** (Inaug.-Diss., Dorpat 1880, 109 S.)

Die Arbeit des Verf.s schliesst sich den von Buchholtz, Haberkorn, Kühn u. a. in Dorpat ausgeführten Untersuchungen an. Dieselben machen auf die Unterschiede aufmerksam, welche die Bacterien in ihrem Verhalten gegen Antiseptica zeigen 1) je nach der Natur der Infusion, in welcher sie sich entwickelt haben, 2) je nach der Natur der Nährlösung, in welcher sie weiter gezüchtet wurden. C. beantwortet die Fragen nach der kleinsten Menge verschiedener Antiseptica, welche die Entwickelung von in Fleischwasser gezüchteten Bacterien in neuem Fleischwasser zu verhindern vermag; nach der Dosis des Giftes, welche in üppiger Entwickelung begriffene Bacterien tödtet, resp. in Ruhezustand versetzt; nach der Concentration des Antisepticums, bei welcher die in gekochtes oder ungekochtes Fleischwasser aus der Luft hineinfallenden Bacterienkeime sich nicht mehr entwickeln konnten. Die Wirkungen eines und desselben Antisepticums waren je nach der Versuchsform sehr verschieden. Der stärksten Concentrationen bedurfte es, um das Fortpflanzungsvermögen schon entwickelter Bacterien aufzuheben; etwas schwächerer, um die Entwickelung der in ungekochtes Fleischwasser hineinfallenden Keime zu verhindern; noch schwächere Concentrationen genügten meist, um in gekochtes Fleischwasser fallende oder aus Fleischwasser in Fleischwasser übertragene Bacterien fortpflanzungsunfähig zu machen. Die für die Tödtung resp. Ueberführung in den Ruhezustand gewonnenen Concentrationszahlen waren sehr schwankend.

19. **Meyer, H. Ueber das Milchsäureferment und sein Verhalten gegen Antiseptica.** Inaug.-Diss. Dorpat 1880, 66 S.

Nach einer Litteraturübersicht theilt Verf. seine Versuche mit, welche zu folgenden Resultaten führten. Das Milchsäureferment ist im Allgemeinen weniger widerstandsfähig gegen die *Antiseptica* als die Fleischwasser- und andere Bacterien, differirt aber in seinem Verhalten bedeutend von den ungeformten Fermenten. Das Ferment der spontanen Milchsäuregährung erscheint in Form von Doppelsphäroiden, 0.003—0.004 mm grossen, in der Mitte eingeschnürten, um die Einschnürungsstelle rotirenden Spaltpilzzellen, welche Kohlensäure produciren, Sauerstoff verbrauchen und bei 30—35⁰ C. sich am besten entwickeln. Dieselben gehen durch Pergamentpapier bei der Dialyse, ebenso durch Filtrirpapier. Durch *Antiseptica*, Siedhitze, den elektrischen Strom und Luftdruck (nach P. Bert, Naegeli, Voigt und Schulze) werden sie getödtet.

20. **Kosegarten. Einfluss des Kali chloricum und des Borax auf niedere pflanzliche Organismen**, untersucht rücksichtlich ihrer Anwendung beim Soor. (Schriften der Universität Kiel, Bd. XXV.)

21. **Gunning, J. W. Die Lebensfähigkeit der Spaltpilze bei fehlendem Sauerstoff.** (Journal für prakt. Chemie, neue Folge, Bd. 20, 1879, No. 20, S. 434—443.)

In einer früheren Mittheilung hat G. Versuche veröffentlicht, nach welchen fäulnissfähige Substanzen ohne Sauerstoffzutritt frisch bleiben, da der fäulnisserregende Organismus durch Sauerstoffmangel getödtet werde. Dem gegenüber hatte Nencki (ib. Bd. 19, 1879, S. 337) unter anderem geltend gemacht, dass die Anhäufung der Fäulnissgase — nicht der Sauerstoffmangel — den Fortschritt der Fäulniss in den von G. benutzten Gefässen verhindert habe. In der vorliegenden Arbeit berichtet G. über Versuche, welche diesen Einwurf widerlegen. Er schloss faulende Materien in Röhren mit Sauerstoff, Luft und Wasserstoff ein und fand, dass in der Röhre mit reinem Sauerstoff die Fäulniss am schnellsten vor sich ging, in der mit Luft etwas und in der mit Wasserstoff sehr viel langsamer. Der

Grad der Zersetzung wurde durch Schätzung des entwickelten Kohlendioxyds, Ammoniaks und der flüchtigen Säuren bestimmt. (Nach Journal of the Royal Microsc. Soc. III, 1880, p. 489—491.)

22. Nencki, M. Zur Biologie der Spaltpilze. 8⁰ mit 2 Tafl. u. versch. Holzschn. Leipzig, Barth 1880.

Eine Zusammenstellung von 4 Abhandlungen, welche bereits im 19. und 20. Bande des Journals für praktische Chemie erschienen sind. Die erste derselben „Ueber die Lebensfähigkeit der Spaltpilze bei fehlendem Sauerstoff" enthält Nencki's Einwürfe gegen Gunning (s. Ref. No. 21) und eine Darlegung seiner eigenen Ansichten über die Fäulniss. N. sieht in der Fäulniss der Proteïnsubstanzen einen der Alkoholgährung analogen Process, für welchen der Zutritt oder Ausschluss des Sauerstoffs gleichgiltig sei. So wie hier weiterhin der aus Zucker entstandene Alkohol durch die nur an der Luft vegetirenden Pilzformen zu Essigsäure und Kohlensäure und Wasser oxydirt werde, ebenso würden bei Luftzutritt die durch die Fäulniss gebildeten Fettsäuren, sowie gewisse Amidosäuren durch bestimmte Formen der Spaltpilze zu Kohlensäure, Wasser und Ammoniak verbrannt. Das Auftreten von Kohlensäure und Wasser schon in den ersten Stunden der Fäulniss von Proteïnsubstanzen an der Luft erklärt N. aus der gleichzeitigen Einwirkung der anaerobien Formen in der Tiefe der Flüssigkeiten und der Luftspaltpilze an der Oberfläche. Den Fäulnissvorgang im Dickdarm der Menschen und Thiere hält N. für den einfachsten Beweis der Anaerobiose der Fäulnissbacterien. Die Hemmung der Fäulniss durch die sich anhäufenden Fäulnissproducte illustrirt ihm das Verhalten der Eiteransammlungen im Organismus, welche durch fibröse Ablagerungen in undurchlässige Säcke eingeschlossen sind. Schliesslich betont der Verf. ausdrücklich, dass die die Fäulniss bewirkenden Microorganismen nicht allein im Darmrohr existiren, sondern auch in den lebendigen gesunden Geweben des Thierkörpers enthalten seien, dass aber die Lebensprocesse der Zellen ihre Weiterentwickelung und damit zugleich die Fäulniss verhinderten.

In der zweiten Abhandlung wird von N. gemeinschaftlich mit P. Giacosa die Frage erörtert: „Giebt es Bacterien oder deren Keime in den Organen gesunder lebender Thiere?" Nach Beibringung des Geschichtlichen zu dieser Frage beschreiben die Verff. die zur Lösung derselben ausgeführten Experimente. Innere Organe, wie Leber, Herz, Milz, Nieren, welche Thieren unter Phenolzerstäubung entnommen und luftdicht eingeschlossen worden waren, geriethen bei 40⁰ C. nach einem bis mehreren Tagen in Fäulniss und enthielten dann unzählige Spaltpilze. Bei Pancreas und Leber stellte sich die Fäulniss mit gleicher Präcision ein, wie an der Luft in offenen Gefässen.

Die dritte Arbeit ist die von Nencki und Schaffer „Ueber die chemische Zusammensetzung der Fäulnissbacterien" s. u. No. 43; in der vierten, von N. allein, wird „Die empirische Formel des Skatols" aufgestellt. Das Scatol wurde aus einem 5 Monate lang in einem lose zugedeckten Topfe bei Zimmertemperatur der Fäulniss überlassenen Aufguss von 8 Liter Brunnenwasser auf 2330 Gramm frisches Pancreas und 500 Gramm entfetteten Muskelfleischs gewonnen. (Nach Bot. Centralbl. 1880, I, S. 259—261.)

23. Szpilmann. Ueber das Verhalten der Milzbrandbacillen in Gasen. (Zeischr. f. phys. Chemie 4, 350.)

Gegen ozonisirten Sauerstoff verhalten sich die Milzbrandbacillen ganz anders als die Fäulnissbacterien; während letztere in ganz kurzer Zeit durch das Ozon zerstört werden (Grossmann und Mayerhausen), bleiben die Milzbrandbacillen nach mehrstündiger Behandlung mit ozonisirtem Sauerstoff vollkommen lebensfähig. Auch durch 5—8stündiges Durchleiten von Kohlensäure durch Milzbrandbacillen haltende Flüssigkeiten werden die Organismen nicht zerstört; dieselben gehen erst nach 24stündigem Verweilen in reiner Kohlensäureatmosphäre zu Grunde. (Nach Referat von Baumann. Ber. d. Deutschen Chem. Gesellsch. 1880, 2002.)

24. Frisch, A. Ueber den Einfluss niederer Temperaturen auf die Lebensfähigkeit der Bacterien. (Centralbl. f. d. med. Wiss. 1880, S. 473.)

Die in verschiedenen Fäulnissflüssigkeiten enthaltenen Microorganismen ertrugen eine Temperatur von — 100⁰ C. Milzbrandbacillen blieben auch entwickelungsfähig, schienen aber etwas von ihrer hohen Lebensenergie eingebüsst zu haben. (Nach Biedermann's Centralbl. f. Agriculturchemie 1880, S. 776.)

25. Reinke, J. Ueber den Einfluss mechanischer Erschütterung auf die Entwickelung der Spaltpilze. (Pflüger's Archiv f. d. ges. Physiologie, Bd. XXIII, 1880, S. 434—446.) ·

Verf. beleuchtet die Controverse zwischen Horvath und Naegeli über obigen Gegenstand und schildert dann eigene Versuche. Mittelst eines von ihm construirten Apparates liess er longitudinale Schallschwingungen auf Bacterien in Horvath's Nährlösung oder in einer verdünnten Lösung von Liebig'schem Fleischextract mit etwas Zuckersyrup einwirken. Er fand dabei, dass in der erschütterten Nährlösung sich die Spaltpilze weit langsamer entwickeln als in einer in Ruhe befindlichen Flüssigkeit. Völlig sistirt wurde ihre Vermehrung nicht. Die Temperatur in dem Schüttelgefässe erfuhr keine merkbare Steigerung. Den Schluss der Arbeit bilden theoretische Betrachtungen zur Analogie der Schall- und Lichtwirkungen etc.

26. M. Lapczinsky. Fundorte von Spirochaete plicatilis. (Der Arzt 1880, No. 22, S. 362, St. Peterburg [Russisch].)

Diese Bacterie wurde massenhaft in St. Petersburg im Schleime gefunden, welcher sich an den Wänden der Gefässe mit Wasser aus der Newawasserleitung bildet, wenn sie lange nicht gereinigt wurden. Diese *Spirochaete* wurde auch im Niederschlage in Karaffen mit Newawasser gefunden.   Batalin.

27. van Tieghem. Anatomie de la Moschatelline (Adoxa moschatellina). (Bulletin de la société botanique de France 1880, p. 282 – 285.)

Bei der Maceration des Rhizoms der *Adoxa* in Wasser hatte der Verf. Gelegenheit, ein eigenthümliches Verhalten des *Bacillus Amylobacter* zu beobachten. Während dieser Organismus in stärkereichen Geweben sonst nach Auflösung der Mittellamellen die Cellulose zerstört, ohne die Stärkekörner anzugreifen, löste er im *Adoxa*-Rhizom nur die Mittellamellen und durch die Tüpfel in die Zellen eingedrungen, die Stärke, um dann Sporen zu bilden.

3. Systematik und Entwickelungsgeschichte.

28. C. Bergonzini. Sopra un nuovo Bacterio colorato. (Ann. della Soc. dei Naturalisti in Modena XIV, p. 149. Modena 1880.)

Dem Ref. nicht zugänglich.   O. Penzig.

29. Eidam, E. Ueber die Entwickelung des Sphaerotilus natans Ktz. sowie über dessen Verhältniss zu Crenothrix und zu den Bacterien. (Verhandl. d. Bot. Ver. der Prov. Brandenburg, XXI. Jahrg. 1879. Erschienen 1880. Sitzungsber. S. 58.)

Im vegetativen Zustande stellt *Sphaerotilus natans* lange, farblose, in eine grosse Anzahl gleichdicker, mit gleichmässigem Plasmainhalt erfüllter Glieder getheilte Fäden dar. Jeder derselben steckt in einer farblosen Scheide, aus welcher seine einzelnen Zellen, deren Membranen starke Neigung zum Aufquellen und Verschleimen besitzen, oft streckenweise herausgeschoben werden. Die stets bewegungslosen Fäden vermehren sich gewöhnlich durch Zerfallen in zu neuen Fäden auswachsende Bruchstücke. Verf. beobachtete im Spätherbst eine andere Fortpflanzungsweise der Pflanze, welche darin besteht, dass die Zellen zahlreicher Fäden sich in Sporangien verwandeln. Die kleinen sphärischen Sporen können im Innern ihrer Mutterzellen Keimschläuche treiben, welche die Gallerthülle der verschleimenden Fäden durchbrechen. In anderen Fällen unterbleibt die Keimung der Sporen in den Fäden; „man findet sie dann nach erfolgter Auflösung der Sporangien massenhaft in Schleim eingebettet zusammengehäuft, ein Verhalten, in welchem sie von gewisser Bacterien-*Zoogloea*, von *Micrococcus* oder *Ascococcus*-Anhäufung, durchaus nicht unterschieden werden können". Es ist damit für *Sphaerotilus* der von Cohn und Zopf bei *Crenothrix* beschriebene *Palmella*-artige Zustand eingetreten. Diese Beobachtungen und die Thatsache, dass mehrere Bacterienspecies nach Art von *Leptothrix*-Fäden auswachsen können, zeigen, nach Eidam, die nahen Beziehungen, in welchen diese Pflanzen zu den eigentlichen Bacterien stehen; sie dürfen aber nicht voreilig verallgemeinert werden. Wenn Cienkowski behauptet, dass sämmtliche Bacterien von farblosen Fadenalgen, seinen „Bacterienbildnern" *(Cladothrix, Crenothrix,*

Leptothrix, Beggiatoa) abstammen, so hat er wahrscheinlich *Sphaerotilus* selbst oder eine diesem verwandte Alge mit ihrem Palmelleuzustand beobachtet.

30. **Eyferth, B. Zur Morphologie der niederen Pilze.** (Bot. Ztg. 1880, No. 40.)

Dem Verf. ist es nach seinen Beobachtungen zweifelhaft, ob zwischen als *Cladothrix dichotoma* Cohn bestimmten Fäden und *Sphaerotilus natans* Ktzg., wie ihn Eidam beschrieben hat (Sitzungsber. d. Bot. Ver. d. Prov. Brandenburg vom 25. April 1879), wirklich generische Verschiedenheit besteht. In solchen Flüssigkeiten, welche ein Uebermass von organischer Substanz enthalten, soll das von Cienkowski (zur Morphologie der Bacterien 1877) geschilderte Zerfallen der Fäden in Bacterien- und *Micrococcus*-artigen Zellen eintreten; in weniger über-füllten die Bildung und das seitliche Auswachsen von Sporen, welches ebenfalls Cienkowski und ausführlicher Eidam (l. c.) beschreibt. In noch reinerem Wasser endlich findet die Bildung der für *Sphaerotilus* beschriebenen stärkeren Scheiden statt, und zwar sowohl der von Eidam allein erwähnten hyalinen als auch der von Cienkowski als „Wände" bezeichneten gefärbten. Die Entstehung der letzteren wird eingehender beschrieben.

Der typische *Sphaerotilus natans* soll den Reinigungsprocess des Wassers sehr energisch vollziehen und übelriechendes sehr bald geruchlos machen. Ganz zerfallene Fäden schienen pathologische Zustände bei Infusorien zu bewirken.

31. **Neelsen, F. Studien über die blaue Milch.** Habil. Schrift. 8⁰. 86 S., 1 Tfl. Breslau 1880. (Auch in Cohns Beitr. zur Biologie der Pflanzen. 1880. III, 2, p. 187 ff.)

Siehe Bot. Centralbl. 1830, 2, S. 1649 - 1655.

32. **Om nogle mikroskopiske Planteorganismer. Et morfologisk og kritisk Studie. Af V. A. Poulsen.** (Videnskabelige Meddelelser fra Naturh. Forening i Kjöbenhavn 1879 – 80. p. 231 – 54.)

I. *Sarcinoglobulus punctum* V. A. P. Mit diesem Namen hat Verf. einen kleinen Organismus benannt, den er in verfaultem Tangschlamme, im Strande bei Kopenhagen Januar 1878 gesammelt, entdeckt hat. Die Pflanze kommt in sehr kleinen scharf contourirten, eigenthümlich geformten Klumpen vor, die sich bei starker Vergrösserung als aus zahlreichen überaus kleinen Zellen zusammengesetzt erwiesen haben. An kleineren Exemplaren sieht man, dass diese Zellen durch fortgesetzte Theilungen entstanden sind. Chlorophyll fehlt. Wässrige, sehr verdünnte Eosinlösung wird von den Zellen sehr begierig aufgenommen und diese dadurch dunkelroth gefärbt. Verf. meint, die Pflanze gehöre den bacterienartigen Wesen und sei am nächsten mit dem Genus *Sarcina* verwandt. Schliesslich eine lateinische Diagnose und Abbildungen der Pflanze.

II. *Clamydomonas uva* (O. F. Müll.) Cohn. Im Hinterende der Zelle findet sich eine grosse Sammlung etwas unregelmässiger, langartiger, annäherungsweise in Längsreihen geordneter Körner; dieselben zeigen Amylumreaction und werden als Stärkekörner auf-zufassen sein, trotzdem dass die Pflanze chlorophyllfrei ist. Im klaren körnchenfreien Vorder-ende der Zelle hat Verf. zwei schwach rosenrothe, pulsirende Vacuolen gefunden und ungefähr in der Mitte einen Zellkern. Die Zellen hat P. immer eiförmig gefunden. Gewisse in den Culturen vorkommende, kugelige, chlorophyllfreie Zellen mit deutlich doppelt contourirter Membran und ohne Stärkeinhalt, von Cohn als „protococcusartige" Ruhestadien der besprochenen Pflanze angenommen, werden vom Verf. als ein Cystenzustand von Amoeben angesehen. Wenn die Zellen durch sehr verdünntes Cyankalium langsam getödtet werden, beobachtet man unter anderen Symptomen, dass sich die Cilien allmählich in zwei dem Vorderende der Zellen angeheftete Protoplasmakugeln umwandeln. Folgt dann eine aus-führliche historische Auseinandersetzung, die mit einigen kritischen Bemerkungen über die von Dallinger und Drysdal gewonnenen Resultate abschliesst.

III. *Sarcina litoralis* sp. nov., in demselben Tangschlamme wie *Sarcinoglobulus* gefunden, wird lateinisch diagnosticirt und von Abbildungen erläutert. O. G. Petersen.

33. **Prazmowski, A. Untersuchungen über die Entwickelungsgeschichte und Ferment-wirkung einiger Bakterienarten.** Leipzig. gr. 8⁰. 55 S. 2 Tafeln.

Die Arbeit beginnt mit einem kurzen historischen Ueberblick und einer Darstellung der von P. angewandten Methoden. P. benutzte zu seinen Bacterienculturen als Substrat Stärke, gekochte Kartoffelstücke, gekochtes Hühnereiweiss, Lupinensamen etc., sowie Nährlösungen folgender Zusammensetzung: Auf 100 Th. aq. dest. 0.5 saures phosphorsaures Kali, 0.5 schwefelsaure Magnesia, 0.5 kohlensaures Ammoniak, 0.05 Chlorcalcium und 1 chemisch reines Dextrin oder Rohrzucker. Entsprechend zusammengesetzte Inulinlösung und die normale Bacteriennährflüssigkeit von Cohn waren dem Gedeihen der untersuchten Arten nicht günstig. Ein Theil der Resultate der Arbeit ist bereits früher (Bot. Ztg. 1879, S. 409—424) mitgetheilt werden. Vgl. Bot. Jahresber. 1879, S. 591, No. 17. Das Folgende enthält das neu Hinzugekommene.

1. *Bacillus subtilis* Cohn. Unter dem Namen versteht P. nicht ausser *Bacillus anthracis* alle Formen, welche in lange, dünne Fäden auswachsen können, sondern nur die von Cohn in gekochten Heuaufgüssen cultivirte und eingehend studirte Art. Er beobachtete in einer von ihm selbst construirten feuchten Kammer die Entwickelung des Organismus und giebt die erste ausführliche Darstellung seiner Keimung. Die Sporen fangen 1—1½ Stunden nach der Aussaat an, ihren Lichtglanz zu verlieren und anzuschwellen. Nach einer weiteren ½—1 Stunde sind alle blass und haben das Doppelte ihres Anfangsvolums erreicht. Ihr heller Hof und ihre dunklen Contouren sind verschwunden; dafür tritt an ihren beiden Polen ein halbmondförmiger Schatten auf. Dieses Aussehen behalten die Sporen bis zu der 1—2 Stunden später erfolgenden Auskeimung. Beim Herannahen derselben gerathen sie in eine zitternde Bewegung, während welcher sich seitlich, senkrecht zur Längsaxe der Spore, der Keimschlauch vorwölbt. Die entgegengesetzte Seite wird dabei nach innen eingebogen. Nach 10—15 Minuten ist das Stäbchen ausgeschlüpft und bleibt vorläufig ruhig neben der entleerten Membran liegen. Häufiger wird es noch vor Abstreifen der Sporenhaut zu einem gegliederten Faden. Die Stäbchen erlangen bei 35°C. in 20 Minuten doppelte Länge und spalten sich dann; bei 40° gingen sie in lebhafte Bewegung über. Bei Abschluss des Sauerstoffs starben die Stäbchen ab. Bei Eintritt der Sporenbildung haben sie ihre Beweglichkeit verloren; wie, nach P., alle aerobien Bacterien im Gegensatz zu den anaerobien im Zustande der Fructification unbeweglich sind. Die Sporen sind kleiner, als Cohn angiebt, welcher wahrscheinlich den dieselben umgebenden hellen Lichthof mit in Rechnung zog. Die mit Hilfe der feuchten Kammer studirte Entwickelungsgeschichte wurde durch Culturen im Grossen geprüft. Weder bei Luftzutritt noch bei Luftabschluss erwies sich *B. subtilis* als Gährungserreger. Die von Fitz (Berichte der Deutsch. Chem. Gesellschaft Bd. XI, S. 47 ff. und 1892 ff.) beobachtete anaerobie, dem *B. subtilis* isomorphe Form, welche Gährung veranlassen soll, ist P. nicht begegnet.

2. *Bacillus ulna*. Die Sporen wurden von P. unter der Schale eines Hühnereies gefunden.

3. *Clostridium butyricum* n. sp. ist das Ferment der Buttersäuregährung und zeichnet sich durch sein Verhalten zum Sauerstoff aus. Der letztere unterdrückt nach P. schon in minimalen Mengen die Keimung dieser Bacterie. Auch ihre Sporenbildung vollzieht sich „höchst wahrscheinlich" ohne Zuthun des Sauerstoffs.

4. *Clostridium polymyxa* n. sp. stimmt morphologisch und entwickelungsgeschichtlich mit *Cl. butyricum* überein, braucht aber zu seiner vollständigen Entwickelung, namentlich zur Sporenbildung und Sporenkeimung, freien Sauerstoff. Wenn nach erfolgter Keimung der Luftzutritt abgeschlossen wird, tritt Gährung ein, welche in Dextrinlösungen ziemlich schwach, in Aufgüssen von gekochten Kartoffelstücken oder Lupinensamen viel lebhafter verläuft. Höherer Gasdruck sistirt dieselbe, während *Cl. butyricum* einen solchen überraschend gut verträgt. Stärkeaufspeicherung in dieser Bacterie ist von der Anwesenheit von Stärke im Substrat abhängig. Weitere bei ihrer Cultur beobachtete Eigenthümlichkeiten sind ein häufiges Auftreten ungegliederter Fäden, welche jedoch normale Sporen bilden, und die Umbildung der Stäbchen und Stäbchenreihen in längere oder kürzere Ketten ovaler bis kugeliger Zellen, deren Glieder grossen Micrococcen ähneln. P. glaubt indess nicht an eine wirkliche Metamorphose des *Clostridium* in *Micrococcus*, sondern sieht in den Torulaketten eine eigenthümliche Zersetzungsform.

5. *Vibrio rugula* Müller. Ist wahrscheinlich anaerobie und zersetzt energisch Cellulose.

Der allgemeine Theil der Arbeit enthält zuerst Bemerkungen über die Zoogloeenbildung, welche nach dem Verf. durch fortgesetzte Zweitheilung eines einzelnen Stäbchens geschieht, dessen äussere Membranschichten zu einer Gallert aufgequollen sind. Die Bildung der Gallert scheint durch hinreichende Sauerstoffzufuhr und eine an Kohlehydraten reiche Nahrung begünstigt zu werden. Bei *Bacillus* wird die Entstehung der *Zoogloea* complicirt durch das Auswachsen der Stäbchengenerationen zu Scheinfäden, welche wieder zu Stäbchen zerfallen, die abermals zu Scheinfäden auswachsen Der zweite Abschnitt des allgemeinen Theils behandelt die Anatomie der Sporen. Sie verdanken ihren Glanz nicht einem besonderen Fettgehalt, sondern einer Verdichtung des Protoplasmas. Der Lichthof der Sporen ist eine auch anderwärts zu beobachtende optische Erscheinung, welche mit ihrer starken Lichtbrechung, z. B. vor der Keimung, schwindet.

Die „Schlussbetrachtungen nebst systematischen Bemerkungen" discutiren die Frage, ob und wieweit die Unterscheidungsmerkmale der Bacterien generischen oder specifischen Werth haben, und betonen nochmals, dass durch die vorliegende Arbeit dargethan sei, dass die Bacterien sich auf Grund der Morphologie und Entwickelungsgeschichte in natürliche Ordnungen gliedern lassen.

34. Thin, G. On Bacterium foetidum. An organism associated with profuse Sweating from the Soles of the Feet. (Proceedings of the Royal Society of London. vol. XXX, 1880, p. 473—478, mit 1 Tafel.)

Der üble Geruch des Fussschweisses kommt, nach Th., dem Schweisse während seiner Ausscheidung nicht zu, sondern entwickelt sich erst, wenn die ausser dem Schweisse auch Serum enthaltende Flüssigkeit von den Strümpfen aufgesaugt wird. In solchen feuchten Strümpfen fand Th. Micrococcen, welche er in humor vitreus aus Augen von Ochsen und Schafen bei 94—98⁰ F. rein cultivirte. Nach der Beobachtung vieler Einzelstadien schildert er die Entwickelung derselben. Zunächst scheinen sich die Coccen zu theilen. Dann treten an ihre Stelle keilförmige oder kahnförmige Körper, welche eins oder mehrere, mitunter ihre Stelle verändernde glänzende Kügelchen enthalten. Jene Körper sollen in Stäbchen übergehen, in deren Innerem sich neben den Kügelchen trübes Protoplasma unterscheiden lässt. In anderen, oft mehrgliedrigen Stäbchen ist der Inhalt homogen. Dieselben zerfallen später entweder in ihre Glieder oder verlängern sich zu Fäden, um dann Sporen zu bilden. Vor der Sporenbildung erfolgt zuweilen eine Theilung des Fadeninhalts in mehrere verschieden lange Stücke. Ob die Fäden mehrzellig sind, ist ungewiss.

In Rübenaufguss trat keine Sporenbildung ein. Alle Culturgläser zeigten den charakteristischen Geruch des Fussschweisses; doch nahm er von Generation zu Generation an Stärke ab. Als Analogon dazu theilte Lister dem Verf. mit, dass seinen Versuchen nach *Bacterium lactis*, wenn es in Urin gezüchtet wird, in den späteren Generationen seine fermentative Eigenschaft verliert.

35. Tieghem, M. Ph. van. Sur quelques Bactéries agrégées. (Bulletin de la société botanique de France 1880, p. 148—153.)

Verf. nennt „agrégées" Bacteriencolonien, deren aus einer Anfangszelle entstandene Glieder untereinander in so inniger Berührung stehen, dass sie wie verschmolzen oder durch eine gelatinöse Substanz zusammengekittet erscheinen. Die Colonien sind entweder nackt oder von einer resistenten Membran von gelatinösem Ansehen umgeben, welche nach jeder Theilung des Inhaltes sich ebenfalls theilt und so auch die Bekleidung der Tochtercolonien liefert. Die Theilungen der Muttercolonie können nach einer, nach zwei oder nach den drei Richtungen des Raumes erfolgen, wovon die Form abhängt, in welcher die Tochtercolonien wenigstens noch eine zeitlang vereinigt bleiben. Trennt man die Colonien, so bilden sich aus den zerstreuten Gliedern neue. Als Beispiele für nackte Colonien beschreibt der Verf. eine Anzahl von Arten zweier neuer Genera: *Polybacteria* mit stäbchenförmigen, und *Punctula* mit sphärischen Zellen. Dieselben fanden sich theils auf Pferdemistdecoct, theils auf faulenden Samen. Zu den mit Membran versehenen Formen gehört das Cohn'sche Genus *Ascococcus*, welches eine eingekapselte *Punctula*, und das neue Genus *Ascobacteria*, welches eine ebensolche *Polybacteria* darstellt. *Ascobacteria* kommt auf Flüssigkeiten vor, in denen Leguminosensamen faulten. Alle die genannten Bacterien sind aerobie und entwickeln in eiweisshaltigen Flüssigkeiten meist eine grosse Menge von Ammoniak. — In einer Schlussbetrachtung wird der Gedanke ausgeführt, dass das Verhalten der beschriebenen Formen geeignet sei die Auffassung der Zelle als einer unreducirbaren morphologischen und physiologischen Einheit zu modificiren.

36. v. Tieghem. Observations sur des Bactériacées vertes, sur des Phycochromacées blanches et sur les affinités de ces deux familles. (Bulletin de la société botanique de France 1880, p. 174—179.)

Verf. fand in Wasser, welches sich auf einem jungen *Polyporus* angesammelt hatte kleine, in der Mitte eingeschnürte Stäbchen von rein grüner Farbe. Dieselben waren in lebhafter Theilung mit sofortiger Trennung der Theilproducte begriffen, aber völlig unbeweglich. In reinem Wasser liess sich nach einigen Tagen im Innern einer grossen Anzahl der Stäbchen je ein stark lichtbrechender, rundlicher Kern constatiren. Der übrige Inhalt dieser Stäbchen war gelblich oder ganz farblos. Bei anderen war der Kern durch Resorbtion der Zellmembran frei geworden. v. Th. hält die Kerne für Sporen und nennt den beschriebenen Organismus *Bacterium viride,* Bildung und Keimung derartiger Sporen beobachtete er bei einer ähnlichen, von ihm als *Bacillus virens* bezeichneten Art. Dieselbe bildet etwas gelblich grüne Fäden, in deren Gliedern nach längerem Verweilen in der Dunkelheit unter Entfärbung die „Kerne" erschienen. Dieselben keimten mit einem dünnen septirten Faden, der am Licht bald ergrünte. Eine dem *Bacillus virens* verwandte Form ist das bereits 1852 mit seinen Sporen von Perty abgebildete *Sporonema gracile.* Gestützt auf das hier Mitgetheilte und auf Beobachtungen an einer farblosen *Spirulina* verwirft Verf. die Cohn'sche Nebeneinanderstellung der Bacteriaceen und Phycochromaceen. In beiden Gruppen kommen, meint er, chlorophyllfreie und chlorophyllhaltige Formen vor; bei den Phycochromaceen aber ist das Chlorophyll, wo es auftritt, mit Phycocyan gemischt, während es bei den Bacteriaceen rein erscheint. Ein weiterer Unterschied liegt in der Sporenbildung, welche bei den ersteren durch Uebergehen einer vegetativen Zelle in einen Dauerzustand, bei den letzteren endogen erfolgt.

36.a. Letzerich. Untersuchungen über die morphologischen Unterschiede einiger pathogener Schistomyceten. (Archiv für experimentelle Pathologie, Bd. 12, p. 351.)

S. Jahresbericht über die Leistungen und Fortschritte in der gesammten Medizin von Virchow und Hirsch., Jahrg. XV.

4. Spaltpilze bei Fäulniss- und Gährungsprocessen.

37. C. Bergonzini. Sul modo di agire di alcune cause che ritardano la putrefazione: studi sperimentali. („Lo Spallanzani", Ser. II, Anno IX, fasc. 7—8.) Modena 1880. 12 p. in 8⁰.

Dem Ref. nicht zugänglich.   O. Penzig.

38. Ciszkiewicz, Th. v. Ueber die Gährung des schleimsauren Ammoniaks. (In.-Diss. Bern, 8⁰, 14 S. Riga 1879.)

Nach den Versuchen der Verfasserin wurde schleimsaures Ammoniak, an der Luft bei 40⁰ C. digerirt, durch Spaltpilze nach 40tägiger Gährung fast vollkommen zu kohlensaurem Ammoniak verbrannt, während bei 15—20' C. ebenfalls unter Gegenwart von Spaltpilzen eine bisher unbekannte Gährung eintrat, die am ersten der schleimigen Gährung des Zuckers zu vergleichen war. In beiden Fällen wurden als Spaltungsproducte wesentlich nur Kohlensäure und Wasser erhalten. (Nach Bot. Centralblatt 1880, I, S. 163.)

39. Duclaux. Sur les ferments des matières albuminoides. (Comptes rendus h. des séances de l'Académie des sciences, t. 91, 1880, p. 731—734.)

Der Verf. hat die Käsebildung studirt und die Organismen, welche ihm bei dieser Arbeit begegnet sind, nach den Pasteur'schen Culturmethoden isolirt, um besonders ihr physiologisches Verhalten näher kennen zu lernen. Auf ihre morphologischen oder entwickelungsgeschichtlichen Unterschiede geht er nicht ein. Die Fermente der Eiweisssubstanzen sind, nach seinen kurzgefassten Mittheilungen, aerobie, anaerobie oder beides zugleich. In Milch cultivirt, verwandeln sie das Caseïn in lösliche Substanzen ähnlicher Zusammensetzung, und zwar üben die Aerobien diese Thätigkeit langsam und regelmässig aus, die Anaerobien unter Entwickelung von Kohlensäure und Wasserstoff, wobei ein Theil des letzteren zu Schwefelwasserstoff und Phosphorwasserstoff wird. Die letzteren müssen bei der Käsefabrikation ausgeschlossen werden. Ausser den genannten Producten findet man in den

Flüssigkeiten, in welchen jene Fermente gelebt haben, Alkohole, Oxalsäure, Ammoniaksalze von Fettsäuren, Ammoniumcarbonat, Leucin, Tyrosin und andere krystallisirbare Amide, darunter den Harnstoff. Dieselben Substanzen und dieselben Fermente können im Magen gefunden werden. Die Organismen nehmen hier an Zahl zu mit dem Fortschreiten des Verdauungsprocesses, bei dessen Beurtheilung sie also ebenso wie die von ihnen ausgeschiedenen löslichen Fermente zu berücksichtigen sind. Zu den letzteren gehören z. B. zwei, deren eines dem Lab des Kälbermagens analog ist, während das andere eine Art von Pepsin darstellt. Es verwandelt die abgerahmte Milch in wenigen Minuten in eine durchsichtige, homogene, uncoagulirbare Flüssigkeit von hellerer Farbe als die Molken.

Die Mittheilung des Verf. enthält keinerlei nähere Angaben über die von ihm angestellten Versuche.

40. **Fitz, A. Ueber Spaltpilzgährungen. VI. Mittheilung.** (Ber. der Deutschen Chem. Ges. 1880, S. 1309.)

Gährungsversuche mit Propionsäure und normaler Valeriansäure aus milchsaurem Kalk.

41. **Friedrich, J. J. Bacteria and Insect-Larvae.** (Am. Journ. Micr., V [1880], p. 34, from „Medical Record". Nach Journal of the R. Microscopical Society, 1880, p. 312.)

Verf. fand, dass Flüssigkeiten, welche faulende Fleischtheile und Pflanzen enthielten, nachdem sich Larven von Culex pipiens in ihnen entwickelt hatten, klar und geruchlos wurden. Er sieht in den Insectenlarven ein wichtiges Hilfsmittel zur Bewältigung septischer Processe.

42. **Karsten, H. Amyloid- und Fett-Hysterophymen.** (Zeitschr. des Allgem. Oesterr. Apotheker-Vereins 1880. Nach: Journal of the Royal Microsc. Soc. III, 1830, p. 1020.)

K. bespricht die chemische Zusammensetzung der *Torulae, Bacteria* und *Vibriones* und anderer Fäulniss- und Gährungserreger. Er hält sie nicht für selbständige Organismen, sondern für pathologische Zellformen. Ihre Bildung hängt, seiner Ansicht nach, ab von der Gegenwart einer gewissen, in Wasser löslichen, organischen Substanz mit Phosphorsäure und ihren Salzen und einem Mangel an Nährsalzen in der oberflächlichen Schicht des Substrats. Die Zufügung von Zucker zu einer butterhaltigen Nährflüssigkeit soll die Entwickelung der *Vibriones, Bacteria, Micro-* und *Di-Cocci* in *Torula*-Zellen verursachen.

43. **Nencki und Schaffer. Ueber die chemische Zusammensetzung der Fäulnissbacterien.** (Journ. f. prakt. Chem. Neue Folge, Bd. 20, 1879, S. 443—466.)

Die Bacterien wurden „durch Pancreassaft" theils in Gelatinelösung, theils in eine Lösung von schleimsaurem Ammoniak mit Zusatz mineralischer Nährstoffe ausgesäet und in grossen Mengen gezüchtet. Die Trockensubstanz der reifen Bacterien enthielt ungefähr 84 % Eiweiss und 6 % Fett. Die Verff. glauben, dass dieses Eiweiss („Mycoproteïn") eine eigenthümliche, durch ihre elementare Zusammensetzung von allen bisher bekannten Eiweissstoffen verschiedene Substanz sei, welche nur 14.7 % Stickstoff enthält. (Nach: Biedermann's Centralblatt für Agriculturchemie etc., 9. Jahrg., 1880, S. 319.)

44. **Salkowski, E. u. H. Weitere Beiträge zur Kenntniss der Fäulnissproducte des Eiweiss.** (Berichte der Deutschen Chem. Ges. 1880, S. 189.)

45. **Dieselben. Ueber die scatolbildende Substanz.** (Ib. p. 2002.)

Die beiden Artikel sind nur chemischen Inhalts.

46. **Greg. Tarasewitz. Wirkung des Chloralhydrates auf den Fäulnissprocess.**

Diese Angaben entnehmen wir aus der Dissertation „Zur Frage über die Heilung der Septicaemie mit Chloralhydrat (1880, St. Petersburg, 8°, 128 S.; russisch)", in welcher der Verf. experimentell nachweist, dass diese Verbindung bei der künstlich hervorgerufenen Septicaemie einen unzweifelhaften Einfluss ausübt: in einigen Fällen, bei starker Entwickelung des septischen Processes, schwächte es nur die Wirkung des septischen Giftes ab, in anderen leichteren Fällen beförderte es, die Entwickelung und die Höhe der Fieberparoxysmen verzögernd, dadurch das vollständige Heilen. Neben diesen und einigen anderen rein medizinischen Versuchen hat der Verf. einige Beobachtungen über die Wirkung des Chloralhydrates auf die Bacterien des Fäulnissprocesses gemacht. Für diese Versuche wurde die Pasteur'sche Flüssigkeit genommen, sorgfältig in Röhrchen gekocht und zu ihr 3 Tropfen des faulen Fleischaufgusses hinzugegossen, zu welchem aber 5—10—15 und 80 Minuten vor dem

Beginne des Versuches 1—2 % des Chloralhydrates beigemengt wurde; in andere gleiche Röhrchen mit derselben Flüssigkeit wurden auch 3 Tropfen des faulen Aufgusses, aber ohne Chloralhydrat, gegossen. An dem folgenden Tage erwies es sich schon, dass in den letzten Controlröhrchen die Entwickelung der Bacterien sehr rasch vor sich ging; in den anderen (mit Chloralhydrat) waren sie alle todt; dasselbe wurde auch nach Verlauf von 3 Tagen beobachtet. — Ebenfalls wurde die antiseptische Wirkung des Chloralhydrates auf den Gang der Fäulniss des Blutes und des Fleisches nachgewiesen. Beim Zusatze von $\frac{1}{2}$ g des Chloralhydrates zu 500 g des defibrinirten Blutes wurde die Fäulniss wenigstens eine Woche lang aufgehalten, — und erst nach Verlauf dieser Zeit trat die Fäulniss ein; beim Zusatze von 1 g Chloralhydrat zu 100 g von undefibrinirtem Blute (eigentlich 90 g Blut und 10 g Wasser) wurde die Fäulniss vollständig aufgehoben und im Laufe zweier Monate (Dauer des Versuches) vertrocknete die Flüssigkeit, keine Spur von Fäulniss zeigend.

Batalin.

47. **Wernich.** **Wirkung der Fäulnissproducte auf Spaltpilze.** (Aus „Virchow's Archiv für patholog. Anatomie" 78. Bd., S. 51; cit. in Biedermann's Centralbl. für Agr.-Chemie 1880, S. 224.)

Wichtig auch für die Phytopathologie kann die Ansicht des Verf., der nur die Krankheiten des menschlichen Körpers im Auge hat, werden, falls sich bestätigen sollte, dass die Fäulniss-Bacterien aus ihrem Eiweisssubstrat durch ihre eigene Thätigkeit ein Gift entwickeln, das ihre Weiterentwickelung beschränkt oder verhindert. Dadurch lässt sich die Thatsache erklären, dass nach einer gewissen Zeit in allen von Bacterien bewohnten Flüssigkeiten ein Aufhören des Bacterienlebens stattfindet, so dass dieselben die Fähigkeit verlieren, in frischen empfänglichen Nährflüssigkeiten neues Bacterienleben hervorzurufen. Baumann und Nencki haben auch gefunden, dass das bei der Fäulniss entstehende Phenol der Entwickelung der Bacterien schädlich sei. Verf. kam nun zu demselben Resultate mit folgenden Producten der Eiweissfäulniss: Phenylpropionsäure, Phenylessigsäure, Indol, Scatol, Krosol und Phenol.

Verf. spricht nun vermuthungsweise aus, dass gerade so wie die Bacterien durch ihren Stoffwechsel ihren eigenen Untergang einleiten, auch bei höher organisirten Pilzen dies der Fall sein könne, und dass man durch kleine Mengen dieser Gifte der Uebertragung gleichartiger Bacterien und Pilze vorbeugen könne. P. Sorauer.

5. Spaltpilze in Beziehung zu Krankheiten.

48. **Rosenthal, N. Darstellung und Kritik der verschiedenen Theorien über die Bedeutung gewisser niedrigster, pflanzlicher Organismen als Krankheitserreger.** Inaug.-Dissert. Berlin 1880.

49. **Zur Aetiologie der Infectionskrankheiten mit besonderer Berücksichtigung der Pilztheorie.** (Vorträge gehalten in den Sitzungen des Aerztlichen Vereins zu München im Jahre 1880, München 1881, gr. 8°, 432 S. mit Abb. u. Curventafeln.)

Die Vorträge erheben, laut der Einleitung, nicht den Anspruch, die einschlägigen Fragen erschöpfend zu besprechen, „dieselben beabsichtigen nur in referirender und kritischer Form den gegenwärtigen Standpunkt der Forschung zu fixiren und dadurch weitere Kreise anzuregen und zu belehren". Da neue Beobachtungen bezüglich der botanischen Seite des Gegenstandes kaum mitgetheilt werden, genügt es, die Titel der Vorträge anzuführen: I. R. Hartig. Ueber die durch Pilze bedingten Pflanzenkrankheiten. II. O. Bollinger. Ueber die Pilzkrankheiten niederer und höherer Thiere. III. H. Buchner. Ueber die Wirkungen der Spaltpilze im lebenden Körper. IV. F. Bezold. Ueber Otomykosis. V. Port. Zur Aetiologie des Abdominaltyphus. VI. J. Soyka. Ueber die Natur und Verbreitungsweise der Infectionserreger. VII. A. Weil. Die Pilze der Zahnkrankheiten. VIII. Oertel. Ueber die Aetiologie der Diphtherie. IX. H. Ranke. Zur Aetiologie der Diphtherie. X. Zur Aetiologie der Diphtherie. Discussion. XI. H. Buchner. Ueber die Bedingungen des Uebergangs von Pilzen in die Luft und über die Einathmung derselben. XII. M. v. Pettenkofer. Ueber Cholera und deren Beziehung zur parasitären Lehre. XIII. Aug. v. Rothmund. Ueber den gegenwärtigen Standpunkt der Lehre von den infectiösen Erkrankungen des Auges. XIV. O. Bollinger. Ueber Fleischvergiftung, intestinale Sepsis und Abdominaltyphus. XV. J. Kerschensteiner. Ueber infectiöse Pneumonie.

50. **Lewis, T. R. Les microphytes du sang et leurs relations avec les maladies.** Publié par J. L. Lanessan. Paris 1880. Avec 30 fig.
   Nicht gesehen.

51. **Parkin, J. Epidemiology or the remote cause of epidemic disease in the animale and in the vegetable creation.** 2 ed., Part. II. London 1880. 8⁰, 447 pag. With maps. cloth.
   Nicht gesehen.

51a. **Wolff, Max. Zur Bacterienlehre bei accidentellen Wundkrankheiten.** (Virchow's Archiv, Bd. 81, S. 193 u. 385.)

52. **Pasteur, L. De l'extension de la théorie des germes à l'étiologie de quelques maladies communes.** (Comptes rendus h. des séances de l'Académie des sciences 1880, t. 90, p. 1033—1044.)
   P. hat bei den Furunkeln, bei Osteomyelitis und beim Puerperalfieber besonders im Eiter Bacterien gefunden, welche er als Veranlasser der genannten Leiden ansieht. Er verfuhr in der Weise, dass er mit kleinen Portionen des Eiters oder anderer von dem erkrankten Körper ausgeschiedener Flüssigkeiten Hühnerbouillon oder Hefenwasser inficirte und die auftretende Bacterienvegetation untersuchte. Aus seinen Beobachtungen leitet er therapeutische Massregeln ab.

53. **Arndt, R. Beobachtungen an Spirochaete denticola, der Spirochaete des Zahnschleims.** (Archiv für pathologische Anatomie und Physiologie etc. h. von R. Virchow, Bd. 79, S. 76—86.)
   Verf. vertritt, gestützt auf einige Beobachtungen, die Ansicht, dass die *Sp. denticola* genannten Gebilde Zersetzungsproducte der Speichelkörperchen seien.

54. **Fräul. B. Bednjakow und Th. Ryndowsky. Spirochaeten im Speichel der Recurrenzkranken.** (Der Arzt 1880, No. 36, S. 591 [Russisch].)
   Bei den Kranken mit Recurrenztyphus wurden im Speichel die Spirochaeten gefunden, welche denen, die im Blute bei dieser Krankheit sich befinden, ähnlich waren. Andere Beobachter fanden sie hier nicht. Da Steinberg und Cohn im Schleime der Mundhöhle ähnliche Bildungen gefunden haben, so wurde der Speichel Gesunder und vieler verschieden Kranker auf ihr Vorhandensein untersucht doch wurden die Spirochaeten, welche bei Recurrenzkranken auftraten, in diesen Fällen nie gefunden, so dass man annehmen muss, dass die Spirochaeten nur dem Speichel der Recurrenzkranken eigen sind. Batalin.

55. **Guttmann, P. Zur Histologie des Blutes bei Febris recurrens.** (Archiv für patholog. Anatomie und Physiologie, h. von R. Virchow, Bd. 80, S. 1-9.)

56. **Platzer. Ueber Febris recurrens.** (Sitzungsberichte der Physikalisch-Medicinischen Gesellschaft zu Würzburg 1880, IX. Sitzung, S. XXXVIII.)
   Mycologisch interessant ist aus dem Vortrag nur die Bestätigung der Beobachtung, dass die Spirillen in dem Kranken entnommenem, in Glasröhren aufbewahrtem Blut sich länger lebend erhielten, als im Körperblut, wo sie nach wenig Stunden verschwinden. Auch wurde wieder beobachtet, dass spirillenfreies Blut, kurz vor dem Anfalle entnommen, Spirillen bekommt.

57. **Eberth, C. J. Die Organismen in den Organen bei Typhus abdominalis.** (Archiv für pathologische Anatomie u. Physiologie, h. von R. Virchow, Bd. 81, S. 58—73 m. 1 Taf.)
   Verf. fand in der Milz und den Lymphdrüsen Typhuskranker Micrococcen und Bacillen, letztere in mit der längeren Dauer der Krankheit abnehmender Zahl. Dieselben färbten sich im Gegensatz zu den Fäulnissbacillen im Blut und den „in den mortificirten Darmpartieen gelegenen Micrococcen und Bacillen" in Methylviolett und Bismarckbraun nur schwach; ein Verhalten, welches sie auch von den Organismen der Pyämie und Diphtherie unterscheidet.

58. **G. Tizzoni. Studi di patologia sperimentale sulla genesi e sulla natura del tifo addominale.** (Atti della R. Acc. dei Lincei, Anno CCLXXVII, p. 113–116, Roma 1880.)
   Verf. hat im Anschluss an die Letzerisch'schen Experimente verschiedene Versuche

angestellt, den Unterleibstyphus durch Injection von Ansteckungsstoffen auf gesunde Thiere zu übertragen. Dies ist ihm gelungen vorzugsweise mittelst Injection der in inficirtem Trinkwasser enthaltenen festen (nicht filtrirbaren) Substanzen, während die festen Körper, welche er aus inficirter Luft erhalten hat, keinerlei Resultat lieferten. Die microskopische Prüfung der alterirten Körpertheile zeigte constant die Gegenwart pflanzlicher Parasiten aus der Familie der Schizomyceten, „kleine gelbliche Kügelchen; stark lichtbrechend, mit lebhafter Bewegung und oft zu Ketten oder Rosenkränzen gruppirt". Diese Körperchen zeigten lebhafte Resistenz gegen Kalilösung (bis 36 %), Essigsäure, Chloroform. Ausserdem fanden sich (selten) ächte Mycelien mit kurzgliedrigen, dichotomisch getheilten Fäden und grössere Kugeln, welche Verf. für *Zoogloea*-Formen der eben geschilderten Parasiten hält.

Speciale Culturen hat Verf. mit diesen Organismen nicht anstellen können — überhaupt sind seine Angaben wohl mit Vorsicht aufzunehmen.   O. Penzig (Padua).

59. Cuboni e Marchiafava. Nuovi studi sulla natura della malaria. (Atti della R. Acc. dei Nuovi Lincei Ser. III, Trafunti Vol. V., fasc. 1, 1881, p. 19—21. [Seduta del 5. 12. 1880])

Nachdem schon im vorigen Jahre (s. Jahresber. 1879, I, 603) Tommasi-Crudeli und Klebs erwiesen, dass der *Bacillus Malariae*, welcher sich in grosser Menge im Wasser, im Boden und in der Luft inficirter Gegenden findet, den Grund zu den perniciosen Sumpf- fiebern abgebe, blieben doch noch viele Fragen in der Biologie des Spaltpilzes zu lösen übrig.

Lange Zeit konnte der Parasit nicht im Blute lebender Kranken constatirt werden, und erst neuerdings entdeckten die Verff. grosse Mengen davon auch zur Lebenszeit der Er- krankten. Der Grund zu den früheren negativen Resultaten liegt darin, dass das Blut zur Zeit der Fieberhitze gar keine *Bacillus*-Stäbchen enthält, sondern nur Sporen: zur Zeit der Fieber- kälte nur finden sich auch die typischen Stäbchen massenhaft im Blut.   O. Penzig.

60. Tommasi-Crudeli. Sulla preservazione dell' uomo nei paesi di malaria. (Transunti della R. Acc. dei Lincei Ser. III, Vol. V, fasc. 1, p. 22—24.) Roma 1880.

Dem Ref. nicht zugänglich.

61. Tommasi-Crudeli. Sulla malaria. (Ibidem, fasc. 1, p. 19—21.)

Dem Ref. nicht zugänglich.   O. Penzig.

62. Tommasi-Crudeli. Sulla distribuzione delle acque nel sottosuolo romano, e sulla produzione naturale della malaria. (Atti della R. Accademia dei Lincei [Class. fis. nat.], Ser. III, Vol. V.) Roma 1880.

Dem Ref. nicht zugänglich.   O. Penzig.

63. Corrado Tommasi-Crudeli. Il Bacillus Malariae nelle terre di Selinunte e di Campobello. (Atti della R. Accad. dei Lincei, Anno CCLXXVII.) Roma, Marzo 1880, p. 110—113.

Neuere Untersuchungen des Verf. an verschiedenen Erdproben aus fieberreichen Gegenden (von Selinus) in Sicilien bestätigen vollkommen die früher von demselben con- statirten Thatsachen in Betreff der Malaria-Infection und geben uns eine Bürgschaft für Exactheit seiner Angaben. Vier Erdproben aus verschiedenen Localitäten um Selinus wurden den früher erprobten Culturen unterworfen, auf welche einzugehen hier nicht Raum ist, und es resultirte, dass in allen zwar *Bacillus*-Sporen vorhanden waren, doch dass nur in den Proben aus den Sümpfen von Campobello und aus dem Alten Hafen von Selinus sich Bacillen entwickelten. Zum Theil wurden schon in der Erde selbst typische *Bacillus*- Stäbchen mit je einer Spore an jedem Ende und oft einer dritten in der Mitte des Stäbchens beobachtet; allgemein trat diese Erscheinung erst in den Specialculturen (in Gelatine, Urin etc.) auf, wo neben der Sporenbildung und dem Freiwerden derselben auch die Keimung beobachtet wurde. Auch die gegliederten Fäden, welche aus *Bacillus*-Stäbchen und Sporen zusammengesetzt sind, wurden hier ebenfalls wieder aufgefunden. Bemerkenswerth ist, dass in den von der Luft abgeschlossenen Culturen von *Bacillus* (in zugeschmolzenen Röhren) keine Sporenbildung eintrat.   O. Penzig (Padua).

64. Tommasi-Crudeli. Altri studi sulla natura della malaria. („L'Idrologia Medica", Anno II, No. 14, 15, p. 156—159.)

Verf. theilt die neuesten Resultate der eigenen Untersuchungen und der anderer Aerzte über den *Bacillus Malariae* mit. Die wichtigsten Ergebnisse sind in Kürze folgende:

1. Die Erde in den von Malaria heimgesuchten Gegenden ist reich an entwickelten *Bacillus*, oder enthält deren Keime, die sich in der Cultur leicht entwickeln und vermehren. 2. Die Uebertragung geschieht hauptsächlich durch die in der Luft suspendirten Bacillen, die sich auf jeder feuchten Oberfläche leicht in Menge absetzen. So gelang es Cuboni, dieselben zahlreich im Schweisse der in Malaria-Gegenden Weilenden aufzufinden. 3. Die Bacillen finden sich im Blute der Malaria-Kranken und der künstlich inficirten Thiere nur in der Invasions-Periode des Fiebers; zur Zeit der Acme sind nur Sporen aufzufinden. Wahrscheinlich beruht auf dem Wechsel zwischen Sporenerzeugung und Stäbchenbildung die Intermittens des Fiebers. 4. Auch durch Bluttransfusionen von kranken Thieren in gesunde kann die Krankheit eingeimpft werden.

Verf. stellt weitere Untersuchungen über den Gegenstand in Aussicht.　　O. Penzig.

65. **Majocchi, Domenico. Sul Bacillo del Mollusco contagioso.** (Atti della R. Accad. dei Lincei Ser. III [Transunti] Vol. V, fasc. 3, p. 77—79.) Roma 1880.

Bei der unter dem Namen „Molluscum contagiosum" bekannten Krankheit hat man (Dr. Angelucci 1879) schon seit einiger Zeit *micrococcus*-artige Körperchen in den erkrankten Geweben aufgefunden. Verf. hat nun diese „*Micrococcus Mollusci*" in Hausenblase cultivirt und zunächst rundliche, stark lichtbrechende Sporen, später vereinzelte Stäbchenbildung und schliesslich allgemeines Auftreten eines *Bacillus* constatirt, welcher von dem *Bacillus Leprae* Hansen und *Bacillus Malariae* Kl. Tomm.-Cr. morphologisch kaum abweicht.

Verf. giebt dem so erhaltenen *Bacillus* den Speciesnamen *B. Mollusci* und behält sich weitere Mittheilungen über Impfversuche etc. vor.　　O. Penzig.

66. **Ribbert, H. Eine microparasitäre Invasion der ganzen Gehirnrinde.** (Archiv für pathologische Anatomie und Physiologie, h. v. R. Virchow, Bd. 80, S. 505—506.)

Bei der Section eines 64jährigen Mannes, welcher 8 Tage vor seinem Tode durch einen Schlaganfall theilweise gelähmt worden war, fanden sich die Gefässe gewisser Hirnpartien mit stäbchenförmigen Microorganismen erfüllt.

67. **Pisarewsky, Th. Die niedrigsten Organismen des harten Schankers.** — „Der Arzt." 1880. No. 18--19, mit Holzschnitten. (Russisch.)

In den lymphatischen Gängen des syphilitischen harten Schankers hat der Verf. Organismen gefunden, nämlich in dem Zustande der *Zoogloea*, in Form von *Micrococcus*. Verschiedene Untersuchungen mit Reactiven, Anilinfarben und Ammoniumkupfer lassen keinen Zweifel darin, dass die fraglichen Bildungen die Organismen sind und nicht Zersetzungsproducte des organischen Ursprunges oder unorganische Körperchen. Die von Klebs gefundenen Stäbchen und Helicomonaden hat der Verf. nicht getroffen.　　Batalin.

68. **Hansen, G. A. Bacillus leprae.** (Archiv für pathologische Anatomie und Physiologie etc., h. von R. Virchow, Bd. 79, S. 32—42, mit Abb.)

Beobachtungen über das Vorkommen stäbchenförmiger Gebilde in den Aussatzknoten.

69. **Burdon-Sanderson, Duguid, Greenfield und Banham. Untersuchungen über den Milzbrand und ähnliche Krankheiten.** (Journ. of the Royal Agricultural Soc. of England, 2. ser., 16. Bd., 1. Theil 1880, No. 31, p. 267—273.)

Die beiden Erstgenannten hatten gezeigt, dass das Blut durch den Milzbrand getödteter Meerschweinchen auf Rinder übertragen zwar ernstliche Symptome hervorruft, die Thiere jedoch nicht tödtet. Die beiden letztgenannten Forscher bestätigen dies Ergebniss und dehnen es auf Impfungen mit der Milz eines am Milzbrand verendeten Schafes und mit der vierten Generation in Humerusflüssigkeit cultivirten Milzbrandpilzes aus. Die Verbreitung der Milzbrandbacterien geschieht nach Greenfield besonders durch den Harn, der eine sehr gute Nährflüssigkeit für dieselben sein soll. Greenfield und Banham constatirten weiter, dass Rauschbrand und eine im Zulukriege von Engländern beobachtete epidemische Pferdekrankheit durch Impfung übertragbar sind, dass aber nur bei der letzteren (Cape-Horse-sickness), die dem Milzbrand sehr ähnlich ist, Bacterien auftreten. (Nach Biedermann's Centralblatt f. Agriculturchem. 1880, S. 840.)

70. **Greenfield, W. S. Preliminary Note on some Points in the Pathology of Anthrax,** with especial reference to the Modification of the properties of the *Bacillus anthracis* by Cultivation and to the Protective Influence of Inoculation with a Modified Virus. Proceedings of the Royal Society of London, vol. XXX, 1880, p. 556—560)

Der Verf. giebt einen vorläufigen Bericht über seine Versuche bezüglich einer Schutzimpfung gegen den Milzbrand. Er fand, dass der Milzbrand Rindern künstlich mitgetheilt werden kann durch Impfung mit Blut oder Milz von Meerschweinen, welche an eingeimpftem Milzbrand gestorben sind; ebenso mit cultivirtem *Bacillus anthracis* aus den Säften einer Ratte. Diese so übertragene Krankheit verlief schwer, aber selten tödtlich für vorher gesunde Thiere. Die Ueberlebenden hatten sämmtlich späteren Impfungen gegenüber eine bedeutende Widerstandsfähigkeit oder gänzliche Immunität erworben, so dass auch grössere Mengen des Ansteckungsstoffes wirkungslos waren. Bei der Züchtung fortlaufender Generationen in humor aqueus verlor der *Bacillus* in jeder folgenden Generation etwas von seinen krankheitserregenden Eigenschaften, wie durch Impfungen von Mäusen dargethan wurde. Die morphologischen Charaktere des Pilzes blieben ungeändert. Die Versuche wurden bis zur neunzehnten Züchtung fortgesetzt.

71. **Greenfield. Bacterium Anthracis.** (Quarterly journal of Microscopical science. New ser. 20, 1880, p. 374—376.)

Abdruck eines Berichtes an die Royal Agricultural Society, in welchem G. mittheilt, dass er drei weitere günstig verlaufene Impfungen mit dem Milzbrandpilze ausgeführt hat. Eine ist mit der vierten Generation einer Cultur vorgenommen worden. Mit der 14. oder 15. Generation hofft G. selbst die sehr empfindlichen Mäuse ohne sie zu schädigen impfen zu können.

72. **Buchner, H. Die experimentelle Erzeugung des Milzbrandcontagiums aus den Heupilzen.** (Sitzungsber. der Kgl. Bayr. Akademie der Wissenschaften. Bd. X. 1880. Math.-Phys. Classe, S. 368—413.)

Verf. hat seine Untersuchung unternommen, um einen experimentellen Beweis für die Nägeli'sche Theorie von der functionellen Anpassung der Spaltpilze als Krankheitserreger zu liefern. Er beginnt seinen Aufsatz mit einer Vergleichung der Milzbrandbacterie und der Heubacterie. Unterschieden sind beide, ausser in ihrem Verhalten gegen Nährlösungen, dadurch, dass bei ruhender Nährlösung die Milzbrandbacterien stets am Boden in Form zarter Wolken vegetiren, während die Heupilze durch eine besondere Neigung und Fähigkeit zur Bildung fester und oberflächlich trockener Decken ausgezeichnet sind. Zur Beschaffung von Reinculturen des Milzbrandpilzes zerrieb B. kranke Milz, verdünnte mit viel Wasser und inficirte mit kleinen Portionen dieser Flüssigkeit Nährlösungen, wobei in die Mehrzahl der letzteren nur die gewünschten Bacterien gelangten. Theilweise unter Benutzung einer Vorrichtung, welche die Entfernung eines Theiles einer entwickelten Cultur und den Zutritt neuer Nährlösung zu dem Rest ermöglichte, ohne in der Luft schwebende Pilzkeime einzulassen, erzog der Verf. im Laufe eines halben Jahres etwa 1500 successive Generationen, nach deren Ablauf „die Umwandlung der Milzbrandbacillen in Heubacterien als vollendet angesehen werden musste". Die ersten 900 Generationen wurden in einer Lösung von 10 Theilen Liebig'schem Fleischextract und 8 Theilen Pepton in 100 Theilen Wasser cultivirt. Um eine gleichmässige Ernährung der Pilze herbeizuführen, bediente sich B. eines Schüttelapparates, welcher das Culturgefäss in constanter Bewegung erhielt. Impfungen mit der 1., 2., 3., 4. Pilzzüchtung erzeugten bei weissen Mäusen sämmtlich Milzbrand, während die mit den folgenden nur dann ein positives Ergebniss hatten, wenn grössere Impfmengen zur Verwendung kamen. Bei der 36. Züchtung war z. B. erst mit 10 cmm des am Boden des Culturgefässes abgesetzten Pilzbreies ein tödtlicher Milzbrand zu erzielen. Impfungen mit Bacterien aus der Milz der erkrankten Thiere ergaben stets wieder Milzbrand. Von der 100. Züchtung an (etwa der 700. Pilzgeneration entsprechend) zeigten die Pilze eine stets wachsende Neigung, sich an die Wände des geschüttelten Gefässes fest anzulegen, was bei unveränderten Milzbrandbacterien nie vorkam. Von der 900. Generation an ward daher nicht mehr geschüttelt, worauf die Bildung einer Decke eintrat, welche sich von den Decken der Heubacillen namentlich durch ihren lockeren und schleimigen Charakter unterschied. Die Individuen dieser Generation vegetirten, im Gegensatz zu den echten Milzbrandbacillen, auch in Heuaufguss, wenngleich nur schwach. Die nächsten 200 Generationen wurden in einer Fleischextractlösung gezüchtet. Nach Zurücklegung der 1100 Generation zeigten in Heuaufguss gebrachte Individuen reichliche Vermehrung und Deckenbildung. Die weiteren Züchtungen wurden daher in der letztgenannten Flüssigkeit vorgenommen. Sie ergaben endlich — nach im Ganzen 1500 Generationen — Pilze, welche vom Heubacillus in nichts unterschieden waren. Auch umgekehrt gelang dem Verf. die Ueberführung der Heupilze in Milzbrandbacterien. Wurden die durch Kochen des Heuaufgusses rein erhaltenen Heubacterien in eiweisshaltigen Flüssigkeiten unter Sauerstoffzufuhr gezüchtet und in die Peritonealhöhle injicirt, so erfolgte, wenn die Injectionsmenge gross genug war, der Tod des Versuchsthieres. *Derselbe wurde aber nicht durch Milzbrand veranlasst, sondern anscheinend durch toxisch wirkende Substanzen, welche, wie B. nach Versuchen mit ausgewaschenem Injectionsmaterial urtheilt, in den Heupilzen selbst enthalten sein mussten. Auch in Eiereiweiss, dann in defibrinirtem Blut aus der Carotis eines Kaninchens unter Schütteln bei Körpertemperatur cultivirte Heupilze lieferten keinen Milzbrand. Das Blut faulte nicht, sondern entwickelte nur Ammoniak. Es wirkte giftig, wenn die Züchtung schon 24 Stunden gedauert hatte. Bei beginnender Auflösung der Blutkörperchen wurde die Flüssigkeit gewechselt, so dass andere Spaltpilze, welche erst am zweiten oder dritten Tage nach der Aussaat der Heupilze im Blute auftraten, keine störende Einwirkung äussern konnten. Die einzige Veränderung, welche die Heupilze in den Blutculturen — schon von der ersten an — erlitten, bestand darin, dass sie in Fleischextractlösungen nicht mehr trockne, sondern schleimige Decken bildeten, wie die 900. Generation der ungezüchteten Milzbrandbacterien. Da B. vermuthete, dass der Mangel an Sporen, welche in dem geschüttelten Blute nicht zur Entwickelung gelangten, die Ursache des ungünstigen Erfolges der Impfungen sein könne, züchtete er solche in Fleischextractlösung durch Aussaat aus einer der Blutculturen und injicirte wechselnde Mengen des erhaltenen Absatzes unter die Rückenhaut von weissen Mäusen und Kaninchen. Die Thiere, welche 0.3 ccm und mehr Flüssigkeit erhalten hatten, starben an septischen Vorgängen, die anderen theilweise am Milzbrand. Günstigere Resultate wurden mit trockenem Impfmaterial erhalten und schliesslich gelang in jedem einzelnen Falle die Erzeugung des Milzbrandes mit einer Incubationsdauer von 4—6 Tagen.

73. **Buchner, H. Versuche über die Entstehung des Milzbrandes durch Einathmung.** (Sitzungsber. der Kgl. Bayr. Academie der Wissenschaften, Bd. X, 1880. Math.-Phys. Classe, p. 414—423.)

Verf. benetzte, um die natürlichen Verhältnisse nachzuahmen, verschiedene Staubarten, z. B. Holzkohlenpulver, Talkpulver, Zimmerstaub etc. mit einer die Sporen des Pilzes enthaltenden Flüssigkeit und liess sie nach dem Trocknen einathmen. Sporen wurden gewählt, weil die Stäbchenform der Milzbrandbacterien durch starkes Austrocknen ihre infectiöse Wirksamkeit verliert. In 24 Fällen — unter einer unbestimmten Anzahl — erfolgte bei je einmaliger $\frac{1}{4}$—$\frac{1}{2}$stündiger Einathmung von Kohlen- oder Talkspornpulver der Tod an Milzbrand nach Ablauf von 1—3 Tagen. Ausserdem hatte nur noch ein mit Sporen auf gebrannter Magnesia ausgeführter Versuch ein positives Resultat. Vom Verdauungscanal aus kann in diesen Fällen die Infection — etwa durch abgeleckte Sporen — nicht wohl erfolgt sein. Durch Fütterung mit Milzbrandstäbchen liess sich die Krankheit überhaupt nicht hervorrufen, durch Fütterung mit Sporen erst bei Anwendung grösserer Sporenmengen. Für die Frage nach dem Grunde dieses Unterschieds zwischen Stäbchen und Sporen ist es von Interesse, dass Koth von mit Stäbchen gefütterten Mäusen bei subcutaner Anwendung in kleiner Menge unwirksam war, in grösserer septische Processe verursachte, während der Koth von Mäusen, welche mit Sporen gefüttert worden waren, sehr leicht Milzbrand hervorrief. Ebenso wirkte der Inhalt der Mitte des Ileums einer Maus, welche Stäbchen gefressen hatte. B. sucht den entscheidenden Umstand in den Bedingungen des Durchtritts der Stäbchen resp. Sporen durch die Schleimhaut. Erwähnenswerth ist noch, dass in manchen der beobachteten Fälle der tödtliche Ausgang schon 24—36 Stunden nach der Einathmung der Sporen erfolgte.

74. Pasteur, L., Chamberland et Roux. Sur l'étiologie du charbon. (Comptes rendus h.
des séances de l'Académie des sciences, t. 91, 1880, p. 86—94.)

P. fütterte Schafe mit Luzernen, welche er mit Milzbrandbacterien enthaltendem
Wasser besprengt hatte, und fand, dass nur wenige der Versuchsthiere, bisweilen nach einer
Incubationsdauer von 8 oder 10 Tagen, am Milzbrand starben. Die Todesfälle liessen sich
durch Zumischung von stechenden Objecten, wie getrockneten Disteln und Gerstengrannen,
zu dem inficirten Futter vermehren. Da auch an spontanem Milzbrand zu Grunde gegangene
Thiere in Mund und Hals wohl durch dieselben Dinge verursachte Verletzungen zeigen,
scheinen die letzteren die Angriffsstellen der Bacterie zu sein. — Zur Beantwortung der
Frage nach der Herkunft der Krankheitskeime richtete P. sein Augenmerk auf die Stellen,
an welchen die todten Thiere eingescharrt wurden. Sowohl Erde aus der directen Umgebung
der Thiere als auch solche von der Erdoberfläche — in einem Falle über einer 2 m tief
vergrabenen Kuh — erwies sich noch nach 2 Jahren voll von Bacterien und infections-
tüchtig. Die Beobachtung, dass einige Zeit nach dem Tode milzbrandkranker Thiere die
Bacterien aus deren Körper verschwinden, ist für die Fälle richtig, in welchen jene beim
Todte nur Stäbchen enthielten. Die letzteren können nur in sauerstoffhaltiger Luft, nicht
aber in den sich in den verwesenden Körpern entwickelnden Gasen leben, während die Sporen
ihre Lebensfähigkeit auch hier behalten. Uebrigens ist auch den Stäbchen in den während
und nach dem Tode aus dem Thierkörper austretenden Flüssigkeiten Gelegenheit geboten,
in Berührung mit Sauerstoff zu gelangen. Der Transport der Bacterien an die Erdoberfläche wird durch die Regenwürmer besorgt, in deren Darmkanal sich Milzbrand- und
Fäulnissbacterien in Menge nachweisen lassen. Eine wichtige prophylactische Massregel
wäre demnach die, an Milzbrand gefallene Thiere nur an solchen Orten zu vergraben,
welche dem Gedeihen jener Würmer nicht günstig sind. Wünschenswerth in Bezug auf den
letzten Punkt erscheint eine Zusammenstellung der Localitäten mit oder ohne Milzbrand
mit Berücksichtigung ihrer Bodenbeschaffenheit.

Chamberland und Roux haben P. bei seinen Versuchen unterstützt.

**75. Toussaint. De l'immunité pour le charbon, acquise à la suite d'inoculations préven-
tives.** (Comptes rendus h. des séances de l'Académie des sciences, t. 91, 1880,
p. 135—137.)

Verf. sieht darin, dass die Milzbrandbacterie in den Geweben und dem Blute des
thierischen Körpers niemals Sporen bildet, sondern sich nur durch Theilung fortpflanzt,
einen Beweis dafür, dass sie dort nicht normal vegetirt. Das Blut speciell scheint der Vermehrung der Bacterie nicht günstig zu sein, denn Injectionen von Anthraxblut in die
Facialvene von 4 Schafen erzeugten keinen Milzbrand. (S. No. 77.)

76. Poincaré. Sur la production du charbon par les pâturages. (Comptes rendus h. des
séances de l'Académie des sciences t. 91, 1880, p. 179—180.)

Auf einer isolirt gelegenen Meierei starben mehrere Stücke Hornvieh am Milzbrand.
Durch Impfungen mit sumpfigem Wasser von ihrem Weideplatze liess sich die Krankheit
auf Meerschweinchen hervorrufen.

77. Toussaint. Procédé pour la vaccination du mouton et du jeune chien. (Comptes
rendus h. des séances de l'Acad. des sciences t. 91, 1880, p. 303—304.)

T. entnahm mit der Milzbrandbacterie inficirten Thieren im Moment des Todes
oder kurz nach dem Tode Blut, defibrinirte es durch Schlagen und filtrirte es durch Lein-
wand und Papier. So von Bacterien befreit, wurde es jungen Hunden und einem Schafe
inoculirt. Die meisten der Thiere zeigten nur leichte Krankheitserscheinungen und erwiesen
sich für die Folge gegen Milzbrand immun; ein Theil derselben aber ging zu Grunde. Un-
gefährlicher war die Impfung mit defibrinirtem Blut, welches T. 10 Minuten lang einer
Temperatur von 55° C. ausgesetzt hatte. Vier mit so behandeltem Blut von einem am
Milzbrand verendeten Thiere (Schaf) geimpfte Schafe überstanden zwei spätere Infectionen
ohne jedes Uebelbefinden.

78. Pasteur, L., Charbon et Septicémie. Sur l'étiologie des affections charbonneuses.
(Comptes rendus h. des séances de l'Acad. des sciences t. 91, 1880, p. 455—457).

Pasteur liess an einer Stelle, an welcher zwei Jahre früher eine am Milzbrand verendete Kuh 2 m tief vergraben worden war, 4 Schafe weiden. Eines derselben starb nach 7 Tagen am Milzbrand, während 4 Controlthiere, welche in einiger Entfernung weideten, gesund blieben.

Obigen Versuch theilt P. in einem Briefe an Dumas mit. Er fügt die Bemerkung zu, dass er auf Grund zahlreicher Experimente mit Toussaints Ansichten über die Identität der acuten Septicemie und der Hühnercholera nicht übereinstimme (s. Ref. No. 93).

79. **Pasteur avec la collab. de Chamberland. Sur la non-récidive de l'affection Charbonneuse.** (Comptes rendus h. des séances de l'Académie des sciences t. 91, 1880, p. 531—538.)

Der Verf. berichtet über Infectionsversuche mit der Milzbrandbacterie an 4 Kühen. 2 der Thiere überstanden die Krankheit und erwiesen sich für die Folge immun, eines erkrankte schon bei der ersten Infection nur ganz leicht und eines starb. Wie bei der Hühnercholera scheint somit auch bei dem Milzbrand eine zweimalige Erkrankung desselben Thieres nicht stattzufinden.

An obige Mittheilungen knüpft P. eine Zurückweisung der Chauveau'schen Vermuthung, dass die Verstärkung der Immunität der algerischen Schafe durch Impfung „Materien, welche der Vermehrung der Bacterien schädlich sind, zu verdanken sei". Nach P. beruht die Wirksamkeit der Schutzimpfung darauf, „dass der Organismus — als Culturmedium betrachtet — bei einem ersten Angriff der Krankheit unter dem Einfluss des Parasiten gewisse Eigenschaften (principes) verliert, welche der Lebensprocess nicht oder erst nach einer gewissen Zeit wieder herstellt (l. c. p. 315).

80. **Pasteur. Nouvelles observations sur l'étiologie et la prophylaxie du charbon.** (Comptes rendus des séances de l'Académie des sciences t. 91, 1860. p. 698—701.)

P. theilt einen Aufsatz des Baron von Seebach mit, welcher sehr eclatante Beispiele für die Uebertragung des Milzbrandes durch Erde und Futter von Stellen, an welchen gefallenes Vieh vergraben wurde, enthält. Weitere Experimente Pasteurs über denselben Gegenstand hatten die nämlichen Resultate wie seine früheren.

81. **Colin. Étiologie du charbon.** (Recueil, p. 72 ff. und p. 177 ff.)

Die dem Ref. nicht zugänglich gewesene Arbeit enthält eine Polemik gegen Pasteur. (S. Virchow und Hirsch, Jahresbericht über die Fortschritte und Leistungen in der ges. Medicin etc., XVI. Jahrgang, I. Bd., 2. Abth.)

82. **Chauveau, A. Nouvelles expériences sur la résistance des moutons algériens au sang de rate.** (Comptes rendus h. des séances de l'Académie des sciences, 1880, I, p. 1396—1400.)

Bericht über Impfversuche, welche die früheren Angaben des Verf. über die Immunität der algerischen Schafe gegen den Milzbrand bestätigen (s. Bot. Jahresber. 1879, S. 603, No. 42). Während 12 europäische Schafe alle nach der ersten Infection am Milzbrand starben, unterlagen von 40 algerischen Schafen bei wiederholten Infectionen nur acht.

83. **Chauveau, A. Des causes qui peuvent faire varier les résultats de l'inoculation charbonneuse sur les moutons algériens; iufluence de la quantité des agents infectants. Applications à la théorie de l'immunité.** (Comptes rendus h. des séances de l'Académie des sciences, 1880, t. 90, p. 1526—1530.)

Durch Einführung grosser Mengen des inficirenden Agens ist es, nach Ch., möglich, die Widerstandsfähigkeit der algerischen Schafe zu überwinden. Der Verf. sieht in diesem Umstand eine Schwierigkeit für die Pasteur'sche Theorie der Immunität und einen Beweis für seine eigene Ansicht, nach welcher die Immunität jener Thiere sich aus der Anwesenheit von der Bacterienentwickelung schädlichen Substanzen in deren Blut erklärt. Der Mangel der Pasteur'schen „Principes" würde einer grösseren Anzahl von Bacterien gegenüber erst recht zur Geltung kommen, während „die schädlichen Substanzen" nach Vernichtung einer gewissen Menge der Parasiten die übrigen sich ungehindert entwickeln lassen könnten. (S. bes. Ref. No. 79 und 85.)

84. **Chauveau, A. Nature de l'immunité des moutons algériens contre le sang de rate. Est-ce une aptitude de race?** (Comptes rendus h. des séances de l'Académie des sciences, t. 91, 1880, p. 33—86.)

Die Immunität der algerischen Schafe gegen den Milzbrand lässt sich durch Kreuzung

den europäischen Schafen mittheilen. Französische Schafe, welche in Algier leben, erwerben
diese Immunität nicht; ob die algerischen Schafe sie in Frankreich verlieren würden, ist
nicht festgestellt. Dass die Eigenthümlichkeit sich vererbt, hat Ch. durch Infection eben
geborener algerischer Schafe dargethan.

85. **Chauveau, A. Du renforcement de l'immunité des moutons algériens, à l'égard du
sang de rate, par les inoculations préventives. Influence de l'inoculation de la mère
sur la receptivité du foetus.** (Comptes rendus h. des séances de l'Académie des sciences,
t. 91, 1880, p. 148—151.)

Eine erste Impfung mit Anthraxblut bringt bei den algerischen Schafen eine meist
leicht verlaufende Krankheit hervor. Gegen weitere Impfungen werden die Thiere endlich
ganz unempfänglich. Wird ein Schaf in den letzten Monaten des Trächtigseins geimpft,
so erbt das Junge die von der Mutter erlangte Unempfänglichkeit. Da, nach Davaine, die
Bacterien aus dem Blute des Mutterthieres nicht in das des Foetus übergehen, folgert Ch.,
1. dass die directe Berührung eines thierischen Organismus mit den Bacterien nicht nöthig
ist, um diesen Organismus künftig für jene steril zu machen, und 2. dass die Impfungen
auf die Säfte selbst wirken, indem sie denselben Substanzen entziehen, welche die Bacterien
zu ihrer Entwickelung bedürfen, oder ihnen Materien beimengen, welche dieser Entwickelung
im Wege stehen.

86. **Chauveau, A. Sur la résistence des animaux de l'espèce bovine au sang de rate et
sur la préservation de ces animaux par les inoculations préventives.** (Comptes
rendus h. des séances de l'Académie des sciences, t. 91, 1880, p. 648—651.)

Der Verf. hat die auch von Pasteur anerkannte Widerstandsfähigkeit des französischen Rindviehs gegen den künstlich inoculirten Milzbrand constatirt, bemerkt aber zugleich,
dass die Häufigkeit der epizootischen Form der Krankheit bei dem Rindvieh etwas im
Widerspruch zu diesen Resultaten steht. In Algerien tritt neben dem charbon symptomatique
gerade unter dem Rindvieh der ächte Milzbrand tödtlich auf; ausser in Oran auch in den
Provinzen Constantine und Algier, wo er die Schafe nicht befällt. An acht Rindern hat Ch.
wiederholte Impfungen ausgeführt, welche seine und Pasteur's Beobachtungen über den
Einfluss einer ersten Impfung auf die folgenden bestätigen. In Erwiderung auf Pasteur's
Bemerkungen (l. c. p. 537, s. Ref. No. 79) führt er nochmals das früher schon l. c. (t. 90,
p. 1526—1530, s. Ref. No. 83) Mitgetheilte an.

87. **Chauveau, A. Étude experimentale de l'action exercée sur l'agent infectieux, par
l'organisme des moutons plus au moins réfractaires au sang de rate;** ce qu'il advient
des microbes spécifiques, introduits directement dans le torrent circulatoire par trans-
fusions massives de sang charbonneux. (Comptes rendus h. des séances de l'Académie
des sciences, t. 91, 1880, p. 680—684.)

Um die Frage nach der Art der Einwirkung des immunen thierischen Organismus
auf die Milzbrandbacterien zu beantworten, hat der Verf. zwei Reihen von Experimenten
ausgeführt. Er spritzte einerseits in die Adern von Thieren, welche mit natürlicher, durch
Schutzimpfung verstärkter Immunität begabt waren, 15 cc bis 70 cc frisches, stäbchenreiches
Anthrax-Blut und brachte andererseits durch subepidermale Infection nur geimpften Thieren
sehr kleine Mengen des Milzbrand erregenden Agens bei. Der vorliegende Aufsatz ist der
ersten Reihe von Versuchen gewidmet. Von den 8 Versuchsthieren erholten sich 2 wieder,
1 starb am Milzbrand, 1 an einer anderen, nicht benannten Krankheit und 4 gingen an
Meningitis, verursacht durch eine ganz locale Vermehrung der Bacterien in dem Gewebe
der Pia mater, zu Grunde. Nach den Untersuchungen Ch.'s verschwinden die Stäbchen bald
nach der Infection aus dem Blute, weil sie in dem Capillarnetz der Lungen und anderer
parenchymatöser Organe zurückgehalten werden. Nur in einem Falle, in welchem der Tod
sehr rasch eintrat, liessen sich im geronnenen Blut des Herzens einige Stäbchen nachweisen,
welche ihre Infectionskraft noch besassen. Wenn das Thier mehr als 3 Tage die Infection
überlebte, verschwanden die Bacteridien auch aus Lunge und Milz. Die einzige Stelle im
Organismus, welche das Leben der Bacterien unterhalten kann, scheint die Oberfläche des
Gehirns zu sein. Dort verlängern sich die Stäbchen unter Biegungen und bilden Sporen,
was im übrigen Körper erst nach dem Tode geschieht. (S. Ref. No. 75.)

88. **Arloing, Cornevin et Thomas.** **Sur l'inoculabilité du charbon symptomatique et les charactères qui le différencient du sang de rate.** (Comptes rendus h. des séances do l'Académie des sciences 1880. I, p. 1302—1305.)

Aus den Untersuchungen der Verff. ergiebt sich, dass der „charbon symptomatique" dem Rindvieh, nicht aber dem Esel, Pferd, Hund und Huhn eingeimpft werden kann. Die Ursache der Krankheit ist wahrscheinlich ein *Bacillus*, welcher sich im Muskel- und Binde-gewebe der Geschwülste, selten im Blute der Kranken findet und von *Bacillus anthracis* morphologisch und physiologisch verschieden ist.

89. **Dieselben.** **De l'inoculation du charbon symptomatique par injection intra-veineuse, et de l'immunité conférée au veau, au mouton et à la chèvre par ce procédé.** (Compt. rendus h. des séances de l'Académie des sciences, t. 91, 1880, p. 734—736.)

Die Verff. injicirten in die Iugularvene von Kalb, Schaf und Ziege mit destillirtem Wasser gereinigte Mengen der Bacterie des charbon symptomatique. Die Thiere bekamen keine Geschwülste, sondern zeigten nur vorübergehend geringes Fieber und Appetitlosigkeit. Es war gleichgiltig, ob das Infectionsmaterial von spontanen oder künstlich erzeugten Ge-schwülsten genommen wurde. Gegen spätere — nach 5, 8, 10, 15, 20 Tagen — Infectionen der Muskeln waren die Versuchsthiere unempfindlich. Die Immunität wuchs mit der Zahl der vorhergegangenen Injectionen. Gleichzeitig mit den letzteren ausgeführte Control-infectionen der Muskeln oder Gewebe riefen die gewöhnlichen Erscheinungen des charbon symptomatique hervor.

90. **Galtier.** **Inoculation de la morve au lapin; destruction de l'activité virulente mor-veuse par la desiccation; transmission de la morve par l'inoculation de la salive.** (Comptes rendus h. des séances de l'Académie des sciences, t. 91, 1880, p. 475—476.)

Fügen wir der obigen Ueberschrift hinzu, dass auch die Uebertragung der Rotzkrankheit (morve) vom Kaninchen auf den Esel gelang, so ist Alles gesagt, was das l. c. abgedruckte Resumé Bouley's über G.'s Arbeit hierher Gehöriges enthält.

91. **Pasteur, L.** **Sur les maladies virulentes, et en particulier sur la maladie appelée vulgairement choléra des poules.** (Comptes rendus h. des séances de l'Académie des sciences. 1880, t. 90, p. 239—248.)

Als Einleitung giebt P. einige historische Bemerkungen über den Sturz der Liebig'-schen Ansicht über die virulenten Krankheiten durch seine Forschungen und über die Litteratur der Hühnercholera. Er beschreibt dann diese Krankheit und theilt die bisherigen Resultate seiner Untersuchungen über dieselbe mit. Die Krankheit wird, wie Toussaint 1879 feststellte, durch eine Bacterie verursacht, welche P. in einer neutralisirten Abkochung von Hühnerfleisch rein cultivirte. In einem wässrigen Decoct von Bierhefe ging der in Rede stehende Organismus zu Grunde, während andere Bacterien, z. B. *Bacillus anthracis*, in derselben Flüssigkeit sich sehr üppig entwickelten. Impfversuche zeigten P., dass der Parasit bei Meerschweinchen nicht wie bei Hühnern und Kaninchen Allgemeinerkrankung, sondern nur locale Affectionen (Abscesse) erzeugte. Successive Culturen des Virus ergaben keine Schwächung desselben, wohl aber liess sich eine solche auf einem anderen Wege, welchen P. noch nicht angiebt, erreichen.

92. **Pasteur, L.** **Sur le choléra des poules;** études des conditions de la non — récidive de la maladie et de quelque autres de ses charactères. (Comptes rendus h. des séances de l'Académie des sciences 1880, t. 90, p. 952—958.)

Impfversuche in grossem Massstabe an Hühnern mit dem abgeschwächten Virus der Hühnercholera zeigten P., dass der Grad der Immunität mit der Zahl der Impfungen wächst, wobei es gleichgiltig ist, ob die Infection mit dem unveränderten Virus an der geimpften Körperstelle oder anderswo erfolgt. Die Wirkung der Impfung sieht P. darin, dass der eingeimpfte Organismus während seiner Entwickelung dem Körper die Substanzen entzieht, welche ihn zu einem geeigneten Nährsubstrat für den ungeschwächten Krankheitserreger machen. Der letztere wird hierdurch ausser Stand gesetzt, den Kampf mit den lebenden Zellen des Thierkörpers erfolgreich aufzunehmen. Die Annahme, dass der Organismus des Impfstoffs während seiner Entwickelung Materien ausscheide, welche die Wirkung des Krankheitserregers beeinträchtigen, wird durch die Ergebnisse eines Culturversuchs unwahrscheinlich gemacht. Wenn man eine im leeren Raum abgedunstete künstliche Cultur der Bacterie mit Nährlösung auffüllt, zeigt sie sich wieder völlig für die Entwickelung jener geeignet, was nicht der Fall sein könnte, wenn sie ein Gift für den Parasiten enthielte.

93. **Toussaint, H. Identité de la septicémie expérimentale aiguë et du choléra des poules.** (Comptes rendus h. des séances de l'Académie des sciences, t. 91, 1880, p. 301—303.)

Verf. behauptet auf Grund von Impfversuchen die Identität der Hühnercholera und der künstlich hervorgebrachten acuten Septicämie.

Durch Impfungen mit etwas fauligem Blut am Milzbrand gestorbener Thiere soll bei Kaninchen Septicämie, bei Hühnern Hühnercholera, bei Meerschweinchen, Schafen und Hunden Milzbrand hervorgerufen werden. In den beiden ersten Fällen hätten die Fäulnissbacterien den Milzbrandpilz verdrängt, im letzten wäre der umgekehrte Process vor sich gegangen.

94. **Pasteur, L. Expériences tendant à démontrer que les poules vaccinées pour le choléra sont réfractaires au charbon.** (Comptes rendus, h. de séances de l'Académie des sciences, t. 91, 1880, p. 315.)

Wenn man Flüssigkeiten, in welchen die Bacterie der Hühnercholera einige Tage gelebt hat, abfiltrirt und dann von neuem mit demselben Organismus infizirt, so erweisen sie sich für diesen steril. Nach zahlreichen Experimenten P.'s bieten sie auch dem Erreger des Milzbrandes kein passendes Substrat. Hühner, welche für die Cholera geimpft sind, müssten also — wenn P.'s Theorie der Impfung richtig ist — auch gegen Milzbrand unempfänglich sein. In der That ist dies nach den — bisher freilich noch wenig zahlreichen — Experimenten des Verf.s der Fall.

95. **Pasteur, L. De l'atténuation du virus du choléra des poules.** (Comptes rendus h. des séances de l'Académie des sciences t. 91, 1880, p. 673 — 680.)

Im Anschluss an seine früheren (l. c. t. 90) Aufsätze theilt P. seine Beobachtungen über das Verhalten des Virus der Hühnercholera in successiven Culturen in Bouillon von Hühnerfleisch mit. Wenn man das Material zu einer Cultur der vorhergehenden Cultur entnimmt, so bemerkt man, je nach der Länge der Zeit, welche zwischen den beiden Culturen liegt, Constanz, Abnahme oder gänzliches Aufhören der Virulenz. Verstreichen von der ersten bis zur zweiten Aussaat nur einige Wochen, so tritt noch kein Unterschied in der Wirksamkeit des Virus hervor, lässt man aber Monate vergehen, so nimmt die Zahl der Todesfälle unter den inficirten Thieren bis zum Verschwinden ab. Morphologische Veränderungen des Krankheitserregers beobachtete P. nicht. Bei successiven Culturen mit geringen Intervallen erhielt sich die Virulenz der Cultur, von welcher ausgegangen wurde, unverändert. Die Ursache ihrer Abnahme glaubt der Verf. in der Einwirkung des Sauerstoffs auf das Aussaatmaterial gefunden zu haben. Letzteres gab wenigstens, wenn es in geschlossenen Röhren aufbewahrt ward, auch nach 10 Monaten noch Culturen von ungeschwächter Virulenz. Um dies zu zeigen, waren die Culturen, welche das Aussaatmaterial liefern sollten, in Röhren angelegt, deren Oeffnungen zugeschmolzen und erst kurz vor der Aussaat wieder geöffnet wurden.

96. **Bollinger, 0. Untersuchungen über die Uebertragbarkeit des Rauschbrandes.** (Milchzeitung, 8. Jahrg. 1879, No. 12, S. 156.)

Verf. hat die Krankheit vom Rinde auf Schafe, Ziegen, Ratten und Mäuse übertragen. Im Blut der erkrankten Thiere fanden sich 5 Microm. lange, um ihre Längsachse rotirende Stäbchen. Auch der Schlamm und Unrath der Rauschbrandlocalitäten, in welchem dieselben Stäbchen auftraten, wurde zu erfolgreichen Infectionsversuchen benutzt. (Nach Biedermann's Centralblatt für Agriculturchemie 1880, S. 311.)

97. **Feser. Beobachtungen und Untersuchungen über den Rauschbrand im Jahre 1879.** (Deutsche Zeitschrift für Thiermedicin, S. 371, 1880.)

Die Arbeit ist eine Fortsetzung des Berichts über die Thätigkeit der oberbayrischen Milzbrandversuchsstationen. Die Untersuchungen F.'s beziehen sich 1. auf den Rauschbrand, 2. Versuche mit Alpenweidobjecten, 3. Grundwasserbeobachtungen im Milzbrandbezirke Lenggries. Der Spaltpilz des Rausch- und Kälberbrandes hat keine Luft zur Existenz und Multiplication nöthig; die Luft vermindert nach längerer Einwirkung die Giftigkeit des Pilzes und hebt sie schliesslich ganz auf. In den Sümpfen der Milzbrandalpen finden sich in ungeheurer Menge Spaltpilze, welche morphologisch mit denen des Rausch- und Milzbrandes identisch sind; doch blieben von 43 Impfversuchen 36 ohne positives Resultat. 7 Versuchsthiere starben, darunter 3 am Rauschbrand, 1 am Milzbrand. Ein Zusammenhang zwischen Grundwasser und Milzbrand war nicht nachzuweisen. (Nach Jahresbericht über die Leistungen und Fortschritte in der gesammten Medicin von Virchow u. Hirsch, XVI. Jahrg., I. Bd., II. Abth.)

98. **May. Der Milzbrandrothlauf der Schweine und seine Verhütung.** (Fühling's Landw. Zeitung 1880, S. 141.)

Enthält nichts von mycologischem Interesse.

99. **Eberth, O. J. Zur Kenntniss der Mycosen bei Thieren.** (Archiv f. pathol. Anatomie u. Physiologie, h. v. R. Virchow, Bd. 80, S. 311—314 mit 1 Taf.)

E. fand bei einem seit 6 Stunden todten Papagai namentlich in Leber und Blut grosse Mengen von Micrococcen, welche den bei croupöser Conjunctivitis und Pharyngitis der Hühner auftretenden glichen.

100. **Tichomirow. Zwei Bacterien, welche die Epidemie bei Periplaneta orientalis verursachen.** — Reden und Protoc. d. VI. Versamml. Russ. Naturf. in St. Petersburg 1879. St. Petersburg 1880, Seite 7 (Russisch).

Die erste ist identisch mit der Pebrine-Bacterie, die andere ist dem *Bacterium Lineola* Cohn ähnlich, aber unbeweglich, — wesshalb der Verf. sie als neue betrachtet — *Bacterium periplanetae* sp. nov. Die Krankheit spricht sich aus in Trägheit, Durchfall und in der Atrophie aller inneren Organe; diese zweite Form kommt hauptsächlich im Fettkörper vor und bedingt die nach dem Tode eintretende Anschwellung abdominis. Batalin.

101. **Prillieux. Sur la coloration et le mode d'alteration de grains de blé roses.** (Annal. d. scienc. nat., 6. serie Bot., t. 8., p. 248.)

Bei allen Weizenarten kommen manchmal Körner von röthlicher Farbe vor. Die Färbung erscheint äusserlich, liegt jedoch nicht in der Frucht oder Samenhaut, sondern in der Kleberschicht. Gewöhnlich ist die Mittelschicht des Pericarps getrennt und emporgehoben. Auch die darunter liegende Schicht transversal gestreckter Zellen, welche nach aussen in Folge einer Volumenverminderung des Kornes vorgewölbt erscheinen. Am intensivsten, und zwar über den ganzen Querschnitt tritt die Färbung an Körnern von glasigem Weizen auf; bei den mehligen Varietäten ist die purpurröthliche Farbe meist nur auf die Kleberschicht und auf den Umkreis von Höhlungen beschränkt, welche sich in der Mitte der röthlichen Körner bilden. Die Färbung wird auf den Schnitten unter dem Microskop nur bei Anwendung von Oel oder Glycerin erhalten, während sie bei Wasser bald verschwindet. Die stärkeführenden Zellen sind farblos; der Embryo dagegen oft sehr intensiv gefärbt und namentlich dessen Gefässbündelanlagen. Man sieht somit, dass sich die Färbung auf die stickstoffhaltige Substanz beschränkt. Die Höhlung, welche sich oft durch die ganze Länge des Kornes hinzieht und an dieselbe grenzt, welche äusserlich durch die Furche des Getreidekornes sich kenntlich macht, ist von transparent erscheinendem Gewebe umgeben, das an das noch normale, undurchsichtige, mit Stärke erfüllte grenzt. Die mit Jod sich gelb färbende transparente Zellschicht wird nach dem Innern der Höhle zu von einer wolkigen, oft in warzenartigen Vorsprüngen auftretenden Bacterienmasse ausgekleidet. Die Bacterien scheinen der Gattung *Micrococcus* (Cohn) anzugehören, die in kugeligen einfachen oder Zwillingssamen, sowie in ovalen Gestalten anzutreffen ist.

Unter der Einwirkung der Bacterien werden die Stärkekörner gelöst; sie werden kleiner, ohne wie bei der Keimung Risse und radiale Spalten zu zeigen, ohne in unregelmässige Stücke zu zerfallen. Die Lösung erfolgt lediglich von aussen, indem die Contouren buchtig werden und wie ausgenagt erscheinen. Die Bacterien greifen die Stärke im Allgemeinen früher an, als das Gluten, das an Stelle der verschwundenen Amylumkörnchen nur Höhlungen in seiner Masse zeigt. Schliesslich lösen sich auch die Zellwände, indem sie quellen und vergallerten, wobei sie aber ihre Cellulosereaction beibehalten.

Die Micrococcen dringen von aussen durch die Furche in das Korn; am Grunde derselben findet man den Hauptherd der Corrosion. P. Sorauer.

E. Algen.

Referent: Askenasy.[1])

Diesem Bericht wurde ein etwas verändertes System zu Grunde gelegt, das mit den neueren Ansichten über Systematik der Thallophyten besser als das früher angewandte harmoniren dürfte. Der Name Rhodophyceae statt Florideae wurde gewählt, weil er den Namen der anderen Abtheilungen analog gebildet ist. Es erschien dann zweckmässig, die Rhodophyceae in 2 Unterabtheilungen zu trennen, deren erster, die Hauptmasse der hierher gehörigen Algen enthaltend, der Name Florideae beigelegt wurde; die Bangiaceae bilden die zweite Unterabtheilung. Unter den Phaeozoosporeae wurden auch die Cutleriaceae und Tilopterideae mit einbegriffen.

Uebersicht der Eintheilung des Referats:

I. Allgemeines. a. Systematik, Morphologie, Physiologie, b. Geographische Verbreitung, c. Sammlungen.

II. Rhodophyceae. a. Florideae, b. Bangiaceae.

III. Phaeophyceae. a. Fucaceae, b. Phaeozoosporeae, c. Dictyotaceae.

IV. Chlorophyceae. a. Characeae, b. Confervoideae, c. Siphoneae, d. Protococcoideae, e. Conjugatae.

V. Cyanophyceae.

I. Allgemeines.

a. Morphologie, Physiologie, Systematik.

1. De Bary. Zur Systematik der Thallophyten. (Ref. S. 330.)
2. Gobi. Grundzüge einer systematischen Eintheilung der Gloeophyten. (Ref. S. 332.)
3. Bennett und Murray. Terminology and Classification of Thallophytes. (Ref. S. 333.)
4. Falkenberg. Die Algen im weitesten Sinne. (Ref. S. 333.)
5. Brandt. Ueber das Zusammenleben von Thieren und Algen. (Ref. S. 334.)
6. Entz. Ueber die Natur der „Chlorophyllkörperchen" niederer Thiere. (Ref. S. 336.)
7. Schaarschmidt. Ueber activen und passiven Endophytismus. (Ref. S. 337.)
8. Klein. Die Krystalloide der Meeresalgen. (Ref. S. 337.)
9a. Berthold. Die Befruchtungsvorgänge bei den Algen. (Ref. S. 337.)
9b. Westermaier. Ueber die Wachsthumsintensität der Scheitelzelle und der jüngsten Segmente. (Ref. S. 337.)
10. Allary. Analyses d'algues marines. (Ref. S. 338.)
11. Nathorst. Ueber fossile Algen. (Ref. S. 338.)
12. Dodel-Port. Illustrirtes Pflanzenleben. (Ref. S. 338.)
13. Farlow. Marine Algae of New England. (Ref. S. 339.)
14. Nordstedt. Ueber die Namen der Algae exs. Rabenhorst's. (Ref. S. 341.)
15. Magnus. Botanik und Bernstein. (Ref. S. 341.)
16a. Pap. Die Pflanzenwelt des Meeres. (Ref. S. 341.)
16b. Clarke. The Common Sea-Weeds of the British Coast. (Ref. S. 341.)
16c. Hervey. Sea Mosses. (Ref. S. 341.)

b. Geographische Verbreitung.

17. Wollny. Die Meeresalgen von Helgoland. (Ref. S. 341.)
18. Hempel. Algenflora von Chemnitz. (Ref. S. 341.)
19. Cienkowski. Algen des Weissen Meeres. (Ref. S. 332.)
20. Foslie. Neue arktische Meeresalgen. (Ref. S. 343.)
21. Grönlund. Islands Flora. (Ref. S. 343.)
22. Schaarschmidt. Algae Romaniae. (Ref. S. 343.)
23. Kanitz. Plantae Romaniae. (Ref. S. 343.)

---

[1]) Die Abtheilung der Bacillariaceen ist von Herrn Pfitzer bearbeitet.

24. **Holmes.** Algae new to Britain. (Ref. S. 343.)
25. **Gobi.** Algen des Finnischen Meerbusens. (Ref. S. 343.)
26. **Roux.** Liste d'Algues d'Alger. (Ref. S. 343.)
27. **Wolle.** American Fresh Water Algae. (Ref. S. 343.)
28. **Schaarschmidt.** Specimen Phycologiae aequatoriensis. (Ref. S. 343.)
29. **Farlow.** Algae of Kerguelen. (Ref. S. 344.)
30. **Padrao.** Algae marinae method. enumeratae. (Ref. S. 344.)
31. **Puiggari.** Kryptogamen von Apiahy. (Ref. S. 344.)
32. **Schnyder.** Algas y hungos. (Ref. S. 344.)

c. Sammlungen.

33. **Farlow.** Anderson and Eaton. Algae Am. bor. exs. (Ref. S. 344.)
34. **Kerner.** Flora exsiccata Austro-Hungarica. (Ref. S. 344.)

II. Rhodophyceae.

a. Florideae.

35. **Solms Laubach.** Die Corallinenalgen des Golfs von Neapel. (Ref. S. 352.)
36. **Falkenberg.** Ueber Florideen. (Ref. S. 344.)
37. **Sirodot.** Absorption chez les organismes végétaux inferieurs. (Ref. S. 352.)
38. **Hempel.** Ueber Chantransia. (Ref. S. 352.)
39. **Rischawi.** Ueber die Stichidien und Antheridien von Dasya elegans. (Ref. S. 352.)
40. **Ardissone.** Caso anormale di fructificazione nelle Floridee. (Ref. S. 353.)
41. **Derselbe.** Nota sullo Spermothamnion torulosum. (Ref. S. 354.)
42. **Greenish.** Ueber die in Fucus amylaceus vorkommenden Kohlenhydrate. (Ref. S. 354.)

b. Bangiaceae.

III. Phaeophyceae.

a. Fucaceae.

43. **Bergendahl.** Ueber Kuntze's Revision von Sargassum. (Ref. S. 354.)
44. **Grève.** On the floating power of the Fuceae. (Ref. S. 354.)
45. **Mollet.** On the structure of Hormosira. (Ref. S. 354.)

b. Phaeozoosporeae.

46. **Berthold.** Die geschlechtliche Fortpflanzung der eigentlichen Phaeosporeen. (Ref. S. 354.)
47. **K.** Ueber die geschlechtliche Fortpflanzung der Phaeosporeen. (Ref. S. 356.)
48. **Agardh.** Till Algernes Systematik. (Ref. S. 356.)
49. **Areschoug.** Beskrifning pa ett nytt algslägte Pelagophycus. (Ref. S. 357.)
50. **Farlow.** Note on Laminarieae. (Ref. S. 357.)
51. **Wollny.** Ueber die Fruchtbildung von Chaetopteris plumosa. (Ref. S. 357.)

c. Dictyotaceae.

52. **Agardh.** Ueber die Systematik der Dictyotaceen. (Ref. S. 357.)

IV. Chlorophyceae.

a. Characeae.

53. **John.** Die Zellkerne von Chara foetida. (Ref. S. 357.)
54. **Zacharias.** Ueber die Spermatozoiden. (Ref. S. 358.)
55. **Sanio.** Gefässkryptogamen und Characeen der Flora von Lyck. (Ref. S. 358.)
56. **Derselbe.** Zahlenverhältnisse der Flora Preussens. (Ref. S. 358.)
57. **Müller.** Characées genévoises. (Ref. S. 358.)
58. **Groves H. et J.** On Chara obtusa. (Ref. S. 358.)
59. **Dieselben.** Notes on British Characeae. (Ref. S. 358.)
60. **Ascherson.** Beitrag zur Flora Aegyptens. (Ref. S. 358.)
61. **Allen.** Characeae of America. (Ref. S. 358.)

b. Confervoideae.

62. **Dodel-Port.** Ueber geschlechtliche Befruchtung einiger Chlorophyceen. (Ref. S. 358.)

63. **Kirchner.** Ueber die Entwickelungsgeschichte einiger Chaetophoreen. (Ref. S. 359.)
64. **Geddes.** On Variegation and Cell-Multiplication in Enteromorpha. (Ref. S. 360.)
65. **Wright.** On Blodgettia confervoides. (Ref. S. 360.)
66. **Kirk.** New Species of Cladophora. (Ref. S. 360.)
67. **Mac Hughes.** On the transport of fine mud etc. by Conferva. (Ref. S. 360.)
68. **Wille.** Ueber Ruhezellen bei Conferva. (Ref. S. 360.)

c. Siphoneae.

69. **Farlow.** Ueber Codiolium gregarium. (Ref. S. 362.)
70. **Derselbe.** Ueber Vaucheria Thuretii. (Ref. S. 362.)
71. **Holmes.** On Codiolum gregarium. (Ref. S. 362.)
72. **Munier-Chalmas.** Observ. sur les algues calcaires confondues avec les Foraminifères. (Ref. S. 362.)

d. Protococcoideae.

73. **Cooke.** British Palmellaceae. (Ref. S. 363.)
74. **Klebs.** Beiträge zur Kenntniss niederer Algenformen. (Ref. S. 363.)
75. **Schaarschmidt.** Chlorochytrium in Siebenbürgen. (Ref. S. 367.)
76. **Wright.** On a new genus and species of unicellular Algae. (Ref. S. 367.)
77. **Wills.** On the structure and life history of Volvox globator. (Ref. S. 367.)
78. **Girardet.** Ueber Pandorina. (Ref. S. 368.)
79. **Cohn.** Ueber Haematococcus pluvialis. (Ref. S. 368.)
80. **Rostafinski.** Ueber den rothen Farbstoff einiger Chlorophyceen. (Ref. S. 368.)
81. **Simony.** Ueber schwarzen Schnee. (Ref. S. 368.)
82. **Croft.** Occurence of red snow. (Ref. S. 368.)
83. **Geddes.** Ueber Chlamydomyxa labyrinthuloides. (Ref. S. 368.)

e. Conjugatae.

84. **Cooke.** Notes on British Desmids. (Ref. S. 368.)
85. **Archer.** New-Zealand Desmidieae. (Ref. S. 369.)
86. **Cooke.** On some Desmids new to Britain. (Ref. S. 369.)
87. **Wolle.** American Fresh Water Algae (Desmidieae). (Ref. S. 369.)
88. **Schaarschmidt.** Die Theilung des Closterium intermedium. (Ref. S. 369.)
89. **Hempel.** Ueber Copulation von Closterium Pritchardianum Arch. (Ref. S. 369.)

V. Cyanophyceae.

90. **Schaarschmidt.** Zur Morphologie des Chlorophylls und des pflanzlichen Zellkerns. (Ref. S. 369.)
91. **Bornet et Grunow.** Mazaea. Nouveau genre des Cryptophycées. (Ref. S. 370.)
92. **G.** Ueber Schwärmsporen bei Merismopoedia. (Ref. S. 370.)
93. **Coppinger.** Oceanic Phenomenon. (Ref. S. 370.)

I. Allgemeines.

a. Morphologie, Physiologie, Systematik.

1. **De Bary.** Zur Systematik der Thallophyten. (Bot. Ztg. 1881, Sp. 1—17, 33—36.)

Die Darstellung des Verf.'s sucht zuerst die grösseren Abtheilungen zu umgrenzen und dann die Coordination derselben festzustellen.

Als erste grosse natürliche Abtheilung der Thallophyten findet man eine grosse Gruppe, welche in der Hauptsache Thuret's Chlorosporeen entspricht, nämlich die gesammten chlorophyllgrünen Thallophyten oder Algen mit polysymmetrischen Zoosporen- und Zygosporen- oder Oosporenbildung. Mag man den Aufbau des Thallus oder die Art der sexuellen Befruchtung ins Auge fassen, immer findet man die extremsten Formen durch intermediäre mit einander verbunden. Innerhalb dieser Gruppe nehmen bestimmte eibildende Familien insbesondere der Coleochaeteen und Oedogonieen die höchste Stelle ein, insbesondere auch deswegen, weil sie sich durch ihren Entwickelungsgang der höher gegliederten Bryophyten-gruppe unverkennbar nähern; sie lassen sich aber in ebenso ungezwungener Weise durch mehrere Mittelstufen an einfacher organisirte Formen anknüpfen. Nur zweierlei Gruppen machen einige Schwierigkeit. Die im Bau des Thallus mit vielen isogamen Formen (Siphoneen) übereinstimmende Gattung *Vaucheria* steht mit ihren hoch differenzirten Sexualorganen unvermittelt neben oder über ihnen. Ihre Stellung im System muss daher gegenwärtig noch eine provisorische sein. Verf. glaubt, dass vielleicht fernere Untersuchungen sie durch Ver-mittelung von *Derbesia* näher an die Oedogoniieen anschliessen werden, wofür in der Zoosporenstructur einige Andeutung enthalten ist. Die andere schwierig unterzubringende Gruppe sind die Conjugaten. Verf. glaubt, dass sie sich nach ihrem Entwickelungsgange nahe an die mit Zoogameten versehenen einfachen Chlorosporeen wie *Ulothrix* anschliessen. Intermediäre Formen sind hier indessen nicht bekannt, höchstens könnte *Zygogonium* einiger-massen dafür gelten.

Die zweite Hauptgruppe der Thallophyten wird von den Melanospermeen Harvey's gebildet. Sie setzt sich aus Thuret's Phaeosporeen, Cutleriaceen (nebst Tilopterideen Thur.) und den Fucaceen zusammen, die mittlere Gruppe bildet namentlich in Bezug auf die Befruchtung den Uebergang zwischen den beiden andern. Drittens stellen die Florideen mit den Porphyren, Bangien und marinen Chantransien als einfachsten Gliedern eine fest geschlossene Gruppe dar. Die Dictyotaceen mögen ihnen einstweilen zugezählt werden, doch bleibt deren Stellung aus bekannten Gründen vorläufig einigermassen unsicher.

Allgemein als wohlumgrenzt anerkannte Gruppen bilden ferner 4. Thuret's Crypto-phyceae, d. h. die Nostocaceae im weitesten Sinne nebst den Chroococcaceen, denen nach den heutigen Kenntnissen die Schizomyceten sich direct anreihen, 5. die Diatomaceae, 6. die Characeen. 7. Eine in sich fest zusammenhängende Gruppe stellen bei eingehender Ver-gleichung die Pilze dar, und zwar mit Ausschluss der Schizomyceten und Myxomyceten, aber mit Einschluss der Flechten, sämmtliche als Pilze herkömmlich bezeichnete Gewächse. 8. Die Myxomyceten stellen, was man auch sonst von ihnen denken mag, jedenfalls auch eine sich scharf abhebende Gruppe dar.

Was die Coordination der Gruppen anbetrifft, so stellen die grösseren derselben, nämlich die Chlorosporeen, Phaeosporeen, Florideen und Pilze je eine von Formen einfacheren zu solchen höheren Entwickelungsganges aufsteigende Reihe dar. Jede dieser Reihen ist in sich geschlossen; keine kann in eine der anderen eingeschaltet werden ohne gewaltsame, willkürliche Zerreissung der letzteren, sie laufen mehr oder weniger divergent neben einander hin. Von den vier genannten Reihen besitzen die Chlorosporeen allein einen Anschluss nach oben, indem durch die Oedogonieen und Coleochaeteen der Anschluss an die Bryophyten vermittelt wird, von wo aus durch die Pteridophyten und Gymnospermen hindurch der Uebergang zu den angiospermen Blüthenpflanzen geschieht. Die anderen drei Reihen haben nach oben keinen Anschluss, ihre höchst entwickelten Glieder sind absolute Endglieder. Diese drei Reihen sind allerdings nicht ohne Verwandtschaft mit der Hauptreihe und speciell den Phaeosporeen, der Anschluss an diese kann aber nach dem früher Gesagten nur durch die unteren Glieder vermittelt werden. Die einfachsten Formen der Phaeosporeen, also *Ectocarpus* und Verwandte sind schon durch den Bau der Schwärmzellen, durch das Auftreten des Phycoxanthins etc. von den Chlorosporeen gesondert, eigentliche Uebergangs-formen kennt man nicht. Jedoch kommen diese einfachsten Phaeosporeen gewissen Chloro-sporeen-Gruppen *(Stigeoclonium, Chroolepus, Cladophora)* in jeder Hinsicht so nahe, dass eine directe gegenseitige, wirkliche Verwandtschaft unverkennbar ist. Hier würde also der Anschluss zu suchen sein. Die einfachsten Florideen, wie *Bangia, Chantransia corymbifera* Nemalieen, sind in der vegetativen Gliederung den einfachsten Chlorosporeen und Phaeosporeen ähnlich und schon mit relativ hoch differenzirten Sexualorganen versehen. Ihr Anschluss an andere Reihen wird daher dort zu suchen sein, wo sich die entsprechenden Differenzirungen zeigen. Nun schliesst sich der Entwickelungsgang von *Coleochaete* dem der einfachen Florideen unmittelbar an. Somit kann man sie hier anschliessen und annehmen, dass sie sich neben den Coleochaeteen als besondere Reihe von der Chlorosporeen-Gruppe abzweigen.

Für die mit den Ascomyceten und Uredineen endigende Hauptreihe der Pilze muss der Anschluss bei den eibildenden Chlorosporeen (*Oedogonium, Cylindrocapsa* etc.) gesucht werden. *Monoblepharis* Cornu, *Pythium* und *Peronospora* sind die hier zunächst sich anschliessenden Pilzformen, von denen aus sich die übrigen Pilze herleiten lassen. Nur für die Chytridien und die an sie wahrscheinlich anzuknüpfende mit den Ustilagineen endigende kleine Reihe ist noch genauer zu untersuchen, ob sie nicht vielleicht eine von den übrigen Pilzen zu sondernde und den isogamen Chlorosporeen anzuschliessende Gruppe bilden. Doch ist nach dem gegenwärtig bekannten der Anschluss an die Peronosporeen und Saprolegnieen mehr angezeigt.

Die Characeen machen in Bezug auf ihre Stellung im System besondere Schwierigkeiten. Man hat schon öfters sie nach oben an die Bryophyten anschliessen wollen, Verf. findet die dafür angeführten Gründe alle an den Haaren herbeigezogen und unzutreffend. Aber auch der Anschluss nach unten ist unsicher. Verf. hält wegen der hohen Differenzirung der Sexualorgane die Vaucherien von allen bekannten Formen als den Characeen am nächsten stehend, doch bleibt der Abstand zwischen beiden auch bei alleiniger Berücksichtigung der Sexualorgane ein sehr grosser und nimmt noch beträchtlich zu, wenn der vegetative Aufbau mit berücksichtigt wird.

Unsicher ist auch die Stellung der Diatomeen im System, die Copulationserscheinungen und der ganze Entwickelungsgang zeigen unverkennbare Verwandtschaft mit den Conjugaten an. Doch sind keine Intermediärformen bekannt.

Eine sehr isolirte Gruppe bilden auch die Schizosporeen (Cohn), d. h. Phycochromalgen und Schizomyceten. Nach dem, was neuerdings über die sexuelle Fortpflanzung der Bangiaceen bekannt geworden ist, hält Verf. es nicht für möglich, sie mit Cohn als den niedersten Abschnitt der Florideengruppe zu betrachten. Weit näher liegt der Gedanke, einen Anschluss der einfacheren Schizophyten an die einfachsten Chlorosporeen zu suchen, von welchen sich jene etwa als selbständige Reihe abzweigen würden, welche ihr oberes nicht weiter anschliessendes Ende in den Rivularieen hätte.

Der Anschluss der Myxomyceten, der nur innerhalb der Pilzgruppe stattfinden könnte, wird vom Verf. als zur Zeit völlig ungewiss nicht näher besprochen. Die Ansichten des Verf. werden in einer Tabelle in anschaulicher Form näher dargelegt. Der übrige Theil des Aufsatzes enthält eine Kritik der Systeme von Cohn, Sachs, Eichler und Winter.

2. Gobi. Grundzüge einer systematischen Eintheilung der Gloeophyten (Thallophyten Endl.). (Bot. Ztg. 1881, S. 489—501, 505—518.)

Verf. giebt am Schlusse seines Aufsatzes eine kurze Zusammenfassung seiner Ansichten, die wir hier wörtlich mittheilen:

1. Der Name Thallophytae ist für die niedrigste Pflanzenclasse (Algen, Pilze incl. Lichenen) gar nicht bezeichnend, daher sollte er auch nicht beibehalten, sondern durch den mehr bezeichnenden Gloeophytae ersetzt werden. (Letzterer Name weist darauf hin, dass die Zellmembran der hierher gehörigen Pflanzen die Fähigkeit besitzt, leicht aufzuquellen, zu vergallerten und sogar zu verschleimen.)

2. Die ganze Gloeophyten·Classe besteht aus fünf grossen neben einander divergirend hinauflaufenden Reihen, den Chlorophyceen, Cyanophyceen, Phaeophyceen, Rhodophyceen (Florideen) und Fungi. Jede dieser primären Reihen oder Gruppen ist aus nur genetisch zusammenhängenden Formen zusammengestellt, mit den einfachsten beginnend und mit höchst differenzirten abschliessend. Jede derselben ist jedoch nicht als geradlinig verlaufende Reihe, d. h. als eine gerade Kette von Formen aufzufassen, sondern als ein verzweigtes System.

3. Der genetische Zusammenhang zwischen den Formen jeder einzelnen Reihe äussert sich zunächst in stufenweiser Vervollkommnung des Zeugungsactes, sodann aber auch (meistentheils) im morphologischen und anatomischen Aufbaue des Körpers. Gleichzeitig erscheinen aber alle diese Reihen auch nach dem Princip der Plasmafärbung gruppirt; demnächst erhält man also eine rein grüne Reihe (die Chlorophyceen), wo ausser Chlorophyll kein anderer an das Plasma sich bindender Farbstoff vorkommt; dann eine span- oder blaugrüne, phycochromhaltige Reihe (die Cyanophyceen); ferner eine braune oder gelbbraune (die Phaeophyceen), eine rothe (die Rhodophyceen oder Florideen); bei letzteren drei ist

das Plasma ausserdem durch einen entsprechenden Farbstoff tingirt, der das Chlorophyll maskirt. Die fünfte Reihe endlich, die Fungi, ist chlorophylllos.

4. Diese letztere beginnt mit den agamen Chytridiaceen, durch welche sie sich an die agamen Chlorophyceen anschliesst.

5. Die Bacterien gehören nicht zu dieser Pilzreihe, sondern sind mit Cohn als clorophylllose Cyanophyceen aus der agamen Etage anzusehen.

6. Diese letztgenannte Cyanophyceen-Reihe, mit den einfachst agamen Formen beginnend, schliesst mit den höchst differenzirten carposporen Batrachospermen nebst Verwandten *(Lemania, Sacheria)* ab. Die in dieser Reihe zur Zeit fehlenden isogamen und oogamen Zwischenformen sind als ausgestorben anzusehen. Doch könnte vielleicht hierher der bekannte *Hydrurus* gehören, von dessen Fortpflanzungsweise man jedoch nichts' kennt.

7. Gleich den Fungi schliessen sich auch die Phaeophyceen an die agamen Chlorophyceen durch das vor Kurzem von Woronin entdeckte *Chromophyton* an, endigen aber mit den Dictyotaceen in der oogamen Etage, wodurch sie sich von den übrigen vier Reihen unterscheiden, denn bei diesen letzteren geht die Differenzirung im Zeugungsacte noch um einen Schritt weiter; die sie abschliessenden Formen sind carpospor· und nicht oogam.

8. Die Bacillariaceen gehören der Phaeophyceen-Reihe an, wo sie einen kleinen untergeordneten Nebenweg (von der unteren agamen Etage dieser Reihe abstammend) bilden, etwa in der Art wie die Conjugaten in der Chlorophyceen-Reihe.

9. Die am vollkommensten repräsentirte Reihe in der ganzen Glocophyten-Classe ist die der Chlorophyceen, welche dabei in gewissem Sinne auch die Bedeutung einer Hauptreihe beanspruchen kann, da sie nicht blind endet wie die andern alle. Sie ist schon gegenwärtig in sechs untergeordnete Reihen zu zerlegen, die alle ihren Ursprung in der agamen Etage haben, sich aber nicht gleich hoch erheben, indem die einen früher, die andern später blind endigen, eine Ausnahme davon macht diejenige Reihe, die sich mit den Characeen abschliesst, denn nur diese Formen und nicht die Coleochaeteen bilden den Uebergang zu den Muscineen.

3. Bennett u. Murray. Terminology of Reproductive Organs and Classification of Thallophytes. (Quarterly journ. of microsc. science Vol. 21, p. 165—167.)

Verff. bringen einige Zusätze und Verbesserungen zu ihrem System für Terminologie und Classification der Thallophyten. Vgl. B. J. 1880, S. 528.

4. Falkenberg. Die Algen im weitesten Sinne. (Handbuch der Botanik, herausgegeben von Schenk, II. Bd., S. 159—314, gehört zur Encyclopädie der Naturwissenschaften. Breslau, Trewendt. Der betr. Theil erschien 1881.)

. Die Arbeit Falkenberg's giebt eine kurz gefasste, aber alles Wesentliche berücksichtigende Uebersicht unserer Kenntnisse von den Algen. Die Schrift ist mit zahlreichen in den Text eingedruckten Holzschnitten illustrirt. Hier kann nur dasjenige kurz hervorgehoben werden, was dem Ref. als neu oder besonders wichtig erschienen ist.

Verf. ist der Ansicht, dass gegenwärtig an einer Algenclasse als einheitlicher systematischer Abtheilung nicht mehr festgehalten werden darf und dass so wie man die ältere Classe der Pilze in die drei Abtheilungen Schizomyceten, Pilze und Myxomyceten getheilt hat, auch die chlorophyllhaltigen Thallophyten (Algen im weiteren Sinne) in vier natürliche Abtheilungen zu sondern sind, nämlich in Florideen, Algen, Diatomaceen und Schizophyceen; die Algen, Algen im engeren Sinne, wie Verf. seine zweite Abtheilung näher bezeichnet, zerfallen dann wieder in die zwei Unterabtheilungen 1. Melanophyceae, sämmtliche braungefärbte Algen umfassend, und 2. Chlorophyceae, zu welcher alle rein grünen Algen gehören. Die Dictyotaceen werden zwar in der Einleitung mit einem Fragezeichen zu den Florideen gestellt, im Texte selber aber bei den Melanophyceen aufgeführt. Man erhält auf diese Art sieben primäre Gruppen von Thallophyten. Von diesen schliesst sich, wie Verf. bemerkt, nur der Florideenast vielleicht mit einiger Wahrscheinlichkeit an die Algen an. Ein näherer Anschluss an das Genus *Coleochaete* wird jedoch vom Verf. nicht angenommen; er meint, dass die Aehnlichkeiten, die man zwischen der Fruchtbildung von *Coleochaete* und derjenigen der Florideen hat finden wollen, nur habitueller Art sind und keinen Anhalt für Annahme einer natürlichen Verwandtschaft darbieten. Ferner ist es möglich, dass die

Schizophyceen und Schizomyceten Zweige eines Astes der Schizophyten darstellen. Endlich finden sich zwischen den niedrigst organisirten Gliedern der Algen im engeren Sinne und der Pilze Aehnlichkeiten, welche auf eine wahrscheinliche Abstammung dieser von gemeinsamen Vorfahren hindeuten, was Verf. weiterhin in Uebereinstimmung mit De Bary näher ausführt. Für die Anschlüsse der unteren Enden der übrigen Verwandtschaftsreihen fehlt jeder Anhalt, so dass der Stammbaum der Thallophyten, so weit er sich nach abwärts verfolgen lässt, im besten Falle sich auf vier isolirte Aeste zusammenzieht: Diatomeen, Algen und Pilze, Schizophyten, Myxomyceten — über deren gegenseitige Beziehungen wir zur Zeit völlig im Unklaren sind. Im Einklang mit den meisten Botanikern nimmt Verf. auch an, dass die Chlorophyceen den Ausgangspunkt für den Hauptstamm der gesammten höheren Pflanzen bilden. Die systematische Gruppirung der kleineren Abtheilungen seitens des Verf. hier wiederzugeben schien dem Ref. nicht nothwendig.

Die Befruchtungsvorgänge bei den Thallophyten lassen sich nach dem Verf. auf zwei wesentlich verschiedene Typen zurückführen, die man als Gametencopulation und als Procarpbefruchtung bezeichnen kann. Die erstere ist durch das Verschmelzen der membranlosen Geschlechtszellen, der Gameten zu einer neuen Zelle der Zygote charakterisirt, während der zweite Befruchtungsvorgang den Florideen eigenthümlich ist und hier keiner näheren Beschreibung bedarf. Bei der Gametencopulation lassen sich zwei Hauptstufen innerhalb des Typus unterscheiden, nämlich die Copulation von Isogameten und die von Eiern und Spermatozoiden. Erstere Copulation wird als isogame, letztere als oogame bezeichnet. Verf. braucht demnach den Ausdruck Gameten und Zygoten in einem weiteren Sinne als dies bisher gebräuchlich war. Bei der isogamen Copulation unterscheidet er noch Copulation beweglicher Zellen (Planogameten) und unbeweglicher Zellen (Aplanogameten), welche letztere unter den Algen bei den Conjugaten auftritt. Wie Verf. hervorhebt, bildet sich die geschlechtliche Differenz der Gameten innerhalb der Gruppe der Algen im engeren Sinne in allmählicher Steigerung aus, so dass der anscheinend so scharfe Uebergang von isogamer zu oogamer Befruchtung durch leise Uebergänge vermittelt wird. Bei manchen Algen (*Chlorochytrium*, *Endosphaera*) copuliren Gameten aus demselben Gametangium untereinander, ebenso bei *Hydrodictyon* und *Botrydium*, wo auch die Zahl der copulirenden Gameten bis auf sechs steigen kann; bei *Acetabularia* und *Ulothrix* copuliren nur Gameten, die nicht aus demselben Gametangium stammen, während bei *Dasycladus* Gameten derselben Pflanze nicht mit einander copuliren, wohl aber mit den Planogameten gewisser (nicht aller beliebigen) anderen Individuen. Wenn hier die Gameten, obwohl in den letztgenannten Fällen sicher innerlich verschieden, doch keine äusserlich wahrnehmbaren Unterschiede zeigen, so sehen wir bei gewissen Phaeosporeen (*Scytosiphon*, *Ectocarpus siliculosus*), wie die äusserlich ganz gleich gebauten Planogameten doch darin differiren, dass die einen, weiblichen, vor der Befruchtung in den Ruhezustand übergehen und erst dann von den schwärmenden männlichen befruchtet werden. Hier erkennen wir also zuerst einen wirklichen Geschlechtsunterschied. Bei den Cutleriaceen tritt hinzu auch ein Unterschied in der äusseren Form, indem die männlichen Gameten stets sehr viel kleiner sind als die weiblichen. Bei den Fucaceen und den höhern Chlorophyceen besitzen zwar die Spermatozoiden noch den Charakter von Schwärmzellen, aber die weiblichen Zellen haben die Bewegungsfähigkeit vollständig verloren. Bei den Fucaceen werden letztere zwar noch aus ihren Mutterzellhüllen ausgestossen; dagegen bleiben sie bei den höheren Chlorophyceen von diesen umhüllt und die Befruchtung der weiblichen Gameten findet innerhalb des Oogoniums, wie bei den Archegoniaten innerhalb des Archegoniums statt.

Auch bei den Aplanogameten findet man eine Steigerung des Geschlechtsunterschieds, die derjenigen bei den Planogameten parallel geht, man erkennt dies, wenn man von den Desmidiaceen, Mesocarpus und Zygogonium zu Spirogyra und Zygnema und endlich zu Sirogonium fortschreitet. Einen Uebergang der Copulation von Planogameten zu derjenigen von Aplanogameten findet Verf. in dem von Goroshankin beschriebenen Befruchtungsvorgang von Chlamydomonas pulvisculus.

5. **Brandt.** **Ueber das Zusammenleben von Thieren und Algen.** (Verh. der Physiol. Gesellsch. zu Berlin 1881/82, No. 4 u. 5, auch Botan. Ztg. 1882, S. 248—254.)

Ueber die Natur der Chlorophyllkörper, die in manchen Thieren enthalten sind, hat man schon früher sehr verschiedene Ansichten gehabt. Chlorophyll ist z. B. nachgewiesen bei gewissen Rhizopoden (Monothalamien, Heliozoen und Amoeben), bei Wimperinfusorien (Paramecium, Stentor, Vorticellinen), beim Süsswasserschwamm (Spongilla), dem Armpolypen (Hydra) und mehreren Strudelwürmern des Meeres und des süssen Wassers (Vortex). Verf. theilt die Resultate seiner eigenen Untersuchungen in folgenden Worten mit:

Die morphologischen Untersuchungen wurden an Hydren, Spongillen, einer Süsswasserplanarie und zahlreichen Infusorien (Stentor, Paramecium, Stylonychia, verschiedenen Vorticellinen u. s. w.) vorgenommen, und zwar in der Weise, dass die grünen Körper durch Quetschen aus den Thieren isolirt und dann mit starken Vergrösserungen betrachtet wurden. Bei allen ergab sich bezüglich des Baues der grünen Körner ein vollkommen übereinstimmendes Resultat.

Die grünen Körner sind nicht gleichmässig und vollständig grün, sondern besitzen neben der grün gefärbten Masse stets noch hyalines Protoplasma. Jeder grüne Körper ist also nicht als ein Chlorophyllkörper aufzufassen, sondern als eine Protoplasmamasse, in welcher sich ein Chlorophyllkörper befindet. Der gewöhnlich muldenförmige Chlorophyllkörper besitzt ein sehr starkes Lichtbrechungsvermögen und enthält, wie spectroskopische Untersuchung eines alkoholischen Spongilla-Auszugs zeigte, echtes Chlorophyll.

In sämmtlichen grünen Körpern konnte durch Behandlung mit Haematoxylin ein Zellkern mit voller Bestimmtheit nachgewiesen werden. Waren statt eines Kernes mehrere in einem grünen Körper vorhanden, so liessen sich stets auch mehrere Chlorophyllkörper nachweisen. Formen mit 2—6 Kernen und ebensoviel Chlorophyllkörpern sind wohl ungezwungen als Theilungszustände zu deuten.

Die angeführten, mit voller Sicherheit festgestellten Thatsachen beweisen, dass die vermeintlichen Chlorophyllkörper der Thiere morphologisch selbständige einzellige Wesen sind. Da bisher noch keine Algengattung beschrieben ist, in welche diese grünen Körper eingeordnet werden könnten, so wird ihnen ein besonderer Name beigelegt werden müssen:

Zoochlorella nov. gen. Grüne Körper zahlreicher niederer Thiere aus der Gruppe der Protozoen, der Spongien, der Hydrozoen und Turbellarien.

Zoochlorella Conductrix Brandt. Lebt in Hydra. Durchmesser 3—6 μ. Jedenfalls identisch damit ist die in Wimperinfusorien vorkommende Form.

Zoochlorella parasitica Brandt. Lebt in Spongillen. Durchmesser 1.5—3 μ. Wahrscheinlich identisch damit ist die in Süsswasserplanarien vorkommende Form.

Zugleich will Verf. die unter ähnlichen Bedingungen lebenden „gelben Zellen", deren morphologische und physiologische Selbständigkeit von den Thieren, in welchen sie leben, durch die Untersuchungen von Cienkowski, Hertwig und dem Verf. nachgewiesen ist, mit einem entsprechenden Gattungsnamen versehen:

Zooxanthella nov. gen. Gelbe Zellen der Radiolarien, gewisser Hydrozoen und der Actinien.

Zooxanthella nutricula Brandt. Gelbe Zellen von Collozoum inerme. Wahrscheinlich identisch mit dieser Art sind die gelben Zellen der übrigen Polycyttarien, sowie vieler Monocyttarien.

Ausser der morphologischen Selbständigkeit der Zoochlorellen war aber noch die physiologische Unabhängigkeit derselben zu beweisen. Zu dem Zwecke wurden grüne Körper durch Quetschen aus Hydren, Spongillen und Wimperinfusorien isolirt und auf dem Objectträger weiter cultivirt. Es zeigte sich, dass die isolirten Zoochlorellen keineswegs abstarben, sondern tage- und selbst wochenlang am Leben blieben. Exponirt man sie dem Licht, so treten Stärkekörner in ihnen auf, — ein Zeichen, dass sie ihre Functionsfähigkeit keineswegs eingebüsst haben.

Ausserdem wurden Infectionsversuche angestellt. Dabei stellte sich zunächst heraus, dass die oben auf Grund durchgreifender Grösseverschiedenheit aufgestellten Zoochlorellaarten nicht nur morphologisch, sondern auch physiologisch unterschieden sind. Isolirte grüne Körper von Spongillen, die Verf. mit chlorophyllfreien Infusorien zusammenbrachte, wurden zwar von vielen aufgenommen, konnten sich jedoch nicht in dieselben einnisten, sondern wurden entweder verdaut oder unverändert wieder ausgestossen. Auch Infusorien, die sonst Zoochlorellen (allerdings die grössere Art derselben) beherbergen, behielten sie nicht bei sich. Dagegen gelang es, chlorophyllfreie Infusorien mit den Zoochlorellen einer abgestorbenen Hydra viridis zu inficiren. Mehrere Ciliaten, die vollkommen frei von grünen Körpern waren, nahmen die Hydra-Schmarotzer auf und behielten sie dauernd bei sich (Coleps, Paramecium, Stylonychia).

Nach den vorliegenden Untersuchungen fehlt selbstgebildetes Chlorophyll den Thieren vollkommen. Chlorophyll kommt nur bei echten Pflanzen vor. Wenn es bei Thieren sich findet, verdankt es sein Dasein eingewanderten Parasiten.

Am Schluss des Aufsatzes folgt ein Abschnitt unter dem Titel „Allgemeine Ergebnisse". Verf. nimmt darin als sicher an, dass die Zoochlorellen und Zooxanthellen nach Art echter Pflanzen aus Wasser und Kohlensäure organische Stoffe zu produciren vermögen; es sei also zu erwarten, dass sie dem Wirthe keine organischen Stoffe entziehen, sondern ihm solche liefern. Dass nun das letztere, und zwar in ganz erstaunlichem Maasse geschieht, zeigen folgende Beobachtungen:

1. Bei genauerer Untersuchung grosser Radiolariencolonieen fand Verf. weder in noch an ihrer Gallerte der Verdauung unterworfene Fremdkörper, er schliesst daraus bei der beträchtlichen Körpermasse und entsprechend grossem Nahrungsbedarf dieser Thiere, dass sie nur von den gelben Zellen, die sie in ausserordentlicher Menge beherbergen, am Leben erhalten werden.

2. Solche Colonieen konnten am besten in gut filtrirtem Seewasser am Leben erhalten werden.

3. Auch Spongilla hielt sich am besten in filtrirtem Flusswasser. Selbst wenn das Wasser täglich von neuem filtrirt wurde, war das Gedeihen der grünen Schwämme ein ganz vorzügliches. Wurde aber das Gefäss in einen halb dunkeln Raum gesetzt, so gingen die Spongillen regelmässig zu Grunde. Gehörige Belichtung ist unbedingt nöthig.

„Es wäre also hiermit bewiesen, dass die Zooxanthellen und Zoochlorellen ihre Wirthe vollkommen am Leben erhalten. So lange die Thiere wenige oder gar keine grünen oder gelben Zellen enthalten, ernähren sie sich wie echte Thiere durch Aufnahme fester organischer Stoffe; sobald sie genügende Mengen von Algen enthalten, ernähren sie sich wie echte Pflanzen durch Assimilation von anorganischen Stoffen. Sie müssen sich wieder nach Art der Thiere ernähren, sobald bei mangelhafter Beleuchtung die Algen ihre Function einstellen. Sie gehen zu Grunde, wenn sie sich nicht der ihnen eigentlich zukommenden Ernährungsweise wieder anbequemen. Verf. vergleicht diese Vergesellschaftung von Algen und Thieren mit der Vergesellschaftung von Algen und Pilzen, aus der die Flechten hervorgehen, weist dabei aber auf den Unterschied hin, der zwischen beiden darin liegt, dass bei der Symbiose der Flechten die Pilze auf die Ernährung durch die Algen angewiesen sind, während bei der Symbiose der Thiere mit Algen wir es mit unabhängigen, an ein selbständiges Leben gewöhnten Thieren zu thun haben. Er schliesst mit dem folgenden, die Symbiose der Algen und Thiere charakterisirenden Satz: In morphologischer Hinsicht sind die Algen, in physiologischer Hinsicht die Thiere die Parasiten.

6. **Entz.** **Ueber die Natur der „Chlorophyllkörperchen" niederer Thiere.** (Biologisches Centralblatt. 1. Jahrg. 1. Halbj. 1881.)

Verf. veröffentlicht hier in deutscher Sprache ein bisher nur in magyarischer Sprache gedrucktes Referat über einen in Klausenburg 1876 gehaltenen Vortrag. Indem Ref. daraus einige Stellen wörtlich mittheilt, kann er nicht umhin, die Ansicht auszusprechen, dass Verf. bei seinen Beobachtungen auf irgend eine Weise getäuscht worden ist. Nachdem Verf. bemerkt hat, dass viele Arten von Infusorien bald mit, bald ohne Chlorophyllkörperchen vorkommen, und dass die letzteren nur bei omnivoren oder solchen Infusorien gefunden werden, die sich mit Vorliebe oder ausschliesslich von einzelligen Algen oder grünen Flagellaten ernähren, fährt er fort: „Durch Zerzupfen der Infusorien frei gelegte und im Wassertropfen sorgsam aufbewahrte Chlorophyllkörperchen sterben durchaus nicht ab, im Gegentheil, sie leben und vermehren sich weiter und schliesslich entwickeln sich aus ihnen einzellige Algen aus den Gattungen *Palmella, Tetraspora, Gloeocystis, Pleurococcus, Rhaphidium, Scenedesmus;*

einige vergrössern sich nach erfolgter Encystirung beträchtlich, aus den Cysten schwärmen endlich Chlamydomonaden und Euglenen heraus. Oft entwickeln sich aber die Chlorophyllkörperchen schon innerhalb des Körpers der Infusorien weiter. Stentor polymorphus wird in nicht erneuertem Wasser schliesslich zu einer wahrhaften lebenden Sammlung der erwähnten einzelligen Algen und grünen Flagellaten. — An Coleps hirtus, Enchelys gigas, Enchelyodon farctus und Holophrya ovum liess sich die Beobachtung machen, dass, im Falle von diesen gewöhnlich farblosen Infusorien Euglenen, Chlamydomonaden, oder Zellen von Protococcaceen und Palmellaceen massenhaft verschlungen wurden, einzelne dieser Zellen sich aus dem breiartigen verdauenden Entoplasma des Infusionskörpers in das Ectoplasma drängten, wo sie durch schnell wiederholte Theilung in einzelne Kügelchen zerfielen, welche nun in der Form von „Chlorophyllkörperehen" in der beschriebenen Weise sich weiter fortpflanzten, allmählich das ganze Ectoplasma erfüllten und gewissermassen zu ihrem Vegetationsgebiet eroberten."

Am Schluss bemerkt der Verf.: „Nach meinen Beobachtungen wandert nicht eine gewisse Algenart ein, sondern die verschiedensten niederen Algen, deren Zoosporen, sowie grüne Flagellaten können sich in ganz kleine Zellen, in Pseudo-Chlorophyllkörperchen, wie ich sie in meiner Arbeit nannte, verwandeln."

7. J. Schaarschmidt. Adalékok ar activ és passiv endophytismus ismeretéhez. Beiträge zur Kenntniss des activen und passiven Endophytismus. (Magyar Növénytani Lapok. V. Jahrg., Klausenburg 1881, 10 S. [Ungarisch].)

Das Verhältniss der endophyten Algen zur Wirthpflanze ist verschiedenartig erklärt worden. Verf. hält die von De Bary empfohlenen Ausdruck Symbiosis als den geeignetsten. Verf. theilt zugleich einen seiner Versuche mit. Auf die vom herausquellenden schleimigen Saft bedeckte Schnittfläche eines Blattes von *Arum odorum* brachte er reines Material von *Oscillaria tenerrima*. Diese wuchsen dort lebhaft fort und bedeckten die Schnittfläche ganz mit ihren bläulich-grünen Fäden. Nach beiläufig drei Wochen schnitt er den Blattstiel ab und untersuchte ihn. Im Querschnitt war ein grosser Theil der Luftgänge mit Oscillarienbündeln erfüllt; die übrigen, sowie die Milchschläuche blieben davon frei. Im Längsschnitt zeigten sich ausser den Luftgängen noch zahlreiche dünne Streifen; Oscillaria war in das Gewebe hineingewachsen, theils durch die leeren Luftgänge, theils durch die Intercellularräume hindurch, und wurde dabei von dem schleimigen Saft ernährt. Das Eindringen in die Zellen konnte der Verf. nicht beobachten. Der die Oscillarien enthaltende Blattstieltheil war beiläufig 2 cm lang; so tief waren die Fäden innerhalb drei Wochen gedrungen. Indem Sch. die Natur der bisher geschilderten Endophyten kritisch beleuchtet, wendet er sich hauptsächlich gegen Klebs' Auffassung der „Raumparasiten", indem jene keine Parasiten seien. Er findet es für richtiger für jenes Verhältniss der Zusammenlebigkeit, welches zwischen dem die Wohnung bietenden Wirthe und seinem Bewohner sich äussert, den Ausdruck vikobiosis zu wählen; der Bewohner nimmt hier nur den Wohnraum seines Wirthes in Anspruch, d. i. der passive Endophytismus. Unter die Symbiosis stellt er den activen Endophytismus, d. i. das active, parasitische Einwohnen. Staub.

8. Klein. Die Krystalloïde der Meeresalgen. (Pringsheim's Jahrb., Bd. 13, S. 23—59, mit 1 Taf.)

Dieser Aufsatz enthält Beobachtungen des Verf.'s über die Krystalloïde, die in mehreren Chlorophyceen und Florideen während des Lebens dieser Pflanzen gefunden werden, sowie über die Rhodosperminkrystalle, die erst in Folge der Einwirkung mancher Substanzen aus gewissen Stoffen des Zellinhalts einiger Florideen entstehen und die auch ausserhalb der Zellen auftreten können. Näheres im Referat über die Zelle.

9a. Berthold. Die Befruchtungsvorgänge bei den Algen. (Biolog. Centralbl., herausg. von Rosenthal, No. 10, 11, 12, 14.)

Kurzgefasste Zusammenstellung des bisher über die Befruchtung der Algen bekannt gewordenen.

9b. Westermaier. Ueber die Wachsthumsintensität der Scheitelzelle und deren jüngsten Segmente. (Pringsheim's Jahrb. f. wiss. Botan. Bd. XII, 1881, S. 439—472.)

In diesem Aufsatz wird u. A. auch die Wachsthumsintensität der Scheitelzelle bei Dictyota und Hypoglossum Leprieurii behandelt.

10. [**Allary**. **Analyse d'algues marines**. (Bulletin de la soc. chim. de Paris, T. XXXV, 1881, No. 1.)]

11. **Nathorst**. **Om spår af några evertebrade djur etc**. (Svenska Vetensk. Akad. Handl. Bd. VIII, 1880, Stockholm 1881, No. 7, mit 16 Taf.)

Der vollständige deutsche Titel dieses Aufsatzes lautet: Ueber Fährten einiger Evertebraten etc. und die palaeontologische Bedeutung derselben. Verf. sucht darin nachzuweisen, dass viele bisher für fossile Algen gehaltene Versteinerungen nichts weiter als Thierfährten, namentlich mariner Würmer darstellen. Näheres im Ref. über Phytopalaeontologie.

12. **Dodel-Port**. **Illustrirtes Pflanzenleben**. I. Halbband. (Zürich, Verlag von Cäsar Schmidt 1881.)

Zwei Capitel dieses Buches beziehen sich auf Algen, das vierte mit dem Titel: Die Kraushaaralge — *Ulothrix zonata* und das fünfte, das betitelt ist: Ein Blick in die untergetauchte Flora der Adria. In dem erstgenannten werden die früheren Untersuchungen des Verf.'s über *Ulothrix zonata* in populärer Form reproducirt, doch enthält dieser Aufsatz einige neue, in grossem Massstab ausgeführte Abbildungen. In dem fünften Capitel giebt der Verf. eine populäre Beschreibung der Algenflora der Adria, wie sie namentlich in der Nähe von Miramare sich darstellt. Darin wird Einiges ausführlicher behandelt, so die Copulation der Schwärmer von *Ulva enteromorpha*, β. *compressa* und von *Ulothrix flacca*, beide mit Abbildungen, worüber im Abschnitt über Chlorophyceae ausführlicher referirt wird, ferner wird *Porphyra leucosticta* Thur. eingehend beschrieben, mit Abbildung älterer und jüngerer Zustände des Thallus, dann wird *Polysiphonia subulata* J. Ag. sehr ausführlich behandelt; mehrere Abbildungen, die sich auf die ganze Pflanze und auf die Entwickelung ihrer Geschlechtsorgane und Tetrasporen beziehen, werden mitgetheilt. Die Mitwirkung von Vorticellen bei der Befruchtung wird besonders hervorgehoben (vgl. J. B. 1879, S. 466). Weitere Abbildungen beziehen sich auf die Tetrasporen von *Lejolisia mediterranea* (Born.), von *Callithamnium cruciatum* Ag. und von *Dudresnaya coccinea* (Poir.). Am Schluss giebt Verf. einen Ueberblick über die gesammte Algenflora der Adria, der sich wesentlich auf die Arbeiten von F. Hauck stützt. Die Algen werden darin nach ihrem Standort aufgeführt, und zwar unterscheidet Verf. 4 Regionen: die Supralittoralregion, über dem gewöhnlichen Fluthspiegel liegend, die obere Littoralregion zwischen dem gewöhnlichen Fluth- und Ebbespiegel, die untere Littoralregion vom tiefsten Ebbespiegel bis zu 5 m Tiefe, und die Tiefenregion von 5—40 m Tiefe.

In der Supralittoralregion kommen nur vier Florideen vor, *Catenella Opuntia* Grev., *Hildenbrandtia Nardi* Zan., *Dermocarpa vulgare* Hauck und *Bangia fusco-purpurea* Lyngb. Unter den grünen Algen ist *Pleurocapsa fuliginosa* bemerkenswerth, russige Anflüge auf Steinen an der Fluthgrenze bildend, so dass der höchste Wasserstand durch einen breiten schwärzlichen Rand markirt erscheint. Zu der oberen Littoralregion gehört auch die Brackwasserflora der Salinen. „In der That erscheint nur an solchen Stellen (in Brackwasser) die Hauptmasse der Ulvaceen und Confervaceen. Die Salinengräben sind oft ganz mit schwimmenden Watten von Cladophora-, Rhizoclonium-, Chaetomorpha-Arten bedeckt, zwischen welchen sich die *Ulva enteromorpha* γ. *intestinalis* (Le Jolis) breit zu machen sucht. Alle diese grünen Tange sind nun wieder die Gastgeber von allen möglichen microskopischen Algen anderer natürlicher Familien und Ordnungen. Da sind namentlich die Calothrix-Arten, welche oft spangrüne microskopische Räschen bilden. Die interessante *Phaeophila Floridearum*, welche ihre Schwärmsporen durch hohle Borsten entlässt (wie Dr. Kirchner beobachtete); dann nebst manchem andern auch viele kleine Melobesia-Arten." Ferner kommen im Brackwasser häufig vor *Polysiphonia intricata* J. Ag. und *P. spinulosa* Grev., ferner *Spyridia filamentosa* Harv. und *Chondriopsis tenuissima* J. Ag., ebenso recht häufig Lyngbya-Arten.

„In stinkenden Abzugsgräben, die mit schwarzem, nach Schwefelwasserstoff riechendem Schwamm ausgefüllt sind, entwickeln sich die spangrünen Oscillarieen meist in Massen am Grunde, so: *Oscillaria princeps* (forma *marina*), *Oscillaria subsalsa* und *Beggiatoa*. Bei Tage, wo die Oscillarien kräftig vegetiren, ist der Grund der Gräben schwarzgrün, während an der Oberfläche des Wassers kleinere und grössere Fetzen von Oscillarien-Massen herumliegen. Sobald Dunkelheit eintritt, wird der ganze Grund des Grabens weisslich, von einer fädigen Pilzvegetation überzogen, es ist dies die *Beggiatoa*."

Hauck (von dem die zwischen Anführungszeichen befindlichen Mittheilungen herrühren) hat solche Schlammmassen auch zu Hause cultivirt und denselben merkwürdigen Wechsel zwischen Tag- und Nachtvegetation beobachtet. Der fädige Spaltpilz *(Beggiatoa)* zerfällt in Myriaden von Bacterien, die sich sehr lebhaft im Wasser bewegen und mit unglaublicher Schnelligkeit wachsen.

Einen ganz anderen Charakter als in den Salinengräben und Brackwassercanälen besitzt die obere Littoralregion auf felsigem oder steinigem Meeresgestade. Wegen der hier und in den übrigen Regionen vorkommenden Pflanzen muss aber auf das Original verwiesen werden.

13. **Farlow.** **Marine Algae of New England and adjacent Coast.** (Reprinted from Report of U. S. Fish Commission for 1879. Washington. Gouvernment Printing Office. 8⁰. 210 S. und 15 Taf.)

Am Anfang dieses Werkes steht eine 24 S. starke Einleitung. Es wird da zunächst über die früheren Arbeiten, die sich auf die Algenflora Neuenglands beziehen, berichtet, ferner über die Autoren und Sammler, die den Verf. bei seinem Werke unterstützt haben.

Die Algenflora des Verf. umfasst die Küste der Vereinigten Staaten von Eastport, Me., bis New Jersey. An dieser Küste bildet das Cap Cod eine wichtige Grenze in Bezug auf die Verbreitung. Zwischen Eastport und Cap Cod hat die Flora einen arctischen Charakter, südlich davon stimmt sie mit derjenigen wärmerer Gegenden überein. Diejenigen Algen, die an der ganzen Küste häufig vorkommen, gehören zu solchen Arten, die auch in Europa gemein sind, sie sind z. B. fast alle in Harveys Phycologia britannica zu finden. Nur wenige Amerika eigenthümliche Species kommen vor und diese sind meist jeweils auf das Gebiet nördlich oder südlich vom Cap Cod beschränkt.

Die Algenflora zwischen Boston (Cap Cod) und Eastport erinnert stark an diejenige Scandinaviens. So findet man bei Eastport Laminarien und Fucus in üppiger Entwickelung selbst in seichtem Wasser. Man findet da *Saccorhiza dermatodea*, *Laminaria longicruris*, *Agarum Turneri*, *Dictyosiphon hippuroides*, *Halosaccion ramentaceum* und *Monostroma Blyttii* bis hoch an die Küste hinauf; an der Grenze des niedern Wassers ist *Lithothamnion fasciculatum* gemein; *Euthora cristata*, *Delesseria sinuosa*, *D. alata*, *Callithamnion Pylaisei* können leicht ohne Waten erlangt werden. Die Felsen sind mit *Petrocelis cruenta*, *Ralfsia verrucosa* und üppig wachsendem *Fucus evanescens* bedeckt. Mit Ausnahme von *Agarum Turneri*, das nicht in Europa, wohl aber im nördlichen Stillen Ocean vorkommt, und von dem Amerika eigenthümlichen *Callithamnion Pylaisei* wachsen alle oben genannten Species auch im nördlichen Norwegen. Wenn man von Eastport sich nach Süden wendet, so findet man die meisten oben genannten Algen nicht mehr unmittelbar am Strande, wohl aber in tieferem Wasser.

Wenn nördlich von Boston das massenhafte Vorkommen der Fucus und Phaeosporeen und das Zurücktreten der Florideen für die Zusammensetzung der Meeralgenflora charakteristisch sind, zeichnet sich die Flora südlich vom Cap Cod durch das Ueberwiegen der Florideen, die Abnahme der Fucus und Phaeosporeen aus. Man kann diese südliche Flora nicht in derselben Weise wie die nördliche mit einer bestimmten europäischen Flora vergleichen. Manche der gemeineren und auffallenderen Formen sind mit solchen der Adria nahe verwandt oder identisch; doch weicht diese südliche neuenglische Flora in andern Stücken wesentlich von der adriatischen ab. *Grinnellia americana*, *Dasya elegans*, *Rhabdonia tenera*, *Lomentaria Baileyana*, *Sargassum vulgare* und die meisten Species, die im Long Island Sund häufig vorkommen, werden auch weiter im Süden bis zu den westindischen Inseln gefunden.

Von dem oben ausgesprochenen Satz, dass Cap Cod eine scharfe Grenze zwischen zwei wesentlich verschiedenen Floren bildet giebt es einige Ausnahmen. An ein paar sehr geschützten Stellen nördlich desselben kommen auch Formen vor, die dem südlichen Gebiet angehören, und so findet man an einzelnen Stellen im südlichen Gebiet nördliche Formen.

Diese Ausnahmen sind im Ganzen unerheblich und scheinen mit einer localen abnormen Temperatur des Seewassers zusammenzuhängen.

Die ganze Gruppe der Dictyotaceen fehlt an der Meeresküste Neuenglands. *Haly-seris polypodioides* kommt an der Küste von Nord-Carolina vor und bei Charleston beginnt *Padina Pavonia* häufiger zu werden. Nördlich von Norfolk ist aber noch keine Species der ganzen Gruppe gefunden worden. Ebensowenig kommen Species von *Tilopteris* oder *Cutleria* in Neuengland vor. Von Florideen fehlt das Genus *Nitophyllum*; *Bonnemaisonia asparagoides* ist bisher nicht gefunden worden, ebensowenig eine Species von *Schizymenia* oder der verwandten Genus, an denen die amerikanische Westküste so reich ist. *Plocamium coccineum*, das in Europa und an der amerikanischen Westküste so häufig ist, wurde bisher nur einmal angeblich in Neuengland gefunden und sein Vorkommen erscheint hier zweifelhaft. Das sonst überall gemeine *Gelidium corneum* wird in Neuengland nur gelegentlich in der reducirten Form gefunden, die von manchen als besondere Species aufgefasst und *Gelidium crinale* benannt wird. *Fucus serratus*, in Europa gemein, ist in Amerika selten und bisher nur aus zwei Standorten (in den Vereinigten Staaten und in Neuschottland) bekannt. *Fucus canaliculatus*, *Himanthalia lorea* und die gemeinen europäischen Cystosiren fehlen vollständig. Das fast allgemein verbreitete *Codium tomentosum* wurde bisher an der neuenglischen Küste nicht gefunden. Andererseits sind einige Species, wie *Spyridia filamentosa* und *Chordaria divaricata* in Neuengland häufiger als in Europa und Gleiches gilt (wenn man die arktische Zone ausschliesst) von *Euthora cristata* und *Ptilota serrata*.

Verf. weist dann auf die Lücken hin, die noch auszufüllen sind, um zu einer vollständigen Kenntniss der neuenglischen Algenflora zu gelangen, und macht noch einige kurze Angaben über die oeconomische Verwendung der Algen in Neuengland. Die einzige Alge, die in grösseren Mengen gesammelt und benutzt wird, ist Chondrus crispus (Irish moss). Es wird zu sea moss farine und zur Klärung des Biers verwandt. Die Stiele der Laminarien dienen in bekannter Weise zu chirurgischen Zwecken. Für die Chinesen wird Porphyra vulgaris als Nahrungsmittel aus China eingeführt, ebenso wird von Seeleuten und Irländern aus den Brittischen Inseln eingeführte Rhodymenia palmata gegessen. Ihre Hauptverwendung finden die Meeralgen der neuenglischen Küste als Düngmittel; ungeheure Mengen werden zu diesem Zwecke gesammelt und auf dem Land in der Nähe der Küste ausgebreitet.

Es folgt nun ein Abschnitt über Structur und Classification der Meeralgen, darauf eine Anleitung zum Sammeln und Präpariren derselben. Dann kommt der Haupttheil des Buches, die Beschreibung der Algen Neuenglands enthaltend. Es werden da die Ordnungen, Familien charakterisirt, dann folgt ein Schlüssel zum Bestimmen der Gattungen, endlich die Diagnosen der Gattungen und Species. Die wichtigsten Synonyme sind angeführt; vielfach verweist der Verf. auf Abbildungen und die wichtigsten descriptiven und morphologischen Arbeiten. In den Anmerkungen zu den Beschreibungen giebt Verf. lehrreiche Beiträge zu der Morphologie, namentlich aber zur besseren Unterscheidung der betreffenden Art von den verwandten. Einige kurze Angaben des Verf.'s über Codiolum und Vaucheria sind in dem Abschnitt über Chlorophyceen wiedergegeben; die zahlreichen mehr systematischen Notizen über andere Algen konnten hier nicht excerpirt werden. Am Schluss der Arbeit folgt noch eine kurze tabellarische Uebersicht über die Verbreitung der neuenglischen Arten, sowie ein künstlicher Schlüssel zum Auffinden der Gattungen. Aus ersterer seien hier noch einige Daten mitgetheilt. An der neuenglischen Küste finden sich im Ganzen 107 Genus und 230 Species von Meeresalgen, davon kommen nördlich vom Cap Cod 171 Species (darunter 69 Florideen) vor, südlich 183 Species (darunter 87 Florideen). Von den 230 Algen Neuenglands kommen 185 auch im nördlichen Europa vor, 104 Arten sind Neuengland und dem Mittelmeer nebst der Adria gemeinsam, an der pacifischen Küste finden sich 31 und in dem arctischen Gebiet 74 Algen, die auch in Neuengland vorkommen. Eigenthümlich sind letzterem 31 Arten, wovon 10 an der ganzen Küste, 4 nur nördlich und 17 nur südlich vom Cap Cod vorkommen.

Diese Uebersicht zeigt die grosse Uebereinstimmung der neuenglischen mit der europäischen, wie auch mit der arktischen Flora, denn da letztere überhaupt eine geringe Anzahl Arten besitzt, so machen die 74 gemeinsamen Arten einen beträchtlichen Procentsatz derselben aus. Die relative Armuth der neuenglischen Flora, was die Zahl der Arten betrifft, ergiebt sich aus dem Vergleich mit den von Harvey für die brittische Küste und von Le Jolis für Cherbourg angeführten Algen. Harvey zählt in der Phycologia britannica 110 Genus und 388 Species auf, Le Jolis in der Liste des algues marines de Ch. 137 Genus und 316 Species. In den 1850 erschienenen Phyceae Scandinavicae Marinae von Areschoug sind 68 Genus und 175 Species aufgeführt, doch hat sich seitdem die Zahl der bekannten scandinavischen Meeresalgen beträchtlich erhöht. Die 15 Tafeln, die dem Buche des Verf.'s beigegeben sind, enthalten nach Originalzeichnungen gefertigte Abbildungen amerikanischer Algen, wobei namentlich auch die Fortpflanzungsorgane berücksichtigt und hier vielfach zum ersten Mal dargestellt werden.

14. **Nordstedt.** **Zusammenstellung von den in Notes algologiques citirten Nummern der Algenexsiccaten Rabenhorst's.** (Hedwigia 1881, S. 179—182.)

Nordstedt giebt hier eine sehr nützliche Zusammenstellung aller in den Notes algologiques von Thuret und Bornet citirten Nummern der Rabenhorst'schen Sammlung mit den Bestimmungen von Thuret und Bornet, wobei Nummer und Name der Rabenhorst'schen Exsiccaten vorangestellt wird, worauf der Name der Notes algol. folgt.

15. **Magnus.** **Botanik und Bernstein.** (Amtliche Berichte über die internationale Fischerei-Ausstellung zu Berlin 1880. Verlag von Paul Parey, S. 202—215.)

Dieser Bericht enthält u. A. auch eine nähere Beschreibung der auf der Berliner Fischerei-Ausstellung ausgestellten Sammlungen getrockneter Algen von Kny, Magnus sowie der Algae amer. exs., ferner der von Wickersheimer in der von ihm erfundenen Flüssigkeit präparirten weich und biegsam gebliebenen Laminarien und Fucus, dann der praktisch verwerthbaren Algen aus Japan, China und Amerika, der von Kny gefertigten Algen-abbildungen, der zahlreichen Photographien von Diatomeen und endlich der aufgelegten Literatur über Algen.

16a. **J. Pap.** **A tanger növényvilaga.** **Die Pflanzenwelt des Meeres.** (Természettudományi Füzetek, herausg. v. d. Südung. Naturw. Ges., V. Bd. Temesvár 1882. S. 6—15 [Ungarisch].)

Populäre Schilderung der Algen-Gruppe mit einigen physiologischen und morphologischen Unrichtigkeiten. Staub.

16b. [**Clarke.** **The Common Sea-Weeds of the British Coast and Chanel Islands.** 12, 140 S. London 1881.]

16c. [**Hervey.** **Sea Mosses: a Collectors Guide and an Introduction to the Study of Marine Algae.** 12°. Boston, London 1881.]

b. Geographische Verbreitung.

17. **Wollny.** **Die Meeresalgen von Helgoland.** (Hedwigia 1881, 1—8, 17—32. Mit 2 Taf.)

Dieser Aufsatz enthält ein Verzeichniss sämmtlicher vom Verf. während eines sechsmaligen Sommeraufenthaltes in Helgoland gesammelten Algen, wozu noch einige kommen, die derselbe in der Sammlung des Herrn H. Gätke gesehen hat. Verf. legte diesem Verzeichniss Kützing's Species Algarum zu Grunde, indem er es für das zweckmässigste hält, nur einem Autor vollständig zu folgen; nur für einige wenige nicht in den Species Algarum genannte Arten sind Kützing's tabulae phycologicae und andere Autoren berücksichtigt. Es werden im Ganzen 534 Arten aufgeführt. 5 neue vom Verf. benannte Formen werden auf den Tafeln abgebildet und näher beschrieben. Es sind folgende: *Arthrosira reptans*. Dies Pflänzchen besteht aus aneinander gereihten meist elliptischen Zellen, von intensiv carminroth gefärbtem Inhalt. Es überzieht Fäden von Polysiphonia in mannichfachen Windungen und Verzweigungen. Ferner: *Ulva costata*, *Enteromorpha clavata*, *Lithoderma maculiforme* und *Plocamium coccineum plumosum*.

18. **Hempel.** **Algenflora von Chemnitz in Sachsen.** (VII. Bericht der Naturw. Gesellschaft. Chemnitz 1878—80, 21 S.)

Diese Schrift bildet eine Ergänzung der schon im 6. Berichte derselben Gesellschaft gegebenen Aufzählung unter demselben Titel, vgl. B. J. 1878, S. 350. Zu den dort aufgeführten 212 Species kommen hier noch 63 weitere, nämlich 12 Diatomaceen, 11 Phycochromaceen und 40 Chlorophyceen. Verf. bringt mehrere Notizen über das zeitweilige Auftreten und Verschwinden der Algen an bestimmten Standorten, ferner Beobachtungen über Gestalt und Lebenserscheinungen einzelner Species, wovon Einiges unter Florideae und Conjugatae zu finden ist.

19. **Cienkowski. Bericht über die im Jahre 1880 an das Weisse Meer unternommene Excursion.** (Arbeiten d. St. Petersb. Naturf. Ges., Bd. VIII, Abth. I, S. 130—171, auch separat, mit 3 Taf. St. Petersburg 1881. Referat wörtlich mit einigen Auslassungen nach demjenigen von Winkler, Bot. Centralbl. 1882, XI. Bd., S. 285—88.)

Cienkowski widmete den microskopischen Organismen besondere Aufmerksamkeit. Die Meinung, dass die niedrigsten Organismen in ihrer Verbreitung von der geographischen Ortslage unabhängig sind, fand nur desshalb so viele Anhänger, weil die zu vergleichenden Floren und Faunen mehr oder weniger oberflächlich erforscht sind. Verf. fand auf den Solowetzki-Inseln im Weissen Meer, trotz täglicher Excursionen, kein einziges Exemplar von dem in ganz Europa weit verbreiteten *Botrydium argillaceum*, ja selbst nach *Volvox globator* suchte er vergebens. Andererseits ist *Prasiola crispa* Kütz. hier überaus verbreitet, während sie in Batum, Poti, Jalta, Odessa, Charkow nicht vorkommt. Die beiden angezogenen Beispiele sind nicht die einzigen, die des Verf.'s Ansicht bekräftigen. Besonderen Reichthums an microskopischen Formen erfreuen sich auf den Solowetzki-Inseln die tundrenartigen Sümpfe, die mit *Sphagnum*, *Drosera* und *Betula nana* bestanden sind. Unter einer Masse von Desmidiaceen und Diatomeen zeigt sich *Chroococcus macrococcus* überaus üppig, ebenso *Eremosphaera viridis* und *Palmodactylon varium*. Weniger Mannichfaltigkeit weisen die Seen-Canäle etc. mit lehmigem oder sandigem Boden auf. In den Seen wiegen cosmopolitische Formen vor, wie *Stigeoclonium*, *Ulothrix zonata*, *Zygnema*.

Nach Gobi (J., B. 1848 S. 346) kommen 76 Species von Algen im Weissen Meer vor, 30 rothe, 33 braune, 12 grüne und 1 Phycochromacee. Nowaja Semlja und Spitzbergen weisen ungefähr dieselbe Zahl auf; das nördliche Norwegen ist bedeutend reicher. Die Flora des Weissen Meeres ist mit denen der beiden erstgenannten Oertlichkeiten auch in allen anderen Beziehungen eng verwandt, viel stärker weicht sie, was das Auftreten identischer oder das Vorwiegen gleicher Formen anbelangt, von der Flora Nord-Norwegens ab. Diese erhält reichlichen Zuschuss durch atlantische Arten, die weiter nach Südost hin verschwinden. Dahin gehören z. B. *Polysiphonia urceolata*, *Dumontia filiformis*, *Porphyra laciniata* und andere. Hierdurch treten die ächt arktischen Formen, wie: *Polysiphonia arctica*, *Delesseria Baerii*, *Phyllophora interrupta*, *Fucus evanescens* etc. in den Vordergrund und verleihen den südlichen Buchten des Weissen Meeres einen weit arktischeren Charakter als den vom Eismeer umspülten Küsten Norwegens.

An den Solowetzki-Inseln bedeckt *Fucus* die nahe am Ufer liegenden Steine. Ihm gesellen sich an geeigneten Orten: *Cladophora arctica*, *Ralfsia fatiscens*, *Pilayella littoralis* und seltener *Monostroma Grevillei*. In brackigem Wasser finden sich *Enteromorpha* und *Rhizoclonium*. Oft sind auch die Steine von *Hildenbrandtia*, *Calothrix* und *Gloeocapsa* bedeckt. Auf *Fucus* findet sich sehr häufig *Rivularia*. Etwas unterhalb der Ebbegrenze gesellen sich zu vorwiegendem *Fucus*, *Ralfsia fatiscens*, *Phloeospora subarticulata* und viele andere. Höchst unerwartet ist das Erscheinen von *Corallina officinalis*. Noch weiter in's Meer hinaus sind Laminarien häufig, die sich bei zunehmender Tiefe (bis zu 2—3 Faden) immer stattlicher entfalten. Nach der Laminarien-Zone umgiebt von 3—18 Faden Tiefe eine stattliche Florideen-Flora die Solowetzki-Inseln, hauptsächlich vertreten durch *Phyllophora interrupta*, *Delesseria sinuosa*, *D. Baerii*, *Odontalia dentata*, *Polysiphonia nigrescens*, *Lithophyllum* etc.

In dem zweiten Theil seines Berichtes giebt der Verf. die Beschreibungen neuer oder doch für das Weisse Meer neuer Algen und Protisten, sowie Bemerkungen über Häckelina. Von Algen sind beschrieben und z. Th. abgebildet: *Gloeocapsa* sp., vielleicht nur ein Entwickelungszustand von *Ulothrix submarina*, *Rivularia* sp., *R. bullatae* aff., *Chlorangium marinum* Cienk. n. sp., *Bolbocoleon piliferum* Pringsh., *Gloeothamnion palmelloides* Cienk.

Im dritten Theil folgt die Liste der microskopischen Süsswasseralgen, die auf den Solowetzki-Inseln gesammelt wurden.

20. **Foslie, M. Om nogle nye arktiske havalger. (Neue arktische Meeresalgen.)** (Sep. Abdr. aus Christiania Vidensk. Selsk. Forhandl. 1881. No. 14, p. 1—14 med 2 pl. 8⁰. Christiania, Dybwad 1881. Ref. nach Bot. Centralbl. 1882, XI. Bd., S. 297.)

In dieser Arbeit sind mehrere neue Arten und Varietäten aus den in algologischer Beziehung fast gar nicht untersuchten Gegenden Finnmarkens und der Lofoten in Norwegen beschrieben, sowie einige Bemerkungen über morphologische und biologische Verhältnisse beigefügt. Die neuen Arten sind grösstentheils abgebildet. Ihre Namen s. im Bot. Centralbl. a. a. O. und im Verzeichniss neuer Arten.

21. **Grönlund. Islands Flora.** 159 S. Kjöbenhavn 1881, in dän. Spr. (Referat nach d. Bot. Centralbl. 1881, VII. Bd., S. 233—235.)

Der vollständige Titel des Buches lautet auf deutsch: Die Flora Islands, eine Beschreibung der Phanerogamen und Gefässkryptogamen und ein Verzeichniss der übrigen Kryptogamen. Aus diesem Verzeichniss sind im Bot. Centralbl. die Namen der vom Verf. in Island zuerst gefundenen Thallophyten abgedruckt. Darunter ist eine *Chara* und 14 Meeresalgen.

22. **J. Schaarschmidt. Algae Romanae.** (Claudiopoli) 1881. 8⁰. 16 pg. Staub.

23. **Kanitz. Plantas Romanas hucusque cognitas enumerat.** (Beilage zu Magyar Növenytani Lapok. Jahrg. III—V, 8⁰, XXIII et 266 p. Claudiopoli 1879—1881.)

Nach dem Referat Bot. Centralbl. 1882, IX. Bd., enthält dieser Catalog, der sämmtliche bisher bekannte Pflanzen Rumäniens mit ihren Standorten aufzählt, auch 234 Algen. Die Meeresalgen wurden von Hauck, die Süsswasseralgen von Schaarschmidt bestimmt.

24. **Holmes. Algae new to Britain. Kentish Cryptogams.** (Journ. of Bot. 1881, S. 31 u. S. 374.)

Notizen über neue britische Algen und neue Standorte.

25. **Ch. Gobi. Vorläufige Mittheilung über die algologische Excursion am Finnischen Meerbusen im Jahre 1879.** (Arbeiten der St. Petersburger Gesellschaft der Naturf. Bd. XI, 1880. Seite 79—81. [Russisch.].)

Der ganze SO-liche Winkel des Finnischen Meerbusens erwies sich entschieden süsswässerig; hier, sowie auch um die Insel Kotlin (Kronstadt) kommen nur Süsswasseralgen vor; von den gefundenen Arten lohnt es blos *Spirulina Jenneri* und *Tolypothrix* sp. zu erwähnen. — Die in Hapsal gemachten Excursionen führten zur Entdeckung von *Streblonema*, welche bis jetzt nur einmal bei Helgoland gefunden wurde; sie parasitirte auf *Ruppia*, *Chara* etc., zugleich mit *Calothrix confervicola*. Bei Hapsal kommen viele rothe Algen vor, die aber schon während früherer Excursionen des Verf.'s gesammelt worden.

Batalin.

26. **Roux, A. Liste des Algues trouvées en 1880 entre le Cap Sidiferruch et le cap Matifou, Alger.** (Bullet. soc. sciences phys. nat. climatol. d'Alger XVII, p. 62—64. Referat nach Bot. Centralbl. 1882, IX. Bd., S. 42.)

Das Verzeichniss begreift 70 Florideen aus 37 Gattungen, 21 Laminarieen(?) aus 16 Gattungen, 13 Fucaceen aus 3 Gattungen, 22 Chlorosporeen aus 11 Gattungen und eine Nostochinee. Beschreibungen sind nicht beigegeben.

27. **Wolle, Francis. Fresh water algae V.** (Bullet. of the Torrey Botan. Club. Vol. VIII, 1881, No. 4, p. 37f., Referat nach Bot. Centralbl. 1881, VI. Bd., S. 222.)

Aufzählung von Süsswasseralgen aus den Gruppen der Phycochromaceae und Chlorophyceae. Die meisten davon sind für Amerika neu. Die Namen sämmtlicher Algen und die Diagnosen der neuen Arten finden sich im Botan. Centralbl a. a. O. Die Namen der neuen Arten s. Verzeichniss derselben.

28. **J. Schaarschmidt. Specimen Phycologiae Aequatoriensis.** (Magyar Növénytani Lapok. Jahrg. V. Klausenburg 1881. 7 S. [Lateinisch.].)

Aus dem in den Besitz Haynald's übergegangenen Herbar R. P. Sodiro's mit Pflanzen aus Ecuador untersuchte die Verf. die an Wasserpflanzen haftenden Algen. Die Fundorte sind die vulk. Berg Antisana (circa 4070 m), der Fluss Guajaquil, der See S. Pauli (2700 m), Rio S. Pedro u. s. w. Es werden angeführt: Chroococcaceen (1 Art), Nostocaceae (3), Bacillariaceae (52), Desmidiaceae (1), Zygnemaceae (3), Protococcaceae (1), Ulothrichaceae

(2), Cladophoraceae (1), Oedogoniaceac (2), zusammen 65 Arten. Als neue Varietäten fungiren *Gomphonema constrictum* Ehrbg. var. *Aequatoriense* (an n. sp.?), *Epithemia gibba* (Ehrenb.) Kütz. mit der var. β. *tumida* γ. *gibbosa; Synedra amphicephala* Kütz β. *sigmoidea.* Als neue Arten sind beschrieben: *Gomphonema Kanitzii, Achnanthes Haynaldii* mit der var. β. *elliptico-lanceolata* et γ. *oblongo-elliptica, Pinnularia Sodiroi, Schizonema Haynaldii.*

Staub.

29. **Farlow. Algae of Kerguelen.** (Smithson. Miscellan. Collect. Vol. XIII, 1878.) (Nachträgliches Referat.)

Catalog von 22 Algen, die während der amerikanischen Expedition zur Beobachtung des Venusdurchgangs 1872 auf Kerguelen gesammelt und von Farlow bestimmt wurden.

30. **[Padrao. Algae marinae methodice enumeratae ad normam F. T. Kützing.** 8⁰. 10 p. Conimbricae 1881.]

31. **Puiggari. Noticia sobre algunas Cryptogamas halladas en Apiahy, provincia de Jan Pablo en el Brasil.** (Anales Soc. cientif. Argentin. Tome XI. Entr. 4. Ref. nach Bot. Centralbl. 1881. IX. Bd. S. 161—162.)

Enthält u. A. auch 4 Algen.

32. **[Schnyder. Algas y hongos.** (Anales Soc. cientif. argent. T. XI. Entr. 4. 1881.)]

c. Sammlungen.

33. **Farlow, Anderson and Eaton. Algae Am. Bor. exsiccatae Fasc. IV.**

Dieser Fascikel enthält No. 131—180, deren Namen Hedwigia 1881, S. 127—128 und Grevillea, vol. X, S. 15 zu finden sind, darunter sind 4 mit Farlow bezeichnete, also wohl neue Arten. S. Artenverzeichniss.

34. **Kerner. Flora exsiccata Austro-Hungarica a Museo botanico Universitatis Vindobonensis edita. Cent. III et IV.** Vindobona 1881. (Vgl. Botan. Centralbl. 1882. X. Bd. S. 148—150.)

Derselbe. Schedae ad floram exsiccatam Austrohungaricam etc. Fasc. II. 8⁰. p. 63—136. (Vindobona Frick 1881. Vgl. Bot. Centralbl. 1882, X. Bd., S. 360—362.)

Unter den ausgegebenen Pflanzen finden sich auch 5 Algen, dabei ein neues *Batrachospermum: B. fluitans* Kerner aus Nordtyrol.

II. Rhodophyceae.

a. Florideae.

35. **Solms Laubach. Die Corallinenalgen des Golfes von Neapel und der angrenzenden Meeresabschnitte.** Fo. 64 S. und 3 Taf. (Aus Fauna und Flora des Golfes von Neapel, herausg. von der Zool. Stat. daselbst. IV. Monogr. Leipzig, W. Engelmann, 1881.)

Die Arbeit zerfällt in vier Abschnitte. Der erste enthält eine systematische Beschreibung der in Neapels Umgebung bis jetzt beobachteten Corallinenformen. Es sind folgende:

1. *Corallina mediterranea* Aresch. Von dieser Art giebt es bei Neapel zwei Formen, die ein wesentlich verschiedenes Aussehen besitzen. Die eine im inneren Golf vorkommende zeichnet sich durch lockere Rasenbildung und wenig reichliche, oft pinnate Verzweigung aus; sie fructificirt sehr gerne und reichlich, während die andere im Aussengolf wachsende Form reichlich und wiederholt federartig verzweigte Stämme besitzt und nur sehr spärlich Früchte trägt. 2. *C. virgata* Zan. 3. *C. rubens* L., *C. corniculata* L. Verf. hält es für zweckmässig, beide Formen in einen Formenkreis zu vereinigen, den er zu *Corallina* zieht, da *Jania* von *Corallina* nicht generisch getrennt werden kann. 4. *Amphiroa rigida* Lam. Aresch. Von dieser wird noch eine eigenthümliche Varietät beschrieben, die vielleicht eine neue Species darstellt. 5. *A. cryptarthrodia* Zan. 6. *A. verruculosa* Kütz. Phyc. gen. Bisher als Synonym zu *A. rigida* gestellt, aber vom Verf. als wohl unterschiedene Art erkannt. 7. *A. complanata* Kütz. Phyc. gen. Hierher gehört als Synonym *A. parthenopaea* Zan., während Verf. die Zugehörigkeit von *A. exilis* Harv. bezweifelt. 8. *Melobesia Corallinae* Crouan. 9. *M. pustulata* Lamour. 10. *M. membranacea* Rosanoff. 11. *M. cortici-*

formis Kütz. 12. *M. farinosa* Lamour. 13. *M. Lejolisii* Ros. 14. *M. callithamnioides* Falkenb. non Crouan. 15.' *M. Thuretii* Born. 16. *M. inaequilatera* n. sp. Diese winzige Art zeichnet sich durch die in Folge des Mangels der Deckelzellen absolute Einschichtigkeit des Thallus und durch dessen einseitige Entwickelung aus, wodurch er die Gestalt eines mit kurzem Handgriff versehenen Fächers erhält. 17. *Lithophyllum expansum* Phil. 18. *L. decussatum* Phil. 19. *L. Lenormandi* (Aresch.) Ros. 20. *L. insidiosum* n. sp. Diese durch ihr Wachsthum als *Lithophyllum* charakterisirte Pflanze ist der *Melobesia pustulata* habituell sehr ähnlich. 21. *L. incrustans* Phil. Diese Art, ein echtes *Lithothamnion*, ist am nächsten mit *L. polymorphum* (L.) Ros. verwandt. 22. *L. Racemus* Aresch. 23. *L. ramulosum* Phil. 24. *L. fasciculatum* Aresch. 25. *Lithophyllum cristatum* Ros.

Der zweite Abschnitt führt den Titel: Die Beschaffenheit der Vegetationsorgane als Grundlage der üblichen Gattungsbegrenzung. Was die Melobesieen betrifft, so bestätigt Verf. im Wesentlichen die Angaben Rosanoff's, die er nur in einigen Einzelheiten berichtigt. Die von Rosanoff Heterocysten genannten Zellen, Initialen, die in Dauerzustand übergegangen sind, unterscheiden sich von den vegetativen Zellen nur durch etwas andere Form, beträchtlichere Grösse und dadurch, dass sie keine Deckzellen abscheiden, ihren Scheitel vielmehr ohne Scheidewandbildung haarartig emporwölben. Das Haar geht nachher zu Grunde, nachdem es zuvor durch Ringverdickung der Seitenwand sich vom basalen Theil der Zelle abgeschieden hat. Die von Ros. über jeder älteren Heterocyste gefundene trichterförmige Oeffnung ist nur ein Rest des zu Grunde gegangenen Haares. Weiterhin bemerkt Verf., dass *Lithophyllum* und *Lithothamnion* kaum in scharfer Weise getrennt werden können. Die flachkrustigen Lithothamnien, z. B. *L. polymorphum* Aresch. sind durch Uebergangsformen mit *Lithophyllum* verbunden, während die Lithothamnien mit zapfenartigen und corallenartig verzweigten Fruchtästen sich an die einfacher gebauten flachen Formen unmittelbar anschliessen. Der ganze Secundärzuwachs der Lithothamnien trägt an seiner Oberfläche stets eine geschlossene Deckzellenschicht, unter welcher die sich theilenden Elemente zunächst gelegen sind.

Der Uebergang von *Lithothamnion* zu *Corallina* wird durch jene *Corallina*-Formen vermittelt, die, wie *C. mediterranea*, bei der Keimung zunächst an dem Substrat anliegendes dorsiventrales Lager bilden, von dessen Rücken sich erst die aufrechten, verzweigten, fruchtbringenden Sprosse erheben. Wir finden hier also das dorsiventrale Lager und die radiär gebauten Fruchtäste von *Lithothamnion* wieder. Bei anderen Arten von *Corallina* entwickeln sich die aufrechten verzweigten Stämme unmittelbar aus der Keimscheibe. Wie sich *Amphiroa* verhält, ist noch nicht festgestellt. Während aber bei *Lithothamnion* die Fruchtäste homogen sind, ihr Gewebe überall (mit Ausnahme der Deckzellen) gleichmässig verkalkt ist, ist der Thallus von *Corallina* und *Amphiroa* gegliedert, so dass längere verkalkte Glieder durch kalklose, hornartig biegsame, im Verhältniss kurze Zwischenstücke verbunden sind. Im Allgemeinen lässt der Thallus von *Corallina* eine Sonderung in Mark und Rinde erkennen; die kalklosen Zwischenstücke indessen entbehren im fertigen Zustand der Rinde und werden ausschliesslich vom Markstrang gebildet. Bei *Corallina* bestehen sie aus einer einzigen periclinen Schicht überaus verlängerter Zellen mit verdickter Membran, deren jede durch eine Anzahl später entstandener Querwände gefächert erscheint. Bei *Amphiroa* nehmen stets zwei pericline Zellschichten an ihrer Bildung theil; im übrigen sind sie von gleicher Structur. Ihrer ersten Anlegung nach sind sie gleichfalls mit einem Rindenüberzug versehen, der indessen frühzeitig der Zerstörung anheimfällt. Zwei andere Punkte deuten noch auf die Analogie der verzweigten Stämme von *Amphiroa* mit den Fruchtästen von *Lithothamnion* hin. Die scheitelständige Kuppe von *Amphiroa* ist jederzeit von einer Schicht von Deckzellen überzogen, die von Zeit zu Zeit abgestossen und durch Neubildung von unten regenerirt wird; was mit der Art des homogenen Dickenzuwachses von *Lithothamnion polymorphum* nahe übereinstimmt. Ferner findet man bei manchen Species, dass die Rinde der älteren Stammglieder ein wenn schon beschränktes, doch ziemlich ausgiebiges Dickenwachsthum, Lithothamnii more, besitzt, durch welches wiederholte Erzeugung von Conceptakeln und deren allmählige Ueberwallung und Versenkung ins Gewebe ermöglicht wird. *Corallina* zeigt sich bei vielfacher Uebereinstimmung mit *Amphiroa* doch darin wesentlich

verschieden, dass bei ihr der Vegetationspunkt von keiner Deckzellenschicht umhüllt ist;
erst in weiter Entfernung von der Scheitelregion werden durch Theilung der Oberflächen-
elemente die Deckzellen erzeugt. Bei beiden Gattungen tritt normale Verzweigung des
strauchigen Thallus der Regel nach nur dann ein, wenn dieser sich zur Bildung eines der
kalklosen Gelenke anschickt. Unter Dauergewebs- und Rindenausbildung dazwischen gelegener
Stücke werden aus dem bis dahin einheitlichen Scheitel 2, 3, 5 bis 7 gleichwerthige, nur
weiterhin verschieden stark sich ausbildende Sprossen erzeugt. Sehr bald nach der Anlage
schreitet jeder der Dichotomiensprosse zur Bildung seines ersten normal berindeten und ver-
kalkten Gliedes fort. Häufig findet eine Bereicherung der Verzweigung durch Auftreten
adventiver, an beliebiger Stelle der Rinde entstehender Sprosse statt. Beide Vorgänge sind
durch Uebergangsbildungen verbunden. — Auch in Bezug auf Anordnung der Conceptakel
nimmt *Amphiroa* eine vermittelnde Stellung zwischen *Lithothamnion* und *Corallina* ein.
Bei den beiden ersten Gattungen sind sie über die ganze Oberfläche des Fruchtastes vertheilt, bei der letzteren aber ausschliesslich an die Scheitelregion desselben und seiner Zweige
gebunden.

Der dritte Abschnitt ist betitelt: Die Früchte von *Corallina* und deren Entwickelung.
Wenn man, bemerkt der Verf., wachsende Spitzen von *Corallina mediterranea* in entkalktem
und in unverändertem Zustand untersucht, bemerkt man, dass die nach aussen grenzenden
Wandstücke der die Scheitelkuppe bildenden Zellen stark verdickt sind. Die Verdickung
erscheint auf dem Längsschnitt als eine prismatische Säule, die sich über jede Zelle erhebt.
Diese Säule zeigt einen lamellaren Bau; in den äusseren Partien ist etwas Kalk eingelagert. Die gesammte Prismenschicht ist in stetem Wachsthum begriffen; über der Scheitel-
mitte werden ihre äusseren Theile durch den stets gesteigerten Druck auseinandergesprengt;
am Grunde wird der Verlust durch Wachsthum und weitere Schalendifferenzirung ergänzt.
Bei *Corallina rubens* und *C. granifera* besitzen die entsprechenden Zellen eine einfache
Wandverdickung (ohne besondere Structur. Die Umwandlung der vegetativen Zweigspitze
behufs der Fructification erfolgt zunächst bei allen drei Geschlechtsformen in identischer
Weise. Zuerst bemerkt man eine Verflachung und Verbreiterung der Scheitelfläche. Gleichzeitig geht der früher beschriebene Membranbau verloren, die Prismen werden auseinander
getrieben, von der ganzen Membran bleibt nur die innerste Schale erhalten. Von dieser
scheidet sich eine cuticularartige Aussenlamelle ab. Allmählich erhebt sich der Rand des
scheibenförmig abgeflachten Zweigendes als ein Ringwall, der die spätere Wandung des
Conceptaculum bildet. An den die Centraldepression einnehmenden Zellen werden nun
wiederum durch Membranverdickung prismatische Säulen erzeugt, welche die Vertiefung der
becherförmigen Scheiteleinsenkung fast völlig ausgleichen. Ihre Aussenfläche wird von der
cuticuloiden Lamelle überzogen. Die Prismen selbst zerfallen in drei über einander gelagerte
Schalen. Unten findet man eine Innenlage von homogener, ziemlich dichter Beschaffenheit,
die später nach Abstossung und Zerstörung der äusseren Partien allein erhalten bleibt.
Dann folgt eine recht schmale, bald bedeutend an Mächtigkeit zunehmende Schicht von
weicher, quellbarer Beschaffenheit; der gesammte überaus mächtige Aussentheil bis dicht
unter die cuticuloide Lamelle ist überall von gedrängten, feineren Kalkkörnchen durchsetzt.
Von oben betrachtet, erscheint dieser Theil als eine von der Cuticula überzogene weisse
Platte (Kalkprismenplatte), die sich mit Hilfe der Nadel leicht abheben lässt und den
einzelnen Prismen entsprechend gefeldert ist. Bei den Conceptakeln aller drei Geschlechter
gehen die Fortpflanzungsorgane aus den von der Kalkprismenplatte bedeckten centralen
Oberflächenzellen des Discus hervor; doch ist der Entwickelungsgang von jetzt ab ein verschiedener.

Bei der tetrasporischen Pflanze erhebt sich rasch der Rand des Conceptaculums,
indem er zugleich nach innen wächst und damit die Mündung des über der Centralpartie
liegenden Hohlraums verengert. Dieser Hohlraum ist oberwärts durch die Kalkprismenplatte
geschlossen, er ist mit homogenem Schleim erfüllt, der aus dem Wachsthum der früher
erwähnten schmalen, mittleren, unter der Kalkprismenplatte gelegenen Membranschicht
entstanden ist. Die Zellen der Discusfläche sind jetzt durch Wachsthum und Theilung in
parallele Zellreihen verwandelt. In diesen Reihen sind die untersten zwei bis drei Zellen

kurz und isodiametrisch, sie stehen seitlich mit einander in festem Gewebeverband. Die Zellen des oberen Endes der Reihen, in Ein- oder Mehrzahl vorhanden, haben eine langgestreckte cylindrische Form, sie treten seitlich durch Verquellung der Mittellamellen ausser Verband und ragen wie ein Fadenbüschel in den mit Schleim erfüllten Innenraum. Dieser Fadenbüschel besteht aus zwei verschiedenen Elementen: Erstens aus einfachen cylindrischen Zellen, mit scharf umschriebenem, kugligem Nucleus; aus diesen gehen später direct durch Quertheilung die Tetrasporen hervor. Zweitens aus viel längeren, aus drei bis fünf ähnlich gestalteten aber inhaltsärmeren Zellen gebildeten Fäden, die als Paraphysen bezeichnet werden können und bald zu Grunde gehen. Während im Innern die Tetrasporen ihre Theilungen ausführen, wird ringsum die Wandung fertig ausgebildet. Dieselbe schliesst zunächst über der Höhlung zu einem Ostiarcanal zusammen und wächst dann zur bekannten Kegelform aus. Mit dem Beginn dieser Entwickelung fällt die Zerreissung der die Mündungsöffnung verschliessenden Cuticuloidlamelle und die Zerstörung der Kalkprismenplatte zusammen. Mit der Bildung des Ostiolum wird das Gewebe an der Innenseite der Conceptakelwand unter Auflösung des Kalkes gelockert und bildet zur Zeit der Sporenreife eine aus weichem collabirirtem Gewebe bestehende Auskleidung.

Bei den männlichen Conceptakeln wird ausser der Centralpartie des Discus auch die rings ansteigende Böschung desselben zur Erzeugung der Spermatien verwandt. Die Thalluszellreihen gipfeln hier in winzige, zu zwei bis vier bei einanderstehende Zellchen, deren jedes einen Büschel von feinen sterigmenähnlichen Fädchen trägt. Hie und da werden diese von haarartig gestreckten keulenförmigen Zellen überragt. Mehr vereinzelt finden sich in den sterigmenähnlichen Fadenbüscheln ausserordentlich lange, dünne, blasse Fäden, deren Spitze von einem plasmaerfüllten ei- oder keulenförmigen Zellchen gebildet wird. Dieses Zellchen stellt das männliche Geschlechtselement dar; bei seiner vollkommenen Reife löst der feine Tragfaden an seiner Basis sich los und bildet nun einen langen, haarartigen Schwanz. Wie Verf. gegenüber den Angaben Thuret's besonders hervorhebt, folgt aus seinen Untersuchungen, dass sowohl der obere eiförmige Körper, wie der Schwanz von einer deutlichen Membran umgeben ist. Wir haben es hier mit einem membranumgebenen, dem der Pilze durchaus vergleichbaren Spermatium zu thun. Der Schwanz entspricht dem mitabfallenden Rest des Sterigmas. Wegen der näheren Beschreibung der Entwickelung der Sterigmen müssen wir auf das Original verweisen.

Die männlichen Conceptakel von Cor. rubens und Cor. variegata verhalten sich etwas anders. Die Innenfläche der Wandung ist hier bis zur verengerten Mündung hin mit einer zusammenhängenden Schicht von Spermatien abschnürenden Sterigmen bedeckt. Im jugendlichen Zustand bildet das Conceptakel einen Becher mit von Cuticula überzogener Mündung. Eine Kalkprismenplatte fehlt hier durchaus, der ganze äussere Membrantheil der Zellen des Discus geht in Gallerte über. Die Schicht, welche die Spermatien abschnürt, ist hier sehr schmal; sie besteht ausschliesslich aus den kurzen Sterigmen und den winzigen diese erzeugenden Zellen. Die Sterigmen schwellen bei Bildung der Spermatien ohne merkliche Veränderung an der Spitze an, aus der das eiförmige Spermatium hervorgeht. An diesem ist das Vorhandensein einer Membran mit grösster Sicherheit zu constatiren; statt des langen, fädigen Fortsatzes des Spermatiums von C. mediterranea trägt es nur einen blassen, zapfenförmigen, schleimigen Anhang, den Rest des Sterigma.

Bei Corallina Cuvieri hat das Spermogonium im Wesentlichen denselben Bau. Die Kalkprismenplatte fehlt. In der Trennung der Geschlechter stimmt diese Art dagegen mit C. mediterranea überein, während bei C. rubens und virgata beide Geschlechter auf demselben Individuum vereinigt sind.

Die weiblichen Conceptakel von C. mediterranea gleichen in ihrer Entwickelung mehr den tetrasporischen als den männlichen. Wie bei jenen ist der seine Zellen zu Procarpien entwickelnde Discus auf den beinahe ebenen Mitteltheil beschränkt. Die Discuszellen zerfallen zunächst in je zwei übereinanderliegende, von denen die obere das Procarp erzeugt. Die Theilungen, die in der jungen Procarpzelle auftreten, sind denen, die bei Entwickelung der Spermatienbüschel beobachtet werden, durchaus analog. Sie zerfällt durch schalenartige Wände in zwei seitliche und eine mittlere Tochterzelle, welche letztere aus einem basalen Theil und einem schmalen, zwischen die beiden seitlichen Zellen sich erstreckenden Isthmus besteht. Aus den beiden seitlichen Zellen geht der Empfängnissapparat hervor; die mittlere basale wird zur carpogenen Zelle. Die beiden erstgenannten, den Conceptionsapparat erzeugenden Zellen bleiben nur selten ungetheilt, sie zerfallen durch wenig regelmässig erfolgende Theilungen in zwei oder mehr Tochterzellen. Noch vor der Sprengung der die Mündung des Conceptaculum verschliessenden cuticuloiden Lamelle und Kalkprismenplatte ist die Bildung der Trichogynhaare in vollem Gang, sie treten als dünne cylindrische Papillen aus dem obern Rand der Empfängnisszellen hervor und wachsen zu einfachen langen Fäden aus. Ihre Bildung beginnt in der Mitte des Discus und schreitet rasch bis zum Rande fort; die Trichogyne fallen aber hier viel spärlicher und kürzer aus. Verf. hat nie das einem randständigen Procarpium angehörige Trichogyn in empfängnissfähigem Zustande angetroffen, obwohl gerade diese Procarpien es sind, welche die Sporen erzeugen. Obwohl erst die Weiterbildung der carpogenen Zelle ein untrügliches Merkmal der eingetretenen Copulation abgiebt, so gelang es doch dem Verf., die Copulation der Spermatien mit den Trichogynen direct zu beobachten, indem er nämlich frische weibliche Exemplare mit empfängnissfähigen Trichogynen, die aber bisher fern von männlichen Pflanzen gewachsen waren und daher in den Conceptakeln weder Spermatien noch Spuren einer erfolgten Copulation zeigten, in die Nähe wohlentwickelter männlicher Exemplare brachte. Diese wurden so angebracht, dass das circulirende Wasser von ihnen über die weiblichen Pflanzen hinfloss. Schon am folgenden Tag hingen in dem aus dem Ostiolum empfängnissfähiger Behälter hervorquellenden Membranschleim ausnahmslos in grösserer oder geringerer Menge die durch ihre Schwänze leicht kenntlichen Spermatien. Auch an den Trichogynspitzen hafteten einzelne an, und es wurden an diesem und dem folgenden Tag verschiedene Copulationen beobachtet.

Bei *Cor. rubens* und *virgata* stimmt der Bau der Receptaculums wie der Procarpien mit dem von *Cor. mediterranea* überein. Nur ist das Areal der den Discus bildenden Procarpienschicht viel beschränkter, die Zahl der Einzelorgane in Folge davon eine viel geringere. *Cor. Cuvieri* nimmt hierin eine Mittelstellung zwischen *Cor. rubens* und *mediterranea* ein.

Während bei der Mehrzahl der Florideen aus jedem Procarp ein Cystocarp hervorgeht, entsteht bei *Corallina* in jedem Conceptaculum nur eine einzige Frucht, zu deren Ausbildung aber sämmtliche Procarpien beitragen. Ihr Entwickelung erfolgt bei allen Arten der Gattung im Wesentlichen in gleicher Weise, wie Verf. im Gegensatz zu Thuret's Angaben besonders hervorhebt. Bald nach erfolgter Befruchtung bemerkt man beim Zerfasern des entkalkten Conceptaculums, dass einzelne Procarpiengruppen aufs festeste verbunden bleiben, was früher nie stattfindet. Der feste Zusammenhang derselben wird dadurch bedingt, dass ihre carpogenen Zellen unter Resorption der trennenden Membranstücke seitlich mit einander verschmelzen und somit in eine flache Zellfusion verwandelt werden, die von ebensovielen unveränderten parallelen (unteren) Zellreihen getragen wird als Procarpien in ihre Bildung aufgegangen sind und die auf der oberen Fläche die zu diesem gehörigen Empfängnissapparate in wenig verändertem Zustand trägt. Indem diese Fusion immer weitere Kreise von Procarpien ergreift, kommt es bald dahin, dass die sämmtlichen carpogenen Zellen des Discus zu einer einzigen Fusion zusammenfliessen. Die schliesslich gebildete Fusionsplatte zeigt auf Längsschnitten eine sehr unregelmässige, manchmal vielfach gebuchtete Gestalt, wobei die einzelnen Componenten perlschnurartig aneinander gereiht sind. Dies rührt daher, dass bei der Fusion stellenweise nur ein Theil der Scheidewände benachbarter carpogener Zellen gelöst wird. Gleichzeitig mit der Entstehung der carpogenen Fusionszelle geht mit den Zellen des Empfängnissapparates eine Veränderung vor sich, indem diese, sofern sie nicht an der Trichogyneerzeugung betheiligt sind, zu den von Thuret als Paranemiaten bezeichneten Gebilden umgewandelt werden, die in Form kleiner von 2—4 etwas divergirenden Elementen gebildeter Büschel der Oberfläche der Fusionszelle aufsitzen. Die Fusionszelle selbst ist mit feinkörnigem vacuolenreichem Plasma erfüllt; sie enthält zahlreiche Zellkerne.

Bei *C. rubens* und *C. virgata* ist die Fusionszelle der kleinen Discusfläche entsprechend von viel geringerem Umfang, aber nicht wie bei *C. mediterranea* von niedriger Plattengestalt, sondern von beträchtlicher Dicke.

Die Fusionszelle giebt ringsum an ihrem gesammten Rande den Sporen den Ursprung. Dies geschieht bei *C. mediterranea*, indem aus diesem unregelmässig gebuchteten Rande keulenförmige Fortsätze in grosser Zahl hervorsprossen, deren jeder mit einem Zellkern versehen und von dichtem feinkörnigem Plasma gänzlich erfüllt ist. Sie werden durch Scheidewandbildung abgetrennt, ihnen fällt die Erzeugung der Sporen zu, wesshalb sie Verf. Sporenmutterzellen nennt. Jede solche Zelle erzeugt durch successive reihenweise Abschnürung die Sporen. Die jungen Sporen besitzen nach ihrer Abscheidung die Gestalt von winzigen niedrigen Tafeln und enthalten einen kleinen, aber deutlichen Kern. Sie wachsen dann zu bedeutender Grösse und kugliger, später durch gegenseitigen Druck unregelmässig polyedrischer Form heran. Der Zellkern wächst ausserordentlich und erscheint in der der Reife nahen Spore als eine weite Blase mit scharf umschriebener Hülle, die einen sehr grossen Nucleolus enthält. Die obersten reifen Glieder der Sporenketten werden dann aus dem Verbande gelöst und mit dem umgebenden Schleim allmählich aus dem Ostiolum entleert.

Bei *C. rubens* und *virgata* stimmt die Sporenentwickelung im wesentlichen mit der von *C. mediterranea* überein; nur ist die Zahl der Sporenketten viel geringer, indem deren nur 6—10 an dem in Folge vollkommenerer Verschmelzung der carpogenen Zellen ganz regelmässig kreisförmigen Rand der Fusionszelle entwickelt werden.

Weiterhin vergleicht nun Verf. die Fruchtbildung der *Corallineen* mit denen anderer Florideen. Er bemerkt, dass wir, wenn wir von den einfachsten Fällen wie den Nemalieen und *Bangia* ab weiter fortschreiten, eine sich stetig steigernde Differenzirung und locale Sonderung des Empfängnissapparates von dem sporenbildenden wahrnehmen, die dann bei *Dudresnaya, Polyides* etc. ihren höchsten Grad erreicht. Wie Verf. bemerkt, wird man a priori geneigt sein, in jedem der beiden hier räumlich getrennten Apparate den Rest eines früher vollständigen, durch Verkümmerung verarmten Procarps zu erkennen. Diese Vorstellungsweise wird durch den oben beschriebenen Thatbestand bei *Corallina* auf's Beste unterstützt. Wenn eine räumliche Trennung der beiden für Befruchtung und Sporenbildung bestimmten Apparate eintrat, so musste gleichzeitig für eine zweckmässige Verbindung beider gesorgt werden. Die Verschmelzung der carpogenen Zellen im Discus von *Corallina* zeigt uns, wie eine solche Verbindung auf die einfachste Weise hergestellt werden kann.

Der 4. Abschnitt des Werkes handelt von *Amphiroa, Melobesia, Lithophyllum* und *Lithothamnion*.

Die verschiedenen Arten von *Amphiroa* stimmen in dem Bau ihrer Fructificationsorgane mit *Corallina* überein. Die Conceptacula werden seitlich auf Kosten der die Rinde bildenden Zellreihen angelegt. Bei *A. complanata* treten sie stark über die Thallusfläche hervor und werden in einfacher Schicht angelegt, bei *A. rigida* sind sie eingesenkt und können, da ihre Decke an dem Dickenwachsthum der Rinde theilnimmt, in mehreren Schichten übereinander angelegt werden. Die Spermatien sind eilänglich und mit einem Anhängsel versehen, das dem von *C. rubens* ähnlich ist.

Bei *Melobesia Corallinae* sind die Conceptakel ebenfalls ähnlich wie bei *Corallina* gebaut. Eine kreisförmige Gruppe der senkrechten Thalluszellreihen bleibt zurück und wird von den umgebenden mittelst local geförderten Wachsthums allmählich überwölbt. Die Tetrasporen fand Verf. im Gegensatz zu den Angaben Crouan's in regelmässiger Weise viergetheilt. Die Sterigmenbüschel und Spermatien der männlichen Conceptakel gleichen denen von *C. rubens*. Letztere sind cylindrisch mit kurzem blassen Anhängsel von unregelmässiger Form.

Anders verhält sich *M. corticiformis*. Bei ihr liegen die Tetrasporen gruppenweise vereint in localen Auftreibungen des Thallus, jede einzelne ist von geschlossenem Gewebe umgeben; ein Conceptaculum ist nicht vorhanden. Eine jede Tetraspore ist aus der umgebildeten Endzelle einer senkrechten Thalluszellreihe entstanden, die ihr Längenwachsthum viel früher einstellte als die benachbarten. Ueber der Tetraspore findet sich ein cylindrischer Pfropf von gequollener Membransubstanz, der bis zur Thallusoberfläche reicht. Zur Reifezeit berühren die Sporen einander vielfach ganz oder beinahe, indem das zwischen ihnen liegende Gewebe zerdrückt oder unkenntlich wird. Verf. glaubt annehmen zu dürfen, dass jeder Höcker mit den zahlreichen vereinzelten Tetrasporen einem Conceptakel von *Corallina* und *Melob.* *Corallinae* analog ist, in dem nur die sterilen Zellreihen (Paraphysen) in Form von verkalktem Zwischengewebe erhalten bleiben. Die männlichen und weiblichen Geschlechtsorgane von *Mel. corticiformis* sind in Conceptakeln von gewöhnlichem normalen Bau enthalten. Die Pflanze ist wahrscheinlich monöcisch. Die punktförmig kleinen Spermatien sind an beiden Seiten mit den schon früher bekannten Fortsätzen (Thuret's oreillettes) versehen. Sie sind im Conceptaculum in Reihen geordnet, so dass man versucht ist, eine reihenweise Abschnürung anzunehmen, was Verf. bei der verwandten *Mel. deformans* n. sp. in der That mit Bestimmtheit constatiren konnte. Die Anhängsel dürften Reste der zwischen den einzelnen Gliedern der Reihe gelösten Mittellamelle sein.

Die Arten der Gattung *Melobesia* verhalten sich nach dem eben Gesagten in Bezug auf die Fructification verschieden und lassen sich darnach in zwei Gruppen theilen, wovon für die erste Spermatienbildung durch einfache Abschnürung, Tetrasporen in Conceptakeln charakteristisch sind, während bei der zweiten reihenweise abgeschnürte Spermatien, Tetrasporen einzeln in Höckern gefunden werden. Zu der ersten Gruppe gehört die Mehrzahl der Species, so *Mel. Corallinae, Mel. pustulata, Mel. farinosa;* in mehr zweifelhafter Weise noch einige Arten, deren Spermogonien nicht bekannt sind, wie die von Rosanoff beschriebenen *Mel. Lejolisii, coronata, macrocarpa, amplexifrons.* Zu der zweiten Gruppe gehören ausser *Mel. corticiformis* auch *Mel. membranacea* Lam. und *Mel. deformans* n. sp.

Thuret und Bornet haben eine *Melobesia* unter dem Namen *Mel. Thuretii* beschrieben, deren Thallus parasitisch im Gewebe von *Corallina* wächst. Verf. hat diese Pflanze ebenfalls untersucht und hat dabei in Bezug auf den vegetativen Theil ein wesentlich abweichendes Ergebniss erhalten. Der Thallus besteht aus einem einzigen senkrecht verlaufenden Faden, der sich gegen vorn in die Endkuppe des Nährzweigs verfolgen lässt, wo zwischen den Scheitelzellen jenes seine eigene, Segmente abscheidende, Scheitelzelle gelegen ist. Manchmal ist dieser Faden einfach gabelig verzweigt; er trägt als seitliche Aeste die Zellfäden, die in der Richtung der anticlinen Curven des Nährgewebes durch die Rinde verlaufen und an der Oberfläche die Conceptakel erzeugen. Die sämmtlichen vegetativen Glieder bestehen aus mehr oder weniger gestreckten cylindrischen Zellen; die meisten derselben erzeugen durch Schaltheilung ein kleines seitliches Zellchen am oberen Ende, das offenbar den Deckzellen des normalen Melobesia-Thallus analog ist. Wegen der näheren Darstellung, wie aus der unter der Cuticuloidlamelle der Nährpflanze gelegenen Endzelle der das Conceptaculum enthaltende Fruchtkörper der Pflanze hervorgeht verweisen wir auf das Original. Die weiblichen wie die Tetrasporen enthaltenden Conceptakel stimmen in ihrem Bau mit denen von *Corallina* überein: die Spermatien entstehen aber durch reihenweise Abschnürung und sind mit zwei Anhängseln versehen. Somit nimmt *M. Thuretii* eine Mittelstellung zwischen den beiden früher erwähnten Gruppen von Melobesien ein.

Der *Mel. Thuretii* in Habitus und Lebensweise ähnlich ist die neue *M. deformans*, die Verf. als Parasit an einer australischen *Corallina* auffand, die an den vom Parasiten befallenen Theilen statt der regelmässigen pinnaten Zweigbildung eine unregelmässige kurzgliederig corallenartige allseitswendige Verzweigung zeigte. Die männlichen und weiblichen Conceptakel dieser *Melobesia* sind denen von *M. Thureti* ähnlich, die Tetrasporenbehälter aber sind nach dem Typus von *M. corticiformis* gebildet.

Mel. callithamnioides Falkenb. bildet den Uebergang von den parasitischen Melobesieen mit fadenartigem Thallus zu denen, die einen solchen von Scheibenform besitzen. Der Thallus ist, von den winzigen Deckzellen abgesehen, einschichtig. In der Jugend bildet er eine Scheibe, die nach dem regelmässigen, von Rosanoff beschriebenen Typus wächst. Gewöhnlich erlischt bald das regelmässige Randwachsthum, nur einzelne zerstreute Marginalzellen wachsen zu confervenartigen Fäden aus, die sich hie und da unter dichotomer Spaltung ihrer Endzelle zerzweigen. Meist wächst nur einer der Zweige dauernd weiter, so dass eine Art sympodialen Systems entsteht. Nach längerer oder kürzerer Dauer des so beschaffenen Wachsthums werden an den Enden der Fäden wieder durch rasch aufeinander folgende Dichotomien der Endzelle geschlossene fächerartige Zellflächen angelegt; die von benachbarten Fäden angelegten Flächen stossen bald seitlich aneinander. Durch ihre Verschmelzung kommt wieder geschlossenes Marginalwachsthum des Thallus zu Stande. Erwachsene Pflanzen dieser Art besitzen einen Thallus, der, im Centrum durchlöchert, nach aussen von einer geschlossenen ringförmigen Platte gebildet wird. An dieser Species wurde mehrfach eine eigenthümliche Vermehrungsweise durch Brutknospen regelmässigen, charakteristischen Baues beobachtet. Einzelne Thalluszellen wachsen oberwärts zu haarartigen an der Spitze kolbig anschwellenden Schläuchen aus, sich gleichzeitig durch eine quere Scheidewand an der Basis der Ausstülpung theilend. Durch eine zweite Theilungswand wird die kopfige Anschwellung vom Stiel getrennt. Aus der angeschwollenen Endzelle geht dann durch dreimal wiederholte Dichotomie derselben und ihrer Descendenten eine regelmässig gestaltete dreieckige Zellplatte von sechs fächerartig gelagerten Zellen hervor, die dann durch Querwandbildung weiter zerfallen. Zuletzt fällt die fertige Brutknospe an ihrer Basis articulirend vom tragenden Stiel ab. Aus solchen Gemmen können dann junge Thallussprosse an ganz beliebiger Stelle aus einer oder der anderen Zelle hervorkommen. Geschlechtliche Individuen wurden nicht beobahtet, wohl aber Tetrasporenbehälter von sehr einfachem Bau, indem der Discus unmittelbar von der einschichtigen Thallusfläche gebildet wird und die überwölbende Decke ebenfalls einschichtig ist.

Mel. inaequilatera n. sp. bietet von allen Melobesien die einfachsten Verhältnisse des Thallus dar. Dieser ist scheibenförmig und vollkommen einschichtig, da sogar die Deckzellen fehlen. Ebenso fehlen die Heterocysten. Nach der Fixirung erleidet die Spore zunächst Quadrantentheilung. Aus zwei benachbarten Quadranten erwächst weiterhin der junge Thallus in regelmässiger Weise; die beiden andern bleiben fortan stationär und bilden noch am erwachsenen Pflänzchen einen handgriffartigen Fortsatz. Es scheint, dass der Thallus nur ein einziges Conceptakel, und zwar auf seinem ältesten Theil, dicht vor dem Handgriff erzeugt. Die Fructification entspricht dem Typus von *Melobesia corticiformis*.

Vom Genus *Lithophyllum* untersuchte Verf. die drei Arten *L. insidiosum* n. sp., *L. decussatum* Phil. und *L. expansum*. Bei *L. expansum* Phil. sind die dreierlei Fruchtformen in Conceptakeln gleichen Baues enthalten. Die reifen weiblichen Fruchtbehälter sind von ansehnlicher Grösse. Ihre Bodenfläche ist im mittleren Theile zapfenartig erhaben. Dieser Zapfen trägt die Fusionszelle, auf der die Paranemata dicht gedrängt stehen. Die aus dem Rande der Fusionszelle hervorgehenden Sporenketten hängen in die periphere Rinne hinunter und folgen bei weiterer Ausbildung der grossen Sporen in oberwärts geöffnetem Bogen der Innenwand des Conceptaculum. Die Tetrasporen-Conceptakel sind ganz ähnlich gebaut, besitzen ebenfalls einen zapfenartig vorspringenden Centraltheil des Discus, der hier aber nur Haare trägt, während die Tetrasporen von dem peripherischen Discusantheil erzeugt werden, und dann die Rinne zwischen dem Zapfen und der Innenwand des Conceptakels dicht aneinander gedrängt erfüllen. Die männlichen Conceptakel sind ohne die zapfenförmige centrale Erhebung, die spermatienbildende Fläche nimmt den ganzen Discus ein, mehr oder weniger weit auf die überwölbende Decke übergreifend. Die Spermatien, durch einmalige Abschnürung gebildet, sind klein, oval und einseitig geschwänzt. Diese an der Thallusfläche angelegten männlichen Behälter werden bei weiterem Wachsthum in das Innere versenkt, während über ihnen neue gebildet werden. Hie und da, jedoch seltener kommt das gleiche auch bei weiblichen und Tetrasporenconceptakeln vor, so dass *L. expansum* wie das nächst zu besprechende *L. decussatum* mit ebendemselben Recht wie *L. polymorphum* Aresch. zu *Lithothamnion* gestellt werden darf. An *L. expansum* dürften sich ihrem Fruchtbau nach *L. polymorphum*, *Lithothamnion incrustans* und *Lithoth. Racemus* anschliessen. *Lithoph. decussatum* dagegen zeigt den Bau der Tetrasporenbehälter von *Mel. corticiformis*. An dieses schliessen sich durch die gleiche Anordnung der Tetrasporen *Lithoph. lichenoides*, *Lithoth. ramulosum* und *Lithoth. fasciculatum* Aresch. an, ferner nach Rosanoff's Angaben wohl auch *Lithoph. Lenormandii*, *Lithoph. capense*, *Lithoph. Patena*, *Lithoth. Mülleri*.

Lithoph. insidiosum endlich bietet viel Eigenthümliches. Hier erzeugt derselbe Thallus beiderlei Geschlechtsorgane. Besonders merkwürdig ist der Bau des Cystocarps. Auf dem flachen Boden des Discus ruht die plattenförmige Fusionszelle, die hier ganz besonders häufig mit Lücken und Unterbrechungsstellen versehen ist. Oberwärts trägt sie die keuligen gedrängten Paranemata. Während bei allen andern hier besprochenen Species die Sporenbildung auf den Rand localisirt ist, entsprossen hier die Sporenketten jedem beliebigen Punkt der oberen Fläche der Zellfusion; sie treten zwischen den Paranematenbündeln hervor, dieselben durch ihren Druck verschiebend und z. Th. ihr Collabiren und Schrumpfen bewirkend.

In Bezug auf die Untersuchungsmethode wollen wir hier noch nachtragen, dass der Verf. theilweise das Schneiden im unentkalkten Zustande anwandte, wobei er sich der feinen Staarmesserklinge bediente. Von Lösungsmitteln erwies sich verdünnte Salpetersäure als das geeignetste, da sie die Gestalt der Zellen am wenigsten verändert. Nach erfolgter Entkalkung wurden die Exemplare in absolutem Alkohol gehärtet mit verdünnter wässriger Fuchsinglycerinlösung oder, wo es sich um Erkenntniss der Zellkerne handelte, mit Kleinenberg'schem Hämatoxylin gefärbt und in Gummiglycerin gebettet.

36. Falkenberg. Ueber Florideen. (S. unter 4.)

I. Verf. bemerkt, dass bei allen Florideen mit Ausschluss der Bangiaceen ein Wachsthum, eine Volumzunahme des Carpogons stattfindet. Dieses Wachsthum tritt in zwei Modificationen auf, welche wesentliche Unterschiede in dem Habitus des Nucleus bedingen. Entweder zeigt das Carpogon localisirtes Wachsthum, indem es kurze Zelläste erzeugt, die sichdurch Membranbildung gegen die Mutterzelle abgrenzen; da diese Aeste ihrerseits in der gleichen Weise sich weiter entwickeln, entsteht ein büschelförmiges Köpfchen von isolirten verzweigten, nach allen Richtungen ausstrahlenden Zellfäden, zwischen denen der nach Abgrenzung der Hauptäste übrig bleibende Theil der Carpogonzelle als Centralzelle des Köpfchens meist erkennbar bleibt. (Beispiel: *Chantransia*.) Oder das Carpogon nimmt nach allen Seiten gleichmässig an Volumen zu und wird, durch successive Scheidewände gefächert, allmählich in einen allseitig geschlossenen massiven Gewebekörper verwandelt. Beispiel: *Dudresnaya*. Gewöhnlich schliessen die beiden Modificationen der Nucleusform sich gegenseitig aus und nur an der Gattung *Callithamnion* ist das Auftreten beider Formen neben einander bei derselben Species beobachtet worden. Bei *Callithamnion corymbosum* entwickelt sich normal die Frucht derart, dass nach erfolgter Befruchtung der Trichophorapparat völlig zu Grunde geht und nur die beiden diametral am Thallus gegenüberstehenden Carpogonzellen des Procarps sich zu zwei geschlossenen Gewebekörpern entwickeln, die schliesslich die Form der *Dudresnaya*-Frucht zeigen. Bisweilen fangen aber an einzelnen Individuen (*Callithamnion corymbosum* var. *seirospermum*) nach den ersten Zelltheilungen in der Carpogonzelle die einzelnen Zellen an astförmig auszuwachsen und sich zu büschelförmig verzweigten Köpfchen umzubilden. Der hier beschriebene Vorgang wird durch einen Holzschnitt erläutert.

II. Wie Verf. nach brieflichen Mittheilungen Berthold's bemerkt, erfolgt die Befruchtung bei *Halymenia Floresia* und *ulvoidea*, *Nemastoma dichotoma* und *cervicornis*, *Grateloupia Consentinii*, *filicina* und *dichotoma* nach dem *Dudresnaya*-Typus.

III. Verf. giebt eine durch Abbildungen erläuterte Darstellung der Bildung des Cystocarps von *Polysiphonia variegata*. Diese geht an seitlichen Kurztrieben an einem nur wenig unterhalb der Scheitelzelle gelegenen Segmente vor sich. Letzteres theilt sich zunächst durch Längswände in eine centrale und fünf peripherische Zellen. Aus der zuletzt gebildeten peripherischen Zelle, die wir Hauptzelle nennen wollen, gehen Trichogyne und Carpogonzellen hervor, während die beiden seitlichen Nachbarzellen sich vorwölbend je eine Hälfte der Fruchthülle oder des Pericarps erzeugen, die, in ihrer Form zwei Muschelschalen vergleichbar, das eigentliche Procarp einschliessen. Jede Hälfte der Fruchthüllenanlage verwandelt sich durch mehrfache Zelltheilungen in eine zunächst einschichtige Zellplatte, deren freier Rand bei *Polysiphonia* schliesslich von fünf, bei *Laurencia* von zehn Zellen eingenommen wird. Von der früher erwähnten peripherischen Hauptzelle sind inzwischen zwei oberflächlich gelegene Zellen abgeschnitten worden, von denen die obere sich weiter in vier Tochterzellen theilt. Der von dieser fünfzelligen Schale überwölbte Rest der früheren Hauptzelle theilt sich in zwei Zellen. Von diesen bleibt die untere, welche in der ganzen Procarpanlage eine centrale Lage einnimmt, unverändert. Die obere entwickelt sich zur Trichogyne und ragt endlich zwischen den Schalenhälften des Pericarps neben der Spitze des zur Fruchtanlage verwendeten Kurztriebes hervor. Nach der nun möglichen Befruchtung entwickeln sich die fünf oberflächlichen Schalenzellen zu dem Fruchtgewebe, das die Carposporen erzeugt; die Trichogyne geht zu Grunde; die beiden Schalenhälften des Pericarps verwachsen zu einem geschlossenen Ringwall, dessen zweimal fünf oder zweimal zehn freie Randzellen als ebensoviele Scheitelzellen für das nunmehr auswachsende und mehrschichtig werdende Pericarp fungiren. Die Stelle, an der ehemals die Trichogyne zwischen den Procarphälften nach aussen trat, verwächst vollständig.

37. **Sirodot.** **Observations relatives aux phénomenes de l'absorption chez les organismes végétaux inférieurs.** (Comptes rendus hebd. de l'acad. de sc. 1881, t. 92, p. 993—995.)
Wie Verf. am Eingang bemerkt, findet Absorption, d. h. wohl Aufnahme von Stoffen von aussen bei den Algen hauptsächlich durch dünnwandige Zellen statt; wenn dagegen Algen in Ruhezustand übergehen und demnach keine Stoffe mehr von aussen aufnehmen, so wird auch öfter die Zellwand stark verdickt. Bei den *Batrachospermen* findet diese Verdickung in eigenthümlicher Weise statt. Die Querwände der die primäre Axe der Fäden bildenden Zellen verdicken sich nicht gleichmässig, sondern im Mittelpunkt derselben bleibt die Membran dünner, oder wird auch resorbirt. Letzteres wird besonders deutlich beim Gerinnen des Plasmas, wobei die Plasmamassen benachbarter Zellen durch fadenförmige Fortsätze, die sich durch die Querwände hindurch erstrecken, verbunden bleiben. Gleichzeitig mit dieser Verdickung der Querwände erscheinen besondere Absorptionsorgane, nämlich Wurzelfäden, die an der Basis der verdickten Zellen entspringen. Diese Wurzelfäden fungiren nur temporär als Absorptionsorgane, auch ihre Zellwände verdicken sich und sie werden dann zu Haft- oder auch Vermehrungsorganen, während an höheren Punkten neue Wurzelhaare hervorsprossen.

Die eben erwähnten Thatsachen können leicht an der ungeschlechtlichen Form — *Chantransia* — beobachtet werden, bei der sexuellen Form, dem eigentlichen *Batrachospermum*, finden sie in complicirterer Weise statt. Unter normalen Verhältnissen sind die Internodien ganz oder theilweise mit gegliederten, absteigenden Fäden bedeckt. Letztere sind Absorptionsorgane, was sich namentlich aus ihrem Verhalten ergiebt, wenn die Pflanze in einer schleimigen Flüssigkeit wächst, welche „die Absorption beeinträchtigt". Die Berindungsfäden entfernen sich dann von der Axe, „um ein günstigeres Wachsthumsmedium aufzusuchen". Später verdicken sich diese Fäden stärker und werden an der Basis zu Haft-, weiter oben zu Festigkeitsorganen, indem sie sich an die Hauptaxe anlegen und deren Dicke, Dauer und Festigkeit erhöhen.

38. **Hempel.** **Ueber Chantransia.** (S. unter 18.)
„Bei der sorgfältigsten Durchsuchung der Fundstätten, bei der genauesten Prüfung des Materials, bei einer vierjährigen, nur einmal kurze Zeit vernachlässigten Zimmerzucht liess sich kein Anhalt für die Ansicht Sirodot's gewinnen, dass die Chantransien des süssen Wassers Entwickelungsformen von *Batrachospermum*-Arten darstellen. *Chantransia* gedieh während genannter vier Jahre auf einer Kieselunterlage in einem Wasserglase bei Vermeidung des directen Sonnenlichts vortrefflich und entwickelte ununterbrochen Sporen, aber eine Form, die für Sirodot's Ansicht gesprochen hätte, konnte nicht erkannt werden."

39. **L. Rischawi.** **Algologische Untersuchungen.** **II. Entwickelung der Stichidien und Antheridien bei Dasya elegans Ag.** (Schriften der Neurussischen Gesellschaft der Naturforscher 1880. Odessa. — Russisch.)
Wörtliche Wiederholung der Mittheilung, über welche im Botan. Jahresber. 1878, Abth. I, Seite 377 referirt wurde; neu ist blos eine Tafel von Zeichnungen der Entwickelungsstadien der Stichidien. Batalin.

40. **F. Ardissone.** **Su di un caso anormale di fruttificazione nelle Floridee.** (Rendic del R. Istituto Lombardo Ser. II, Vol. XIV, fasc. 5.) Milano 1881. 2 p. in 8⁰.
Während fast durchgehends bei den Florideen die tetrasporentragenden Individuen von den mit Geschlechtsorganen versehenen (cystocarpführenden) Individuen getrennt sind hat Verf. bei *Callithamnion graniferum* Meoegh. und bei *Dudresnaya coccinea* Bonnem. sowohl Tetrasporen als Cystocarpien auf demselben Stock beobachtet; bei *Dudresnaya* fanden sich sogar beide Formen auf den Verzweigungen eines und desselben Aestchens.
O. Penzig (Padua).

41. F. Ardissone. Note sullo Spermothamnion torulosum. (Atti della Soc. Crittogamol.
Ital., Vol. III, disp. 1.) Milano 1881, p. 24, mit 1 Tafel.

Die hier von Ardissone beschriebene und abgebildete Art wurde zuerst von Zanardini
beschrieben, der sie jedoch in das Genus *Griffithsia* stellte. Später überzeugte sich Zan-
selber von der Unzulässigkeit dieser Bestimmung und schrieb die Art der Gattung *Callithamnion* zu. — Verf. hat nun vollständige Exemplare der fraglichen Species studiren können
und kommt zum Schluss, dass dieselbe der Gattung *Spermothamnion* angehört; giebt daher
eine entsprechend modificirte Beschreibung von *Sperm. torulosum* (Zanard.) Ardiss.
                                                                    O. Penzig.

42. Greenish. Untersuchung der in Fucus amylaceus vorkommenden Kohlenhydrate.
(Sitzungsber. der Dorpater Naturf. Ges. Jahrg. 1881, Bot. Centralbl. 1882, 11. Bd. S. 5—6.)

Unter dem Namen *Fucus amylaceus* versteht Verf. den *Sphaerococcus lichenoides* Ag.
Näheres im Referat über chemische Physiologie.

b. Bangiaceae.

III. Phaeophyceae.

a. Fucaceae.

**43. Bergendahl. Ueber die Schrift von O. Kuntze: Revision von Sargassum und das so-
genannte Sargassomeer.** (Rede, geh. im Bot. Verein in Lund 16. Nov. 1880, wiedergegeben im Bot. Centralbl. 1881, VI. Bd., S. 390—393.)

Die Rede ist eine Kritik der im Titel genannten Schrift. Verf. vertheidigt J. Agardh
gegen die von Kuntze gemachten Angriffe und weist zahlreiche Inconsequenzen in Kuntze's
systematischer Eintheilung der Sargassen nach. Ferner wird bemerkt, dass J. Agardh
bereits 1840 bewiesen hat, dass *Sargassum bacciferum* eine vom Strande, vermuthlich Neu-
fundlands oder Floridas, abgerissene Alge ist. Dasselbe hat Lindberg, der eine sehr gute
Beschreibung der Pflanze veröffentlicht hat, im Jahre 1857 in den Bot. Not. behauptet.
Aus der dem Aufsatze Kuntze's beigegebenen phototypirten Tafel geht hervor, dass derselbe *Sargassum Peronii* oder eine demselben nahestehende Form (Fig. 10 d. T.) und
S. maschalocarpum verwechselt hat, obwohl es kaum zwei *Sargassum*-Arten giebt, die so
unähnlich sind wie die von ihm verwechselten.

**44. [Grieve, Symington. Note on the Floating Power of some of the Family of Fuceae
as observed at the strand between Colonsay and Oronsay.** (Edinburgh Bot. Soc.
March 10; Guard. Chron. N. Ser. Vol. XV, 1881, No. 377, p. 373.)]

45. [Mollet. On the structure of Hormosira Billardieri. (Transact. and Proceed. of New
Zealand Instit. Vol. XIII, 1880.)]

b. Phaeozoosporeae.

46. Berthold. Die geschlechtliche Fortpflanzung der eigentlichen Phaeosporeen. (Mittheilungen aus der Zoolog. Stat. zu Neapel, II. Bd., 3. Heft, S. 401—412, mit 1 Taf.)

Verf. hat zu Neapel die geschlechtliche Fortpflanzung von *Ectocarpus siliculosus*
Lyngb. und *Scytosiphon lomentarium* J. Ag. beobachtet. Gegen Ende Februar ist *E. siliculosus* massenhaft mit pluriloculären Sporangien besetzt. Die Schwärmer zeigen den bei
den Phaeosporeen gewöhnlichen Bau; durch Färbungsmittel konnte in denselben ein Zellkern
nachgewiesen werden. Sie sind doppelter Art, männliche und weibliche, oder, wie Verf. sie
auch nennt, Spermatozoiden und Eier. Beide Arten Schwärmer zeigen durchaus keine Verschiedenheiten in Bezug auf Grösse und Organisation; sie unterscheiden sich aber von einander durch ihr Verhalten beim Schwärmen und ihre späteren Lebenserscheinungen.
Während nämlich ein Theil der Schwärmer rasch zur Ruhe kommt, schwärmt der andere
mehrere Stunden lang. Wurde von dem schwärmerhaltigen Wasser ein kleiner Tropfen
auf die untere Seite des Deckglases der feuchten Kammer gebracht, so fielen bei schwacher
Vergrösserung schon nach kaum einer Minute zahlreiche kleine Knäuel lebhaft sich bewegender
Schwärmer auf. Bei stärkerer Vergrösserung zeigte sich, dass alle Schwärmer eines solchen

Knäuels ihre vordere Cilie nach einem Punkte richteten, und zwar nach einem eben zur Ruhe gekommenen (weiblichen) Schwärmer. Das Vorderende der lebhaft schlagenden Cilien streift fortwährend den Körper des unbeweglich daliegenden (weiblichen) Schwärmers; fortwährend kommen neue Schwärmer hinzu und drängen sich in den Knäuel ein, während andere sich loswinden und davoneilen. Dieses Spiel kann 1—2 Minuten dauern, bis schliesslich entweder einer der Schwärmer aus dem Knäuel mit der ruhenden Plasmamasse verschmilzt, oder alle sich nach und nach verlieren, ohne dass es zu einer Verschmelzung gekommen wäre. Bei dem (vor der eben beschriebenen Erscheinung eintretenden) zur Ruhe Kommen des weiblichen Schwärmers setzt sich zunächst die Spitze der vorderen Cilie an irgend einen Gegenstand fest, dann wird dieselbe, von unten anfangend, in den Leib des Schwärmers eingezogen, so dass dieser sich mehr und mehr dem Anheftungspunkt der Cilie nähert. Wenn so die vordere Cilie bis auf einen kurzen Rest eingezogen ist, krümmt sich die bis dahin unveränderte hintere Cilie plötzlich gegen den Körper des Eies um, legt sich ihrer ganzen Länge nach an denselben an und ist unmittelbar darauf vollständig mit ihm verschmolzen. Der weibliche Schwärmer (Ei) bildet jetzt eine nackte Primordialzelle mit einem kurzen hyalinen Fortsatz am Vorderende. (Wie Verf. in einer Anmerkung beifügt, verhalten sich alle zur Ruhe kommenden Schwärmer der Phaeosporeen in der eben geschilderten Weise. Mit Hilfe der sich festsetzenden und allmählig verkürzenden Cilie zieht sich der Schwärmer möglichst nahe an die Unterlage heran; die unmittelbar darauf ausgeschiedene Cellulosehaut kann dann mit dieser in die innigste Berührung treten und die Keimpflanzen dadurch mit dem Substrat auf das festeste verbinden.) In diesem Zustande ist das Ei empfängnissfähig, doch nur für wenige Minuten; erfolgt innerhalb derselben keine Befruchtung, so wird der vordere Faden vollständig eingezogen, das Ei rundet sich ab und scheidet eine Celluloschaut aus. Nach 24—48 Stunden zeigen sich dann die ersten Spuren einer parthenogenetischen Keimung.

Das empfängnissfähige Ei übt auf die männlichen Schwärmer eine anziehende Wirkung aus, daher die Knäuelbildung. Die Copulation der beiden Körper erfolgt innerhalb weniger Minuten. Das befruchtete Ei ist doppelt so gross wie ein gewöhnlicher Schwärmer. Es besitzt zwei Farbstoffkörper und zwei braune Augenpunkte. Die beiden Kerne sind anfangs noch sichtbar; später trifft man nur einen Kern. Bald nach der Copulation wird eine Celluloschaut ausgeschieden.

Mitte April konnte Verf. auch die Befruchtung der aus den pluriloculären Sporangien von *Scytosiphon lomentarium* hervorgehenden Schwärmer beobachten. Der Vorgang verläuft ganz so wie bei *Ectocarpus siliculosus*. Einige Mal wurden Copulationsproducte mit 3 Farbstoffkörpern und 3 rothen Punkten beobachtet. Verf. hält es für wahrscheinlich, dass bei den beiden von ihm beobachteten Pflanzen die verschiedengeschlechtigen Schwärmer auf verschiedenen Exemplaren erzeugt werden.

Die weiteren Schicksale der befruchteten Eier der zwei untersuchten Pflanzen sind noch nicht vollständig beobachtet worden. Bei *E. siliculosus* keimten die befruchteten Eier viel rascher als die unbefruchteten. Im Verlauf einiger Wochen erzog Verf. daraus kriechende verzweigte Fäden, aus denen sich in normaler Weise Ectocarpus-Fäden erhoben. Diese fingen nach vier Wochen reichlich zu fructificiren an, sie erzeugten eine grosse Anzahl von uniloculären Sporangien, gemischt mit pluriloculären. Verf. glaubt, dass die Erzeugung uniloculärer Sporangien in diesem Fall eine unmittelbare Folge der vorausgegangenen Befruchtung ist. Bei einer Reihe anderer Phaeosporeen erhielt er von parthenogenetisch entwickelten Keimlingen immer nur pluriloculäre Sporangien, niemals uniloculäre.

Die befruchteten Eier von *Scytosiphon* entwickelten sich im Verlauf von zwei Monaten zu grösseren flachen Scheiben, die zuletzt durch horizontale Theilungen mehrschichtig wurden. Dann folgte ein vorläufiger Stillstand des Wachsthums.

Die männlichen Schwärmer von *E. siliculosus* wie von *Sc. lomentarium* schwärmten mehrere Stunden lang und gelangten dann zur Ruhe. Ein Theil davon entwickelte sich langsam zu sehr schwächlichen und empfindlichen Keimpflanzen, ein anderer Theil wurde sofort, oder nach ein bis zwei Tagen desorganisirt.

Bei *Giraudia sphacelarioides* und *E. pusillus* Griff. hat Göbel einen wesentlich anders verlaufenden Geschlechtsact beobachtet (vgl. J. B. 1878, S. 864). Verf. hat beide Pflanzen zu verschiedenen Malen untersucht. Die bis Mitte April bei *Giraudia* zu findenden von Derbès und Solier beschriebenen Sporangien entsprechen zwar den uniloculären Sporangien anderer Phaeosporeen, besitzen aber einige zarte Querwände.

Die beiden von Göbel beschriebenen Arten von pluriloculären Sporangien hält Verf. für nicht wesentlich verschieden. Trotz vielfacher Bemühungen ist es ihm nicht gelungen, bei *Giraudia* die Copulation von Schwärmern zu beobachten.

Auch bei *Ectocarpus pusillus* Griff. konnte Verf. nie eine Copulation der Schwärmer constatiren. Dagegen fand er häufig Schwärmer, die so geformt waren, wie die von Göbel als Zygoten abgebildeten, sie waren aber in allen Fällen keine Copulationsproducte, sondern in dieser Form unmittelbar aus dem Sporangium hervorgetreten. Verf. erklärt sie darum für Missbildungen, wohl eine Folge zu frühzeitiger Entleerung der Sporangien, wie sie gewöhnlich erfolgt, wenn Algen frisch in Cultur genommen werden.

47. K. Ueber die geschlechtliche Fortpflanzung der Phaeosporeen. (Bot. Zeitung 1881, Sp. 290—292.)

In dem mit K. unterzeichneten Referat über die Arbeit Berthold's (s. unter 46) sucht Verf. die von Göbel gemachten Beobachtungen über Copulationserscheinungen bei Phaeosporeen, gegenüber den Zweifeln, die Berthold an deren Richtigkeit geäussert hat, zu vertheidigen.

48. Agardh, J. G. Till Algernes Systematik. (Lunds Universitets Års-Skrift T. XVII, för Lösåret 1880—81, 134 S. mit 3 Taf. lat.)

Verf. verbreitet sich im ersten Abschnitt über die Structur der Chordarieen und über deren Fructificationsorgane und bringt einen Schlüssel über die Gattungen dieser Gruppe, den wir hier wiedergeben:

Chordarieae.

1. Filis periphericis ab origine et una cum fronde sese evolvente provenientibus, extra gelatinam plus minus invicem liberis (demum quoad partem deciduis?) (Genera Ectocarpioidea.)

Axi abbreviato	1. *Elachistea*
„ cylindraceo-elongato	2. *Myriocladia*.

2. Filis periphericis ab origine et una cum fronde sese evolvente provenientibus intra gelatinam communem frondis cohibitis. (Genera Mesogloeoidea.)

   * Filis periphericis ipsis fertilibus curvatis, articulis exteriore curvaturae latere intumescentibus aut in ramulos abbreviatos secundatos productis.

Fronde subglobosa axi abbreviato	3. *Corynophlaea*
„ cylindracea saepius ramis plus minus decomposita	
filis fertilibus simpliciusculis exteriore latere curvaturae tumidis	{ 4. *Bactrophora* 5. *Mesogloea*
filis fertilibus exteriore latere curvaturae in ramulos abbreviatos secundatos productis	{ 6. *Eudesme* 7. *Castagnea*.

   ** Trichosporangiis a filis periphericis transformatis, subcylindraceis, endochromate intra membranam laxe ambientem in partes disciformes plurimas longitudinaliter seriatas subdiviso.

Fronde subglobosa, axi abbreviato	8. *Leathesia*
„ cylindracea ramis decomposita	9. *Cladosiphon*.

   *** Trichosporangiis a filis periphericis transformatione ortis lancoideo-autovali-siliquaeformibus, endochromate intra membranam laxe ambientem adparenter articulato articulisque areolatim subdivisis.

Fronde pulvinatim expansa	10. *Petrospongium*
„ cylindracea, decomposita	{ 11. *Polycerea* 12. *Liebmannia*.

3. Filis periphericis in fronde evoluta aut sese evolvente demum provenientibus et (una cum fructu) demum deciduis. (Genera Chordariea.)

Fronde pulvinatim expansa

„ sterili pulvinata stipites fertiles cylindraceos exserente

„ cylindracea decomposita

{ 13. *Myrionema, Herponema*
  14. *? Ralfsia*

  15. *Caepidium*

{ 16. *? Scytothamnus*
  17. *Chordaria.*

Nun folgt eine Beschreibung der einzelnen Gattungen und deren Arten. Es werden zahlreiche neue Genus aufgestellt und die Begrenzung der alten verändert. Die Wiedergabe der ausführlichen Charaktere würde indessen hier allzuviel Raum in Anspruch nehmen.

48. **Areschoug, E. J.** **Beskrifning pa ett nytt algslägte Pelagophycus hörande till Laminarieernas familie.** (Botaniska Notiser 1881, No. 2. Ref. nach Hedwigia 1881, S. 121.)

Der Charakter der neuen Gattung ist folgender:

Pelagophycus Aresch. Radix fibrosa? Stipes longissimus inferne tenuis, superne sensim crassior, cavus apiceque in vesiculam ellipticam desinens. Petiolus in centro vesiculae apicalis, compresso-planus, longus, linearis, dichotomus. Rami secundi ordinis singula folia in apice gerentes. Folia indivisa, basi cuneata, sublinearia et longissima, margine ciliata. Sorus fructiferus, medium folium longitudinaliter percurrens, fasciaeformis. Einzige Species: *P. giganteus* Aresch. Synon. *Nereocystis gigantea* Aresch. Bot. Notis 1876.

50. [**Farlow.** **Note on Laminarieae.** (Bullet. of Torrey Bot. Club 1881, Juni.).]

51. **Wollny.** **Ueber die Fruchtbildung von Chaetopteris plumosa.** (Hedwigia 1881, S. 42—44.)

Im Anschluss an seine Mittheilung in der Hedwigia von 1880 (J. B. 1880, S. 543) bemerkt Verf., dass er seitdem durch Kjellmann die von Areschoug entdeckten uniloculären, wie die multiloculären Sporangien von *Chaetopteris plumosa* erhalten hat. Es ergiebt sich daraus, dass bei dieser Pflanze eine zweifache Form von uniloculären Sporangien vorkommt.

c. Dictyotaceae.

52. **Agardh.** **Ueber die Systematik der Dictyotaceae.** (S. unter 47.)

Der zweite Abschnitt der unter 47 besprochenen Abhandlung bezieht sich auf die Dictyotaceae. Nach einer Einleitung, worin besonders gegen Thuret und Bornet polemisirt wird, folgt eine ausführliche Beschreibung der Gattung *Dictyota*, von welcher Verf. einige Species abzweigt, aus denen er zwei neue Genus bildet. Zum Genus *Dictyota* gehören die Formen, bei denen die innere Zellenlage des Thallus einschichtig ist und die Zellen derselben von einem Rande zum andern eine einfache Reihe bilden. Aus denjenigen Arten, bei denen die innere Zellschicht durch zur Fläche parallele Wände in mehrere Zellschichten zerfällt, bildet Verf. das neue Genus *Dilophus*. Dagegen wird *Dictyota paniculata* J. Ag., wo ausser der innern und der Rindenschicht noch zwischen beiden je eine intermediäre Zellschicht vorhanden ist, bei *Dictyota* belassen. *Dictyota Kunthii* C. Ag., die zuweilen denselben Bau zeigt wie *D. paniculata*, bei der aber öfter die bei andern Arten aus einer Zelllage bestehende Rindenschicht mehrschichtig ist, wird zu einem neuen Genus, *Glossophora*, erhoben, zu dem noch eine neue Art, *D. Harveyi* J. Ag. gezogen wird = *D. Kunthii* Harv. et auct. plur.

Das Genus *Dictyota* selbst wird nach dem Bau des Thallus in zwei Tribus, Tr. *Dict. dichotomae* und Tr. *Dict. paniculatae* getheilt. Weitere Unterabtheilungen gründen sich auf die Anordnung der fertilen Zellen.

Die übrigen Gattungen der Dictyotaceen, nämlich *Spathoglossum*, *Taonia*, *Padina*, *Zonaria* und *Halyseris* werden kürzer besprochen, wobei indessen mehrere neue Arten ausführlich beschrieben werden.

IV. Chlorophyceae.

a. Characeae.

53. **Johow.** **Die Zellkerne von Chara foetida.** (Bot. Ztg. 1881, Sp. 729—743, 745—753, mit 1 Tafel.)

Näheres im Abschnitt über Zellenlehre.

358 Kryptogamen. — Algen.

54. Zacharias. Ueber die Spermatozoiden. (Bot. Ztg. 1881, Sp. 827—838, 846--852.)

Dieser Aufsatz enthält u. A. Untersuchungen über die Beschaffenheit und Bildungsweise der Spermatozoiden der Characeen, worüber das Nähere im Referat über die Zelle.

55. Sanio. Die Gefässkryptogamen und Characeen der Flora von Lyck in Preussen. (Verh. d. Bot. Ver. d. Prov. Brandenburg, 23. Jahrg. 1881, S. 17—29.)

Die Familie der Characeen ist quantitativ sehr reich bei Lyck vertreten. Dagegen ist die Zahl der Arten keineswegs gross. Verf. führt 3 *Nitella*- und 8 *Chara*-Arten auf, etztere sind meist durch zahlreiche Varietäten vertreten.

56. Derselbe. Zahlenverhältnisse der Flora Preussens. (Verhandl. d. Bot. Ver. d. Prov. Brandenb., 23. Jahrg., 1881, S. 55—93.)

Verf. zählt in diesem Aufsatz auch alle bisher in der Provinz Preussen von verschiedenen Beobachtern gefundenen Characeen auf. Ihre Anzahl beträgt für die ganze Provinz 18, für Westpreussen 14, für Ostpreussen 13 Species.

57. Müller. Etude monographique sur les Characées genévoises. (Bullet. Soc. bot. de Genève 1881, No. 2, fevr. p. 42—94. — Ref. Hedwigia 1881, S. 94—96, 104—110, vgl. auch Journ. of Bot. 1881, S. 158.)

In dieser Arbeit erklärt sich Verf., wie aus dem Ref. in Hedwigia hervorgeht, für die Verwandtschaft der Characeen mit den Muscineen. 22 Arten werden als bei Genf gefunden angeführt, ferner werden zahlreiche neue Formen (Varietäten) benannt, beschrieben und mit Hülfe vorangesetzter griechischer Buchstaben numerirt. Die Beschreibungen sind in der Hedwigia a. a. O. abgedruckt.

58. Groves Henry et James. On Chara obtusa a species new to Britain. Mit 1 Tafel. (Journ. of Bot. 1881, S. 1—3.)

Ausführliche Beschreibung und Abbildung dieser für England neuen Species vgl. B. J. 1880, S. 556. Der ältere Name *Ch. obtusa* Desv. ist von A. Braun ohne hinreichenden Grund zu Gunsten des Namens *Ch. stelligera* Bauer verworfen worden.

59. Dieselben. Notes on British Characeae. Mit 1 Tafel. (Journ. of Bot. 1881, S. 353—356.)

Notizen über einige neue in Britannien gefundene Arten und Formen, sowie über neue Standorte von bereits früher gefundenen. Zwei neue Varietäten werden aufgestellt. Die Tafel enthält die Abbildung von *Chara baltica* Bruz. var. *affinis* Groves und von *Ch. contraria* Kütz.

60. Ascherson. Beitrag zur Flora Aegyptens. (Verhandl. d. Bot. Ver. d. Prov. Brandenburg, 21. Jahrg. 1879, S. 73.) (Nachträgliches Referat.)

Unter den aus den Oasen der Lybischen Wüste mitgebrachten Pflanzen, die von Ascherson a. a. O. mitgetheilt werden, befinden sich auch eine Nitella und drei Charen, von letzteren ist *Ch. succinita* A. Br. (bereits in Oest. Bot. Ztg. 1878 beschrieben) neu, zur Gruppe der gänzlich unberindeten Charen gehörig und nahe verwandt mit *Ch. corallina* Klein apud Willd. aus Ostindien.

61. Allen. Characeae of America. (Boston S. E. Cassino part 1º 2. fo.)

Bisher sind zwei Lieferungen dieses Werkes erschienen. Jede Lieferung enthält 3 Tafeln mit Abbildung von Characeen in Farbendruck, wobei jede Form in natürlicher Grösse, sowie einzelne Theile in passender Vergrösserung abgebildet sind. Der zugehörige Text, 14 S., enthält eine Beschreibung der abgebildeten Formen nebst Synonymen, Standorten etc. In den ersten zwei Lieferungen sind folgende Formen beschrieben: *Chara Gymnopus* A. Br. var. *elegans*, *Ch. erinita* Wallr. var. *americana*, *Ch. coronata* A. Br. var. *Schweinitzii*, *Nitella flexilis* Ag., *N. flexilis* var. *nidifica* Wallr., *N. flexilis* var. *crassa* A. Br. und *N. tenuissima* Desv.

b. Confervoideae.

62. Dodel-Port. Ueber geschlechtliche Befruchtung einiger Chlorophyceen. (S. unter 12.)

Verf. hat schon früher die Copulation der Schwärmer von *Enteromorpha clathrata* orm. *fucicola* Ag. beschrieben (J.-B. 1877, S. 26). Wie er jetzt bemerkt, ist diese Alge aber die Herbstform der *Ulva enteromorpha* β. *compressa*. Die Frühjahrsform übertrifft die oft nur centimeterlange Herbstform um das Zehnfache. Die Bildung und Copulation der

Schwärmer wird durch Abbildungen erläutert. Die Copulation beginnt stets damit, dass die mit zwei Cilien versehenen Schwärmer mit ihren spitzen Mundstellen auf einander stürzen, hier (an den Mundstellen) verkleben, einige Zeit in diametraler Gegenstellung verharren und gemeinsam rotiren, bis es dem einen oder anderen gelingt, sich mit kühnem Sprung an die Seite des einen mit ihm sich vereinigenden Schwärmers anzulegen. Die Weiterentwickelung der Zygozoosporen wurde nicht beobachtet, ebenso bleibt die Frage nach den Macrozoosporen, die wohl auch der *Ulva enteromorpha* nicht fehlen, sowie die nach dem Verhältniss zwischen der Winter- und Sommergeneration noch zu beantworten.

Ferner theilt der Verf. einiges über die Copulation der Schwärmer der marinen *Ulothrix flacca* Thur. mit (mit Abbildungen). Diese blassgelbgrüne unverzweigte Fadenalge wird im Winter und Frühjahr am Meeresufer der Adria häufig zwischen Ebbe- und Fluthspiegel angetroffen. Es ist eine sehr dauerhafte Alge, welche die Meeresbrandung ebensogut erträgt, wie das Austrocknen und die bei starkem Regen unvermeidliche Benetzung mit süssem Wasser. Die meisten Fadenzellen bilden bloss 8 Microzoosporen, manche sogar nur 4. Bildung und Copulation derselben verläuft ganz so wie bei *U. zonata*. Wenn einzelne Schwärmer isolirt (ohne eine Paarung eingegangen zu haben) zur Ruhe gelangen, so bekleiden sie sich mit einer dicken Membran. Die in den Mutterzellen eingeschlossen gebliebenen nicht copulirten Microzoosporen, die Verf. 6 Wochen lang beobachten konnte, nahmen dabei langsam an Grösse zu. Sie waren zu Gruppen angeordnet, wie sie bei Palmellaceenzellen vorkommen.

Aus dem ersten Aufsatz über *Ulothrix zonata* sei hier nur angeführt, dass nach Ansicht des Verf.'s die pulsirenden Vacuolen der Schwärmsporen hier der gleichen physiologischen Function dienen, wie im Körper der Infusorien, nämlich Respirationsorgane darstellen.

63. Kirchner. Ueber die Entwickelungsgeschichte einiger Chaetophoreen. (Tagebl. der 54 Vers. deutsch. Naturf. in Salzburg. S. 75 u. 76.)

Chaetophora. Verf. hatte Gelegenheit, die von Pringsheim zuerst beschriebenen derbhäutigen Dauersporen von *Chaetophora endiviaefolia, pisiformis* und *elegans* zu beobachten. Bei den beiden letztgenannten Arten stellen sie aus den letzten Verzweigungen der Astbüschel entstandene Ketten rothgelb gefärbter Dauerzellen dar, die zu je einer aus einer vegetativen Zelle sich entwickeln. Genauer untersucht wurden die Dauersporen von *Chaetophora pisiformis*, die ein braunes Exospor, farbloses Endospor und einen ölreichen, durch Haematochrom roth gefärbten Inhalt besitzen. Die Keimung der im Mai 1879 gefundenen Dauersporen erfolgte im April 1879. Die Sporen quollen auf, der Inhalt färbte sich grün, das Exospor zerriss mit einem unregelmässigen Spalt, aus dem das Endospor hervortrat. In den meisten Fällen wuchs dasselbe zu einem Keimschlauche heran, der sich durch Querwände theilte, unterhalb welcher später seitliche Verzweigungen erzeugt wurden. Die oberste Zelle des Keimlings entwickelte sich früher oder später zu einem langen Haare, die unterste blieb meist noch längere Zeit mit ihrem abgerundeten Ende im Exospor stecken; Rhizoiden wurden nicht gebildet. In anderen Fällen blieb der ausgetretene Keimschlauch ganz kurz, papillenförmig, der Inhalt theilte sich in zwei, selten mehr Portionen und das hervorgetretene Endospor löste sich in Schleim auf; die so gebildeten Plasmaportionen umkleideten sich dann mit einer Zellhaut und wuchsen zu Keimschläuchen heran, die den in Einzahl direct aus den Sporen hervorbrechenden ähnlich waren. Verf. ist auf Grund dieser Beobachtungen der Ansicht, dass in der Entwickelung von *Chaetophora* ein geschlechtlicher Vorgang überhaupt nicht vorhanden ist.

b. *Phaeophila Floridearum* Hauck. Diese zuerst durch Hauck (J.-B. 1876, S. 55) bekannt gewordene endophytische Chaetophoree wurde vom Verf. bei Genua im Thallus von *Laurencia obtusa* beobachtet. Auf dem Rücken der Zellen dieser Alge stehen, unregelmässig vertheilt, wellig hin und her gebogene Borsten, die aus der Oberfläche des *Laurencia*-Thallus hervorragen. Ursprünglich sind die Borsten an der Spitze geschlossen und unten durch eine basale Querwand von der Tragzelle abgegrenzt. Später wird jene Querwand resorbirt und die Spitze fällt ab. Jede vegetative Zelle der *Phaeophila* kann sich in ein Zoosporangium umwandeln, dessen Schwärmer einzeln durch das sich erweiternde Haar aus dem *Laurencia*-Thallus in's Wasser gelangen. Die (nach Hauck copulirenden) Schwärmer setzen sich auf der *Laurencia* fest, umgeben sich mit einer Membran und treiben einen dünnen Keimschlauch durch die Wand der äussersten Zellschicht der Wirthpflanze. In ihn tritt der grüne Inhalt über und die leere Zoosporenhaut wird durch eine Querwand abgegliedert. Die grüne Zelle, die sich rasch vergrössert und schon früh eine Borste treibt, theilt sich weiter; der junge Keimling wächst soweit in das Innere der *Laurencia* hinein, dass die späteren Verzweigungen desselben unter die äusserste Rindenzellenschicht zu liegen kommen. In der Nachbarschaft der *Ph. Floridearum* fand Verf. eine kleinere ähnliche Form, die näher an der Oberfläche der *Laurencia* wuchs, rundliche Zellen und zarte, nicht wellig gebogene Borsten besass: *Ph. minor* nov. sp.

c. *Entocladia.* Eine mit *Entocladia viridis* Reinke (J.-B. 1879, S. 475) völlig übereinstimmende Alge fand Verf. auf der Oberfläche der Zellen von *Derbesia Lamourouxii* wachsend, nicht wie Reinke beobachtete, in der mittleren Schicht der Zellwand; demnach scheint sich *Entocladia* in dieser Beziehung nicht immer in gleicher Weise zu verhalten.

64. Geddes. On the Phenomena of Variegation and Cell-Multiplication in a Species of Enteromorpha. (Transact. Edinburgh Roy. Soc. Vol. 29, Part. II, p. 555—559 mit 1 Tafel.)

Verf. fand in einem Seewasseraquarium eine kleine Species von *Enteromorpha*, deren Laub schön grün aber stellenweise weiss gefleckt war. Bei Untersuchung unter dem Microskop zeigte sich, dass unter den grünen Zellen auch solche mit farblosem Inhalt, einzeln oder in grösseren Flecken vorkommen. Nach Ansicht des Ref. können diese Zellen nichts Anderes sein als abgestorbene grüne Zellen, er glaubt deshalb auf die übrigen zum Theil sehr eigenthümlichen Angaben des Verf.'s, der, wie der Titel zeigt, eine ganz andere Ansicht über die Natur dieser Zellen vertritt, nicht näher eingehen zu müssen.

65. Wright. On Blodgettia confervoides of Harvey forming a new genus and species of fungi. (Transactions Irish Acad. vol. 25, p. 21—26, mit Abb.)

Harvey hat unter dem Namen *Blodgettia* ein Genus von Chlorospermeen beschrieben, das er zur Familie der Valoniaceen stellte. In der Beschreibung desselben bemerkt er, dass die Membran der Zellen mehrschichtig ist. Die äussern Schichten sind hyalin und structurlos; die innerste ist netzförmig mit zarten nervenartigen parallelen Strängen versehen, die der Länge nach durch die Membran verlaufen und durch schiefe Querstränge verbunden sind. Die Sporen sind zu gliederartigen Ketten verbunden, zu vier oder mehr in einer Kette, sie sind an kurzen Strängen befestigt, welche von den Strängen der inneren Zellwand ausgehen. Durch die Untersuchungen Bornet's und des Verf.'s ist nun erwiesen, dass die Harvey'sche Pflanze eine *Cladophora* darstellt, die zur Gruppe der *Aegagropilae* gehört (*Cladophora caespitosa* Harvey) und dass die vermeintlichen Sporen Harveys nichts weiter sind als die Conidien eines parasitischen Pilzes, der im Innern der Algenzellen lebt. Dieser Pilz wird vom Verf. nunmehr *Blodgettia Bornetii* benannt. Die colorirten Abbildungen der Tafel stellen das Verhältniss in sehr klarer Weise dar.

66. [Kirk. Description of a new species of Cladophora. (Transact. and Proceed. of the New Zealand Inst. Vol. XII, 1879.)]

67. [Mac Hughes. On the transport of fine Mud and vegetable Matter by Conferva. (Proceed. Cambridge Philos. Soc. Vol. III, p. 68, 1880—81.)]

68. Wille. Om Hvileceller hos Conferva (L.). [Wille. Ueber Ruhezellen bei Conferva.] (Ofversigt af Kongl. Vetensk.-Akad. Förhandl. 38. Bd., 1881, No. 8, 26 S. mit 2 Taf. Ref. nach demjenigen von Müller, Bot. Centralbl. 1882, 11. Bd., S. 113—115.)

Ruhezellen wurden an *Conferva* zuerst von Itzigsohn, und zwar an einer von ihm *Psichohornium uliginosum* genannten Art entdeckt und beschrieben, ferner haben Pringsheim, Famintzin, Cornu und Rosenvinge Ruhezellen an *Conferva* sowie an solchen Arten von *Ulothrix* aufgefunden, die zu *Conferva* (L.) Wille gehören. Verf. hat über diesen Punkt nachstehende Beobachtungen gemacht:

Bei *Conferva Wittrockii* Wille wird die Sporenbildung dadurch eingeleitet, dass der Inhalt sich contrahirt und an den Ecken abrundet. Dabei sammelt sich das chlorophyllhaltige Plasma an den Enden der Zellen an, so dass deren Mitte fast farblos erscheinen kann. Indem aber die Contraction des Zellplasmas fortschreitet, nähern sich die chlorophyllhaltigen Plasmapartieen einander und schliessen sich zuletzt zu einem runden oder ellipsoidischen Körper inmitten der Zelle zusammen, worauf sie sich mit einer später deutlich zweischichtigen Membran umgeben. Die Sporen werden in der Regel dadurch frei, dass die Zellhaut jeder Zelle durch einen transversalen ringförmigen Mittelriss aufreisst, wobei dieselben herausfallen und der ganze Faden in lauter H förmige Stücke zerfällt, was mit dem früher (J. B. 1880, S. 561) geschilderten Bau desselben zusammenhängt. Bisweilen werden die Sporen auch durch das Verschleimen der Zellwände frei. Bei der Keimung nimmt die Grösse der Spore allmählich zu, hierbei wird die äussere Membran derselben, die ebenso gebildet ist wie, die der vegetativen Zellen gesprengt. Sie besteht nämlich aus zwei ungleich grossen Stücken mit zugespitzten Enden, von denen das eine vom andern wie eine Schachtel von ihrem Deckel umfasst wird. Nachdem durch das Wachsthum der Spore das kleinere Stück der Aussenmembran gesprengt worden ist, wächst jene, von ihrer innern Membran umhüllt, schlauchförmig aus der so entstandenen Oeffnung heraus. Weiter wurde die Entwickelung nicht verfolgt, doch hält es Verf. für wahrscheinlich, dass sich aus den Ruhesporen zuerst Schwärmer bilden.

Ganz ähnlich ist die Entwickelung der Ruhesporen von *Conferva stagnorum* Kütz. Hier werden die Sporen meist durch Verschleimung der Zellwände frei. Die Keimung geht entweder wie bei *Conferva Wittrockii* vor sich, oder es treten in der sich lang streckenden, ihre äussere Membran nicht sprengenden Ruhespore Querwände auf, so dass allmählich ein junger Conferva-Faden entsteht. Bei der Keimung bildet sich an dem einen spitzeren Ende der Spore durch Schleimabsonderung eine Art Haftorgan. (Vielleicht ist der Schleim eine lokale Umbildung der Aussenmembran.) In einem Falle beobachtete Verf. an dieser Art Zelltheilung nach verschiedenen Richtungen des Raumes. Er deutet diese Erscheinung als ein beginnendes Palmellastadium.

Eine dritte als *Conferva pachyderma* n. sp. beschriebene Art zeigte eine besondere Eigenthümlichkeit der vegetativen Zellen. In der Regel fand Verf. in die Querwände auf jeder Seite der Zellen eine, bisweilen zwei, halbmondförmige nach beiden Seiten hin scharf zugespitzte Cellulosepartieen eingelagert, die sich durch stärkere Lichtbrechung vor den Querwänden auszeichnen. Wenn sich die Zellen zu Ruhesporen umbilden sollen, so vergrössern sie sich ein wenig, das Chlorophyll nimmt zu und vertheilt sich gleichmässig; es wird jedoch keine neue Membran gebildet. Wohl aber scheint es, als ob sich eine oder vielleicht richtiger zwei zugespitzte, schachtelartig übereinandergreifende neue Schichten in der inneren wasserärmeren Schicht der Mutterzellwand bilden. Die Wand der Ruhezelle ist also die verdickte Wand der Mutterzelle. Die Ruhezellen werden durch Verschleimung der äusseren Theile der Zellwände frei. Bei der Keimung bleibt ein kapuzenförmiges Stück der Aussenmembran der Ruhezelle erhalten und haftet der Basalzelle an.

Bei *Conferva bombycina* Ag. ** *minor* sind entweder einzelne Zellen tonnenförmig angeschwollen, oder es schwellen hin und wieder die aneinanderstossenden Enden je zweier benachbarter Zellen keulig an. Hier wird der grösste Theil des chlorophyllführenden Protoplasmas angesammelt und hierauf das angeschwollene Ende durch eine Querwand von dem längeren schmalen Theile der Mutterzelle abgegrenzt. Später verdickt sich die Wand des geschwollenen Stücks. Verf. hält diese Zellen für Ruhezellen, obgleich er ihre Keimung nicht beobachten konnte. Auch *Conferva bombycina* Ag. * *genuina* zeigt dieselbe Form der Ruhezellen.

Demnach wurden bei *Conferva* drei Arten der Bildung von Ruhezellen beobachtet: 1. durch Verjüngung und Bildung einer neuen Membran um den contrahirten Inhalt, 2. durch Verdickung der Membran der Mutterzelle, 3. durch Abgrenzung eines Theiles des Zellinhalts in einem aufgeschwollenen Theil der Mutterzelle und Verdickung der Membran dieses Theils.

Weiterhin enthält die Arbeit die Beschreibung eines Chytridiums auf *Conferva stagnorum*, sowie Beobachtungen über monströse Zelltheilungen bei *Conferva* und Anmerkungen über Systematik der Confervaceen. Die Diagnose der beiden neuen *Conferva*-Arten lautet:

C. Wittrockii n. sp. C. cellulis diametro $1^{1}/_{2}-2^{1}/_{2}$ plo longioribus, hypnosporis globosis vel ellipsoideis, hypnosporangia longe non complentibus. Lat. fil. 12—20 μ.

C. pachyderma n. sp. C. cellulis diametro aequalibus vel fere duplo longioribus, membrana crassa; hypnosporae a cellulis fili membrana tumefacta ortae. Lat. fil. 9—12 μ.

c. Siphoneae.

69. **Farlow. Ueber Codiolum gregarium A. Br.** (S. unten 13.)

Verf. stellt diese Pflanze zu den Botrydieen. A. Braun vergleicht die Sporen mit denen von *Codium*, bemerkt aber, dass er niemals Cilien gesehen hat. Verf. hat in den an der amerikanischen Küste wachsenden Exemplaren niemals die Sporen aus der Mutterzelle ausschlüpfen und frei herumschwärmen sehen, wohl aber beobachtete er, dass die Wand der Mutterzelle sich auflöste und die dadurch frei gewordenen Sporen sofort auswuchsen. Dies geschieht auch öfters, wenn die Sporen sich noch innerhalb der Mutterzelle befinden. Sie sind von elliptischem Umriss und mit einer festen Membran umhüllt. Die Spore treibt beim Keimen an einem Ende eine Sprossung, die zu einem langen Stiel auswächst; oder der Inhalt der Spore zerfällt durch Querwände in eine Anzahl Zellen, von denen jede einen Stiel aussprossen lässt. In letzterem Fall entsteht dann eine Gruppe von Individuen, die an ihrer Basis zusammenhängen. Verf. vergleicht den von ihm beobachteten Zustand mit der Hysnosporenbildung bei *Botrydium granulatum*.

70. **Derselbe. Ueber Vaucheria Thuretii.** (S. unter 13.)

Verf. fand an der amerikanischen Küste eine Form dieser Species mit ungeschlechtlichen Vermehrungsorganen. Es waren ovale Sporen, kleiner als die Oosporen, an den Enden kurzer Zweige, die in rechtem Winkel zu den Hauptfäden abgingen. Diese Zweige mit Sporen fallen ab, und letztere treten nach einiger Zeit durch die aufreissende Spitze der Zelle aus. Sie sind ohne Cilien und bewegungslos, erinnern somit an die ungeschlechtlichen Sporen von *V. geminata* Walz.

71. **Holmes. On Codiolum gregarium A. Br.** (Journ. Linn. Soc. Vol. 18, S. 132—135.)

Diese Pflanze wurde 1855 bei Teignmouth gefunden, wo sie einen sammtigen, dunkelgrünen Ueberzug an der verticalen Fläche von Sandsteinblöcken bildet, und nur bei hoher Fluth oder stürmischer See vom Meerwasser benetzt wird. Man findet sie jeden Winter an derselben Stelle und von gleicher Beschaffenheit. An einer tieferen, öfters vom Wasser benetzten Stelle wurden schon im Juni erwachsene Exemplare augetroffen. Verf. giebt nun nach Braun eine Beschreibung der Pflanze, erwähnt dabei der Schwärmer, die denen von *Codium tomentosum* ähnlich sein sollen. Sie treten durch eine Oeffnung an der Spitze der Pflanze aus und besitzen zwei Cilien. Neben diesen Vermehrungsorganen findet man zwischen den Rasen von *Codiolum gregarium* kuglige Zellen, grösser als die Zoogonidien mit körnigem Inhalt und dreischichtiger Membran, deren mittlere Schicht wie bei den erwachsenen Exemplaren der Pflanze gallertig ist. Braun hält diese Gebilde für einen Ruhezustand des *Cod. greg.*, in welchem es den Winter und Frühling zubringt, um gegen Ende Sommer zur normalen Pflanze zu erwachsen. Er bezeichnet jene kugligen Zellen darum als Hypnosporen. In England findet man aber *Cod. greg.* während des ganzen Winters und Frühlings, und es zeigen die Rasen die Pflanzen gleichzeitig auf sehr verschiedenen Entwickelungsstufen. Ferner kommen zwischen den *Codiolum*-Pflanzen fremde Algen vor, so insbesondere *Hormotrichum flaccum* und *Calothrix scopulorum*. Verf. fand nun kuglige Zellen, die mit Braun's Beschreibung jener Hypnosporen übereinstimmen; andere Zellen von ähnlicher Gestalt waren mit einer Querwand versehen und stimmten in Aussehen und Grösse mit ganz jungen Fäden von *Hormotrichum*, die in demselben Rasen vorkommen, sehr nahe überein. Verf. hält es daher für wahrscheinlich, dass die sogenannten Hypnosporen von *Codiolum* junge Fäden von *Hormotrichum flaccum* darstellen.

72. **Munier Chalmas. Observations sur les Algues calcaires confondues avec les Foraminifères etc.** (Bullet. soc. geolog. de France Ser. 3, T. VII, S. 661—670, mit 4 Holzschnitten; vgl. Bot. Centralbl. 1881, VIII. Bd., S. 270.)

Der Aufsatz des Verf.'s handelt über die tertiäre Gattung *Ovulites*, die generisch nicht von *Penicillus* Lmk. zu trennen ist. Näheres im Ref. über Phytopalaeontologie.

d. Protococcoideae.

73. **Cooke. British Palmellaceae.** (Grevillea Vol. 9, S. 149.)

Aufzählung von 39 in England gefundenen Arten von Palmellaceen.

74. **Klebs. Beiträge zur Kenntniss niederer Algenformen.** (Bot. Ztg. 1881, mit 2 Tafeln, S. 249—257, 265—272, 281—290, 297—308, 313—319, 329—336.)

I. *Chlorochytrium.* a. *Chlorochytrium Lemnae.* Diese in Intercellularräumen von *Lemna trisulca* vegetirende Alge wurde zuerst von Cohn beschrieben. Verf. hat ihre vollständige Lebensgeschichte ermittelt. Sie besitzt eine kuglige, elliptische oder unregelmässige Gestalt und trägt nach oben einen kugligen Cellulosefortsatz, der auf der Oberfläche der Epidermiszellen der Lemna sitzt und den Ort anzeigt, wo die Schwärmspore in die Wirthpflanze eingedrungen ist. Nach kürzerer oder längerer Zeit geht die Alge zur Zoosporenbildung über, womit sie ihr normales Lebensende erreicht. Die Zoosporen werden durch wiederholte Zweitheilung des Protoplasmas gebildet. Der Austritt derselben kommt zu Stande, indem eine gallertartige, die Zoosporen umhüllende Masse stark aufquillt, die Membran an einer Stelle zum Platzen bringt, das darüber liegende Gewebe der Lemna durchbricht und nun langsam die an sich unbewegliche Zoosporenmasse nach aussen bewegt. Indem diese sich an der Mündung des Sporangiums zu einer Kugel gestaltet und ausdehnt, fangen die Zoosporen an, sich zu bewegen. Sie sind von birnförmiger Gestalt mit farbloser Spitze, an der zwei Cilien sitzen. Noch innerhalb der Gallerthülle copuliren sie paarweise und verschmelzen so zu je einer Zygozoospore von kugliger Form und abgerundetem, mit vier Cilien versehenen vorderen Ende. Während der Copulation findet eine lebhafte wirbelnde Bewegung der Paare statt. Die fertigen Zygozoosporen durchbohren die sich auflösende Gallerthülle und eilen ins Freie. Sie schwärmen noch eine kurze Zeit lang frei umher und begeben sich dann auf die Epidermis der *Lemna trisulca*, und zwar stets auf die Grenze zweier Epidermiszellen. Hier kommen sie nach länger dauernder kreiselförmiger Bewegung allmählich zur Ruhe und scheiden schon vorher eine Membran aus. Nach ein bis zwei Tagen treibt dann der keimende Schwärmer einen Fortsatz, der die beiden Epidermiswände auseinanderdrängt. Dieser Fortsatz erweitert sich allmählich und nimmt den langsam hinüberfliessenden Inhalt in sich auf. So bleibt aussen ein farbloser kugliger Theil auf der Epidermis sitzen, der durch Zellstoffablagerung zu dem früher erwähnten Celluloseknopf sich gestaltet. Der eingedrungene Theil wächst zu den jungen Individuen heran, von denen ausgegangen wurde. Somit verläuft das Leben der Species während der wärmeren Jahreszeit in einer steten Aufeinanderfolge von Geschlechtsgenerationen. Gegen den Winter hin fallen die *Lemna*-Sprossen auf den Boden der Gewässer, die einzelnen Individuen des *Ch. Lemnae* werden zu Dauerzellen, die sich durch den dichten mit Stärkekörnchen vollgestopften Inhalt auszeichnen. In diesem Zustand können sie das Austrocknen ertragen. Im Frühjahr entstehen aus den Dauerzellen in gewohnter Weise Zoosporen, die sich genau so verhalten wie die der Sommergeneration.

b. *Chlorochytrium Knyanum.* Mit diesem Namen hat Kirchner zuerst eine Alge bezeichnet, die sich von *Chl. Lemnae* durch den Mangel des Celluloseknopfs unterscheidet. Verf. glaubt damit eine Art identificiren zu können, die er sehr häufig in lebenden *Lemna gibba* und *minor*, aber auch in andern Wasserpflanzen beobachtet hat. Die Zellen des *Chl. Knyanum* haben bei sehr grosser Mannichfaltigkeit der äusseren Gestalt eine mehr oder weniger vorgezogene deutliche halsartige Verlängerung. Bildung und Austritt der Zoosporen erfolgt wie bei *Chl. Lemnae.* Diese haben eine etwas andere zusammengedrückt elliptische Gestalt, an der farblosen Spitze zwei Cilien. Sie copuliren aber nicht, gelangen vielmehr nach kürzerer oder längerer Bewegung zur Ruhe und dringen dann durch Spaltöffnungen oder andere mehr zufällige Oeffnungen in das Gewebe der Wohnpflanze ein, wo sie dann wieder zur ursprünglichen Pflanze werden. In der wärmeren Jahreszeit pflanzt sich die Pflanze sehr lebhaft durch die ungeschlechtlichen Zoosporen fort; im Winter bildet sie Dauerzellen, denen des *Chl. Lemnae* ähnlich, die im Frühjahr wieder ungeschlechtliche Schwärmer erzeugen. Copulation derselben wurde niemals beobachtet. Aehnlicher Organismen wie *Chl. Knyanum* giebt es eine Menge, vielleicht nur Standortsvarietäten. Hierher gehört das

Chl. pallidum, kleine zartgrüne Zellen, die in *Lemna trisulca* leben. Bau der Zellen und Bildung und Gestalt der Zoosporen ist wie bei *Chl. Knyanum.*

II. *Endosphaera biennis.* Dieser bisher nicht bekannte Organismus findet sich im Frühjahr in abgestorbenen Blättern von *Potamogeton lucens* in Form grosser chlorophyllhaltiger, meist kugliger oder elliptischer, oder auch unregelmässig gestalteter Dauerzellen. Die Membran derselben ist dick, deutlich zweischichtig. Jede Dauerzelle wird bei normalem Lebensgang (wenn die Blätter wieder in Wasser kommen) zu einem Sporangium. Durch wiederholte Zweitheilung zerfällt die ursprüngliche Zelle in eine Anzahl Tochterzellen, von denen jede sich mit einer zarten Cellulosemembran umgiebt. Weiterhin bildet jede dieser Tochterzellen aus ihrem Protoplasma eine beschränkte Anzahl von kleinen kugligen Schwärmern. Bei der Reife quellen die Cellulosemembranen der einzelnen Tochterzellen stark auf, die sich vorwölbende Spitze der Dauerzelle durchbricht die Epidermis, reisst dann selbst mit einem unregelmässigen Loche auf; die ganze Sporenmasse wird langsam hinausgedrängt und die Zoosporen gelangen durch das Schwinden der sie umgebenden Gallerte ins Freie. Sie sind breit birnförmig mit zwei Cilien an der farblosen Spitze und verschmelzen paarweise zu grossen, mit vier Cilien versehenen Zygozoosporen. Wenn letztere lebende Blätter von *Potamogeton lucens* erreichen, so setzen sie sich meist an deren Unterseite an der Grenze von zwei Epidermiszellen an. Hier umgeben sie sich mit einer Membran und dringen dann in die Intercellularräume des unter der Epidermis befindlichen Parenchyms ein. Nun wachsen sie allmählich zu den Dauerzellen heran, die den Winter auf dem Boden der Gewässer zubringen, um im Frühling einer neuen Generation das Dasein zu geben.

III. *Phyllobium.* a. *Phyllobium dimorphum.* Dieser merkwürdige Organismus kommt hauptsächlich in Blättern von *Lysimachia vulgaris* vor, ausserdem auch in *Ajuga reptans, Chlora serotina, Erythraea Centaurium.* Man erkennt die bewohnten Blätter schon mit blossem Auge an kleinen knotigen Erhöhungen, die dem Laufe der Blattrippen folgen. Man findet an dieser Stelle im Gewebe der Gefässbündel grosse dunkelgrüne Zellen mit dicker Membran, welche die Elemente der Gefässbündel auseinander drängen. Diese Zellen haben im Allgemeinen eine elliptische Form und zeigen an beiden Enden etwas vorspringende Verdickungen der Membran, die im Zusammenhang stehen mit farblosen Schläuchen, welche sich theils einfach, theils verzweigt innerhalb der Gefässbündel hinziehen. Ausser den eben beschriebenen Zellen finden sich häufig im Parenchym derselben Blätter meist einzeln oder zu zweien, je unter einer Spaltöffnung der Unterseite kleinere mehr rundliche, die, wie die weitere Untersuchung nachwies, mit den grossen in genetischem Zusammenhang stehen. Verf. unterscheidet beiderlei Zellen als grosse und kleine Dauerzellen. Er giebt zunächst eine genaue Beschreibung der grossen Dauerzellen, aus der wir nur hervorheben, dass in dem grünen Protoplasma ein orangegelbes Oel in reichlicher Menge eingelagert ist. Es ist dasselbe Oel, das auch sonst bei Algen so häufig vorkommt und das Verf. mit dem Cohn'schen Namen Haematochrom bezeichnet. Wenn Blätter von *Lysimachia,* welche Dauerzellen enthalten, von Ende Mai bis Mitte August in viel Wasser gebracht werden, so bilden sie Zoosporen. Dabei sondert sich das grüne Protoplasma zuerst in sehr zarte kleine Kugeln, die weiterhin dichtkörnig werden und sich contrahiren. Aus diesen Gebilden entstehen letztere Zoosporen, indem eine beschränkte Anzahl derselben (je 6—10) mit einander verschmelzen. Durch Quellen der inneren Membranschichten der Dauersporen werden die Zoosporen hinausgedrängt, wobei eine vorher aufgeweichte Stelle die Membran aufreisst. Sie sind von länglich birnförmiger Gestalt mit zwei Cilien an der farblosen Spitze. Es giebt zweierlei Zoosporen von gleichem Bau, aber verschiedener Grösse, die Verf. als Macro- und Microzoosporen unterscheidet. Beide haben isolirt nur eine kurze Lebenszeit. Damit aus ihnen der Anfang einer neuen Generation hervorgehe, müssen sie mit einander copuliren. Dabei rollt sich die kleinere Zoospore zuerst eine Zeit lang um die immer ruhiger werdende grosse herum, dann werden beide ruhig und die kleine bohrt sich nun mit ihrer Spitze seitlich vorn neben dem farblosen Ende der grossen Zoospore in diese hinein. Noch vor vollendeter Verschmelzung beginnt sich die Zygozoospore wieder langsam zu bewegen; während der Bewegung findet die vollständige Vereinigung statt. Die Zygozoosporen haben in der überwiegenden Mehrzahl der Fälle nur zwei Cilien, so dass bei der Verschmelzung der kleinen Zoospore mit der grossen auch die Cilien mit in's Protoplasma aufgenommen werden. Verf. hat niemals beobachtet, dass Zoosporen desselben Sporangiums, seien es die kleineren oder die grösseren, mit einander verschmelzen, ebensowenig Verschmelzung von Zoosporen der gleichen Art aus verschiedenen Sporangien. Nachdem sich die Zygozoosporen einen Tag etwa bewegt haben, kommen sie zur Ruhe, umgeben sich mit einer Membran und keimen, indem sie an der Stelle, die der Ansatzstelle der Cilien entspricht, einen zarten Keimschlauch austreiben. Die Keimung geht auch im Wasser vor sich, doch erlangen nur diejenigen Zygozoospooren ihre normale Entwickelung, die in Blätter von *Lysimachia Nummularia* eindringen können. Sie gelangen in die Spaltöffnungen der eben abgestorbenen, seltener in solche noch lebender Blätter, und keimen hier, worauf der Keimschlauch auf dem kürzesten Wege durch Auseinanderdrängen der Zellen in die Blattrippe gelangt, wo er zwischen den Spiralzellen durch Spitzenwachsthum weiter wächst. Der Schlauch bleibt dabei zuweilen kurz, unverzweigt, sein Ende schwillt an; sämmtliches Protoplasma geht in die Anschwellung, die sich von dem leeren Schlauche abtrennt und zu einer grünen elliptischen Zelle ausbildet. In andern Fällen bildet der Schlauch ein reich verzweigtes, viele Centimeter langes Zweigsystem, schwillt dann an irgend einer Stelle an; das Protoplasma verschiedener Zweige sammelt sich in dieser Anschwellung, die dann später, sich überall abschliessend, zur grossen Dauerzelle wird. Zwischen den beiden angeführten Extremen giebt es alle möglichen Mittelformen. Die Verschiedenheit der Ausbildung beruht im wesentlichen auf der grösseren oder geringeren Menge von Zygozoosporen, die in das betreffende Blatt eindringen. Je weniger deren sind, um so kräftiger bilden sich Schlauchsystem und Dauersporen aus. Wenn ganze Blätter oder Flächenschnitte derselben gleich nach der Infection mit einem Deckglas bedeckt auf einem Objectträger cultivirt wurden, so entwickelte sich keine einzige grosse Dauerzelle; entweder wurde gar kein Keimschlauch gebildet, oder der eben entstandene schwoll gleich zu einer kugelförmigen Zelle an, die dann langsam weiter wuchs. Sämmtliche Keimpflanzen nahmen nach einigen Wochen die typische Structur der früher erwähnten kleinen Dauerzellen an. Verf. giebt eine nähere Beschreibung derselben. Werden diese kleinen Dauerzellen in Wasser gebracht, so tritt Zoosporenbildung ganz in derselben Weise wie bei den grossen ein, die Zoosporen sind Macrozoosporen. Sie copuliren nicht, sind aber keimfähig und entwickeln sich bei Cultur in Wasser zu Dauerzellen, die den in *Lysimachia*-Blättern vorkommenden kleinen Dauerzellen sehr ähnlich sind. Hieraus ergiebt sich, dass die kleinen schlauchlosen Dauerzellen eine ungeschlechtliche Generation bilden, die neben der geschlechtlichen einhergeht, ohne ein wesentliches Moment in dem Entwickelungsgange der Species zu bilden. Die Hauptentwickelungszeit des *Ph. dimorphum* fällt in Strassburg in den Monat Juni; die Zoosporen werden gebildet, dringen in die Blatter ein und entwickeln sich während der Monate Juli und August. Im September sind die Dauerzellen bereits gebildet, die aber erst im Sommer des nächsten Jahres zur Weiterentwickelung gelangen.

Ph. incertum. Dieser Organismus lebt (bei Strassburg) in Blättern von Gramineen und Cyperaceen. Man findet in dem Parenchym dieser Blätter unter der Epidermis grosse Zellen von kugeliger oder mehr unregelmässiger Gestalt mit halsartigen Verlängerungen. Sie haben die Structur der kleinen Dauerzellen von *Ph. dimorphum*, enthalten nur das Haematochrom in grösserer Menge, so dass sie roth gefärbt erscheinen. Im April werden nach einigen Veränderungen des Inhalts der Dauerzellen Zoosporen gebildet in derselben Weise wie bei *Ph. dimorphum*. Diese sind so gebaut wie die asexuellen Zoosporen der andern Species; Copulation wurde nicht beobachtet, wohl aber Keimung und Eindringen in Zellen eines Grasblattes. Im Juni gingen diese Zellen in den Dauerzustand über. Demnach ist auch *Ph. incertum* eine zweijährige Pflanze, die sich aber nur auf ungeschlechtliche Weise vermehrt. Man könnte zweifelhaft sein, ob diese Pflanze nicht etwa nur eine Form von *Ph. dimorphum* ist. So lange man aber die beiden Formen nicht durch Cultur in einander überführen kann, hält Verf. es für besser, sie als zwei Arten auseinander zu halten.

IV. *Scotinosphaera paradoxa.* In den abgestorbenen Zweigen und Blättern eines aus einem ostpreussischen Sumpfe stammenden Hypnum fand Verf. im Frühjahr grosse chlorophyllhaltige Dauerzellen von kugliger oder elliptischer Gestalt mit einer oder mehreren starken Verdickungen der Membran. Sie hatten wesentlich denselben Bau wie die von *Phyllobium*, enthielten innerhalb der dicken Membran ein dunkelgrünes Protoplasma, das in radial gerichtete cylindrische Stäbchen differencirt war; ausserdem fein vertheiltes reichliches Haematochrom. Der Bildung der Zoosporen gehen eigenthümliche Veränderungen des Protoplasma vorher, die Verf. ausführlich beschreibt. Die einzelnen Stäbchen sondern sich mehr von einander ab, indem sie sich zusammenziehen und hell röthliche schmale Räume zwischen sich lassen. Später aber rücken einzelne Stäbchen an einander und verschmelzen unter nachfolgender Contraction; dies geht so fort, bis eine einzige dunkel blaugrüne Kugel entstanden ist, die in der rothen Körnermasse schwimmt. Sofort beginnt nun die Theilung dieser Kugel; durch wiederholte Zweitheilung gehen aus ihr schliesslich die Zoosporen hervor. Endlich öffnet sich die Membran an einer Stelle und die Zoosporen eilen ins Freie; sie sind schmal spindelförmig mit langer, farbloser Spitze, an der zwei Cilien sitzen. Sie gelangen zur Ruhe, ohne dass eine Copulation zu beobachten wäre, und umgeben sich mit Membran. Auch konnte Verf. beobachten, dass sie in das unversehrte Gewebe frischer Blätter von Hypnum eindringen und hier zu chlorophyll- und stärkereichen Zellen heranwachsen.

Dieselbe oder eine sehr nahe verwandte Alge fand Verf. bei Strassburg im Frühling in Form von Dauerzellen in den erweiterten Intercellularräumen der subepidermalen Parenchymschicht von *Lemna trisulca*. Die Entwickelung verlief genau ebenso wie bei den in Hypnum gefundenen Dauerzellen. *Scodinosphaera paradoxa* ist demnach in Bau und Entwickelung *Phyllobium* sehr ähnlich und vermehrt sich wie *Ph. incertum*, nur auf ungeschlechtliche Weise. Verf. erörtert dann noch die Frage, ob etwa das Verschmelzen der Plasmastäbe vor der Zoosporenbildung als ein sexueller Vorgang aufzufassen ist; er verneint dies schon wegen der Aehnlichkeit mit den bei der Zoosporenbildung von *Ph. dimorphum* beobachteten Vorgängen, welche letztere Pflanze doch in der Copulation der Zoosporen einen unzweifelhaften sexuellen Prozess besitzt.

Am Schlusse seines Aufsatzes bespricht Verf. noch den Parasitismus der beschriebenen Algen. Es werden da auch die andern bisher beobachteten Fälle von Parasitismus grüner Algen erwähnt. Verf. theilt aber nicht die Ansicht der meisten früheren Beobachter, dass diese Algen, die im lebenden Gewebe höherer Pflanzen wohnen, denselben auch gewisse, für ihre eigene Entwickelung nothwendige Nahrungsmittel entziehen, also echt parasitisch leben. Er bemerkt, dass in keinem Fall ein genauerer Nachweis dafür geliefert worden ist. Gerade mehrere der von ihm beobachteten Algen wachsen ebensogut in abgestorbenem, wie in lebendem Gewebe. Die Zygozoosporen von *Ph. dimorphum* keimten auch auf dem Objectträger und konnten hier mehrere Monate cultivirt werden, wobei sie zu gut entwickelten Dauerzellen, wenigstens der kleineren Form heranwuchsen. Verf. hält vielmehr die grünen parasitischen Algen im allgemeinen für „Raumparasiten", die in dem Gewebe höherer Pflanzen einen geschützten Platz für ihre Entwickelung suchen und finden. Sie zeigen dabei einen mehr oder minder hohen Grad der Anpassung an ihre eigenthümliche Lebensweise. In manchen Fällen sehen wir dann auch, dass der Wirth selbst sich dem in ihm lebenden Gaste anpasst, was der Verf. durch den vom Gaste ausgeübten mechanischen Reiz erklärt, der schliesslich zu erheblichen Formveränderungen des Werthes führen kann. So ist z. B. das Verhältniss von *Azolla* zu *Anabaena*, wo Gast und Wirth, der eine wie der andere, stets in ihrem Leben aneinander gekettet sind. Dabei ist mit Unrecht bisher immer auf eine gegenseitige Dienstleistung beider geschlossen worden. Uebrigens hält es Verf. für möglich, dass sich aus dem Raumparasitismus schliesslich im Laufe der Generationen ein wirklicher Parasitismus entwickeln kann, und führt als wahrscheinliche Fälle dieser Art den Parasitismus von *Nostoc* in *Gunnera*-Arten, der von Reinke beobachtet wurde, sowie das von Cunningham beschriebene Wachsthum von *Mycoidea parasitica* auf *Camellia*.

In Bezug auf die Systematik der vier hier beschriebenen Genus von Algen bemerkt Verf., dass sie nach Bau, Lebensweise und Entwickelungsgang offenbar nahe verwandt sind und zu einer Familie gerechnet werden müssen. Sie schliessen sich in Bezug auf ihre Entwickelung an die chlorophyllhaltigen einzelligen Algen an, die von Braun und Kirchner als Protococcaceen zusammengefasst werden, namentlich an die Gruppe der Hydrodictyeen, deren Lebensgeschichte bis jetzt am besten bekannt ist. Somit wird man diese 4 Gattungen zu den Protococcaceen zu stellen haben, wo sie allerdings einen ziemlich isolirten Platz einnehmen dürften. *Phyllobium dimorphum* zeigt auch einige Aehnlichkeit mit Botrydium.

75. J. Schaarschmidt. A Chlorochytrium Erdélyben. Chlorochytrium in Siebenbürgen. (Magyar Növénytant Lapok, V. Jahrg., Klausenburg 1881, S. 37 – 39 [Ungarisch].)

Der Verf. fand 1880 *Chlorochytrium Lemnae* in einer hauptsächlich Desmidien enthaltenden Wasserprobe von Bethlenfalva; im darauffolgenden Jahre fand er sie nicht mehr, aber heuer wieder in grosser Menge in dem fortwährend verschlossen gehaltenen Gefässe. Diese Erscheinung lässt das Vorkommen von Wintersporen, wie es Cohn vermuthet, für wahrscheinlich erscheinen. Nachdem die lebhaft grünen Schläuche von Chlorochytrium in verfaulten Eichenblättern vorkommen, aus dem Blattgewebe derselben auch herausfallen und frei fortleben, so macht dieser Umstand, so auch das Vorkommen in gänzlich verfaulten Eichenblättern den von Cohn angenommenen Parasitismus fraglich, um so mehr, da in dem Gefässe eine andere für ihre Vegetation geeignete Pflanze nicht vorkam und sie sich trotzdem bisher lebhaft weiter entwickelte. Chlorochytrium ist daher eine Alge, welche mit Lemna und anderen Wasserpflanzen als Endophyt in Symbiosis lebt; sie kann aber auch frei vorkommen und ist daher nicht als wirklicher, sondern höchstens vielleicht nur als gelegentlicher Parasit zu betrachten.   Staub.

76. Wright, Edward Perceval. On a new genus and species of Unicellular Algae living on the filaments of Rhizoclonium Casparyi. (Transactions of the R. Irish Acad. Vol. XXVIII, p. 27—30, mit Abb.)

Verf. fand auf Exemplaren von *Rh. Casparyi*, die bei Howth (im Meere) gesammelt wurden, einen neuen Organismus, den er *Sykidion Dyeri* genannt hat. Derselbe ist einzellig, an der Basis manchmal mit einem kleinen Stiel versehen, sonst aber unmittelbar auf den Zellen des Rhizoclonium sitzend. Die jugendlichen Zellen waren fast kuglig, die älteren etwas abgeplattet, feigenförmig oder unregelmässig fünfeckig. In der Jugend ist der ganze Inhalt durch Chlorophyll schön grün gefärbt. Später scheint es, dass eine zweite Cellulosemembran gebildet wird; innerhalb derselben zerfällt der protoplasmatische Inhalt in zahlreiche zweiwimperige Schwärmer. Diese treten an dem apicalen Theil der Zelle aus. Nach dem Austreten zeigt sich die Cellulosewand unregelmässig zerrissen und von schwach strohgelber Farbe. Als verwandte Pflanzen werden *Characium*, *Hydrocytium*, *Codiolum* angeführt. Kützing bildet in der Tabulae Phycologicae ein *Rhizoclonium pannosum* aus der Nordsee ab, das anscheinend von einem ähnlichen Organismus bewohnt ist. Nach einer mündlichen Mittheilung Archer's an den Verf. hat derselbe eine ähnliche Alge im Süsswasser gefunden, die auf einer Species von *Mougeotia* lebt.

77. Wills. On the structure and life history of Volvox globator. (Midland Naturalist III, Sept.—Oct. 1880. Referat nach Cooke, British fresh Water Algae, 1882.)

Aus dem Aufsatz des Verf. sollen hier nur einige Bemerkungen über den Austritt der jungen Volvoxfamilien aus der Mutterfamilie mitgetheilt werden. Verf. bemerkt, dass, wenn eine imaginäre Axe durch eine Volvoxkugel gezogen wird und die fortschreitende Bewegung derselben von einem (angenommenen) Nord- nach dem Südpol stattfindet, die rotirende Bewegung gewöhnlich von West nach Ost geht und nur ausnahmsweise für einige Secunden in umgekehrter Richtung. Der Punkt, wo die Mutterfamilie aufreisst und die jungen aus den Parthenogonidien entstandenen Familien austreten, liegt dann immer am Nordpol. Kurz vor dem Austritt der jungen Familien nimmt die Mutterfamilie eine schwach birnförmige Gestalt an und öffnet sich dann langsam an ihrer Spitze. Die Oeffnung hat einen geringeren Durchmesser als die jungen Familien und wird bei dem Austreten derselben jedesmal ausgedehnt, um sich dann wieder zu contrahiren. Die Tochterfamilien rotiren nicht beim Austreten, sie werden dabei oft plötzlich auf eine Entfernung, die das Mehrfache ihres Durchmessers beträgt, hinausgetrieben. Sie bleiben dann einige Secunden bewegungslos an derselben Stelle. Darauf beginnen sie langsam zu rotiren und treiben fort. Nach der Ruptur der Zellwand der alten Mutterfamilie sieht man die der Richtstelle benachbarten Einzelzellen sich zitternd bewegen. Das gleiche geschieht, wenn einzelne Zellen mit Gewalt von ihrer Anheftungsstelle abgelöst werden, sie können sich in diesem Falle sogar eine

Weile frei im Wasser bewegen. Nach dem Austritte der Tochtergonidien bewegt sich die alte Mutterzelle noch eine Zeit lang weiter fort, in der Richtung von Nord nach Süd, so dass das offene Ende nach hinten gerichtet ist; nach einiger Zeit hört die Bewegung der Cilien auf und die Familie geht zu Grunde. Um das reichliche Austreten junger Tochterfamilien beobachten zu können, genügt es, eine Anzahl Volvoxkugeln mit reifen Tochterfamilien in einen warmen Raum zu bringen.

78. **Girardet. Ueber Pandorina Morum.** (Bullet. Soc. Vaud. sc. nat., Vol. 17, Proc. verb. S. XXVI.)

Notiz über das Vorkommen dieser Alge im Hafen von Morges, wo sie fast jedes Jahr um dieselbe Zeit (zwischen 20. Juni und 15. Juli) erscheint.

79. **Cohn. Ueber Haematococcus pluvialis.** (Jahresber. d. Schles. Ges. f. vaterl. Cultur 1881.)

Verf. zeigte *H. pluvialis* aus Padua vor und bemerkt dabei, dass Rostafinski dieser Alge den Namen *H. lacustris* beigelegt hat, indem er annimmt, sie sei identisch mit einer von Giraud Chantrans am Anfang des Jahrhunderts beschriebenen Alge, welche den Gewässern bei Besançon eine rothe Farbe verlieh und von jenem Autor *Volvox lacustris* genannt wurde. Verf. bezweifelt diese Identität, schon wegen des verschiedenen Standorts, indem *H. pluvialis* nur in flachen Steinhöhlungen vorkommt, die periodisch austrocknen. Der besprochenen Pflanze wäre demnach der Flotow'sche Name, *H. pluvialis*, zu belassen.

Es giebt übrigens noch andere Arten von *Haematococcus*, so den in Salzlachen vorkommenden *H. salinus* Dunal, *marinus* Kg., den noch niemand mit *H. pluvialis* zu vereinigen versucht hat. Verf. ist auch der Ansicht, dass so lange die Identität von *H. pluvialis* und *H. nivalis* nicht durch Culturversuche erwiesen ist, an der specifischen Verschiedenheit beider Arten festgehalten werden muss.

80. **Rostafinski. Ueber den rothen Farbstoff einiger Chlorophyceen, sein sonstiges Vorkommen und seine Verwandtschaft zum Chlorophyll.** (Bot. Ztg. 1881, Sp. 461—465.)

Verf. theilt seine Beobachtungen über die Natur des rothen Farbstoffs, der in den Samen (Iso-, Oo- und Zygosporen) und Sporen (z. B. von *Botrydium*) vieler Chlorophyceen auftritt, wenn diese Theile in den Ruhezustand übergehen. Dabei bemerkt er, dass *Haematococcus* in den Firnfeldern der Alpen nie ergrünt. Die grünliche Schneedecke derselben verdankt ihre Farbe einer *Chlamydomonas*, der vom Verf. anderwärts näher beschriebenen *Chl. flavo-virens* (J. B. 1880, S. 564). Diese Species kommt bisweilen in den Alpen mit *Haematococcus* vermischt vor und dann hat es den Anschein, als könnte der letztere auch ergrünen. Dies ist nicht der Fall, er bleibt constant roth gefärbt und da er sich trotzdem mit auffallender Schnelligkeit durch Vermehrung zu verbreiten vermag, so ist es ebenso klar, dass sein Plasma ohne grünes Chlorophyll und ohne organische aufgelöste Stoffe zu assimiliren vermag.

81. [**Simony. Ueber den schwarzen Schnee oder die Gletscherschwärze, Protococcus nigricans.** (Deutsche Alpenzeitung 1881, No. 9—12.)]

82. [**Croft. Occurrence of Red Snow.** (Transact. Hertfordsh. Nat. Hist. Soc. 1881, July.)]

83. **Geddes. Ueber Chlamydomyxa labyrinthuloides.** (Edinb. Bot. Soc. Juli 14. Gard. Chron. New. Ser. Vol. XVI, No. 395, p. 121—122, vgl. Bot. Centralbl. 1881, VII. Bd., S. 219.)

Geddes las einen Aufsatz über *Chlamydomyxa labyrinthuloides* Archer, einen merkwürdigen Organismus, den A. in Sphagnum-Zellen gefunden, und im Quart. Journ. für 1875 beschrieben hat. Die Schichtung der Wände und die Bildung eigenthümlicher warzenartiger Verdickungen, die rothen Farbstoff einschliessen, sprechen für die alte Annahme des Wachsthums der Zellwände durch Apposition. Die gelegentliche Formung des Chlorophylls zu gesonderten Portionen, die als einfachste Chlorophyllkörner zu betrachten sind, wurde beschrieben. Am Anfang der Entwickelung des Organismus findet man einen protococcusartigen Ruhezustand. Aus den erwähnten Thatsachen geht hervor, dass der Organismus eine Mittelstellung zwischen Rhizopodeen und Palmellaceen einnimmt.

e. Conjugatae.

84. **Cooke. Notes on British Desmids** mit 3 Taf. (Grevillea, vol. 9 S. 89 vgl. J.-B. 1880, S. 568.)

Aufzählung von 29, neuerdings von Wills bei Capel Curig gefundenen Desmidieen, die bisher für England noch nicht bekannt waren; darunter sind 3 neue Arten. Von mehreren Arten werden in den Tafeln die Umrisse gegeben.

85. Archer. New Zealand Desmidiae. (Grevillea vol. S. 29.)

Bemerkungen über Maskells List of New Zealand Desmidieae (vgl. J.-B. 1880, S. 568). Die Species von *Aptogonum* dürften wohl besser zu *Desmidium* gestellt werden. *A. undulatum* Maskell ist eine sehr bemerkenswerthe Form; die Zellen sind auf dem Querschnitt dreieckig, zwei Seiten des Dreiecks sind gleich, aber von der dritten verschieden, so dass die Endansicht assymetrisch erscheint. *Microsterias rotata* und *M. denticulata* sind auch durch die Gestalt ihrer Zygosporen verschieden. Die erste hat kugelige Zygosporen, die mit langen zugespitzten Dornen besetzt sind; die Zygosporen der *M. denticulata* dagegen bilden eines der merkwürdigsten microskopischen Objecte, sie sind mit wenigen langen, schön verzweigten Dornen besetzt. Verf. macht noch weitere ähnliche Bemerkungen zu Maskell's Liste, wobei er hervorhebt, dass kein Grund vorliegt, *Didymoeladon* von *Staurastrum* zu trennen.

86. Cooke. On Some Desmids new to Britain. (Journal of the Quekett Microscopical Club. Vol. VI, p. 203, No. 46. March 1881. 9 Seiten und 4 Taf.)

(Vgl. Ref. No. 84.) Verf. giebt eine Uebersicht der verschiedenen Genus der Desmidieen und ihrer Unterschiede und beschreibt dann ausführlicher die Arten des Genus *Staurastrum*, von denen eine grössere Anzahl auf den beigegebenen Tafeln abgebildet sind. Ferner wird das Verzeichniss der von Wills in Capel Curig gefundenen Species mitgetheilt und am Schluss über die Art der Fertigstellung microskopischer Präparate von Desmidieen gesprochen.

87. Wolle Francis. American Fresh Water Algae. Species and Varieties of Desmids new to Science. (Bullet. Torrey Bot. Club. Vol. VIII, 1881, p. 1 ff. mit 1 Taf. Referat nach Bot. Centralbl. 1881, VII. Bd., S. 65—67.)

Beschreibung und Abbildung einer Anzahl neuer Desmidiaceen aus Nordamerika in Fortsetzung der früher an demselben Orte veröffentlichten. Die Diagnosen derselben sind im Bot. Centralbl. abgedruckt. Die Namen sind im Verzeichniss neuer Arten.

88. J. Schaarschmidt. A Closterium intermedium Ralfs oszlása. Die Theilung bei Closterium intermedium. (Magyar Növénytani Lapok. Jahrg. V, Klausenburg 1881, p. 3—6. [Ungarisch.].)

Die Theilungsweise dieser Desmidiee weicht von der bei *Closterium* bisher bekannten ab und stimmt mit derjenigen von *Penium interruptum* Bréb. überein, wie sie de Bary beschrieben hat und die mit einer ähnlichen Ringbildung combinirt ist, wie wir sie bei *Oedgonium* finden. Verf. konnte 24 Sekundärsuturen zählen.   Staub.

89. Hempel. Ueber Copulation von Closterium Pritchardianum Archer. (S. unter 18.)

Verf. beschreibt ausführlich Zelltheilung und Copulation bei dieser Form. Der vollständige Copulationsprozess wurde während zweier Monate öfters am zeitigen Vormittag beobachtet, er vollzog sich höchstens in 15, wenigstens in 30 Minuten.

„Die Copulation geschah immer nach der Theilung der jüngeren Tochter-, neben den zarten Grenzlinien der Mutterhälfte, bevor sich erstere zu den Dimensionen der letzteren entwickelt hatte. — Nur in einem Falle waren die Hälften beinahe normal ausgebildet; bei allen andern Exemplaren erreichte die junge Hälfte kaum eine Drittellänge der älteren. Die älteren Enden der Individuen streckten sich meist nach entgegengesetzter Richtung; nur selten lagen dieselben einander parallel gegenüber."

V. Cyanophyceae.

90. Schaarschmidt, Gyula. Zur Morphologie des Chlorophylls und des pflanzlichen Zellkerns. Mit Zeichnungen auf einem Photogramme. (16⁰, 56 S., Klausenburg 1881. Vgl. Bot. Centralbl. 1881, VII. Bd., S. 263—64.)

Verf. bemerkt in diesem Aufsatz unter anderem, dass er in den Zellen des *Nostoc* einen kleinen runden Körper beobachtet hat, der gewöhnlich den Scheidewänden anliegt und bei der Zelltheilung schöne Theilungsphasen zeigte.

91. Bornet et Grunow. Mazaea. Nouveau genre d'Algue de l'ordre des Cryptophycées. (Bullet. de la soc. bot. de France, T. 28, 1881, 8 S. mit 1 Taf.)

Diese neue Alge aus der Gruppe der Stigonemeen wurde im süssen Wasser im Fluss Iguape bei Iporanga, Provinz St. Paul, in Brasilien von Puiggari aufgefunden. Sie ist äusserlich der *Rivularia plicata* Harvey ähnlich. Der rundliche oder unregelmässig höckerige Thallus erreicht einen Durchmesser von 25 mm. Anfangs solid und ziemlich fest wird er später hohl und weich. Die Farbe ist dunkel olivengrün.

Die von einem farblosen homogenen Schleim umgebenen Fäden strahlen von einem centralen Punkte aus nach aussen. Sie sterben im Innern allmählich ab, während sie an der Peripherie weiter wachsen. In ihrem unteren Theile sind sie hin und her gebogen, nach der Spitze zu gerade und parallel. Die Fäden sind verzweigt. Die Zweige stehen (meist) einseitig oder auch zerstreut und erheben sich auf ungefähr gleiche Höhe. Ferner findet man an den Fäden seitenständige Heterocysten, die entweder sitzend sind, oder auf einem ein- bis dreizelligen Stiele stehen. Diese sind von elliptischer Gestalt und unterscheiden sich von den gewöhnlichen Gliederzellen durch ihre grössere Dicke und den mehr homogenen Inhalt. Die Gliederzellen sind $4-5\,\mu$ dick, unten cylindrisch und $10-12\,\mu$ lang, nach oben kürzer, dicker und mehr tonnenförmig. Die Heterocysten und Seitenzweige entstehen aus seitlichen Sprossungen der Gliederzellen, die sich frühzeitig durch eine Scheidewand abtrennen. Die Seitenzweige sind entweder unverzweigt, oder sie verzweigen sich in derselben Weise wie die Fäden, aus denen sie aussprossen. Die Fäden gehen nie in ein terminales Haar aus. Sporen und Hormogonien wurden nicht beobachtet. Durch die Zweigbildung der Fäden zeigt *Mazaea* ihre Zugehörigkeit zu den Stigonemeen, die einzige Familie der Cryptophyceen, wo wirkliche Seitenzweige gebildet werden. Die gestielten Heterocysten sind für *Mazaea* besonders charakteristisch, da sie bisher bei keiner andern Form gefunden wurden. Sie zeigen eine höhere Organisation an, wofür auch der rivulariaartige Habitus spricht. Beiläufig bemerkt Verf., dass man bisher bei den Scytonemeen den Rivularia-Habitus nicht beobachtet hat, wenn man nicht etwa *Diplocolon* zu dieser Gruppe stellen will. Dagegen kennt man jetzt zwei Formen von Stigonemeen, die diesen Habitus zeigen, nämlich ausser *Mazaea* noch die *Capsosira Brebissonii* Kütz., welche durch 30 Jahre fast unbekannt gebliebene Form neuerdings von Nordstedt wieder entdeckt worden ist.

92. G. Ueber Schwärmsporen bei Merismopoedia. (Bot. Ztg. 1880, Sp. 490.)

Bei Gelegenheit eines Referats über Borzi: Note alla morfol. e biol. delle alghe ficocromacee wird am Schluss bemerkt: Andere Phycochromaceen dürften wohl eine grössere Mannigfaltigkeit der Fortpflanzungsverhältnisse zeigen, darauf deutet wenigstens das vom Ref. beobachtete Vorkommen von Schwärmsporenbildung bei *Merismopoedia*.

93. Coppinger. Oceanic Phenomenon. (Nature vol. 23, p. 482 und 483, mit 1 Holzschnitt.)

In einem Briefe aus Sidney meldet Verf., dass das englische Schiff Alert beauftragt war, nach einem Riff zu suchen, das 200 (engl.) Meilen südlich von Tonga Tabu liegen sollte. Während der Untersuchung wurde mehrere Tage hindurch beobachtet, dass die Seeoberfläche auf grosse Strecken eine eigenthümliche Färbung zeigte. Diese rührte von einer braunen Substanz her, von ähnlicher Consistenz wie der Schaum, der sich auf Tümpeln mit stehendem Wasser bildet. Die Substanz schwamm in unregelmässigen, streifigen Flecken auf der Oberfläche und erfüllte auch in fein zertheilter Form das Wasser selbst bis zur Tiefe von einigen Fussen. Etwas von der erwähnten Substanz wurde hinaufgebracht und näher untersucht. Bei schwacher Vergrösserung zeigte sich, dass sie aus spindelförmigen Fadenbündeln bestand. Bei stärkerer Vergrösserung zeigten sich die Bündel aus geraden oder schwach gekrümmten gegliederten Fäden zusammengesetzt, die aus cylindrischen Zellen mit planen Querwänden bestanden; der Durchmesser der Zellen betrug $^1/_{2000}$ Zoll, das Doppelte ihrer Länge. In manchen Proben wurden daneben auch Fäden entdeckt, die eine Art varicose Erweiterung erfahren hatten, indem sich der Durchmesser auf mehr als das Doppelte der normalen Fäden erweitert hatte. Diese propagating filaments, wie Verf. sie nennt, besitzen eine zarte röhrige Membran und enthalten eine körnige, halb durchsichtige Materie, in welcher eine Reihe discoider Körper eingebettet war. Diese sind auf der einen

Ansicht von kreisförmigem Umriss und ¹/₁₀₀₀ Zoll Durchmesser, auf der Seitenansicht sind sie schmal rautenförmig (oder vielmehr kahnförmig).

Vom 24.—29. November, während welcher Tage das Schiff eine Strecke von 330 Meilen zurücklegte, enthielt das Meerwasser die eben beschriebenen Organismen. An einem Abend wurde eine damit besonders dicht erfüllte Stelle als ein Riff signalisirt.

Anm. des Ref. Die vom Verf. beschriebenen Fäden gehören einer Oscillariee an, die scheibenförmigen Körper in den Gallertröhren (propagating filaments) sind aber ohne Zweifel Organismen sui generis die nichts mit der ersterwähnten Oscillariee zu thun haben.

VI. Bacillariaceae.

Referent: E. Pfitzer.

Verzeichniss der erschienenen Arbeiten.

1. **Bauer, M.** Das diluviale Diatomeenlager aus dem Wilmsdorfer Forst bei Zinten in Ostpreussen. Zeitschrift der Deutschen Geolog. Gesellschaft. Band XXIII. 1881. (Ref. S. 378.)

2. **Brébisson.** Considérations sur les Diatomées (1838). Wieder abgedruckt in Brébissonia Bd. III, 1881, S. 1.

3. **Castracane, T.** Lettre au sujet de la note de M. Prinz sur des coupes de Diatomées. Bull. de l. soc. belge de Mikroskopie 1881. S. LXXXVI.

4. — Straordinario fenomeno della vita del mare, osservato nell' Adriatico nella estate del 1880. Atti del Acad. pontif. d. nuov. Lincei Bd. XXXIV. Sess. 19 Decemb. 1880. Vgl. Botan. Centralbl. Bd. VII, 1881. S. 193. (Ref. S. 376.)

5. **Cleve, P. T.** Färskvattens-Diatomaceer från Groenland och Argentinska republiken. Öfersigt af Kongl. Vetensk. Academ. Förhandl. Stockholm 1881. No. 10. Vgl. Botan. Centralbl. Bd. XI, 1882, S. 43. (Ref. S. 378.)

6. — On some new and little known Diatoms. Kongl. Svenska Vetenskaps Handlingar Bd. XVIII, 1881, No. 5. Vgl. Botan. Centralbl. Bd. VII, 1881, S. 131. (Ref. S. 378.)

7. **Cox, J. D.** Motion of Diatoms. American monthly mikroskop. Journal II, 1881, S. 66. Vgl. Journal Royal mikroskop. Society. Ser. II, Bd. 1, 1881, S. 649. (Ref. S. 375.)

8. **Cunningham, K. M.** Cleaning Diatoms. American monthly mikrosk. Journ. II. 1881, S. 93. Vgl. Journ. Royal mikrosk. Society. Ser. II, Bd. 1, 1881, S. 837. (Ref. S. 376.)

9. **De Bary, A.** Zur Systematik der Thallophyten. Botan. Zeit. 1881, S. 1. (Ref. S. 377.)

10. **Deby, J.** Quelques considérations rélatives au travail de M. Prinz sur des coupes de quelques Diatomées. Bull. d. l. Soc. belge de Mikroskopie 1880, S. LXXIX.

11. **Delogne, C. H.** Diatomées de Belgique. Livraison 1, 2. Vgl. Bot. Centralbl. Bd. VI, 1881, S. 254. (Ref. S. 377.)

12. **Dippel, L.** Bemerkungen über einige als Probeobjecte benutzte Diatomeenarten. Zeitschrift f. Mikroskopie II, 1880. Heft 9, mit 4 Tafeln. Journ. Royal mikrosk. Society Ser. II, Bd. 1, 1881, S. 543. Botan. Centralbl. V, 1881, S. 286. (Ref. S. 376.)

13. **Falkenberg, P.** Die Algen im weitesten Sinne. Schenk's Handbuch der Botanik Bd. II, 1881, S. 159. (Ref. S. 373, 377.)

14. **Gobi, Chr.** Grundzüge einer systematischen Eintheilung der Gloeophyten (Thallophyten Endl.). Botan. Zeit. 1881, S. 489. (Ref. S. 377.)

15. **Grunow, A.** Ueber die Arten der Gattung Grammatophora mit Bezug auf die Tafeln LIII und LIIIB. in van Heurck's Synopsis der belgischen Diatomeen. Mit 2 Tafeln. Botan. Centralbl. Bd. VII, 1881, S. 401. (Ref. S. 377.)

16. **Grunow**, A. Bemerkungen zu Hallier's Aufsatz „Die Diatomeen". Botan. Centralbl. Bd. V, 1881, S. 162. (Ref. S. 373.)

17. — Bemerkungen zu Prinz's Studien über Diatomeenschnitte. Botan. Centralbl. VIII 1881, S. 354. (Ref. S. 374.)

18. — Bemerkungen zu Schmidt's Diatomaceen-Atlas. Ebenda S. 130. (Ref. S. 375.)

19. — Bemerkungen zu Shrubsole's Diatomeen des London-Clay. Ebenda S. 100. (Ref. S. 379.)

20. — Bemerkungen zu Petit's chinesischen Diatomeen. Botan. Centralbl. Bd. VIII, 1881, S. 33. (Ref. S. 378.)

21. **Haeusler**, R. Die Diatomeen des London-clay. Botan. Zeit. 1881, S. 720. (Ref. S. 379.)

22. **Hallier**, E. Die Diatomeen. Westermann's illustrirte Monatshefte Bd. XVIII, 1880. S. 266. (Ref. S. 373.)

23. — Schachtelzellen bei Diatomeen, nachgewiesen für Pinnularia major und Nitzschia sigmoidea. Pharmaceutische Centralhalle für Deutschland. Bd. XXII, 1881, S. 155. (Ref. S. 374.)

24. **Hanks**, H. G. Uses of Diatoms. Mining and Scientific Press 1881, 9. Juli. Vgl. Journ. Royal mikrosk. Soc. Ser. II, Bd. 1, 1881, S. 785. (Ref. S. 377.)

25. **Hempel**, C. E. Algenflora der Umgegend von Chemnitz. Siebenter Bericht der Naturwissensch. Gesellschaft zu Chemnitz 1881, S. 134. (Ref. S. 376, 378.)

26. **Kent**, W. S. Peculiar structure of Isthmia enervis. Manual of the Infusoria 1880, 1, vgl. Journ. Royal mikrosk. Society Ser. II, Bd. 1, 1881, S. 648. (Ref. S. 375.)

27. **Kitton**, F. Remarks on Mr. Shrubsole's Paper on the Diatoms of the London Clay, with a List of the genera. Journ. Royal mikroskop. Soc. Ser. II, Bd. 1, 1881. S. 385. (Ref. S. 379.)

28. — Diatoms as test-objects. Journal Royal mikroskop. Society. Ser. II, Bd. 1, 1881, S. 543. (Ref. S. 376.)

29. — Remarks on Castracanes Paper on the striae of the Diatomaceae. Ebenda S. 800. (Ref. S. 376.)

30. **Lanzi**, M. Le Diatomee fossile di Tor di Quinto. Atti dell. Acad. pontif. d. nuov. Lincei Bd. XXXIV. 24. April 1881. Vgl. Botan. Centralbl. Bd. X, 1882, S. 401. (Ref. S. 379.)

31. **Lemaire**, A. Catalogue des Diatomées des environs de Nancy. Nancy 1881.

32. **Mills**, **Lewis** G. Diatoms from Peruvian Guano. Journal of the Royal mikroskop. Society. Ser. II, Bd. 1, 1881, S. 865, 979. Mit 1 Tafel. (Ref. S. 378.)

33. **Müller**, O. Ueber den anatomischen Bau der Bacillariengattung Terpsinoe. Sitzungsberichte der Gesellsch. Naturforsch. Freunde in Berlin. 1881, S. 3. Vgl. Journ. Royal mikroskop. Society. Ser. II, Bd. 7, 1881, S. 733. (Ref. S. 374.)

34. **Petit**, P. Diatomées recoltées sur les huîtres de Ning-Po et de Nimrod-Sound. Memoir. d. l. Soc. d. scienc. natur. d. Cherbourg. Bd. XXIII. 1881. Vgl. Botan. Centralbl. Bd. VIII, 1881, S. 33. (Ref. S. 378.)

35. **Richter**, P. Beispiele von massenhaftem und periodischem Auftreten gewisser Diatomaceen. Hedwigia 1881, S. 81. Vgl. Journ. Royal mikrosk. Soc. Ser. II, Bd. 1, 1881, S. 931. (Ref. S. 375.)

36. **Schaarschmidt**, J. Specimen Phycologiae aequatoriensis. Magyar Növ. Lapok 1881. (Ref. S. 378.)

37. **Schmidt**, A. Atlas der Diatomaceenkunde. Aschersleben 1881. Heft 17, 18. (Ref. S. 374, 377.)

38. **Shrubsole**, W. H. The Diatoms of the London Clay. Journal of the Royal mikroskop. Society Ser. II, Bd. 1, 1881, S. 381 mit 1 Tafel. (Ref. S. 379.)

39. **Smith**, H. L. Mounting Diatoms in substances of high refractive index. Amer. monthl. mikrosk. Journ. II, 1881, S. 49. Vgl. Journ. Royal mikrosk. Society, II. Ser., Bd. 1, S. 704. (Ref. S. 376.)

40. **Smith**, H. L. Cleaning Diatoms with Soap. Amerikan mikrosk. Journ. V, 1881, S. 257. Vgl. Journ. Royal mikrosk. Society, Ser. II, Bd. 1, S. 531. (Ref. S. 376.)
41. **Stephenson**, J. W. Diatoms mounted in Phosphorus. Journ. Royal mikrosk. Society II. Ser., Bd. 1, S. 973, 978. (Ref. S. 376.)
42. **Stolterfoth**, H. On a new Species of Hydrosera Wall. Journ. Royal mikroskop. Society Ser. II. Bd. 1, 1881, S. 424. (Ref. S. 378.)
43. **Thore**, J. Diatomées des environs de Salies de Béarn. Bull. d. l. Soc. de Borda à Dux. VI, 1881, S. 163. Vgl. Botan. Centralbl. Bd. VII, 1881, S. 163. (Ref. S. 378.)
44. **Van Heurck**, H. Synopsis des Diatomées de Belgique. Atlas. Raphidées, Pseudoraphidées. 4 Hefte mit 78 Tafeln. Auvers 1881. Vgl. Botan. Centralbl. Bd. VII, 1881, S. 353. (Ref. S. 377.)
45. **Wackernagel**, P. Präparation der Diatomeen. Zeitschr. f. Mikroskopie II, 1881.
46. **Wentzel**, J. Die Flora des tertiären Diatomaceenschiefers von Sulloditz im böhmischen Mittelgebirge. Sitzungsber. d. Wiener Akademie, Bd. 82, 1. Abtheil. 1881, S. 241. (Ref. S. 379.)
47. **Williamson**, W. C. On the organisation of the fossil plants of the coal-measures, including an examination of the supposed Radiolarians of the carboniferous rocks. Part. X. Philosoph. Transactions of the Royal Society 1880. (Ref. S. 379.)
48. (Anonym.) Moyen de recueillir des Diatomées. Les mondes, Bd. LIV, 1881, No. 13.

I. Allgemeines, Bau und Lebenserscheinungen.

1. Falkenberg. Algen. (No. 13.)

Kurze Darstellung der allgemeinen Verhältnisse der Gruppe nach der vom Ref. vertretenen Auffassung. Der Verf. erwägt dabei, ob die zygotenbildenden Bacillarieen die ursprünglichen seien und diejenigen, deren Auxosporen ungeschlechtlich entstehen, aus ihnen durch allmählichen Verlust der Sexualität hervorgingen, oder ob umgekehrt aus ungeschlechtlichen einfachen Formen sich höher stehende sexuelle entwickelten, und spricht sich für die erstere Annahme aus. Bei den Bewegungserscheinungen wird die Hypothese von Max Schultze als die wahrscheinlich richtige bezeichnet.

2. Hallier. Die Diatomeen. (No. 22.)

Die vorliegende Abhandlung, welche dem Ref. im vorigen Jahre nicht bekannt geworden war, da sie in einer nicht wissenschaftlichen Zeitschrift erschien, charakterisirt sich als ein heftiger Angriff gegen die „Schachteltheorie", die Hallier eine „von vorn herein unwahrscheinliche Hypothese" nennt, deren gänzliche Unhaltbarkeit schon Borskow schlagend nachgewiesen habe. Es ist um so weniger nöthig, auf Hallier's Argumente näher einzugehen, als er (vgl. Ref. No. 4) später selbst anerkannt hat, dass es „mit der Schachteltheorie seine völlige Richtigkeit hat". Ueberraschen muss es nur, dass Hallier sich nicht gescheut hat vor dem grossen Publikum in so unbesonnener Weise gegen ernsthafte wissenschaftliche Untersuchungen aufzutreten, die längst von einer Reihe competentester Beobachter bestätigt waren. Unbegreiflich ist es vollends, wenn er die Bewegungen der Bacillariaceen auf Contractionen ihrer elastisch biegsamen Membranen zurückführen will. Das einzige Gute an dem Aufsatz sind die hübschen Holzschnitte.

3. Grunow. Bemerkungen zu Hallier's Aufsatz. (No. 16.)

Gr. bedauert, dass Hallier für die „Einschachtelung" nicht geeignetere Objecte untersucht habe — jede grössere *Navicula* und *Melosira* würde ihm dieselbe zweifellos gezeigt haben; Grunow hat sie übrigens auch an *Melosira varians* gesehen. Derselbe spricht sich ferner dafür aus, dass die neugebildeten Schalen noch eines Längenwachsthums fähig seien, so dass die Theilung nicht in dem Maasse verkleinernd wirke, wie vielfach angenommen werde. Wie die Contractilität der Membran die Bewegungserscheinungen erklären soll), ist Gr. nicht verständlich — ihm ist deren Beruhen auf Endosmose wahrscheinlich, doch lasse auch diese vieles unerklärt.

4. Hallier. Schachtelzellen. (No. 23.)

Bei *Melosira varians, Odontidium vulgare* und *O. tenue* soll die „Schachteltheorie" nicht anwendbar sein — dagegen konnte sich Hallier bei *Pinnularia* und *Nitzschia* von deren Richtigkeit überzeugen.

5. Müller. Terpsinoe. (No. 33.)

Die genannte Gattung hat die Eigenthümlichkeit, dass das Gürtelband nicht an den Schalenrand angeheftet ist, sondern bereits innerhalb der Schale beginnt; es umfasst den Wulstring des Schalenrandes mit einer genau anschliessenden ringförmigen Rinne. „Derjenige Theil des Gürtelbandes, welcher von der Schale bedeckt wird, tritt bis zu der Zone vor, in welcher die Septen enden, der freie Rand scheint dann nach innen umzubiegen, noch eine geringe Strecke parallel der Schalenoberfläche zu verlaufen und die kegelförmigen Anheftungsstellen der Septen mit einer entsprechenden Biegung zu umfassen. Dadurch entsteht ein ähnliches Verhalten des inneren Gürtelbandtheils zu den Septen der Schale, wie das der Intermedianplatte der Epithemien, nur dass die weitere Ausbildung dieser Platte hier mangelt. Während aber die Septen der Epithemien bis zum Gürtelbandrande der Schale vordringen, begiebt sich hier das Gürtelband in den Schalenraum, um die kürzeren Septen zu erreichen."

In allgemeiner Hinsicht führt der Verf. aus, dass aus der einfachen Betrachtung des mikroskopischen Bildes der Gürtelbandbegrenzungen niemals ein Beweis gegen die Zweischaligkeit der Membran geschöpft werden könne, da der Querschnitt zweier Membranen von derselben Substanz und daher demselben Brechungsvermögen nur dann nicht wie der Querschnitt einer Membran erscheint, wenn ein anders brechendes Medium zwischeneingelagert ist. Obwohl bei *Terpsinoe* eine directe Deckung der Gürtelbänder nicht wahrnehmbar war, gelang es doch, die Zweischaligkeit dadurch zu erweisen, dass der Verf. die zarten Poren, mit welchen die Gürtelbänder bedeckt sind, genau verfolgte. Die Art und Weise, wie die Deckungen danach stattfanden, stimmte ganz mit der vom Ref. vertretenen Auffassung überein.

Auf der Schale von *T. musica* ist eine eigenthümliche nur wenig excentrisch gelegene Figur von der Form einer Spaltöffnung sichtbar: sie stellt jedoch keine offene Spalte dar. Auch wurden Spuren eines netzförmigen Leistensystems constatirt.

Zum Schluss kritisirt der Verf. noch Hallier's misslungene „Vernichtung der Schachteltheorie".

6. Grunow. Bemerkungen zu Prinz's Diatomeenschnitten. (No. 17.)

Der Verf. weist darauf hin, dass Prinz's Beobachtungen mit den von Flögel, Müller und Green erhaltenen Resultaten nicht übereinstimmen. Wirkliche Durchbrechungen der Schalensubstanz seien in den Sechsecken nie vorhanden, was bei *Triceratium Favus* und dessen Verwandten schon durch die feinen Punktirungen der Innenwand der Sechsecke bewiesen werde. Grunow hat ferner an sehr grossen Exemplaren derselben Art ausser den auf der Innenseite der Schalen befindlichen Punkten noch nach aussen gehende kurze Stacheln am Grunde der bienenwabenartigen Räume beobachtet. Was speciell den von Prinz untersuchten *Coscinodiscus Oculus Iridis* betreffe, so befinde sich in der untern continuirlichen Schalenschicht innerhalb jedes Sechseckes eine kreisförmige Vertiefung, aber keine Durchbrechung. Die Schale ist in diesen Vertiefungen sehr dünn, so dass sie durch zerstörende Einwirkungen hier wirklich durchlöchert werden kann. Bei *Cosc. Asteromphalus* ist die innere Seite der Schale mit kleinen vertieften Punkten bedeckt, die vom Rande der Maschen nach innen immer kleiner und schwerer sichtbar werden, aber immer deren ganzen Innenraum bedecken, so dass jede Möglichkeit einer Durchbrechung ausgeschlossen ist. Bei höherer Einstellung erscheinen dann die grösseren von Prinz für Durchbrechungen gehaltenen Kreise. Bei *Cosc. Gigas* fehlt das Maschenwerk in der Mitte der hier nur punktirten Schale. Bei *Trinacria Regina* findet sich am Grunde der sehr tief eindringenden Vertiefungen noch eine in der Mitte der Pore befindliche kleinere Einsenkung, ausserdem hat Grunow auch hier eine sehr feine, wahrscheinlich der Schaleninnenseite angehörige Punktirung bemerkt.

7. Schmidt. Atlas. (No. 37.)

8. Grunow. Bemerkungen. (No. 18.)

Die Tafel 72 stellt Auxosporenbildungen dar, auch ist eine Abbildung von *Navicula dicephala* gegeben, die ihrem Endochrom nach zu den Cymbelleen gehört. Ebenso wird durch Abbildung nachgewiesen, dass bei *Cocconema lanceolatum* das letztere anders gebaut ist, als bei den übrigen Cymbelleen. Bei den Gomphonemeen und Cymbelleen wird endlich angegeben, dass sie sich behufs der Auxosporenbildung verkehrt an einander legen, so dass das Kopfende des einen Exemplars an dem Fussende des andern liegt. Wunderbarer Weise will der Verf. hieraus Schlüsse auf die thierische Natur der Bacillarieen ziehen — er scheint die zahllosen analogen Erscheinungen bei anderen Algen nicht zu kennen. Grunow widerspricht der Vermuthung von Schmidt, dass auch bei den Naviculeen ein Unterschied von Vorder- und Hinterende, Rücken- und Bauchseite vorhanden sei, betont aber andererseits, dass manche Gomphonemeen, z. B. *G. commutatum* var. *obliquum* Grun. immer ganz constant eine schwach cymbellaartige Gestalt haben. Bei der Abbildung von *Cymbella gastroides* vermisst Grunow die von ihm oft beobachteten schwarzen beweglichen Punkte an den Zellenden, weiss aber nicht sicher, ob diese an Closterien erinnernde Bildung immer vorhanden ist.

Bei *Encyonema gracile* hat Schmidt sehr eigenthümliche perlschnurartige, in zitternder Bewegung befindliche Körperchen (Schmarotzer) in der Mitte der Zellen beobachtet und abgebildet.

9. Kent. Endochrom von Isthmia. (No. 26.)

Die eiförmigen oder spindelförmigen Endochromkörner befinden sich zum Theil in einer mittleren kugeligen Plasmaansammlung, zum Theil in oft verzweigten Plasmasträngen, welche sich von der mittleren Masse nach der Peripherie der Zelle erstrecken. In den Strängen wurde langsame Bewegung der Endochromkörner beobachtet, die sich um so mehr in der Mittelmasse anhäuften, je langsamer die Bewegung war, dagegen bei steigender Bewegungsgeschwindigkeit grösstentheils in den Plasmafäden lagen.

10. Cox. Bewegungen der Bacillarien. (No. 7.)

Darstellung der oft beschriebenen Bewegungen fremder Körper längs des Randes lebender Nitzschien und der ebenfalls bekannten Nachschleppung fremder Körper. Der Verf. erklärt die Raphe für einen offenen Spalt, der jedoch oft nicht in einer Ebene liege; z. B. bei *Pleurosigma attenuatum* und *Pl. formosum* sei auf der einen Schalenseite ein verdickter Streifen vorhanden, auf der anderen ein dazu passender dünner lippenartiger Fortsatz. Zur Erklärung der Bewegungserscheinungen ist der Verf. geneigt Cilien anzunehmen.

11. Richter. Massenhaftes und periodisches Auftreten gewisser Diatomaceen. (No. 35.)

Der Verf. spricht sich für die von Donkin aufgestellte Behauptung aus, dass an denselben eng umschriebenen Localitäten Jahr aus Jahr ein sich dieselben Formen vorfinden — dabei sei deren Erscheinen aber auch oft an eine bestimmte Jahreszeit gebunden, so dass R. die Existenz von Dauersporen wahrscheinlich ist. Als Beispiele periodischen Auftretens führt R. an, dass in kleinen Gräben bei Leipzig, in welchen sonst nur sehr selten Bacillarien vorkommen, Ende März und April *Achnanthidium lanceolatum* in solcher Menge erscheint, dass das Wasser davon gelblich schäumend wird. In anderen nahe benachbarten Gräben wird gleichzeitig dieselbe Erscheinung durch *Suriraya ovalis*, *Navicula Brébissonii* und *Nitzschia constricta β minor* hervorgerufen. Der Teich von Anger zeigt im April eine braune „Wasserblüthe" von *Cyclotella operculata*, wovon in späterer Zeit keine Spur mehr zu finden ist. In der Schönefelder Torfgrube erscheint im Februar und März regelmässig *Campylodiscus spiralis* und *C. hibernicus*: in den Gräben ist in dieser Zeit fast überall eine schäumende Masse aus kleinen Surirayen, *Gomphonema commune* und *Meridion circulare*. In den salzigen Localitäten von Kötschau und Dürrenberg sind charakteristische Frühjahrsformen *Navicula salinarum*, *N. viridula*, *Odontidium elongatum*, letzteres ist dann auch im salzigen See zwischen Halle und Eisleben massenhaft vorhanden. Im Sommer überwiegt dagegen im Angerer Dorfteich *Campylodiscus noricus* und im salzigen See *C. Clypeus* und *Pleurosigma angulatum*: letzteres trat erst 1879 auf, ersterer wurde früher unrichtig als *Calodiscus superbus* Rab. bestimmt. Im Herbst ist in der salzigen Umgebung von Dürrenberg *Melosira salina*, im salzigen See diese und *Bacillaria paradoxa* sowie

Stauroneis hyalina reichlich zu finden. Immerhin giebt es jedoch auch Bacillariaceen-Arten, welche wie Unkräuter das ganze Jahr hindurch gedeihen.

12. **Hempel. Bacillariaceen bei Chemnitz** (No. 25.)

erwähnt, dass an einem Fundort *Pinnularia major* allmählich durch *Suriraya saxonica* völlig verdrängt worden sei, nachdem die Licht- und Luftverhältnisse des Fundorts durch Beseitigung eines angrenzenden Niederholzes andere wurden. Der Verf. zählt ferner die rein bei Chemnitz vorkommenden Arten auf und giebt mehrere Bemerkungen über den Einfluss des Standorts auf die Zusammensetzung der Bacillariaceen-Flora, die ihm eigen ist. Auch sah Hempel in Bac. parasitische Fadenpilze, welche nach einiger Zeit Schwärmsporen entliessen, und fand andererseits *Fragilaria virescens* mit Auxosporen, worüber aber leider keine näheren Angaben gemacht sind. (No. 4, Centr.)

13. **Castracane. Straordinario fenomeno.** (No. 4.)

14. **Grunow. Bemerkung dazu.**

Auf dem Grunde des Adriatischen Meeres traten zuerst im Jahr 1872 ausgedehnte schleimige Massen auf, welche der Fischerei Hindernisse bereiteten. Nach Syrski und Castracane entsteht die Erscheinung durch die massenhafte Vermehrung der *Nitzschiella Closterium* und anderer Diatomeen, während Zanardini als Hauptursache dieser sogenannten „Poltiglia" eine Palmellacee, *Dermogloia limi*, betrachtet. Nach Hauck ist die Masse thierischen Ursprungs, jedoch kommen in der That *N. Closterium* und andere pelagische Bacillarien darin reichlich vor. Castracane versucht das massenhafte Auftreten der *Nitzschia* im Jahr 1880 durch Verminderung des Salzgehalts der Adria in Folge ungeheuer schnellen Schneeschmelzens zu erklären. Derselbe erwähnt auch, dass vor einigen Jahren die Entwickelung der Reisfelder durch das massenhafte Auftreten von *Colletonema neglectum* gehindert wurde, dessen Schläuche einen dichten Ueberzug über die eben hervorbrechenden Reiskeime woben.

15. **Kitton. Remarks an Castracane's paper on the striae of Diatoms.** (No. 29.)

Uebersetzung der im Botan. Jahresb. 1879, S. 490 besprochenen Abhandlung. Kitton bemerkt dazu, dass die Angaben Castracane's über die Riefenzahl einiger Arten entschieden unrichtig sind, so dass entweder andere, nicht richtig bestimmte Arten gemessen wurden oder die Messungsmethode irrig war.

16. **Dippel. Diatomeen als Probeobjecte.** (No. 12, 28.)

Der Verf. findet, dass *Navicula rhomboides* in ihren grössten Formen (var. *Lewisiana* Dippel) 22—24, in ihrer gewöhnlichen Form 28—30 und als var. *saxonica* (*N. crassinervia* Bréb.) 33—35 Querstreifen auf 0.01 mm hat. *Grammatophora subtilissima* Bail. hat 34—36, *Gr. macilenta* W. Sm., welche gewöhnlich als die vorige ausgegeben wird, 25—28, *Gr. oceanica* Ehr. 21-22, *Gr. marina* 14—16 Streifen auf dieselbe Einheit. Auch werden einige weitere grobriefige *Grammatophoren* beschrieben. *Nitzschia curvula* hat 35—36, *N. sigmatella* 26 und *N. sigma* 20—22 Riefen. Alle erwähnten Formen sind auch abgebildet. Kitton's Notiz (No. 28) ist nur ein Referat von D.'s Aufsatz.

17. **Smith. Mounting of Diatoms.** (No. 39.)

18. **Stephenson. Diatoms mounted in Phosphorus.** (No. 41.)

In dem sehr stark brechenden Monobromnaphthalin eingeschlossene Bacillarien zeigen feine Streifungen fast eben so gut, als wenn sie in Luft lägen. Ebenso zeigt Einbettung in Phosphor, der zu diesem Zweck in Schwefelkohlenstoff gelöst wird, die Streifung sehr schön.

19. **Cunningham Cleaning of Diatoms.** (No. 8.)

empfiehlt das Material vor dem Löthrohr in der Höhlung eines Stücks Holzkohle mit einigen Krystallen von schwefelsaurem Kali zu schmelzen, worauf das Salz durch Kochen mit Wasser entfernt wird. Um die feineren Unreinigkeiten zu entfernen, kann man ein Stückchen dichten Seidenstoff verwenden, welches, wenn die mit viel Wasser aufgeschlämmte Masse darin leicht gedrückt wird, jene hindurchgehen lässt, die Bacillarien aber zurückhält.

20. **Smith. Cleaning Diatoms with soap.** (No. 40.)

Nachdem die Probe mit Salpetersäure und einigen Krystallen von zweifach chromsaurem Kali gekocht und durch Auswaschen die Säure beseitigt ist, empfiehlt Smith die Probe mit einem erbsengrossen Stück gewöhnlicher gelber Seife ein oder zwei Minuten zu kochen: wenn dann nach 15 bis 20 Minuten die milchige Flüssigkeit abgegossen wird, bleibt kaum etwas von den sonst so störenden feinflockigen Massen zurück. Man muss sich jedoch vorsehen, dass nicht mit der Seife die bisweilen dieser selbst beigefügten Kieselmassen, die oft sogar aus Bacillarienerden bestehen, in die Probe kommen. Bisweilen ist ein nachheriges nochmaliges Erwärmen mit Säure nöthig.

21. Hanks. Nutzen der Bacillarien. (No. 24.)

Aufzählung einer Anzahl technischer Anwendungen der Bacillarienerden bei der Fabrikation von Wasserglas, Porcellan, leichten Ziegeln, Feueranzündern, Dynamit, Seife, Zahnpulver u. s. w.

II. Systematik, Verbreitung.

22. De Bary Systematik der Thallophyten. (No. 9.)

erklärt die Stellung der Bacillariaceen im System für zur Zeit noch zweifelhaft: jedenfalls aber seien dieselben in die Nähe der Conjugaten zu bringen. Mit diesen, den Palmellaceen, Ulvaceen, *Ulothrix* etc., *Chlamydomonas*, *Pandorina*, *Gonium*, *Botrydium*, *Codium*, *Dasycladus* etc., den Protococcaceen, *Hydrodictyon*, *Cladophora*, *Chroolepus* und den Ectocarpeen bilden sie in De Bary's System die Reihe der Isogamen (mit äusserlich gleichen Sexualzellen), während sie nach der anderen Seite mit den Rhodophyceen in Beziehung gebracht werden.

23. Gobi Systematische Eintheilung der Thallophyten. (No. 14.)

betrachtet dagegen die Bacillariaceen als einen Seitenzweig der *Phaeophyceae*, von welchen sich dieselben in analoger Weise abzweigen, wie die *Conjugatae* von den *Chlorophyceae*.

24. Falkenberg Die Algen. (No. 13.)

theilt die „Algen im weitesten Sinne" in die vier Unterabtheilungen *Florideae*, *Algae*, *Diatomaceae* und *Schizophyceae*. Die Bacillarien erklärt er für so eigenthümlich beschaffen, dass dieselben nicht wohl irgend mit anderen Pflanzen vereinigt werden können.

25. Schmid. Atlas Heft 17, 18. (No. 37.)

Diese Hefte behandeln in bekannter Weise die Gattungen *Coscinodiscus*, *Auliscus*, *Pseudauliscus*, *Eudyctia*, *Stephanopyxis*, *Craspedodiscus*, *Arachnoidiscus*, *Navicula Crabro* und verwandte Formen, *N. forcipata* u. desgl., *Encyonema*, *Cocconema*, *Cymbella*, *Gomphonema*.

26. Van Heurck. Synopsis des Diatomées de Belgique. (No. 44.)

Obwohl bisher nur der Atlas dieses Werkes erschienen ist, kann dasselbe doch bereits als eine der hervorragendsten Veröffentlichungen auf diesem Gebiet bezeichnet werden, um so mehr, als nicht nur die bereits in Belgien gefundenen Formen abgebildet sind, sondern alle, die nach ihrer sonstigen Verbreitung dort noch zu erwarten sind. Ferner war der Verf. im Besitze der wichtigsten Typensammlungen und erfreute sich der Mitarbeit eines anerkannter Massen ersten Kenners der Bacillarieen-Arten, A. Grunow, welcher die sämmtlichen Bestimmungen revidirt und mehrere Gattungen monographisch bearbeitet hat. Dabei sind die in Lichtdruck hergestellten Abbildungen treu und charakteristisch, es zeigt sich ferner das sehr zu billigende Bestreben, unhaltbare Arten zusammenzuziehen und nicht leichthin auf einzelne gefundene Schalen neue zu gründen. Das angewandte System ist dasjenige von H. L. Smith und sind in den vier im Jahre 1881 erschienenen Heften enthalten die Naviculeen, Cymbelleen, Gomphonemeen, Achnantheen, Cocconeideen, Amphoreen, Amphipleureen, Amphitropideen, Nitzschieen, Surirayeen, Synedreen, Eunotieen, Fragilarieen, Tabellarieen, Meridieen, Licmophoreen des Ref. Die 78 Tafeln, auf welchen die genannten Gruppen dargestellt sind, enthalten im Ganzen 2219 Figuren, von welchen z. B. 321 auf *Navicula*, 149 auf *Gomphonema*, 470 auf *Nitzschia* kommen. In dem citirten Referat (von Grunow) sind noch einige systematische Bemerkungen gegeben.

27. Delogne. Diatomées de Belgique. (No. 11.)

Präparatensammlung: die Formen sind in dem angegebenen Referat aufgezählt.

28. Grunow. Ueber die Gattung Grammatophora. (No. 15.)

Eine Monographie der genannten Gattung mit Beigabe der auf dieselbe bezüglichen

Tafeln LIII und LIIIB. aus van Heurck's Synopsis. Die sämmtlichen beschriebenen Grammatophoren werden auf 20 Arten zurückgeführt. Aus dem allgemeinen Theil ist hervorzuheben, dass die Grammatophoren sich von allen anderen Tabellarieen dadurch unterscheiden, dass nur bei ihnen die „Hauptscheidewände" einander genau gegenüberstehen, während auch bei der, übrigens unmerklich in *Tabellaria flocculosa* übergehenden *T. fenestrata* nur zwei nach verschiedenen Seiten geöffnete (d. h. nach verschiedenen Seiten excentrisch durchbrochene) Scheidewände einander sehr nahe liegen. *Diatomella* ist gar nicht hierher zu stellen, sondern zu den Naviculaceen.

29. **Cleve. New Diatoms.** (No. 6.)

30. **Grunow. Bemerkungen dazu.** (No. 6, Centralbl. Ref.)

Beschreibungen und Abbildungen neuer Formen von den Gallopagos-Inseln, Honolulu, Port Jackson und aus dem Mittelländischen Meere. Eine Liste der besprochenen Bacillarieen ist im Botan. Centralbl. a. a. O. gegeben. Grunow bemerkt dazu, dass die Section *Pseudoamphiprora* Cleve nicht, wie dieser will, zu *Navicula*, sondern besser zu *Stauroneis* zu stellen sei.

31. **Petit. Diatomées de Ning-Po et Nimrod Sound.** (No. 34.)

32. **Grunow. Bemerkungen dazu.** (No. 20.)

Nach einer Zusammenstellung der Litteratur über chinesische Bacillariaceen giebt der Verf. eine Liste der beobachteten Formen, unter denen einige neu sind (vgl. Botan. Centralbl. a. a. O.). Grunow bemerkt zu dem ebenfalls abgebildeten *Triceratium sinense* Schwarz, dass dasselbe identisch mit *T. annulatum* Wall. und eigentlich ein dreiseitiger *Actinoptychus* sei. Das *Triceratium rhampoense* Schw. gehöre als Form zu *Hydrosera triquetra* Wall. Die beiden Abbildungen von *Cocconeis ningpoensis* gehörten nicht zusammen, sondern die eine zu *Suriraya ? cocconeiformis* Grun., die andere zu *Coscinodiscus*. *Hydrosera* sei mit *Terpsinoe* zu vereinigen. Einige weitere Notizen lassen sich nicht wohl auszugsweise wiedergeben.

33. **Hempel. Bacillarien von Chemnitz.** (No. 25.)

Eine kurze Liste der bei Chemnitz beobachteten Formen; auffallend ist die Angabe, dass die im Salzwasser lebende *Suriraya striatula* vorkommt — vielleicht ist nur die Bestimmung nicht richtig.

34. **Thore. Diatomées de Salies de Béarn.** (No. 43.)

Aufzählung einer Reihe von Süsswasserformen, die in dem citirten Referat genannt sind; unter ihnen befindet sich die alpine *Pinnularia lata*.

35. **Cleve. Diatomeen von Grönland und Argentinien.** (No. 5.)

Die neuen Formen sind in dem citirten Referat genannt: genaueres aus der dem Ref. im Original nicht zugänglichen Abhandlung ist auch dort nicht mitgetheilt.

36. **Schaarschmidt. Bacillarien vom Ecuador.** (No. 36.)

Nach dem Ref. von Staub sind unter anderen Algen auch 52 Bacillariaceen aufgeführt.

III. Fossile Bacillarieen.

37. **Mills Diatoms from Peruvian-Guano** (No. 32.)

findet, dass der Peru-Guano, welcher jetzt importirt werde, nicht genau dieselben Formen enthalte, wie etwa vor 15 Jahren, ausserdem seien die Schalen besser erhalten. So sei *Auliscus peruvianus* jetzt sehr selten, *Aul. oralis* viel häufiger als früher. *Aulacodiscus scaber* sei ganz verschwunden, während an seiner Stelle *Aulacod. Comberi* massenhaft auftrete. Endlich wird eine neue Art *Auliscus constellatus* beschrieben. Michael und Casaux führen diese Verschiedenheiten darauf zurück, dass die Proben von sehr verschiedenen Localitäten stammen.

38. **Stolterfoth. Hydrosera.** (No. 42.)

Die neue Art *H. triradiata* stammt aus einem alluvialen Lager in der Provinz Canterbury (Neuseeland).

39. **Bauer. Diluviales Diatomeenlager.** (No. 1.)

In der Nähe des von Schumann beschriebenen Domblitter Lagers fand Klebs im

Wilmsdorfer Forst bei Zinten ein zweites derartiges Lager von unzweifelhaft diluvialem Alter. Es besteht ebenfalls aus bacillarienreichem Kalkmergel. Die von Schwarz ausgeführte mikroskopische Untersuchung ergab 80 Formen, unter denen die Epithemien, Cyclotellen, Cymbellen, Pinnularien und *Stephanodiscus*-Arten der Masse nach vorwiegen. Der von Schumann allein im Domblitter Lager aufgefundene *Steph. Schumanni* Schwarz (*Cyclotella spinosa* Schum.) kommt auch im Wilmsdorfer Lager reichlich vor. Entschieden brakische Formen fehlen durchaus. Schwarz untersuchte ferner zur Vergleichung noch einmal das Domblitter Lager nach den auch von Schumann benützten Materialien — er fand 130 Formen, gerade die zwei marinen Formen aber, die Schumann angiebt, *Navicula reñeta* und *N. didyma* konnte Schwarz nicht auffinden, so dass wohl auch das Domblitter Lager eine reine Süsswasserbildung ist. Die einzelnen Schichten desselben zeigen übrigens in dem Vorwiegen einzelner Formen grosse Verschiedenheiten. Einflüsse gletscherartiger Bildungen sind nicht wahrnehmbar.

40. **Lanzi. Lager von Tor di Quinto (bei Rom).** (No. 30.)

Das Lager besteht aus Schichten von Kies und Sand, die mit schwärzlichem Moder gemischt sind, und enthält 22 Bacillarien-Arten, lauter häufige noch lebende Formen.

41. **Wentzel. Die tertiären Diatomaceenschiefer von Sulloditz.** (No. 46.)

Das Lager wurde von Bieber an der Strasse von Sulloditz nach Schesl entdeckt: es enthält viele Pflanzenreste und besteht wesentlich aus einer Bacillarienspecies, die wohl zu *Melosira* gehören dürfte.

42. **Shrubsole. Diatoms of London Clay.** (No. 38.)

43. **Kitton. Remarks.** (No. 27.)

44. **Grunow. Bemerkungen dazu.** (No. 19.)

Weitere Ausführung der früheren Mittheilung von Shrubsole (vgl. Jahresber. 1879, S. 496). Die Bacillarien führende Schicht dehnt sich weit aus, hat aber nur geringe Dicke. Da kochende Salpetersäure die ganzen Gebilde löst, so ist anzunehmen, dass die Kieselsubstanz vollkommen durch Schwefelkies ersetzt ist. Die Formen sind wohl gleich alt mit denen von Aegina, den bisher bekannten ältesten fossilen. Nachgewiesen wurden von Kitton Arten der Gattungen *Arachnoidiscus, Actinophychus, Coscinodiscus, Craspedodiscus, Pyxidicula, Trinacria, Triceratium, Solium, Corinna, Hemiaulus, Eupodiscus, Synedra, Xanthiopyxis, Stictodiscus, Biddulphia, Terpsinoe, Liostephania*.

Grunow bestätigt die Löslichkeit der verkiesten Bacillarien in verdünnter Salzsäure und schliesst sich der Meinung Kitton's an, dass die Bacillarien der Kreide in ähnlicher Weise in kohlensauren Kalk verwandelt worden seien — jedenfalls habe er verschiedene Kreideablagerungen vergebens danach durchsucht.

45. **Häusler. Bacillariaceen d. London Clay.** (No. 21.)

Der Aufsatz enthält etwa dasselbe, wie der oben besprochene von Shrubsole und Kitton. Bemerkenswerth ist, dass der Verf. angiebt, bei Untersuchung jurassischer Foraminiferen bisweilen *Navicula*-artige Gebilde gesehen zu haben, welche, obwohl ihre Structur nicht mehr zu erkennen war, doch wohl zu den Bacillariaceen gehören dürften.

46. **Hallier Diatomeen** (No. 22.)

wiederholt die alten Irrthümer über das Vorkommen der Bacillariaceen in der Kreide und in der Steinkohle.

47. **Williamson. Bacillarien der Steinkohle.** (No. 47.)

Der Verf. constatirt abermals, dass er selbst, wie auch Kitton, O'Meara und G. Davidson englische und französische Steinkohle auf Bacillarien untersuchten, ohne eine Spur davon zu finden, und dass somit Castracane's Angaben jedenfalls auf einem Irrthum beruhen.

48. **Grunow. Bemerkungen.** (No. 19.)

Auch Grunow suchte vergebens in der Steinkohle nach Bacillarien.

III. Buch.

ANATOMIE.
ALLGEMEINE MORPHOLOGIE DER PHANEROGAMEN.

A. Morphologie und Physiologie der Zelle.

Referent: **E. Pfitzer.**

Verzeichniss der besprochenen Arbeiten.

1. **Ambronn, H.** Ueber die Entwickelungsgeschichte und die mechanischen Eigenschaften des Collenchyms. Pringsheim's Jahrb. für wissensch. Botanik. XII, 1881, S. 473. (Ref. S. 404.)
2. **d'Arbaumont, M.** La tige des Ampélidées. Annal. d. scienc. natur. Botanique. 6. Ser. Vol. XI, p. 186. (Ref. S. 402, 408.)
3. — Simple note sur la production de la chlorophylle dans l'obscurité. Bull. d. l. Soc. botan. de France. T. XXVII, 1880, CR. d. séanc., p. 89. Bot. Centr. V, S. 9. (Ref. S. 398.)
4. **Bachmann, E. Th.** Darstellung der Entwickelungsgeschichte und des Baues der Samenschalen der Scrophularineen. Mit 4 Taf. Nov. Act. Acad. Leop. Carol., Bd. XLIII, p. 1, 1881. (Ref. S. 408.)
5. **Baillon, H.** Sur les mouvements rapides des pseudopodes internes de certains phytoblastes. Bull. de la soc. Linnéenne de Paris 1881, p. 297. (Ref. S. 389.)
6. **Blochmann, F.** Bemerkungen zu einem neuen Erklärungsversuch der Karyokinese. Zoolog. Anzeiger 1881, S. 667. (Ref. S. 393.)
7. **Bütschli, O.** Modification der Paraffineinbettung für mikroskopische Schnitte. Biolog. Centralbl. I, 1881, S. 591. (Ref. S. 385.)
8. **Cario, R.** Anatomische Untersuchung von Tristicha hypnoides Spreng. Bot. Zeitg. 1881, S. 25. Mit 1 Taf. (Ref. S. 403.)
9. **Darwin, Fr.** Ueber Circumnutation bei einem einzelligen Organ. Bot. Zeitg. 1881, S. 473. (S. 396.)
10. **Dehnecke, C.** Einige Beobachtungen über den Einfluss der Präparationsmethode auf die Bewegungen des Protoplasmas der Pflanzenzellen. Flora 1881, S. 8. (Ref. S. 389.)
11. **Demeter, Karoly.** Rosanoff'sche Krystalle bei Urticaceen. Magyar Növenyt. Lapok V, 1881, p. 32 (Ungarisch). Besp. Bot. Centr. VI, S. 341. (Ref. S. 402.)
12. — Zur Histologie der Urticaceen. Mit 2 photolith. Taf. Klausenburg 1881 (Ungarisch). Bespr. Bot. Centralbl. VII, S. 327. (Ref. S. 402.)

13. **Elfving, F.** Ein unbeachteter Reiz bei Phycomyces. Botaniska Notiser 1881 (Schwedisch). Bespr. Botan. Centralbl. IX, S. 77. (Ref. S. 397.)

14. **Engelmann, Th. W.** Neue Methode zur Untersuchung der Sauerstoffausscheidung pflanzlicher und thierischer Organismen. Bot. Ztg. 1881, S. 441. Pflüger's Archiv für Physiologie XXV, 1881, S. 285. (Ref. S. 385.)

15. **Errera.** La nigrosine comme réactif colorant pour les noyaux. Bullet. d. l. société belge de Mikroskopie 1881, XXXIV. (Ref. S. 384.)

16. **Flemming, W.** Ueber das E. Hermann'sche Kernfärbungsverfahren. Archiv f. mikroskopische Anatomie XIX, 1881, S. 317. (Ref. S. 384.)

17. — Notiz zur Geschichte der Anilinfärbungen. Ebenda, S. 741. (Ref. S. 384.)

18. — Beiträge zur Kenntniss der Zelle und ihrer Lebenserscheinungen, III. Theil. Ebenda XX, 1881, S. 1. Mit 4 Taf. (Ref. S. 384, 392.)

19. **Gage, S. H.** Permanent mikroskopical preparations of plasmodia. Amer. monthl. mikr. Journ. 1880 Sept. (Nicht zugänglich.)

20. **Geddes.** On Chlamydomyxa labyrinthuloides Arch. Proceed. of the Edinburgh Botan. Society 1881, Juli 14. Bespr. Bot. Centralbl. VII, S. 219. (Ref. S. 404.)

21. **Giltay, E.** Einiges über das Collenchym. Bot. Zeitg. 1881, S. 153. (Ref. S. 404.)

22. **Guignard, E.** Recherches d'embryogénie végétale comparée. I. Memoire. Légumineuses. Annal. d. scienc. natur. Botan., 6. Serie, Vol. XII, p. 1. Mit 8 Tafeln. (Ref. S. 394.)

23. **Hanstein, J. de.** Le protoplasma considéré comme base de la vie des animaux et des végétaux. Traduit par J. L. de Lanessan. Paris 1881. (Uebersetzung — vgl. Jahresbericht 1880, S. 2.)

24. **Higley, W. K.** The mikroskopic krystals contained in plants. Americ. Naturalist. 1880, Nov. Pharm. Journ. and Transact. 1881, Januar. (Ref. S. 402.)

25. **Hilburg, C.** Ueber Turgescenzänderungen in den Zellen der Bewegungsgelenke. Unters. a. d. Bot. Institut zu Tübingen I, 1881, S. 23. Bespr. Bot. Centralbl. IX, S. 295. (Ref. S. 396.)

26. **Höhnel, F. R. v.** Anatomische Untersuchungen über einige Secretionsorgane der Pflanzen. Sitzungsber. d. Wiener Akademie, 1. Abtheilung Bd. 84, S. 565. Mit 6 Tafeln. (Ref. S. 401.)

27. **Janczewski, E.** Vergleichende Untersuchungen über die Siebröhren. Theil II—IV Sitzungsber. d. Academ. d. Wissensch. z. Krakau. VIII, 1880, IX, 1881. Mit 7 Tafeln (Polnisch). Bespr. Botan. Centralbl. VIII, S. 296, IX, S. 15. (Ref. S. 405.)

28. **Johow, F.** Die Zellkerne von Chara foetida. Bot. Zeit. 1881, S. 713. Mit 1 Tafel. (Ref. S. 395.)

29. **Kienitz-Gerloff, F.** Ueber Wachsthum und Zelltheilung und die Entwickelung des Embryos von Isoetes lacustris. Bot. Zeit. 1881, S. 701. (Ref. S. 396.)

30. **Klebs, G.** Beiträge zur Kenntniss niederer Algenformen. Botan. Zeitung 1881, S. 2. Mit 2 Tafeln. (Ref. S. 389, 401.)

31. — Ueber Form und Wesen der pflanzlichen Protoplasmabewegung. Biolog. Centralbl. I, 1881, S. 513. (Ref. S. 389.)

32. **Klein, J.** Die Krystalloïde der Meeresalgen. Mit 1 Tafel. Pringsheim's Jahrbuch f. wissensch. Botanik, XIII, 1881, S. 23. (Ref. S. 401.)

33. — Die Zellkernkrystalloïde von Pinguicula und Utricularia. Mit 1 Taf. Ebenda S. 60. (Ref. S. 401.)

34. **Kny, L.** Ueber den Einfluss äusserer Kräfte auf das Wachsthum von Pollenschläuchen und Pilzmycelien. Sitzungsber. des botan. Vereins der Prov. Brandenburg, XXIII, 1881. Sitzung vom 12. Juni. (Ref. S. 396.)

35. **Kraus, G.** Ueber ein neues Vorkommen von Sphärokrystallen. Bericht über die Sitzung der Naturf. Gesellsch. zu Halle 1881, S. 41. (Ref. S. 402.)

36. **Lalewski, O.** Ueber Zellkerntheilungen in den Pollenmutterzellen einiger Liliaceen. Kosmos, Organ der poln. Naturf.-Versammlung, 1881, S. 158 (Polnisch). Bespr. Bot. Centralbl. VIII, S. 375. (Ref. S. 395.)

37. Licopoli, G. Ricerche anatomiche e microchimiche sulla Chamaerops humilis L. ed altre Palme. Atti d. R. Accad. d. Scienc. fis. e. matem. di Napoli IX, 1881. Mit 1 Tafel. Bespr. Bot. Centralbl. X, S. 120. (Ref. S. 404.)

38. Loew, O., und Bokorny, Th. Ein chemischer Unterschied zwischen lebendigem und todtem Protoplasma. Pflüger's Archiv für Physiologie Band XXV, 1881, S. 150. (Ref. S. 385, 388.)

39. — Referat über vorigen Aufsatz seitens des Verf. ergänzt durch Beschreibung weiterer Beobachtungen. Biolog. Centralbl. I, 1881, S. 193. (Ref. S. 385, 388.)

40. — Ueber das Absterben pflanzlichen Plasmas unter verschiedenen Bedingungen. Pflüger's Archiv f. Physiol. XXVI, 1881, S. 50. (Ref. S. 385, 388.)

41. — Die chemische Ursache des Lebens theoretisch und experimentell nachgewiesen. Mit 1 Tafel. München 1881. (Ref. S. 385, 388.)

42. Mac Farlane, J. M. Note on the action of Aniline-dyes on vegetable forms. Transactions botan. Society of Edinburgh, Juli 14, 1881. (Ref. S. 385.)

43. — The Structure and division of the vegetable cell. Ebenda XIV, 1881, p. 192 mit 2 Tafeln. (Ref. S. 391.)

44. Mellink. Over Endosperm-verming by Adonis aestivalis L. Nederlandsch Kruidkund. Archief. 2. Ser. III, 1881, S. 272 (Ref. S. 394.)

45. Meyer, A. Ueber die Structur der Stärkekörner. Botan. Zeit. 1881, S. 841. (Ref. S. 400.)

46. Mikosch, C. Untersuchungen über die Entstehung und den Bau der Hoftüpfel. Sitzungsber. d. Wiener Academie, Bd. 84, 1881, I. Abth. S. 29. (Ref. S. 406.)

47. Molisch, H. Ueber die Ablagerungen von kohlensaurem Kalk im Stamme dikotyler Holzgewächse. Mit 1 Tafel. Ebenda Bd. 84, S. 7. (Ref. S. 403.)

48. Nägeli, C. v. Das Wachsthum der Stärkekörner durch Intussusception. Sitzungsber. d. Münchener Akad. 1881, S. 391. Botan. Zeit. 1881, S. 633, (Ref. S. 399.)

49. Niggl, M. Das Indol als Reagenz auf verholzte Membranen. Flora 1881, S. 545. (Ref. S. 386.)

50. — Ueber die Verholzung der Pflanzenmembran. Jahresber. d. Gesellsch. Pollichia 1881, S. 24. (Ref. S. 386.)

51. Olivier. Note sur le système tégumentaires des racines chez les Phanerogames. Bullet. d. l. soc. botan. d. France, Bd. XXVII, 1880, S. 234. Bespr. Bot. Centr. VI, S. 250. (Ref. S. 386.)

52. — Recherches sur l'appareil tégumentaire des racines. Annal. d. scienc. nat. Botan. 6. Ser., Bd. XI, S. 1. (Ref. S. 386.)

53. Pacini, T. Di alcuni methodi di preparazione e conservazione degli elementi microskopici dei dessuti animali e vegetali. Giornale internaz. delle scienze mediche Nuova seria II, Napoli. Roma 1880. (Nicht zugänglich.)

54. Penzig, O. Zur Verbreitung der Cystolithen im Pflanzenreiche. Mit 3 Taf. Botan. Centralbl. VII, 1881, S. 393. (Ref. S. 408.)

55. Poulsen, A. Botanische Microchemie, Anleitung zu phytohistologischen Untersuchungen. Uebersetzt von C. Müller. Cassel 1881. Bespr. Bot. Centr. VI, S. 67, (Ref. S. 384.)

56. — Microchimica vegetale. Tradutta sul testo danese da A. Poli. Torino 1881. (Nicht zugänglich.)

57. Pfeffer, W. Pflanzenphysiologie. 2 Bände. Tübingen 1881. (Ref. S. 389.)

58. Pfitzner, W. Ueber den feineren Bau der bei der Zelltheilung auftretenden fadenförmigen Differenzirungen des Zellkerns. Morpholog. Jahrbuch herausgegeben von Gegenbaur 1881, Bd. VII, S. 289. (Ref. S. 384, 393.)

59. Prillieux, E. Hypertrophie et multiplication des noyaux dans les cellules hypertrophiées des plantes. Compt. rendus XCII, 1881, S. 147. Vgl. Botan. Zeit. 1881, S. 340. (Ref. S. 396.)

60. Pringsheim, N. Ueber Lichtwirkung und Chlorophyllfunction in der Pflanze. Pringsheim's Jahrbücher XII, S. 288, mit 16 Tafeln. (Ref. S. 385, 389, 390.)

61. **Pringsheim, N.** Ueber die primären Wirkungen des Lichtes auf die Vegetation. Monatber. d. Berlin. Akad. 1881, S. 504 mit 3 Tafeln. (Ref. S. 389, 390.)

62. **Reinke, J.** und **Rodewald, H.** Studien über das Protoplasma. I—III. Untersuchungen aus d. botan. Laboratorium d. Univ. Göttingen. II, 1881. (Ref. S. 387.)

63. **Richter, C.** Beiträge zur genaueren Kenntniss der chemischen Beschaffenheit der Zellmembran bei den Pilzen. Sitzungsber. d. Wiener Akademie LXXXIII, 1881, 1. Abth., S. 102 (Vorl. Mittheil.) und ebenda Bd. 82, 1881, S. 494 (ausführlich). (Ref. S. 405.)

64. **Rossi.** L' azione dell' acido osmico sulle cellule vegetali. Memor. d. Acad. dell. scienc. dell' Istituto di Bologna, Ser. IV, T. 1, 1880, Fasc. 4. (Ref. S. 385.)

65. **Rostafinski, J.** Ueber den rothen Farbstoff einiger Chlorophyceen, sein sonstiges Vorkommen und seine Verwandtschaft zum Chlorophyll. Botan. Zeit. 1881, S. 461. (Ref. S. 401.)

66. **Russow, E.** Ueber das Verhalten der Callusplatten der Siebröhren gegen Anilinblau und über die Verbreitung der Callusplatten bei den Gefässpflanzen. Neue Dörpt'sche Zeitung 1881. (Ref. S. 386, 406.)

67. — Ueber die Entstehung des Hoftüpfels, der Membran der Holzzellen und des Jahresrings bei den Abietineen, in erster Linie bei Pinus silvestris L. Ebenda. (Ref. S. 407.)

68. — Ueber die Verbreitung der Callusplatten bei den Gefässpflanzen. Ebenda. (Ref. S. 386, 406.)

69. **Schaarschmidt, Ig.** Ueber die Theilung von Closterium intermedium Ralfs. Magyar Növenytani Lapok 1881, No. 49. (Ref. S. 404.)

70. — Zur Morphologie des Chlorophylls und des pflanzlichen Zellkerns. Klausenburg 1881. Bespr. Botan. Centralbl. Bd. VII, S. 263. (Ref. S. 398.)

71. **Schimper, A. F. W.** Sur l'origine des grains d'amidon. Annal. d. scienc. natur. Botan., 6. Serie, Vol. XI, p. 256. (Uebersetzung.)

72. — Untersuchungen über das Wachsthum der Stärkekörner. Botan. Zeit. 1881, S. 185. (Ref. S. 398.)

73. — Recherches sur l'accroissement de grains d'amidon. Ebenda p. 265. (Uebersetzung.)

74. — Researches on the development of starch-grains. Quart. mikrosk. Journal. New Ser. XXI, 1881, p. 291. (Uebersetzung.)

75. **Schneider, A.** Ueber Befruchtung. Zoologischer Anzeiger 1880, S. 252. (Ref. S. 384.)

76. **Schwarz, F.** Chemisch-botanische Studien über die in den Flechten vorkommenden Flechtensäuren. Cohn's Beiträge zur Biologie der Pflanzen III, 1881, S. 249. (Ref. S. 404.)

77. **Soltwedel, F.** Freie Zellbildung im Embryosack der Angiospermen mit besonderer Berücksichtigung der hiebei stattfindenden Vorgänge der Kerntheilung. Jenaische Zeitschr. f. Naturwiss. XV, 1881, S. 341. (Ref. S. 393.)

78. **Strasburger, E.** Ueber ringförmige Zelltheilung. Sitzungsber. d. Jenaischen Ges. f. Naturkunde 1880, S. 31. (Ref. S. 396.)

79. **Szabo, F.** Ueber die Gummigänge von Canna und Carludovica. Abhandl. der ungar. Akad. d. Wissensch. XI, 1881, No. 10. Mit 1 Tafel (Ungarisch.) Bespr. Botan. Centralbl. VII, S. 139. (Ref. S. 402.)

80. **Tangl, E.** Die Kern- und Zelltheilungen bei der Bildung des Pollens von Hemerocallis fulva. Vorläuf. Mittheil. Sitzungsber. d. Wien. Akad. Bd. 83, 1881, 1. Abth., S. 236. (Ref. S. 394.)

81. **Tomascheck, A.** Das Bewegungsvermögen der Pollenschläuche und Pollenpflänzchen. Sitzungsber. d. Wien. Akad. Bd. 84, S. 612, mit 1 Tafel. (Ref. S. 396.)

82. **Trécul.** De l'existence de grande cellules spiralées répandues dans le parenchyme des feuilles de certains Crinum. Comptes rendus XCII, 1881, p. 320. Vgl. Botan. Zeit. 1881, S. 375. (Ref. S. 408.)

83. — Cellules spiralées de très-grande longueur. Ebenda S. 494. (Ref. S. 408.)

84. **Treub, M.** Recherches sur les Cycadées. Annal. d. scienc. natur. Bot. 6 Serie. Vol. XII, p. 212. (Ref. S. 395.)

85. Vesque, M. J. Sur quelques formations cellulaires locales. Annales d. scienc. natur. Botanique. G Ser. Vol. XI, p. 181. Mit 1 Tafel. (Ref. S. 408.)

86. De Vries, H. Ueber die Bedeutung der Kalkablagerungen in den Pflauzen. Landwirthsch. Jahrbücher. Bd. X, 1881, S. 53. (Ref. S. 403.)

87. Warming, E. Kiselsyredanuelser hos Podostemonaceae. Videnskab. Meddelels. for d. uaturh. Forening i Kjöbenhavn 1881. (Ref. S. 403.)

88. — Familien Podostemaceae. Forste Afhandling. Vegetationsorganerne hos Podostemon Ceratophyllum Mchx., Mniopsis Weddelliana Tul. og Mn. Glazioviana Warm. Med G Tavler. Videnskab. Selskaps Skrip. 6 Raekke II. 1. Kjöbenhavn 1881. (Ref. S. 403.)

89. Westermaier, M. Ueber die Wachsthumsintensität der Scheitelzelle und der jüngsten Segmente. Pringsheim's Jahrbüch. f. wissensch. Botan. XII, 1881. (Ref. S. 396.)

90. Wiesner, S. Ueber das Wachsthum der pflanzlichen Zellmembran. Verhandl. d. zoolog. botan. Gesellsch. in Wien XXX, 1881, S. 49. (Ref. S. 404.)

91. Wortmann, J. Ein Beitrag zur Biologie der Mucorineen. Botan. Zeit. 1881, S. 368, (Ref. S. 397.)

92. Zacharias, E. Ueber die chemische Beschaffenheit des Zellkerns. Botan. Zeit. 1881, S. 169. (Ref. S. 387.)

93. — Ueber die Spermatozoidien. Botan. Zeit. 1881, S. 827. (Ref. S. 387.)

I. Untersuchungsmethoden.

1. **Poulsen. Mikrochemie.** (No. 55.)
2. **Mikrochimica vegetale.** (No. 56.)

Vgl. Jahresbericht 1880, S. 5. Das kleine Buch ist recht zweckmässig, nur die Kernfärbungsmethoden hätten wohl ausführlicher dargestellt werden sollen.

3. **Flemming. Kernfärbungsverfahren.** (No. 16.)
4. **Flemming. Anilinfärbungen.** (No. 17.)

Da das von Baumann 1875 empfohlene, in etwas anderer Weise schon 1869 von Böttcher angewandte Kernfärbungsverfahren Flemming besonders gute Dienste leistete, beschreibt es der letztere genauer. Es besteht im wesentlichen in Ueberfärben mit Saffranin, Solidgrün oder Magdala in verdünnter alkoholischer oder mit Dahlia in wässriger oder essigsaurer Lösung, Ausziehen des überschüssigen Farbstoffs mit Alkohol, Aufhellung mit Nelkenöl und Einschluss in Dammarlack, in welchem sich die Objecte, an welchen bei gut gelungenen Präparaten nur die Kerngerüste intensiv gefärbt sind, unverändert halten. Die Tödtung findet am besten durch 0.1—0.5 % Chromsäurelösung oder Pikrinsäure statt und ist die Säure vor dem Färbungsverfahren rein auszuwaschen. Das letztere eignet sich übrigens nur für Schnitte oder wenigstens dünne Scheiben, nicht für grössere Stücke. Wegen zahlreicher Einzelnheiten ist das Original zu vergleichen.

5. **Flemming. Beiträge III.** (No. 18.)
6. **Schneider. Ueber Befruchtung.** (No. 75.)

Für Kernfärbung an lebenden, zarten Objecten unter Deckglas wird empfohlen, entweder zuerst Lösungen von Saffranin u. s. w. unter das Deckglas treten zu lassen und dann, nachdem die Objecte sich sehr dunkel gefärbt haben, noch 1 % Essigsäure zuzugeben oder aber direct Schneider's Essigcarmin mit einem Filtrirpapierstückchen durchzusaugen. Letzteres wird dargestellt durch Eintragen von Carmin in 45 % kochende Essigsäure, so lange sich noch etwas löst, und Filtriren. Schneider erhielt auch durch längeres Einlegen von Schnitten in eine mit 99 % Wasser verdünnte derartige Lösung gute Resultate.

7. **Errera. Nigrosinfärbung** (No. 15.)

empfiehlt das Nigrosin als eine Substanz, welche nur die Kerne lebhaft färbt. Die Präparate können in Glycerin oder Dammarlack eingeschlossen werden und hält sie Verf. für gleichwerthig mit den besten bisher erlangten Färbungspräparaten.

8. **Pfitzner. Karyokinese** (No. 58.)

empfiehlt bei Untersuchungen über Kerntheilung farbige Flüssigkeiten so einzuschalten, dass das Gesichtsfeld die Complementärfarbe des Objects zeigt: die Dicke der Flüssigkeitsschicht ist so zu wählen, dass sie nur die etwaige Mitfärbung des Protoplasmas mässig übercompensirt. Besonders brauchbar erwies sich dabei Seibert's Mikroskopirlampe.

9. Mac Farlane. Anilinfärbungen. (No. 42.)

Zur Färbung des Zellinhalts werden Heliocin, Naphthalin (?) und Eosin empfohlen, ersteres soll bei *Spirogyra*-Farben, die mit 1 % Chromsäure getödtet worden sind, schöne Präparate geben. Eine ¼ % Chromsäurelösung mit ¹/₂₀₀₀ Heliocin lässt die Fäden des Korngerüstes sehr deutlich hervortreten und erwies sich auch bei der Untersuchung der Theilung von *Spirogyra* sehr brauchbar. Der Inhalt der Milchsaftgefässe hält Saffraninfärbung fest, während dieselbe aus dem umgebenden Parenchym durch Alkohol entfernt wird. Rosanilin und Jodgrün oder noch besser Saffranin und Emeraldin geben Doppelfärbungen an Stammquerschnitten.

10. Rossi. Osmiumsäure (No. 65.)

untersuchte die Einwirkung von Osmiumsäure, von welcher er glaubt, sie sei auf pflanzliche Gewebe noch nicht angewandt worden, bei Geweben von *Tradescantia*. Seine Ergebnisse enthalten nichts Neues.

11. Bütschli. Verbesserte Paraffineinbettung (No. 7.)

beschreibt ein besonders für zarte Objecte, also auch wohl für pflanzliche Zelltheilungsuntersuchungen geeignetes Einbettungsverfahren. Die mit absolutem Alkohol vollkommen entwässerten Objecte werden einige Zeit in Chloroform, dann in eine lauwarme Lösung von Paraffin in Chloroform gebracht, welche so concentrirt ist, dass sie bei mittlerer Temperatur fest, bei 30—49⁰ C. flüssig ist. Schon nach ½—1 Stunde ist das Object gewöhnlich ganz von der Lösung durchdrungen — es wird dann mit einem kleinen Theil der letzteren in ein Uhrglas gebracht und darf die Verdunstung des Chloroforms nur bei sehr mässiger Temperatur (40—50⁰) erfolgen. Grössere Objecte kann man auch direct in geschmolzenes Paraffin übertragen.

12. Loew und Bokorny. Gerbstoff- und Glycosereaction. (No. 41.)

13. Dieselben. Schwärzung von lebendem Plasma durch Silbersalze (No. 38—41.)

empfehlen zur Nachweisung von Gerbstoff in Algen u. s. w. 1—2 % Eisenvitriollösung, in welcher dieselben nach 1 bis 2 Tagen intensive Blaufärbung zeigen. An getödteten Zellen, wo der Gerbstoff sich mit den Eiweissstoffen der Zelle verbunden hat, tritt die Reaction erst ein, wenn die Zellen ¼—½ Stunde in 0,1 % Kalilösung gelegen haben und dann abgewaschen sind. Mit der Silberlösung A. (vgl. No. 26) geben schon sehr geringe Gerbstoffmengen eine gelbe bis braune Färbung, ähnlich wirkt aber auch Glycose. Letztere fanden die Verf. hauptsächlich im Zellsaft, Gerbstoff aber nur im Plasma der Algen. Rohrzucker giebt nur bei längerer Einwirkung eine schwache Gelbfärbung. Neutrale 1 % Lösung von Goldchlorid und Silbernitrat vermag nur Gerbstoff zu reduciren. Ueber die Schwärzung des lebenden Plasmas durch alkalische Silberlösungen vgl. Ref. No. 26.

14. Engelmann. Reagenz auf freien Sauerstoff. (No. 15.)

Die gewöhnlichen Fäulnissbacterien (*B. termo* Cohn) zeigen die kleinsten Mengen freien Sauerstoff dadurch an, dass sie sich lebhaft bewegen, während sie ohne Sauerstoff unbeweglich sind. Sie sammeln sich dabei um Sauerstoff abgebende Gebilde z. B. beleuchtete chlorophyllhaltige Pflanzentheile an.

15. Pringsheim. Mikroskopische Photochemie (No. 60.)

giebt eine Abbildung eines besonders für die Untersuchung des Verhaltens der Zellen im Focus einer Linse construirten Mikroskopstativs, bei welchem namentlich unter dem auf- und abwärts beweglichen Objecttisch der nöthige Raum für Einschaltung farbiger Lösungen u. s. w. gelassen ist. Das Stativ besitzt ferner die nöthigen Einrichtungen, um die Objecte in verschiedenen Gasarten untersuchen zu können. Um übermässige Erwärmung zu vermeiden, wurden mit Eis bedeckte metallene, nur in der Mitte eine kleine Glasplatte einschliessende Objectträger benutzt, von denen noch metallene Arme in die Tropfen hineinragen. Ob eine bestimmte Temperatur überschritten wurde, liess sich ausserdem noch dadurch feststellen, dass in den Tropfen krystallinische Splitter von Azooxybenzol oder Menthenkampfer gebracht wurden — erstere Substanz schmilzt bei 35⁰, letztere bei 45⁰ C. Sonnenlicht, das durch eine 5—6 mm dicke Schicht einer Lösung von Chlorkupfer oder schwefel-saurem Kupferoxydammoniak von genau angegebener Concentration gegangen ist, erwärmt auch bei langer Versuchsdauer ohne besondere Schutzmittel den Anfangs 20—25° warmen Versuchstropfen nur auf 30—36° C.

16. **Higley. Reagenz auf phosphorsauren Kalk.** (No. 24.)

Um Krystalle von phosphorsaurem Kalk von Kalkoxalatkrystallen zu unterscheiden, bringt H. einen Tropfen Salzsäure auf die Krystalle, erwärmt gelinde und setzt eine geringe Menge molybdänsaures Ammoniak zu — bei nochmaligem Erwärmen scheiden sich dann, falls die Krystalle Phorsphorsäure enthielten, charakteristische gelbe, sternförmige, 4 – 6spitzige Krystalle von molybdänphosphorsaurem Ammoniak aus.

17. **Russow. Anilinblau u. s. w. als Reagenz für Callusplatten.** (No. 67.)

Wenn man die Schnitte einige Minuten mit einer wässrigen Lösung von Anilinblau behandelt, mit Wasser möglichst auswäscht und Glycerin zusetzt, so bleiben nur die Callus-beläge der Siebplatten lebhaft und zwar himmelblau gefärbt, während sonst Zellwände mit diesem Farbstoff indigoblau werden. Statt der wässrigen Lösung kann auch, namentlich bei sehr saftreichen lebenden Geweben, eine alkoholische mit oder ohne ein wenig Salpetersäure angewandt werden. Protoplasma und Zellkerne werden durch das Reagenz dunkel indigoblau, die Plasmastränge, sog. Schleimstränge der Siebröhren violett: nach dem Auswaschen ver-liert das Plasma rasch an Färbung, während die Kerne dieselbe intensiv festhalten. In mehreren Korkzellen und in allen gerbstoffhaltigen Zellen tritt eine durch das Glycerin verschwindende lebhaft dunkelblaue Färbung auf; Stärkekörner und Stärkebildner von *Phajus Wallichii* wurden nicht tingirt. Bismarckbraun färbt die Callusmassen zwar ebenfalls stark, doch bleibt hier die Färbung auch in den stark verholzten Zellmembranen bestehen. Wendet man erst Bismarckbraun, dann Anilinblau an, so erhält man brauchbare, in Glycerin ein-zuschliessende Dauerpräparate, an denen die schmutzigblau gefärbten Callusmassen sich sehr scharf von den angrenzenden Membranen abheben. Anilinroth, -gelb, -grün und -orange speichern die ersteren nicht auf; dagegen färbt sich der „Schleimstrang" mit Anilinroth dauernd, ebenso die verholzte Zellmembran, so dass sich auch mit Anilinblau und -roth Doppelfärbungen erreichen lassen. Auch successive Anwendung von Chlorzinkjod und Anilinblau gab gute Resultate. Mit Jodjodkalium und Schwefelsäure färben sich die Callus-platten bald rothbraun, bald lösen sie sich ohne jede Tinction.

18. **Niggl. Indol und Pyrrhol als Reagentien für verholzte Membranen.** (No. 49, 50.)

Nachdem Baeyer gefunden hatte, dass Fichtenholz mit Salzsäure befeuchtet durch die Dämpfe oder die Lösung von Indol kirschroth wird, bestätigte N. diese Reaction auch an anderen Hölzern und verbesserte sie wegen der geringen Haltbarkeit der alkoholischen Indollösung dahin, dass eine Lösung von Indol in warmem Wasser auf die Schnitte gebracht, ein Deckglas aufgelegt und etwas verdünnte Schwefelsäure durchgesaugt wird. Die verholzten Membranen werden dann prachtvoll kirschroth und hält sich die Färbung längere Zeit. Der Ueberschuss von Indol und Säure muss vor dem Zusatz des Glycerins entfernt werden. Entschieden cuticularisirte, verkorkte und reine Cellulosemembranen werden nicht gefärbt (vgl. Ref. No. 88, 89). Das Plasma wird schwach rosenroth, der Zellkern undeutlich. Von sonstigen Inhaltskörpern der Zelle wurden nur der Inhalt der Brennhaare von *Urtica* und einige amorphe Massen im Holze von *Dilodendron* roth gefärbt. Vorgängige Behandlung mit Kalilauge unterstützt im Allgemeinen die Indolreaction, während Maceration mit chlor-saurem Kali und Salpetersäure, diese allein oder Chromsäure die Färbung verhindert.

Das Pyrrhol ($C_4 H_5 N$) färbt ebenfalls die mit Säure befeuchteten verholzten Mem-branen und zwar purpurroth, jedoch ist die Lösung dieser Substanz wenig haltbar und geht die Färbung bald in Schwarzbraun über.

19. **Olivier. Membran-Reagentien** (No. 52.)

empfiehlt zur Unterscheidung verholzter und verkorkter oder cuticularisirter Mem-branen Schnitte kurze Zeit in Salpetersäure zu kochen und nach dem Auswaschen Chlor-zinkjod zuzusetzen die ersteren: werden dann blau, die letzteren beiden gelb. Das Chlor-zinkjod stellt der Verf. durch Zusatz von Jodkalium zu einer wässrigen Chlorzinklösung dar. Auf Schnitten, die in eine halb wässrige, halb alkoholische Fuchsinlösung gebracht und darauf mit absolutem Alkohol ausgezogen werden, bleiben nur die verkorkten und cuticularisirten Membranen gefärbt.

20. **Gage.** **Dauerpräparate von Plasmodien** (No. 19.)

21. **Pacini.** **Präparations- und Conservationsmethoden** (No. 58.) waren dem Ref. nicht zugänglich.

2. Allgemeines. Protoplasma. Zellkern. Zelltheilung.

22. **Reinke.** **Allgemeines über das Plasma.** (No. 62.)

Der Verf. giebt eine historische Uebersicht der Entwickelung des Begriffs „Protoplasma". Er hält die Trennung des Protoplasmas und des Metaplasmas (Hanstein) nicht für durchführbar, und schliesst auch das Enchylem in den Begriff des Protoplasmas ein. Wegen der unzweifelhaften Contractilität des letzteren scheint R., ein rein flüssiger Aggregatzustand nicht möglich, es müsse vielmehr mindestens ein Theil der Substanz fest sein, was mit der Verschiebbarkeit der Theilchen, wie sie die Contractilität fordert, vereinbar sei. Als Träger der letzteren wird das Plastin betrachtet, aus welchem auch die beweglichen Cilien und die von Frommann angegebenen Fibrillen im Innern des Protoplasmas bestehen, durch deren Contractionen und Expansionen die Bewegungserscheinungen zu Stande kommen.

23. **Reinke und Rodewald.** **Protoplasma von Aethalium saptium.** (No. 62.)

Krukenbergs Angabe, dass das lebende Plasma von *Aethalium* deutlisch alkalisch reagire, wird bestätigt. Aus den jungen Fruchtkörpern lässt sich eine trübe Flüssigkeit (Enchylema) von 1.209 specifisches Gewicht abpressen, welche etwa $^2/_3$ der ganzen Masse beträgt. Verf. betrachten mit Hanstein dieselbe als die Ausfüllungsmasse der Hohlräume eines festeren schwammartigen Gerüstes, welches die Flüssigkeit umhüllt und mit zahlreichen anastomosirenden Platten und Fäden durchsetzt. Für einen derartigen Bau spreche auch der Umstand, dass es nicht gelingt durch eine kräftige Centrifuge Gerüstsubstanz und Enchylem von einander zn trennen; auch bei einem ebenso behandelten wassergetränkten Badeschwamm wird bei diesem Verfahren nur eine geringe Menge der Flüssigkeit abgegeben. Im Enchylem wurden 7—8 % lösliche Eiweissstoffe nachgewiesen. Der Wassergehalt der jungen Fruchtkörper bestimmt durch Trocknen bei 100^0 betrug 71.6 %, bei 110^0 gab die Masse noch weitere 4.71 % Wasser ab. Ueber die analytischen Ergebnisse der Untersuchung des trockenen Plasmas vgl. den Abschnitt über chemische Physiologie.

24. **Zacharias.** **Chemische Beschaffenheit des Zellkerns.** (No. 92.)

Nach Besprechung der aus thierischen Kernen gewonnene Nucleine und ihrer makrochemischen Reactionen zeigt Z., dass mit Hülfe dieser letzteren die Nucleine auch mikrochemisch erkannt werden können. Es wird dabei namentlich die Widerstandskraft derselben gegen die auflösende Wirkung künstlichen Magensaftes, ihre Löslichkeit in concentrirter Salzsäure und in Lösungen von kohlensaurem und phosphorsaurem Natron benutzt. Versuche an ruhenden Zellen von *Tradescantia virginica*, *Ranunculus Lingua*, an sich theilenden Kernen von *Tr. virginica*, *Helleborus foetidus*, *Hyacinthus* lehrten, dass die färbbaren Bestandtheile des Kerns, die Kernplattenelemente Strasburgers die Reactionen der Nucleine zeigen, während die achromatischen Fasern nicht daraus bestehen.

25. **Zacharias.** **Ueber die Spermatozoidien.** (No. 98.)

Von den Spermatozoidien von Characeen und Moosen lösen sich in Pepsinlösungen nur die Cilien, das Schraubenband bleibt fast unverändert *(Chara, Nitella)*, oder zeigt Quellung und spätere Contraction zu einem stark lichtbrechenden Stäbchen *(Fegatella, Lunularia)*. Kochsalzlösungen wirken nach vorheriger Aufquellung lösend, während die Cilien lange deutlich sichtbar bleiben. Concentrirte Salzsäure löst, mit Ausnahme der schrumpfenden Cilien, fast alles, dagegen sind die Schraubenbänder der Spermatozoidien von Farrnen und *Marsilea* viel resistenter gegen Lösungsmittel, sie sind weder löslich noch quellbar in 10 % Kochsalzlösung, Pepsinlösung und concentrirter Salzsäure; die Cilien werden von Pepsin gelöst, nicht von 10 % Kochsalzlösung. Bei *Nitella* und *Chara* wurde gefunden, dass das Schraubenband aus der verdichteten peripherischen Schicht des Zellkerns hervorgeht, und aus Nuclein besteht, während die Cilien aus dem Zellplasma sich bilden.

26. Loew und Bokorny. Verhalten des Plasmas zu Silberlösungen u. s. w. (No. 38—41.)
Wenn man *Spirogyra* in der Kälte mehrere Stunden, bei 30° kürzere Zeit in einer grösseren Menge ($\frac{1}{2}$—1 Liter) sehr verdünnter alkalischer Silberlösung liegen lässt, so wird im lebenden Protoplasma Silber reducirt, wodurch ersteres sich schwärzt. Die Verf. benutzten 1) eine Lösung A, welche hergestellt wird, indem man 13 cc Kalilösung von 1.333 specifischem Gewicht mit 10 cc Ammoniaklösung von 0.960 specifischem Gewicht mischt und auf 100 cc verdünnt, worauf 1 cc dieses Gemisches mit 1 cc 1 % Silbernitratlösung versetzt und auf 1 Liter verdünnt wird; 2) eine Lösung B, bestehend aus 1 Liter einer Lösung von $\frac{1}{100000}$ Silbernitrat und 5 cc Kalkwasser. Bei Anwendung der ersteren Lösung (A) werden die am meisten resistenten, auch nach längerer Berührung mit der Silberlösung nicht völlig abgestorbener Zellen ganz schwarz, in minder gefärbten sind wenigstens die Chlorophyllbänder frei von Metallabscheidung, in anderen Zellen sind ausser den Enden nur einige Punkte oder Flecken schwarz geworden, während bei den am frühsten abgestorbenen Zellen die Färbung noch geringer sein kann. Wo sehr wenig Silber reducirt ist, kann dasselbe im durchfallenden Licht auch orange, rothbraun, violett und grau erscheinen. Vorher getödtete Zellen vermögen kein Silber abzuscheiden, weshalb die Verf. ihre Methode als ein Reagenz auf das Leben bezeichnen. Lösungen von $\frac{1}{1000}$ oder $\frac{1}{100}$ Silbernitratgehalt wirken, weil sie rascher die Zellen tödten, schwächer als die oben beschriebenen äusserst verdünnten Flüssigkeiten, woraus die Verf. schlossen, dass die Reduction nicht auf einen gelösten oder überhaupt vom Leben der Zelle unabhängigen Stoff zurückgeführt werden kann. Wo nur einzelne Stellen des Plasmaschlauchs geschwärzt sind, nehmen die Verf. an, dass die übrigen, farblos gebliebenen früher abstarben. Bei Anwendung der Lösung B tritt die Reaction gleichmässiger in der ganzen Zelle ein und erscheinen häufig die Chlorophyllbänder tiefer schwarz als der Plasmaschlauch. Um mit Zellkernen (von *Tradescantia*) eine Reduction zu erzielen, wurde 1 Liter $\frac{1}{5000}$ Silbernitrat enthaltenden Wassers mit 1 cc 1 % Ammoniaklösung und 5 cc Kalkwasser versetzt. Wenn man einen Liter einer Lösung von $\frac{1}{1000000}$ Silbernitrat auf nur wenige *Spirogyra*-Zellen 12 Stunden wirken lässt, so erhält man immer noch Schwärzung und selbst Lösungen mit $\frac{1}{1000000}$ Silbergehalt geben noch eine schwache Reaction.

Sonst reagirten sehr deutlich mit Lösung A *Zygnema cruciatum*, *Vaucheria*, *Cladophora*, ferner Blattstielhaare von *Alsophila australis*, weniger gut Staubfadenhaare von *Tradescantia*, Kelchhaare von *Primula*, *Ajuga* u. s. w., Pollenkörner von *Ranunculus* und *Tulipa*, Sporen von *Gymnogramme*. Keimlingswurzeln von *Helianthus* wurden geschwärzt, nicht dagegen solche von *Zea* und *Pisum*, auch gelang die Reaction an den Schnittflächen von *Salix*-, *Cornus*- und *Syringa*-Zweigen und an Blättern von *Vallisneria*. *Sphaeroplea*-fäden zeigten keine Schwärzung, sondern wurden beim Einbringen in die Lösung desorganisirt, ebenso blieb die Reaction aus bei den Copulationsfortsätzen von *Spirogyra*, sobald die letzteren paarweise verbunden waren, einzeln gebliebene Fortsätze zeigten starke Schwärzung. Auffallend ist dabei die von den Verf. mit Osmiumsäure erwiesene Thatsache, dass der Fettgehalt vor der Copulation zunimmt und dann bei den in Verbindung getretenen Zellen fast verschwindet, während doch die Zygosporen wieder viel Fett enthalten. Die Verf. schliessen aus dem Verhalten der copulirenden *Spirogyra*, dass durch fein eingelagertes Fett die Resistenz des Plasmas gegen die Silberlösung erhöht und dadurch die Schwärzung vor dem Absterben der Zelle ermöglicht wird. Es stimmt damit überein, dass *Sphäroplea* äusserst fettarm ist. Keine Reduction zeigten ferner *Oedogonium*, *Oscillaria*, *Batrachospermum*, *Nostoc* und verschiedene Bacillarieen; vielfach mag hier die Schleimhülle der Algen das Eindringen des Reagenz verhindert haben. Auch mit Pilzen liess sich nur ausnahmsweise eine Reduction erreichen.

Mit dem Satz, dass nur lebendes Plasma die Fähigkeit der Reduction haben soll, ist nicht ganz vereinbar die Angabe der Verf., dass auch *Spirogynea*-Fäden, deren Plasmaschlauch klumpig zusammengefallen war, oder die 12 Stunden über Schwefelsäure getrocknet waren, noch stellenweise Silber abschieden. Nicht mehr geschah letzteres an *Spirogyra*, die auf 60° erwärmt, oder durch Aetherdunst, absoluten Alkohol, Säuren, 10 % Ammoniaklösung, 1 % Carbollösung u. s. w. getödtet waren. Gegen schwache Alkalilösungen, Metallgifte und Alkaloide zeigten die Zellen grosse Widerstandsfähigkeit.

Analoge aber minder deutliche Reactionen wurden auch mit alkalischen Platina-, Quecksilber- und Goldlösungen erhalten.

27. Klebs. Plasmastäbchen von Phylloblum und Scotinosphaera. (No. 30.)

In den kleinen Dauerzellen von *Ph. dimorphum* sondert sich, wenn dieselben in Wasser gelegt werden, nach 24 Stunden das grüne Protoplasma in zarte, kurz cylindrische oder schwach keilförmige, radial gerichtete Stäbchen: vor der Zoosporenbildung verschwindet diese Sonderung wieder. Ebensolche Stäbchen kommen, nur grösser und breiter, bei *Scotinosphaera paradoxa* vor. Vor der Zoosporenbildung werden hier die Stäbchen dunkelblaugrün, sie rücken einander näher und verschmelzen unter Contraction, wo sie sich berühren. Diese Verschmelzungen gehen dann immer weiter, bis eine einzige dunkelblaugrüne Kugel gebildet ist, die sich darauf wiederholt durch Einschnürung theilt. Bei *Chlorochytrium Lemnae* bildet das grüne Protoplasma ein eigenthümliches Netzwerk.

28. Pfeffer. Plasmabewegung. (No. 57. II. Theil, S. 359.)

29. Klebs. Plasmabewegung. (No. 31.)

Zusammenfassende Darstellungen der Bewegungserscheinungen des Protoplasmas.

30. Russow. Plasmabewegung im Coniferenholz. (No. 68.)

Im Holz von *Pinus silvestris* liess sich im August an Radialschnitten, die in Wasser lagen, in 70 Tracheïden, vom Cambium an gerechnet, schöne rotirende Plasmabewegung wahrnehmen; noch lebhafter war dieselbe in den Markstrahlzellen, wo sie Uebergänge zur Circulation zeigte und nach 36 Stunden noch nicht erloschen war. In den Jungbastzellen war Bewegung bis zum Auftreten der Callusplatten nachzuweisen, auch fehlte dieselbe nicht in den Bastparenchymzellen und in den Parenchymzellen, welche die Harzgänge des Holzes umgeben. Mitte September, in der die zellbildende Thätigkeit des Cambiums aufgehört hatte, zeigten nur noch die Markstrahlzellen Bewegung. Aehnliche Erscheinungen wurden auch an *Abies excelsa*, *Populus tremula*, *P. nigra* und *P. laurifolia* beobachtet.

31. Baillon. Plasmabewegung bei Ficoiden. (No. 5.)

Namentlich die Haare am Grunde der Staubfäden seien schöne Objecte für Beobachtung der Circulationsströmung: man sehe deutlich, dass die Mikrosomen innerhalb geschlossener Plasmaschläuche fortgetrieben werden. Ebenso sei die Entstehung von Pseudopodien aus dem Wandbeleg leicht zu zeigen.

32. Dehnecke. Einfluss der Präparation auf die Plasmabewegung. (No. 10.)

In mittelalten Zellen der die Bastbündel äusserlich begleitenden stärkereichen Zellschicht liegt bei *Impatiens* der Zellkern und das meiste Chlorophyll auf der nach unten gekehrten Wand in einer grösseren Plasmaansammlung. Macht man Längsschnitte für die mikroskopische Beobachtung, so sieht man zunächst gar keine Bewegung: nach 5—10 Minuten tritt solche ein, die Chlorophyllkörner und der Kern rücken auf die jetzt abwärts liegende Wand der Zelle herüber, ausserdem ist nur feine Körnerströmung im Wandbeleg ("Eigenbewegung des Plasmaschlauchs") vorhanden. Diese letztere Strömung betrachtete Verf. — ohne weiteren Beweis — als die auch in der unverletzten Pflanze vorhandene normale. Nach wenigen Stunden, spätestens am folgenden Tage, bilden sich dann Plasmabänder in immer grösserer Zahl aus, in denen lebhafte Circulationsströmung (abnorme Bewegung nach Dehnecke) noch längere Zeit andauert. In den Bändern werden dabei die Chlorophyllkörper oft lang ausgezogen, wobei die Stärkeeinschlüsse frei werden können. Aehnliche Circulationsströmungen zeigen aufthauende gefrorene Zellen.

33. Pringsheim. Plasma der Spirogyren. (No. 60.)

Die Plasmastränge, welche vom Centralplasma ausgehen, verlaufen nicht in die wandständige Plasmaschicht, sondern setzen sich vielmehr an die Innenfläche der Chlorophyllbänder an und münden hier typisch und regelmässig in einen Amylumherd, in dessen Peripherie sie als cylindrische Schläuche sich ausbreiten. Wo ein Plasmastrang mündet, ohne dass ein Amylumherd vorhanden wäre, ist ein solcher in Bildung begriffen. Mit der Vermehrung der Amylumherde durch Theilung geht eine Gabelspaltung der Plasmastränge Hand in Hand, wo sie vorausgeht, entsteht ein neuer Amylumherd neben dem alten.

34. Pringsheim. Veränderungen des Plasmas durch Lichteinfluss. (No. 60.)

In sehr intensiv beleuchteten *Spirogyra*-Fäden (vgl. Ref. No. 15) erlischt bei Gegenwart von Sauerstoff die Plasmaströmung, die vom Centralplasma ausgehenden Stränge contrahiren sich und zerreissen; ein Theil ihrer Substanz tritt in das erstere über, welches zu einer grossen, von einer deutlichen, meist doppelt contourirten Membran umgebenen Blase anschwillt. In den Plasmasträngen treten dabei bestimmt begrenzte bläschenartige Bildungen auf, die der Verf. Plasmaknoten nennt und die in der nicht insolirten Zelle nur spurenweise bemerkbar sind. Sie bleiben nach dem Zerreissen der Stränge an der Peripherie der grossen centralen Blase zurück. Der Zellkern wird oft körnig und nimmt eine röthliche Farbe an. Bei minder kräftigen Zellen von *Nitella* wird die Bewegung an der sehr intensiv beleuchteten Stelle sistirt und es sammelt sich an ihr das Plasma unregelmässig an, die Hautschicht löst sich nach und nach ab und die Zelle stirbt, während kräftigere Zellen noch nach völliger Entfärbung der vom Sonnenlicht getroffenen Chlorophyllkörner unbeschädigt fortleben können. Bei rechtzeitiger Unterbrechung des Versuchs fallen oft halb oder nahezu ganz entfärbte Chlorophyllkörner aus der Hautschicht heraus und gerathen in die Plasmaströmung, in der sie dann circuliren, ohne sich weiter zu verändern. Die vom Licht getroffene Stelle des Plasmaschlauchs erscheint endlich völlig nackt und können derartige Zellen noch Monate lang weiter leben. Bisweilen entstehen auch in der *Nitella*-Zelle zwei durch die belichtete Stelle getrennte, in sich geschlossene Kreisströmungen. Bei den Staubfädenhaaren von *Tradescantia* tritt die Lichtstarre, d. h. die Sistirung der Plasmaströmung schon vor der Zerstörung des gelösten blauen Farbstoffs ein; wenn dieser violett wird, ist das Plasma schon getödtet. Die Fäden reissen dabei vielfach durch und werden starr. Im blauen, grünen und gelben Sonnenbild treten diese Veränderungen langsamer ein; in dem rothen Sonnenbild, welches entsteht, wenn als absorbirendes Medium eine Lösung von Jod in Schwefelkohlenstoff gewählt wird, bleibt sie vielfach ganz aus, obwohl die Wärmewirkung hier eine besonders intensive ist. Jedoch sterben die sehr empfindlichen Zellen von *Mesocarpus scalaris* auch im rothen Sonnenbilde in 2—3 Minuten ab, ohne dass der Chlorophyllfarbstoff derselben leidet. In Wasserstoff, einem Gemenge von Wasserstoff und Kohlensäure u. s. w. können *Spirogyra*- und *Nitella*-Zellen 20 Minuten lang dem intensiven Licht jeder Farbe ausgesetzt werden, ohne ihre normale Beschaffenheit und die Fähigkeit zu wochenlangem Weiterleben einzubüssen.

Der Turgor der intensiv beleuchteten Zellen verschwindet; es geht dies aus der Wölbung der Scheidewände zwischen insolirten und nicht insolirten Zellen mit Sicherheit hervor. Man darf also wohl annehmen, dass der Plasmaschlauch unter diesem Einfluss durchlässiger wird: derselbe lässt auch nach der Insolation eine wässrige Lösung von Anilinblau zu den sich nun lebhaft bläuenden entfärbten Chlorophyllbändern hindurchtreten. Auch gelingt an den entfärbten insolirten Zellen keine Plasmolyse mehr. Ferner ziehen sich bei *Nitella* die grün gebliebenen Theile des Plasmaschlauchs beim Absterben von der Wand zurück, nicht aber die entfärbten. In manchen *Spirogyra*-Zellen lässt sich nach der Belichtung eine Abnahme der im Plasma eingebetteten, mit Jod sich vorzugsweise braun färbenden Körnchen constatiren.

Aus der Anhäufung des strömenden Plasmas an den intensiv beleuchteten Stellen schliesst Pr., dass das Protoplasma hier unwegsamer werde, und verbindet damit die Auffassung, dass, wenn in anderen Fällen sich das Plasma an mässig beleuchteten Stellen ansammelt, dies wohl auch eher auf eine Verlangsamung der Bewegung, als auf eine specifische Anziehung des Lichts für das strömende Plasma zurückzuführen sein möchte.

35. **Pringsheim. Wärme- und Lichtwirkungen auf hautumhüllte Zellen und Schwärmsporen.** (No. 61.)

Die Temperatur, welche Zellen noch 10—15 Minuten zu ertragen vermögen, variirt je nach der Pflanze von unter 40° bis 42° C. Der Wärmetod der Zelle ist unabhängig von der Gegenwart von Sauerstoff, also kein Verbrennungsvorgang: er verändert die Färbung der Chlorophyllkörper nicht, wenn die Temperatur nicht sehr hoch war. In letzterem Fall werden aber die Chlorophyllkörner nicht farblos, sondern braun. Der Lichttod der Zellen bei Gegenwart von Sauerstoff erfolgt durch die photochemische Wirkung auf das farblose Plasma. Wenn man kurze *Nitella*-Zellen, die ganz im Sonnenbilde liegend auch im grünen und blauen Licht in wenigen Minuten absterben, nur 1—1½ Minuten dieser Insolation aussetzt, so bilden sich unregelmässige Plasmaausammlungen in Folge von Störung der Plasmabewegung, doch kehrt bei rechtzeitiger Unterbrechung der Insolation die Bewegung wieder und die Zelle lässt kurz nach dem Versuch keine eingreifenden Veränderungen erkennen. Nach einiger Zeit zeigt sich aber, dass die Unregelmässigkeiten der Bewegung sich eher vermehrt als ausgeglichen haben und die Chlorophyllkörner in Unordnung gerathen sind. Jedoch finden sich diese Veränderungen nur an der unteren, der Linse zugewendeten Seite der Zelle, die obere ist unbeschädigt und kann sich die Zelle in diesem Zustand noch lange erhalten. Wenn bei kurzer Insolation längerer Zellen an den vom Lichte getroffenen Stellen an den sonst nackten Stellen einzelne Chlorophyllkörner übrig bleiben, so sind diese später theilungsfähig, die Tochterkörner ordnen sich aber nicht mehr in regelmässige Reihen. Der Verf. betont besonders, dass das farblose Plasma nach der Gesammtheit seiner Versuche die leuchtenden Strahlen des Lichts stark absorbirt, und dass hierauf die photochemische Wirkung des Lichts auf die Pflanzen beruht.

Im Kohlensäurestrom hört die Plasmabewegung auf, sie kommt aber wieder in Gang, wenn die Kohlensäure durch ein indifferentes Gas, z. B. durch Wasserstoff ersetzt wird. Die Starre ist somit hier nicht auf Mangel an Sauerstoff zurückzuführen. Längere, aber nicht bis zum Tode der Zelle gesteigerte Kohlensäureeinwirkung veranlasst die Bildung eigenthümlicher isolirter rundlicher Plasmaballen, die vom strömenden Plasma fortbewegt werden, ohne sich mit ihm zu vereinigen. Kohlensäurestarre und -tod treten im intensiven Licht schneller ein als im Finstern; die Chlorophyllkörper werden dabei nicht verändert. Eine in einem Gemisch von Wasserstoff und Kohlensäure längere Zeit insolirte Zelle bleibt, wenn die Temperatur nicht zu hoch steigt, lebendig; nachher in eine Lösung von doppelt-kohlensaurem Kalk gebracht, schlägt sie im Licht, nicht im Finstern krystallinischen kohlen-sauren Kalk auf sich nieder, indem sie der Flüssigkeit Kohlensäure zur Assimilation entzieht. Wo in dem genannten Gemenge schädliche Wirkungen ohne zu hohe Erwärmung eintreten, ist Pr. geneigt, dieselben auf Sauerstoffbildung seitens der Pflanze zurückzuführen. Den Einfluss, welchen das Licht auf die Plasmaströmungen und die Bewegungen der Schwärm-sporen ausübt, hält Pr. für verursacht durch die Intensitätsänderungen der Gasabsorption und Gasdiffussion durch das Licht. Speciell für die Schwärmsporen wird ausführlicher dar-gelegt, dass eine continuirliche Bewegung in der Längsachse nur möglich ist, wenn diejenigen Kräfte, welche an den zur Rotationsaxe symmetrisch gelegenen Flächenelementen wirksam sind, gleich gross sind. Wenn dann die Resultirende an der einen, stärker beleuchteten Hälfte eine andere ist, als an der anderen schwächer beleuchteten, so wird eine Bewegung in der Richtung des einfallenden Strahls eintreten und hat die Schwärmspore dann gleich-zeitig die für die erstere Bedingung nothwendige Lage. Sobald einseitige Beleuchtung in nicht der Sporenaxe paralleler Richtung eintritt, muss die Zoospore, da nun die gleichmässige Vertheilung der wirkenden Kräfte aufhört, eine Wendung machen und kommt erst wieder in constante Bahn, wenn, nach Einstellung der Axe parallel den Lichtstrahlen, sämmtliche symmetrisch gelegene Punkte der Oberfläche gleich stark vom Lichte getroffen werden.

36. Macfarlane. Bau und Theilung der Zellen. (No. 43.)

Im Nucleolus zahlreicher namentlich angeführter Pflanzen findet der Verf. einen besonders nach Behandlung mit einer Lösung von $1/4 \%$ Eosin in Methylalkohol deutlichen Körper, den er Nucleolonucleus nennt. Bei der Zelltheilung soll sich zuerst dieser letztere, dann der Nucleolus durch Einschnürung theilen. Die weiteren Mittheilungen über Zell-theilung bei *Ornithogalum pyramidale*, *Scilla bifolia*, *Equisetum limosum* enthalten wenig Neues. Sehr ausführlich wird die Zelltheilung von *Spirogyra nitida* beschrieben: um 3 Uhr Morgens gesammelte *Spirogyra* gab die besten Präparate. Die Theilung wird eingeleitet durch Ansammlung von Plasma an den beiden den Zellenden zugekehrten Seiten des Zell-kerns. Der Nucleolus soll dann diesen Anhäufungen gegenüber Ausstülpungen treiben, gleichzeitig theilt sich nach dem Verf. der Nucleolonucleus. Der Nucleolus wächst dann unter Annahme seiner früheren Gestalt erheblich. Dann soll die Substanz des Kerns z. Th. an dessen Polen durch die Kernmembran hindurch austreten und die letztere sich auflösen. Der Nucleolus, der immer noch in der Mitte liegt, wird durch Fäden mit den polaren An-häufungen verbunden und so die „Kerntonne" gebildet. Nun erst theilt sich der Nucleolus, seine Hälften rücken aus einander und dringen unter Verlängerung der „Kerntonne" in die polaren Massen ein, die nun Membran bilden und dadurch zu fertigen Tochterkernen werden. Die Zellplatte wird innerhalb einer doppelten Körnchenschicht gebildet, die Wandbildung schreitet von aussen nach innen fort.

37. Flemming. Ueber Karyokinese und Kernbau. (No. 18.)

Der Verf. giebt Abbildungen der achromatischen Fadenspindel, wie sie vom Pol her betrachtet erscheint. Er fand ferner an jedem Pol ein mattglänzendes, nicht färbbares Körperchen. Die Umbiegungen der Fadenschleifen liegen vielfach deutlich in Berührung mit je einem der achromatischen Fäden, an denen sie wohl auch später entlang gleiten. Die Zahl der Fadenschleifen scheint bisweilen constant zu sein. Fl. hält es für möglich, dass die eigentliche „Zwischensubstanz" des Kerns wirklich achromatisch ist und dass der Farbenschimmer, den sie zeigen kann, nur von feineren Bälkchen des Gerüstes herrührt. In der Kernwand findet Fl. vielfach abgeplattete intensiv gefärbte Portionen der chromatischen Substanz des Kerns, zwischen welcher ziemlich gleichmässig vertheilte Lücken liegen. Ob in diesen eine besondere achromatische Wandschicht vorhanden ist, lässt Fl. unentschieden. Schliesslich möchte Ref. noch auf das in Taf. IV gegebene allgemeine Schema der Kerntheilung aufmerksam machen.

38. Flemming. Kerntheilung im Wandbeleg des Embryosacks von Lilium und anderen Pflanzen. (No. 18.)

Fl. gelang es, an Soltwedel'schen Präparaten von *Lilium croceum* nach neuer Kernfärbung folgende Unterschiede gegenüber Strasburger's Abbildungen zu constatiren: 1. Es sind viel mehr chromatische Fäden vorhanden; 2. dieselben sind überall gleich dick und zeigen nicht die von Str. gezeichneten Anschwellungen und Zuspitzungen; 3. die zusammenhängende Platte in der Aequatorialebene, die Str. zeichnet, ist nicht vorhanden; 4. Verbindungen der Tochterportionen des Fadengerüstes durch schlanke Zuspitzung der Fäden, wie es Str. vielfach darstellt, kommen nicht vor, ebensowenig kolbige Anschwellungen u. s. w. Fl. schliesst daraus, dass Str. entweder stark entstellte und verzerrte Objecte untersucht, oder aber seine Präparate wegen mangelhafter Kernfärbung und Beleuchtung missverstanden habe. Fl. hält daran fest, dass die Kerntheilung in pflanzlichen Geweben sich dem von ihm gegebenen Schema anschliesse, was freilich nicht anginge, wenn Str.'s Bilder richtig wären. Im Allgemeinen hebt Fl. hervor, dass im letzteren Fall überhaupt eine einheitliche Auffassung der Kerntheilungen unmöglich wäre, und hält sich zu starken Zweifeln gegenüber Str. Abbildungen berechtigt, da derselbe sicher die Vorgänge bei *Lilium croceum* und thierischen Eiern unrichtig wiedergegeben habe. Speciell wendet sich Fl. gegen die von Str. angenommene „äquatoriale Spaltung der Kernplatte": im Gegentheil sei schon vorher in der „Sternform" die Fadenmasse in Schleifen von gleicher Länge segmentirt, welche sich in der Phase von Str. „Kernplatte" nur zu zwei Hälften umordnen: auch die von Str. angenommene Längsspaltung der Fäden im Aequatorialplattenstadium ist nach Fl. nicht haltbar, da sie bereits in den Knäuelformen beginnt und während der Sternform andauert. Fl. hält ferner daran fest, dass die Sternform, d. h. eine zu einem bestimmten Centrum radiale Anordnung der chromatischen Elemente von den Tochterkernen in allen bekannten Fällen durchgemacht werde.

Schliesslich kritisirt der Verf. noch die 16 Sätze, in welchen Str. in der dritten Auflage seiner „Zelltheilung" seine Ansichten zusammengefasst hat. Er betont, dass in mehreren dieser Sätze Str. seine frühere Auffassung verlassen und sich der Flemming'schen angeschlossen hat. Hinsichtlich des vierten Satzes, nach welchem die Spindelfasern aus eindringendem Zellprotoplasma bestehen sollen, bemerkt Fl., dass er denselben nicht für bewiesen halten könne, wenn auch Manches zu Gunsten dieser Hypothese spreche. In Betreff der Sätze 2 und 3, nach welchen das Zellplasma die Veränderungen in den Zellkernen anregen soll, ist Fl. der Ansicht, dass vor der Hand nur behauptet werden dürfe, was er schon früher ausgesprochen, nämlich, dass die nächsten Ursachen, welche einen Kern zur Theilungsmetamorphose veranlassen, nicht oder nicht allein in ihm selbst wirken, sondern zugleich durch die ganze Substanz der Zelle hindurch thätig sind, in welcher er liegt, weiteres scheint Fl. unbewiesen.

39. Pfitzner. Der feinere Bau der fadenförmigen Differenzirungen des Zellkerns. (No. 58.)

Verf. findet an Kernen der Salamanderlarven die chromatischen Fäden aus einzelnen sich nahezu berührenden „Chromatinkugeln" zusammengesetzt, welche meistens eine rosenkranzartige Reihe darstellen, nach der Längsspaltung der Fäden aber auch in zwei parallelen Reihen vorkommen können. Die Erscheinung ist nur an wagrecht durch das Gesichtsfeld verlaufenden Fadenstücken, die möglichst frei von anderen chromatischen Elementen liegen, deutlich wahrzunehmen. Im Allgemeinen bestreitet Pf. das Vorhandensein einer besonderen Kernmembran und die Tingirbarkeit des eigentlichen Kernsaftes. Die Nucleolen verschwinden nach Pf. bei der Kerntheilung, ohne mit dem Kerngerüst in Verbindung getreten zu sein. Der Verf. deutet endlich die Chromatinkugeln als Moleküle, deren Anziehung und Abstossung die Form der Kerngerüste bedingen soll.

40. Blochmann. Bemerkungen zu vorigem Aufsatz. (No. 6.)

Der Verf. sucht nachzuweisen, dass Pfitzner's Deutung der Chromatinkugeln als Moleküle unhaltbar, mit den Vorstellungen, welche Chemie und Physik über das Wesen der Moleküle haben, unvereinbar sei, wobei namentlich das von Pf. angenommene Wachsthum seiner „Moleküle" hervorgehoben wird. Ausserdem spricht Bl. den achromatischen Fäden, welche Pf. für etwas ganz Nebensächliches erklärt, eine höhere Bedeutung zu, da nur mit dieser Auffassung ihr regelmässiges Auftreten harmonire.

41. Soltwedel. Endospermbildung. (No. 77.)

Die an Alkoholmaterial ausgeführten Untersuchungen beziehen sich zunächst auf einige Fälle mit Wandbildung nach jeder Kerntheilung *(Lamium album, Veronica Buxbaumii, Lousa tricolor, Scrophularia vernalis, Pedicularis silvatica)*; die später leer erscheinenden Theile des Embryosacks sind hier grosse Endospermzellen, die sich nicht weiter theilen; in den Aussackungen des Embryosacks fand S. vielfach mehrere freie Kerne, wie sie auch in jenen grossen Zellen vorkommen. Was die Formen mit freier Zelltheilung im Sinne Strasburger's betrifft, wo also die Wandbildung erst später erfolgt, so sah S. bei *Lysimachia Ephemerum* und *Lilium Martagon* den secundären Embryosackkern in Theilung, bei *Hyacinthus ciliatus* in Vorbereitung dazu, bei *Leucojum aestivum* die vier ersten Endospermkerne in Theilung. In anatropen Samenknospen beginnen die weiteren Kerntheilungen meistens in der Gegend der Mikropyle, bei den atropen Samenknospen von *Polygonum Bistorta* schritt die Theilung nach der Mikropyle hin, bei denen von *Urtica pilulifera* in entgegengesetzter Richtung vor. Freie sphärische Zellen wurden im Embryosack nirgends gefunden. Für die Darstellung der Kerntheilung im Einzelnen unterscheidet S. die primitive Spindel, die einplattige Spindel (Strasburger's Kernspindel), die zweiplattige Spindel nach „Theilung der Kernplatte" und die kernplattenlose Spindel nach Bildung der Tochterkerne an den beiden Polen. Die Abbildungen des Verf. entsprechen sehr den von Strasburger in analogen Fällen gegebenen. Bei *Iris sibirica* findet S. eine Kernplatte aus groben Körnern, die sich in je zwei Theile sondern und an den Spindelfasern den Polen zuwandern, wo sie zu homogenen Massen, den Tochterkernen, verschmelzen. Die Zellplatte besteht aus deutlichen, mit Boraxcarmin nicht färbbaren Körnchen, die aber wieder verschwinden. In den homogenen Kernen entstehen Vacuolen, wodurch eine Kernwand abgehoben und die homogene Masse in zahlreiche durch Kernsaft getrennte Körner zerlegt wird. Nachdem dann der Kern grösser geworden ist, verschmelzen die Körner zu Fäden, welche dann die primitive, nur aus Chromatinfäden gebildete Spindel geben. Die Spindelfasern treten nach S. erst auf, wenn sich die Kernsubstanz im Aequator wieder zu Körnern gesammelt hat. Dieser Fall würde somit, wenn er richtig beschrieben ist, von Flemming's Auffassung stark abweichen. Auch bei Arten von *Asparagus, Euphorbia, Chelidonium, Reseda, Viola* und *Oxalis* besteht nach S. die Kernplatte aus getrennten Körnchen, an welche die Spindelfasern ansetzen. Bei *Leucojum aestivum* soll die Kernplatte bald kurze Stäbchen, bald in einander geschlängelte Fäden enthalten. Eng an einander gelagerte Stäbchen, deren Verlauf nicht genau zu verfolgen ist und die sich später quertheilen, giebt S. auch bei *Lilium croceum* an; ein Vergleich seiner Abbildungen mit den von Flemming an Soltwedel's eigenen Präparaten von derselben Pflanze gewonnenen Bildern (Beiträge III, Taf. III, fig. 2 a.—g.), welche in der „Kernplatte" die schönsten Schleifen zeigen, ruft aber starke Zweifel hervor, ob nicht sämmtliche Figuren Soltwedel's, wie es Fr. von denen Strasburger's behauptet, nur ungenügend fixirte, mangelhaft gefärbte oder sonst nicht correcte Darstellungen sind. Namentlich auffallend ist der Unterschied zwischen den feinen Fadennetzen der Tochterkerne, wie sie Fl. zeichnet, und den „homogenen Körpern", welche S. auch hier nach der Theilung aus den chromatischen Elementen entstehen lässt. Kernplatten aus langen Stäbchen fand S. weiter noch bei Arten von *Lilium*, *Fritillaria* und *Hyacinthus*, Mittelformen mit kurzen Stäbchen bei *Secale*, *Bulbocodium*, *Czackia*, *Polygonatum* und *Agrimonia*. Bei *Galanthus* soll eine ununterbrochene Masse mit Fortsätzen nach den Polen die Kernplatte bilden, ebenso bei *Leucojum vernum*, *Tulipa*, *Vicia*, *Pisum*. Eine ganz homogene Platte wird bei *Hemerocallis*, *Urtica*, *Corydalis*, *Cynoglossum* angegeben. Auch dreipolige Spindeln wurden gelegentlich gesehen (S. 361).

Im Allgemeinen hält der Verf. die Kernkörperchen für gleichwerthig mit der übrigen chromatischen Substanz und desshalb sogar den Ausdruck für überflüssig: die Kernmembran erscheint ihm als ein Differenzirungsproduct des umgebenden Protoplasmas, die Spindelfasern möchte er als Schläuche betrachten, die aus dem umgebenden Plasma stammen und in denen sich die chromatische Substanz bewegt. Bisweilen sah S. neben weit vorgeschrittenen Theilungsfiguren nicht tingirbare Häutchen, die er als abgeworfene Membranen der Mutterkerne deuten möchte.

Schliesslich wird noch die nachträgliche Verschmelzung mehrerer Endospermkerne und die Bildung eigenthümlicher verschmelzender Doppelspindeln beschrieben.

42. Guignard. Bildung des Embryoträgers und des Endosperms der Leguminosen. (No. 22.)

Die Entstehung des Embryosackkerns durch Verschmelzung der beiden bei Bildung des Eiapparates und der Antipoden übrig gebliebenen Kerne wird bei *Acacia Farnesiana* u. a., der Beginn der Endospermbildung durch Theilung des so entstandenen Kerns bei *Vicia lathyroides* bestätigt, wo diese Theilung erst verhältnissmässig spät vor sich geht. Auch das Fortschreiten der Endospermbildung von der Mikropyle zur Chalaza wurde mehrfach beobachtet (vgl. S. 44, 48). In demjenigen Theil des Embryosacks, welchem der letztere zugewandt ist, bleiben hypertrophische Endospermkerne übrig, um welche sich keine Zellwände bilden, die aber später unvollständige Fragmentationen, auch Verschmelzungen zeigen (S. 45). Ferner sind einige Abbildungen über die Endospermtheilung bei *Gymnocladus canadensis*, *Orobus angustifolius*, *Ononis arragonensis*, *O. geminiflora*, *Lupinus polyphyllus*, *L. luteus* und *Soja hispida*, sowie über die Kerntheilungen in den Embryoträgern von *Orobus angustifolius*, *O. aureus*, *Pisum sativum*, *Galega orientalis* gegeben. In diesen letzteren kommt bei den Vicieen sowohl normale indirecte Kerntheilung mit körniger Kernplatte, als auch Fragmentation vor. Ein besonders günstiges Object sind die *Lupinus*-Arten, bei welchen auch die Bildung von Cellulose zwischen den Kernen bereits vor Vollendung der Scheidewand nachweisbar ist. In der Mitte des Embryosackes entstehen hier zahlreiche Plasmabänder mit eingelagerten Kernen, um welche sich aber keine Zellwände bilden, vielmehr geht die Endospermbildung von der Wandung des Embryosacks aus, während diese Kerne resorbirt werden (S. 116).

43. Mellink. Endospermbildung bei Adonis. (No. 44.)

Die Kerntheilung erfolgt sehr gleichzeitig im ganzen Embryosack; einmal wurden 56 Kerne gezählt, alle in Theilung begriffen, und zwar gegen die Mikropyle hier in etwas vorgeschritteneren Stadien, als nahe der Chalaza. Die sonstigen Angaben stimmen sehr mit denen von Strasburger bei *Myosurus* überein.

44. Tangl. Kern- und Zelltheilung der Pollenmutterzellen von Hemerocallis. (No. 80.)

Die primären Kerne werden vor der Theilung regressiv zu einer homogenen, fast nur aus Kernsubstanz bestehenden membranlosen und muthmasslich amöboiden Kernform umgewandelt, wobei die Nucleolen in manchen Fällen in das Protoplasma ausgestossen und resorbirt werden. Die homogenen Mutterkerne zerfallen direct, ohne fädige Zwischenstadien, in die länglich runden Elemente der Kernplatte. Aus den anfangs homogenen Tochterkernen gehen höher differenzirte, scheibenförmig abgeflachte, unregelmässig contourirte Kerne hervor, die kurz vor ihrer Theilung wieder homogen werden. Die Specialmutterzellen liegen in einer Ebene oder bilden bilaterale, durch drei Scheidewände entstehende Tetraden, letzteres, wenn die vier Kerne nach den Ecken eines Tetraëders lagen. Gelegentlich kommen nachträgliche Theilungen einzelner Specialmutterzellen vor.

45. Lalewski. Theilung der Pollenmutterzellen von Liliaceen. (No. 36.)

Die Untersuchung wurde wesentlich an dem herausgedrückten Inhalt quer durchschnittener Staubbeutel von *Lilium candidum* und *Allium Moly* gemacht, nachdem derselbe 14—20 Stunden mit 1 % durch Methylgrün schwach gefärbter Essigsäure in Berührung gewesen war. Der Verf. findet an den Kernen von *L. candidum* eine feine Cellulosemembran und ein mit Methylgrün nicht färbbares Kernkörperchen. Die Nucleïnsubstanz nimmt bald die Form wurmartiger Stäbchen an, die Kernmembran löst sich auf, die ersteren strecken sich gerade und stellen sich senkrecht zur Theilungsebene, sich verjüngend und streckend verschmelzen sie dann an den Polen. Der Verf. hält dabei diese chromatischen Elemente für Schläuche, deren zarte Wandung aus Zellstoff besteht und deren Inhalt dichtes Plasma ist: die Kernspindel kommt dann nach seiner Vorstellung dadurch zu Stande, dass der Inhalt der Schläuche sich nach der Aequatorialebene zurückzieht, während die entleerten Enden an den Polen sich vereinigen. So erkläre es sich, dass die Zahl der Kernplattenelemente gleich sei der Zahl der Spindelfasern. Wo mehr Spindelfasern erscheinen, bilden sich nach L. die überzähligen aus ganz kleinen Kernstäbchen, deren ganze Substanz für die Spindelfaser verbraucht wird. Die Spaltung der Kernplatte geschieht seltener durch Einschnürung der Schläuche, häufiger in der Weise, dass das dichte tingirbare Plasma wieder innerhalb der Schläuche nach den Polen wandert, wobei wieder langgestreckte Kernelemente entstehen: je zwei davon verschmelzen zu *V*-ähnlichen Schleifen. Jetzt wandert das Kernkörperchen nach der Mitte der Zelle, zerfällt in kleinere Stücke und giebt mit eindringendem Zellplasma das Material zur Bildung der Zellplatte. Die Membran entsteht als Ring, der rasch sich vollkommen schliesst.

46. Treub. Theilung der Pollenmutterzellen von Zamia. (No. 84.)

Kurze Darstellung der Kern- und Zelltheilung; das Object ist wegen grossen Reichthums an Stärkekörnern ungünstig.

47. Johow. Kerne und Kerntheilung bei Chara foetida. (No. 28.)

Die theilungsfähigen Zellen, deren Plasma noch keine grösseren Safträume und keine Bewegung zeigt, haben grosse, nach Härtung mit Pikrinsäure und Färbung mit Hämatoxylin mit einer scharfen, dunklen, der Kernmembran entsprechenden Linie begrenzte Kerne. Die Grundsubstanz derselben ist homogen oder fein punktirt, matt, von opalisirendem Glanze, ihr sind die chromatischen Elemente eingebettet. Dieselben beschränken sich nach J. bisweilen auf einen einzigen grossen Nucleolus, in anderen Fällen sind mehrere Kernkörperchen von verschiedenen Grössen vorhanden, solid oder von vacuolenartigen Hohlräumen durchsetzt. Aehnlich verhalten sich die an den Enden der Rhizoïden liegenden Kerne, welche fast immer nur einen Nucleolus führen, der bei schwacher Tinction fleckig-netzartige Zeichnungen erkennen lässt.

Die Kerntheilung ist nach J. sehr abweichend. Die Kernwand verschwindet, die Chromatinkörper vertheilen sich durch den ganzen Raum der Zelle, wobei ihre Zahl in einer nicht genau festgestellten Weise, vielleicht durch Zerfall zunimmt. Darauf treten die Chromatinkörper zu zwei Gruppen zusammen, welche die Stellen der künftigen Tochterkerne einnehmen, und zerfallen in kleine, aber immer stark färbbare Körnchen, vermuthlich durch Verdichtung der Substanz der Chromatinkörper an gewissen Stellen und Abgabe der bleibenden Reste an das Plasma. Nach der Bildung jener „Krümel" zeigt nämlich das sie einschliessende Plasma grössere Tinctionsfähigkeit, ist auch homogener und stärker lichtbrechend geworden. Nun vereinigen sich die Körnchen wieder zu grösseren Chromatinmassen, deren Vacuolen vielleicht bei dem Verkleben der kleineren Massen sich bilden; die Umrisse der Tochterkerne treten deutlicher hervor, sie sind bisweilen buchtig begrenzt oder selbst bisquitförmig. Achromatische Fasern wurden nicht bemerkt, wohl aber zuweilen eine äusserst zarte streifige Differenzirung zwischen den Tochterkernen, parallel zur Axe der Zelle. Die Zellplatte erscheint als eine Doppelreihe zahlreicher, winziger Körnchen, welche die Zelle ganz durchsetzt: bei den Rhizoïden entsteht sie erst nach völliger Ausbildung der Tochterkerne, die schon etwas von einander entfernt liegen, ohne dass irgend Streifungen oder Verbindungsfäden nachweisbar wären.

In den flachbleibenden Knotenzellen verändern sich die Zellkerne nicht weiter: in den Kernen der langen Internodien treten dagegen ausser den Chromatinkörnern auch Stäbchen, gebogene und verzweigte Schlingen u. s. w. aus derselben Substanz auf. Ferner vermehren sich hier die Kerne durch wiederholte Einschnürung, in welcher Hinsicht die Angaben von Schmitz bestätigt, durch einzelne Details erweitert und durch zahlreiche Abbildungen erläutert werden, denen sich weitere Figuren über ähnliche Erscheinungen bei einigen Phanerogamen anschliessen. Schliesslich erörtert der Verf. noch die Frage, ob die Fragmentation nur als eine senile Erscheinung im Zellenleben zu betrachten sei oder nicht, und verneint dieselbe wegen der Uebergänge zwischen den normalen Theilungsvorgängen und der späteren Fragmentation bei *Chara*.

48. Prillieux. Hypertrophie und Vermehrung der Kerne in hypertrophischen Pflanzenzellen. (No. 59.)

Bei Pflanzen, welche in einem an Wärme die umgebende Luft übertreffenden Boden wachsen, konnte P. hypertrophische Zellen des Stamminnern erziehen. In diesen, sowie in den Zellen der durch die Blutlaus verursachten Geschwülste der Apfelbäume kommen zahlreiche Kerne vor, die durch Fragmentation entstehen, indem zwischen zwei grossen Nucleolen eine Plasmawand sich bildet, die den Kern durchsetzt, worauf die beiden Hälften anschwellen und sich trennen, nachdem sie eine Zeit lang noch zusammen einen bisquit- oder nierenförmigen Kern gebildet haben. Häufig unterbleibt auch die Trennung ganz. Verf. schliesst mit einigen Bemerkungen über die Kernmembran.

49. Schaarschmidt. Kerntheilung von Nostoc. (No. 70.)

Der nur 0.5—0.6 μ messende Kern liegt in ruhenden Zellen gewöhnlich den Scheidewänden an: vor der Zelltheilung rückt er in die Mitte der verlängerten Zellen in die farblose Zone, die sich daselbst gebildet hat, und theilt sich durch Einschnürung.

50. Strasburger. Ringförmige Zelltheilung. (No. 78.)

Kurze Darstellung des Zusammenhangs des Verlaufes der Verbindungsfäden der Tochterkerne einerseits und der gebogenen, U-förmigen bis endlich kreisförmigen Gestalt der Scheidewand andrerseits. Es geht der Entstehung derselben eine Ansammlung des Plasma vorzugsweise um einen, auf der concaven Seite der späteren Scheidewand gelegenen Kern voraus.

51. Hilburg. Turgor der Zellen der Bohnengelenke. (No. 26.)

Die genannten Zellen zeigen in Wasser und schwache Salzlösungen gelegt nicht, wie man erwarten sollte, Steigerung, sondern Verminderung des Turgors.

52. Kienitz-Gerloff. Ueber Wachsthum und Zelltheilung etc. (No. 29.)

Der erste Abschnitt dieses Aufsatzes enthält eine Vertheidigung des Hofmeister'schen Satzes, dass die theilende Wand senkrecht steht zur Richtung des stärksten vorausgegangenen Wachsthums der Zelle. Es werden namentlich *Cladophora*, *Dictyota*, zweischneidige Scheitelzellen (Embryo von *Ceratodon*), *Salvinia* besprochen.

53. Westermaier. Wachsthumsintensität der Scheitelzelle. (No. 89.)

Nach einer Darstellung der jetzt viel erörterten Frage, ob die Form der Vegetationspunkte mehr von der Theilungsfolge der Zellen abhänge oder umgekehrt, wobei auch Schwendener's Ansicht über diesen Gegenstand nach neuerlichen Mittheilungen wiedergegeben wird, untersucht der Verf. speciell die Wachsthumsintensität der Scheitelzelle im Vergleich zu derjenigen der älteren Segmente und findet, dass das Maximum der Volumenzunahme innerhalb der Scheitelregion entweder in der Scheitelzelle selber oder in den jüngsten Segmenten liegt. Wenn man nur die Scheitelzelle und die vier jüngsten Segmente in Betracht zieht, ist die Volumenzunahme der Scheitelzelle niemals die kleinste. Das Gesammtwachsthum fasst der Verf. auf als Function zweier Variabeln, der äusseren Form des Organs und des Zellindividuums, wobei mechanische Einflüsse die endgültige Anordnung der Zellen mit bedingen können.

54. Kny, Wachsthum von Pilzmycel und Pollenschläuchen, (No. 34.)

55. Tomaschek, Wachsthum der Pollenschläuche, (No. 82.)

56. Darwin, Circumnutation von Phycomyces, (No. 9.)

57. **Elfving, Wachsthum von Phycomyces,** (No. 91.)

58. **Wortmann, Hydrotropismus von Phycomyces,** (No. 19.)

behandeln sämmtlich das Wachsthum einzelliger Organe unter dem Einfluss äusserer Kräfte. Genaueres vgl. im Abschnitt über physikalische Physiologie.

3. Inhaltskörper der Zelle.

59. **Pringsheim. Chlorophyllkörper und Hypochlorin.** (No. 60.)

Weitere, durch zahlreiche Abbildungen erläuterte Ausführungen der im Jahresber. 1879, I, S. 9 besprochenen Aufsätze. Die sämmtlichen Chlorophyllkörper bestehen, wie namentlich Behandlung mit 1 vol. Eisessig auf 2 vol. Wasser hervortreten lässt, aus einem balkenartigen, nach aussen mit durchbrochener Hülle abschliessenden Gerüst oder Gitterwerk von dichterer Substanz, dessen Zwischenräume oder Maschen von dem halbflüssigen oder flüssigen Träger des Farbstoffs erfüllt sind. Dafür, dass das Hypochlorin ein selbstständiger Körper, kein Derivat des Chlorophylls sei, wird namentlich angeführt, dass nicht sämmtliche Chlorophyllkörper eines mit Salzsäure behandelten Gewebes die charakteristischen rostfarbigen Nadeln ausscheiden. Verf. schliesst daraus, dass das Hypochlorin einem regelmässigen Verbrauch unterliegt. Ausserdem erscheinen die Hypochlorinbildungen bei *Spirogyra* u. s. w. vorzugsweise an bestimmten Stellen, nämlich an der Peripherie der Amylumberde und zwar schon ehe diese letzteren Stärke führen. Bei mechanischem Druck oder Erwärmung auf 30—40° treten bei *Sp. procera* und anderen grossen Arten an den Randausbuchtungen der grünen Bänder und neben den Amylumherden grosse vacuolenartige Räume auf, die mit einer stark lichtbrechenden Substanz gefüllt sind. Gelegentlich bilden sich diese Vacuolen auch spontan. Bei stärkerer Erwärmung, überhaupt bedeutenderen Eingriffen verschwinden dieselben und wird Verf. in der Annahme, dass aus ihrem Inhalt das Hypochlorin entstehe, dadurch bestärkt, dass an erwärmten grünen Geweben, in denen, wenn die Temperatur hoch genug war, der Inhalt der Vacuole verschwindet und sich im Protoplasma vertheilt, auch die Hypochlorinbildung durch Salzsäure nicht hervorgerufen werden kann, wofür mehrere Beispiele genauer beschrieben werden. Auch kranke, aber noch grüne Spirogyren u. s. w. zeigen die Hypochlorinreaction nicht.

Der Verf. giebt dann zahlreiche Darstellungen der durch intensives Licht bei Gegenwart von Sauerstoff entfärbten Chlorophyllkörner (vgl. Ref. No. 15). Die Entfärbung kann schon nach 1½—2 Minuten *(Mesocarpus)* vollendet sein. Bei besonders kräftigen, langen Zellen von *Nitella* kann sie eintreten, ohne dass diese sonst erkennbare Störungen erleidet, es können aber auch die Chlorophyllkörner ausserhalb der belichteten Stelle die Quellungserscheinungen zeigen, welche sonst der Zerstörung derselben vorausgehen, und der Tod der Zelle vor der Entfärbung der nicht aufquellenden, beleuchteten Chlorophyllkörner eintreten. Wurden die letzteren halb entfärbt und lebt die Zelle noch einige Wochen weiter, so wird die Entfärbung der betroffenen Chlorophyllkörper vollständig, ohne dass dieselben jedoch ihre Form verändern; die Fähigkeit, von neuem Chlorophyll zu bilden, haben sie nicht. Im Uebrigen sind alle durch das Licht entfärbten Chlorophyllkörper viel resistenter, als die normalen; sie haben durch die Einwirkung des Lichtes ihre Quellungsfähigkeit verloren. Dunkelrothes Licht, wie es eine Lösung von Jod in Schwefelkohlenstoff durchlässt, entfärbt unter keinen Umständen die Chlorophyllkörper, bei *Mesocarpus* kann in rothem Lichte die Zelle absterben, ohne dass die Chlorophyllplatte irgend entfärbt wird. Was aus dem bei der Entfärbung zerstörten Chlorophyllfarbstoff wird, ist noch zweifelhaft.

Von sonstigen Farbstoffen wurden im intensiven Licht zersetzt die stahlblauen der Phycochromaceen, der braune Farbstoff der Bacillarieen, Phaeosporeen und Fucaceen und der rothe der Florideen, ferner der gelbrothe der Blüthen von *Calendula;* nicht verändert wurden die rothe Färbung vieler Algenoosporen, die gelbrothe der Nebenkrone von *Narcissus poeticus* und manche blaue Blüthenfarbstoffe.

Ausser Stärke und Fetten fand Pr. in den Chlorophyllkörpern noch weitere Einschlüsse, so bei *Mesocarpus scalaris* glänzende in Alkohol und Aether verschwindende Tropfen, die aus einer von resistenter Hülle umgebenen Gerbstofflösung bestehen. Alle diese Einschlüsse werden durch intensives Licht nicht afficirt, auch wird mit der Zerstörung des Chlorophyllfarbstoffs keine Stärke gebildet, dagegen lässt sich Hypochlorin an den von intensivem Lichte getroffenen Stellen der Zellen nicht mehr nachweisen. Diese Veränderung geht der Zerstörung des Chlorophylls noch voraus.

60. Schaarschmidt. Theilung der Chlorophyllkörper. Hypochlorin. (No. 70.)

Der Verf. hält daran fest, dass die Chlorophyllkörner ausser durch Einschnürung sich auch unter Fadenbildung ähnlich wie die Zellkerne theilen können. Er fand nach Salzsäureeinwirkung Hypochlorin auch bei *Nostoc*, *Microcoleus*, *Merismopoedia*, *Oscillaria* und zahlreichen Bacillariaceen (*Synedra Ulna* [besonders günstig], *S. splendens*, *Cymatopleura Solea*, *Himantidium pectinale*, *Pinnularia viridis*, *P. radiosa* u. A.) in Gestalt austretender bräunlicher Massen.

61. d'Arbaumont. Chlorophyllbildung im Dunkeln und Entstehung von Farbstoffkörpern. (No. 2.)

Im Innern sehr grosser Früchte von *Cucurbita maxima* fand d'A. lebhaft grüne Chlorophyllkörner z. Th. auch in Theilung. Später wandeln dieselben sich in gelbe Farbstoffkörper um.

62. Schimper. Wachsthum der Stärkekörner. (No. 73.)

Stärkekörner, welche durch beginnende Auflösung unregelmässig gelappt geworden sind, während die Pflanzentheile noch in lebhaftem Wachsthum waren, können, wenn das letztere nachlässt, doch noch weiteren Zuwachs erhalten. Derselbe findet dann nicht im Innern des Kornes statt, sondern bildet eine zunächst dünne, allmählich dicker werdende glänzende Schicht um das corrodirte Korn herum. Die Unebenheiten der Körner werden dabei vielfach ausgeglichen, doch bleibt auch in den fertigen Körnern der corrodirte Kern sichtbar. Beobachtet wurde diese Erscheinung in den unreifen Cotyledonen von *Dolichos Lablab*, *Vicia Faba*, *Phaseolus*, im Markparenchym von *Cereus speciosissimus*. Sch. folgert daraus, dass das Wachsthum der Stärkekörner durch Apposition geschehe, und führt zur Unterstützung dieses Satzes weiter an die Stärkekörner von *Dieffenbachia Seguine*, welche im Contact mit einem zweiten Chlorophyllkorn ein neues, dem primären aufgesetztes Schichtensystem erhalten. Der Verf. versucht dann weiter die Argumente, welche Nägeli für das Wachsthum der Stärkekörner durch Intussusception angeführt hat, zu widerlegen. Da durch Druck nach dem Verf. nur radiale Risse, nie tangentiale auftreten, so nimmt derselbe zunächst an, dass die Cohäsion der Stärkekörner in tangentialer Richtung sehr gering, in radialer dagegen sehr gross sei, während die Dehnbarkeit sich umgekehrt verhält. Da ferner Stärkekörner durch Druck nicht blos abgeplattet werden und Spalten bilden, sondern auch gallertartig aufquellen, so schliesst Sch., dass überhaupt mechanische Eingriffe im Stande sind, in den wasserarmen Theilen des Stärkekorns den grösseren Wassergehalt und die schwächere Lichtbrechung zu verursachen, welche sonst für die wasserreichen Theile charakteristisch sind. Verf. sucht dann nachzuweisen, dass bei dem Wachsthum der Körner in Folge der stärkeren Einlagerung von Wasser parallel den Schichten im Vergleich mit der dazu senkrechten Richtung Spannungen entstehen müssen, welche darnach streben, die Schichten von einander zu trennen. Da letzteres nicht möglich ist, so soll die erlittene Dehnung Aufquellen der gedehnten Substanz bewirken und dadurch die Differenzirung einer äusseren dichten und einer inneren weichen, wasserreichen Schicht zu Stande kommen. In dieser Art glaubt Sch. die Entstehung des sogenannten Kerns und der weichen concentrischen Schichten mechanisch erklären zu können. Er denkt sich dabei, dass nach Bildung des Kerns durch Auflagerung neuer Substanz die Spannung der äusseren Schicht wieder zunimmt, wodurch die letztere wieder in zwei dichtere und eine mittlere aufgequollene Lage zerlegt wird. Auch die in frischen Stärkekörnern vorkommenden Radialspalten führt Sch. auf die von den äusseren Theilen auf die inneren ausgeübte Dehnung zurück, daher denn auch die Spalten sich beim Eintrocknen verkleinerten, während quellungserregende Substanzen eine weitere Bildung wasserreicher Schichten und Vergrösserung der vorhandenen oder Entstehung neuer Spalten veranlassen. Der Verf. weist dann ferner darauf hin, das die Lage der Stärkekörner zu den Stärkebildnern vollkommen vereinbar sei mit der Annahme, dass von den letzteren her eine Apposition stattfinde. Ausführlicher werden dann noch die halb und ganz zusammengesetzten Stärkekörner besprochen, bei welchen bekanntlich Nägeli aus der mit dem Wachsthum zunehmenden Entfernung ihrer Kerne, überhaupt dem in der Richtung der Verbindungslinie der Kerne stärksten Wachsthum die Unzulässigkeit der Apposition gefolgert hat. Im Rhizom von *Canna* findet Sch. das stärkste Wachsthum der halbzusammengesetzten Körner im Gegensatz zu Nägeli's Angabe senkrecht zur Verbindungslinie der Kerne. Die hier vorkommenden Körner mit zwei weit von einander entfernten Kernen sind nach Sch. durch Verwachsung zweier ursprünglich freier Körner gebildet und soll dasselbe auch bei den Kartoffelknollen und beim Rhizom von *Iris florentina* gelten. Schliesslich gelangt der Verf. zu dem Resultat, dass die Stärkekörner als aus Krystalloïden zusammengesetzte Sphärokrystalle zu betrachten seien, deren Doppelbrechung auf die Spannungsverhältnisse zurückzuführen sei.

63. Nägeli. Wachsthum der Stärkekörner. (No. 49.)

Der Verf. bestreitet zunächst den Satz von Schimper, dass gedrückte Stärkekörner nur radiale Spalten bilden, die tangentialen seien ebenfalls vorhanden, aber der Natur der Sache nach nicht sichtbar, einmal ihrer Lage wegen, andererseits weil sie in den weichen Schichten verlaufen und von diesen ihrer Lichtbrechung nach nicht unterschieden werden können. Der Schluss, den Schimper über Cohäsion und Dehnbarkeit der Substanz ziehe, sei also nicht solid begründet. Sch. vermische ferner die natürliche Imbibition der Stärkekörner mit der wohl durch Zerfallen der Micellen in kleinere zu Stande kommenden, schliesslich zur Kleisterbildung führenden Aufquellung, er betrachte geradezu die wasserreichen Schichten des Stärkekerns sowie dessen Kern als eine kleisterartige Masse, während Nägeli in denselben dieselbe regelmässige Anordnung, wie in den dichteren Lagen, nur mit grösserem Wassergehalt annimmt. Der Unterschied trete in dem verschiedenen Verhalten der weichen Schichten und des Kleisters zum polarisirten Licht und zu gewissen Farbstoffen deutlich hervor, welche letztere in zerschnittene, aber nicht desorganisirte Körner nicht eindringen, während aufgequollene Stärke gefärbt wird. Die letztere, von W. Nägeli (Beiträge zur näheren Kenntniss der Stärkegruppe) beobachtete Thatsache hat der Verf. weiter verfolgt und gefunden, dass Anilinviolett, Anilinroth, Anilingelb und Anilinbraun in Wasser gelöst sowohl die unveränderten, als die aufgequollenen Stärkekörner färben, dass aber aus den natürlichen Körnern die Färbung durch mehr oder weniger verdünntes Glycerin, auch wenn es die nämliche Anilinfarbe gelöst enthält, vollständig ausgezogen wird, während sie in den aufgequollenen sich abgeschwächt erhält. In mehr oder weniger verdünntem Glycerin, in welchem Anilinviolett oder -roth gelöst ist, bleiben die natürlichen Körner ungefärbt, die aufgequollenen färben sich schwach: denselben Unterschied zeigen sie in ihrem Verhalten zu wässerigen Lösungen von Anilinblau und Anilinschwarz. Versetzt man dagegen erstere Lösung mit verdünnter Salzsäure oder Salpetersäure, so färben sich beide Arten von Stärkekörnern intensiv. Daraus folgt einmal, dass Farbstofflösung in die Stärkesubstanz eindringen kann, dass sie aber nicht immer und je nach Umständen in verschiedener Menge eingelagert wird. Es hängt das ab 1. von der Verwandtschaft des Farbstoffs zur Stärke, 2. von der besonderen Micellarconstitution der letzteren. Wie sehr die Färbbarkeit von letzterer abhängt, zeigen z. B. auch Zellmembranen von Algen *(Spirogyra, Zygnema, Cladophora)*, welche nach dem Einlegen in Farbstofflösungen zuerst die Membran gefärbt, den Inhalt ungefärbt zeigen (lebender Zustand der Membran), dann die erstere ungefärbt und den Inhalt gefärbt (natürlich todter Zustand der Membran), endlich beide gefärbt (aufgequollener Zustand der Membran): Nägeli vergleicht dabei den normalen Zustand der Stärkekörner mit dem zweiten, dem natürlich todten der Membranen.

Der Verf. bestreitet dann weiter den Schimper'schen Satz, dass ein einfacher Zug, wie er beim Wachsthum der Stärkekörner auch nach Nägeli stattfindet, eine Aufquellung gewisser Schichten veranlassen könne, er könne höchstens eine Zerreissung veranlassen, wenn ihm nicht durch Einlagerung neuer Substanz Genüge geleistet werde, wie es die Indussusceptionstheorie annimmt. Auch der Satz, dass parallel den Schichten mehr Wasser eingelagert würde, als in Richtung senkrecht dazu, sei wenigstens nicht allgemein gültig; so trete beim Beginn der künstlichen Quellung das Gegentheil ein. Ausserdem könne aus der Wassereinlagerung an sich, aus der Richtung der beim Austrocknen entstehenden Spalten kein Schluss auf die Spannungsverhältnisse des normalen nicht ausgetrockneten Kerns gezogen werden, da auch bei stärkerer Wassereinlagerung in tangentialer Richtung gar keine, oder eine der Vorstellung Schimpers entgegengesetzte Spannung denkbar ist. Die thatsächlich vorhandene Spannung, welche in jeder Micellarschicht gegen die nächst innere positiv, gegen die nächst äussere negativ ist, könne wohl durch Intussusception zu Stande kommen, ihr Entstehen durch Apposition aber habe Sch. nicht erklärt, da seine Voraussetzung, es lagere sich zunächst eine trockene oder sehr wasserarme Stärkeschicht auf, die erst nachher nach Bedürfniss Wasser imbibire einmal eine unmögliche, molecular physiologisch unmotivirbare sei und zweitens gar nicht die Wirkung einer inneren Spannung haben würde, da mit geringerem Widerstand eine Ausdehnung der Wasser aufnehmenden Schicht nach aussen unter Verschiebung ihrer Theilchen stattfinden könnte. Weiter sei durch die Appositionstheorie die Thatsache nicht zu erklären, dass die äusserste Schicht grosser wie kleiner Körner ein vom Uebrigen abweichendes Verhalten insofern zeigt, als sie sich mit Jod gar nicht oder schwach rothviolett färbt, und ebenso gewissen Säuren widersteht, welche die innere Masse lösen. Nägeli hält ferner fest an dem Vorkommen ächter, d. h. durch Theilung eines ursprünglich einfachen Korns entstandener ganz zusammengesetzter Stärkekörner. Dass die „Stärkebildner" die Ernährer seien, welche das Material für den Aufbau der Stärkekörner liefern, hält N. für sehr unwahrscheinlich, da man nicht wohl annehmen könne, dass die Glycose- oder Maltoselösung, welche das Baumaterial für die Stärkekörner darstellt, sich zunächst im Stärkebildner ansammelt welcher ausserdem das Korn oft nur an einer winzigen Stelle berührt. Sch. setzt voraus, dass die Nährlösung sich innerhalb einer gallertigen Substanz, die das Stärkekorn umgiebt, durch Capillarität auf der Oberfläche des letzteren ausbreite. N. stellt dem entgegen, dass es für Beurtheilung dieser Verhältnisse auf Capillarität gar nicht ankommt, sondern nur auf die Anziehung zwischen Stärke und Plasmasubstanz und zwischen beiden Substanzen und Wasser. Nach diesen Molecularkräften könne aber von einer besonderen zwischen Plasma und Korn eingeschalteten Flüssigkeitsschicht keine Rede sein. Da Stärkekörner, die frei in Zuckerlösung liegen, nicht wachsen, so können die Stärkemicellen die Umwandlung von Glycose in Stärke nicht vollziehen, es muss vielmehr das Plasma mitwirken, wozu vielleicht der Stärkebildner besonders befähigt sein könnte, ohne jedoch desswegen Gestalt und Bau des Stärkekorns specifisch zu bedingen. N. macht dabei besonders darauf aufmerksam, dass nach Sch's. eigenen Abbildungen Körner von gleicher Gestalt ganz ungleich gestaltete Bildner besitzen und umgekehrt. Endlich ist für N. die Umhüllung corrodirter Stärkekörner mit einer neuen Lage kein Beweis für Wachsthum derselben durch Apposition, vielmehr eine der doppelten Membranbildung um eine Plasmamasse vergleichbare Neubildung, in der selber das weitere Wachsthum durch Intursusception erfolgen kann. Schliesslich betont N. noch, dass Schimper's Auffassung der Stärkekörner als Sphärokrystalle mit den Vorstellungen, welche derselbe im ersten Theil seiner Abhandlung über deren Micellarstructur entwickelt hat, unvereinbar ist.

64. Meyer. Structur der Stärkekörner. (No. 46.)

Der Verf. erklärt ebenfalls Schimper's Theorie der Differenzirung der Körner für ganz unhaltbar, acceptirt dagegen deren Deutung als Sphärokrystalloïde eines Kohlenhydrats. M. findet, dass durch Wechsel der äusseren Bedingungen z. B. der Temperatur sich aus Zuckerlösungen Sphärokrystalle erhalten lassen, die aus concentrischen Schichten aufgebaut sind, deren verschiedene Lagen auch ungleiche Löslichkeit zeigen, der Kern des Sphärokrystalls ist meist weniger dicht, als die benachbarte Schicht. Dass die Dichtigkeit der Stärkekörner centripetal abnehme, versucht der Verf. durch die Einwirkung der in den Zellen vorhandenen stärkelösenden Fermente zu erklären, welche die Körner durchdringen und ihren ältesten, inneren Theil am längsten anzugreifen Zeit hatten. „So bleibt also immer die jüngste, äusserste Schicht die dichteste, die successive tiefer liegenden Schichten werden gemäss ihrem Alter weniger dicht sein." Der Verf. glaubt so auf Grund der Deutung des Stärkekorns als Sphaerokrystall alle Structurverhältnisse desselben erklären zu können. Ausserdem nimmt M. die Entstehung kräftigerer, secundärer Schichtung an, die dadurch zu Stande kommt, dass durch Fermentwirkung von aussen die äussersten Theile des Stärkekorns minder dicht werden, worauf eine Neubildung einer äusseren dichten Lage, wie in den von Schimper beschriebenen Fällen, dazu kommt. Specieller werden diese Vorstellungen an den *Iris*-Rhizomen erläutert. Es wird hier hervorgehoben, dass die Schichten an älteren Rhizomstücken oft deutlicher sind, als an jüngeren, die jedoch schon ganz ausgewachsene Stärkekörner enthalten. Verf. hält Nägelis Theorie für nicht ausreichend zur Erklärung dieser Erscheinung, die er auf Lösung durch Fermentwirkung zurückführt. Die Stärke-bildner sind auch an 10 Jahre alten Rhizomstücken, auch wenn die Stärke völlig gelöst ist, vollständig intact; sie sitzen in solchen älteren Geweben oft den Stärkekörnern quer oder seitlich an und ist gerade die Berührungsstelle oft corrodirt, so dass die Stärkebildner auch die Fähigkeit, Stärke zu lösen, besitzen müssen. Der Verf. beschreibt dann weiter ver-schiedene Formen der Anlagerung neuer Stärkesubstanz und schliesst mit dem Satze, dass die sämmtlichen bei *Iris* beobachteten Erscheinungen nur unter der Annahme einfach erklärbar seien, dass die Stärkekörner durch Apposition von Substanz wachsen.

65. Klebs. Inhaltskörper niederer Algen und Pilze. (No. 30.)

In *Phyllobium dimorphum* kommen grosse Tropfen eines orangefarbigen Oels (Hae-matochrom) vor, die mit starken Säuren, namentlich Salpetersäure zuerst tief himmelblau und dann farblos werden. Jodlösung, ebenso Eisenchlorid färbt es dunkelblaugrün, Osmium-säure dunkelbraun, Chromsäure entfärbt es, Kali, Ammoniak, Salzsäure, Pikrinsäure, Essig-säure bewirken keine Veränderung. Vermuthlich ist derselbe Körper bei *Chroolepus* die Ursache der bekannten rothen Färbung und wohl auch identisch mit dem gelben Oel der Uredineen, den rothen „Augenpunkten" bei Volvocineen u. s. w. Alle diese Substanzen werden mit Jod blau.

Ferner wurden bei *Phyllobium* zarte, rundliche, flache Körperchen von weisser bis schwach bläulicher Farbe gefunden, die in Wasser sofort eine radiale Streifung zeigen, die von einem dichteren, mittleren Kern ausgeht. Jod und Chlorzinkjod färben sie gelb, Säuren und Alkalien bewirken Quellung. Die auch gruppenweise vorkommenden Körperchen sind unlöslich in Essigsäure und Kali, färben sich nicht mit Millou's Reagenz und lösen sich unter starker Quellung in concentrirter Schwefelsäure. Sie scheinen organisch, aber nicht proteïnartig zu sein.

66. Rostafinski, Rother Farbstoff der Chlorophyceen (No. 68.)

findet ebenfalls, dass der rothe Farbstoff der Sporen vieler Chlorophyceen mit Schwefelsäure dunkelblau wird, welche Färbung beim Erwärmen nach vorhergehender Roth-färbung verschwindet. Dieselbe Reaction besitzt das Chrysochinon $C_{18}H_{10}O_2$. R. verglich nun das Spectrum desselben mit demjenigen von *Trentepohlia aurea*. Behandlung mit immer wieder erneuertem kalten Alkohol zog hier einen gelben Farbstoff aus, der mit Salpetersäure spangrün wird und mit dem Xanthin gelber Blüthen *(Cheiranthus Cheiri)* identisch zu sein scheint. Hier wie bei *Trentepohlia* bleiben aber Reste eines rothen, in heissem Alkohol und in Chloroform leicht löslichen Farbstoffs zurück, welches mit Schwefel-säure blau wird und ähnliche Absorption zeigt, wie das Chrysochinon, ausserdem aber noch das Chlorophyllband zwischen *B* und *C* erkennen lässt. Derselbe rothe Farbstoff ist wohl auch in Uredineen, *Pilobolus*, in den Stengeln der Orobancheen, rothen Früchten und den bisweilen sich roth färbenden Blättern von Selaginellen und Coniferen vorhanden. Da der aus *Tr. Jolithus* ausgezogene Farbstoff im Licht ergrünt, so betrachtet ihn R. als ein Reductionsproduct des Chlorophylls und nennt ihn Chlororufin. Vielleicht ist Millardet's Solanorubin derselbe Körper.

67. Klein. Krystalloïde der Meeresalgen. (No. 32.)

Mit Abbildungen versehene abschliessende Darstellung der vom Verf. an ver-schiedenen Orten veröffentlichten Beobachtungen (vgl. Jahresber. 1877, S. 308, 1879, S. 11, 1880, S. 30). Die Krystalloïde fanden sich bei 20 Arten aus den Gattungen *Acetabularia*, *Bornetia*, *Bryopsis*, *Callithamnion*, *Ceramium*, *Cladophora*, *Codium*, *Dasycladus*, *Gongro-ceras*, *Griffithia*, *Laurencia* und *Polysiphonia*.

68. Klein. Krystalloïde von Pinguicula und Utricularia. (No. 38.)

Weitere Ausführung der im Jahresber. 1880, S. 30 erwähnten Mittheilung.

69. Höhnel. Inhaltskörper der Drusen u. s. w. (No. 26, S. 585 ff., 592, 597.)

Bei *Ardisia* wurde als Drüseninhalt eine aus unregelmässigen Stäbchen und Körnchen bestehende Masse mit den Reactionen der Eiweisskörper gefunden, ferner hochrothe Sphäro-krystalle, die in verdünnter Chromsäure, Alkohol und Aether löslich und von einer eigenen rothbraunen Wandung umschlossen sind. Diese Krystalle entstehen in verschiedenen Zellen und verwachsen dann, worauf die eingeschlossenen Zellmembranen aufgelöst werden, während aus den peripherischen die rothbraune Wandung hervorgeht. Die hochrothe Substanz kommt auch in den Parenchymzellen als Einzelkrystall vor. In den Schleimschläuchen der Rinde von *Abies pectinata* u. s. w. finden sich Krystalloïde, welche Farbstoffe aufspeichern und sonstige Eigenschaften der Eiweissstoffe zeigen, aber auch von stärker wirkenden Reagentien nicht gelöst werden. Sehr grosse Gerbstoff führende Schläuche fanden sich in den Blättern von *Mesembryanthemum* und *Aeonium*, eigenthümliche spulenförmige Krystall-drusen im Weichbast von *Periploca graeca*, ungewöhnlich grosse Kalkoxalatkrystalle bei *Oxalis gigantea*, schöne Zwillingskrystalle in den *Eucalyptus*-Rinden, in die Membran eingewachsene Krystalle im Rindenparenchym von *Mimosa decurrens*.

70. d'Arbaumont. Tannin, Sphärokrystalle u. and. Inhaltskörper der Ampelideen. (No. 2.)
Ausser verschiedenen Modificationen des Tannins in Lösung und in umhüllten Tropfen beschreibt der Verf. bei einigen Ampelideen, die keine oder nur sehr wenig Stärke führen, eigenthümliche kugelige oder mit rundlichen Erhabenheiten besetzte stark lichtbrechende Körper, deren Substanz im Saft der Zellen gleichfalls vorhanden sein muss, da Stengelstücke in Alkohol gelegt nach einiger Zeit viel mehr solche Körper zeigen, als vor dem Einlegen vorhanden waren. Dieselben zeigen auch innere Vacuolen, erreichen einen Durchmesser von 0.013 mm, sind in kaltem Wasser sehr langsam löslich und werden vom Verf. als Cissose bezeichnet. Ausserdem treten bei gleicher Behandlung Sphärokrystalle mit zahlreichen vortretenden Nadeln auf, welche vielleicht aus derselben Substanz bestehen. Bei ver-schiedenen Ampelideen, z. B. *Ampelopsis hederacea* erhalten sich die Raphiden aus Kalk-oxalat in der Rinde dauernd, während sie im Mark am Ende der ersten Vegetationsperiode ganz oder bis auf Spuren verschwinden.

71. Kraus. Sphärokrystalle bei Ptelea trifoliata, Conium maculatum und Aethusa Cyna-pium. (No. 36.)
Bei den genannten Pflanzen finden sich, wie bei *Cocculus*, nur in der Epidermis Sphärokrystalle vor, wenn die Gewebe in Glycerin oder Alkohol gelegen haben. Es sind zumeist der Wand ansitzende Halbkugeln von deutlich strahligem Gefüge. In ihren Reac-tionen stimmen sie mit den analogen Gebilden von *Cocculus* überein. Bei *Ptelea* sind die Sphärokrystalle auf die Blattepidermis beschränkt.

72. Schaarschmidt. Sphärokrystalle bei Urticaceen, Rutaceen, Euphorbiaceen und Palmen. (No. 72, nicht zugänglich.)

73. Szabo. Krystalle bei Canna. (No. 79.)
Die Sphärokrystalle, die sich in den Gummigängen von *Canna*-Rhizomen ausscheiden, die einige Tage in Alkohol gelegen haben, bestehen aus oxalsaurem Kalk. Lässt man zer-schnittene Rhizome an der Luft liegen, so entstehen ausserdem auch körnige, tafel- oder octaëderähnliche Einzelkrystalle sowie dendritische Bildungen.

74. Demeter. Rosanoff'sche Krystalldrusen bei Urticaceen. (No. 11.)
Die Pflanzen, bei welchen membranumhüllte Krystalldrusen gefunden wurden, sind *Debregeasia dichotoma, Boehmeria celebica, B. biloba, B. japonica, Leucosyce candidissima, Memorialis hirta* und *Elatostema eurhynchum*, am schönsten sind sie bei den beiden erst-genannten Arten im Mark entwickelt. Die meist verholzten Cellulosebalken, an welchen die umhüllten Drusen befestigt sind, kommen auch hohl und auch ohne Drusen vor.

75. Higley. Kalksalzkrystalle. (No. 15.)
Der Verf. widerspricht der Annahme, dass nur oxalsaurer Kalk in Krystallform in den Pflanzen vorkomme. Mittelst des im Ref. No. 16 beschriebenen Verfahrens erkannte er die Raphiden bei mehreren Aroideen (*Arisaema triphyllum, Dracontium, Symplocarpus foetidus*), Ampelideen (*Vitis cordifolia, V. aestivalis, V. vinifera, Ampelopsis hederacea*), bei *Cirsium arvense, C. lanceolatum, C. muticum, Cynthia virginica*, als aus phosphorsaurem Kalk bestehend. Kubische Krystalle (wohl nur würfelähnliche Rhomboeder. Ref.) von kohlen-saurem Kalk fand sich bei *Cynthia virginica, Lappa major, Tanacetum vulgare*, Drusen

aus weinsaurem Kalk bei alten Stämmen und Beeren der genannten Ampelideen. Es scheint dem Verf., dass die Raphiden überhaupt phosphorsaurer, die Nadeln oder Krystallprismen oxalsaurer und die kubischen(?) Krystalle kohlensaurer Kalk sind, während die Drusen (Sphaeraphiden) aus verschiedenen Kalksalzen bestehen können.

76. De Vries Kalkablagerungen (No. 86.)

giebt eine Uebersicht über das Vorkommen des oxalsauren und kohlensauren Kalks im Pflanzenreich und in den einzelnen Geweben. Bei Algen liegt nach De Vries nur eine ältere und zweifelhafte Angabe *(Spirogyra)* vor; auch die Angabe, dass bei *Hydrurus* und *Chaetophora* ausserhalb der Zellen Kalkoxalat sich finde, sei sehr zweifelhaft. Ferner scheint das letztere den Flechten mit Ausnahme der Krustenflechten, den Moosen, Schachtelhalmen und den meisten Farnen zu fehlen, ebenso, abgesehen von den Blüthentheilen, den meisten Gräsern und Potameen, weiter einzelnen Solanaceen, Liliaceen. Bei *Zea Mays* konnte der Verf. trotz längeren Suchens nirgends Kalkoxalatkrystalle finden.

Hinsichtlich der Entstehung der Krystalle wird besonders betont, dass überschüssige Oxalsäure, die vielfach im Zellsaft vorkommt, sowie Magnesiumsalze die Löslichkeit des oxalsauren Kalks in Wasser erhöhen. Im Ganzen wird die Abscheidung des letztern vom Verf. als ein Mittel betrachtet übermässige Kalkmengen aus den Geweben zu entfernen, wesshalb auch die Orte der Ablagerung derartig sind, dass dieser Auswurfstoff, wie abgeschiedene feste Kieselsäure, dem Stoffwechsel möglichst entzogen wird und den letzteren nicht beeinträchtigen kann.

77. Molisch. Kohlensaurer Kalk im Holz. (No. 48.)

Im Kernholz und an solchen Stellen des Splints, die Verfärbung, überhaupt eine dem Kernholz analoge Beschaffenheit besitzen, kommt häufig krystallinischer kohlensaurer Kalk vor, der die Gefässe, Tracheïden, Libriform-, Parenchym- und Markstrahlzellen bisweilen ganz erfüllt: dieselbe Erscheinung tritt auch in den Markzellen auf. Nach genauerer Untersuchung dieser Verhältnisse bei *Ulmus campestris*, *U. montana*, *Celtis orientalis*, *C. occidentalis*, *Sorbus torminalis*, *Pirus microcarpus*, *Fagus silvatica*, *Acer rubrum*, *A. illyricum*, *A. Pseudoplatanus*, *A. campestre*, *A. Negundo*, *Cornus sanguinea*, *C. mas*, *Zygophyllum arboreum*, *Populus alba*, *Salix amygdalina*, *Betula alba* findet der Verf., dass der Kalk sich zunächst als dünne Schicht auf den Membranen ablagert und erst allmählich das Lumen ganz erfüllt; er führt die Erscheinung darauf zurück, dass bei der geringen Leitungsfähigkeit des Kernholzes u. s. w. die Lösung, welche in Folge ihres Gehalts an Kohlensäure den kohlensauren Kalk gelöst enthält nur sehr langsam fortschreiten kann; durch Temperaturerhöhung kann dann der Gehalt der Lösung an Kohlensäure sich vermindern, worauf der kohlensaure Kalk sich krystallinisch abscheiden muss.

78. Warming. Kieselkörper bei Podostemonaceen. (No. 88, 89.)

79. Cario. Kieselkörper bei Tristicha. (No. 8.)

In allen von Warming untersuchten Podostemonaceen kommen im Innern der Zellen Kieselkörper vor, deren Bildung in der Mitte der Zelle zu beginnen scheint und dann weiter nach aussen fortschreitet, bis die letztere nahezu ausgefüllt ist. Das Innere der Kieselkörper ist im Allgemeinen sehr porös, oft auch von einem grösseren Hohlraum eingenommen, der peripherische Theil dagegen ist homogen. Die Concretionen finden sich namentlich in der Epidermis und den benachbarten Schichten, ausserdem in der Nähe der Gefässbündel und dienen wohl zur Festigung der sonst sehr zarten Pflanzen.

Cario beschreibt specieller die analogen Kieselkörper von *Tristicha hypnoides*. Dieselben kommen hier nur in dem kriechenden „Thallus", nicht in den Blüthen tragenden Stämmchen vor, sind ähnlich gebaut, wie es Warming beschreibt, und doppeltlichtbrechend: ihre Oberfläche zeigt mancherlei Unebenheiten, Ring- und Spiralleisten.

Die Blätter von *Tristicha* besitzen, wo sie dem Stamm ansitzen, in ihren Parenchymzellen noch einzelne Kieselkörper: ausserdem ist aber die Ober- und Unterseite des Blattes reich an verschiedenartig geformten, anscheinend der Membran selbst eingelagerten Kieselbildungen, die mit ihrem Mittelpunkt stets zwischen zwei oder mehreren Blattzellen liegen. Die Entwickelungsgeschichte des Blattes lehrt, dass auch diese Kieselkörper ursprünglich im Innern kleiner Zellen entstehen. Die Auswüchse der sternförmigen Concretionen bilden sich

26*

nachträglich an zuerst glatten halbmondförmigen Kieselbildungen. Cario fand auch Chlorophyllkörner in den die Kieselkörper enthaltenden Zellen, was Warming nach seinen Beobachtungen bezweifelt.

80. Licopoli. Kieselkörper bei Chamaerops (No. 37.)

beschreibt die bekannten Kieseleinschlüsse in der Umgebung der Palmenbastzellen bei *Chamaerops humilis*.

81. Schwarz. Flechtensäuren. (No. 76.)

Die krystallinischen Chrysophansäurekörnchen von *Physcia parietina* u. s. w. kommen nicht, wie Borscow behauptete, in den Zellen, sondern gemäss Schwendener's Angaben auf der Aussenfläche der Membranen vor.

4. Zellmembran.

82. Wiesner. Wachsthum der Zellmembran. (No. 90.)

Das Wachsthum der Membran ist nach dem Verf. durch Intussusception allein nicht zu erklären, doch ist letztere auch nicht ganz auszuschliessen.

83. Geddes. Zellwand von Chlamydomyxa. (No. 20.)

Die Art der Schichtung der Membran, sowie das Vorkommen von Zellwandwarzen, welche rothes Pigment einschliessen, lassen den Verf. hier Wachsthum der Membran durch Apposition vermuthen.

84. Pringsheim. Einfluss intensiven Lichts auf die Zellmembranen. (No. 61.)

Ausser geringeren Quellungserscheinungen, die an zarteren *Spirogyra*-Fäden im concentrirten Sonnenlicht beobachtet wurden, sah Pr. namentlich, dass die Fäden an den Zellgrenzen einknickten und dann in ihre einzelnen Zellen zerfielen. Gleichzeitig schien auch eine Drehung der Fäden zu erfolgen.

85. Schaarschmidt. Theilung von Closterium. (No. 69.)

Die secundären Nähte mancher *Closterium*-Arten, d. h. Ringzeichnungen zwischen der Mittelsutur und den Enden der Zelle, entstehen durch ähnliche rasche Ausdehnung plastischer Zellhaut, wie die bekannten Ringe von *Oedogonium*.

86. Ambronn. Collenchym. (No. 1.)

Die Wandungen aller vom Verf. untersuchten Collenchymzellen werden mit Chlorzinkjod oder Jod und Schwefelsäure hellblau, Salzsäure und Phloroglucin bewirken keine Färbung. Die in vielen Lehrbüchern behauptete starke Quellbarkeit der Collenchymmembranen in Wasser ist nicht vorhanden; in ihrer Festigkeit stehen dagegen die letzteren den specifischen Bastzellen kaum nach.

87. Giltay, Collenchym (No. 21.)

betont den Gesichtspunkt, dass die Collenchymzellen fast niemals Chlorophyll enthalten, somit nicht assimiliren und gerade desswegen jede directe Communication mit den Intercellularen entbehren können. So erkläre sich das Schwinden der letzteren und die colossale Verdickung der Ecken, während in den Flächen durch Poren für die Verbindung von Zelle zu Zelle gesorgt sei. Diese Poren sind dann bisweilen *(Aucuba japonica, Ilex Perado)* sogar sehr gross, meistens jedoch klein und wenig zahlreich.

88. Niggl. Vorkommen verholzter Membran. (No. 49.)

Mit der S. 386 beschriebenen Indolreaction gelang es dem Verf. unter zahlreichen untersuchten Algen nur in den Warzen von *Cosmarium Botrytis* und *C. speciosum* Verholzung nachzuweisen. Von Pilzen wurde *Polyporus fomentarius* schwach, *Ochrolechia pallescens, Trametes suaveolens* deutlich roth gefärbt; ebenso verhielten sich Medullar- und Corticalschicht bei mehreren Cladonien, *Imbricaria physodes* und *Sticta pulmonacea*. Die Reaction trat ferner bei Epidermiszellen nur ein bei *Cinnamomum Culilawan, Cycas, Abies* und *Pinus*, die Cuticula blieb stets ungefärbt, die Cuticularschichten wurden nur bei *Hoya carnosa* und *Ruscus aculeatus* schwach geröthet, ausschliesslich ihr innerster Theil bei *Nerium Oleander, Ilex Aquifolium* und *Agave americana*. Die Spaltöffnungsschliesszellen sind verholzt bei *Abies, Pinus, Taxus, Cycas*. Viele stark verdickte derbe Haare von Boragineen, Urticaceen u. a. zeigen keine Spur von Rothfärbung; deutlich ist die letztere bei den Blatthaaren von *Tilia parvifolia* und einigen Hieracien und Stengelhaaren von *Fra-*

garia, Eupatorium, Stachys. Auch die Pappushaare verhielten sich, selbst in derselben Gattung *(Hieracium)* verschieden. Die Suberinlamellen werden nicht gefärbt, wohl aber die Mittellamelle alter Korkzellen (Kork der Kartoffelknollen und der Rhizome monokotyler Pflanzen, von *Betula) Sorbus, Acer, Tilia, Cinchona).* Collenchym wird nicht gefärbt, ausser bei *Sapindus laurifolius;* im Hypoderma wurde bei *Cycas* Rothfärbung nachgewiesen, ebenso in den hypodermalen Faserzellen bei *Abies, Pinus, Taxus,* wo aber bisweilen nur die Grenzlamelle deutlich roth wird, während die mittlere Schicht kaum, die innerste gar nicht geröthet wird. Auch das Pallisadenparenchym und Schwammparenchym von *Cycas* sind verholzt; bei *Abies excelsa* wurde in letzterem nur die mittlere und äussere Schicht gefärbt. Häufig zeigte sich das Markgewebe ganz oder in einzelnen Zellen verholzt. Im Holz verholzt die innerste Schicht später als die sogenannte primäre und secundäre; bei *Astragalus, Caragana, Cytisus, Robinia* ist sie gallertartig und bleibt farblos. Die Markstrahlzellen blieben nur bei *Aristolochia Sipho* ungefärbt. In der Schutzscheide färbt sich vielfach nur der von Caspary aufgefundene dunklere Fleck, beziehungsweise das demselben entsprechende Band, welches aus zwei seitlichen verkorkten (ungefärbten) und einer tiefroth gefärbten verholzten Mittellamelle besteht *(Botrychium, Equisetum, Tradescantia, Polygonatum).* In anderen Fällen erstreckt sich die eben besprochene Structur auf die ganze Radialwand *(Smilax, Ruscus, Iris, Epipactis, Asparagus),* oder greift selbst auf die Tangentialwände über. Die spätere Verdickungsschicht der Schutzscheidezellen wurde nur bei *Ruscus aculeatus, Festuca gigantea, Melica altissima, Poa pratensis* deutlich roth, bei letzterer Pflanze verhalten sich ebenso die äussern, die Endodermis verstärkenden Zellen. Prachtvoll roth färben sich weiter die untersuchten Steinzellen, die Bastfasern von *Cinchona, Sapindus, Vitis.* In anderen Fällen *(Acer, Aesculus, Cinnamomum, Glycyrrhiza, Carragana, Robinia, Syringa, Astragalus)* röthen sich nur die äusseren Schichten der Bastzellen; dieselben blieben ganz farblos bei *Nerium, Morus, Cannabis, Linum, Hoya, Hibiscus.* Tiefroth wurden endlich die Faserzellen einiger Samen und Endocarpien, während die verzweigten Fasern im Gewebe von *Prunus, Araucaria,* Ternstroemiaceen, Boronieen und Magnoliaceen sich verschieden verhalten.

Am frühesten verholzen Tracheen und Tracheïden; niemals zeigten die Siebröhrenwände Rothfärbung mit Indol. Der Verf. deutet die Verholzung als eine chemische Umänderung der Cellulosemolecüle, nicht als eine Einlagerung von abweichender Substanz.

89. Niggl. Verholzung der Zellmembran. (No. 50.)

Der Satz, dass die Verholzung eine Degradation der Cellulose, nicht eine Infiltration derselben sei, wird hier weiter ausgeführt und namentlich damit unterstützt, dass während der Verholzung die Zellen oft kein Plasma mehr führen, von welchem die Infiltration ausgehen könnte. Es wird weiter die Auffassung verholzter Membranen vom Standpunkte der Nägeli'schen Micellartheorie erörtert, mit welcher auch nur der Gedanke einer chemischen Umwandlung der Micellen vereinbar sei.

90. Richter. Pilzzellulose. (No. 67.)

Dem Verf. gelang es zunächst auch an den Membranen junger Meristeme Blaufärbung durch Chlorzinkjod u. s. w. zu erreichen, wenn dieselben zuvor mit Salzsäure oder Kalilauge (nicht mit Essigsäure) behandelt, oder einem kurzen Fäulnissprocess ausgesetzt oder auch nur stark gequetscht wurden. Stücke von *Agaricus campestris,* Mutterkörnern, *Polyporus,* welche längere Zeit in Kali gelegen hatten, zeigten schliesslich Blau- oder Violettfärbung mit Chlorzinkjod, ebenso Stücke von *Daedalea quercina* nach längerem Kochen mit Schulze'scher Flüssigkeit. Die Resistenz der Cellulose war hier überraschend. Bei *Mucor* wurde ein sicheres Resultat nicht erhalten, wohl aber bei den Hyphen von *Cladonia* nach wochenlangem Liegen in Kalilauge.

Mit Phloroglucin liess sich nirgends eine Verholzung in den Membranen der Pilze nachweisen, dagegen verhielt sich das Gewebe von *Daedalea* sehr ähnlich wie gewöhnlicher Flaschenkork.

91. Janczewski. Siebröhren. (No. 28.)

Die angeführte zweite Abhandlung beschäftigt sich mit den Siebröhren der Gefässkryptogamen und werden genaue Angaben über den Bau und die mikrochemischen Eigenschaften der Membranen und der Siebplatten gemacht: in letzteren sind die Kanäle durch Callusmassen dauernd geschlossen, welche die Endflächen wie aus zahlreichen verklebten und planlos durch einander geworfenen Stäbchen zusammengesetzt erscheinen lassen. Die dritte und vierte Abhandlung betrifft die Siebröhren der Angiospermen. Die Entwickelung beginnt hier mit der Entstehung symmetrischer Calluswarzen auf beiden Seiten der künftigen Siebplatte: bei *Phragmites communis* und *Typha latifolia* sind diese Warzen anfangs reine Cellulose und wandeln sich erst später in Callus um. Die Warzen verschmelzen dann zu einer continuirlichen Callusschicht, in der an der Stelle, welche früher die Warzen einnahmen, Perforationen sich bilden. In älteren Siebröhren der Dikotyledonen geht dann nach wenigen Monaten bis mehreren Jahren der Inhalt verloren und wird die Siebplatte wieder mit einer homogenen Callusmasse bedeckt, endlich wird letztere wieder gelöst, so dass nur das Cellulosegerüst der Platte übrig bleibt; der Inhalt ist aber in diesem Stadium längst nicht mehr vorhanden, so dass in solchen „passiven Siebröhren" höchstens wässerige Flüssigkeit bewegt werden kann. Wo die Siebröhren mehrere Jahre activ bleiben *(Vitis vinifera)*, werden die Platten im Herbst durch Callusmasse geschlossen, die im Frühjahr wieder resorbirt wird. Dieselbe Erscheinung wurde auch bei *Phragmites, Typha* und *Sparganium ramosum* nachgewiesen, während bei *Chamaedorea Karwinskiana* stets die Communication erhalten bleibt. Während der Desorganisation erscheint die Callusmasse bisweilen gestreift, wie aus stärker und schwächer lichtbrechenden Stäbchen zusammengesetzt, von welchen die letzteren zuerst verschwinden *(Phragmites)*.

92. Russow. Callusplatten der Siebröhren. (No. 68.)

Die grossen Calluspolster von *Abies Pichta* erscheinen wie aus Nadeln zusammengesetzt, die an der Peripherie des Polsters deutlich hervorragen; Tangentialschnitte zeigen radiirende dunkle scharfe Linien. Ferner sind diese Polster im Gegensatz zu den sonst untersuchten schwach doppelbrechend. Bei *Abies excelsa* und *Larix sibirica* ist die Callusmasse im April theilweise in Wasser löslich, im November resistenter. Die Callusplatten wurden an 150 Phanerogamen in Stamm, Wurzel und Blatt nachgewiesen; bei Gefässkryptogamen nur bei *Alsophila australis, Balantium antarcticum, Osmunda regalis* und *Equisetum arvense*, und zwar sowohl an Siebplatten der Querwände als der Längswände, Schleimstränge fanden sich nur bei *Equisetum*. Bei den Holzpflanzen sind Callusplatten nur in den jüngeren und jüngsten Theilen der lebensthätigen Rinde zu finden, und ist Verf. der Ansicht, dass die specifische Function der Siebröhren nur so lange dauert, als eben Callus vorhanden ist. Die zeitweilige Auflösung des letzteren wurde bestätigt.

93. Mikosch. Entstehung und Bau des Hoftüpfels. (No. 46.)

Nach einer ziemlich ausführlichen historischen Darstellung der über die behöften Poren vorliegenden Untersuchungen bespricht Verf. zunächst den Bau der Zellmembranen des Holzes mit Bezug auf die abweichenden Ansichten von Dippel, Sanio u. s. w. M. findet, dass die Zwischenmasse — entgegen Dippel's Angabe — mit Chlorzinkjod schwach blau gefärbt werden kann, somit Cellulose ist, er wendet sich ferner gegen die Deutung der Zwischenmasse als Rest cambialer Zellhüllen. Die Radialwände sind nach dem Verf. anfangs durchaus einfach, während ihres Dickenwachsthums differenziren sie die mittlere weiche, gegen das Zelllumen hin allmählig in feste Membran übergehende Schicht. Erst unmittelbar ehe die Cambialzelle zur Holz- oder Bastzelle wird, differenzirt sich in der dichten Partie der primären Wand hart an der Grenze des Plasmaschlauchs eine homogene, nun mit Chlorzinkjod tief blau werdende Lage, welche Sanio's tertiärer Membran, Schacht's Innenhaut der Zelle entspricht. Während oder nach der Bildung der Innenhaut erscheint in der Mitte der Primärwand eine körnige oder continuirliche, schon jung gegen Schwefelsäure ziemlich resistente Schicht, welche anfangs mit Chlorzinkjod blau, bald aber mit Phloroglucin und Salzsäure roth wird, die Anlage der späteren Mittellamelle. Bisweilen erscheint die letztere auch doppelt und von einem schmalen Band von Zwischensubstanz durchsetzt, wie es Dippel allgemein annimmt. In den letzteren wird dann später doch eine unpaare gemeinsame Schicht differenzirt. In der Schicht zwischen Mittellamelle und Innenhaut geht dann nach M. die Differenzirung der secundären Verdickungslage Sanio's unter Wasserverlust und Dickenabnahme der Schicht vor sich.

Im Beginn der Cambialthätigkeit erscheinen die noch homogenen jungen Radialwände stellenweise eingeschnürt in Folge des Vorhandenseins einfacher schüsselförmiger
Poren, die sich bald durch Flächenwachsthum vergrössern. An den dünnen Stellen sind die
beiden Innenschichten einander sehr genähert, sonst durch die Zwischensubstanz deutlich
geschieden. Dann soll durch Dickenwachsthum wieder eine Entfernung der beiden Innenschichten eintreten, so dass eine linsenförmige Celluloseschibe entsteht, die später eine
körnige oder streifige Structur erhält, indem sie in Körnchen zerfällt, welche einer homogenen Grundsubstanz eingebettet sind. An der Grenze der Celluloseschibe erfolgt die Hof-
bildung — aus den Körnchen soll auf der Oberfläche der ersteren ein continuirliches Häutchen
entstehen, das den Hof innen auskleidet und die Fortsetzung der Innenhaut der übrigen
Zelle darstellt. Die Mittellamelle durchsetzt bei ihrer Entstehung bald die Mitte des
„Linsenkörpers", bald „neigt sie sich nach einer Seite" und verschmilzt mit einer Innenhaut,
wodurch der eine Porencanal dauernd geschlossen wird. An die Stelle der weichen Substanz
des Linsenkörpers, die resorbirt wird, soll dann schliesslich Luft treten und so die linsenförmige Höhlung des Hofs entstehen. Diese Angaben, welche durch zahlreiche Abbildungen
erläutert werden, weichen so weit von allen bisher gegebenen ab, dass sie jedenfalls mit
Vorsicht aufzunehmen sind — vgl. übrigens das folgende Referat.

94. **Russow. Entstehung der Hoftüpfel bei den Abietineen.** (No. 67.)

Während Sanio (vgl. Jahresber. 1873, S. 180 u. f. J.) angab, die Radialwände des Cambiums der Abietineen seien glatt, findet Russow an Schnitten, sowie an Macerationspräparaten
(mit 1—2 %) Kalilauge) auch in jüngsten Stadien rundliche, flache Poren, die namentlich
nach Färbung der Membran deutlich hervortreten. Aus diesen Poren gehen einerseits die
behöften Poren des Holzes, andererseits die Siebplatten hervor. Die Poren vergrössern sich
zunächst durch Wachsthum, dann nimmt man auf ihnen einen kreisrunden, zart contourirten
Fleck (torus) wahr, dessen Durchmesser grösser ist als der Radius des „Primordialtüpfels",
und der bisweilen links, rechts oder beiderseits von einem scharfen Doppelcontour begrenzt
ist. Darauf erscheint der Hof als deutlicher, scharfer Doppelring, welcher bis zur Vollendung
des ersteren sichtbar bleibt; innerhalb des Doppelrings tritt der allmählig enger werdende
einfache Ring auf, welcher bald den kreisrunden Fleck erreicht und über diesem fortschreitend schliesslich der definitiven Breite des Porenkanals entspricht. Der oben erwähnte
Doppelcontour am „Torus" beruht auf einer ζ-förmigen Knickung der Porenmembran,
wodurch die verdickte Stelle, der Torus, in das Lumen einer Tracheïde hineingeschoben
wird. Der Verf. führt diese Erscheinung auf die durch das Anschneiden der Zellen erfolgende
Aufhebung des Turgors zurück. In älteren Stadien ist die ζ-förmige Knickung nicht mehr
zu finden.

Die Membran der jungen Holzzellen besteht Anfangs aus einer dicken, mittleren,
weichen „Zwischensubstanz" und zwei sehr dünnen, die erstere begrenzenden „Innenschichten".
Mittelst Anwendung von recht concentrirtem Jodjodkalium und starker Schwefelsäure (2 Theile
Säure auf 1 Theil Wasser) gelang es dem Verf., an radialen wie tangentialen jungen Wänden
die farblose, stark gequollene Zwischensubstanz beiderseits von einer rein blauen Linie ein-
gefasst zu sehen, welche den Innenschichten entsprechen. Der Torus erscheint als dicker,
blauer Strich, während die übrige Membran des „Primordialtüpfels" nur eine sehr feine,
blaue Linie darstellt, deren Dicke wohl durch Resorption abgenommen hat. Zuerst in den
Zellecken, dann auch auf ihren Flächen zeigen etwas ältere Stadien eine Differenzirung der
blauen Linien in einen inneren und äusseren tiefer gefärbten Saum und eine mittlere hellere
Lage. Weiter wird in den Zellecken die Zwischensubstanz gelblich; aus ihr geht die
Mittellamelle hervor, in der sich noch in den „Zwickeln" eine innere, tiefer gelbe Masse
differenziren kann. An Schnitten, die mit Alkohol behandelt sind, kann man die dichtere
Zwischensubstanz mit Chlorzinkjod violett färben, so dass sie ebenfalls aus Cellulose
besteht. Nach R. ist eine Entstehung der sogenannten secundären Verdickungsschicht durch
Apposition ausgeschlossen; sie bildet sich durch Differenzirung aus der blauen Innenschicht.
Die sogenannte tertiäre Schicht wird erst differenzirt, nachdem die Verdickung der Holz-
zellen fast beendigt ist. Die Hofmembran, welche nach R. vielleicht wie eine Scheidewand von
Plasma ausgeschieden wird, besteht gleich nach ihrer Anlage ebenfalls aus einer fast farb-

losen mittleren und zwei äusseren blauen Schichten. Hinsichtlich der ursprünglich homogen blau werdenden Tangentialwände im Cambium nimmt der Verf. an, dass sie sich später in Zwischensubstanz und Innenschichten differenziren. Die geringere Zahl der behöften Poren im Herbstholz beruht darauf, dass hier viele Primordialtüpfel nicht zur Entwickelung gelangen. Die Differenzen zwischen Frühjahrs- und Herbstholz glaubt Verf. ausser auf die Verschiedenheit des Rindendrucks in erster Linie auf Differenzen im Turgor der Jungholzzellen zurückführen zu müssen, welche bald mehr bald weniger stark wasseranziehende Substanzen enthalten.

95. **d'Arbaumont. Gefächerte Bastzellen von Ampelopsis u. s. w.** (No. 2.)

In den genannten Zellen, deren Membranen ausser der primären zwei sehr distincte Verdickungsschichten besitzen, werden Poren beschrieben, welche z. Th. beide, z. Th. nur die innere Schicht durchsetzen.

96. **Bachmann. Samenschalen der Scrophulariaceen** (No. 4.)

beschreibt mehrfach eigenthümliche Verdickungsformen der Zellmembranen der Testa; besonders wäre auf *Buttnera* (Fig. 57) und *Pedicularis* (Fig. 81) hinzuweisen.

97. **Trécul. Spiralzellen bei Crinum.** (No. 83, 84.)

In den Blüthen von *Crinum americanum, taitense* und *africanum* finden sich sehr lange spiralig verdickte Zellen einzeln oder zu Gruppen verbunden. Die längste gemessene, durch Maceration isolirte Zelle hatte eine Länge von 13.4 mm bei 0.025 mm Durchmesser. Zellen von 5—7 mm Länge sind ganz gewöhnlich. Die längste zum Vergleich gemessene Bastfaser derselben Pflanzen mass 6.8 mm.

98. **Vesque. Faserzellen bei Acanthaceen.** (No. 86.)

Im Stamm und Blattstiel von *Cyrtanthera catalpifolia, Meninia turgida, Adhatoda ventricosa* und *Fittonia* finden sich im Weichbast Zellen, welche den vom Ref. beschriebenen Faserzellen von *Acrides* ähnlich nur kleiner sind. Ausserdem aber zeigen hier die Fasern eine Höhlung und sind in eine gallertige Masse eingebettet, so dass Verf. sich der Ansicht zuneigt, es seien wirkliche Zellen, um welche die Membran der Mutterzelle sich erhalten habe.

99. **Vesque. Schleimzellen der Samenschale von Aethionema.** (No. 86.)

Die Samenschale besteht aus kleineren, mit Wasser nicht aufquellenden, und grösseren, haarartig vortretenden, in bekannter Weise quellungsfähigen Zellen. Die Verdickung der Membran beginnt an ihrer Spitze und stellt eine Calotte dar, an der ein Cylinder sich nach innen erstreckt; namentlich dieser letztere quillt an reifen Samen ausserordentlich stark, so dass dieselben mit cylindrischen, dicken Anhängen verschiedener Länge sich bedecken.

100. **Penzig. Cystolithen.** (No. 55.)

In den Blättern und Bracteen von *Momordica Charantia, M. echinata* (nicht von *M. Huberi* und *Ecbalium Elaterium*) finden sich in der unteren Epidermis sehr eigenthümliche Cystolithen, welche der Seitenwand stark einwärts gewachsener, grosser Oberhautzellen ansitzen, und zwar niemals einzeln, sondern in Gruppen von zweien oder mehreren, deren Stiele dann mit der Basis zusammenstossen. Es entstehen so fast traubenartige Gruppen, deren Oberfläche warzig und deren Substanz mit kohlensaurem Kalk imprägnirt ist. Das durch Essigsäure von letzterem befreite Zellstoffgerüst wird mit Chlorzinkjod gelb, nach vorheriger Behandlung mit Kalilauge aber dunkelviolett. Schwefelsaures Anilin bewirkt keine Gelbfärbung.

B. Morphologie der Gewebe.

Referent: E. Loew.

Verzeichniss der besprochenen Arbeiten.

1. **Ambronn**, H.   Ueber die Entwickelung und die mechanischen Eigenschaften des Collenchyms.   Pringsh. Jahrb. für wissenschaftl. Bot.   Bd. XII (1881). — Mit 6 Tafeln. (Ref. No. 3.)

2. **Cario**, R.   Anatomische Untersuchung von Tristicha hypnoides Spreng.   Bot. Zeitung 1881, No. 2—5.   (Ref. No. 24.)

3. D'Arbaumont, M. La tige des Ampelidées. — Ann. d. scienc. nat. VI. Sér, T. XI., p. 186—255. (Ref. No. 20.)
4. Demeter, K. Rosanoff'fèle Kristalycsoportok az Urticaccakban. Magyar Növénytani Lapok. V, p. 32—37. Klausenburg, 1881. (Ungar.) (Ref. No. 25.)
5. — Az Urticaccák szövetlanához külinös tekintettel a Boehmeria bilobára. Klausenburg, 1881. 43 Seiten. Mit 2 Taf. (Ungar.) (Ref. No. 25.)
6. Engler, A. Ueber die morphologischen Verhältnisse und die geographische Verbreitung der Gattung Rhus und der mit ihr verwandten Anacardiaceen. Bot. Jahrb. Herausgeg. v. Engler. Bd. I, Heft 4 (1881), S. 365—426. (Ref. No. 21.)
7. Gardener, W. Th Development of Water-Glands in the Leaf of Saxifraga crustata. Quart. Journ. of Microsc. Scienc. Vol. XXI. (N. S.) p. 407—414. (Ref. No. 17.)
8. Gérard, R. Recherches sur le passage de la racine à la tige. Ann. d. scienc. nat. VI. Sér. T. XI, p. 279—430. (Ref. No. 27.)
9. Giltay, E. Sur le collenchyme. Arch. Néerland. T. XVII. (Extr.) (Ref. No. 5.)
10. — Einiges über das Collenchym. Bot. Zeit. 1881, S. 153—159. (Ref. No. 4.)
11. Haberlandt, G. Ueber Scheitelzellwachsthum bei den Phanerogamen. Mittheil. des Naturw. Ver. f. Steiermark. Jahrg. 1880. (Sep. Graz, 1881.) (Ref. No. 34.)
12. — Vergleichende Anatomie des assimilatorischen Gewebesystems der Pflanzen. Pringsh. Jahrb. f. wissensch. Bot. Bd. XIII, Heft 1. (1881.) Mit 6 Taf. (Ref. No. 1.)
13. Jákó, J. Adatok a Stapelia variegata és S. trifida stomáinak fejlödéséhez. Magyar Növénytani Lapok. V. p. 156ff. Klausenburg, 1881. (Ref. No. 15.)
14. Janczewski, E. de. Etudes comparées sur les tubes cribreux. Extr. des Mém. d. la Soc. des Scienc. nat. et math. de Cherbourg. T. XXIII. Cherbourg, 1881. (Ref. No. 11.)
15. Kny, L. Ueber einige Abweichungen im Bau des Leitbündels der Monocotyledonen. Verhandlungen des Bot. Ver. der Prov. Brandenburg. XXIII (1881), S. 94—109. (Ref. No. 31.)
16. Kreuz, J. Entwickelung der Lenticellen an beschatteten Zweigen von Ampelopsis hederacea Mch. (Sitzungsb. d. K. Akad. d. Wissensch. zu Wien. I. Abth. (1881), S. 228—236. Mit 1 Taf. (Ref. No. 18.)
17. Licopoli, G. Ricerche anatomiche e microchimiche sulla Chamaerops humilis L. ed altre palme. Atti dell' Acad. di Sc. Fis. e Mat. di Napoli. Vol. IX. Napoli 1881. (Ref. No. 26.)
18. Lotar, H. A. Essai sur l'anatomie comparée des organes végétatifs et des téguments séminaux des Cucurbitacées. Lille (L. Danel) 1881. (Ref. No. 22.)
19. Michalowski, J. Beitrag zur Anatomie und Entwickelungsgeschichte von Papaver somniferum L. Inaug.-Dissert. Grätz 1881. (Ref. No. 23.)
20. Olivier, L. Recherches sur l'appareil tégumentaire des racines. Ann. d. scienc. nat. VI. Sér. T. XI, p. 5—133. (Ref. 28.)
21. Parlatore, F. Tavole per una anatomia delle piante aquatiche. (Opera postuma incompiuta). Florenz 1881. 9 Taf. (Ref. No. 35.)
22. Pick, H. Beiträge zur Kenntniss des assimilirenden Gewebes armlaubiger Pflanzen. Inaug.-Dissert. Bonn, 1881. (Ref. No. 2.)
23. Russow, E. Ueber die Entwickelung des Hoftüpfels, der Membran der Holzzellen und des Jahresringes bei den Abietineen, in erster Linie von Pinus sylvestris. Sitzungs-berichte der Dorpater Naturf. Gesellsch. v. 24. Sept. 1881. In: Neue Dörpt'sche Zeitung 1881. (Ref. No. 9.)
24. — Ueber die Verbreitung der Callusplatten bei den Gefässpflanzen. Sitzungsber. d. Dorpat. Naturf. Gesellsch. Jahrg. 1881, S. 63—80. (Ref. No. 10.)
25. Rützou, S. Om Axeknüder.) Botanisk Tidskrift. Kjöbenhavn. Bd. 12, p. 248—263. Mit 4 Taf. (Ref. No. 8.)
26. Schweudener, S. Ueber Bau und Mechanik der Spaltöffnungen. Monatsb. d. Kgl. Akad. d. Wiss. zu Berlin. Juli 1881. Sitzungsb. d. Bot. Ver. d. Prov. Branden-burg. XXIII (1881), p. 72—74. (Ref. No. 16.)

27. Scott, D. II. Zur Entwickelungsgeschichte der gegliederten Milchröhren der Pflanzen. Inaug.-Diss. Würzburg, 1881. (Ref. No. 12.)

28. Szabó, F. A Carludovica és a Canna gummi járatairól. Ertekezések a természelludo-mánysk köréböl. Budapest. Bd. XI, No. X. (Ungar.) (Ref. No. 13.)

29. Tschirch, A. Der anatomische Bau des Blattes von Kingia australis. Verh. d. Bot. Ver. d. Prov. Brandenb. XXIII (1881), S. 1—16. (Ref. No. 29.)

30. — Ueber die Anatomie und den Einrollungsmechanismus einiger Grasblätter. Sitzungsb. d. Bot. Ver. d. Prov. Brandenb. XXIII (1881), S. 63—65. (Ref. No. 30.)

31. — Ueber einige Fälle von Phloëmspaltung im Leitbündel der Gräser. Sitzungsber. d. Bot. Ver. d. Prov. Brandenb. XXIII (1881), S. 65—66. (Ref. No. 32.)

32. — Ueber einige Beziehungen des anatomischen Baues der Assimilationsorgane zu Klima und Standort mit specieller Berücksichtigung des Spaltöffnungsapparats. Linnaea. (Neue Folge.) Bd. IX, Heft 3 u. 4. (Ref. No. 14.)

33. Westermaier, M. Beiträge zur Kenntniss des mechanischen Gewebesystems. Monatsb. d. Kgl. Akad. d. Wiss. zu Berlin. (Jan.) 1881, S. 61—78. Mit 2 Taf. (Ref.No. 7.)

34. — Beiträge zur vergleichenden Anatomie der Pflanzen. Monatsb. d. Kgl. Akad. d. Wiss. z. Berlin, 1881, p. 1050—1070. Mit 1 Taf. (Ref. No. 6 u. 33.)

35. — und Ambronn, H. Beziehungen zwischen Lebensweise und Structur der Schling- und Kletterpflanzen. Flora 1881. (Sep.) (Ref. No. 19.)

36. Wiesner, J. Elemente der Anatomie und Physiologie der Pflanzen. Wien. (A.Hölder.) 1881. (Ref. No. 34.)

I. Gewebearten.

Parenchym (assimilirendes Gewebe), Collenchym, Mechanisches Gewebe im Allgemeinen, Elementarorgane des Holzes, Siebröhren, Milchsaft-röhren, Secretbehälter.

Parenchym (assimilirendes Gewebe).

1. **G. Haberlandt. Vergleichende Anatomie des assimilatorischen Gewebesystems der Pflanzen.** (No. 12.)

Die Beziehungen des anatomischen Baues und der Anordnung der chlorophyllführenden Pflanzengewebe zum Assimilationsprocesse sind bisher kaum beachtet worden. Es versprach daher eine in dieser Richtung von dem Boden der Anschauungen Schwendener's aus unter-nommene Untersuchung dankenswerthe Resultate zu liefern, wie solche denn auch in vor-liegender Arbeit in Fülle zu Tage treten.

Als Assimilationsgewebe betrachtet Verf. die Gesammtheit der Zellen, welche ächte Chlorophyllkörner führen und denen die Assimilation (d. h. die Erzeugung organischer Substanz aus den Elementen der Kohlensäure und des Wassers) als Hauptfunction zu-kommt. Zunächst werden die assimilirenden Zellen (in Capit. 2) morphologisch geschildert und unter ihnen 1. gestreckte Zellen von schlauchförmiger oder cylindrischer, selten pris-matischer Gestalt (in den grünen Laubblättern der meisten Pflanzen); 2. tafelförmig-polyëdrische Zellen mit oder ohne Wandeinfaltungen (bei Coniferen und Gräsern); 3. isodiametrische Zellen; 4. Schwammparenchymzellen von sternförmiger Gestalt unterschieden. Stellen sich die gestreckten Zellen senkrecht zur Oberfläche des Assimilations-organs, so werden sie bekanntlich als Pallisadenzellen bezeichnet, als deren besondere Formen die Armpallisadenzellen (vgl. das Referat über eine vorläufige Notiz des Verf. in Jahresb. 1880, p. 38) und die Trichterzellen mit ungleich weiten oberen und unteren Enden erscheinen. Die zarten Wandungen der assimilirenden Zellen sind nur zuweilen mit einfachen Tüpfeln versehen (wie im rundzelligen Chlorophyllparenchym von Succulenten, im Mesophyll der Cycadeenfiedern nach Kraus und im grünen Parenchym der blattähnlichen Zweige von *Ruscus hypoglossum*). Partielle längsfaserförmige Wandverdickungen kommen an den Pallisadenzellwänden der *Cycas*-Blätter, leistenförmige Wandverdickungen bei Farnen, sowie bei *Cedrus*- und *Pinus*-Arten vor.

Um ein Mass für die Assimilationsenergie der verschiedenen Chlorophyllzellen zu erhalten, bestimmte Haberlandt die durchschnittliche Anzahl der Chlorophyllkörner in den betreffenden Zellen und multiplicirte sie mit der Zahl der auf die Blattoberflächeneinheit (□mm) kommenden Zellen. Daraus liess sich das procentische Verhältniss der Chlorophyll-körnerzahl einer bestimmten Gewebeart zu der Gesammtmenge des Chlorophylls in dem betreffenden Blatte überhaupt berechnen. So fand er

	Die Anzahl der Chlorophyllkörner ausgedrückt in Procenten der Gesammtmenge	
	im Pallisaden-gewebe	im Schwamm-parenchym
Fragaria elatior	86	14
Ricinus communis . . .	82	18
Brassica Rapa	80	20
Tropaeolum majus . . .	77	23
Helianthus annuus . . .	73	27
Phaseolus multiflorus . .	69	31

Aus diesem Verhältniss des Chlorophyllgehalts in beiden genannten Geweben schliesst Verf., dass die Pallisadenzellen als die specifisch assimilatorischen Zellen des normal gebauten Laubblattes zu gelten haben. Man darf dies umsomehr annehmen, als die von C. A. Weber für verschiedene Pflanzen bei Insolationsculturen gefundenen Trockengewichtszunahmen (d. h. Assimilationsleistungen einer qm Blattfläche in 10 Stunden) dem Chlorophyllkörnergehalt in den Blättern derselben Pflanze ungefähr pro-portional sind. Es betrug nämlich relativ:

	Die specielle Assimilationsenergie nach Weber (die von *Tropaeolum* = 100 gesetzt)	Die Menge der Chlorophyll-körner (die von *Tropaeolum* = 100 gesetzt)
Tropaeolum majus	100	100
Phaseolus multiflorus . . .	72	64
Ricinus communis	118.5	129
Helianthus annuus	124.5	122

Um nun die morphologischen Besonderheiten der specifisch assimilatorischen Zellen, d. h. der Pallisadenzellen aus ihrer physiologischen Function zu erklären, musste ähnlich wie bei den Betrachtungen Schwendener's über das mechanische Princip im anatomischen Aufbau der Monocotylen von gewissen Constructionsprincipien ausgegangen werden. Als solche betrachtet und begründet Verf. die beiden folgenden: 1) Die Einschaltung von Zellwänden und Membranfalten zum Zweck der Oberflächenvergrösserung. 2) Die Ableitung der Assimilationsproducte auf möglichst kurzem Wege. Das erstere Princip findet sich typisch in den sogenannten Armpallisadenzellen realisirt, wie sie vom Verf. bereits früher (s. Jahresb. 1880, S. 38) aus dem Blatte von *Sambucus nigra*, von verschiedenen Ranunculaceen, Gramineen, Coniferen und Farnen beschrieben würden sind. Das zweite Princip zeigt sich darin, dass „die vom Princip der Oberflächenvergrösserung geforderten Falten und Wände parallel zu der vom Princip der möglichst raschen Abfuhr vor-gezeichneten Richtung eingeschaltet werden". Daraus erklären sich dann die gestreckten Formen der Assimilationszellen und ihre jeweilige Orientirung. Die radialen Falten und Längswände der Pallisadengewebe lassen sich nach der Anschauung des Verf. mit Dämmen vergleichen, welche in den von Zelle zu Zelle laufenden Diffusionsstrom zu dessen Regulirung eingebaut sind. Auch die besonders dem Schwammparenchym und den Trichterzellgeweben eingefügten Lufträume bilden für den Diffusionsstrom unübersteigliche Hindernisse, der dann nur den Weg durch die schmalen Berührungsstellen der Zellarme zu nehmen vermag.

Die verschiedenen Erscheinungsformen des Assimilationsgewebes werden im Haupttheil der Arbeit mit Rücksicht auf die oben erwähnten Bauprincipien in folgende Untersysteme und Typen gebracht:

I. System. Das Assimilationsgewebe dient zugleich als Ableitungsgewebe.

1. Typus. Die assimilirenden Zellen sind in der Leitungsrichtung nicht gestreckt. (Blätter von *Jungermannia*-Arten.)

2. **Typus.** Die assimilirenden Zellen sind in der Leitungsrichtung deutlich gestreckt. (Blätter der Laubmoose, Blatt von *Elodea canadensis, Galanthus nivalis, Zygadenus glaberrimus, Sempervivum*-Arten.)

II. **System.** Es ist ein Assimilations- und ein Ableitungsgewebe vorhanden. Die Assimilationsproducte wandern aus dem ersteren direct in das letztere.

3. **Typus.** Das Assimilationsgewebe besteht aus quergestreckten, zur Blattoberfläche parallel gelagerten Zellen. Dieselben stehen senkrecht auf dem längsverlaufenden Ableitungsgewebe, welches sich an die Gefässbündel anlehnt und dieselben häufig in Form von Parenchymscheiden umkleidet. (Blätter von *Gladiolus, Tritonia* und *Iris germanica.*)

4. **Typus.** Die assimilirenden Zellen sind grösstentheils gestreckt; doch zeigt ihre Orientirung keine bestimmte und constante Beziehung zur Oberfläche des Organs. Sie ordnen sich vielmehr radicuförmig um die Gefässbündel herum an. Das Ableitungsgewebe tritt innerhalb einer zarten Prosenchymscheide auf, besteht aus längsgestreckten chlorophyllführenden Zellen und umgiebt auf dem Querschnitte kranz- oder halbmondförmig das Gefässbündel. (*Cyperus longus, pannonicus, laevigatus* u. a.)

5. **Typus.** Die Zellen des Assimilationsgewebes sind gestreckt und bilden ein Pallisadengewebe. Das Ableitungsgewebe breitet sich unter demselben aus und zeigt keine Beziehungen zu den Gefässbündeln. (*Selaginella apus, S. apoda, Equisetum palustre, Allium coeruleum, Asphodelus Villarsii, Ornithogalum umbellatum, Acacia paradoxa.*)

6. **Typus.** Die gestreckten Assimilationszellen bilden ein Pallisadengewebe. Das Ableitungsgewebe erscheint als gemeinschaftliche Parenchymscheide, entweder rings um die Gefässbündel oder, falls ein Bastring vorhanden, an dessen Aussenseite. Zuweilen wird die Parenchymscheide durch parenchymatische Zellen von gleicher Ausbildung wie die Scheidezellen verstärkt. (*Asparagus officinalis, Spartium junceum, Tunica Saxifraga.*)

7. **Typus.** Das Assimilationsgewebe bildet Querlamellen und besteht aus tafelförmigen Zellen mit Wandeinfaltungen, welche unter der Epidermis senkrecht zur Oberfläche des Organs gestellt sind, sonst aber eine ganz unregelmässige Orientirung zeigen. Das Ableitungsgewebe erscheint als Parenchymscheide. (*Pinus*-Arten.)

8. **Typus.** Das Assimilationsgewebe besteht meist aus gestreckten Zellen, welche sich zu mehr oder weniger deutlichen Curven anordnen. Diese Curven sind einestheils senkrecht zur Oberfläche des Organs orientirt, wodurch eine Pallisadenschicht zu Stande kommt, anderseits treffen sie rechtwinklig auf das centrale Ableitungsgewebe, welches wie beim vorigen Typus die Gefässbündel umscheidet. Dieser Typus bildet bereits den Uebergang zum nächstfolgenden System. (*Abies*-Arten, *Thuja plicata, Cryptomeria elegans.*)

III. **System.** Ausser dem Assimilations- und dem Ableitungsgewebe ist noch ein besonderes Zuleitungsgewebe vorhanden, in welches die Hauptmenge der producirten Stoffe aus den assimilirenden Zellen direct übertritt; von hier aus erfolgt dann erst die Zuleitung in das eigentliche Ableitungsgewebe.

9. **Typus.** Das Assimilationsgewebe besteht gewöhnlich aus Pallisadenzellen. Das Ableitungsgewebe begleitet meistens in Form von Parenchymscheiden die parallel verlaufenden Gefässbündel. Das Zuleitungsgewebe besteht aus quergestreckten chlorophyllführenden Zellen. (Viele Gräser wie *Calamagrostis, Stipa,* ferner *Cyperus alternifolius, Iris aurea, I. halophila,* Cycadeen, *Taxus baccata.*)

10. **Typus.** Das Assimilationsgewebe besteht gewöhnlich aus Pallisadenzellen. Das Ableitungsgewebe begleitet in Form von Parenchymscheiden oder als Nervenparenchym die netzförmig verzweigten oder anastomosirenden Gefässbündel. Das Zuleitungsgewebe besteht aus den mehrarmigen Zellen des Schwammparenchyms. Dieser bei den meisten Dicotylen und echten Farnen verbreitete Typus zeigt sich z. B. im Laubblatt von *Ficus elastica* sehr schön entwickelt. Die Vermittelung

zwischen der eigentlichen Pallisadenschicht und dem Zuleitungsgewebe, d. h. den Schwammparenchymzellen wird bisweilen (z. B. bei *Ficus elastica, Juglans regia, Pulmonaria officinalis, Eleagnus angustifolia, Eranthis hiemalis*) durch eigenthümliche Sammelzellen besorgt, an deren Kopfe 2—6 Pallisadenzellen büschelartig zusammentreten, um ihre Assimilationsproducte in die genannte Zelle übertreten zu lassen. Ausser der Function der Stoffzuleitung kommen dem Schwammgewebe uebeubei noch die der Transpiration und Assimilation zu.

Nach eingehender Charakteristik obiger 10 durch Uebergänge mannigfach verbundener Typen wendet sich Verf. in dem nächsten Abschnitt zu den Beziehungen des Assimilationsgewebes zur Intensität und Richtung des einfallenden Lichtes, bespricht dann die Durchlüftungseinrichtungen und Festigkeitsverhältnisse des Assimilatioussystems, giebt (in Cap. 7) einige Andeutungen über local-assimilatorische Zellen und Gewebe — z. B. in den Drüsenhaaren von *Silene viscosa*, den Drüsen von *Dictamnus Fraxinella*, den Brennhaaren von *Urtica dioica*, sowie in den Schliesszellen der meisten Spaltöffnungen — und entwirft im folgenden Abschnitt eine kurze Entwickelungsgeschichte des assimilirenden Gewebes. Dasselbe geht in der Mehrzahl der Fälle aus dem Grundparenchym hervor, kann jedoch auch aus echtem Cambium (so die aus chlorophyllführendem Parenchym gebildete Gefässbündelscheide von *Cyperus pannonicus*) und aus der Epidermis (so die epidermoidal gestellten Armpallisadenzellen von *Dedynochlaena sinuosa, Adiantum trapeziforme* und *Selaginella*-Arten) sich bilden. Als Beispiel für die Art der Anlage und Weiterdifferenzirung des Pallisadengewebes wird die Entwickelungsgeschichte desselben in den Blättern von *Ficus elastica, Caragana frutescens* und *Sambucus nigra* speciell geschildert. Ein Schlusscapitel fasst die Resultate der gedankenreichen Arbeit zusammen und enthält grundlegende Bemerkungen über die Abgrenzung und die Nebenfunctionen des Assimilationssystems, sowie über die physiologische Bedeutung der parenchymatischen Gefässbündelscheiden und den Bau des Assimilationssystems innerhalb der systematischen Hauptgruppen des Pflanzenreichs.

2. H. Pick. Beiträge zur Kenntniss des assimilirenden Gewebes armlaubiger Pflanzen. (No. 22.)

Verf. beschreibt in dem ersten Theil dieser Dissertation den Bau armlaubiger oder unbelaubter Pflanzen wie *Casuarina, Ephedra, Spartium,* desgleichen von Pflanzen mit blattartig flachem Stengel wie *Cytisus sagittalis, Lathyrus silvestris, Carmichaelia australis, Bossiaea, Clianthus puniceus, Mühlenbeckia platyclados, Ruscus, Phyllanthus,* der Zweignadeln von *Asparagus,* der Stacheln von *Colletia,* der Phyllodien von *Acacia* und der Blattstiele von *Rubus australis.* Die Stengelrinde der meisten armlaubigen Pflanzen zeichnet sich durch stark entwickeltes Pallisadenparenchym mit zahlreichen Intercellularräumen, ihre Epidermis durch ebenfalls reichliche Zahl der Stomata aus, während innerhalb des mechanischen Gewebesystems das Fehlen des Collenchyms und das Vorwalten hypodermaler Sclerenchymstränge constatirbar ist. In dem zweiten Abschnitt der Arbeit wird vergleichsweise eine Reihe reichlicher belaubter Pflanzen herbeigezogen und unter ihnen je nach dem verschiedenen Verhalten des Pallisadenparenchyms sowie der Sclerenchym- und Collenchymstränge mehrere Categorien unterschieden. Hieran schliessen sich im dritten Abschnitt physiologische Betrachtungen und Versuche. Da nach den Darlegungen Stahl's die Pallisadenzellen in Beziehung zur Lichtintensität stehen, so erscheint es auch für armlaubige Pflanzen leicht erklärlich, dass die gesteigerte Assimilation ihrer Stengelrinde sich dem Lichteinfluss durch Entwickelung von Pallisadenparenchym accomodirt. In der hiermit parallel gehenden Bevorzugung des Sclerenchyms vor dem Collenchym sieht Verf. nicht bloss eine mechanisch bedeutsame Einrichtung, sondern auch eine Massregel, durch welche für das hier sehr nothwendige Chlorophyllparenchym hinreichender Raum geschaffen wird. Die zahlreichen Spaltöffnungen und Intercellularräume sprechen ebenfalls für einen lebhaften Gasaustausch in der Stengelrinde der armlaubigen Pflanzen. Directe Versuche mit abgeschnittenen Zweigen, die unter Wasser einer mehrstündigen Insolation ausgesetzt wurden, ergaben dementsprechend, dass armlaubige Stengel mit Pallisadenparenchym, sowie zahlreichen Spaltöffnungen und Intercellularräumen in viel stärkerem Grade assimiliren als blattlos gemachte Stengel reichbelaubter Pflanzen. Am stärksten zeigte sich die Assimilation bei *Casuarina excelsa* und

Spartium monospermum, deren Zweige nach dreistündiger direkter Besonnung ein Luft-quantum von 1,6 resp. 2,3 ccm pro ☐ cm Stengeloberfläche ausgeschieden hatten; die Stengel führten in diesem Falle pro ☐ mm 300 resp. 360 Stomata. Nach einigen weiteren Beob-achtungen des Verf. scheint es, dass in armlaubigen Pflanzen die Reservestärke schneller — schon nach 2—3 Tagen — bei Verdunkelung verschwindet, als dies bei reichblätterigen Pflanzen geschieht, bei denen sie noch nach 8—14tägiger Verdunkelung nachzuweisen war.

Collenchym.

3. **H. Ambronn.** **Ueber die Entwickelungsgeschichte und die mechanischen Eigenschaften des Collenchyms.** (No. 1.)

Ueber einige Resultate dieser Untersuchung wurde bereits im Jahresbericht für 1880 (S. 39) referirt. Hier tragen wir nur das Resumé nach, mit welchem Verf. die obige aus-führliche Publikation abschliesst. Zunächst wird das schon von Haberlandt gefundene Resultat bestätigt, dass „ebenso wie der Bast auch das Collenchym keine entwickelungs-geschichtliche Einheit darstelle, sondern so verschiedenen Ursprungs sei wie nur möglich. Als weiteres wichtiges Ergebniss ist anzuführen, dass auch beim Collenchym genau ebenso wie beim Bast, was übrigens auch Schwendener schon für das Stereom im Allgemeinen nachgewiesen hatte, die Gruppirung und Anordnung der Zellen zunächst nur nach mechanischen und nicht nach morphologischen Gesetzen stattfindet und dass wenn bestimmte Beziehungen zwischen Collenchym und Mestom vorhanden sind, diese Verhältnisse in der Entwickelungs-geschichte ihre Erklärung finden. Derartige Beziehungen bestehen erstens bei denjenigen Pflanzen, in welchen die Anlage des Collenchyms und des Mestoms eine einheitliche ist, zweitens in den Fällen, wo durch Bildung der Gefässbündel an der Peripherie nach aussen vorspringende Leisten oder Kanten entstehen, in denen sich dann die Collenchymgruppen in Folge ihres centrifugalen Bestehens entwickeln. Für den ersten Typus sind als Beispiele beschrieben worden: *Colocasia esculenta*, ferner eine grössere Anzahl von Umbelliferen und Pipereen. Sowohl bei *Colocasia esculenta* als auch bei jenen Umbelliferen und Pipereen kann man im älteren Zustande betreffs der Anordnung eine bestimmte Beziehung zwischen den Collenchymsträngen und einem Theile der Gefässbündel erkennen. Jedes Collenchym-bündel der gesammten Pflanzen ist mit je einem Mestombündel genau in denselben Radius gestellt. Diese stets vorhandene radiale Opposition findet ihre Erklärung, wie wir gesehen haben, durch die Entwickelungsgeschichte, indem ursprünglich die einzelnen Collenchym- und Mestompartien je einen homogenen Cambiumstrang bilden. Dass ein derartiger entwickelungs-geschichtlicher Zusammenhang bestehe, war schon von vornherein ziemlich wahrscheinlich, da eine solche regelmässig vorhandene Beziehung, wenigstens in stielrunden Stämmen und Blattstielen, kaum anders erklärt werden konnte, falls man nicht vom idealistischen Standpunkte aus annehmen wollte, dass die Anordnung der Gewebe z. B. in den Stengeln der Umbelliferen nach einem der Pflanze vorgezeichneten Bauplan erfolge".

„Die Trennung der ursprünglich homogenen Cambiumbündel geschieht regelmässig dadurch, dass in denselben eine Schicht Epenparenchym gebildet wird, durch welche das Bündel in eine nach der Peripherie zu und eine nach innen gelegene Partie zerfällt; aus der ersteren geht stets das Collenchym, aus letzterer dagegen das Gefässbündel hervor. Bei *Colocasia esculenta* findet jedoch nicht in allen Cambiumbündeln, aus denen später Collenchym entsteht, eine derartige Trennung statt, sondern blos in den am weitesten nach innen liegenden. Bei denen dagegen, welche näher an der Peripherie ihren Platz haben, bleiben auch im fertigen Zustande Collenchym und Mestom stets vereinigt. In den der Epidermis zunächst gelegenen ist das Mestombündel jedoch nur in Gestalt einiger cambiformartiger Zellen an der Innenseite des Collenchyms entwickelt; man kann desshalb hier nicht von einem Gefässbündel sprechen. Bei Umbelliferen und Pipereen findet dagegen eine Trennung zwischen Collenchym und Mestom stets und gewöhnlich schon sehr früh statt, so dass man nur in ganz jugendlichen Stadien homogene Cambiumbündel beobachten kann."

„Für den zweiten Typus, bei welchem die radiale Opposition von Collenchym und Mestom dadurch hervorgerufen wird, dass sich das erstere in den durch die Gefässbündel-bildung entstandenen vorspringenden Leisten oder Kanten entwickelt, sind als Beispiele anzuführen *Clematis Vitalba, Aristolochia Clematitis,* ferner die kleineren Collenchymbündel bei *Leonurus Cardiaca.* Von einer einheitlichen Anlage des Collenchyms und Mestoms kann bei dieser Art der Entstehung selbstverständlich nicht die Rede sein und die Erklärung der radialen Opposition beider Gewebe ist jedenfalls in dem centrifugalen Bestreben des Collenchyms zu suchen. Die Entstehung der grösseren Collenchymstränge im Stamme von *Leonurus Cardiaca* verhält sich in einigen wesentlichen Punkten abweichend von den bereits erwähnten beiden Typen. Es ist zwar eine radiale Opposition zwischen Collenchym und Mestom nicht vorhanden, aber das Bildungsgewebe des ersteren steht in jugendlichen Stadien mit dem Meristemringe in ununterbrochenem Zusammenhange, welcher erst nach Bildung der Cambium-stränge für die ersten Gefässbündel aufgehoben wird. Es entsteht jedoch keines dieser ersten Gefässbündel in demselben Radius, in welchem einer der betreffenden Collenchymstränge liegt, und es ist desshalb später, wie schon erwähnt, eine radiale Opposition der beiden Gewebe-partien nicht vorhanden. In den Fällen, wo weder ein Zusammenhang in der Anlage noch später irgend eine Beziehung in der Anordnung zwischen Collenchymsträngen und Mestom vorhanden ist, findet die Entwickelung des ersteren in unabhängig von der Gefässbündel-bildung entstandenen vorspringenden Leisten und Kanten statt. Hierher gehören von den beschriebenen Pflanzen *Salvia officinalis* und *Chenopodium anthelminthicum,* bei beiden sind die vorspringenden Leisten eine Folge der jüngsten Blattanlagen. In den Beziehungen zwischen den Collenchymringen und den Gefässbündeln müssen wir auch hier 2 Typen unterscheiden: entweder ist ursprünglich zwischen Collenchymring und einem Theile der Gefässbündel ein bestimmter Zusammenhang vorhanden, oder der erstere entwickelt sich vollständig unabhängig von dem Mestom. Für den ersteren Fall ist bisher nur ein Beispiel bekannt, nämlich *Philo-dendron eximium,* jedenfalls verhält sich jedoch eine grössere Anzahl verwandter *Philodendron*-Arten ähnlich. Wir sehen hier, dass sowohl Collenchymring als auch die peripherischen Gefässbündel aus einem Folgemeristem hervorgehen, das der einzigen subepidermalen Schicht seinen Ursprung verdankt. Später ist in der Anordnung des Collenchymringes und jener Gefässbündel nur insofern eine Beziehung vorhanden, dass die letzteren viel näher an dem Collenchymringe als an den inneren Leitbündeln liegen. Betreffs der übrigen Collenchym-ringe, deren Entwickelung vollständig unabhängig vom Mestom vor sich geht, und die in Folge dessen später auch gar keine Beziehungen zu den Gefässbündeln haben, ist nur wenig zu sagen. Sie liegen stets, wenigstens in den Pflanzen, die ich untersuchte, direct unter der Epidermis und sind entweder continuirlich oder von Spaltöffnungen, welche in Inseln oder Längsreihen liegen, unterbrochen. Das letztere ist der Fall bei *Tradescantia,* wo eigentlich vollkommen isolirte Stränge vorhanden sind, deren Anlage aber in einem ununterbrochenen Ringe erfolgt, und die in Folge dessen auch eben zu den Collenchymringen zu rechnen sind."

„Nur auf einen Fall ist besonders aufmerksam zu machen, nämlich auf *Peperomia latifolia,* wo die Epidermis sich an der Bildung des Collenchymringes betheiligt, indem in den Zellen derselben successive tangentiale Wände auftreten, so dass nach und nach 5—6 Zellschichten an der Peripherie des Stammes liegen, die aus der ursprünglich einfachen Epidermis hervor-gegangen sind. Die Elemente dieser Zellschichten verdicken sich sehr bald collenchymatisch und so kommt es, dass später, da vor jenen Theilungen der Epidermis bereits ein subepidermaler Collenchymring vorhanden ist, eine 7—8schichtige Collenchymlage an der Peripherie des Stammes sich findet, in welcher der nach aussen liegende Theil entwickelungsgeschichtlich der Epidermis, der nach innen liegende dagegen der Rinde angehört."

„Die Collenchymzellen haben in der Regel einen prosenchymatischen Charakter. Sie sind ziemlich lang, oft bis 2 mm und darüber, zeigen sehr häufig nachträgliche Fächerung durch zarte Querwände und sind stets mit Saft erfüllt, führen jedoch wenig oder gar kein Chlorophyll. Auf den Längswänden besitzen die Collenchymzellen meistentheils longitudinal spaltenförmige Poren. Hiervon zu unterscheiden sind diejenigen Collenchymzellen, welche einen mehr parenchymatischen Charakter haben und meistentheils durch nachträgliche collen-chymatische Verdickung von Parenchymzellen entstanden sind. Die Zellwandungen des Collenchyms färben sich stets mit Chlorzinkjodlösung hellblau, bleiben aber ungefärbt bei Einwirkung von Phoroglucin und Salzsäure. Die Quellbarkeit derselben in Wasser ist keine so starke, wie bis jetzt allgemein angenommen wurde, sie ist vielmehr, bei den specifisch mechanischen Collenchymzellen wenigstens, eine ziemlich unbedeutende; denn die Verkürzungen, welche dieselben bei Anwendung von wasserentziehenden Mitteln erfahren, betragen selten mehr als $\frac{1}{2}$ % der ganzen Länge. Die Elemente der Bildungsgewebe, aus denen sich später die Collenchymgruppen entwickeln, sind theils cambial, theils merismatisch zu nennen. Doch kommt es auch sehr oft vor, dass ein eigentliches Bildungsgewebe gar nicht vorhanden ist und dass die collenchymatischen Verdickungen erst nachträglich an Parenchymzellen der Rinde stattfinden. Eine Trennung des Collenchyms in Unterabtheilungen auf Grund dieser Verschiedenheit in der Entstehung dürfte jedoch ohne vorhergehende Kenntniss der Verschiedenheiten in der Function nicht berechtigt sein."

„Die Elemente der untersuchten Collenchymgruppen sind als specifisch mechanische Zellen zu betrachten. Sie stehen in Betreff ihrer absoluten Festigkeit den echten Bastzellen nur wenig nach. Doch sind sie von diesen in einem sehr wesentlichen Punkte verschieden. Während nämlich bei den Bastzellen die Elasticitätsgrenze mit der absoluten Festigkeit ungefähr zusammenfällt, wird beim Collenchym die erstere schon bei verhältnissmässig geringer Belastung überschritten, die letztere erst dann, wenn diese Belastung um das 4—5fache verstärkt worden ist. Da nun durch die Spannung, welche das Collenchym in jungen turgescenten Internodien und Blattstielen erfährt, zwar eine bleibende Verlängerung, nicht aber ein Zerreissen desselben herbeigeführt wird, so ist klar, dass dieses Gewebe in Folge seiner grossen absoluten Festigkeit dem intercalaren Aufbauen jener Pflanzentheile die nöthige Stütze gewähren kann, ohne jedoch dem Längenwachsthum derselben hinderlich zu sein. Dass das eigene Längenwachsthum des Collenchyms eine Folge jener durch den Turgor der übrigen Gewebepartien hervorgerufenen Ausdehnung ist, kann wohl kaum bezweifelt werden. Ob aber die durch das Ueberschreiten der Elasticitätsgrenze hervorgerufene bleibende Verlängerung der Collenchympartien eine bestimmte Rolle dabei spielt, muss bei unserer jetzigen noch sehr lückenhaften Kenntniss der Wachsthumsvorgänge in den Zellwandungen dahin gestellt bleiben."

In den Kreis seiner Untersuchung hat Verf. folgende Pflanzen gezogen: *Colocasia esculenta**, *Foeniculum officinale**, *Chaerophyllum bulbosum**, *Ligusticum Levisticum**, *Melanoselinum decipiens*, *Petroselinum sativum*, *Eryngium campestre**, *Piper spurium**, *Enkea speciosa**, *Cubeba officinalis**, *Arthante Rollinsonii**, *Leonurus Cardiaca*, *Salvia officinalis**, *Clematis Vitalba**, *Chenopodium anthelminticum**, *Tradescantia Sellowi**, *Philodendron eximium**, *Volkameria inermis**, *Tournefortia heliotropioides**, *Hedera Helix* und *Peperomia latifolia**. Von den mit * bezeichneten Pflanzen sind Collenchymstränge (meist im Querschnitt) abgebildet.

4. E. Giltay. Einiges über das Collenchym. (No. 10.)

Diese vorläufige Notiz über eine von der Utrechter Universität gekrönte Preisschrift beschäftigt sich vorzugsweise mit den mechanischen Eigenschaften des Collenchyms, wobei das Werk Schwendener's über das mechanische Princip etc. als Ausgangspunkt dient. Die schon von letzterem Forscher hervorgehobene Rivalität zwischen mechanischem und assimilirendem Gewebe tritt auch beim Collenchym hervor, indem dieses „nicht nur wie das Sclerenchym als Ganzes Streit mit dem assimilirenden Gewebe führt, indem es dieses zurückdrängt oder selbst weichen muss, seine Zellen werden so zu sagen auch vom Chlorophyll selbst bekämpft, indem dieses in die Collenchymzellen hineinzudringen bestrebt ist und sie auf diejenige Zellform zurückführen will, welche der Ausübung seiner Function am besten angemessen ist, d. h. auf die unverdickte an Intercellularräume grenzende parenchymatische Zelle". Dafür werden verschiedene neue Beispiele namhaft gemacht. Auch die Durchbrechung der peripherischen Collenchymplatten und Hohlcylinder durch nicht collenchymatisch verdickte, oft chlorophyllführende Zellen erscheint dem Verf. bemerkenswerth. Der mechanische Bau des Blattmittelnerven mit einer obern, auf Zugfestigkeit construirten Gurtung und einer untern, auf Druckfestigkeit berechneten spricht sich deutlich auch in der Anordnung des Collenchyms aus. Verf. wendet sich dann zu der bereits von Schwendener hervorgehobenen Bedeutung des Collenchyms als Festigkeitsgerüstes für wachsende Pflanzentheile, wofür gleichfalls einige neue Beispiele beigebracht werden. Schliesslich hebt Verf. hervor, dass „die Streckungsfähigkeit, die Lebensfähigkeit (des Collenchyms) überhaupt, einer sehr freien

Communnicatiou bedarf, welche sie bei Zellen mit gleichmässig collenchymatisch verdickter Wand umgiebt in der ungeheuren Grösse der Tüpfel (z. B. *Ilex Perado*, *Aucuba japonica*) und beim typischen Collenchym eben dadurch, dass die Wände nur an denjenigen Stellen verdickt sind, welche doch durch die öfters auftretenden Intercellularräume für die Communnication die geringste Bedeutung haben, d. h. in den Zellecken. Hierdurch ist zwar die Verbindung mit dem Durchlüftungsapparat aufgehoben und dadurch die assimilirende Thätigkeit der Zellen sehr verringert oder sogar völlig verschwunden, aber die verdickten Eckstellen, durch die übrigen Wände der turgescenten Zellen fest verbunden, verleihen diesem einen hohen mechanischen Werth, indem doch noch durch die unverdickten Wandtheile eine sehr freie Verbindung vorhanden ist". Kürzer gesagt, eine der Haupteigenschaften des Collenchyms besteht darin, dass seine Zellen „eine starke Wandverdickung besitzen und doch gegenseitig in sehr freier Verbindung stehen".

5. **E. Giltay. Ueber das Collenchym.** (No. 9.)

Diese Arbeit ist ein Anszug aus einer grösseren zu Leydeu erschienenen Inauguralschrift des Verf. Sie beschäftigt sich zunächst mit den speciell histologischen Eigenthümlichkeiten der Collenchymzellen und geht dann auf die mechanische Bedeutung derselben ein. Der die Collenchymzellen auszeichnende Glanz bildet den ersten Gegenstand der Discussion. Aus optischen Herleitungen folgt, dass bei Einstellung auf die Oberseite des betreffenden Präparats nur dann die Intensität der aus der brechenden Zellwand austretenden Lichtstrahlen grösser als die des „freien", d. h. nicht durch das Präparat beeinflussten Theiles des Gesichtsfeldes sein kann, wenn der Brechungsindex der Wand grösser als der des umgebenden Mediums ist. Die mathematische Bedingung dafür wird ausgedrückt durch die Ungleichheit:

$$90^0 - \text{arc sin} \frac{n \sin \alpha}{n_1} > \text{arc sin} \frac{n}{n_1} > 90^0 - \text{arc sin} \frac{n \cos \alpha}{n_1}$$

wenn n und n_1 die Brechungsindices des umgebenden Mittels und der Zellsubstanz, α den Grenzwinkel bedeuten, unter welchem die Lichtstrahlen die Zellwand treffen. Bei Einstellung auf die Unterseite des Präparats tritt ein entgegengesetzter Effect ein; die Lichtintensität der Zellwand kann dann nur die des freien Gesichtsfeldes erreichen, und zwar geschieht dies nur in dem centralen Theil der Zellwand, während sie sich nach den Rändern mehr und mehr verringern muss. Ein solches an den Zellwandgrenzen verdunkeltes Bild erhält man in der That von einem in Glycerin eingelegten Präparat bei Einstellung auf die Unterseite des Collenchymzellenquerschnitts. Der in Rede stehende Glanz ist somit keine specifische Eigenschaft des Collenchyms.

Ein zweiter Punkt der Erörterung betrifft die Mittellamelle der Collenchymzellwand. Mit Dippel nimmt Verf. eine Zusammensetzung derselben aus zwei primären Zellwänden und „Intercellularsubstanz" („mittlere Theilplatte" Dippels) an. Die deutliche und glänzende Umgrenzungslamelle der durch Chromsäure macerirten Collenchymzellen betrachtet er als Rest der Mittellamelle; auch beobachtete er an schwach collenchymatösen, chlorophyllführenden Zellen an den einen Intercellularraum begrenzenden Wandstücken eine Spaltung der Mittellamelle, welche dadurch zu Stande kommen soll, dass die Intercellularsubstanz aufgelöst wird und die beiden primären Zellhäute übrig bleiben.

Secundärtheilung von Collenchymzellen wurde nicht selten, besonders schön bei *Hedera Helix*, beobachtet, die Tochterzellen wurden dabei von der Mutterzellhaut in ähnlicher Weise wie bei Algen eingeschachtelt. In Bezug auf die früher behauptete, aber von Ambronn (s. o.) bestrittene starke Quellbarkeit der Collenchymzellen fand Verf. in Widerspruch mit letzterem eine Verkürzung des Radialdurchmessers bei Einlegung in Alkohol von 95 und 30 %, Chlorcalciumlösung und Glycerin. Sie betrug z. B. bei *Foeniculum vulgare* in 95procent. Alkohol 11—14 %, bei *Dipsacus ferox* unter gleichen Umständen 22 %, bei *Achillea filipendula* 32 % etc. Das Collenchym aus jungen Internodien von *Rubia tinctorum* verkürzte sich um 23 %, das von erwachsenen nur um 7—9 %. Das Collenchym jugendlicher Stadien ist demnach wasserreicher, wie schon Schleiden hervorhob. Verf. hält es schliesslich für unwahrscheinlich, dass die Quellbarkeit des Collenchyms nicht grösser sei als die dünner Parenchymzellwände, nur erscheine die Volumvergrösserung bei dicker Zellwand viel auffallender als bei dünner.

Der Inhalt typischer Collenchymzellen besteht nie in Chlorophyll; tritt dieses dennoch auf, so verändern sich die Collenchymzellen in bemerkenswerther Weise, indem ihre Wände dünn werden und Intercellularräume freilassen (so im Collenchym des Blattstiels von *Fittonia argyroneura, Ficus spec.*). — Aie Abhandlung beschäftigt sich im übrigen mit den mechanischen Eigenschaften des Collenchyms unter den bereits in Ref. No. 4 angedeuteten Gesichtspunkten.

Mechanisches Gewebe im Allgemeinen.

6. Westermaier. Die Ausbildung des mechanischen Gewebesystems als Familiencharakter. (No. 34.)

Die Untersuchungsergebnisse Kamienski's (1879), nach welchen bei den Primulaceen den anatomischen Verhältnissen als Familiencharakter kein besonderer Werth beigelegt werden kann, veranlassten den oben genannten Forscher, die Primulaceen von Neuem nach dieser Richtung zu prüfen, und zwar von einem Standpunkte aus, der sich auf die Vergleichung wirklich bekannter Gewebe stützt. Unter letzteren werden diejenigen Gewebesysteme verstanden, welche bisher von der Schule Schwendener's physiologisch „gedeutet" worden sind, besonders also das mechanische System. Nach Ansicht des Verf. fällt man nämlich bei fehlender Kenntniss von der Function eines Gewebes unrettbar der Gefahr anheim, „Unvergleichbares zu vergleichen". Kamienski hat von diesem Standpunkt aus den Fehler begangen, seine fünf Primulaccentypen, vor allen den ersten (Typus der *Primula sinensis*) und fünften (Typus der *Hottonia palustris*) auf anatomische Eigenthümlichkeiten zu gründen, welche physiologische Ursachen haben und daher für die Aufstellung systematischer Typen nicht verwerthbar erscheinen. Bei *Primula sinensis* nämlich besitzt der unter der Blattrosette stehende Stammtheil einen mechanisch wirksamen peripherischen Gefässbündelcylinder, weil dieser Theil oberirdisch und aufrecht ist und demnach auch stärkere Ansprüche an seine Biegungsfestigkeit gestellt werden als an die unterirdischen Stämme bei den Vertretern des zweiten, dritten und vierten Typus *(Primula Auricula, elatior* und *farinosa)*, welche dementsprechend mehr auf Zugfestigkeit construirt sind und entweder über den ganzen Querschnitt zerstreute Bündel *(Primula Auricula)* oder Annäherung der Bündel gegen das Centrum hin zeigen *(Primula elatior* und *farinosa)*. Der untergetauchte Stammtheil von *Hottonia palustris*, welche Pflanze bei Kamienski einen fünften, ganz isolirten Typus bildet, zeigt ferner die normale Structur typischer Wasserpflanzen und ist dem Stengel der landbewohnenden Primulaceen physiologisch nicht gleichwerthig, darf daher auch anatomisch mit letzteren nicht verglichen werden, wie es Kamienski that. — Verf. meint nun, dass eine Vergleichung der Art und Weise, wie innerhalb des Formenkreises der Primulaceen dem physiologischen Anspruche auf Biegungsfestigkeit genügt wird, am besten darüber Auskunft geben müsse, ob innerhalb dieser Familie ein einheitlicher anatomischer Grundzug ausgeprägt sei. Als eine häufig verwendete biegungsfeste Construction erscheint der Bastring, dessen Auftreten bei den verschiedenen Gattungen der Primulaceen durch folgende Tabelle veranschaulicht wird:

I.	II.
Organe mit unbedingten Ansprüchen auf Biegungsfestigkeit.	Organe mit irgendwie modificirten Ansprüchen auf Biegungsfestigkeit.
a) Mit Bastring.	a) Mit Bastring.
Blüthenstiel von *Asterolinum stellatum, Cortusa Matthioli.*	Blüthenstiel von *Lysimachia nemorum, Anagallis arvensis, caerulea.*
Blüthenschaft der untersuchten *Primula-* und *Androsace-*Arten, von *Dodecatheon* spec., *Hottonia palustris, Soldanella montana, Bryocarpum paradoxum, Cortusa Matthioli.*	Blüthenschaft von *Soldanella alpina.*

I.

Laubaxe

von *Trientalis europaea, Lysimachia vulgaris, ciliata, punctata, thyrsiflora, Samolus Valerandi, Coris monspeliensis.*

b) Ohne Bastring.

Keine Beispiele bekannt.

II.

Laubaxe

von *Glaux maritima Centunculus minimus.*

b) Ohne Bastring.

Blüthenstiel

von *Lysimachia Nummularia.*

Blüthenschaft

von *Cyclamen europaeum.*

Laubaxe

von *Gregoria Vitaliana, Lysimachia Nummularia, nemorum, Anagallis arvensis, coerulea, Dionysia revoluta, Asterolinum stellatum.*

Hieraus wird der Schluss gezogen, dass „das Vorkommen eines Bastringes mit innenseitig angelegten Mestombündeln in den vergleichbaren Organen der Glieder dieser Familie als ein anatomischer Familiencharakter zu bezeichnen ist". Das Fehlen des Bastrings in den unter II b. aufgeführten Fällen ist auf besondere Ursachen zurückzuführen, wie bei dem Blüthenschaft von *Cyclamen* auf die Tendenz desselben zu Einrollung, bei den Laubaxen von *Lysimachia Nummularia, L. nemorum, Anagallis arvensis* und *coerulea* auf mehr oder weniger starken Geotropismus u. s. w. Ref. kann die Bemerkung nicht unterdrücken, dass consequenterweise nach der Anschauung des Verf. der Bastring selbst nicht als anatomisch-systematisches Familienmerkmal der Primulaceen verwendet werden darf, weil sein Auftreten oder Fehlen ja von physiologischen Ursachen abhängig gedacht wird.

7. **Westermaier. Beiträge zur Kenntniss des mechanischen Gewebesystems.** (No. 33.)

Die Abhandlung theilt einige Fälle mit, in denen aus der anatomischen Structur eines Organs seine physiologische Bedeutung sehr anschaulich erschlossen werden kann. Ein solcher Fall liegt zunächst in der häutigen Scheide unterhalb des Blüthenköpfchens von *Armeria vulgaris* vor, welche aus abwärts gerichteten Fortsätzen der äusseren Involucralblätter besteht und anatomisch durch eine deutliche Ringlage mechanischer Zellen (Bastzellen) charakterisirt wird. Die Scheide stellt so einen biegungsfesten Hohlcylinder dar, welcher den intercalar wachsenden und somit schwächsten Theil der eingeschlossenen Inflorescenzaxe zu schützen hat. Die Epidermiszellen sind nämlich dicht unter dem Blüthenköpfchen noch in lebhafter Theilung begriffen und ihre Spaltöffnungen zeigen sich eben erst angelegt, während sie an den übrigen Theilen der Axe in der Entwickelung schon viel weiter fortgeschritten sind. Auch zeigt ein einfacher Zerreissungsversuch, dass die am wenigsten feste Stelle des Blüthenschafts sich innerhalb der Scheide, und zwar in der dem Köpfchen zunächst liegenden Region befindet. Würde nun die Scheide erst an dem ausgewachsenen Schafte zur Entwickelung kommen, so würde ihre Deutung als Schutzorgan der Axe allerdings hinfällig sein. Sie ist jedoch schon zu einer Zeit völlig ausgebildet, in welcher der noch sehr kurze und zwischen den Blättern versteckte Schaft sein Längenwachsthum eben beginnt. Während des letzteren übt die Involucralscheide ihre Function aus und vertrocknet erst an der blühenden oder Frucht tragenden Pflanze. Es liegt hier somit ein Organ von ähnlicher Function vor, wie es die interkalar wachsenden Internodien der Gramineen und Equisetum-Arten besitzen, nur befindet sich dasselbe bei Armeria nicht an der Basis des Internodiums, sondern an dessen Spitze.

In einer anderen Reihe von Fällen wird ein in seiner oberen Region wachsendes Organ dadurch gegen Einknicken geschützt, dass die mechanischen Elemente desselben eine mehr peripherische Lage annehmen und gleichzeitig der Organdurchmesser vergrössert wird. In exquisiter Form wird dies von den Blüthenschäften einiger Compositen *(Arnoseris minima, Hedypnois tubaeformis* und *Leontodon autumnale)* verwirklicht, deren Durchmesser unmittelbar unter der Inflorescenz eine auffallende Anschwellung aufweist. Anatomisch unterscheiden sich diese verdickten Partien durch schwach collenchymatisch verdickte

27*

Zellen ihres Gewebes von den als Bastzellen entwickelten mechanischen Elementen des übrigen Schaftes, eine Structur, welche übrigens nur während der Wachsthumsperiode des Schaftes Platz greift.

Eine dritte Reihe von Structureigenthümlickeiten besteht in Einrichtungen zur Erhaltung der Querschnittsform biegungsfester Organe. Dieselben bestehen bekanntlich in der Verbindung von Trägern (Bastbündeln etc.) oder Trägerelementen (Bastzellen etc.) durch mechanisches Gewebe in tangentialer Richtung. Werden diese Verbände nun in irgend welcher Weise, z. B. durch luftführendes Gewebe unterbrochen, so wird dadurch die Biegungsfestigkeit der betreffenden Pflanzentheile wesentlich gefährdet und es werden Schutzeinrichtungen nöthig. Einen solchen Fall bietet der dreikantige Halm von *Eriophorum alpinum* dar, in welchem eine Schwächung des tangentialen Verbandes der Träger dadurch herbeigeführt wird, dass die Athemhöhlen mehrerer, senkrecht übereinanderliegender Spaltöffnungen zu einem halbcylindrischen Kanal zusammenfliessen; je zwei solcher Athemkanäle liegen auf jeder Seitenfläche des dreikantigen Halmes. Die nothwendige mechanische Festigkeit wird hier dadurch erreicht, dass sowohl die Aussenwände der Epidermiszellen als auch die äussern Zellwandungen im Umkreis des Athemkanals sich stark verdicken. Die so entstehenden festen Halbrinnen werden ferner durch eine den Athemkanal seitlich begrenzende stark verdickte Radialwand einer Epidermiszelle an die starre Oberhaut gleichsam „angenagelt". Auf diese Weise wird trotz der Lücken im Gewebeverbande die Festigkeit des Halms erhalten. Dem Zwecke der Luftcirculation in der Gegend der festen Athemrinnen dienen kleine Intercellularräume zwischen den Zellen. Ausserdem besitzen die Epidermiszellen unmittelbar über den Bastbelegen der Bündel stellenweise ebenfalls eine verdickte Radialwand, um eine weitere feste Verbindung zwischen Bastrippe und der starren äussern Epidermiswandung herzustellen. Bei *Scirpus caespitosus* fliessen die Athemhöhlen nicht in verticaler, sondern in horizontaler Richtung zusammen, dabei bleiben die mechanischen Ausrüstungen im Wesentlichen die gleichen wie bei *Eriophorum alpinum*. Abweichender gestalten sich die Structurverhältnisse im Umkreis der Luftgänge von *Eriophorum angustifolium* und *vaginatum*, doch tritt auch bei diesem das gleiche Princip für die Erhaltung der Querschnittsform hervor.

8. S. Rützou. Ueber Axenknoten. (No. 25.)

Bei gewissen Pflanzen schrumpfen begrenzte Theile des Stengels beim Trocknen stärker als andere, so z. B. bei Galeopsis Tetrahit. Bei dieser Pflanze ist das Internodium in seinem obersten Theile stark geschwollen und wenn die Pflanze getrocknet wird, schrumpft die geschwollene Partie stärker als der übrige Stengel. Biegt man ein solches Stengelstück, so wird der geschwollene Theil die stärkste Biegung ertragen können und ein Bruch an diesem Orte, dem „Axenknoten", wird eine glatte Bruchfläche geben, während der übrige Theil der Axe, der Kürze halber „Stengel" zu nennen, einen etwas zersplitterten Bruch geben wird. Um den Grund zu der grösseren Biegsamkeit in dem Axenknoten auszufinden, hat Verf. eine Reihe Pflanzen aus verschiedenen Familien anatomisch untersucht. Dieselben sind folgendermassen zusammengestellt:

A. Ohne Collenchym im Stengel. a. Mit Sclerenchymring in der Rinde: *Dianthus aridus* und *Geranium Robertianum;* bei diesem ist das Gewebe im Axenknoten collenchymatisch und ohne oder mit schwacher Entwickelung der Sclerenchymscheide. b. Ohne Sclerenchymring: *Mimulus luteus.* Im „Stengel" sind die Epidermiszellen einwärts verdickt, das Innere des Markes ist hohl. Im Axenknoten, der oben- und unterhalb des Nodus sich befindet, sind die Oberhautzellen glatt- und dünnwandig, die Rindenzellen getheilt und collenchymatisch verdickt, die Markzellen gross und dünnwandig und füllen ganz den Raum innerhalb der Gefässbündel: *Stellaria nemorum.* Der Axenknoten liegt oberhalb des Nodus. Seine Rinde ist doppelt so mächtig als diejenige des „Stengels". B. Mit Collenchym im „Stengel". a. Das Collenchym in Gruppen *Polygonum aviculare.* An den Rippen des Stengels finden sich Sclerenchymbündel von Epidermis gedeckt, im Axenknoten findet sich an den entsprechenden Stellen Collenchym. b. Mit Collenchym im Umkreis des ganzen „Stengels". Unter dieser Kategorie wird eine grössere Reihe Formen, unter andern viele Acanthaceen beschrieben.

Die erwähnten Pflanzen besitzen sämmtlich einige Internodien, die im Baue von dem übrigen Theile abweichen. Die Lage ist verschieden — in der Regel dicht über oder unter nodus, — aber constant für die Species. Genannte Abweichung besteht in dem Mangel dieser Partie von Sclerenchym, Bastfasern und überhaupt verdickten Zellen sammt einer besonderen Entwickelung des Collenchyms; sie scheint der jüngste Theil des Internodiums zu sein, den unterirdischen Stengeln gehen sie ab. — Einige Bemerkungen über die physiologische Verwerthung der Thatsachen schliessen die Abhandlung.

O. G. Petersen.

Elementarorgane des Holzes.

9. **E. Russow.** **Ueber die Entwickelung des Hoftüpfels, der Membran der Holzzellen und des Jahresringes bei den Abietineen.** (No. 23.)

Verf. bestätigt in Bezug auf die Entwickelungsgeschichte der Hoftüpfel von *Pinus silvestris* im Allgemeinen die von Sanio (Pringsheim's Jahrb. f. wissensch. Bot. Bd. IX, 1873, S. 50—126) gegebene Darstellung, ergänzt dieselbe jedoch in mehrfacher Hinsicht. Als ein bisher übersehenes Moment ist zunächst eine eigenthümliche Einfaltung der Primordialtüpfelmembran in der Querschnittsansicht hervorzuheben, welche als „zetaförmige Knickung" bezeichnet wird. Dieselbe tritt auf dem Querschnitt besonders an den zu Anfang der Vegetationsperiode gebildeten Zellen da auf, wo die stärkste Streckung der Radialwände der Jungholzzellen stattgefunden hat; der mittlere verdickte Theil der Primordialtüpfelwand — Torus nennt ihn der Verf. — erscheint dabei stark in das Lumen der benachbarten Tracheïde hinein verschoben, während der verdünnte peripherische Theil der Tüpfelmembran eine scharfe, bisweilen rechtwinklige Einknickung erleidet. Der Durchschnitt der Tüpfelmembran gleicht in diesem Zustande einem Bügel oder einem Zeta. Auch auf Tangential- und Radialschnitten giebt diese „zetaförmige Knickung" zu einigen bisher übersehenen Erscheinungen Veranlassung. Sie ist im Beginn der Vegetationsperiode am auffallendsten, tritt im Sommer nur noch am sehr rasch wachsen den Holze auf und ist in der Region, in welcher die sog. secundäre Verdickungsschicht gefunden wird, nicht mehr wahrnehmbar. Die Ursache der Knickung findet Russow in einer starken elastischen, durch den Zellturgor herbeigeführten Spannung der Radialwände, welche durch das Anschneiden der Zellen ausgelöst wird und sich dann in einer Verkürzung der gesammten Radialwand äussert, während der peripherische Theil der Tüpfelmembran nicht elastisch gespannt ist und sich daher faltig einbiegen muss.

Verf. constatirte ferner die von Velten in Cambiumzellen aufgefundene Plasmarotation sowohl in jungen Markstrahlzellen als in Jungholz- und Jungbastzellen; in letzteren erlischt sie mit der Bildung der callösen Platten, in ersteren mit dem Auftreten der sog. secundären Verdickungsschicht. Auch in den Parenchymzellen in der Umgebung der Harzkanäle und im Bastparenchym liess sich die Bewegung nachweisen; sie trat beim Einlegen der Schnitte in destillirtes Wasser oder Brunnenwasser oft in grosser Deutlichkeit ein und hielt (in den Markstrahlzellen) bisweilen 36 Stunden hindurch an.

Die Frage nach der Schichtendifferenzirung der Holzzellmembran, über welche eine Einigung der Ansichten zwischen Dippel und Sanio bisher nicht erreicht ist, beantwortete Verf. zu Ungunsten der Sanio'schen Appositionstheorie. Mit mässig verdünnter Schwefelsäure (2 Theile Schwefelsäure und 1 Theil Wasser) und concentrirter Jodjodkaliumlösung gelang ihm unter günstigen Umständen der Nachweis, dass sowohl die radialen als die tangentialen Wände sämmtlicher Jungbast- und Jungholzzellen mit Ausnahme der eben neugebildeten jüngsten cambialen Tangentialwandungen eine Differenzirung in drei Schichten, nämlich einer mittleren farblosen (Zwischensubstanz) Schicht und zwei lateralen, sich blau tingirenden Innenschichten erkennen lassen. Die Zwischensubstanz zieht sich auch über die Primordialtüpfelmembran fort. In dem Zustande, in welchem letztere bereits den „Torus" (s. oben) in der Mitte und die Verdünnung nach der Peripherie zu zeigt, quillt sie bis zur Dicke der tüpfelfreien Wandstelle auf; ihre „Zwischensubstanz" wird jedoch nur von einer kaum messbaren, dünnen, blauen, scharfen Linie gegen das Zelllumen hin begrenzt, während an der Stelle des Torus ein dicker kurzer blauer Strich erscheint. Nach Angabe des Verf.'s scheinen die beschriebenen Reactionen nur unter ganz besonderen Umständen einzutreten; selbst der Wassergehalt der Luft im Arbeitslocal, die Dicke des Glasstabes, mit welcher die Säuretropfen an den Rand des Deckglases gebracht wird, und dergleichen soll von Einfluss sein. Da die sog. secundäre

Verdickungsschicht direct aus den beschriebenen, sich blau färbenden Innenschichten hervorgeht, so ist die Annahme einer Entstehung derselben durch Apposition ausgeschlossen. Das Farbloßbleiben der „Zwischensubstanz" erklärt Verf. aus dem höheren Wassergehalt derselben der Annahme einer Differenzirung der ursprünglichen Theilungswand in drei Schichten schon bei der ersten Entstehung kann er nicht beipflichten, sondern er denkt sich dieselbe als eine einheitliche Membran, die sich nachträglich in eine mittlere wasserreichere und zwei dichtere wasserärmere spaltet. Die besonders im Herbstholz oft sehr auffallende und sich hier oft von der secundären lostrennende sog. tertiäre Verdickungsschicht entsteht ebensowenig durch Apposition wie die secundäre.

Der Schluss der Abhandlung Russow's wendet sich der Frage nach der Ursache der Jahresringbildung zu, soweit diese auf einer radialen Verkürzung und stärkeren Verdickung der Herbstholzzellen beruht. Den bekannten Versuchen von de Vries, der den Einfluss des gesteigerten oder verminderten Rindendrucks auf die Structur des Holzes nachwies, sucht Verf. eine andere Deutung unterzulegen. Zunächst will ihm nicht einleuchten, warum der sich gegen den Herbst zu steigernde Rindendruck nicht ebenso auf die Elemente der Rinde als des Holzes im letzten Jahreszuwachs wirken soll; man sollte erwarten, dass der radiale Durchmesser der Siebröhren z. B. in demselben Verhältniss wie der der Herbstholzzellen abnehmen müsste, was jedoch keineswegs der Fall ist. Auch nimmt der radiale Durchmesser der Holzzellen nicht stetig, sondern sprungweise ab, und zwar mit plötzlichem Sinken am Schluss der Vegetationsperiode. Meist sind nur 2—5 Zelllagen des Herbstholzes stark radial abgeplattet. Auch giebt es Holzgewächse, wie *Cytisus elongatus*, bei denen die Ringgrenze durch das zahlreichere Auftreten weitlichtiger Gefässe ohne Radialverkürzung der Holzzellen hervorgerufen wird. Alle diese Gründe scheinen dem Verf. dafür zu sprechen, dass in dem Inhalt der sich entwickelnden Holzzellen selbst die Zu- und Abnahme einer Wasser stark anziehenden Substanz in den verschiedenen Stadien der Vegetationsperiode einen verschiedenen Zellturgor und damit einen verschiedenen Radialdurchmesser der Holzzellen veranlasst. Dafür spricht u. a. auch die Erscheinung der „zetaförmigen Knickung" der Tüpfelmembran, welche im Frühling am intensivsten auftritt, zum Sommer hin abnimmt und schliesslich ganz schwindet, und welche das Vorhandensein eines starken Zellturgors im Frühjahr höchst wahrscheinlich macht. Auch zeichnen sich die Herbstholzzellen durch dickere Begrenzung des Plasmainhalts und durch substanzarme Verdickungsschichten vor den gleichnamigen Theilen der Frühlingszellen aus. Während nun im Holze der Zellturgor im Laufe der Vegetationsperiode abnimmt, bleibt er in der Rinde ungefähr derselbe, da nachweislich eine nennenswerthe Abnahme im Radialdurchmesser der letztgebildeten Siebröhren nicht stattfindet. Auch die Versuche von de Vries selbst sucht Verf. zu Gunsten seiner eigenen Ansicht zu interpretiren und findet z. B. in dem Auftreten stark tangential gestreckter oder radial verkürzter Holzelemente bei vermindertem Rindendruck im Herbst, wie dies einzelne Abbildungen in der Arbeit von de Vries erkennen lassen, einen Beweis für die starke Abnahme des Zellturgors am Ende der Vegetationsperiode.

Siebröhren.

10. **E. Russow. Ueber die Verbreitung der Callusplatten bei den Gefässpflanzen.** (No. 24.)

Verf. fand in der wässerigen Lösung von Anilinblau, welche bereits durch Wilhelm bei Gelegenheit der Untersuchung des Siebröhrenapparats von *Vitis vinifera* als Färbereagenz Anwendung gefunden hat, ein treffliches Mittel, die Callusbelege der Siebplatten und Siebfelder dauernd zu färben und ihre Anwesenheit im Gewebe überhaupt zu constatiren. In den durch Anilinblau gefärbten Schnitten wird nämlich durch Wasser und Glycerin der Farbstoff aus den Zellwänden völlig extrahirt, während die Callusbelege denselben wochen- und monatelang festhalten. Mittelst dieser Reaction konnten die Callusbelege der Siebröhren bei einer grossen Zahl von Pflanzen (c. 150) aus den verschiedensten Familien — sowohl Gymnospermen als Mono- und Dicotylen — nachgewiesen werden. Unter den Gefässkryptogamen fanden sich Callusbelege bisher nur im Stamme von *Alsophila australis*, im Blattstiel von *Balantium antarcticum* und *Osmunda regalis*, sowie im Stengel und der Blattscheide fertiler Sprosse von *Equisetum arvense*. Bei den Gymnospermen, von denen

Callusgebilde bisher nur in ganz vereinzelten Fällen bekannt waren, sind sie nach Russow allgemein verbreitet. Als wesentliches Resultat der Untersuchung ergab sich, dass die Callusbelege in der secundären Rinde nur innerhalb des letzten Jahreszuwachses, bisweilen auch noch im vorletzten Zuwachsringe anzutreffen sind und überhaupt nur in der dem Cambium nächsten Region der Rinde vorkommen. Wahrscheinlich ist es ferner, dass die specifische Function der Siebröhren mit der Callusbildung beginnt und nur so lange andauert, als Callusgebilde vorhanden sind. Die Untersuchungen wurden vorzugsweise während der Winterruhe der betreffenden Pflanzen angestellt. In Uebereinstimmung mit de Bary und Wilhelm fand Verf. die Callusmassen gegen Ende der Vegetationsperiode in Zunahme, bei Wiedereintritt des Wachsthums theilweise in Auflösung begriffen, und zwar in der Weise, dass zuerst die Siebporen wegsam wurden. Die Schleimstränge waren zur Zeit der Ruheperiode meist nicht vorhanden oder spärlich, traten aber mit dem Wegsamwerden der Siebplatten stets auf. Auch zeigte sich, dass die bisher nur vereinzelt aufgefundenen eigenthümlichen Tochterzellen der Siebröhren, die sogenannten Geleitzellen, in der secundären Rinde eine sehr grosse, vielleicht allgemeine Verbreitung haben.

11. **E. de Janczewski. Vergleichende Studien über Siebröhren.** (No. 14.)

Die Abhandlung beschreibt in vier gesonderten Abschnitten die Siebröhren der Gefässkryptogamen — Ophioglosseen, Lycopodiaceen, Equisetaceen, *Marsilea*, *Salvinia*, *Selaginella* und *Isoëtes* —, der Gymnospermen, speciell von *Pinus silvestris*, der Monocotylen (speciell *Phragmites* und *Typha*) und der Dicotylen *(Aristolochia Sipho, Tilia parvifolia* und *Vitis vinifera)*. Bei allen Gefässkryptogamen fand Verf. die Poren der Siebfelder stets geschlossen und die Membran derselben homogen, nur bei *Pteris aquilina* wird letztere nach ihm von „cällösen Cylindern" durchsetzt. Die Siebröhren erscheinen überhaupt bei der genannten Pflanzengruppe in ihrer einfachsten Form und verhalten sich zu allen Jahreszeiten gleich; sie werden hier nur von einem plasmatischen Wandbeleg ausgekleidet, dessen Proteïnkörner sich besonders an den Siebstellen stark anhäufen. Bei den Gymnospermen machen die Siebröhren zwei verschiedene Perioden durch, während der ersteren tritt in der jungen Siebplatte Callussubstanz auf, welche die Sieblöcher überzieht und die Siebröhren denen von *Pteris* ähnlich erscheinen lässt; in der zweiten Periode verschwinden mit dem Plasma zugleich die Callusbelege und die benachbarten Röhrenelemente treten in offene Communication. Bei den Dicotylen treten sogar vier verschiedene Epochen in der Entwickelung der Siebröhren auf. Hier entwickelt sich die einzelne Siebröhre auch nicht wie bei den Gymnospermen direct aus einer Cambiumzelle, sondern letztere theilt sich durch eine Tangentialwand in zwei Zellen, von denen die eine zur Siebröhre, die andere zur Mutterzelle vom Bastparenchym oder von Geleitzellen wird. Zunächst bekleiden sich die seitlichen Siebfelder und Horizontalquerwände mit Callus und stellen eigentliche Siebplatten mit zartem Cellulosegerüst und cällöser Umhüllung her. Dieser vom Verf. als „activ" bezeichnete Zustand tritt bei den verschiedenen Dicotylen in verschiedener Zeitdauer auf; so bleiben u. a. die Siebröhren von *Aristolochia Sipho, Tilia, Rosa* und *Fagus* in den verschiedenen Jahreszeiten unverändert, während sie bei *Vitis* und *Tecoma* ihre Poren vor Anfang des Winters schliessen und im Frühjahr wieder öffnen. In einer dritten, meist nur kurzen Uebergangszeit verlieren dann die Siebröhren allmählig ihren Inhalt und die Poren öffnen sich, indem sich die Callussubstanz vollkommen auflöst. Der „passive" vierte Zustand endlich ist derjenige, in welchem die functionslos gewordenen Siebröhren nur noch callusfreie, aus einem zarten Cellulosenetz bestehende Siebplatten aufweisen. Die Siebröhren der Monocotylen verhalten sich nach Janczewski denen der Dicotylen im Allgemeinen ähnlich, nur dauert die Activität derselben meist so lange als die Lebensdauer der sie enthaltenden Pflanzentheile. — In Bezug auf die speciellen Structurverhältnisse der Siebröhren muss auf die Originalarbeit verwiesen werden, da hier ohne Weitläufigkeiten sich kein Auszug der Resultate geben lässt.

Milchsaftröhren.

12. **D. H. Scott. Zur Entwickelungsgeschichte der gegliederten Milchröhren der Pflanzen.** (No. 27.)

Nach einer kritischen Würdigung der Vorarbeiten von Moldenhawer, Unger, Mohl,

Schacht, Hartig, Vogl, Hanstein, Dippel, Trécul, David, Schmalhausen, de Bary und Faivre über den lange Zeit controversen Gegenstand wendet sich Verf. zu eigenen Beobachtungen, welche sich vorzugsweise mit Milchsaftgefässen des Embryo und der Keimpflanze von *Tragopogon eriospermus* und *Scorzonera hispanica* beschäftigen. Die bezüglich der gegliederten Milchröhren durch Schmalhausen erhaltenen Resultate finden durchweg Bestätigung. In der Keimwurzel von *Tragopogon* verlaufen bekanntlich zwei Systeme von Milchsaftgefässen: ein axiles, dem Phoëmtheil des diarchen Gefässcylinders angehöriges, und ein im Rindenparenchym verlaufendes hypodermales. Beide sind in der Cotyledonarscheide durch querverlaufende Aeste verbunden. Besondere Aufmerksamkeit hat Verf. den hypodermalen Milchgefässen zugewandt, da dieselben schon im Embryo in der Regel angelegt erscheinen. Die betreffenden Zellen desselben bilden Längsreihen, welche durch Tangentialtheilung der zweituntersten Zellschicht unter der Epidermis entstehen. An Samen, die ca. 24 Stunden in der Erde gelegen hatten, zeigte sich der Inhalt dieser hypodermalen Zellenzüge insofern deutlich von dem der Nachbarzellen verschieden, als in ihm die sonst überall verbreiteten Aleuronkörner völlig fehlten. In Keimlingen mit 3—4 mm langer Wurzel waren die zu Milchsaftröhren bestimmten Zellen deutlich zu erkennen, sie führen bereits Milchsaft und es liess sich constatiren, dass ihre Querwände wenigstens in der Mitte durchbohrt waren. Das dem axilen Gefässcylinder angehörige Milchsaftsystem ist während dieser Zeit noch unentwickelt. In den Cotyledonen bilden die Milchsaftzellenzüge bereits ein complicirtes Netzwerk, indem die Verbindungen zwischen entfernteren Hauptsträngen durch querverlaufende Reihen von später verschmelzenden Zellen hergestellt werden. In Keimpflanzen mit ca. 6 mm langer Wurzel endlich findet man alle Entwickelungsstadien nebeneinander. Die hypodermalen Milchsaftgefässe sind in diesem Stadium nahezu fertig und die Zellquellwände bis auf schwer erkennbare Reste resorbirt, in den Milchsaftgefässen des axilen Cylinders beginnt dagegen erst die Resorption der Querwände. Das hypokotyle Glied verhält sich der Wurzel ähnlich, nur sind hier die Milchsaftgefässe der Fibrovasalstränge schon weiter vorgeschritten, indem die Zellquerwände resorbirt und auch in den Seitenwandungen grössere Löcher vorhanden sind. In den Cotyledonen geht die Resorption der Wände sehr langsam vor sich. Bei der Verschmelzung quellen die betreffenden Wandstücke etwas auf, dann entsteht durch Auflösung eine zuerst sehr kleine, allmählich sich vergrössernde Perforation und damit treten die Zellinhalte in Verbindung. Bei *Scorzonera* (nicht aber bei *Tragopogon*) bilden die Milchsaftgefässe auch seitliche, den Copulationsarmen der Conjugaten ähnliche Ausstülpungen, durch welche die seitliche Verschmelzung zweier benachbarten Gefässe vermittelt wird. Von den kurzen Bemerkungen, welche Verf. den Milchsaftgefässen in der secundären Rinde älterer Pflanzen von *Scorzonera*, *Taraxacum* und *Chelidonium majus* widmet, erscheint die Angabe bemerkenswerth, dass bei letztgenannter Pflanze bis in die ältesten Stadien die zu Milchsaftröhren verschmolzenen Zellen ihren Zellkern conserviren, der durch Hämatoxylin deutlich gemacht werden kann, und dass entgegen der Ansicht Hanstein's Milchsaftgefässe auch im Holzkörper der Wurzel von *Chelidonium* vorkommen. Unmittelbare Berührung zwischen Milchsaftgefässen und Tracheen wurde nur in äusserst seltenen Fällen beobachtet.

Secretbehälter.

13. **F. Szabó. Gummigänge bei Carludovica und Canna.** (No. 28.)

Carludovica palmata R. Pav. Durch den Blattstiel dieser Pflanze erstrecken sich ziemlich weite Gummigänge. Sie sind im Grundgewebe zwischen den Gefässbündeln zerstreut und ziehen sich von der Basis des Blattstieles bis hinauf zu den Hauptadern in die Blattlamina. Ihre Anordnung ist übrigens ganz unregelmässig, oben und unten endigen sie blind, unten reichen sie bis zur letzten Zellreihe des Blattstieles, in das Gewebe des kurzen Stammes reicht aber keiner. Von hier an gehen sie parallel mit den Gefässbündeln; der Zahl nach kommen 2—3, aber auch 8—10 in je einem Blattstiel vor. Bevor sie in die Lamina gelangen, stossen sie stellenweise zusammen, münden in einander und verändern so ihre ursprüngliche Zahl (Fig. 2). Diese verschmolzenen Gänge gehen dann mit den Hauptadern soweit in die Lamina, bis jene sich nicht verdünnen. Ein solcher Gummigang ist nichts anderes als eine von zerfallenden Zellen umgebene Höhlung, deren Inhalt von Gummi erfüllt wird. Die verschiedenen Uebergänge des Zerfalls kann man beobachten. Anatomisch sind die Carludoviceen den Palmen sehr ähnlich. Im losen Parenchym findet man Raphidenbündel von zweierlei Gestalt, nämlich sehr kleine und sehr grosse. Letztere zeigen im Querschnitt, dass sie viereckig sind (Fig. 3 bei a.). Die Bildung der Gummigänge fällt nicht in dieselbe Zeit mit der Ausscheidung der Gewebe, sondern tritt immer später ein; die Gefässbündel sind oft schon vollständig entwickelt, als die Gummigänge erst in ihrer Entstehung begriffen sind. Sie unterscheiden sich schon anfangs durch ihren dichteren Inhalt von den übrigen Zellen des Grundgewebes; auch sind ihre Zellen kleiner, durch eine Querwand getrennt, aber ohne Intercellularraum. Die Zelltheilung dauert so lange (Fig. 1), bis meist 20–30 Zellen zu Stande gekommen sind; dann desorganisiren die in der Mitte stehenden, was damit eingeleitet wird, dass 1—2 Zellwände sich immer mehr verdünnen, bis sie endlich ganz verschwinden. Schliesslich desorganisiren noch die Zellen des Epitheliums, der Inhalt der Gänge trocknet ein und bildet an der Wand desselben einen braunen Ueberzug (Fig. 3 bei b.), Gummigänge fand der Verf. noch bei *Carludovica Mauritiana* und *C. rotundifolia*; dagegen nicht bei den Palmen und bei zahlreichen Arten von *Freycinetia* und *Pandanus*.

Canna indica L. Die Gummigänge in den Rhizomen dieser Pflanze sind wohl schon längst bekannt, aber ihre Entwickelung wurde noch nicht studirt. Vertical auf die Vegetationsrichtung des Rhizoms geführte Schnitte zeigen nun, dass ein Theil der Gummigänge die Richtung der mit der Oberfläche parallel gehenden Bündel verfolgt, aber auch dass die Aeste dieser Gänge; nach jeder Richtung hin das Rhizom durchkreuzen. Zwischen den Gefässbündeln, nahe zum Rindengewebe, ist die Anordnung gewöhnlich regelmässig, insofern als zwischen zwei Bündeln immer ein, höchstens zwei Gänge vorkommen. Aber sie verzweigen sich und bilden nicht selten Anastomosen. In die Adventivwurzeln und Knospen senden sie aber keine Aeste; ihre Weite bleibt sich im ganzen Rhizom gleich, nur beim Ausgangspunkte der Wurzeln erweitern sie sich; gegen die Vegetationsspitze zu aber verengern sie sich plötzlich; ein Theil endigt blind, ein anderer geht bis zum jungen Gewebe der Knospe, wo sich ihre Entstehung auch am sichersten auffinden lässt. Der Entstehungsort der Gummigänge ist immer in der Nähe der Vegetationsspitze und stimmt ihre Entwickelung vollkommen mit der bei *Carludovica* beschriebenen überein.

An einigen mehrere Tage hindurch in Alkohol gelegenen Rhizomstücken erscheinen an den Schnitten ausser dem durch den Alkohol niedergeschlagenen Gummi kleine sphärische Körperchen, um welche in der Masse des Gummis sehr kleine Körnchen eingebettet waren. Diese sphärischen Körper erweisen sich als Sphärokrystalle (Fig. 5, b.) die aus oxalsaurem Kalk gebildet waren. Es wurde dies durch die Anwendung von Sanio's Reaction bewiesen. Aus ferneren Untersuchungen ging hervor, dass solche Krystallkugeln auch dann in den Gängen entstehen, wenn man das aufgeschnittene Rhizom einige Stunden hindurch an der Luft stehen lässt. Dann aber bilden sich ausser ihnen noch anders gestaltete Krystalle. Die *Canna*-Arten überhaupt sind reich an oxalsaurem Kalk. Die durch Eintrocknung entstandenen Krystalle sind halbkugelförmig (Fig. 6); die an zweiter Stelle erwähnten und ebenfalls von der Wand des Ganges gegen das Innere desselben reichenden sind einem zerschlitzten Blatte ähnlich (Fig. 4, 7) und werden vom Verf. Dendriten genannt. In ihrem chemischen Verhalten stimmen sie ganz mit den Sphärokrystallen überein. Ausser diesen beiden Formen des oxalsauren Kalkes ist der Gummi oft noch mit körnigen, tafel- oder oktaederförmigen Mikrokrystallen erfüllt. Mit Sanio übereinstimmend kann der Verf. versichern, dass Kalilauge auf die Sphaerokrystalle einwirkt; aber auch Alkohol verändert nach mehrwöchentlicher Einwirkung ihre radiale Structur und die zurückgebliebene amorphe Substanz gleicht den kleinen Körnern des arabischen Gummis. Der Verf. gedenkt noch der Ansichten von Sonchay, Lenssen, Holzner, Vesque, Frank, Zacharias und meint schliesslich, dass der Gummi, welcher ein Zerfallproduct der plasmareichen Zellen ist, im Grossen die Form der durch Wasserentziehung entstandenen Krystalle beeinflusst. Staub.

II. Hautgewebe.

Hautgewebe im Allgemeinen, Spaltöffnungen, Lenticellen.

14. **A. Tchirch. Beziehungen des anatomischen Baues der Assimilationsorgane zu Klima und Standort, mit specieller Berücksichtigung des Spaltöffnungsapparats.** (No. 32.)

Verf. hat seine Studien über Spaltöffnungen (s. Jahresber. 1880, S. 47) fortgesetzt und stellt nun auf erweiterter Grundlage folgendes System der Spaltöffnungsapparate auf:

I. Die Spaltöffnungen münden direct oder mittelst der Wallöffnung in das umgebende Medium.
A. Die Athemhöhle besitzt keine besonderen Schutzeinrichtungen (Haare, Längsrinnen etc.).
   I. Stomata in der Höhe der Epidermis oder über diese emporgehoben, die Nebenzellen betheiligen sich an der Bildung des Spaltöffnungsapparates nicht: Unvertiefte Spaltöffnungen.
     1. Cuticularleiste (äussere) wenig entwickelt; Stomata über die Epidermis emporgehoben. Typus 1: Farne, *Pomaderis phylicifolia.*
     2. Stomata im Niveau der Epidermis.
       a) Cuticularleiste wenig entwickelt. Typus 2: *Quercus pedunculata.*
       b) Cuticularleiste stark entwickelt. Typus 3: *Grevillea Hillii.*
       c) Cuticularleiste sehr stark entwickelt und emporgezogen. Typus 4: *Leucadendron decorum.*
       d) Cuticularleiste emporgezogen, in Folge dessen der Vorhof mehr oder weniger vertieft. Typus 5: *Eucalyptus dumos.* u. and.
  II. Stomata unter das Niveau der Epidermis gedrückt, die Nebenzellen betheiligen sich an der Bildung des Spaltöffnungsapparates: Vertiefte Spaltöffnungen.
     1. Die Cuticularleiste einer oder mehrerer Nebenzellen wölbt sich nach aussen bogenförmig vor, die äussere Athemhöhle bildet ein Hohlkugelsegment: Schalenvertiefung. Typus 6: *Araucaria brasiliensis, Olea europaea.*
     2. Die Einsenkung wird tiefer, die Wandungen der äusseren Athemhöhle bilden einen Hohlcylinder: Cylindervertiefung. Typus 7: *Pimelea decussata, Stirlingia teretifolia.*
     3. Die Wallöffnung ist eng, die äussere Athemhöhle innen erweitert und bildet einen Krug. Derselbe kann gebildet sein durch eine weitere Vorwölbung der Nebenzellen: Weiterentwickelung der Schalenvertiefung (Krugvertiefung bei dünnwandiger Epidermis) oder durch wallartig über die Epidermis nach innen vorspringende ganze Epidermiszellen oder deren Wandverdickung — Krugvertiefung bei dickwandiger Epidermis. Krugvertiefung.
       a) Der Krug ist aussen nicht verschlossen. Typus 8.
       b) Der Krug ist durch eine von beiden Seiten übereinandergreifende Membran (Aussenschicht) verschlossen. Typus 9: *Restio diffusus* nach Pfitzer.
     4. In der Höhe der Epidermis liegende Zellen senden stark cuticularisirte Wandfortsätze über die äussere Athemhöhle. Dieselben überragen die Epidermis meist umgekehrt trichterartig und bilden eine Ringleiste: Trichtervertiefung. Typus 10: *Hakea suaveolens.*
       Der Trichter ist ein doppelter. Typus 11: *Hakea cyclocarpa.*
       NB. An den Schliesszellen der vertieften Spaltöffnungen können selbstverständlich alle unter Typus 2—5 aufgeführten Verhältnisse ausser der Vertiefung noch auftreten.
B. Die Athemhöhle besitzt besondere Schutzeinrichtungen.
     1. Die grosse Athemhöhle ist mit stark cuticularisirten Zellen ausgekleidet. Typus 12: *Elegia nuda.*
     2. Die kleine Athemhöhle ist durch mechanische Zellen zum Theil verschlossen. Typus 13: *Kingia australis, Xantorrhoea hastilis.*
II. Die Spaltöffnungen münden nicht direct oder mittelst der Wallöffnung in das umgebende Medium.
     1. Die Stomata liegen in mit Haaren ausgekleideten Krügen. Typus 14: *Banksia.*
     2. Die Stomata liegen in mehr oder weniger contractilen Längsrinnen (vorwiegend oder ausschliesslich an den Böschungen), die ebenfalls meist mit Haaren *(Casuarina, Exocarpus)* oder doch wenigstens Ausstülpungen der Epidermiszellen ausgekleidet sind *(Callitris Preissii).* Typus 15: *Casuarina, Callitris Preissii.*

3. Die Stomata liegen auf der Unterseite einrollbarer Blätter.
a) Von Haaren unbedeckt. Typus 16.
b) Von einem Haarfilz bedeckt. Typus 17: *Correa speciosa.*
4. Die Stomata liegen auf der Oberseite einrollbarer Blätter in besonderen mit Haaren ausgekleideten Längsrinnen. Typus 18: *Stipa pennata.*

Da die Verdunstungsgrösse des Blattes und mit ihm das Wasserbedürfniss der Pflanze sich steigern muss, wenn der Bau des Spaltöffnungsapparats die Communication mit der Atmosphäre erleichtert, sowie umgekehrt sinken muss, wenn derselbe gegen Verdunstung geschützt ist, so liegt die Frage nahe, ob der Bau der Spaltöffnungen bei verschiedenen Pflanzen Beziehungen zu den Regen- und Feuchtigkeitsverhältnissen ihres heimathlichen Standorts erkennen lässt. Diese Beziehungen bilden den Hauptgegenstand vorliegender Abhandlung; nebenher werden die Schutzmittel der Pflanze gegen zu grossen Wasserverlust überhaupt, wie die starke Cuticularisirung der Epidermiswandungen, die Wachsüberzüge (z. B. von *Eucalyptus*-Arten, deren Verdunstungsgrösse an verschieden bereiften Blättern vom Verf. durch besondere Versuche ermittelt wurde), die Haarbildungen, die Beschränkung der Lufträume im Blattmerenchym, die salz- oder schleimreiche Beschaffenheit des Zellsaftes bei Halophyten und Succulenten; die Verticalstellung der Blätter und Phyllodien (besonders bei Gewächsen Australiens), sowie endlich die durch „Strebezellen" und „Strebewände" geförderte feste Structur der Assimilationsorgane mehr oder weniger eingehend besprochen. Speciell zu den Beziehungen zwischen dem Bau der Spaltöffnungen und den Feuchtigkeitsbedürfnissen der Pflanze übergehend wird betont, dass diese bei einer blossen statistischen Vergleichung der Stomatazahl pro Flächeneinheit des Blattes, wie sie mehrfach angestellt worden ist, nicht klar hervortreten; höchstens darf man den Satz festhalten, dass mit der wachsenden Trockenheit des Standorts die Zahl der Spaltöffnungen abnimmt. Die Anordnung der Spaltöffnungen bei sich einrollenden Blättern, ihre Localisirung auf Längsrinnen bei Steppengräsern *(Spinifex)* und bei Pflanzen mit cylindrischen Assimilationsorganen, deren mit Haaren ausgekleidete Rinnen am Boden ein auffallend dünnwandiges, einfaltbares Gewebe („elastisches Gelenkpolster") unterhalb der Epidermis besitzen und bei Feuchtigkeitswechsel sich zu öffnen oder zu schliessen vermögen, sowie die Anordnung der Stomata in Krügen (bei *Nerium, Dryandra* und *Banksia*) werden als besonders geeignete Mittel zur „Schaffung eines windstillen Raumes" über den Luftspalten, d. h. zur Verminderung der Transspirationsgrösse hervorgehoben.

Angesichts dieser zum Theil bereits bekannter Beziehungen unternimmt Verf. nun den Nachweis, dass bei den Pflanzen von 7 pflanzengeographischen, besonders durch die in ihnen herrschende Regenvertheilung charakterisirten „Zonen" (d. h. Florengebieten) — nämlich: 1. der tropischen Zone „mit Regen zu allen Jahreszeiten"; 2. den nördlichen Waldgebieten; 3. der Mediterranzone; 4. dem Sudan; 5. der Steppenzone; 6. Australien; 7. der Sahara — „die Ausbildung der Schutzmittel (gegen zu grossen Wasserverlust) in directem Verhältniss zur Trockenheit steht". Ein Auszug dieses Abschnittes erscheint unthunlich. In einem Schlusscapitel werden dann an einer besonderen Flora, der Australiens, die speciellen Beziehungen aufgewiesen, die zwischen dem Standort der Pflanzen und dem anatomischen Bau ihrer Assimilationsorgane unter besonderer Berücksichtigung der Spaltöffnungen bestehen. Zu diesem Zweck werden die Farnschluchten, Flussufer, Wälder, Graslandschaften, Salzsteppen, Scrubs und Steppen Australiens in ihren wichtigsten Vegetationsformen und nach ihrem Localcharakter kurz geschildert und dann ein Verzeichniss von Pflanzen mitgetheilt, in welchem einerseits die anatomischen Schutzeinrichtungen gegen Transspirationsverlust, andrerseits die speciellen Standortsverhältnisse derselben Pflanzen nach den Angaben von R. Brown, Bentham, Leichhardt, Ferd. v. Müller u. a. einander gegenübergestellt sind. Das Verzeichniss umfasst folgende 21 Kategorien:

1. Pflanzen, deren Athemhöhlen Schutzeinrichtungen besitzen *(Elegia nuda, Restio tectorum, Kingia 2 Spec., Xantorrhoea).* 2. Pflanzen mit trichterförmig vertieften Spaltöffnungen. Typus 10. *(Hakea 8 Spec., Cycas revoluta, Ficus australis.)* 3. Pflanzen mit doppelttrichterförmig vertieften Spaltöffnungen. Typus 11. *(Hakea cyclocarpa.)* 4. Pflanzen mit krugförmig vertieften Spaltöffnungen. Typus 8. *(Franklandia fucifolia, Frenella rhom-*

boidea, *Callitris Ventenati*, *Araucaria Cunninghami*, *Dacrydium cupressioides*, *Callitris australis*, *Dammara laurifolia*, *Zamca spec.*, *Dioon edule*, *Aloë* 2 Spec., *Marsilea macra*, *Ficus splendens*, *Laurus Camphora*, *Stypandra frutescens*, *Aotus gracillima*, *Sphaerolobium* 2 Spec.) 5. Pflanzen mit krugförmiger Vertiefung der Spaltöffnungen, über deren Krüge eine Cellulosehaut gebreitet. *(Restio microstachys* und *diffusus.)* 6. Pflanzen, deren Spaltöffnungsvorhof vertieft ist, die Schliesszellen besitzen meist ein spaltenförmiges Lumen. *(Petrophila rigida*, *Protea* 2 Spec., *Rhopala brasiliensis*, *Aulax umbellat.*, *Agastachys odorata*, *Metrosideros polymorphus*, *Melaleuca uncinata*, *Kunzea decussata*, *Eucalyptus* 4 Spec., *Calothamnus torulosa*, *Acacia* 3 Spec.) 7. Pflanzen mit doppeltcylindrisch vertieften Spaltöffnungen. *(Welwitschia mirabilis.)* 8. Pflanzen mit schalig-cylindrisch-vertieften Spaltöffnungen: die kryptoporen Equiseten. 9. Pflanzen mit cylindrisch vertieften Spaltöffnungen. Typus 7. *(Stirlingia teretifolia*, *Actinostrobus pyramidalis*, *Marsilea Drummondii*, *Microzamen cylindrica*, *Laurus nobilis*, *Exocarpus ovata*, *Pimelea decussata*, die phaneroporen *Equisetum*-Arten, *Eriostemon myoporoides.)* 10. Pflanzen mit schalenförmig vertieften Spaltöffnungen. Typus 6. *(Marsilea hirsuta*, *Araucaria* 2 Spec., *Podocarpus Dacrydium*, *Dacrydium elatum*, *Ficus africanus*, *Olea europaea*, *Fugosia hakeaefolia*, *Lechenaultia laricina*, *Sterculia* 2 Spec., *Iris pumila*, *Ruta graveolens*, *Pandanus Linnaei*, *Areca saccharifera*, *Acacia* 4 Spec., *Templetonia glauca.)* 11. Pflanzen mit schwach eingesenkten Spaltöffnungen. *(Stirlingia paniculata*, *Symphea decorticans*, *Chamaerops humilis*, *Phoenix dactylifera.)* 12. Pflanzen mit stark entwickelter und emporgezogener Cuticularleiste. Typus 4. *(Isopogon formosus*, *Cemarrhenes nitida*, *Beaufortia decussata*, *Melaleuca squarrosa*, *Persoonia falcata*, *Eucalyptus* 4 Spec., *Olea odorata*, *Westringia longifolia*, *Ilex aquifolium*, *Coelebogyne ilicifolia*, *Leucopogon Cunninghami*, *Acacia* 2 Spec., *Viminaria denudata.)* 13. Pflanzen mit entwickelter Cuticularleiste. *(Grevillea Hillii* und *robusta*, *Leucadendron* 2 Spec., *Stenocarpus salignus*, *Sphenotoma gracilis*, *Epidendron floribundum*, *Boronia* 2 Spec., *Acacia reclinata*, *Isopogon anemonifol.*, *Melaleuca arachnoidea*, *Eucalyptus* 3 Spec., *Dicksonia antarctica*, *Epacris* 3 Spec., *Gaultheria hispida*, *Quercus call‚prinos*, *Ficus costaricense* und *scandens.*, *Camellia japonica*, *Prunus Laurocerasus*, *Fugosia hakeaefolia*, *Pittosporum revolutum*, *Hymenospermum flavum*, *Xylophylla elongata*, *Crowea saligna*, *Acacia acinacea*, *Magnolia grandiflora*, *Calophorus flexuosus*, *Restio crispatus*, *Hyacinthus orientalis*, *Orchis latifolia.)* 14. Pflanzen mit schwach entwickelter Cuticularleiste. *(Grevillea rosmarinifolia*, *Trichinium roseum*, *Scaevola laevigata*, *Quercus pedunculata*, *Ficus* 3 Spec., *Lactuca Scariola*, *Silene inflata*. *Sedum spurium*, *Tradescantia zebrina*, *Brachychiton Delabechii*, *Livistona australis*, *Acer platanoides*, *Indigofera australis.)* 15. Pflanze mit über die Epidermis emporgehobenen Spaltöffnungen. Typus 1. *(Blechnum boreale*, *Asplenium furcatum*, *Aneimia* 2 Spec., *Pteris cretica.)* 16. Pflanzen, deren Spaltöffnungen in mit Haaren ausgekleideten Krügen liegen. *(Banksia* 3 Spec., *Dryandra floribunda*, *Nerium Oleander.)* 17. Pflanzen, deren Spaltöffnungen auf dem Grunde von Längsfurchen in Reihen liegen. Unterabtheilung von Typus 8. *(Calophorus clongatus*, *Restio fasciculatus.)* 18. Pflanzen, deren Stomata an cylindrischen Organen an den Böschungen von mit Haaren ausgekleideten Längsrinnen liegen. Typus 15. *(Cupressus* spec. austr., *Callitris Preissii*, *Casuarina* 5 Spec., *Leptomeria* spec. austr., *Exocarpus* 3 Spec., *Erica Wilmoriana*, *Grevillea Thelemanniana.)* 19. Pflanzen, deren Stomata auf der Oberseite einrollbarer Blätter in verschliessbaren Längsrinnen liegen. *(Stipa* 3 Spec., *Spinifex longifolius*, *Aristida pungens.)* 20. Pflanzen, deren Stomata auf der Unterseite einrollbarer Blätter, die meist mit Haaren besetzt sind, liegen. Typus 16 und 17. *(Erica pellucina*, *Cyathodes oxycedrus*, *Guichinotia ledifolia*, *Thomasia* 2 Spec., *Pomaderis phylicifolia*, *Correa speciosa*, *Aotus gracillima*, *Pultenaea prostrata.)* 21. Pflanzen, deren Spaltöffnungen auf der Unterseite nicht einrollbarer Blätter unter einer dichten Wolle gestielter Sternhaare liegen. *(Correa Backhouseana.)*

Wie ersichtlich, enthält das Verzeichniss ausser australischen auch Pflanzen verschiedenster anderweitiger Provenienz; angehängt sind noch einige Halophyten und Succulenten (ohne anatomische Angaben). — Im Schlusswort plaidirt Verf. dafür, die Vegetationsformen auf Grund morphologisch-anatomischer Betrachtungsweise neu zu umgrenzen.

15. **J. Jákó. Beiträge zur Entwickelung der Spaltöffnungen von Stapelia variegata und S. trifida.** (No. 13.)

Die Entwickelung der Spaltöffnungen von *Stapelia trifida* und *S. variegata* lässt sich am besten in der meristematischen, aus der Umgebung des Vegetationskegels entnommenen Epidermis verfolgen. Sie besitzen eine ziemlich complicirte Structur. Sie sind von einer Gruppe mehr weniger umgestalteter Epidermiszellen umgeben, die im Vereine mit der Spaltöffnung auf der Epidermis je einen separirten Zellencomplex bilden. Gewöhnlich ist jede Spaltöffnung unmittelbar von vier halbmondförmigen Epidermiszellen umgeben, an die sich secundäre, tertiäre, selbst quaternäre Randzellen anschliessen. An älteren Stengeln besitzen die Spaltöffnungen oft noch zahlreichere Nebenzellen. An der jungen Epidermis leitet eine Zelle die Bildung der Spaltöffnung und ihrer Begleitzellen ein. Dieselbe theilt sich; die grössere, die Mutterzelle, verwandelt sich zur Epidermiszelle; die kleinere, die Tochterzelle, theilt sich nochmals, und zwar parallel mit der früheren Theilungsrichtung. Eine dieser so entstandenen Zellen wird zur Initialzelle der Spaltöffnung, während die übrige neben ihr zurück bleibt. Erstere theilt sich nun durch eine Längswand in die beiden schmalen Schliesszellen, die alsbald in ihrer Mittellinie die ovale Spaltöffnung erkennen lassen. Darnach findet man gewöhnlich an der Peripherie der Spaltöffnung 4 Zellen, von denen zwei — rechts und links — mit den zwei Schliesszellen, zwei aber — oben und unten — mit den Polen der Spaltöffnung zusammenhängen; ihre kürzeren Scheidewände gehen aber von den Endpunkten der Theilungswand der Schliesszellen von den Polen der Spaltöffnung aus. Manchmal aber drehen sich diese vier Zellen um das Centrum der Spaltöffnung um beiläufig 90 Grade. In seltenen Fällen findet man nur drei solche Randzellen. Diese vier Randzellen werden durch mit der Spaltöffnung parallel laufende Längswände in Segmente getheilt, welche die Schliesszellen in der Form von gekrümmten rechtwinkligen Vierecken von allen Seiten umgeben. Gewöhnlich treten zuerst die neben den Schliesszellen liegenden Nebenzellen auf und erst dann die an den Polen liegenden. Der ganze Entwickelungsgang gleicht in Vielem dem von Strassburger an *Commelina communis* (Jahrb. f. wiss. Bot. V, 1867) dargestellten. An der Bildung der Spaltöffnungen von *Stapelia* betheiligen sich daher mehrere Epidermiszellen; eine jede der die Initialmutterzelle umgebenden Epidermiszellen verfällt durch Theilung in viele Zellen, welche zusammen den Nebencomplex der Spaltöffnung bilden und sich von den normalen Epidermiszellen sehr scharf absondern. Die Spaltöffnung von *Stapelia* wäre daher als viel höher differenzirte der von *Commelina communis* gegenüberzustellen. -- Der Verf. betrachtete an *St. trifida* auch die Bildung der Zwillingsstomata, die der von Pfitzer bei den Gramineen und Dracaenen beschriebenen (Jahrb. f. wiss. Bot. VII, S. 532) entsprach.

Staub.

16. **S. Schwendener. Ueber Bau und Mechanik der Spaltöffnungen.** (No. 26.)

Der erste Abschnitt dieser für die mechanische Deutung des Spaltöffnungsapparats fundamentalen Abhandlung beschäftigt sich mit den anatomischen, mit der Function in Beziehung stehenden Einrichtungen. Für die Beweglichkeit der Schliesszellen bedeutungsvoll ist zunächst eine rechts und links von ihnen liegende verdünnte Stelle der äussern Epidermiswandung, welche als „Hautgelenk der Spaltöffnung" bezeichnet werden kann. Dieselbe erscheint bald als eine schmale Rinne in der dicken Aussenwand, bald als breitere Membranlamelle von gleichmässiger Dicke. Eine zweite Eigenthümlichkeit der Schliesszellen besteht darin, dass ihre Wandungen sowohl auf der Rückenseite als auch auf der Bauchseite einen schmäleren oder breiteren Membranstreifen unverdickt lassen. Auf der Rückenseite besteht die dünne Wand meist nur aus Cellulose, während die übrigen Wände mehr oder weniger cuticularisirt sind, weil durch die nicht cuticularisirte Wand der diosmotische Verkehr mit den benachbarten Epidermiszellen zu erfolgen hat. Da die Bauchwand dagegen fast immer von einer Cuticula bekleidet wird, so kann eine Zartheit dieser Wand nur eine mechanische, nicht eine ernährungsphysiologische Bedeutung haben. Meist sind die Verdickungsleisten auf der Bauchwand der Schliesszellen angebracht; wird nun der Turgor in letzteren erhöht, so muss eine Verlängerung der dünnwandigeren Rückseite und eine entsprechende Krümmung der Schliesszellen, d. h. Erweiterung der luftführenden Spalte eintreten. In anderen Fällen (besonders bei manchen Phyllodien und immergrünen Blättern) haben die

Schliesszellen spaltenförmig verengte Lumina und halbcylindrische, oft durch starke Cuticular-leisten ausgezeichnete Verdickungsstreifen. Derartige Schliesszellen können sich nur dann krümmen, wenn sie von den ober- und unterseits angrenzenden Epidermiszellen einen Gegen-druck erfahren und nach Art einer überlasteten Säule seitlich zum Ausbiegen gezwungen werden. Zwischen beiden Formen giebt es zahlreiche Uebergänge. Die in den übrigen Capiteln der Abhandlung über das Oeffnen und Schliessen der Spalten, über die mechanische Bedeutung der einzelnen Theile der Spaltöffnung, über den Einfluss äusserer Agentien auf den Turgor der Schliesszellen mitgetheilten Beobachtungen, Versuche und Erörterungen sind wesentlich physiologischer Natur.

17. **W. Gardener. Entwickelung der Wasserporen, Wasserdrüsen und Kalkauflagerungen am Blatte von Saxifraga crustata.** (No. 7.)

Die Entstehung der bekannten Kalkauflagerungen an den Blattkerben von *Saxifraga crustata* war bisher nicht genauer untersucht. An einem durchsichtig gemachten Blatte sieht man die nach den einzelnen Blattkerben laufenden Gefässbündelendigungen in eine Verbreiterung auslaufen, welche unmittelbar unter dem kalkaussondernden Grübchen liegt. Die erwähnte Verbreiterung nennt Verf. „Wasserdrüse"; nach de Bary's Terminologie müsste sie als Epithem bezeichnet werden. Ihre Entwickelungsgeschichte, mit der auch die des mit ihr verbundenen Wasserporus zusammenhängt, ist folgende. Sobald die Differenzirung des Procambiumstranges im Blatt stattgefunden hat, theilt sich auch das Meristem an der Spitze derselben (an der Stelle der Blattgrübchen) und erzeugt ein engmaschiges Zellgewebe mit zarten Zellwänden und ziemlich grossen Zellkernen. Gewisse mittlere Zellen strecken sich, werden spindelförmig, verdicken sich netzförmig und constituiren einen Zellstrang, der als directe Fortsetzung des Gefässbündelstranges sich darstellt, indem sowohl die Spiraltracheïden der letzteren allmählig in die Netzzellen übergehen als auch die Bündelscheide (Endodermis) in die beiden äussersten Zellschichten der „Wasserdrüse" ausläuft; nach oben grenzt letztere unmittelbar an die Blattepidermis. Letztere bildet über jeder Drüse 1 oder 2, selten 3 Wasserporen, indem sich zunächst eine Dermatogenzelle vergrössert und sich in zwei gleich-werthige Zellen theilt, zwischen denen der Wasserspalt auftritt. Bemerkenswerth erscheint es, dass bei *Saxifraga crustata*, sowie auch bei *Crassula coccinea* die Wasserspalten stets früher auftreten als die eigentlichen Stomata und auch in der Entwickelung sich von letztern unterscheiden, indem hier durch Theilung der Dermatogenzelle zunächst eine Spaltöffnungs-mutterzelle neben einer gewöhnlichen Epidermiszelle erzeugt wird. Auch kugelförmige „Drüsenhaare" entstehen aus einigen Dermatogenzellen am obern Rande der Wasserdrüse. In fertigem Zustande besteht diese aus polygonalen, interstitienfreien, dünnwandigen, mit Plasma erfüllten Zellen und bildet einen ungefähr birnförmigen, dem Blattmesophyll eingesenkten Gewebekörper, der nach unten zu stielförmig in eine Gefässbündelendigung ausläuft; umgeben wird dieselbe von einer continuirlichen, mit der Endodermis des Stranges zusammenhängenden Zellschicht. Die Tropfenausscheidung durch den Wasserspalt findet hauptsächlich Nachts bei schwächerer Transspiration statt; zunächst füllt sich das Grübchen über den Blattkerben mit Wasser, letzteres läuft zuletzt über und strebt dem Blattrande zu, verdunstet hier und hinterlässt eine Spur von kohlensaurem Kalk, welcher vorzugsweise von den erwähnten Haaren festgehalten wird. Indem sich der Vorgang wiederholt, entstehen die bekannten Kalkschüppchen, die bisweilen auch die Grübchen selbst völlig ausfüllen und damit den Wasserporus selbst functionslos machen. Man kann diese Vorgänge sehr deutlich an Pflanzen beobachten, die unter Glasglocken vegetiren; wenn die Luft unter der Glocke mit Wasser-dampf gesättigt ist, wird die Transspiration verringert und an den Blattkerben treten Wasser-tropfen aus; nach Entfernung der Glocke verdunstet das Wasser stärker und der Kalknieder-schlag erscheint am Rande der Grübchen. — Ein vergleichender Blick auf ähnliche wassersecernirende Drüsen und Wasserporen der Crassulaceen und anderer Pflanzen beschliesst die von genau gezeichneten Figuren begleitete Abhandlung.

Lenticellen.

18. **Kreuz. Entwickelung der Lenticellen an beschatteten Zweigen von Ampelopsis hederacea.** (No. 16.)

Verf. beschreibt die bereits mehrfach untersuchten Perlblasen und die schon von d'Arbaumont (Bull. d. l. Soc. Bot. d. France, T. 24, p. 18—20, 48—66) genauer studirte Lenticellenbildung obengenannter Pflanze.

III. Fibrovasalstränge und Grundgewebe.

Bau des Stammes, der Wurzel, des Blattes etc. Structur der Fibrovasalstränge.

19. **Westermaier und Ambronn. Beziehungen zwischen Lebensweise und Structur der Kletterpflanzen. (No. 35.)**

Die Frage, ob „mit der Verschiedenheit der Lebensweise der Schling- und Kletterpflanzen gegenüber der Lebensweise anderer Gewächse auch die Verschiedenheit ihres Baues parallel geht, und welche anatomischen Thatsachen diesen Parallelismus zur Anschauung bringen", beantworten die Verf. obiger Abhandlung durch folgenden Schlusspassus: „Das vergleichende anatomische Studium der Schling- und Kletterpflanzen zeigt, dass es trotz der Verschiedenheit der Structureigenthümlichkeiten dieser Gewächse an gemeinsamen anatomischen Zügen nicht fehlt. Das Gemeinsame stellt sich jedoch nur bei einer physiologisch anatomischen Betrachtungsweise heraus. Diese Betrachtungsweise ermöglicht es sogar, eine Reihe sogenannter abnormer Wachsthumstypen unserm Verständniss näher zu bringen oder physiologisch zu deuten." Die schon von Crüger hervorgehobene Thatsache, dass die Gefässe der Schling- und Klettergewächse auffallend weite Lumina (von 100—350 Mikrom. Durchmesser) besitzen, wird auf das Princip zurückgeführt, dass es bei Leitung von Luft oder Wasser in offenen Bahnen zur Erzielung schnellerer Fortbewegung darauf ankomme, „die Adhäsion an den Wänden der Kanäle möglichst zu verringern", was natürlich durch Vergrösserung des Bahnquerschnitts am besten erreicht wird. Ausnahmen wie die engen Gefässe von *Hedera Helix* und *Hoya carnosa* erklären sich aus dem langsamen Wachsthum ihrer Triebe im Vergleich zu andern Kletterpflanzen. Die eiweissleitenden Elemente (Siebröhren) sind ferner bei den Schling- und Kletterpflanzen derartig entwickelt (z. B. bei *Cucurbita Pepo*, *Lagenaria vulgaris*, *Vitis vinifera*, *Calamus Rotang* u. a.), dass der Gedanke einer besondern physiologischen Bedeutung der Siebröhren für solche Gewächse nahe liegt. „Hydrostatische Druckdifferenzen und mechanische Ursachen haben innerhalb der Siebröhren eine Bewegung der in ihnen enthaltenen Massen zur Folge"; es müssen daher Einrichtungen vorhanden sei, welche das Collabiren der Siebröhrenwandungen verhindern und als rinnenförmige, aus mechanischen Zellen gebildete Belege der Phloëmstränge längst bekannt sind. Bei den Schling- und Kletterpflanzen handelt es sich aber um Leitung der eiweissartigen Stoffe auf weitere Entfernungen hin als bei andern Gewächsen, daher müssen bei jenen auch die erwähnten Druckdifferenzen grösser und die Schutzeinrichtungen gegen das Collabiren der Wandungen stärker werden. In der Gewebeanordnung der Schling- und Kletterpflanzen spricht sich demzufolge das Bestreben aus, die Siebelemente in eine möglichst geschützte Lage zwischen Xylempartien zu bringen. Hieraus erklärt sich der Bau sowohl der Sapindaceenstämme mit centralen und mehreren peripherischen Holzkörpern oder mit successiven ring- oder bandartigen Zuwachszonen als auch der von Bignoniaceen, Apocyneen, Asclepiadeen mit lokalisirten Anhäufungen von Phloëmelementen an beiden Seiten des Cambiumringes als endlich auch der von schlingenden und kletternden Menispermeen, Dilleniaceen, Leguminosen, Polygaleen und von *Gnetum scandens*. Dass auch bei nicht windenden oder kletternden Pflanzen gleiche Structurverhältnisse vorkommen, erklären die Verf. daraus, dass wahrscheinlich auch an die Organe dieser Pflanzen „gesteigerte Leitungsansprüche" gestellt werden. Auch die von Kny (s. Ref. No. 31) genau untersuchte Trennung des Phloëmtheils der Bündel bei *Calamus Rotang*, *Dioscorea Batatas* etc. unterwerfen sie der gleichen Deutung, obgleich Kny gezeigt hat, dass die Erscheinung bei sehr vielen Palmen vorkommt, die weder klettern noch schlingen.

Das mit der Leitung der Kohlehydrate betraute System der Schling- und Kletterpflanzen (Markstrahlen und Holzparenchym) zeigt insofern bei diesen eine eigenartige Ausbildung, als die Markstrahlen in der Längsrichtung sich bedeutend mehr ausdehnen als bei aufrecht wachsenden Pflanzen. Dadurch wird der Xylemkörper in eine Anzahl von Lamellen getheilt, zwischen denen die Leitung auf weitere Strecken hin schneller erfolgen kann als in den gewöhnlichen schmalen Holzparenchymstreifen. Die mächtigere Entwickelung des Holzparenchyms ist auf das bei Schling- und Kletterpflanzen geringere Bedürfniss nach Biegungsfestigkeit zurückzuführen. Dass die Stengel letzterer wesentlich auf Zug in Anspruch genommen werden, macht es uns „erklärlich", warum sie geringen Durchmesser und volles Mark besitzen. Auch der Ring mechanischer Zellen an der Innenseite des peripherischen Gefässbündelkreises mancher Piperaceen, die centralen mit starken Baststrängen versehenen Leitbündel von *Carludovica* und *Calamus Rotang* sowie die nachträgliche Xylembildung an der Innenseite des Holzrings von *Tecoma radicans* werden durch mechanische Bauprincipien „unserm Verständniss näher gebracht".

20. D'Arbaumont. Stengelstructur der Ampelideen. (No. 3.)

Diese Monographie basirt auf der Untersuchung von 85 Ampelideen-Arten, von denen folgende in lebendem Zustande dem Verf. zu Gebote standen: *Vitis vinifera* nebst den Varietäten *laciniosa* und *purpurea*, *V. canescens*, *cebennensis*, *amurensis*, *labrusca*, *riparia*, *virginiana*, *vulpina*, *rupestris*, *monticola*, *Cissus orientalis*, *C. striata*, *heterophylla*, *inaequilatera*, *bipinnata*, *aconitifolia*, *serjaniaefolia*, *hypoleuca*, *tuberculata*, *discolor*, *antarctica*, *Ampelopsis quinquefolia*, *dissecta*, *pubescens*, *rotundifolia*, *hederaefolia* und *Leea parallela*. Der Bau der Primärrinde (nebst Epidermis und Anhängen, Kork, Collenchym etc.), des Markes, der Bau und das Dickenwachsthum des Gefässbündelcylinders, die histologische Zusammensetzung des Holzkörpers (Weichbast, Bastfasern, Libriform, Tracheïden, Holzparenchym) werden in je einem besonderen Capitel besprochen. Ein Schlussabschnitt fasst die aufgefundenen Besonderheiten des Stengelbaues mit folgender Uebersicht zusammen:

Erste Gruppe. Die Phellogenschicht liegt innerhalb des Bastes.

Section 1. Aechte *Vitis*-Arten. Die dünnwandigen Bastfasern bilden massige Bündel, die sich riemenartig zugleich mit der Primärrinde ablösen und mit derselben vereint bleiben. Secundäre Bastfasern werden gebildet; der Gefässcylinder verholzt gänzlich, die Libriformzellen sind getüpfelt, die Markzellen mehr oder weniger dickwandig, das Mark ist heterogen (im Sinne von A. Gris), die Gefässe haben (mit Ausnahme von *V. parvifolia*) streifenförmige Wandverdickungen. Hierher gehören: *Vitis vinifera*, *laciniosa*, *purpurea*, *canescens*, *silvestris*, *labrusca*, *vulpina*, *monticola*, *riparia*, *virginiana*, *flexuosa*, *amurensis*, *cebennensis*, *aestivalis*, *coriacea* und *parvifolia*.

Zweite Gruppe. Die Phellogenschicht liegt unter der Epidermis.

Section 1. Arten von *Leea*. — Die massig verdickten Bastfasern bilden ebenfalls massige Bündel, die dem Weichbaste in geringem Grade anhaften. Der Gefässcylinder verholzt gänzlich; die Libriformfasern (Holzzellen) haben glatte oder schwachpunktirte, die Markzellen leicht verdickte Wandungen. Das homogene Mark verkümmert in der Regel. Hierher gehören: *Leea parallela*, *robusta*, *staphylea*, *sambucina*, *hirsuta*, *aculeata*, *hirta*.

Section 2. Einige Arten von *Vitis* und *Cissus*. — Die Bastfasern sind dickwandig, der Gefässcylinder verholzt fast immer gänzlich, die Libriformzellen sind getüpfelt, die Gefässe haben niemals streifenförmige Wandverdickungen.

    I. Markzellen mit etwas verdickten Wandungen.

        A. Mit homogenem Mark: *Cissus capensis*, *cantoniensis*, *striata*, *antarctica*, *orientalis*, *inaequilatera*.

        B. Mit heterogenem Mark: *C. bipinnata*.

    II. Markzellen dünnwandig. Die Zellen der Markkrone (Markscheide) mit mehr oder weniger verdickten Wandungen.

        A. Verdickte Raphidenzellen liegen im Mark: *Vitis indica*, *glandulosa*, *Cissus polythyrsa*.

        B. Ohne verdickte Raphidenzellen.

            a) Mit heterogenem Mark: *Cissus aconitifolia*, *heterophylla*.

            b) Mit homogenem Mark: *Vitis erythrodes*, *tomentosa*, *bipinnata*, *brevipedunculata*, *persica*, *rupestris*, *lanata*, *Cissus aculeata*, *vitifolia*, *thyrsiflora*, *ferruginea*, *himalayana*, *elegans*, *serjaniaefolia*, *Pterisanthes cissoides*.

Section 3. Arten von *Ampelopsis.* — Bastfasern dickwandig, die Wandungen mehr oder weniger perlschnurförmig verdickt, der Gefässcylinder gänzlich verholzt, die Libriformzellen getüpfelt, das Mark homogen.

  I. Markzellen dünnwandig: *Ampelopsis tricuspidata*, *quinquefolia*, *pubescens rotundifolia.*

  II. Markzellen dickwandig: *A. hederaefolia, dissecta.*

Section 4. Einige Arten von *Vitis* **und** *Cissus.* — Bastfasern mehr oder weniger dickwandig, die Zellen der Markkrone verholzen nicht, Libriformfasern getüpfelt, die Gefässe haben nicht selten Tüpfel mit dicht netzartiger Anordnung, das Mark homogen und meist dünnwandig.

  I. Die Markstrahlen und die Bündel im Umkreis der Markkrone verholzen gänzlich: *Cissus glauca, adnata, vitiginea, angulata, Vitis heterophylla.*

  II. Die Bündel verholzen vollständig, die Markstrahlen dagegen sehr unvollständig im Umkreis einer mit dickwandigen Elementen mehr oder weniger versehenen Zone.

    A. Verdickte Zellen im Mark: *Cissus papillosa* und *compressa.*

    B. Ohne solche Zellen: *Vitis pallida, Cissus japonica, carnosa, rufescens, nodosa, lanceolata* und *populnea.*

  III. Die Markstrahlen bleiben im Umkreis einer mit verdickten und verholzten Elementen versehene Zone unverholzt.

    A. Die Elemente der Fibrovasalbündel verholzen vollständig: *Vitis cordata, Cissus Schimperi, geniculata* und *palmata.*

    B. Zwischen die Elemente der Fibrovasalbündel mengt sich unverholztes Parenchym.

      a) Markzellen dünnwandig: *Cissus discolor, repens, pedata, pergamacea, Mappia* und *adenocaulis.*

      b) Markzellen etwas dickwandiger: *C. hypoleuca* und *C. tuberculata.*

  IV. Die Vasal- oder Fibrovasalbündel liegen in einem moorigen dünnwandigen Parenchym.

    Cissus vitifolia (oder *mollis*), *C. quadrangularis.*

21. A. Engler. Stammbau der Anacardiaceen. (No. 6.)

Die im Schriftenverzeichniss näher bezeichnete Abhandlung Engler's berücksichtigt auch die anatomische Verhältnisse in den vegetativen Organen der Anacardiaceen. In einer vergleichenden Uebersicht finden sich die wichtigeren Structureigenthümlichkeiten von Rinde, Holz und Mark folgender Pflanzen zusammengestellt: *Haplorhus peruviana* Engl., *Pistacia Lentiscus* L., *P. Terebinthus* L., *Cotinus Coggygria* Scop., *Botryceras laurinum* Willd., *Loxostylis alata* Scop., *Protorhus oblongifolia* Engl., *Anaphrenium dispar.* E. M. und *A. argenteum* E. M., *Campnosperma zeylanicum* Thw., *C. gummiferum* March., *Faguetia falcata* March., *Lithraea molleoides* Engl., *Schinus molle* L., *Rhogosphaera rhodanthema* Engl. *Comocladia ilicifolia* Sw., *Metopium Oxymetopium* Engl., *Rhus Toxicodendron* L., *Rh. glabra* L., *lucida* L., *abyssinica* Hochst., *viticifolia* F. Müll. u. *ferruginea* Teysm. et Binnd., *Pseudosmodingium perniciosum* Engl., *Astronium Urundeuva* Engl., *A. concinnum* Schott., *Loxopterygium Grisebachii* Hier. et Lor., *Schinopsis Lorentzii* Engl., *Thyrsodium Schomburgkianum* Benth., *Sorindeia madagascariensis* P. Th., *Pentaspadon Motleyi* Hook. f., *Microstemon velutinus* Engl., *Euroschinus falcatus* Hook f. Als allgemeines Ergebniss lässt sich anführen, dass die untersuchten Anacardiaceen auch anatomische Verwandtschaft zeigen, indem sie gleichartig gebaute Harzgänge und im Phloëm lange Gerbstoffschläuche besitzen; letztere fehlen nur bei *Pseudosmodingium perniciosum* Engl., bei welchem Gerbstoff im dünnwandigen Parenchym der Rinde und in Zellreihen des Markes vorkommt. Das Parenchym fast aller untersuchten Gattungen zeichnet sich ausserdem durch reichliche Kalkoxalatablagerung aus. Markständige Harzgänge kommen nur bei den tropischen Gattungen vor, während sie bei fast allen extratropischen fehlen. Verf. untersuchte auch speciell die Arten der Gattungen *Rhus* und fand hier das Gleiche; selbst 2 Arten derselben Section *(Gerontogeae)* wie *Rhus lucida* vom Cap und *Rhus abyssinica* verhalten sich in dieser Beziehung verschieden.

22. H. A. Lotar. Anatomie der vegetativen Organe einiger Cucurbitaceen. (No. 18.)

Die anatomische Structur der hypokotylen Axe, des Stengels, des Blattes, der Ranke und der Wurzel von *Luffa cylindrica, Cucurbita pepo, Cucumis melo, Sicyos angulatus, Momordica charentia, Abobra viridiflora, Thladiantha dubia, Rhynchocarpa dissecta, Coccinea indica, Bryonia dioica, Cyclanthera pedata, Citrullus vulgaris, Lagenaria vulgaris,* und *Ecbalium elaterium* wird in obiger Arbeit ausführlich behandelt. Besondere Aufmerksamkeit widmete Verf. vor allem dem verwickelten Gefässbündelverlauf genannter Cucurbitaceen und erläuterte denselben durch eine Anzahl schematischer Figuren. (Auf einen pharmakologischen Abschnitt, der die Darstellung und die Wirkungsweise des Bryonins bespricht, folgt ein Schlusskapitel über den Bau der Samenschale, welcher bereits von anderen Autoren, wie z. B. von Höhnel eingehend untersucht worden ist.)

23. Michaloswki. Beiträge zur Anatomie und Entwickelungsgeschichte von Pavaver somniferum. (No. 19.)

Diese Dissertation beschäftigt sich vorzugsweise mit der Anatomie des reifen Samens und der Keimpflanze. Hervorzuheben ist, dass Verf. verschiedene Angaben Flahault's über die Wurzelspitze obiger Pflanze berichtigt und dass er dieser letzteren ein Dermokolyptrogen im Sinne Eriksons vindicirt. Auch der Secundärzuwachs der Wurzel und der hypokotylen Axe wird genau beschrieben. Verf. vermuthet, dass die Milchsaftgefässe erst während des Secundärzuwachses der Wurzel innerhalb des Pericambium derselben angelegt werden, da es ihm unmöglich war, bestimmte Zellen des reifen Embryo sicher als künftige Milchsaftgefässe anzusprechen. Das mehrfach constatirte Vorkommen von Milchsaft in Tracheen der Wurzel von älteren Pflanzen wird vermuthungsweise auf den negativen Luftdruck innerhalb der Gefässe zurückgeführt, indem derselbe Risse in der Membran der Milchsaftgefässe und damit ein Einströmen von Milchsaft in die Tracheen veranlassen soll.

24. R. Cario. Anatomische Untersuchung von Tristicha hypnoides Spreng. (No. 2.)

Das Material für die Untersuchung obiger interessanten Podostemonee wurde vom Verf. an der Westküste Guatemalas gesammelt. Die zarten, sehr kleinen moosähnlichen Pflänzchen bestehen aus einem niederliegenden, blattlosen, wurzelhaartragenden Thallus, an dessen beiden Seiten oberwärts büschelförmig angeordnete Laubsprosse stehen. Verf. beschreibt eingehend den Bau und die Entwickelung des Thallus und der Laubsprosse, sowie auch die Blüthe.

Der fadenförmige dorsiventral gebaute Thallus besteht aus einer spaltöffnungsfreien Epidermis, einem Grundgewebe mit schwach gestreckten, weitlumigen Zellen und einem centralen, zarten Gefässbündel, das zwei symmetrisch zu beiden Seiten liegende kleine Spiralgefässgruppen und im Uebrigen dünnwandige, lang gestreckte, mit körnigen Quer- und Längswänden versehene Zellen (Siebröhren) nebst deutlichen Geleitzellen aufweist. Die Epidermis der Thallusoberseite (Rückenseite) führt Chlorophyll, während die Zellen der Bauchseite desselben entbehren, aber oft zu einzelligen, cylindrischen Wurzelhaaren auswachsen. Die chlorophyllfreien Zellen des Grundgewebes enthalten besonders in der Umgebung des Gefässbündels zahlreiche Stärkekörner. Der Inhalt von Epidermis und Grundgewebe zeichnet sich ausserdem durch merkwürdige, bisher nicht beschriebene Ablagerungen von Kieselsäure aus. Dieselben erscheinen als stark lichtbrechende, spröde, durch Glühen unzerstörbare, im Innern durch Bläschen getrübte Körper von cylindrischer, spindelförmiger oder unregelmässiger Gestalt, die ausserdem ring- oder spiralförmige Leisten, zapfenförmige Vorsprünge und verschiedengestaltete Aushöhlungen erkennen lassen. Die Zellmembran schmiegt sich ihnen so dicht an, dass auf ihr nach Auflösung des Kieselkörpers durch Fluorwasserstoffsäure ein genauer Abdruck desselben zurückbleibt. Die Zellhaut selbst bleibt immer unverkieselt und steht in keiner organischen Verbindung mit den Kieselkörpern. Auch die Vertheilung der letzteren im Gewebe ist merkwürdig; am reichlichsten damit erfüllt zeigt sich in der Regel eine Schicht von der dritten bis sechsten Parenchymlage des Grundgewebes; ausserdem kommen aber auch in den subepidermalen Schichten und in der Epidermis Kieselausscheidungen vor, in letzterer besonders an den Flanken, so dass hier „der Thallus von einer zusammenhängenden Kieseldecke gepanzert erscheint“.

Der Scheitel des geschilderten Thallus entbehrt der Differenzirung in Periblem und

Plerom, sein Binnengewebe lässt einen confocalen Verlauf der Periclinen erkennen und wird von grosszelligen Dermatogenzellen umgeben. Letztere scheiden dicht unter dem Vegetationsscheitel kleine äussere Zellchen durch Theilung ab, die jedoch später wieder verschwinden und stets nur auf der Rückenseite auftreten. Die Thalluszweige werden endogen in der Nähe des Gefässbündels angelegt und brechen aus den Flanken des Thallus hervor. Eine eigenthümliche, häufig eintretende Regeneration der Thallusspitzen besteht darin, dass aus dem Gefässbündel oder auch dessen Umgebung dicht unter dem abgestorbenen Ende ein Folgemeristem auftritt, welches einen neuen, später das darüberliegende, verschrumpfende Gewebe durchbrechenden Thallusscheitel constituirt. Blätter werden von dem Thallus nicht erzeugt. Die dreizeilig beblätterten 10–15 mm langen Laubsprosse tragen eine mediane Reihe von „Rückenblättern" mit bogenförmiger Insertionsstelle und zwei divergenten Reihen von „Bauchblättern" mit geradliniger Basis. Der im Querschnitt elliptische Stengel besitzt deutliche Dorsiventralität und im Allgemeinen auch denselben Bau wie der Thallus, nur fehlen ihm die Kieselzellen und in seinem sehr reducirten Gefässbündel verschwinden die Spiralgefässe sehr früh, um einem Luftraum Platz zu machen. Noch einfacher sind die Blätter gebaut, indem sie aus einer einschichtigen, am Rande gezähnelten Lamina und einem wenigschichtigen, die Blattspitze nicht erreichenden Medianstrang (Mittelnerven) mit umgebenden weiteren und engeren centralen Zellen bestehen; letztere bilden das rudimentäre Blattgefässbündel, das sich im Stengelgewebe auf dem kürzesten Wege an das Stengelbündel anlegt. Auf der Ober- und Unterseite der Blätter lagern meist über den Grenzkanten benachbarter Blattzellen zahlreiche Kieselkörperchen (s. o.), welche der Zellmembran eingebettet zu sein scheinen, aber wie aus der Entwickelungsgeschichte hervorgeht, in besonderen kleinen, dreiseitigen, von ihnen später ganz ausgefüllten Zellchen entstehen.

Der abgestumpfte Vegetationskegel des Laubsprosses trägt zwischen den Blattanlagen grosse, keulenförmige, rasch verschrumpfende Haare und setzt sich aus grosszelligem Dermatogen und Binnengewebe ohne unterschiedenes Plerom und Periblem zusammen; das innere Gewebe gipfelt in einer dreieckigen Zelle. Die Blattlamina hat einen rein epidermatischen Ursprung: drei grosse, zur Stammrichtung quergestellte Dermatogenzellen bilden die Scheitelkante des sich vorwölbenden Blatthöckers, an dessen Constituirung einige in der Längsrichtung des Organs anstossende Dermatogenzellen und eine Binnenzelle theilnehmen. Die drei scheitelständigen Dermatogenzellen theilen sich durch Querwände, indem jedesmal die obere Tochterzelle die Theilung fortsetzt; ausserdem wird durch Radialtheilungen die Zahl der Randzellen entsprechend vermehrt. So entsteht eine einschichtige Blattfläche, welche den mittleren Theil des Blatthöckers flossenartig umgiebt; aus letzterem bildet sich dann durch räumlich verschieden angeordnete Theilungen die Mittelrippe und das rudimentäre Gefässbündel. Das spätere Wachsthum des Blattes erfolgt basipetal. In den Randzellen entstehen durch Wände, welche senkrecht zur Blattoberfläche orientirt sind und von ihrer Mutterzelle ein scheitelsichtiges dreieckiges Stück abschneiden, die schon oben erwähnten Kieselzellchen, welche sich in Form eines Blattzahnes hervorwölben und einen Kieselkörper ausscheiden; es geschieht dies zuerst an der Spitze der Blattunterseite, später an der Oberseite, und zwar an den Blättern des vierten oder fünften Blattumgangs vom Stammscheitel aus gerechnet. Eine mechanische Function der Kieselbildung hält Verf. für mindestens zweifelhaft.

Wie die Thalluszweige, so werden auch die Laubsprosse endogen an den Flanken des ausgebildeten Thallus angelegt. Etwa zwei Zelllagen unter der Epidermis tritt ein Folgemeristem auf, das die darüberliegende Gewebeschicht als schiefer Kegel sprengt; zuerst werden die beiden Bauchblätter etwas über der Kegelbasis, dann das Rückenblatt beim Durchbrechen des Sprosses direct an dem Kegelgrunde angelegt. Das unterhalb des ersten Bauchblattes belegene basale Stammstück beginnt dann stark zu wachsen und bringt den Spross in eine schwach aufsteigende Stellung. Erst nach Anlage mehrerer Blattumgänge beginnt die Differenzirung des Gefässbündels, dessen Spiralgefässe sich in der Richtung von der Sprossbasis zum Thallusbündel zu ausbilden und sich an dieses anlegen. Die Verzweigung der Sprosse ist axillär und tritt nur an den unteren Sprossblättern der Bauchseite ein. — Die weitere Sprossfolge und der Bau der Blüthe gehören nicht in den Kreis dieser Referatabtheilung.

25. **K. Demeter. Beiträge zur Histologie der Urticaceen.** (No. 4 und 5.)
D. giebt hiermit Beiträge zur Histologie der Urticaceen. Speciell untersuchte er
Boehmeria biloba, und zwar die Axentheile der Laubblattregion.
A. Hautsystem. a) Epidermis. Die Differenzirung der Gewebe zeigt deutlich
den Typus der Dicotyledonen. Die vieleckigen Zellen der Epidermis enthalten kein Chlorophyll
und keine Stärke, in desto grösserer Menge aber Gerbsäure. Von Trichomen erwähnt der
Verf. 1. an den jüngsten Enden des Stengels kopfige Haare mit einzelligem Stiele und vier-
zelligem Köpfchen; 2. an jüngeren Stengeln in vorherrschender Anzahl einzellige, an ihren
Enden hakig gekrümmte, an ihrer Basis ein wenig eingeschnürte, mehr weniger dickwandige
Haare, zwischen welchen zerstreut 3. mächtigere, längere, kegelförmige, schwach gebogene,
luftführende Haare vorkommen. Dieselben sind aber hinfällig, so dass an älteren Stengeln
sich nur die unter 2. erwähnten Haare erhalten, die aber später ebenfalls, abfallen und
als ihre Merkzeichen bleiben nur die gewölbten Zellenpolster zurück. b) Hypoderm. Die
Epidermis ist von kurzer Dauer. Ihren Platz nimmt bald Periderm (im Sinne de Bary's)
ein, welches um den Stengel einen zusammenhängenden Korkring bildet. Die Initialen
liegen in der unmittelbar unter der Epidermis liegenden Collenchymzellenschicht. Die Korkbildung schreitet aber nur langsam vor. Mit der Bildung des Periderm ist auch hier die
Bildung von Lenticellen eng verknüpft. Unmittelbar unter dem Periderm liegt reich ent-
wickeltes Collenchym, welches aber immer, wie der Verf. an sämmtlich von ihm untersuchten
Arten fand, parenchymatisch bleibt.
B. Gefässbündelsystem. Die in einem Kreis angeordneten collateralen offenen
Gefässbündel treten mit ihrem Gefässtheile keilförmig in das Markparenchym vor; ihr
Siebtheil wird von aussen von der dem Verlauf der Bündel folgenden Bündelscheide der
Sclerenchymfasern begrenzt. a) Sclerenchymfasern (Bastfasern). Die aus ihnen
bestehenden Schichten bilden keinen geschlossenen Ring um die Zone der Gefässbündel,
sondern mehr oder weniger dicke Fasermassen auf der äusseren Seite des Siebtheiles der
einzelnen Gefässbündel.
Die Urticaceen sind mit Ausnahme von *Elatostemma* reich an Bastfasern; bei letzterer
sind sie durch beträchtlich dickwandiges Parenchym ersetzt. Die von Weddel nicht genau
untersuchten Bastfasern unterscheiden sich im Querschnitt des Stengels von den Nachbarzellen schon durch ihre Grösse und stark lichtbrechende Fähigkeit ihrer Wände. Die diesjährigen Bastfasern von *Boehmeria biloba* sind gewöhnlich 1.5—2 cm lang und 0.03 mm breit.
In ihrer Wand sind drei verschiedene concentrische Schichtensysteme zu unterscheiden:
die äusserste dichte Grenzschichte, die dunklere mittlere und endlich die innerste hellere
Schichte. An dieser Wand sind zwei sich kreuzende Streifensysteme zu sehen. Mit dem
gekreuzten Nicol überzeugt man sich, dass die Wand der Bastfasern nach gewisser Zeit
mehr oder weniger verholzt. In den jüngeren Fasern findet man bald zusammengeschrumpften
körnigen Inhalt (T. II, Fig. 1, 5. Kl.), bald sehr oft kleine durch Jod sich blau färbende
Körner (daher wahrscheinlich Stärkekörner); dagegen ist in den älteren Bastfasern irgend
ein geformter Inhalt nicht nachzuweisen. b) Siebtheil (de Bary) Weichbast (Nägeli).
Denselben konnte der Verf. nur bei *Boehmeria biloba* untersuchen. Im Querschnitte zeigt
derselbe zwischen seinen weiteren dünnwandigen Elementen zahlreiche Gruppen von viel
engeren, aber ebenfalls dünnwandigen Elementen, welche Gruppen durch ihre Grösse und
Anordnung ihrer Zellen so erscheinen, wie die durch Längstheilung entstandenen Tochterzellen der weiteren Elemente. Letztere bestehen theils aus gewöhnlichen Bastparenchymzellen,
theils abwechselnd aus Krystallschläuchen und Gerbsäureschläuchen; die engeren Elemente
dagegen sind Baströhren vermengt mit ihren „Begleitzellen" und engen Cambiformzellen.
Letztere sind dünnwandige, langgestreckte, prismaartige, enge Zellen, welche mit den Baströhren parallel herablaufende Längsreihen bilden und gewöhnlich kürzer sind als die Glieder
der Baströhren. Mit Hämatoxylin gefärbt zeigen sie einen sehr schönen, grossen, linsen-
förmigen Kern. An den die gleichnamigen Elemente begrenzenden Seitenwänden sah der
Verf. oft correspondirende Tüpfel. Aehnlich gestaltet sind die Zellen des Bastparenchyms,
aber etwas dickwandiger, mehr oder weniger weiter, hie und da enthalten sie Stärkekörner
und einzelne auch Gerbsäure. Letztere ist auch in einzelnen Cambiformzellen nachweisbar.

Die Siebröhren von *Boehmeria biloba* sind gestreckte, mehr weniger cylindrische Zellen, welche zu mehreren mit einander vereinigt in ununterbrochenen Längsreihen hinablaufende Bündel bilden (T. II, Fig. 1 cr.). In diesjährigen Stengeln haben die grössten und am besten entwickelten eine Länge von 0.079—0.082 mm bei einer Breite von 7—8 μ. Ihre Seitenwände sind weiche, farblose Cellulosehäute, an denen der Verf. keine Tüpfel finden konnte. Die Siebplatten zeigen einen geringen Grad von Ausbildung; in vielen Fällen könnte man sie für einfache Scheidewände halten. Meist aber erreicht die callöse Verdickung jenen Grad, dass sie sich durch ihre lichtbrechende Fähigkeit und durch das Gelbfärben mit Jod verräth. Oft aber sieht man an in Wasser gelegten frischen Längsschnitten an den Gliederenden in der Richtung der Scheidewände die eigenthümliche keulenförmige Anschwellung und ohne Anwendung eines Reagenz durch die durchsichtige leichte Callusmasse hindurch die Verbindungsfäden des im übrigen wasserhellen Inhaltes in der Form dunkler Fäden (T. II. 3). Die Begleitzellen erscheinen manchmal so als wie die aus dem Lumen der Röhrenglieder durch eine dünne Scheidewand getrennten Längsfächer; sie sind kürzer als die Siebröhrenglieder, enger, spindelförmig mit abgerundeten Enden und dichtem körnigen Inhalt. An den inzwischen liegenden Wandtheilen sah Verf. keine Tüpfel. Der für die Siebröhren charakteristische Inhalt lässt hier die sonst nicht erkennbaren Siebröhren unzweifelhaft als solche erkennen. β. Krystallschläuche. Mit Ausnahme von *Memorialis*, bei welcher der Verf. nicht in einem einzigen Gewebe des Stengels krystallinische Gebilde fand, enthält der Siebtheil der übrigen Arten in grosser Menge Krystallschläuche. Dieselben bilden im Querschnitte einen Ring, der nur durch die Markstrahlen unterbrochen wird; in jedem einzelnen Basttheil aber treten sie zerstreut auf. Sie bilden daher im Längsschnitt neben und zwischen den Baströhren mit diesen parallel und vertical verlaufende Bündel und ihr isodiametrischer Innenraum ist von Krystallgruppen ausgefüllt. (T. III, Fig. 1 cr.). Letztere bestehen aus Kalkoxalat. Die Querwände sind stets vorhanden. γ. Gerbsäureschläuche. Bei Befolgung von Sanio's Verfahren fand der Verf., dass die Zellen der Epidermis, das Periderm, einzelne Zellen des Collenchyms, des Rindenparenchyms, des Bastparenchyms, einzelne Cambiformzellen, die Holzparenchymzellen, Markstrahlen und einzelne Zellen des Markes Gerbsäure enthalten. Eigentliche Gerbsäureschläuche im Sinne de Bary's kommen im Basttheil als Begleiter der Baströhren und Krystallschläuche (T. II, Fig. 1, ut), ausserdem im Mark in der Nähe der Gefässbündel; ausserdem noch zerstreut kürzere Gerbsäureschläuche vor. Die herauspräparirten Schläuche sind beiläufig so dick wie die Bastparenchymzellen (Breitendurchmesser 9—12 μ), aber gewöhnlich von grösserer, doch schwankender Länge, im Mittel 0.225 mm. Die Scheidewände zwischen den einzelnen Schläuchen sind sehr fein, aber immer deutlich erkennbar, ohne Tüpfel und Oeffnungen. Stärke konnte der Verf. in ihnen selbst nach den sorgfältigsten mikrochemischen Reactionen nicht auffinden. Diese Gerbsäureschläuche sind bei *Boehmeria biloba* in jeder Jahreszeit und in allen Axentheilen jeden Alters zu finden. c) Gefässtheil (de Bary) Xylem (Nägeli). Der Gefässtheil des Gefässbündels keilt sich im Querschnitte mit stumpfwinkeliger Kante in das Markparenchym ein. Die Zellen des Cambiums zeigen die von Velten (Bot. Ztg. XXXIII, 311) beschriebene typische Form. 1. Tracheen. Die trachealen Elemente sind nur durch Gefässe vertreten. Die ältesten Elemente bestehen aus engeren und weiteren Spiral- und Ringgefässen. Diese Elemente verlaufen neben einander in radialen Reihen und kommen in jedem Gefässbündel gewöhnlich mehrere (4, 5, 6) solche Gefässreihen vor, welche aber von einander durch sich dazwischen drängende engere Zellen des Markparenchyms getrennt sind, so dass sie nur gegen den Basttheil zu an andere Gefässe und die übrigen Elemente des Holzkörpers anstossen. Auf sie folgen die weitesten Gefässe des Holzkörpers, die eine spiralige Verdickung zeigen; nur die in nächster Nachbarschaft der Spiralgefässe stehenden sind oft mit netzförmigen Verdickungsfasern versehen, gleichsam den Uebergang zu den übrigen, sämmtlich getüpfelten Gefässen bildend. Letztere sind kurzgliederig. Die Länge der Glieder schwankt bei *Boehmeria biloba* zwischen 1.70—2.24 mm. Die Scheidewände stehen mehr oder weniger wagrecht oder etwas schief und sind immer von einer runden oder eiförmigen Oeffnung durchbrochen, von der ursprünglichen Scheidewand ist nur ein schmaler Rand zu sehen. Die wenig entwickelte Gefässwand verholzt früh-

zeitig. Die getüpfelten Gefässe zeigen theils behöfte, theils unbehöfte Tüpfel. Der Tüpfel-
raum ist einer planconvexen Linse ähnlich; in älteren Stengeln ist der Canal gestreckt und
verbreitet sich nach aussen zu plötzlich zum Tüpfelraume wie beim Herbstholz von *Pinus*.
Die innere Oeffnung des Tüpfelraumes bildet von oben betrachtet innerhalb der Kreislinie
des Hofes keinen Kreis, sondern eine schief stehende „Spalte", was aber durchgehends zu
den selteneren Erscheinungen gehört. Die Spalte verändert in älteren Gefässen so sehr ihre
Richtung, dass sie von oben betrachtet in der Gestalt von zwei sich kreuzenden Spalten
erscheint. 2. Sclerenchymfasern (Holzfasern). Diese bilden die Grundmasse des
Holzkörpers, in welchen die übrigen Holztheile gleichsam zerstreut sind. Sie sind zugleich
die längsten Elemente des Holzkörpers. Ihre mittlere Länge beträgt bei *Boehmeria biloba*
im einjährigen Stengel 0.276 mm. Sie sind mit sehr kleinen und wenigen Tüpfeln versehen,
bei denen sich nicht unterscheiden liess, ob sie behöft sind. Ihr Inhalt mag nach ihrem
neutralen Verhalten, den Reagenzien gegenüber zu schliessen, Wasser sein. Im frischen
Längsschnitt sind sie manchmal, wenigstens zum Theil, mit Luft erfüllt. 3. Holzzellen.
α. Faserzellen. Es sind dieselben die echten Faserzellen de Bary's; bei *Boehmeria celebica*
sah der Verf. auch gekammerte Faserzellen, ebenso de Bary's „Ersatzfasern". β. Parenchymzellen. Das „Bündelparenchym" spielt eine untergeordnete Rolle. Seine Zellen
erscheinen weist nur in der unmittelbaren Nähe der Gefässe; um die Netz- und Tüpfelgefässe
bilden sie eine einfache Schicht, indem sie dieselben ganz oder zum Theile scheidenartig
umgeben.

C. Grundgewebe. Die Zellen des lockeren Rindenparenchyms sind mehr oder
weniger cylindrisch oder polygonal, dünnwandig, enthalten Stärke und in jüngeren Aesten
Chlorophyllkörner. Ihr Lumen verkleinert sich gegen das Centrum des Stengels zu immer
mehr, die englumigen Zellen enthalten hie und da sie gänzlich ausfüllende Kalkoxalat-
krystallmengen. b) Markstrahlen. Die Höhe derselben ist beträchtlich, vielleicht mit
den Stengelinternodien gleich. Ihre Zellen sind nicht von reinem merenchymatischen Typus,
sondern prosenchymatisch und erinnern, wie die obenerwähnten Faserzellen an die Form der
Cambiumzellen. Ihre Form ist zwar auf das typische geradwinkelige Prisma der Markstrahlzellen zurückführbar, weicht aber dennoch darin ab, dass die sich aneinander lückenlos
anschliessenden Zellen sich an ihren Enden mit ihren Wänden mehr oder weniger dach-
artig zusammenneigen. Auch dies macht sie interessant, dass ihr verticaler Durchmesser
der grössere ist. Die Wände der in der Holzzone der Gefässbündel stehenden Markstrahlen-
zellen sind verhältnissmässig dicker und mit runden einfachen Tüpfeln versehen; nach einiger
Zeit verholzen sie. Der Verf. glaubt in diesen Markstrahlen den Uebergang zu jenen Au-
nahmefällen zu finden, in welchen man Markstrahlen nicht unterscheiden kann; wie es
Hartig bei *Ephedra monostachya*, Regnault bei einigen Crassulaceen und Caryophyllaceen
nachgewiesen haben. c. Mark. Dasselbe bildet einen ziemlich dicken Gewebecylinder
innerhalb des Gefässbündelringes. Seine hinsichtlich ihrer Grösse, Form und Inhalt verschiedenen Zellen stimmen zum grossen Theile darin überein, dass ihre Wand mit der
Zeit verholzt, eine beträchtliche Dicke erreicht und eiförmig-einfache Tüpfel erhält; darin
aber kommen alle überein, dass sie parenchymatisch sind.

Das Mark der vom Verf. untersuchten Urticaceen ist ein heterogenes (nach der
Nomenclatur von Gris); es besteht aus leeren und aus activen Zellen, welche gruppenweise so
vertheilt sind, dass den Centraltheil des Markes grösstentheils leere, luftführende Zellen
bilden. In den activen Zellen kommen Stärkekörner, hie und da Gerbsäure oder Krystallgruppen vor. Die letzteren bestehen aus Kalkoxalat und sind gewöhnliche Kalkoxalat-
gruppen oder gestielte, sogenannte Rosanoff'sche Krystallgruppen. In der Markkrone und
im Innern des Markes kommen die schon öfters erwähnten Gerbsäureschläuche vor. 1. Gerbsäureschläuche. An dem in Kaliumbichromatlösung getränkten Längsschnitt eines jungen
Aststückes erscheinen dieselben schon dem freien Auge in der Form feiner, dunkelbrauner
Längsstreifen. Sie bestehen aber nicht aus milchgefässartig zusammengeschmolzenen Gliedern,
sondern sind eigentlich einzelne abgesonderte Markzellen, welche länger als die übrigen,
manchmal zweimal, selbst dreimal so lange cylindrische Röhren bilden. Diese Röhren stehen
zu 4—5 in einer Reihe über einander. Ihre Wand fällt durch ihre besondere Dünnheit auf,

was übrigens der allgemeine Charakter der Schlauchbildungen ist. Die horizontal stehenden Scheidewände der einzelnen Glieder sind ebenfalls sehr fein, aber dennoch deutlich wahrnehmbar (t. II, 4). In älteren Stengeln fungiren sie als Gerbsäurebehälter. In diesjährigen Stengeln ist die mittlere Länge der Glieder 0,396 mm, ihre mittlere Breite 0,021 mm. Die Länge der benachbarten langen Markzellen beträgt um ein Drittel, selbst ein und ein halbmal mehr; ihre Breite aber stimmt gewöhnlich mit der der Schlauchglieder überein. 2. Rosa-noff'sche Krystallgruppen fand der Verf. in ihrer typischen Ausbildung bei *Bochmeria celebica* und *Dabregeasia dichotoma.* Sie hängen meist frei im Innern der Zelle und stehen nur mit Hilfe der Celluloseleisten mit der Wand der Zelle in Verbindung (t. I). Der Verf. hält es für zweifellos, dass zwischen den Krystallen und ihren Suspensorien ein inniges genetisches Band bestehe; er hält es daher für wichtig und nothwendig, auf jenen bisher ungelösten Punkt, den Rosanoff nur flüchtig berührte, aufmerksam zu machen, dass die Celluloseleisten in den Zellen auch für sich allein, d. h. ohne Krystalle vorkommen, und zwar in der Nachbarschaft solcher Zellen, welche mit Celluloseleisten versehene Krystallgruppen enthalten. Besonders bei den früher erwähnten beiden Pflanzen sind solche krystalllose Leisten zu finden, welche am Längsschnitte der Länge nach mehrere (10, selbst 12) Zellen hinablaufen und so erscheinen, als wenn sie, die Zellwand durchbohrend, sich unmittelbar fortsetzen würden (t. I, 1). Auf den ersten Blick erscheinen sie wohl wie einfache Zellwandverdickungsformen, aber die genauere Untersuchung schliesst jeden Zweifel darüber aus, dass sie in Wirklichkeit im Innern der Zelle sind und nur mit ihren beiden Enden sich an die Zellwand anheften. Andrerseits sind sie in ihrem ganzen Verlaufe so wohlerhalten, glatt, dass es unmöglich ist, anzunehmen, ihre Krystallgruppen seien möglicherweise von ihnen abgerissen oder abgeschnitten worden. Würde man aber annehmen, dass sich die Krystallgruppen erst später darauflegen, wie entstünden dann vorher die Celluloseleisten? S t a u b.

26. **G. Licopoll. Anatomische und mikrochemische Untersuchung von Chamaerops humilis und andern Palmen.** (No. 17.)

Verf. fasst die Resultate seiner vergleichend anatomischen und mikrochemischen Studien über die Structur einiger Palmen, besonders von *Chamaerops humilis* L., zusammen, wie folgt:

1. Für die Früchte und für die Vegetationsorgane der Palmen ist charakteristisch die Gegenwart von Kieselsäure, die sich unter Form von Sterndrusen (? Ref.) in Reihen eigens organisirter Zellen vorfindet. Die krystallführenden Zellreihen begleiten die Gefässbündel vornehmlich an deren Aussenseite (gehören also wohl dem Basttheile an.) Verf. hält diese rosenkranzförmigen Zellreihen für ganz besonders bezeichnend für die Palmen und glaubt, dass dieselben für Erkennung versteinerter Palmhölzer sehr wichtig seien.

2. In der Frucht der Palmen finden wir alle Gewebsarten wieder, die sich auch am Bau der Vegetationsorgane betheiligen. Während die oberirdischen Theile der Pflanze so einen ganz einheitlichen Aufbau zeigen, weichen die Wurzeln ziemlich bedeutend von diesem Typus ab. — Das Sclerenchym, welches im Endocarp mancher Palmen eine ausserordentlich starke Entwickelung zeigt, findet sich bei vielen Arten mit Drupa wieder, und ist auch auf der Oberseite der Laubblätter vielfach ausgebildet.

3. Das in den Palmen ziemlich reichlich vertretene Tannin wird in eigenen Zellen ausgebildet, die in den Vegetationsorganen nur zerstreut auftreten, in der Frucht dagegen ganze Zonen bilden.

4. Ausser dem Tannin finden wir in der Frucht Zucker, aromatische Substanzen, und einen Farbstoff; Verf. glaubt, dass alle diese Stoffe in genetischem Zusammenhange stehen. — Er betont zum Schluss die Arbeitstheilung in der Physiologie der Gewebe, rücksichtlich der Vertheilung der Sterndrusen und des Tannins — doch ist aus der ganzen, wenig klaren Darstellung wenig Brauchbares zu entnehmen. Die mikrochemischen Beobachtungen des Verf. sind mit grosser Vorsicht anzunehmen. O. Penzig (Padua).

27. **R. Gérard. Die Uebergangsregion zwischen Wurzel und Stengel.** (No. 8.)

Da die bisherigen Arbeiten über diesen Gegenstand, zumal die neuern van Tieghems, Dodels und des Frl. Goldsmith sich auf dicotyle Pflanzen beschränkten, ergänzte Verf. vor

Allem diese Lücke, indem er seine Untersuchungen auch auf Monocotylen, Gymnospermen und Gefässkryptogamen ausdehnte und ausserdem eine viel grössere Zahl von Dicotylen berücksichtigte als seine Vorgänger. Im ersten Hauptabschnitt werden die anatomischen Unterschiede zwischen Wurzel und Primärstengel der Phanerogamen einander gegenübergestellt, um daran sogleich die allgemeinen Untersuchungsergebnisse über den Structurwechsel in der Uebergangsregion zwischen beiden Organen zu knüpfen; der zweite Haupttheil bringt die Specialdarlegungen für eine grosse Zahl von Pflanzen (ca. 100 Spec.); der dritte beschäftigt sich mit den Gefässkryptogamen.

Bei den Phanerogamen zeigt die hypocotyle Axe im Allgemeinen insofern einen gleichartigen Charakter, als ihr unterer matt erscheinender Theil von einer „absorbirenden" Epidermis bedeckt ist (Würzelchen, Keimwurzel), während der obere glatte und glänzende Theil (Keimstengel) von einer Schutzepidermis überzogen wird; jedoch kann der obere (bei vielen Monocotylen) fehlen. Der Uebergang zwischen beiden Theilen kann sich auf verschiedene Weise vollziehen, indem entweder der Durchmesser der Wurzel von ihrer Spitze zur Basis allmählich zunimmt und schliesslich dem Stengeldurchmesser gleichkommt, (der einfachste und am meisten verbreitete Fall) oder indem die Wurzel grösstentheils dünn bleibt, plötzlich aber wenige Millimeter über ihrer Basis zur Dicke des Stengels anschwillt (Datura, Impatiens) oder indem die Wurzel in ihrem untern Theil dünn bleibt, in ihrem oberen 4 oder 5 mal dicker wird (Phaseolus, Ricinus, Cucumis) oder endlich bei Mangel eines Keimstengels, indem sich die Cotyledonen einer basalen Anschwellung der Radicula (d. h. einem gestauchten Stammtheil — Ref.) inseriren. Ein Wurzelhals[1]) als eine geometrische Grenzebene zwischen Stengel und Wurzel existirt nicht; vielmehr ist derselbe eine mehr oder weniger ausgedehnte Region, in welcher der Structurübergang zwischen dem typischen Bau der Wurzel zu dem des Stengels stattfindet; die Aenderung der Epidermis erscheint nur als einzelnes Moment dieses Uebergangs. In ihren weitesten Grenzen aufgefasst beginnt die Uebergangsregion bisweilen in der Wurzelbasis und endet erst im dritten oder vierten Stengelinternodium; Fälle, in denen sie über die Keimblätter hinausgreift, sind übrigens selten. Sie beginnt immer in der Wurzel, wenn letztere an ihrer Basis stark angeschwollen ist. Bei Abwesenheit eines Keimstengels liegt sie in der basalen Wurzelanschwellung und einem Theile der Wurzel selbst. Eine gewisse Beziehung lässt sich zwischen der Grösse der Keimpflanze und der Ausdehnung der Uebergangsregion nachweisen. Bei geringem Volumen der Pflanze tritt nämlich die Stengelstructur schon an der Basis des ersten Internodiums oberhalb der Cotyledonen zu Tage (Raphanus, Impatiens); bei einem solchen plötzlichen Sprunge treten dann die Elemente mit Wurzelstructur direct in die Keimblätter aus, ohne Uebergangsstadien zum Stengelbau anzunehmen. Bei massiger entwickelten Keimpflanzen begegnet man der Stengelstructur nur in einem Theile des Keimstengels (Cucurbita, Acer). Die Uebergangsregion kann sich auch ganz auf die Wurzelbasis beschränken; der Wechsel in der Epidermisbekleidung tritt dann als letztes Criterium des Uebergangs hervor. Bei Gewächsen ohne Keimstengel schrumpft die Uebergangsregion fast zu einer Ebene zusammen (Canna), überhaupt findet sich ein so schroffer Uebergang zwischen Stengel und Wurzel nur bei Monocotylen.

In anatomischer Beziehung verhält sich innerhalb der Uebergangsregion jedes Element unabhängig von andern, während das eine den Uebergang von Wurzel in Stengelstructur bereits beendet hat, beginnt ein zweites eben erst damit. Die hierbei eingehaltene Reihenfolge lässt sich unter kein allgemeines Gesetz bringen, indem es kaum zwei Pflanzen giebt, bei welchen der anatomische Uebergang sich genau in derselben Weise vollzieht. Das Hautgewebe (Epidermis) der Wurzel mit wurzelhaartragenden Zellen verliert zunächst die Haare und bekleidet sich stengelwärts mit einer allmählich stärker werdenden Cuticula. Die Epidermiszellen verflachen sich, verlängern sich in tangentialer Richtung und wachsen zur Grösse der darunter liegenden Elemente an, so dass ihre Zahl, die anfangs doppelt so gross als die der subepidermalen Zellen war, zuletzt um die Hälfte abnimmt. Die Zunahme des Radialdurchmessers erfolgt regellos, ebenso das frühere oder spätere Auftreten der Stomata und

---

[1]) Der Ausdruck Wurzelhals (collet) für die in Rede stehende Uebergangsregion erscheint dem Ref. sowohl veraltet als unglücklich gewählt, da diese Partie keineswegs als Theil der Wurzel gelten kann; in obigem Referat wurde der Ausdruck „collet" daher durch Uebergangsregion wiedergegeben.

der inneren Drüsen (z. B. bei *Citrus Aurantium*), welche der eigentlichen Wurzel fehlen. Die Veränderungen der subepidermalen Schicht („membrane épidermoïdale") gehen denen der Epidermis selbst parallel; ihre Zellen runden sich ab und verringern ihr Volumen; die ihnen innerhalb der Wurzel eigenthümliche Verkorkung wird bei dem Auftreten einer Cuticula in der Epidermis sofort sistirt; bisweilen verwandeln sie sich sofort in Collenchym. Das Rindenparenchym verringert in der Uebergangsregion langsam seinen Durchmesser. In manchen Fällen *(Castanea vesca)* wird es in dem unteren Theil des Keimstengels zugleich mit dem Parenchymmantel der Wurzel abgeworfen. Die Schutzscheide erscheint in der Keimstengelbasis ebenso deutlich ausgebildet wie in der Wurzel, ihre Zellen runden in der Uebergangsregion ihre Ecken ab, verlieren ihre Wellung und erfüllen sich mit Amylum, um im Stengel als stärkeführende Schicht (Stärkescheide) zu functioniren. Aehnlich verhalten sich die Uebergangsstadien des Pericambium (der „rhizogenen Schicht"); in der Form ändern sich jedoch die Zellen derselben anfänglich wenig und bleiben längere Zeit polyëdrisch, dann werden sie rundlich; ihre Zahl bleibt in manchen Fällen erhalten *(Ervum lens, Dipsacus)*, die vor den Bastgruppen (Phloëm) liegenden verringern nur ihren Durchmesser. In der Regel aber vermindert das Pericambium stengelwärts die Zahl seiner Zellen; stets verschwinden in diesem Fall die kleinen dem Bast gegenüber liegenden Zellen, bisweilen nur die in der Mediane jeder Bastgruppe liegenden, in andern Fällen sämmtliche Zellen. Entwickelungsgeschichtlich verliert das Pericambium die Fähigkeit, gegenüber den Gefässbündeln Cambium zu erzeugen, sobald die Bündel einen gewissen Abstand vom Mark genommen haben; an seiner Stelle übernimmt das eingeschaltete Zwischengewebe die cambiale Zellerzeugung. Die durch letztere hevorgerufene Bildung von Kork und secundärem Rindengewebe erlischt allmählich, hört aber bereits vor der Insertionsstelle der Cotyledonen auf. Hieraus erklärt sich die in manchen Fällen eintretende Abwerfung des Rindengewebes an einem Theile des Keimstengels. In die Cotyledonen treten Endodermis und Pericambium in modificirtem Zustande zugleich mit den Leitbündeln über. Das Zwischengewebe („tissu conjunctif") giebt dem Centralcylinder, in dessen Mitte es sich entwickelt, denjenigen Durchmesser, welchen derselbe im Stengel hat; indem es sich zwischen die Bündel einschaltet, bildet es die primären Markstrahlen und füllt die Lücken aus, welche bei der Ortsveränderung der Bündel frei bleiben; seine Rolle ist dabei vollkommen passiv und kann nur in figürlichem Sinne als activ betrachtet werden. Es tritt nur bei vollständigem Uebergang der Bündel von centripetaler zu centrifugaler Orientirung im Centrum des Centralcylinders und an seiner Peripherie auf; wenn es sich an der Aussenseite nicht entwickelt, bleiben die Bündel centripetal *(Raphanus, Datura Stramonium)*, auch wenn Mark gebildet wird; die hypocotyle Axe besitzt in diesem Fall nirgends Stengelstructur. Auf die Anordnung der Elemente im ersten Stengelinternodium haben diese Verhältnisse keinen Einfluss. Das Zwischengewebe tritt zuerst bald in der Mitte, bald an der Peripherie des Centralcylinders auf, und zwar geschieht beides in verschiedenem Niveau der Keimaxe; auch kann es in letzterer mehr oder weniger ausgedehnt auftreten und sich von seinen beiden Ursprungsstellen her zu einem zusammenhängenden Gewebe heranbilden oder zwei getrennt bleibende Gewebepartien constituiren *(Nigella damascena, Fumaria grandiflora)*; in ersterem Falle tritt dann ein Markstrahl an Stelle einer vorher in der Wurzel vorhandenen Gefässgruppe *(Acer campestre)*. Die Leitbündel der hypocotylen Axe bilden einfache Stränge, seitliche Verbindung findet nur zwischen dem Bündelsystem des ersten Internodiums und dem der Cotyledonen statt, nachdem das Wurzelsystem in das der Keimblätter übergetreten ist.

Am mannichfaltigsten verändern sich die Gefässbündel (Xylemplatten) in der Uebergangsregion. Der Wechsel tritt in folgender Reihenfolge ein:

1. Vermehrung in der Zahl der Bündelelemente und Ausgleichung ihres Durchmessers. (Besonders auffallend erscheint dies bei Monocotylen, bei denen der Durchmesser der inneren Gefässe in der Wurzel beträchtlich den der äusseren Tracheen übertrifft; diese Pflanzen, z. B. *Triglochin palustre*, verlieren dadurch ihre specielle Wurzelstructur u. nähern sich den Dicotylen.)

2. Mehrfache Reihenbildung der Elemente, welche an tieferem Niveau der Axe einreihig auftreten; ihre Vereinigung wird eine compactere, sofern die Gefässelemente der Wurzel bereits mehrreihig auftreten.

3. Longitudinaltheilung, durch welche 2 centripetale Bündel entstehen.
4. Ueberlagerung der Gefässgruppen und benachbarter Bastgruppen. (Bildung von Fibrovasalbündeln.)
5. Uebergang der centripetalen Orientirung des Holzes (Xylem) zu einer secantialen (s. u.).
6. Uebergang der secantialen Orientirung zur centrifugalen.

Die zweite Entwickelungsphase erfordert das Auftreten eines der beiden Zwischengewebe (Markstrahlen oder Mark), die dritte das des inneren Zwischengewebe, nach der vierten ist das äussere Zwischengewebe durchaus nothwendig. Wenn die eine oder die andere dieser Bedingungen nicht verwirklicht ist, so bleibt die Umkehrung der Gefässbündel stehen. Die erste der obengenannten Phasen bedarf keiner weitern Erörterung; da die zweite, wie schon gesagt, an das Auftreten eines der beiden Zwischengewebe geknüpft ist, so werden in dem Falle, wo nur Markstrahlen oder nur Mark gebildet werden, die Bündel gegen das Organcentrum oder gegen die Peripherie geschoben und ihre Elemente dadurch zu seitlicher Ausbreitung gezwungen, im andern Falle (bei gleichzeitigem Auftreten von Mark und Markstrahlen) ist das Resultat das nämliche, aber die Bündel werden von zwei Seiten gleichzeitig zusammengedrückt. In der dritten Entwickelungsperiode schiebt sich das Zwischengewebe auch in den mittleren Theil der Gefässgruppen ein und theilt sie der Länge nach in zwei Halbbündel; die Theilung kann dabei total oder partiell sein, in ersterem Fall nimmt dann ein Markstrahl die Stelle des früheren centripetalen Bündels der Wurzel ein *(Dipsacus, Acer, Althaea)*, im zweiten Fall bleiben die Primordialgefässe intact und das übrige Bündel spaltet sich in 2 oder 3 mehr oder weniger getrennte Gruppen. Während der vierten Periode entfernen sich die Halbbündel seitlich von einander und stellen sich den nächstbenachbarten Bastbündeln gegenüber. Wenn die Primordialgefässe sich noch wenig oder gar nicht von der rhizogenen Schicht entfernt haben, legt sich der tiefere Theil der Bündel allein vor die Bastelemente, die Halbbündel sind in diesem Fall einander zugeneigt, indem sie eine Art von V bilden. In der fünften Phase stellen sich die Gefässbündel (Xylemgruppe) völlig dem Bast (Phloëm) gegenüber; ihre plattenförmige Queransicht wird oft keilförmig, die breitere Basis lehnt gegen den Bast, die von den Primordialgefässen gebildete Spitze liegt nach innen. Die Hauptaxe der Bündel in diesem Zustande steht senkrecht zu dem Radius, welcher die ursprüngliche Lage der Wurzelbündel bezeichnet, eine Anordnung, die vom Verf. secantial (s. o.) genannt wird. Bisweilen können die vier zuletzt genannten Phasen gleichzeitig eintreten und der Uebergang von der centripetalen zur secantiellen Anordnung ist dann ein directer *(Fumaria grandiflora)*. Selten kommt die sechste und letzte Entwickelungsphase allein durch Ortsverschiebung des Holztheils (Xylems) zu Stande, in diesem Falle dreht sich dieser Gewebetheil (figürlich gesprochen) um den Bast wie eine Thür um ihre Angel und stellt sich in die Verlängerung des Radius, der durch den Mittelpunkt des Bastes gezogen gedacht wird. Alle andern Stellungsänderungen der Bündel beruhen auf Zurückweichen, Zusammendrängen, Uebereinanderlagerung u. s. w. Die erwähnte Drehung erfordert viel Raum und daher auch einen starken Gewebeaufwand. Am häufigsten dreht sich daher das Fibrovasalbündel einfach um sich selbst, um die neue Orientirung hervorzubringen. Endlich kann letztere auch durch Verschmelzung zweier benachbarter Fibrovasalbündel auf schnellst mögliche Weise zu Stande kommen. Die beiden Bündel entlehnen dann entweder ihren Holztheil (Xylem) von derselben Wurzelgefässgruppe, in welchem Fall die Vereinigung eine dauernde ist, oder es gelangt zwischen zwei benachbarten Gefässgruppen ein intermediäres Bastbündel zur Ausbildung; in letzterem Falle dauert die Vereinigung meist nur kürzere Zeit und wird später (d. h. in einem höheren Niveau der Axe) wieder aufgehoben, indem die beiden ursprünglichen Bündel wieder auftreten. Die Gefässbündel ein- und derselben Pflanze verhalten sich in allen diesen Beziehungen nicht gleich, indem die einen schneller in der Structuränderung vorwärts schreiten als die anderen. Wenn die Axe mehr als zwei Gefässbündel enthält, so sind die zum Austritt in die Mediane der Kotyledonen bestimmten immer deutlich gegen die übrigen zurück. Die Bündel brauchen auch nur einen Theil der beschriebenen Veränderungen vor ihrem Uebertritt in die Keimblätter durchzumachen, der Keimstengel besitzt dann in keinem Puncte Stengelstructur *(Impatiens)*.

Bei den Dicotylen ist die Ueberlagerung von Bast und Holz immer eine mittelbare, indem sie durch eine oder mehrere Zellreihen des Zwischengewebes vermittelt wird, die später zu Cambiumzellen werden und die Fortsetzung des innerhalb der Bastgruppen der Wurzel gelegenen Cambiums bilden. Das Cambium des Keimstengels, welches sich in dem grössern Theile dieses Organs gänzlich aus dem Zwischengewebe bildet, nimmt somit eine Mittelstellung zwischen dem cambialen Bildungsgewebe der Wurzel, das theils aus dem Pericambium theils aus dem Zwischengewebe hervorgeht, und dem des Stengels ein, in welchem es sich theils aus dem Procambium, theils aus dem Zwischengewebe entwickelt.

Das primäre Holz (Xylem) zeigt sich in der Wurzel in allen Fällen deutlicher differenzirt als im Stengel, während sich das Phloëm umgekehrt verhält. Die Phloëmbündel (Bast) verhalten sich weniger complicirt wie die Xylemstränge; in der Uebergangsregion vermehren sie die Zahl ihrer Elemente ebenfalls, verlaufen längere Zeit längs des Pericambiums und nähern sich schliesslich dem Xylem, wodurch die Ueberlagerung erleichtert wird. Meist kommen sich beide Elemente auf die Hälfte des Weges entgegen; es kann aber auch das eine oder andere Element allein die Näherung bewirken: so das Xylem, wenn zahlreiche und dichtgedrängte Bündel vorhanden sind, welche eine Verschiebung des Phloëms nicht zulassen. Eine ausschliessliche Verschiebung des letzteren ist selten (Medicago, Lathyrus, Ervum). Bei diarchen Wurzelbündeln theilen sich die Phloëmstränge in radialer Richtung meist in drei Theile, die beiden Seitenbündel nehmen dann jedes ein Xylemhalbbündel auf und die Hypocotyledonaraxe enthält dann typisch die doppelte Zahl von Fibrovasalbündeln wie die Wurzel. Das Medianbündel tritt in das erste Stengelinternodium über, verwandelt sich in Procambium und legt bereits im Keimstengel centrifugales Xylem an; daher haben die Fibrovasalstränge des ersten Stengelinternodiums bereits immer den Bau von Stengelbündeln. Bisweilen theilt sich aber der Phloëmstrang nur in zwei Schenkel, und in diesem Fall bewirkt eine nochmalige Theilung in der Nähe der Cotyledonen die Bildung von zwei Mediansträngen, die getrennt verlaufen oder auch sich wieder vereinigen können. Dieselben sind procambial, treten in das erste Stengelinternodium ein und verhalten sich im Uebrigen den vorhergehenden gleich. Wenn die Axe eine grosse Zahl von Bündeln führt, von denen ein Theil in die Cotyledonen austritt, während die übrigen das erste Stengelinternodium durchziehen, können die Phloëmbündel getheilt bleiben und die einander opponirten Xylemstränge verschmelzen dann. Im verwickeltsten Falle theilt sich jeder Phloëmstrang in fünf Bündel, die Wurzel hat dabei diarchen Bau und die Cotyledonen haben Seitennerven (Raphanus); das Phloëm theilt sich dann von Neuem, um an der Bildung der letzteren theilzunehmen, und führt die gegenüberliegende Xylemgruppe mit sich fort.

Im Allgemeinen verhalten sich die Gefässbündel in ihrem Verlauf sehr ungleich. Wenn die Wurzel eine ungerade Zahl derselben enthält, überschreitet ein Theil derselben in der Regel die Cotyledonen. Bei Zweizahl der Wurzelstränge treten dieselben gänzlich in die Keimblätter ein; nur ausnahmsweise (Dipsacus laciniatus) tritt in diesem Fall ihr Mediantheil in das erste Stengelinternodium über. Wenn die Wurzel polyarchen Bau hat, werden die Fälle sehr mannigfach; bald begeben sich die Bündel sämmtlich in die Cotyledonen, bald nur ein Theil derselben; dasselbe kommt auch bei tetrarchem Bau vor (Tropaeolum majus); endlich kann auch ein Xylembündel theilweise in die Cotyledonen, theilweise in das erste Stengelinternodium eintreten und dort völlig unabhängig vom Phloëm bleiben (Ervum lens). Die Anastomosen der Fibrovasalstränge verundeutlichen übrigens den typischen Bau des Keimstengels, indem sie die Bündelzahl verringern und auch einen Theil der Markstrahlen verschwinden lassen. Die übrig bleibenden Markstrahlen entsprechen bald der Mitte der Wurzelphloëmstränge, bald den ehemaligen Xylemplatten. Es ist demnach nicht richtig, als charakteristisch für den Keimstengel hervorzuheben, dass er einen Markstrahl da hat, wo die Wurzel ein Gefässbündel besass.

Die Bündel des ersten Stengelinternodiums, welche bei den Dicotyledonen auf derselben Stelle stehen bleiben, nähern sich bei vielen Monocotylen dem Centrum. Bei diesen Pflanzen, deren Internodien meist kurz sind, sieht man an Gipfel des Keimstengels durch Theilung die Leitbündel mehrerer Blätter entstehen; sie stellen sich mehr und mehr nach innen gemäss der Reihenfolge, in welcher das Blattorgan hervortritt, für welches sie bestimmt sind. Hieraus erklärt sich Verf. den Stammbau der Monocotylen und den gebogenen Verlauf ihrer Fibrovasalstränge; je nachdem der Austritt älterer Blätter stattfindet, nähern sich die jüngeren Reihen dieser Bündel der Stengelperipherie, um an dieselbe zu gelangen, wenn das zugehörige Blattorgan heraustritt. Von der Peripherie ausgehend, kehren sie zu derselben zurück, nachdem sie ein Stück des Stamminnern durchzogen haben; die beschriebene Curve hat je nach Länge der Internodien eine stärkere oder schwächere Krümmung und der Divergenzwinkel zweier aufeinanderfolgender Blätter lenkt sie aus der Ebene ab.

Im speciellen Theil der Arbeit Gérard's kommt die Uebergangsregion zwischen Wurzel und Stengel von Pflanzen folgender Familien zur Erörterung: Ranunculaceen, Cruciferen, Resedaceen, Violaceen, Caryophyllaceen, Linaceen, Malvaceen, Geraniaceen, Tropaeolaceen, Aurantiaceen, Aceraceen, Sapindaceen, Rutaceen, Zanthoxylaceen, Celastrinaceen, Leguminosen, Rosaceen, Cucurbitaceen, Oenothereen, Umbelliferen, Caprifoliaceen, Rubiaceen, Valerianaceen, Dipsaceen, Compositen, Campanulaceen, Convolvulaceen, Polemoniaceen, Hydrophyllaceen, Borragineen, Solaneen, Scrophulariaceen, Labiaten, Primulaceen, Plantaginaceen, Nyctaginaceen, Amarantaceen, Chenopodiaceen, Phytolaccaceen, Polygoneen, Urticeen, Moreen, Cannabineen, Amentaceen, Coniferen, Alismaceen, Juncaceen, Liliaceen, Commelynaceen, Amaryllidaceen, Irideen, Gramineen, Palmen, Aroimaceen. Von Gefässkryptogamen, deren Uebergangsregion sehr vereinfacht erscheint, wurden nur eine Lycopodiacee *(Selaginella denticulata)* und zwei Farne *(Asplenium striatum* und *Adiantum acuneatum)* berücksichtigt.

Bau der Wurzel.

28. **L. Olivier. Die Schutzgewebe der Wurzel.** (No. 20.)
Verf. bringt in dieser Arbeit die ausführlichen Belege zu einer schon früher veröffentlichten kürzeren Mittheilung (Jahresb. 1880, S. 58—60). Da über letztere bereits eingehend berichtet wurde, beschränkt sich Ref. hier auf die Aufzählung derjenigen Pflanzen, deren Wurzeln im Quer- oder Längsschnitt vom Verf. abgebildet worden sind. Es sind dies: *Pontederia crassipes*, *Philodendron Houlletianum*, *Phoenix dactylifera*, *Pandanus heterophyllus*, *Epidendron crassifolium*, *Scindapsus pertusus*, *Imantophyllum miniatum*, *Agave glauca*, *Vanilla planifolia*, *Calla palustris*, *Anthurium nitidum*, *Typha latifolia*, *Raphidophora pinnata*, *Smilax excelsa*, *Marsilea quadrifolia*, *Caryota urens*, *Equisetum Telmateja*, *Lilium superbum*, *Smilax Sarsaparilla*, *Oporanthus luteus*, *Iris squalens*, *I. germanica*, *Asphodelus albus*, *Monstera repens*, *Phalangium humile*, *Asparagus officinalis*, *Strelitzia augusta*, *Pandanus stenophyllus*, *Dracaena Draco*, *Taxus baccata*, *Sequoia sempervirens*, *Pinus halepensis*, *Fraxinus excelsior*, *Pelargonium zonale*, *Villarsia nymphoides*, *Ligustrum ovalifolium*, *Faba vulgaris*, *Echinops exaltatus*, *Ruyschia Souroubea*, *Taraxacum dens leonis*, *Opuntia glauca*, *Sambucus villosa*, *Thalictrum lucidum*, *Ranunculus sceleratus*, *Potentilla anserina*, *Archangelica officinalis*.

Bau des Blattes.

29. **A. Tschirch. Der anatomische Bau des Blattes von Kingia australis.** (No. 29.)
Der Bau des genannten, durch seine Grösse (ca. 2 m) ausgezeichneten Blattes entspricht durchaus den an dasselbe gestellten mechanischen Ansprüchen. Als biegungsfeste Constructionen treten im Innern des „Markes" aus Bastzellen (Stereïden) gebildete I-Träger auf, welche die Ober- und Unterseite des Blattes miteinander verbinden; die Zahl dieser Träger nimmt von der Blattspitze nach der Insertionsstelle zu (in einem einzelnen Falle von 8 bis 15). Die Gefässbündel nehmen die neutrale spannungslose Axe in der Mitte der Träger ein. Die auf Druckfestigkeit berechneten Vorkehrungen des *Kingia*-Blattes sind doppelter Art: zunächst ein continuirlicher subepidermaler Bastbeleg, der nur der Aussteifung der Epidermis dient und zur Erhaltung der Querschnittsform beiträgt, und ferner ein „System von Strebepfeilern", welche aus prosenchymatisch zugespitzten, kurzen, dickwandigen, grossporigen Elementen bestehen und continuirliche, senkrecht zur Längsaxenrichtung des Blattes gestellte Versteifungsleisten bilden. In Parallele zu bringen sind diese Strebewände mit den häufig fussförmig am Ende erweiterten „Strebezellen" von *Hakea*, *Restio*, *Isopogon* u. a.; nur stehen letztere isolirt im Gewebe und hängen in der Längsrichtung nicht zusammen wie die Elemente der Strebewände von *Kingia*. Durch letztere wird das zartwandige

Assimilationsparenchym (Pallisadengewebe) in eine Reihe allseitig geschlossener Kammern abgetheilt und auf diese Weise sowohl den Ansprüchen an eine möglichst druckfeste Construction genügt als auch gegen die in der Heimath der Pflanze besonders naheliegende Gefahr des Austrocknens dem zarten chlorophyllführenden Gewebe Schutz gewährt. Aehnliche Kammerbildungen finden sich u. a. bei *Xanthorrhoea hastilis;* die Wände bestehen bei letzterer Pflanze aber aus T-Trägern, deren Zellen in der Längsrichtung des Organs (nicht wie bei *Kingia* radial) gestreckt sind und die Kammern laufen ohne Querfächerung durch die ganze Länge des Organs. Den Assimilationszellen (l'allisadenzellen) des *Kingia*-Blattes stellenweise eigenthümlich sind höckerförmige Erhebungen (2 bis 3 Längsreihen auf jeder Zelle), welche entweder in die Thäler zwischen zwei Höcker der Nachbarzellen hineinpassen oder frei in einen 'Intercellularraum hineinragen; um andere Assimilationszellen laufen gürtelförmige Durchlüftungskanäle. Das Hautgewebe besteht aus farblosen Zellen mit nicht erheblich cuticularisirten Aussenwänden. Die Spaltöffnungen liegen über jeder (durch mechanisches Gewebe abgegrenzten) Kammer einzeln oder zu mehreren und die unter der Spaltöffnung liegende Athemhöhle beherbergt eine eigenthümliche Schutzvorrichtung gegen zu starke Wasserabgabe. Sie wird nämlich durch eine vielfach gewundene, wulstartig aufgetriebene, mit unregelmässigen Höckern und rundlichen Auswüchsen versehene Zelle gegen das Pallisadengewebe abgeschlossen, welche seitlich mit der subepidermalen Bastschicht in Verbindung steht und die Wasserdampfexhalation zwar nicht völlig verhindert, aber doch erschwert. Auch bei *Xanthorrhoea* findet sich Aehnliches, indem die im Umkreis der kleinen Athemhöhle liegenden Bastzellen breite, zapfenartig vorragende Fortsätze in jene hinein entsenden und dadurch die Communication mit dem Durchlüftungssystem des Pallisadengewebes erschweren.

30. **A. Tschirch.** **Ueber die Anatomie und den Einrollungsmechanismus einiger Grasblätter.** (No. 30.)

Das bekannte Einrollen *(Stipa altaica)* oder Zusammenfalten der mit Längsleisten und Furchen versehenen Blattlamina *(Triodia pungens)* an Gräsern trockener Standorte wird nach dieser vorläufigen Notiz durch verschiedene mechanische Ursachen bedingt, nämlich in einigen Fällen *(Oryza clandestina)* durch Aenderungen in den Turgescenzverhältnissen der Zellen, in anderen *(Macrochloa tenacissima)* durch eine verschiedene Quellungsfähigkeit in den Membranen bestimmter Zellschichten. In letzterem, auch an den abgestorbenen Blättern constatirbaren Falle liegt auf der morphologischen Blattunterseite ein continuirlicher oder unterbrochener Bastzellenstreifen, dessen innere Schichten stärker quellbar sind als die äusseren und daher bei starker Wasserzufuhr ein Ausbreiten des Blattes, bei Austrocknung ein Zusammenfalten oder Einrollen bedingen. Die Frage, durch welche anatomischen Verhältnisse das Einrollen ohne Quetschung lebensthätiger Chlorophyllzellen ermöglicht ist, erledigt sich dadurch, dass die die ganze Blattlänge besetzenden prismenförmigen Längsleisten im Stande sind, ihre Gipfel beim Einrollen zu nähern, beim Aufrollen zu entfernen und dass ferner die am Boden der Längsrinnen gelegenen „Gelenkzellen" (mit farblosem Zellsaft erfüllte, dünnwandige Zellen, von Duval-Jouve als cellules bulliformes beschrieben), das benachbarte chlorophyllführende Parenchym vor Zerrung und Quetschung bewahren.

Structur der Fibrovasalstränge.

31. **Kny.** **Abweichungen im Bau des Leitbündels der Monocotylen.** (No. 15.)

Die bereits von Mohl, Karsten, Schacht, Dippel, de Bary und Russow in einzelnen Fällen aufgefundenen Anomalie im Leitbündelbau der Palmen — nämlich das Auftreten zweier, durch eine Fortsetzung der äusseren Sclerenchymscheide getrennter Phloëmgruppen an Stelle des medianen Weichbaststreifens — constatirte Kny bei einer grossen Anzahl von Palmen (30 Arten). In der Regel wird das Phloëm durch den Sclerenchymfortsatz, der z. B. bei den *Calamus*-Arten 20 und mehr Zellen breit sein kann, in zwei, symmetrisch zur Mediane des Bündels liegende Gruppen getheilt; in andern Fällen, wie im Blattstiel von *Raphis flabelliformis* L., wird eine Dreitheilung des Bündels zur Regel, auch eine Viertheilung kommt bei derselben Pflanze und bei *Calyptrogene glauca* Oerst. vor. Mechanische Elemente können ferner nicht bloss von der Aussenseite des Weichbasts, sondern auch vom Xylem aus in jenen eindringen und so eine Zweitheilung des Bündels bewirken, wie bei *Pitcairnia dasy-*

lirioides, *Bromelia*- und *Hechtia*-Arten, sowie *Cordyline Veitchii* und *C. australis* Endl.
Bei *Pandanus* wird das letzte grosse Gefäss des Holztheiles oder eine kleine Gefässgruppe
durch einen Sclerenchymgürtel, dem die Weichbastelemente gruppenweise eingestreut sind,
derartig umgeben, dass es von dem übrigen Theil des Xylems völlig getrennt erscheint. Bei
den *Ophiopogon*-Arten ist der Weichbast auf vereinzelte oder in kleinen Gruppen zusammen-
liegende Zellen reducirt, welche in dem stark entwickelten Sclerenchymkörper zerstreut
liegen. Bei den Dioscoraceen z. B. in beblätterten Internodien von *Testudinaria elephan-*
tipes Herit., kommt auch eine Spaltung des Phloëms in zwei, oder bei einigen *Dioscorea*-
Arten in drei radial hintereinanderliegenden Gruppen vor. Am weitesten geht diese Zer-
klüftung des Weichbastes bei *Dioscorea Batatas*, deren grössere Leitbündel in kräftigen
Sprossen vier auf die Ecken eines Rechteckes oder Trapezes vertheilte Phloëmgruppen aufweisen, bei andern Bündeln kann die Spaltung im innern Theil des Phloëms unterbleiben
oder aber in der äusseren Partie noch weiter gehen, so dass 3—5 kleine inselartige Weich-
bastgruppen auftreten.

Eine Erklärung für diese verschiedenartigen Spaltungen des im normalen Bündel
ungetheilten Phloëms findet Verf. darin, dass durch die Einschiebung der Sclerenchymplatte
in die Leitbündel das Organ widerstandsfähiger gegen seitlich wirkende Kräfte gemacht und
gleichzeitig die zartwandigen Weichbastelemente geschützt werden sollen. Daher findet diese
Theilung des Weichbastes vorzugsweise in der unteren und mittleren Partie des Blattstiels
statt, während sie nach oben, wo der Blattstiel geschmeidiger bleiben muss, um bei stürmischem
Wetter ein Ausweichen der Spreite zu ermöglichen, allmählig immer seltener eintritt; in der
Blattspreite selbst, von der man eine von der Basis zur Spitze abnehmende Biegungsfestigkeit
annehmen kann, nimmt in acropetaler Richtung sowohl die Breite der trennenden Scleren-
chymplatten als auch die Zahl der zweigetheilten Bündel mehr und mehr ab, wie an Beobachtungen an *Chamaerops humilis*, *Raphis flabellifera* und *Dasylirion acrotrichum*
speciell gezeigt wird.

32. A. Tschirch. Ueber einige Fälle von Phloëmspaltung im Leitbündel der Gräser.
(No. 31.)

Den von Kny beschriebenen (s. Ref. No. 31) Fällen dieses anatomischen Vorkommens
reiht Verf. zwei gleiche Fälle (Leitbündel im Blatt von *Triodia pungens* und *Macrochloa*
tenacissima) an.

33. Westermaier. Die markständigen Phloëmbündel der Campanula-Arten. (No. 34.)

Den normalen Gefässbündelring mit äusserem Phloëm und innerem Xylem besitzen
folgende *Campanula*-Arten: *C. alata*, *americana*, *alpina*, *divergens*, *punctata*, *involucrata*,
uniflora, *heterodoxon*, *medium*, *spicata*, *Steveni*, *stricta*, *lingulata*, *thyrsoidea*, *peregrina*,
Zoysii, *tenuifolia*, *trachelioides*, *stenophylla*, *suaveolens*, *spathulata*, *sibirica*, *rotundifolia*,
rapunculoides, *pusilla*, *persicifolia*, *patula*, *lobelioides*, *Lorey*, *ambigua*, *aurea*, *barbata*,
caespitosa, *carpathica*, *coronopifolia*, *crenata*, *elongata*, *gummifera*, *incisa*, *Rapunculus*.
Dagegen entwickeln auch innere markständige Phloëmbündel folgende: *C. glomerata*, *bono-*
niensis, *Cervicaria*, *calcitrapa*, *Trachelium*, *pyramidalis*, *interrupta*, *macrantha*, *ruthenica*,
rhomboidea, *multiflora*, *crispa*, *petraea*, *pendula*. Die inneren Bündel bestehen nur aus
Phloëm oder werden in verschiedenem Grade der Reichlichkeit von Xylem begleitet. Verf.
führt diese Anomalie theils auf ernährungsphysiologische, theils auf mechanische Ursachen
zurück: die Anlage innerer Xylempartien deutet auf mechanische Verstärkung des äusseren
Holzringes, die von ebensolchen Phloëmbündeln auf erhöhtes Leitungsbedürfniss. Unter den
abnormen *Campanula*-Arten steht nun *C. glomerata* mit überwiegendem inneren Xylem auf
der einen Seite, während *C. multiflora* W. et K. mit xylemarmen Phloëmbündeln auf der andern
Seite einer beide Extreme mit einander verbindenden Reihe steht. Die mechanische Bedeutung der innern Xylemstränge von *C. glomerata* geht daraus hervor, dass dieselben mit
den Stellen, an welchen der äussere Holzcylinder die schwächsten Wandungen besitzt, auf
gleichem Radius liegen und dabei als „innere Gurtungen" entsprechend dem doppelten
mechanischen Ringe mancher Monocotylen zu betrachten sind. Die ernährungsphysiologische
Rolle der inneren Phloëmbündel erhellt besonders aus ihrem Auftreten bei der sehr reich-
blüthigen *C. multiflora*, bei welcher sie im Markgewebe unregelmässig zerstreut stehen und

fast nur aus zartwandigen Elementen sich zusammensetzen. Gerechtfertigt wird die Annahme eines gesteigerten Leitungsbedürfnisses dadurch, dass die zahlreichen dicht gedrängten Blüthen auch eine reichlichere, gleichzeitige Samenbildung im Gefolge haben müssen. Da endlich die mechanischen Ansprüche auf Biegungsfestigkeit mit zunehmender Stammhöhe sich steigern, so formulirt Verf. folgende, aus seinen Untersuchungen der obengenannten *Campanula*-Arten abstrahirte Regel über das Auftreten der in Rede stehenden Anomalie. „Das Vorkommen innerer Stränge ist nie zu beobachten bei jenen Arten der Gattung *Campanula*, welche bei geringer Höhe entschieden armblüthig sind. Denjenigen Arten, welche die genannte anatomische Eigenthümlichkeit besitzen, kommt das Merkmal eines grösseren Blüthenreichthums, und zwar einander meist gruppenweise genäherter Blüthen zu, sowie ausserdem oft eine beträchtliche Höhe."

IV. Gewebebildung.

34. G. Haberlandt. **Ueber Scheitelzellwachsthum bei den Phanerogamen.** (No. 11.)

Verf. erweitert den Begriff Scheitelzelle dahin, dass auch mitten im Gewebe liegende Initialzellen unter denselben subsumirt werden, und richtet dementsprechend seine Untersuchungen nicht blos auf Vegetationspunkte, sondern auf Gewebecomplexe aller Art, sofern nur ihr „Wachsthum" nach den „Gesetzen des Scheitelwachsthums" vor sich geht. In jungen Rindenparenchymzellen von *Cytisus Laburnum* sah er bisweilen schief gestellte und alternirende Theilungswände auftreten, so dass die zuletzt gebildete Zelle das Aussehen einer zweischneidigen Scheitelzelle annahm. Obgleich dies nach Meinung des Verf. durch „passives", von zufälligen Ursachen abhängiges Wachsthum hervorgerufen wird, so vindicirt er trotzdem der in Rede stehenden Zellreihe ein Wachsthum mittelst einer zweischneidigen Scheitelzelle. Auch an den keulenförmigen Enden der Trichomzellen von Begonia Rex beobachtete er die gleiche Alternation schiefgestellter Theilungswände. Da er ferner fand, dass bei *Mercurialis* und den Crassulaceen die beiden Schliesszellen des Spaltöffnungsapparats aus ihrer Mutterzelle nicht durch eine gerade Theilungswand hervorgehen, sondern die neu auftretende Wand gleich der vorausgehenden gebogen ist und ihre concave Seite der zweitältesten Wand ebenso zukehrt wie diese letztere der erstgebildeten, so leitet er hieraus eine Ungleichwerthigkeit der Schliesszellen ab und betrachtet die eine als zweischneidige Scheitelzelle, die andere als deren jüngstes Segment. Zelltheilungen, durch welche die subepidermalen Bastbündel im Blatt von *Typha latifolia* aus einer einzigen sich schief theilenden Meristemzelle hervorgehen werden auf ein „Scheitelwachsthum in radialer Richtung" zurückgeführt. Da ferner nach Beobachtungen des Verf. das Gewebe des Mittelnerven im Blatt von *Elodea canadensis* auf eine einzige Peribleminitiale zurückführbar erscheint, welche entweder durch wiederholte Quertheilung zunächst eine einfache Zellreihe ausbildet oder sich durch alternirend rechts und links geneigte Wände theilt, so liefert der letztere Fall ein weiteres Beispiel für das Wachsthum mittelst einer zweischneidigen Scheitelzelle. Am instructivsten für das Scheitelzellwachsthum im Sinne des Verf. erscheinen die Zelltheilungen, welche er bei Anlage der Laubblätter und des Axillarsprosses am Stammscheitel von *Ceratophyllum demersum* auffand. Dermatogen, Periblem und Plerom sind hier scharf gesondert und laufen in je eine einzige Initialzelle aus. Auf radialen Längsschnitten des Stammscheitels sieht man, dass der die Axillarsprossbildung einleitende Höcker durch radiale Verlängerung einer Zellgruppe innerhalb der zweiten Periblemzelllage des Mutterscheitels zu Stande kommt, und dass die erste Theilung in der genau unter dem Scheitel des Höckers gelegenen Periblemzelle als **schiefe Wand** auftritt, der später alternirende, nach rechts und links geneigte Theilungswände folgen. Auf diese Weise wird die Pleromanlage des jungen Seitensprosses gebildet, dessen einschichtiges Periblem ebenfalls mit einer sich meist nach vier Richtungen theilenden Initialzelle (Scheitelzelle) und dessen Dermatogen mittelst einer vier- oder dreiseitigen Scheitelzelle wächst; die drei „Scheitelzellen" liegen hier direct übereinander. Später wird dieser einfache Bau verundeutlicht, indem das Scheitelwachsthum zuerst im Plerom, dann im Periblem und zuletzt im Dermatogen aufhört. Während der Axillarspross aus 3 Scheitelzellen hervorgeht, treten bei der Anlage der Gabelblätter nur deren zwei auf. Verf. hebt ausdrücklich die Analogie dieser Theilungen mit denen bei Anlage phanerogamer Nebenwurzeln hervor und glaubt in denselben eine Zwischenstufe gefunden zu haben, welche den Uebergang von einem einheitlichen Scheitel zu gesonderten Meristemen verständlich macht. „Denkt man sich — so lautet der Gedankengang des Verf.'s — die dreiseitige Scheitelzelle eines Farnstammes durch zwei Querwände in drei übereinander befindliche Etagen getheilt, von welchen jede selbständig weiter wächst und im Sinne der ursprünglich einheitlichen Scheitelzelle Segmente bildet, so folgt daraus der für die Seitensprossanlagen constatirte Bau des Scheitels. Denken wir uns dagegen die Scheitelzelle bloss in zwei Etagen getheilt, so ist der an den jungen Gabelzweigen der Laubblätter constatirte Bau des Vegetationspunktes die Folge.“

V. Anhang.

34. **J. Wiesner. Elemente der Anatomie und Physiologie der Pflanzen.** Wien. (A. Hölder.) 1881. (No. 36.)

Wie schon der Titel andeutet, beabsichtigt Verf. in obigem Werke einen elementaren Leitfaden der Pflanzenanatomie und Physiologie vorzugsweise seinen eigenen Zuhörern darzubieten, welcher in einfacher Form den Anfänger in die Wissenschaft einführen soll, ohne ihn durch die Discussion von Streitfragen zu verwirren. Auf eine kurze, die verschiedenen botanischen Theildisciplinen kennzeichnende Einleitung folgt zunächst ein Abriss der Anatomie, der in drei Hauptabschnitten das Wissenswertheste über die Pflanzenzelle, die Gewebe und den Bau der Vegetationsorgane (Blatt, Stamm, Wurzel) mittheilt; die Anatomie von Holz und Rinde wurde einem Anhange zugewiesen, in welchem auch „Betrachtungen über die Arten der Gewebe“ angereiht sind; hier finden die Anschauungen Schwendener's kurze Erwähnung. Der zweite Hauptabschnitt des Buches behandelt in prägnanter Kürze den Chemismus der lebenden Pflanze, die Stoffbewegung, das Wachsthum, die Abhängigkeit der Vegetationsprocesse von äusseren Kräften und die Bewegungserscheinungen. Eine Reihe von Noten giebt wichtige Litteraturnachweise; auch veranschaulichen die ca. 100 Holzschnitte mancherlei anatomisches Detail.

35. **F. Parlatore. Tafeln zur Anatomie der Wasserpflanzen.** (No. 21.)

Die neun Tafeln, zu welchen der Text einfach die Figurenerklärung giebt, enthalten die Zeichnungen von Längs- und Querschnitten der Stengel- und Blattorgane einer grossen Anzahl von Wasserpflanzen oder Sumpfpflanzen, deren Namen hier folgen: *Alisma parnassifolium, A. Plantago (f. aquatica), A. ranunculoides, Aponogeton distachyon, Butomus umbellatus, Callitriche hamulata, C. stagnalis, Caulinia alagnensis, C. fragilis, Ceratophyllum demersum, Damasonium stellatum, Elatine hexandra, Elodea canadensis, Equisetum maximum, E. spec., Euryale ferox, Gratiola officinalis, Heleocharis multicaulis, Helosciadium nodiflorum, Hippuris vulgaris, Hottonia palustris, Hydrocharis Morsus Ranae, Hydrocotyle natans, Hypericum Elodes, Isnardia palustris, Isoëtes Malinverniana, I. setacea, Jussieua grandiflora, Limnocharis Humboldtii, L. spec., Marsilia quadrifoliata, Menyanthes trifoliata, Musa Ensete, M. paradisiaca, Myriophyllum spicatum, M. verticillatum, Najas major, Nasturtium amphibium, Nelumbium luteum, N. speciosum, Nuphar luteum, Nymphaea alba, N. coerulea, N. Devoniana, N. rubra, N. stellata, Ouvirandra fenestralis, Pilularia globulifera, Pistia Stratiotes, Polygonum amphibium, Pontederia cordata, P. crassipes, Potamogeton crispus, P. lucens, P. natans, P. pectinatus, Ranunculus aquatilis, R. Flammula, Ravenala madagascariensis, Rhynchospora alba, Ruppia maritima, Salvinia natans, Sparganium natans, Sp. ramosum, Stratiotes aloides, Thalia dealbata, Trapa natans, T. verbanensis, Utricularia vulgaris, Vallisneria spiralis, Victoria regia, Villarsia parnassifolia, Zannichellia palustris, Z. sp., Zostera nana.*

Die Tafeln hatte der verstorbene Professor Parlatore in der Absicht herstellen lassen, eine vergleichende Anatomie der Wasserpflanzen zu schreiben. Der Tod verhinderte die Ausführung des Planes und die Tafeln sind von dem Istituto Superiore in Florenz, unter der Leitung T. Caruels, herausgegeben worden.   O. Penzig (Padua).

C. Allgemeine Morphologie der Phanerogamen.

Referent: **A. Peter.**

Verzeichniss der Arbeiten.

1. **Abhandlungen der Senckenbergischen Naturforschenden Gesellschaft,** Band XII, Frankfurt a./M. 1881; enthält:
   Hansen. Vergleichende Untersuchungen über Adventivbildungen. (Ref. No. 13.)
2. **Acta horti Petropolitani,** VII, 2, 1881; enthält:
   Friedrich. Ueber eine Eigenthümlichkeit der Luftwurzeln von Acantorrhiza aculeata Wendl. (Ref. No. 82.)
3. **Acta Universitatis Lundensis,** tom. XVI, 1879/80, Lund 1880/81; enthält:
   Jönsson. Om embryosäckens utveckling hos Angiospermerna. (Ref. No. 119.)
4. **Annales des Sciences naturelles,** 6º série, Botanique tome XI, Paris 1881; enthält:
   Gérard. Recherches sur le passage de la racine à la tige. (Ref. No. 7.)
5. **Annales du Jardin botanique de Buitenzorg** II, 1, Leide 1881; enthält:
   Treub. Recherches sur les Cycadées. (Ref. No. 111, 113.)
   — Observations sur les Loranthacées. (Ref. No. 114.)
6. **Annuario della R. Università di Genova,** 1881; enthält:
   Delpino. Il Materialismo nella scienza. (Ref. No. 45.)
7. **Annuario Scientifico Italiano** XVII, 1880; enthält:
   Delpino. Rivista botanica dell' anno 1880. (Ref. No. 47.)
8. **Archiv der Pharmacie,** 6. Reihe, XVI. Band, 1881; enthält:
   Flückiger und Meyer. Ueber Frucht und Samen von Strychnos Ignatii. (Ref. No. 133.)
   A. Meyer. Ueber Smilax China L. und über die Sarsaparillawurzeln. (Ref. No. 69.)
   — Ueber die Rhizome der officinellen Zingiberaceen. (Ref. No. 68.)
   — Ueber Aconitum Napellus und seine wichtigsten nächsten Verwandten. (Ref. No. 6.)
   Schaer. Ueber Cortex Quebracho. (Ref. No. 17.)
9. **Archives des Sciences physiques et naturelles,** 3º période, tome V, Genève 1881; enthält:
   C. de Candolle. Considérations sur l'étude de la phyllotaxie. (Ref. No. 88.)
10. **Association française pour l'avancement des sciences,** congrès de Reims 1880; enthält:
    Mer. Des modifications de structure et de forme qu'éprouvent les racines suivant les milieux où elles vegètent. (Ref. No. 83.)
    — De la constitution et des fonctions des poils radicaux. (Ref. No. 101.)
11. **Baillon.** Errorum Decaisnearum cent. VI. (Ref. No. 31.)
12. — Notions élémentaires de Botanique. (Ref. No. 30.)
13. **Bayer.** Blüthenstandtafeln. (Ref. No. 74.)
14. **Biedermann's Centralblatt für Agriculturchemie,** 11. Jahrg., 1882; enthält:
    Lebl. Interne Vegetation der Kartoffel. (Ref. No. 55.)
15. **The Botanical Gazette VI,** 1881; enthält:
    Arthur. Various forms of Trichomes of Echinocystis lobata. (Ref. No. 102.)
    Bailey. Rootstocks of Convolvulus sepium. (Ref. No. 77.)
    Trelease. The foliar nectar glands of Populus. (Ref. No. 94.)
16. **Botanisches Centralblatt V—VIII,** 1881; enthält:
    Lersch. Verhalten der Blattstellung zum goldenen Schnitt. (Ref. No. 87.)
    Holzner. Verhalten der Blattstellung zum goldenen Schnitt. (Ref. No. 86.) ·
    Eggers. Vermehrungsweise von Oncidium Lemonianum Lindl. und Pancratium caribaeum L. (Ref. No. 14.)

v. Heldreich. Beobachtungen von Dr. J. Schmidt über die Keimung von Phoenix dactylifera L. (Ref. No. 50.)

17. Botanische Zeitung, 39. Jahrgang 1881; enthält:
    Goebel. Blattentwickelung von Iris. (Ref. No. 98.)
    Jäger. Ueber die Structur des Endosperms von Coffea arabica. (Ref. No. 122.)
    Kamienski. Die Vegetationsorgane von Monotropa Hypopitys L. (Ref. No. 18.)
    Tscherning. Die Keimpflanze der Cucurbitaceae. (Ref. No. 51.)

18. Botanisk Tidsskrift XII, Kjöbenhavn 1881; enthält:
    Rützou. Om Axeknuder. (Ref. No. 75.)

19. Bulletin de la Société botanique de France XXVIII, Paris 1881; enthält:
    Duchartre. Note sur des feuilles ramifères de chou. (Ref. No. 15.)
    Fournier. Frucht von Tulipa. (Ref. No. 134.)
    Guignard. Sur la polyembryonie chez quelques Mimosées. (Ref. No. 116.)
    — Sur l'origine du sac embryonaire et le rôle des antipodes. (Ref. No. 118.)
    — Note sur l'embryogénie du genre Lupinus. (Ref. No. 117.)

20. Bulletin de la Société botanique de Genève 1879/80, Genève 1881; enthält:
    Calloni. Le corme de Ranunculus bulbosus. (Ref. No. 76.)

21. Bulletin de la Société botanique et horticulture de Provence, 2e année, 1880; enthält:
    Heckel. Multiplication et pétalodie staminales du Viburnum Tinus L. (Ref. No. 112.)

22. Bulletin de la Société royale de botanique de Belgique, tome XX, 1881; enthält:
    Gravis. Les fascies souterraines des Spirées. (Ref. No. 67.)

23. Bulletin mensuel de la Société Linnénne de Paris 1881; enthält:
    Baillon. La symmétrie des fleurs doubles du Platycodon. (Ref. No. 108.)
    — Le fruit des Osteospermum. (Ref. No. 136.)
    — Sur l'entrainement des pétales dans le plan horizontal. (Ref. No. 107.)
    — La gamopétalie et les fleurs doubles. (Ref. No. 109.)

24. Camerano e Lessona. Primi elementi della Botanica ad uso dei Ginnasi. (Ref. No. 48.)

25. C. de Candolle. Considérations sur l'étude de la phyllotaxie. (Ref. No. 89.)

26. Comptes rendus des séances de l'Académie des Sciences, tome XCIII, Paris 1881; enthält:
    Trécul. La ramification dans les végétaux est-elle partout et toujours acropète? (Ref. No. 70.)

27. Comptes rendus des séances de la Société royale de Botanique de Belgique, XIX, 1880; enthält:
    Gravis. Note sur une fascie des tiges souterraines du Spiraea salicifolia L. (Ref. No. 65.)

28. Comptes rendus des séances de la Société royale de Botanique de Belgique, 1881; enthält:
    Gravis. Les fascies souterraines des Spirées. (Ref. No. 66.)

29. Compte rendu des travaux de la Société helvétique des Sciences naturelles à Aarau 1881; enthält:
    Schnetzler. Sur la végétation du Lathraea squamaria. (Ref. No. 16.)

30. Crépin. Manuel de la Flore de Belgique, 4. édition. (Ref. No. 32.)

31. Delafosse. Nociones elementales de historia natural, Botanica. (Ref. No. 28.)

32. Downing. Fruits and Fruit Trees of America. (Ref. No. 135.)

33. Flora, 64. Jahrgang, Regensburg 1881; enthält:
    Celakovsky. Neue Beiträge zum Verständniss der Borragineenwickel. (Ref. No. 60.)
    Nörner. Beitrag zur Embryoentwickelung der Gramineen. (Ref. No. 124.)
    Velenovsky. Ueber die vergrünten Eichen von Alliaria officinalis Andrz. (Ref. No. 115.)

34. Franke. Beiträge zur Kenntniss der Wurzelverwachsungen. (Ref. No. 80.)

35. **The Gardeners' Chronicle** XV, 1881; enthält:
Syme. Entada scandens. (Ref. No. 62.)
36. **Gervais.** Cours élémentaire d'histoire naturelle II. Botanique et Géologie. (Ref. No. 27.
37. **Heckel.** Recherches de morphologie, tératologie et tératogénie végétales. (Ref. No. 21.)
38. **Henderson.** Handbook of Plants. (Ref. No. 26.)
39. **Jahrbuch des botanischen Gartens und des botanischen Museums zu Berlin** I, 1881; enthält:
Ascherson. Subflorale Axen als Flugapparate. (Ref. No. 79.)
Eichler. Ueber einige Inflorescenzbulbillen. (Ref. No. 11.)
— Ueber Beisprosse ungleicher Qualität. (Ref. No. 78.)
— Zum Verständniss der Weinrebe. (Ref. No. 71.)
— Ueber die Schlauchblätter von Cephalotus follicularis. (Ref. No. 99.)
40. **Jenaische Zeitschrift für Naturwissenschaften**, Band XIV, 1880; enthält:
Dalmer. Ueber die Leitung der Pollenschläuche bei den Angiospermen. (Ref. No. 110.)
41. **Dasselbe,** Band XV, Jena 1881/82; enthält:
Stahl. Ueber sogenannte Compasspflanzen. (Ref. No. 91, 92.)
Soltwedel. Freie Zellbildung im Embryosack der Angiospermen mit besonderer Berücksichtigung der hierbei stattfindenen Vorgänge der Kerntheilung. (Ref. No. 121.)
42. **Illustration horticole,** 4e série, tome XXVIII, Gand 1881; enthält:
G. D. Bouturage des plantes par les racines, les tiges, les feuilles et même les fruits. (Ref. No. 12.)
43. **Journal of Botany,** new series, vol. X, 1881; enthält:
Vines. The history of the scorpioid cyme. (Ref. No. 61.)
Dickson. On the morphology of the Pitcher of Cephalotus follicularis. (Ref. No. 100.)
44. **Journal of the Linnean Society of London,** XIX, 1881/82; enthält:
Masters. Note on the foliation and ramification of Buddleia auriculata. (Ref. No. 58, 90.)
45. **Koós.** Grundzüge der Botanik. (Ref. No. 43.)
46. **Kosmos** V, Stuttgart 1881; enthält:
Potonié. Ueber das Verhältniss der Morphologie zur Physiologie. (Ref. No. 1.)
47. **Kräpelin.** Leitfaden für den botanischen Unterricht an mittleren und höheren Schulen, 2. Aufl. (Ref. No. 36.)
48. **Lebl's Illustrirte Gartenzeitung** XXV, Stuttgart 1881; enthält:
Teichert. Die Veredelung des Nadelholzes. (Ref. No. 53.)
49. **Lenz.** Das Pflanzenreich, 5. Auflage, von O. Burbach. (Ref. No. 20.)
50. **Liebe.** Elemente der Morphologie, 3. Auflage. (Ref. No. 4.)
51. **Lubarsch.** Tafeln zur Blüthenkunde. (Ref. No. 104.)
52. **Lüben.** Die Hauptformen der äusseren Pflanzenorgane in stark vergrösserten Abbildungen. (Ref. No. 41.)
53. **Luerssen.** Grundzüge der Botanik, 3. Auflage. (Ref. No. 23.)
54. **Martius et Eichler.** Flora Brasiliensis III, 2, 1881; enthält:
Drude. Palmae. (Ref. No. 63, 96, 105.)
55. **Meddelanden of Societas pro Fauna et Flora Fennica,** 1881; enthält:
Lindberg. Ueber die Inflorescenz der Gramineen. (Ref. No. 59.)
56. **Mellinck.** Over de ontwikkeling van den kiemzak by Angiospermen. (Ref. No. 120.)
57. **Mittheilungen des Naturwissenschaftlichen Vereines für Steiermark,** Jahrgang 1880, Graz 1881; enthält:
Haberlandt. Ueber Schutzeinrichtungen der Pflanzen. (Ref. No. 8.)
58. **Moller.** Om Planternes Grundformer och deres Forvandling. (Ref. No. 40.)
58a. **Le Monnier.** Cours élémentaire de Botanique. (Ref. No. 42.)
59. **E. Müller.** Flore pittoresque. (Ref. No. 19.)
60. **Nederlandsch kruidkundig Archief,** 2e serie, 3e deel, Nymegen 1881; enthält:
Mellinck. Over de endosperm-vorming by Adonis aestivalis L. (Ref. No. 123.)

61. **Nova Acta der k. Leopoldina-Carolina-Deutschen-Akademie der Naturforscher, Band XLIII, Halle 1881; enthält:**

Bachmann. Darstellung der Entwickelungsgeschichte und des Baues der Samenschalen der Scrophularineen. (Ref. No. 132.)

Beyse. Untersuchungen über den anatomischen Bau und das mechanische Princip im Aufbau einiger Arten der Gattung Impatiens. (Ref. No. 22.)

62. **Oesterreichische Botanische Zeitschrift XXXI, Wien 1881; enthält:**

v. Borbás. Pflanzen mit ausnahmsweise quirlständigen Blättern. (Ref. No. 85.)

Hanauseck. Ueber die Frucht von Euchlaena luxurians Dur. et Aschs. (Ref. No. 131.)

v. Höhnel. Bemerkungen über den Arillus von Ravenala. (Ref. No. 130.)

63. **Oudemans.** Eerste beginselen der Plantenkunde, 3. druk. (Ref. No. 39.)

64. **Pfitzer.** Grundzüge einer vergleichenden Morphologie der Orchideen. (Ref. No. 3.)

65. **The Pharmaceutical Journal 1881; enthält:**

Flückiger et Meyer. Notes on the fruit of Strychnos Ignatia. (Ref. No. 128.)

66. **Pomologische Monatshefte von Lucas, 7. Jahrgang 1881; enthält:**

E. M. Ueber die Stellung der fruchtbaren Triebe und der Trauben bei verschiedenen Rebsorten. (Ref. No. 72.)

67. **Prantl.** Lehrbuch der Botanik für mittlere und höhere Lehranstalten, 4. Auflage. (Ref. No. 38.)

68. **Pringsheim's Jahrbücher für wissenschaftliche Botanik XII, Berlin 1881; enthält:**

Westermaier. Ueber die Wachsthumsintensität der Scheitelzelle und der jüngsten Segmente. (Ref. No. 2.)

69. **Proceedings of the Royal Institution of Great Britain, vol. IX, London 1881/82; enthält:**

Lubbock. Fruits and Seeds. (Ref. No. 126.)

70. **Processen-Verbaal van de gewone Vergaderingen der k. Akademie van Wetenschappen, Afdeeling Naturkunde, 1881/82; enthält:**

Treub. Ueber die Samen der Burmanniaceen. (Ref. No. 129.)

71. **La Provence agricole, 1881; enthält:**

Heckel. Les oranges monstrueuses. (Ref. No. 127.)

72. **The Quarterly Journal of Microscopical Science, vol. XXI, new series, 1881; enthält:**

Bower. On the further development of Welwitschia mirabilis. (Ref. No. 21.)

73. **Repertoire de Pharmacie IX, 37. Jahrgang 1881; enthält:**

N. N. Ueber eine oberirdische Knollen tragende Rebe aus Brasilien. (Ref. No. 73.)

74. **Reuss.** Pflanzenblätter in Naturdruck mit der botanischen Kunstsprache für die Blattform, 3. Auflage. (Ref. No. 93.)

75. **Rivista di Filosofia scientifica I, 1, Milano 1881; enthält:**

Delpino. Fondamenti di Biologia vegetale. (Ref. No. 49.)

76. **Sitzungsberichte der k. Böhmischen Gesellschaft der Wissenschaften, Prag 1881; enthält:**

Celakovsky. Ueber eine Art extraaxillärer Sprosse am Rhizom gewisser Carices. (Ref. No. 56.)

— Ueber Ceratocephalus und Myosurus als Beleg für die Prosenthesenlehre. (Ref. No. 106.)

— Ueber eine eigenthümliche Art des Perennirens der Stellaria holostea und anderer Alsineen. (Ref. No. 57.)

77. **Sitzungsberichte des Botanischen Vereins der Provinz Brandenburg Band XXIII, Berlin 1882; enthält:**

Ascherson. Asteriscus pygmaeus. (Ref. No. 10.)

Magnus. Pfropfhybride der Kartoffel. (Ref. No. 54.)

— Ueber Excrescenzen auf Blättern. (Ref. No. 97.)

Urban. Ueber die Lage der Radicula in den Samen einiger Trigonella- und Melilotus-Arten. (Ref. No. 125.)

78. Sitzungsberichte der Naturforscher-Gesellschaft bei der Universität Dorpat, VI, 1881; enthält:

Russow. Ueber den anatomischen Bau der Laubsprosse der Coriarieen. (Ref. No. 64.)

79. Sitzungsberichte des Tanáregylet Közlönye 1880/81; enthält:

Schuch. Pflanzen mit quirlständigen Blättern, deren Blattstellung in der Regel gegenständig ist. (Ref. No. 84.)

80. Sörensen. Planterigets Naturhistorie, 4. udg. (Ref. No. 37.)

81. Lo Spallanzani, ser. 2., anno X, Modena 1881; enthält:

Pirotta. Sull' indirizzo e progresso degli studi botanici nell' epoca attuale. (Ref. No. 46.)

82. Tagblatt der 54. Versammlung deutscher Naturforscher und Aerzte in Salzburg 1881; enthält:

Hildebrand. Verbreitungsmittel und Fruchtschutz. (Ref. No. 9.)

83. Természettudományi Közlöny, Budapest 1881; enthält:

v. Borbás. Verzweigungen gewöhnlich unverzweigter Pflanzentheile. (Ref. No. 5.)

84. van Tieghem. Traité de Botanique. (Ref. No. 35.)

85. Unonius. Lärobok i Botanik, delen II. (Ref. No. 33.)

86. Verhandlungen der Königlich Böhmischen Gesellschaft der Wissenschaften zu Prag 1881; enthält:

Celakovsky. Ueber die Stellung des Kelches der Borragineen zu seinem Deckblatt. (Ref. No. 60, 103.)

87. Verhandlungen des Botanischen Vereins der Provinz Brandenburg, 22. Jahrgang 1880, Berlin 1881; enthält (vgl. Botan. Jahresbericht VIII [1880], Abtheilung 1; Allgemeine Morphologie. Ref. No. 30, 31, 42, 48, 68, 69, 71, 100, 133, 137, 158.)

Benda. Monstrosität von Picea excelsa.

Eichler. Blattstellung von Liriodendron.

Koehne. Auflösung von Blattpaaren bei Lagerstroemia, Lythrum und Heimia.

Magnus. Monströse Stöcke von Berteroa incana.

— Verwachsung nicht ganz junger Organe.

Potonié. Ersatz erfrorener Frühlingssprosse.

Schwendener. Wechsel der Blattstellungen an Keimpflanzen von Pinus.

Treischel. Vorzeitige Keimung.

Westermaier. Wachsthumsintensität der Scheitelzelle und der jüngsten Segmente.

Winkler. Hypocotyle Sprosse bei Linaria und Verwachsung der Keimblätter.

88. Videnskabelige Selskabs Skrifter, 6. Reihe, II. Band, Kopenhagen 1881; enthält:

Warming. Familien Podostemaceae. (Ref. No. 44, 52, 81, 95.)

89. Wehnen. Bau, Leben und Nahrungsstoffe der Culturpflanzen. (Ref. No. 29.)

90. Wiener Landwirthschaftliche Zeitung, 31. Jahrgang 1881; enthält:

Lebl. Interne Vegetation der Kartoffel. (Ref. No. 55.)

91. Youmans. Anfangsgründe der allgemeinen Botanik, 2. Auflage. (Ref. No. 34.)

92. Zettnow. Pflanzenbeschreibungen für den Schulunterricht. (Ref. No. 25.)

Vgl. auch specielle Morphologie. (Botan. Jahresber. 1881, Abth. II. Referate No. 39, 42, 53, 143, 146, 147, 152, 188, 313, 334, 392, 404, 417, 440, 449, 486, 511, 526, 553, 555, 719.)

I. Allgemeines.

1. **H. Potonié. Ueber das Verhältniss der Morphologie zur Physiologie.** (Kosmos V, Stuttgart 1881, S. 95—100.)

Verf. stellt sich die Frage, ob die Morphologie von der Physiologie geschieden werden müsse, oder ob die erstere als besondere Wissenschaft aufzugeben sei, und findet, dass hauptsächlich 4 Erscheinungsgruppen der Morphologie verbleiben müssen: die rudimentären und abortirten Organe, der Functionswechsel der Organe, die Homologien und die Entwickelungsgeschichte.

2. **M. Westermaier.** **Ueber die Wachsthumsintensität der Scheitelzelle und der jüngsten Segmente.** (Separatabdruck aus Pringsheim's Jahrbüchern für wissenschaftliche Botanik XII. Berlin 1881, 8⁰, 38 Seiten, 1 Tafel.)

Vgl. Botan. Jahresbericht VIII, 1880, Abth. I, S. 86, 87.

3. **E. Pfitzer.** **Grundzüge einer vergleichenden Morphologie der Orchideen.** Heidelberg 1881, Fol.

Nicht gesehen.

4. **Th. Liebe.** **Die Elemente der Morphologie.** Ein Hilfsbuch für den Unterricht in der Botanik, 3. Auflage, Berlin 1881, 8⁰, 62 Seiten, zahlreiche Holzschnitte, 1 Tafel.

Der kurze Leitfaden zerfällt neben einer Einleitung, welche sich über den Begriff der Pflanze, die Aufgaben der Botanik, speciell der Morphologie und über den Unterschied von Axen- und Anhangsorganen verbreitet, in 3 Abschnitte: 1. Anhangsorgane, 2. Axenorgane und 3. Verhältniss beider zu einander. — Die beiden ersten Abschnitte behandeln Blatt, Blüthe, Wurzel und Stengel, der letzte die Blattstellung, Einfügung der Blüthenblätter, die Verzweigung und Blüthenstände; ein Schlusskapitel bildet die Lebensdauer der Pflanzen. Die Darstellung ist klar, die Holzschnitte sind correct.

5. **V. v. Borbás.** **Verzweigungen gewöhnlich unverzweigter Pflanzentheile.** (Természettudományi Közlöny, Budapest 1881, No. 141.)

Bromus mollis L. mit gegabeltem Halm, so dass der eine Ast eine normale Rispe trug, deren unterste Zweige jedoch von grünen, aber scheidelosen und nicht mit Ligula versehenen Blättern gestützt werden, während der andere Ast einige Laubblätter trug und dann erst in eine Rispe ausging.

Arum maculatum wurde mit doppelter Spatha beobachtet, die obere über die untere auf einem 52 mm langen Stiel emporgehoben.

Linaria spuria L. und *L. Elatine* kommen zuweilen mit Aesten vor, welche wie die Hauptaxe verzweigt sind, aber an Stelle eines einfachen Blüthenstieles stehen.

Allium sphaerocephalum L. var. *descendens* zeigte eine z. Th. bulbillentragende Dolde, aus welcher einzelne wenigblüthige Döldchen mit gefärbter Spatha sich erhoben.

Reseda lutea L. fand Verf. vergrünt und mit rispigem Blüthenstande.

Draba nemorosa L. wurde mit geöffneten Carpellen gefunden, aus denen sich Doldentrauben erhoben. Hier waren Andeutungen dafür vorhanden, dass die Frucht der Cruciferen zuweilen aus 4 Carpellen gebildet wird. So fand sich auch bei *Berteroa incana* var. *compressa* eine viercarpellige Frucht mit vierlappiger Narbe.

6. **A. Meyer.** **Beiträge zur Kenntniss pharmaceutisch wichtiger Gewächse: III. Ueber Aconitum Napellus L. und seine wichtigsten nächsten Verwandten.** (Archiv der Pharmacie, 6. Reihe, 16. Band (219), 1881, S. 171—187, 241—276.)

Der Aufsatz enthält eine Zusammenstellung der Merkmale von *Aconitum Lycoctonum* L., *A. Anthora* L., *A. Napellus* L., *A. paniculatum* Lam., *A. variegatum* L., *A. Stoerkeanum* Rchb., *A. ferox* Wallich, *A. uncinatum* L., *A. Fischeri* Reich. und *A. heterophyllum* Wallich., zum Theil durch Holzschnitte erläutert. Auf die pharmakognistische und anatomische Seite desselben wird an anderer Stelle des Jahresberichtes eingegangen. — Ueber *Aconitum Napellus* theilt Verf. biologische und morphologische Einzelheiten mit, welche sich auf Keimung und Keimling, Verhalten der jungen Pflanze in den ersten Lebensjahren und auf die Knollenbildung beziehen. Letztere erfolgt durch Verdickung der Knospenaxe und der Adventivwurzel von 1—2 Knospen, welche in der Achsel der überwinterten alternirenden äussersten Scheiden- oder Laubblätter der Terminalknospe gebildet werden. Auf die Knollen anderer Arten geht Verf. nur kurz ein.

7. **R. Gérard.** **Recherches sur le passage de la racine à la tige.** (Annales des Sciences naturelles, 6. serie, Botanique tome XI, Paris 1881, p. 279—430, tab. 15—19.)

Ausschliesslich anatomischen Inhaltes, daher bei dem betreffenden Referat zu suchen.

8. G. Haberlandt. Ueber Schutzeinrichtungen der Pflanzen. (Mittheilungen des Naturwissenschaftlichen Vereins für Steiermark, Jahrgang 1880, Graz 1881, Sitzungsberichte S. XLV—XLVIII.)

Kurze Besprechung der den Pflanzen zu Gebote stehenden Schutzvorrichtungen gegen zu hohe Wärme- und Kältegrade, gegen die Angriffe der Thierwelt, gegen zu starkes Licht, Austrocknung und mechanische Verletzungen.

9. Hildebrand. Verbreitungsmittel und Fruchtschutz. (Tageblatt der 54. Versammlung deutscher Naturforscher und Aerzte in Salzburg 1881, S. 74—75.)

Die Blüthenstände von *Aponogeton distachyum* gehen nach der Befruchtung unter Wasser, wo die Früchte reifen. Dann spaltet sich jede von unten her in mehrere Zipfel, die Samen werden frei und treten vermöge eines sie umgebenden subepidermalen lufthaltigen Parenchyms an die Oberfläche des Wassers, wo sie weiter getrieben werden. Später löst sich die Haut ab und der zu Boden sinkende Embryo keimt sofort.

Bei *Centaurea macrocephala* fallen nach dem Blühen die Blumenkronen nicht ab, sondern sie bilden über den Früchten ein regensicheres Dach. Dieses ist nothwendig, weil das Receptaculum concav ist und bei nassem Wetter sich Wasser darin ansammeln könnte. Bei der Reife wird das Dach emporgehoben und abgeworfen, so dass die Früchte frei liegen und verweht werden können.

10. P. Ascherson (Sitzungsberichte des Botanischen Vereines der Provinz Brandenburg, Jahrgang 1881, Band XXIII, Berlin 1882, S. 44—46.)

besprach *Asteriscus pygmaeus* Coss. et Dur., welches seine hygroskopische Eigenschaft, beim Nasswerden die trocken festgeschlossenen Blätter der Blüthenhülle innerhalb 10 Minuten zu öffnen, in gleiche Reihe mit *Anastatica hierochuntica* stellt. Beide verhalten sich umgekehrt wie *Carlina acaulis*, dessen Kopf bei Befeuchtung sich schliesst; erstere halten ihre Früchte während trockener Zeit fest, um sie bei nassem Wetter zu entlassen. *Carlina* schützt sich mittelst des Schliessens vor dem Verderben des Pollens durch Regen.

11. A. W. Eichler. Ueber einige Inflorescenzbulbillen. (Jahrbuch des k. botanischen Gartens und des botanischen Museums zu Berlin I, 1881, S. 171—177, tab. 4.)

Verf. unterscheidet 3 Categorien solcher Bulbillen und bespricht dieselben einzeln.

1. **Die Bulbillen bestehen ihrer Hauptmasse nach aus Niederblättern.** — Dazu gehören die an Stelle von Blüthen auftretenden Zwiebelchen der Infloresceuz bei *Allium vineale, carinatum, oleraceum* etc., die ebenso oder als Beikuospen der Blüthen vorhandenen bei *Gagea Liottardi, G. arvensis, Lilium bulbiferum, Dentaria bulbifera,* Arten von *Saxifraga* und *Begonia,* etc. — Bei *Fourcroya undulata* wird die Blüthenbildung durch die Bulbillen vollständig unterdrückt, bei *F. Roezlii* bleiben beide neben einander bestehen. Hier bilden die Pedicelli an den Rispenzweigen 2—3gliederige sitzende Schraubeln, deren erste Auszweigungen steril oder fertil sind, während die Spitze zur Bulbille sich umbildet. Bei *F. undulata* kommen in den Achseln der äussersten Bulbillenschuppen noch secundäre Bulbillen vor. Es ist dies der einzige bisher bekannte Fall, dass in cymöser Inflorescenz nach Blüthenbildung an den ersten Auszweigungen dieselbe mit einer vegetativen Bildung endigt. — *Fourcroya gigantea* verhält sich anders; hier sitzen die Bulbillen in den Achseln der Deckblätter des unteren Theiles der Inflorescenzäste, während im oberen Theil derselben Einzelblüthen in den Achseln der Bracteen gebildet werden. Bei *Allium* sowohl wie bei *Fourcroya gigantea,* und besonders bei *Agave vivipara, sobolifera* etc. wachsen die Bulbillen oft schon in der Rispe zu kleinen Pflanzen aus.

2. **Die Bulbillen bestehen ihrer Hauptsache nach aus einem Stengel,** sind also Knöllchen. Dazu gehört *Polygonum viviparum,* bei welchem sich derartige Bulbillen im unteren Theil der Aehre finden. Dieselben bestehen aus einem Stengeltheil, an dessen Spitze eine Blattknospe steht. Das unterste Blatt der letzteren ist eine spreitenlose ochrea, die folgenden sind vollkommene Blätter. Aehnlich sollen sich auch *P. bulbiferum* Royle, *Dioscorea Batatas* Decne., *D. bulbifera* L. und *D. triphylla* L. verhalten.

3. **Die Bulbillen bestehen der Hauptmasse nach aus einer Wurzel.** — Nur bekannt bei *Globba,* wo am unteren Theil des Blüthenstandes in den Achseln der Bracteen sich Knöllchen entwickeln, die im Botanical Magazine tab. 6298 als unvollkommene Ovarien

ohne Perianth bezeichnet worden sind. Sie entstehen als Laubknospe, welche eine Wurzel bildet, die so mächtig wird, dass die im Wachsthum stehenbleibende Knospe zur Seite gedrängt erscheint. Zuerst ist eine Wurzelhaube vorhanden, dann bildet sich eine schwammig-korkige Rinde, welche in zahlreichen Protuberanzen hervortritt.

Ferner gelangen einige Fälle zur Besprechung, in welchen die Bulbille schon in der Inflorescenz der Pflanze auswächst. Am bekanntesten sind *Poa bulbosa* und *P. alpina*, bei denen entweder Durchwachsung der Aehrchen, oder seitliche Sprossung an den letzteren stattfindet. Auch bei *Juncus supinus* kommt ähnliche Durchwachsung vor, bei *J. pelocarpus* dagegen Bulbillen. Andere hiehergehörige Pflanzen sind *Scirpus radicans*, *Isolepis prolifera*, *I. inclinata* Del., *Alisma natans*, *Marica longifolia*, *Paepalanthus* sect. *Stephanophyllum*, *Chlorophytum Sternbergianum*, die Ananas etc. Entweder bilden sich die Sprosse an Stelle von Einzelblüthen *(Alisma, Chlorophytum, Paepalanthus)* oder es verlauben oder durchwachsen ganze Aehrchen (Cyperaceen) oder die ganze Inflorescenz *(Scirpus radicans)*. *Heleocharis vivipara* hat secundäre Köpfchen an Stelle von Blüthen. Bei *Cyperus alternifolius* L. werden in den Achseln der zusammengeschobenen Blätter spitze, weisse Knospen gebildet, die rechts und links von je einem Knötchen (abortiven Beiknospen) begleitet sind. Die Hauptknospe besteht aus dem schwammigen, geschlossenen Vorblatt einer im Innern verborgenen, aus Inflorescenz und Laubspross bestehenden Knospe.

12. **G. D. Bouturage des plantes par les racines, les tiges, les feuilles et même les fruits.** (Illustration horticole, 4e série, tome XXVIII, Gand 1881, p. 40—42.)

Bespricht die Bildung von Knospen auf den verschiedenen Pflanzentheilen und die Möglichkeit der Vermehrung durch Stecklinge. Es können dazu verwendet werden

Wurzelstücke: *Aralia papyrifera*, *Bocconia frutescens*, *Wigandia caracasana*, *Isotypus rosaeflorus*, *Gunnera manicata*, *Acanthus mollis*, *Ailanthus glandulosa*.

Rhizomstücke: Rosen, *Syringa*, *Bambus*, *Alocasia*, *Colocasia*, *Xanthosoma*, *Maranta*, *Dichorizandra*.

Turionen: *Dracaena*, *Cordyline*, *Yucca*.

Stammstücke: *Dracaena*, *Astrapaea*, *Cycas*, *Poinsettia*, *Dieffenbachia*, *Saccharum*, *Spathodea*, *Maclura*; — durch blattlose Zweige die Gehölze mit abfallendem Laub.

Augen: *Solanum tuberosum*, *Arracacha esculenta*, *Caladium*, *Dioscorea*, *Vitis*, *Ficus elastica*.

Schuppen von Zwiebeln oder Rhizomen: *Gesneria*, *Lilium*, *Tydaea*.

Knospen auf Blättern: *Asplenium bulbiferum*, *Chrysodium bulbiferum*.

Bulbillen der Blüthenstengel: *Agave*, *Fourcroya*.

Blattartige Zweige: *Xylophylla*, *Phyllanthus*.

Blätter: *Franciscea Lindeni*, *Ardisia hymenandra*, *Bredia hirsuta*, *Croton pictum*, *Biophytum sensitivum*, *Cephaelis Ipecacuanha*, *Gymnostachyum*, *Eranthemum*, *Fittonia*, *Yucca*. (Manche Blätter bleiben mehrere Jahre am Leben, ohne jedoch Knospen zu erzeugen: *Ficus elastica*, *Eucalyptus gigantea*, *Hippophyllanthus Lindeni*).

Blattstücke: *Gloxinia*, *Begonia*, *Gesneria*, *Phylligathis*.

Blättchen: *Carolinea insignis*, *Spathodea laevis*, *Guarea Liboniana*, *Cicca disticha*.

Früchte: *Opuntia coccinellifera* bildete am Grunde einer Frucht ohne Substrat mehrere Sprosse mit je mehreren Gliedern und von 0,5 m Höhe.

13. **A. Hansen. Vergleichende Untersuchungen über Adventivbildungen bei den Pflanzen.** (Abhandl. der Senckenbergischen Naturforschenden Gesellschaft, B. XII, Frankfurt a./M. 1881, 4⁰, 49 Seiten, 9 Tafeln.)

Einer historischen Uebersicht der bisherigen Angaben über adventive Bildungen folgt die Darstellung der Untersuchungen des Verf. an Adventivbildungen bei *Cardamine pratensis*, *Nasturtium officinale*, *N. silvestre* und *Atherurus ternatus*, sowie der schlafenden Augen von *Gleditschia sinensis* und der Adventivbildungen an Stecklingen von *Achimenes grandis* und *Begonia Rex*. — Zunächst bespricht Verf. die natürlichen Adventivbildungen (der erstgenannten Gruppe), indem er dabei den Ort der Sprosse und Wurzeln, die Entwickelung der Sprosse, Wurzeln und Nebenwurzeln auseinander hält, und gelangt dabei zu folgenden Resultaten, die wir auszugsweise mittheilen wollen.

Die Adventivbildungen der *Cardamine pratensis*, sowie der *Nasturtium*-Arten zählen zu denjenigen, welche regelmässig unter den natürlich gegebenen Bedingungen an der Pflanze auftreten; sie sind für dieselben ein typisches Merkmal. In ihrem Bau weichen Sprosse und Wurzeln nicht von dem der übrigen bekannten Formen, welche als normale bezeichnet werden, ab. Eine Abweichung findet nur statt in Bezug auf den Ort und theilweise auf die Art und Weise ihrer Entstehung. In ihrer weiteren Lebenszeit verhalten sich die Wurzeln ganz normal, die Sprosse gleichen den aus dem Embryo entstandenen. Bei *Cardamine* zeigen die adventiven Sprosse auch immer die einfachere Blattform, welche die ersten Blätter der aus Samen erzogenen besitzen; auch die normalen Achselsprosse beginnen mit dieser einfachen Blattform.

Es folgt die Besprechung der schlafenden Augen von *Symphoricarpus racemosa* und *Gleditschia triacantha*, und der Adventivbildungen an Stecklingen von *Begonia Rex*, *Achimenes grandis* und *Peperomia magnoliaefolia*, worauf Verf. seine Resultate zusammenstellt, denen Folgendes zu entnehmen ist. Wenn die als normale Bildungen anzusehenden schlafenden Augen der Holzpflanzen von den Adventivbildungen getrennt werden, so scheiden sich die letzteren in zwei Gruppen. Die einen sind die in der Natur regelmässig auftretenden, die anderen werden erst durch künstliche Bedingungen hervorgerufen. Zur zweiten Gruppe gehören die Sprosse und Wurzeln an Stecklingen. Morphologisch und anatomisch sind die Adventivbildungen den normalen gleichwerthig. Aufbau, Wachsthum und Zelltheilungen sind hier und dort die nämlichen. Auch die exogene Entstehung der Sprosse und die endogene der Wurzeln theilen die adventiven mit den normalen. Ein durchgreifender Unterschied tritt nur in Bezug auf Art und Weise und den Ort der Entwickelung hervor. Die normalen Bildungen entstehen an einem bestimmten Ort, die adventiven können bald auf dem Blatt, am Internodium oder an der Wurzel auftreten. Bei den natürlich entstandenen Adventivbildungen ist der Ort für die betreffende Species zwar auch ein constanter, aber dieser Ort ist immer ein anderer, als der des gleichnamigen normalen Gliedes. Die adventive Wurzel entspringt aus einer Blattachsel, aus einem Blatt oder aus dem Internodium. Bei der künstlich erzeugten Adventivbildung ist der Ort der Bildung nicht constant. Er ist abhängig von den äusseren Bedingungen und kann durch Regulirung derselben annähernd willkürlich bestimmt werden. Die normale Bildung geht stets aus einem Meristem hervor, die adventive aber nicht direct aus einem solchen, sondern aus Dauergewebe jeglicher Form, oder aus einem neu gebildeten Callusgewebe, welches seinerseits erst ein Meristem und aus diesem die Adventivbildung erzeugt.

Den Schluss bilden allgemeine Bemerkungen über den Callus an Stecklingen. Als Callus bezeichnet Verf. die Gesammtheit secundären Gewebes, welches nach der Verletzung eines Pflanzentheiles aus dem vorhandenen Gewebecomplex hervorgeht. Die Callusbildung umfasst alle Veränderungen, welche nach Anlegung der Schnittfläche durch Wachsthumserscheinungen an diesem Ort hervorgerufen werden. Zum Aufbau des Callus können alle Elemente der vorhandenen Gewebeformen mitwirken, welche noch fortbildungsfähig sind. Derselbe ist kein rein pathologisches Gewebe, auch kein Schutzgewebe, sondern ein fortbildungsfähiges Gewebe eigener Art, aus welchem sich organbildende Meristeme, die zum normalen Typus zurückleiten, differenziren können.

14. Eggers. Vermehrungsweise von Oncidium Lemonianum Lindl. und Pancratium cariboeum L. (Botanisches Centralblatt VIII, 1881, S. 122—123.)

Oncidium Lemonianum, eine kleine Orchidee von St. Thomas, blüht zwar jedes Jahr, erzeugt aber keine Früchte; dagegen werden in der Achsel von 2—3 nicht blüthenstützenden Bracteen vegetative Knospen entwickelt, welche in kurzer Zeit Blätter und Luftwurzeln tragen. Diese jungen Pflanzen befestigen sich an einem nahen Ast und wachsen hier weiter, indem sie noch lange mit dem Mutterstock in Verbindung bleiben und so ganze Colonien um denselben bilden.

Pancratium cariboeum ist eine Amaryllidee, welche zwar Samen trägt, aber gewöhnlich die Ovarien zu über 1 Zoll langen glatten grünen Brutknospen ausbildet, welche abfallen und unter Blatt- und Wurzelbildung wie die Bulbillen der *Fourcroya*, zu jungen Pflanzen auswachsen. Ausserdem erzeugt die Hauptzwiebel auch junge Zwiebeln in gewöhnlicher

Weise, so dass sich diese Pflanze auf geschlechtlichem und doppeltem ungeschlechtlichem Wege vermehrt.

15. P. Duchartre. Note sur des feuilles ramiferes de chou. (Bulletin de la Société botanique de France XXVIII, Paris 1881, p. 256—264.)

Verf. beschreibt Blätter des Kohls, an deren Mittelrippe sich mehrere bis 125 cm lange, zuweilen wieder verzweigte Aeste erhoben; die Blätter dieser abnormalen Zweige waren herablaufend und die herablaufenden Streifen eines und desselben Blattes vielfach untereinander verwachsen. Nach einer vergleichend anatomischen Betrachtung der Blätter einiger Kohlsorten werden die bisher beobachteten Fälle von Blattorganen aufgezählt, welche Aeste trugen, die an Ort und Stelle sich weiter entwickelten, ohne sich von dem Mutterorgane zu trennen und eine selbständige Ausbildung zu nehmen. Es giebt deren nur wenige: *Chelidonium majus* var. *laciniatum* (Bernhardi), *Levisticum officinale* (A. Braun), *Episcia bicolor* (The Gardener's Chronicle 1853 und Masters Vegetable Teratology p. 171, fig. 82), *Solanum Lysopersicum* (Duchartre) und der vorliegende Fall bei *Brassica oleracea*. Nach des Verf. Ansicht ist das Princip der Morphologie, nach welchem Axen niemals aus Anhangs-organen hervorgehen können, zu modificiren. Auf Grund der erwähnten Vorkommnisse und der Untersuchungen Casim. de Candolle's (Théorie de la feuille 1868) und Hielscher's (Streptocarpus 1878) könne man sich folgendermassen ausdrücken. In einem Blattorgan finden sich zwei Partien vereinigt: eine axile, welche sich aus den Gefässbündeln zusammensetzt, die aus denen der Axe kommen und deren Eigenthümlichkeiten bewahren, — und eine appendiculäre, welche von dem zwischen den Gefässbündeln gelegenen Parenchym gebildet wird. Die axile Partie verhält sich so, als wenn sie für sich allein bestände, und kann Aeste produciren; dadurch werden die zweigtragenden Blätter erklärt. Anderseits aber giebt es Fälle, in welchen Knospen aus rein parenchymatischem Gewebe entspringen, wie dies u. a. von Carrière mittelst Stücken von Kartoffelknollen experimentell nachgewiesen wurde, die keine Gefässe enthielten und dennoch Schösslinge trieben. Demnach ist anzunehmen, dass der Entstehungsort einer jeden Axe eine kleine Gruppe von Zellen oder selbst eine einzige Zelle sei, welche mit einer den Nachbarzellen überlegenen Lebens- und Vermehrungs-energie ausgestattet ist und einen Entwickelungsherd darstellt, welcher durch Modification seiner anatomischen Elemente schliesslich Axenorgane selbst an Orten bildet, die für die Erzeugung solcher Gebilde nicht bestimmt zu sein scheinen. Dieser erste Ausgangspunkt von Neubildungen ist ein innerer für axile Bildungen, ein oberflächlicher für Blattorgane.

16. Schnetzler. Sur la végétation du Lathraea squamaria. (Archives des sciences physiques et naturelles: Compte rendu de travaux de la Société helvétique des Sciences naturelles à Aarau 1881, Genève 1881, p. 80.)

Lathraea squamaria kann auf Grund ihres Chlorophyllgehaltes von einer Nähr-pflanze unabhängig vegetiren, in anderen Fällen aber wahrer Parasit sein.

17. E. Schaer. Ueber Cortex Quebracho. (Archiv der Pharmacie, 3. Reihe, 15. Band (218), 1881, p. 81—99.)

Ausführliches Referat über Hansen's Arbeit (s. Jahresber. 1880, Abth. I, S. 99.)

18. Fr. Kamiénski. Die Vegetationsorgane von Monotropa Hypopitys L. Vorläufige Mit-theilung. (Botanische Zeitung 39. Jahrgang 1881, S. 457—461.)

Monotropa Hypopitys hat stark verzweigte, nach allen Richtungen bis ½ m Tiefe sich verbreitende Wurzeln. Die Spitze derselben ist mit einer wenig entwickelten Wurzel-haube bedeckt. Periblem und Plerom haben gemeinsame Initialen, zwischen beiden existirt eine scharfe Grenze. Oberhaut und Rinde bestehen aus dünnwandigen Zellen, die Schutz-scheide ist schwach ausgebildet. Der Gefässbündelcylinder ist gewöhnlich triarchisch, der Holztheil enthält Tracheïden, die einen Uebergang vom Ring- zum Schraubentypus darstellen, aber keine Gefässe. Auch sind nur wenige und ebenfalls geschlossene Siebröhren vorhanden. Die reiche Verzweigung der Wurzel erfolgt durch Bildung von Nebenwurzeln aus dem Pericambium, welche die äusseren Gewebe durchbohren. Ausserdem werden Adventivknospen vom Pericambium aus gebildet, meist neben den älteren Nebenwurzeln; dieselben erzeugen früh einige erste Blätter, die erst nach dem Hervorbrechen der Knospe aus dem Mutterstock auswachsen. Sie wachsen sehr langsam und gelangen erst im folgenden Jahr zur Blüthe.

Der Stengel hat einen ähnlichen Bau wie *Primula sinensis*, eine Abgrenzung von Periblem und Plerom existirt nicht. Die Gefässbündel bilden fast einen geschlossenen Ring. Im Holztheil derselben finden sich Ringtracheïden mit Uebergängen zu Spiralformen und dünnwandige Holzzellen. Auch hier sind die Siebplatten nicht durchbrochen. Die Blattspurbündel (gewöhnlich 3) treten in den Stengel ein, vereinigen sich zu zwei und endlich zu einem Bündel, verlaufen nach unten eine nicht bestimmte Zahl von Internodien und gabeln sich in zwei Schenkel, zwischen denen eine der unteren Blattspuren durchgeht, oder die sich an das rechts und links daneben verlaufende Bündel anlegen. Die Epidermis besitzt keine Spaltöffnungen.

Die Pflanze ist kein Parasit, sondern Saprophyt. Sie hat keine Haustorien, entgegen der Angabe Drude's. Was Letzterer als Verbindung mit Wurzeln von *Picea excelsa* nahm, sind durch einen Parasiten veranlasste Missbildungen, welche den *Monotropa*-Wurzeln äusserlich ähnlich sehen. Alle *Monotropa*-Wurzeln werden von einem Pilzgeflecht dicht und dick überzogen, welches in gleichem Schritt mit der Wurzel wächst und nur einige wenige zerstörte Zellen der Wurzelhaube freilässt. Dieser Pilz wuchert nur auf der Oberfläche der Wurzel, ohne in das Innere derselben einzudringen. Der Pilz vermittelt die Nahrungsaufnahme aus dem Boden für die *Monotropa;* wie aber dies geschieht, kann Verf. nicht angeben.

19. **E. Müller. Flore pittoresque.** Croquis d'après nature. Liége 1881, fol. avec 24 planches.

Nicht gesehen.

20. **H. O. Lenz. Das Pflanzenreich.** 5. Auflage, bearbeitet von O. Burbach. Des 4. Bandes 2. Abtheilung der „Gemeinnützigen Naturgeschichte von H. O. Lenz". Gotha 1881. 8⁰.

Gegenüber den früheren Auflagen ist insofern eine Umgestaltung des Inhaltes eingetreten, als innerhalb der Linné'schen Klassen und Ordnungen des systematischen Theiles die Gattungen möglichst ihrer familienweisen Zusammengehörigkeit nach aufgezählt werden. Die Diagnosen wurden mit Hilfe neuerer Lehrbücher vervollständigt. — Vorausgeschickt ist eine organographische Einleitung von ca. 60 Seiten, welcher sich auch kurze Besprechungen der wichtigsten morphologischen, physiologischen und systematischen Verhältnisse anschliessen. Auf den beigefügten Tafeln 5—8 werden Fruchtformen und anatomische Einzelheiten von Phanerogamen und Pilze abgebildet.

21. **F. O. Bower. On the further development of Welwitschia mirabilis.** (The Quarterly Journal of Microscopical Science vol. XXI, new series, 1881, p. 571—596, tab. 32, 33.)

Die Cotyledonen vertrocknen und fallen ab, das Blattpaar der entwickelten Pflanze ist das erste der Plumula. Die Krone der Pflanze leitet sich ganz und gar von der fortgesetzten Entfaltung zweier Lappen (Axillarknospen) ab, welche in den Achseln der Cotyledonen entspringen. Die Spitze der Axe bleibt rudimentär. Die fertilen Zweige entwickeln sich adventiv und exogen. Ihr Gefässbündelsystem ist direct mit dem Bündelnetzwerk verbunden, welches sich unter der Oberfläche der Blattgrube verzweigt. Zwischen den successiven Kreisen peripherischer Bündel des Stammes und denjenigen der fertilen Zweige ist kein directer Zusammenhang, obschon beide wahrscheinlich der nämlichen Ursachen ihre reihenweise Entwickelung verdanken, nämlich abwechselnden Perioden von Thätigkeit und Ruhe der Pflanze. — Der Hauptsache nach ist die Arbeit anatomisch.

Das wichtigste in morphologischer Hinsicht bringt ein Postscriptum, in welchem Verf. die von Naudin an Sämlingen der *Welwitschia mirabilis* erhaltenen Resultate mit den seinigen vergleicht (siehe Gardener's Chronicle XVI, 1881). Der Verf. fand bei allen seinen Pflanzen constant

1. zwei Cotyledonen,
2. zwei mit denselben decussirte Plumularblätter von anscheinend unbegrenztem Wachsthum,
3. zwei Gebilde, welche zwischen diesen erscheinen und als Achselsprosse der Cotyledonen zu betrachten sind,
4. den Spitzenkegel der ganzen Pflanze, welcher sich nicht weiter entwickelt.

Dagegen giebt Naudin l. c. an:
1. zwei Cotyledonen,
2. zwei kleine mit denselben decussirte Plumularblätter,
3. einen ungefähr 2 Linien langen Stamm, welcher trägt
   a) eine fast unmerkliche Bracteole,
   b) ein wirkliches Blatt,
   c) zwei weitere Blätter, welche zwar alternirend, aber so nahe bei einander stehen, dass sie opponirt erscheinen und das Tigellum abzuschliessen scheinen.

Verf. schliesst daraus, dass die Pflanze sich bezüglich der Entwickelung ihrer Anhangsorgane verschieden verhalten kann. Entweder bildet sie zwei grosse Laubblätter und die Axe bleibt im übrigen rudimentär, — oder sie erzeugt zwei kleine Laubblättchen, aber die Axe wächst noch weiter und bildet mehr seitliche Glieder. Für die von Naudin als abgeplattete Zweige angesehenen beiden Organe hält Verf. die Blattnatur aufrecht.

22. **G. Beyse. Untersuchungen über den anatomischen Bau und das mechanische Princip im Aufbau einiger Arten der Gattung Impatiens.** (Nova Acta der Kais. Leop.-Carol.-Deutschen Akademie der Naturforscher, Band XLIII, No. 2, Halle 1881, S. 181—243, tab. 5 - 8.)

Eingehende Beschreibung des anatomischen Baues von *Impatiens parviflora* DC., *J. Balsamina* L. und *J. Nolitangere* L., über welche an anderer Stelle referirt wird. Hervorzuheben ist die Darstellung der Gefässbündelvertheilung im Zusammenhang mit der Anordnung der seitlichen Ausgliederungen.

23. **Chr. Luerssen. Grundzüge der Botanik.** 3. Auflage. Leipzig 1881. gr. 8⁰. Mit 228 Holzschnitten.
Nicht gesehen.

24. **E. Heckel. Recherches de morphologie, tératologie et tératogénie végétales.** Marseille 1881. 8⁰.
Nicht gesehen.

25. **E. Zettnow. Pflanzenbeschreibungen für den Schulunterricht.** Berlin 1881. 8⁰.
Nicht gesehen.

26. **P. Henderson. Handbook of Plants.** New York 1881. 8⁰. 411 Seiten.
Nicht gesehen.

27. **P. Gervais. Cours élémentaire d'histoire naturelle II. Botanique et Géologie.** Paris 1881. 12⁰. 305 Seiten mit Figuren.
Angezeigt in Botan. Zeitung 1881, S. 342.

28. **G. Delafosse. Nociones elementales de historia natural: Botanica.** 3ª edicion. Paris 1881. 18⁰. 315 pp., con 154 grabados.
Nicht gesehen.

29. **Wehnen. Bau, Leben und Nahrungsstoffe der Culturpflanzen.** Berlin 1881. 8⁰.
Nicht gesehen.

30. **H. Baillon. Notions élémentaires de Botanique.** Paris 1881. 12⁰. 292 Seiten mit 410 Figuren.
Nicht gesehen.

31. **H. Baillon. Errorum Decaisnearum graviorum vel minus cognitorum centuria VI.** Paris 1881. 8⁰. Seite 81—96.
Nicht gesehen.

32. **Fr. Crépin. Manuel de la Flore de Belgique.** 4e édition. Bruxelles 1882. 12⁰.
Nicht gesehen.

33. **J. W. Unonius. Lärobok i Botanik.** Delen II med 203 i texten intryckta bilder. Helsingfors 1881. 178 Seiten 8⁰.
Nicht gesehen; nach Knabe für den Unterricht an höheren Lehranstalten bestimmt, behandelt die Systematik nach dem System von Fries unter Berücksichtigung der wichtigsten Familien, ferner die Anatomie, Physiologie und die Fortpflanzung.

34. **E. A. Youmans. Anfangsgründe der allgemeinen Botanik.** Berlin 1881. 8⁰. 2 Aufl.
Nicht gesehen.

35. **Ph. Van Tieghem. Traité de Botanique**, fasc. 1—3. Paris 1881. Seite 1—480. 8⁰.
Nicht gesehen.

36. **K. Kräpelin. Leitfaden für den botanischen Unterricht an mittleren und höheren Schulen.** 2. Auflage. Leipzig 1880. 8⁰.
In der Botan. Zeitung 1881 angezeigt.

37. **H. L. Sörensen. Planterigets Naturhistorie.** 4. Udg. Christiania 1881. 8⁰. 88 S.
Nicht gesehen.

38. **K. Prantl. Lehrbuch der Botanik für mittlere und höhere Lehranstalten.** 4. Auflage. Leipzig 1881. 8⁰.
Nicht gesehen.

39. **J. A. Oudemans. Eerste beginselen der Plantenkunde.** 3. druk. Zaltbommel 1881. 8⁰. 282 Seiten mit 424 Holzschnitten.
Nicht gesehen.

40. **S. Moller. Om Planternes Grundformer och deres Forvandling.** Christiania 1881. 8⁰. 29 Seiten mit Karten.
Vom Ref. nicht gesehen.

41. **A. Lüben. Die Hauptformen der äusseren Pflanzenorgane in stark vergrösserten Abbildungen** (Wandtafelbildern) auf schwarzem Grunde. 2. Auflage. Leipzig 1881. 8⁰. 15 Tafeln mit Text.
Nicht gesehen.

42. **E. Le Monnier. Cours élémentaire de Botanique.** Paris 1881, 12⁰, mit 251 Figuren.
Nicht gesehen.

43. **G. Koós. Grundzüge der Botanik.** Budapest 1880. 118 Seiten, mit Abbildungen, 8⁰. (Ungarisch.)
Nicht gesehen.

44. **Eug. Warming. Familien Podostemaceae.** I. Vegetationsorganerne hos Podostemon Ceratophyllum Michx., Mniopsis Weddeliana Tul. og Mniopsis Glazioviana Warmg. M. 6 Tavler. (Vidensk. Selskabs Skrifter 6te Räkke, naturvidenskab. og mathem. Afd. II. 1. Kjobenhavn 1881.)

Verf. hat sich eine eingehende und dem derzeitigen Standpunkte der Wissenschaft entsprechende Bearbeitung genannter Familie vorgenommen, da aber das seltene und werthvolle Material langsam und unsystematisch eingeht, hat er es vorgezogen, seine Beobachtungen allmählich zu publiciren, je nachdem relativ abgeschlossene Beobachtungsreihen vorliegen. Ausser den drei in der Ueberschrift genannten Pflanzen hat Verf. noch *Mniopsis scaluriginum* untersucht, aber nur nach getrockneten Pflanzen und daher unvollständig. Der anatomische und morphologische Bau dieser Pflanzen ist in den Hauptzügen ganz eins, sie werden daher unter einem behandelt. Als durchgreifende anatomische Eigenthümlichkeiten hebt Verf. das folgende hervor:

1. Spaltöffnungen fehlen ganz.

2. Die Oberhautzellen sind mehr oder weniger polygonal. Cuticula ist schwach.

3. Das Grundgewebe besteht grössten Theils aus Parenchymzellen, die gewöhnlich in der Richtung der Längenaxe des Organs etwas langgestreckt sind, besonders je näher sie den Gefässbündeln liegen. Die Wände derselben sind am öftesten etwas collenchymatisch.

4. Intercellulargänge fehlen oder sind äusserst unbedeutend.

5. Alle Zellwände sind aus reiner Cellulose, die Tracheiden im Xylem ausgenommen, die schwach verholzt sind.

6. Stärke findet sich in Menge im Grundgewebe der Wurzel und des Stengels, weniger und kleiner in den Blättern. Die Körner sind einzeln oder zusammengesetzt ohne deutliche Schichtung. Sie fanden sich oft in einer erstarrten Protoplasmamasse eingelagert, in der sie, wenn herausgefallen, Löcher hinterliessen.

7. Kieselausscheidungen in den Zellen werden in allen Organen der Pflanze in Menge angetroffen. Hierüber ist andernorts berichtet. Verf. hat in den kieselführenden Zellen niemals Chlorophyllkörner gefunden.

Alle die erwähnten Arten haben einen über das Substrat kriechenden, rhizomähnlichen aber blattlosen Körper, der sich als eine Wurzel erwiesen hat, und aus dem die laubblatttragenden und blühenden Sprosse sich entwickeln. Die Wurzeln sind vollständig plagiotrop und ausgeprägt dorsiventral mit einer flacheren Bauchseite und einer gewölbten Rückenseite; sowohl die Sprosse als die Wurzelzweige entspringen aus den Flanken. Die Form des Centralcylinders ist wie die der ganzen Wurzel; sein anatomischer Bau wird eingehend geschildert. Die Wurzelspitze ist von einer Wurzelhaube gedeckt, die eine schiefe Stellung hat, indem sie an der Bauchseite kürzer ist. Eine Wurzelregeneration findet sehr oft statt. Wurzelzweige entstehen endogen, aber ohne bestimmte Ordnung. Die Wurzel ist an die Unterlage befestigt theils durch Wurzelhaare, theils durch einige eigenthümliche vom Verf. Hapteren genannte Organe, die mit den Wurzeln einige Aehnlichkeit haben, aber in mehreren Verhältnissen von denselben abweichen, u. a. dadurch, dass sie exogenen Ursprungs sind und sich exogen verzweigen. Die Wurzel spielt dieselbe Rolle bei diesen Pflanzen, wie das Rhizom bei vielen mehrjährigen Kräutern; aus ihr entspringen die Sprosse.

Die Wurzelsprosse entstehen gewöhnlich paarweise und immer endogen; sie sind stark dorsiventral. Die Blattstellung ist $\frac{1}{2}$. Die Blattformationen sind zwei, Niederblätter und Laubblätter; diese mit breit scheidenförmigem, halb umfassendem Basaltheile und fiederspaltiger Lamina, deren Abschnitte acropetal angelegt werden. Die normale Verzweigung der Sprosse geschieht auf eine vom gewöhnlichen bei den Blüthenpflanzen sehr abweichende Weise. Die Knospen stehen nämlich nicht in der Mediane der Blattachseln, sondern an der Basis des notoscopen Randes der Blätter und ausserhalb der Stipula, von der sie umfasst werden, aber dafür wird eine äussere Stipula gebildet. Echte Achselknospen im Medianplane des Blattes und innerhalb der inneren Stipel gestellt sind nur in einem einzigen Falle bei *Podostemon Ceratophyllum* beobachtet. Die Abhandlung schliesst mit einer Schilderung des anatomischen Baues des Stengels und der Blätter. (Siehe ferner Ref. No. 52, 81, 95.)

O. G. Petersen.

45. **F. Delpino. Il Materialismo nella scienza.** Discorso inaugurale dell' anno scolastico 1880/1881. (Annuario della R. Università di Genova 1881.)

Nach Anschauung des Verf. lassen sich die meisten Phänomene der Physiologie und Biologie in der Pflanzenwelt weit besser durch Annahme einer Art Intelligenz und eines „freien Willens" der Vegetabilien erklären, als durch die modernen monistisch-materialistischen Erklärungsweisen.

Verf. wendet sich in dieser Eröffnungsrede mit Heftigkeit gegen diese von vielen neueren Forschern verfolgte Richtung, und sucht durch philosophische und satyrische Gründe die Thatsachen zu widerlegen, die jener Anschauung zu Grunde liegen. Auf die zahlreichen Einzelheiten, welche Verf. für seine Anschauung und gegen die der modernen Schule vorbringt, kann hier nicht eingegangen werden — thatsächlich wird nichts Neues erbracht, wohl aber wird manches Alte falsch gedeutet. O. Penzig.

46. **R. Pirotta. Sull' indirizzo e progresso degli studi botanici nell' epoca attuale.** (Lo Spallanzani, Ser. II, Anno X, 1881, fasc. 2—3. Modena 1881, 5 p., 8⁰.)

Antrittsvorlesung des Professor Pirotta an der Universität Modena: Auseinandersetzung des heutigen Standpunktes der botanischen Wissenschaft und der Richtung der modernen Schule. Verf. geht namentlich auf die Veränderungen ein, welche die vergleichende Anatomie und Morphologie in der letzten Zeit erfahren haben, und bespricht die Principien des mechanischen Aufbaues der Pflanzen. Auch der wichtigen Entdeckungen auf dem Gebiete der Embryologie und Befruchtungslehre wird gedacht und die daraus erhellenden Consequenzen gezogen; schliesslich wird die Biologie als ein selbständiger Zweig der Botanik dargestellt und die letzten überraschenden Funde auf diesem Gebiet (Symbiose, Dichogamie, carnivore Pflanzen) geschildert. Alle Zweige der neueren Botanik stimmen darin überein, die mannigfachen Lebenserscheinungen der Pflanzen (wie überhaupt aller Organismen) auf wenige, mechanisch-physische Vorgänge zurückzuführen. O. Penzig (Padua).

47. **F. Delpino. Rivista botanica dell' anno 1880.** (Annuario Scientifico Italiano, XVII, 1880. Milano 1881, 100 p. in 8⁰.)

Wie alljährlich, bespricht Verf. auch für 1880 die wichtigsten in diesem Jahre erschienenen Arbeiten auf dem Gesammtgebiet der Botanik; Morphologie und Biologie sind am eingehendsten berücksichtigt. Von Originalzusätzen finden wir nur eine Anzahl Anmerkungen, welche Verf. zu den Angaben F. Mueller's (Weitere Beobachtungen über die Befruchtung der Blumen durch Insecten, II. Theil, 1880) über entomophile Pflanzen macht und welche manches Neue enthalten. Doch kann auf die Einzelheiten hier nicht eingegangen werden.   O. Penzig.

48. **L. Camerano e M. Lessona. Primi elementi della Botanica ad uso dei Ginnasi.** — (Primo studio delle piante, per il terzo anno del ginnasio. Milano 1881. XII und 186 p. in 8", mit 150 Holzschnitten.)

Ein Leitfaden zur Einführung in das Studium der Botanik auf dem Gymnasium, nach Vorschrift des vom Kgl. Italien. Unterrichtsministerium herausgegebenen Programmes.

Das Werk zerfällt in 62 Capitel, von denen die ersten 59 die Organographie und Beschreibung einer grossen Anzahl von gemeineren Pflanzen behandeln. Die so im Text zerstreut vorgetragenen Thatsachen werden in Cap. 60 „Ueber die verschiedenen Theile der Pflanzen" systematisch zusammengestellt; Cap. 61 bespricht die Classificationen, i. e. die Systematik, und Cap. 62 giebt eine Anleitung zum wissenschaftlichen Studium und zum Sammeln der Pflanzen.

Die Behandlung lässt mehrfach zu wünschen übrig und ist nicht überall dem heutigen Stande der Wissenschaft gerecht; viele kleine Irrthümer stören; von Anatomie und Biologie der Pflanzen ist kaum die Rede.

Ein Fehler ist der gänzliche Mangel der lateinischen Pflanzennamen, die italienischen Volksnamen sind nicht für alle Provinzen gemein und geben, wie anderwärts, viel Anlass zu Verwirrung.

Die Holzschnitte sind meist Copien aus anderen Werken; die wenigen Originalzeichnungen schlecht ausgeführt.   O. Penzig (Padua).

49. **F. Delpino. Fondamenti di Biologia vegetale.** (I. Prolegomeni. Rivista di Filosofia I, 1, 1881. Milano 1881. 24 p. in 8°.)

Wie schon in mehreren Arbeiten früheren Datums, so auch in dieser dringt Verf. darauf, dass die „Biologie" als ein eigener selbständiger Zweig der Botanik behandelt werde, wie ihr schon längst ein autonomer Platz in den zoologischen Studien angewiesen ist. Der erste Theil der Arbeit enthält mehr Philosophie, als Botanik: er ist der Umschreibung und Charakterisirung des neuen Studiums gewidmet. Verf. geht von dem Begriff aus, dass alle Organismen, die einfachsten wie die complicirtesten, in ihrer Organisation ein Centrum und eine Peripherie zeigen. In den zusammengesetzteren Organismen, wie die höheren Pflanzen sind, habe sogar jedes Organ, jedes (morphologische) Individuum, wie z. B. jeder Spross, jede Blüthe, jede Knospe, ihr Centrum. In den Lebensfunctionen nun lassen sich nach Delpino zweierlei Categorien unterscheiden, nämlich Functionen, welche sich auf das centrale System der Organismen beziehen, und solche, welche das peripherische System berühren: während die ersteren Functionen unter das Reich der reinen Physiologie fallen, würden die letzteren gerade das Object der „Biologie" bilden.

Von den fünf allen Organismen gemeinsamen Functionen, d. h. Ernährung, Circulation, Erneuerung der Gewebstheile, Fortpflanzung und sexuelle Functionen sind einzelne ganz dem inneren, „centralen" Leben angehörig — so die Circulation, die Erneuerung der Gewebstheile, und fallen desshalb dem Studium der Physiologie zu: andere müssen zu den Erscheinungen des äusseren, peripherischen Lebens gerechnet werden, und bilden daher Studienobjecte der Biologie. Zu diesen letzteren gehören natürlich vor Allem die Erscheinungen, welche sich auf die Beziehungen der Pflanze zur Aussenwelt beziehen — Bewegungserscheinungen, Schutz gegen Feinde etc. etc.

Da gerade die Einflüsse der Aussenwelt auf die Ausbildung der Organismen eine hohe Wichtigkeit haben, ist das Studium der Biologie für die Morphologie und für die Transformationslehre von grosser Bedeutung.

Aus demselben Grunde aber, weil eben die morphologischen Verhältnisse mehr von den äusseren Bedingungen beeinflusst werden, als die anatomisch-physiologischen (? Ref.), und daher mehr der Variabilität unterworfen sind, dürfen sie nicht als Basis für die systematische Eintheilung genommen werden; höchstens für Unterscheidung der kleineren

Gruppen (Art, Gattung, Tribus, Familie) hält Delpino die morphologische Differenzirung für verwendbar. Er nimmt auch für die Pflanzen, wie für die Thiere, eine Art psychologische Thätigkeit in Anspruch, welche eben die Aeusserungen der biologischen Functionen hervorruft. Die Applicationen der Biologie seien vielseitig, und je nach den verschiedenen Gesichtspunkten, die man im Auge hat, könne man sie auf verschiedene Weise studiren. So existire eine „Biologische Phytographie" — das Studium der Pflanzenverbreitung auf Grund der biologischen Eigenthümlichkeiten jeder Art, eine „Biologische Morphologie", welche die Anpassung verschiedener Organe zu analogem Zweck studirt u. s. w.

In diesen Prolegomena giebt Verf. ein allgemeines Schema, nach dem man die einzelnen biologischen Functionen studiren kann und das wir hier wiedergeben.

A. Biologische Funktionen, welche der Ernährung untergeordnet sind.
    a) Aufnahme der Rohmaterialien.
        1. Stellung, Figur und andere äussere Charaktere in Beziehung zu dem Substrat (Boden und Wasser).
    b) Verarbeitung der Kohlenhydrate.
        2. Stellung, Gestalt und äussere Charaktere der Blätter, der Phyllodien und der Phyllocladien.
    c) Secunndäre oder usurpirte Nahrungsaufnahme.
        3. Organe und Apparate der fleischfressenden Pflanzen, der Parasiten, der Saprophyten; ächter Parasitismus; Symbiose (parasitismo gregario?)
    d) Entwickelung von Haftorganen.
        4. Haftorgane, windende Stengel etc., Ranken, Haftwurzeln; Schwimmapparate, Lückengewebe, Epiphytismus.
    e) Schutz- und Wehrvorrichtungen.
        5. Schutz gegen allgemeine äussere Einflüsse, Scheiden, Nebenblätter, Bracteen, Schuppen, Hüllen, Epidermis, Haare, Kork, Borke, Schleimzotten, Harzausscheidung, Wachsdecken; Pflanzenschlaf.
        6. Wehrvorrichtungen gegen Thiere: Stacheln, Dornen, Brennhaare, Milchsaft, giftige Säfte, einfache und zusammengesetzte Haare, Filz, Klebhaare, Secrezionen, Saftmale, andere ameisenlockende Vorrichtungen.
B. Biologische Functionen, welche der Befruchtung untergeordnet sind.
    a. Vorrichtungen zur Kreuzbefruchtung (Dichogamie).
        1. Hydrophile Pflanzen.
        2. Anemophile Pflanzen.
        3. Zoidiophile Pflanzen.
    b. Vorrichtungen zur Selbstbefruchtung (Autogamie).
        4. Kleitostogame und homogame Pflanzen.
C. Biologische Functionen, welche der Dissemination untergeordnet sind.
        1. Autodynamische Aussäungsvorrichtungen.
        2. Aussäung durch Hülfe des Windes.
        3. Desgleichen durch Vermittelung von Thieren.
        4. Desgleichen mittelst des Wassers.   O. Penzig.

2. Keimung.

50. **Th. v. Heldreich. Beobachtungen von Dr. J. F. Jul. Schmidt über den Hergang der Keimung von Phoenix dactylifera L.** (Botan. Centralblatt VIII, 1881, S. 386, tab. 1.)
    Lithographien zweier Keimpflänzchen von *Phoenix dactylifera* mit Erklärung.
51. **F. A. Tscherning. Die Keimpflanze der Cucurbitaceen.** (Botanische Zeitung, 39. Jahrg., 1881, S. 399—400.)
    Das von Flahault 1877 beschriebene, auch von Darwin in seinem Werke über das Bewegungsvermögen der Pflanzen besprochene Organ der Keimlinge von Cucurbitaceen, mittelst dessen die Entfaltung derselben befördert wird, hat Verf. schon 1872 in seiner zu Tübingen erschienenen Inauguraldissertation beschrieben und wahrt sich hier bezüglich der Beobachtung desselben die Priorität.

3. Caulome; Verzweigung.

52. E. Warming. Familien Podostemaceae. (Siehe Ref. No. 44.)

An den Seiten der Wurzeln entspringen Ausläufer, welche paarweise stehen und in acropetaler Reihenfolge oder zuweilen zu mehreren Paaren gleichzeitig erscheinen. Sie sind endogenen Ursprungs, dorsiventral, aber nicht in so ausgeprägter Weise wie bei *Castelnavia* oder *Marathrum*, beblättert, die ersten Blätter sind 2 Schuppen, die folgenden Laubblätter. Dieselben sind auf den Seiten der Sprosse in ¹/₂-Stellung angeordnet, das erste Blatt steht auf der basiskopen Seite.

Der Stengel hat keine Spitze, da das jüngste Blatt fast terminal ist und zwischen den beiden nächstälteren entsteht. Die Seitensprosse drehen sich so, dass ihre Dorsalseite fast in dieselbe Lage kommt wie der Mutterspross. Zuweilen findet sich dichotomische Verzweigung und das dithecische Blatt steht dann in der Gabelung. Sympodien sind Regel, Monopodien selten. Die Seitenzweige können 1—3 Blätter tragen, bevor sie blühen. Wahre Achseltriebe wurden nur einmal beobachtet.

53. O. Teichert. Die Veredelung des Nadelholzes. (Lebl's Illustrirte Gartenzeitung XXV, Stuttgart 1881, S. 35—36.)

Die Coniferen können leicht veredelt werden; dies geschieht durch Pfropfen von krautigen Trieben auf krautige im Mai, oder durch Pfropfen in den Spalt, besser durch Anspitzen und Accrochiren im August. Zu Unterlagen nimmt man dem Edelreis möglichst ähnliche Arten, bei den Abietineen solche mit gleicher Nadelzahl oder gleicher Nadelstellung. Auf *Pinus silvestris* L. kann man alle, auch die mexicanischen *Pinus*-Arten veredeln, am besten aber die zwei- und dreinadeligen; für die der *P. austriaca* Höss. und *P. Laricio* Poir. ähnlichen verwendet man diese Arten mit Vortheil, für die fünfnadeligen dient *P. Strobus* L. oder besser *P. Cembra* L. als Unterlage. Für die Cedern nimmt man ebenfalls *P. silvestris* als Wildling, besser jedoch *Larix europaea* DC., auf welche man auch andere *Larix* veredelt. Alle *Abies*-Arten setzt man auf *Abies pectinata* DC., die *Tsuga*-Arten ebenfalls auf diese oder auf *Tsuga canadensis* Endl.; *Picea excelsa* Link dient als Unterlage für alle *Picea*-Arten, wird aber besser für die der *P. alba* Link und *P. nigra* L. ähnlicheren Species durch diese ersetzt. Für Araucarien nimmt man *A. brasiliensis* A. Rich. oder die Wurzeln von *A. imbricata. Dammara* werden auch auf Wurzeln veredelt; die Taxineen auf *Taxus baccata* L., die Cupressineen und Junipereen alle auf *Thuja*, doch nimmt man mit Vorliebe *Juniperus virginiana* L. für alle feineren Junipereen: *Biota orientalis* Endl. für deren Spielarten; *Thuja occidentalis* L. für *Thuja; Biota* und *Cupressus* für *Thuiopsis* und *Fresnellia; Biota, Thuja, Thuiopsis borealis* Hort. und *Cupressus Lawsoni* für *Libocedrus* und *Chamaecyparis; Taxodium distichum* Rich. für die Taxodien und *Glyptostrobus; Cryptomeria japonica* Don für deren Spielarten und *Athrotaxis; Juniperus virginiana* L. für *Wellingtonia gigantea* Ldl.; *Dacrydium cupressinum* Sol. für die Dacrydien.

54. P. Magnus (Verhandlungen des Botan. Vereins der Prov. Brandenburg, 23. Jahrg. 1881, Berlin 1882, p. XXXI—XXXII)

bespricht eine Pfropfhybride der Kartoffel, welche von Hofgärtner Reuter seit 1874 durch Knollen alljährlich vermehrt wurde und constant geblieben ist.

55. M. Lebl. Interne Vegetation der Kartoffel. (Wiener Landw. Zeitg., 31. Jahrg. 1881, No. 33, S. 249. Biedermann's Centralbl. f. Agriculturchemie etc., 11. Jahrg. 1882, S. 67.)

Theilt eine wiederholt gemachte Beobachtung des Franzosen Lacharme mit, derzufolge Kartoffeln, welche in einem kühlen, trockenen Keller aufbewahrt und deren Keime beständig entfernt wurden, sich im September der Länge nach spalteten, worauf aus ihrem Innern kleine Knöllchen hervorkamen, die zur Wallnussgrösse heranwuchsen.

K. Wilhelm.

56. L. Čelakovsky. Morphologische Beobachtungen I. Ueber eine Art extraaxillärer Sprosse am Rhizome gewisser Carices. (Sitzungsberichte der K. Böhmischen Gesellschaft der Wissenschaften, Prag 1881, mit Tafel.)

Die kriechenden Rhizome von *Carex arenaria* L., *C. ligerica* Gay, *C. brizoides* L., *C. Schreberi* Schrank, *C. curvata* Knaf, *C. divisa* Host zeigen extraaxilläre Sprosse, welche auf der Oberseite des Rhizoms dicht unter den Niederblättern in der Verlängerung der Mediane derselben entspringen. Aus diesen Niederblattknospen entwickeln sich später die blühenden Stengel. Bei *Carex arenaria* und *Schreberi* stehen die Niederblätter des Rhizoms zweizeilig auf dessen Ober- und Unterseite und regelmässig unter jedem vierten Blatt befindet sich eine der extraaxillären Knospen. Eine solche besteht aus einem normal nach hinten fallenden Niederblatt, in dessen Achsel eine Knospe steht, und aus weiteren damit spiralig abwechselnden Schuppen, welche steril bleiben. In der Achsel der ersten Schuppe des letztgenannten Achselsprosses befindet sich wiederum eine Axillarknospe. Es besteht demnach das Rhizom jener *Carex*-Arten aus sympodial verbundenen Stücken, bei welchen das oberste gestreckte Internodium jedes Stückes mit dem untersten Internodium des nächstoberen Stückes congenital verbunden bleibt. Ob hier Dichotomie stattfindet, oder ob der das Rhizom fortsetzende Seitentrieb die Endknospe zur Seite schiebt, konnte Verf. nicht erfahren. Thatsächlich ist auch die gemeinsame Emporhebung von Terminal- und Achseltrieb bei den extraaxillären Knospen auf kurzem Internodium zu beobachten.

'57. **L. Čelakovsky. Morphologische Beobachtungen. 4. Ueber eine eigenthümliche Art des Perennirens der Stellaria holostea und anderer Alsineen.** (Sitzungsberichte der K. Böhmischen Gesellschaft der Wissenschaften, Prag 1881, mit Abbildungen.)

Stellaria holostea überwintert ausser mittelst Rhizomknospen auch durch Achseltriebe am scheinbar todten vorjährigen Stengel, der indessen im Innern einen saftigen, grünen, axilen Cylinder enthält, durch welchen die Ernährung besorgt wird. Die Rinde ist dabei vollständig von diesem Centralcylinder abgetrennt, was durch deren grosslumige innere Zellen erleichtert wird. — Bei *Cerastium triviale* findet eine ähnliche Entstehung neuer Triebe aus scheinbar abgestorbenen vorjährigen Stengeln statt.

58. **M. T. Masters. Note on the Foliation and Ramification of Buddleia auriculata.** (Journal of the Linnean Society XIX, London 1881/82, p. 201—204.)

Buddleia auriculata Benth. hat gelegentlich in einer Blattachsel nicht nur eine, sondern bis drei über einander stehende Achselsprosse, von denen der oberste, an der Axe emporgehobene, der älteste und kräftigste ist und sich auch gewöhnlich allein zu einem Ast entwickelt. Aehnlich verhält es sich bei *B. curviflora, asiatica, macrostachya* und in der Inflorescenz von *B. Colvillei;* bei *B. globosa* wächst manchmal mehr als eine Achselknospe in einen Ast aus. Ueber andere Fälle vielfacher Knospen vgl. Guillard in Bullet. de la Soc. botan. de France IV (1857), p. 937 und Bourgeois et Damaskino l. c. V (1858), p. 598.

59. **Lindberg. Ueber die Inflorescenz der Gramineen.** (Meddelanden of Societas pro Fauna et Flora Fennica 1881. Helsingfors.)

Der Blüthenstand der Gramineen ist nicht centripetal. Daher muss man für centripetale Aehren *(Plantago, Muscari, Triglochin)* eine neue Benennung: Blüthenstange, pertica, wählen. — Bezüglich der Spelzen ist Verf. der Ansicht, dass die Deckspelzen als Decke des ganzen Aehrchens zu betrachten sind, die Deckblätter der Blüthen dagegen als besondere Blüthendecke und die Klappen als Kelchblätter. Namentlich ist das äussere Deckblatt ein umgewandeltes Blatt, wie durch einen monströsen *Alopecurus pratensis* bewiesen wird, bei welchem sich die äusseren Deckblätter in gewöhnliche Laubblätter, aber mit dem normalen borstenartigen Fortsatz, verwandelt hatten.

60. **L. Čelakovsky. Neue Beiträge zum Verständniss der Borragineenwickel.** (Flora, 64. Jahrg., Regensburg 1881, S. 465—478, 481—491.)

Zerfällt in 3 Abschnitte.

1. **Ueber den Anschluss des Kelches an das Vorblatt.** Durch neue eingehende Untersuchungen der Borragineenwickel an *Asperugo procumbens* und *Omphalodes scorpioides* findet Verf. nicht nur die Wickeltheorie bestätigt, sondern auch die bisherige Annahme von zwei Vorblättern jeder Blüthenaxe der Wickel als unrichtig erwiesen. — Es kommen zwei Modificationen der Hauptwickel vor, welche auf der beigegebenen Tafel diagrammatisch dargestellt werden. Bei der einen fällt das Vorblatt des ersten achselständigen Blüthensprosses zum anodischen Rande des obersten Stengelblattes als ersten Deckblattes hin, und alle Bracteen der Wickel mit Einschluss des obersten Stengelblattes berühren mit ihrem kathodischen Rande die Dorsalseite, reichen dagegen mit ihrem anodischen Rande auf

die Ventralseite der Wickel herab. Dabei ist zugleich die erste achselständige Blüthe antidrom zur Terminalblüthe des Stengels. — Bei der zweiten häufigeren Modification fällt die zweite Bractee der Hauptwickel nach links vom Tragblatt, also nach dessen kathodischer Seite, und der Kelch der auf die Terminalblüthe folgenden Blüthe ist mit jener homodrom. In beiden Fällen aber sind die folgenden Bracteen nach dem Gesetz der Wickel in bestimmter Stellung fixirt und die folgenden Blüthen stets antidrom. Dies rührt daher, dass die erste Blüthe eben eine Terminalblüthe des ganzen Stengels ist und kein Deckblatt hat. Die zweite Blüthe ist also nicht gebunden bezüglich eines bestimmten Ortes ihres Vorblattes, während von nun an die dritte und alle folgenden Blüthen sich nach den vorausgegangenen richten. Die beiden ersten Blüthen der Terminalwickel der Borragineen können also sowohl antidrom als homodrom sein.

Eine eingehende Besprechung erfährt die Wydler'sche Annahme zweier Vorblätter jedes Wickelsprosses und der Nachweis der Unzulässigkeit derselben. Verf. zeigt, dass die Blüthe der Borragineen bei Anwesenheit zweier Vorblätter hintumläufig, bei nur einem Vorblatt vornumläufig ist und verlangt, dass man nicht nur die Blüthe in ihrem Anschluss an das nächste Vorblatt, sondern auch den ganzen Blüthenspross sammt Vorblättern seinem Anfange nach als vorn- oder hintumläufig unterscheiden solle. Nach Erörterung der Kelchstellung unter Berücksichtigung des Umstandes, dass jeder Tochterspross schon bei der Anlage mächtiger ist als der Hauptspross und dass deswegen das Deckblatt aus der Mediane vom Vorblatt weg verschoben erscheint, ergiebt sich als nunmehr völlig feststehender Satz, dass die Borragineen-Blüthe in der Wickel die Kelchstellung einer vornumläufigen Blüthe mit nur einem seitlichen Vorblatt, an welches das erste Kelchblatt mit $^2/_5$ anschliesst, besitzt.

Nach einem Excurse über die entwickelungsgeschichtliche und die vergleichende Richtung der Morphologie theilt Verf. noch Einzelnheiten über die Kronendeckung von *Asperugo* mit, welche gewissen Schwankungen unterliegt, denn es kommen quincunciale und cochleare, aufsteigend rechtsgedrehte Lagen vor.

2. Ueber Omphalodes scorpioides Schrank. Hier giebt Verf. eine Darstellung der Verzweigungsweise, durch welche namentlich unter Berücksichtigung einiger abgebildeter seltener Fälle die Dorsiventraltheorie zurückgewiesen und der Wickel zu ihrem alten Recht verholfen wird. Auf Einzelheiten kann ohne Weitläufigkeit nicht gut eingegangen werden.

3. Vergleichung der Borragineen-Wickel mit der Wickel der Crassulaceen. Sowohl der fertige Zustand wie die Entwickelung dieser Inflorescenzen stimmen mit einander überein, doch wird bei *Echeveria* das jeweilige Deckblatt viel früher angelegt als bei den Borragineen, wo es entweder verspätet oder gar nicht zur Anlage kommt.

61. S. H. Vines. The history of the scorpioid cyme. (Journal of Botany, new series vol. X, 1881, p. 3—9, fig. 1—2.)

Verf. zählt die Erklärungen der „scorpioiden Cyma", welche dieselbe bei den Autoren gefunden hat, auf, und berücksichtigt A. P. de Candolle (Organographie végétale I, 1827, p. 414), K. Schimper (Flora 1835, p. 189), Bravais (Annales des Sciences naturelles 1837), Payer (Éléments de Botanique 1857), Le Maout et Decaisne (Traité Général 1868), Duchartre (Éléments de Botanique 1877), Hofmeister (Allgemeine Morphologie 1868, S. 435), Sachs (Lehrbuch 1874, S. 574), Eichler (Blüthendiagramme I, 1875, S. 34), Bentley (Manual of Botany 1873, p. 200), Balfour (Manual 1875, p. 185), Masters (Henfrey's Elementary Course, letzte Ausgabe, p. 83) und Henslow (Transactions of the Linnean Society of London 1880; siehe Bot. Jahresbericht für 1880). Es zeigt sich, dass der Ausdruck „cime scorpioide" De Candolle's von diesem und Decaisne für alle einseitigen cymösen Blüthenstände gebraucht wird, von allen anderen Autoren aber nur für eine besondere Form derselben, für die Wickel. Verf. verlangt, dass in Zukunft stets angegeben werde, ob die cime hélicoide oder die cime scorpioide gemeint sei, und fragt sich, ob die Theorie dieser Inflorescenzen auch mit der Wirklichkeit übereinstimme? Henslow habe gezeigt, dass diese Inflorescenzen nicht immer Sympodien, sondern oft Monopodien seien, doch sei die Erklärung zu theoretisch und passe nicht auf alle Fälle. Der einzige Weg, Fragen dieser Art zu entscheiden, sei die Verfolgung der Entwickelungsgeschichte, und diese lehre folgendes. Kaufmann fand, dass die Inflorescenz von *Symphytum peregrinum*, *Myosotis palustris*, *Anchusa officinalis* etc. durch wiederholte Dichotomie einer Axillarknospe zu Staude komme; dies wurde von Warming, Pedersen und Kraus bestätigt, soweit es Inflorescenzen mit Bracteen betrifft. Dagegen sind nackte Cymen wie bei *Myosotis* und *Heliotropium* Monopodien mit abgeplattetem Vegetationspunkt, welcher zwei Reihen von Blüthenanlagen auf seiner dorsalen Fläche trägt. Die neueren Untersuchungen von Goebel (Arbeiten d. Bot. Inst. in Würzburg II, 1880) bestätigen diese Ansicht und dehnen dieselbe auch auf andere Borragineen, *Hyoscyamus niger* und *Klugia Notoniana* aus. — Demnach sei Schleiden's Ausspruch, dass die „Cyme scorpioide" nur eine Fiction sei, erwiesen, und diese Inflorescenz müsse eine „einseitige Traube" genannt werden. Die sympodialen Zweigsysteme müssten so lange mit Zweifel angesehen werden, als nicht die Entwickelungsgeschichte Klarheit darüber verbreitet habe. Nur dadurch werde man die Wissenschaft aus den Netzen der Naturphilosophie befreien, welche so lange die Fortschritte derselben gehemmt hätten.

62. **G. Syme. Entada scandens.** (The Gardeners' Chronicle XV, 1881, p. 430, fig. 82.)
Der über 150 Yards lang werdende windende Stamm dieses Schlingstrauches zeigt ein ausserordentlich excentrisches Wachsthum seines Holzkörpers, so dass das Mark an der äusseren Seite der Windungen in einem scharf vorspringenden Kiel des Stammes enthalten ist. Eine Abbildung ist der Besprechung beigefügt.

63. **O. Drude. Palmae** in Flora Brasiliensis III, 2, fasc. LXXXV et LXXXVI, p. 251—584, tab. 61—134.
Der Familiencharakteristik folgt eine organographische Auseinandersetzung mit den Capiteln Stamm, Blatt, Spadix, Blüthe und Frucht. Jedes derselben enthält eine übersichtliche Zusammenstellung der morphologischen Vorkommnisse innerhalb des betreffenden Organbegriffes, und einen darauf sich stützenden Gattungsschlüssel, welche hier folgen mögen:

Caudex.

I. Palmae acaules.
 Aculei in foliis et spadicibus: *Astrocaryi* spec. nonnull.; *Bactridis* spec. rarae.
 Inermes; foliis aequaliter pinnatisectis segmentis angustis: *Diplothemii*, *Attaleae*, *Maximilianeae* et *Orbigniae*, rarius *Coci* species; *Barcella*.
 Inermes, foliis inaequaliter pinnatisectis segmentis latis: *Geonomae* species.

II. Caudex arundinaceus.
 Folia disticha caudicem longe investientia: *Desmoncus*.
 Folia undique patentia, flabellinervia: *Lepidocaryum*.
 Folia undique patentia, pinnatinervia.
  Caudex saepe aculeatus, vaginis aculeatis (raro laevibus) superne obtectus: *Bactris* (spec. plurimae).
  Caudex et vaginae inermes.
   Segmenta angusta, recta: *Coci* et *Glaziovae* spec.
   Segmenta latiora plerumque falcata: *Geonoma* (plurimae spec.), *Hyospathe*. *Morenia*, *Chamaedorea*, *Kunthia*.

III. Caudex cicatricosus, diametro magna, medulla ampla molli, plerumque depressus et crassus.
 Folia pinnatisecta, segmentis angustis: *Raphia*.
 Folia palmata: *Orophana*.
 Folia bifida vel irregulariter lacerata: *Manicaria*.

IV. Caudex cicatricosus (diametro tenuiore) vel columnaris, ligno duro et medulla minore, plerumque altior.
 1. Aculeatus, aut inermis sed folia (vaginae!) aculeata.
  Folia palmata: *Mauritiae* sect. *Diplorhipis*, *Orophoma subinermis*.
  Folia pinnatisecta: *Bactris* (spec. majores), *Astrocaryum*, *Martinezia*, *Guilielma*, *Acrocomia*.
 2. Caudex petiolorum basibus persistentibus gibboso-spinescens; folia palmata radiantia: *Copernicia*.

3. Caudex radicellis adventivis indurescentibus spinosus; folia palmata bisecta: *Acantorrhiza.*

4. Caudex, vaginae et segmenta laevia.
Caudices radicibus validissimis adventivis aculeolatis suffulti usque supra solum suspensi: *Iriartea* (excl. spec. aliis).
Radicelli in soli superficie oriundae et affixae.
Caudex procerus, medulla molli farinosa.
Folia palmata: *Mauritiae* sect. *Moriche.*
Folia pinnatisecta, segmentis deltoideis vel trapezoideis eroso-dentatis: *Iriartea, Catoblastus.*
Folia pinnatisecta, segmentis lineari-lanceolatis integerrimis: Cocoineae et Arecineae nonnullae, vide sub seq.
Caudex depressus vel speciosus, medulla intus tenuiore.
Petioli apex segmentis abortivis spinescens: *Elaeis.*
Segmenta linearia elongata aequalia: *Diplothemium, Cocos* (spec. multae), *Attalea, Orbignia, Maximiliana, Barcella.*
Segmenta lineari-lanceolata vel lanceolata saepe confluentia ad apicem falcata: *Geonoma* (spec. majores), *Leopoldinia, Calyptronoma.*
Segmenta eroso-dentata: *Catoblastus.*
Folia flabellata: *Trithrinax.*
Caudex excelsus vel procerus, medulla duriore: *Maximilianea, Cocos* (spec. majores), *Attalea.* — *Oenocarpus, Euterpe, Jessenia.*

64. **Russow. Ueber den anatomischen Bau der Laubsprosse der Coriarieen.** (Sitzungsber. der Naturforscher-Gesellschaft bei der Universität Dorpat von G. Dragendorf, Band VI, Heft 1, 1881; Dorpat 1882, S. 87—94.)

Maximowicz hatte gefunden, dass die altweltlichen Arten der Gattung *Coriaria* von den·amerikanischen streng geschieden sind, indem die ersteren ihre Blüthenstände an den vorjährigen Zweigen, die letzteren an den diesjährigen entwickeln. Die Frage, ob auch in anatomischer Hinsicht ein solcher durchgreifender Unterschied vorhanden sei, wird vom Verf. bejaht, denn *Coriaria myrtifolia* L., *japonica* Gray, *sinica* Maxim. und *nepalensis* Willd. besitzen Zwischenbündel im Stamm, *C. microphylla* Poir., *ruscifolia* L. und *sarmentosa* Forst. dagegen keine, auch finden sich Verschiedenheiten im Bau der primären Markstrahlen. Dagegen erlaubt die anatomische Structur der *Coriarieae* keinen Schluss auf die etwaige Verwandtschaft dieser Familie mit denjenigen anderen Familien, welchen sie von verschiedenen Autoren nahe geglaubt wurden. Nur mit den *Phytolaccaceae Rivinieae* finden vielleicht Beziehungen statt.

65. **A. Gravis. Note sur une fascie des tiges souterraines du Spiraea salicifolia L.** (Comptes rendus des séances de la Société royale de Botanique de Belgique, tome XIX, 1880, p. 68.)

Besprechung einer Fasciation des unterirdischen Stammes von *Spiraea salicifolia* L.

66. **A. Gravis. Les fascies souterraines des Spirées.** (Comptes rendus des séances de la Société royale de Botanique de Belgique 1881, p. 31—86.)

Die unterirdischen Axen von *Spiraea sorbifolia* L. sind zum Theil Rhizome, wie aus dem Vorhandensein einer Endknospe, von Schuppenblättern und aus der anatomischen Structur hervorgeht; an denselben kommen zuweilen Fasciationen vor. Caspary beschrieb in den Schriften der Physicalisch-Oeconomischen Gesellschaft zu Königsberg in Pr. 1878 S. 149 eine gebänderte Wurzel von *Sp. sorbifolia.* Verf. ist indessen geneigt, auch in diesem Fall die Stammnatur des in Rede stehenden Organes als wahrscheinlich anzunehmen.

67. **A. Gravis. Les fascies souterraines des Spirées.** (Bulletin de la Société royale de botanique de Belgique, tome XX, 1881, p. 30—35.)

Die vom Verf. früher als zu *Spiraea salicifolia* L. gehörig beschriebene Fasciation unterirdischer Theile stammt von *Sp. sorbifolia* L. β. *alpina* DC. Trotz der Angaben Caspary's glaubt Verf., dass es sich um unterirdische Axen, nicht um Wurzeln handelt, dies auf Grund anatomischen Befundes.

68. A. Meyer. Beiträge zur Kenntniss pharmaceutisch wichtiger Gewächse: 2. Ueber die Rhizome der officinellen Zingiberaceen, Curcuma longa L., C. Zedoaria Roscoe, Zingiber officinale Roscoe, Alpinia officinarum Hance. (Archiv der Pharmacie 6. Reihe, 15. Band, 1881 [218], S. 401—429.)

Beginnt mit einer kurzen Besprechung des Blüthenaufbaues der Zingiberaceen und geht dann zu derjenigen der Rhizome über. — *Curcuma longa* L. bildet in jeder Achsel der zweizeilig stehenden Scheidenblätter der Rhizomknolle eine Knospe, deren erstes Blatt der Knolle adossirt ist. Diese Knospen entwickeln sich zwar acropetal, doch wachsen die mittleren schneller als die oberen und unteren; alle dringen senkrecht in die Erde, ebenso ihre auf der Unterseite der Primäräste geförderten Nebenzweige. Nach einigen Monaten wächst die Terminalknospe in einen schlanken Stengel aus, der sich schon mit seinen ersten Internodien aufwärts wendet und senkrecht über die Erdoberfläche emporwächst. Sobald die ersten Blätter den Boden überragen, schwillt die unterirdische Axe der Laubknospe an und bildet eine stärkeführende Knolle. Auch die Wurzeln schwellen entweder ihrer ganzen Masse nach (bei kleinen Pflanzen) oder nur auf eine kürzere Strecke knollenförmig an und werden zu Reservestoffbehältern.

Curcuma Zedoaria Roscoe verhält sich in morphologischer Hinsicht der vorigen sehr ähnlich, nur hat sie reichliche Nebenwurzelbildung an den ziemlich dicken Hauptwurzeln; kaum verschieden wohl auch *Curcuma aromatica* Salisb., *C. angustifolia* Roxb., *C. cordata* Wallich, *C. leucorrhiza* Roxb. und *Zingiber Cassumuna* Roxb.

Bei *Zingiber officinale* ist das Rhizom ein schraubelartig entwickeltes Sympodium, dessen Glieder eine wechselnde Zahl von Internodien aufweisen. Die Rhizomzweige steigen schief aufwärts und wachsen, ohne sich zu verdicken, in Laubtriebe aus. Die Mediane aller Blätter und daher auch Sprosse fällt in eine Ebene.

Alpinia officinarum Hance war dem Verf. im lebenden Zustande nicht zugänglich, aber *Elettaria Cardamomum* verhält sich derselben morphologisch sehr ähnlich. Bei dieser Pflanze bildet ein primärer Seitenspross des Rhizomes zunächst eine Anzahl steriler Scheidenblätter an 4—7 kurzen Internodien, dann mit der Krümmung nach aufwärts Knospen in den Achseln von 5—6 Scheidenblättern. Von diesen Knospen sind zwei mittlere gefördert und können sich in ähnlicher Weise weiter verzweigen; sie selbst bleiben steril und bilden nur Laubblätter. Das erste Blatt jedes Seitensprosses ist der Abstammungsaxe adossirt, die Blätter stehen zweizeilig, aber schon in der Knospe weicht das 3. bis 6. von dieser Stellung etwas ab und endlich wird die Drehung des Stengels, welche dieses Verhalten bedingt, so stark, dass schon an den aufwärts wachsenden oberirdischen Theilen eines Seitensprosses die Mediane der Blätter ungefähr rechtwinkelig zur Mediane des Muttersprosses steht. Die Blüthenzweige entspringen aus den Achseln der oberen Scheidenblätter. Aehnlich verhalten sich auch *Amomum xanthioides* Wallich, *A. subulatum* Roxb. und *Alpinia linguiformis* Roxb.

69. A. Meyer. Beiträge zur Kenntniss pharmaceutisch wichtiger Gewächse: 1. Ueber Smilax China L. und über die Sarsaparillwurzeln. (Archiv der Pharmacie, 3. Reihe, 15. Band [218], 1881, S. 272—291.)

In dieser Arbeit werden neben den vom pharmaceutischen Standpunkte wichtigen Verhältnissen der officinellen *Smilax*-Arten auch die morphologischen Merkmale der unterirdischen Theile derselben besprochen und durch Holzschnitte erläutert. Es können zwei Typen unterschieden werden. Beim ersten *(Smilax aspera)* ist das Rhizom ein verzweigtes Monopodium mit nicht knollig verdickten Internodien, die hin und wieder verkürzt erscheinen; beim zweiten *(Smilax lanceaefolia?, zeylanica?, ovalifolia, Pseudo-China?)* ein wickelartig gebautes Sympodium, dessen untere oder alle Internodien anschwellen und Reservestoffbehälter bilden; bei *Smilax bona-nox* L. und *S. China* wachsen die stark verdickten Sprossglieder wirr durch einander, und es findet hier wohl unregelmässige Entwickelungsfolge der Knospen statt, ausserdem findet sich noch Vermehrung durch Ausläufer, welche sich ähnlich verhalten wie das Rhizom des ersten Typus, aber auch Knollen bilden können.

Letzteres tritt namentlich bei *Sm. China* auf, wo die Internodien der Ausläufer so eng sind wie an den oberirdischen Axen (5—10 cm) und ein umfassendes Scheidenblatt tragen, in dessen Achsel eine Knospe steht. Diese Knospen können sich zu Laub- oder Rhizomsprossen entwickeln; erstere bleiben schlank, letztere verdicken sich in ihren unteren Internodien bedeutend in acropetaler Folge, so dass Knollen entstehen.

70. A. Trécul. La ramification dans les végétaux est-elle partout et toujours acropète? (Comptes rendus des séances de l'Académie des Sciences, tome XCIII, Paris 1881, p. 1109—1115.)

Verf. bespricht von neuem die Frage, ob die Anlage seitlicher Organe oder Theile in acropetaler oder basipetaler Richtung erfolgt, und bringt wieder Beispiele für das Vorkommen beider Richtungen bei. Namentlich wendet sich Verf. gegen die von Sachs in dessen Lehrbuch vertretene Ansicht, dass zusammengesetzte Blätter zum acropetalen Typus gehören, wobei S. sich auf die bei *Helleborus*, *Amorphophallus* etc. stattfindende Entstehungsfolge stützt. Bei *Cephalaria* werden die Blättchen, wie aus Messungen hervorgeht, von oben nach unten angelegt. Die Vergleichung zusammengesetzter Blätter mit einer Wickel ist unstatthaft, wenn alle Blättchen von dem nämlichen Punkt ausgehen. Auch der parallele Verlauf der Gefässbündel in dem gemeinschaftlichen Blattstiel ist ein Argument dagegen, ebenso die Art und Weise des Ansatzes derselben an einander bei manchen Blättern.

Eine nähere Besprechung findet ferner die Entstehungsfolge der ersten Gefässe in den Blättern von *Cephalaria leucantha* und *Potentilla pensylvanica*, so dass Verf. sich bezüglich der letztgenannten Pflanze vor folgendem Resultat sieht:

„Das Blatt ist also fünfmal basipetal, 1. durch die Entstehung der Blättchen, 2. durch diejenige der Zähne, 3. durch das Auftreten der Gefässe in den Mittelnerven der Blättchen, 4. durch dasjenige der secundären oder Fiedernerven, 5. durch dasjenige der Seitennerven der Zähne.

Da es Blätter und Blättchen giebt, bei welchen die Zähne oder die Gefässe ihrer Fiedernerven von oben nach unten angelegt werden, so ist es klar, dass die basipetale Entstehung von der wickelartigen Zusammensetzung unabhängig ist. Demnach ist die Verzweigung nicht überall und nicht immer acropetal, dies zeigt auch die Anlage der Blättchen selbst."

71. A. W. Eichler. Zum Verständniss der Weinrebe. (Jahrbuch des botanischen Gartens und des botanischen Museums zu Berlin. I, 1881, S. 188—192, tab. 5.)

Die vom Verf. in dessen „Blüthendiagrammen" vertretene Ansicht, dass der Aufbau von *Vitis vinifera* sympodial sei, stützte sich wesentlich auch auf einige Exemplare in der Sammlung von A. Braun, bei welchen die stark entwickelte Ranke den Sympodialspross mehr oder minder zur Seite gedrängt hat. Diese Belagexemplare werden in vorstehend genanntem Aufsatze abgebildet und besprochen. Es ergiebt sich aus denselben mit Evidenz die Sympodialnatur der Weinrebe, wenn auch die Entwickelungsgeschichte — oder das Aussehen von Jugendzuständen — dagegen zu sprechen scheint.

Anschliessend wird der Aufbau von *Eccremocarpus scaber* (Bignoniaceae) erörtert, welcher mit demjenigen von *Vitis* ziemlich übereinstimmt.

72. E. M. Ueber die Stellung der fruchtbaren Triebe und der Trauben bei verschiedenen Rebsorten. (Pomologische Monatshefte von E. Lucas, 7. Jahrgang 1881, S. 118—120.)

Angabe der Sorten von *Vitis vinifera*, bei denen fruchtbare Triebe am 1.—4. Knoten erzeugt werden und bei denen die unterste Traube dem 3.—6. Blatt gegenüber steht.

73. N. N. Ueber eine oberirdische Knollen tragende, aus Brasilien stammende Rebe. (Repertoire de Pharmacie, 37. Jahrg. 1881, 9. Band No. 1.)

Nicht gesehen.

74. F. Bayer. Blüthenstand. Inflorescentia. (Zwei schematische Tafeln für Mittelschulen, Lehrerbildungsanstalten und Bürgerschulen. Tabor 1881. Fol., chromolithogr.)

Nicht gesehen.

75. L. Rützou. Om Axeknuder (Ueber Axenknoten). (Botanisk Tidsskrift XII, 1881. [Dänisch.] 14 Seiten, 4 Tafeln.)

Nicht gesehen.

76. S. Calloni. Le corme du Ranunculus bulbosus. (Bulletin de la Société botanique de Genève 1879/80, Genève 1881.)

Dem Ref. nicht zugänglich.

77. W. W. Bailey. Rootstocks of Convolvulus sepium. (The Botanical Gazette VI, 1881, p. 266.)

Der Wurzelstock der genannten Pflanze ist rosenkranzförmig.

78. A. W. Eichler. Ueber Beisprosse ungleicher Qualität. (Jahrbuch des k. botanischen Gartens und des botanischen Museums zu Berlin I, 1881, S. 178—187.)

I. Sprosse sämmtlich vegetativ: der eine bildet sich zu einem Dorn oder einer Ranke um, der andere wächst unbegrenzt weiter. Hierher gehören *Ulex*, die dornbildenden Genisteen, *Gleditschia*, *Colletia*, *Bougainvillea*, *Duranta*, *Passiflora*, welche im einzelnen durchgesprochen werden. — Bei *Ulex europaeus* wird der in der Achsel dornartiger Blätter stehende Hauptspross zu einem verzweigten Dorn umgebildet, ein serial unterhalb desselben befindlicher Beispross aber ist unbegrenzt und für das folgende Jahr bestimmt; beide verhalten sich bezüglich Beblätterung und Verzweigung verschieden, Blüthensprosse werden meist als secundäre Verästelungen der Dornzweige gebildet. — Aehnlich ist es bei den dornbildenden Arten von *Genista*, *G. anglica*, *germanica*, *hispanica* L., *triacantha* Brot. — *Colletia* bildet verdornte Hauptsprosse und serial-unterständige Beisprosse, welche theils nur Blüthen tragen, theils sich über dieselben noch fortsetzen und dann ebenfalls zu Dornen werden. — Bei *Gleditschia* stehen in der Blattachsel 3—5 Knospen serial über einander, von denen die stärkste oberste zum Dorn wird, die unteren zu Laubsprossen, die sich erst im folgenden Jahr entfalten. — *Duranta Plumieri* L. hat Dornen, welche im vegetativen Theil der Pflanze einfach sind, in der Blüthenregion zu Inflorescenzen sich strecken, wobei alle Uebergänge vorkommen. — Genau ebenso verhält sich *Bougainvillea*. — Bei *Pisonia aculeata* L. und *Crataegus* sind keine collateralen Beisprosse vorhanden, sondern verzweigte Achselsprosse, welche den Anschein collateraler Knospen erwecken. — *Passiflora* hat über den normalen zu Ranken umgewandelten Achselsprossen laubtragende Beisprosse, die bei *P. glauca* Jacq., *maliformis* L., *rubra* L. u. A. nur einzeln, bei *P. holosericea* L., *incarnata* L., *edulis* Bot. Mag. und *Disemma Herbertiana* DC. in Zweizahl neben einander vorkommen. — An dieser Stelle macht Verf. Excurse auf die Phyllocladien und die Verzweigung der Weinrebe.

II. Sprosse gemischt, theils vegetativ, theils blühend. Hier sind 3 Fälle zu unterscheiden:

a. Blühende Sprosse oberhalb der vegetativen, so häufig bei *Aristolochia Clematitis* und anderen Arten, *Tetragonia*, *Peplis Portula*, *Calystegia sepium*, *Linaria minor*, *Calycanthus floridus*, *Atropa*, *Physalis*, *Datura* und anderen einzelblüthigen Solanaceen *Compositae*, *Papilionaceae*, *Labiatae*.

b. Blüthensprosse unterhalb der vegetativen kommen bei den Arten von *Viola* als seltener Fall vor; ferner bei *Jussiaea repens*, *Linaria triornithophora* Willd., *Aristolochia Sipho*; Inflorescenzen unter vegetativen Sprossen bei *Lonicera alpigena*, *L. coerulea*, *L. tatarica* etc., *Juglans regia* ♂; bei *Brunnichia cirrhosa* Gärtn. geht der vegetative Spross nach wenigen Laubblättern in eine Ranke aus, ebenso meist auch die darunterstehende Inflorescenz, es können aber auch beide Sprosse Inflorescenzen sein. — *Thelygonum Cynocrambe* L. wächst im oberen Theile sympodial und hat in den Blattachseln noch kleine weibliche Inflorescenzen als unterständige Beisprosse; bei *Atriplex* ist der Wuchs monopodial und in den Achseln stehen unter den gewöhnlichen Zweigen noch 1 — mehrere ♀ Blüthen als Beisprosse.

c. Blüthen- und vegetative Sprosse collateral bei *Hydrilla verticillata* (Einzelblüthe und Laubspross), *Cicer arietinum* (ebenso, selten), *Pisum maritimum* (Traube und Laubspross), Arten von *Medicago (M. arborea, lupulina, arabica), Hermannia denudata*. — Die bei *Tilia* und Urticaceen angegebenen Fälle sind irrthümlich gedeutet.

III. Sprosse sämmtlich blühend. Entweder ist der eine Spross ein Blüthenstand, der andere eine Einzelblüthe (manche Gentianeen, *Swertia*, *Hypericum*, *Capparis cynophallophora* L., *Bunchosia argentea* DC., wo die Einzelblüthe unten steht, — *Buchnera oppositifolia* Hort., wo sie oben ist; hieher ferner auch *Verbascum*, *Lythrum Salicaria*, *Gentiana lutea*, *Gesnera barbata) —* oder der eine männlich, der andere weiblich *(Phoradendron ♂* oben, *Gnetum ♀* oben, *Atriplex ♀* unten).

79. **P. Ascherson.** **Subflorale Axen als Flugapparate.** (Jahrbuch des botanischen Gartens und botanischen Museums zu Berlin, I, 1881, S. 318—336, tab. VI.)

Schilderung von Flugeinrichtungen, welche mit Hilfe von subfloralen Axen hergestellt werden.

Stupa elegantissima Labill. besitzt stark behaarte Rispenäste, mittelst deren die brüchigen Theile der Inflorescenz leicht vom Winde entführt werden können. Die Bohrapparate zum Eingraben der Früchte, welche sich bei *Stupa* finden, geben dem Verf. Veranlassung, auf die Analogien mit denjenigen der Geraniaceen näher einzugehen. Ferner werden die Einrichtungen bei *Aristida* besprochen, welche zur Verbreitung dienen.

Eine andere Ausrüstung zur Flugfähigkeit besteht in grossen, mit Luft gefüllten Hohlräumen der subfloralen Axen. Dieselbe zeigt sich an *Pteranthus dichotomus* Forsk., *Calligonum comosum* L'Hérit, *Valerianella echinata* DC., den Compositen mit aufgeblasenem Köpfchenstiel (*Cenia turbinata* Pers., *Tragopogon porrifolius* L., *T. major* Jacq., *Arnoseris minima* Lk., *Cichorium divaricatum* Schousb., *Geropogon glaber* L., *Hedypnois tubaeformis* Ten., *Hyoseris scabra* L).

Endlich giebt es mit Flügeln versehene Axen unter den Blüthen, wofür *Statice*- und *Polygonum*-Arten, *Podopterus, Brunnichia* (mit einer neuen, von Ascherson entdeckten und hier zuerst beschriebenen Art *B. erecta* vom Gabon) Beispiele liefern. Verf. betont wiederholt, dass selbst bei nahe verwandten Arten der gleiche Effect durch sehr verschiedene Mittel hervorgebracht wird.

4. Wurzel.

80. **M. Franke.** **Beiträge zur Kenntniss der Wurzelverwachsungen.** Inaugural-Dissertation. Breslau 1881, 8⁰, 36 Seiten.

Nach kurzer Uebersicht der Literatur werden besprochen:

1. Congenitale Wurzelverwachsung bei *Tecoma radicans* Juss. mit den Capiteln: Anatomie des Stammes, endogenes Gefässbündelsystem, Stärkeschicht, Entstehung und Anatomie der Luftwurzeln, Verwachsung der Luftwurzeln, Trennung der Luftwurzeln.
2. Verwachsung von Wurzeln mit entwickelungsfähiger Epidermis bei *Hedera Helix* L. und *Hoya carnosa* R.Br.
3. Verwachsung von Wurzeln, bei denen Borkenbildung eingetreten ist, wobei Göppert's Ansicht über die Art und Weise der Verwachsung, Seidel's Untersuchungen und eigene Untersuchungen des Verf. zur Besprechung gelangen.

Die Resultate der eigenen Beobachtungen sind der Hauptsache nach etwa folgende. Man kann unterscheiden zwischen

a. congenitaler Verwachsung;
b. Verwachsung von Pflanzentheilen mit entwickelungsfähiger Epidermis;
c. Verwachsung von Theilen mit peridermatischer Borkenbildung.

Die beiden ersteren sind nur Rindenverwachsungen, die letztgenannte aber ist eine vollkommene Holzverwachsung, durch welche die gegenseitige Ernährung der verwachsenen Theile möglich wird. Congenitale Verwachsung wird an den Luftwurzeln derselben Reihe von *Tecoma radicans* beobachtet. Die Adventivwurzeln dieser Pflanze brechen in vier Bündeln an bestimmten Stellen hervor, je zwei Bündel an der Vorder- und Hinterseite des Stengels unterhalb der Blattbasis, von wo aus sie in basifugaler Richtung sich entwickeln. Die Wurzeln einer Längsreihe haben ihren Ursprung in einer gemeinsamen, theilungsfähigen, rhizogenen Längszone des Interfascicularcambiums, in welcher später Vegetationspunkte auftreten, die sich selbständig zu Wurzeln weiter entwickeln. Sie haben stets getrennte Pleromcylinder, aber ein gemeinsames Periblem und Dermatogen. Auch nachträgliche Verwachsungen der Wurzeln benachbarter, durch Hartbastbündel getrennter Reihen finden statt, so dass sämmtliche Wurzeln eines Bündels im Stamme und noch ca. 0.5 mm ausserhalb desselben durch Rindenverwachsung verbunden sind. Von hier ab trennen sich die Luftwurzeln von einander. Die Trennung erfolgt von aussen nach innen, zuerst weichen die Wurzelreihen von einander, dann die einzelnen Wurzeln.

Bei der zweiten Art der Verwachsung verlängern sich, wenn zwei Luftwurzeln sich nähern, die Oberhautzellen zu Papillen, stossen auf einander, platten sich ab, werden durch ihre Zellmembranen zusammengeklebt und verwachsen mit einander. Nun treten tangentiale und radiale Theilungen ein, so dass ein die Wurzeln verbindendes Scheinparenchym entsteht. Um die Vereinigung von Pflanzentheilen zu ermöglichen, müssen drei Bedingungen erfüllt sein: die betreffenden Theile müssen auf einander drücken, sie müssen zu Pflanzen der gleichen Art gehören, und die Gewebe der Contactstellen müssen noch theilungsfähig sein.

Bei der Holzverwachsung (der Rothbuche) werden zuerst die Borken- und Rindenschichten an der Berührungsfläche durch den Druck theilweise nach aussen gedrängt, bis die Cambiumzonen auf einander stossen, sich vereinigen und gemeinsame Jahresringe bilden. Ein anderer Theil der Borke und Rinde wird zwischen den Wurzeln eingeschlossen und verrottet. Die Markstrahlen breiten sich an der Contactstelle fächerartig aus und bilden durch Theilungen nach allen Richtungen ein intermediäres Meristem, welches sich endlich mit dem gleichen Gewebe der Nachbarwurzel vereinigt. In Folge des gegenseitigen Druckes, welchen das Dickenwachsthum sich vereinigender Wurzeln veranlasst, erleiden Jahresringe und Markstrahlen mannigfache Richtungsänderungen.

81. E. Warming. Familien-Podostemaceae. (Siehe Ref. No. 44.)

Die plagiotropen, nach allen Richtungen kriechenden Wurzeln sind dorsiventral; ihr Centralcylinder liegt der Unterseite näher und besteht bei *Mniopsis Weddelliana* in den kleinen Wurzeln nur aus Weichbast, bei allen andern aus Weichbast und zwei Xylemgruppen. Alle haben eine Haube, doch ist dieselbe auf der der Unterlage zugekehrten Seite weniger oder gar nicht entwickelt, oder sie ist nur ein nagelförmiges Anhängsel der Oberseite, oder sie mangelt völlig, wie bei *Tristicha* und *Castelnavia*. Eine Grenze zwischen Periblem und Plerom lässt sich nicht ziehen, die Wurzelhaube scheint aus dem gleichen Meristem mit der Epidermis hervorzugehen. Wenn eine Wurzel zerrissen wird, so bilden sich an der Bruchfläche neue Wurzeln, die zuweilen dichotomisch erscheinen. Neue Wurzeln entstehen an den Seiten der älteren endogen, Wurzeln können auch Stengel entwickeln. Auf dem Substrat sind die Wurzeln auf doppelte Weise befestigt, erstens durch dickwandige Wurzelhaare, welche ein klebriges Secret ausscheiden, und zweitens durch eigenthümliche Haftorgane, welche vom Verf. Hapteren genannt werden. Die letzteren stehen unter den Wurzelsprossen, sind manchmal verzweigt, können auch Wurzelhaare tragen, entstehen und verzweigen sich exogen, haben einen völlig nackten Vegetationspunkt, werden nur aus Parenchym gebildet und verbreitern sich an der Spitze, um sich dem Substrat anzulegen. In ihrer Epidermis ist zuweilen Kieselsäure abgelagert. Verf. betrachtet sie als emergenzartig erscheinende Bildungen, welche sich phylogenetisch von Wurzeln herleiten, und führt dafür an: 1. ihr apicales Wachsthum, 2. ihre Stellung an den Wurzeln, 3. die Fähigkeit, sich zu regeneriren, und 4. die Bildung von Wurzelhaaren. (Wurzelhaare finden sich aber auch auf dem Thallus und den Proembryonen der Kryptogamen, auf Callusbildungen, auf grossen Rhizomen und dem Proembryo einiger Gramineen.) Als umgebildete Wurzeln sieht Verf. auch die intracorticalen Bildungen bei *Viscum* und anderen Parasiten an. Hapteren können sich auch an Stengeln entwickeln, doch ist in diesem Falle ihr exogener Ursprung nicht festgestellt.

82. K. Friedrich. Ueber eine Eigenthümlichkeit der Luftwurzeln von Acanthorriza aculeata Wendl. (Acta horti Petropolitani tomus VII, fasc. 2, 1881, p. 533—540.)

Die oft verzweigten, sehr harten und spitzen Dornen dieser Palme, welche am Grunde der Blätter hervortreten, sind umgewandelte Luftwurzeln, denen dabei die Wurzelhaube verloren geht. Verf. beschreibt die anatomische Structur vor und nach der Holzung.

83. E. Mer. Des modifications de structure et de forme qu'éprouvent les racines suivant les milieux ou elles végètent. (Association française pour l'avancement des sciences, congrès de Reims 1880.)

Verf. findet bezüglich der Entwickelung und Structur der Wurzeln folgende Regeln. Je schwächer die Verlängerung der Wurzel, desto dicker, krummer, reicher an Seitenwurzeln und Wurzelhaaren ist dieselbe. Bei schneller Entwickelung der Wurzel (in Anwesenheit von viel Wasser) enthält letztere nur in der Wurzelhaube Stärke; in feuchter Luft dagegen findet sich Stärke auch in verschiedenen anderen Geweben bis einige Millimeter von der Spitze. Die Bildung von Würzelchen wird durch verlangsamtes Wachsthum der Hauptwurzeln begünstigt. Je schneller die Wurzel wächst, desto mehr ist sie senkrecht. In feuchter Luft findet die Verlängerung langsam statt; auf der Erdoberfläche keimende Samen wurzeln schwerer als solche, die von einer dünnen Erdschicht bedeckt werden. (Nach: Bulletin de la Société botanique de France XXVIII, Revue bibliographique.)

5. Blatt.

84. J. Schuch. Örvöslevelü növény példánysk, melyeknek levélallása rendesen átellenes; **Pflanzen mit quirlständigen Blättern, deren Blattstellung in der Regel gegenständig ist.** (Sitzungsberichte des Tanáregylet Közlönye 1880/81, S. 331.)

Fraxinus Ornus, Acer Pseudoplatanus, A. Negundo, Sambucus nigra und *Lonicera sp.* kommen mit quirligen Blättern vor. Die Zweige gehörten solchen Pflanzen an, welche stark beschnitten waren, zum Theil waren sie Wassertriebe. Auch in den folgenden Jahren bildet die Endknospe der quirlblättrigen Sprosse Blattquirle, die Seitenknospen dagegen gegenständige Blätter.

Asclepias syriaca hat unten gegenständige, nach oben quirlige Blätter. Hier findet man häufig zweispitzige Blätter, welche wohl aus der Verwachsung zweier Blätter hervorgegangen sind.

Bei *Ptelea trifoliata* werden zweispitzige Blätter und Verdoppelung der Spitzenblättchen beobachtet.

85. V. v. Borbas. Pflanzen mit ausnahmsweise quirlständigen Blättern. (Oesterreichische botanische Zeitschrift XXXI, Wien 1881, S. 144—145.)

Als solche werden genannt: *Syringa persica* mit 3gliederigen Quirlen, *Lamium album* 4gliederig, *Vincetoxicum officinale* var. *laxum* 3gliederig, *Cornus sanguinea* 3gliederig, *Mentha aquatica* 4gliederig, *Euphorbia lucida* var. *salicifolia* 3gliederig, *Hieracium prenanthoides* 2gliederig, *Anagallis coerulea* und *A. linifolia* 3gliederig, mehrere *Epilobium*-Formen, *Lythrum Salicaria* 3gliederig, *Mentha silvestris* var. *stenantha* 4gliederig, *Hieracium vulgatum* 2—3gliederig[1]), *Rosa gallica* var. *denticulata* 5gliederig.

86. G. Holzner. Verhalten der Blattstellung zum goldenen Schnitt. (Botanisches Centralblatt VI, 1881, S. 101—102.)

Weist nach, dass zwischen den Divergenzen der Blattstellung und den Näherungswerthen für das grössere Stück einer nach dem goldenen Schnitt getheilten Linie völlige Uebereinstimmung herrscht.

87. B. M. Lersch. Verhalten der Blattstellung zum goldenen Schnitt. (Botan. Centralblatt V, 1881, S. 154, 155.)

Verf. macht darauf aufmerksam, dass in der Divergenzreihe $\frac{1}{2}$, $\frac{2}{3}$, $\frac{3}{5}$, $\frac{5}{8}$ etc. das Glied $\frac{89}{144}$, dem Verhältniss 1 : 1.61798, in der Reihe $\frac{1}{2}$, $\frac{1}{3}$, $\frac{2}{5}$, $\frac{3}{8}$ etc. das Glied $\frac{55}{144}$ dem Verhältniss 1 : 2.618 entspricht, und dass damit das Verhältniss des goldenen Schnittes = 1 : 1.618034 oder 1 : 2.618034 gut übereinstimmt.

88. C. de Candolle. Considérations sur l'étude de la phyllotaxie. (Archives des Sciences physiques et naturelles, 3e période, tome V, Genève 1881, p. 260—396, 1 Tafel.)

Zerfällt in 4 Abschnitte: Historische Uebersicht, Geometrische Bedingungen, Deutung der in der Natur beobachteten Fälle, Beweis eines auf S. 368 ausgesprochenen Satzes.

Historische Uebersicht. Die morphologischen Ursachen der regelmässigen Blattstellungen sind noch dunkel, „weil man nicht immer genügend unterschieden hat zwischen der Untersuchung der morphologischen Gesetze und der Bestimmung der rein geometrischen Bedingungen des Problems. Die letzteren, welche ihre Anwendung sowohl auf mathematische, über eine gegebene Oberfläche symmetrisch vertheilte Punkte wie auf Vegetationsorgane finden würden, müssen sich nothwendigerweise in der Stellung der letzteren verwirklicht zeigen, ohne jedoch deswegen morphologische Gesetze darzustellen". Dieser schon 1865 vom Verf. ausgesprochene Gedanke wird in vorliegender Abhandlung weiter ausgeführt. Zunächst bespricht Verf. die Ansichten und Theorien der Blattstellung, welche von Bonnet

---

[1]) Bei Hieracien kommen ausnahmsweise Quirlstellungen durchaus nicht selten vor; dieselben werden in den Culturen des Münchener Gartens alljährlich beobachtet. Ref.

(1754) ab durch Palisot de Beauvois, A. P. de Candolle, Schimper und A. Braun, Dutrochet, Gebrüder Bravais, Naumann, Hofmeister, Sachs, Wiesner, Henslow und Airy vertreten wurden, und theilt dieselben in 3 Categorien. Die ältesten Autoren von Bonnet bis Naumann haben die allgemeinen Gesetze der Blattstellung kennen gelehrt und dieselben durch mathematische Formeln ausgedrückt. — Hofmeister hat sich besonders damit beschäftigt, diese Gesetze auf die anatomischen Bedingungen anzuwenden, welche die Bildung der Organe beherrschen. — Die neueren Autoren wurden durch die Ideen der Entwickelungslehre dazu angeregt, die Art und Weise zu ergründen, wie im Laufe der Zeit die verschiedenen Blattstellungen entstanden sind.

Eine eingehendere Besprechung erfährt die Blattstellungstheorie Schwendeners, doch findet Verf. keinen directen Nachweis von der Existenz gegenseitigen Druckes der Organe, auf welcher diese Theorie beruht. „Die Verschiedenheiten der Stellung seitlicher Organe können leicht erklärt werden, ohne mechanische Wirkungen anzunehmen und indem man einfach auf die Beziehungen zwischen Länge und Dicke der Axe wie auf die Veränderungen derselben während der Entwickelung der Organe achtet.“

Geometrische Bedingungen. Hier untersucht Verf. die geometrischen Beziehungen, welche zwischen einfachen mathematischen Punkten existiren, welche symmetrisch über eine Rotationsfläche vertheilt sind.

Deutung der natürlichen Vorkommnisse. Die im vorhergehenden Kapitel gefundenen theoretischen Gesetze finden ihre Anwendung auf die in der Natur beobachteten Stellungen, wenn man die vorkommenden Flächen als mathematische Rotationsflächen gelten lässt. Dies nachzuweisen ist der Zweck des Kapitels, an dessen Schluss der Verf. u. A. folgende Sätze ausspricht:

Die Phyllotaxie beruht zugleich auf dem Begriff der constanten Divergenzen und auf demjenigen der zwischen dem Längen- und Transversalwachsthum der Merithallien bestehenden Beziehungen. Unter allen Werthen, welche man der fundamentalen Divergenz beilegen könnte, sind diejenigen, welche mit den anatomischen Verhältnissen und der Bildungsweise der Organe übereinstimmen, die einzigen, welche auch gewöhnlich in der Natur angetroffen werden.

Kapitel 4 enthält die weitere Ausführung einiger vom Verf. früher ausgesprochener Sätze, auf welche hier nicht näher eingegangen werden kann, ohne zu weitläufig zu werden.

89. **C. de Candolle. Considérations sur l'étude de la phyllotaxie.** (Genève, Bâle, Lyon 1881. 8⁰. 78 Seiten, 2 lithographische Tafeln.)

Vom gleichen Inhalt wie die im vorigen Referat besprochene Arbeit, unter Hinzufügung einiger Zusätze und Figuren.

90. **M. T. Masters. Note on the Foliation and Ramification of Buddleia auriculata.** (Journal of the Linnean Society XIX, London 1881/82, p. 201—204.)

Die Nebenblattverhältnisse der *Loganiaceae* werden von den verschiedenen Autoren in etwas abweichender Weise aufgefasst, ohne dass man sich über das wahre Verhalten bisher klar gemacht hätte. Dies rührt nach des Verf. Ansicht daher, dass die beschreibenden Botaniker mehr bestrebt gewesen sind, „Charaktere“ zu finden als die morphologische Bedeutung derselben festzustellen. Da die Stipulae zur systematischen Unterscheidung benutzt werden, so ist die Ergründung ihrer Natur eine Nothwendigkeit; Masters untersuchte aus diesem Grunde junge Knospen von *Buddleia auriculata* Benth. und fand, dass bei dieser zwischen den decussirten Blattpaaren jederseits mit einem ohrförmigen blattartigen zurückgeschlagenen Anhängsel versehenen Pflanze in den jüngsten beobachteten Stadien neben dem Vegetationspunkt der Axe nur zwei Blatthöcker wahrnehmbar sind, welche sich an ihrem basalen Theil später nicht von einander sondern, vielmehr verbunden bleiben und eine Blattscheide um die Axe bilden, welche der Kelch- oder Kronröhre gewisser Blüthen analog ist. Bei *Buddleia globosa* werden ausser den beiden genannten Blatthöckern keine weiteren gebildet, bei *B. auriculata* dagegen folgen denselben sehr bald auf dem Rande der Blattscheide zwei andere nach vorn und hinten zwischen den Basaltheilen der früheren Blatthöcker. So bilden hier die vier Höcker einen Quirl, obwohl sie nicht gleichzeitig entwickelt werden, die sogenannten „Ohren“ sind also in der Entwickelung zurückgebliebene Quirlblätter. Dadurch wird die vermuthete Beziehung der *Loganiaceae* zu den *Rubiaceae* bestätigt. Die Unterdrückung eines Theils der Blätter eines Quirls kann als ein Mittel betrachtet werden, um das Ueberschatten der unteren Blätter durch die oberen zu vermeiden.

91. Stahl. Ueber sogenannte Compasspflanzen. (Jenaische Zeitschrift für Naturwissenschaft, herausgegeben von der Medicin. Naturwissenschaftlichen Gesellschaft zu Jena, Bd. XV, Jena 1881/82, Sitzungsberichte p. 35.)

Silphium laciniatum stellt seine Blätter senkrecht, so dass deren Flächen nach Osten und Westen gerichtet sind; ebenso verhält sich unter den einheimischen Pflanzen *Lactuca Scariola*. Durch Culturversuche stellte Verf. fest, dass diese Meridianstellung der Blätter durch das directe Sonnenlicht bewirkt wird, indem die einen Blätter sich senkrecht zur aufgehenden Sonne, die andern ebenso zur untergehenden sich richten. Unter Ausschluss des Sonnenlichtes und bei einseitiger Beleuchtung bleiben die Blätter von *Lactuca* senkrecht zum einfallenden Licht.

92. Stahl. Dieselbe Arbeit in den Abhandlungen der Jenaischen Zeitschrift für Naturwissenschaft XV, 1881/82, p. 381—389, tab. 19 ausführlich mitgetheilt.

93. G. Ch. Reuss. Pflanzenblätter in Naturdruck mit der botanischen Kunstsprache für die Blattform. (Eine illustrirte Monographie des Blattes. 3. Auflage. Stuttgart 1881. 8°, mit Atlas in Fol.

Nicht gesehen.

94. W. Trelease. The foliar nectar glands of Populus. (The Botanical Gazette VI, 1881, p. 284—290.)

Die Blattstieldrüsen der *Populus*-Arten sondern Nectar ab. Sie liegen an der Uebergangsstelle des Blattstieles in die Spreite oder sie gehen auch auf die Basis der letztern selbst über; in Bau und Ansehen schliessen sie sich an die Blattzahndrüsen enge an. Zuweilen sind sie tief 2lappig. Der Zuckersaft entsteht wahrscheinlich aus der Stärke, mit welcher das der Drüse zunächst liegende Gewebe erfüllt ist. Diese Drüsen finden sich bei *Populus* nicht auf allen Blättern, sondern gewöhnlich nur auf den ersten Frühlingsblättern des Zweiges. Sie wurden beobachtet am Spreitengrunde bei *P. balsamifera, candicans, ciliata, euphratica* (nur auf den breiten Blättern, nicht auf den schmalen), *grandidentata, heterophylla, monilifera, angulata, pruinosa, Sieboldii, suaveolens, tremula, tremuloides, trichocarpa;* nur auf den Blattzähnen bei *P. alba, angustifolia, Fremontii* (selten), *nigra;* sie fehlen bei *P. nigra* var. *dilatata* und *P. tomentosa.* Demnach finden sich Petiolardrüsen bei den meisten untersuchten Arten und bei denjenigen, wo sie bisher nicht gefunden wurden, mögen sie zu anderer Zeit wohl noch auftreten, denn bei einer *P. tremula pendula* fehlten sie im Mai vollständig, waren aber später in Menge vorhanden. Nach einem kurzen geschichtlichen Rückblick auf die Notizen über die in Rede stehenden Drüsen giebt Verf. eine Darstellung der Entwickelung derselben und bespricht im Anschluss an eine Aufzählung der auf den Drüsen beobachteten nectarsuchenden Insecten die wahrscheinliche Function der ersteren. Sie dienen der Pflanze indirect zur Abwehr von Feinden; denn die Ameisen, welche zunächst durch die Petiolardrüsen angezogen werden, schützen die Pflanze vor Raupen und grösseren Thieren durch ihre stets rege Angriffslust so lange, bis die jungen zarten Blätter eine lederartige Beschaffenheit angenommen haben.

95. E. Warming. Familien Podostemaceae. (Siehe Ref. No. 44.)

Die Laubblätter sind fiedertheilig, die Theilungen variiren stark nach der Localität. Sie haben eine intrapetiolare Stipula, bei *Mniopsis* nur Halbstipeln auf der notoscopen Seite der Blattbasis, welche als selbständiges Blatt betrachtet worden ist (Weddell, Decandolle). Die Theilungen der Blattspreite entstehen in acropetaler Reihenfolge, zuweilen so dicht am Gipfel der Haupttheilung, dass der Anschein von Dichotomie erzeugt wird; in der Knospenlage haben sie oberschlächtige Deckung. Die unterste Theilung 1. Ordnung jedes Blattes entsteht meist auf dem notoscopen Blattrande. Die Seitensprosse stehen nicht genau in den Blattachseln, sondern am Grunde des notoscopen Blattrandes, und sie sind von einer besonderen Stipula bedeckt, so dass Blätter mit zwei Stipeln, einer äusseren und einer inneren, resultiren, für welche Verf. den Namen dithecische Blätter vorschlägt.

96. 0. Drude. **Palmae in Flora Brasiliensis.** (Siehe Ref. No. 63.)

Folium.

A. Folia pinnatinervia: Trib. *Raphieae, Cocoineae, Areceae, Geonomeae, Hyophorbeae* et *Iriarteae* omnes.

  a. Lamina impari-aequaliter pinnatisecta, segmento apicali saepe bifido; in segmentis deltoideis eroso-dentatis nervi I. radiantes: *Iriarteae* omnes: *Iriartea, Catoblastus.*

  b. Lamina ad apicem bipartita, segmento terminali destituta. In segmentis medianus reliquis nervis validior, aut plures nervi I. sup. et inf. inter se paralleli versus apicem segmentorum arcuate currentes.

    α. Lamina bifida, furca utraque multinervi inter nervos I. sup. et inf. plicata, acuta: *Cocoineae, Geonomeae, Hyophorbeae,* omnium species paucae.

      1. Folia ampla, lamina aequaliter dentata denique lacerata: *Manicaria.*

      2. Folia minora, lamina vix vel edentata,

        pilosa vel secus margines ciliata, vagina petiolisque aculeatis: *Bactris* (spec. paucae);

        glabra (i. e. neque aculeata nec setosa nec ciliata).

        Petiolus et costa, saepe etiam nervorum superficies tomento dense appresso floccoso ferruginea: *Geonoma* (spec. rariores).

        Omnino laevis, viridis: *Morenia* spec.

    β. Lamina inaequaliter pinnatisecta, segmentis vario nervorum I. numero instructis inter nervos plicatis: *Cocoineae, Geonomeae, Hyophorbeae.*

      1. Segmenta aculeis vel setis (quandoque raris aut minimis) secus margines et versus apicem, rarius ad nervos et in facie inferiore vel superiore obtecta.

      Folia minora, gracilia: *Bactris* (spec. multae).

      Folia magna firma, costa valide aculeata: *Astrocaryum.*

      2. Segmenta glabra (neque aculeata nec setosa nec ciliata).

      Petiolus et costa, saepe etiam nervi tomento dense appresso floccoso ferruginea: *Geonoma* (spec. plurimae), *Calyptronoma.*

      Omnino laevis et viridis: *Hyospathe, Morenia* (spec.), *Chamaedorea* (spec.).

γ. Lamina aequaliter pinnatisecta, segmentis mediano solitario (nervo I. sup.) instructis reduplicatis: *Raphieae, Cocoineae, Arecineae, Geonomeae, Hyophorbeae.*

  1. Segmenta ima in spinas mutata, itaque petiolus serrato-spinosus: *Elaeis.*

  2. Costa supra segmenta recta lanceolato-elliptica utrinque acuta in flagellum segmentis abortivis spinescentibus elongata: *Desmoncus.*

  3. Costa inter segmenta suprema angustiora desinens; spinae nullae.

    Segmenta aculeis vel setis (quandoque raris vel minimis) secus margines, nervos, vel in facie inferiore obtecta. (Caudex saepe aculeatus.)

    Segmenta deltoidea eroso-dentata, caudata: *Bactris* (caryotifolia), *Martinezia.*

    Segmenta lanceolata vel linearia, acuta vel acuminata.

      Costa laevis; folia magna segmentis longis secus margines aculeatis: *Raphia.*

      Costa aculeata; segmenta plerumque per acervos consociata: *Bactris* (spec. multae), *Astrocaryum* (spec.), *Guilielma, Acrocomia* (in *A. glaucophylla* segmenta setis carent, sed costa aculeata!).

    Segmenta glabra (i. e. neque aculeata neque setosa neque ciliata). (Caudex inermis.)

    Segmenta late lanceolata, falcato-acuminata, ad basin callosam vix reduplicata, nervis II. pluribus medianum crassitie fere aequantes: *Morenia* (spec.), *Kunthia, Chamaedorea* (spec.), *Leopoldinia.*

    Segmenta late lanceolata breviter acuminata acumine recto, conspicue re-aut conduplicata, nervo mediano reliquos crassitie superante: *Oenocarpus* (spec.), *Jessenia.*

Segmenta anguste lanceolata acuminata parum reduplicata, nervo mediano reliquos crassitie superante, saepius aeque ac costa subtus tomento appresso ferrugineo: *Geonoma* (spec. paucae), *Leopoldinia*.

Segmenta lineari-lanceolata saepe longissima, acuminata, ad insertionem suam conduplicata, nervo mediano crasso laevi vel rarius appresse-tomentoso.

Segmenta concinna: *Maximilianea, Attalea, Barcella, Orbignia, Diplothemium* (spec. paucae), *Cocos* (spec. multae).

Segmenta ad acervos plurium consociata et varie ad costam inserta: *Diplothemium* (spec. plures). *Cocos* (spec. plurimae), *Orbignia* (spec.), *Attalea* (spec. rarissimae).

B. Folia palmatinervia: *Mauritieae, Sabaleae.*

a. Lamina palmato-flabelliformis, scil. in lacinias aequales brevius longiusve incisa.

α. Laciniae reduplicatae, nervo I. sup. mediano: *Mauritieae.*

1. Segmenta aculeata vel inermia: *Mauritia.*

2. Segmenta inermia: *Orophoma.*

3. Segmenta aculeata: *Lepidocaryum* (spec. paucae).

β. Laciniae induplicatae, nervo I. inf. mediano: *Sabaleae.*

1. Vagina in spinarum rete dissoluta; petiolus laevis: *Trithrinax.*

2. Vagina inermis; petiolus spinoso-serratus: *Copernicia.*

3. Vagina inermis; petiolus laevis; lamina mediano-bisecta: *Acanthorrhiza.*

b. Lamina digitato-flabelliformis, scil. in segmenta inaequalia nervorum I. vario numero praedita et inter nervos I. plicata usque ad costam incisa.

α. Segmenta reduplicata, scil. nervis I. sup. in apicem segmentorum eorumque dentium excurrentibus: *Mauritieae.*

Laminae bisectae margo posticus et anticus aculeatus: *Lepidocaryum* (spec. multae).

β. Segmenta induplicata, scil. nervis I. sup. in (sinum) segmentorum dentiumque excurrentibus: *Sabaleae.* (*Acanthorrhizae* spec. extrabrasilienses.)

97. P. Magnus. Ueber Excrescenzen auf Blättern. (Sitzungsberichte des Bot. Vereins der Provinz Brandenburg, Jahrg. 1881, Bd. XXIII, Berlin 1882, S. 46—47.)

Bei der Gesneracee *Rechsteineria allagophylla* Rgl. fanden sich auf dem Mittelnerv der Blattoberseite über der Basis der Spreite Excrescenzen, die der ganzen Länge nach der Mittelrippe angeheftet waren und mit ihrer Oberseite der Blattunterseite entsprachen. Aehnliches kommt bei *Gesnera (spicata?)* (Wydler) und *Brassica oleracea* L. vor (Magnus). — Bei *Gesnera splendens* van Houtte dagegen kommen Excrescenzen stets auf der Unterseite des Blattes zwischen zwei Seitennerven vor, ebenso bei *Aristolochia Sipho* L'Hér. und *Spiraea salicifolia*. — Die Auswüchse auf der Corolle von *Gloxinia speciosa* Ker stehen auf dem Rücken der Mediane.

98. Goebel. Blattentwickelung von Iris. (Botan. Zeitung, 39. Jahrg. 1881, S. 96—97.)

Trécul (Comptes rendus des séances de l'Académie des Sciences, tome XC, 1880, Paris p. 1047: siehe Jahresbericht VIII, 1880, Abth. I, S. 119) ist der Ansicht, dass bei *Iris* die Blattscheide der Lamina in ihrer Entwickelung vorangehe. Zuerst bilde sich ein die Axe umfassender Wulst, der sich erhöhe, auf der Rückenseite hauptsächlich wachse und dadurch bald eine Art Kappe bilde. Dann erscheine auf letzterer die Spreite, welche zuerst von unten nach oben, bald jedoch in basipetaler Richtung wachse. — Verf. hat an *Iris variegata* diese Frage seinerseits untersucht und ist zu einem andern Resultat gekommen. Als erste Anlage des Blattes tritt ein stengelumfassender Höcker auf, der wie eine gewöhnliche Blattanlage wächst. Bald aber wird das Längenwachsthum sehr verlangsamt, während starkes Flächenwachsthum eintritt, so dass die Blattanlage kapuzenförmig wird. Etwa auf der Mitte derselben ist das Wachsthum am stärksten, hier wird eine Hervorstülpung als Aulage 'der schwertförmigen Lamina erzeugt. Letztere tritt bald in die terminale Stellung. Es ist also nicht zuerst die Scheide vorhanden, sondern ein Primordialblatt, an welchem eine Scheidung in Oberblatt und Blattgrund noch nicht stattgefunden hat. Die Lamina ist keine Neubildung, sondern das Product eines Wachsthumsprocesses des Primordialblattes, und die gesammte Blattentwickelung weicht von der bekannten Regel nicht ab.

99. **A. W. Eichler. Ueber die Schlauchblätter von Cephalotus follicularis Labill.** (Jahrbuch des botanischen Gartens und des botanischen Museums zu Berlin I, 1881, S. 193—197, mit Holzschnitten.)

Erweiterte, mit Figuren versehene Darstellung einer Untersuchung, über welche schon im Botan. Jahresbericht VIII, 1880, Abtheilung I, S. 117 referirt wurde.

100. **A. Dickson. On the morphologie of the pitcher of Cephalotus follicularis.** (Journal of Botany, new series vol. X, 1881, p. 129 sqq., tab. 219, 220.)

Auf Grund von Rückbildungen von 4 Blättern des *Cephalotus follicularis* gelangt Verf. zu folgenden Schlüssen:

Der Schlauch resultirt aus einer schuhförmigen Taschenbildung der Blattspreite auf der Oberseite. Die Spitze des Blattes liegt auf der von der Axe am weitesten entfernten Seite und wird wahrscheinlich von der Spitze des dorsalen Mittelflügels dargestellt. Der Deckel ist ein Auswuchs der Blattoberseite.

6. Trichom.

101. **E. Mer. De la constitution et des fonctions des poils radicaux.** (Association française pour l'avancement des sciences, congrès de Reims 1880.)

Die Wurzelhaare werden von dem Centrum der Vorderwand der Epidermiszellen aus gebildet, das Protoplasma dieser Zellen wandert fast vollständig nebst dem Zellkern in das Haar. Verf. betrachtet die Wurzelhaare demnach als Abkömmlinge oder Tochterzellen der Oberhautzellen, welche den ganzen Inhalt ihrer Mutterzellen in sich aufnehmen, jedoch von denselben nicht durch Scheidewände abgeschlossen werden. — In feuchter Luft entwickeln sich die Wurzelhaare am stärksten; durch Mittel, welche das Wachsthum der Wurzeln verlangsamen, wird dasjenige der Haare begünstigt. (Nach: Bulletin de la Société botan. de France XXVIII, Revue bibliogr.)

102. **J. C. Arthur.· Various forms of Trichomes of Echinocystis lobata.** (The Botanical Gazette VI, 1881, p. 180—183, tab. 1.)

Echinocystis lobata Torr. et Gray, obwohl nahezu kahl erscheinend, besitzt dennoch eine ziemliche Mannigfaltigkeit von Haarformen, welche Verf. auf der beigegebenen Tafel abbildet. Dieselben sind theils einfache einreihige Haare, theils kopfige, welche zu Drüsenhaaren ausgebildet sein können. Die fadenförmigen Haare entspringen aus einem Collenchymgewebe, die kopfigen aus chlorophyllhaltigem hypodermalem Gewebe; die ersteren stehen an vorspringenden Theilen ohne Spaltöffnungen, die letzteren aus Flächen mit solchen.

7. Anordnung der Blüthentheile im Allgemeinen.

103. **L. Čelakovsky. Ueber die Stellung des Kelches der Borragineen zu seinem Deckblatt.** (Verhandlungen der K. Böhmischen Gesellschaft der Wissenschaften zu Prag 1881. [Czechisch.] Siehe Ref. No. 103.)

104. **O. Lubarsch. Tafeln zur Blüthenkunde.** Eine Sammlung von Diagrammen und Längsschnitten der wichtigsten Blüthentypen, 2 Hefte. Berlin 1881. 8⁰.

Nicht gesehen.

105. **O. Drude. Palmae in Flora Brasiliensis.** (Siehe Ref. No. 63.)

Spadix.

A. Spathae 3— ∞ incompletae.

    a. Rami distichi spathellis instructi. Flores amenti vel cincinni instar congesti, ♂ et ♀ in distinctis spadicibus; Spadix duplicatim ramosus ramis II contractis: *Mauritia, Orophoma, Lepidocaryum.*

    b. Rami distichi spathellis instructi pluries ramificati.
Flores distichi in iisdem ramulis inferne ♀ superne ♂: *Raphia.*

    c. Rami undique patentes spathellati, spadice paniculato; flores ☿: *Copernicia.*

    d. Rami undique patentes nudi vel bracteolati. Flores ☿: *Trithrinax, Acanthorrhiza.*

    e. Rami undique patentes bracteolati vel nudi. Flores ♂, ♀.

Glomeruli triflori ad basin vel mediam partem ramulorum; flores supremi ♂:
Iriartea, Hyospathe.

Flores ♂ et ♀ in distinctis spadicibus: *Chamaedorea, Morenia, Kunthia, Catoblastus.*

B. Spathae 2 flores ante anthesin involventes. Spadix simpliciter ramosus (raro simplex vel paniculatus), ramis spathellis destitutis, saepe bracteolatis.

  a. Spathae 2 completae laeves anthesi delabentes et spadicem denudantes; glomeruli triflori usque versus apicem ramorum, floribus in scrobiculis sessilibus: *Euterpe, Oenocarpus, Jessenia.*

  b. Spatha inferior incompleta vel fere evanida, superior completa longitudinaliter dehiscens et supra rhachin per anthesin persistens,
aculeata vel setosa vel lana densa villosa.   ⟋

    Flores ♀ intermixti inter plures ♂ vel ubique in glomerulis trifloris sessiles; rami scrobiculati: *Bactris, Guilielma, Desmoncus, Martinezia.*

    Flores ♀ in scrobiculis inflexis ad ramorum basin, ♂ foveis profundis immersi: *Astrocaryum, Acrocomia.*

inermis et glabra, rarius tomento quodam adspersa. (*Desmonci* et *Bactridis* species paucae supra inquirendae sunt; harum spadix tener distiche ramosus vel simplex vel in ramos paucos fastigiatos divisus.)

Rhachis indivisa dense scrobiculata inferne glomerulos trifloros superne flores ♂ proferens: *Diplothemium, Coci* spec. paucae.

Rhachis simpliciter ramosa.

    Rami graciles flexuosi scrobiculati; glomeruli triflori in parte basali, apex ♂: *Cocos* (spec. plurimae), *Glaziova.*

    Spadices unisexuales vel floribus ♂ nonnullis flores ♀ paucos magnos stipantibus androgyni, utriusque sexus difformes.

    Flores ♂ in spadice masculo secundi: *Attalea, Orbignia.*

    Flores in scrobiculis ramorum undique spectantes: *Maximiliana.*

    Flores ♂ in spadice ♀ nulli, in masculo ramis profunde immersi, solitarii in foveis carnosis: *Elaeis.*

    Flores ♂ bini foveis ramorum incrassatorum immersi; flores ♀ pauci ad basin ramorum superne masculorum sessiles: *Barcella.*

    Flores ♂ solitarii foveis ramorum immersi; flores ♀ pauci ad basin ramorum flexuoso-adscendentium scrobiculati: *Manicaria.*

  c. Spathae 2 (rarius tertia rudimentaria) anthesi floribus breviores et pedunculo cum rhachi elongata prorumpente superatae, delabentes vel marcescentes, inermes, interdum inter folii vaginam occultatae. Flores foveis immersi. Spadix simplex vel 2—3-ramosus vel paniculatim divisus: *Geonoma, Calyptronoma, Leopoldinia* (in hac spathae intra vaginas foliorum absconditae, breves.)

Flores et fructus.

A. Germen in stipite brevi ellipsoideum in stigmata 3 acuta excurrens triloculare extus squamis desuper imbricatis obtectum; ovula 3 inversa in funiculo erecta ab endocarpio libera. Bacca loricata monosperma. Flores ♂ coriacei, calyce gamosepalo, corolla e basi connata tripetala valvata calycem superante.

Raphia: Corolla ♀ cylindrico-tubulosa tridentata; cor. ♂ obliqua tripartita, filamenta superne libera antheris magnis.

Mauritia: Corolla ♀ trifida, cum androecei sterilis tubo connata; cor. ♂ recta tripartita, antheris magnis.

Orophoma: Corolla ♀ ....; cor. ♂ recta e stipite longo trifida; antherae magnae, filamenta petalis adnatae.

Lepidocaryum: Corolla ♀ trifida basi campanulata, androeceo sterili fertili simili campanulato; cor. ♂ recta tripartita, antheris minutis.

B. Germinis epidermis squamulis imbricatis et fructus squamarum lorica destituta; ovula 3 (rarissime 4—6) ab axi communi aversa, vel ovulum solitarium micropyle extus versus basin spectante.

Flores diclines, ♀ staminodiis nullis vel parvis dentiformibus vel rarius in urceolum magnum sexdentatum connatis.

Germen subglobosum sessile stigmatibus brevibus tribus apiculatum, uniloculare, univovulatum, ovulo cum endocarpio sutura rhapheos late cohaerente et innato. Bacca syncarpa monosperma testa seminis laevi rhapheos sulco ejusque ramis notata. Floris ♀ calyx et corolla calyce multo longiore imbricato-convolutiva staminodiis brevissimis vel 0. Fl. ♂ calyx trifidus quam corolla tripetala valvata multo brevior, germinodium 0 vel breve.

Euterpe: Calyx ♀ et ♂ triphyllus; stamina 6; ovuli anatropi micropyle basilaris; bacca globosa stigmatum residuis obliquis, embryo lateralis in albumine ruminato.

Oenocarpus: Calyx ♂ gamosepalus; stamina 6; ovuli anatropi micropyle basilaris; bacca ovoidea stigmatum residuis subcentricis; embryo basilaris in albumine radiato aequabili vel ruminato.

Jessenia: Calyx ♀ et ♂ triphyllus; stamina 12—20; ovuli hemianatropi micropyle oblique basilaris; bacca ovoidea v. globosa centrica; embryo basilaris in albumine ruminato.

Germen subglobosum vel ovoideum saepe maximum late sessile, stigmatibus 3 apiculatum (rarissime 4—6-merum), in ima basi triloculare triovulatum, ovulis loculos minutos omnino fere explentibus axi profunde immersis et parum ex ea prominentibus depressis vel ovoideis funiculo omnino destitutis. Drupa syncarpa monopyrena monosperma (rarius 2—6-sperma), seminibus cum putamine ubique connatis hilo et rhaphe distincta orbatis.

Floris ♀ calyx et corolla sympetala triloba vel tridentata; Fl. ♂ petala disco staminifero ad basin cohaerentia valvata calycem brevem trifidum vel tripartitum longe excedentia. Radicula in semine supera (supra medium vel prope verticem sita).

Desmoncus: Flores ♂ petalis cuspidatis quam ♀ majores; stigmata parva vix anthesi emergentia.

Bactris: Flores ♂ petalis acutis ♀ aequilongi vel majores; stigmata late sessilia obtusa cum germinis vertice e corolla emergentia.

Guilielma: Flores ♂ petalis vix acutis ventricosi quam ♀ minores; stigmata latissima concava.

Astrocaryum: Flores ♂ quam ♀ minores; germen e corolla emersum in stylum elongatum stigmatibus longis radiantibus.

Floris ♀ corolla triphylla imbricata vel convoluto-imbricata.

Floris ♂ petala disco carnoso brevi vel nullo parum ad imam basin conjuncta valvata calycem brevem (rarius corollae aequilongum) trifidum vel tripartitum longe excedentia.

Acrocomia: Radicula horizontalis. Calyx ♀ parvus; corolla imbricata; germen stylo longo emersum.

Martinezia: Radicula horizontalis. Calyx ♀ parvus; corolla trifida laciniis valvatis; stylus 0.

Glaziova: Radicula infera; Calyx ♀ corollam includens convolutus; androeceum sterile 0; stigmata erecta conniventia. Putamen tenue.

Cocos: Radicula infera. Calyx ♀ corollam includens convolutus; androeceum sterile 0; stigmata erecta conniventia; putamen crassum.

Diplothemium: Radicula infera. Calyx ♀ corollam includens convolutus; androeceum sterile 0; stigmata erecta connata. — Sepala ♂ corollae aequilonga.

Attalea: Radicula infera; Calyx ♀ corolla minor imbricatus; androeceum sterile cupuliforme; stylus emersus stigmatibus radiatis. Floris ♂ antherae lineares erectae, longae.

Orbignia: Radicula infera. Calyx ♀ corollam subaequans imbricatus; androeceum sterile cupuliforme; stylus brevis stigmatibus radiatis. Floris ♂ antherae spiraliter contortae, parvae.

Maximiliana: Radicula infera. Calyx ♀ corollam subaequans imbricatus; androeceum sterile cupuliforme; stylus emersus stigmatibus radiatis. Floris ♂ antherae lineares.
(Sect. Eu—Maximiliana: Stamina longe exserta).
(Sect. Scheelea: Petala ♂ crasse subulata; stamina inclusa.)
Floris ♀ calyx corollam paulo superans aeque atque haec triphyllus imbricato-convolutivus. Floris ♂ petala calyce vix longiora late valvata androeceum monadelphum turbinato-campanulatum in stamina 6 excurrens includentia. Radicula supera prope verticem putaminis monospermi e carpellis 3 connati.
Elaeis: Androecei ♂ tubus campanulatus. Floris ♀ stylus brevis. Putaminis foramina subapicalia.
Barcella: Androecei ♂ tubus brevior. Floris ♀ stylus longe exsertus. Putaminis foramina horizontalia in medio sita.
Flores ♀ et ♂ uti antecedentes. Drupa 1—3-cocca e carpellis 1—3 apocarpis 1—3 pyrena, pyrena infera foramen supra radiculam inferam evolvente; pericarpium gibberosum: *Manicaria.*

Germen subglobosum sessile stigmatibus 3 brevibus apiculatum vel rarius stylo elongato stigmatifero instructum, triloculare triovulatum, ovulis loculos parvos supra basin germinis ortos vix explentibus axi insidentibus in funiculo crasso erectis hemianatropis vel horizontaliter patentibus hemitropis. Bacca apocarpa monosperma solitaria, rarius 2—3 in fructum excrescentes apocarpae; seminis testa laevis vel rhaphe ejusque ramis reticulatim notata.
Floris ♀ calyx et corolla imbricata subaequilonga; staminodiorum urceolus inflatus; stylus elongatus trisulcatus; ovula erecta hemianatropa. Floris ♂ calyx et corolla subaequilonga imbricata; androecei tubus magnus stamina 6 evolvens: *Calyptronoma.*
Floris ♀ calyx quam corolla aeque imbricata vel imbricato-convolutiva multo brevior; stylus brevissimus vel 0, stigmata 3 sessilia; ovula horizontaliter patentia vel erecta. Floris ♂ calyx imbricatus brevis annuliformis; corolla tripetala valvata calycem excedens.
Leopoldinia: Monoeca; floris ♂ germinodium crasse columnare obtusum inter stamina 6 distincta; sepala ♂ late cordata; bacca liguescens resupinata mesocarpio incrassato lignoso-fibroso; embryo basilaris.
Hyospathe: Monoeca; germinodium floris ♂ minutum quam stamina 6 distincta multo minus; calyx ♂ cupularis trifidus; bacca cylindracea acuta resupinata mollis; embryo lateraliter basilaris.
Morenia: Dioeca; germinodium columnare stamina 6 infra conjuncta aequans; calyx ♂ cupularis tridentatus, petala libera, expansa; bacca ellipsoidea mollis semiresupinata; embryo basilaris.
Chamaedorea: Dioeca; floris ♂ germinodium columnare magnum staminibus 6 distinctis aequilongum; calyx ♂ cupularis, petala apice cohaerentia; bacca globosa vel ovoidea mollis resupinata; embryo lateralis vel basilaris.
Kunthia: Monoeca in distinctis spadicibus; germinodium fl. ♂ columnare stamina 6 aequans; bacca globosa mollis; embryo basilaris.
Iriartea: Monoeca; floris ♂ germinodium inter stamina 6-∞ obsoletum; calyx ♂ brevissimus triphyllus; bacca globosa vel ellipsoidea mollis paulum excentrica vel resupinata; embryonis situs varians.

Germen ovariorum 2 abortu ex ovario solitario formatum, saepe cum rudimentis duobus prope basin insidentibus, uniovulatum ovulo in fundo lateraliter erecto funiculo insidente hemianatropo. Bacca apocarpa monosperma seminis testa' laevi rhaphe sola aut etiam rhapheos ramis notata.
Geonoma: Floris ♂ androeceum monadelphum tubulosum; fl. ♀ staminodia urceolum magnum formantia; stylus longus; albumen aequabile.

Catoblastus: Floris ♂ stamina 6—12 distincta; floris ♀ staminodia aut 0 aut filiformia; stylus crassus; albumen ruminatum.

(*Ceroxylon,* genus extrabrasiliense: floris ♂ stamina 12 ad plura in discum connata; fl. ♀ staminodia in patellam germen cingentem connata staminibus similia; stylus longus crassus; albumen aequabile.)

Flores monoclines v. polygami, floribus aut rite hermaphroditis utrumque sexum fertilem evolventibus, aut in spadicibus distinctis aut antheras aut ovula rite gignentibus et simul alterius sexus organa effocta fertilia aemulantia iisque simillima proferentibus iis sexus diversi tamen perianthium aeque constitutum praebentibus. Ovaria 3 apocarpa et plane distincta vel mutua pressione in urceolo perianthii cohaerentia et stylo communi instructa, singula ovulo solitario in funiculo crasso brevi erecto hemianatropo instructa.

Ovaria inter se stylo communi conjuncta. Calyx cupularis et corolla campanulata, androeceo urceolato, urceolo tubo corollae inserto staminifero: *Copernicia.*

Ovaria omnino apocarpa in stylos elongatos plane distinctos sensim attenuata. Corolla tripetala praefloratione imbricata. Stamina libera et distincta.

Trithrinax: Monoclinis; calyx cupularis quam corolla multo brevior; stamina 6 in annulum confluentia.

Acanthorrhiza: Polygama; calyx usque ad basin fere tripartitus corollam late valvatam includens; stamina 3 cum petalis alterna, filamentis per vernationem inflexis.

106. **L. Čelakovsky. Morphologische Beobachtungen 2. Ueber Ceratocephalus und Myosurus als Beleg für die Prosenthesenlehre.** (Sitzungsberichte der Königlich Böhmischen Gesellschaft der Wissenschaften, Prag 1881, mit Abbildungen.)

Verf. beobachtete bei *Ceratocephalus orthoceras* DC. und *Myosurus minimus* L. statt der 5 Blumenblätter und 5—15 Staubgefässe auch Blüthen mit 2—4 Blumenblättern und 5—6 Staubblättern, die in 3 mit einander alternirenden Quirlen stehen. Dabei zeigt sich, dass die Blumenblätter immer die Stellung einnehmen, welche ihnen nach der Braun'schen Prosenthesenlehre zukommt. Wenn 2 Blumenblätter vorhanden sind, so fallen dieselben zwischen Kelchblatt 1 und 3, resp. 2 und 4, wenn 3 vorhanden sind, das dritte zwischen Kelchblatt 3 und 5, bei 4 Petalen das vierte zwischen 1 und 4. Die Blumenblätter stehen also nach der Divergenz $\frac{2}{5}$, zwischen dem letzten Kelchblatt und dem äussersten Blumenblatt aber beträgt die Divergenz $\frac{2-\frac{1}{2}}{5}$, die Prosenthese also $-\frac{1}{2}$. Die Staubgefässe sind immer in derjenigen Zahl alternisepal, als Lücken durch die Unvollzähligkeit der Petala gelassen werden; alle übrigen stehen epipetal, und zwar unter Anschluss mittelst der oben genannten Divergenz nebst Prosenthese. Diese Fälle beweisen, „dass die mit einander gleich Quirlen alternirenden Blüthenkreise zusammen eine fortlaufende, nach jedem Cyclus eine (nach kurzem Wege negative) Prosenthese erhaltende Spirale bilden. Es bildet also die Alternation der Blattkreise nur einen besonderen Fall der Spiralstellung und tritt selbst wieder in zwei Abänderungen auf: zunächst folgen die einzelnen Glieder des Kreises noch in der spiraligen Reihenfolge auf einander, dann aber erscheinen sie gleichzeitig."

107. **H. Baillon. Sur l'entrainement des pétales dans le plan horizontal.** (Bulletin mensuel de la Société Linnéenne de Paris 1881, p. 300—301.)

Die Cucurbitaceen haben 5 Stamina, von denen 2 und 2 derart verbunden sind, dass jedes dieser Paare oppositipetal wird, während das einzelne fünfte episepal bleibt. Verf. findet, dass die Blumenblätter mancher Blüthen von *Gurania* sich ähnlich verhalten. Auch hier sind dieselben paarweise genähert und sogar am Grunde etwas zusammenhängend, das fünfte alternirt mit zwei Sepalen, die gepaarten stehen über je einem Kelchzipfel.

108. **H. Baillon. La symmétrie des fleurs doubles du Platycodon.** (Bulletin mensuel de la Société Linnéenne de Paris 1881, p. 296.)

In der normalen Blüthe alterniren die 4 Blüthenkreise, in der doppelten ebenso. Bei letzterer ist ein Kronquirl eingeschoben, welcher sowohl mit der normalen Corolle wie mit den Staubgefässen alternirt. Demnach ist in der doppelten Blüthe die Folge der Blüthenkreise ganz verändert.

109. **H. Baillon.** **La gamopétalie et les fleurs doubles.** (Bulletin mensuel de la Société Linnéenne de Paris 1881, p. 284—285.)

Verf. sucht die Angabe zu widerlegen, dass die gamopetalen Blüthen weniger leicht gefüllt werden als die choripetalen und führt folgende Beispiele dafür an: *Convolvulus*, *Calystegia pubescens*, *Datura*, *Petunia*, *Jasminum Sambac*, *Serissa foetida*, *Gardenia florida*, *Azalea*, *Primula acaulis*, *P. Auricula*, *Campanula Medium*, *C. persicifolia* etc., *Lobelia*, *Syringa*, *Vinca*, *Nerium*, *Clerodendron; Hyacinthus*, *Narcissus; Hibiscus syriacus*, *Althaea rosea*. — Diejenigen Gamopetalen, welche wenig Staubgefässe haben, werden weniger leicht gefüllt als die vielmännigen, ebenso verhält es sich auch mit den Choripetalen. Zu den seltensten Fällen doppelter Blumenkronen gehören Angehörige der *Labiatae*, *Scrophularineae*, *Bignoniaceae*, *Acanthaceae*, *Papilionaceae*.

8. Androeceum.

110. **M. Dalmer.** **Ueber die Leitung der Pollenschläuche bei den Angiospermen.** (Jenaische Zeitschrift für Naturwissenschaften, Band XIV, 1880, 39 Seiten, 3 Tafeln.)

Das Wachsthum des auf der Narbe entstandenen Pollenschlauches nach dem Innern des Fruchtknotens findet längs eines Leitungsgewebes statt, welches eine schleimige Absonderung erzeugt und in dieser auch zugleich die Nährstoffe für den Pollenschlauch darbietet. Das Leitgewebe zeigt in denjenigen Fällen, wo kein Griffelkanal vorhanden ist, die äusseren Zellwände verschleimt; wo ein Griffelkanal existirt, sondern die denselben auskleidenden Zellen Schleim ab. Bei mehrfächerigem Fruchtknoten theilt sich entweder der im Griffel einfache Kanal in eben so viele Kanäle als Fächer *(Liliaceae, Ricinus)* oder es hat jedes Fach seinen eigenen Griffelkanal *(Acorus)*. Im Fruchtknoten selbst findet sich dort, wo die Micropyle der Basis des Griffels dicht genähert ist *(Polygonum, Daphne)*, kein Leitungsgewebe, ist aber die erstere weiter entfernt, so sind entweder bestimmte Stellen des Fruchtblattes oder auch der Funiculus bis zur Samenknospe oder bis zu den Integumenträndern secernirend, so dass zugleich zur Festhaltung der Pollenschläuche, zu ihrer Ernährung und Lenkung Möglichkeit geboten wird. Das Leitgewebe bildet überall, wo Raum vorhanden ist, Ausstülpungen seiner Zellen, die sich als niedrige Papillen bis zu verlängerten Haaren darstellen.

111. **M. Treub.** **Recherches sur les Cycadées.** (Annales du Jardin botanique de Buitenzorg, vol. II, 1, Leiden 1881, p. 32—53, tab. 1—7.)

Die Kenntnisse, welche man über die Entwickelung der Ovula und Pollensäcke bei den Cycadeen hat, sind trotz der Untersuchungen A. Braun's und Warming's noch zu unvollständig, um die Beziehungen dieser eigenthümlichen Gewächse zu den Gefässkryptogamen in das rechte Licht zu stellen. Hauptsächlich ist es die Schwierigkeit der Beschaffung ausreichenden Materials in Europa, welche bisher umfassendere Studien verhindert hat. Aber auch in Java, wo Verf. sofort nach seinem Amtsantritt sein Augenmerk auf die Cycadeen lenkte, ist es nicht so leicht, das nothwendige Material zu erhalten, so dass es demselben nur gelungen ist, bisher für *Zamia muricata* Willd. die Entwickelung der Pollensäcke und für eine andere Species, *Ceratozamia longifolia* Miq., diejenige des Embryosackes und des Ovulums zu studiren. Die von 7 Tafeln begleitete Arbeit zerfällt demgemäss in zwei Abschnitte, aus denen folgendes hervorgehoben sein mag. Die jüngsten beobachteten Schuppen haben an jeder Seite einen schwachen Auswuchs, auf dessen Unterseite eine kleine Protuberanz zu bemerken ist, welche nahe dem mittleren erhabenen Theil der Schuppe steht; später werden die Auswüchse zu wirklichen Lappen, indem das Zellgewebe des Randes und des unteren Theiles meristematisch bleibt. In demselben Grade wie diese Lappen sich vergrössern, erscheinen auf denselben abwechselnd näher und ferner der Blüthenaxe neue Protuberanzen bis zur Zahl 6. Jede derselben entsteht zuerst durch radiale Streckung und Theilung von subepidermalen Zellen. Warming nennt sie Receptacula. In jedem derselben bilden sich zwei Pollensäcke aus wenigen unter der Oberhaut liegenden Zellen, auf beiden Seiten des Receptaculus nahe dem Gipfel desselben. Das Innere der jungen Pollensäcke gestaltet sich nun, indem die Zellen sich daselbst vermehren und vergrössern, zu Pollenmutterzellen, während über denselben bis zur Oberfläche hin kleinere mehr abgeplattete

Zellen liegen. Endlich wird das Innere des Pollensackes von einer grossen centralen Masse eingenommen, die von einigen Grenzzellschichten umschlossen wird. Die letzteren scheinen von den Primordialen der Pollenmutterzellen abzustammen, nicht von dem umgebenden Gewebe. Die Entwickelung der Pollensäcke hat demnach zahlreiche Analogien mit der Sporangienbildung, anderseits auch mit der Entstehung der Pollensäcke bei den Angiospermen. — Die Pollenmutterzellen theilen sich übers Kreuz in 4 Zellen, deren jede ein Pollenkorn ausbildet. Verf. befindet sich hier im Widerspruch mit den Resultaten Juranyi's und erörtert die Art und Weise, wie sich das Pollenkorn mit einer Membran umgiebt. Darnach bildet sich keine eigene Membran um dasselbe, sondern die innerste Schicht der die Pollenmutterzelle in 4 Tochterzellen theilenden Wände verbleibt dem Pollenkorn als Membran, indem sie sich von den übrigen Schichten ablöst. Dies wurde gesehen, wenn eine Färbung durch Methylgrün angewendet wurde, die nur die genannte innerste Schicht ergriff, nicht aber auch die äusseren. Was von den Wänden innerhalb der Pollenmutterzelle zwischen den Pollenkörnern noch restirt, wird resorbirt.

112. **E. Heckel. Multiplication et pétalodie staminales du Viburnum Tinus L., conditions de formation de cette monstruosité.** (Bulletin de la Société botanique et horticulture de Provence, 2. année, 1880.)

Nicht gesehen.

9. Gynaeceum.

113. **M. Treub. Recherches sur les Cycadées.** (Annales du Jardin botanique de Buitenzorg II, 1, Leide 1881, p. 32—53, tab. 1—7. Vgl. Ref. 111, S. 485.)

Der zweite Theil der Untersuchungen des Verf. bezieht sich auf die Entwickelungsgeschichte des Ovulums und des Embryosackes bei *Ceratozamia longifolia* Miq. Auf Querschnitten sehr junger weiblicher Zapfen zeigen sich die Schuppen als kleine, zuerst sitzende, dann kurzgestielte Protuberanzen, die sich später jederseits etwas verbreitern und so fast gelappt erscheinen. In diesen Lappen unterscheidet man in einem etwas späteren Stadium eine unter der Epidermis liegende, halbkreisförmig mehr oder minder deutlich begrenzte Zellenpartie, deren Elemente sich vergrössern und vermehren, während das umgebende Gewebe aus plattgedrückten Zellen besteht. Während sich nun die unmittelbar unter der Oberhaut liegenden Zellen strecken und theilen, so dass eine über die Oberfläche des Mutterorgans hinaustretende Höckerbildung eintritt, differenzirt sich im Innern des genannten Gewebecomplexes, unter den „Primordialzellen" des Verf., eine mittlere zu besonderer Grösse, sie ist die Mutterzelle des Embryosackes. Die Abgrenzung der die Primordialzellen bildenden Gewebemasse kann man bereits deutlich erkennen, bevor noch auf der Oberfläche des Fruchtblattes irgend eine Veränderung der ursprünglichen Verhältnisse wahrnehmbar wird. Mit dem Erheben des die innere Zellgruppe überragenden Höckers über die Oberfläche geht gleichzeitig eine ringförmig um denselben sich emporhebende Wulstbildung vor sich; ersterer wird der Nucleus, letztere erzeugt das Integument. Die Mutterzelle des Embryosackes theilt sich durch Querwände in 3 Zellen, von denen die unterste zum Embryosack wird, die beiden andern später durch Resorption verschwinden. Die Wände des Embryosackes sowie der denselben umgebenden Zellen werden derart durchsichtig, dass ihre Protoplasmamassen in einer Masse zu schwimmen scheinen, die das Innere des Complexes der Primordialzellen ausfüllt. Verf. fasst das bisher Gesagte und die weiteren Veränderungen des Embryosackes in folgender Weise zusammen, indem er Vergleiche mit den Gefässkryptogamen anstellt und weitere Schlüsse zieht:

Jede Schuppe des weiblichen Zapfens von *Ceratozamia longifolia* trägt zwei sporangiumführende Lappen, von denen jeder ein Macrosporangium erzeugt. Man unterscheidet das letztere im Innern des Lappens, bevor noch irgend eine Differenzirung äusserlich erkennbar ist. In jedem Macrosporangium erkennt man später die drei folgenden Partien: die Primordialzellen im Innern, eine äussere und eine innere mehrlagige Wandschicht. Die Mutterzelle der Macrospore theilt sich nicht mehr wie bei den Kryptogamen, sie erzeugt die einzige Macrospore in der nämlichen Weise wie sich im allgemeinen der Embryosack bildet. Kurze Zeit, nachdem das Macrosporangium angelegt worden ist, bildet der dasselbe umschliessende Lappen des

Fruchtblattes an seinem der Blüthenaxe zugekehrten Gipfel zwei neue Gebilde: den Nucleus und das Integument. Der erstere nimmt seinen Ursprung aus einer oder zwei subepidermalen Zellschichten des Sporangiums, das Integument erhebt sich rund um denselben. Wenn *Ceratozamia longifolia* für diese Verhältnisse als typisch unter den Cycadeen angesehen werden darf, so stimmt das Macrosporangium der letzteren vollkommen mit der Bildung eines Sporangiums von *Ophioglossum* überein; Nucleus und Integument sind jedoch neue Bildungen, welche bei den Kryptogamen keine Analogien finden.

Verf. befindet sich nicht in Uebereinstimmung mit Warming und Strasburger, nach welchen der Nucleus bei den Cycadeen in den Lappen des Carpells eingesenkt ist, so dass das vom Verf. Nucleus genannte Organ nur der obere freie Theil des wahren Nucleus wäre. Die Cycadeen sind die ältesten Phanerogamen, daher sollte man von ihnen ausgehen, um das Ovulum der Angiospermen zu erklären, anstatt den umgekehrten Weg einzuschlagen. Wenn die Homologie zwischen dem Sporangium von *Ophioglossum* und dem Macrosporangium der *Ceratozamia* zweifellos ist, so würde es sich nur darum handeln, sich den Uebergang von einem sporangiumführenden Lappen, der Nucleus und Integument trägt, wie bei den Cycadeen, zum Ovulum der Angiospermen vorzustellen. Es könnte allmählich die Bildung des Nucleus und Integumentes der Erzeugung des Macrosporangiums vorausgeeilt sein, während zu gleicher Zeit die Macrosporen-Mutterzellen in den Nucleus emporgerückt wären. So wäre der Sporangiumlappen auf den Ovularhöcker der Angiospermen reducirt worden, und die einzige Mutterzelle der Macrospore wäre schliesslich aus der subepidermalen Zellschicht des Nucleus hervorgegangen. Dabei darf man aber nicht vergessen, dass eine directe Verbindung der Angiospermen und Gefässkryptogamen mittelst der Gymnospermen wenig wahrscheinlich ist. Uebergangsstufen existiren in der Entwickelung des Ovulums zwischen Abietineen und Cycadeen, und zu den Gnetaceen durch Vermittelung von *Thuja occidentalis, Taxus baccata* und *Gingko biloba;* und die Entwickelung des Embryosackes geschieht bei den Gnetaceen fast wie bei den Angiospermen.

114. M. Treub. Observations sur les Loranthacées. (Annales du Jardin botanique de Buitenzorg II, 1, Leide 1881, p. 54—76, tab. 8—15.)

Obwohl schon viele Beobachter dieser interessanten Familie ihr Augenmerk zugewendet haben, sind namentlich diejenigen Modificationen, welche hier die Sexualorgane den andern Angiospermen gegenüber erlitten haben, doch noch nicht genügend bekannt. Verf. hat bei seinem Aufenthalt in den Tropen Gelegenheit, ein beliebig grosses Untersuchungsmaterial herbeizuziehen, und giebt in der vorliegenden Arbeit die Geschichte der Entwickelung des Keimsackes und des Embryos von *Loranthus sphaerocarpus* Bl. — Zwischen den noch sehr jungen Carpellanlagen erhebt sich eine kleine centrale halbkugelige Warze, deren oberste Zellen sich vergrössern. Die Carpelle schliessen durch Zusammenneigung eine kleine Höhlung ein, in welche diese Warze hineinragt; letztere ist mit ersteren derart verbunden, dass nur 3—4 Canäle übrig bleiben, und endlich legen sich die Gewebe der centralen Warze und die der Carpelle derartig eng aneinander, dass die Grenze völlig verschwindet und um so weniger erkannt werden kann, als die Zellen beider Organe oft Reihen bilden, die sich continuirlich durch beide fortsetzen. Noch bevor die Fruchtknotenhöhlung völlig verschwunden ist, zeichnen sich in den freien Lappen der Mittelwarze einige subepidermale Zellen durch besondere Grösse aus. Diese Zellen nehmen bald eine fast senkrechte Stellung ein und theilen sich durch 2 Querwände schnell nach einander in je 3 über einander liegende Zellen. Da die Zahl der ursprünglichen grossen Zellen 4—5 beträgt, so hat man jetzt eben so viele kurze Reihen von Zellen; aber nur in einer einzigen derselben entwickelt sich die oberste Tochterzelle weiter, alle übrigen werden resorbirt: jene wird ein Embryosack, dessen Anticlinen verschwinden. Dieser Vorgang findet in jedem Segment der ursprünglichen centralen Warze statt, so dass später in einem Fruchtknoten so viele Embryosäcke vorhanden sind, als es Carpelle giebt. Um die Embryosäcke entsteht eine Scheide von stärkeführenden Zellen, die sich aufwärts zu einem ebensolchen Strang zusammenschliessen. Im unteren Theile des Fruchtknotens bildet sich zu gleicher Zeit das Gewebe zu einer unten geschlossenen, oben offenen Scheide collenchymatischer Zellen aus, die Embryosäcke verlängern sich sowohl nach oben wie auch nach unten und legen sich unten der Collenchymscheide enge an, während

sie aufwärts genau dem Strange stärkeführender Zellen folgen, in dessen Innern sie empor-
wachsen, bis sie zur Basis des Griffels gelangen und sich dort etwas erweitern. Demnach
verlängert sich jeder Embryosack nach beiden Richtungen weit über das Gebiet der ursprünglichen Centralwarze hinaus und wird in seiner Richtung durch den beschriebenen Strang
und die Collenchymscheide bestimmt. In demselben theilt sich der Zellkern, einer der jungen
Kerne steigt bis zur Spitze des Keimsackes empor und theilt sich abermals; weitere Theilungen
konnte Verf. nicht bemerken. — Es handelt sich um die morphologische Bedeutung der
centralen Warze, welche von Griffith als Placenta mit mehreren rudimentären Samenknospen
aufgefasst, von Hofmeister jedoch als ein von Integumenten freier Samenknospenkern betrachtet
wurde, in welchem sich mehrere Keimsäcke ausbilden und dessen Chalaza von der Collenchym-
schicht dargestellt wird. Verf. ist der Ansicht, dass der centrale Theil der Warze placentarer
Natur und dass die 3—4 freien Segmente desselben rudimentäre Samenknospen seien. Eine
Stütze dieser Ansicht liefern die Santalaceen; bei *Thesium* sind die Samenknospen nahe dem
Gipfel der Placentarsäule inserirt, bei *Santalum* entspringen die integumentlosen Samenknospen
an der Basis der Placenta, bei *Osyris* endlich liegen die Verhältnisse so, dass man sich die
rudimentären Samenknospen nur noch mehr reducirt zu denken hat, um zu denjenigen von
Loranthus zu gelangen. Bei den Santalaceen verlängern sich auch die Keimsäcke in derselben
Weise wie bei den Loranthaceen, so dass also *Santalum* die einfachen Samenknospen der
letzteren mit der gewöhnlichen Form verbindet.

Jeder Keimsack bildet einen Embryo. Die erste Theilung der Keimzelle ist eine
Längswand; bei den dann erfolgenden Quertheilungen jeder Hälfte stehen die entsprechenden
Wände auf genau gleicher Höhe. Die unteren so entstandenen Zellen theilen sich von Zeit
zu Zeit, die oberen verlängern sich ausserordentlich, während zugleich im unteren Theil
des Keimsackes die ersten Endospermzellen gebildet werden. Der durch die Verlängerung
der oberen Zellen abwärts gedrängte Proembryo durchbricht die Endospermzellen, indem
die ersteren sich gleichzeitig drehen, und es erscheint endlich der Embryo an einem Doppel-
faden, seinem Suspensor, befestigt. Nachdem derselbe in die Collenchymscheide hinabgerückt
ist, vermehrt er seine Zellen in der Weise, dass an seinem Cotyledonarende kleine, am
entgegengesetzten Ende grosse Zellen liegen. Der Suspensor wird zusammengerollt und
zwischen Embryo und Endosperm verdrückt. Griffith war der Meinung, dass, da man in
der Loranthusfrucht fast stets nur einen Keimling antrifft, derselbe aus einer Verschmelzung
mehrerer Embryonen resultire; Verf. hat aber die Ueberzeugung gewonnen, dass dies
keineswegs der Fall ist. Es war weder jemals eine Verschmelzung noch eine Anheftung
mehrerer Keimlinge zu beobachten, dagegen zeigten sich öfters abortirte Embryonen, die
noch an einer kleinen Endospermmasse befestigt waren. Während nun der Embryo sich
in der Collenchymscheide vergrössert, vermehrt sich gleichzeitig das Endosperm bedeutend
durch rasche Theilung seiner unteren und peripherischen Zellen, die lange meristematisch
bleiben. Dies sowohl wie das Wachsthum des Embryo bewirken endlich eine Berührung
desselben mit dem Endosperm; was vom Suspensor noch übrig war, wird zusammengedrückt
und verschwindet; das obere (Wurzel-) Ende des Embryo dringt in das Endosperm ein,
indem es dessen Zellen zerstört, und gleichzeitig zieht der Embryo sich aus der Collenchymscheide nach aufwärts zurück. Dies setzt sich derartig fort, bis der Embryo vollständig
aus der Scheide verschwunden und in dem Endosperm eingeschlossen ist, in welchem er
nunmehr verbleibt. Verf. glaubt, dass dieses Emporsteigen zuerst durch das Wachsthum
des Embryos und den Widerstand der Collenchymscheide bewirkt, später durch den Druck
der unteren Endospermlappen begünstigt, aber wesentlich durch eine autonome Neigung des
Embryos zum Aufwärtsrücken veranlasst werde. Verf. schliesst seine Arbeit, indem er
seine Resultate mit den von Hofmeister bei *L. europaeus*, von Griffith bei *L. globosus*
gefundenen vergleicht; erstere haben weniger, letztere mehr Uebereinstimmung mit *L.
sphaerocarpus.*

115. **J. Velenovsky. Ueber die vergrünten Eichen von Alliaria officinalis Andrz.** (Flora,
64. Jahrgang 1881, S. 33—45, tab. 1.)

Bietet theils Bestätigungen der von Celakovsky (Botan. Zeitung 1875) mitgetheilten
Beobachtungen, theils Ergänzung derselben durch Zwischenstufen. Es geht daraus hervor,

dass das Eichen die Metamorphose eines Blättchens, eines Abschnittes des Carpells, nebst dem Metablastem (Nucellus) darstellt. Das innere Integument ist von dem mittleren Theil und dem Mittellappen des Ovularblättchens gebildet. Der Nucleus ist ein Auswuchs aus der Oberseite des Ovularblättchens, mithin aus der Innenseite des inneren Integumentes, welches freilich im normalen Eichen den Grund des Integumentbechers einnimmt. Die aus den beiden verschmolzenen Seitenlappen des Ovularblättchens gebildete Funicularspreite ist eine nur in der Verlaubung auftretende Uebergangsbildung in das vegetative Blättchen; aus diesem Theil des Ovularblättchens geht das äussere Integument hervor. Der Funicularstrang endlich ist der untere stielartig verschmälerte Theil des Ovularblättchens.

10. Embryobildung.

116. **L. Guignard. Sur la polyembryonie chez quelques Mimosées.** (Bulletin de la Société botanique de France, tome XXVIII, Paris 1881, p. 177—179.)

Bei einigen Gattungen der *Mimoseae* scheint die sonst seltene Polyembryonie sehr häufig vorzukommen. Verf. fand bei *Schrankia uncinata* im reifen Samen einen mit der Wurzelhaube verwachsenen, nach unten abgerundeten, nach oben mehrlappigen Körper als Anhängsel des Embryos. In anderen Fällen fanden sich 3 Cotyledonen, in noch anderen 4 Cotyledonen an einem Embryo mit 2 bis fast zur Haube verwachsenen hypocotylen Axen. Bei der Keimung zeigt es sich, dass das Anhängsel der Wurzelhaube als Reservestoffbehälter dient und demgemäss nach Verbrauch seines Stärkeinhaltes zu Grunde geht. — *Mimosa Denhartii* besitzt oft 2—3 Embryonen, von denen einer gewöhnlich stärker wächst als die anderen. Verf. glaubt, dass in allen diesen Fällen auch die beiden Synergiden sich zu Embryonen entwickelt haben, und dabei theils bis zur völligen Ausbildung gelangt, theils rudimentär geblieben sind, so dass auch der Wurzelhaubenauswuchs als ein solcher rudimentärer Embryo aufzufassen ist.

117. **L. Guignard. Note sur l'embryogénie du genre Lupinus.** (Bulletin de la Société botanique de France XXVIII, Paris 1881, p. 231—235.)

Die Resultate Hegelmaier's bei *Lupinus* veranlassen den Verf., der sich mit der Embryogenie der Leguminosen beschäftigte, zur Darlegung der von ihm beobachteten Verhältnisse.

Bezüglich der Integumente der Samenknospe unterscheidet man zwei Gruppen von Species; nur ein Integument haben *L. mutabilis* Sweet, *L. Cruikshankii* Hook., *L. polyphyllus* Dougl., *L. macrophyllus* Benth., *L. varius* Gaertn., *L. nanus* Dougl., *L. Hartwegii* Bot. Reg., *L. succulentus* Dougl., zwei Integumente besitzen *L. luteus* L., *L. angustifolius* L., *L. hirsutus* L., *L. pilosus* L., *L. subcarnosus* Benth., *L. albus* L. Mit diesen Gruppen gehen die embryogenetischen Vorgänge in beachtenswerther Weise parallel. — Bei *L. polyphyllus* finden ganz normale Verhältnisse statt. An der Spitze des Embryosackes liegen die beiden Synergiden und in ihrer Nähe seitlich, etwas tiefer hinabsteigend, die Eizelle; der secundäre Kern des Keimsackes und die Antipoden liegen am gewöhnlichen Platz. Nach der Befruchtung verschwinden die Synergiden und die Eizelle entwickelt sich zu einem aus 4 Zellpaaren bestehenden Proembryo, deren letzte den eigentlichen Embryo darstellt, während die anderen 3 den Suspensor bilden. Die Zellen des letzteren weichen auseinander und gehen an die Wand des Embryosackes, ebenso der Embryo, wobei verschiedenartige Lagerungsverhältnisse Platz greifen. Länge und Zellenzahl des Suspensors wechselt bei den einzelnen Species, immer jedoch tritt bis zu einem gewissen Grade Dislocation der Zellen desselben ein. Demnach hätte Hegelmaier einen nach der Befruchtung eintretenden Vorgang als einen derselben vorausgehenden eigenartigen Act betrachtet. Die von ihm beobachteten Kugeln sieht Guignard für Anhäufungen von Zellen des oberen Theils des Suspensors an, die sich früh wiederholt getheilt hätten. — Bei den Arten mit 2 Integumenten ist der Vorgang ebenfalls demjenigen bei den anderen Leguminosen ähnlich. Der Suspensor ist sehr lang, wächst ungemein schnell und der Embryo wird gegen die Chalaza hingeführt, öfters auch wieder gegen die Micropyle zurückgeleitet; der Suspensor legt sich in der Mediane der Wand des Embryosackes an und seine Zellen trennen sich nicht von einander. Die Zahl der letzteren beträgt bei *L. hirsutus, angustifolius* und *luteus* 10—12, bei *L. pilosus* mehr als 30. Das Albumen bildet sich um den Embryo und erfüllt bald den ganzen oberen Theil der Höhle des Keimsackes. Bevor die ersten Theilungen eintreten, findet man zahlreiche wiederholte Kerntheilungen, bis die Kerne der genannten Region in kurzer Entfernung von einander liegen; dann werden Kernplatten und Zellwände gebildet und das Plasma zieht sich um die Zellkerne zusammen.

118. **L. Guignard. Sur l'origine du sac embryonnaire et le rôle des antipodes.** (Bulletin de la Société botanique de France, tome XXVIII, Paris 1881, p. 197—201.)

Nach einer kurzen Uebersicht der bisherigen Ansichten über die Entstehung des Embryosackes, namentlich derjenigen von Warming und Vesque, theilt Verf. eigene Beobachtungen mit, welche an Compositen, Ranunculaceen, Ribesiaceen, Saxifrageen und besonders an Leguminosen gemacht wurden. — Bei *Acacia retinodes* bemerkt man an der Spitze des Samenknospenkernes unter der Epidermis eine grössere Zelle, welche sich durch eine Querwand in zwei über einander liegende theilt: eine apicale und eine subapicale. Die letztere ist die von Warming als Urmutterzelle des Embryosackes bezeichnete. Aus der apicalen Zelle wird gewöhnlich ein Gewebe von drei Lagen abgeplatteter Zellen, die subapicale theilt sich in basipetaler Richtung in drei Zellen, von denen die letzte sich vergrössert und die Mutterzelle des Embryosackes wird, während die beiden oberen resorbirt werden. Der junge Embryosack füllt sich mit Stärkekörnern, welche später mit der Bildung von acht Kernen verschwinden, die die Synergiden, die Oosphäre, die Antipoden und die beiden zum secundären Zellkern des Embryosackes verschmelzenden Kerne liefern. — Andere Leguminosen verhalten sich abweichend, so die *Caesalpinieae*, bei welchen die apicale Zelle ein noch lange nach der Befruchtung dauerndes Gewebe bildet, während die subapicale sich in 3—4 Zellen theilt, von denen immer die unterste zum Embryosack wird, die andern durch Resorption verschwinden. Bei *Cassia* entsteht aus der apicalen Zelle ein Gewebe von geringerem Umfange und die subapicale wird, ohne sich erst zu theilen, direct zum Embryosack. In der Regel aber ist das Gewebe der Spitzenzelle auf wenige Zellen beschränkt und verschwindet noch vor der Befruchtung vollständig; die subapicale Zelle theilt sich in vier *(Chorozema, Psoralea, Colutea)* oder häufiger nur in drei über einander liegende Zellen. In dieser Beziehung finden nicht nur innerhalb desselben Tribus, sondern sogar innerhalb der gleichen Gattung Verschiedenheiten statt, so bei *Cytisus*. Bei *Medicago, Melilotus* und *Cicer* theilt sich die apicale Zelle nur in zwei Tochterzellen, die subapicale bleibt ungetheilt und wird sofort zum Embryosack; bei den echten Vicieen theilt sich die apicale in drei, die subapicale in zwei Zellen oder gar nicht, und stets wird die äusserste ohne jede Fusion von zwei Nachbarzellen (Vesque) zum Embryosack.

Bei allen Leguminosen bilden sich im Embryosack die Synergiden, die Eizelle, die Antipoden und der secundäre Kern in bekannter Weise, die Antipoden verschwinden mit dem benachbarten Gewebe des Knospenkerns noch vor der Befruchtung, sie haben also eine Aufgabe, welche binnen kurzer Zeit nach ihrer Entstehung erfüllt ist; Anticlinen giebt es nicht wie bei den allermeisten Angiospermen. Die in den oberen zwei Tochterzellen der subapicalen Zelle, welche bei *Cercis* zwischen der Mutterzelle des Embryosackes und dem apicalen Gewebe liegen, vorkommenden zwei Zellkerne lassen sich nicht so auffassen, dass ihre Zellen den Specialmutterzellen des Pollen zu vergleichen wären, weil ihre Scheidewände niemals resorbirt werden: sie deuten nur auf eine Neigung hin, die aus der subapicalen Zelle resultirenden Tochterzellen bis zu einem gewissen Grade aequivalent zu machen.

Bei mehreren Ranunculaceen kommen Antipoden mit mehreren Zellkernen vor (leicht zu studiren bei *Clematis* und *Hepatica*). Jede der drei Antipoden besitzt zuerst einen Kern mit einem einzigen Nucleolus, aus welchem dann zwei und vier Kernchen hervorgehen, ohne dass die einzelnen sich von einander trennen. Endlich ist der primäre Kern von Kernkörperchen erfüllt; diese Erscheinung kann man entweder als das Ueberbleibsel eines Organes oder als ein reducirtes Prothallium betrachten.

119. **B. Jönsson. Om embryosäckens utveckling hos Angiospermerna.** (Acta Universitatis Lundensis, tom. XVI, 1879—80, Lund 1879—1881, p. 1- 86, 8 Tafeln.)
Nicht gesehen.

120. **J. F. A. Mellink. Over de ontwikkeling van den kiemzak by Angiospermen.** Leiden 1880. 73 Seiten, 2 Kupfertafeln.

Nicht gesehen.

121. **F. Soltwedel. Freie Zellbildung im Embryosack der Angiospermen, mit besonderer Berücksichtigung der hierbei stattfindenden Vorgänge der Kerntheilung.** (Jenaische Zeitschrift für Naturwissenschaft, Band XV, Jena 1881/82, p. 341—380, tab. 16—18.)

Ueber diese Arbeit wird an anderer Stelle des „Jahresberichtes" referirt; hier seien nur die Resultate derjenigen Untersuchungen mitgetheilt, welche sich auf die Zellbildung im Embryosack beziehen: „Alle freien Kerne, die nach der Befruchtung im Embryosack der Angiospermen auftreten, stammen vom secundären Embryosackkern ab; eine freie Entstehung von Zellkernen findet nicht statt. Ob aber das secundäre Endosperm durch Theilung einer Mutterzelle gebildet wird, oder ob in dieser Mutterzelle zuerst nur Kerntheilungen stattfinden und später um die freien Kerne Zellwände auftreten, scheint nur von der Grösse dieser Zelle abzuhängen. Im Allgemeinen finden wir, dass das secundäre Endosperm in grossen Embryosäcken durch freie Zellbildung, in kleineren dagegen durch Zelltheilung entsteht. Nun kann es auch vorkommen, dass in ein- und demselben Embryosack, wie z. B. bei *Lamium album*, in dem einen schmaleren Ende Zelltheilung, im anderen weiteren Ende dagegen nur Kerntheilung stattfindet. Während aber bei *Lamium* die freien Kerne frühzeitig resorbirt werden, können nach Hofmeister bei den freien Kernen im oberen Ende des Embryosackes von *Prostanthera violacea* auch Zellwände gebildet werden. Diese Thatsache aber, dass bei einzelnen Pflanzen das secundäre Endosperm zum Theil durch freie Zellbildung, zum Theil durch Zelltheilung gebildet wird, wie ferner der Umstand, dass bei den Pflanzen, deren secundäres Endosperm durch freie Zellbildung entsteht, die Kerne nicht frei entstehen, sondern durch Theilung aus einander hervorgehen, und dass bei vielen Pflanzen nach jeder freien Kerntheilung eine transitorische Zellplatte gebildet wird, lassen die beiden Entwickelungsweisen des secundären Endosperms als nicht wesentlich verschieden von einander erscheinen. Daraus ergiebt sich aber, dass man aus der verschiedenen Entstehungsart des Endosperms keine sicheren Schlüsse auf die Verwandtschaftsbeziehungen der einzelnen Familien ziehen kann."

Verf. unterscheidet zwei Arten von Endosperm: primäres und secundäres. Ersteres entsteht vor der Befruchtung im Embryosack der Phanerogamen durch freie Zellbildung; es besteht aus sieben Zellen: den drei Zellen des Eiapparates, den drei Gegenfüsslerinnen und einer aus der Verschmelzung von zwei freien Kernen hervorgegangenen mittleren Zelle mit dem secundären Embryosackkern. Aus dieser Zelle allein geht das secundäre Endosperm nach der erfolgten Befruchtung der Eizelle hervor.

122. **O. Jäger. Notiz über die Structur des Endosperms von Coffea arabica.** (Botanische Zeitung, 39. Jahrg., 1881, p. 336—339.)

Der Embryo liegt, mit dem Stammtheil der Micropyle zugekehrt, in einer das ganze Endosperm parallel der Innenfläche durchziehenden dunkeln Mittelschicht, welche aus zerfallenden Zellen besteht, die sich im Gegensatz zu den umgebenden unregelmässig gestalteten Endospermzellen durch tangentiale Streckung auszeichnen. Eine ähnliche Spalte kommt auch im Samen von *Strychnos nux vomica* vor; ob beide gleichen Ursprunges sind, muss die Entwickelungsgeschichte lehren. Die physiologische Bedeutung des angegebenen Verhaltens von *Coffea* findet Verf. darin, dass dem Embryo durch die Capillarwirkung der Lücken des denselben zunächst umgebenden Gewebes die zu seiner Entwickelung nöthigen Stoffe auch aus den entfernteren Theilen des Endosperms schon früh zugeführt werden können.

123. **J. F. A. Mellink. Over de endospermvorming by Adonis aestivalis L. Ueber die Endospermbildung bei Adonis aestivalis.** (Nederlandsch Kruidkundig Archief, 2e serie, 3e deel, 3e stuk, Nymegen 1881, p. 273—276.)

Nachdem Strasburger aus seinen Untersuchungen den Schluss gezogen hatte, dass das Endosperm nur auf zwei Weisen gebildet wird, durch Theilung des Keimsackes, oder durch wiederholte Theilung des Embryosackkerns und nachherige freie Zellbildung um die daraus hervorgegangenen Kerne, suchte Darapsky darzuthun, dass bei *Hyacinthus ciliatus* M. die Kerne des Endosperms frei im Plasma des Embryosacks entstehen.

Dieser Widerspruch veranlasste den Verf., die Endospermbildung bei *Adonis aestivalis* zu verfolgen. Obgleich es ihm nicht gelang, den Embryosackkern selbst in Theilung aufzufinden, so gelang es ihm doch bei einem Keimsacke, sämmtliche Kerne (56) in Theilungsstadien zu sehen; am Micropylende waren die Tochterkerne bereits gebildet, nach dem Chalazaende hin waren die Stadien immer weniger weit fortgeschritten, an der Basis hatten sie keine scharfen Umrisse mehr und zeigten die charakteristischen Streifen. Die Bildung der ersten Schicht der Endospermzellen verläuft ferner ganz in der von Strasburger beschriebenen Weise. , Giltay.

124. **C. Nörner. Beitrag zur Embryoentwickelung der Gramineen.** (Flora, 64. Jahrgang, Regensburg 1881, S. 241—251, 256—266, 273—284, tab. 2—5.)

Nach einer kurzen historischen Uebersicht seines Forschungsgebietes und Angabe der Präparirmethode bespricht Verf. seine Untersuchungen der Embryoentwickelung bei *Hordeum vulgare*, *Triticum vulgare*, *Secale cereale* und *Avena sativa* und giebt seine Resultate in einer vergleichenden Zusammenstellung am Schlusse, welcher hier folgendes entnommen sein mag.

Das befruchtete Ei gliedert sich durch zwei schnell auf einander folgende Wände in 3 Segmente, nach deren Lage man 3 Entwickelungstypen unterscheiden kann.

I. Die beiden Segmentwände, welche in basipetaler Reihenfolge auftreten, sind einander parallel. — Dadurch findet sich Verf. in Widerspruch mit Hegelmaier, welcher 4—6, meist 5 Segmente als Ausgangspunkt annimmt.

II. Die zweite Segmentwand ist nicht parallel zur ersten, sondern scheidet dieselbe unter einem spitzen Winkel.

III. Die erste Segmentwand verläuft schief zur Längsaxe des Embryo, die zweite Wand setzt sich unter spitzem Winkel an die erste an.

Die weitere Entwickelung des Embryo erfolgt bei Typus I durch Auftreten einer Längswand (Transversalwand), welcher eine ebensolche unter rechtem Winkel folgt (Medianwand). Dadurch tritt Theilung in Kugelquadranten ein. Nun erfolgt eine Aequatorialwand, durch welche das obere Segment des Embryo in Octanten zerlegt wird. Es treten dann Nebenwände unter mannigfachen Modificationen auf, welche sich annähernd parallel zur Transversalwand stellen und 4 Schalenzellen abschneiden, während im Innern 4 bandartige Zellen übrig bleiben, die den Scheitel einnehmen. — Typus II und III folgen diesem Schema, soweit es ihre Zellbildungen im oberen Segment gestatten.

In den beiden unteren Stockwerken des Embryo tritt ebenfalls zunächst eine longitudinale Wand auf, doch kann dieselbe im untern Stockwerk auch als Querwand erfolgen; darauf beginnen Quertheilungen.

Durch das Auftreten pericliner Wände, welche die Quadrantenzellen in Schalenzellen und in Kugelquadrantenzellen zweiter Ordnung theilen, wird das Dermatogen abgegliedert. Die Bildung desselben erfolgt erst nach zahlreichen anderweitigen Theilungen; im hypocotylen Theil lässt sich dieselbe wegen der regellosen Theilungen nicht verfolgen. Am Dermatogen betheiligen sich die beiden oberen Segmente, das untere Segment bildet die Hypophyse.

Weitere Zelltheilungen erfolgen nach allen Richtungen unter Anpassung an die bestehenden räumlichen Verhältnisse. Eine Scheidung von Periblem und Plerom ist eben so wenig festzustellen wie das Auftreten einer Scheitelzelle. Der Vegetationspunkt der jugendlichen Stammknospe wird im oberen Segment angelegt. Die Cotyledonarscheide setzt sich bis zur Grenze zwischen Segment I und II fort.

125. **J. Urban. Ueber die Lage der Radicula in den Samen einiger Trigonella- und Melilotus-Arten.** (Sitzungsberichte des Bot. Vereins der Provinz Brandenburg XXIII, Jahrg. 1881, Berlin 1882, S. 71—72.)

Die bisher als durchgehend angenommene pleurorrhize Lage der Cotyledonen der Papilionaceen erleidet bei den genannten Gattungen eine Ausnahme. Hier hat dieser Charakter zum Theil nicht einmal specifischen Werth. *Trigonella Sprunneriana* Boiss. und verwandte Arten haben in allen Samen einen notorrhizen Embryo, während andere Arten einen pleurorrhizen besitzen. — Anders bei *Melilotus*. Bei unsern einheimischen Arten liegt das Würzelchen der Keimblattspalte an, bei anderen Species hängt die Lage desselben davon ab, ob die Hülse 1 oder 2 Samen enthält. Bei *M. neapolitana* Ten. und *M. elegans* Salzm. ist in einsamigen Früchten der Embryo vollständig notorrhiz, in zweisamigen dagegen liegt das Würzelchen nur dem einen Keimblatt an gegen dessen Rand hin: ein Verhalten, welches wohl durch den gegenseitigen Druck der beiden fast in gleicher Höhe stehenden Samen bedingt wird. — *M. italica* Desr. und *M. sulcata* Desf. zeigen in einsamigen Hülsen die Radicula der einen Keimblattspalte mehr genähert, in zweisamigen ist der Embryo fast pleurorrhiz. *M. macrocarpa* Coss. et Dur. verhält sich ebenso, doch giebt es hier auch in einsamigen Früchten alle Uebergänge von fast pleurorrhizem zu fast notorrhizem Embryo. — Noch anders zeigte sich *M. speciosa* Dur. und andere Arten.

11. Früchte und Samen.

126. **J. Lubbock. Fruits and Seeds.** (Proceedings of the Royal Institution of Great Britain, vol IX, London 1881/82, p. 519, 595—628, mit zahlreichen Holzschnitten.)

Bespricht Bestäubungs- und Aussäungseinrichtungen, Frucht- und Samenformen und einige Fälle von Mimicry an solchen. Die Abbildungen sind meist flüchtig, zum Theil unrichtig gezeichnet, auch hätte die längst berichtigte Meinung, welche bei *Vallisneria* die losgerissenen männlichen Blüthen für Pollenkörner ansieht, nicht wieder als Wahrheit aufgetischt werden sollen.

127. **E. Heckel. Les oranges monstrueuses.** (La Provence agricole, 1881. Juni-Nummer.)

Verf. theilt ein Verfahren mit, um Orangenfrüchte zu erhalten, welche z. Th. die Eigenschaften der Citrone besitzen. Zu diesem Zweck werden Knospen der verschiedenen Citrus-Arten *(C. Aurantium, C. Limonium)* kreisförmig auf den Stamm eines beliebigen *Citrus* gepfropft, in der Weise, dass je zwei verschiedene Knospen möglichst nahe bei einander zu stehen kommen. Sobald die Veredelung gelungen ist, schneidet man die Unterlage über den Knospen ab, welche sich nun zu Zweigen mit den gewünschten Früchten entwickeln. Blätter und Blüthen sind vollkommene Mittelbildungen.

(Revue bibliogr. du Bull. de la Soc. bot. de France 1881, p. 116—117.)

128. **Flückiger et A. Meyer. Notes on the fruit of Strychnos Ignatia.** (The pharmaceutical Journal 1881.)

Die Ignatiusbohne wird bibliographisch und histologisch besprochen; sie wurde zuerst durch Kamel an Ray und Petiver geschickt. — Die Frucht ist einfächerig durch Bildung einer pulpösen Masse. Die Pflanze kommt einzig auf der Insel Samar (Philippinen) vor.

129. **Treub. Ueber die Samen der Burmanniaceen.** (Processen-Verbaal van de gewone Vergaderingen der K. Akademie van Wetenschappen, Afdeeling Naturkunde, 1881—82, No. 10, S. 6.)

Durch die Untersuchung der Samen von *Gonyanthes candida* und *Burmannia javanica* hat Verf. feststellen können, dass diese Burmanniaceen ein sehr deutliches Endosperm besitzen entgegen der bisherigen Annahme. Was man für den Embryo hielt, ist eben das Endosperm, und der wirkliche Embryo ist äusserst klein, selbst von einem geübten Präparator nur schwer aufzufinden. Der Bau der Burmanniaceen-Samen schliesst sich mehr an die Taccaceen als an die Orchideen an.

130. **R. v. Höhnel. Bemerkungen über den Arillus von Ravenala.** (Oesterr. Botan. Zeitschrift XXXI, Wien 1881, S. 386—387.)

Ravenala Madagascariensis hat einen himmelblauen Arillus, aus welchem Fett gewonnen wird, das einzige bekannte derartige Beispiel. — Die mit kaum verdickten Wänden versehenen Zellen desselben schliessen ein seiner ganzen Masse nach blau gefärbtes Plasma ein, welches viel Oeltropfen enthält, in denen der Farbstoff ebenfalls gelöst ist. Durch Alkalien wird letzterer grün bis gelb, durch Säuren entfärbt er sich. Nach Veränderung mittelst Alkalien wird die Farbe durch Säuren wieder hergestellt. In Wasser ist er unlöslich, in Oel, Aether und Alkohol dagegen wird er gelöst. Dieser Farbstoff ist demnach sowohl vom Anthocyan, wie von allen in der Pflanze fertig vorkommenden Farbstoffen verschieden.

131. **T. F. Hanausek. Ueber die Frucht von Euchlaena luxurians Dur. et Aschs.** (Oesterreichische Botanische Zeitschrift XXXI, Wien 1881, S. 173—177.)

Einer kurzen historischen Recapitulation der Litteratur über *Euchlaena luxurians* Dur. et Aschs. (= *Reana luxurians* Durieu) folgt die von Ascherson mitgetheilte Beschreibung der Früchte von *E. mexicana* Schrad., mit welcher diejenigen der *E. luxurians* sehr übereinstimmen. — Ob die unter der äusseren Gluma sich findenden „Häutchen" als Spelzen anzusehen sind, lässt Verf. unentschieden. — Weitere Angaben finden sich über den anatomischen Bau des die Frucht einschliessenden Axenstückes, der äusseren Gluma und des' Samens.

132. E. T. Bachmann. Darstellung der Entwickelungsgeschichte und des Baues der Samen-schalen der Scrophularineen. (Nova Acta der k. Leopoldina-Carolina-Deutschen Akademie der Naturforscher, Band XLIII, Halle 1881, 4⁰, 179 Seiten, 4 Tafeln.)

Wird von einer historischen Uebersicht der bisherigen Forschungen auf dem Gebiete der Samenschalen eingeleitet; dieser folgen die Darstellungen der Entwickelung derselben bei folgenden Scrophulariaceen: *Scrophularia sambucifolia* L., *Ehrharti* Stev., *lucida* L., *peregrina* L., *vernalis* L., *arguta* Soland., *nodosa* L., *Balbisii, laciniata* W.K., *alpestris* Gaz., *canina* L.; *Verbascum phoeniceum* L., *phlomoides* L., *Blattaria* L., *Thapsus* L., *virgatum, rigidum, pulverulentum; Alonsoa Warscewiczii* Rgl., *A. incisifolia* R. et P., *A. grandiflora, A. caulialata* R. et P. und *A. linifolia; Calceolaria chelidonoides* H. Bonpl.; *Nemesia floribunda* Dougl., *chamaedrifolia* Vent. und *versicolor* E. May.; *Diascia violacea; Anarrhinum bellidifolium* Desf.; *Linaria minor* Desf., *littoralis* Willd., *praetermissa* Delastr., *origanifolia* DC., *persica* Chav., *Cymbalaria* L., *pilosa* DC., *spuria* Mill., *versicolor* Moench., *Salzmanni* Boiss., *minutiflora* Meyer, *genistaefolia* Mill., *triphylla* Mill., *striata* DC., *vulgaris* Mill., *arenaria* DC., *lusitanica* Hoffmsg. et Link., *caesia* DC., *saxatilis* Hoffmsg. et Link.; *Lophospermum scandens* Don.; *Maurandia Barclayana* Lindl., *antirrhiniflora* Willd.; *Antirrhinum Asarina* L., *majus* L., *sempervirens* Lapeyr., *Orontium* L.; *Schizanthus pinnatus; Browallia demissa* L., *alata* und *viscosa; Digitalis purpurea* L., *lutea* L., *lanata* Ehrh., *ferruginea* L.; *Pentstemon barbatus* Cav., *Colvilli, procerus* Grah., *Digitalis* L., *pubescens* Soland., *venustum* W., *laevigatus, ovatus* Dougl.; *Mazus rugosus* Lour.; *Lindenbergia ruderalis* Vahl; *Mimulus luteus* L., *cardinalis, Filingii* Rgl., *floribundus, moschatus; Leucocarpus alatus; Herpestes chrysantha; Chaenostoma foetidum; Lyperia violacea* Benth.; *Buchnera americana* L.; *Buddleia Lindleyana* Fortun.; *Veronica hederaefolia* L., *polita* Fries, *triphyllos* L., *arvensis* L. und zahlreiche andere Arten; *Rhinanthus minor* Ehrh.; *Pedicularis verticillata* L. und mehrere andere Arten; *Euphrasia Odontites* L.

Jeder Unterfamilie ist eine Uebersicht der Resultate beigefügt und zum Schluss wird eine vergleichende Zusammenstellung aller Ergebnisse mitgetheilt, aus welcher wir folgende Hauptsätze entnehmen.

Die microskopische Beschaffenheit der Samenschale ist für die Systematik nur von bedingtem Werth. Einerseits haben näher verwandte Arten gleichen Bau der Samenschale, anderseits unterscheiden sich systematisch entferntere Arten durch denselben gar nicht oder nur in geringem Grade. Wenn sich die nahe Verwandtschaft der Papilionaceen, Mimoseen und Caesalpinieen auch im Bau der Samenschale kundthut, so ist das bei den nahe verwandten Scrophularineen und Solaneen nicht der Fall. Fast bei jedem Samen, gleichviel aus welcher Familie er stammt, ist ein Theil des ehemaligen Gewebes des Integumentes zu einer dünnen Lamelle zusammengepresst oder resorbirt. Diesem Process gehen Degenerationserscheinungen voraus. Der Strandmark'sche Satz, dass Samen, denen die Schutzschicht der Testa fehlt, durch eine ungewöhnlich feste Consistenz des Eiweisses oder des Embryos ausgezeichnet sind, findet auch auf die Scrophularineen Anwendung (*Mimulus, Mazus, Lindenbergia* etc.), jedoch mit der Einschränkung, dass manchmal auch harte Testa und festes Albumen vereinigt sein können (*Pedicularis*). Die platte Form der Samen von *Linaria* ist ein Erzeugniss des Zwischengewebes des Integumentes, diejenige der *Veronica*-Samen dagegen beruht auf einseitigen Wachsthumserscheinungen innerhalb des Endosperms. Die *Veronica*-Samen sind vom Rücken und Bauch her zusammengedrückt, die *Linaria*-Samen aber von rechts und links, wenn man die Seite der Raphe die Bauchseite genannt wird. Bei *Linaria versicolor* und *Schizanthus pinnatus* werden die Höcker und Rippen des Samens von dem Zwischengewebe des Integumentes unter Betheiligung der Epidermis gebildet, bei den Verbasceen und Manuleen aber vom

Endosperm unter Betheiligung der innersten Schicht des Integumentes. Das Eiweiss ist im reifen Zustande bei allen entsprechend höckerig, so dass man von vornherein nicht wissen kann, von wo die Hügelbildung ausgegangen ist. Aus der Entwickelungsgeschichte ergiebt sich der wohl auch sonst giltige Satz, dass überall, wo ein höckeriges Endosperm bei Scrophularineen vorkommt und die innerste Schicht des Integumentes als Schutzschicht fungirt, die Höckerbildung vom Eiweiss ausgegangen ist, in Fällen dagegen, wo die Epidermis die Schutzschicht bildet, die Höckerbildung von dem subepidermalen Gewebe des Endosperms herstammt.

133. **F. A. Flückiger und A. Meyer. Ueber Frucht und Samen von Strychnos Ignatii.** (Archiv der Pharmacie. 6. Reihe, 16. Bd. [219], 1881, S. 401—415.)

Von der bisher unbekannten Stammpflanze der Ignatius-Bohnen erhielten die Verff. einige Früchte, welche durch kuglige Gestalt und nur 10—12 Samen von der Abbildung bei Ray und Petiver abweichen. Die Frucht ist zweifelsohne 2fächerig angelegt wie bei anderen Loganiaceen, doch wird die Scheidewand fleischig und dadurch undeutlich. Durch Druck werden die ursprünglich gleichmässig gewölbten Samen unregelmässig kantig. Der Embryo liegt mit seinem Würzelchen an einem Ende des Samens im Endosperm, mit den Cotyledonen in einer Spalte desselben. Die Samenschale ist sehr dünn und mit glänzenden Haaren bedeckt, das Endosperm hornartig. Die Epidermis der *Ignatia*-Frucht besteht aus einer einfachen Schicht nach aussen stark verdickter Zellen und darauf folgenden ca. 6 Reihen dünnwandigen Parenchyms. Die eigentliche Fruchtschale hat eine gefelderte Oberfläche, entsprechend den zu dichten kurzen Prismen zusammengedrängten Gruppen von Steinzellen, die einigermassen strahlig angeordnet sind. Das Fruchtmus besteht in den äusseren Schichten aus kugligen, in den inneren aus radial gedehnten Zellen, um die Samen aus kleinzelligem Gewebe. Auf der Samenschale stehen cylindrische 1zellige Haare mit Verdickungsstreifen der Länge nach. Das Endosperm zeigt aussen eine Lage pallisadenartiger Zellen, innen polyedrische stark verdickte Zellen. Aehnlich ist der Samenbau auch bei *Strychnos nux vomica* und *S. potatorum*, auch bei *S. innocua*.

134. **E. Fournier**

giebt im Bulletin de la Société botanique de France, tome XXVIII, 1881, p. 193 eine Notiz über eine aus zwei am Grunde verwachsenen Fruchtknoten gebildete Frucht von *Tulipa*.

135. **Ch. Downing. Fruits and Fruit Trees of America.** (With 3 appendices. New York 1881. 8⁰, with 25 illust.)

Nicht gesehen.

136. **H. Baillon. Le fruit des Osteospermum.** (Bulletin mensuel de la Société Linnéenne de Paris 1881, p. 293.)

Die bisher als Achaene beschriebene Frucht von *Osteospermum* ist eine Drupa mit dünnem Sarcocarpium. Die aussen vollständig glatte Frucht entfernt sich in ihrem Aussehen sehr von dem gewöhnlichen Verhalten der Compositae, so dass man deren Zugehörigkeit nicht erkennen würde, wenn man sie nicht kennte.

D. Befruchtungs- und Aussäungseinrichtungen. Beziehungen zwischen Pflanzen und Thieren.

Referent: **H. Müller-Lippstadt.**

Alphabetisches Verzeichniss der besprochenen Arbeiten (aus den Jahren 1881 und 1882.)

1. **Allen, Grant.** The colours of flowers as illustrated by the british flora. (Nature Vol. XXVI, p. 299—304, 323—326, 346—350, 371—375, 1882.) (Ref. No. 15.)
2. — The colours of flowers. London 1882. (Ref. No. 15.)

3. Arcangeli, G. Sulla caprificazione e sopra un caso di sviluppo anomale nei fiori del Ficus stipulata Thunb. (Processi verb. della Soc. Tosc. di Sc. nat. 1882, Nov. 2. 3 Seiten, 8⁰. — Pisa 1882.) (Ref. No. 29.)

4. Ascherson, P. Asteriscus pygmaeus. (Sitzungsber. des Bot. Ver. d. Prov. Brandenburg XXIII, S. 36, 37; 29. April 1881.) (Ref. No. 47.)

5. Bailey, W. W. Note on Toreuia asiatica. (Bull. Torrey Bot. Club. Vol. IX, p. 50—52, 4 figs; April 1882.) (Ref. No. 40.)

6. Baillon, H. Dissemination des graines de Tamus communis. (Bull. mens. Soc. Linn, de Paris; No. 42, 1882, p. 334.) Dem Referenten nicht zugänglich.

7. — Impaticns Humblotiana. (Nach Delpino, Rivista botanica dell' anno 1881, p. 37; ohne Angabe der Quelle.) (Ref. No. 38.)

8. Behrens, W. J. Der Schuppenwurz, Lathraea squamaria. (Method. Lehrbuch der Allgem. Botanik, II. Aufl., S. 201—203.) (Ref. No. 39.)

9. Beissner, L. Ungeschlechtliche Fortpflanzung wild wachsender, gefüllt blühender Pflanzen. (Regel's Gartenflora 1881, Febr., S. 51, 52.) (Ref. No. 7.)

10. Bennett, A. W. On the colour of spring-flowers. (The Gardeners' Chronicle 1881. No. 403, p. 365, 366.) (Ref. No. 11.)

11. Buchenau, Franz. Bildungsabweichungen der Blüthe von Tropaeolum majus. Phylogenetische Bemerkungen. (Abhandl. des Naturw. Vereins zu Bremen 1878, S. 631—633.) (Ref. No. 4.)

12. Costerus, J. C. Seasonal order in colours of flowers. (Nature Vol. XXV, p. 481, 482. March 23, 1882.) (Ref. No. 9.)

13. Dewitz, H. Wie ist es den Stubenfliegen und vielen anderen Insecten möglich, an senkrechten Glaswänden emporzulaufen? (Sitzungsber. der Gesellsch. Naturforsch. Freunde in Berlin, 1882, No. 1.) (Ref. No. 55.)

14. — Weitere Mittheilung über den Kletterapparat der Insecten. (Daselbst 1882, No. 7.) (Ref. No. 55.)

15. Dodel-Port, Arnold. Ein directer Beweis von der Concurrenz der Blumen um die Gunst der sie besuchenden Insecten. (Kosmos, Bd. XI, S. 294, 295; Juli 1882.) (Ref. No. 5.)

16. — Die Liebe der Blumen. Physiologie der Blüthe. (Illustrirtes Pflanzenleben, herausg. von Dr. Arnold Dodel-Port, Lief. 6./7., Zürich 1882.) (Ref. No. 42.)

17. Dufour. Existence de tensions chez certaines fleurs. (Étude d'Anatomie et de Physiologie végétales, dissertation inaugurale; pp. 42—46, Lausanne 1882.) (Ref. No. 6.)

18. Focke, W. O. Die Verbreitungsmittel der Hutpilze. (Abhandl. d. Naturw. Ver. zu Bremen, Bd. VIII.) (Ref. No. 46.)

19. Foerste, Aug. F. Pastinaca sativa proterandrous. (Bot. Gazette Vol. VII, p. 24. Febr. 1882.) (Ref. No. 36.)

20. Forbes, Henry C. Two kinds of stamens with different functions in the same flower, (Nature Vol. XXVI, p. 386; Aug. 24, 1882.) (Ref. No. 31.)

21. Heimerl, Anton. Ueber die Beziehungen zwischen den Blumen und Insecten. (Wiener Illustrirte Garten-Zeitung, Jan. 1881, S. 1—3, 49—54.) Ein Vortrag über das genannte Thema, der nichts Neues bietet. Ref.

22. Hieronymus. Ueber Caesalpinia Gilliesii. (59. Jahresber. der Schles. Gesellschaft für vaterl. Cultur, für 1881, S. 284.) (Ref. No. 17.)

23. Hildebrand, F. Die Blüthenstände von Echinacea purpurea. (Tagebl. d. Naturf. Vers. in Salzburg 1881, S. 74.) (Ref. No. 12.)

24. — Androgyne Blüthenstände bei Betula alba. (Daselbst S. 74.) (Ref. No. 18.)

25. — Fruchtschutz bei Centaurea macrocephala. (Daselbst S. 74.) (Ref. No. 48.)

26. Kraus, G. Ueber die Blüthenwärme bei Arum italicum. (Abhandl. d. Naturf. Ges. Halle, Bd. XVI, 1882; Kosmos Bd. XII, S. 225, 226.) (Ref. No. 33.)

27. Krause, Ernst. Ein Schmetterling, der einen Kolibri nachahmt. (Kosmos Bd. XII, S. 140—143, Nov. 1882.) (Ref. No. 53.)

28. **Landois, H.** Die Degeneration der Pyramidenpappeln und Weinreben. (Zehnter Jahresber. des Westf. Prov.-Ver. für 1881, S. 90—93. Münster 1882. (Ref. No. 8.)

29. **Lubbock, Sir John.** Ants, Bees and Wasps. London 1882. (Ref. No. 13.)

30. **Ludwig, Dr. F.** Ueber eine der Schneckenbefruchtung angepasste Blütheneinrichtung. (Kosmos, Bd. XI. S. 347—351, Aug. 1882.) (Ref. No. 33.)

31. **Magnus, P.** Hygroskopische Hüllblätter als Schutzmittel von Blüthen und Samen. (Kosmos, Bd. X, S. 371—373, Febr. 1882.) Ein Bericht über E. Ráthay's Arbeit „Ueber Austrocknungs- und Imbibitionserscheinungen der Cynareeninvolucren." (Bot. Jahresber. für 1880.) (Ref. No. 104.)

32. **Marchesetti, C.** Le nozze dei fiori. (Aus dem Journal „Mente e Cuore". Trieste 1881, 19 p. in 8⁰.) (Ref. No. 2.)

33. **Mayer, P.** Zur Naturgeschichte der Feigeninsecten. (Mittheil. aus d. Zool. Station in Neapel, III. Bd., 4. Heft, S. 551—590, 1882.) (Ref. No. 28.)

34. **Meehan, Thos.** Fruiting of Ginkgo biloba. (Proc. Ac. Nat. Sc. Philadelphia 1882 Part. I, p. 9—10.) (Ref. No. 20.)

35. — Motility in the flower of Draba verna. (Americ. Naturalist, Vol. XVI, p. 320, Apr. 1882.) (Ref. No. 41.)

36. — Sexual characters in Cephalotaxus. (Proc. Acad. Nat. Sc., Philadelphia Part. III, Oct.-Dec. 1882, p. 252.) (Ref. No. 19.)

37. **Mereschkowsky.** Der Farbensinn der niederen Crustaceen. (Kosmos, Bd. XII, S. 67, 68, Oct. 1882, nach Lanessan, Revue internat. des sciences biolog; aus den Sitzungsber. der Pariser Akad. vom 26. Dec. 1881.) (Ref. No. 56.)

38. **Moore, S. Le M.** Mr. Darwins' doctrine of cleistogamy. (Trimens' Journal of Botany 1881, p. 84, New Ser., Vol. X, No. 219.) (Ref. No. 25.)

39. **Morren, Edouard.** Fécondation du Tillandsia Lindeni. (La Belgique horticole 1881, p. 72.) (Ref. No. 34.)

40. **Müller, Fritz.** Caprificus und Feigenbaum. (Kosmos, Bd. XI, S. 342—346, August 1882.) (Ref. No. 29.)

41. — „Dr. Paul Mayer. Zur Naturgeschichte der Feigeninsecten." (Kosmos, Bd. XII, S. 310—314.) (Ref. No. 28.)

42. — Two kinds of stamens with different functions in the same flower. (Nature, Vol. XXVII, p. 364, Febr. 15, 1883.) (Ref. No. 31.)

43. **Müller, Herrmann.** Weitere Beobachtungen über Befruchtung der Blumen durch Insecten, III. (Verhdl. des Naturh. Ver. der Preuss. Rheinlande u. Westf., 39. Jahrg. 1882, S. 1—104.) (Ref. No. 44.)

44. — Polymorphism of the flower-heads of Centaurea Jacea. (Nature, Vol. XXV, p. 241, Jan. 12, 1882.) (Ref. No. 23.)

45. — Die Vielgestaltigkeit der Blumenköpfe von Centaurea Jacea. (Kosmos, Bd. X, S. 334—344, Febr. 1882.) (Ref. No. 23.)

46. — Two kinds of stamens with different functions in the same flower. (Nature, Vol. XXVII, p. 30, Nov. 9, 1882.) (Ref. No. 31.)

47. — Die Stellung der Honigbiene in der Blumenwelt. 1. Windblüthen. (Bienenzeitung 38. Jahrg., Nov. 2, 1882.) 2. Pollenblumen. (Das. No. 10, 1882.) (Ref. No. 1.)

48. — „Sir John Lubbock's Untersuchungen über Ameisen, Bienen und Wespen." (Kosmos, Bd. XI, S. 414—429, Sept. 1882.) (Ref. No. 13.)

49. — Versuche über die Farbenliebhaberei der Honigbiene. (Kosmos, Bd. XII, S. 273—299, Jan. 1883.) (Ref. No. 14.)

50. — Geschichte der Erklärungsversuche in Bezug auf die biologische Bedeutung der Blumenfarben. (Kosmos, Bd. XII, S. 117—137, Nov. 1882.) (Ref. No. 16.)

51. — Die biologische Bedeutung der Blumenfarben. (Biolog. Centralbl. Bd. III, No. 4 15. April 1883.) (Ref. No. 15.)

52. **Parona, C.** Il Fisianto, le farfalle e le api. (Milano 1882, 8⁰, 4 pp.) (Ref. No. 52.)

53. **Plowright, Charles B.** Ueber Mimicry bei Pilzen. (Kosmos, Bd. XI, S. 453—456, Sept. 1882. Aus „Grevillea" vom 7. Juli 1881.) (Ref. No. 50.)

54. Ransom, Arthur. The fertilisation of the speedwell. (Nature, Vol. XXVII, p. 149, Dec. 14, 1882, p. 223, Jan. 4, 1883.) (Ref. No. 35.)

55. Ráthay, Emerich. Untersuchungen über die Spermogonien der Rostpilze. (Separatabdruck aus der Denkschrift der Kaiserl. Akad. der Wissensch. zu Wien, Mathem.-Naturw. Classe, Bd. 46, 51 S., 1882.) (Ref. No. 51.)

56. Riley, C. V. Utilisation of ants in horticulture. (Nature, Vol. XXVI, p. 126, June 8, 1882.) (Ref. No. 54.)

57. — Die Ameisen als Beschützer von Gartenbäumen. (Kosmos, Bd. XI, S. 459, 460, Sept. 1882.) (Ref. No. 54.)

58. Rosenthal, A. C., und Joseph Bermann. Neue thiertödtende Pflanzen. (Wiener illustrirte Gartenzeitung 6. Jahrg., 1881, S. 57—59.) (Ref. No. 49.)

59. Rogers, J. Innes. Colours of low growing wood flowers. (Nature, Vol. XXV, p. 554, April 13, 1882.) (Ref. No. 10.)

60. Solms-Laubach, H. Graf zu. Die Herkunft, Domestication und Verbreitung des gewöhnlichen Feigenbaums (Fius Carica L.) (Abhdl. der Kgl. Ges. d. Wissensch. zu Göttingen, 28. Bd., 1882.) (Ref. No. 26.)

61. — Ueber das Vorkommen cleistogamer Blüthen in der Familie der Pontederaceae. (Bot. Ztg. 41. Jahrg., 4. Mai 1883, S. 301—304. Aus den Göttinger Nachrichten, Juni 1882.) (Ref. No. 24.)

62. Stabley, A. Mackenzie. The fertilisation of the common speedwell. (Nature, Vol. XXIII, p. 127, Dec. 7, 1882, p. 174, Dec. 21, 1882.) (Ref. No. 35.)

63. Taylor, J. E. The origin of our vernal flora. (Nature, Vol. XXVII, p. 7, Nov. 2, 1882.) (Ref. No. 3.)

64. Todd, J. E. On the flowers of Solanum rostratum and Cassia Chamaecrista. (Americ. Naturalist, Apr. 1882, p. 281—287.) (Ref. No. 30.)

65. Treleáse, William. The heterogony of Oxalis violacea. (Americ. Naturalist, Jan. 1882, p. 13—19.) (Ref. No. 22.)

66. — Proterandry of Pastinaca. (Bot. Gazette, Vol. VII, p. 26, 27, Mai 1882.) (Ref. No. 36.)

67. — On the structures which favor crossfertilization in several plants. (Proc. of the Boston Soc. of Nat. Hist., Vol. XXI, March 15, 1882, pp. 410—440, Plate 6 -8.) (Ref. No. 43.)

68. Trop, J. Proterandry in Adaryllis reginae. (Bot. Gazette, Vol. VII, p. 42, Apr. 1882.) (Ref. No. 37.)

69. Vonhausen, W. Bei welchen Winden fliegen die Fichten-, Kiefern- und Lärchensamen ab? (Allgem. Forst- und Jagd-Ztg., 57. Jahrg. 1881, S. 431.) (Ref. No. 45.)

70. Wittmack, L. Ueber eine Eigenthümlichkeit der Blüthen von Hordeum bulbosum L. (Sitzungsber. der Ges. naturf. Freunde, Berlin 1882, S. 96, 97.) (Ref. No. 21.)

I. Allgemeines.

1. Hermann Müller. Die Stellung der Honigbiene in der Blumenwelt. 1. 2. (No. 47.)

In einer Reihe von Aufsätzen, von denen hier die beiden ersten vorliegen, will der Verf. die wichtigsten unserer Blumen Revue passiren lassen, um zu zeigen, welche Gesellschaft anderer Insecten auf jeder derselben unserer Honigbiene Concurrenz macht und welches besondere Verhalten die Honigbiene auf jeder Blumenart zeigt.

1. Windblüthen, die den gemeinsamen Ausgangspunkt der Blumen bilden, werden gelegentlich von pollenfressenden Käfern und Fliegen und von pollensammelnden Bienen aufgesucht. Von letzteren wurde die Honigbiene insbesondere an *Corylus*, *Populus*, *Carex* und *Plantago*-Arten Pollen sammelnd beobachtet.

2. Pollenblumen sind meist weiss oder gelb, selten roth, violett oder blau. An fast allen sucht die Honigbiene Pollenausbeute, nur von wenigen scheint sie durch widrigen Duft *(Sambucus nigra)*, oder starken Zudrang anderer Insekten *(Spiraea Ulmaria, Aruncus filipendula)* zurückgehalten zu werden. An weissen Pollenblumen *(Clematis, Anemone,*

Solanum) concurriren pollenfressende Käfer und Fliegen und pollensammelnde Bienen, an gelben (*Hypericum, Helianthemum* etc.) ausserdem selbst Falter. Violette und blaue Pollenblumen üben auf die ausgebildetsten Blumengäste, langrüsselige Schwebfliegen, Bienen und selbst Falter) besondere Anziehung, wie z. B. *Solanum Dulcamara, Verbascum phoeniceum, Hepatica.*

2. C. Marchesetti. Befruchtung der Blumen. (No. 32.)

Ein eleganter, in populäre Form gekleideter Vortrag über Bestäubung und Befruchtung der Pflanzen, sowie über den morphologischen Aufbau der Blüthe, an Hand der neuesten Forschungen.
O. Penzig.

3. J. E. Taylor. Der Ursprung unserer Frühlingsflora. (No. 63.)

Der Verf. weist darauf hin, dass unsere ersten Frühlingspflanzen grösstentheils Gattungen angehören, die im hohen Norden und auf den Alpen besonders häufig sind (*Potentilla, Stellaria, Saxifraga, Chrysosplenium, Draba, Ranunculus, Cardamine, Alsine* etc.), dass manche von ihnen strenge Kälte ertragen und Blätter überhaupt oder hauptsächlich erst nach dem Verblühen entwickeln. Er ist desshalb der Meinung, dass diese Frühblüher desselben Ursprungs sind wie die alpinen und nordischen Pflanzen und ihre Gewohnheiten aus einer Zeit erhalten haben, wo sie unter rauheren klimatischen Bedingungen lebten.

4. Buchenau. Phylogenetische Bemerkungen in Bezug auf die Blüthenform von Tropaeolum majus. (No. 11.)

Aus den mannigfaltigsten Bildungsabweichungen, die er an Blüthen von *Tropaeolum majus* beobachtete, hebt der Verf. folgende Thatsachen als für die Entstehungsgeschichte dieser Blüthen bedeutungsvoll hervor. Die Stellung der dem Insectenbesuche angepassten Theile im Raume ist diejenige Eigenthümlichkeit, welche unter allen Fällen am hartnäckigsten festgehalten wird. Niemals sah Verf. eine Blüthe, deren gefranste Kronblätter oben im Raume gelegen hätten, deren Staubblätter also auch vor dem Bestäuben nach oben gekrümmt gewesen wären, stets nahmen die mit Saftmalen versehenen Kronblätter die oberen Partien der Blüthe ein. Ebenso liegt der Hauptsporn stets in der oberen Partie; diese Lage hält er weit hartnäckiger fest, als seine Beziehung zu Kelchblatt 2 und den beiden benachbarten Petalen.

Als älteste Stammform der *Tropaeolum*-Blüthe haben wir uns wohl eine actinomorphe Blüthe mit 10 Staubblättern und mit mehr oder weniger senkrechter Axe zu denken. Mit der mehr und mehr eintretenden wagrechten Stellung derselben musste die Zygomorphie angefangen. Von den nun beginnenden tiefgreifenden Umgestaltungen ergeben die Bildung des Sporns und das Auftreten der Saftmale die eine, die Bildung der Fransen und die Bewegungserscheinungen der Staubblätter die andere Gruppe von untrennbar vereinigten Anpassungen. Es lässt sich annehmen, „dass entweder alle diese Umwandlungen gleichzeitig geschahen, oder wenn dies nicht der Fall war, dass die Ausbildung des Spornes und der Saftmale das Primäre war; denn erst, nachdem hierdurch die Anlockung der Insecten gesichert war, konnte die wunderbar verwickelte und so sicher wirkende Combination der abwehrenden Fransen und der gesetzmässig aufsteigenden Staubblätter von Bedeutung für das Leben und die Existenz der Pflanze werden.

5. Prof. Dr. A. Dodel-Port. Ein directer Beweis von der Concurrenz der Blumen um die Gunst der sie besuchenden Insecten. (No. 15.)

Im botanischen Garten zu Zürich wurden von Mitte Juli bis Mitte August die Blüthen zweier Beete von *Phaseolus coccineus* L. von Insecten nicht besucht gesehen und setzten, mit Ausnahme einer einzigen, keine Bohnen an, während gleichzeitig Bienen, Hummeln etc. auf unmittelbar benachbarten Blumen von *Cerinthe major, Centaurea Cyanus* u. a. sich umhertrieben. Von Mitte August an gingen die benachbarten Blumenbeete mehr und mehr ein, und nun wurden die Feuerbohnen besucht und setzten häufig Frucht an.

6. Jean Dufour. Das Vorkommen von Spannungen bei gewissen Blumen. (No. 17.)

In den Blüthen von *Borago officinalis* haben die Kelchblätter eine elastische Spannung, die sie aufgerichtet zu halten, also die Blüthe zu schliessen strebt (Hyponastie—negative Spannung), die Blumenblätter dagegen suchen sich nach Art der Corolla von Cyclamen zurückzuschlagen (Epinastie—positive Spannung) und überwinden beim Aufblühen die entgegengesetzte Spannung der Kelchblätter. Sie werden dabei oft von den Honigbienen unterstützt, die nicht selten auch Knospen gewaltsam öffnen und so häufige Besucher sind, dass Verf. eine und dieselbe *Borago*-Blüthe in 10 Minuten von 12 Bienen besucht sah. Denselben Antagonismus zwischen der Spannung des Kelches und der Blumenkrone fand der Verf. bei *Oxalis*, *Linum*, *Lysimachia*, *Veronica* und anderen Blumen, deren Kelch sich nach dem Verblühen als Schutzhülle der Frucht schliesst.

Dass auch die verschiedenen Theile einer und derselben Corolla oft auseinander-strebende Spannungen haben, zeigte der Verf. an Längsschnitten zuvor in's Wasser gelegter Corollen von *Allium Moly*, *Hemerocallis flava*, *Lonicera Ledebouri* und *Echium vulgare*, sowie an Querschnitten von *Lonicera Ledebouri*, *Tropaeolum majus*, *Antirrhinum majus* und *Linaria*.

II. Ungeschlechtliche Fortpflanzung, Selbstbefruchtung, Kreuzung.

7. L. Beissner. Ungeschlechtliche Fortpflanzung wildwachsender, gefüllt blühender Pflanzen. (No. 9.)

Während bei der normalen *Cardamine pratensis* nach der Samenreife die Stengel bald bis auf den Boden absterben, erhalten sich dieselben bei der gefüllt blühenden Form, zumal an üppigen cultivirten Exemplaren noch lange nach dem Verblühen und bilden fast an jeder Spitze der aufrechten, unfruchtbaren Blüthenstände und ebenso in allen Blattwinkeln des Blüthenstengels Knospen, welche mit Luftwurzeln versehen, vollständig entwickelte Pflanzen darstellen. Später legt sich meist dieser ganze, mit jungen Pflanzen besetzte Blüthen-schaft zur Erde, wo dann in feuchtem Grunde die jungen Pflanzen bald einwurzeln.

8. H. Landois. Die Degeneration der Pyramiden-Pappeln und Weinreben. (No. 28.)

Die in Deutschland vielfach beobachtete Erscheinung, dass die Pyramiden-Pappel kränkelt oder abstirbt, schreibt der Verf. vermuthungsweise dem Mangel einer Kreuzung, d. h. dem Umstande zu, dass sie seit ihrer zu Anfang vorigen Jahrhunderts stattgefundenen Einführung in Deutschland immer nur durch Stecklinge vermehrt worden ist, ebenso die Degeneration der Weinreben, die sich darin ausspreche, dass sie dem Angriffe der Reblaus nicht mehr widerstehen.

III. Blumenfarben.

9. J. C. Costerus. „Seasonal order in colours of flowers". (No 12.)

Während man nach dem vorstehenden Titel einen über die Reihenfolge der Blumen-farben in den auf einander folgenden Jahreszeiten handelnden Aufsatz erwarten sollte, behandelt derselbe einen Gegenstand, welcher mit dem Titel in keiner dem Ref. erkennbaren Beziehung steht. Verf. stellte nämlich an Blüthen von *Aucuba japonica*, *Crocus vernus Hyacinthus* und *Adyanthes*, sowie an Früchten der Kartoffel einige Versuche über die Entwickelung der Blumenfarben im Dunkeln und am Lichte an, ähnlich wie Askenasy (Bot. Zeit. 1876, No. 1), jedoch bei der Hyacinthe mit der Abänderung, dass er an einer nur zwei Knospen tragenden Hyacinthe die eine Knospe mit dickem, undurchsichtigem Papier umwickelte, während er die andere unbedeckt dem Einflusse des Sonnenscheins ausgesetzt liess. Er leitet aus den Ergebnissen seiner Versuche den Satz ab, dass diejenigen Organe, welche in sehr unentwickeltem Zustande im Dunkle gesetzt werden, so dass sie sich dort noch sehr vergrössern müssen, eine starke Entfärbung erleiden, wogegen diejenigen Theile, welche in einem fortgeschritteneren Wachsthumszustande dem Lichte entzogen werden, weniger und in manchen Fällen fast gar keine Farbe verlieren.

Er schliesst daraus, dass Licht nothwendig ist, nicht sowohl um die färbende Substanz selbst zu bilden, als einen Stoff (Chromogen), der leicht in den Farbstoff übergehen kann.

10. J. Innes Rogers. Farben niedrig wachsender Waldblumen. (No. 59.)

Verf. findet, dass niedrig wachsende Waldblumen weiss, hellgelb oder hellblau, selten und nur, wenn sie sich durch Duft bemerkbar machen, purpurn, niemals roth sind. Er findet diese Farben als die unter den gegebenen Bedingungen wirksamsten und ergeht sich in Ver-muthungen darüber, wie sie in dem einen oder anderen Falle durch Naturauslese zur Aus-prägung gelangt sein mögen.

11. A. W. Bennett. Ueber die Farben der Frühlingsblumen. (No. 10.)

Unter 64 Frühlingsblumen Englands finden sich nach dem Verf. 26 weisse, 9 grüne, 13 gelbe, 5 rothe (red or pink) und 11 blaue oder violette, unter 50 Frühlingsblumen der Schweiz dagegen 18 weisse, 1 grüne, 10 rothe und 8 blaue oder violette (also wohl 13 gelbe? Ref.). Verf. glaubt diese Differenz der intensiveren Lichtwirkung, welcher die Frühlingsblumen der Schweiz ausgesetzt seien, zuschreiben zu dürfen.

12. F. Hildebrand. Die Blüthenstände von Echinaea purpurea. (No. 23.)

Die Blumenkronen der geschlechtslosen Randblüthen sind leuchtend roth gefärbt. Das orangerothe Aussehen der Scheibe aber wird durch die gelb bis leuchtend orange gefärbten, starren, weit hervorstehenden Spreublätter hervorgebracht — ein Beispiel, dass auch Spreublätter zur Augenfälligmachung einer Blumengesellschaft beitragen.

13. Sir John Lubbock. Bienen, Wespen und Ameisen. (No. 29.) **H. Müller. Besprechung dieses Werkes.** (No. 48.)

Der grösste Theil dieses Werkes ist ein Wiederabdruck früher bereits veröffentlichter Beobachtungen. Hier erwähnt zu werden verdienen blos Lubbock's neuere Untersuchungen über den Farbensinn der Honigbiene. Um zu entscheiden, ob und in welchem Grade die Honigbiene eine Farbe vor der anderen bevorzuge, nahm der Verf. Objectgläser für das Mikroskop, 3 Zoll lang, 1 Zoll breit, beklebte sie beziehungsweise mit blauem, grünem, orangefarbenem, rothem, weissem und gelbem Papier, legte sie dann auf einem offenen Platz in eine Reihe und legte auf jedes ein zweites Glasplättchen mit einem Tropfen Honig, mit ihnen legte er ein blosses Glasplättchen mit einem eben solchen Honigtropfen aus. Eine gezeichnete Biene, die vorher gewöhnt worden war, an diese Stelle nach Honig zu kommen, wurde dann, wenn sie zurückgekehrt war und etwa ¼ Minute gesaugt hatte, durch Wegnehmen des Honigs, an dem sie saugte, veranlasst, zu einem anderen Plättchen zu fliegen; auch dieses wurde nach gleicher Frist wieder weggenommen, so dass sie nun zu einem dritten flog u. s. f. Auf diese Weise wurde die Biene veranlasst, der Reihe nach alle 7 Platten zu besuchen, bevor sie ins Nest zurückkehrte. Wenn sie in's Nest gegangen war, vertauschte Lubbock alle oberen mit Honig versehenen und ebenso die unteren Glasplatten, liess dann die Biene von neuem alle Platten besuchen und notirte bei jeder Runde, welche die Biene machte, die nach einander von ihr besuchten 7 Platten mit den Ziffern 1—7. Er wiederholte das Aufzeichnen solcher Runden zu neun verschiedenen Zeiten, im Ganzen hundertmal, und schliesst dann, dass jede Farbe von der Honigbiene um so mehr bevorzugt werde, eine je kleinere Gesammtsumme sich aus den für sie aufgezeichneten Ziffern ergiebt. Es ergab sich aber als Gesammtsumme für: Blau 275, Weiss 349, Gelb 405, Roth 413, Grün 427, Orange 440, blosse Glasplatte 491, woraus Lubbock folgert, dass die Honigbiene Blau vor allen anderen Farben bevorzuge. Er fügt hinzu, er sei auf dieses Ergebniss keineswegs vorbereitet gewesen; denn Müller behaupte in seinen „Alpenblumen", dass die Bienen mehr von Gelb als von Weiss angezogen werden.

II. Müller weist die Irrthümlichkeit der letzten Angabe Lubbock's nach und zeigt, dass die Ergebnisse der neun Versuchsreihen, aus denen Lubbock nur die Vorliebe der Honigbiene für Blau als Gesammtresultat mitgetheilt hat, mit einander in so unvereinbarem Widerspruch stehen, dass ihnen irgend welcher Werth kaum beizulegen ist. Um den Grund dieses Scheiterns der L.'schen Versuche zu ermitteln, wiederholte II. M. dieselben in umfassender Weise mit genauer Aufzeichnung aller vielleicht einen Einfluss übenden Einzelheiten und mit zweckmässiger Abänderung der Bedingungen, und erkannte so die von Lubbock angewandte Untersuchungsmethode als nicht nur in der Ausführung misslungen, sondern auch im Principe verfehlt, letzteres vor Allem deshalb, weil sie auf der irrigen Voraussetzung beruht, dass die anfliegende Honigbiene zwischen allen 7 Platten eine Auswahl treffe und dass sie, von dem Honig der einen Platte verdrängt, wieder zwischen den noch übrigen wähle; wogegen aus II. Müller's Versuchen hervorgeht, dass das erstere nur in sehr beschränktem Grade, das letztere ganz und gar nicht der Fall ist. Beim Anfluge an den Futterplatz lässt sich vielmehr die Honigbiene sehr durch die Gewöhnung an eine bestimmte Anflugsstelle leiten, und wenn sie mitten aus ihrem Honiggenuss von einer Platte aufgestört wird, setzt sie sich in der Regel ohne Wahl auf die nächstliegende Platte rechts oder links. Bei

240 Plattenwechseln, die H. M. beobachtete, fand dies in 86 Procent der beobachteten Fälle statt.

14. Hermann Müller. Versuche über die Farbenliebhaberei der Honigbiene. (No. 49.)

Nach kurzer Andeutung der Wichtigkeit, welche eine genaue experimentelle Feststellung der Farbenliebhaberei der hauptsächlichsten Blumengäste für die feste Begründung der Blumentheorie haben würde, entwickelt Verf.:

1. Die Grundzüge der anzuwendenden Versuchsmethode.

Um die bei der Wiederholung der Lubbock'schen Versuche erkannten Fehler der Methode zu vermeiden, trifft der Verf. folgende Abänderungen derselben: 1. Statt einer grösseren Zahl legt er jedesmal nur zwei mit Honig versehene Platten von verschiedener Farbe neben einander. 2. Um die individuellen Verschiedenheiten des Farbensinnes erkennen und im Gesammturtheil berücksichtigen zu können, lässt er jedesmal eine Mehrzahl gezeichneter Bienen zwischen denselben beiden Platten wählen. 3. Auf der gewählten Platte lässt er jedesmal die Biene ungestört zu Ende saugen. 4. Erst wenn zwischen denselben beiden Platten etwa 100 Mal gewählt worden ist, wird die Versuchsreihe geschlossen und das Ergebniss gezogen. 5. Statt unbestimmter rother, blauer, gelber etc. Farben wendet er zum Bekleben der Glasplatten die Blumenblätter bestimmt gefärbter Blumen an, indem er eine Mitwirkung des Duftes derselben durch Ueberdecken einer Glasplatte und Verkleben des offenen Spaltes zwischen beiden Platten ausschliesst, und ermöglicht so eine directe Anwendung der gewonnenen Ergebnisse auf die Blumenwelt. Endlich ermittelt er, soweit als möglich, um sich vor übereilten Schlüssen zu bewahren:

II. Die besonderen Charaktereigenthümlichkeiten der Honigbiene und diejenigen Nebenumstände, welche auf ihr Verhalten bei der Auswahl der Platten mitwirken können:

a) Ihre Scheuheit und geringe Findigkeit in ungewohnten Lebenslagen. b) Der für die Biene allgewaltige Honigempfindungstrieb überwindet ihre Scheuheit und ihren Freiheitsdrang. c) Durch stufenweises Weiterrücken der honigtragenden Platten lernt die Biene dieselben auch in grösserer Entfernung augenblicklich auffinden. Rascher lernt sie dasselbe unter Führung von Kameraden. d) Sobald die Honigbiene sich einmal gewöhnt hat, von fern liegenden Glasplatten Honig zu ernten, lernt sie weiter als das erstemal, dieselben an einer anderen entfernten Stelle aufzufinden; sie betrachtet den stets hinter den Platten stehenden Beobachter als mit ihrer Honigernte im Zusammenhange stehend und fliegt zu ihm, wenn sie an der gesuchten Stelle den Honig nicht findet. e) Die Scheuheit und geringe Findigkeit der Honigbiene in ungewohnten Lebenslagen steht in bemerkenswerthem Gegensatze zu ihrem rasch entschlossenen Vorgehen und zu ihrer Findigkeit an Blumen. f) An Blumen, die ihnen nicht speciell angepasst sind, benehmen sich verschiedene Individuen der Honigbiene oft wesentlich verschieden. g) Auch in ihrer Farbenliebhaberei zeigen verschiedene Honigbienen eine grosse individuelle Verschiedenheit. Um zu entscheiden, welche von zwei Farben vor der anderen von der Honigbiene im Ganzen bevorzugt wird, ist daher jedesmal eine Mehrzahl von Honigbienen als Zeugen zu vernehmen. h) Wie in der Richtung ihrer Farbenliebhaberei, so sind auch in der Festigkeit der Ausprägung derselben verschiedene Individuen der Honigbiene oft wesentlich verschieden. i) Die individuelle Verschiedenheit der Farbenliebhaberei der Honigbiene ist einerseits durch die verschiedenen vorhergegangenen persönlichen Erfahrungen der einzelnen Bienen, andererseits durch die ursprüngliche Verschiedenheit des ihnen angeborenen Farbensinnes bedingt. k) Das Verhalten der Biene beim Aufsuchen und Ausbeuten des ihr dargebotenen Honigs ist in hohem Grade von der Witterung abhängig.

III. Die wichtigsten Ergebnisse, die sich aus den bis jetzt angestellten 40 Versuchsreihen mit gegen 4000 einzelnen Besuchen gezeichneter Bienen ableiten lassen, sind, summarisch angegeben, folgende:

A. Vergleich von Bienenblumenfarben mit brennenden Blumenfarben
(Colori fulgenti Delpino's).

(a) So oft eine brennende Farbe neben einer Bienenblumenfarbe zum Vergleich auslag, wurde, wie nach der Blumenzüchtungstheorie erwartet werden muss, letztere viel häufiger besucht als erstere, und zwar in folgendem Verhältniss:

1. Brennend Gelb *(Ranunculus acris)*: Honiggelb *(Diervilla canadensis)* = 48 : 78.
2. Brennend Gelb *(Ranunculus acris)*: Weiss *(Convolvulus sepium)* = 21 : 48.
3. Brennend Orange *(Calendula offic.)*: Rosa (Centifolie) = 22 : 71.
4. Brennend Orange *(Eschscholtzia crocea)*: Rosa (Centifolie) = 26 : 77.
5. Feuerroth *(Tropaeolum majus)*: Violett *(Viola tricolor*)* = 29 : 80.
6. Scharlach *(Papaver Rhoeas)*: Rosa (Centifolie) = 9 : 55.
7. Scharlach *(Canna)*: Rosa (Centifolie) = 34 : 72.
8. Scharlach *(Pelargonium)*: Rosa (Centifolie) = 35 : 66.
9. Scharlach *(Papaver Rhoeas)*: Nelkenroth *(Dianthus Armeria)* = 34 : 69.
10. Scharlach *(Papaver Rhoeas)*: Blau *(Centaurea Cyanus)* = 13 : 78.

B. Vergleich von Bienenblumenfarben unter sich.

(b) Von allen Bienenblumenfarben ist grelles Gelb der Honigbiene am wenigsten angenehm. Belege:

11. Goldgelb (unteres Blumenblatt einer grossblumigen wilden *V. tricolor*): Gelblichweiss (obere Blb. derselben) = 35 : 68.
12. Gelb *(Helianthus annuus* Randbl.): Nelkenroth *(Silene Armeria)* = 27 : 74.
13. Gelb *(Potentilla anserina)*: Purpur *(Trifol. prat.)* = 42 : 62.
14. Gelb *(Oenothera glauca)*: Indigblau *(Aconit. Nap.)* = 28 : 56.
15. Chromgelb: Kobaltblau = 11 : 40.
16. Goldgelb (unteres Blb. einer grossbl. wilden *Viola tricolor*): Violett (obere Blb. einer anderen) = 24 : 78.

(c) Gelblichweiss und Weiss werden von der Honigbiene mindestens eben so gern oder sogar noch lieber besucht als manche Schattirungen von Purpur, aber weniger gern als Blau oder Violett. Belege:

17. Gelblichweiss *(Lamium album)*: Purpur *(L. maculat.)* = 52 : 49.
18. Weiss *(Lathyrus odoratus)*: Dunkelpurpur (andere Var.) = 70 : 53.
19. Gelblichweiss *(Viola tricolor* jung): Blau (dasselbe älter) = 18 : 25.
20. Gelblichweiss *(Viola tricolor* jung): Blau (dasselbe älter) = 28 : 34.
21. Gelblichweiss *(Viola tricolor* jung): Violett (dasselbe alt) = 11 : 24.
22. Weiss (Reichspapier): Himmelblau *(Borago off.)* = 36 : 64.

Ausserdem No. 11.

(d) Blau wird von der Honigbiene dem Roth der Bienenblumen, je nach den zum Vergleich kommenden Schattirungen, entweder vorgezogen oder gleichgesetzt. Belege:

23. Violettblau *(Geran. prat.)*: Schmutzigdunkelpurpur *(Symphyt. off.)* = 61 : 33.
24. Himmelblau *(Borago off.)*: Hellpurpur *(Geran. sang.)* = 45 : 36.
25. Himmelblau *(Borago off.)*: Rosa (Centifolie) = 48 : 48.
26. Himmelblau *(Echium vulg.* alte Bl.): Rosa *(Echium vulg.* junge Bl.) = 57 : 54.
27. Kornblumenblau *(Cent. Cyanus)*: Purpur (Rosa) = 52 : 52.
28. Sanftveilchenblau *(Lathyrus odoratus,* Flügel): Dunkelpurpur (desgl. Fahne) = 59 : 59.

(e) Ein reines gesättigtes Blau übertrifft in seiner Wirkung auf die Honigbiene auch Violett. Belege:

29. Himmelblau *(Borago off.)*: Violett *(Viola tricolor*)* = 57 : 50.
30. Blau mit durchschimmerndem Gelblichweiss *(Viola tricolor*)*: Violett (desgl. älter) = 37 : 40.
31. Gesättigteres Blau *(V. tricolor*)*: Violett (desgl. älter) = 50 : 35.
32. Gesättigteres Blau *(V. tricolor*)*: Violett (desgl. älter) = 81 : 67.

(f) Violett übertrifft in seiner Wirkung auf die Bienen alle zum Vergleich benutzten Blumenfarben mit Ausnahme von Blau. Belege: No. 16, 21, 29, 30, 31, 32; ausserdem:

33. Violett *(V. tricolor*)*: Purpur (Rose) = 53 : 37.

---

*) Die oberen Blumenblätter grossblumiger wilder Stiefmütterchen.

g. Das Roth der Bienenblumen ist in allen seinen Abstufungen nur dem Gelb stets überlegen; von allen anderen zum Vergleich benutzten Bienenblumenfarben wird es in seiner Wirkung auf die Bienen in gewissen Nüancen erreicht oder übertroffen. Belege: No. 12, 13, 23, 24, 25, 26, 27, 28, 33.

C. Vergleich von brennenden Blumenfarben unter sich.

Brennend Gelb ist den Bienen weniger unsympathisch als Brennendorange und Scharlach. Belege:

34. Brennend Orange *(Calendula off.)*: Brennendgelb *(Hyperic. elatum)* = 31 : 42.
35. Scharlach *(Glaucium corniculat., Papaver Rhoeas)*: Brennendgelb *(Ranunculus acris)* = 29 : 50.

D. Vergleich von Bienenblumenfarben und von brennenden Blumenfarben mit dem Grün der Blätter (von *Ampelopsis hederacea*).

36. Rosa (Centifolie): Grün = 75 : 33.
37. Scharlach *(Papaver Rhoeas)*: Grün = 40 : 45.
38. Brennendorange *(Calendula off.)*: Grün = 46 : 57.

15. Grant Allen. Die Blumenfarben erläutert an der britischen Flora. (No. 1, 2.)

Das allgemeine Gesetz der fortschreitenden Umwandlung der Blumenfarben. Die ursprünglichsten Blüthenpflanzen, die Gymnospermen, besitzen nur einerseits Blätter, andererseits Staubgefässe und Samenknöspchen, aber keine Kelchblätter. Es können also die Staubgefässe der höheren Blüthenpflanzen nicht, wie man nach der Wolff-Göthe'schen Metamorphosenlehre anzunehmen versucht sein könnte, aus Blumenblättern hervorgegangen sein. Vielmehr werde man annehmen müssen, dass bei der Umwandlung von Windblüthen in Insectenblüthen der äusserste Kreis der Staubgefässe sich, in Anpassung an den Dienst der Insectenanlockung, verflocht, verbreitert und die Pollenproduction aufgegeben, die ursprüngliche gelbe Farbe aber beibehalten habe und dass auf diese Weise die ersten Blumenblätter entstanden seien. Alle Blumenblätter müssen also ursprünglich gelb gewesen sein. Vom Gelb aus sei dann die Entwickelung der Blumenfarben in der bestimmten Reihenfolge: Weiss, Roth, Purpur, Violett und Blau fortgeschritten, und zwar sei die Weiterentwickelung der Farbe durch die Weiterentwickelung der Form der Blumen bedingt gewesen und habe mit derselben gleichen Schritt gehalten. In demselben Maasse als irgend welche Blumenformen sich mehr specialisirt und abgeändert haben, sei gleichzeitig auch ihre Farbe in der bestimmten Reihenfolge: Gelb, Weiss, Roth, Purpur und Blau weiter fortgeschritten und in gleichem Maasse haben die den Honig dieser Blumen saugenden Insecten die sich neu entwickelnden Farben unterscheiden gelernt. Das Endergebniss der nach diesem einfachen und allgemeinen Gesetze fortschreitenden Umwandlung sei der jetzige Zustand der Blumenfarben: die gewöhnlichen, nicht specialisirten Blumen, die von dem kleinen Insectenausschuss (Small insect riff-raff) abhängen, seien gelb oder weiss geblieben; die etwas höhere Insecten erfordernden Blumen seien nelkenroth (pink) oder roth (red) geworden; die auf Bienen oder Schmetterlinge angewiesenen seien meistentheils zu Purpur und Blau übergegangen. Der Beweis für die Richtigkeit dieses allgemeinen Umwandlungsgesetzes werde einestheils von denjenigen Blumen geliefert, welche im Laufe ihrer individuellen Entwickelung verschiedene Farben annehmen, andererseits und hauptsächlich durch die Thatsache, dass in den verschiedensten Pflanzenfamilien und Gattungen einfache, ursprüngliche Blumenformen in der Regel weiss oder gelb, höher specialisirte meist roth, violett oder blau sind.

Dass die weisse Blumenfarbe sich erst aus der gelben entwickelt habe, lasse sich bei verschiedenen Blumen aus verschiedenen Erscheinungen erkennen. Oft seien weisse Blumen grösser als nah verwandte gelbe. Unter den Rosaceen seien z. B. in der *Potentilla*-gruppe „fast alle Arten" gelbblumig, in der *Rubus*-Gruppe dagegen, die viel grössere Blüthen habe, weissblumig. Von den Cruciferen seien zwar gerade die kleinblüthigsten zum grossen Theile von weisser Blumenfarbe *(Capsella bursa pastoris, Cochlearia officinalis* etc.), viel grossblüthigere dagegen von gelber *(Brassica, Erysimum* etc.), aber die ersteren seien offenbar entartete Gartenunkräuter (degenerated weeds of cultivation)!

In anderen Fällen gehe von nächstverwandten grossblumigen Arten die höchst entwickelte beim Verwelken aus Gelb in Weiss über und es lasse sich als allgemeiner Satz anfstellen, dass die Farben welkender Blumenblätter weniger specialisirter Blüthen oft den normalen Blumenfarben höher specialisirter Blüthen entsprechen. So sei z. B. *Ranunculus Ficaria* mit seinen nur 3 Kelchblättern und 8—9 Blumenblättern offenbar höher specialisirt als *R. acris, bulbosus* und *repens* und seine Blumenblätter werden beim Welken weiss, während die drei anderen genannten Arten gelb bleiben.

In zahlreichen Fällen ergebe sich der Ursprung der weissen Blumenfarbe aus der gelben daraus, dass übrigens weisse Blumenblätter an der Basis gelb gefärbt sind, wie z. B. *Ranunculus aquatilis* und *hederaceus.* Denn es sei ein Gesetz, „dass neue Farben in der Regel am Rande erscheinen, während die Basis der Blumenblätter ihre ursprüngliche Farbe zurückhält", und dieses Gesetz werde in diesen beiden Hahnenfussarten in überraschender Weise veranschaulicht.

Buntfärbung und Rückschritt (variegation and retrogression). Unter Buntfärbung begreift der Verf. ohne Unterschied sowohl die seit Sprengel als Saftmale gedeuteten Streifen und Flecken, als die aus mehreren Farben zusammengesetzten Blumenfärbungen, wie sie viele vom Ref. als Bienenblumen aufgefasste Blumenformen darbieten. Zur Erklärung der Buntfärbung citirt er nur eine Bemerkung seines Landsmannes Wallace: „Ueberall in der Natur erscheinen farbige Flecken und Augen nur an den am höchsten modificirten Theilen." Wie sich aber die Erscheinung der Buntfärbung seinem „Allgemeinen Gesetze der fortschreitenden Umwandlung der Blumenfarben" unterordnet, darüber macht Grant Allen nirgends eine bestimmte Angabe. Der ganze diesen Gegenstand betreffende Abschnitt seiner Arbeit ist daher dem Ref. unverständlich geblieben.

In Bezug auf Rückschritt der Blumenfarben äussert der Verf. etwa Folgendes: Ursprünglich gelbe Blumen zeigen im Naturzustande wenig Neigung zu variiren. Einige weisse Blumen zeigen entschiedene Neigung gelegentlich zu Gelb zurückzukehren. Rothe Blumen kehren sehr gewöhnlich zu Weiss zurück. Blaue Blumen erzeugen fast immer in grosser Zahl rothe und weisse Varietäten im Naturzustande, gehen aber sehr selten bis zu Gelb zurück.

Es gebe also einen Rückschritt in der Entwickelung der Blumenfarben, und alle diejenigen hochspecialisirten Blumen, die nicht in das nach dem Verf. ihnen zukommende Blau oder wenigstens Purpur gekleidet sind, wie z. B. *Lychnis vespertina, Oenothera biennis, Galeobdolon luteum, Lamium album, Impatiens Nolitangere, Mimulus luteus,* alle gelb- und alle weissblüthigen Compositen und Stellaten seien als Farbenrückschrittler zu betrachten.

Degeneration.

Dieser Abschnitt gipfelt in dem aus der ursprünglichen Gelbfarbigkeit aller Blumen abgeleiteten Schlusse, dass alle grünen Angiospermenblüthen ohne Ausnahme — auch alle perigonlosen Windblüthen einbegriffen — die degenerirten Nachkommen blauer, rother, weisser oder gelber Blumen sein müssen. Da alle Blumen gelb gewesen sind, schliesst Grant Allen, so müssen grüne Blumenblätter heruntergekommene (degraded) oder wenigstens entartete Typen sein, und wo irgend welche Blüthe ein Rudiment einer Blüthenhülle in irgend einer Form besitze, müsse sie von gefärbten insectenblüthigen Vorfahren abstammen. So ergiebt sich ihm, dass die windblüthigen Compositen, *Xanthium, Adoxa, Hedera, Chrysosplenium,* grünblüthige Orchideen, *Helleborus viridis, Plantago, Alchemilla, Poterium, Euphorbia,* die Paronychieen und Chenopodiaceen, Urticaceen, Aroideen, Gramineen, Cyperaceen, Juncaceen und selbst die kätzchentragenden Bäume degenerirte Insectenblüthler sein müssen.

Den Werth dieser Grant Allen'schen Aufstellungen hat Ref. in demjenigen Aufsatze beleuchtet, auf welchen das nächst folgende Referat sich bezieht.

16. Hermann Müller. Die biologische Bedeutung der Blumenfarben. (No. 50, 51.)

Christian Konr. Sprengel erkannte zuerst, dass aus Flecken, Linien oder Figuren einer anderen Farbe bestehende Zeichnungen der Blumenkrone sich jederzeit da befinden, wo die Insecten hineinkriechen müssen, wenn sie zum Honig gelangen wollen, und deutete sie deshalb als Wegweiser für Insecten, wenn sie an einer Blume nach Honig suchen, als „Saftmale", die bunten Farben der ganzen Blumenkronen als Kennzeichen, welche den ihrer Nahrung wegen umherfliegenden Insecten die Honig-(oder Pollen-)behältnisse von weitem verrathen. Er erkannte, dass denselben Dienst auch andere Blüthentheile, wie z. B. der Kelch oder Bracteen durch eine vom Grün der Blätter abstechende Farbe leisten können, dass Nachtblumen, die sich nicht durch starken Duft bemerkbar machen, regelmässig durch helle Farbe in die Augen fallen, eines Saftmales aber, da es ihnen nutzlos sein würde, allgemein entbehren.

In die besondere Bedeutung bestimmter Blumenfarben eröffnete zuerst Delpino einen Einblick. Wie er zeigte, sind leuchtende Farben (z. B. die als *splendens, fulgens, coccinea, cardinalis* benannten *Fuchsia, Lobelia, Canna* und *Salvia*-Arten) besonders an Kolibriblumen, fahle und schmutzig braune Farben besonders an Aas- und Kothfliegenblumen (z. B. *Stapelia, Arum, Aristolochia*-Arten) zu finden, sind Blumen, an deren Befruchtung andere Dipteren einen hervorragenden Antheil nehmen, besonders häufig von grünlich-gelber Farbe (wie z. B. *Hedera, Rhus, Rhamnus, Buxus*), und werden die stahlblauen *Eryngium*-Arten *(amethystinum, coeruleum)* mit besonderer Vorliebe von einigen Grabwespenarten der Gattung Scolia besucht.

Auch die biologische Bedeutung des Farbenwechsels von *Ribes aureum* u. a. wurde zuerst von Delpino in's Auge gefasst; er erkannte, dass die kreuzungsvermittelnden Bienen nur die noch ganz gelb gefärbten Blüthen dieser *Ribes*-Art besuchen, dass ihnen also der Farbenwechsel die keine Ausbeute mehr gewährenden und der Befruchtung nicht mehr bedürftigen Blumen bemerkbar macht. An einer farbenwechselnden, erst gelb, dann orange, dann rosa gefärbten, von Tagfaltern befruchteten *Lantana* fand dann Fritz Müller nicht nur dasselbe bestätigt, sondern er erkannte zugleich, dass ein weiterer Vortheil dieses Farbenwechsels in der gesteigerten Bemerkbarmachung der ganzen Blumengesellschaft liegt.

Die stufenweise Entwickelung der Blumenfarben zu ermitteln, wurde von zwei weit verschiedenen Standpunkten aus gleichzeitig von F. Hildebrand und H. Müller versucht. F. Hildebrand (Bot. Jahresber. 1879, Ref. No. 20) verglich die Farbenabänderungen, welche die in unseren Gärten cultivirten und bei uns wild wachsenden Blumen darbieten, und stellte die bis jetzt vorliegenden anatomischen und physikalisch-chemischen Untersuchungen der Blumenfarben zusammen; er gelangte so zu dem Ergebniss, dass Blau bei den Blumen stets das letzte Glied einer Reihe vorhergegangener Farbenumwandlungen, meist aus dem ursprünglichen Grün zunächst das Gelb und Weiss der Blumen hervorgegangen sei; dass das Blau der Blumen stets das letzte Glied einer Reihe vorhergegangener Umwandlungen, meist aus Weiss durch Roth und Violett sei, dass neben dieser gewöhnlichsten Reihe aber auch noch wesentlich andere Umwandlungen der Blumenfarben vorkommen.

II. Müller versuchte nachzuweisen, dass alle diejenigen Eigenthümlichkeiten der Blumen, welche unmittelbar nur den Insecten und erst mittelbar, durch deren Kreuzungsvermittlung, auch den Pflanzen selbst zu gut kommen, wie z. B. Farbe, Duft, Honigabsonderung etc., in derselben Weise durch die Blumenauswahl der Insecten zur Ausprägung gelangt sind, wie die Grösse und Farbenpracht unserer Gartenblumen durch die Blumenzüchtung des Menschen (vgl.: Die Insecten als unbewusste Blumenzüchter, Kosmos Bd. III; Bot. Jahresber. 1878, Ref. No 6). Dem entsprechend erklärte er die Entstehung der eigenthümlichen Farben, Düfte und Formen der hauptsächlich von Fliegen, Faltern, Wespen, Bienen etc. befruchteten Blumen aus den eigenthümlichen Neigungen, Bedürfnissen und Gewohnheiten dieser Insecten.

Durch einen Vergleich der Farben und des Insectenbesuchs ursprünglicher, einfacher, mit denen stufenweise mehr und mehr specialisirten Blumenformen (vgl. „Alpenblumen", Rückblicke über die wichtigsten Familien, und S. 530—532, Bot. Jahresber. 1879, Ref. No. 8) gelangte H. Müller zu dem Ergebniss, dass die unausgeprägtesten Blumengäste — abgesehen von Fäulnissstoffe liebenden Dipteren — von weisser oder gelber Farbe am stärksten angelockt werden, dass dagegen alle langrüsseligen Blumengäste sich rothe, violette und blaue Blumenfarben gezüchtet haben, theils ausschliesslich solche, theils (die staatenbildenden Bienen) unter einer bunten Mannigfaltigkeit der verschiedensten Farben, die ihnen als Unterscheidungszeichen ähnlicher Blumenformen dienen, vorwiegend solche.

Zum Schluss der Arbeit wird Grant Allen's im vorhergehenden Referat besprochene Arbeit einer eingehenderen Beurtheilung unterworfen. Es wird gezeigt, dass seine Annahme, die Blumenblätter müssten aus Staubgefässen hervorgegangen und deshalb ursprünglich gelb gewesen sein, der Begründung ermangelt, da es mindestens eben so gut denkbar ist, dass sich Blüthenhüllen zuerst als Schutzhüllen der Befruchtungsorgane ausgebildet haben und als solche von grüner Farbe gewesen sind. Es wird gezeigt, dass Grant Allen's „Allgemeines Gesetz" nur die Karrikatur von Forschungsergebnissen ist, die Grant Allen ohne Nennung der Quellen entlehnt, ihrer nothwendigen Beschränkungen entkleidet und bis zur handgreiflichsten Unrichtigkeit verallgemeinert hat, dass dasselbe ebenso von fast allen seinen allgemeinen Aufstellungen gilt.

IV. Schutzmittel der Blüthen.

17. Hieronymus. Ueber Caesalpinia Gilliesii. (No. 22.)

Prof. Hieronymus in Cordova (Argentinien) berichtet brieflich über folgende Entdeckung, die er kürzlich an *Caesalpinia Gilliesii* (= *Poinciana* Hook, in Bot. Misc. 1, t. 3, 4) gemacht hat. An der Inflorescenz und den Blüthenstielen, weniger auch an den Kelchen befinden sich Drüsen, die einen kleberigen, zugleich giftigen Stoff absondern. Kleinere Insecten bleiben direct an den Stengeltheilen kleben und sind in kurzer Zeit todt. Relativ grössere, z. B. Stubenfliegen, mit denen Verf. zu Hause operirte, wurden, nachdem sie an den Drüsen, von welchen sie sich übrigens bequem losziehen können, geleckt haben, krank, putzten sich Vorder- und Hinterbeine und waren nach $1\frac{1}{2}$ bis 2 Stunden todt. Erkrankte fliegen beim Anrühren im Kreise. Es scheint also halbseitige Lähmung einzutreten. In Fleisch und Eiweis drücken sich die Drüsen im Verlauf von 2 Tagen tief ein. Verf. vermuthet, da diese Drüsen an der Inflorescenz und den Blüthenstielen sich finden, dass die Pflanze die festgehaltenen und vergifteten Thiere verdaut und den gewonnenen Stickstoff zum Zwecke des Samenreifens verwendet.

(Ihre Stellung an den Zugängen zu den Blüthen lässt wohl vielmehr darauf schliessen, dass sie diese gegen unberufene Gäste schützen. Ref.)

Siehe ferner **Ref. No. 49.**

V. Verschiedene Blüthenformen bei Pflanzen derselben Art.

18. F. Hildebrand. Androgyne Blüthenstände bei Betula alba. (No. 24.)

An einem Baume von *Betula alba* im alten bot. Garten zu Freiburg zeigte sich 1881 die überwiegende Mehrzahl der sonst rein weiblichen Kätzchen androgyn; nur die untere Hälfte derselben trug weibliche Blüthen, die obere, dadurch verdickt erscheinende Hälfte war von normal gebildeten männlichen Blüthen zusammengesetzt.

19. Thomas Meehan. Geschlechtseigenthümlichkeiten bei Cephalotaxus. (No. 36b.)

Ein Exemplar von *Cephalotaxus Fortunei* aus China, das Jahre lang nur männliche Blüthen hervorgebracht hatte, erzeugte 1882 reichlich Früchte und zeigt dadurch einerseits, dass die Gattung nicht rein diöcisch ist, andererseits, dass an Bäumen, die lange Zeit nur die Blüthen des einen Geschlechts getragen haben, auch die des anderen entstehen können.

Köhne (Berlin).

20. Ths. Meehan. Das Fruchten von Ginkgo biloba. (No. 34.)

Verf. sah von der sonst als diöcisch betrachteten *Gingko biloba* ein ganz vereinzelt angepflanztes Exemplar Früchte tragen und bemerkt dazu, der Fall, dass diöcische Bäume gelegentlich monöcisch werden, komme öfter vor, z. B. auch bei *Acer dasycarpum* und *Juniperus virginiana*. Ebenso komme es (z. B. bei Rubiaceen) vor, dass bei heterostyl dimorphen Pflanzen beiderlei Blüthen an demselben Stocke erscheinen.

In der folgenden Debatte wird gegen Meehan's Annahme geltend gemacht, dass seinem Exemplar von *Ginkgo* doch vielleicht Pollen entfernt stehender Stämme zugeführt sei.

21. L. Wittmack. Ueber eine Eigenthümlichkeit der Blüthen von Hordeum bulbosum L. (No. 70.)

Linné schrieb dieser Art 2 fertile Aehrchen an jedem Knoten der Aehrenspindel zu, ebenso Kunth. In Wirklichkeit sind aber die seitlichen Aehrchen männlich, wenn sie auch einen kleinen Fruchtknoten mit rudimentären Narben besitzen. Die Mittelblüthen öffnen sich vor den seitlichen, „können demnach nicht von diesen ausgesprochen männlichen befruchtet werden"[1]). Der eigene Pollen der Mittelblüthen scheint unwirksam zu sein. Die Pflanze hat in den letzten 2 Jahren in Berlin keinen Samen getragen und vermehrt sich durch die knolligen untersten Stengelglieder.

H. bulbosum bietet ein gutes Beispiel für den Uebergang von 6zeiligen Gersten in 2zeilige dar.

H. vulgare und *distichum*, deren Mittelblüthen nach Delpino sich nie öffnen sollen, fand der Verf. häufig früh morgens mit offenen Mittelblüthen. Hackel (St. Polten).

22. W. Trelease. Dimorphe Heterostylie von Oxalis violacea. (No. 65.)

Von der Gattung *Oxalis* sind bekanntlich zahlreiche Arten als trimorph heterostyl, mehrere als homostyl nachgewiesen, auch hat Hildebrand bei seiner Revision verschiedener grosser Herbarien von 51 *Oxalis*-Arten nur je zwei in Bezug auf Griffel- und Staubgefässlänge verschiedene Formen vorgefunden (Monatsber. der Academie der Wiss. zu Berlin. 1866; H. Müller, Befruchtung S. 169); eine dimorph heterostyle *Oxalis*-Art war aber bis jetzt noch nicht bekannt. Fritz Müller hat zwar in Santa Catharina zahlreiche, in ihren Befruchtungsorganen sehr variable, sterile Exemplare einer *Oxalis*-Art beobachtet, die er anfänglich für heterostyl hielt. Nach Ch. Darwin's Beschreibung der illegitimen Nachkommen verschiedener ungleichgriffliger Species musste er aber in diesen Pflanzen vielmehr „die variabeln und unfruchtbaren Nachkommen einer einzelnen Form irgend einer trimorphen Species vermuthen" (Ch. Darwin, Die verschiedenen Blüthenformen bei Pflanzen derselben Art. Deutsche Ausgabe. S. 157.) Es ist deshalb sehr bemerkenswerth, dass die in dem obengenannten Aufsatze mitgetheilten Thatsachen die dimorphe Heterostylie der bei Madison, Wis., vom Verf. in grosser Zahl beobachteten *Oxalis violacea* wenigstens sehr wahrscheinlich machen. Von ihren beiden, in ungefähr gleicher Menge auftretenden Formen hat nämlich die eine einen Satz langer Griffel und zwei an Länge nicht so sehr verschiedene Sätze kurzer Staubgefässe, die andere einen Satz kurzer Griffel, von etwa der mittleren Länge der Staubgefässe der langgriffligen Form, und zwei an Länge nicht so sehr verschiedene Sätze langer Staubgefässe, deren mittlerer Länge wiederum die Griffel der langgriffligen Form an Länge ungefähr gleich kommen. Das ist das Endergebniss sorgfältiger Messung von 51 langgriffligen und 30 kurzgriffligen Blüthen. Die Pollenkörner beider Sätze von Staubgefässen derselben Blüthenform sind unter sich an Grösse gleich (nach je drei Messungen), die der kurzgriffligen Form aber grösser als die der langgriffligen (im Verhältniss der Durchmesser von 50 : 44). Beide Formen werden von verschiedenen Bienenarten besucht und tragen nicht selten gute Samenkapseln. Zur sicheren Feststellung der durch alle diese Thatsachen sehr wahrscheinlichen dimorphen Heterostylie wäre indess die Ausführung und vergleichende Beobachtung der legitimen und illegitimen Kreuzungen erforderlich, um so mehr als Hildebrand unter den Herbariumexemplaren von *Oxalis violacea* acht langgrifflige, drei kurzgrifflige und ein mittelgriffliges gefunden zu haben angiebt.

Hermann Müller.

23. Hermann Müller. Die Vielgestaltigkeit der Blumenköpfe von Centaurea Jacea. (No. 45.)

Verf. fand bei Lippstadt *Centaurea Jacea* vorwiegend mit Köpfchen, die lauter unter sich gleiche Rand- und Scheibenblüthen enthielten und der von ihm (Befruchtung der Blumen S. 382—384) gegebenen Beschreibung entsprachen. Diese Form betrachtet er, da sie mit der Mehrzahl der Cynareen im Wesentlichen übereinstimmt, als Stammform der *Centaurea Cyanus*. Von dieser Stammform aus führt eine stetige Reihe von Abstufungen einerseits zu viel augenfälligeren rein männlichen, andererseits zu viel unscheinbareren rein weiblichen Köpfen.

In der einen Reihe von Abstufungen werden die Randblüthen immer grösser, biegen sich immer stärker nach aussen und lassen gleichzeitig ihre Befruchtungsorgane und Nectarien immer mehr, bis endlich zu völligem Schwunde, verkümmern, während zugleich ihre Glöckchenform verloren geht und ihre Farbe blasser wird. Endlich ergreift die Umwandlung auch die Scheibenblüthen: die Griffeläste derselben thun sich nicht mehr auseinander und verwachsen von unten her; der Griffel dient nur noch als Fegestange; die Blüthen sind zu rein

---

[1]) In ähnlichen Fällen pflegt die Befruchtung zwischen verschiedenen Aehren desselben Stockes, die ja in ihrer Entwickelung nicht ganz gleichzeitig sind, stattzufinden. Ref.

männlichen geworden. Die äussersten Glieder dieser Umwandlungsreihe stellen Köpfchen von 55 mm Durchmesser mit rother Scheibe und weissem Strahlenkranze dar.

In der anderen Reihe von Abstufungen werden, vom Rande her nach innen fortschreitend, erst einzelne, dann immer zahlreichere, schliesslich sämmtliche Blüthen der Stammform kleinblumiger, dunkler gefärbt und durch Verkümmern der Antheren weiblich: die rein weiblichen Köpfchen haben oft kaum 15 mm Durchmesser. Sie dienen aber einer neuen Umwandlungsrichtung als Ausgangspunkt, indem sie dadurch eine erhöhte, selbst über die Stammform hinaus gehende Augenfälligkeit wiedererlangen, dass auch ihre Randblüthen geschlechtslos und strahlend werden. Der Durchmesser eines rein weiblichen Köpfchens mit strahlenden Randblüthen beträgt bis 33 mm, gegen 20—30 bei der Stammform.

Aus den angedeuteten Umwandlungen lässt sich folgende Uebersicht der verschiedenen Arten von Geschlechtervertheilung in den Blüthenköpfen verschiedener Stöcke von Centaurea Jacea ableiten:

Stammform.

Alle Blüthen des Köpfchens zweigeschlechtig.

a.	b.
Uebergang zur Weiblichkeit.	Uebergang zur Männlichkeit.
a.[1] (Erste Stufe.) Aeussere Blüthen verkleinert, weiblich, immer zweigeschlechtig, von ursprünglicher Form.	b.[1] (Erste Stufe.) Randblüthen vergrössert, strahlend, weiblich, innere zweigeschlechtig von ursprünglicher Form.
a.[2] (Zweite Stufe.) Alle Blüthen verkleinert, weiblich.	b.[2] (Zweite Stufe.) Randblüthen stärker vergrössert, strahlend, geschlechtslos, innere zweigeschlechtig, von ursprünglicher Form.
a.[3] (Dritte Stufe.) Randblüthen wieder vergrössert, strahlend, geschlechtslos, Scheibenblüthen verkleinert, weiblich.	b.[3] (Dritte Stufe.) Randblüthen noch stärker vergrössert (oft weiss), strahlend, geschlechtslos, innere männlich.

24. H. Graf zu Solms-Laubach. Ueber das Vorkommen kleistogamer Blüthen in der Familie der Pontederaceen. (No. 61.)

Die einzige bisherige Angabe über das Vorkommen kleistogamer Blüthen in dieser Familie bezog sich auf eine afrikanische Pflanze, die von Kirk (Journ. Proc. Linn. Soc. Vol. III, p. 147) als *Monochoria vaginalis* bezeichnet wurde. Verf. untersuchte in London die dieser Angabe zu Grunde liegenden Originalexemplare und fand, dass sie unrichtig bestimmt sind und vielmehr zu *Heteranthera Kotschyana* Fzl. gehören. Nur die Gattung *Heteranthera* enthält, soweit bis jetzt bekannt, unter allen Pontederaceen kleistogame Blüthen, und zwar bei folgenden Arten: *H. reniformis* (Südbrasilien) neigt zur Kleistogamie; gewisse Inflorescenzen sonst normalen Baues öffnen ihre Blüthen nicht und erzeugen doch Früchte; Fritz Müller traf dergleichen Inflorescenzen an bestimmten, durch bläulich angelaufene Blüthen kenntlichen Individuen häufig an. *H. spicata* (Cuba) hat langgestreckte Aehren, mit zahlreichen Blüthen besetzt, von denen die untersten 1—5 kleistogam, die anderen normal sind. In den kleistogamen Blüthen treten die Pollenschläuche direct zur Narbe über, die aus ihnen hervorgehende Kapsel ist etwa 1½ mal so lang als die der chasmogamen; ein Unterschied der Samengrösse ist nicht vorhanden. *H. callaefolia* (Senegambien), hier trägt jede Inflorescenz nur eine kleistogame Blüthe, die in der Spatha stecken bleibt und den übrigen, von denen sie durch ein langes Internodium getrennt ist, in der Entwickelung weit vorauseilt. *H. Potamogeton* n. sp. (Senegambien) trägt zweierlei Blüthenstände: 1. Aehren, denen anderer Arten ähnlich oberwärts mit normalen, unten mit kleistogamen Blüthen besetzt, 2. Aehren, die nur eine einzige kleistogame Blüthe erzeugen, die in der Scheide des obersten Laubblattes stecken bleibt und sich zu einer kolossalen Kapsel mit zahlreichen Samenkörnern entwickelt. *H. Kotschyana* Fenzl. (tropisches Afrika), Blüthenvertheilung dieselbe, aber die Aehren der ersteren Art unten nur eine einzige kleistogame Blüthe tragend. Bei den beiden letztgenannten Arten besitzen die kleistogamen Blüthen nur ein Staubgefäss.

25. S. Le M. Moore. Darwin's Lehre von der Kleistogamie. (No. 38.)

Darwin betrachtet bekanntlich die Kleistogamie als eine Anpassung gewisser Insecten-blüthler an den Nothstand des Ausbleibens der Kreuzungsvermittler unter ungünstigen Umständen, z. B. in zu früher und zu später Jahreszeit. (Forms of flowers p. 343.) Verf. beobachtete im Spätherbst an einer Pflanze, die er als „vegetable marrow" bezeichnet, ausser Blüthen gewöhnlicher Grösse auch eine, die etwa $2\frac{1}{2}$ mal kleiner war, sowie einige zwischen beiden stehende, und schliesst aus der Thatsache, dass in diesem Falle keine Kleistogamie, sondern eine Verkleinerung der Blüthen eingetreten ist, Darwin's Auffassung der Ursache der Kleistogamie müsse falsch sein. Seine Schlussfolgerung ist indess dem Ref. ebenso unverständlich als obige Pflanzenname. Sie schliesst mit dem Satze: „Ich glaube also, dass Kleistogamie verursacht wird durch die physiologische Bedingung grosser Fruchtbarkeit ohne Kreuzung und die gleichzeitig statt-findende morphologische Bedingung der Keimung des Pollens, während er noch im Staub-beutel ist, oder wenigstens vor der Entfaltung der Blüthenhülle."

VI. Sonstige Bestäubungseinrichtungen.

26. Hermann Graf zu Solms-Laubach. Die Herkunft, Domestikation und Verbreitung des gewöhnlichen Feigenbaumes (Ficus carica L.). (No. 60.)

Die Hauptaufgabe dieser Arbeit ist zwar eine culturgeschichtliche, doch behandelt sie auch einen ganz besonders anziehenden botanischen Gegenstand: die Wechselbeziehungen zwischen den Feigen und den kleinen Wespen, welche ihre Kreuzung vermitteln, Wechsel-beziehungen, die zwar, wie der uralte Gebrauch der Caprification beweist, früher als irgend welche anderen, sogar schon im Alterthume, genaue Beachtung gefunden haben, aber trotzdem bis heute noch manches Räthselhafte darbieten. Gerade in Bezug auf diese Seite seiner Aufgabe hat nun der Verf. nicht nur, wie für sein Thema überhaupt, die gesammte Literatur gründlich durchmustert und die ermittelten Thatsachen und versuchten Erklärungen gesichtet zusammengestellt, sondern auch an Ort und Stelle (bei Neapel) selbst eingehende Beob-achtungen durchgeführt, die manchen bisher dunklen Punkt aufhellen, so dass es wohl der Mühe verlohnen möchte, auf Grund seines Werkes den jetzigen Stand der Feigenbefruchtungs- und Caprificationsfrage hier zu skizziren.

Der wilde Feigenbaum, der sogenannte *Caprificus*, bringt in der Regel jährlich dreimal Früchte hervor, die bei Neapel 1) im April, 2) im Juni und 3) im August bis September reifen und als 1) „mamme", 2) „profichi" und 3) „mammoni" bezeichnet werden. Wenn die eine Fruchtgeneration reift, sind an demselben Baume bereits wieder die jungen der Befruchtung harrenden Blüthenstände der nächstfolgenden Generation vorhanden. So tragen also z. B. im April die Bäume reifende Feigen (mamme), die im August oder September des vorhergehenden Jahres geblüht und dann überwintert haben, und gleichzeitig junge, im ersten Blüthenstadium befindliche Feigen, die im folgenden Juni (als profichi) reifen werden. Das erste Blüthenstadium aller Feigen ist rein weiblich; die weiblichen Blüthen bedecken den grössten Theil der inneren Fläche der jungen Feige, und die schwarzen geflügelten Weibchen der Feigenwespe (Blastophaga grossorum Grav. = Cynips psenes L., Familie Chalcididae), die sich um diese Zeit (neben flügellosen gelben Männchen und mit langem Lege-stachel versehenen rostrothen Schlupfwespen) in den reifenden Feigen in grosser Menge vor-finden, drängen sich jetzt pollenbehaftet aus dem „Auge" (ostiolum) derselben heraus, suchen junge Feigen auf, dringen mit grosser Anstrengung durch deren Auge in dieselben hinein (wobei sie meist ihre Flügel zwischen den fest aneinanderschliessenden Schuppenblättern des Auges zurücklassen), bestäuben in demselben die Narben und belegen zahlreiche junge Frucht-knoten mit ihren Eiern, indem sie jedesmal den Griffel der Länge nach durchbohren und durch den Bohrkanal ein Ei an eine bestimmte Stelle zwischen Knospenkern und Knospen-hülle in das Samenknöspchen hineinschieben; dann gehen sie in derselben Feige, der sie ihre Nachkommenschaft anvertraut haben, zu Grunde. Die von ihnen angestochenen Blüthen schwellen in Folge des Stichreizes gleich Pflanzengallen rasch an, und während sich dann in ihrem Ovarium statt des pflanzlichen ein thierisches Embryo bildet und zur Wespe wird, entwickeln sich gleichzeitig in nicht angestochenen weiblichen Blüthen die Samen, auf denen die geschlechtliche Fortpflanzung der Feigenbäume beruht, zur Reife.

Die kreuzungsvermittelnde Wespe ist aber vielmal fruchtbarer als der Feigenbaum; denn in den beiden ersten Fruchtgenerationen des letzteren, in den „mamme" und „profichi", entwickeln sich auch die unangebohrt gebliebenen weiblichen Blüthen nicht weiter, sondern verkümmern bald ganz und gar, nur in den „mammoni" kommen vereinzelte Samen zur Entwickelung; wogegen eine neue Wespengeneration mit jeder neuen Feigengeneration ins Leben tritt.

Erst kurz vor dem Reifen der Feigen bedeckt sich in der Nähe des Auges eine mehr oder minder breite Zone ihrer Innenwand mit männlichen Blüthen; am zahlreichsten sind dieselben bei den „profichi", nur vereinzelt oder (meist) gänzlich fehlend bei den „mamme". Gleichzeitig mit dem Auskriechen der Wespen springen die Antheren der männlichen Blüthen auf und entlassen ihren weisslichen Pollen, so dass die neu ausgekrochenen Wespenweibchen dicht mit demselben bepudert werden, bevor sie die Feigen, in denen sie sich entwickelt haben und befruchtet worden sind, verlassen, um junge Feigen aufzusuchen und mit ihren Eiern zu belegen. (Erst nach dem Ausschwärmen der Wespen tritt wohl die volle Reife der Feigen ein? Denn wenn dieselben schon vor dem Ausschwärmen der Wespen Vögel oder andere der Ausbreitung der Samen dienende Thiere anlockten, so würden mit den Feigen auch die Befruchter verzehrt werden. Ref.)

Beim zahmen Feigenbaum haben sich durch den Anbau die Blüthen derart verändert, dass die soeben beschriebene natürliche Befruchtung bei ihnen unmöglich ist. In seinen weiblichen Blüthen sind nämlich die Fruchtknoten so umgewandelt, dass die Feigenwespe ihre Eier in denselben entweder gar nicht oder doch nicht in normaler Weise abzulegen vermag, und männliche Blüthen kommen in den zahmen Feigen überhaupt nur sehr ausnahmsweise und dann stets in monströser Beschaffenheit zur Entwickelung. Es fehlt also den zahmen Feigen zur Befruchtung sowohl an Blüthenstaub als an den natürlichen Uebertragern desselben. Diese Erfahrung hat schon in uralten Zeiten zur Caprification der zahmen Feigen geführt, die bekanntlich darin besteht, dass man reifende wilde Feigen (Caprificus) an den zahmen Feigenbäumen aufhängt, wenn das Auge der jungen Feigen offen, die Narben ihrer weiblichen Blüthen also empfängnissfähig sind. Die aus den wilden Feigen ausschwärmenden Feigenwespen dringen dann in die jungen zahmen Feigen ein, befruchten sie und bewirken dadurch wahrscheinlich, dass sie nicht so leicht unreif abfallen und früher reifen. Doch hält es der Verf. nach allen vorliegenden Angaben für möglich, dass die zahme Feige durch den andauernden Anbau, wenigstens in manchen ihren Rassen, sich so verändert hat, dass sie ihre Früchte jetzt ebensogut auch ohne Caprification zur Reife bringt. Ob sie nicht auch ohne Befruchtung (parthenogenetisch) gute Samen erzeugen kann, ist ihm ebenfalls noch zweifelhaft.

Soweit die für die Wechselbeziehungen zwischen Blumen und Insecten wichtigen vier ersten Abschnitte: I. Einleitung (S. 1—5). II. Der Feigenbaum (S. 5—19). III. Die die Früchte des *Caprificus* bewohnenden Insecten (S. 19—23). IV. Die Caprification (S. 23—45). Die folgenden Abschnitte sind von hervorragend pflanzen- und culturgeschichtlichem Interesse; sie betreffen: V. Die geographische Verbreitung der Feigencultur und der Caprification (S. 45—63). VI. Die Herkunft und Verbreitung des *Ficus-Carica*-Stammes (S. 63—73). VII. Die Entstehung und Herkunft der domestizirten Rassen (S. 73—97) und geben in Bezug auf diese Gegenstände eine anscheinend erschöpfende Behandlung des vorliegenden Thatbestandes und der Literatur. In dem Schlussabschnitte (VIII. Die Sykomore, S. 97—106) endlich werden die in Bezug auf den gewöhnlichen Feigenbaum so gründlich erörterten Verhältnisse auch bezüglich der im ägyptischen Nilthale „heute wie schon vor 2000 Jahren als häufigster Fruchtbaum" cultivirten Sykomore kurz besprochen, nicht sowohl um irgend ein abschliessendes Urtheil zu geben, als vielmehr um künftigen Forschern die Richtung der anzustellenden Untersuchungen anzudeuten. Ein eingehender Bericht über diese für den Botaniker, den Darwinisten, den Culturhistoriker gleich lehrreiche und anregende Abhandlung aus der Feder Fritz Müller's findet sich im Kosmos Bd. XI, S. 306—316.

27. Fritz Müller. Caprificus und Feigenbaum. (No. 40.)

In der Feigen-Arbeit II.'s, Grafen zu Solms-Laubach, über welche im vorhergehenden Referat berichtet worden ist, wurden *Caprificus* und Feigenbaum als zwei verschiedene Rassen betrachtet, deren letztere in Folge des Anbaues aus der ersteren hervorgegangen sei. Der Verf. des vorliegenden Aufsatzes sucht dagegen aus den Ergebnissen derselben Arbeit und aus umfassenden eigenen Beobachtungen an wilden Feigenarten Südbrasiliens die Ansicht zu begründen, dass *Caprificus* und Feigenbaum zwei verschiedene, wie schon Linné wollte, als Mann und Weib zusammengehörige Formen darstellen, die nicht auseinander, sondern mit und nebeneinander, und zwar vor jedem Anbau, durch Naturauslese sich entwickelt haben.

Gegen die Annahme, dass der *Caprificus* eine für sich bestehende wilde Art sein könne, spricht sowohl sein unglaublich geringer Samenertrag (zwei Generationen ganz steril, in der dritten noch nicht einmal ein Samen auf zwei Feigen), als die Unwahrscheinlichkeit seiner Kreuzung (die allein samentragenden „Mammoni" werden von den Feigenwespen der „Profichi" desselben Baumes wahrscheinlich meist ganz in Beschlag genommen), als endlich sein gänzlicher Mangel an Ausrüstung zur Verbreitung der Samen (die Früchte des *Caprificus* bleiben bis zur Reife milchend und hart und vertrocknen dann am Baume oder fallen unter demselben nieder), wogegen alle (10) vom Verf. beobachteten wilden Feigenarten regelmässig Kreuzung erfahren, reichlich Samen produciren und in Menge Vögel (Papageien) anlocken, welche dieselben verbreiten.

Unwahrscheinlich ist es ferner, dass der Feigenbaum als Culturrasse des *Caprificus* durch willkürliche Auslese des Menschen, mit der Grösse, Saftigkeit und dem Zuckergehalt seiner Früchte zugleich auch deren Samenreichthum hätte steigern sollen; es würde das zu allen sonstigen Erfahrungen, wie sie bei Ananas, Banane, Brotfrucht, Citrone, Orange etc. vorliegen, in grellem Gegensatze stehen.

Als Mann und Weib zusammengehörig, stellen dagegen *Caprificus* und Feigenbaum eine in Bezug auf Kreuzung, Samenertrag und Ausbreitung der Samen vortrefflich ausgerüstete Art dar, die nichts Befremdliches mehr an sich hat und von der man begreift, wie sie eine so weite Ausbreitung erlangen konnte.

Ihre Kreuzung ist völlig gesichert; denn der *Caprificus* ist durch die völlige Sterilität zweier Blüthengenerationen und den ungemein dürftigen Samenertrag der dritten fast rein männlich, der Feigenbaum durch das Fehlen der männlichen Blüthen ganz rein weiblich und ein Schwarm von Feigenwespen entsteigt den „Profichi" des ersteren, nimmt den in denselben Feigen in reichster Menge gleichzeitig gereiften Blüthenstaub mit sich und überträgt ihn, nicht nur in die fast sterilen „Mammoni" des *Caprificus*, sondern auch in die gleichzeitig sich öffnenden Feigen („pedagnuoli") des Feigenbaumes. Diese bringen reichliche Samen hervor und entwickeln sich dann zu fleischigen wohlschmeckenden Früchten, welche die als Verbreiter der Samen dienenden Vögel anlocken.

Als nützlich, also durch Naturauslese erklärlich, lassen sich nun auch manche mehr untergeordnet erscheinende Eigenthümlichkeiten der beiderlei Bäume erklären, so z. B. die Sicherung der weiblichen Blüthen des Feigenbaumes gegen den Stich der Feigenwespen (die ja, in diesen sich entwickelnd, für die Kreuzung nutzlos und durch Verminderung der Samenzahl sogar direct schädlich sein würden), in den „Mamme" das gänzliche Fehlen der männlichen Blüthen (welche die Bildung von Samen in den „Profichi" veranlassen könnten, damit die Zahl der in diesen sich entwickelnden Kreuzungsvermittler beschränken, also schädlich sein würden) u. s. w.

Auch die Thatsache, dass man bei Aussaat von Feigensamen, der ja nur durch *Caprificus*-Pollen erzeugt werden kann, theils *Caprificus*-, theils Feigenindividuen, niemals Zwischenformen erhält, spricht dafür, dass beide zusammengehörige Formen, nicht aber verschiedene Rassen sind.

28. Dr. Paul Mayer und Fritz Müller. Zur Naturgeschichte der Feigeninsecten. (No. 33 und 44.)

Blastophaga grossorum Gov., die Kreuzungsvermittlerin der gewöhnlichen Feige, gehört zur Familie der Chalcidier, zur Unterfamilie der Agaoniden und ist in beiden Geschlechtern etwa 2 mm lang. Die Weibchen sind schwarz, geflügelt, mit wohlentwickelten

Mundtheilen, an den Mandibeln mit einem eigenthümlichen, schräg nach hinten gerichteten, mit Sägezähnen bewaffneten Fortsatz (Mandibelsäge). Die Männchen sind gelbbraun, flügellos, mit äusserst stark entwickelter und mit gleich kräftigen Beinen versehener Vorderbrust und weichem Hinterleib, dessen Glieder fernrohrartig aus- und eingeschoben werden können, mit mächtigen dreizähnigen Mandibeln, ohne Säge und übrigens verkümmerten Mundtheilen In den der Reife nahen Feigen zernagen zuerst die Männchen die hornige Schale des Früchtchens, in dem sie sich entwickelt haben, und gelangen so in den Hohlraum der Feige, wo sie unbehilflich umherkriechen. Sie nagen in die Früchtchen, in denen Feigen eingeschlossen sind, ein Loch, führen durch dasselbe den Hinterleib ein, vollziehen die Begattung und gehen dann, ohne die Feige zu verlassen, zu Grunde. Nun schlüpfen auch die Weibchen aus, gelangen nach einiger Zeit, mit Blüthenstaub bepudert, durch das Auge der Feige in's Freie, um in die zu ihrer Aufnahme bereiten jungen Feigen der folgenden Generation einzuwandern.

Nicht alle Bäume reifen ihre Früchte und entlassen ihre Insecten zu gleicher Zeit und an einem und demselben Baume sind zur Reifezeit der „Profichi" oft die „Mammoni" noch gar nicht sichtbar. Es werden daher die Mammoni eines frühreifen von den „Profichi" eines spätreifen Baumes mit Insecten versorgt. Der Spätling selbst mag dann wohl leer ausgehen, es sei denn, er bringe seine „Mammoni" so spät hervor, dass sie von den Insecten, welche Anfang September ausschlüpfen, belegt werden können. Jedenfalls giebt es neben den Bäumen, welche drei Feigengenerationen im Laufe eines Jahres erzeugen, auch solche, welche im Frühjahr keine „Profichi", dafür aber im Sommer sehr früh schon „Mammoni" tragen, und auch solche, bei welchen unter gänzlichem Ausfalle der „Mammoni" auf die späten „Profichi" des Frühsommers im Herbste direct die überwinternden „Mamme" folgen.

Neben Blastophaga haust in der Feige eine zweite Wespenart, zu derselben Abtheilung der Chalcidier (Agaoniden) gehörig; für diese ist der von Carolini ihr irrthümlich beigelegte Namen Ichneumon (ficarius) vorläufig beibehalten worden. Das Weibchen derselben ist durch gelbrothe Farbe, schlankeren, grösseren Körper und besonders durch einen Legestachel von mehr als doppelter Körperlänge von Blastophaga auf den ersten Blick zu unterscheiden. Die Männchen sind gleichfalls gelbroth, mit wohlentwickelten Mundtheilen, colossalen dreizähnigen Kiefern, bis auf den Vorderrand verkümmerten Flügeln und sehr kleinem Hinterleib. Wie bei Blastophaga wird das Weibchen vom Männchen schon im Fruchtknoten begattet. Welche Rolle es im Haushalt der Feigen spielt, ob es in die jungen Feigen eindringt oder nur seinen langen Legestachel einführt und ob es sich von den Larven der Blastophaga oder von den Säften der Feige nährt, lässt P. Mayer unentschieden. Fritz Müller hat bei verschiedenen wilden Feigenarten unendlich oft von Blastophaga, niemals von „Ichneumon" lebende Weibchen in den jungen, todte in unreifen Feigen getroffen und entscheidet sich deshalb um so mehr für die Annahme der Eiablage von aussen, als für diese der Legestachel unentbehrlich, während er dem Weibchen, wenn es in die Feige hineinkröche, überflüssig und unbequem sein müsste. Ferner hat F. M. wiederholt Feigen, die keine Leichen von Blastophaga enthielten, ausschliesslich von „Ichneumon" bewohnt gefunden und damit festgestellt, dass er auch ohne Blastophaga leben kann, also nicht deren Schmarotzer ist. In Bezug auf die Bedeutung der „Ichneumon" für die Feigen vermuthet F. M., dass sie die Bestäubung solcher Bäume vermitteln, die in grösserer Entfernung von ihren Artgenossen wachsen; denn die „Ichneumon" erscheinen ihm stets weit flugfähiger als die gleichzeitig ausschwärmenden Blastophaga, und bei mehreren brasilianischen Feigenarten sind die Weibchen des „Ichneumon" prachtvoll metallisch gefärbt, was auf einen längeren Aufenthalt ausserhalb der Feigen hinweist.

Die Sycomore, von der P. M. frische Fruchtstände mit lebenden Insecten durch Dr. Schweinfurth aus Cairo erhielt, ist von einer anderen ebenfalls zu den Agaoniden gehörigen Wespe, Sycophaga Sycomori Hasselquist, bewohnt. Auch bei dieser ist das schwarze Weibchen geflügelt, das gelbe Männchen flügellos; die Begattung und die Erlösung des Weibchens aus seinem Gefängniss gehen genau so vor sich wie bei Blastophaga; indessen verlassen die Weibchen die Feige nicht durch das Auge, sondern durch in der Nähe desselben ausgefressene Löcher. Das Männchen ist besonders merkwürdig durch ein Paar seitlich abstehender sehr langer Fortsätze des ausserordentlich dehnbaren Hinterleibs, die zum zeitweiligen Verschlusse der (im sechsten Hinterleibsringe gelegenen) Luftlöcher zu dienen scheinen, welche sonst offenbar von einer klebrigen, braunrothen, das Innere der Sycomore erfüllenden Masse angefüllt werden würden.

Ausser den genannten Wespen finden sich in Feigen und Sycomoren noch Fadenwürmer, die zwischen den Früchtchen leben und den Blastophaga-Weibchen zwischen die Hinterleibsschienen kriechen, um sich von alten Feigen zu jungen tragen zu lassen. Eine Bedeutung für die Feige scheinen sie aber nicht zu haben.

In den trockenen Feigen von etwa 30 verschiedenen asiatischen und afrikanischen Arten fand P. M. ausser den in der gewöhnlichen Feige und der Sycomore vorkommenden Wespen noch verschiedene andere Arten derselben drei Gattungen; nicht selten waren gleichzeitig zwei Gattungen vertreten und bei einer unbestimmten Feigenart aus Liberia wurden neben Blastophaga und Sycophaga einige vielleicht mit dem „Ichneumon" zu derselben Gattung gehörige Weibchen gefunden.

Während in den Feigen und Sycomoren der alten Welt, soweit bekannt, die Anzahl der Wespenarten nur eine sehr beschränkte ist, setzt sie in den brasilianischen Feigen geradezu in Erstaunen. Den Feigen einer einzigen Art, die noch dazu alle von demselben Baume stammten, wurden von Fritz Müller etwa 10 verschiedene Arten von Männchen entnommen. Dabei geht einerseits die durch das Leben in der Feige bedingte Umwandlung noch weiter als in der alten Welt: so giebt es völlig mundlose Männchen und andere, deren Mittelbeine völlig verkümmert sind. Andererseits kommen Arten vor, bei denen noch beide Geschlechter wohl entwickelte Flügel und Mundtheile besitzen. Ueber die Lebensweise dieses bunten Gewimmels von Feigenwespen wurde bis jetzt, Blastophaga und „Ichneumon" ausgenommen, nichts ermittelt. Die wichtigste Beobachtung, welche F. M. an Blastophaga gemacht hat, ist mit seinen eigenen Worten wiedergegeben, folgende: „In einer einzigen Feige von Ficus VII (unter mehr als 300) fand ich ausschliesslich Männchen von Blastophaga, und zwar war der ganze innere Hohlraum damit vollgepfropft, während sie sonst bei dieser Art vielmal seltener waren als die Weibchen. Die Feige war noch unversehrt, also noch keine Wespe ausgeflogen — und es waren keine wespenhaltigen Früchtchen mehr vorhanden. Dieser Fund scheint mir kaum anders zu erklären, als durch die Annahme, dass wie bei Apis unbefruchtete Eier Männchen liefern. Bei der grossen Ueberzahl der Weibchen konnte leicht das eine oder andere unbefruchtet bleiben, und drang ein solches ohne Begleiter in eine junge Feige[1]), so musste diese statt eines Harems zu einem Kloster in unfreiwilligem Cölibat lebender Mönche werden." — Die oben erwähnten Fadenwürmer wurden auch in verschiedenen brasilianischen Feigen gefunden.

29. **G. Areangeli. Ueber die Caprification und über einen Fall abnormer Entwickelung in den Blüthen der Ficus stipulata.** (No. 3.)

Verf. fand bei Pisa zwar viele Varietäten des Caprificus beständig steril; einige (Fico biancolino) aber auch mit reifen Samen.

In den Feigen einer Ficus stipulata Thunb. im botanischen Garten zu Pisa traten an Stelle der normalen männlichen Blüthen andere auf mit verbildetem Pistill ohne Staubgefässe oder in selteneren Fällen mit rudimentär ausgebildeten. Verf. glaubt aus einer ähnlichen, aber vollständigeren Umbildung der männlichen Blüthen des Caprificus die Entstehung der rein weiblichen Feigen erklären zu können.

30. **Todd, Prof. J. E. Ueber die Blüthen von Solanum rostratum und Cassia Chamaecrista.** (No. 64.)

Die beiden genannten Pflanzen bieten einen ganz eigenthümlichen, hier vom Verf. zum ersten mal ans Licht gezogenen Bestäubungsmechanismus dar. Bei beiden ist die Blüthe nach der Seite gerichtet, mit in eine fast senkrechte Ebene ausgebreiteten Blumenblättern, der Griffel lang, schräg abwärts gerichtet, mit nach vorn und oben gebogenem Ende, in manchen Blüthen von der Blüthenachse aus nach links, in andern nach rechts gekehrt,

---

[1]) Es ist bei dieser Art Regel, dass nur ein Blastophaga-Weibchen in jede Feige eindringt; selten finden sich zwei, äusserst selten mehr.   F. M.

so dass man rechts- und linksgriffelige Blüthen unterscheiden kann. Die der Befruchtung dienenden Antheren sind jedesmal nach der entgegengesetzten Seite gekehrt als der Griffel und die den Pollen sammelnden Hummeln behaften, indem sie von Blüthe zu Blüthe fliegen, bald den rechten, bald den linken Theil ihrer Unterseite mit Pollen und berühren jedesmal mit dem entgegengesetzten Theil ihrer Unterseite die Narbe.

Bei *Solanum rostratum* haben 4 Staubgefässe die bei *Solanum* gewöhnliche Gestalt und Beschaffenheit, nur beim fünften ist die Anthere eben so verlängert und gebogen wie der Griffel, dient ebenso wie dieser der anfliegenden Hummel als Stütze und behaftet sie mit dem die Kreuzung bewirkenden Pollen, denn die lange Anthere ist merklich elastisch; wenn sie angestossen wird, fliegt etwas Pollen aus ihrer Spitze. Der Pollen der 4 andern Staubgefässe dient der kreuzungsvermittelnden Hummel als Ausbeute. Die Blüthen sind in einfache bracteenlose Trauben geordnet und der Griffel ist in jeder Blüthe nach der Seite der Blüthenstandsaxe hin gebogen. Die gleichzeitig geöffneten Blüthen desselben Zweigs sind entweder alle rechts- oder alle linksgriffelig; jede grössere Pflanze hat aber rechts- und linksgriffelige Pflanzen in ungefähr gleicher Zahl.

Bei *Cassia chamaecrista* ist der Stempel ebenso (sichelförmig) gestaltet und gestellt und nach einer Seite gerichtet; das an der entgegengesetzten Seite stehende Blumenblatt ist einwärts gebogen; nach ihm hin sind die meisten der 7 Staubgefässe gerichtet, deren lange starre Antheren an der Spitze mit einem Loch sich öffnen. Wenn eine besuchende Hummel Pollen sammelt, fallen vermuthlich Pollenkörner auf das einwärts gebogene Blumenblatt und heften sich solchen Körpertheilen der Hummel an, die in einer Blüthe mit entgegengesetzter Griffelrichtung die Narbe streifen.

Zum Schlusse weist der Verf. auf einige andere *Solanum*- und *Cassia*-Arten hin, die in ihren Blüthen Annäherungen an den hier geschilderten Bestäubungsmechanismus zeigen.

31. Forbes, Hermann Müller, Fritz Müller. Verschieden gefärbte Staubgefässe in derselben Blüthe. (No. 20, 42, 46.)

Mit Bezugnahme auf Fritz Müller's Beobachtung an *Heeria* (Bot. Jahresber. für 1880, Ref. No. 88) giebt Forbes an, dass er an mehreren *Melastoma*-Arten, deren Staubgefässe in jeder Beziehung denen der beschriebenen *Heeria* entsprechen, grosse Bienen, wie Xylocopa und Bombus in Thätigkeit sah, und beschreibt deren Verhalten. Sie fliegen auf die von den kurzen Staubgefässen dargebotene gelbe Plattform zu, vielleicht weil sie die dem Hintergrund (der Corollen) gleichfarbigen langen Staubgefässe nebst Stengel nicht sehen, bekommen dabei regelmässig das Pistill zwischen ihre Beine, indem ihre Füsse an der Gabel des Connectivs Halt finden. Die unmittelbare Folge davon ist, dass sie die gesammten langen Staubgefässe zu einem Bündel vereinigen und ihre Antheren nach unten und vom Körper der besuchenden Biene wegdrücken, während der Griffel mit ihrer Bauchseite in beständiger Berührung bleibt. In dem Augenblicke, wo die Biene abfliegt, stossen die Krallen der Bienenfüsse an die Connectivgabel, heben dadurch die Antheren der langen Staubgefässe und bringen so die Spitzen des vereinigten Bündels mit ihren Seiten und ihrem Hinterleib in Berührung.

Der Pollen der kurzen Staubgefässe ist gross und dreihörnig, der der langen viel kleiner und mehr oval, nur der letztere schien fruchtbar zu sein.

H. Müller weist nach, dass der *Heeria* ganz analoge Blüthenmechanismen auch in der Familie der Commelynaceen vorkommen, überdies verschiedene Abstufungen darbieten.

Bei *Tradescantia virginica* L. sind bekanntlich die Blüthen nach oben gerichtet, regelmässig, alle Staubfäden gleichmässig mit gegliederten Haaren versehen, die den pollensammelnden Bienen zum Festklammern dienen.

Bei *Tinnantia undata* Schlecht. (nach Dr. T. Urban's Bestimmung) stehen die Blüthen seitwärts. Kelch- und Blumenblätter sind noch fast regelmässig: letztere sind breit, blasspurpurn, in eine senkrechte Ebene ausgebreitet, aus deren Mitte 3 kurze Staubgefässe gerade hervorstehen, die durch goldgelbe Antheren, an ihrer Oberfläche dargebotenen gold-gelben Pollen und einen lebhaft gelben Strahlenkranz unter der Spitze jedes der 3 Staubfäden stark in die Augen fallen. Drei viel längere Staubgefässe sind ebenso wie der sie etwas

33*

überragende Griffel schräg nach unten und vorn gerichtet, nur am Ende aufwärts gebogen, durch Gleichfarbigkeit mit dem ihren Hintergrund bildenden unteren Blumenblatte unsichtbar; auch ihre bläulichen Antheren mit gelblichem Pollen fallen nur sehr wenig in die Augen. Pollensammelnde Besucher von passender Grösse nehmen, wie an der Honigbiene constatirt wurde, auf dem Griffel und den unteren Staubgefässen Platz, bringen, indem sie die augenfälligen Antheren ausbeuten, erst die Narbe, dann die unteren Antheren mit der Unterseite ihres Hinterleibs in Berührung und bewirken so regelmässig Kreuzung getrennter Blüthen. Hier ist also, ganz eben so wie bei *Heeria*, eine Arbeitstheilung der Staubgefässe eingetreten, derart, dass die eine Hälfte derselben den Kreuzungsvermittlern in die Augen fällt und Pollen zur Ausbeute darbietet, die andere dagegen ihnen eine Standfläche bietet und den zur Befruchtung dienenden Pollen anheftet. Auch hier sind die Pollenkörner der beiderlei Staubgefässe an Grösse verschieden, aber im Gegensatz zu *Melastoma* sind hier die Pollenkörner der kurzen Staubgefässe kleiner als die der langen und beiderlei Pollenkörner sind noch zur Befruchtung tauglich.

Commelyna coelestis Willd. hat denselben Blüthenmechanismus, ist aber in der Differenzirung der Blüthentheile noch einen Schritt weiter gegangen. Ihr oberes Kelchblatt ist merklich kleiner, ihr unteres Blumenblatt merklich grösser als die beiden anderen; ihre 3 oberen Antheren haben sich in sich selbst differenzirt; zwei kleine seitliche Theile eines jeden erzeugen etwas Pollen und vier weit grössere, ins Kreuz gestellte rundliche Lappen eines jeden locken durch ihre lebhafte gelbe Farbe, die mit dem Blau der Corolla auffallend contrastirt, Besucher an. Die Gliederhaare der Staubfäden haben so nicht nur ihre ursprüngliche Function, den Kreuzungsvermittlern zum Festhalten zu dienen, sondern auch ihre spätere Function, dieselben anzulocken, an andere Theile abgegeben, und sind als nun ganz überflüssig völlig verschwunden. Die mittlere der 3 unteren Antheren, welche bei *Tinnantia undata* ziemlich nutzlos ist, da sie hinter dem Griffel liegt, hat sich hier aufgerichtet, ist weit grösser geworden als die beiden seitlichen und daher sehr nützlich. Die Pollenproduction der oberen Antheren scheint im Verschwinden begriffen; ihre Pollenkörner sind nicht nur wenig zahlreich, sondern auch an Grösse sehr variabel.

(*Tinnantia undata* und *Commelyna coelestis* sind durch Abbildungen erläutert.) Fritz Müller fügt zu den erwähnten Melastomaceen und Commelynaceen noch die Gattungen *Mollia (Tiliaceae), Lagerstroemia (Lythraceae)* und *Heteranthera (Pontederaceae)* als zweierlei verschieden gefärbte Antheren in derselben Blüthe enthaltend. Bei *Mollia* haben nach Darwin (Forms of flowers p. 168) die längeren Staubgefässe der 5 äusseren Gruppen grünen, die kürzeren der 5 inneren Gruppen gelben Pollen; die Narbe steht dicht unter den obersten Antheren. Bei einer *Lagerstroemia* in Fritz Müller's Garten haben die 6 äusseren Staubgefässe grünen Pollen und sind viel länger als die zahlreichen inneren, welche glänzend gelben Pollen haben. Das Stigma steht in gleichem Niveau mit den äusseren Antheren. F. Müller sah wiederholt Bienen um die inneren Antheren fliegen und Pollen von ihnen sammeln, ohne dass sie die äusseren bemerkten.

Bei *Heteranthera reniformis* ist ein langes Staubgefäss (des äussern Quirls) mit blassblauem und zwei kurze Staubgefässe (des inneren Quirls) mit glänzend gelbem Pollen. Die Narbe steht in der Regel in gleichem Niveau mit der Anthere des langen Staubgefässes. Wenn die weisse Blüthe sich öffnet, divergiren Stempel und langes Staubgefäss, indem der Griffel fast ausnahmslos sich rechts, das Staubgefäss sich links biegt. Beim Verwelken der Blüthe nähern sie sich einander wieder, so dass die Narbe vom Pollen des längeren Staubgefässes befruchtet werden kann. Besuchende Insecten werden dagegen weit mehr zu den gelben Antheren der beiden kurzen Staubgefässe gelockt, da sie dicht an einem violett umsäumten gelben Fleck an der Basis des oberen Blumenblattes stehen. In allen angeführten Fällen dienen die längeren Staubgefässe der Befruchtung, die kürzeren der Anlockung und Beköstigung der Insecten; letztere mögen daher leicht degeneriren. F. Müller befruchtete einige Blüthen seiner selbststerilen *Lagerstroemia* mit grünem, andere mit gelbem Pollen einer verschiedenen Abart (oder Art?) aus anderen Gärten; beide brachten Früchte mit anscheinend gutem Samen; aber nur einige der vom grünen Pollen keimten.

Auch bei *Lythrum Salicaria* mag die grünliche Farbe der langen Staubgefässe dieselben weniger bemerkbar machen und gegen die Angriffe pollenfressender Insecten schützen, denen sie wegen ihres freien Hervorragens am meisten ausgesetzt sein würden.

Auch ohne verschieden gefärbt zu sein, können sich die Staubgefässe einer Blüthe in derselben Weise in zweierlei Dienste theilen, wie F. Müller an einer *Cassia*-Art beobachtete und Prof. J. E. Todd von Tabor (Java) von *Solanum rostratum* beschrieben hat.

32. Dr. F. Ludwig. Ueber eine der Schneckenbefruchtung angepasste Blütheneinrichtung. (No. 30.)

Wird im nächsten Jahrgange zugleich mit der inzwischen erschienenen Arbeit F. Warming's „Die Bestäubung von *Philodendrum bipinnatifidum* Schott" besprochen werden.

33. Gr. Kraus. Ueber die Blüthenwärme bei Arum italicum. (No. 26.)

Wie bei dem nach Ludwig's Darstellung der Befruchtung durch Schnecken angepassten *Philodendrum bipinnatifidum*, so findet nach den Beobachtungen des Verf. auch bei *Arum italicum*, dessen Anpassung an kleine Dipteren Delpino (Ult. oss. I. p. 17—21) trefflich geschildert hat, die Wärmeentwickelung während des ersten, weiblichen Zustandes des Blüthenkolbens statt und lockt gleichzeitig dem eigenthümlichen sich entwickelnden Duft, den Delpino als durchdringend und stark urinartig, der Verf. als weinartig bezeichnet, die kleinen Kreuzungsvermittler in den Blüthenkessel. Die Erwärmung tritt oben an der als Leitstange der kleinen Mücken erscheinenden sterilen Keule des Kolbens zuerst ein und erscheint bald darauf auch unten. Der grösste beobachtete Wärmeüberschuss des Kolbens über die Lufttemperatur betrug 27.7⁰ C. So zeigten am 28. März (an den vom Verf. bei Rom beobachteten Exemplaren) bei 16⁰ Lufttemperatur 4 Kolben 43.7⁰ C., 4 andere Kolben 40.7⁰ C. Die übrigen Beobachtungen des Verf. bestätigen lediglich die Angaben Delpino's.

34. Edouard Morren. Befruchtung der Tillandsia Lindeni. (No. 39.)

Die Blumenkronenröhre, in welcher die Befruchtungsorgane eingeschlossen liegen, ist nicht nur an sich eng, sondern noch überdies stark eingeschnürt durch Brakteen, die sich dicht an die Röhre anlegen. Verf. sah nun bei M. Albert Truffauth, einem Gärtner zu Versailles, dass derselbe zur Zeit der Entfaltung der Blumen durch vorsichtiges Entfernen der Brakteen die Blumenkronenröhre frei legte, aufriss und dadurch bewirkte, dass eine Menge Pollen auf die Narbe fiel. Einige Tage nach dieser Operation schwillt das Ovarium an, was sonst nicht erfolgt. Verf. empfiehlt deshalb dieses Verfahren, um von *Tillandsia Lindeni* Samen zu erzielen. (Mehr Aussicht auf Erfolg würde natürlich Bestäubung mit Pollen getrennter Stöcke bieten. Ref.)

35. A. Mackenzie, Stapley und Arthur Ransom. Ueber die Befruchtung von Veronica officinalis. (No. 62 u. 54.)

Stapley bezeichnet die Blüthen von *Veronica officinalis* als proterandrisch. Er sah eine grosse Fliege in der Weise die Befruchtung bewirken, dass sie, indem sie Halt suchte, mit ihren Vorderfüssen die Staubfäden erfasste und zusammenschlug, so dass sie sich gerade unter dem Griffel begegneten und die Vorderseite des Kopfes bestäubten. Ransom weist darauf hin, dass H. Müller an *Veronica Chamaedrys* Aehnliches beobachtet hat, aber an kleinen Schwebfliegen, die der Grösse der Blüthe gerade entsprechen, und vermuthet, dass Stapley *Veronica officinalis* mit *V. Chamaedrys* verwechselt haben möge. Stapley erwidert, dass er nicht nur *V. officinalis*, sondern auch *V. Chamaedrys* und *Beccabunga* als in derselben Weise befruchtet notirt habe.

36. A. J. Foerste, W. Trelease. Proterandrie von Pastinaca sativa. (No. 19.)

A. J. Foerste ist der Meinung, die Umbelliferen seien in der Regel proterogyn und beschreibt als eine überraschende Ausnahme ganz richtig die proterandrische Blüthenentwickelung von *Pastinaca sativa*. W. Trelease berichtigt Foerste's Irrthum, indem er darauf hinweist, dass im Gegentheil die Umbelliferen in der Regel proterandrisch sind, dass aber Hydrocotyle, wie von H. Müller gezeigt, durch beschleunigte Entwickelung der Stengel homogam sind. (Nach W. Trelease sind die Umbelliferen: *Erigenia, Thaspium aureum* und *Sanicula marilandica* wirklich proterogyn.)   W. Trelease.

37. J. Troop. Proterandrie bei Amaryllis reginae. (No. 68.)

Verf. bemerkt, dass die Reife der Antheren derjenigen der Narbe etwa 24 Stunden vorauseilt, dass die männlichen und weiblichen Befruchtungsorgane nach einander dieselbe

Stelle einnehmen und dass die Blüthen wahrscheinlich durch irgend eine langrüsselige Motte befruchtet werden. W. Trelease.

38. H. Baillon. Impatiens Humblotiana. (No. 7.)

Die Blüthen dieser auf Madagascar einheimischen Art sind Vogelblumen. Sie sind von glänzender Purpurfarbe, mit schwach entwickeltem Saum und langem, gekrümmtem, sackförmigem Sporn. Der in demselben sich sammelnde Nectar bildet die gewöhnliche Nahrung einer kleinen Souimanga (Honigvogel aus der Familie der Nectariniden), welche an den besagten Blüthen saugt, ohne sich zu setzen.

39. W. J. Behrens. Lathraea Squamaria. (No. 8.)

In dem mehrfach erweiterten, die Blumen und Insecten behandelnden Abschnitte der zweiten Auflage seines botanischen Lehrbuchs erörtert der Verf. auch zum ersten Male die Blüthe von *Lathraea Squamaria*. Sie ist proterogyn, hat eine Bestreuungseinrichtung mit wie bei *Rhinanthus crista galli* (H. Müller, Befruchtung, S. 294) zusammenliegenden Antheren und ist wie dieser der Kreuzungsvermittlung der Hummeln angepasst. Führen diese ihren Rüssel in der rinnenförmigen Höhlung der Unterlippe ein, um den von der Unterlage des Fruchtknotens abgesonderten Honig zu saugen, so stossen sie in älteren Blüthen an die kurzen spitzen Anhänge der Antheren, öffnen dadurch die Antherentaschen und bestreuen sich mit pulverigem Pollen, den sie in jüngeren Blüthen an der die Antheren überragenden Narbe absetzen.

40. W. W. Bailey. Torenia asiatica. (No. 5.)

Die didynamischen Antheren von *Torenia asiatica* haften paarweise zusammen (Delpino, Ult. oss. II, 2, p. 137). Jeder Staubfaden des längeren Paares trägt einen fadenförmigen Anhang, der nach vorn und schwach nach innen gerichtet ist. Ein Druck auf diese, auf einen oder besser auf beide zugleich, biegt augenblicklich den von den Staubfäden gebildeten Bogen nach unten; nach Aufhören des Druckes kehrt derselbe sofort in seine normale Lage zurück. Dadurch werden vermuthlich die Antheren auf den Rücken eines besuchenden Insectes, wie z. B. einer grossen Biene, hinabgebracht. Die Blüthen sind vermuthlich proterandrisch, da die Narbenlappen sich nicht früher von einander trennen, als wenigstens den zweiten Tag nach dem Aufblühen. (Die Reizbarkeit der Narbe wird nicht erwähnt, obwohl sie für diese Art bekannt ist. Ref.) Trelease.

41. Ths. Meehan. „Motility in the flowers of Draba verna." (No. 35.)

In früher Jahreszeit öffnen sich die Blüthen von *Draba verna* etwa 9 Uhr Vormittags und schliessen sich etwa 2 Uhr Nachmittags. Bei der geringsten Bewölktheit aber breiten sich die Blumenblätter nicht aus. Nach bewölktem Wetter breiteten sie sich aus, sobald zwischen 9 und 2 Uhr der mindeste Sonnenschein durchbrach. „Eines Tages hatten wir einen schweren Gewitterschauer. Der folgende Tag war ganz wolkig, aber sonderbarer Weise entfalteten sie sich während dieses feuchtwarmen wolkigen Tages eben so gut wie bei dem vorhergehenden Sonnenschein! Sie scheinen sich seitdem jeden Tag zu entfalten, mag Sonnenschein sein oder nicht; durch alle diese Wechsel hindurch schliessen sie sich bis heute regelmässig etwa 2 Uhr." Woraus Meehan schliesst: „es ist nicht das Licht, sondern die Fähigkeit, es zu benutzen, welches das periodische Oeffnen der Blüthen verursacht". W. Trelease.

42. Dr. Arnold Dodel-Port. Die Liebe der Blumen. (Physiologie der Blüthe.) Fortsetzung. (No. 16.)

Die in Lief. 4,5 des „Illustrirten Pflanzenlebens" erörterten 15 Blumenarten sind bereits im vorigen Jahrgange des Bot. Jahresberichts aufgezählt, mit kurzer Andeutung der vorkommenden neuen Beobachtungen und Erklärungen. In Lief. 6, 7 desselben Werkes werden weiter folgende Blumen ausführlich abgehandelt und durch Abbildungen erläutert. 16. *Cydonia vulgaris* Pers. Die Blüthen sind, wie bei *Pirus communis* und *P. malus*, *Crataegus Oxyacantha*, *Sorbus aucuparia* und *Cotoneaster vulgaris* proterogyn. Durch die zurückgeschlagenen, unterseits drüsenhaarigen Kelchblätter werden kleine aufkriechende Insecten abgehalten, ebenso durch einen Bart langer einzelliger Haare an der Basis der Blumenblätter. Honig wird von einem ringförmigen Wulst um die Griffelbasis herum abgesondert und durch die Behaarung der 5 Griffel im Verein mit den einwärts gebogenen

Basaltheilen der Staubfäden gegen kleinere unberufene Gäste geschützt. Als hauptsächliche Befruchter erwiesen sich Bienen und Hummeln. Die Möglichkeit spontaner Selbstbefruchtung erscheint nicht ausgeschlossen. 17. *Centaurca Cyanus*, 18. Die *Saxifraga*-Arten, insbesondere die proterandrische *S. aizoides* und die proterogyne *S. Seguieri*, 19. *Parnassia palustris*, 20. *Berberis vulgaris*, 21. *Geranium silvaticum*, 22. *Pinguicula vulgaris* und *P. alpina*.

Der folgende und letzte den Blumen gewidmete Abschnitt bespricht der Reihe nach Kelch, Krone, Androeceum und Gynaeceum nebst ihren ursprünglichen und secundären Functionen, sowie die Hongdrüsen und Honigbehälter, wobei Gaston Bonnier's Auslassungen über die Bedeutung des Nectar's bekämpft werden. Den Schluss bildet eine Wiedergabe des Hauptinhalts der Kerner'schen Arbeit: „Die Schutzmittel der Blüthen gegen unberufene Gäste".

43. William Trelease. Die Kreuzungseinrichtungen bei einigen Pflanzen. (No. 67.)

Lemna minor. Die Entwickelung der Befruchtungsorgane fand der Verf. an seinen Exemplaren, die er im Zimmer beobachtete, übereinstimmend mit Hegelmaier proterogynisch (während F. Ludwig dieselbe Pflanze bei Greiz stets proterandrisch beobachtete). Die Narbe wird, nach des Verf.s Beobachtung, als feuchtwerdende Vertiefung am Ende des Griffels in der Regel etwa 3 Tage vor dem Aufspringen der ersten Anthere empfängnissfähig; erst eine halbe Woche nach der ersten reift die zweite Anthere. Bisweilen, jedoch nur ausnahmsweise, ist eine Entwickelungshemmung des Griffels oder der ersten Anthere zu bemerken; gewöhnlich dagegen bleibt die zweite Anthere kürzer als die erste, sehr häufig entwickelt sie sich nur unvollkommen und bietet so eine Annäherung an die monandrische *Wolffia* dar.

Die Blüthentheile werden übereinstimmend mit Ludwig (Kosmos Bd. X, S. 7ff.) beschrieben, aber anders gedeutet. Verf. glaubt nämlich durch Wind oder andere Ursachen herbeigeführte oberflächliche Strömungen des Wassers in Anspruch nehmen zu müssen, um die Pflänzchen zusammenzuhäufen und Narben mit Antheren in Berührung zu bringen. Ludwigs wenige Monate früher (Oct. 81) veröffentlichter Nachweis, dass über die Wasserlinsendecke laufende Käfer als Kreuzungsvermittler dienen, ist ihm unbekannt geblieben. Was Hegelmaier, Roper, Engelmann und Gilman auf die Befruchtung der Lemnaceen Bezügliches gesagt haben, stellt der Verf. übersichtlich zusammen.

Proteaceae. Delpino (Ult. osserv. I, pp. 180—185) unterscheidet bekanntlich in der Proteaceenblüthe drei Entwickelungsstadien: Im ersten Stadium springen innerhalb der von den zusammenhaftenden, löffelförmigen Perigonzipfeln gebildeten Kapsel die Antheren auf und lagern ihren Pollen auf der Griffelscheibe ab; im zweiten Stadium sprengt der wachsende Griffel das Perigon in seine 4 Zipfel auseinander, streckt sich und bietet auf seiner scheibenförmigen Endfläche den Pollen dar, so dass er sich honigsaugenden Gästen anheften muss. Im dritten Stadium, welches Delpino nicht beobachten konnte, sollte sich sodann nach seiner Vermuthung auf der Griffelscheibe die Narbe entwickeln und pollenbehaftete Honigsauger streifen. Diese Angaben werden vom Verf., der die Australier *Hakea nodosa* und *Grevillea Thelemanniana* nach Gartenexemplaren untersuchte, durchaus bestätigt und nach zwei Richtungen hin vervollständigt. Er zeigt nämlich, dass sich das im zweiten Stadium auf der Griffelscheibe sichtbare Wärzchen später zu einer weit geöffneten, mit langen Papillen ausgekleideten Narbenhöhle entwickelt, und weist nach, dass der von der Unterlage des Fruchtknotens abgesonderte Honig bei *Grevillea Thelemanniana*, von den an der Basis verschmolzenen Perigonblättern umschlossen, nur einen engen Zugang hat. Hieraus und aus der schön rothen Farbe der Blüthen glaubt der Verf. auf Tagfalter als Kreuzungsvermittler schliessen zu müssen. Doch weist der von ihm ebenfalls hervorgehobene Mangel einer Anflugfläche wohl mit Bestimmtheit auf freischwebend saugende Besucher, also vereint mit der lebhaften Farbe und den Dimensionen der Blüthe auf honigsaugende Vögel als Befruchter hin. Spontane Selbstbestäubung tritt nicht ein, künstliche Selbstbestäubung erwies sich als durchaus unwirksam. Bestäubung mit Pollen anderer Blüthen desselben Stockes hatte Anschwellen der Ovarien zur Folge.

Was Henschel, Treviranus, Delpino, Hildebrand, Bentham und Kerner über Proteaceenbefruchtung gesagt haben, wird, einschliesslich der Kerner'schen Känguruhtheorie, übersichtlich zusammengestellt.

Rutaceae. Diosma ericoides (S.-Afrika). Die weissen Blumenglöckchen von nur etwa 2½ mm Länge umschliessen fünf mit den Corollenzipfeln abwechselnde Antheren und einen centralen Stempel, dessen fleischige Unterlage ein napfförmiges Nectarium bildet. Die Entwickelung ist ausgeprägt proterandrisch. Zuerst entwickeln sich, langsam eines nach dem anderen, die fünf Staubgefässe zur Reife, und jedes stellt, wenn es an die Reihe kommt, seine aufspringende Anthere in die Axe der Blüthen, etwas unterhalb des Eingangs, und biegt sich nach dem Ausstäuben wieder nach auswärts; dann erst streckt sich der Stempel und bietet seine knopfförmige, nun empfängnissfähige Narbe eindringenden Insecten an derselben Stelle dar, wo sich in jüngeren Blüthen ein pollenbedecktes Staubgefäss befindet. Verf. vermuthet Bienen als Kreuzungsvermittler, ohne zu sagen, warum nicht auch andere Insecten mit einige Millimeter langem Rüssel als solche dienen sollten.

Ericaceae. *Erica Wilmosei?* (S.-Afrika). Die Blumen bilden etwa 2 cm lange Röhren mit 4lappigem Saum; sie sind an der Basis nelkenroth, gegen die weisse Mündung hin allmählig blasser, nach des Verf. Vermuthung honigsaugenden Vögeln (Nectarinien) angepasst. Eine hypogynische Scheibe sondert reichlich Honig ab. Die acht unter derselben entspringenden Staubgefässe erstrecken sich bis in die Nähe des Blütheneingangs und legen hier ihre Antheren zu einer das Griffelende umschliessenden Röhre zusammen, welche von der Narbe etwas überragt wird. Durch die eindringenden Besucher (den Rüssel oder Kopf des Honigvogels) auseinandergedrängt, lassen die Antheren aus ihren bis dahin aneinanderschliessenden Oeffnungen Pollen fallen, der vom Besucher in der nächst besuchten Blüthe an die Narbe abgesetzt wird. (Andere *Erica*-Arten des Caps scheinen in gleicher Weise der Befruchtung durch Honigvögel, andere der durch Bienen, noch andere der durch Schmetterlinge angepasst.)

Labiatae. Die dem tropischen Amerika angehörigen *Salbei*-Arten *Salvia gesneriaefolia* und *Heerii* werden beschrieben und als den Kolibris angepasst nachzuweisen gesucht. *S. gesneriaefolia* hat brennend scharlachrothe, sehr honigreiche, dicht drüsig behaarte Blüthen, die vom Eingang bis zum honigführenden Grunde etwa 35 mm lang und deshalb wohl Bienen auf normalem Wege unzugänglich sind, obgleich die nicht reducirte Unterlippe einen Anflugplatz darbietet. Schmetterlinge sind durch den dichten Verschluss der Blüthe mittelst der verbreiterten sterilen Antherenhälften ausgeschlossen. Der Griffel ragt wenig hervor, die Antheren sind eingeschlossen und werden durch den gewöhnlichen Hebelmechanismus herausgedreht. Bei *S. Heerii*, deren Blumenfarbe nicht angegeben ist, hat die Blumenröhre nur wenig über 20 mm Röhrenlänge; sie ist ebenfalls sehr honigreich und durch ihre verkleinerte Unterlippe für langrüsselige Bienen wenig geeignet, Kolibris dagegen entsprechend. Der sonst bei *Salvia*-Arten übliche Schlagbaummechanismus kommt hier nicht in Anwendung, denn die fruchtbaren Antherenhälften stehen, vom Griffelende noch überragt, offen aus dem Ende der Oberlippe hervor, während die als schmale Platten aneinanderliegenden sterilen Antherenenden tief in die Blumenröhre hineinreichen. Sie bilden einen unvollkommenen Verschluss derselben und mögen wohl Faltern den Zutritt zum Honig und Mitbetheiligung an der Kreuzungsvermittlung gestatten.

Die australische Labiate *Westringia rosmariniformis* ist dadurch merkwürdig, dass zwei ihrer Staubgefässe steril und in zwei ankerförmige Stützen umgewandelt sind, die sich an die parallelen Seitenränder des Mittellappens der dreilappigen Unterlippe legen und den besuchenden Bienen wahrscheinlich vortreffliche Dienste leisten, um sich mit den Krallen ihrer Beine daran festzuhalten. Im Uebrigen bieten die, wie bei vielen Labiaten proterandrischen und erst die entwickelten Antheren, dann die entwickelte Narbe nach vorn und unten biegenden Blüthen nichts Besonderes dar.

Acanthaceae. *Cystacanthus turgidus* (Cochin-China). Die grösstentheils bläulichweisse Blumenröhre besteht aus einem engen aufsteigenden Basalstück, welches das Ovarium und die als Nectarium dienende dickfleischige Unterlage umschliesst und als Safthalter dient und aus einem wagrecht umgebogenen, glockigen, unten etwas ausgesackten Theil, der so weit ist, dass er eine Hummel ganz in sich aufzunehmen vermag. Von den Staubgefässen sind zwei zu kurzen Filamentästen verkümmert, ebenso wie die Basalstücke der fertilen Staubgefässe behaart und mit diesen zusammen als Saftdecke dar. Die beiden fertilen Antheren liegen zu Anfang der Blüthezeit nahe dem Blütheneingang dicht nebeneinander unter der oberen Wand der Corolla. Später biegen sie sich verwelkt zur Seite und die empfängnissfähige Narbe tritt an ihre Stelle.

Goldfussia isophylla (India). Die vermuthlich grösseren Bienen angepassten Blüthen sind merkwürdig durch die Reizbarkeit des Griffelendes, welche bei *G. anisophylla* schon von Ch. Morren beobachtet und genauer studirt, aber als der Selbstbefruchtung dienend gedeutet wurde. Die mit ihrem engen, als Safthalter dienenden Basalstück schräg aufwärts gerichtete Blumenröhre biegt sich am Ende desselben in wagrechte Richtung um und erweitert sich nach aussen immer stärker trichterförmig. Staubgefässe und Trichter liegen mit aufwärts gebogenen Enden auf der Bodenfläche des Trichters, der Griffel die Antheren überragend. Ein in die Blüthe dringendes Insect muss also zuerst die als Narbe fungirende Griffelspitze, dann die pollenbedeckten Antheren streifen, und würde daher, wenn es beim Rückzug aus der Blüthe die Griffelspitze abermals streifte, Selbstbestäubung bewirken. Dies wird aber dadurch unmöglich gemacht, dass sich die Griffelspitze, sobald sie berührt worden ist, im Verlauf von etwa 3 Secunden nach unten biegt, um sich erst nach 20—30 Minuten wieder zu erheben.

44. Hermann Müller. Weitere Beobachtungen über Befruchtung der Blumen durch Insecten III. (No. 43.)

Von folgenden Blumen werden nur beobachtete Besucher mitgetheilt. (Von den mit † bezeichneten zum erstenmale überhaupt, oder wenigstens aus dem Tieflande.)

Convolvulus arvensis L.: 2 Käfer, 3 Fliegen, 8 Hautflügler, davon 6 Bienen, 4 Tagfalter, Thrips. *C. sepium* L.: 1 Käfer, 2 Fliegen, 5 Bienen, Thrips. — †*Phacelia tanacetifolia* Benth.: 3 Käfer, Rhingia, 4 meist langrüsselige Bienen. — *Echium vulgare* L.: 3 Fliegen, 6 Bienen, 4 Tagfalter. — *Borago officinalis* L.: 4 Bienen (1 Wespe), 1 Nachtfalter sgd. — *Symphytum officinale* L.: 3 Bienen sgd. — *Anchusa officinalis* L.: 9 Bienen sgd. — *Lithospermum arvense* L.: 2 Bienen, 2 Schwebfliegen, 1 Tagfalter. — *Pulmonaria officinalis* L.: 3 Bienen sgd. und Pfd. — *Myosotis silvatica* Hoffm.: 3 Käfer, 10 Fliegen, 5 Bienen, 1 Tagfalter, alle sgd. *M. intermedia* Link.: 5 Fliegen, 3 Bienen, 3 Tagfalter. — †*Echinospermum Lappula* Lehm.: 2 Fliegen, 1 Biene, 1 Grabwespe. — *Lycium barbarum* L.: 1 Schwebfliege Psd., 7 Bienen, 1 Hummel sgd. und Psd. — *Verbascum nigrum* L.: 1 Halictus ♀ sgd. *V. Lychnitis* L.: 4 Käfer, 1 Fliege Pfd., 1 Wanze, 2 Halictus Psd. *Linaria Cymbalaria* Mitt.: 1 Schwebfliege, 5 Bienen sgd., 1 Tagfalter sgd. — *Antirrhinum majus* L.: 3 mittelgrosse Bienen, ganz in die Blüthe kriechend. — *Scrophularia nodosa* L.: 2 Bienen, 1 Wespe sgd. — *Veronica Chamaedrys* L.: 1 Käfer, 4 Fliegen, 12 Bienen. †*V. Anagallis* L.: 4 Fliegen (1 Ameise). *V. Beccabunga* L.: 1 Schwebfliege sgd. *V. spicata* L.: 1 Falter, 3 Bienen (Xylocopa). *V. hederaefolia* L.: 1 Käfer, 2 Bienen sgd. †*V. opaca* Fries: Osmia rufa L. ♂ †*V. arvensis* L.: 5 kurzrüsselige Bienen (Sphecodes, Andrena, Halictus). †*V. triphyllos* L.: 2 Bienen (Andrena, Apis). — *Euphrasia officinalis* L.: 1 kleiner Halictus, ganz in die Blüthe kriechend. — *Melampyrum pratense* L.: auch Bombus lapid. durch Einbruch sgd. — *Euphrasia officinalis* L.: 1 kleiner Halictus, ganz in die Blüthen kriechend. — †*Teucrium Botrys* L.: 2 Bienen (Anthidium-Arten!). — *Ajuga reptans* L.: 3 langrüsselige Fliegen, 6 Bienen, 3 Falter sgd. — *Ballota nigra* L.: 2 langrüsselige Fliegen, 9 Bienen sgd. — *Lamium album* L.: 3 langrüsselige Bienen sgd. *L. maculatum* L.: 2 Anthophora sgd., Apis Psd., Halictus vergeblich. *L. purpureum* L.: 1 Wanze vergeblich, 7 Bienen, 1 Falter sgd. — †*Leonurus Cardiaca* L.: die Honigbiene und 3 Hummeln. — *Galeobdolon luteum* L.: Rhingia, Anthophora, Xylocopa sgd. — *Galeopsis Tetrahit* L.: 1 Hummel, 1 Tagfalter sgd. *G. ochroleuca* Lam.: 1 Hummel sgd., 1 kleine Biene vergeblich. *G. Ladanum* L.: 1 Bombylius sgd., 1 Tagfalter sgd. — *Stachys palustris* L.: 2 langrüsselige Bienen sgd. — *Betonica officinalis* L.: 8 langrüsselige Bienen, 4 Falter sgd. — *Prunella vulgaris* L.: 2 Halictus Psd., 2 Falter sgd. †*P. grandiflora* Jacq.: 3 Hummeln, 2 sonstige Bienen, 5 Falter. — *Glechoma hederacea* L.: 1 Tagfalter sgd. — *Salvia pratensis* L.: 2 langrüsselige Fliegen, 12 Bienen sgd. *S. officinalis* L.: 1 Schwebfliege Pfd., 11 Hummeln und Bienen sgd. *S. silvestris* L.: 2 Tagfalter sgd. ohne zu bestäuben. †*S. verticillata* L.: 3 Hummeln, 15 sonstige Bienen. — †*Satureja hortensis* L.: die Honigbiene, 2 Fliegen, 1 Falter. — *Thymus Serpyllum* L.: 16 Fliegen, meist sgd., 10 Bienen sgd. und Psd., Schlupfwespen sgd.,

2 Grabwespen sgd., 14 Falter sgd. — *Origanum vulgare* L.: 12 langrüsselige Fliegen, 9 Bienen, 4 Falter sgd. — *Mentha aquatica* L.: 1 Käfer, 5 Fliegen sgd., 1 Honigbiene sgd., 1 Falter sgd., 1 Netzflügler (Panorpa) sgd. — *Erythraea Centaurium* L.: 1 Fliege sgd., 3 Gräbbienen Psd., 5 Falter sgd. — *Asclepias syriaca* L.: 1 Fliege, 2 Bienen, 3 Falter und Panorpa sgd. — *Vinca minor* L.: 4 langrüsselige Bienen sgd. — *Syringa vulgaris* L.: 1 Falter sgd. — *Ligustrum vulgare* L.: 4 Käfer, 2 Fliegen sgd., 2 Bienen und 7 Falter sgd. - *Plantago media* L.: 2 Käfer, 4 Schwebfliegen Pfd., 1 Falter. — *Primula elatior* Jacq.: zu den regelmässigen Besuchern der Blumen gehört der ihnen gleichfarbige Citronenfalter (Rhodocera rhamni). †*Pr. officinalis* Jacq.: eigentliche Kreuzungsvermittler: langrüsselige Bienen (Bombus, Anthophora); sonstige Besucher: Andrena und Halictus Psd., Bombylius sgd., Meligethes Pfd. — *Lysimachia vulgaris* L.: 1 Schwebfliege Pfd., 1 Biene Psd. — *Hottonia palustris* L.: 5 Fliegen sgd. — *Erica tetralix*: Rhingia sgd., Thrips. — *Calluna vulgaris* Salisb.: 2 Fliegen, 3 Bienen, 1 Falter, alle sgd. — *Vaccinium uliginosum* L.: 2 Fliegen, 3 Bienen sgd. — †*Galium silvaticum* L.: 3 Käfer, 2 Fliegen. *G. Mollugo* L.: 1 Käfer, 2 Fliegen. *G. boreale* L.: 4 Käfer, 1 Fliege, 2 kurzrüsselige Bienen, 1 Blattwespe, 1 Motte. *G. verum* L.: 2 Käfer, 2 Fliegen, 2 kurzrüsselige Bienen, 1 Goldwespe, 2 Falter. — *Asperula cynanchica* L.: 4 Käfer, 6 Fliegen, 2 Falter. — *Galium verum* L.: 2 Käfer, 2 Fliegen, 3 Hautflügler, 2 Falter. *G. boreale* L.: 4 Käfer, 1 Fliege, 3 Hautflügler, 1 Falter. — *Asperula odorata* L.: 4 Käfer, 4 Fliegen, 1 Biene, 1 Falter. — *Symphoricarpus racemosus* Mchx.: 1 Fliege, 1 Biene, 1 Wespe sgd. — *Viburnum Opulus* L.: 5 Käfer, 1 Fliege. — *Sambucus nigra* L.: 3 Käfer, 1 Blattwespe. *Samb. Ebulus* L.: 2 Fliegen. — *Dipsacus silvestris* Mill.: 1 Fliege, 6 Bienen, alle sgd. — *Scabiosa arvensis* L.: 1 Käfer, 2 Fliegen, 14 Hautflügler, davon 11 Bienen sgd. und Psd., 8 Falter sgd. *Sc. succisa* L.: 1 Fliege, 1 Biene sgd. — *Campanula Trachelium* L., *rotundifolia* L., *ranunculoides* L., *bononiensis* L., *patula* L., *persicifolia* L.: einzelne Käfer und Fliegen, zahlreiche Bienen. †*C. glomerata* L.: 5 Bienen. — †*Phyteuma spicatum* L.: 4 Käfer und die Honigbiene. †*Ph. nigrum* Schmidt: Rhingia und 4 Grabbienen (Andrena, Halictus). — *Jasione montana* L.: 1 Käfer, 8 Fliegen, 8 Hautflügler, darunter 6 Bienen sgd.

Compositae.

Echinops sphaerocephalus L.: 7 Bienen sgd. *Carlina vulgaris* L.: 2 Bienen sgd. *Centaurea Jacea* L.: 3 langrüsselige Fliegen, 1 kurzrüsselige Pfd, 8 Bienen sgd. und Psd., 1 Grabwespe sgd., 1 Falter sgd. *C. Scabiosa* L.: 2 Fliegen sgd., 3 Bienen sgd. und Psd., 2 Falter sgd. *C. Cyanus* L.: 2 Schwebfliegen Pfd., 4 Bienen, meist sgd.: 2 Falter sgd. *Onopordon Acanthium* L.: 1 Wanze sgd., 9 Bienen, meist sgd., 2 Falter sgd. †*Silybum Marianum* Gaertn.: 7 Bienen, meist sgd. *Cirsium arvense* L.: 10 Käfer, 6 Fliegen, 7 Hautflügler, 6 Bienen, Grabwespen, Wespen, 5 Falter. *C. lanceolatum* L.: 1 langrüsselige Fliege sgd., 6 Bienen (meist Halictus Psd.), 1 Tagfalter sgd. *C. palustre* Scop.: 7 Fliegen sgd. und Pfd., 5 Bienen sgd., 1 Grabwespe vergeblich, 5 Falter sgd., *Carduus crispus* L.; 3 Fliegen sgd., 10 Bienen sgd., 6 Falter sgd. *C. acanthoides* L.: 1 Käfer, 1 Wanze, 1 Falter. *C. nutans* L.: 2 Schwebfliegen Pfd., 7 Bienen sgd. und Psd., 4 Falter sgd. *Lappa minor* DC.: 2 Bienen und 1 Grabwespe sgd. *Achillea Millefolium* L. und *Ptarmica* L.: 15 Käfer, 11 Fliegen, 10 Hautflügler, 7 Falter. *Chrysanthemum leucanthemum*: 4 Käfer, 2 Fliegen, 3 Falter. *Chr. corymbosum* L.: 9 Käfer, 4 Fliegen, 1 Wanze sgd., 5 Hautflügler, 3 Falter. *Tanacetum vulgare* L.: 2 Käfer, 1 Schwebfliege Pfd., 6 Bienen, Wespen, Ameisen, 3 Falter, 2 Netzflügler. *Arnica montana* L.: 1 Fliege, 2 Hummeln, 4 Falter. *Senecio Jacobaca* L.: 6 Fliegen, 6 Bienen (Andrena Halictus, Nomada: 1 Falter. †*S. vulgaris* L.: eine Schwebfliege sgd. und Pfd, 1 Wanze sgd., 2 Bienen Psd., sgd. *S. nemorensis* L.: 7 Fliegen, 7 Bienen, 1 Wespe, 1 Falter. †*Inula Helenium* L.: 2 Fliegen, 12 Bienen, Psd. und sgd. †*J. britannica* L.: 1 Schwebfliege Pfd., 3 Bienen sgd. und Psd. *Solidago canadensis* L.: 1 Käfer, 10 Fliegen, 6 unausgeprägtere Bienen, Grabwespen und Ameisen. *Bellis perennis* L.: 1 Käfer, 2 Fliegen, 2 Grabbienen (Andrena, Halictus), 2 Falter. †*Petasites officinalis* Moench: 1 Fliege und die Honigbiene. *Hieracium umbellatum* L.: 1 Käfer, 2 Fliegen, 3 Bienen (Sphecodes, Halictus), 3 Falter. *H. pilosella* L.: 2 Käfer, 1 Fliege, 10 Bienen (hauptsächlich Prosopis, Sphecodes, Andrena, Halictus), 1 Falter. *Crepis biennis* L.: 1 Käfer, 1 Fliege, 7 Bienen (meist Halictus),

1 Blattwespe, 6 Falter. *C. virens* Vill.: 1 Fliege, 9 Bienen, 1 Falter. †*C. paludosa* Vill.: 6 Bienen. *Prenanthes muralis* L.: 1 Fliege, 1 Halictus. †*Sonchus asper* Vill.: 7 Bienen. *Cichorium Intybus* L.: 9 Bienen. *Taraxacum officinale* L.: 4 Käfer, 4 Fliegen, 9 Bienen, 4 sonstige Hautflügler, Thrips.

Von folgenden Blumen werden der Bestäubungsmechanismus oder sonstige biologische Eigenthümlichkeiten besprochen. (Die mit * bezeichneten Arten sind durch Abbildungen erläutert.)

Cassia multijuga (Caesalpinaceen). An den Blüthenstielen sitzen Membracidenlarven, deren Honigtröpfchen von stachellosen Honigbienen ausgebeutet werden. Die Blumen werden von Bienen (Xylocopa, Centris) besucht.

Inga (Mimosaceen) bietet eine ungemein hochgradige Variabilität, besonders der Blüthen dar.

Cuscuta Epithymum L.* Blüthen homogam; Honig im Grunde des kugeligen Glöckchens, von der Basis des Fruchtknotens abgesondert, durch blattförmige gefranste Anhänge der Blumenkrone geschützt, von Grabwespen aufgesucht.

Polemonium coeruleum L. Im Garten an manchen Stöcken neben proterandrischen Zwitterblüthen kleinere rein weibliche Blüthen; Besucher: 1 Käfer, 6 Bienen.

Cerinthe minor L.* stimmt im Ganzen mit *C. alpina* (II. M. Alpenblumen S. 264) überein. Als Eingangsöffnungen für die Bienenrüssel dienen aber hier die 5 Spalten zwischen den freien Enden der Blumenblätter, als Stützen zum Festklammern der Bienenkrallen die sich einwärtskrümmenden Ränder der Blumenblätter. *C. alpina* ist nur Hummeln, *C. minor* auch der Honigbiene zugänglich. Die *C. minor* besuchenden Bienen müssen von unten an der Corolla hängend die Filamente der um den Griffel herum zu einem Kegel zusammenschliessenden Antheren auseinderzwängen, um zum Honig zu gelangen. Dadurch öffnen sie den Antherenkegel und bestreuen ihre Unterseite mit Pollen. In der nächstbesuchten Blüthe streifen sie mit der bestäubten Unterseite die aus der Corolla hervorragende Narbe. Sowohl Hummeln als Bienen hängen während des Saugens gerade von unten am Glöckchen und müssen daher dasselbe fliegend verlassen, um ein neues aufzusuchen. Dadurch wird bewirkt, dass sie nach dem Besuche jeder Blume einen neuen Blüthenstand besuchen, also immerfort getrennte Stöcke oder wenigstens Blüthenstände mit einander kreuzen.

Myosotis versicolor Sm. Die Blumenkrone öffnet sich im unausgewachsenen, noch gelb gefärbten Zustand, während Narbe und Staubgefässe bereits functionsfähig sind und erstere die letzteren überragt, so dass besuchende Insecten jetzt Kreuzung bewirken. Später werden durch die weiter wachsende und sich blau färbende Blumenkrone die ihr ansitzenden Antheren an der Narbe vorbei, wodurch diese mit Pollen behaftet und bei ausgebliebenem Insectenbesuch Selbstbestäubung gesichert wird. Als Besucher wurden 2 Schwebfliegen und 3 Bienen beobachtet. *Myosotis hispida* Schlechtend. Durch die nach oben convergirenden Connectivanhänge wird bewirkt, dass der eindringende Insectenrüssel in der Richtung der Blüthenaxe weiter geht und beim Eindringen sicher die Narbe, erst beim Zurückgehen die Antheren streift. Sonst Alles wie bei *M. intermedia* Link.

Cynoglossum officinale L. Die taschenartigen Aussackungen, welche den Blütheneingang umgeben, gleichen denen von *Anchusa*, lassen aber noch eine 1 mm weite Oeffnung, wie bei *Myosotis*. Auch in Bezug auf die Tiefe der Honigbergung (3 mm) steht *Cynoglossum* zwischen diesen beiden. Besucher: 8 Bienen, 1 Falter, Thrips.

Solanum Dulcamara L. Die grünen, weissumsäumten knopfförmigen Höcker, welche paarweise auf der Basis der zurückgeschlagenen Blumenblätter stehen, sehen wie benetzt aus und sind als Scheinnectarien zu betrachten, da bisweilen Fliegen erst diese Höcker und den Blüthengrund, dann die Narbe und die Pollen liefernde Spitze des Antherenkegels mit ihren Rüsselklappen betupfen und durch Wiederholung dieser Thätigkeit auf verschiedenen Blüthen kreuzungsvermittelnd wirken.

Solanum nigrum L.* wird ebenso wie *S. Dulcamara* nicht blos von Pollen sammelnden Bienen, sondern auch von Pollen fressenden Schwebfliegen besucht und gekreuzt.

Atropa Belladonna L.* ist eine Hummelblume von schmutzig-braunrother Farbe, deren im Grunde der Blumenglocke beherbergter Honig durch einen vom untersten Theile der Staubfäden und der Blumenkrone ausgehenden Haarverschluss gegen Regen und den Zutritt von Fliegen geschützt ist. Proterogynie und Hervorragen der Narbe über die Antheren begünstigen bei eintretendem Hummelbesuche Fremdbestäubung. Als Besucher wurden ausser Thrips nur (9) Hummeln und Bienen beobachtet.

Verbascum Lychnitis L. ist, wie die *Verbascum*-Arten überhaupt, nach Delpino's plausibler Deutung Pollen sammelnden Bienen angepasst, denen die Staubfadenhaare zum Festhalten während der hastigen Abstreifung des Pollens dienen, wird aber auch von pollenfressenden Fliegen besucht und gekreuzt. Seine Blumenblätter schlagen sich unmittelbar so weit nach hinten zurück, dass das verlängerte innere Blumenblatt als Anflugfläche unbrauchbar wird. Die bei *Verbascum nigrum* vorhandenen Honigtröpfchen fehlen hier. Als Besucher wurden ausser einigen für die Blüthen nutzlosen Käfern und einer Wanze 2 pollensammelnde Halictus und eine pollenfressende Fliege (Anthomyia) beobachtet.

Linaria minor Desf.* stimmt im Blüthenbau mit *L. vulgaris* und *alpina* überein, ist aber so klein und unscheinbar, dass ihr gewiss nur ausnahmsweise Insectenbesuch zu Theil wird. Dafür befruchtet sie sich regelmässig selbst, indem kurze Zeit nach Entfaltung der Blüthe der aus den Antheren der längeren Staubgefässe quellende Pollen die gleichzeitig entwickelte Narbe bedeckt. Sie ist wohl als heruntergekommener Abkömmling erfolgreicherer Bienenblumen zu betrachten.

Scrophularia aquatica L. Im wesentlichen mit *S. nodosa* übereinstimmend und wie diese hauptsächlich von Wespen, spärlich von Bienen besucht.

Veronica latifolia L. (in der vorliegenden Arbeit irrthümlich als *V. montana* L. bezeichnet) stimmt im Bestäubungsmechanismus mit *V. Chamaedrys* überein, lockt aber in Folge seiner grösseren Augenfälligkeit reichlicheren Insectenbesuch an sich. Es wurden in kurzer Zeit 4 Fliegen, 13 Bienen, 2 Grabwespen beobachtet.

Veronica agrestis L.* hat in viel unausgeprägterem Zustande den Blüthenmechanismus von *Chamaedrys*, wird aber in Folge seiner Unscheinbarkeit viel spärlicher von Insecten besucht und es bleibt erst noch durch weitere Beobachtungen festzustellen, ob hier die Drehbarkeit der Staubgefässe überhaupt in Anwendung kommt oder nur als nutzloses Erbtheil fortbesteht. Besucher: 1 Fliege sgd., 3 Bienen sgd. u. Psd.

Melampyrum arvense L. Die durch ihre verwaschen purpurrothen Deckblätter sehr augenfälligen Blüthenstände locken an offenen sonnigen Standorten zahlreiche nutzlose Gäste an. Die 21—22 mm langen Blumenröhren gestatten aber nur unserer langrüsseligsten Hummel (Bombus hortorum) den Zutritt zum Honig.

Melampyrum nemorosum L. hat in der Regel ebenso augenfällige Blüthenstände, wenn nämlich ihre Blüthendeckblätter blau sind, diese kommen aber auch weiss und grün vor. Blumenröhre 18—20 mm lang. Bombus hortorum ebenfalls der einzige Kreuzungsvermittler. Andere Hummeln erbeuten den Honig durch Einbruch. Die Blumen bieten dieselbe Art von Farbenwechsel dar wie *Ribes aureum*, indem das Goldgelb des vorderen Theils der Corolla später bräunlich orangegelb wird. Bei ausbleibendem Insectenbesuche bestäuben *M. arvense* und *nemorosum* sich selbst, in derselben Weise wie *M. pratense*.

Melampyrum cristatum L.* hat erheblich kürzere Blumenröhren und wird schon von Hummeln mit 12—14 mm langem Rüssel (z. B. Bombus lapidarius L. ♀) ausgebeutet und gekreuzt. Im Bestäubungsmechanismus stimmen *M. arvense, nemorosum* und *cristatum* mit *pratense* überein. Das viel kleinblumigere *Melampyrum sylvaticum** hat dagegen vereinfachten Blüthenbau ohne Bestreuungseinrichtung. Ein in den Blütheneingängen eindringender Insectenrüssel streift jedesmal zuerst die Narbe, dann die mit klebrigem Pollen bedeckte Seite der Antheren und bewirkt so Kreuzung. Selbstbestäubung bei ausbleibendem Insectenbesuche wie bei *M. pratense.*

Verbena officinalis L.* Die Blumen sind mit ihrer 3 mm langen auswärts gebogenen Röhre, die im Eingange durch einen Ring convergirender Haare gegen Fliegen geschützt ist, und mit ihrem violett blauen Saum kleinen Bienen angepasst und wurden von 4 Halictus-Arten besucht gefunden. Der eindringende Rüssel dreht die Antheren mit ihren pollenbehafteten Seiten nach innen und streift dann die Narbe; erst beim Zurückziehen behaftet er sich mit Pollen. Die beiden tiefer stehenden Antheren behaften bei ausbleibendem Insectenbesuch die Narbe mit Pollen.

Teucrium Scorodonia L. Der Vortheil der einerseitswendigen Blüthenstände besteht darin, dass die Bienen an ihnen regelmässig von unten aufwärts gehen, ohne eine Blüthe zu überspringen. Weitere Besucher 6 Hummeln und Bienen.

Teucrium Scordium L. Blumenröhre nur 4 mm lang; der Honig daher auch der Honigbiene zugänglich. Blüthenentwickelung ausgeprägt proterandrisch wie bei *T. Scorodonia.* Die Staubgefässe biegen sich aber weniger weit zurück und ermöglichen spontane Selbstbestäubung durch herabfallenden Pollen. Besucher: Honigbiene und *Saropoda bimaculata.*

Lamium amplexicaule L. Schwach proterandrisch oder homogam, mit spontaner Selbstbestäubung. Besucher: Bienen (Anthrophora, Melecta).

Stachys recta L.* Honigreiche Bienenblume mit Saftdecke, Wetterdach, Saftmal, bequemer Standfläche und Rüsselführung, ausgeprägt proterandrisch. Besucher: Honigbiene und Megachile.

Marrubium vulgare L. stimmt in den Dimensionen der Blüthe und der ganzen Bestäubungseinrichtung mit *Verbena off.* überein, nur liegt die Saftdecke tiefer unten in der Blumenröhre, unterhalb der Narbe. Besucher hauptsächlich Bienen (5 Arten).

Melittis Melissophyllum L. hat, im Gegensatze zu Gaston Bonnier's Angabe, wohlentwickelte Nectarien, sondert reichlich Honig ab und wird von Bombus hortorum L. eifrig und andauernd besucht.

Nepeta nuda L.* Honigreiche, stark duftende Bienenblume mit Saftmal, bequemer Standfläche und Rüsselführung, mit einer Oberlippe, die Narbe und Antheren in der die Kreuzung durch besuchende Bienen sichernden Lage hält, aber nicht schützend überdeckt, ohne besondere Saftdecke, aber durch Haare im Blütheneingange und auf der Unterlippe gegen Regen geschützt, erst die Staubbeutel, später den unteren Griffelast der Berührung besuchender Bienen darbietend und dadurch Kreuzung sichernd, durch Weiterwachsen des Griffels über die Antheren hinaus spontane Selbstbestäubung ausschliessend. Besucher hauptsächlich (7 Arten von) Bienen.

Monarda didyma L. Der Kreuzung durch Falter angepasst (Bot. Jahresber. 1878, Ref. No. 4), von einem Nachtfalter, Plusia gamma, besucht.

Lavandula vera L. Honigreich, in der Mitte der Blumenröhre mit einem als Saftdecke dienenden Haarring. Befruchtungsorgane in der Blumenröhre eingeschlossen, an deren unterer Seite liegend, protrandrisch. Der Griffel im ersten ($\male$) Stadium nur bis zur Saftdecke reichend, während die beiden Staubgefässe ausserhalb derselben liegen. Später streckt sich der Griffel bis zu den unteren Antheren und behaftet sich, wenn Insectenbesuch ausgeblieben ist, mit deren Pollen. Der aromatisch duftende Honig wird trotz der Kleinheit der Blüthen von zahlreichen Faltern und von einem ausgewählten Kreise von Bienen, denen es weniger auf die Quantität als auf die Qualität der Honigausbeute ankommt, d. h. von Kukuksbienen und von Männchen selbstsammelnder, begierig aufgesucht.

Syringa persica L. hat bisweilen in demselben Blüthenstande grosshüllige, zweigeschlechtige homogame und kleinhüllige rein weibliche Blüthen mit verkümmerten Antheren.

Forsythia viridissima Lindl. Homogam, meist langgriffelig, bisweilen aber auch an demselben Stocke mit kurzem, mit den Antheren unmittelbar in Berührung kommendem Griffel. Als Besucher 2 Bienen beobachtet.

Trientalis europaea L. ist proterogyn, bietet aber beim Abblühen die Möglichkeit spontaner Selbstbestäubung dar, sondert keinen freien Honig ab; die den Fruchtknoten umschliessende Basis der Blumenkrone ist aber fleischig verdickt und im Innern saftreich. Als Besucher nur Meligethes beobachtet.

Vaccinium Oxycoccos L. Der Honig der nach unten gerichteten Blumen kann von den als Kreuzungsvermittler dienenden Bienen nur ausgebeutet werden, indem sie von unten an der Blüthe hängend zuerst mit dem Kopfe die hervorragende Narbe berühren, dann den Rüssel zwischen dem Griffel und den ihn kegelförmig umschliessenden Antheren einführen, aus deren nach unten geöffneten Röhren ihr Kopf dabei mit Pollen bestreut wird. Dadurch ist bei eintretendem Bienenbesuch Kreuzung gesichert.

Galium saxatile L. und das honigreiche *G. tricorne* With. in Folge der Unscheinbarkeit der Blüthen nur sehr spärlich besucht, das letztere homogam mit spontaner Selbstbestäubung.

Sherardia arvensis L.* mit grossblumigeren proterandrischen Zwitterblüthen und kleinblumigeren rein weiblichen.

Asperula tinctoria L.* Blüthen homogam, mit schliesslich erfolgender spontaner Selbsbestäubung, nicht selten dreizählig, von Fliegen, Schlupfwespen und Faltern besucht.

Weigelia rosea Lindl. ist der Kreuzung durch mittelgrosse Bienen von der Grösse der Osmia rufa L. ♀ (der häufigsten Besucherin) angepasst, die, in die homogamen Blüthen dringend, zuerst die horvorragende Narbe, dann die im Blütheneingange stehenden pollenbehafteten Antheren streift. Die Blüthen haben dieselbe Art von Farbenwechsel wie *Ribes aureum*.

Lonicera Periclymenum L. Ein unter einer Dachtraufe wachsender Stock bot in seinen Blüthen Rückbildungen von 25 bis nur 4—6 mm langen Blumenröhren dar.

Anthemis tinctoria L. Blütheneinrichtung im Wesentlichen wie bei *Chrysanthemum leucanthemum*. Weitere Besucher: 5 Käfer, 5 Fliegen, 1 Wanze, 5 meist kurzrüsselige Bienen, 1 Blattwespe, 1 Wespe, 6 Falter.

Bidens cernua L.* Das letzte Drittel jedes der beiden Griffeläste ist mit einer kegelförmigen Fegebürste ausgerüstet; die beiden unteren Drittel sind auf der Innenseite mit Narbenpapillen bekleidet, am Rande spontaner Selbstbestäubung zugänglich. Die Aussäungseinrichtung (widerhakige Kelchzähne) ist schon während der Blüthezeit entwickelt. Als Besucher wurde die Honigbiene beobachtet.

Inula hirta L. und *Prenanthes purpurea* L. Die näher beschriebene Blütheneinrichtung beider bietet nichts besonders Merkwürdiges dar. Die erstere wurde von 1 Käfer, 2 Fliegen, 5 Bienen, 1 Blattwespe. 3 Faltern, die letztere von 1 Käfer, 1 Fliege, 2 Bienen besucht gefunden.

Valerianella olitoria Mnch.* Die einzeln sehr unscheinbaren Blüthchen fallen nur durch ihre Vereinigung zu einer Scheindolde in die Augen und werden trotz der Winzigkeit ihrer Honigtröpfchen unter günstigen Umständen von zahlreichen Insecten (4 Käfern, 16 Fliegen, 2 Mücken, 1 Wanze, 11 Bienen, 2 Faltern) besucht. Sie sind homogam und bestäuben sich bei ausbleibendem Insectenbesuch regelmässig selbst.

VII. Aussäungseinrichtungen und Fruchtschutz.

45. W. Vonhausen. Bei welchen Winden fliegen die Fichten-, Kiefern- und Lärchensamen ab? (No. 69.)

Das Abfliegen geschieht vorwiegend bei östlichen Winden, kann aber auch bei südlichen und südwestlichen Winden stattfinden unter Verhältnissen, welche der Verf. näher auseinandersetzt.   K. Wilhelm.

46. W. O. Focke. Die Verbreitungsmittel der Hutpilze. (No. 18.)

Bei der geringen Fallhöhe der Hutpilzsporen von der Unterseite des Hutes bis zum Boden ist selbst an offenen Stellen der Wirkung des Windes zum Verbreiten derselben ein geringer Spielraum gegeben, besonders wenn, wie es auf Viehweiden und sonst oft der Fall ist, rings umher Grashalme und Kräuter wachsen. Verf. vermuthet deshalb, dass vielleicht weidendes Vieh als Ausbreiter der Sporen solcher Hutpilze dient, indem es mit Pilzsporen behaftete Gräser verzehrt und mit dem Koth an einer anderen Stelle wieder aussät, so dem Mycelium zugleich einen gedeihlichen Boden für seine Entwickelung bereitet. Auch die indirecte Verbreitung der Pilzsporen, welche weidendes Vieh bewirken kann, wenn es einen Bovist zertritt, oder einen Hutpilz umwirft, hält der Verf. für bemerkenswerth. Für die im Walde wachsenden Hutpilze vermuthet er Sporenverbreitung durch Käfer, die von der Farbe der Pilze angelockt werden. Betreffs der *Phallus*-Arten theilt er die sich unmittelbar aufdrängende und schon oft ausgesprochene Ansicht, dass die massenhaft angelockten Fliegen ihre Sporen verbreiten.

47. P. Ascherson. Asteriscus pygmaeus. (No. 4.)

Wie bei der bekannten Jerichorose, *Anastatica hierochuntica (Cruciferae)*, so bleiben auch bei *Asteriscus pygmaeus* Coss. und Dur. *(Compositae)*, der mit jener denselben Verbreitungsbezirk hat, die Samen resp. die Früchte bei Trockenheit fest eingeschlossen und werden nur nach Einwirkung von Feuchtigkeit, also zu einer Zeit, wenn die äusseren Bedingungen wenigstens die Keimung ermöglichen, ausgestreut. Bei *Anastatica* bleiben im trockenen Zustande die Samen nicht nur in dem (nur bei Feuchtigkeit aufspringenden) Perikarp eingeschlossen, sondern die Früchte noch durch die Einkrümmung der holzigen Zweige vollkommen verborgen. Bei *Asteriscus* werden die Früchte im trockenen Zustande nur von dem geschlossenen Köpfchen festgehalten. Taucht man dasselbe in Wasser, so sieht man binnen 10 Minuten die fest zusammengeschlossenen Blätter der Körbchenhülle sich sternförmig nahezu horizontal ausbreiten. Diese hygroskopische Eigenschaft, welche der Aussäung zu passender Zeit dient, ist gerade entgegengesetzt derjenigen der Köpfchen von *Carlina acaulis*, die sich bei schönem Wetter öffnen und so die Kreuzungsvermittler zu passender Zeit anlocken, bei Regen dagegen zum Schutze der Blüthen schliessen.

48. F. Hildebrand. Fruchtschutz bei Centaurea macrocephala. (No. 25.)

Nach dem Blühen fallen hier die Blumenkronen nicht ab, sondern bilden ein dichtes, keine Feuchtigkeit durchlassendes Dach über den reifenden Früchten. Dieses Dach ist nöthig, weil das Involucrum einen sehr erhabenen Rand hat, so dass die Früchte in der Tiefe einer Schale liegen, welche bei Regen sich leicht mit Wasser füllen könnte. Beim Reifen erheben sich die mit borstigem Pappus versehenen Achänien zwischen den Borsten des Receptaculums und heben so das Regendach entweder mützen- oder kapuzenförmig in die Höhe; leicht fällt dieses nun herunter, und die Achänien, welche nunmehr keines Schutzes bedürfen, liegen offen in dem Grunde des Involucralbechers, aus dem sie vom Winde herausgeweht werden können. Sie treten nicht alle auf einmal, sondern nach und nach hervor.

VIII. Sonstige Beziehungen zwischen Pflanzen und Thieren.

49. A. C. Rosenthal und Jos. Bermann. Neue thiertödtende Pflanzen. (No. 58.)

Als solche werden aufgeführt: *Mentzelia ornata* Torrey und Grey *(Loasaceae)*, die am oberen Theile des Blüthenstieles zwei Arten von Haaren trägt, weiche, mit Drüsenknöpfchen versehene, welche eine die Fliegen anlockende Substanz absondern, und starr, an der Spitze mit 4—5 Widerhaken versehene Borsten, welche die an den Drüsenhaaren saugenden Fliegen, kleine Käfer u. s. w. fangen und festhalten.

Gronovia scandens L. *(Loasaceae)*, deren starre Stengelhaare an ihrem Ende in zwei sehr spitzige Widerhaken ausgehen, mittelst deren sie an anderen Pflanzen in die Höhe klettert. Wenn sie keinen Halt findet, so kriecht sie auf der Erde entlang und wird für kleine Eidechsen verhängnissvoll, indem die Widerhaken sich an Hautschuppen festhaken. Binnen 24 Stunden wurden sieben 5—12 cm lange Eidechsen beobachtet, die in dieser Weise getödtet waren. *Tritoma (Liliaceae)* tödtet Bienen (Bot. Jahresber. 1877, S. 754, Ref. No. 42). *Hoya carnosa* Br. *(Asclepiadeae)* soll durch ihren Honig die Bienen in kurzer Zeit tödten.

50. Charles B. Plowright. Ueber Mimicry bei Pilzen. (No. 53.)

Viele Pilze, namentlich Hymenomyceten von braunen, gelblichen, grauen und schwärzlichen Färbungen ähneln den dunkleren Schattenfarben des Bodens, wogegen lebhaft gefärbte *Agaricus*-Arten sich sehr bemerkbar machen, wodurch sie vielleicht (nach G. Smith's Vermuthung) ihrer Verbreitung dienende Insecten anlocken. *Agaricus odorus* scheint sich im Grase verstecken zu wollen und riecht zugleich wie frisch gemähtes Heu. Die *Phallus*-Arten locken durch ihren Leichengeruch Aas- und Kothfliegen, vermuthlich als Verbreiter ihrer Sporen, an sich. Als Nachahmung höherer Pflanzen darbietend wird betrachtet: der Fliegenpilz = *Balanophora involucrata*, der junge Hut von *Hygrophorus calyptraeformis* = einer unentfalteten Artischoke, *Hydnum coralloides* = Blumenkohl (von Mimicry kann da doch unmöglich die Rede sein! Ref.), *Tremella moriformis* Berk. = Maulbeere, *Licea fragiformis* = Erdbeere. Thierähnlichkeiten sollen darbieten: *Phallus* und *Cynophallus*, wie ihr Name andeutet, *Clathrus cancellatus* Mich. = Eingeweiden, diesen auch im Geruch ähnlich und von zahllosen Fliegen besucht etc. Aehnlichkeit mit thierischen Auswurfstoffen: *Aethalium septicum* Fr., *Reticularia maxima* Fr., *Spumaria alba* = thierischen Exkrementen; *Lindbladia effusa* Fr. = frischem Kuhdünger und wie dieser zweien *Stilba*-Arten *(St. globosum* und *St. fimetarium)* als Unterlage dienend. Pilzgerüche: Unterirdisch wachsende Pilze, wie die Trüffeln, ziehen nur durch ihren Duft die Insecten, Nager und Schweine an, die vermuthlich ihre Sporen verbreiten. Auch die oberirdischen Pilze verbreiten bekanntlich zum Theil Gerüche, die oft auffallend anderen Gerüchen gleichen, wie hier an zahlreichen Beispielen im Einzelnen angegeben wird.

Endlich werden noch zahlreiche Beispiele für die an *Agaricus caesareus* und *muscarius, Cantharellus cibarius* und *aurantius* wohl am meisten bekannte Erscheinung gegeben, dass ein essbarer und ein giftiger Pilz sich täuschend ähnlich sehen.

Verf. hält die meisten der von ihm angeführten Aehnlichkeiten für Insecten anlockende Nachahmungen, durch welche Befruchtung oder Sporenverbreitung begünstigt werde.

51. **Emerich Ráthay. Untersuchungen über die Spermogonien der Rostpilze.** (No. 55.)

Die vorliegende Arbeit eröffnet uns den Blick auf eine völlig neue Art von Wechselbeziehungen zwischen Thieren und Pflanzen und fesselt in hervorragendem Grade unsere Aufmerksamkeit.

Dem Verf. fiel es auf, „dass den auf den oberseits orangegefleckten, von *Gymnosporangium juniperinum* befallenen Blättern einiger Sträucher von *Sorbus Aria* zahlreiche Ameisen zuwanderten, welche sich auf den bezeichneten Blättern bei kleinen, über den reifen Spermogonien des *Gymnosporangium juniperinum* haftenden Tröpfchen aufhielten, um von ihnen zu naschen". Dies führte ihn auf den Gedanken, dass überhaupt die Sporangien der Rostpilze, ähnlich den Blumen, durch Farbe, Form und Geruch Insecten auffallen und durch zucker- und stickstoffhaltige Nahrung (Spermatien) zu wiederholten Besuchen veranlassen mögen, dass sie daher wohl nicht nur bei nassem, sondern auch bei trockenem Wetter ihren Inhalt entleeren. Durch die hierauf bezüglichen Beobachtungen, welche er 4 Jahre hindurch fortsetzte, wurden seine vorläufigen Vermuthungen in grossem Umfange bestätigt. Bei allen 21 Rostpilzen, die er untersuchte, fallen die Theile der Wirthpflanzen, aus denen die Spermogonien hervorbrechen, bis in grosse Entfernung auf, bei denjenigen, die ein einjähriges und wenig umfangreiches Mycelium besitzen, durch lebhaft gelbe oder Orangefarbe der Aecidiumflecke, bei denen mit zwei oder mehrjährigem Mycelium durch das eigenthümliche Aussehen der ganzen Sprosse, welches ausser der Farbe der Spermogonien oft durch abnormes Wachsthum der Blätter und Internodien bedingt ist, — und durch süssen Duft, der den Spermogonien entströmt. Bei allen 21 untersuchten Rostpilzen besitzt der entleerte Inhalt der Spermogonien, mag er uns geschmacklos, schwach oder intensiv süss erscheinen, die Fähigkeit, Fehling'sche Lösung bei gewöhnlicher Temperatur in der Wärme in kleineren oder grösseren Quantitäten zu reduciren, was auf seinen Zuckergehalt hinweist. Bei 20 von den 21 untersuchten Rostpilzen (Ausnahme: *Caeoma* auf *Poterium Sanguisorba* mit paraphysenlosen Spermogonien) werden die entleerten Spermogonieninhalte durch den Paraphysenkranz der Spermogonien an den Orten festgehalten, wo sie den Insecten auffallen müssen. Bei 14 von den 21 Rostpilzen wurde vom Verf. durch directe Beobachtung constatirt, dass sich bei ihrem entleerten Spermogonieninhalte mehr oder weniger zahlreiche Insecten zum Genusse einfinden. Verf. beobachtete als Besucher der Spermogonieninhalte nicht weniger als 135 verschiedene Insectenarten (31 Käfer, 32 Hymenopteren, 64 Dipteren, 8 Hemipteren), und indem er ausserdem mit gleicher Sorgfalt die (29) Besucher des Sphaceliasecretes des Mutterkorns, extrafloralen Nectars (85), ausgeflossenen Traubensaftes (14) und des Blattlaussecretes (52 Arten) ins Auge fasste, konnte er feststellen, dass die Besucher aller dieser sich offen darbietenden Pflanzensäfte grossentheils dieselben kurzrüsseligen Insectenarten sind, welche Verf. in seinem Buche „Befruchtung der Blumen" als auch flachen und unbedeckten Blumenhonig aufsaugend, nachgewiesen hat. Es gelang ihm ferner festzustellen, dass die Spermogonien der Rostpilze ihren Inhalt nicht blos während des Regens, sondern auch nach demselben und selbst an sehr heissen und trockenen Tagen austreten lassen, und dass sie die zur Verflüssigung ihres gallertartigen Inhaltes nöthige Flüssigkeit ganz allmählich selbst ausscheiden, indem die hervorgetretene zuckerhaltige Gallerte osmotisch saugend wirkt.

Es dürfte hiernach wohl kaum einem Zweifel unterliegen, dass wir es in den vom

Verf. festgestellten Erscheinungen mit einer für die Rostpilze wie für die besuchenden Insecten nützlichen gegenseitigen Anpassung beider zu thun haben, wenn auch der Vortheil, welchen dieses Wechselverhältniss der Pflanze bringt, noch so lange räthselhaft bleiben muss, als die physiologische Bedeutung der Spermatien nicht erkannt ist.

52. C. Parona. Physianthus, Schmetterlinge und Bienen. (No. 52.)

Wie im Bot. Jahresbericht für 1879 (S. 146) berichtet wurde, werden nach Beobachtern der Vereinigten Staaten von den Blüthen von *Physianthus albens (Asclepiadeae)* nicht selten Nachtschmetterlinge gefangen und festgehalten, bis sie sich zu Tode gezappelt haben, und machte ein übrigens unbekannter Beobachter dem Prof. Packard die Mittheilung, er habe mit eigenen Augen gesehen, dass mehrere Honigbienen auf die sich abzappelnden Falter niederschossen, sie immer von Neuem stachen, bis sie todt waren, und dann die Körper der Gefangenen aufrissen und die weichen inneren Theile verzehrten. Verf. zog nun, um dieser wunderlichen Beobachtung auf den Grund zu kommen, im botanischen Garten zu Cagliari *Physianthus albens;* es wurden gegen 100 Falter (Plusia Chrysitis und gamma, Deilephila euphorbiae, Picris brassicae, besonders aber Kleinschmetterlinge) von seinen Blüthen gefangen, aber nur eine kleine Spinne sah er die kleinen der gefangenen Falterarten anfallen und aussaugen und zwei Larven der Gottesanbeterin (Mantis religiosa) schienen ihm des gleichen Raubes verdächtig. Von den schon vorher vielfach angezweifelten Raubanfällen der Honigbiene sah auch er keine Spur.

53. Dr. E. Krause. Ein Schmetterling, der einen Kolibri nachahmt. (No. 27.)

Verf. weist auf die namentlich von Fritz Müller und Bates hervorgehobene Thatsache hin, dass gewisse Macroglossa-Arten gewissen Kolibris, mit denen sie an denselben Blumen getroffen werden, in Gestalt, Farbe und Flugweise zum Verwechseln ähnlich sehen, wirft die Frage auf: „haben wir hier einen Fall ächter Mimicry vor uns, zieht die Macroglossa wirklich Nutzen aus ihrer Aehnlichkeit mit einem Kolibri?" und stellt die dawider und dafür sprechenden Gründe neben einander. Einerseits sind unstreitig manche gemeinsame Eigenthümlichkeiten der Macroglossen und Kolibris durch ihre Anpassung an die gleiche Lebensweise, tiefen Blumenhonig schwebend zu saugen, bedingt. Andererseits weist der Verf. auf die Schutzbedürftigkeit anderer Macroglossen (die Hummelschwärmer) und der Sesien hin, die sich in ihrer Aehnlichkeit mit wegen ihres Stachels gefürchteten Hautflüglern kundgiebt und die auch für die kolibriähnlichen Macroglossen eine gleiche Schutzbedürftigkeit wahrscheinlich mache. Durch täuschende Aenlichkeit mit den Kolibris, die nach den Angaben der verschiedensten Beobachter frei von Verfolgern seien, werde nun den Macroglossen der nöthige Schutz gewährt, nicht nur gegen Raubvögel, sondern auch gegen Kolibris selbst, die sie aus Brodneid von den Blüthen zu verjagen suchen.

54. C. V. Riley. Die Ameisen als Beschützer der Gartenbäume. (No. 56. 57.)

Nach einer Mittheilung Dr. Mac Gowan's in Han Chow, Provinz Hainan, China, werden in mehreren Theilen der Provinz Kanton Ameisen benutzt, um die Orangenbäume von bestimmten sie schädigenden Würmern zu befreien. Die Hügelbewohner suchen die beutelförmigen, von den Zweigen verschiedener Bäume herabhangenden Nester einer rothen und einer gelben Ameisenart auf, stülpen Thierblasen, die sie auf der Innenseite mit Speck als Köder bestrichen haben, über deren Eingänge und bringen diese Blasen, nachdem die Ameisen hineingekrochen sind, den Besitzern der Orangerien zu Verkauf. Man setzt die Ameisen auf die oberen Zweige der Orangebäume und verbindet die verschiedenen Bäume durch Bambusstäbe, wodurch man den Ameisen leichten Zutritt zu allen gewährt. Dieses Mittel ist mindestens seit 1640, wahrscheinlich schon viel länger in beständigem Gebrauch.

55. H. Dewitz. Wie ist es Insecten möglich, an senkrechten Wänden emporzulaufen? (No. 13. 14.)

Verf. liefert durch sorgfältige mikroskopische Untersuchung den interessanten Nachweis, dass die Stubenfliege nicht, wie man vielfach glaubte, durch Ansaugen mittelst der sogenannten Haftklappen an senkrechten Glaswänden sich festhaftet, sondern, wie zuerst Blackwall behauptete, mittels eines Klebstoffes, der aus den Spitzen der Härchen der Haftlappen in glashellen Tröpfchen hervortritt und der jedenfalls in den Hautdrüsen abgesondert wird, welche Leydig gerade in den Hautlappen in zahlreicher Menge aufgefunden hat. Auch viele andere Insecten und Insectenlarven nehmen, nach des Verf.s Ansicht, einen Klebstoff bei ihrer Fortbewegung zu Hilfe. „Unzählige Insectenarten", schliesst der Verf., „wären ohne den Klebstoff nicht im Stande, an Sträuchen und Blumen emporzuklimmen und von einer Blüthe zur andern zu wandern oder in einer Blüthe umherzukriechen und so die Befruchtung zu vollziehen."

Im zweiten Aufsatze giebt Verf. über den feineren Bau des Kletterapparates der Insecten Auskunft. Die bei Telephorus dispar in der Chitinhaut der Sohle steckenden Härchen sind der Länge nach von einem Kanal durchzogen, in dessen unteres Ende je eine mit klebrigem Schleim sich füllende, flaschenförmige, einzellige Hautdrüse mündet. An jede der Drüsen tritt ein sehr feiner Nervenast heran. Der Verf. sagt: „Ebenso beruht nach meiner Ueberzeugung das Festkleben an den Sammelhaaren oder an den Hinterschienen der Bienen lediglich auf Abscheidung eines klebrigen Schleimes, welcher aus den Haaren und aus Poren der Schienen hervordringt."

(Die Bedeutung aufkriechender Insecten für die Befruchtung der Blumen ist vom Verf. bedeutend überschätzt. Seine Ansicht von der Wirkung des Pollensammelapparates der Bienen schwebt völlig in der Luft. Uebrigens sind seine Untersuchungen auch für die Kenntniss blumenbesuchender Insecten von grossem Interesse. Ref.)

56. **Mereschkowsky. Der Farbensinn der niederen Crustaceen.** (No. 37.)

Um über den Ursprung des Farbensinnes der Bienen und anderer Blumenbefruchter zu einem begründeten Urtheile zu gelangen, wird es nöthig sein, auch die Untersuchungen über den Farbensinn niederer Thiere im Auge zu behalten. Mereschkowsky's Untersuchungen erstreckten sich auf Cirripeden-Larven (Balanus) und marine Copepoden (Dias longicemis). Er constatirte übereinstimmend mit den Erfahrungen Paul Bert's an Daphniden, dass die genannten Thiere auf jede Farbennüance ebenso reagiren wie auf weisses Licht, dass also bei ihnen keinerlei Blindheit für einzelne Farben vorkommt. Er folgert aber ferner aus seinen Versuchen, dass weisses Licht vor farbigem, jede hellere Farbe vor jeder dunklern bevorzugt wird, dass dagegen verschiedene Farben, wenn sie nur im Helligkeitsgrade übereinstimmen, gleich stark aufgesucht werden, dass also diese niedern Kruster ausschliesslich von der Quantität und gar nicht von der Qualität des Lichtes afficirt werden.

Diese Ergebnisse stehen in bemerkenswerthem Gegensatze zu Prof. A. Weismann's auf ganz anderem Wege gewonnenem Schlusse, dass die bei manchen Daphniden vorkommenden bunten Färbungen als durch geschlechtlich erworbene Schmuckfarben zu betrachten seien, was offenbar schon für diese niederen Thiere einen ausgebildeten Farbensinn voraussetzt. (Vgl. Aug. Weismann „Ueber die Schmuckfarben der Daphnoiden", Zeitschr. für Wissenschaftl. Zoologie XXX, Suppl. I.)

E. Variationen und Bildungsabweichungen.

Referent: J. Peyritsch.

Verzeichniss der besprochenen Arbeiten.

62. **Durand, L.** Sur des petales surnumeraires de Petunia. (Ref. S. 557.)
63. **Dutailly, G.** Sur une monstruosité du Bryonia dioica. (Ref. S. 545.)
64. **Eichler, A. W.** Ueber die weiblichen Blüthen der Coniferen. (Ref. S. 547.)
65. — Zum Verständniss der Weinrebe. (Ref. S. 545.)
66. **Epigaea repens** with double Flowers. (Ref. S. 557.)
67. **Erica vulgaris alba nana.** (Ref. S. 542.)
68. **Gaillardia picta var. Lorenzi.** Lorenzi. (Ref. S. 550.)
69. — var. Lorenziana. (Ref. S. 550.)
70. **Gerard.** Abnormal Fuchsia. (Ref. S. 544.)
71. **Gibbs, J.** Note on abnormal form of Cardamine pratensis L. (Ref. S. 558.)
72. **Grapes within Grapes.** (Ref. S. 562.)
73. **Gravis, A.** Les fascies souterraines des Spirées. (Ref. S. 543.)
74. **Guigard, L.** Sur polyembryonie chez le quelques Mimosées. (Ref. S. 562.)
75. **Hackel.** Zwei Bildungsabweichungen am Pistill von Gräsern. (Ref. S. 547.)
76. **Heckel, Ed.** Du pilosisme deformant dans quelques végétaux. (Ref. S. 561.)
77. **Hinricher.** Beiträge zur Pflanzenteratologie. (Ref. S. 530.)
78. **Helianthus annuus var. californica.** (Ref. S. 542.)
79. **Henslow, G.** On a proliferous condition of Verbascum nigrum L. (Ref. S. 561.)
80. **Heteromorphous Appel-Tree.** . (Ref. S. 562.)
81. **Hildebrand, Fr.** Umwandlung der Blüthenblätter in Staubgefässe bei Cardamine pratensis L. (Ref. S. 559.)
82. **Hlawa.** Herbstblüthen in Croatien. (Ref. S. 561.)
83. **Hollick.** Abnormal forms. (Ref. S. 539.)
84. **Hose in hose Polyanthus.** (Ref. S. 558.)
85. **Jacobasch.** Bemerkenswerthe Pflanzen. (Ref. S. 538.)
86. **Kopfsalat, le Pellisier.** (Ref. S. 545.)
87. **Leimbach.** Unregelmässige Blüthen von Leucojum vernum. (Ref. S. 548.)
88. **Le Monnier.** Duplication de la corolle de la pensée. (Ref. S. 558.)
89. **Lemoine.** New Double Lilac. (Ref. S. 557.)
90. **Magnus, P.** Apium graveolens mit sehr zertheilten Blättern. (Ref. S. 544.)
91. — Blattexcrescenzen von Rehsteineria allagophylla (Mart.) Regel. (Ref. S. 544.)
92. — Dahlia variabilis fl. viridi. (Ref. S. 547.)
93. — Niedrige unverzweigte Form von Impatiens glandulifera. (Ref. S. 542.)
94. — Quercus pedunculata mit sehr lang gestielten Inflorescenz.en (Ref. S. 547.)
95. **Malformed Iris.** (Ref. S. 549.)
96. **Malformed Sarracenia.** (Ref. S. 556.)
97. **Massalongo, C.** Mostruosita osservata nel fiore pistillifero del Rumex arifolius L. (Ref. S. 552.)
98. **Melicamp, S. H.** Ilex opaca with entire Leaves. (Ref. S. 544.)
99. **Melsheimer.** Pflanzenmonstrositäten. (Ref. S. 539.)
100. **Monster Cowliflowers.** (Ref. S. 547.)
101. **Monstrous Foxglove.** (Ref. S. 550.)
102. **Morel Viviand.** Note sur quelques cas tératologique de l'Anemone coronaria (Ref. S. 551.)
103. **Müller, F.** Verirrte Blätter. (Ref. S. 544.)
104. **Multiple Cones.** (Ref. S. 546.)
105. **Myosotis silvatica** Hoffm. var. elegantisima. (Ref. S. 542.)
106. **Narcissus.** (Ref. S. 546.)
107. **Narcissus tridymus.** (Ref. S. 546.)
108. **Nigella damascena.** (Ref. S. 559.)
109. **Petunia violacea.** (Ref. S. 542.)
110. **Pinus Laricio pygmaea.** (Ref. S. 541.)
111. **Pinus sylvestris globosa.** (Ref. S. 541.)
112. **Poinsettia pulcherrima major.** (Ref. S. 547.)

I. Allgemeine Vorbemerkungen.

Die Variationen und Bildungsabweichungen erscheinen in den Berichten nicht gesondert aufgeführt, es wurden erstere unter letztere, die an Zahl vorherrschen, wie es dem Ref. gerade passend erschien, vertheilt. Abweichungen vom normalen Typus mehr geringfügiger Natur oder solche, welche man wohl nicht als Monstrositäten bezeichnet, sind unter den Nummern (16—25, 38, 39, 41, 58, 61—64) zu finden; es sind dies Zwergformen (16—25), Formen mit hängenden Zweigen (16), mit abweichend gestalteten Blättern (38, 39, 41) und dergleichen. Die Variationen in der Färbung hat Ref. im Verzeichniss ausgelassen, die meisten derselben werden in den überaus zahlreichen Gartenjournalen angetroffen, von diesen standen dem Ref. nur ein paar zur Verfügung. Die wichtigeren Anomalien in dieser Richtung, zumal solche, welche von den Gärtnern in Regel's Gartenflora 1881 und Gardeners' Chronicle 1881 als Neuheiten gepriesen wurden, sind mit einigen andern in der Fussnote aufgeführt.[1]

---

[1] Vgl. Regel Gartenflora 1881 über *Clarkia pulchella* Pursh. var. *bicolor*, *Gilia bicolor* Bth. var. fl. *violaceis* (p. 132—133, Holzschnitt), *Funkia ovata* Sprgl. var. *marginata* (l. c. p. 23 mit Holzschnitt). Daselbst die

Wie in allen vorhergehenden Jahren beherrscht die Notiz das Terrain, sie ist in der Anzahl überwiegend, sei es, dass die ganze Veröffentlichung des Fundes oft nur einige Zeilen in Anspruch nimmt, oder die Publication ist wohl umfangreicher, sie ist aber aus Notizen und Notizchen zusammengesetzt und nicht genug an dem, unbedeutenden Funde, welche ein einigermassen Erfahrener in einem Dutzend auf der nächst besten Excursion, wenn er einen Werth darauf legt, findet, wurden von dem einen oder andern Autor auch wiederholt zum Druck gebracht. Eigenthümlichen Ansichten begegnet man bisweilen. Ein Autor, fürwahr ein teratologischer Heisssporn, von dem sich noch vieles erwarten lässt, geht so weit, das Sammeln von Monstrositäten als Bildungs- beziehungsweise Erziehungsmittel für Besucher der Mittelschule zu preisen.

Durch wissenschaftliche Behandlung des Gegenstandes gegenüber einer grossen Anzahl von Veröffentlichungen ist nennenswerth die Arbeit Heinricher's (2), sie ist auch die umfangreichste. Es ist selbstverständlich, dass sich unter der Menge des Gebotenen auch sonst noch interessante Fälle vorfinden, die entsprechend verwerthet wurden. Solche haben Dickson, Eichler, Dutailly, Magnus, Hackel, Calloni und Andere publicirt. Mit Ausnahme einiger von den vier zuerst genannten Autoren publicirten Fälle sind die Mehrzahl der Bildungsabweichungen der Vegetationsorgane ohne besonderes morphologisches Interesse. Die Fälle von Dickson (47) sind Abnormitäten von normal kannenförmig gestalteten Blättern, welche stufenweise Uebergänge zu flachen Blättern erkennen liessen; sie sind werthvoll für die morphologische Betrachtung der ascidienförmig gestalteten Blattorgane; Magnus (44) giebt durch Veröffentlichung eines entsprechenden Falles einen weiteren Beitrag zur Lehre von den Ueberspreitungen der Blätter; die Fälle von Dutailly (46) und Eichler (49) betreffen Abnormitäten von Ranken einer Cucurbitacee und von *Vitis*. In beiden Fällen wird auf die oft erörterte morphologische Deutung der erwähnten Organe neuerdings eingegangen, wobei Dutailly zum Schlusse kommt, die Ranke der Cucurbitaceen habe Sprossnatur, und Eichler weitere Gründe für die Sympodiumnatur des beblätterten Sprosses von *Vitis* beibringt. Die Anomalien der Inflorescenz, und zwar sowohl der Axe der Inflorescenz wie der Hochblätter, bieten nichts Neues, es handelt sich um wiederholt schon früher mitgetheilte Fälle. Die Blüthenanomalien sind an Anzahl gegenüber jenen der Vegetationsorgane überwiegend, und unter diesen wieder die Fälle von Petalodie der Staminen (2, 82, 88, 96—128, 132, 135). Die Mittheilungen darüber von dem verschiedensten Charakter. — An diese reihen sich hinsichtlich der Anzahl der Fälle die Vergrünungen (2, 3, 5, 7, 84—90, 133, 134), darunter ein paar seltene Fälle complicirt mit Ecblastesis (134), dann die Metaschematismen (2, 9, 67—69, 71, 93, 96). Ueber Pelorien finden sich vier Mittheilungen vor (13, 74, 81, 88). Durch Seltenheit des Vorkommens bemerkenswerth ein von Calloni (130) gebrachter Fall von Pistillodie der Stamineen an einer Rosacee, und ein von Hildebrand (129) beschriebener Fall von Staminodie der Petalen einer Crucifere. Von morphologischem Interesse sind die Beobachtungen Urban's (1) an einer *Carex*-Art, welcher Schläuche in männlichen Aehren auffand, ferner ein von Hackel (66) beobachteter Fall an einer Maispflanze, aus dem erschlossen wird, dass das Pistill der Gramineen-Blüthe eingliedrig sei, ferner zahlreiche verschiedene Fälle, die sich in Heinricher's (2) oben citirter Abhandlung finden. Unter den von Borbás gebrachten Fällen mag noch der Fall von Vergrünung und Pelorienbildung an *Delphinium* hier genannt werden. Ein Vertreter (90) der Blatttheorie

Bemerkung, dass die buntblätterigen Formen der *Funkia* Producte japanesischer Gärtnerkunst seien. In Gardeners' Chronicle 1881, Part I, über *Variegated Heracleum* (l. c. p. 701) (Blätter gigantisch, 2—3 Fuss lang, gescheckt), *Hedera Helix madarensis variegata* (l. c. p. 118 mit Holzschnitt), *Valeriana Phu aurea* (l. c. p. 466), *Phormium tenax* (l. c. p. 210 sub titulo: Variegated Plants), *Proliferous Kohlrabi* (l. c. p. 341), wo die Farbenvarietäten des Krauskohles beschrieben werden. In Gardeners' Chronicle 1881, Part. II, über *Verbascum nigrum* var. *album* and *others* (l. c. p. 246, Erwähnung von weissblühendem *V. nigrum* und *Blattaria*); über Doublewhite Zonal *Pelargonium candidissimum plenum* (l. c. p. 342, die weisse Farbe dunkelt nicht nach), *Catalpa syringaefolia aurea* (l. c. p. 374), *Lilium auratum rubrum vittatum* (l. c. p. 374, Blüthe 11 Zoll im Durchmesser), ferner in beiden Jahrgängen über betreffende Anomalien von *Acer*-Arten. Im 58. Jahrb. der schles. Gesellsch. f. vaterl. Cultur 1880, Breslau 1881, eine Zusammenstellung von M. Scholtz über Variationen in der Färbung der Blätter bei *Evonymus japonicus*. Im Bull. of the Torrey Bot. Club. Vol. VIII ein Artikel von Britton über *White-fruited Mitchella repens* (l. c. p. 111) und von G. M. Wilber über *A white-fruited Blackberry* (l. c. p. 129). In Compt. rend. de la seance du 15. Mars 1881 eine Farbenvariation an Veilchen betreffend. Mittheilung von Viviand Morel unter dem Titel „U n d e f o r m a t i o n s u r d e s f l e u r s d e s V i o l e t t e s".

in der Ovularfrage schrieb wieder über Ovularverbildungen der *Alliaria* ganz im Sinne Celakovsky's. Von Fruchtanomalien (11, 139—144) sind die interessantesten, obwohl sie eigentlich nichts Neues bieten, die von Birnen. Einige biologische Anomalien, nämlich das Blühen zu ungewöhnlicher Zeit und vorzeitiges Keimen der Samen in der Frucht, finden sich ebenfalls, ohne dass sie besonders hervorgehoben zu werden verdienen. Ref. hat in dieser Hinsicht nur ein paar exquisite Fälle herausgehoben.

Leider musste Ref. bei mehreren Aufsätzen die Bemerkung beifügen, dass er sie nicht gesehen hat; bezüglich einiger Originalarbeiten, die nicht zu Gebote standen, wurde das Referat im Botanischen Centralblatt benützt. Ausgeschlossen wurden alle Bildungsabweichungen, welche von den Autoren als Zoocecidien bezeichnet werden.

II. Specielle Referate.

1. **Ign. Urban. Flora von Gross-Lichterfelde und Umgebung.** (Abhandl. d. Botan. Vereins der Provinz Brandenburg XXII, Berlin 1880.)

Die Abhandlung enthält an zahlreichen Stellen Mittheilungen über Variationen und Bildungsabweichungen der von ihm in der Flora aufgefundenen Pflanzen. Diese sind: Eine Form von *Papaver argemone* mit borstenloser Kapsel und kahlen Sepalen. Die Pflanze wuchs in der Nähe von *P. dubium*. *Papaver Rhoeas* mit am Grunde verschmälerter Kapsel. Eine Zwergform von *Papaver dubium* mit nur einer Blüthe, deren Narbe 4—6 Narbenstrahlen besass. *Myriophyllum verticillatum* in rein weiblichen Exemplaren. Die Aehrchenaxen trugen 12 Blüthenquirle und wuchsen dann negativ weiter. In der Achsel der Laubblätter der Spindel keine Blüthen. Die Früchte, welche sich aus den weiblichen Blüthen entwickelten, anscheinend normal, doch nicht in einzelne Theile zerfallend, sondern als Ganzes abfallend. *Anthemis Cotula:* Eine Form mit weiblichen Strahlblüthen. *Veronica Tournefortii* Gmel. *(V. Buxbaumii):* Blüthen mit 3—4 Carpiden. War das Gynaeceum 3gliedrig, so standen 1 Fach hinten, 2 vorne und letztere fielen über die normal fehlenden Staminen. *Veronica agrestis:* Blüthen mit 5 Sepalen. *Anagallis phoenicea* und *coerulea:* Die violetten Corollen der erstgenannten Varietät waren aussen mehr röthlich, innen bläulich tingirt, die der zweiten Varietät waren tiefblau, am Grunde aber purpurn und am Rand dicht drüsig gewimpert. *Juncus capitatus:* Spirre stärker verzweigt, unter dem endständigen Köpfchen 3—6 seitliche gestielte Köpfchen vorhanden. Farbenvariationen der Blüthen von *Orchis Morio.* *Carex disticha:* Obere und untere Aehrchen an der Spitze männlich, sonst weiblich, die mittleren männlich. *Carex gracilis:* 1. Fast rein männliche Exemplare, nur bei den unteren Aehrchen kamen Schläuche mit weiblichen Blüthen zu unterst vor. 2. Exemplare mit Staubblätter tragenden Schläuchen. Bei dieser Form waren auch die vegetativen Theile etwas abweichend. Stengel schlanker als normal, Laubblätter 7—9 mm breit, unterstes Tragblatt an der Basis gewöhnlich nicht scheidig. Die 1—2 obersten Aehrchen normal, häufig weit von einander entfernt, die unteren 3 Aehrchen um das Doppelte schmäler als normale und auch länger, 8—15, gewöhnlich 10 cm lg., gestielt, am Grunde lockerblüthig, an der Spitze (normal) männlich. Die 3 unteren Aehrchen führten Schläuche ohne Früchte, dafür waren je 3 Staubblätter vorhanden, Schläuche fast so dick als lang, an der Spitze eingedrückt, in kleine, braune, gefärbte Zähnchen auslaufend. Antheren aus dem Schlauche meist hervorragend. Uebergänge zur gewöhnlichen Form mit Früchten beobachtete er ebenfalls. Die Stellung der Antheren entsprach der der Narben in weiblichen Blüthen. Diese Stellung spreche für die Ansicht, dass die *Carex*-Blüthen durch verschiedene Metamorphose homologer Glieder diclin werden, nicht aber durch Abort. *Carex panicea* mit 3—4 weiblichen Aehrchen, das oberste davon an der Spitze oft männlich, die unteren mit secundären Aehrchen aus den Schläuchen. *Carex rostrata:* Weibliche Aehren an der Spitze männlich. Secundäre Aehrchen aus den unteren Schläuchen der weiblichen Aehrchen an Exemplaren von einem anderen Standort. *Carex spadicea:* Endständiges Aehrchen, oben weiblich. *Carex Kochiana* DC. hält U. für eine monströse Form der *C. spadicea.* Das Endährchen an der Spitze oder obere Hälfte weiblich, auch an der Basis nicht selten vereinzelte Schläuche. *Carex hirta* mit secundären Aehrchen aus den unteren Schläuchen der unteren Aehrchen. Formae polystachiae an *Equisetum arvense* und *palustre.*

2. E. Heinricher. Beiträge zur Pflanzenteratologie. (Sitzungsber. der k. Acad. der Wissensch. I. Abth. Novemberheft 1881. Separatabdruck S. 1—83 mit 6 Tafeln.)

In der Einleitung, welche er den speciellen Untersuchungen voranschickt, spricht er sich über den niederen Stand der Teratologie aus und erörtert den Werth von Bildungsabweichungen für die Morphologie. Er sucht die Mitte einzuhalten zwischen zwei Extremen, von denen das eine sich in der Ueberschätzung, das andere in der Unterschätzung abnormer Bildungen für die Entscheidung morphologischer Fragen ergeht, er ist der Ansicht, dass in manchen Fällen die Erkenntniss der natürlichen Verwandtschaft der Gewächse durch das Studium von Abnormitäten gefördert werden kann. Die speciellen Untersuchungen werden in 11 Abschnitte getheilt. Die Literatur wird gebührend berücksichtigt. Besonderes Augenmerk widmet er Reihen von Umwandlungen eines Organs in ein anderes, indem er sowohl die successive Aenderung der Form als der anatomischen Structur genau schildert. Es macht sich das Bestreben kund, Fälle von abnormer Stellung und Zahl von Blattgebilden nach den von Schwendener in die Wissenschaft eingeführten Principien der mechanischen Blattstellungslehre möglichst naturgemäss zu erklären. Es wird so viel Detail gebracht, dass nur die Hervorhebung des Wichtigsten hier Platz finden kann. Seine speciellen Untersuchungen betreffen:

Abnorme Blüthen von Digitalis purpurea. Die Verbildungen nehmen gegen die Spitze im Allgemeinen ab, sie entstanden zur Zeit der ersten Anlage der Blüthen. Hervorzuheben das Vorkommen überzähliger sepaloider Blättchen ohne fixe Stellung, bisweilen als 2. Kreis, deren Deutung bleibt zweifelhaft. Die Krone zeigt verschiedene Unregelmässigkeiten der Ausbildung. Staminen häufig deformirt, selbst die, welche ihre Natur beibehalten haben, zeigen Unregelmässigkeiten der Ausbildung. Häufig mehr oder minder vollständige oder unvollständige Pistillodie der Staminen, Anwachsung der Staminen an die Carpiden, wodurch eigenthümliche Monstra hervorgehen. Vermehrung der Zahl der Fruchtknotenfächer, bedingt durch Theilnahme deformirter Staminen. Ovula an petaloiden Lappen. Genaue Beschreibungen der Deformation verschiedener Blüthen, darunter befinden sich solche, welche tiefer und höher an der Inflorescenzaxe stehen. Eingehend werden geschildert die Staminen in ihrer Umbildung zu carpidartigen Organen nach den verschiedenen Stufen der Umbildung. Anführung von Fällen von Pistillodie, die sich in der Literatur vorfinden. Die Umbildungen der Ovula werden einer Besprechung unterzogen.

Bildungsabweichungen an Blüthen von Aquilegia vulgaris. Umwandlung der Staubblätter in gespornte Petalen fand auf einem Stocke statt. Die Untersuchungen führten ihn zu dem Resultat, dass die Auffassung von de Candolle und Masters, der zufolge der Sporn aus jenem Staubblatttheil hervorgehen soll, der die Pollensäcke trägt, unrichtig ist. Nach H. wird der Haupttheil des Sporns in Folge eines eigenthümlichen Wachsthums des Connectivs gebildet. An der Bildung eines kleinen Theils des Sporns, nämlich des hinteren Randes desselben betheiligt sich ein spitzer Zipfel, der sich auch an normalen Staminen findet. Das Filament verkürzt und verbreitert sich. Es werden die Abnormitäten zweier anderer Stöcke beschrieben. Er fand auf einem eine Blüthe, deren Sepalen- und Petalenkreis 3gliedrig war. Bei einem zweiten Stocke fand Neigung zur Diclinie statt, indem die Staminen nicht zur Ausbildung kamen, statt derselben kleine kahn- oder löffelförmige Schüppchen auftraten. An diesen Blüthen zeigten sich 2 Fünferkreise von Carpiden.

Vergrünte Blüthen von Delphinium intermedium. Blüthen ohne Sporne, Sepalen vergrössert, grüne Blättchen darstellend, Petalen gleich oder die mittleren grösser. Staminen 30 in Anzahl, am wenigsten verändert. In der Thekawandung fehlt in den entsprechenden Zellen die fibröse Verdickung. Statt der Carpiden 4—5 Blättchen mit vertiefter ausgehöhlter Basis. In anderen Inflorescenzen hoher Grad der Verbildung mit Ecblasteris.

Hemmungsbildungen der Anemone pratensis. Hochblätter vermehrt (bis 30). Blüthen gefüllt durch Chorisis und Petalodie der Staminen, die veränderten Staminen ungetheilt, die äusseren Carpiden ohne Ovula, die nächst folgenden mit Ovulum. Zwischen dem Involucrum und den Blüthenblättern ein Internodium von 4 mm. Einige Male sah H. zwei Hochblattkrausen.

Metaschematische Blüthe von Aconitum Lycoctonum. Die Sepalen mit

Neigung zur Haubenbildung. Verschiebung des 5. Sepalum in den inneren Kreis. Der Fall betraf seitliche Blüthen. Er spricht für die Schwendener'sche Blattstellungslehre.

Metaschematische Irisblüthen. *Iris aurea:* Eine vollkommen tetramere Blüthe, eine mit Ausnahme des 3gliedrigen Staminalkreises tetramere Blüthe, eine pentamer ausgebildete Blüthe, bei welcher ein Sepalum seitlich dedoublirt war, und eine andere pentamere Blüthe, wo aber ein Stamen als Staminodium ausgebildet war, wurden beobachtet. *Iris Monnierii:* Blüthe tetramer. *Iris germanica:* Die ersten 3 Kreise trimer, 4 Narben, eine davon stellt ein Glied des inneren Staubblattkreises dar, Fruchtknoten 3fächerig. *Iris pallida:* In einer Blüthe alle Kreise 4gliedrig mit Ausnahme des Petalenkreises, der durch 1 Glied nur ersetzt war. Sie bestand aus 3 einander opponirten Kreisen. Eine Blüthe war trimer gebaut und bestand aus 3 einander opponirten Kreisen, in beiden Fällen von je einem Petalum, respective 2 Gliedern (1 Petalum und 1 Stamen) abgesehen. Ein Glied des inneren Staubblattkreises war ein Staminodium. In einer Blüthe Sepalen, Petalen, Staminen des äusseren Kreises in Einzahl, 2 gut entwickelte Glieder des inneren Staminalkreises, 5 Narben, jede ein Staubblatt deckend, ein äusserer Kreis opponirt dem äusseren Kreis der Staminen, 2 im inneren Kreis gestellte opponiren den 2 Staminen des inneren Kreises.

Blüthe von Aconitum mit nur einem Honigbehälter. Der Kelch ist normal gebildet. Der zweite Sporn fehlt ganz und ist als Rudiment mit einem Sepalum, dem hinteren (entwickelungsgeschichtlich letztem des Quincunx), verwachsen, das sich als dessen Schwiele oder wulstiger Rand mit schwacher Ansbuchtung zu erkennen giebt. Die Missbildung dürfte durch Vorauseilen des einen Petalum und dadurch bedingte Zurücksetzung des anderen entstanden sein.

Metaschematische Blüthen von Delphinium Consolida. Anführung der Ansichten über die Deutung der einspornigen Blüthen. Die von H. untersuchten Blüthen hatten normalen Kelch mit Bildung des gewöhnlichen Sporns. In dem Petalen zeigte sich das Streben nach Actinomorphie, indem die 3 Petalen mit ziemlich entwickelten Spornen vorgefunden wurden. Erläuterung der Modificationen in der Umbildung von ungespornten zu gespornten Petalen. Nach H. repräsentirt das gespornte Petalum ein einfaches. Er folgert dies aus der Uebereinstimmung in Form des normalen spornartigen P. mit der der überzähligen, sowie aus dem anatomischen Bau und dem Verlauf der Längsnerven. Ein Argument dafür ist ferner das Stellungsverhältniss der in den Blüthen vorgefundenen Petalen, das dem Divergenzwinkel $3/8$ entspricht. Er hält den Typus der Gruppe der *Consolida* (1 Petalum, Staubbätter in Fünferzeilen) als einen von der Gruppe *Delphinellum* abgeleiteten und erklärt das gelegentliche Erscheinen von 8 Staubblattreihen und vermehrten Petalen als eine Rückschlagsbildung. Abweichende Fälle, wie deren scheinbares Alterniren der Petalen mit den Sepalen dürften aus mechanischen Gründen entstanden sein. Die Rossmann'schen Fälle werden einer Besprechung unterzogen und anders gedeutet.

Vergrünte Blüthen von Hyoscyamus orientalis. Blüthen reich gefüllt. Nach einem scheinbar 6gliedrigen Cyclus folgen successive an Grösse abnehmend 30 ähnliche Blättchen, dann kommen solche mit Thekenrudimenten (mit 5—6 Theken), keine Carpiden, dafür isolirte Blättchen, 50 in Anzahl, die an Grösse abnehmen. Die Staubblattrudimente werden näher untersucht. Es handelte sich darum, die Folge zu ermitteln, in welcher die Staubfächer eingezogen werden und wie die charakteristischen Gewebe schwinden, so wie um die Form der rückgebildeten Antheren. Er fand, dass das Filament sich allmählig verbreitet und in den Antherentheil übergeht. Die Anthere gewinnt an Breite. Sind alle 4 Loculamente vorhanden, so liegen sie auf der Oberseite, die Rückbildung beginnt von unten nach oben oder gleichzeitig von oben nach der Mitte. An Stelle der Loculamente treten einfache Emergenzen, die zunächst auch eine Höhlung enthalten, endlich fehlt die Höhlenbildung, die Emergenz besteht aus schwammigem Parenchym. Oefters fanden sich vor fibröse Zellen, die schliesslich auch ausbleiben. Die äusseren Loculamente bleiben länger erhalten als die inneren.

Dimere Blüthe von Lilium Martagon. Sie war die höchste unter der Gipfelblüthe, ihr Stiel war mit der Inflorescenzachse verwachsen, die beiden obersten Blüthen schienen einen gemeinschaftlichen Stiel zu besitzen. Als Ursache der Dimerie sieht H. den Druck an, welchem der Blüthenstiel der Gipfelblüthe in Folge der Verwachsung mit dem

Blüthenstiel der dimeren Blüthe auf die Anlagehöcker der letzteren Blüthe ausgeübt hat. Der Anlagehöcker wurde dadurch abgeplattet und der Querschnitt zur Anlage trimerer Kreise zu klein.

Ueber vergrünte Blüthen bei Torilis Anthriscus Gmelin fil. und die Bedeutung der doppelspreitig vergrünten Staubblätter. Im Eingange werden die von den Autoren beobachteten Fälle von Vorkommen doppelspreitiger Antheren besprochen, dann schildert er den Befund bei den von ihm untersuchten vergrünten Blüthen. In denselben die Kelchblätter vergrössert, die Petalen verkehrt herzförmig, behaart, vergrünt oder in in einer weiter gediehenen Stufe mehr laubartig, verkehrt eiförmig. Staubblätter der höheren Dolden im Allgemeinen mehr vergrünt als in den unteren. Carpiden stets vergrünt, ungetheilt, ohne Samenknospen, kein Fruchtknoten. Ausser pentameren fanden sich auch tetramere Blüthen vor. Die Uebergangsstufen von vergrünten Staminen zu normalen werden eingehend beschrieben. Das eine Extrem bildeten flache einspreitige 3lappige, einem Laubblatte am meisten gleichende Blätter, deren Rand aufgedunsen und mit einem Nerven versehen war. Daran schlossen sich Formen mit in der Mitte scharf abgesetztem Randwulste. Weiter fand er Staminen, wo die Blattspreite ein einfaches eiförmiges zugespitztes Blättchen in der Mittellinie trug, Fälle mit grösserer secundärer Spreite und so fort. Es schliessen sich dann Formen an, wo die secundäre Spreite als einfaches Läppchen bis an die Spitze der unteren Spreite reicht und der Rand der vorderen Spreite in den der hinteren übergeht. Wulstähnliche Gestaltung der 4 Flügel in weiterer Folge. Endlich tritt die Antherenform auf. Eine Lage langgestreckter Zellen mit derben Wandungen erscheint als Aequivalent der fibrösen Zellen (in normalen Antheren). Fälle mit deutlich entwickelten Theken. Als zweites Extrem erscheinen dann normale Antheren. Vergleichend werden Fälle von Emersionen an Laubblättern und Petalen besprochen. II. betrachtet die Ueberspreitung an vergrünten Antheren für Bildungen, welche die mittleren Loculamente vertreten, doch hat man sich in solchen deformirten Staminen nicht das Urblatt eines Stamens vorzustellen, aus welcher eine Anthera didyma einst entstanden sei. Fälle von Ueberspreitungen sind nach H. nur solche unvollständiger Vergrünung, der pathologische Process machte sich geltend zu einer Zeit, wo in den Staubblättern die Pollensäcke in Bildung begriffen waren. Dasselbe gelte für doppelspreitige Petalen, die durch petaloide Verwandlung von Staubgefässen entstanden seien. H. sieht in den Antherenloculamenten nicht Bildungsproducte ganzer Blattspreiten, sondern einfache Emergenzen, die er homolog einer ganzen Eichenreihe ansieht. In diesem Sinne seien bedeutungsvolle von Engler an *Sempervivum tectorum* beobachtete Mittelformen zwischen Stamen und Carpiden, wo ein und dasselbe Gebilde an der Spitze 4 Pollenfächer und unten beiderseits je 2, Eichen tragende Lamellen trug. Auf vorgerückteren Stufen verschwanden die Pollensäcke, an ihren Stellen traten 4 mit Eichen besetzte Flügelleisten auf.

3. **Jacobasch. Bemerkenswerthe Pflanzen.** (Botan. Verein der Provinz Brandenburg. Sitzung vom 30. September 1881, S. 56.)

Unter anderen Funden werden erwähnt ein *Senecio Jacobaea* mit fast weissem Strahl, vergrünte *Matricaria inodora*, deren Blüthenkörbchen von sehr ausgebildeten dichtschopfig stehenden Laubblättern von gelbgrüner Färbung umgeben waren, *Campanula rapunculoides* mit graugrünen gekräuselten Blättern und allen Stadien der Vergrünung, einige Blüthen mit entwickelter Blumenkrone andere mit fehlender Corolle und ins Freie ragenden Staminen und Carpiden, wieder andere hatten einen bis auf die Basis getheilten Kelch mit lineal pfriemlichen Zipfeln; in einem weiter gediehenen Zustande der Veränderung drängte sich aus dem Kelch ein Knäuel graugrüner krauser Blättchen hervor, endlich zeigte sich statt der Blüthe ein beblätterter Zweig besetzt mit solchen krausen Köpfchen, wodurch die Pflanze rispenartig verzweigt erschien. Diese Vorbildungen bei *Campanula rapunculoides* wurden, was aber J. nicht bemerkte, von einem Phytoptus verursacht.

4. **Borbás. Abnormitäten.** (Oesterreich. Bot. Zeitschrift 1881, S. 272.)

In einer Correspondenz erwähnt B., dass er 3gliedrige Laubblätterwirtel an *Inula salicina, Roripa amphibia* und *Dianthus pungens* Gren. et Godr. var. *heterolepis* Borb. und *Dianthus Requieni* gesehen. An letzterer Species war die Blattscheide offen, zwei Blätter des 3gliedrigen Wirtels gleich gross, das dritte zweimal kürzer. An *Valeriana officinalis* beobachtete er öfters wechselständige Blätter, desgleichen an *Veronica spicata* var. *alterni-folia.* An monströsen *Galanthus*-Blüthen waren zwei untere Perigonblätter des inneren Kreises an die abwärts gekehrte Seite in der Form genähert den äusseren Perigonblättern, das vor dem dritten Perigonblatt des inneren Kreises stehende Stamin war verdickt, an der Basis der linken Seite mit einem weissen Anhängsel versehen. An der Basis dieses Anhängsels ein Fortsatz. Ein anderes Staubgefäss, das vor dem unteren Perigonblatte des äusseren Kreises stand, stellte ein halbes Stamen und ein halbes Perigonblatt des inneren Kreises dar; vor demselben ein kleines Anhängsel. Diese Blüthe war hinsichtlich des Perigons zygomorph ausgebildet, hinsichtlich des Androeceums aber unregelmässig, sie besass vier normal ausgebildete Staminen. Auch fand er ausser anderen Anomalien bei *Galanthus* eine Blüthe, wo alle Perigonblätter die Form der Blätter des inneren Kreises angenommen hatten, jedoch waren sie mehr verlängert.

5. Meisheimer. Pflanzenmonstrositäten. (Verhandlungen d. Naturhistorischen Vereins d. preuss. Rheinlande und Westfalens. 38. Jahrg. II. Hälfte. Bonn 1881. Cor.-Bl. S. 175.)

Beobachtete Abnormitäten bei *Trifolium repens, Campanula rapunculoides, Silene inflata* und *Allium Cepa. Trifolium repens:* Blüthenstielchen verlängert, bis 9 mm lang, Kelchröhre ebenfalls verlängert, Kelchzähne blattartig verbreitet, die zwei oberen verkehrt länglich herzförmig, 5 mm lang, 3 mm breit, beiderseits 4 – 7 zähnig, Fahne, Flügel und Kiel klein, eiförmig, vergrünt, Staubgefässe verkümmert. *Campanula rapunculoides:* Abnormität in zwei Formen auftretend. Blumenkrone fehlend, Staubgefäss 5 mm lang, 2 mm breit, den Sepalen gleichend, Pistill 2 mm dick, in 5 – 7 schneckenförmig zurückgewundene 5 mm lange, unten ¹/₂ mm breite Zipfel auslaufend. Bei der zweiten Form bildete die Blüthe eine Rosette von 12 – 18 lanzettlichen grünen, 5 mm langen, in der Mitte 1.5 mm breiten borstlich behaarten Blättern. (Beide Abnormitäten ohne Zweifel durch Phytoptus veranlasst. Ref.)

Silene inflata. Kleinere Kelche bis zur Basis, grössere bis zur Mitte gespalten sammt der Blumenkrone und den Staubgefässen vergrünt. Mediane Prolificationen sah hier M. ebenfalls.

Allium Cepa: Sprossung der Zwiebel während des Winters. Das Gebilde gewährt in frischem Zustande den Anblick von „vier übereinander gestellten weissen Lilien", indem durch die Sprossung die ringförmigen Gefässschichten auseinander gerissen und in ungleichen Internodien um die Spindel gestellt wurden.

6. Ansorge. Schlesische Nova. (58. Jahresbericht d. Schlesisch. Gesellschaft f. vaterländische Cultur 1880. Breslau 1881, S. 186—188.)

Sammelte einen *Scirpus lacustris* mit zusammengezogene Spirve, eine *Farsetia incana* mit schwach fasciirtem Stengel. *Coronilla varia* mit Durchwachsung der Dolde, ein *Taraxacum officinale,* an dessen Schaft 5 mm unter dem Kopfe ein zweiter Schaft mit entwickeltem Kopfe entsprang, ein *Hieracium Pilosella,* bei dem zwei Schäfte vom Grunde bis zu den Köpfen verwachsen waren, eine proliferirende Form von *Scabiosa ochroleuca.* Auf S. 159 der genannten Gesellschaftsschrift wird bemerkt, dass er zwei Fuchsienblüthen mit eigenthümlichen löffelartigen Auswüchsen vorlegte.

7. Hollick. Abnormal forms. (Bull. of the Torrey Bot. Club. Vol. VIII No. 5. [May 1881, p. 66.] Abdruck des Sitzungsberichtes im Bot. Centralblatt, Bd. VII, p. 93.)

Thalictrum anemonoides mit grünen Sepalen, *Narcissus poëticus* mit theilweiser Staminodie der Perigonialblätter, *Carya porcina* mit gedrehten Früchten, *Castanea vesca* var. *americana* mit Früchten länger als im normalen Zustande und mit dichtem Filze bedeckt, *Lysimachia grandiflora* mit 3-, 5-, 6gliedrigen Laubblattwirteln und mit alternirenden Blättern. In demselben Sitzungsberichte wird angeführt, dass Herr Bicknell *Botrychium maticariaefolium* fand, wo sich Sporangien auch auf den sonst sterilen Segmenten zeigten und wo die fertilen Abschnitte eigenthümlich verzweigt waren.

8. V. Borbás. A növényteratologia a Rözépiskolában. Die Pflanzen-Teratologie in der Mittelschule. (Ar orvz. Röcept. tauúregyesület Könlonge. XIV. Jahrg. Budapest 1881, p. 567—574 [Ungarisch].)

B. plaidirt in diesem Aufsatze dafür, dass die Jugend der Mittelschule für die teratologischen Erscheinungen interessirt gemacht werde. Er zeigt zugleich vor: *Primula inflata* mit dreispaltigem Fruchtknoten und infolgedessen mit drei Griffeln, an einem der letzteren die Narbe; überhaupt beobachtete er, dass die Zahl der Zähne, mit denen sich die reife Kapsel der Primulaceen öffnet, sehr variirt; ferner eine hexamere *Primula inflata*. — *Galanthus nivalis*: zwei Perigonblätter des inneren Kreises nähern sich der Gestalt der Perigonblätter des äusseren Kreises; ferner die äusseren von der Gestalt der inneren u. s. w. — Gartentulpe mit kegelförmiger Blüthenaxe, kleinen sterilen Fruchtknoten und 8 Staubblättern. — *Draba lasiocarpa* und *Capsella Bursa pastoris*: Blüthentraube durch ein Blatt unterbrochen. — Bei *Epilobium, Veronica* und *Syringa vulgaris* veränderliche Battstellung. *Lamium album*: Stengelinternodien mit 16 Kanten u. s. w. An einem Aestchen von *Corylus Avellana* sind 15 Kätzchen in eine Gruppe zusammenzogen; eigentlich bilden sie fünf dreigliederige Kreise.   Staub.

9. **Thomas.** **Teratologische und pathologische Mittheilungen.** (Irmischia 1881, S. 36—37, Separatabdruck.)

Caruel hatte eine Zusammenstellung jener Species gegeben, welche auf teratologische oder pathologische Befunde irrthümlich gegründet wurden. (Siehe Just Jahresber. VIII, I. Abth., S. 209.) Diesem Verzeichniss fügt Th. noch 2 andere bei Caruel nicht erwähnte Arten hinzu. Es sind dies *Convallaria bracteata* Thm., die nichts anders ist als ein *Polygonatum multiflorum*, deren Blüthenstiele als 1—2 Blätter tragende Aestchen ausgebildet sind, und *Vaucheria sacculifera* Ktz., die nach Magnus eine *V. geminata* darstellt, die mit durch ein Räderthier verursachten Gallen behaftet ist. Schliesslich erwähnt Th. noch eine Zwangsdrehung, welche er an *Valeriana officinalis* beobachtet hat.

10. **V. Borbás.** **Az ikergyümöhsröl. Von der Zwillingsfrucht.** (Orsz. középt. tamáreygesulet Közlönye, XIV. Jahrg., Budapest 1881, p. 286—292. Földmivelése Erdekeink, IX. Jahrg., Budapest 1881, p. 99—100 [Ungarisch].)

Nach einer Einleitung, in der der Verf. die verschiedenen Ansichten über das Syncarpium darlegt, bespricht er einzelne von ihm beobachtete Fälle. Bei *Fragaria vesca* (aus Slavonien) trug ein Stiel zwei Früchte, die von einem gemeinsamen doppelzähligen Kelch umgeben waren. — Doppelfrucht bei *Carex riparia*, wovon aber eine steril. — Doppelter Lederapfel. — *Hyoscyamus niger* mit zwei vollständigen aber kleinen Früchten in gemeinsamem Kelch. — Zwillingsblüthenstände bei *Typha latifolia* (Nagy Enysd); ebenso bei *T. Shuttleworthii*, aber der Stiel war gespalten, ebenso bei *Allium vineale* (Biréser Comitat). Die Nebenzwiebeln dieser Pflanze begannen am getrockneten Exemplare zu keimen; ferner *Allium Scorodoprasum*. — Bei *Viola elatior* war das eine Nebenblatt mit seinem unteren Drittel an den Blattstiel gewachsen; ebenso beide Nebenblätter bei *Viola pumila* Chaix f. *subserrata*, die selbst mit der Blattfläche zusammenwuchsen.   Staub.

11. **V. Borbás.** **Abnormitäten.** (Sitzungsb. im Természettudományi Közlöny, XIII. Bd., Budapest 1881, p. 227 [Ungarisch].)

Verf. zeigt Blüthensprossung bei *Linaria vulgaris*; Apophysis bei *Cytisus nigricans*, *Veronica orchidea*, *Genista elatior*, *Picris hieracioides* und *Galanthus nivalis* in drei Stadien der Umwandlung.   Staub.

12. **V. Borbás.** **Pflanzenanomalien.** (Sitzungsb. im Természetud. Közlöny. Budapest 1881, XIII. Bd., p. 478 [Ungarisch].)

B. zeigt vor *Pelargonium* und *Martynia* mit drei Cotyledonen; den männlichen Blüthenstand von *Zea Mays* L. mit einem kleinen weisslichen Blüthenkolben; ferner vielkolbigen Mais.   Staub.

13. **Bail.** **Vortrag.** (Bericht über die 4. Versammlung des Westpr. Botanisch-Zoolog. Vereins zu Elbing. Sitzung am 7. Juni 1881. Schrift. d. Naturf. Ges. zu Danzig, n. F., Bd. V, Heft 3, S. 8—9.)

Beschreibt im Anhange eine monströse Form von *Papaver Rhoeas* und eine Pelorie von einer Hybride der *Calceolaria crenatiflora* Cav. und *C. hybrida fruticosa* f. *subfruticosa hortorum*.

Papaver Rhoeas trug fast an jedem Aste 1—2 Nebenköpfchen; die verschrumpften Kelchblätter der Hauptblume ausserhalb der kleineren Köpfe meist erhalten. In einer geschlossenen Knospe fand sich in den Achseln beider Sepalen je eine vollständige Knospe vor. Die kleinen Köpfchen waren darnach Axillarproducte der Sepalen. Das Exemplar der *Calceolaria* besass mehr als 100 Blüthen. Unter diesen fanden sich alle Uebergänge vor von normalen Blüthen bis zu den ganz regelmässig ausgebildeten, welche eine elliptische, beiderseits röhrenförmig verengte Corolle enthielten. Staubgefässe fehlten in letzterer, desgleichen meist in Uebergangsformen. B. schildert näher die Anfänge der Umbildung und bemerkt, dass den vorliegenden ähnlicher Pelorien an *Calceolaria rugosa* und *crenatiflora* früher beobachtet wurden.

14. **Ludwig Schlögl. Abnormität von Taraxacum dens leonis und Ranunculus acris.** (Oesterr. Bot. Zeitschrift 1881, S. 239.)

Der Schaft eines abgeblühten Köpfchens von *Taraxacum* trug ein 4.5 cm langes und 2.5 cm breites, tief eingebuchtetes Laubblatt. 2 cm über der Insertion dieses Laubblattes entsprang ein Köpfchen mit entfalteten Blüthen. Das Exemplar von *Ranunculus acris* hatte einen bis auf 17 mm verbreiterten Stengel, der sich in einer Höhe von 27 cm verästelte und daselbst mit kurz gestielten kleinen Blüthen und kleinen Blättern besetzt war.

15. **L. Beissner. Verschiedene Bemerkungen über Coniferen.** (Regel's Gartenflora 1881, S. 299—303.)

Zuerst wird hervorgehoben, dass bei Cupressineen seitliche Triebe der ersten Entwickelung, welche bekanntlich mit linienförmigen Blättern besetzt sind, sich als Stecklinge leichter bewurzeln, als ausgebildete Zweige mit schuppenförmigen Blättern. Dies gelte auch nach Hochstetter für Pflanzen, die sonst aus Stecklingen schwer zu ziehen sind. Retinosporen lassen sich leicht aus Stecklingen erziehen, sie stammen nach B. von *Chamaecyparis*, *Thuja* und *Biota* ab. *Biota orientalis maldensis*, welche die Merkmale einer jugendlichen Form hat, und *B. orientalis decussata* kann man leichter durch Stecklinge fortpflanzen als die gewöhnliche *Biota*. *Cryptomeria elegans* eine jugendliche Stecklingspflanze, mithin Gartenzwergform von *C. japonica*. *Cryptomeria japonica pygmaea*, *pungens* in Japan beliebte Monstrositäten. *Thujopsis laetovirens* jugendliche Stecklingspflanze von *Th. dolabrata*. — Aussaaten von *Biota orientalis compacta* geben zum grössten Theil Pflanzen, die den rundlichen buschigen Habitus bewahren. Bei Aussaaten vererbt sich leichter der Habitus als die Färbung. So beispielsweise bei *Biota orientalis aurea*. *Thujopsis occidentalis Wareana* pflanzt sich oft erst durch Samen fort. *Thujopsis occidentalis fastigiata* liefert bei Aussaaten ziemlich günstige Erfolge. Bei *Cupressus torulosa glauca, viridis* t. *Corneyana*, welche lange hängende Zweige besitzt, *C. t. majolica*, eine stark zwergige Form, könne auf „echte Fortpflanzung" nicht gerechnet werden. *Cupressus pendula* l'Hérit., *Coulteri* Forb. *Benthami* Endl. bewahren oft ihre Eigenthümlichkeiten bei Aussaaten, gehen aber auch oft in einander über. — *Glyptostrobus heterophyllus* Endl. (*Taxodium sinense* Forb.) sei eine Zwergform von *Taxodium distichum* Rich. Diese Pflanze geht in *T. sinense* über. Von *Taxodium distichum* seien Formen mit verlängerten Zweigen (*T. d. denudatum*), mit hängenden Zweigen (*T. d. intermedium*) erzogen worden. *Taxodium sinense* Sweet und *T. sinense pendulum* seien Aussaaten vor vielen Jahren entstandener Zwergformen von *T. distichum*. Bei guter Cultur gehe (in Angers beobachtete) *T. sinense* in die Höhe und gleiche *T. distichum*, andere Pflanzen gehen in *Glyptostrobus heterophyllus* über. Auch von *Sciadopytis verticillata* kenne man Zwergformen. Verf. erwähnt, dass *Tsuga Sieboldi*, *T. Sieboldi nana* japanische Gartenzwergformen von *T. canadensis* seien, während in Europa seien Zwergformen von *T. canadensis* erzogen worden. — *Thujopsis Standishi* Grd. sei nichts anderes als *Thuja Menziesii* Dougl. Er stimmt aber Carriere nicht bei, nach welchem *Thuja plicata* Donn und *Th. Menziesii* Dougl. nur Formen der *Th. occidentalis* seien.

16. **Pinus Laricio pygmaea.** (The Gardeners' Chronicle 1881, Part I, p. 51.)

Die in New Gardens gezogenen Exemplare bildeten einen compacten dichten Busch von 5 Fuss Höhe, mit viel kürzeren Blättern als im normalen Zustande. Zwergformen dieser Art erreichen bisweilen nur die Höhe von 3—4 Fuss wie in Knight und Perrys „Synopsis of the Coniferons Grown in Great Britain" angegeben ist.

17. **Pinus sylvestris globosa.** (The Gardeners' Chronicle 1881, Part I, p. 50.)

Ein runder compacter Busch mit Blättern, welche nur halb so lang sind als bei der normalen Form.

18. **P. Magnus. Niedrige unverzweigte Form von Impatiens glandulifera Royle.** (Verhandlungen des Bot. Vereins der Provinz Brandenburg. 29. October 1881, S. XXX.)

Auf der Pfaueninsel säet sich *J. glandulifera* jährlich massenhaft an. Hofgärtner Reuter beobachtete daselbst ein Exemplar mit $1\frac{1}{2}$ Fuss langer Hauptaxe, nahe über einander stehenden Blattpaaren und kurz gestielten Blüthenständen. Das Exemplar ähnlich einer *Impatiens Balsamina*. Bei der Aussaat erwies sich diese Zwergform völlig constant.

19. **Helianthus annuus var. californica.** (Regels' Gartenflora 1881, p. 312 mit Holzschnitt.)

Von der schon im letzten Jahrhundert in Europa häufig kultivirten Pflanze hat man in neuerer Zeit eine Menge verschiedener Formen erzogen, Bemerkenswerth var. *macrophylla gigantea*, welche im warmen Klima bis 15 Fuss hoch werden soll, und var. *nana*, die nur 3 Fuss hoch wird. Es giebt Abarten mit *Fol. aureo-variegatis* mit röhrigen verlängerten, mit bandförmigen Seitenblumen. Die var. *globosa fistulosa* erzogen von Haage und Schmidt soll die schönste sein. Bei dieser alle Blüthen lang und röhrig. Bei der var. *californica* sind alle Blüthen bandförmig.

20. **Erica vulgaris alba nana.** (The Gardeners' Chronicle 1881, Part II, p. 242.)

Eine bei Chiswick im wilden Zustande aufgefundene Zwergform. Es giebt auch Formen mit gelben Blättern, *„vulgaris aurea“*.

21. **Petunia violacea.** (Regel's Gartenflora 1881, S. 183, Holzschn.)

Der Bastard zwischen *Petunia nyctaginiflora* Lindl. und *Salpiglossis integrifolia* Hook. ist die Stammform der unter dem Namen *Petunia hybrida* in Gärten cultivirten Petunia. Haage und Schmidt in Erfurt haben eine Zwergform davon unter dem Namen *„P. hybrida compacta nana multiflora“* gezogen.

22. **Myosotis sylvatica Hoffm. var. elegantissima.** (Regel's Gartenflora 1881, S. 2—3. Taf. 1033.)

Eine von Haage und Schmidt gezogene Form von dichtem buschigem Wuchs, mit schön himmelblauen Blumen und weissem Auge oder auch blassrosarothen und weissen Blumen. In der Cultur 2jährig, auf den Alpen perennirend. Sie bleiben bei der Aussaat ziemlich constant, vorausgesetzt, dass sie nicht zwischen anderen Abarten stehen; am constantesten die niedrig bleibende Form mit azurblauen Blumen.

23. **Silene pendula L. var. compacta.** (Regel's Gartenflora 1881, S. 154, Holzschnitt.)

Eine einfach blühende Form mit dichtem Wuchse.

24. **Tagetes signata pumila.** (Regel's Gartenflora 1881, S. 182, 1 Holzschnitt.)

Eine $\frac{1}{2}-\frac{3}{4}$ Fuss hohe Zwergform von dichtem Wuchs, zur Blüthezeit bedeckt mit dicht stehendem goldgelben Capitulis. Die Stammart erreicht 2—3 Fuss Höhe und bildet dichte Büsche.

25. **H. W. Ravenel. Abnormal Habit of Asclepias amplexicaulis.** (Bull. Torrey bot. Club. Vol. VIII, 1881, No. 8, p. 87—88.)

Nicht gesehen.

26. **V. Borbás. Agatlan növényrészek kivételes elágazás áról.** (Természettud. Közlöny. Budapest 1881. XIII. Bd., p. 223—225 [Ungarisch].)

27. **V. v. Borbás. Verzweigung gewöhnlich unverzweigter Pflanzentheile.** (Uebersetzung des zuvor angeführten ungarisch geschriebenen Aufsatzes in Bot. Ztg. 1881, Cp. 450—453.)

Beschreibt einen seltenen Fall von Verzweigung des Halms einer Graminee, nämlich von *Bromus mollis*. In der Nähe des dritten Internodiums, von der Basis an gerechnet, fand Gabelspaltung statt, wovon der eine Ast in eine Rispe endigte und nach B. die Verlängerung der Hauptaxe darstellte, der andere war ein Laubspross. Der rispentragende Gabelast trug 1 mm ober der Gabelung ein scheidenloses Blatt ohne Ligula, die untere Partie desselben von starker Consistenz, der obere Theil mit zwei grünen Seiten und weisslicher, membranöser Mitte. Auf dieses Blatt kam ein normales Blatt mit Scheide, das folgende letzte Stengelglied trug die Rispe. An der Ursprungsstelle der zwei untersten Rispenäste ein 11—12 mm langes Blatt befindlich, ohne Scheide und Ligula, an der Basis ausgebreitet. An der oberen Verzweigung der Rispe an zwei Stellen je ein Schüppchen an der Basis des Astes. Die anderen Fälle waren: *Anthoxanthum odoratum* mit einer an die von *Dactylis glomerata* erinnernden Inflorescenz, die aus drei ährenförmig zusammengezogenen Rispen bestand. Am untersten Rispenast 25 mm abwärts ein abnormer Knoten und daselbst ein 1 mm breites Häutchen bemerkbar, das entlang der ganzen Länge des Internodiums aufwärts als einseitiger Flügel sich fortsetzte. *Linaria spuria* forma *ramiflora* hatte verzweigte untere Blüthenstiele, welche 2—6 Blüthen trugen. Desgleichen beobachtete er auch bei *Linaria Elatine*. *Allium sphaerocephalum* var. *descendens* in einer in der Umbella Bulbillen tragenden Form. *Reseda lutea* mit Blüthenantholysen. Bei *Draba nemorosa* beobachtete er mediane Diaphyse, der durchgewachsene Spross bildete einen Corymbus, die Basis der Traubenaxe war fasciirt. An einem Spross derselben Species und der *Draba lasiocarpa* und *Capsella bursa pastoris* die Tragblätter von einigen Blüthen entwickelt. Fälle von 4gliedrigem Carpideenwirtel sah er einmal an der genannten *Draba* und *Berteroa incana*. Das folgende kürzer gefasste Referat handelt von demselben aber in ungarischer Sprache geschriebenen Aufsatz.

28. **P. Ascherson. Fasciirter Blüthenstengel von Asphodelus fistulosus L.** (Sitzungsber. d. Gesellsch. Naturforsch. Freunde zu Berlin vom 15. Febr. 1881, S. 32.)

· Kurze Notiz. Die Fasciation wurde von Th. v. Heldreich aus Athen übersandt.

29. **Bailey, W. Whitman. Fasciation.** (Bull. Torrey bot. Club. Vol. VIII. 1881. No. 8, p. 93. Referat in Bot. Centralbl. Bd. IX, S. 274.)

Fasciationen von *Leucanthemum vulgare* und *Rudbeckia hirta* wurden beobachtet.

30. **Celosia cristata var. pyramidalis und var. pumila (C. plumosa Hort.).** (Regel's Gartenflora 1881, S. 57 und 60 mit 2 Holzschnitten.)

Celosia cristata var. *pyramidalis* ist die wildwachsende Form; die Fasciation dürfte ursprünglich in den Gärten Chinas erzeugt worden sein. Die zweiterwähnte Form zeichnet sich durch niedrigen Wuchs und breite grosse Kämme aus von bald wechselnd rother oder gelber oder roth und gelber Färbung.

31. **Ludwig Schlögl. Fasciation von Taraxacum.** (Oesterr. Bot. Zeitschr. 1881, S. 205.)

Ein dicker fasciirter Ast trug 8 vollkommen entwickelte und von einander getrennte Köpfchen. Ausser diesen besass das Exemplar noch 36 Schäfte.

32, **A. Gravis. Les fascies souterraines des Spirées.** (Compt. rend. des séanc. de la Soc. roy. de Botanique de Belgique. XX. 1881, p. 30—35. Referat darüber in Bot. Centralblatt Bd. XI [1882] S. 176.)

Nachdem Verf. früher einmal eine Fasciation des unterirdischen Stammes einer *Spiraea sorbifolia*, die er aber irrthümlich in dem Aufsatze als *Sp. salicifolia* bezeichnete, beschrieben, untersuchte er, angeregt durch einen von Caspary in den Schriften der Phys. Oekon. Ges. zu Königsberg, Jahrg. 1878 publicirten Aufsatz: Eine gebänderte Wurzel der *Spiraea sorbifolia*, ob das von ihm als Rhizom aufgefasste Gebilde nicht vielleicht doch eine Wurzel sei. Da er an der Verbänderung Knospen und regelmässig angeordnete Achselknospen vorfand, so war die gegebene Deutung der Missbildung eine richtige.

(Entnommen dem Centralblatt.)

33. **Wittmack. Eine Kartoffelstaude mit oberirdischen Knollen.** (Monatschr. des Vereins zur Beförderung des Gartenbaues in den preuss. Staaten, 1881, S. 530.)

Nicht gesehen.

34. **B. Eigenthümliche Verwachsung zweier Sämlinge.** (Regel's Gartenflora 1881, p. 366.)

Zwei Keimpflanzen waren von der Wurzel anfangend spiralförmig um einander gedreht. Verf. fragt, auf welche Weise die innige Verschlingung entstanden sein mochte.

35. **Specimens exhibited.** (Bull. of the Torrey Bot. Club. Vol. VIII, p. 108.) Ref. darüber in Bot. Centralblatt, Bd. VIII (1881), S. 91.

Clematis ochroleuca mit 3—5lappigen Blättern, *Pogonia verticillata* mit einem solitär stehenden Blatte wurden von Herrn Britton vorgezeigt. Herr Hollick fand eine Keimpflanze der *Fagus ferruginea* mit 3 Cotyledonen. (Entnommen dem Centralblatt.)

36. **J. Schuch. Pflanzen-Abnormitäten.** (Az orsz. Középt. tanáregylet Közlönye. XIV. Jahrg. Budapest 1881, p. 331 [Ungarisch].) Ref. darüber in Skofitz Oesterr. Bot. Zeitschrift, 1881, p. 97.

Sch. fand an Zweigen von *Fraxinus Ornus*, *Acer Pseudoplatanus*, *A. negundo*, *Sambucus nigra* und *Lonicera* wirtelige Blattstellung. Diese Zweige waren theils Wassertriebe, theils solche Triebe, die aus den unversehrten Knospen der stark beschnittenen oder gebrocheuen Pflanzen entsprangen. Die Endknospe dieser wirtelblätterigen Triebe entwickelte nach den bisherigen Beobachtungen des Verf.'s ebenfalls wirtelblätterige Triebe; die Seitenknospen dagegen solche, an welchen die Blätter normal gegenständig sind. Bei *Asclepias syriaca* sind die Blätter unten opponirt, oben aber oft wirtlig. Dort findet man oft auch zweispitzige Blätter, die aus dem Zusammenwachsen zweier Wirtelblätter hervorgingen. Bei *Ptelea* fand der Verf. ein Blatt, dessen Stiel an seinem oberen Ende zweitheilig war und an einem jeden dieser Theile 2mal 3 Blättchen trug; an einem anderen Blatte, dessen Stiel zwar ungetheilt geblieben, waren ebenfalls 2mal 3 Blättchen zu finden; bei anderen Blättern war das mittlere Blättchen zweispitzig; endlich bei einem anderen war es gedoppelt.

37. **Vinc. v. Borbás. Pflanzen mit ausnahmsweise quirlständigen Blättern.** (Oesterr. Bot. Zeitschrift, 1881, S. 154 · 145.)

Die Fälle betrafen *Syringa persica* (die untersten Blätter aufgelöst, 3gliedrige Scheinwirtel bildend dann folgten echte 3gliedrige Wirtel), *Lamium album* (1 Laubblattwirtel 4gliedrig, 1 Internodium mit 8 stärkeren und 8 schwächeren Kanten), *Vincetoxicum officinale* var. *laxum* (zwei 3gliedrige Blattwirtel durch ein kurzes Internodium getrennt, bei beiden Wirteln ist ein extraaxillärer Zweig), *Cornus sanguinea* (Wirtel 3gliedrig), *Mentha aquatica* (fasciirte Stengel mit 4gliedrigen Blatt- und Astwirteln), *Euphorbia lucida* (ein 3gliedriger Laubblattwirtel), *Hieracium prenanthoides* (mit gegenständigen Blättern an 2 Internodien), *Anagallis coerulea* und *linifolia* (3gliedrige Blattwirtel mit 2gliedrigen gemischt), desgleichen an *Epilobium*, *Mentha silvestris* var. *stenantha* (Blätter an 7 Knoten einen 4gliedrigen Wirtel bildend, Internodien achtseitig, gefurcht, Mark grösser als bei normalen Pflanzen, Holz schwächer, der Stengel gabelt sich oben und bildet zwei gleich starke Aeste, *Hieracium vulgatum* (ein 2- und ein 3gliedriger Laubblattwirtel, 2 Blattstiele in halber Länge verwachsen), *Rosa collina* var. *denticulata* (ein 5gliedriger Blattwirtel, 2 Nebenblätter der Länge nach mit einander verwachsen).

38. **Kopfsalat, le Pellisier.** (Regel Gartenflora 1880, p. 377, mit Holzschnitt.)

Eine von Haage und Schmidt gezogene, an kleinere Endivien erinnernde Sorte, mit festen, zarten Köpfen, tief ausgezackten, gefransten Blättern.

39. **J. H. Melicamp. Ilex opaca with entire Leaves.** (Bull. of the Torrey Club. Vol. VIII, p. 112 - 113.)

Nicht gesehen.

40. **N. L. Britton. Peculiarly · lobed leaves in Quercus alba L.** (Bull. of the Torrey Bot. Club. Vol. VIII, 1881, No. 11, p. 126.)

Nicht gesehen.

41. **P. Magnus. Apium graveolens mit sehr zertheilten Blättern.** (Verhandlungen des Bot. Vereins der Provinz Brandenburg, 29. October 1881, p. XXX.)

Die genannte Form erhielt Hofgärtner Reuter 1879 unter einer Aussaat, im Herbst 1880 wurden reichliche Samen von ihr geerntet. Letztere im Frühling 1881 ausgesäet, ergaben wieder dieselben eigenthümlichen Formen. Es sei Aussicht vorhanden, die Form constant zu fixiren.

42. **Fritz Müller. Verirrte Blätter.** (Kosmos V, 1881, Heft 2, p. 141, 142.)

Nicht gesehen.

43. **Gerard. Abnormal Fuchsia.** (Bull. of the Torrey Bot. Club Vol. VIII, No. 5 [May 1881], p. 60.) Abdruck des Sitzungsberichts im Bot. Centralblatt Bd. VII (1881), S. 93.

An einem Exemplar einer nicht näher bezeichneten *Fuchsia* waren die Blätter mit ihren Stielen und Rändern mit einander verwachsen.

44. **B. Magnus. Blattexcrescenzen von Rehsteineria allagophylla (Mart.) Regel.** (Bot. Verein der Provinz Brandenburg. Sitzung vom 24. Juni 1881, S. 46—47.)

Die Blätter trugen die Excrescenzen auf ihrer Oberseite. Sie entsprangen von der Mittelrippe, sind derselben der ganzen Länge nach angeheftet, die der Blattseite zugewendete Seite der Excrescenz verhält sich der angrenzenden Blattfläche gleich, die Unterseite der Excrescenz war der Axe nach innen zugewendet. Bei einem von Wydler in der Flora 1852 beschriebenen Fall einer *Gesnera* befand sich die Excrescenz auf der Oberseite des Blattes an der Basis der Mittelrippe, bei *Rehsteineria* von der Basis mehr entfernt und der Oberseite frei aufsitzend. An den Blättern von *Gesnera splendens* fanden sich aber die Excrescenzen auf der Unterseite des Blattes mitten zwischen zwei Seitennerven vor, ähnlich wie bei *Aristolochia Sipho* und *Spiraea salicifolia*. Bei *Gloxinia speciosa* Ker. trat die Excrescenz auf der Rückseite der Corollen auf. Die Verschiedenheit des Auftretens der Excrescenzen auf den Blättern von Pflanzen, die derselben Familie, wohin die genannten Arten mit Ausnahme von *Aristolochia* und *Spiraea* gehören, scheint dem Vortragenden bemerkenswerth zu sein.

45. **P. Duchartre. Note sur des feuilles ramifères de Chou.** (Bull. Soc. bot. de France. XXVIII, 1881. Compt. rend. p. 256—264.)

Wird im nächsten Jahresbericht gebracht.

46. **G. Dutailly. Sur une monstruosité du Bryonia dioica.** (Ann. Soc. bot. Lyon. Année VIII, 1879—80, Lyon 1881, Mem. p. 207—208.)

Bekanntlich finden sich bei *Bryonia dioica* am Grunde der Laubblätter eine extraaxilläre, unverzweigte Ranke und in der Blattachsel eine Blüthe uud ein beblätterter Spross vor. Im vorgefundenen Falle traf er eine überzählige Ranke in der Blattachsel an, die genau dieselbe Stellung einnahm, wie sonst der beblätterte Spross. Die überzählige Ranke war aber nicht unverzweigt, sondern sie trug ihrer halben Länge nach Blüthen und rudimentäre Bracteen. Diesem Funde entsprechend, hält D. die Ranke nicht für ein extraaxilläres Blattgebilde, sondern vielmehr für einen metamorphosirten Zweig. Normal gehören die Ranke als metamorphosirter Zweig, die Blüthe und der beblätterte Spross zu einem und demselben Sprosssystem, die in spiraliger Aufeinanderfolge angeordnet sind.

47. **Alexander Dickson. On the morphology of the pitcher of Cephalotus follicularis.** (Journal of Botany 1881, p. 129—135, mit 2 Tafeln. — The Gardeners' Chronicle 1881, Part. I, p. 373.) Referat darüber im Botan. Centralblatt, Bd. VI, S. 367.

In einem Vortrage, den er in der British Association zu Plymouth gehalten und der im Journal of Botany, Januarheft 1878, publicirt worden ist, sprach sich D. über die morphologische Deutung der Kannen von *Cephalotus follicularis* aus und erörterte den Unterschied hinsichtlich der Stellung des Deckels bei *Cephalotus follicularis* einerseits und bei *Sarracenia* und *Nepenthes* andererseits. Der Deckel steht nämlich bei *Cephalotus* der Abstammungsaxe des Blattes zugewandt, bei den beiden anderen abgewendet, den Deckel hält er bei *Cephalotus* für die Spitze des Blattes. Von Herrn R. Lindsai wurde er auf Abnormitäten von Kannen bei *Cephalotus* aufmerksam gemacht, die verschiedene Mittelformen zwischen flachen Blättern und Kannen darstellten, welche ihn dazu führten, die gegebene Deutung des Kannendeckels zu modificiren. Aus der Vergleichung von vier abnormen Fällen, die genau beschrieben und abgebildet werden, ergab sich nun, dass die Kanne in Folge einer sackförmigen Vertiefung des Blattes entsteht und dass die Blattspitze nicht im Deckel, sondern am Rande der Schlauchmündung sich befindet und wahrscheinlich die Spitze des mittleren dorsalen Flügels sei, der Deckel selbst ist nur ein Auswuchs der Blattoberseite. Einschlägige Fälle, die Masters in seiner Veg. Teratology anführt, werden besprochen und Hooker's Ansichten über die Deutung der Kannen von *Nepenthes* einer Discussion unterzogen. Schliesslich macht er aufmerksam auf Ascidien bei *Croton*; bei diesen wird die Ascidie von dem über die Blattspreite sich verlängerten Mittelnerv getragen. Die Gebilde erinnern an die Blätter von *Nepenthes phyllamphora* und *Rajah*. Zwei monströse Kaunen von *Croton* werden auf einer zweiten Tafel abgebildet. Gardeners' Chronicle enthält den Vortrag, den D. über diese Bildungen in der Edinburger Botanical Soc. gehalten hat.

48. **Sarracenia.** (The Gardeners' Chronicle, 1881, Part. I, p. 799.)

Es wird vermuthet, dass bei *Sarracenia* die abnorme Entwickelung von nicht kannenförmig gestalteten Blättern auf Mangel an Insolation beruhe.

49. **A. W. Eichler. Zum Verständniss der Weinrebe.** (Jahrbuch des kgl. botan. Gartens zu Berlin, Bd. I. Berlin 1881, S. 188—192, mit einer Tafel.)

In seinen Blüthendiagrammen berief sich Eichler auf Abnormitäten von *Vitis* im Besitze von A. Braun, welche der Sympodialtheorie des Weinstockes zur Stütze dienen sollen.

Diese Exemplare werden nun genauer beschrieben und abgebildet. Die Braun'sche Theorie nimmt an, dass durch energisches Wachsthum und Förderung des Axillarsprosses die Ranke auf die Seite geworfen, congenital übergipfelt werde. Würde nun ein Nachlassen solcher Förderung und keine Uebergipfelung erfolgen, so würde der Primärspross, d. i. die Ranke, stärker gefördert und der Achselspross vom Primärspross übergipfelt werden. Letzteres Balancement zeigen die abnormen Fälle, die durch 3 Figuren erläutert werden. In Figur 1 die Ranke grösser und kräftiger als normal, sie hat sich, statt einmal, dreimal verzweigt in sympodialer Form, das sonst schuppenförmige Blatt an der ersten Auszweigung wird laubig entwickelt, die Ranke hat sich steiler aufgerichtet, der Sympodialspross mehr zurück-gedrängt, die Ranke bildete mit letzterem eine Gabel. Bei Figur 2 sieht man die Ranke mehr gefördert, von der Beschaffenheit einer gewöhnlichen Rebe mit lauter laubigen Blättern, denen mit Ueberspringung jedesmal des dritten Blattes Gabelranken gegenüber stehen. Knospe fortwachsend am Gipfel. Fig. 3 ähnelt der Figur 1, der Sympodialzweig in axilläre Stellung zurückgeworfen, die Ranke bildet die Fortsetzung des unteren Theils der Rebe. In Anbetracht der Figur 2 und der Uebergänge Fig. 1 und 3 kann man sich der Ueberzeugung nicht verschliessen, dass die zur Rebe verwandelte Ranke ebenso ein Sympodium darstellt, wie die Ranken der Figur 1 und 3. Dieselbe Deutung gelte nothwendig auch für die gewöhnliche Rebe. Die Theorie, welche in der Rebe ein Monopodium und nur in der Ranke ein Sympodium sieht, würde für diese Sprosse eine differente Bildungsweise statuiren. E. bespricht noch den Wuchs von *Eccremocarpus scaber*, der mit dem des Weinstocks manches Uebereinstimmende zeigt.

50. Multiple Cones. (The Gardeners' Chronicle 1881, Part. I, p. 151, Holzschn. Fig. 28.)

96 Zapfen standen auf einem Spross eines 25—30 Fuss hohen Baumes von *Pinus silvestris* (Scotish Fir) dicht gedrängt und bildeten zusammen eine rundliche, 19 Zoll im Umfang messende Anhäufung. 87 Zapfen waren gut entwickelt und gleich gross. Der Herausgeber der Zeitung bemerkt hierzu, dass man schon 227 Zapfen, zu einer Masse gehäuft, beobachtet hat.

51. Abnormal Cone of Araucaria excelsa. (The Gardeners' Chronicle, 1881, Part. I, p. 212.)

Die Schuppen eines sonst die normale Grösse erreichenden Zapfens, die der Einsender der Notiz aus Madeira erhielt, waren ohne Samen und flügellos. An der Stelle der Rachis desselben fand sich ein innerer $2^3/_4$ Zoll langer Zapfen vor, mit normal geformten Schuppen und Samen.

52. Anthurium Scherzerianum. (The Gardeners' Chronicle, 1881, Part. II, p. 599.)

Ein Spadix mit 2 Spathen, eine davon normal ausgebildet, die andere in Form eines grossen scharlachrothen Blattes mit einer den Laubblättern entsprechenden Nervation.

53. Anthurium Scherzerianum. (The Gardeners' Chronicle, 1881, Part I, p. 179.)

Der Spadix einer weissen Farbenvarietät war besetzt mit löffelförmig gestalteten kleinen Bracteen.

54. Narcissus. (The Gardeners' Chronicle 1881. Part I, p. 640.)

Sitzungsbericht der Royal Horticultur Soc. Ref. Henslow demonstrirt ein Exemplar von *Narcissus incomparabilis* fl. pl., bei welchem die Spatha, statt sich auf einer Seite zu spalten, sich peripher abtrennte, so dass ein Theil von ihr in Form eines Tubus zurückblieb.

55. Narcissus tridymus. (The Gard. Chron. 1881, Part I, p. 603. Holzschnitt. Fig. 112.)

Eine cultivirte Form von *Narcissus Pseudonarcissus* trug innerhalb der Spatha drei Blüthen statt einer. Die Corona schmäler und länger als in „reinen Daffodils", die Staminen stehen in einer Reihe und entspringen nahe der Basis der Corona. In der Färbung verhält sie sich wie der wildwachsende *N. Pseudonarcissus.*

56. Daffodils. (The Gardeners' Chronicle 1881, Part I, p. 632.)

Ein in Leyden aufgezogenes Exemplar von *Narcissus bicolor* war innerhalb der Spatha mit drei Blüthen versehen, zwei Blüthen waren miteinander verwachsen.

57. Cornelius. Androgyner Blüthenstand von Zea Mais. (Verhandlungen des Naturhistorischen Vereins d. Preuss. Rheinlande und Westfalens. 38. Jahrg., II. Hälfte. Bonn 1881. Corr.-Bl. S. 172.)

C. erhielt die Monstrosität von Frau Wiscott in Dortmund.

58. P. Magnus. Quercus pedunculata mit sehr lang gestielten Inflorescenzen. (Verhandlungen d. Bot. Vereins der Provinz Brandenburg am 29. October 1881, p. XXX.)

Die in der Aufschrift genannte Variation wird als eine bemerkenswerthe hingestellt.

59. P. Magnus. Dahlia variabilis fl. viridi. (Verhandlungen des Bot. Vereins der Provinz Brandenburg. 29. October 1881, p. XXXI.)

Köpfe bedeckt mit grünen, Involucralblättern gleichenden Blättern, deren Blattachsel steril ist, Axe der Capitula höher und dicker als im normalen Zustande, Scheitel derselben öfters im Centrum verdickt. Bisweilen treten Rückschläge zur normalen Form auf, indem die Blättchen Blüthen in den Achseln tragen. Auf dreierlei Weise werden bei Compositen grüne Köpfe gebildet, nämlich durch Vergrünung der Blüthen, durch Bildung von Hüllblättchen wie bei Dahlia, und durch Verharren der successiven Axen in dem Stadium der Köpfchenbildung, welch' letzteren Fall M. bei *Pericallis cruenta*, *Anthemis arvensis* und *Erigeron acer* beobachtet hat.

60. Double Cineraria. (The Gardeners' Chronicle 1881, Part I, p. 338.)

Die grössten Capitula hatten zwei Zoll im Durchmesser, andere erreichten $1^3/_4$ Zoll. Sie bildeten runde Köpfe mit regelmässigen purpurnen Blüthen.

61. Poinsettia pulcherrima plenissima. (The Gardeners' Chronicle 1881, Part I, p. 21.)

Der Durchmesser der Inflorescenz betrug 19 Zoll; gefärbte Blätter fanden sich an den Exemplaren in einer Anzahl von 55 vor.

62. Poinsettia pulcherrima major. (The Gardeners' Chronicle 1881, Part II, p. 697.)

An mehreren kleinen zwergartigen Exemplaren erreichen die „Köpfe" einen Durchmesser von 1 Fuss, auch wurden solche beobachtet, deren Durchmesser 15 Zoll betrug.

63. Monster Cowliflowers. (The Gardeners' Chronicle 1881, Part I, p. 789.)

Drei Exemplare von Blumenkohl wogen zusammen 80 Pfund (lb.).

64. Rapin. Carlina acaulis var. pleiocephala. (Bull. de travano de la Soc. Botanique de Genève 1879—80, Genève 1881, p. 39.)

Sammelte eine Pflanze, welche in der in der Aufschrift genannten Variation auftrat.

65. A. W. Eichler. Ueber die weiblichen Blüthen der Coniferen. (Monatsbericht der Königl. Akademie der Wissenschaften zu Berlin vom November 1881. Separatabdruck Berlin 1881.)

Ref. entnimmt der Abhandlung hier nur die Bemerkungen Eichler's über die bekannten von Stenzel beobachteten Zapfenverbildungen, aus der hervorzugehen schien, dass die Fruchtschuppe aus den ersten 2—3 Blättern eines (sonst unterdrückten) Sprosses gebildet wurde, indem die Fruchtschuppe in die ersten 2—3 Blätter einer Knospe scheinbar aufgelöst war. Die nämlichen Verbildungen werden auch von Strasburger in seinem Werke über die Angiopermen und Gymnospermen besprochen. E. hält die von Strasburger gegebene Deutung, der in den Missbildungen nur den Ausdruck des Ankämpfens reproductiver Anlagen gegen vegetative sieht, woraus eine Mittelform zwischen beiden resultirt, für eine gezwungene und giebt eine andere Deutung. Die in den Vorbemerkungen zu dem zweiten Theile der Blüthendiagramme gegebene zieht er zurück und erklärt die Knospe für eine Neubildung in der Achsel der Fruchtschuppe. Die Fruchtschuppe ist ihm ein Auswuchs der Deckschuppe. Durch den Druck, welchen die Knospe auf die Fruchtschuppe ausübt, wird es erklärlich, warum sie in Lappen getheilt erscheint. Verwandelt sich die Deckschuppe in ein Staubblatt, was auch mitunter beobachtet wurde, so kann die Innenschuppe auch noch vorhanden sein. Dies sei seiner Ansicht günstig, da, zweifelhafte Fälle abgerechnet, ein Spross in der Achsel eines Staubblattes wohl kaum je beobachtet wurde. Eichler hat den Sachverhalt bei den betreffenden Abnormitäten 1882 im Einzelnen weiter ausgeführt.

66. E. Hackel. Zwei Bildungsabweichungen am Pistill von Gräsern. (Uhlworm Botan. Centralblatt, Bd. VIII, S. 153—157.)

Setzt im Eingange die verschiedenen Ansichten, welche betreffs der morphologischen Deutung der Gramineenblüthe und insbesondere des *Gynaeceums* derselben geäussert worden sind, auseinander und beschreibt dann zwei Bildungsabweichungen, welche auf die Frage der Deutung des Pistills, nämlich ob es ein- oder mehrgliedrig sei, ein Licht werfen. Die eine Abnormität betrifft *Zea-Mays*. Der weibliche Kolben 6 cm lang, in der oberen Hälfte

normal, im unteren Theil an Stelle der Aehrchen je ein 8—15 cm langer Schlauch, nach
aufwärts sich verjüngend und in einen Faden von 15—20 cm Länge verlaufend, befindlich.
Jeden Schlauch umgaben 6 Spelzen, diese im Vergleich zu normalen sehr vergrössert,
1—2—3 cm lang, innerhalb der innersten zwei kleine keilförmige Lodiculae erkenntlich. Der
Schlauch konnte nur das Pistill sein und der Faden, in den er auslief, der Griffel desselben,
Letzterer zeigte die Verwachsung von zwei Schenkeln, in einem Falle die beiden Schenkel bis
auf die Basis gespalten. In die Höhlung der Basis ragte ein 3 mm langes Achsengebilde,
die Fortsetzung der Blüthenaxe, hinein; letzteres der Vorderseite des Ovars angewachsen,
auf der hinteren Seite trägt es ein mit breiter umfassender Basis inserirtes zweites, dem
äusseren Schlauch ähnliches, aber nicht mit Griffelbildung versehenes Gebilde. In dem
zweiten Schlauch häufig ein dritter kleinerer Schlauch eingeschaltet. Kein Ovulum. Die
Schläuche waren an der Axe distich angeordnet. Die zweizeilige Uebereinanderstellung der
Schläuche sprach für die Auffassung, dass jeder derselben ein Blatt mit umfassender Basis
und verwachsenen Rändern darstelle. Es wäre demnach auch das normale Pistill des
Mays als eingliedrig aufzufassen. Die zweite Bildungsabweichung beobachtete H. an einem
seit 3 Jahren cultivirten Exemplar des *Hierochloa australis*. Alljährlich fand er bei mehr
als der Hälfte der in ihnen befindlichen Zwitterblüthen mit 3 Narben versehene Pistille,
bisweilen selbst scheinbar 4 narbige. Die dritte Narbe in verschiedenen Graden der Ausbildung vorkommend. Das Vorkommen von 4 Narben beruht auf Spaltung einer der beiden
seitlichen Narben. Kunth hat bei *Briza media* einen analogen Fall von Vermehrung der
Narben beobachtet und auf Grundlage derartiger Funde auf die Dreigliedrigkeit des Pistills
geschlossen. Nach H. wird jedoch das Pistill aller Gräser aus einem Carpell gebildet, die
Seitentheile wachsen zu den beiden Narben aus, der Mitteltheil wird gewöhnlich unterdrückt,
bei den Bambuseen und in dem Falle bei *Hierochloa* entwickle es sich gelegentlich zur
dritten Narbe, die dann unten stehe. Durch diese Annahme werden Schwierigkeiten behoben,
die sich ergeben, wenn man das Pistill 3 gliedrig hält. Die Tendenz zur Förderung der
Seitentheile eines Blattes unter gleichzeitigem Zurückbleiben des Mittelstückes, wie es am
Gynaeceum der Grasblüthe sich zeigt, finde nach H. ihre Analogie in der Entwickelung der
Lodiculae, die nach ihm nur ein einziges Blattgebilde mit geförderten Seitentheilen sind.

67. **Isidor Bachinger. Abnormität von Galanthus nivalis.** (Oesterr. Bot. Zeitschrift 1881,
S. 134.)

Blüthe in allen Kreisen 4 gliedrig.

68. **Leimbach. Unregelmässige Blüthen von Leucojum vernum.** (Oesterr. Bot. Zeitschrift
1881, S. 205.)

Unter 250 untersuchten Blüthen zeigten sich 10 abnorm ausgebildet. Bei 3 Blüthen
Perigon 6-, Androeceum 7-, Gynaeceum 3 zählig; eine Blüthe besass ein 7 zähliges Perigon
und Androeceum, 3 Carpiden; eine andere Blüthe hatte ein 8 zähliges Perigon (ein Perigonblatt unvollkommen), 7 Staminen und 3 Carpiden; eine Blüthe mit 8 zähligem Perigon,
8 Staminen, 3 Carpiden versehen; 2 Blüthen waren in allen Kreisen 4 gliedrig, und 2 Blüthen
besassen 10 gut entwickelte Perigonblätter, 10 ausgebildete Staminen, 2 getrennte gut ausgebildete Griffel und Narben, der Fruchtknoten war vergrössert, seitlich zusammengedrückt,
die Spatha in beiden Fällen bis zur Hälfte gespalten.

69. **W. F. R. Suringar. Stasiastische dimerie (tweetally hed door storing). Monstruositeit
eener bloem van Cypripedium venustum Wall.** (Uitgegeven door de koninkl. Akad.
van Wetenschappen te Amsterdam. Amsterdam, Johannes Müller, 1881, 9 S., 1 Taf.)

In dieser Arbeit beschreibt Verf. eine Bildungsabweichung der Blume von *Cypripedium venustum*, vergleicht sie dann mit mehr oder weniger ähnlichen schon beobachteten
Fällen, bespricht die für diese gegebene Erklärung und giebt dann seine eigene Meinung
bezüglich der Momente, welche diese Abweichung verursachten.

Die Abweichungen waren die folgenden:

1. Dem normalen Deckblatt gegenüber befand sich ein zweites, etwas höher inserirtes.

2. Statt der zwei median gestellten Kelchblätter, deren vorderes einfach, deren
hinteres aus zwei verwachsenen Blättern besteht, sind zwei laterale, etwas nach hinten convergirende Kelchblätter vorhanden.

3. Statt zweier lateraler Blumenblätter wird nur eines, dem Labellum gegenüber gefunden.

4. Das sterile Laubblatt fehlt.

5. Der Fruchtknoten, welcher keinerlei Drehung aufweist, besteht aus zwei Carpellen mit zwei Medianplacenten.

Verf. erörtert zunächst, dass keiner der bis daher von Freyhold und Morren beobachteten Fälle genügend Aufklärung über diese Abweichung gebe.

Seiner Meinung nach müsse das sub 1 erwähnte neue Deckblatt als die mechanische Ursache der ganzen Abweichung betrachtet werden. Durch seine Entwickelung würde, falls die Blume sich normal entwickelt hätte, das hintere aus zwei Blättern verschmolzene Kelchblatt an derselben Seite der Axe direct dem intercalirten Blatte nachfolgen. Diesem wird vorgebeugt, indem das intercalirte Blatt das in normalen Fällen zusammengesetzte Blatt in seine Bestandtheile spaltet und diese nach ihrer ursprünglichen Lage zurückdrängt. In derselben Weise werden auch typisch einfache Organe, wie die Vorblätter der Gramineen, Irideen u. a. unter dem Einfluss der nächststehenden Axe zweikielig und sogar ganz gespaltet.

Nimmt man an, dass die Kelchblätter die ursprünglichen Bestandtheile des hinteren Kelchblattes der normalen Blume vorstellen, dann erscheint der Abort des vorderen Kelchblattes wegen ihrer starken Breitentwickelung selbstverständlich.

Hinsichtlich der Blumenkrone liegen zwei Möglichkeiten vor. Entweder haben die beiden Kelchblätter, welche in der normalen Blume gerade über die Stelle fallen, wo sonst die zwei Blumenblätter auftreten, diese letzteren soweit zurückgedrängt, dass sie nach Verschmelzung das in der Medianebene gefundene blumenblattartige Organ bildeten; oder, wegen obengenannten Druckes sind sie ganz abortirt und stellt das mediane Blatt das herangewachsene Staminodium vor. Diese letztere Ansicht erscheint dem Verf. als die wahrscheinlichere, auch wegen der äusseren Gestalt der genannten Bildung.

Die Annäherung der beiden fruchtbaren Stamina erklärt sich aus dem Wegfall des Stieles, indem diese Annäherung wieder den Abort des darüber gestellten Fruchtblattes zur Folge hatte.

Der Fruchtknoten selbst, obgleich bicarpellar, zeigte deutlich genug, dass keine typische Dimerie vorlag. Denn einmal bilden die Medianschnitte einen Winkel von 120°, und anderseits wäre bei Dimerie eine andere Stellung der Fruchtblätter zu erwarten, nämlich senkrecht zu den zwei vorhandenen Staubblättern und nicht parallel wie hier der Fall war.

Die ganze Abweichung lässt sich also durch die correlativen Wirkungen erklären, welche in einem System von Organen von einem neu hinzugekommenen, störenden Organe hervorgerufen werden. Verf. hat dergleichen störende Einflüsse mit dem Namen Stasiastie belegt, so dass dieser specielle Fall eine stasiastische Dimerie wäre.

Betrachtungen über die Ursachen der äusserlich ähnlichen Ausbildung der normalen und abnormalen Blume über den möglichen Grund der Verschmelzung der beiden hinteren Kelchblätter in normalen Fällen und über die Natur des hinzugekommenen neuen Blattes bilden den Schluss der Abhandlung. Hinsichtlich des letzteren Punktes sei noch erwähnt, dass Verf. es als ein zweites Deckblatt der bei *Cypripedium* in normalen Fällen und auch hier nicht weiter ausgebildeten Hauptaxe betrachtet. Dieses Blatt trägt hier keine Blume in ihrer Achsel. In seltenen Fällen wurden bei *Cypripedium venustum* zwei ausgebildete Blumen wahrgenommen.   Giltay.

70. **Malformed Iris.** (The Gardeners' Chronicle 1881, Part II, p. 23.)

Bei einer Blüthe von *Xiphion vulgare* war das Perigon und der Griffel in der Entwickelung zurückgeblieben, das Ovar aber gut entwickelt.

71. **Borbás. Abnormes Colchicum autumnale.** (Oesterr. Bot. Zeitschr. 1881, S. 411.)

Eines Exemplars mit 2 metaschematischen Blüthen wird Erwähnung gethan. Die eine davon hatte ein 7gliedriges Perigon, die andere ein 9gliedriges. Letztere Blüthe war 4griffelig. Auch beobachtete B. bei *Pulsatilla grandis* eine Blüthe mit 9 Sepalen.

72. **Polyanthus.** (The Gardeners' Chronicle 1881, Part I, p. 799.)

Sitzungsbericht der Royal Horticult. Soc. Primeln mit blattartig verbreiterten Sepalen in Irland unter dem Namen „Jack-in-the-Green" keine Seltenheit.

73. **Cyclamen Atkinsi.** (The Gardeners' Chronicle 1881, Part II, p. 637.)

Sitzungsbericht der Royal Horticultur Soc. Herr Boscawen sendete eine Blüthe, deren Sepalen laubblattartig ausgebildet waren.

74. **Stenzel. Pedicularis silvatica mit endständiger Blüthe.** (58. Jahresbericht der Schles. Gesellschaft f. vaterländische Cultur 1880. Berlin 1881. S. 140.)

Das Exemplar wurde unweit der Baberhäuser im Riesengebirge aufgefunden. Der Kelch der endständigen Blüthe mit 6 Zipfeln. Die Corolle hatte 2 flache rundliche rosafarbene Abschnitte von der Form der gewöhnlichen Unterlippe auf der einen Seite und 2 ebenso beschaffene auf der gegenüberliegenden, zwischen diesen standen jederseits 2 lanzettliche aufrechte, nach innen etwas eingerollte Abschnitte, Staubgefässe waren 6 vorhanden, sie standen vor den Kelchzipfeln, Fruchtknoten 2fächerig, Fächer vor den beiden aufrechten Abschnitten der Corolle stehend. Diese Blüthe fasst St. nicht als rein pelorisch auf, sondern sie sei aus einer Verschmelzung der beiden obersten seitlichen Blüthen bei gänzlichem Fehlschlagen der Stengelspitze entstanden.

75. **Edw. Bonnet et J. Cardol. Note sur une anomalie de Leucanthemum vulgare Lam.** (Bull. Soc. bot. de France, Tom. XXVIII, 1881, p. 196—197. Referat darüber in Botan. Centralblatt, Bd. IX, p. 392.)

Capitulum mit röhrenförmigen, zwitterigen Randblüthen, Blumenkrone 5zähnig, häufig 2lippig, die untere Lippe 3zähnig. Das Exemplar wurde wildwachsend aufgefunden und dann in den Garten übersetzt.   (Entnommen dem Centralblatt.)

76. **Gaillardia picta var. Lorenziana.** (The Gardeners' Chronicle 1881, Part. II, p. 345, Holzschn. Fig. 68.)

Besprechung und Abbildung der von Herrn Lorenz in Erfurt gezogenen Form. Die Pflanze zeigte in den Culturen seit 8—10 Jahren eine Neigung zur Variation beonders hinsichtlich der Form der Corolle, bis es ihm gelang, die Varietät mit den regelmässigen vergrösserten Corollen zu ziehen.

77. **Gaillardia picta var. Lorenzl.** (Regel Gartenflora 1881, S. 378 mit Holzschnitt.)

Ein Fall sogenannter Füllung, Scheibenblüthen in mit 4—5theiligem Saume versehene Röhrenblüthen umgewandelt, Capitulum vergrössert, 9 cm im Querdurchmesser. Von dieser Form hat Herr Ch. Lorenz 1882 in Erfurt 6 verschiedene Farbenvarietäten in Handel gebracht.

78. **Chrysanthemum inodorum fl. pl.** (Regel's Gartenflora 1881, p. 261, Taf. 1055.)

Die Notiz enthält Bemerkungen über das einzuschlagende Culturverfahren.

79. **Monstrous Foxglove.** (The Gardener's Chronicle, 1881, Part. II, p. 86.)

Sitzungsbericht der Royal Horticultur Soc. Rev. Henslow bespricht Blüthen von Digitalis, bei welchen die Corolle in lineare Zipfel gespalten war; einige der letzteren in Staminen umgewandelt.

80. **Stenzel. Ueber doppelte Blumenkronen bei Linaria vulgaris.** (58. Jahresbericht der Schles. Gesellschaft f. vaterländische Cultur 1880, Breslau 1881, S. 157—159.)

Fand bei Breslau an den Blumenkronen zahlreicher, im Ganzen regelmässig entwickelter Stauden Anhängsel in Form von flachen, schmalen, fast fadenförmigen, dem Grunde der Corolle aufsitzenden Blättchen. Zumeist trat je eines rechts und links alternirend mit den Kelchlappen auf, sie waren blassgelb, zart, kahl, an der der Corolle zugewendeten Seite hohl, mit gewölbter orangefarbener, mit Härchen dicht besetzten Aussenseite, ähnlich der Innenfläche des Gaumens. Die Blättchen waren nach aussen und unten gebogen, bisweilen so lang, dass sie die Aussenwand der Unterlippe erreichten. An einer Blüthe fand St. ein kurzes, lanzettliches, hellgelbes, kahles Blättchen, einmal fand sich ein Kranz von 5 borstenförmigen kurzen weissen Anhängseln vor. Häufig waren die Anhängsel der Röhre mehr oder minder hoch angewachsen und die ihnen zunächst stehenden Staminen ebenfalls gleich hoch der Blumenkrone adhaerent. Sonst zeigten die Blüthen keine Abweichung von der gewöhnlichen Form.

Auf einem anderen Standorte, nämlich einem steinigen Brachfelde beobachtete er zahlreiche Stauden, an deren dicht gedrängten kurzen Blüthentrauben sich mit einem kürzeren Sporne als im normalen Zustande versehene Blüthen mit offenem Rachen vorfanden. Mehreren oder allen Staminen sassen schmale linealische oder lineal-lanzettliche Blättchen auf, bald an dem Grunde, bald höher hinauf dem Filamente angewachsen. Zwei Blättchen an den kurzen, neben der Oberlippe stehenden Staminen blassgelb, zart, kahl, von der Textur der Kronröhre und Oberlippe, die den langen Staminen angewachsenen Anhängsel, welche sich bald in der Einzahl oder zu 2, 3 oder 4 vorfanden, in der unteren Hälfte blassgelb zart, nach oben aber gegen das Innere der Blüthe flach vorgewölbt, orangefarben mit feinen abstehenden Härchen dicht besetzt. Diese waren der Unterlippe in der Textur ähnlich. Diese Anhängsel hält St. trotz ihres Zusammenhanges mit den Filamenten für den Anfang zur Bildung einer zweiten inneren Blumenkrone, entstanden durch Spaltung der eigentlichen Corolle, wofür die Textur der Anhängsel spreche, indem die Abschnitte der eigentlichen Corolle und die entsprechenden Anhängsel einander die gleichartigen Flächen zudecken, was bei Ueberspreitungen zu beobachten sei. Aehnliches hat St. auch früher schon beobachtet.

81. Vincenz v. Borbás. Pelorie bei Delphinium Consolida. (Oesterr. Bot. Zeitschrift 1881, S. 282.)

Bei einem am 10. August 1881 in einem Stoppelfelde bei Vésgbö aufgefundenen Exemplar waren einige Blüthen abnorm. Eine davon war fast actinomorph ausgebildet, indem die drei äusseren Sepalen gleich lange Sporne von der Grösse des Sporns der normalen Blüthe besassen. Diesen Sepalen superponirt standen ebensoviele (3) mit breiten Flügellappen versehene Petalen, deren Sporne in jenen der Sepalen steckten. Diese drei Petalen glichen dem einzigen Blumenblatt der normalen Blüthe, nur eines davon zeigte eine geringe Abweichung. Die übrigen Blüthentheile der Pelorie stimmten mit denen normaler Blüthen überein. Dieser Fall spricht nach ihm für die Ansicht A. Braun's, derzufolge das bei D. Consolida einzig vorhandene Petalum nicht als zwei verwachsene mit den Sepalen alternirende Petalen zu erklären seien. Bei einer anderen Blüthe hatten 2 Sepalen und 2 Petalen gleich lange Sporne; ausser den zwei gespornten Sepalen besass die Blüthe noch vier andere Sepalen. An Delphinium Consolida hat er bisher nur 4 Blüthen beobachtet, welche mit 6 Sepalen versehen waren, bei D. orientale sah er eine Blüthe mit derselben Anzahl von Sepalen. Das sechste Sepalum fand sich vor zwischen S. 1 und S. 3. Besass die Blüthe 6 Petalen, so waren fünf den Sepalen superponirt, das P. 6 fand sich zwischen S. 1 und S. 3, beziehungsweise zwischen P. 1 und P. 3 vor. B. lässt es dahin gestellt, ob, nach den beschriebenen Fällen zu schliessen, der innere Sepalenkreis in dem theoretischen Diagramm 3gliederig zu ergänzen sei. Schliesslich macht er auf seine in der ungarischen Akademie erscheinende Arbeit über Blüthenanomalien monopetaler Delphinien aufmerksam. Man vergleiche das Ref. No. 88.

82. Viviand Morel. Note sur quelques cas tératologiques de l'Anemone coronaria. (Annal. de la Soc. Botanique de Lyon. VIII Année 1879—1880. Notes et Memoires. Lyon 1881, p. 205—206.)

Verf. sagt, wenn man öfters das Auftreten teratologischer Bildungen nach vorhergegangenen meteorologischen Perturbationen beobachtet hat, wird man eine directe Beziehung zwischen beiden Erscheinungen zugeben müssen. So sind in Folge wiederholten Einflusses der Kälte während des strengen Winters 1879/80 an Anemone coronaria Bildungsabweichungen entstanden. Er beobachtete sie im ersten Frühling an 4 Exemplaren. Die Anomalien bestanden in partieller Atrophie des Blüthenstiels, in einer Torsion desselben, Lageveränderung der Blüthe, beginnender Prolification, Umwandlung der Staminen in Blätter, partieller oder totaler Verescenz der Corolle, Deformation der Petalen, Vermehrung der Anzahl der Petalen, Deplacement des Involucrums. Doch hat er auch gut entwickelte Exemplare gesehen, die von der Kälte keinen Schaden gelitten. Wie bei Thieren, so giebt es auch bei Pflanzen kräftige und schwache Constitutionen.

83. G. Cugini. Sul mal nero della vite. Bologna 1881. 25 p., 8°, mit 3 lith. Tafeln.

An den vom Mal nero heimgesuchten Weinstöcken Süditaliens treten häufig Abnormitäten in der Blüthenbildung auf, die vom Verf. am Schluss dieser Brochure beschrieben und in Taf. III abgebildet werden. Es sind Petalomanie, Vergrünung und Prolification, welche die Blüthen in verschiedener Weise deformiren. Die verbildeten Blüthen erinnern z. Th. sehr an die von Planchon s. Z. beschriebenen „Avalidouires".   O. Penzig.

84. C. Massalongo. Mostruosità osservate nel fiore pistillifero del Rumex arifolius L.
(Nuovo Giorn. Bot. Ital. XIII, 3, p. 229—234.) Firenze 1881. Mit 1 lith. Tafel.

Die vom Verf. in den Friauler Alpen beobachtete Monstruosität der weiblichen
Blüthen von *Rumex arifolius* L. ähneln im Ganzen sehr den schon von Strassburger
(Angiosp. und Gymnosp.) illustrirten Formen, weichen aber im Detail etwas davon ab.
Abgesehen von der Vergrünung der drei inneren Perigonzipfel ist besonders das Verhalten
des Ovars bemerkenswerth. Dasselbe verlaubt ebenfalls, verlängert sich zu einem lang
keulenförmigen Körper: die Narben finden sich nicht mehr terminal, sondern etwas unter
der Ovarspitze inserirt. In einem Falle waren die Narben nicht, wie normal, pinselförmig,
sondern trichterförmig, mit kraus gewelltem Rande, gerade wie bei *Rheum*. In einzelnen
Fällen öffnete sich das Ovar an der Spitze: zu vollkommener Trennung der Carpiden kam
es jedoch nirgends. — Das Ovulum war in den meisten Fällen atrophisirt, welk; in anderen
Fällen liessen sich eigenthümliche Veränderungen unterscheiden, die Verf. in vier diverse
Typen theilt:

1. Primine und Secondine sind zu kleinen, stoma- und gefässbündelführenden
Blättchen umgewandelt; die Secondine ist in allen Theilen weit schwächer entwickelt. Der
Nucellus ist unterdrückt, oder ragt als kleiner Zapfen, in Verlängerung der Axe, vor: dieses
Zäpfchen trägt eine oder mehrere kleine Schuppen. — Manchmal ist auch der Funiculus
verlängert und hohl: im Innern desselben erhebt sich noch ein cylindrisches, räthselhaftes,
mit einer Schuppe endendes Gebilde.

2. Das Ovar ist an der Spitze geöffnet; das Ovulum durch starke Verlängerung des
(hohlen) Funiculus in die Höhe getragen. Die Primine sehr stark entwickelt und verlaubt,
die Secundine als schwache, kelchförmige Erhebung am Ausgangspunkte der Primine, mit
dem conisch zugespitzten Nucellus im Grunde des Kelches.

3. In einem oben geöffneten Ovar findet sich das Ovulum wenig ausgewachsen: an
der Basis des Funiculus, unterhalb der Insertion der Primine, findet sich eine scheiden-
förmig umschliessende Schuppe.

4. Ein ganz abnormes Ovulum, das in zahlreiche, unregelmässige Lacinien getheilt
ist, deren eine (die grösste) an der Spitze einen griffelförmigen, mit Narbenpapillen versehenen Anhang trägt. Auch hier ist der Funiculus hohl: der Nucellus entspringt inmitten
der Lacinien und trägt an der Spitze einen durch eine Ringfurche getrennten Anhang.

Der Verfasser ist geneigt, aus den beobachteten Thatsachen auf die Knospennatur
des Ovulums zu schliessen: der Funiculus ist axil und trägt, als Appendiculärorgan, die
Primine, an welcher sich durch Dédoublement die Secundine bildet. Der Nucellus ist die
nackt endende, aber in den Monstruositäten bisweilen mit Schuppen besetzte Spitze der
Blüthenaxe.

Die Höhlung des Funiculus, das Auftreten einer Neubildung in demselben, die
narbenförmige Ausbildung eines Integumentallappens entziehen sich dem Urtheil des Verfassers.

O. Penzig (Padua).

**85. H. R. Schlechtendal. Pflanzenmissbildungen: Die Vergrünung der Blüthen von Daucus
Carota L.** (Jahresbericht d. Vereins f. Naturkunde zu Zwickau, 1880. Leipzig 1881,
S. 70—72, mit Abbildungen.)

In einem im fünften Jahresbericht des Annaberg-Buchholzer Vereins für Naturkunde
1880 publicirten Aufsatze, betitelt „Kleine Beiträge zur Kenntniss der Verbreitung der
Milbengallen in Sachsen, kommt Sch. auf die oben genannte Art zu sprechen und hält die
an derselben zuweilen vorkommenden Blüthenvergrünungen als durch Phytoptus veranlasst,
obwohl er die Anwesenheit der Milben nicht constatiren konnte, doch weisen andere Forscher
für *Orlaya grandiflora*, *Torilis Anthriscus*, *Trinia vulgaris* und *Daucus Carota* nach, dass
Blüthenvergrünungen durch Gallmilben verursacht werden. Er lässt es dahingestellt, ob die
von ihm abgebildeten Monstrositäten als reine teratologische Bildungen anzusehen seien, ob
die Ursache in der Pflanze selbst liegt oder in dem Standorte, oder in dem etwa von
Thieren verursachten Reize. Bei einigen mag der Standort nicht ohne Einfluss gewesen
sein, indem in Folge dessen spärliche Ernährung stattgefunden habe. Dies betraf nach
seiner Meinung insbesondere solche Fälle von Verbildungen, wo die Involucralblätter an

den Nebendolden stark entwickelt waren, während die Blüthen unausgebildet blieben. In anderen Fällen war das Pistill ausgewachsen, die Blüthenaxe wuchs durch und trug secundäre Inflorescenzen. Am häufigsten waren die Fälle, wo das Pistill ungemein verlängert und sehr dünn war, dabei waren die übrigen Blüthentheile normal. Die Blüthen an den secundären Döldchen bald mit unterständigem, bald mit oberständigem Ovar. Bei den vergrünten Petalen war ein grüner verbreiterter Mittelstreifen vorhanden, die Petalen dann sehr verlängert. Auftreten von 3 Carpidien statt 2 wurde auch beobachtet.

86. **Bailey, W. Whitman. Virescenz in Leontodon.** (Bull. of the Torrey Bot. Club. Vol. VIII, 1881, No. 11, p. 128). — Referat darüber in Bot. Centralbl. Bd. IX, S. 392.)

Nicht gesehen. Nach dem citirten Referate betraf die Virescenz *Leontodon autumnale*. Die Corolle grün, statt des Pappus zahlreiche blattartige zerschlitzte grüne Lacinien, der Griffel dick, flach. Auch die Ovula verändert.

87. **Bader. Monstruosité de Trifolium repens.** (Verhandlungen der Schweizerischen naturforschenden Gesellschaft in Brieg. 63. Jahresversammlung. Jahresbericht 1879,80. Lausanne 1881, S. 35.)

Zeigt eine Monstrosität der genannten Species vor, wobei Herr Favre bemerkt, dass Monstrositäten von *Trifolium repens* bei Bas-Valais, Vouvry, Connettes, Port Valais u. a. O. häufig zu finden seien. (Wahrscheinlich handelt es sich hier um Fälle von Phyllodie der Sepalen und des Carpids. Ref.)

88. **V. Borbás. Az elzödült azarkaláb mint morphologini útmutató. Der vergrünte Rittersporn als morphologischer Wegweiser.** (Értekezérek a termésnettudimónyok köréböl, herausg. v. d. Ung. Akademie d. Wiss. Budapest 1881. Bd. XI, No. XVI, 46 p. m. 1 Tfl. [Ungarisch]. Ref. darüber in Skositz, Oesterreich. Bot. Zeitschrift, 1881, S. 407.)

In der Blüthe von *Delphinium Consolida* bildet das „Nectarium" der älteren Systematiker einen strittigen Punkt, zu dem der Verf. durch die von ihm beobachteten Vergrünungs- und anderen anomalen Fälle seinen Beitrag geben will. B. fand vergrünte Blüthen von *Delphinium Consolida*. Die Vergrünung beginnt damit, dass der untere Theil der Kelchblätter oder höchstens auch die Hauptader in geringerem, grösserem Maasse grüne Farbe annimmt, wodurch die Blüthe zweifarbig wird, indem die blaue Farbe des oberen Theiles sich nicht ändert. Diese blaue Färbung nimmt aber stufenweise ab, bis zuletzt die Kelchblätter ganz grün sind. Letztere sind von aufliegenden Härchen gräulich und verschmälern sich gegen ihre Basis zu rasch. Auch der Sporn verkürzt sich; mit dem Wegfall des letzteren erscheint die Blüthe actinomorph. Das Verschwinden des Spornes bringt der Verf. mit dem Vergrünen insofern in Verbindung, als nach diesem Process die Blüthentheile ihrem Berufe nicht mehr entsprechen können und so auch des Spornes nicht mehr benöthigen. In sämmtlichen vergrünten Blüthen, auch in den kleinen vergrünten Knospen fand B. immer nur ein dem Kelchblatte superponirtes Blumenblatt. In vollständig vergrünten Blüthen fehlt der zweite Seitenlappen des Blumenblattes. B. sah aber die Platte desselben in ihrer Mitte eingeengt und zu beiden Seiten je ein halbmondförmiges grünes blattartiges Gebilde; ist sich aber dessen nicht sicher, ob man damit nicht die Seitenlappen des Blumenblattes in Verbindung bringen könnte. In sehr grünen Blüthen ist das Blumenblatt gestielt, ungespornt, von den Kelchblättern kaum verschieden, flaumig u. s. w. Die Staubgefässe sind grünlich und mit ihren flachen Antheren zerstreut haarig. Blumenstaub fehlt u. s. w. Das Pistill erhebt sich aus der Blüthe mit einem Gynophorum, flaumig, an der Naht des Stempels ist der Flaum am dichtesten. Das hier (im Ref. nur kurz) beschriebene monströse Exemplar verbindet so *Delphinium Consolida* mit *D. divaricatum* Led., welches sich von ersterem hauptsächlich durch seine flaumige Frucht unterscheidet, und macht ihren specifischen Unterschied schwankend. Ist die Ansicht Wiegand's richtig, dass die verschiedenen Pflanzenformen auf dieselbe Weise entstehen, wie die Monstrositäten, nur· dass sie constant werden, so ist die Entstehung von *D. divaricatum* aus der besprochenen Vergrünung auch erklärlich. Es ist aber auch anzunehmen, dass beide Arten aus einer flaumige Früchte besitzenden Urstammart ausgingen, zu welcher mehrere Blüthen von *D. Consolida* in Folge rauher Witterung zurückschlugen.

Im Uebrigen zeigt überhaupt das Flaumigwerden des Pistills beim Rittersporn einen bedeutenden Rückfall zu den Vegetationsorganen an, was um so weniger auffallend ist, nachdem der Kelch des Rittersporns gewöhnlich behaart zu sein pflegt. Das Erscheinen der Frucht auf einem Carpophor ist aber auch ein Beweis davon, dass *Delphinium* mit Pflanzen anderer Ordnung in einiger Verwandtschaft steht; trotzdem man es in die Ordnung der Polycarpeen hinein zwängte. Die Bauchnaht des gestielten Stempels steht manchmal gegen die Spitze zu oder seiner ganzen Länge nach offen. Aus einem solchen offenen Stempel hingen grüne Zipfel heraus, die dem Rande des Blattes, vom Orte der Eichen, entsprangen. Diese sind zu Blättern umgewandelt, welche, wenn man sie ausgebreitet denkt, ganz die Form der Blätter des Rittersporns in Erinnerung bringen. Der Griffel des vergrünten Stempels endigt gewöhnlich in zwei Lappen, die oft in's violette spielen; oft aber breitet sich der Griffel selbst aus, wodurch auch das Läppchen grüner wird, und scheint es in diesem Falle, dass nicht bloss die Mittelrippe des Fruchtblattes den Griffel bildet, sondern im Vereine mit dem Blattrande, was *D. Consolida* mit den Rhoeadineen in Verwandtschaft bringen würde, bei denen die Narbe aus der Verlängerung der Blattränder entsteht. Auch die verkümmerten Eichen sind flaumig und von den die entwickelten Samen zierenden Schuppen ist keine Spur zu sehen. Auch dies beweist, dass die Pflanzenschuppen nur modificirte Haare sind.

Es kommen aber auch Exemplare mit nur halb vergrünten Blüthen vor, bei welchen nur der Stempel gestielt und flaumig ist. Die provisorischen Theile der Blüthe konnten sich hier an heiteren Tagen noch vollständig entwickeln, aber die schwachen Früchte, die längerer Zeit bedürfen, wurden daran von der eintretenden rauhen Witterung gestört und so gezwungen, sich auf vegetative Weise weiter zu entwickeln, d. h. zu vergrünen.

B. beruft sich nun auf andere Fälle, wo in Folge der Vergrünung normal vereinigter Theile eine Trennung eintrat, um zu beweisen, dass bei *Delphinium* das angeblich eine aus mehreren verschmolzene Blumenblatt sich nicht theilt und daher schon ursprünglich so angelegt sein muss und schliesst sich so der Ansicht A. Braun's hinsichtlich der Blüthenbildung dieser Pflanze an.

Bezüglich der Umgestaltung der Blüthen der Rittersporarten kennt B. noch mehrere Fälle. Er fand Blüthen mit mehreren Blumenblättern (4—6) u. s. w. Dass er einzelne Blumenblätter verschmolzen fand, zeigt ihm wohl, dass die Blumenblätter eine Neigung zum Zusammenwachsen zeigen, aber sie verschmolzen immer zu vollständig zweiseitig lappigen Blumenblättern, immer nahmen sie den Typus des unpaarigen normalen an. — An *D. Orientale* fand B. Staminodien, die er, nachdem sie auf die Kelchblätter folgten, als Blumenblättern betrachtet. — Das Carpophorum ist bei den Pflanzen keine gewöhnliche Bildung, aber um so öfter bei chlorotischen Erscheinungen zu finden, sowohl bei den Sympetalen wie bei den Choripetalen. B. beschreibt einige solcher von ihm beobachteter Fälle näher, so bei *Plantago major*, *Veronica Anagallis*, *V. anagalloides*, *Verbascum blattariforme*, *Erysimum canescens*, *Camelina silvestris* (vergrünt, aber hier kann die Ursache der Vergrünung nicht die rauhe Witterung gewesen sein), *Capsella Bursa pastoris*, *Cardamine Matthioli*, *Roripa Kerneri* (welche übrigens normal ein Carpophor besitzt), *Bunias orientalis*, *Reseda lutea*. Den normalen Mangel des Carpophors schreibt B. Zweckmässigkeitsgründen zu; die mit Samen beschwerte Frucht gewinnt dadurch an Halt und entwickelt sich am Grunde der Blüthe. Bei der Vergrünung entwickeln die Fruchtblätter keine Samen; sie sind daher nicht belastet und so mag sich bei ihnen das Carpophorum entwickeln können. — Vergrünte Anagallis mit vierzipfligem Kelch; der eine Zipfel ist aber zweispitzig und zweiaderig, daher er aus der Zusammenwachsung zweier entstand. Nachdem die Staubgefässe sich von den Blumenblättern vollständig absondern, so ist Verf. mit Eichler der Ansicht, dass die Blüthe von *Anagallis* nicht dreiquirlig, sondern tetracyclisch sei. — Vergrüntes Verbascum phlomoides in Scrofularia-Gestalt. An nach der Fruchtreife neu entwickelten Trieben fand B. besonders gestaltete Blüthen. Der fünfschnittige Kelch war meistens verlaubt, grüner, im Ganzen den Laubblättern nahestehend. Die Form der Petala war nicht die normale flachtrichterige, sondern die von *Scrofularia nodosa*; nämlich der untere Theil der aussen flaumigen Corolla gleichsam napfförmig oder cylindrisch;

ihr oberer Theil aber fünflappig; die jüngeren Lappen zusammengeneigt wie bei *Scrofularia*. Die Aehnlichkeit wurde auch durch die ins dunkle Violett gehende Farbe gehoben. Bei einigen war der Rand schwarz gefleckt. Staubfäden vier, an die Röhre der Corolle gewachsen; ihr Faden schwach flaumig. In den fünfmännigen Blüthen war der eine Staubfaden um vieles kürzer. — Pelorie bei Delphinium Consolida. — Die Blüthe besass 5 Sepala, die 3 äusseren mit normalem Sporn nur hinsichtlich der Länge etwas verschieden; vor jedem steht je ein normales Blumenblatt mit vollständiger Super-position. Das zwischen die beiden inneren ungesporuten Kelchblätter fallende Kelchblatt (S_2) musste er als oberstes annehmen, was übrigens der auch um etwas weniger grössere Sporn andeutet. An dem Mittellappen des diesem S_2, sowie an dem dem S_1 voranstehenden Blumenblatt war der gewohnte Einschnitt zu finden; an dem dem S_3 supouirten aber nicht. Die Ränder der Blumenblätter waren nicht mit einander verschmolzen. Dieser Fall unter-stützt auch Eichler gegenüber die Superposition der Blumenblätter. In dieser Blüthe steht noch vor P_1 ein an der Basis verbreiteter Staubfaden, der an seiner Spitze eine halbe Anthere trägt; seine andere Hälfte beginnt sich blumenblattartig auszubreiten und gegen die Anthere zu zu krümmen. Die Befruchtungsorgane sind normal. Die zum Blumenblatt sich umgestaltende Anthere, der ungetheilte Mittellappen von P_3 und die einigermassen abweichende Länge der drei Sporne lässt die Blüthe nicht vollständig actinomorph erscheinen; aber diese wenigen Abweichungen abgerechnet, hauptsächlich nach den äusseren beurtheilt, ist sie zu den Pelorien zu stellen. B. erwähnt noch eine zweispornige und eine ungesporute Blüthe. — D. Aiacis mit gefüllten Blüthen. Auch diese bewiesen die superponirte Stellung der Blumenblätter. — Fortschreitende Umgestaltung der Staubgefässe. In mehreren gefüllten Blüthen von *D. Aiacis* fand B. vier Stempel. In diesen pleiogynen Blüthen sind ausser den 1—3 normalen Stempeln 2—3 kleinere gestielte; ihr Stiel ist nichts anderes, als die bekannte Verbreiterung des unteren Theiles der Staubfäden. Die Antheren waren zu einfächerigen flaumigen Fruchtknoten umgewandelt, die an ihrer Spitze eine zwei-lappige Narbe tragen, in ihrem Innern aber an der Bauchnaht die Eichen. In der Blüthe ist eine ganze Reihe dieser Umgestaltungen zu sehen u. s. w. — Zweispornige Blumen-blätter. Aus dem offenen Kelchblattsporn ragten die Sporne der Blumenblätter hervor.

Staub.

89. Julius Ziegler. Vergrünte Blüthen von Tropaeolum majus. (Bericht der Senken-bergischen naturforschenden Gesellschaft für 1880/81, Frankfurt a. M., S. 128—129 nebst 2 Tafeln in Farbendruck.)

Die Verbildungen zeigten sich an 5 Stöcken, welche in einem Garten an zwei ver-schiedenen Stellen cultivirt wurden, von Mitte September 1880 an, während an den Exemplaren vorher normale Blüthen entwickelt wurden. Die Anzahl der Abnormitäten wird auf 200 geschätzt. Minder weit gediehene Verbildungen waren solche, wo der Fruchtknoten stark aufgetrieben war und derselbe mit dem Griffel hervortrat, weiter kamen solche Fälle vor, wo die Farbe der Petalen unrein wurde, bis sie schliesslich in Grün überging. Der Kelch-sporn wurde immer kürzer und verschwand endlich ganz, die Kelchzipfel nahmen hingegen an Länge zu und verwandelten sich in Laubblätter. Statt der normalen lebhaft gelben, rothen oder braunen Petalen traten in exquisiten Fällen vollständig grüne, bis 11 cm lange, gestielte, schildförmige Laubblätter auf. Die den beiden oberen Petalen entsprechenden Gebilde stellen eine Verschiedenheit von den drei unteren dar. Die Fransen gingen bei letzteren in Zipfel über und das Blatt erschien leierförmig. Die Staubgefässe erschienen (wie gewöhnlich, Ref.) am wenigsten verändert. Gegen das Ende der Zweige zeigten sich verkümmerte Gebilde, die kaum Ueberreste der Blumenblätter und des Griffels enthielten, aber oft noch mit Staub-gefässen versehen waren, welche dann von einem gleichzipfeligen spornlosen Kelche oder fünf Blättchen umgeben waren. In den am weitesten gediehenen Fällen der Verbildung fanden sich statt des Fruchtknotens drei gestielte, auf einem Stiele vereinigte kleine Blatt-gebilde vor, die noch Andeutungen einer Narbe besassen. Es kamen auch schildförmig ausgebildete Carpiden vor. Im Vereinigungspunkt der blattartigen Carpiden meist noch die Ovula kenntlich. Auch an den nur wenig veränderten Blüthen schlagen die Früchte fehl, die aus normalen Früchten gezogenen Samen ergaben (bis October 1881) normale Pflanzen.

Nach Ziegler war die Ursache des Auftretens der abnormen Bildungen wahrscheinlich in dem gleichzeitigen feuchtkühlen und trüben Wetter zu suchen, allerdings wäre die Möglichkeit vorhanden, dass das Einstutzen der Triebe die Abnormitäten veranlasst habe. Wäre die in Frankfurt damals herrschende Witterung wirklich die Ursache des Auftretens der Verbildungen gewesen, so wären ähnliche Erscheinungen an *Tropaeolum majus* gewiss in anderen Gärten aufgetreten. Dies war aber nach einer ausdrücklichen Bemerkung Ziegler's nicht der Fall.

90. J. Velenovsky. Ueber die vergrünten Eichen von Alliaria officinalis Andrz. (Flora 1881, S. 33 - 45. Mit einer Tafel.)

V. fand im Prager botanischen Garten die in der Aufschrift genannte Pflanze im vergrünten Zustande zahlreich vor. Die vergrünten Blüthen werden nun in der Reihenfolge, wie sie sich an den ganzen Trauben zeigten, besprochen, die Oolysen, über welche nichts Neues vorgebracht wird, eingehend beschrieben und lediglich nur die Beobachtungen Ćelakovsky's an der nämlichen Pflanze bestätigt. V. tritt auch vollinhaltlich Ćelakovsky bei in der morphologischen Deutung der Ovula, ebenso wie Ćelakosky hält auch er die Verlaubungen der Ovula für ein sehr werthvolles und verlässliches Material für die morphologische Erkenntniss der Ovula.

91. L. Durand. Sur une fleur monstreuse de Cheiranthus Cheiri. (Bull. périod. Soc. Linn. de Paris 1881, No. 39, p. 308.)

Nicht gesehen.

92. Malformod Sarracenia. (The Gardeners' Chronicle, 1881, Part. I, p. 510.)

Eine Blüthe von *Sarracenia flava* hatte überzählige Griffel, welche in Form von schmalen Zipfeln die normal stark verbreiterte Narbe überragten.

93. H. Baillon. Sur les Composées à gynécée complet. (Bull. mens. soc. Linn. de Paris 1881, No. 35, Seance du 2 févr., p. 277—278. Referat darüber in Uhlworm Botan. Centralblatt, Bd. VIII, [1881], p. 271.)

Fand an mehreren cultivirten Vernonien und besonders an Eupatorieen 3, 4 bis 5 Narbenschenkel in jeder Blüthe. Wenn ihrer 5 vorhanden, so waren sie den Corollenlappen superponirt. Ovar und Ovulum unverändert.   (Entnommen dem Centralblatt.)

94. Joseph Schrenk. A Silene with pentamerous Ovary. (Bull. Torry Bot. Club VIII, 1881, No. 3, p. 32 —36.)

Nicht gesehen.

95. Silvio Calloni. Chorise ou polyphyllie uni-radiale et collatérale dans la fleur d'Erythronium dans canis L. (Bull. des travaux de la Soc. Botan. de Genève, 1879—80, Genève 1881, p. 109 —114, Pl. I, Fig. VII, XVII.)

Der Befund, welcher der Beschreibung des durch die Aufschrift ausgedrückten Verbildungsmodus zu Grunde liegt, ist folgender. Der Schaft längs seiner ganzen Länge auf einer Seite mehr entwickelt, dessen Querschnitt eiförmig statt rund, Blätter grösser als gewöhnlich, Kelchblätter normal, 2 Petalen normal, das dritte grösser mit doppeltem Mittelnerv, Nectarium 6lappig, statt normal 4lappig, Kelch und Corolle normal gefärbt. Staubblätter des äusseren Wirtels normal, zwei des inneren normal, statt des dritten ein Paar gut entwickelter Staubgefässe, das über das vergrösserte Petalum fällt. Vom Gynäceum 2 Carpiden normal, das dritte dedoublirt, Fruchtknoten 4fächerig, zwei Fächer zweien Staubgefässen des äussern Wirtels gegenüber stehend, ein Fach fällt der Mediane des Doppelstaubgefässes gegenüber und das vierte Fach fällt, wie das Diagramm zeigt, zwischen das dedoubl. Staubgefäss und das nächst benachbarte, Griffel 1, röhrig, 4kantig, Narben 4getrennt.

96. M. F. Tripel. Deux tulipes monstreuses. (Bull. de la Soc. des sc. naturell de Neuchatel, Tom. XII, Neuchatel 1881, p. 328.)

Jede der beiden Tulpen besass 50 Perigonialblätter und mehr, Staubgefässe fanden sich zu 12—15 vor und die Carpiden waren vervielfältigt. Die Monstrosität entstand durch Verwachsung mehrerer Blüthen.

97. H. Baillon. La gamopétalie et les fleurs doubles. (Bull. mens. soc. Linn. de Paris 1881, No. 36, Seance du 6 avr., p. 284 - 285. Referat darüber in Uhlworm Botan. Centralblatt, Bd. VII, S. 370.)

Ref. hat leider den Originalaufsatz nicht gesehen. Es sei daher das Folgende dem citirten Referate im Centralblatt entnommen. Neuere Autoren haben ausgesprochen, dass polypetale Blüthen leichter neigen zur Füllung als gamopetale. Dies sei aber ein Irrthum. B. verweist dabei auf die gefüllten *Petunien, Datura, Scrissa foetida, Sambac, Gardinia florida*, Azaleen, *Primula (P. acaulis, Auricula), Campanula*-Arten, *Lobelia, Syringa, Vinca, Nerium* und *Clerodendron*. Es wären zu erwähnen *Althaea rosea* und *Hibiscus syriacus*, deren Blüthen eigentlich nicht dialypetal sind. Auch gamopetale monocotyledone Blüthen wie *Hyacinthus, Polianthes tuberosa* und *Narcissus* seien anzuführen. Selten seien Füllungen bei Labiaten, Scrophularineen, Bignoniaceen und Acanthaceen, ferner seltener bei solchen Dicotylen, deren Blüthen wenig zahlreiche Stamineen besitzen im Vergleich zu solchen, die mit zahlreichen Staubblättern versehen sind. Beispiele dafür bieten die Rosaceen verglichen mit den Papilionaceen. (Die im Centralblatt angeführte Bemerkung, wonach nach B. die Blüthen bei Papilionaceen sich nicht füllen sollen, ist jedoch unrichtig. Ref.) Die Zygomorphie sei nicht der Grund der leichteren Füllung. *Pelargonium* fülle sich leichter als *Linum, Oxalis* und *Geranium, Viola odorata* leichter als die Violaceen mit regelmässiger Corolle.

98. Double Stocks. (The Gardeners' Chronicle 1881, Part I, p. 105—106.)

Giebt Anweisungen über die Auswahl der Samen und die Cultur der Pflanzen, welche reichlich gefüllte Blüthen hervorbringen sollen.

99. Double Lapageria. (The Gardeners' Chron. 1881, Part II, p. 440, Holzschn. Fig. 83.)

Ein Exemplar von *Lapageria rosea* entwickelte ausser normalen einfachen Blüthen eine gefüllte mit einer doppelten Reihe von Segmenten (Petalen) und Petalodie einiger Staminen. Der Längsdurchmesser der Blüthe betrug $3\frac{1}{2}$ Zoll, der Querdurchmesser 3 Zoll.

100. Bouvardia Alfred Neuner. (Regel's Gartenflora 1881, S. 114—117, Holzschnitt.)

Eine weissblumige, gefüllt blühende Form von *Bouvardia jasminoides*, gezogen von Narg und Neuner in Louisville, und wahrscheinlich hybriden Ursprungs.

101. Bouvardia Alfred Neuner. (The Gardeners' Chronicle 1881, Part II, p. 726.)

Eine neue Varietät mit gefüllten Blüthen, 1881 zuerst in Blüthe gesehen.

102. H. Baillon. La symétrie des fleurs doubles du Platycodon. (Bull. mens. Soc. Linn. de Paris, 1881, No. 37, p. 296. Referat darüber in Bot. Centralbl. Bd. IX, S. 190.)

Bei gefüllten Blüthen mit zweiter innerer Corolle werden die Stellungsverhältnisse in derselben derart umgeändert, dass die Carpiden über die Staubblätter fallen, während sie normal den Petalen superponirt sind.

103. Epigaea repens with double Flowers. (The Garden. Chronicle 1881, Part II, p. 310.)

Die Missbildung wurde von Miss L. Mann in Rhode Island aufgefunden. Das Bemerkenswerthe war, dass die Blüthen 3 gut ausgebildete Corollen besassen, welche ineinander steckten, wie bei *Datura*, die Staubgefässe fehlten oder waren höchstens durch ein oder mehrere kapuzenförmige (kordlisc) Anhängsel der Corolle vertreten.

104. Bailey, W. Whitman. A double Epigaea repens. (The Bot. Gaz. Vol. VI., 1881, No. 7, p. 238.)

Nicht gesehen.

105. Lemoinés New Double Lilac. (The Gardeners' Chronicle 1881, Part I, p. 368, Holzschnitt, Fig. 71.)

Abbildung einer schön gefüllten Form, welche von Herrn Lemoine zuerst gezogen wurde. Nach der Abbildung zu schliessen, sind die Blüthen mit 2 überzähligen Corollen versehen, welche der normalen Corolle superponirt sind.

106. Double Flowers. (The Gardeners' Chronicle 1881, Part I, p. 540.)

Bemerkungen über den Rückschlag gefüllt blühender Primelsorten in die ungefüllten Formen.

107. The double Petunia. (The Garden. Chron. 1881, Part I, p. 77, 116, Holzschn. Fig. 14.)

Die Artikel bringen Anweisungen über die Cultur der gefüllten Formen. Abgebildet wird eine Form, deren gefüllte Blüthen ausserordentliche Grösse und Farbenpracht hatten.

108. L. Durand. Sur des pétales sur numéraires de Petunia, résultant d'une transformation du connectif. (Bull. périod. Soc. Linn. de Paris 1881, No. 38, p. 303.)

Nicht gesehen.

109. Hose in Hose Polyanthus. (The Gardeners' Chronicle 1881, Part I, p. 667.)
Besprechung verschiedener Formen der genannten Abart.

110. Double Primroses. (The Gardeners' Chronicle 1881, Part I, p. 632.)
Gelbe Primeln wurden in Cornwall in gefüllt blühendem Zustande aufgefunden.
Einige der Blüthen hatten 2 Zoll Durchmesser.

111. A study of Double-flowered Chinese Primroses. (The Gardeners' Chronicle 1881, Part I, p. 78.)
Der Artikel handelt über den blumistischen Werth der Farbenvarietäten gefüllter Primeln.

112. Double Lychnis. (The Gardeners' Chronicle 1881, Part I, p. 275.)
Bemerkungen über die Cultur der gefüllten Formen von *Lychnis chalcedonica.*

113. Le Monnier. Duplication de la corolle de la pensée. (Bull. de la Soc. des Sc. de Nancy. 13 Année. 1880. Paris 1881, p. 25.)
Gefüllte Blüthen von *Viola tricolor* sind bis jetzt noch eine Seltenheit. Er erhielt sie von einem Cultivateur, welcher die Exemplare zur Ausstellung der Soc. centrale d'horticulture gesendet hat. Bei der Untersuchung zeigte es sich, dass die Anzahl der Staminen nicht vermehrt war — sie waren in der normalen Anzahl vorhanden — und dass die Füllung auf Dedoublement der Petalen, oder wie Verf. sich ausdrückt, auf Proliferation derselben beruhte. Es glichen wenigstens theilweise die Petalen der gefüllten Blüthen den entsprechenden der einfachen, während sich das Androeceum an der Füllung nicht betheiligte.

114. Clarkia elegans Dougl. var. purple King. (Regel's Gartenflora 1881, S. 219; Holzschnitt S. 220.)
Eine der vielen Gartenvarietäten der genannten Art mit gefüllten purpurrothen Blüthen.

115. Begonia Davisii var. superba fl. pl. (The Gardeners' Chronicle 1881, Part I, p. 669.)
Der Durchmesser der Blüthe betrug 2½ Zoll, die Färbung ein prächtiges Carmoisinroth. Die Pflanze wurde von Herrn Lémoine in Nancy gezogen.

116. P. Duchartre. Observations sur les fleurs doubles des Bégonias tubéreux. (Journ. de la soc. centr. d'horticulture de France Ser. III, T. II, 1880, p. 434—450, mit Holzschnitten p. 444.)
Nicht gesehen. Wahrscheinlich werden die nämlichen Abnormitäten geschildert, über welche in Just, Jahresber. VIII (1880), 1. Abth. S. 229 berichtet worden ist.

117. Saxifraga virginiensis fl. pl. (The Gardeners' Chronicle 1881, Part I, p. 602.)
Die gefüllt blühende Form in blumistischer Hinsicht vorzuziehen der einfachen. Sie ist grösser, stärker als die normale Pflanze. Dasselbe gilt auch für die gefüllt blühende Form der *Saxifraga granulata.*

118. L. Beissner. Ungeschlechtliche Fortpflanzung wild wachsender, gefüllt blühender Pflanzen. (Regel's Gartenflora 1881, S. 51—52.)
Seine Beobachtungen betrafen *Cardamine pratensis*, bei welcher Art er wildwachsende Exemplare gesehen, wo jede Blüthe stark gefüllt war ohne jedweden Fruchtansatz. Die gefüllt blühende Form besitzt länger sich erhaltende Stengel als die Pflanze im normalen Zustande, an der Spitze der unfruchtbaren Blüthenstände sah er Knospen, die Luftwurzeln entwickelten, desgleichen fand er in den Blattwinkeln des Stengels solche Knospen. Blüthenstände, welche mit derartigen Knospen besetzt waren, legten sich später zur Erde, wo sich dann die jungen Pflanzen bewurzelten. B. frägt, ob an anderen gefüllt blühenden Pflanzen ähnliche Erscheinungen beobachtet wurden.

119. J. Gibbs. Note on a abnormal form of Cardamine pratensis. (Trans. of the Epping Forest and County of Essex Naturalists Field Club. December 1880.)
Nicht gesehen.

120. Double Ladiès Smock. (The Gardeners' Chronicle 1881, Part I, p. 638.)
Cardamine pratensis bemerkenswerth, da sie im wilden Zustande häufig mit gefüllten Blüthen angetroffen wird. An manchen Stellen findet sie sich in grosser Menge vor und fast alle Blüthen gefüllt. Die Füllung nach Art der hose in hose Polyanthus mit 3—4 in

einander geschachtelten Blüthen. Die Pflanze lässt sich leicht fortpflanzen, wenn man Blätter auf feuchten Sand legt, indem dann an den Rändern Knospen sich ausbilden.

121. **Ranunculus aconitifolius fl. pl.** (The Gardeners' Chronicle 1881, Part I, p. 665.)
Kurze Notiz über die Cultur und den blumistischen Werth dieser Pflanze.

122. **Dianthus chinensis L. var. Darleri.** (Regel's Gartenflora 1881, S. 215.)
Eine seit 20 Jahren in Petersburg cultivirte Form von *D. chinensis* mit wohlriechenden dicht gefüllten Blüthen, deren Vermehrung nur durch Stecklinge möglich ist. Regel meint, dass der höchst angenehme Geruch auf hybriden Ursprung deutet.

123. **Dianthus chinensis L.** (Regel's Gartenflora 1881, S. 118—120, mit Holzschnitt.)
Bespricht und bildet ab cultivirte Formen von zwei *Dianthus*-Arten. Von *D. chinensis* wird bemerkt, dass schon Noisette zu Anfang der zwanziger Jahre dieses Jahrhunderts ihn im gefüllt blühenden Zustande bereits kannte, das erste Auftreten der gefüllten Blüthen sei unbekannt. Später wurde gezogen *Dianthus chinensis* Hedwigii, eine einfach blühende grosse blumige Form mit vorn gezähnten, eine andere mit vorn fransenförmig geschlitzten Petalen; diesen folgten gefüllt-blüthige Formen. Durch Bastardirung von *D. chinensis* mit *plumarius* erhielt man zahlreiche Variationen mit theils einfachen, theils schön gefüllten Blüthen mit geschlitzten und mit gezähnten Petalen.

124. **Nigella damascena L.** (Regel's Gartenflora 1881, S. 247, mit Holzschnitt.)
Abbildung einer niedlichen Form mit gefüllten Blüthen.

125. **Double Paeonies.** (The Gardeners' Chronicle 1881, Part I, p. 799.)
Sitzungsbericht der Royal Horticultur Soc. Rev. Henslow besprach verschiedene Modi der Füllung bei Paeonien. Bei einer Form war die Carpelle vertreten durch einen Büschel von grossen, aufrecht stehenden Petalen, die Staminen aber durch kleinere, gelblich gefärbte Petalen, die wahre Corolle hatte vermehrte Blumenblätter, bei einer anderen bestand der Petalen- und Androeceumkreis aus mehreren Wirteln, und bei einer dritten bildete die Blüthe eine rundliche Masse von Petalen, Staminen und Carpiden waren nicht unterscheidbar.

126. **Double Pelargoniums in Small Pots.** (The Gardeners' Chronicle 1881, Part II, p. 374.)
Handelt über die Cultur gefülltblühender Pelargoniumsorten.

127. **Rubus rosaefolius coronatus.** (The Gardeners' Chronicle 1881, Part II, p. 663.)
Ein schöner *Rubus* mit weissen, grossen, gefüllten Blüthen vom Habitus einer *Banksia*-Rose.

128. **Double-flowered Apple.** (The Gardeners' Chronicle 1881, Part I, p. 728.)
Die Blumenblätter waren beträchtlich vermehrt, die scheibenförmige Ausbreitung des Blüthenbodens fehlend, Kelchsegmente jedoch vorhanden. Die Form von ornamentalem Werth.

129. **Friedrich Hildebrand. Umwandlung der Blüthenblätter in Staubgefässe bei Cardamine pratensis.** (Botan. Centralblatt Bd. VI, 1881, No. 7 [Jahrgang II.], S. 243—245.)
Staubgefässe wandeln sich in der Cultur häufig in Petalen um, der umgekehrte Fall ist weit seltener. Bei *Cardamine pratensis* hat H. beide Fälle beobachtet, nämlich starke Füllung der Blüthen mit Ersetzung der Staminen durch Petalen und Vermehrung der letzteren und anderseits einen Fall von Staminodie der Petalen. Letzteren fand er bei Freiburg i. B. im Freien auf. Die Blüthen der Pflanze hatten ein unscheinbares Ansehen, was aber eben durch Ersetzung der Petalen durch Staminen bedingt war. Die Länge der Staminen hielt die Mitte zwischen den kürzeren und längeren. Die Filamente der normalen Staminen hatten an der Basis ihr Nectarium; den abnormen fehlte dasselbe, nur wenige Pollenkörner waren bei diesen gut ausgeführt. Die Blüthen fand er proterogyn. Der Fruchtknoten habe sich gut entwickelt, bei den unteren Blüthen begann bereits die Fruchtbildung. Das Exemplar wird weiter beobachtet.

130. **Silvio Calloni. Pistillodie des étamines dans la fleur de Persica vulgaris Mill.** (Bull. des travaux de la Soc. Botanique de Genève 1879/80. Genève 1881, p. 97—108. Pl. I. Fig. I—VI.)
Anomalien zeigten sich an allen Blüthen durch einen Zeitraum von 15 Jahren. Die Blüthezeit trat später ein und verlängerte sich, die Blätter erscheinen gleichzeitig mit den Blüthen und werden etwas breiter und länger und tiefer grün als im normalen Zustande. Der Stamm erreichte ungefähr eine Höhe von 3 Meter. Der Beginn der Blüthezeit trat April

bis Mai ein, die Mitte fiel auf Mai und Juni und das Ende auf Juni und Juli. Es wurden im Ganzen 30 Blüthen untersucht und je fünf, die sich in der Anthere befanden zu Beginn, Mitte und Ende der Blüthezeit und je fünf Blüthenknospen im Februar, Mai, Mai-April und April. Der Kelch war persistent (normal abfallend), einige Male vierlappig, Zipfel grün, purpurn gefleckt, in einem Fall war der Kelch auf eine Cupula reducirt. Die Corolle persistent fünf selten vierblättrig, Petalen an der Basis grün von dunkel purpurnen Längsnerven durchzogen. In einer Blüthe fehlte die Corolle. Staubgefässe fehlten stets, sie waren vertreten durch verschieden gestaltete Carpiden, welche als Pistille mehr oder minder vollständig oder unvollständig ausgebildet waren. Die Zahl der Pistille mit complet ausgebildetem Ovarium stand in einer directen Beziehung zum Alter der Blüthe. Von fünf im Juni-Juli untersuchten Blüthen fanden sich 30 Pistille mit geschlossenem 2eiigem Ovarium vor, sie waren in 5 fünfzähligen Wirteln inserirt. Griffel und Stigma complet. Von fünf Blüthen, welche Mai-Juni untersucht wurden, hatten bei drei die Pistille des äussern Verticills incomplete Ovarien, statt geschlossen zu sein, zeigten sie eine rhomboidale Oeffnung und an deren Rändern zwei auf den Nucellus reducirte Ovula, in den zwei anderen untersuchten Blüthen waren die Ovarien in den äusseren drei Verticillen incomplet. Die Grösse der Apertur verminderte sich von der Peripherie gegen das Centrum. Bei fünf im April und Mai untersuchten Blüthen war der äussere Wirtel der Staminen ersetzt durch fünf weissliche kahle corollinische Blättchen. Es fanden sich 25 Ovarien vor, die peripherischen incomplet, die centralen vollständig. Aus diesen aus dem Aufsatze heraus gehobenen Beispielen ergiebt sich, dass die Zahl der incompleten Pistillen in verkehrtem Verhältniss stand zum Alter der Blüthe, die Grösse der Apertur der nicht geschlossenen Ovariums aber in einem verkehrten Verhältniss zum Alter der Blüthe und Orientirung in Hinsicht auf das Centrum der Blüthe. Im Centrum der Blüthe traf er ein vollständiges einfächeriges, 2eiiges normal gebautes Pistill vor. Bei allen Pistillen waren Griffel und Narbe normal. Nur in einem einzigen Falle war ein einziges Ovarium vorhanden, das eine verholzten discus war. Das centrale Ovarium war stets am meisten entwickelt, das peripherische kleiner. Der Kelch, die Corolle, die pistillähnlichen Blättchen, incompleten und completen Ovarien waren wirtelig gestellt, die Wirtel 5gliedrig und alternirten mit einander. Im Durchschnitt fanden sich 9 Verticillen vor, den 1. Wirtel bildete der Kelch, den 2. die Corolle, den 3. kahle fleischige kleine Blättchen, den 4. kleine fleischige behaarte Blätter oder rudimentäre Carpiden, den 5. an der Inenseite weit offene Pistille, den 6. wenig geöffnete Pistille, den 7. complete Ovarien, den 8. ein zweiter Wirtel von complet ausgebildeten Ovarien und 9. innen stand das normale Pistill.

Die Verbildungen waren, um sie mit den von Masters in die Teratologie eingeführten Terminis zu bezeichnen, Fälle von *Stasymorphie* (langsame Entwickelung der Blüthen und gleichzeitiges Erscheinen der Blätter mit den Blüthen), mehr oder minder complete *Pistillodie* der Staminen, von *Meiophyllie* (geringere Anzahl der Kelchlappen und Blumenblätter als normal), *Meiotaxie* (durch Unterdrückung des Kelchs, der Petalen), *Hypertrophie* der Blätter der Blüthen, *Atrophie* (durch Unterdrückung der Kelchlappen).

Fälle completer Pistillodie zahlreicher Staubblätter einer Blüthe gehören zu den Seltenheiten. C. citirt ähnliche Fälle, die Moquin-Tandon und Clos anführen. Der Autor ergeht sich in weitern Abschnitten der Abhandlung in breiterer Ausführung und Wiederholung der im Referate angegebenen allgemeinen Sätze und erklärt schliesslich das Auftreten der Anomalie an seiner Persica als eine individuelle nicht vererbbare Eigenthümlichkeit. Die Mutterpflanze, von welcher das Exemplar abstammte, zeigte sich normal und die Pistille der abnormen Blüthen waren alle steril.

131. Prolification in Foxglove. (The Gardeners' Chronicle 1881, Part I, p. 341.)

Sitzungsbericht der Royal Horticult. Soc. Masters zeigte ein Exemplar eines Fingerhuts mit medianer Prolification der Blüthe. Die Corolle derselben bewahrte ihre Unregelmässigkeit, während bei derartigen Missbildungen dieselbe gewöhnlich regelmässige Form erhält.

132. Proliferous Double Mignonette. (The Gardeners' Chronicle 1881, Part II, p. 182.)

Die Abnormität zeigte sich an einer wohlriechenden prämiirten *Reseda*. Der Blüthenstand dick verzweigt, Fuss lang, eine Rispe darstellend, ein Zweig entspringt aus dem

Centrum der Blüthe oder bisweilen zwei, sie nehmen die Stelle des Pistills ein. In einem nicht so weit entwickelten Zustande glich das Exemplar mehr einer gewöhnlichen *Reseda*, nur erschienen die Blüthen gefüllt, indem sie kleine Ballen geschlitzter Petalen darstellten.

133. **E. A. Webb. Proliferous inflorescence of Rubus idaeus L.** (Journ. of Botany. New Ser. X [1881], p. 31.) Referat darüber in Botan. Centralblatt Bd. V (1881), S. 331. Sitzungsbericht der Linn. Soc. (Sitzung vom 4. November 1880).

Statt der Blüthen traten verlängerte Sprossen auf, welche dicht besetzt waren mit kleinen, behaarten Bracteen. Die Spitzen der Sprossen waren fasciirt.

134. **G. Henslow. On a proliferous condition of Verbascum nigrum L.** (Journ. of the Linn. Soc. Vol. XVIII, No. 112, June 3, p. 455—458, pl. 16—17. — Journ. of Botany X. [1881], No. 217, p. 32.) Referat darüber im Bot. Centralblatt Bd. VII, S. 144.

Die Originalabhandlung steht dem Ref. nicht zu Gebote. Das Journal of Botany enthält den Sitzungsbericht der Linn. Soc, Sitzung vom 18. November 1881. Die Monstrosität, welche H. von Marshall aus Elg erhielt, glich im äusseren Ansehen einer von Baillon im dritten Bande der Adansonia beschriebenen Deformation von *Lysimachia Ephemerum*. Der obere Theil der Inflorescenz war mehr ausgebreitet als normal. Laubsprosse entsprangen daselbst aus dem Centrum der Blüthen. In dem oberen Theile hatten die Blüthen grosse Ovarien, die Entwickelung der mediären Sprossung in solchen Blüthen behindert. Die Sepalen waren in allen Fällen frei, die Corolla gamopetal und meist kleiner als in normalen Blüthen, gelb oder grünlich. Die Staminen von der Corolle getrennt, mit kleinen, atrophischen oder abortirenden Antheren. Fruchtknoten geschlossen oder an der Spitze geöffnet, mitunter die beiden Carpiden frei, schmale Blättchen darstellend. Es handelt sich um dieselbe Monstruosität, welche in Just Jahresbericht VIII (1880), I. Abth., S. 223 bereits erwähnt worden ist.

135. **P. Duchartre. Prolification de Cerisier.** (Journ. de la Soc. nationale et centr. d'Horticult. de France. Ser. III, Tom. I, 1881, p. 502.) Referat darüber im Botan. Centralblatt, Bd. IX, S. 392.

Blüthen gefüllt proliferirend, die Mittelsprossung erreicht 10—15 cm Länge und trägt fertile Blüthen. Pistille der Mutterblüthe in Laubblätter umgewandelt.

(Entnommen dem Centralblatt.)

136. **Ed. Heckel. Du pilosisme déformant dans quelques végétaux.** (Compt. rend. des seances de l'Acad. d. sc. de Paris, T. XCI, p. 349.) Referat darüber in Bot. Centralblatt Bd. V, S. 145.)

Ref. hat den Originalaufsatz nicht gesehen. Das Folgende ist dem Centralblatt entnommen. An *Lilium Martagon* und der *Genista aspalathoides* Law. hat H. eine hochgradige, abnorme Entwickelung von Haaren angetroffen. *Lilium Martagon* war fast zwerghaft, die Ränder der Blätter mit Haaren besetzt, Zellen des Perigons dem unbewaffneten Auge sichtbar, Genitalien abortirt. Bei der *Genista* kamen dreierlei Blüthen vor, normale, aber etwas kleinere, stärker behaarte und sehr kleine cleistogamische, deren Blüthentheile mit Ausnahme der Staminen stark behaart waren, und Gebilde, wo die Blüthe ersetzt war durch kleine Ballen dicht verfilzter Haare. *Genista Lobelii* DC. wurde auf eine solche Deformation gegründet.

137. **Spring-flowering Form of Colchicum autumnale.** (Journ. of Botany 1881, p. 175.)

Verweisend auf seine früheren Mittheilungen über Frühlingsblüthen an *Colchicum* (siehe Just Jahresbericht VIII, I. Abth. [1880], S. 235) bemerkt Herr Jos. W. White, dass er in diesem Frühling kein einziges blühendes Exemplar gesehen hat. Die Herbstfröste von 1879 hatten im darauf folgenden Jahre keinen Einfluss mehr.

138. **Hlava. Herbstblüthen in Croatien.** (Centralblatt für das gesammte Forstwesen 1881 S. 489. Referat darüber im Botan. Centralblatt Bd. IX [1882], S. 58.)

Syringa vulgaris blühte am 11. October zum zweiten Male.

139. **Wittmack. Ueber Zwillingsfrüchte.** (Monatsschrift des Vereins zur Beförderung des Gartenbaues in den Königl. Preuss. Staaten, Mai-Heft 1881. Separatabdruck S. 1—3 mit 4 Fig. in Holzschnitt.)

Im Eingange des Artikels hebt W. das Verdienst von Masters hervor, aufmerksam gemacht zu haben, dass bereits Shakespeare Doppelkirschen gekannt habe, und hält diese

Beobachtung von Shakespeare für einen der ältesten Belege für diese Monstrosität. Die an einer Melone **und** *Phaseolus vulgaris* von ihm beobachteten Doppelfrüchte scheinen ihm ein Interesse zu bieten, da solche an diesen Pflanzen seltener als etwa an Kirschen und Aepfeln auftreten. Der Stiel der Zwillingsmelone war einfach, beide Früchte vollkommen ausgebildet, die Verwachsungsstelle zwei Drittel der ganzen Länge einnehmend, äusserlich durch eine tiefe Furche kenntlich. Die Doppelfrucht, welche aus zwei Fruchtknoten in einer Blüthe hervorging, war 27 cm breit, $18\frac{1}{2}$ cm hoch, 13 cm dick, $8\frac{3}{4}$ kg schwer. Aus Samen dieser Zwillingsmelone wurden zum Theil wieder Zwillingsmelonen gewonnen. Die Zwillings·bohne hatte einen einfachen Stiel, der Kelch derselben einfach, die beiden Früchte bis auf zwei Drittel der Länge verwachsen. Bis zur Mitte so breit wie eine normale Bohne, mit durchgehendem Kiel versehen, im oberen Drittel frei, einander genähert. Die eine Hälfte der Doppelfrucht aufgeblasen und viereckig, die Rindennaht dieser Hälfte tief eingefaltet, sie enthält zwei Samen, die andere Hälfte nur einen. Der Doppelfrucht lag die Verdoppelung des Fruchtknotens einer Blüthe zu Grunde.

140. **Heteromorphous Apple Tree.** (The Florist and Pomologist 1881, No. 47, p. 166 mit Holzschnitt.)
    Nicht gesehen.

141. **What is a Fruit?** (The Gardeners' Chronicle 1881, Part II, p. 683—684.)
    Der Artikel gipfelt in dem Satze, dass der fleischige Theil der Apfelfrucht nicht die eigentliche Frucht, sondern eine Erweiterung des Blüthenstiels sei, während die eigentliche Frucht das pergamentartige, die Samen enthaltende Gehäuse darstellt. Es wird unter anderem bemerkt, dass „Biskops Thum Pear" ausser normal ausgebildeten Birnenfrüchten auch cylindrische fleischige Scheinfrüchte hervorbringt, denen das früher erwähnte Gehäuse fehlt.

142. **Abnormal Pears.** (The Gardeners' Chronicle 1881, Part I, p. 41, Holzschnitt Fig. 7.)
    Die instructive Abbildung stellt einen gebogenen Zweig dar, welcher auf seiner Oberseite eine längere Strecke hindurch bedeckt ist von einer gelappten fleischigen Masse, auch einige Blattstiele sind an der Basis stark angeschwollen. Die untere Parthie normal. Das Exemplar wurde von Herrn André aus Paris eingesendet.

143. **Seadless Pears.** (The Gardeners' Chronicle 1881, Part II, p. 637.)
    Sitzungsbericht der Royal Horticultur Soc. Max Burbidge sendete aus Dublin Herrn Masters Birnen ohne Kerngehäuse und ohne Samen, welche eine nahezu cylindrische Form besassen, sich länger aufbewahren liessen als normale Birnen, auch schmeckten sie besser. Der Baum. von dem sie stammten, brachte zahlreiche derartige Gebilde hervor.

144. **Grapes within Grapes.** (The Gardeners' Chronicle 1881, Part II, p. 507. Holzschnitt. Fig. 96.)
    Eine Abbildung und kurze Besprechung von proleferirenden Beeren der Vitis vinifera. An der Stelle der Samen eine zweite Beere, letztere zur Hälfte aus der äusseren hervorragend. Diese Missbildung dürfte auf Prolification beruhen. Die Beeren stammten von der „Barbarossa" Varietät, bei welcher dieselbe Erscheinung öfters beobachtet wurde.

145. **Welter. Monstruosité des fruits de Capsicum annuum.** (Bull. des travaux de la Soc. Botanique de Genève 1879—80. Genève 1881, p. 39.)
    Eine physiologische Anomalie bestehend im Auskeimen mehrerer Samen in einer Kapsel.

146. **L. Guigard. Sur le polyembryonie chez quelques Mimosees.** (Bull. Soc. Bot. de France. Tom. XXVIII 1881, p. 177—179.) Referat darüber in Bot. Centralblatt. Bd. IX, p. 228.
    Vorkommen von vier Cotyledonen an verwachsenen Keimpflanzen von Schranckia uncinata. Bei Verwachsungen erscheint die eine Keimpflanze oft sehr reducirt, so dass sie mehr einem Appendix der anderen Keimpflanze gleich sieht, welcher nur mehr als Reserve·stoffbehälter funkitonirt. Auch an *Mimosa Denhartii* fanden sich im Samen 2—3 Embryonen vor, von denen nur der eine mehr entwickelt war. (Entnommen dem Centralblatt.)